TOBIAS THUM

DIE SCHRIFTEN DES JOHANNES VON DAMASKOS
VIII / 5

PATRISTISCHE TEXTE UND STUDIEN

IM AUFTRAG DER
PATRISTISCHEN KOMMISSION
DER AKADEMIEN DER WISSENSCHAFTEN
IN DER BUNDESREPUBLIK DEUTSCHLAND

HERAUSGEGEBEN VON

HANNS CHRISTOF BRENNECKE UND
EKKEHARD MÜHLENBERG

BAND 75

De Gruyter

DIE SCHRIFTEN DES JOHANNES VON DAMASKOS

HERAUSGEGEBEN VON DER

BAYERISCHEN AKADEMIE DER WISSENSCHAFTEN

VIII / 5

Iohannis monachi (VII saeculo ineunte)
Sacra
olim Iohanni Damasceno attributa

Liber II. *De rerum humanarum natura et statu.*
Erste Rezension. Zweiter Halbband.
Z–Ω (II¹1001–2293)

BESORGT VON

TOBIAS THUM

De Gruyter

Das Vorhaben *Die Schriften des Johannes von Damaskos* wird im Rahmen des Akademienprogramms von der Bundesrepublik Deutschland und vom Freistaat Bayern gefördert.

ISBN 978-3-11-055579-0
e-ISBN (PDF) 978-3-11-055669-8
ISSN 0553-4003

Library of Congress Cataloging-in-Publication Data
A CIP catalog record for this book has been applied for at the Library of Congress.

Bibliografische Information der Deutschen Nationalbibliothek
Die Deutsche Nationalbibliothek verzeichnet diese Publikation in der Deutschen National-
bibliografie; detaillierte bibliografische Daten sind im Internet über http://dnb.dnb.de abrufbar.

www.degruyter.com

Inhaltsverzeichnis

TEXTUS

IOHANNIS MONACHI

SACRA

Liber II. Recensio prior

Z–Ω

Sigel der Textzeugen

Im kritischen Apparat der Titloi bezeichnet ein hochgestelltes „pin" hinter einem Siglum das Inhaltsverzeichnis, ein hochgestelltes „txt" den Text; ohne Zusatz bezeichnet das Siglum die Übereinstimmung von Inhaltsverzeichnis und Text (z.B.: K^{pin}, K^{txt}, $K = K^{pin\ et\ txt}$).

K	Vatikanstadt, *Bibliotheca Apostolica Vaticana*, Vat. gr. 1553 (10. Jh.)

V^E	El Escorial, *Real Biblioteca del Monasterio de San Lorenzo*, Ω. III. 9 (11. Jh.)
V^W	Wien, *Österreichische Nationalbibliothek*, Suppl. Gr. 178 (11. Jh.)
V^O	Vatikanstadt, *Bibliotheca Apostolica Vaticana*, Ottob. gr. 79 (15. Jh.)
V	Übereinstimmung von $V^E V^W V^O$
V^{Ph}	Nikosia, *Βιβλιοθήκη Φανερωμένης*, 1 (a. 1600)

$H^{I–III}$	Jerusalem, *Πατριαρχικὴ Βιβλιοθήκη*, Παναγίου Τάφου 15 (11. Jh.)
$A^{I–III}$	Athen, *Ἐθνικὴ Βιβλιοθήκη τῆς Ἑλλάδος*, Μετόχιον τοῦ Παναγίου Τάφου 274 (14. Jh.)

P	Paris, *Bibliothèque nationale de France*, gr. 923 (9. Jh.)
M	Venedig, *Biblioteca Nazionale Marciana*, gr. 138 (10./11. Jh.)
L^b	Florenz, *Biblioteca Medicea Laurenziana*, plut. VIII. 22, f. 46r–73v (14. Jh.)

Q^3	Paris, *Bibliothèque nationale de France*, Coislin 20 (9. Jh.)
L^a	Florenz, *Biblioteca Medicea Laurenziana*, plut. VIII. 22, f. 1r–45v (14. Jh.)
E	Modena, *Biblioteca Estense universitaria*, gr. 111 (II D 12) (12. Jh.)
T	Thessaloniki, *Μονὴ Βλατάδων*, 9 (10. Jh.)
R	Berlin, *Staatsbibliothek zu Berlin – Preußischer Kulturbesitz*, Phill. 1450 (12. Jh.)
L^c	Florenz, *Biblioteca Medicea Laurenziana*, plut. VIII. 22, f. 74r–189v (14. Jh.)

Abkürzungen in den Apparaten

a. c.	ante correctionem	om.	omisit / -erunt
acc.	accentus	p.	pagina
add.	addidit / -erunt	p. c.	post correctionem
addit.	addidamentum	pin	pinax
ad loc.	ad locum	Praef.	Praefatio
ap.	apud	praem.	praemisit / -erunt
app. crit.	apparatus criticus	p. ras.	post rasuram
appos.	apposuit	propos.	proposuit
a. ras.	ante rasuram	propt.	propter
atrament.	atramentum	resect.	resectus
cancellav.	cancellavit	s. a.	sine attributione[1]
cap.	caput	sc.	scilicet
cf.	confer	scrips.	scripsit
cod. / codd.	codex / codices	s. d.	sine distinctione[2]
coniec.	coniecit / -erunt	seclus.	seclusit
corr.	correctio	secund.	secundum
correx.	correxit	ser.	series
delev.	delevit	s. l.	supra lineam
ed.	editio	spir.	spiritus
ed. cit.	editio citata	sqq.	sequentes
e. g.	exempli gratia	supplev.	supplevit
eras.	erasit	text. / txt	textus
evanesc.	evanescens	transpos.	transposuit / -erunt
exspectav.	exspectaveris	v. / vv.	versus
f.	folium		
hab.	habet		
ibid.	ibidem		
interpunx.	interpunxit / -erunt		
inser.	inseruit		
iterav.	iteravit		
l.	linea		
lac.	lacuna		
mg.	margo		
man. prim.	manus prima		
man. rec.	manus recens		
mut.	mutilatio		

[1] Eine Stelle ist von der vorhergehenden getrennt, aber die Attribution fehlt.
[2] Eine Stelle ist von der vorhergehenden weder durch eine Attribution noch durch ein Zeichen noch durch einen Zwischenraum getrennt.

Στοιχεῖον Ζ

Τίτλος α′ Περὶ ζώων ἀλόγων \<τῶν\> φυσικῇ σοφίᾳ κεκοσμη-
μένων.

β′ Περὶ ζώων ἀλόγων τῶν φυσικῇ σοφίᾳ κεκοσμημένων.

5 **β′** Περὶ ζώων ἀλόγων τῶν φυσικῇ σοφίᾳ κεκοσμημένων.

II¹1001 / K cap. Z 1, 1

Τοῦ Ἰώβ·

Ἦ σὺ περιέθηκας ἵππῳ δύναμιν,
ἐνέδυσας δὲ τραχήλῳ αὐτοῦ φόβον;
10 Περιέθηκας δὲ αὐτῷ πανοπλίαν
καὶ δόξαν στηθέων αὐτοῦ τόλμαν;
Ἀνορύσσων ἐν πεδίῳ γαυριᾷ,
ἐκπορεύεται δὲ εἰς πεδίον \<ἐν\> ἰσχύϊ·
συναντῶν βέλει καὶ καταγελᾷ,
15 καὶ οὐ μὴ ἀποστρέψει ἀπὸ σιδήρου·

---

2 Περὶ – ἀλόγων] cf. II¹ / Kᵖⁱⁿ Παραπομπὴ Α 4

---

8 – 588, 16 II¹1001 *Versio* K Iob 39, 19¹–30²

---

1 **Stoicheion** Kᵗˣᵗ (164v18) Kᵖⁱⁿ   2 – 3 **Titlos (a)** K (164v18–19)   4 **Titlos (b)** V
Aᴵ ᵖⁱⁿ; *deest in* HᴵAᴵ ᵗˣᵗ   5 **Titlos (c)** PMLᵇ ᵗˣᵗ Tᵗˣᵗ R; *deest in* Lᵇ ᵗˣᵗ Tᵖⁱⁿ ⁽ˡᵃᶜ·⁾
7 – 588, 25 **II¹1001** K cap. Z 1, 1 (164v[19]20–165r14); V cap. Z 2, 1–2–3; PM cap.
Z 2, 1–2–3; T cap. Z 2, 1–2–3; R cap. Z 2, 1–2; *deest in* Hᴵ Lᵇ; PG 95, 1569, 31–39

---

2 – 3 **Titlos (a)**   2 τῶν] *supplevi e* Kᵖⁱⁿ, *om.* Kᵗˣᵗ   4 **Titlos (b)**   β′] *praem.* τίτλος
Vᵂ ᵗˣᵗ   5 **Titlos (c)**   β′] α′ Mᵖⁱⁿ, *praem.* τίτλος Tᵗˣᵗ Rᵗˣᵗ   τῶν – κεκοσμημένων]
om. M   τῶν] *om.* R

II¹1001 (a) K   (b) Ἰώβ / s. a. / s. a. Vᴱᵛᴼ PM (*cf. infra, app. crit. text.*) ἰώβ PM   (c)
Ἀπὸ τοῦ Ἰώβ (ἰώβ *cod.*) / Τοῦ αὐτοῦ / Τοῦ αὐτοῦ T (*cf. infra, app. crit. text.*)   (d)
Ἰώβ / s. d. / Τοῦ αὐτοῦ Vᵂ (*cf. infra, app. crit. text.*)   (e) Ἰώβ / s. d. R (*cf. infra, app. crit. text.*)

---

8 – 588, 16 *Versio* K   8 Ἦ] *scripsi* (LXX), ἢ K   9 τραχήλῳ] *scripsi* (LXX), τράχη-
λον K   11 δόξαν] *forsan legendum* δόξῃ (*cf. LXX in app. crit.*)   13 ἐν] *supplevi*
(LXX), *om.* K

ἐπ᾽ αὐτῷ γαυριᾷ τόξον καὶ ὀξυσθενὴς μάχαιρα,
καὶ ὀργῇ ἀφανιεῖ τὴν γῆν·
οὐ μὴ πιστεύσει, ἕως ἂν σημάνῃ σάλπιγξ·
σάλπιγγος δὲ σημαινούσης, λέγει· Εὖγε,
πόρρωθεν δὲ ὀσφραίνεται πολέμου καὶ σὺν ἀλαλάγματι   5
      [καὶ κραυγῇ ἐκπορεύεται.
Ἐκ δὲ τῆς σῆς ἐπιστήμης ἕστηκεν ἱέραξ,
ἀναπετάσας τὰς πτέρυγας αὐτοῦ, ἀκίνητος καθορῶν
      [τὰ πρὸς νότον;
Ἢ ἐπὶ τῷ σῷ προστάγματι ὑψοῦται ἀετός,   10
γὺψ δ᾽ ἐπὶ νοσσιὰν αὐτοῦ καθεσθεὶς αὐλίζεται
ἐπ᾽ ἐξοχῇ πέτρας καὶ ἀποκρύφῳ;
Ἐκεῖσε ὢν ζητεῖ τὰ σῖτα,
πόρρωθεν δὲ οἱ ὀφθαλμοὶ αὐτοῦ σκοπεύουσιν·
νεοσσοὶ δὲ αὐτοῦ φύρονται ἐν αἵματι,   15
οὗ δ᾽ ἂν ὦσιν τεθνηκότες, παραχρῆμα εὑρίσκονται.

Ἢ σὺ περιέθηκας ἵππῳ δύναμιν,
ἐνέδυσας δὲ τραχήλῳ αὐτοῦ φόβον,
πόρρωθεν δὲ ὀσφραίνεται πολέμου;
Ἐκ δὲ τῆς σῆς ἐπιστήμης ἕστηκεν ἱέραξ,   20
ἀναπετάσας τὰς πτέρυγας αὐτοῦ, ἀκίνητος ὁρῶν τὰ πρὸς νότον;
Γὺψ ἐπὶ νοσσιὰν αὐτοῦ καθεσθεὶς αὐλίζεται
ἐπ᾽ ἐξοχῇ πέτρας καὶ ἀποκρύφῳ;
Ἐκεῖσε ὢν ζητεῖ τὰ σῖτα,
πόρρωθεν δὲ οἱ ὀφθαλμοὶ αὐτοῦ σκοπεύουσιν.   25

---

17 – 25 II¹1001 *Versio* V PM T R   17 – 18 Ἢ – φόβον] Iob 39, 19¹⁻² **19 πόρ-**
ρωθεν – πολέμου] Ibid. 39, 25²   **20 – 21 Ἐκ – νότον]** Ibid. 39, 26¹⁻²   **22 – 25**
Γὺψ – σκοπεύουσιν] Ibid. 39, 27²⁻²⁹²

3 σημάνῃ] *scripsi (LXX)*, σημανῇ K   **5 σὺν ἀλαλάγματι]** *correxi (LXX in app. crit.)*,
συναλλάγματι K   **12 ἐξοχῇ]** *correxi (LXX)*, ἐξοχὴν K   **13 σῖτα]** *scripsi (LXX)*, σιτά
K   **15 φύρονται]** *scripsi (LXX)*, φυρῶνται K   **17 – 25 *Versio* V PM T R   17 Ἢ]**
scripsi (LXX), ἢ R, ἡ M, ἡ Vᴱ ᵃ· ᶜ· Vᴼ P, εἰ Vᴱ ᵖ· ᶜ· Vᵂ, οὐ T   σὺ] οὐ P R   **18 ἐνέδη-**
σας R, ἐνδύσας M   δὲ] *om.* PM R   **19 πόρρωθεν]** πόλεμορρωθεν (*sic*) Vᴼ   ὀφέ-
νεται Vᴼ ᵃ· ᶜ·, ὀσφένεται Vᴼ ᵖ· ᶜ·, ὡς φαινεται Pᵃ· ᶜ·, ὡς φραινεται Pᵖ· ᶜ·   πολέμου]
πολέμους Vᵂ R, πόλεμον T, *hic caesura in* V PM T R   **21 πετάσας** R   τὰς] *om.*
Vᵂ   νῶτον Vᵂ PM T, *hic caesura in* V PM T   **22 – 25 Γὺψ – σκοπεύουσιν]** *om.*
R   **22 νοσσιᾶν** Vᴱ, νοσιὰν Vᵂ P, νοσϊὰν Vᴼ   ἑαυτοῦ T   **23 ἀποκρυφως** M   **24**
ὢν] ὧν T, ὧν Vᴱ Vᵂ ᵃ· ᶜ·, ὧν PM   σῖτα Vᴱ Vᵂ ᵃ· ᶜ· Vᴼ P T, σιτα M

II¹1002 / K cap. Z 1, 2

Τοῦ αὐτοῦ·

Τίς ἡτοίμασεν κόρακι βοράν;
Νεοσσοὶ γὰρ αὐτοῦ πρὸς κύριον κεκράγασιν,
5 πλανώμενοι τὰ σῖτα ζητοῦντες.
   Ἢ ἔγνως καιρὸν τοκετοῦ τραγελάφου πέτρας,
  ἐφύλαξας δὲ ὠδῖνας ἐλάφων;
  Ἢ ἠρίθμησας μῆνας αὐτῶν πλήρεις τοκετοῦ,
  ὠδῖνας δὲ αὐτῶν ἔλυσας;
10 Ἐξέθρεψας δὲ αὐτῶν τὰ παιδία ἄνευ φόβου;
  Ὠδῖνας δὲ αὐτῶν ἐξαποστελεῖς;
  Ἀπορρήξουσι τὰ τέκνα αὐτῶν,
  πληθυνθήσονται ἐν γενήματι,
  ἐξελεύσονται, καὶ οὐ μὴ ἀνακάμψουσιν ἑαυτοῖς.
15 Τίς δέ ἐστιν ὁ ἀφεὶς ὄνον ἄγριον ἐλεύθερον,
  δεσμοὺς δὲ αὐτοῦ τίς ἔλυσεν;
  Ἐθέμην δὲ τὴν δίαιταν αὐτοῦ ἔρημον,
  καὶ †δίαιτα† αὐτοῦ ἁλμυρίδα.
  Καταγελῶν πολυοχλίας πόλεως,
20 μέμψεις δὲ φορολόγου οὐκ ἀκούων,
  κατασκέψεται ὄρη νομὴν αὐτοῦ,
  καὶ ὀπίσω παντὸς χλωροῦ ζητεῖ.
  Βούλεται δέ σοι ἀτράπελος μονόκερως δουλεῦσαι
  ἢ κοιμηθῆναι ἐπὶ φάτνης σου;
25 Δήσεις δὲ ἐν ἱμᾶσι ζυγὸν αὐτοῦ,

---

3 – 590, 17 II¹1002 *Versio* K Iob 38, 41¹ – 39, 18²

2 – 591, 2 II¹1002 K cap. Z 1, 2 (165r[14]15–165v20); VᴱVᴼ cap. Z 2, 4–5–6; Vᵂ
cap. Z 2, 4–5; PM cap. Z 2, 4–5–6; T cap. Z 2, 4–5; R cap. Z 2, 3; *deest in* Hᴵ Lᵇ; PG
95, 1569, 40–48

II¹1002 (a) K R   (b) Τοῦ αὐτοῦ Vᵂ   (c) Τοῦ αὐτοῦ / Τῶν αὐτῶν T *(cf. infra, app. crit. text.)*   (d) *s. a. / s. d. / s. a.* PM *(cf. infra, app. crit. text.)*   (e) *s. a. / s. a. / s. a.* VᴱVᴼ *(cf. infra, app. crit. text.)*

3 – 590, 17 *Versio* K   5 σῖτα] *correxi secund. versionem* V PM T R, σιτὰ K   6
τοκετοῦ] *correxi (LXX)*, τοῦ κητοῦ K 8 μῆνας] *om.* K *(in mg. supplev.)*   τοκετοῦ]
scripsi (LXX), τωκετοῦ K   18 †δίαιτα†] *cruces apposui, sic* K, τὰ σκηνώματα *LXX*
21 ὄρη] *correxi (LXX)*, ὄρει K

ἢ ἑλκύσει σου αὔλακας ἐν πεδίῳ;
Πέποιθας δὲ ἐπ᾽ αὐτῷ, ὅτι πολλὴ ἡ ἰσχὺς αὐτοῦ,
ἐπαφήσεις δὲ αὐτῷ τὰ ἔργα σου;
Πιστεύεις δὲ αὐτῷ ὅτι ἀποδώσει σοι τὸν σπόρον,
εἰσοίσει δέ σοι τὴν ἅλωνα;   5
Πτέρυξ τερπομένων νεέλασα,
ἐὰν συλλάβῃ ἀσιδὰ καὶ νεσσά·
ὅτι ἀφήσει εἰς γῆν τὰ ὠὰ αὐτῆς
<καὶ> εἰς χοῦν θάλψει,
καὶ ἐπελάθετο ὅτι ποὺ<ς> σκορπιεῖ   10
καὶ θηρία ἀγροῦ καταπατήσει·
ἀπεσκλήρυνεν τὰ τέκνα αὐτῆς, ὥστε μὴ ἑαυτῇ,
εἰς κενὸν ἐκοπίασεν ἄνευ φόβου·
ὅτι κατεσιώπησεν αὐτῇ ὁ θεὸς σοφίαν,
καὶ οὐκ ἐμέρισεν αὐτῇ ἐν τῇ συνέσει.   15
Κατὰ καιρὸν ἐν ὕψει ὑψώσει,
καταγελάσεται ἵππου καὶ τοῦ ἐπιβάτου αὐτοῦ.

Τίς ἡτοίμασεν κόρακι βοράν;
Νεοσσοὶ γὰρ αὐτοῦ πρὸς κύριον κεκράγασιν,
πλανώμενοι τὰ σῖτα ζητοῦντες.   20
Ἦ ἔγνως καιρὸν τοκετοῦ τραγελάφου πέτρας,
ἐφύλαξας δὲ ὠδῖνας ἐλάφων;
Ἠρίθμησας δὲ μῆνας αὐτῶν πλήρης τοκετοῦ,
ὠδῖνας δὲ αὐτῶν ἔλυσας;
Ἐξέθρεψας δὲ αὐτῶν τὰ παιδία ἄνευ φόβου;   25
Τίς δέ ἐστιν ὁ ἀφεὶς ὄνον ἄγριον ἐλεύθερον,

---

18 – 591, 2 II¹1002 *Versio* V PM T R   **18 – 25** Τίς – φόβου] Iob 38, 41¹ – 39, 3¹
26 – 591, 2 Τίς – ἔρημον] Ibid. 39, 5¹–6¹

3 αὐτῷ] ἐπ᾽ αὐτῷ Kª· ras·   5 εἰσοίσει] *correxi (LXX)*, ἴσει K   6 νεέλασα] *scripsi*
(LXX), νεελασα K   7 ἀσιδὰ] *sic spir.* K   νεσσά] *scripsi (LXX)*, νεσσᾶ K   8 ὠὰ]
ὦτα Kª· c·   9 καὶ] *supplevi (LXX), om.* K   εἰς] *sic* K, ἐπὶ *LXX*   10 ποὺς] *correxi*
(LXX), ποῦ K   **18 – 591, 2** *Versio* V PM T R   **18** βορράν V T   **19** γὰρ] δὲ Vᵂ R
κύριον] θεὸν T   **20** πλανόμενοι V P, νεμομενοι M   σῖτα Vᴱⱽᴼ P T, σιτα M
ζητοῦντες] *hic caesura in* V PM   **21 – 591, 2** Ἦ – ἔρημον] *om.* R   **21** Ἦ] ἢ PM, ἡ
T, εἰ Vᵂ   τοκετοῦ] *e corr.* Vᵂ, τὸ κετοῦ Vᴱ, τοῖς ἑαυτοῦ P, τοῖς ἑαυτοῦ T, τοῖς
ἑαυτοῦ M   **23** πλήρης] *sic* V T, πληρης P, πληρις M   **25** φόβου] *hic caesura in*
Vᴱⱽᴼ PM T   **26 – 591, 2** Τίς – ἔρημον] *om.* Vᵂ

δεσμοὺς δὲ αὐτοῦ τίς ἔλυσεν;
Ἐθέμην δὲ τὴν δίαιταν αὐτοῦ ἔρημον.

II¹1003 / K cap. Z 1, 3

Τῶν Παροιμιῶν·

5 Ἴσθι πρὸς τὸν μύρμηκα, ὦ ὀκνηρέ,
καὶ ζήλωσον ἰδὼν τὰς ὁδοὺς αὐτοῦ,
καὶ γενοῦ ἐκείνου σοφώτερος·
ἐκεῖνος γὰρ γεωργίου μὴ ὑπάρχοντος,
μὴ δὲ τὸν ἀναγκάζοντα ἔχων,
10 μὴ δὲ ὑπὸ δεσπότην ὤν,
ἑτοιμάζεται θέρους τὴν τροφήν,
πολλήν τε ἐν τῷ ἀμητῷ ποιεῖται τὴν παράθεσιν.

II¹1004 / K cap. Z 1, 4

Τῶν αὐτῶν·

15 Ἢ πορεύθητι πρὸς τὴν μέλισσαν,
καὶ μάθε ὡς ἐργάτης ἐστίν,
τήν τε ἐργασίαν ὡς σεμνὴν ποιεῖται,

---

5 - 12 II¹1003 Prov. 6, 6¹–8² (Wahl, *Proverbien-Text*, p. 37–38)   15 - 592, 3
II¹1004 Prov. 6, 8a¹–c¹ (Wahl, *Proverbien-Text*, p. 38)

4 - 12 II¹1003 K cap. Z 1, 3 (165v[20]21–166r2); V^EV^O cap. Z 2, 7; V^W cap. Z 2, 5;
PM cap. Z 2, 7; T cap. Z 2, 6; R cap. Z 2, 4; *deest in* H^I L^b; PG 95, 1569, 49 - 1572, 1
14 - 592, 3 II¹1004 K cap. Z 1, 4 (166r[mg]3–7); V^EV^O cap. Z 2, 8; V^W cap. Z 2, 7;
PM cap. Z 2, 8; T cap. Z 2, 7; R cap. Z 2, 5; *deest in* H^I L^b; PG 95, 1572, 1–5

II¹1003 (a) K V P T R   Τῶν] *om.* V P R   (b) *s. a.* M (παροιμ *supplev. man. rec.*)
II¹1004 (a) K T (b) Τοῦ αὐτοῦ V^W (c) *s. a.* PM (d) *s. d.* V^EV^O R

1 δὲ] *s. l.* M   αυτων (*sic*) P   2 δὲ] *om.* T (*in mg. supplev. man. rec.*)   τὴν] *om.* T
(*s. l. supplev. man. rec.*)   5 ἴσθη V^O, ἴσθη PM, ἦσθι K, ἴθι R   τὸν] την M   6 ἰδὼν]
εἰδὼς T, *om.* M   7 καὶ - σοφώτερος] *om.* R   γενοῦ] γίνου K V^W   8 ἐκείνωι T,
ἐκείνου V^W M, εκεῖνου (*sic*) P   μὴ] *s. l.* T   11 ἑτοιμάζετε (ετοι- P) V^W R, ἑτοίμα-
ζετε (*sic*) M   12 ἀμητῷ] *sic acc.* K V PM T R   15 Ἢ] ἢ T, *om.* V PM   16 ὡς] ὅς P
ἐργάτις K^p. c. V^W p. c.   17 τὴν δὲ K V^EV^O   σεμνη M   ποιεῖται] ποιεῖ V P R, ἐμπο-
ρεύεται T

ἧς τοὺς πόνους βασιλεῖς καὶ ἰδιῶται πρὸς ὑγείαν προσφέρονται,
ποθεινὴ δέ ἐστι πᾶσι καὶ ἐπίδοξος,
καίπερ οὖσα τῇ ῥώμῃ ἀσθενής.

II¹1005 / K cap. Z 1, 5

Τῶν αὐτῶν·   5

Τέσσαρά ἐστιν ἐλάχιστα ἐπὶ τῆς γῆς,
ταῦτα δέ ἐστι σοφώτερα τῶν σοφῶν·
οἱ μύρμηκες, οἷς μή ἐστιν ἰσχύς,
καὶ ἑτοιμάζονται θέρους τὴν τροφήν·
καὶ οἱ χοιρογρύλλιοι, ἔθνος οὐκ ἰσχυρόν,   10
οἳ ἐποιήσαντο ἐν πέτραις τοὺς ἑαυτῶν οἴκους·
ἀβασίλευτόν ἐστιν ἡ ἀκρίς,
καὶ ἐκστρατεύει ἀφ᾽ ἑνὸς κελεύσματος·
καὶ καλαβώτης, χερσὶν ἐρειδόμενος καὶ εὐάλωτος ὤν,
κατοικεῖ ἐν ὀχυρώμασι βασιλέων.   15

---

6 – 15 II¹1005 Prov. 30, 24¹–28² (Wahl, *Proverbien-Text*, p. 120)

5 – 15 II¹1005 K cap. Z 1, 5 (166r[7]8–15); VᴱVᴼ cap. Z 2, 9; Vᵂ cap. Z 2, 8; PM
cap. Z 2, 9; T cap. Z 2, 8; R cap. Z 2, 6; *deest in* Hᴵ Lᵇ; PG 95, 1572, 6–13

II¹1005 (a) K T R (b) Βασιλείου Vᴱ (c) *s. a.* VᵂVᴼ PM

1 ὑγιεῖαν K, ὑγίαν Vᵂ ᵃ· ᶜ·, ὑγίαν T, ὑγιαν P   πρὸς φέρονται Vᴱ, προσφαίρονται P,
προφέρονται T   2 ποθεινὴ – ἐστι] ποθηνὶ (-νι M) δε ἐστιν (ε- P) PM, ποθεινὴ τέ
ἐστι K, ποθηνὴ τε ἐστιν T   πᾶσι καὶ] *om.* Vᵂ ᵖ· ʳᵃˢ· ᵘᵗ ᵛⁱᵈᵉᵗᵘʳ *(in mg. supplev. man.
rec.)*   3 ἀσθενής] *add.* τὴν σοφίαν τιμήσα (*sic*) προήχθη (= *Prov. 6, 8c²*) T   8 μή
ἐστιν] οὐκέστιν T   9 ἑτοιμάζεται VᵂVᴼ R, ἑτοιμάζετε Vᴱ P   10 χοιρογρύλλιοι]
scripsi (LXX), χυρογρύλλιοι VᴱVᵂ T, χυρογλυλλιοι P, χυρογυλλιοι M, χοιρογύλιοι
Kᵖ· ᶜ·, χοιρολίγοι Kᵃ· ᶜ· ᵘᵗ ᵛⁱᵈᵉᵗᵘʳ, χοιρόγρϋλλοι R, χϋρολογλϋλλοι Vᴼ   11 ἑαυτὸν (*sic*)
οἴκους T, οἴκους αὐτῶν K   12 ἀβασίλευτόν ἐστι] ἀβασίλευτον ἔθνος R, ἀβασίλευ-
τον T   14 καλαβότης (-βο- M) Vᵂ ᵃ· ᶜ· M, καλοβότης K VᴱVᴼ, ασκαλαβώτης T,
ασκαλαβότης P   ὤν] ὦ Tᵃ· ᶜ·, ουν M   15 κατοικεῖν Vᴼ, οἰκεῖ T

II¹1006 / K cap. Z 1, 6

Τῶν αὐτῶν·

Τρία ἐστὶν ἃ εὐόδως πορεύονται,
καὶ τὸ τέταρτον ὃ καλῶς διαβαίνει·
5　σκύμνος λέοντος ἰσχυρότερος κτηνῶν,
ὃς οὐκ ἀποστρέφεται οὐδὲ καταπτήσσει κτῆνος,
καὶ ἀλεκτρυὼν ἐμπεριπατῶν ἐν θηλείαις εὔψυχος,
καὶ τράγος ἡγούμενος αἰπολίου,
καὶ βασιλεὺς δημηγορῶν ἐν ἔθνει.

10　　　　## II¹1007 / K cap. Z 1, 7

Τοῦ Σιράχ·

Μικρὰ ἐν πετεινοῖς μέλισσα,
καὶ ἀρχὴ γλυκασμάτων ὁ καρπὸς αὐτῆς.

II¹1008 / K cap. Z 1, 8

15　Τοῦ ἁγίου Βασιλείου·

Αἱ μέλισσαι οὔτε ἅπασι τοῖς ἄνθεσι παραπλησίως ἐπέρχονται, οὔ-
τε μὴν οἷς ἂν ἐμπίπτουσιν ὅλα φέρειν ἐπιχειροῦσιν, ἀλλ᾽ ὅσον αὐ-

---

3 - 9 II¹1006 Prov. 30, 29¹–31³ (Wahl, *Proverbien-Text*, p. 120–121)　　　12 - 13
II¹1007 Sir. 11, 3¹⁻² (Wahl, *Sirach-Text*, p. 76)　　　16 - 594, 2 II¹1008 BASILIUS CAE-
SARIENSIS, *Ad iuvenes (De legendis gentilium libris)*, IV, 9, 2–6 (ed. Naldini, p. 92)

2 - 9 II¹1006 K cap. Z 1, 6 (166r[15]16–21); V^EV^O cap. Z 2, 10; V^W cap. Z 2, 9; PM
cap. Z 2, 10; T cap. Z 2, 9; *deest in* H^I L^b R; PG 95, 1572, 13–18　　　11 - 13 II¹1007 K
cap. Z 1, 7 (166r[21]22–23); *deest in* V H^I PML^b T R　　　15 - 594, 2 II¹1008 K cap. Z
1, 8 (166r[23]24–166v4); *deest in* V H^I PML^b T R

II¹1006 (a) K T　(b) Τοῦ αὐτοῦ V^W　(c) *s. a.* V^EV^O P　(d) *s. d.* M

3 εὐοδῶς (ευ- M T; -ὼς P) V^EV^W a. c. V^O PM T, εὐωδῶς K　　πορεύεται (-ευ- M) M
T　4 καλος M　6 οὐδὲ] ὁδὲ K　καταπτείσσει P, -πτήσει V^W, -πταίσει K　7 ἐνπε-
ριπατων *(sic)* V^O, περιπατῶν *(sic)* K　ἐν] *add.* ταις εαυτου T　εὔχυψος K, ἔμψυ-
χος V^EV^O　8 τράγος] *praem.* ο *(sic)* M　9 καὶ – ἔθνει] *om.* V PM　17 ἐμπίπτου-
σιν] *sic* K

τῶν ἐπιτήδειον πρὸς τὴν ἐργασίαν λαβοῦσαι, τὸ λοιπὸν χαίρειν ἀφῆκαν.

II¹1009 / K cap. Z 1, 9

Τοῦ αὐτοῦ, ἐκ τοῦ ε′ λόγου τῆς Ἑξαημέρου·

Τὸ κώνειον οἱ ψάρες βόσκονται, διὰ τὴν κατασκευὴν τοῦ σώμα-   5
τος τὴν ἐκ τοῦ δηλητηρίου βλάβην ἀποδιδράσκοντες· λεπτοὺς
γὰρ ἔχοντες τοὺς ἐπὶ τὴν καρδίαν πόρους, φθάνουσιν ἐκπέμψαι
τὸ καταποθέν, πρὶν τὴν ἀπ’ αὐτοῦ ψύξιν τῶν καιρίων καθάψα-
σθαι. Ἐλλέβορος δὲ ὀρτύγων ἐστὶ τροφή, ἰδιότητι κράσεως τὴν
βλάβην ἀποφευγόντων· ἔστι δὲ καὶ αὐτὰ ταῦτα ἐν καιρῷ ποτε καὶ   10
ἡμῖν χρήσιμα.

II¹1010 / K cap. Z 1, 10

Τοῦ αὐτοῦ, ἐκ τοῦ ζ′ λόγου τῆς Ἑξαημέρου·

Ἔχιδνα, τὸ χαλεπώτατον τῶν ἑρπετῶν, πρὸς γάμον ἀπαντᾷ τῆς

---

5 – 11 II¹1009 Basilius Caesariensis, *Homiliae in Hexaemeron*, V, 4 (ed. Mendieta†/Rudberg, p. 75, 11–17)   14 – 595, 3 II¹1010 Basilius Caesariensis, *Homiliae in Hexaemeron*, VII, 5 (ed. Mendieta†/Rudberg, p. 122, 8–11)

4 – 11 II¹1009 K cap. Z 1, 9 (166v[4]5–12); V^EV^O cap. Z 2, 11; V^W cap. Z 2, 10; PM cap. Z 2, 11; T cap. Z 2, 10; *deest* in H^I L^b R; PG 95, 1572, 19–25   13 – 595, 3 II¹1010 K cap. Z 1, 10 (166v[13]14–18); V^EV^O cap. Z 2, 12; PM cap. Z 2, 12; T cap. Z 2, 11; *deest in* V^W H^I L^b R; PG 95, 1572, 26–30

II¹1009 (a) K PM T Τοῦ αὐτοῦ] βασιλείου (-λειου M) PM T τῆς Ἑξαημέρου] *om.* K (b) Βασιλείου V II¹1010 (a) K T ἐκ τοῦ] *om.* K Ἑξαημέρου] αὐτῆς T (b) Ἐκ τοῦ ζ′ λόγου PM (c) Τοῦ αὐτοῦ V^EV^O

5 τὸ κόνειον V^W ^a. ^c., τοκωνιον P, τὸ κόνιον V^O T^p. ^c., τοκόνιον (-κο- M) V^E M, τὸ κόνι T^a. ^c.   οἱ] αἱ K V T, αι P   ψάρες] *sic acc.* K V T, ψαρες PM   κατασκευεῖν (-ειν M) PM 6 δειλητηρίου K V^W ^a. ^c., δηληρίου P ἀποδιδράσκουσαι K 7 ἔχουσαι K ἐκπέψαι T^p. ^c. ^ut ^videtur (= *ed.*), ἐκπέμψασθαι V^EV^O 8 – 9 τὸ – καθάψασθαι] *om.* V^EV^O 8 κατὰ πόθεν K αὐτῶν K V^EV^O καιρίων] *e corr.* V^W, κονείων K 9 ἐλεβόρος M, ἐλλέβορον K, ἐλέβορον V^EV^W ^a. ^c. V^O ὀρτύγων – τροφή] ὀρτύγωνες τῆι τροφῆι K 10 ἀποφεύγων M ταῦτα] *om.* K ἐν – ποτε] ποτὲ ἐν (εν T) καιρῶι (-ῷ P) P T 14 τῶν] *om.* PM T 14 – 595, 1 τῆς – σμυραίνης] σμυραίνης θαλαττίας K

θαλαττίας σμυραίνης· καὶ συριγμῷ τὴν παρουσίαν σημάνασα, ἐκκαλεῖται αὐτὴν ἐκ τῶν βυθῶν πρὸς γαμικὴν συμπλοκήν, ἡ δὲ ὑπακούει καὶ ἐνοῦται τῷ ἰοβόλῳ.

<II¹suppl. 219–252 / V cap. Z 2, 13–46>

---

4 II¹suppl. 219–252 cf. *Sacra*. Liber II. *Supplementum* (Band VIII/8)

---

1 συριγμῶν K, συρισμῶ M   2 προσκαλεῖται M   συμπλοκήν] *om.* K   3 ἐνοῦται] κοινουται M   τῷ ἰοβόλῳ] *om.* K

Στοιχεῖον Η

Τίτλος α′   Περὶ ἡμέρας ἀγαθῆς.

α′   Περὶ ἡμέρας ἀγαθῆς.

α′   Περὶ ἡμέρας ἀγαθῆς.

Π¹1011 / K cap. H 1, 1   5

Τῆς Γενέσεως·

Καὶ κατέπαυσεν ὁ θεὸς τῇ ἡμέρᾳ τῇ ἑβδόμῃ ἀπὸ πάντων τῶν ἔρ-
γων αὐτοῦ, ὧν ἐποίησεν. Καὶ εὐλόγησεν ὁ θεὸς τὴν ἡμέραν τὴν
ἑβδόμην καὶ ἡγίασεν αὐτήν, ὅτι ἐν αὐτῇ κατέπαυσεν ἀπὸ πάντων
τῶν ἔργων αὐτοῦ, ὧν ἤρξατο ποιῆσαι.   10

Π¹1012 / K cap. H 1, 2

Δαυῒδ ἐν ψαλμῷ ριζ′·

Αὕτη ἡ ἡμέρα, ἣν ἐποίησεν ὁ κύριος,
ἀγαλλιασώμεθα καὶ εὐφρανθῶμεν ἐν αὐτῇ.

---

2 Περὶ – ἀγαθῆς] cf. Π¹ / Kᵖⁱⁿ Παραπομπαὶ Α 5 et Κ 4

---

7 – 10 Π¹1011 Gen. 2, 2–3   13 – 14 Π¹1012 Ps. 117, 24¹⁻²

---

1 **Stoicheion** Kᵗˣᵗ (166v18) Kᵖⁱⁿ   2 **Titlos (a)** K (166v18–19)   3 **Titlos (b)** V Aᴵ ᵖⁱⁿ;
deest in HᴵAᴵ ᵗˣᵗ   4 **Titlos (c)** PMLᵇ ᵖⁱⁿ; *deest in* Lᵇ ᵗˣᵗ   6 – 10 Π¹1011 K cap. H 1, 1
(166v[19]20–167r1); *deest in* V Hᴵ PMLᵇ   12 – 14 Π¹1012 K cap. H 1, 2 (167r[1]2–
3); V cap. H 1, 1; PM cap. H 1, 1; *deest in* Hᴵ Lᵇ; PG 95, 1585, 26–27

---

3 **Titlos (b)**   α′] *praem.* τίτλος α′ Vᴱ ᵖⁱⁿ Vᴼ ᵖⁱⁿ, *praem.* τίτλος Vᵂ ᵗˣᵗ   4 **Titlos (c)**
α′ – ἀγαθῆς] *propt. atrament. evanesc. non liquent in* Pᵗˣᵗ (α′ *secund. ser.*)

Π¹1011 Γενέσεως] *scripsi*, κτίσεως K   Π¹1012 (a) K PM   (b) Δαυῒδ VᴱVᵂ   (c) *s. a.*
Vᴼ

---

14 ἀγαλλιασόμεθα Vᴼ P   ἐν αὐτῇ] *om.* P

II¹1013 / K cap. H 1, 3

Τοῦ Ἐκκλησιαστοῦ·

Ἐν ἡμέρᾳ ἀγαθωσύνης ζῆθι ἐν ἀγαθῷ.

II¹1014 / K cap. H 1, 4

5   Τοῦ Σιράχ·

Ἐν ἡμέρᾳ ἀγαθῇ ἀμνησία κακῶν.

II¹1015 / K cap. H 1, 5

Τοῦ αὐτοῦ·

Μὴ ἀφυστερήσῃς ἀπὸ ἀγαθῆς ἡμέρας.

10   ## II¹1016 / K cap. H 1, 6

Τοῦ ἁγίου Γρηγορίου, ἐκ τοῦ περὶ τῶν μοναζόντων·

Τί ἄν τις ἐν καιρῷ φαιδρότητος ἀναξαίνοι τὴν ἀηδίαν, ἐνδιατρί-

---

3 **II¹1013** Eccle. 7, 14¹ (Wahl, *Kohelet-Text*, p. 161)   **6 II¹1014** Sir. 11, 25¹ (Wahl, *Sirach-Text*, p. 79)   **9 II¹1015** Sir. 14, 14¹ (Wahl, *Sirach-Text*, p. 86)   **12 – 598, 1 II¹1016** Τί – μνήμη] GREGORIUS NAZIANZENUS, *De pace I ob monachorum reconciliationem (Orat. 6)*, 4, 1–3 (ed. Calvet-Sebasti, p. 128)

2 – 3 II¹1013 K cap. H 1, 3 (167r[3]4); V cap. H 1, 2; PM cap. H 1, 2; *deest in* Hᴵ Lᵇ; PG 95, 1585, 28   **5 – 6 II¹1014** K cap. H 1, 4 (167r[4]5); V cap. H 1, 3; PM cap. H 1, 3; *deest in* Hᴵ Lᵇ; PG 95, 1585, 29   **8 – 9 II¹1015** K cap. H 1, 5 (167r[5]6); V cap. H 1, 4; PM cap. H 1, 4; *deest in* Hᴵ Lᵇ; PG 95, 1585, 30   **11 – 598, 4 II¹1016** K cap. H 1, 6 (167r[6]7–13); *deest in* V Hᴵ PMLᵇ

II¹1013 (a) K PM   (b) Ἐκκλησιαστοῦ Vᴱ   (c) Σιράχ Vᵂ   (d) *s. a.* Vᴼ   **II¹1014** (a) K   (b) Ἐκκλησιαστοῦ Vᴼ   (c) *s. a.* VᴱVᵂ P   (d) *s. d.* M *(cf. lemma loci praecedentis)*   **II¹1015** (a) K M   (b) Σιράχ Vᵂ   (c) *s. a.* VᴱVᴼ P

3 Ἐν – ἀγαθῷ] *om.* M   ἀγαθοσύνης Vᵂ ᵃ· ᶜ· Vᴼ, αγαθοσυνης P   **6** ἀμνησίκακία *(sic)* P   **9** ἀφ' ὑστερήσεις VᴱVᴼ P   ἀπὸ] *om.* Vᵂ   **12** ἀναξαίνοι] *correxi (ed.)*, ἀναξενοῖ K

βων τοῖς λυπηροῖς, ὧν φευκτὴ μὲν ἡ πεῖρα, φευκτὴ δὲ ἡ μνήμη, πλὴν εἴ τις διατοῦτο καὶ μόνον ἀνακινοίη τὴν μνήμην τῶν λυπη-ρῶν, ἵνα τῷ ὑποδείγματι παιδευώμεθα, καὶ ὥσπερ ἐν τοῖς νοσή-μασι φεύγωμεν τὰς αἰτίας, ἐξ ὧν εἰς ταῦτα ἐπήχθημεν;

---

2 - 4 πλὴν – ἐπήχθημεν] GREGORIUS NAZIANZENUS, De pace I ob monachorum reconciliationem (Orat. 6), 4, 5 –8 (p. 128 –130)

---

4 φεύγωμεν] scripsi (ed.), φεύγομεν K   ἐπήχθημεν] ὑπήχθημεν ed.

Τίτλος β′   Περὶ ἡμέρας κακῆς.

β′   Περὶ ἡμέρας κακῆς.

β′   Περὶ ἡμέρας κακῆς.

II¹1017 / K cap. H 2, 1

5 Ἡσαΐου προφήτου·

Εἶπον πρὸς Ἡσαΐαν Ἐλιακεὶμ καὶ Σομνᾶς καὶ οἱ πρεσβύτεροι· Τά-
δε λέγει Ἐζεκίας· Ἡμέρα ὀνειδισμοῦ καὶ θλίψεως καὶ ὀργῆς ἡ ἡμέ-
ρα αὕτη, ὅτι ἥκει ἡ ὠδύνη τῇ τικτούσῃ, ἰσχὺν δὲ οὐκ ἔχει τοῦ τε-
κεῖν.

10   II¹1018 / K cap. H 2, 2

Ἀπὸ τοῦ Σιράχ·

Ἐν ἡμέρᾳ κακῶν οὐ μνησθήσεται ἀγαθῶν.

---

1 Περὶ – κακῆς] cf. II¹ / Kᵖⁱⁿ Παραπομπὴ Κ 4

---

6 – 9 II¹1017 Is. 37, 2–3 (Wahl, *Prophetenzitate*, p. 379–380)   12 II¹1018 Sir. 11,
25² (Wahl, *Sirach-Text*, p. 79)

---

1 **Titlos (a)** K (167r13–14)   2 **Titlos (b)** V Aᴵ ᵖⁱⁿ; *deest in* HᴵAᴵ ᵗˣᵗ   3 **Titlos (c)**
PMLᵇ ᵖⁱⁿ; *deest in* Lᵇ ᵗˣᵗ   5 – 9 II¹1017 K cap. H 2, 1 (167r[14]15–18); *deest in* V Hᴵ
PMLᵇ   11 – 12 II¹1018 K cap. H 2, 2 (167r[mg]19); V cap. H 2, 1; PM cap. H 2, 1;
deest in Hᴵ Lᵇ; PG 95, 1585, 32

---

1 **Titlos (a)**   κακῆς] πονηρᾶς Kᵖⁱⁿ   2 **Titlos (b)**   β′] *praem.* τίτλος Vᵂ ᵗˣᵗ
κακῆς] σκληρᾶς καὶ θλιβερᾶς Vᵂ ᵗˣᵗ   3 **Titlos (c)**   β′] *propt. atrament. evanesc.*
non liquet in Pᵗˣᵗ (β′ *secund. ser.*)

II¹1018 (a) K σιραχ *cod.* (b) Σιράχ VᴱVᴼ P σιραχ P (c) *s. a.* Vᵂ M

---

12 οὐ] *add.* μὴ K P   ἀγαθῶν] ἀγαθόν VᴱVᴼ

II¹1019 / K cap. H 2, 3

Ματθαίου, ἐν κεφαλαίῳ μθ'·

Μὴ μεριμνήσητε εἰς τὴν αὔριον· ἡ γὰρ αὔριον μεριμνήσει ἑαυτήν· ἀρκετὸν τῇ ἡμέρᾳ ἡ κακία αὐτῆς.

II¹1020 / K cap. H 2, 4   5

Τοῦ ἁγίου Ἰωάννου Κωνσταντινουπόλεως, ἐκ τοῦ εἰς τὰς καλάνδας·

Διαβολικῆς ὄντως ἐνεργείας ἡ κρίσις αὕτη, μὴ τῇ οἰκείᾳ σπουδῇ καὶ προθυμίᾳ, ἀλλὰ ταῖς τῶν ἡμερῶν περιόδοις <τὰ> κατὰ τὸν βίον ἐπιτρέπειν τὸν ἡμέτερον. Δεξιὸς ὁ ἐνιαυτὸς ἔσται σοι διόλου, 10 οὐκ ἐὰν ἐν νουμηνίᾳ μεθυσθῇς, ἀλλ' ἐὰν <καὶ> ἐν νουμηνίᾳ <καὶ> καθ' ἑκάστην ἡμέραν τὰ θεῷ δοκοῦντα ποιήσῃς. Πονηρὰ γὰρ ἡμέρα καὶ ἀγαθὴ γίνεται οὐ παρὰ τὴν οἰκείαν φύσιν – οὐδὲν γὰρ ἡμέρα διενήνοχεν ἡμέρας –, ἀλλὰ παρὰ τὴν ἡμετέραν σπουδήν τε καὶ ῥαθυμίαν.   15

---

3 – 4 **II¹1019** Matth. 6, 34   **8 – 15 II¹1020** IOHANNES CHRYSOSTOMUS, *In Kalendas*, 2 (PG 48, 955, 9 – 17)

---

2 – 4 **II¹1019** K cap. H 2, 3 (167r[19]20 – 22); V cap. H 2, 2; PM cap. H 2, 2; *deest in* H¹ Lᵇ; PG 95, 1585, 33 – 35   **6 – 15 II¹1020** K cap. H 2, 4 (167r[22]23 – 167v8); *deest in* V H¹ PMLᵇ

II¹1019 (a) K (b) Ματθαίου, κεφαλαίου μθ' PM ματθαιου P (c) Ματθαίου Vᴱvᴼ (d) *s. a.* Vᵂ **II¹1020** καλάνδας] *scripsi,* καλάντους K

---

3 ἑαυτήν] τὰ αὐτῆς Vᴱvᴼ 9 τὰ] *supplevi (ed.), om.* K 10 ἔσται σοι] *correxi (ed.),* ἔσται σου K 11 καὶ¹] *supplevi (ed.), om.* K νουμηνίᾳ] *scripsi (ed.),* νεομηνίαι K καὶ²] *supplevi (ed.), om.* K

Τίτλος γ′   Περὶ ἡμέρας καὶ νυκτός.

γ′   Περὶ ἡμέρας καὶ νυκτός.

γ′   Περὶ ἡμέρας καὶ νυκτός.

II¹1021 / K cap. H 3, 1

5   Τῆς Γενέσεως·

Εἶπεν ὁ θεός· Γενηθήτω φῶς. Καὶ ἐγένετο φῶς. Καὶ <ε>ἶδεν ὁ θεὸς
τὸ φῶς ὅτι καλόν. Καὶ διεχώρισεν ὁ θεὸς ἀναμέσον τοῦ φωτὸς καὶ
ἀναμέσον τοῦ σκότους. Καὶ ἐκάλεσεν ὁ θεὸς τὸ φῶς ἡμέραν καὶ
τὸ σκότος ἐκάλεσεν νύκτα [καὶ διεχώρισεν ὁ θεὸς ἀναμέσον τοῦ
10   φωτὸς καὶ ἀναμέσον τοῦ σκότους].

II¹1022 / K cap. H 3, 2

Ἀπὸ τοῦ Ἰώβ·

Τάξιν ἔθετο σκότει,
καὶ πᾶν πέρας αὐτὸς ἐξακριβάζεται.

---

1 νυκτός] cf. II¹ / Kᵖⁱⁿ Παραπομπὴ Ν 1

---

6 – 9 II¹1021 Εἶπεν – νύκτα] Gen. 1, 3 – 5   9 – 10 Καὶ – σκότους] Ibid. 1, 4
13 – 14 II¹1022 Iob 28, 3²

---

1 Titlos (a) K (167v8 – 9)   2 Titlos (b) V Aᴵ ᵖⁱⁿ; *deest in* HᴵAᴵ ᵗˣᵗ   3 Titlos (c)
PMLᵇ ᵖⁱⁿ Tᵗˣᵗ R; *deest in* Lᵇ ᵗˣᵗ Tᵖⁱⁿ ⁽ˡᵃᶜ·⁾   5 – 10 II¹1021 K cap. H 3, 1 (167v[9]10 – 15);
deest in V Hᴵ PMLᵇ T R   12 – 14 II¹1022 K cap. H 3, 2 (167v[15]16 – 17); *deest in* V
Hᴵ PMLᵇ T R

---

2 Titlos (b)   γ′] *praem.* τίτλος Vᵂ ᵗˣᵗ   3 Titlos (c)   γ′] *propt. atrament. evanesc.*
non liquet in Pᵗˣᵗ (γ′ *secund. ser.*), *praem.* τίτλος Tᵗˣᵗ Rᵗˣᵗ

II¹1021 Γενέσεως] *scripsi*, κτίσεως Κ

---

6 εἶδεν] *scripsi*, ἶδεν Κ   9 – 10 καὶ – σκότους] *delevi (LXX)*

II¹1023 / K cap. H 3, 3

Δαυῒδ ἐν ψαλμῷ ογ'·

Σή ἐστιν ἡ ἡμέρα, καὶ σή ἐστιν ἡ νύξ·
σὺ κατηρτίσω φαῦσιν καὶ ἥλιον.

<II¹suppl. 253 / V cap. H 3, 1>   5

<II¹suppl. 254 / PMLᵇ cap. H 3, 2ᴹ>

II¹1024 / K cap. H 3, 4

Τοῦ θεολόγου Γρηγορίου, ἐκ τοῦ περὶ υἱοῦ β' λόγου·

Τίς ἡμέρας καὶ νυκτὸς πρόσληψίς τε καὶ ἀνθυφαίρεσις, καὶ ἡ τῆς
ἀνισότητος ἰσότης; Πῶς δὲ ὡρῶν ποιητὴς καὶ μεριστὴς ἥλιος, εὐ-   10
τάκτως ἐπιγινομένων τε καὶ ἀπογινομένων καὶ ὥσπερ ἐν χορῷ
συμπλεκομένων ἀλλήλαις καὶ διϊσταμένων, τὸ μὲν φιλίας νόμῳ,
τὸ δὲ εὐταξίας, καὶ κατὰ μικρὸν κιρναμένων <***> ταὐτὸν ἡμέ-
ραις τε καὶ νυξίν, ἵνα μὴ †τὴν ἀλήθειαν λυπήσωμεν†;

---

5 – 6 **II¹suppl. 253–254** cf. *Sacra*. Liber II. *Supplementum* (Band VIII/8)

3 – 4 **II¹1023** Ps. 73, 16¹⁻²   9 – 14 **II¹1024** GREGORIUS NAZIANZENUS, re vera *De
theologia II* (*Orat. 28*), 30, 11–18 (ed. Gallay/Jourjon, p. 168)

2 – 4 **II¹1023** K cap. H 3, 3 (167v[17]18–19); *deest in* V H¹ PMLᵇ T R   8 – 14
II¹1024 K cap. H 3, 4 (167v[19]20–168r3); *deest in* V H¹ PMLᵇ T R

13 *post* κιρναμένων *quaedam excidisse videntur* (καὶ ταῖς ἐγγύτησι κλεπτομένων
ed.)   14 †τὴν – λυπήσωμεν†] *cruces apposui, sic* K, τῇ ἀηθείᾳ λυπήσωσιν *ed.*

II¹1025 / K cap. H 3, 5

Ἐκ τοῦ αὐτοῦ·

Σὺ νύκτα καὶ ἡμέραν
Ἀλλήλαις εἴκειν ἠπίως
5 Ἔταξας, νόμον τιμῶν
Ἀδελφότητος καὶ φιλίας.
Καὶ τῇ μὲν ἔπαυσας κόπους
Τῆς πολυμόχθου σαρκός·
Τῇ δὲ ἤγειρας εἰς ἔργον
10 καὶ πράξεις τὰς σοὶ φίλας.

II¹1026 / K cap. H 3, 6

Ἐκ τοῦ περὶ εὐταξίας·

Νύξ, καὶ ἄνθρωπος ὕπνῳ συστέλλεται, καὶ τὰ θηρία παρρησιάζε-
ται, καὶ ζητεῖ τροφὴν ἕκαστον τὴν διδομένην παρὰ τοῦ κτίσαν-
15 τος· ἡμέρα, καὶ τὰ θηρία συνάγεται, καὶ ἄνθρωπος ἐπὶ τὴν ἐργα-
σίαν ἐπείγεται, καὶ ἀλλήλοις ὑποχωροῦμεν ἐν τάξει.

---

3 - 10 II¹1025 GREGORIUS NAZIANZENUS, re vera *Carmina*, I,1,32 *(Hymnus Vespe-rinus)*, 21–28 (PG 37, 512, 12 - 513, 8)   13 - 16 II¹1026 GREGORIUS NAZIANZENUS, *De moderatione in disputando (Orat. 32)*, 9, 7–11 (ed. Moreschini, p. 102–104)

2 - 10 II¹1025 K cap. H 3, 5 (168r[3]4–8); V cap. H 3, 3; P cap. H 3, 3; M cap. H 3, 4; T cap. H 3, 3; R cap. H 3, 1; *deest in* H¹ L♭; PG 95, 1585, 42–45   12 - 16 II¹1026 K cap. H 3, 6 (168r[8]9–14); Vᴱvᴼ cap. H 3, 4; Vᵂ cap. H 3, 4–5; Vᴼ cap. H 3, 4; P cap. H 3, 4–5; M cap. H 3, 5–6; T cap. H 3, 4–5; R cap. H 3, 2; *deest in* H¹ L♭; PG 95, 1585, 46 - 1588, 3

II¹1025 (a) K   (b) Τοῦ αὐτοῦ V   (c) Ἐκ τοῦ περὶ θεολογίας β′ PM   β′] *om.* M   (d) Τοῦ αὐτοῦ, ἐκ περὶ *(sic)* θεολογίας λόγου β′ T   (e) Τοῦ Θεολόγου R   II¹1026 (a) K   (b) Τοῦ αὐτοῦ, ἐκ τοῦ περὶ εὐταξίας / s. a. PM T *(cf. infra, app. crit. text.)*   ἐκ τοῦ] *om.* PM   (c) Τοῦ αὐτοῦ / s. a. Vᵂ *(cf. infra, app. crit. text.)*   (d) Τοῦ αὐτοῦ Vᴱ R   (e) s. a. Vᴼ

---

3 νύκτα] νύκταν Vᴼ, ἡμέραν M   ἡμέραν] νύκτα M   4 ἤκειν (ἠ- M, η- P) Vᵂ PM T   5 νόμων VᴱVᴼ   9 ἤγειρα *(sic)* P   ἔργα Vᴱ R   10 φιλὰς Vᴼ, φιλας PM, φιλίας K   13 - 15 Νύξ – κτίσαντος] *om.* R   13 ὕπνῳ] ὕπνος *(sic)* M, υπν Pᵖ·ʳᵃˢ·   14 τροφὴν] *praem.* τὴν K *(sed cancellav.)*   14 - 15 κτίσαντος] *hic caesura in* Vᵂ PM T   15 ἡμέραι K   συνάγεται] συστέλλεται K

II¹1027 / K cap. H 3, 7

Ἐκ τοῦ περὶ τῶν μοναζόντων·

Τίς δὲ ἡμέρα καὶ νύξ, ἰσομοιρίαν πρὸς ἀλλήλας λαχοῦσαι καὶ περιτροπὴν ἔμμετρον, καὶ ἡ μὲν εἰς ἔργον ἡμᾶς ἐγείρουσα, ἡ δὲ ἀναπαύουσα;   5

II¹1028 / K cap. H 3, 8

Συνεσίου, ἐκ τῶν ἐπιστολῶν·

Οὐκ ἐθέλει περιμεῖναι ἄλληλα τὸ φῶς καὶ τὸ σκότος, ἀλλὰ νόμῳ φύσεως ἀντιπεριΐσταται.

---

3 – 5 **II¹1027** Gregorius Nazianzenus, *De pace I ob monachorum reconciliationem (Orat. 6)*, 15, 4–6 (ed. Calvet-Sebasti, p. 160)   8 – 9 **II¹1028** Synesius Pentapolitanus (Cyrenensis), *Epistulae*, LXXVII, 1–2 (ed. Garzya, III, p. 199)

2 – 5 **II¹1027** K cap. H 3, 7 (168r[14]15–17); V cap. H 3, 2; P cap. H 3, 2; M cap. H 3, 3; T cap. H 3, 2; *deest in* H¹ L♭ R; PG 95, 1585, 39–41   7 – 9 **II¹1028** K cap. H 3, 8 (168r[mg]18–19); V^E V^O cap. H 3, 5; V^W cap. H 3, 6; P cap. H 3, 6; M cap. H 3, 7; T cap. H 3, 6; *deest in* H¹ L♭ R; PG 95, 1588, 4–5

II¹1027 (a) K (b) Τοῦ Θεολόγου, ἐκ τοῦ περὶ μοναζόντων PM T   ἐκ τοῦ] *om.* P (c) Τοῦ Θεολόγου V **II¹1028** (a) K PM T   συνεσιου PM (b) Συνεσίου V   συνεσε *(sic)* V^O

3 ἄλληλα K V^W PM T   4 ἡ μὲν] ημεραν M   8 περιμένειν K (= *ed.*), περιεναι M   τὸ¹ – σκότος] τὸ φῶς ἄλληλα καὶ τὸ σκότος T^{a. c.}, τὸ σκότος ἄλληλα καὶ τὸ φῶς T^{p. c. ut videtur}   9 ἀντιπεριΐστανται V^W V^O, ἀντιπερι ἵστανται V^E, ἐμπεριΐστανται K, *add.* επληρωθη το· η΄ M

II¹1029 / K cap. H 3, 9

Φίλωνος, ἐκ τοῦ τελευτα<ί>ου τῶν ἐν Ἐξόδῳ ζητημάτων·

Ἐν νυκτὶ βουλή· τὸ γὰρ βουλευτήριον τῆς ψυχῆς ἐν νυκτὶ ἠρεμεῖ, τῶν ὄχλων τῶν αἰσθήσεων καὶ τῶν αἰσθητῶν †ἀπόλιπος†.

---

3 – 4 II¹1029 Philo Iudaeus, *Quaestiones in Exodum*, locus non repertus (ed. Petit, p. 298.20); Royse 175.25

---

2 – 4 II¹1029 K cap. H 3, 9 (168r[20]21–23); *deest in* V H¹ PMLᵇ T R; PG 86, 2081, 10–14 (*falso sub titulo* Περὶ ἡμέρας ἀγαθῆς)

II¹1029 τελευταίου] *scripsi,* τελευτάου K

---

3 ἠρεμεῖ] *scrips. Petit,* ἠρεμεῖ K 4 †ἀπόλιπος†] *cruces appos. Petit, sic* K

Στοιχεῖον Θ

Τίτλος α′ Περὶ θαλάσσης.

θ′ Περὶ θαλάσσης.

ι′ Περὶ θαλάσσης.

II¹1030 / K cap. Θ 1, 1   5

Τῆς Γενέσεως·

Εἶπεν ὁ θεός· Συναχθήτω τὸ ὕδωρ τὸ ὑποκάτω τοῦ οὐρανοῦ εἰς συναγωγὴν μίαν, καὶ ὀφθήτω ἡ ξηρά. Καὶ ἐγένετο οὕτως. Καὶ συνήχθη τὸ ὕδωρ τὸ ὑποκάτω τοῦ οὐρανοῦ εἰς τὰς συναγωγὰς αὐτῶν, καὶ ὤφθη ἡ ξηρά. Καὶ ἐκάλεσεν ὁ θεὸς τὴν ξηρὰν γῆν, καὶ 10 τὰ συστήματα τῶν ὑδάτων ἐκάλεσε θαλάσσας.

II¹1031 / K cap. Θ 1, 2

Ἀπὸ τοῦ Ἰώβ·

Ἰσχύϊ κατέπαυσε τὴν θάλασσαν,
ἐπιστήμῃ δὲ ἔστρωσε τὸ κύτος αὐτῆς.   15

---

7 – 11 **II¹1030** Gen. 1, 9–10   14 – 15 **II¹1031** Iob 26, 12¹⁻²

1 Stoicheion Kᵗˣᵗ (168r23) Kᵖⁱⁿ   **2 Titlos (a)** K (168r24)   **3 Titlos (b)** V Aᴵ ᵖⁱⁿ; *deest in* HᴵAᴵ ᵗˣᵗ   **4 Titlos (c)** PMLᵇ ᵖⁱⁿ Tᵗˣᵗ R; *deest in* Lᵇ ᵗˣᵗ Tᵖⁱⁿ ⁽ˡᵃᶜ·⁾   **6 – 11 II¹1030** K cap. Θ 1, 1 (168r[24]168v1–6); *deest in* V Hᴵ PMLᵇ T R   **13 – 15 II¹1031** K cap. Θ 1, 2 (168v[6]7–8); V cap. Θ 9, 1; PM cap. Θ 10, 1; T cap. Θ 13, 1; *deest in* Hᴵ Lᵇ R; PG 96, 45, 33–34

3 Titlos (b)   θ′] *propt. mg. resect. non liquet in* Aᴵ ᵖⁱⁿ (θ′ *secund. ser.*), *om.* Vᴼ ᵗˣᵗ (θ′ *secund. ser.*), *praem.* τίτλος Vᵂ ᵗˣᵗ   **4 Titlos (c)**   ι′] θ′ Pᵗˣᵗ (ι′ *exspectav.*), τίτλος ιγ′ Rᵗˣᵗ, τίτλος γι′ (*sic*) Tᵗˣᵗ, ιγ′ Rᵖⁱⁿ, *om.* Mᵗˣᵗ (ι′ *supplev. man. rec.*)

II¹1030 Γενέσεως] *scripsi*, κτίσεως K **II¹1031 (a)** K T ϊώβ T **(b)** Ἰώβ VᴱVᵂ PM ϊώβ M, ϊώβ P **(c)** *s. a.* Vᴼ

1 Θ] θῆτα Vᵂ ᵗˣᵗ   **14** ἰσχύει VᴱVᵂVᴼ ᵉ ᶜᵒʳʳ·   **15** ἔτρωσε Vᵂ ᵃ· ᶜ· P T   κύτος K VᴱVᴼ, κοῖτος Vᵂ M T, κῆτος LXX (*sed cf.* II¹1034 / K cap. Θ 1, 5)

II¹1032 / K cap. Θ 1, 3

Τοῦ αὐτοῦ·

Ἔφραξα θάλασσαν ἐν πύλαις,
ἡνίκα ἐμαιοῦτο καὶ ἐκ κοιλίας μητρὸς αὐτῆς ἐξεπορεύετο·
5　ἐθέμην δὲ αὐτῇ νέφος ἀμφίασιν,
ὁμίχλῃ δὲ αὐτὴν ἐσπαργάνωσα·
ἐθέμην δὲ ὅρια,
περιθεὶς κλεῖθρα καὶ πύλας·
εἶπον αὐτῇ· Μέχρι τούτου ἐλεύσῃ καὶ οὐχ᾽ ὑπερβήσῃ,
10　ἀλλ᾽ ἐν σεαυτῇ συντριβήσεταί σου τὰ κύματα.

II¹1033 / K cap. Θ 1, 4

Δαυῒδ ἐν ψαλμῷ λβ'·

Συνάγων ὡσεὶ ἀσκὸν ὕδατα θαλάσσης,
τιθεὶς ἐν θησαυροῖς ἀβύσσους.

---

3 - 10　**II¹1032** Iob 38, 8¹–11²　13 - 14　**II¹1033** Ps. 32, 7¹⁻²

---

2 - 10　**II¹1032** K cap. Θ 1, 3 (168v[8]9–14); V cap. Θ 9, 2; PM cap. Θ 10, 2; T cap.
Θ 13, 2; *deest in* H¹ Lᵇ R; PG 96, 45, 35–41　　12 - 14　**II¹1033** K cap. Θ 1, 4 (168v
[mg]15–16); V cap. Θ 9, 3; PM cap. Θ 10, 3; T cap. Θ 13, 3; *deest in* H¹ Lᵇ R; PG 96,
45, 42–43

II¹1032 (a) K Vᵂ P T　(b) *s. a.* Vᴱⱽᴼ M　**II¹1033** (a) K P T　(b) Ψαλμὸς λβ' M　(c)
Δαυῒδ V

---

3 ἔφραξαν Vᴼ, ἔφραξας M　　ἐν] *om.* K　4 ἐμαιοῦτο] ἐμεοῦτο K, ἐμα.οῦτο *(sic)* P,
add. ἐμέμασεν M　καὶ] *om.* M　　ἐμπορευομένην *(sic)* M　5 αὐτὴ Vᵂ P, αὐτὴν M
6 ὁμίχλῃ Vᴱ, ὁμίχλην Vᴼ M　7 ἐθέμῃ Vᴱ ᵖ·ᶜ·　8 κλῆθρα P T　9 εἶπον] εἶπα M, *add.*
δὲ M, δε T　τούτων K　ἐλεύσει Vᴱⱽᴼ　10 σαυτῇ Vᵂ　συντριβήσεταί σοι K,
συντριβήσονται σου M　14 τιθεὶς – ἀβύσσους] *om.* Vᴱⱽᴼ PM T

II¹1034 / K cap. Θ 1, 5

Ψαλμοῦ ξδ'·

Ὁ συνταράσσων τὸ κύτος τῆς θαλάσσης,
ἤχους κυμάτων αὐτῆς
τίς ὑποστήσεται;   5

II¹1035 / K cap. Θ 1, 6

Ἐν ψαλμῷ ογ'·

Σὺ ἐκραταίωσας ἐν τῇ δυνάμει σου τὴν θάλασσαν.

II¹1036 / K cap. Θ 1, 7

Ἐν ψαλμῷ ργ'·   10

Ἀναβαίνουσιν ὄρη καὶ καταβαίνουσιν πεδία
εἰς τὸν τόπον, ὃν ἐθεμελίωσας αὐτοῖς·
ὅριον ἔθου, ὃ οὐ παρελεύσεται,
οὐδὲ ἐπιστρέψ<ουσιν>.

---

3 – 5 **II¹1034** Ps. 64, 8¹⁻³   8 **II¹1035** Ps. 73, 13¹   11 – 14 **II¹1036** Ps. 103, 8¹–9²

2 – 5 **II¹1034** K cap. Θ 1, 5 (168v[16]17–18); V cap. Θ 9, 4; PM cap. Θ 10, 4; T cap. Θ 13, 4; R cap. Θ 13, 1; *deest in* H¹ Lᵇ; PG 96, 45, 44–45   7 – 8 **II¹1035** K cap. Θ 1, 6 (168v[18]19–20); V cap. Θ 9, 5; PM cap. Θ 10, 5; T cap. Θ 13, 5; R cap. Θ 13, 2; *deest in* H¹ Lᵇ; PG 96, 45, 46–47   10 – 14 **II¹1036** K cap. Θ 1, 7 (168v[20]21–23); *deest in* V H¹ PMLᵇ T R

II¹1034 (a) K PM T   ἐν ψαλμῷ T, ψαλμὸς K   (b) Τοῦ αὐτοῦ Vᵂ   (c) Δαυῖδ R   (d) *s. a.* Vᴱⱽᴼ **II¹1035** (a) K T   ογ'] ργ' Kᵘᵗ ᵛⁱᵈᵉᵗᵘʳ   (b) Ψαλμοῦ ογ' P   (c) Τοῦ αὐτοῦ R   (d) *s. a.* V M

3 κύτος] κῦτος V, κοίτος R, κοιτος M, ὕδωρ K   4 – 5 ἤχους – ὑποστήσεται] καὶ τὰ λοιπά Vᴼ, *om.* Vᴱ PM R   4 ἤχου Vᵂ ᵖ· ʳᵃˢ·, ἤχος K   καμάτων Vᵂ ᵃ· ᶜ·   8 ἐν] *om.* P   τὴν θάλασσαν] καὶ τὰ λοιπά Vᴼ, *om.* Vᴱ   12 αὐτοῖς] *scripsi (LXX)*, αὐτά Kᵃ· ᶜ· ᵘᵗ ᵛⁱᵈᵉᵗᵘʳ, αὐτοίς Kᵖ· ᶜ· ᵘᵗ ᵛⁱᵈᵉᵗᵘʳ   14 ἐπιστρέψουσιν] *scripsi (LXX)*, ἐπιστρεψ K

II¹1037 / K cap. Θ 1, 8

Τοῦ αὐτοῦ·

Αὕτη ἡ θάλασσα ἡ μεγάλη καὶ εὐρύχωρος,
ἐκεῖ ἑρπετά, ὧν οὐκ ἔστιν ἀριθμός,
5 ζῶα μικρὰ μετὰ μεγάλων·
ἐκεῖ πλοῖα διαπορεύονται.

II¹1038 / K cap. Θ 1, 9

Ψαλμοῦ ρϛ'·

Οἱ καταβαίνοντες εἰς θάλασσαν ἐν πλοίοις,
10 ποιοῦντες ἐργασίαν ἐν ὕδασι πολλοῖς,
αὐτοὶ <ε>ἶδον τὰ ἔργα κυρίου
καὶ τὰ θαυμάσια αὐτοῦ ἐν τῷ βυθῷ.
Εἶπεν, καὶ ἔστη πνεῦμα καταιγίδος,
καὶ ὑψώθη τὰ κύματα αὐτῆς·
15 ἀναβαίνουσιν ἕως τῶν οὐρανῶν
καὶ καταβαίνουσιν ἕως τῶν ἀβύσσων·
ἡ ψυχὴ αὐτῶν ἐν κακοῖς ἐτήκετο·
ἐταράχθησαν καὶ ἐσαλεύθησαν ὡς ὁ μεθύων,
καὶ πᾶσα ἡ σοφία αὐτῶν κατεπόθη.

---

3 – 6 **II¹1037** Ps. 103, 25¹–26¹   9 – 19 **II¹1038** Ps. 106, 23¹–27²

---

2 – 6 **II¹1037** K cap. Θ 1, 8 (168v[23]24–169r2); V^EV^O cap. Θ 9, 6; PM cap. Θ 10, 6;
T cap. Θ 13, 6; *deest in* V^W H^I L^b R; PG 96, 45, 48–49   8 – 19 **II¹1038** K cap. Θ 1, 9
(169r[2]3–10); V^EV^O cap. Θ 9, 7; V^W cap. Θ 9, 6; PM cap. Θ 10, 7; T cap. Θ 13, 7–8;
deest in H^I L^b R; PG 96, 45, 50–51

II¹1037 (a) K   (b) Ἐν ψαλμῷ ργ' PM T   Ἐν ψαλμῷ] ψαλμοῦ P, ψαλμὸς M   (c) *s. a.*
V^EV^O **II¹1038** (a) K PM   ψαλμὸς M   (b) Ἐν ψαλμῷ ρϛ' / ἐν τ *(sic)* T (τῷ αὐτῷ *vide-*
tur legendum) (cf. infra, app. crit. text.) (c) *s. a.* V

---

4 – 6 ἐκεῖ – διαπορεύονται] καὶ τὰ λοιπά V^O, *om.* V^E PM   6 διαπορεύονται] δια-
πορεύεται T   9 – 19 πλοίοις – κατεπόθη] *om.* V^E   10 – 19 ποιοῦντες – κατεπόθη]
καὶ τὰ λοιπά V^O, *om.* V^W P   11 – 19 αὐτοὶ – κατεπόθη] *om.* M   11 εἶδον] *scripsi,*
ἴδον K T   12 βυθῷ] *hic caesura in* T   14 ὑψώθησαν K   15 – 19 ἀναβαίνουσιν –
κατεπόθη] *om.* T

<II¹suppl. 255 / V cap. Θ 9, 7Vᵂ>

II¹1039 / K cap. Θ 1, 10

Παροιμιῶν·

Πάντες οἱ χείμαρροι πορεύονται εἰς τὴν θάλασσαν,
καὶ ἡ θάλασσα οὐκ ἔσται ἐμπιμπλαμένη.   5

II¹1040 / K cap. Θ 1, 11

Τῶν αὐτῶν·

Ἐν τῷ τιθέναι τῇ θαλάσσῃ ἀκριβασμὸν αὐτοῦ,
καὶ ὕδατα οὐ παρελεύσεται στόμα αὐτοῦ.

---

1 **II¹suppl. 255** cf. *Sacra*. Liber II. *Supplementum* (Band VIII/8)

---

4 – 5 II¹1039 Prov., re vera Eccle. 1, 7¹⁻² (Wahl, *Kohelet-Text*, p. 147)   **8 – 9**
II¹1040 Prov. 8, 29 app. crit. (Wahl, *Proverbien-Text*, p. 47)

---

3 – 5 II¹1039 K cap. Θ 1, 10 (169r[mg]11–12); V cap. Θ 9, 8; PM cap. Θ 10, 8; T
cap. Θ 13, 9; R cap. Θ 13, 3; *deest in* Hᴵ Lᵇ; PG 96, 45, 52–53   **7 – 9 II¹1040** K cap.
Θ 1, 11 (169r[12]13–14); V cap. Θ 9, 9; PM cap. Θ 10, 9; T cap. Θ 13, 10; *deest in* Hᴵ
Lᵇ R; PG 96, 45, 54–55

II¹1039 (a) K V PM R   (b) Β΄ *(sic)* τοῦ Ἐκκλησιαστοῦ T   **II¹1040** (a) K P   (b) Τοῦ
αὐτοῦ Vᵂ M   (c) Δ΄ *(sic)* τῶν Παροιμιῶν T   (d) s. a. Vᴱᵛᴼ

---

4 θάλασαν M, θάλασσα Vᴼ   **5** καὶ – θάλασσα] *om.* M   ἔσται] *post* ἐμπιμπλαμένη
transpos. M, ἔστιν (ἔ- P) Vᵂ P T, ἔστι Vᴱᵛᴼ R   ἐμπιμπλαμένη] ἐμπιπλαμένη Vᵂ
M T, πιμπλαμένη Vᴱᵛᴼ, πιμπλαμμένη P, πῖπλαμένη R, *add.* εἰς τὸν τόπον οὗ οἱ
χείμαρροι πορεύονται ἐκεῖ *(sic)* αὐτοὶ ἐπιστρέφουσιν τοῦ πορευθῆναι (= *Eccle. 1,*
7³⁻⁴) T   **8** τιθῆναι K

II¹1041 / K cap. Θ 1, 12

Ἡσαΐου προφήτου·

…κύριος ὁ δοὺς ὁδὸν ἐν θαλάσσῃ καὶ ἐν ὕδατι ἰσχυρῷ τρίβον.

II¹1042 / K cap. Θ 1, 13

5 Ἱερεμίου προφήτου·

Ὁ τάξας ἄμμον ὅριον τῇ θαλάσσῃ προστάγματι αἰωνίῳ, καὶ
οὐχ᾽ ὑπερβήσεται αὐτό, καὶ ταραχθήσεται καὶ οὐ δυνήσεται, καὶ
ἠχήσουσι τὰ κύματα αὐτῆς, καὶ οὐχ᾽ ὑπερβήσεται αὐτό.

II¹1043 / K cap. Θ 1, 14

10 Τοῦ αὐτοῦ·

Ὁ δοὺς κραυγὴν ἐν θαλάσσῃ καὶ ἐβόμβησε τὰ κύματα αὐτῆς· κύ-
ριος παντοκράτωρ ὄνομα αὐτῷ.

---

3 **II¹1041** Is. 43, 16 (Wahl, *Prophetenzitate*, p. 397)   6 – 8 **II¹1042** Ier. 5, 22 (Wahl,
Prophetenzitate, p. 496)   11 – 12 **II¹1043** Ier. 38, 36 (Wahl, *Prophetenzitate*, p.
568)

---

2 – 3 **II¹1041** K cap. Θ 1, 12 (169r[14]15); V cap. Θ 9, 10; PM cap. Θ 10, 10; T cap.
Θ 13, 11; *deest in* H¹ Lᵇ R; PG 96, 48, 1–2   5 – 8 **II¹1042** K cap. Θ 1, 13 (169r[mg]
16–19); V cap. Θ 9, 11; PM cap. Θ 10, 11; T cap. Θ 13, 12; *deest in* H¹ Lᵇ R; PG 96,
48, 3–6   10 – 12 **II¹1043** K cap. Θ 1, 14 (169r[19]20–21); V cap. Θ 9, 12; PM cap.
Θ 10, 12; T cap. Θ 13, 13; *deest in* H¹ Lᵇ R; PG 96, 48, 6–8

II¹1041 (a) K T ησαΐου T (b) Ἡσαΐου V PM ησαΐου M, ησαΐου P **II¹1042** (a) K T
ϊερεμίου T (b) Ἱερεμίου V PM ϊερεμίου M, ϊηρεμιου P **II¹1043** (a) K (b) *s. a.* V (c)
s. d. PM T

---

3 ὁδὸν] *om.* M   θαλάσσῃ] *add.* ὕδωρ M   καὶ – τρίβον] *om.* T (*s. l. supplev.
man. rec.*)   ὕδασιν M   ἰσχυρὰν M   6 Ὁ – θαλάσσῃ] *om.* T (*s. l. supplev. man.
rec.*)   ἄμμον K   ὅριον VᴱVᴼ, ὥοριον (*sic*) M   πρόσταγμα αἰωνίον (*sic*) Vᵂ ᵖ· ᶜ·
(*cf. LXX*)   7 – 8 καὶ¹ – αὐτό] *om.* M   7 καὶ² – δυνήσεται] *om.* V P T   8 ἠχήσουσι
K, ηχήσωσιν T, ηγήσουσιν VᴱVᴼ   11 ἐβόβησεν Vᴱ, ἐκοίμησεν Vᴼ   12 αὐτοῦ Vᴼ

II¹1044 / K cap. Θ 1, 15

Σοφία Σολομῶντος·

Τὴν μὲν ὁλκάδα ὀρέξει πορισμῶν ἐπενόησαν ἄνθρωποι,
τεχνῖτις δὲ σοφία κατεσκεύασεν,
ἡ δὲ σή, πάτερ, διακυβερνᾷ πρόνοια,   5
ὅτι καὶ ἐν θαλάσσῃ ἔδωκας ὁδὸν
καὶ ἐν κύμασι τρίβον ἀσφαλῆ,
δεικνὺς ὅτι δύνασαι ἐκ παντὸς σώζειν,
κἂν ἄνευ τέχνης τίς ἐπιβῇ.
Θέλεις δὲ μὴ ἀργὰ εἶναι τὰ τῆς σοφίας ἔργα·   10
διατοῦτο καὶ ἐλαχίστῳ ξύλῳ πιστεύουσιν ἄνθρωποι ψυχάς,
καὶ διελθόντες κλύδωνα σχεδίᾳ ἐσώθησαν.

II¹1045 / K cap. Θ 1, 16

Ἀπὸ τοῦ Σιράχ·

Οἱ πλέοντες τὴν θάλασσαν διηγήσαντο τὸν κίνδυνον αὐτῆς,   15
καὶ ἀκοαῖς ὠτίων ἡμῶν θαυμάζομεν·

---

3 – 12 II¹1044 Sap. 14, 2¹– 5³   15 – 613, 2 II¹1045 Sir. 43, 24¹–25² (Wahl, *Sirach-
Text*, p. 166)

---

2 – 12 II¹1044 K cap. Θ 1, 15 (169r[21]22–169v5); V cap. Θ 9, 13; PM cap. Θ 10,
13; T cap. Θ 13, 14; R cap. Θ 13, 4; *deest in* H¹ Lᵇ; PG 96, 48, 9 –17   14 – 613, 2
II¹1045 K cap. Θ 1, 16 (169v[5]6–9); V cap. Θ 9, 14; PM cap. Θ 10, 14; T cap. Θ 13,
15; *deest in* H¹ Lᵇ R; PG 96, 48, 18 –21

II¹1044 (a) K PM T R σοφίας T R (b) Σολομῶντος V II¹1045 (a) K (b) Τοῦ Σιράχ
V PM T Τοῦ] *om.* V PM σηράχ M

---

3 ὁλκάδα] ὁλκάδα Μ T R, ολκαδα P   ὀρέξειν VᴱVᴼ   πορισμὸν Κ V P, πορισμοῦ
Μ   ἄνθρωποι] *praem.* οἱ Vᵂ   4 τεχνῖτις] *scripsi (LXX),* τεχνίτις Vᵂ, τεχνίτης Κ
VᴱVᴼ Μ T R, τεχνητης P   σοφίαι T   5 σῆ P   προνοία Vᵂ, προνοια P, πρα (*sic*)
Μ   7 κύματι P, ὕδασι VᴱVᴼ   ἀσφαλῆ Vᴼ, ἀσφαλη P, ἀσφαλὴν Μ   8 δεικνοις Μ
ὅτι δύνασαι] ἴδύνασαι Μ   σώζειν] -ειν *e corr.* Vᴱ   9 κἂν] καὶ Vᵂ T R   τίς] *ite-
rav.* Tᵃ· ʳᵃˢ·   11 διατοῦτο] *praem.* καὶ VᴱVᴼ   καὶ] *iterav.* Mᵃ· ʳᵃˢ·, *om.* T R, *add.* ἐν Κ
ἐλαχίστῳ] τῷ R   ψυχάς] *om.* Μ   12 κλύδωνας Κ VᴱVᴼ R   σχέδια Κ R, σχεδίως
VᴱVᴼ   ἐσώθησαν] διεσώθησαν (*sic*) ὑπὸ τῆς προνοίας Μ   15 διηγήσονται Κ,
διηγοῦνται Μ   τὸν] *om.* Μ   16 ἀκοῆς (-ης P) V P T   θαυμάζωμεν T, θαυμαζο-
μένη Μ

καὶ ἐκεῖ τὰ θαυμάσια καὶ παράδοξα ἔργα,
ποικιλία παντὸς ζῴου, κτίσις κητῶν.

II¹1046 / K cap. Θ 1, 17

Τοῦ ἁγίου Βασιλείου, ἐκ τοῦ δ' λόγου τῆς Ἑξαημέρου·

5 Μαινομένη πολλάκις ἐξ ἀνέμων θάλασσα καὶ εἰς ὕψος μέγιστον
διανισταμένη τοῖς κύμασιν, ἐπειδὰν μόνον τῶν αἰγιαλῶν ἅψηται,
εἰς ἀφρὸν διαλύσασα τὴν ὁρμήν, ἐπανῆλθεν. *Ἦ ἐμὲ οὐ φοβηθήσε-
σθε, λέγει κύριος, τὸν τιθέντα ἄμμον ὅριον τῇ θαλάσσῃ;* Τῷ ἀσθε-
νεστάτῳ πάντων, τῇ ψάμμῳ, ἡ ταῖς βίαις ἀφόρητος χαλινοῦται
10 θάλασσα.

II¹1047 / K cap. Θ 1, 18

Ἐκ τοῦ αὐτοῦ·

Ἡδὺ θέαμα λευκαινομένη θάλασσα, γαλήνης αὐτὴν σταθερᾶς κα-

---

7 – 8 Ierem. 5, 22

5 – 10 **II¹1046** BASILIUS CAESARIENSIS, *Homiliae in Hexaemeron*, IV, 3 (ed. Mendi-
eta†/Rudberg, p. 61, 2–6)   13 – 614, 4 **II¹1047** BASILIUS CAESARIENSIS, *Homiliae in
Hexaemeron*, IV, 6 (ed. Mendieta†/Rudberg, p. 66, 12–16)

4 – 10 **II¹1046** K cap. Θ 1, 17 (169v[10]11–17); V^EV^O cap. Θ 9, 15; V^W cap. Θ 9,
15–16; PM cap. Θ 10, 15–16; T cap. Θ 13, 16–17; *deest in* H^I L^b R; PG 96, 48, 22–28
12 – 614, 4 **II¹1047** K cap. Θ 1, 18 (169v[mg]18–24); V^EV^O cap. Θ 9, 16; V^W cap. Θ
9, 17; *deest in* H^I PML^b T R; PG 96, 48, 29–34

II¹1046 (a) K   (b) Βασιλείου, ἐκ τοῦ δ' λόγου τῆς Ἑξαημέρου / *s. a.* PM T *(cf. infra,
app. crit. text.)*   (c) Βασιλείου / τοῦ *(sic)* ἐκ τοῦ δ' λόγου τῆς Ἑξαημέρου V^W *(cf. in-
fra, app. crit. text.)*   (d) Βασιλείου V^EV^O **II¹1047** (a) K (b) *s. a.* V^EV^O (c) *s. d.* V^W

2 ζῴου T, ζωίου K   5 μαίνομενη *(sic)* P, μενομενη Μ, μαινομένης T   θάλασσα]
praem. ἡ V^W (= *ed.*)   μέγιστον] μέγεθος V^W PM, καὶ μέγεθως *(sic)* T   6 τῶν ⟨τὸν
V^W a. c.⟩ αἰγιαλὸν *(sic)* V^W, τὸν αἰγιαλὸν Μ   ἅψηται] ἄψεται Μ   7 διαλάσασα P
ὁρμήν] ὁρμὴν V T, ῥώμην K   ἐπανῆλθεν] *hic caesura in* V^W PM T   Ἦ] εἰ V^W P T
7 – 8 φοβηθήσεσθαι V^O a. c. Μ, φοβήθησεσθαι *(sic)* P   8 ἄμμον K   Τῷ] καὶ τῶ
V^W p. c., εἰ τῶ P, ἡ τῶ Μ, το T   9 ἡ] ἦ K, ἤ Μ   βίαις] *add.* τῶν ἀνέμων V^EV^O
ἀφορητος P, ἀφοριτος Μ, ἀφόρητως *(sic)* V^EV^O, ἀφορήτως K   χαλινοῦσα V^O   13
Ἡδὺ] *add.* δὲ V^EV^O

τεχούσης· ἡδὺ δὲ καὶ ὅταν πραείαις αὔραις τραχυνομένη τὰ νῶτα, πορφυροῦσαν χροὰν ἢ κυανῆν τοῖς ὁρῶσι προσβάλλῃ, ὅτε οὐδὲ τύπτει βιαίως τὴν γείτονα χέρσον, ἀλλ᾽ οἷον εἰρηνικαῖς τισι περιπλοκαῖς κατασπάζεται.

<II¹suppl. 256 / V cap. Θ 9, 17>

II¹1048 / K cap. Θ 1, 19

Τοῦ θεολόγου ἁγίου Γρηγορίου, ἐκ τοῦ περὶ θεολογίας β'·

Θαλάσσης εἰ μὲν τὸ μέγεθος οὐκ εἶχον θαυμάσαι, ἐθαύμασα ἂν τὸ ἥμερον, καὶ πῶς ἵσταται λελυμένη τῶν ἰδίων ὅρων ἐντός· εἰ δὲ μὴ τὸ ἥμερον, πάντως τὸ μέγεθος· ἐπεὶ δὲ ἀμφότερα, τὴν ἐν ἀμφοτέ- 10 ροις δύναμιν ἐπαινέσομαι. Τί τὸ συναγαγόν; Τί τὸ δῆσαν; Πῶς ἐπαίρεταί τε καὶ ἵσταται [λελυμένη τῶν ἰδίων ὅρων ἐντός], ὥσπερ αἰδουμένη τὴν γείτονα γῆν; Πῶς δέχεται ποταμοὺς πάντας, καὶ ἡ αὐτὴ διαμένει διὰ πλήθους περιουσίαν, ἢ οὐκ οἶδ᾽ ὅτι χρὴ λέγειν; Πῶς ψάμμος ὅριον αὐτῇ, τηλικούτῳ στοιχείῳ; Πρόσταγμα ἐγύρω- 15

5 II¹suppl. 256 cf. Sacra. Liber II. Supplementum (Band VIII/8)   15 ὅριον] Ierem. 5, 22 15 – 615, 1 Iob 26, 10¹

8 – 15 II¹1048 Θαλάσσης – στοιχείῳ] GREGORIUS NAZIANZENUS, De theologia II (Orat. 28), 27, 1–9 (ed. Gallay, p. 158–160)   15 – 615, 5 Πρόσταγμα – φύσιν] IBID., 27, 13–19 (p. 160)

7 – 615, 5 II¹1048 K cap. Θ 1, 19 (169v[24]170r1–17); VᴱVᴼ cap. Θ 9, 18; Vᵂ cap. Θ 9, 19; PM cap. Θ 10, 17; T cap. Θ 13, 18; deest in Hᴵ Lᵇ R; PG 96, 48, 41 – 49, 2

II¹1048 (a) K Vᵂ PM ἁγίου Γρηγορίου] om. Vᵂ PM β'] om. M (b) Γρηγορίου τοῦ θεολόγου, ἐκ τοῦ περὶ θερηθεολογία (sic) β' T (c) Τοῦ Θεολόγου VᴱVᴼ

1 πραῖαις V   αὔραι Vᴼ   2 χροὰν] sic acc. K Vᵂ, χρῶαν VᴱVᴼ   κυανῆν] scripsi, κυανὴν K VᴱVᴼ, κοιανὴν Vᵂ   προσβάλλει Vᵂ, προσβάλη Vᴼ   3 τύπτων Vᵂ   4 ἀσπάζεται V   8 εἰ] om. K   θαυμᾶσαι V M, θαυμασαι P   ἐθαύμασαν (-αυ- P) Vᴼ P   ἄν] om. P   9 ἥμερον] ἡμετερον (sic) Mᵃ·ᶜ·   10 ἥμερον] ἡμέτερον (-με- M) Mᵃ·ᶜ· T   ἐπεὶ δὲ] ἐπι δὲ (sic) Vᴼ, ἐπειδὴ K   11 ἐπαινέσωμεν K Vᴼ ᵃ·ᶜ·, ἐπαινέσομεν Vᴼ ᵖ·ᶜ·, ἐπαινοῦμεν M, επαινομαι P, επαινῶμαι (sic) T   συναγαγῶν VᴱVᴼ, συνάγον Vᵂ ᵉ ᶜᵒʳʳ· PM T   Τί² – δῆσαν] τί δαὶ τὸ δίσαν M   12 ἐπαίρεταί τε] ἐπαίρεται K VᴱVᴼ, ἐπέρεται M   λελυμένη – ἐντός] seclusi   13 ἡ] om. PM   14 περιουσίων P ἢ – λέγειν] om. V PM T   15 ψάμμος] praem. ἡ Vᵂ ᵖ· ᶜ· ˢ· ˡ·   αὐτὴ Vᵂ T, ἐν αὐτῇ M τοιλικόντα στοιχεία Vᴼ   Πρόσταγμα] add. γὰρ K   15 – 615, 1 ἐπύρωσεν K

σεν ἐπὶ πρόσωπον ὕδατος· τοῦτο τῆς ὑγρᾶς φύσεως ὁ δεσμός. Πῶς δὲ τὸν χερσαῖον ναυτίλον ἄγει ξύλῳ μικρῷ καὶ πνεύματι – τοῦτο οὐ θαυμάζεις ὁρῶν, οὐδὲ ἐξανίσταταί σου ἡ διάνοια; –, ἵνα γῆ καὶ θάλασσα δεθῶσι ταῖς χρείαις διὰ τῆς ἐπιμιξίας, καὶ εἰς ἓν ἔλθῃ τῷ

5   ἀνθρώπῳ τὰ τοσοῦτον ἀλλήλων διεστηκότα κατὰ τὴν φύσιν;

II¹1049 / K cap. Θ 1, 20

Τοῦ αὐτοῦ, περὶ τῶν μοναζόντων·

Τί δὲ θάλασσα καὶ γῆ, πράως ἀλλήλαις ἐπιμιγνύμενα καὶ διαδιδόντα χρηστῶς καὶ <***>, φιλανθρώπως τὸν ἄνθρωπον <***>,

10 καὶ ἀνθρώπῳ τὰ παρ᾽ ἑαυτῶν <***> πλουσίως καὶ φιλοτίμως;

<II¹suppl. 257–258 / V cap. Θ 9, 20–21>

---

11 **II¹suppl. 257–258** cf. *Sacra*. Liber II. *Supplementum* (Band VIII/8)

---

8 – 10 **II¹1049** GREGORIUS NAZIANZENUS, *De pace I ob monachorum reconciliationem (Orat. 6)*, 15, 8–12 (ed. Calvet-Sebasti, p. 160)

---

7 – 10 **II¹1049** K cap. Θ 1, 20 (170r[17]18–20); V^E V^O cap. Θ 9, 19; V^W cap. Θ 9, 20; *deest in* H^I PML^b T R; PG 96, 49, 3–7

II¹1049 (a) K (b) Τοῦ αὐτοῦ V^E V^O (c) *s. a.* V^W

1 προσώπου K   ὁ δεσμός] ὀδεσμὸς M, ὀδεμος P   1 – 5 Πῶς – φύσιν] καὶ τὰ λοιπα T, *om*. PM   2 δὲ] *om*. K   τὸν] τὸ V^W   ναυτίλογον ἄγει V^O, ἄγει ναυτίλον V^W   3 οὐδὲ] οὐδὲν V^O   4 θάλασσα] θάλαττα V^E V^O   δηθῶσι K, δὲ θῶσϊ V^O   5 τοσοῦτον] τὸ σοῦτον V^E, τοσοῦτων (sic) V^O   ἀλλήλοις V^W   τὴν] *om*. K V^E a. c.
8 – 9 διαδιδῶντα V^E, διαδῶντα V^O   9 *post* καὶ *hab*. ἀντιλαμβάνοντα *ed*.   9 – 10 φιλανθρώπως – πλουσίως] *textus corruptus*   9 *post* ἄνθρωπον *hab*. τρέφει *ed*.   10 καὶ ἀνθρώπῳ] *correxi (ed.)*, καὶ ἄνθρωποι K, καὶ ἀνθρώπων V^W, *om*. V^E V^O   παρ᾽ ἑαυτῶν] περὶ αὐτῶν V^W   *post* ἑαυτῶν *hab*. χορηγοῦντα *ed*.   πλουσίως] πλούτει ὡς V^W

II¹1050 / K cap. Θ 1, 21

Φίλωνος, ἐκ τῆς πρὸς Γάϊον πρεσβείας·

Ἄξιον θαυμάσαι θάλασσαν, δι' ἧς τὰς ἀντιδόσεις αἱ χῶραι ἀλλήλαις τῶν ἀγαθῶν ἀντεκτίνουσιν, καὶ τὰ μὲν ἐνδέοντα λαμβάνουσιν, ὧν δὲ ἄγουσιν περιουσίαν, ἀντιπέμπουσιν.   5

---

3 - 5 II¹1050 PHILO IUDAEUS, *Legatio ad Gaium*, 47 (ed. Reiter, p. 164, 13–17)

---

2 - 5 II¹1050 K cap. Θ 1, 21 (170r[21]22–170v1); V^EV^O cap. Θ 9, 22; V^W cap. Θ 9, 23; PM cap. Θ 10, 20; R cap. Θ 13, 6; *deest in* H^I L^b T; PG 96, 49, 29–32

II¹1050 (a) K PM   φιλονος M   τῆς] τοῦ M   γαῖον P, τον γαϊανον M   πρεσβείας] πρεσβύτερον PM   (b) Φίλωνος V R

---

3 θαυμᾶσαι V, θαυμασαι PM   θάλασσαν] *praem.* τὴν R   ἀντιδώσεις V^EV^O M 3 - 4 αἱ – ἀλλήλαις] *post* ἀγαθῶν *transpos.* V PM R   3 - 4 ἀλλήλαις] ἀλλήλοις M, *om.* R   4 ἀντεκτείνουσιν K V^WV^O M, ἀντεκτήνουσιν P, ἀνταποκτείνουσι R

Τίτλος β′   Περὶ θερισμοῦ καὶ τρυγητοῦ.

ιβ′   Περὶ θερισμοῦ καὶ τρυγητοῦ.

ιβ′   Περὶ θερισμοῦ καὶ τρυγητοῦ.

II¹1051 / K cap. Θ 2, 1

5   Τοῦ Λευϊτικοῦ·

Ἐκθεριζόντων ὑμῶν τὸν θερισμὸν τῆς γῆς ὑμῶν, οὐ συντελέσετε
τὸν θερισμὸν ὑμῶν τοῦ ἀγροῦ σου ἐκθερίσαι, καὶ τὰ ἀποπίπτοντα
τοῦ θερισμοῦ σου οὐ συλλέξεις, καὶ τὸν ἀμπελῶνά σου οὐκ ἐ-
πανατρυγήσεις, οὐδὲ ῥῶγας τοῦ ἀμπελῶνός σου συλλέξεις· τῷ
10   πτωχῷ καὶ τῷ προσηλύτῳ καταλείψεις αὐτά. Ἐγὼ κύριος ὁ θεὸς
ἐντέλλομαί σοι, καὶ τὸν ἀμπελῶνά σου οὐ κατασπερεῖς δίφορον.

---

6 - 10 II¹1051 Ἐκθεριζόντων – αὐτά] Lev. 19, 9–10   10 - 11 Ἐγὼ – δίφορον]
Ibid. 19, 18–19

---

1 Titlos (a) K (170v1–2)   2 Titlos (b) V Aᴵ ᵖⁱⁿ; deest in HᴵAᴵ ᵗˣᵗ   3 Titlos (c)
PMLᵇ ᵖⁱⁿ R; deest in Lᵇ ᵗˣᵗ T⁽ˡᵃᶜ·⁾   5 - 11 II¹1051 K cap. Θ 2, 1 (170v[2]3–9); VᴱVᴼ
cap. Θ 12, 1–2; Vᵂ cap. Θ 12, 1; PM cap. Θ 12, 1; R cap. Θ 14, 1; deest in Hᴵ Lᵇ
T⁽ˡᵃᶜ·⁾; PG 96, 52, 26–31

---

2 Titlos (b)   ιβ′] ιαʹ Vᵂ ᵖⁱⁿ, propt. mg. resect. non liquet in Aᴵ ᵖⁱⁿ (ιβ′ secund. ser.),
praem. τίτλος Vᵂ ᵗˣᵗ   3 Titlos (c)   ιβ′] τίτλος ιδʹ Rᵗˣᵗ, ιδʹ Rᵖⁱⁿ, om. Pᵗˣᵗ (ιβ′
exspectav.)   καὶ τρυγητοῦ] om. Mᵖⁱⁿ

II¹1051 (a) K Vᵂ PM R Τοῦ] om. Vᵂ M R Λευϊτικοῦ] λευητ (sic) Vᵂ   (b) Λευϊτι-
κοῦ / s. a. VᴱVᴼ (cf. infra, app. crit. text.)

---

6 - 7 Ἐκθεριζόντων – καὶ] om. R   6 συντελέσητε K Vᵂ P, συντελέσεται Vᴼ,
συντελέσηται M 7 τοῦ – ἐκθερίσαι] om. K   ἀγροῦ σου] ἁγίου σου Vᴼ   ἐκθερί-
σαι] praem. τοῦ M   8 - 9 επανατρυγησης M, hic caesura in VᴱVᴼ   9 οὐδὲ – συλ-
λέξεις] om. R   ρωγας M, ῥάγας VᴱVᴼ, ροας P   ἀμπελῶνός σου] add. οὐ Vᴱ   10
καταλείψεις] scripsi (LXX), καταλήψεις K, ἀφήσεις VᴱVᴼ P R, ἀφίσεις Vᵂ M
10 - 11 Ἐγὼ – δίφορον] om. V PM R   11 δίφορον] sic K, διάφορον LXX (sed vide
app. crit.)

Τίτλος γʹ   Περὶ θανόντων καὶ πενθούντων, καὶ ὅτι οὐ δεῖ ἐπὶ τῷ προαπελθόντι κόπτεσθαι.

ζʹ   Περὶ θανόντων καὶ πενθούντων, καὶ ὅτι οὐ δεῖ ἐπὶ τῷ προαπελθόντι πενθεῖν καὶ κόπτεσθαι.

ηʹ   Περὶ θανόντων καὶ πενθούντων, καὶ ὅτι οὐ δεῖ ἐπὶ τῷ προα-   5
πελθόντι πενθεῖν.

II¹1052 / K cap. Θ 3, 1

Τῆς Γενέσεως·

Ἐκλείπων Ἀβραὰμ ἀπέθανεν ἐν γήρᾳ καλῷ πρεσβύτης καὶ πλήρης
ἡμερῶν, καὶ προσετέθη πρὸς τὸν λαὸν αὐτοῦ.   10

---

1 πενθούντων] cf. II¹ / Kᵖⁱⁿ Παραπομπὴ Π 9

9 – 10 II¹1052 Gen. 25, 8

1 – 2 **Titlos (a)** K (170v10–11)   3 – 4 **Titlos (b)** V Aᴵ ᵖⁱⁿ; *deest in* HᴵAᴵ ᵗˣᵗ   5 – 6
Titlos (c) PMLᵇ ᵖⁱⁿ Tᵗˣᵗ R; *deest in* Lᵇ ᵗˣᵗ Tᵖⁱⁿ ⁽ˡᵃᶜ·⁾   8 – 10 II¹1052 K cap. Θ 3, 1 (170v
[11]12–14); *deest in* V Hᴵ PMLᵇ T R

1 – 2 **Titlos (a)**   1 Τίτλος γʹ] *om.* Kᵖⁱⁿ (γʹ *secund. ser.)*   γʹ] *correxi,* βʹ Kᵗˣᵗ   1 – 2
καὶ² – κόπτεσθαι] *om.* Kᵖⁱⁿ   3 – 4 **Titlos (b)**   3 ζʹ] *om.* Vᴼ ᵗˣᵗ (ζʹ *secund. ser.),*
propt. mg. resect. non liquet in Aᴵ ᵖⁱⁿ (ζʹ *secund. ser.), praem.* τίτλος Vᵂ ᵗˣᵗ   θανόν-
των] θανέντων Vᴱ ᵗˣᵗ VᵂVᴼ ᵗˣᵗ Aᴵ ᵖⁱⁿ   καὶ πενθούντων] *om.* Vᴼ ᵗˣᵗ   καὶ¹] *add.* περὶ
Vᴼ ᵖⁱⁿ   3 – 4 καὶ² – κόπτεσθαι] *om.* Aᴵ ᵖⁱⁿ   3 – 4 τὸ προαπελθόντι Vᵂ ᵖⁱⁿ, τοῖς προ-
απελθοῦσι Vᴱ ᵖⁱⁿ Vᴼ ᵖⁱⁿ   4 καὶ κόπτεσθαι] *om.* Vᴱ ᵗˣᵗ VᵂVᴼ ᵗˣᵗ   5 – 6 **Titlos (c)**   5
ηʹ] *non liquet in* P, *sed* ηʹ *videtur,* τίτλος αιʹ (sic) Tᵗˣᵗ, τίτλος ιαʹ Rᵗˣᵗ, ιαʹ Rᵖⁱⁿ   5 – 6
καὶ¹ – πενθεῖν] *om.* Mᵖⁱⁿ   5 καὶ¹] *add.* περι (sic) Mᵗˣᵗ   5 – 6 καὶ² – πενθεῖν] *om.*
Mᵗˣᵗ   5 – 6 τῷ προαπελθόντι] *correxi,* τῶν προαπελθόντων PLᵇ ᵖⁱⁿ Tᵗˣᵗ, τοῖς προα-
πελθοῦσι R   6 πενθεῖν] θρινεῖν (sic) Tᵗˣᵗ

II¹1052 Γενέσεως] *scripsi,* κτίσεως K

II¹1053 / K cap. Θ 3, 2

Τοῦ Λευϊτικοῦ·

Φαλάκρωμα οὐ ξυρισθήσεσθε τὴν κεφαλὴν ὑμῶν ἐπὶ νεκρῷ, καὶ τὴν ὄψιν τοῦ πώγωνος ὑμῶν οὐ ξυρισθήσεσθε, καὶ ἐπὶ τὰς σάρκας
5 οὐ κατατεμεῖτε ἐντομίδας.

Ἐπὶ νεκρῷ τὰς σάρκας αὐτῶν οὐ κατατεμοῦσιν.

<II¹suppl. 259 / V cap. Θ 7, 2>

II¹1054 / K cap. Θ 3, 3

Βασιλειῶν β'·

10 Ἀνέστη Δαυῒδ ἐκ τῆς γῆς καὶ ἐλούσατο καὶ ἠλείψατο καὶ ἤλλαξεν τὰ ἱμάτια αὐτοῦ· καὶ εἰσῆλθεν εἰς τὸν οἶκον τοῦ θεοῦ καὶ προσε-
κύνησεν αὐτῷ καὶ ἤτησεν ἄρτον φαγεῖν· καὶ παρέθηκαν αὐτῷ ἄρτον καὶ ἔφαγεν. Καὶ εἶπαν οἱ παῖδες αὐτοῦ πρὸς αὐτόν· Τί τὸ ῥῆμα τοῦτο ὃ ἐποίησας ἕνεκα τοῦ παιδαρίου; Ἔτι ζῶντος, ἐνή-
15 στευες καὶ ἔκλαιες καὶ ἠγρύπνεις· καὶ ἡνίκα ἀπέθανε τὸ παιδά- ριον, ἀνέστης καὶ ἔφαγες ἄρτον καὶ πέπωκας; Καὶ εἶπεν Δαυῒδ· Ἐν

---

7 **II¹suppl. 259** cf. *Sacra*. Liber II. *Supplementum* (Band VIII/8)

---

3 – 5 **II¹1053 Versio K** Lev. 21, 5   6 **II¹1053 Versio V PM T** cf. Lev. 21, 5
10 – 620, 5 **II¹1054** II Reg. 12, 20 –23 (Wahl, *2 Samuel-Text*, p. 85 –86)

2 – 6 **II¹1053** K cap. Θ 3, 2 (170v[14]15 –18); V cap. Θ 7, 1; PM cap. Θ 8, 1; T cap.
Θ 11, 1; *deest in* H¹ Lᵇ R; PG 96, 28, 38 –39   9 – 620, 5 **II¹1054** K cap. Θ 3, 3 (170v
[18]19 –171r8); V cap. Θ 7, 3; PM cap. Θ 8, 3; T cap. Θ 11, 3; R cap. Θ 11, 1; *deest in*
H¹ Lᵇ; PG 96, 28, 43 – 29, 7

II¹1053 (a) K P   (b) Ἀπὸ τοῦ Λευϊτικοῦ T   (c) Λευϊτικοῦ V   (d) λευϊτικο η' *(sic)* M
II¹1054 (a) K VᴱVᴼ PM T R   (b) Τῶν αὐτῶν Vᵂ

---

6 Ἐπὶ - κατατεμοῦσιν] *Versio* V PM T   κατατέμνουσιν M   10 ἐκ - γῆς] *om.* R
11 τοῦ θεοῦ] αυτοῦ *(sic)* M   τοῦ] *om.* K   12 αὐτῷ¹] αὐτὸν M   12 – 13 φαγεῖν -
ἄρτον] *om.* K Vᵂ   12 αὐτῷ²] αυτον M   14 ὃ] *om.* M   ἕνεκα - παιδαρίου] *om.* V
PM T R   ζῶντος] *add.* τοῦ παιδαρίου V PM T R   14 – 15 ἐνήστευσας P T R   15
καὶ²] *add.* υπο Kˢ·ˡ· ᵘᵗ ᵛⁱᵈᵉᵗᵘʳ   15 – 16 τὸ παιδάριον] *om.* V PM T R   16 ἄρτον] *om.* R
16 – 620, 1 Ἐν τῷ] *om.* M

τῷ τὸ παιδάριον ἔτι ζῆν ἐνήστευσα καὶ ἔκλαυσα, ὅτι εἶπα· Τίς οἶ-
δεν εἰ ἐλεήσει με κύριος καὶ ζήσεται τὸ παιδάριον; Καὶ νῦν τέ-
θνηκεν· ἱνατί τοῦτο ἐγὼ νηστεύω; Μὴ δυνήσομαι ἐπιστρέψαι αὐ-
τὸν ἔτι; Ἐγὼ πορεύσομαι πρὸς αὐτόν, καὶ αὐτὸς οὐκ ἀναστρέψει
πρός με.   5

II¹1055 / K cap. Θ 3, 4

Ἀπὸ τοῦ Ἰώβ·

Συνετέλεσαν ἐν ἀγαθοῖς τὸν βίον αὐτῶν,
ἐν δὲ ἀναπαύσει Ἅδου ἐκοιμήθησαν.

II¹1056 / K cap. Θ 3, 5   10

Τοῦ αὐτοῦ·

Ἐκεῖ ἀνεπαύσαντο κατάκοποι τῷ σώματι·
ὁμοθυμαδὸν δὲ οἱ αἰώνιοι
οὐκ ἤκουσαν φωνὴν φορολόγου·
μικρὸς καὶ μέγας ἐκεῖ ἐστὶ   15
καὶ θεράπων οὐ δεδοικὼς τὸν κύριον αὐτοῦ.

---

8 – 9 II¹1055 Iob 21, 13¹⁻²   **12 – 16 II¹1056** Iob 3, 17²–19²

7 – 9 II¹1055 K cap. Θ 3, 4 (171r[8]9–10); V cap. Θ 7, 4; PM cap. Θ 8, 4; T cap. Θ
11, 4; R cap. Θ 11, 2; *deest in* Hⁱ Lᵇ; PG 96, 29, 8–9   **11 – 16 II¹1056** K cap. Θ 3, 5
(171r[10]11–14); V cap. Θ 7, 5; PM cap. Θ 8, 5; T cap. Θ 11, 5; *deest in* Hⁱ Lᵇ R; PG
96, 29, 10–13

II¹1055 (a) K T ϊώβ T   (b) Ἰώβ V PM R ϊώβ P, ιωβ R, ϊωβ M **II¹1056** (a) K P T   (b)
s. a. V   (c) *s. d.* M

1 ἐνίστευον M   ἔκλαιον M   **2** ἐλεήσῃ (ε- T) Vᵂ P T   κύριος] *praem.* ὁ Vᵂ   **3**
ϊνατί P, ϊνατι M, ἵνατί VᴱVᵂ ᵃ· ᶜ· Vᴼ, ἵνατί T, ἵνα K   νηστεύσω T   ἐπιστρέψαι]
post αὐτὸν *transpos.* K   **8** τὸν βίον] τὰς ἡμέρας K   **12** ἀνεπαύσατο Tᵃ· ᶜ·, ἀναπαύ-
σονται VᴱVᴼ   **13** δὲ] *om.* Vᴼ   αἰώνιοι] *add.* οἳ Vᵂ   **16** οὐ – αὐτοῦ] *om.* Vᵂ (*in*
mg. supplev. man. rec.)   αὐτοῦ K, αὐτῶν Vᴱ ᵃ· ᶜ·

II¹1057 / K cap. Θ 3, 6

Τοῦ αὐτοῦ·

Ἐὰν ἀποθάνῃ ἄνθρωπος, ζήσεται,
συντελέσας ἡμέρας τοῦ βίου αὐτοῦ.

II¹1058 / K cap. Θ 3, 7

Τοῦ αὐτοῦ·

Ἐλεύσῃ ἐν τάφῳ ὥσπερ σῖτος ὥριμος κατὰ καιρὸν θεριζόμενος.

II¹1059 / K cap. Θ 3, 8

Τοῦ αὐτοῦ·

Θάνατος ἀνδρὶ ἀνάπαυσις.

II¹1060 / K cap. Θ 3, 9

Τοῦ αὐτοῦ·

Εὐλογία ἀπολλυμένου ἐπ᾽ ἐμὲ ἔλθοι.

---

3 – 4 **II¹1057** Iob 14, 14¹⁻²   7 **II¹1058** Iob 5, 26¹   10 **II¹1059** Iob 3, 23¹   13
II¹1060 Iob 29, 13¹

---

2 – 4 **II¹1057** K cap. Θ 3, 6 (171r[14]15–16); V cap. Θ 7, 6; PM cap. Θ 8, 7; T cap.
Θ 11, 6; *deest in* H¹ Lᵇ R; PG 96, 29, 14–15   6 – 7 **II¹1058** K cap. Θ 3, 7 (171r[16]
17–18); V cap. Θ 7, 7; PM cap. Θ 8, 7; T cap. Θ 11, 7; *deest in* H¹ Lᵇ R; PG 96, 29,
16–17   9 – 10 **II¹1059** K cap. Θ 3, 8 (171r[18]19); V cap. Θ 7, 8; PM cap. Θ 8, 8; T
cap. Θ 11, 8; *deest in* H¹ Lᵇ R; PG 96, 29, 18   12 – 13 **II¹1060** K cap. Θ 3, 9 (171r
[19]20); V cap. Θ 7, 9; PM cap. Θ 8, 9; T cap. Θ 11, 9; *deest in* H¹ Lᵇ R; PG 96, 29, 19

II¹1057 (a) K T (b) *s. a.* V P (c) *s. d.* M **II¹1058** (a) K M (b) *s. a.* V P T **II¹1059** (a)
K P T (b) *s. a.* V (c) *s. d.* M **II¹1060** (a) K (b) *s. a.* V P (c) *s. d.* M T

---

3 – 4 Ἐὰν – αὐτοῦ] *om.* Vᵂ *(in mg. supplev. man. rec.)*   4 τοῦ] *om.* VᴱVᵂ ˢᵘᵖᵖˡ· Vᴼ
PM T   13 ἀπολλυμένη PM T

II¹1061 / K cap. Θ 3, 10

Τοῦ Ἐκκλησιαστοῦ·

Ἀγαθὸν πορευθῆναι εἰς οἶκον πένθους
ἢ εἰς οἶκον πότου.

II¹1062 / K cap. Θ 3, 11

Τοῦ αὐτοῦ·

Καρδία σοφῶν ἐν οἴκῳ πένθους,
καρδία δὲ ἀφρόνων ἐν οἴκῳ εὐφροσύνης.

II¹1063 / K cap. Θ 3, 12

Τοῦ αὐτοῦ·

Ὅτι ἐπορεύθη ἄνθρωπος εἰς οἶκον αἰῶνος αὐτοῦ,
καὶ ἐκύκλωσαν ἐν ἀγορᾷ οἱ κοπτόμενοι.

---

3 – 4 exstat etiam ap. Ps.-Max. Conf., *Loci communes*, 30.3./3. (ed. Ihm, p. 626)

---

3 – 4 II¹1061 Eccle. 7, 2¹⁻² (Wahl, *Kohelet-Text*, p. 160)   **7 – 8 II¹1062** Eccle. 7, 4¹⁻² (Wahl, *Kohelet-Text*, p. 160)   **11 – 12 II¹1063** Eccle. 12, 5⁵⁻⁶ (Wahl, *Kohelet-Text*, p. 174)

---

2 – 4 II¹1061 K cap. Θ 3, 10 (171r[20]21–22); V cap. Θ 7, 10; PM cap. Θ 8, 10; T cap. Θ 11, 10; R cap. Θ 11, 3; *deest in* H¹ Lᵇ; PG 96, 29, 20–21   **6 – 8 II¹1062** K cap. Θ 3, 11 (171r[22]23–24); V cap. Θ 7, 11; PM cap. Θ 8, 11; T cap. Θ 11, 11; R cap. Θ 11, 4; *deest in* H¹ Lᵇ; PG 96, 29, 21–22   **10 – 12 II¹1063** K cap. Θ 3, 12 (171r[24]25– 171v1); V cap. Θ 7, 12; PM cap. Θ 8, 12; T cap. Θ 11, 12; R cap. Θ 11, 5; *deest in* H¹ Lᵇ; PG 96, 29, 23–24

II¹1061 Τοῦ] *om.* V **II¹1062** (a) K PM R (b) *s. a.* V T **II¹1063** (a) K (b) *s. a.* Vᴱⱽᴼ P (c) *s. d.* Vᵂ M T R

---

7 σοφοῦ K 8 ἄφρονος K

II¹1064 / K cap. Θ 3, 13

Τοῦ αὐτοῦ·

Καθὼς ἐξῆλθεν ἀπὸ γαστρὸς μητρὸς αὐτοῦ γυμνός,
ἐπιστρέψει τοῦ πορευθῆναι ὡς ἥκει,
5 καὶ οὐδὲν λήψεται ἐν μόχθῳ αὐτοῦ,
ἵνα πορευθῇ ἐν χειρὶ αὐτοῦ.

II¹1065 / K cap. Θ 3, 14

Τοῦ αὐτοῦ·

Ἀγαθὴ ἡμέρα θανάτου αὐτοῦ ὑπὲρ ἡμέραν γεννήσεως αὐτοῦ.

10 ## <II¹suppl. 260 / V cap. Θ 7, 15>

II¹1066 / K cap. Θ 3, 15

Ἀπὸ τοῦ Σιράχ·

Ἐπὶ νεκρῷ μὴ ἀποκωλύσῃς χάριν.

---

10 **II¹suppl. 260** cf. *Sacra*. Liber II. *Supplementum* (Band VIII/8)

---

3 - 6 II¹1064 Eccle. 5, 14¹⁻⁴ (Wahl, *Kohelet-Text*, p. 157–158)   **9 II¹1065** Eccle. 7, 1¹⁻² (Wahl, *Kohelet-Text*, p. 159–160)   **13 II¹1066** Sir. 7, 33² (Wahl, *Sirach-Text*, p. 66)

---

2 - 6 II¹1064 K cap. Θ 3, 13 (171v[1]2–4); V cap. Θ 7, 13; PM cap. Θ 8, 13; T cap. Θ 11, 13; R cap. Θ 11, 6; *deest in* Hᴵ Lᵇ; PG 96, 29, 25–28   **8 - 9 II¹1065** K cap. Θ 3, 14 (171v[4]5–6); V cap. Θ 7, 14; PM cap. Θ 8, 14; T cap. Θ 11, 14; *deest in* Hᴵ Lᵇ R; PG 96, 29, 29–30   **12 - 13 II¹1066** K cap. Θ 3, 15 (171v[6]7); *deest in* V Hᴵ PMLᵇ T R

II¹1064 (a) K PM T R (b) *s. a.* V **II¹1065** (a) K PM T (b) *s. a.* V

---

3 μητρὸς αὐτοῦ] *om.* R   **9** αὐτοῦ²] *om.* M

II¹1067 / K cap. Θ 3, 16

Τοῦ αὐτοῦ·

Μὴ ὑστέρει ἀπὸ κλαιόντων,
καὶ μετὰ πενθούντων πένθησον.

II¹1068 / K cap. Θ 3, 17

5

Τοῦ αὐτοῦ·

Μὴ ἐπίχαιρε ἐπὶ νεκρῷ·
μνήσθητι ὅτι πάντες τελευτῶμεν.

II¹1069 / K cap. Θ 3, 18

Τοῦ αὐτοῦ·

10

Μουσικὰ ἐν πένθει ἄκαιρος διήγησις.

---

3 – 4 II¹1067 Sir. 7, 34¹⁻² (Wahl, *Sirach-Text*, p. 66)   7 – 8 II¹1068 Sir. 8, 7¹⁻²
(Wahl, *Sirach-Text*, p. 68)   11 II¹1069 Sir. 22, 6¹ (Wahl, *Sirach-Text*, p. 106)

2 – 4 II¹1067 K cap. Θ 3, 16 (171v[7]8–9); V cap. Θ 7, 16; PM cap. Θ 8, 16; T cap.
Θ 11, 16; R cap. Θ 11, 8; *deest in* Hᴵ Lᵇ; PG 96, 29, 34–35   6 – 8 II¹1068 K cap. Θ 3,
17 (171v[9]10–11); V cap. Θ 7, 17; PM cap. Θ 8, 17; T cap. Θ 11, 17; R cap. Θ 11, 9;
deest in Hᴵ Lᵇ; PG 96, 29, 36–37   10 – 11 II¹1069 K cap. Θ 3, 18 (171v[11]12);
Vᴱⱽᴼ cap. Θ 7, 18; Vᵂ ˢᵘᵖᵖˡ· cap. Θ 7, 18; PM cap. Θ 8, 18; T cap. Θ 11, 18; *deest in*
Hᴵ Lᵇ R; PG 96, 29, 38

II¹1067 (a) K (b) Τοῦ Σιράχ V PM T R Τοῦ] *om.* V R σιραχ M II¹1068 (a) K M R
(b) *s. a.* V P T II¹1069 (a) K Vᵂ ˢᵘᵖᵖˡ· PM T (b) *s. a.* Vᴱⱽᴼ

7 νεκρῶν P 8 τελευτήσωμεν T 11 Μουσικὰ – διήγησις] *om.* Vᵂ *(in mg. supplev.*
man. rec.)   ἀκαίρως K Vᴱⱽᴼ   διήγησης Tᵖ· ᶜ·, διηγήσης Tᵃ· ᶜ·, διηγήσεις Vᴼ, διη-
γήσει K Vᴱ

II¹1070 / K cap. Θ 3, 19

Τοῦ αὐτοῦ·

Ἐπὶ νεκρῷ κλαῦσον· ἐξέλιπε γὰρ φῶς.

II¹1071 / K cap. Θ 3, 20

5　Τοῦ αὐτοῦ·

Πένθος νεκροῦ ἑπτὰ ἡμέρας.

II¹1072 / K cap. Θ 3, 21

Τοῦ αὐτοῦ·

Τέκνον, ἐπὶ νεκρῷ κατάγαγε δάκρυα,
10　καὶ ποίησον τὸ πένθος κατὰ τὴν τάξιν αὐτοῦ
ἡμέραν μίαν καὶ δύο χάριν διαβολῆς,
καὶ παρακλήθητι λύπης ἕνεκα·
γνῶθι γὰρ ὅτι οὐκ ἔστιν ἐπάνοδος·

3　exstat etiam ap. Ps.-Max. Conf., *Loci communes*, 53.7./60.7. (ed. Ihm, p. 853)
9 – 626, 2　exstat ibid., 65.5./36.5. (p. 948 – 949)

3　II¹1070 Sir. 22, 11¹ (Wahl, *Sirach-Text*, p. 106 – 107)　　　6　II¹1071 Sir. 22, 12¹
(Wahl, *Sirach-Text*, p. 107)　　　9　II¹1072 Τέκνον – δάκρυα] Sir. 38, 16¹ (Wahl, *Si-rach-Text*, p. 151)　　　10 – 12　καὶ – ἕνεκα] Ibid. 38, 17²⁻⁴ (Wahl, p. 151)　　　13 – 626, 1
γνῶθι – κακώσεις] Ibid. 38, 21¹⁻² (Wahl, p. 151)

---

2 – 3　II¹1070 K cap. Θ 3, 19 (171v[12]13); V cap. Θ 7, 19; PM cap. Θ 8, 19; T cap.
Θ 11, 19; *deest in* Hᴵ Lᵇ R; PG 96, 29, 38 – 39　　　5 – 6　II¹1071 K cap. Θ 3, 20 (171v[13]
14); V cap. Θ 7, 20; PM cap. Θ 8, 20; T cap. Θ 11, 20; *deest in* Hᴵ Lᵇ R; PG 96, 29,
39 – 40　　　8 – 626, 2　II¹1072 K cap. Θ 3, 21 (171v[14]15 – 20); V cap. Θ 7, 21; PM cap.
Θ 8, 21; T cap. Θ 11, 21; R cap. Θ 11, 10; *deest in* Hᴵ Lᵇ; PG 96, 29, 41 – 46

II¹1070 (a) K PM T　(b) *s. a.* V　II¹1071 (a) K P T　(b) *s. a.* V M　II¹1072 (a) K Vᵂ
PM R　(b) *s. a.* Vᴱⱽᴼ T

3　ἐξέλειπεν PM T　6　ἑπταήμεραι M　　ἑπτὰ] ζʹ P　　ἡμέραις *(sic)* P, ἡμέραι Vᵂ ᵖ·ᶜ·
9　κάταγε P　10　τὸ] *om.* PM T R　　τάξιν] *om.* Vᵂ　11　ἡμέρα T　12　ἕνεκα] ἕνεκεν
(sic) T

καὶ τοῦτον γὰρ οὐκ ὠφελήσεις καὶ σεαυτὸν κακώσεις·
ἀπὸ γὰρ λύπης ἐκβαίνει θάνατος.

II¹1073 / K cap. Θ 3, 22

Τοῦ αὐτοῦ·

Ἐν τῷ ἀποθανεῖν ἄνθρωπον   5
κληρονομήσει ἑρπετὰ καὶ θηρία καὶ σκώληκας.

II¹1074 / K cap. Θ 3, 23

Τοῦ ἁγίου Βασιλείου, ἐκ τοῦ περὶ εὐχαριστίας·

Οὔτε γυναιξὶν οὔτε ἀνδράσιν ἐπιτέτραπται τὸ φιλοπενθὲς καὶ φι-
λοδάκρυον, ἀλλ' ὅσον ἐπιστυγνάσαι τοῖς λυπηροῖς καὶ μικρόν τι   10
δάκρυον ἀποστάξαι, καὶ τοῦτο ἡσυχῆ, μὴ ἀναβρυχόμενον μὴ δὲ
ὀλολύζοντα μὴ δὲ καταρρηγνῦντα χιτῶνα ἢ κόνιν καταχεόμενον
μὴ δὲ ἄλλό τι τῶν τοιούτων, ἀσχήμων ὄντων, ἐπιτηδευομένων
παρὰ τῶν ἀπαιδεύτως ἐχόντων πρὸς τὰ ἀνθρώπινα. Δεῖ γὰρ τὸν

2 ἀπὸ – θάνατος] Sir. 38, 18¹ (Wahl, *Sirach-Text*, p. 151)   5 – 6 II¹1073 Sir. 10,
11¹⁻² (Wahl, *Sirach-Text*, p. 73)   9 – 627, 9 II¹1074 BASILIUS CAESARIENSIS,
Homilia de gratiarum actione (*In illud*: Semper gaudete *[I Thess. 5, 16]*), 6 (PG 31,
229, 36 – 232, 8)

4 – 6 II¹1073 K cap. Θ 3, 22 (171v[mg]21–22); V cap. Θ 7, 22; PM cap. Θ 8, 22; T
cap. Θ 11, 22; R cap. Θ 11, 11; *deest in* Hᴵ Lᵇ; PG 96, 29, 47–48   8 – 627, 9 II¹1074
K cap. Θ 3, 23 (171v[22]23–172r18); V cap. Θ 7, 23; PM cap. Θ 8, 23; T cap. Θ 11,
23; R cap. Θ 11, 12; *deest in* Hᴵ Lᵇ; PG 96, 29, 49 – 32, 8

II¹1073 (a) K M T R (b) *s. a.* V P   II¹1074 (a) K PM T R Τοῦ ἁγίου] *om.* M ἐκ –
εὐχαριστίας] *om.* R ἐκ τοῦ] *om.* PM (b) Βασιλείου V

1 τοῦτο Vᴼ, τούτων (*sic*) T   σεαυτῶν T   2 ἐμβαίνει M   5 ἀποθνήσκειν R
ἄνθρωπος M   9 ἐπιτρέπεται K M, ἐπιτέραπται (*sic*) T   9 – 10 φιλοδακρύον P,
φιλόδακρυ Vᴱᵛᵂ ᵖ· ᶜ· Vᴼ R (= *ed.*)   10 ἐπιστυγνᾶσαι V P T, -στυγνασαι M,
-στυγνάζειν K   11 ἐπισταξαι (*sic*) M   ἡσυχῆ] *add.* καὶ K   βρυχώμενον R, ἀνα-
βρασσόμενον Vᴱᵛᴼ   12 καταρρηγνῦντα Vᵂ ᵖ· ᶜ·, -ρριγνῦντα T, -ρριγνυντα P,
-ριγνυντα M   κόνιν] κόνην Vᴱᵛᴼ P T   καταχεώμενον T, κατεχόμενον P   13
μὴ] ἢ M   δὲ] *om.* K Vᵂ PM T R   ἀσχήμων ὄντων] ἀσχημονούντων M, ἀσχῆμον
ὂν R, ἀσχήμων Vᴱᵛᴼ, ἀσχημονοῦντα τῶν *ed.*   ἐπιτηδευομένων] ἐπιτηδευομένον
Vᵂ T R, *add.* δὲ K   14 – 627, 5 Δεῖ – δέχεσθαι] *om.* V PM T R

κεκαθαρμένον τῷ θείῳ διδασκαλίῳ, οἷον ὀχυρῷ τινὶ τειχίῳ τῷ
ὀρθῷ λόγῳ πεφράχθαι, καὶ ἀνδρείως καὶ καρτερῶς τὰς τῶν τοιού-
των παθῶν προσβολὰς ἀπαμύνασθαι, καὶ μὴ καθάπερ εἷς τι χω-
ρίον ὑποκαθήμενον, τῷ ταπεινῷ καὶ ὑπείκοντι τῆς ψυχῆς, τὸν τῶν
5 παθῶν ὄχλον ἐπεισρέοντα δέχεσθαι. Ἀνάνδρου γὰρ ψυχῆς καὶ
οὐδένα τόνον ἐκ τῆς ἐπὶ θεὸν ἐλπίδος ἐχούσης, τὸ σφοδρῶς κατα-
πίπτειν καὶ ὑπορρηγνῦσθαι τοῖς λυπηροῖς. Ὥσπερ γὰρ οἱ σκώλη-
κες ἐν τοῖς ἁπαλωτέροις τῶν ξύλων ἐντίκτονται μάλιστα, οὕτως
αἱ λῦπαι ἐν τοῖς μαλακωτέροις ἤθεσιν τῶν ἀνθρώπων ἐμφύονται.

10   <II¹suppl. 261–262 / V cap. Θ 7, 29; 26>

                    II¹1075 / K cap. Θ 3, 24

Καὶ μετ᾽ ὀλίγα·

Ἀπαραίτητος ὁ τοῦ θανάτου νόμος, διὰ πάσης ἡλικίας ὁμοίως
χωρῶν, καὶ πάντα ἐφεξῆς τὰ σύνθετα διαλύων· οὐ ξενισθήσομαι
15 οὖν ἐπὶ τῷ συμβάντι οὐδὲ ἀνατραπήσομαι τὸν νοῦν ὡς ὑπὸ πλη-

---

10 II¹suppl. 261–262 cf. Sacra. Liber II. Supplementum (Band VIII/8)

---

13 – 628, 2 II¹1075 Basilius Caesariensis, Homilia de gratiarum actione (In illud:
Semper gaudete [I Thess. 5, 16]), 7 (PG 31, 233, 30–36)

---

12 – 628, 2 II¹1075 K cap. Θ 3, 24 (172r[18]18–25); VᴱVᴼ cap. Θ 7, 28; Vᵂ cap. Θ
7, 24; P cap. Θ 8, 24–25; M cap. Θ 8, 24; T cap. Θ 11, 24; R cap. Θ 11, 13; deest in Hᴵ
Lᵇ; deest in PG 96

II¹1075 (a) K (b) Τοῦ αὐτοῦ Vᴱ (c) s. a. VᵂVᴼ T (d) s. d. M R (e) s. a. / Τοῦ αὐτοῦ
P (cf. infra, app. crit. text.)

---

1 τειχίῳ] correxi (ed.), στοιχείῳ K   3 ἀπαμύνασθαι] correxi (ed.), ἐπαμύνεσθαι K
5 ὄχλον] correxi (ed.), ὄχλων K   γὰρ] om. K   6 ἐκ τῆς] ἐτῆς K   6 – 7
καταπίπτειν – ὑπορρηγνῦσθαι] κατερρήγνυται καὶ ὑποπίπτειν ed.   7
ὑπορρήγνυσθαι VᴱVᴼ R, -ρρήγνηνθαι Vᴼ, -ρηγνῦσθαι (sic) T, -ρήγνυσθαι Vᵂ,
-ρηγνυσθαι PM   9 αἱ λῦπαι] ἡ λύπη K, ἐλόπαι (sic) Tᵘᵗ ᵛⁱᵈᵉᵗᵘʳ   φύονται Vᵂ ᵃ· ᶜ·,
ἐμφυτεύονται VᴱVᴼ 13 Ἀπαραίτητος] praem. εἰ R   ἁπάσης T 14 διαλύων] hic
caesura in P   ξενισθησθήσομαι (sic) T 15 οὖν] om. R

γῆς ἀπροσδοκήτου, πάλαι προπεπαιδευμένος ὅτι θνητὸς ὤν, θνη-
τὸν εἶχον τὸν παῖδα.

<II¹suppl. 263–264 / V cap. Θ 7, 30; 25>

II¹1076 / K cap. Θ 3, 25

Ἐκ τοῦ αὐτοῦ·   5

Ἐπιστυγνάζειν ταῖς συμφοραῖς τῶν πενθούντων ἀκόλουθον· οὕτω
γὰρ σεαυτὸν οἰκειώσῃ τοῖς πάσχουσι, μὴ καθιλαρευόμενος τῶν
συμφορῶν, μὴ δὲ ἐναδιαφορῶν τοῖς ἀλλοτρίοις ἀλγήμασιν. Οὐ
μὴν περαιτέρω γε συνεκφέρεσθαι τοῖς λυπουμένοις προσῆκεν, ὥ-
στε συνεκβοᾶν ἢ συνθρηνεῖν τῷ πεπονθότι, ἢ ἐν τοῖς ἄλλοις μι-   10
μεῖσθαι καὶ ζηλοῦν τὸν ἐσκοτωμένον ὑπὸ τοῦ πάθους, οἷον συγ-
καθειργνῦναι ἑαυτὸν καὶ συμμελανειμονεῖν καὶ χαμαὶ συγκαθῆ-
σθαι καὶ κουρᾶς ἀμελεῖν· ἐκ τούτων γὰρ ἐπιτείνειν μᾶλλόν ἐστι
τὴν συμφορὰν ἢ πραΰνειν.

---

3 II¹suppl. 263–264 cf. *Sacra*. Liber II. *Supplementum* (Band VIII/8)

6–14 II¹1076 BASILIUS CAESARIENSIS, re vera *Homilia in martyrem Iulittam*, 8
(PG 31, 256, 46 – 257, 9)

5–14 II¹1076 K cap. Θ 3, 25 (172r[25]172v11); VᴱVᴼ cap. Θ 7, 31; Vᵂ cap. Θ 7,
27; P cap. Θ 8, 28; M cap. Θ 8, 27; T cap. Θ 11, 27; R cap. Θ 11, 16; *deest in* Hᴵ Lᵇ;
PG 96, 44, 4–12

II¹1076 (a) K (b) Τοῦ αὐτοῦ Vᴱ P R (c) Βασιλείου Vᴼ (d) *s. a.* Vᵂ M T

1 προπαιδευμένος Vᴱ ᵃ· ᶜ· ᵘᵗ ᵛⁱᵈᵉᵗᵘʳ, προπαιδευόμενος Κ, πεπαιδευμένος PM T R
ὤν] ὂν Vᵂ 2 ἔχει P τὸν²] *om.* Vᵂ 6 ἀκολουθῶν Κᴾ· ᶜ·, ἀκουλουθῶν Κᵃ· ᶜ·, ἀκο-
λούθως Μ 7 ἑαυτὸν PM T, αὐτὸν R οἰκειώσει Vᴼ R, οἰκειώσης Μ καθΐλα-
τρευόμενος Vᴼ 8 μὴ – ἐναδιαφορῶν] μὴ δέν ἀδιάφορον Κ ἀλγήμασιν] παθή-
μασιν R 9 περετέρω γε Κ, περετερω γε P, περετέρω VᴱVᴼ, περι ἑτέρω (*sic*) Μ
προσῆκον VᴱVᴼ 10 συμβοᾶν Κ 11–13 οἷον – ἀμελεῖν] *om.* V PM T R 12
συμμελανειμονεῖν] *correxi (ed.)*, συμμελάναι μονὴν Κ 12–13 συγκαθῆσθαι] *cor-
rexi (ed.)*, συγκάθεσθαι Κ 13 κουρᾶς] *scripsi (ed.)*, κουρὰς Κ γὰρ ἐπιτίνειν Vᴱ,
ἐπιτίνειν Vᴼ, παρεπιτείνειν (παρέπι- T) Μ T, παρεπιτίνειν P μᾶλλόν ἐστι] ἐστὶ
μᾶλλον Κ, μαλλον ἐπι Μ 14 ἢ πραΰνειν] *om.* R

II¹1077 / K cap. Θ 3, 26

Ἐκ τοῦ αὐτοῦ·

Ὁ τὸν κείμενον ἐγείρειν βουλόμενος, ὑψηλότερος εἶναι τοῦ πε-
πτωκότος πάντως ὀφείλει· ὁ δὲ ἐξ ἴσου καταπεσών, ἑτέρου καὶ
5 αὐτὸς τοῦ ἀνιστῶντος δεῖται. Ἀλλὰ δάκνεσθαι μὲν ὑπὸ τῶν γινο-
μένων καὶ ἡσυχῇ τοῖς λυπηροῖς ἐπιστυγνάζειν προσῆκεν, ἐπὶ συν-
νοίᾳ προσώπου καὶ σεμνότητι βάρος ἐχούσῃ, τὸ τῆς ψυχῆς πάθος
διασημαίνοντα· φθεγγόμενον <δὲ> οὐκ εὐθὺς ἐπιπηδᾶν ταῖς ἐπι-
τιμήσεσι προσῆκεν, ὥσπερ ἐναλλόμενον καὶ ἐπιβαίνοντα τοῖς
10 κειμένοις· φορτικὸν γὰρ τοῖς ὑπὸ λύπης τὴν ψυχὴν κεκακωμένοις
ἐπιτίμησις.

II¹1078 / K cap. Θ 3, 27

Ἐκ τοῦ εἰς Ἰουλίτταν·

Τί οὐκ ἐπιτρέπομεν τὰ ἑαυτοῦ κτήματα πρὸς τὸ δοκοῦν διατίθε-
15 σθαι τῷ φρονίμῳ δεσπότῃ, ἀλλ' ὡς οἰκείων στερούμενοι ἀγανα-
κτοῦμεν, καὶ τοῖς ἀποθνήσκουσιν ὡς ἀδικηθεῖσι συμπάσχομεν;

---

3 - 11 II¹1077 Basilius Caesariensis, re vera *Homilia in martyrem Iulittam*, 8
(PG 31, 257, 15–25)   14 - 16 II¹1078 Basilius Caesariensis, *Homilia in martyrem
Iulittam*, 4 (PG 31, 245, 17–20)

2 - 11 II¹1077 K cap. Θ 3, 26 (172v[mg]12–23); V^EV^O cap. Θ 7, 32; V^W cap. Θ 7,
28; P cap. Θ 8, 29; M cap. Θ 8, 28; T cap. Θ 11, 28; R cap. Θ 11, 17; *deest in* H^I L^b;
PG 96, 44, 13–18   13 - 16 II¹1078 K cap. Θ 3, 27 (172v[23]24–173r2); V^EV^O cap.
Θ 7, 33; V^W cap. Θ 7, 29; P cap. Θ 8, 30; M cap. Θ 8, 29; T cap. Θ 11, 29; R cap. Θ
11, 18; *deest in* H^I L^b; PG 96, 44, 19–22

II¹1077 (a) K   (b) Τοῦ αὐτοῦ V^EV^O P R   (c) *s. a.* V^W M T   II¹1078 (a) K   (b) Τοῦ
αὐτοῦ V^EV^O P R   (c) *s. a.* V^W M T

3 ἐγείρει K, ἐγείραι V^EV^O, ἐγεῖραι R   3 - 4 εἶναι – πεπτωκότος] *post* πάντως
transpos. K   3 - 4 πεπτωκότως V^EV^O M   4 πάντως] *om.* M   5 ἀνίστατος T^a. c.,
ἀνίσταντος T^p. c.   5 - 11 Ἀλλὰ – ἐπιτίμησις] *om.* R   6 λυπηροῖς] λυπουμένοις V
P M T   προσῆκον V^EV^O, προσήκει V^W, προσήκειν M   6 - 11 ἐπὶ – ἐπιτίμησις]
om. V P M T   8 διασημαίνοντα – οὐκ] *correxi (ed.)*, διασημαίνοντα φθεγγόμενον·
οὐκ K   9 ἐναλλόμενον] *correxi (ed.)*, ἁλώμενον K   10 λύπης] *correxi (ed.)*, λύπην
K   14 ἐπιτρέπωμεν V^E   αὐτοῦ M   κτίματα P, κτίσματα R, κρίματα *(κρί- e corr.)*
V^W a. c. in mg. man. rec.   15 - 16 ἀγανακτῶμεν R

<II¹suppl. 265 –266 / V cap. Θ 7, 35 –36>

II¹1079 / K cap. Θ 3, 28

Τοῦ θεολόγου ἁγίου Γρηγορίου, ἐκ τοῦ εἰς τὸν ἀδελφὸν ἐπιταφίου·

Μὴ πενθῶμεν Καισάριον, οἵων ἀπηλλάγη κακῶν εἰδότες, ἀλλ᾽ ἡ-   5
μᾶς αὐτούς, οἵ<οι>ς ὑπελείφθημεν.

II¹1080 / K cap. Θ 3, 29

Ἐκ τοῦ αὐτοῦ·

Ἱνατί ἀγαπᾶτε ματαιότητα καὶ ζητεῖτε ψεῦδος, ἄνθρωποι, μέγα τί
τὸν ἐνταῦθα βίον καὶ τὰς ὀλίγας ἡμέρας ὑπολαμβάνοντες, καὶ τὴν   10
διάζευξιν ταύτην, τὴν ἀσπαστὴν καὶ ἡδεῖαν, ὡς δή τι βαρὺ καὶ
φρικῶδες ἀποστρεφόμενοι; Εἰ γάρ τι καὶ λυπεῖσθαι χρή, ἀνι<α>-
σώμεθα τῇ παροικίᾳ μηκυνομένῃ, κατὰ τὸν θεῖον Δαυΐδ, σκηνώ-

---

1 **II¹suppl. 265 –266** cf. *Sacra*. Liber II. *Supplementum* (Band VIII/8)   **9** Ps. 4, 3²   **13**
τῇ – μηκυνομένῃ] Ibid. 119, 5¹   **13 – 631, 1** σκηνώματα σκοτασμοῦ] cf. ibid. 119, 5²
(Κηδαρ significat σκοτασμός)

5 – 6 II¹1079 GREGORIUS NAZIANZENUS, *Funebris in laudem Caesarii fratris oratio*
(Orat. 7), 20, 1–2 (ed. Calvet-Sebasti, p. 228)   **9 – 12 II¹1080** Ἱνατί – ἀποστρεφό-
μενοι] GREGORIUS NAZIANZENUS, *Funebris in laudem Caesarii fratris oratio (Orat.*
7), 22, 5 –8 (ed. Calvet-Sebasti, p. 236)   **12 – 631, 4** Εἰ – γεγονότες] IBID., 22, 10 –
16 (p. 236 –238)

3 – 6 II¹1079 K cap. Θ 3, 28 (173r[3]4 –5); *deest in* V Hᴵ PMLᵇ T R   **8 – 631, 4**
II¹1080 K cap. Θ 3, 29 (173r[5]6 –17); Vᴱvᴼ cap. Θ 7, 34; Vᵂ cap. Θ 7, 30; P cap. Θ
8, 31; M cap. Θ 8, 30; T cap. Θ 11, 30; R cap. Θ 11, 19; *deest in* Hᴵ Lᵇ; PG 96, 44, 23 –
25

II¹1080 (a) K   (b) Τοῦ αὐτοῦ Vᴱvᴼ P   (c) Τοῦ Θεολόγου Vᵂ, Τοῦ αὐτοῦ, πόσον ἔτι
τὸν ἀπελθόντα πενθήσομεν *(cf. Greg. Naz., Or. 7, 18, 16)* Vᵂ ᵐᵃⁿ· ʳᵉᶜ· ⁱⁿ ᵐᵍ·   (d) *s. a.* T
(e) *s. d.* M R

6 οἵοις] *correxi* (*II²2894 / PMLᵇ cap. Ω 1, 25)*, οἷς K   ὑπελείφθημεν] *correxi*,
ὑπελήφθημεν K   **9 – 631, 2** Ἱνατί – ἀποκαλοῦντος] *om.* V PM T R   **10** τὸν] *scripsi*
(ed.), τῶν K   **11** δή τι] *correxi (ed.)*, δέ τι K   **12 – 13** ἀνιασώμεθα] *correxi (ed.)*,
ἀνίσωμεθα K   **13** μηκυνομένῃ] *correxi (ed.)*, μὴ κυνομένη K

μάτα σκοτασμοῦ καὶ τόπον κακώσεως καὶ ὕλην βυθοῦ καὶ σκιὰν
θανάτου ταύτην ἀποκαλοῦντος. Λυπηθῶμεν ὅτι βραδύνομεν
<ἐν> τοῖς τάφοις οἷς περιφέρομεν, ὅτι ὡς ἄνθρωποι ἀποθνήσκο-
μεν τὸν τῆς ἁμαρτίας θάνατον, θεοὶ γεγονότες;

II¹1081 / K cap. Θ 3, 30

Τοῦ ἁγίου Ἰωάννου, ἐκ τῶν εἰς τὴν πρὸς Κορινθίους β'·

Μὴ φθόνει τῇ ἀναπαύσει τοῦ υἱοῦ σου, ἄνθρωπε, ἀλλὰ γνῶθι ὅτι
εἰς βελτίονα χώραν μετέστη καὶ πρὸς ἀμείνω λῆξιν ἀπεδήμησεν ὁ
τελευτήσας, καὶ οὐκ ἀπώλεσας τὸν υἱόν σου, ἀλλ᾽ ἐν ἀσύλῳ λοι-
πὸν ἀπέθου χωρίῳ. Μὴ τοίνυν λέγε ὅτι Οὐκέτι καλοῦμαι πατήρ.
Διατί, εἰπέ μοι, οὐκέτι καλῇ πατήρ, τοῦ υἱοῦ μένοντος; Μὴ γὰρ
ἀπέβαλες τὸ παιδίον; Μὴ γὰρ ἀπώλεσας τὸν υἱόν; Μᾶλλον ἐ-
κτήσω καὶ ἀσφαλέστερον ἔσχες. Διατοῦτο οὐκέτι ἐνταῦθα μόνον
καλῇ πατήρ, ἀλλὰ καὶ ἐν τῷ οὐρανῷ· οὐδὲ γὰρ εἰ ἀποδημῶν ἐτύγ-
χανεν, ἀπέστη ἄν σου καὶ τοὔνομα τῆς συγγενείας μετὰ τοῦ σώ-

---

1 τόπον κακώσεως] Ps. 43, 20¹ ὕλην βυθοῦ] Ibid. 68, 3¹ 1 – 2 σκιὰν θανάτου] Ibid.
43, 20² 7 τῇ ἀναπαύσει] cf. Sap. 4, 7

7 II¹1081 Μὴ – γνῶθι] locus non repertus 7 – 14 ὅτι – οὐρανῷ] IOHANNES
CHRYSOSTOMUS, In epistulam II ad Corinthios, I, 6 (PG 61, 390, 26–33; Field, III, p.
12) 14 – 632, 1 οὐδὲ – σώματος] IBID. (PG 61, 390, 39–40; Field, III, p. 12–13)

6 – 632, 4 II¹1081 K cap. Θ 3, 30 (173r[17]18–173v8); V^EV^O cap. Θ 7, 37; V^W cap.
Θ 7, 32; P cap. Θ 8, 33; M cap. Θ 8, 32; T cap. Θ 11, 32; R cap. Θ 11, 20; deest in H^I
L^b; PG 96, 44, 32–41

II¹1081 (a) K (b) Τοῦ Χρυσοστόμου, ἐκ τῆς πρὸς Κορινθίους β' P T ἐκ τῆς] ἐκ τῶν
εἰ τῶν (sic) T β'] α' T (c) Τοῦ Χρυσοστόμου V M R

2 ἀποκαλοῦντα ed. (sed vide app. crit.) 3 ἐν] supplevi (ed.), om. K V PM T R
οἷς] ὡς V^O 4 θεοὶ γεγονότες] om. PM T R 7 φθόνῃ V^W a. c. M 8 χώραν K, χα-
ρὰν (-αν P) V PM T ἀμείνονα V^W p. c., ἄμεινον (ά- P) V^W a. c. PM λήξιν
V^EV^W p. c. V^O M T, μίξιν (sic) P 9 υἱόν σου] υἱόν K ἀσύλοις M 9 – 10 λοιπὸν]
om. M 10 ἐναπέθου R χορίῳ P, χωρίον V^O, χορίοις M Οὐκέτι] add. λοιπὸν K
(sed cancellav.) 11 εἰπεν μοι P οὐκέτι – πατήρ] om. R καλεῖ (-ει PM)
V^EV^W e corr. V^O PM 12 ἀπέλαβες P T^a. c. ut videtur τὸ παιδίον] τὸν υἱὸν R τὸν
υἱόν] τὸ παιδίον R Μᾶλλον] add. δὲ M 13 οὐκέτι – μόνον] οὐκέτι μόνον ἐν-
ταῦθα K, ἐνταῦθα οὐκέτι M 14 καλεῖ V^EV^W p. c. V^O ἀλλὰ – οὐρανῷ] ἀλλ᾽ ἐν
οὐρανοῖς M τῷ] om. V P T R 14 – 632, 4 οὐδὲ – ἐξῆς] om. V PM T R

ματος. Εἰ δὲ λυπεῖ σε τὰ ὁρώμενα, εἰπὲ πρὸς αὐτόν· Ἱμάτιον τοῦτο ἐστὶ καὶ ἀπεδύσατο, ὥστε αὐτὸ πολυτελέστερον λαβεῖν· οἰκία αὕτη ἐστὶ καὶ καθηρέθη, ὥστε γενέσθαι αὐτὴν φαιδροτέραν, καὶ τὰ ἑξῆς.

II¹1082 / K cap. Θ 3, 31   5

<Σχόλιον·>

Κεῖται ἡμῖν βιβλίῳ α', ἐν τῷ Α στοιχείῳ, εἰς τὸν Περὶ ἀναστάσεως τίτλον.

<II¹suppl. 267–268 / V cap. Θ 7, 27; 24>

<II¹suppl. 269 / PMLᵇ cap. Θ 8, 33>   10

II¹1083 / K cap. Θ 3, 32

Νείλου ἀσκητοῦ·

Μὴ θρήνει ἐπὶ νεκρῷ· κοινὴ γὰρ ἡ ὁδός, καὶ ὁ φθάσας μακάριος.

---

7 Περὶ ἀναστάσεως] cf. I / C cap. A 10 (locum ad quem hic refertur, non repperi) 9 - 10 II¹suppl. 267–269 cf. *Sacra*. Liber II. *Supplementum* (Band VIII/8) 13 ὁ φθάσας] cf. Sap. 4, 7

1 - 3 Εἰ – φαιδροτέραν] IBID. (PG 61, 391, 4–7; Field, III, p. 12) 7 - 8 II¹1082 *Scholion* 13 II¹1083 NILUS ASCETA (HESYCHIUS HIEROSOLYMITANUS), *Sententiae*, 54 (PG 79, 1245, 11–12)

6 - 8 II¹1082 K cap. Θ 3, 31 (173v8–9); *deest in* V Hᴵ PMLᵇ T R 12 - 13 II¹1083 K cap. Θ 3, 32 (173v[9]10–11); VᴱVᴼ cap. Θ 7, 38; Vᵂ cap. Θ 7, 34; P cap. Θ 8, 35; M cap. Θ 8, 34; T cap. Θ 11, 34; R cap. Θ 11, 21; *deest in* Hᴵ Lᵇ; PG 96, 44, 42–43

II¹1082 Σχόλιον] *supplevi, om.* K II¹1083 (a) K (b) Νείλου *(sic)* VᴱVᴼ (c) Τοῦ αὐτοῦ P (d) *s. a.* Vᵂ (e) *s. d.* M T R

3 - 4 καὶ² - ἑξῆς] *secund.* Holl, *Sacra Parallela*, p. 206 *haec verba loco sequenti coniungenda sunt; litteris minusculis autem exarata sunt, cum in scholio uncialibus characteribus usus sit scriba*

<Τίτλος δ΄>   <Περὶ θανάτου καὶ φόβου ἐξ αὐτοῦ γινομένου>.

η΄ Περὶ θανάτου καὶ φόβου ἐξ αὐτοῦ γινομένου.

θ΄ Περὶ θανάτου καὶ φόβου ἐξ αὐτοῦ γινομένου.

II¹1084 / V cap. Θ 8, 1 (K cap. Θ 4)

5 Γενέσεως·

Ἐγένετο λιμὸς ἐπὶ τῆς γῆς, καὶ κατέβη Ἀβραὰμ εἰς Αἴγυπτον πα-
ροικῆσαι. Καὶ εἶπεν τῇ γυναικὶ αὐτοῦ· Γινώσκω ἐγὼ ὅτι γυνὴ εὐ-
πρόσωπος εἶ· ἔσται οὖν ὡς ἂν ἴδωσίν σε οἱ Αἰγύπτιοι, ἐροῦσιν ὅτι
Γυνὴ αὐτοῦ αὕτη, καὶ ἀποκτενοῦσί με, σὲ δὲ περιποιήσονται. Εἰπὲ
10 δὲ ὅτι Ἀδελφὴ αὐτοῦ εἰμί, ὅπως ἂν εὖ μοι γένηται διὰ σέ, καὶ ζή-
σεται ἡ ψυχή μου ἕνεκεν σοῦ. Ἐγένετο δὲ ἡνίκα εἰσῆλθεν Ἀβραὰμ
εἰς Αἴγυπτον, ἰδόντες οἱ Αἰγύπτιοι τὴν γυναῖκα ὅτι καλὴ ἦν σφό-
δρα, ἐπήνεσαν αὐτὴν πρὸς Φαραώ, καὶ τῷ Ἀβραὰμ εὖ ἐχρήσαντο
δι᾽ αὐτήν.

---

1 Περὶ – γινομένου] cf. II¹ / Kᵖⁱⁿ Παραπομπὴ Α 6

---

6 – 14 II¹1084 Gen. 12, 10 – 16

---

1 **Titlos (a)** Kᵖⁱⁿ; *om.* Kᵗˣᵗ   2 **Titlos (b)** Vᴱ (139v27) VᵂVᴼ Aᴵ ᵖⁱⁿ; *deest in* HᴵAᴵ ᵗˣᵗ
3 **Titlos (c)** PMLᵇ ᵖⁱⁿ Tᵗˣᵗ R; *deest in* Lᵇ ᵗˣᵗ Tᵖⁱⁿ ⁽ˡᵃᶜ·⁾   5 – 14 II¹1084 Vᴱ (139v[27]28 –
35) VᵂVᴼ cap. Θ 8, 1; PM cap. Θ 9, 1; T cap. Θ 12, 1; *deest in* K Hᴵ Lᵇ R; PG 96, 44,
46 – 45, 5

---

1 **Titlos (a)**   Τίτλος δ΄] *supplevi* (δ΄ *secund. ser.* Kᵖⁱⁿ), *om.* K   Περὶ – γινομένου]
supplevi e Kᵖⁱⁿ, *om.* Kᵗˣᵗ   2 **Titlos (b)**   η΄] *propt. mg. resect. non liquet in* Aᴵ ᵖⁱⁿ (η΄
secund. ser.), *praem.* τίτλος Vᵂ ᵗˣᵗ   φόβου] *add.* τοῦ Vᵂ ᵗˣᵗ ᵐᵃⁿ· ʳᵉᶜ·   γινομένου]
γενομένου Vᴱ ᵖⁱⁿ ᵃ· ᶜ· Vᴱ ᵗˣᵗ Vᴼ ᵗˣᵗ Aᴵ ᵖⁱⁿ   3 **Titlos (c)**   θ΄] η΄ Pᵗˣᵗ (θ΄ *exspectav.*), τί-
τλος βι΄ (*sic*) Tᵗˣᵗ, τίτλος ια΄ Rᵗˣᵗ (ιβ΄ *exspectav.*), ιβ΄ Rᵖⁱⁿ   ἐξ – γινομένου] *om.* M
γινομένου] γενομένου Rᵗˣᵗ

II¹1084 (a) VᴱVᵂ PM (b) Ἀπὸ τῆς Γενέσεως T (c) *s. a.* Vᴼ

---

6 ἀβραὰμ Vᵂ, ἀβρααμ M, αβραὰμ T   7 ἐγὼ] *om.* M   γυνὴ] γυμνοὶ Vᴼ   7 – 8
εὐπρόσωπος] *add.* σὺ M   8 ἐγύπτιοι T   9 αὐτῇ Pᵃ· ᶜ· ᵘᵗ ᵛⁱᵈᵉᵗᵘʳ, αὐτη Tᵃ· ᶜ·, αὕτη Tᵖ· ᶜ·
10 δὲ] οὖν Vᵂ PM T   11 ἀβραὰμ Vᵂ, ἀβρααμ M, αβραὰμ T   12 ἐγύπτιοι T   13
φαραω P   ἀβραὰμ Vᵂ P, ἀβρααμ΄ M   13 – 14 εὖ – αὐτήν] *om.* Vᴼ   13 εὖ] *om.* M
ἐχρήσατο M

II¹1085 / V cap. Θ 8, 2 (K cap. Θ 4)

<***>

Καλέσας Φαραὼ τὸν Ἀβραάμ, εἶπεν αὐτῷ· Τί τοῦτο ἐποίησάς μοι
καὶ οὐκ ἀπήγγειλάς μοι ὅτι γυνή σου ἐστιν; Καὶ ἔλαβον αὐτὴν
ἐμαυτῷ εἰς γυναῖκα. Καὶ ἰδοὺ ἡ γυνή σου, καὶ λαβὼν ἀπότρεχε.   5

II¹1086 / V cap. Θ 8, 3 (K cap. Θ 4)

<***>

Παρώκησεν Ἀβραὰμ ἐν Γεράροις. Εἶπεν δὲ Ἀβραὰμ περὶ Σάρρας
τῆς γυναικὸς αὐτοῦ ὅτι Ἀδελφή μου ἐστίν· ἐφοβήθη γὰρ εἰπεῖν ὅτι
Γυνή μου ἐστίν, μήποτε ἀποκτείνωσιν αὐτὸν οἱ ἄνδρες τῆς πό-   10
λεως.

---

3 – 5 **II¹1085** Gen. 12, 18–19   8 – 11 **II¹1086** Gen. 20, 1–2

2 – 5 **II¹1085** Vᴱ (139v[35]35–140r2) VᵂVᴼ cap. Θ 8, 2; PM cap. Θ 9, 2; T cap. Θ
12, 2; *deest in* K Hᴵ Lᵇ R; PG 96, 45, 7–11   7 – 11 **II¹1086** Vᴱ (140r3–5) VᵂVᴼ cap.
Θ 8, 3; PM cap. Θ 9, 3; T cap. Θ 12, 3; *deest in* K Hᴵ Lᵇ R; PG 96, 45, 12–15

II¹1085 (a) *s. a.* Vᵂ (b) Γενέσεως Vᴱ (c) Τῆς αὐτῆς P (d) *s. d.* Vᴼ M T **II¹1086** (a)
s. a. V T (b) *s. d.* PM

3 Καλέσας – Ἀβραάμ] *om.* Vᴼ   Καλέσας] *praem.* καὶ Vᵂ, *add.* δὲ M   Φαραὼ]
φαραω P, *om.* Vᵂ   ἀβραὰμ Vᵂ, ἀβρααμ M, αβραὰμ P   τοῦτο] *praem.* ὅτι M
ἐποίησάς μοι] ἐποίησά Vᵂ ᵖ· ʳᵃˢ·, πεποίηκας μοι *(sic)* M   **4** καὶ] ὅτι Vᵂ PM T   οὐκ
ἀπήγγειλάς μοι] οὐκ ἀνήγγειλάς μοι Vᵂ, οὐκαπήγγειλας μοι (-ηγγ- M) M T, οὐκα-
τηγγειλάς μοι P   αὐτὴν P   **5** Καὶ] *om.* PM T   καὶ] *om.* Vᵂ PM T   **8** Παρώκη-
σεν] *add.* δὲ M   Ἀβραὰμ¹] ἀβραὰμ Vᵂ, ἀβρααμ M, αβραὰμ *(sic)* T   γεραροις P
Εἶπεν δὲ] καὶ εἶπεν T   Ἀβραὰμ²] ἀβραὰμ Vᵂ, *om.* T   σαρρας PM   **10** ἀποκτινω-
σιν P, -κτήνωσιν T, -κτηνουσιν M   αὐτῶν T

II¹1087 / V cap. Θ 8, 4 (K cap. Θ 4)

<***>

Εἶπεν Ἀβιμέλεχ τῷ Ἀβραάμ· Τί ἐποίησάς μοι τοῦτο; Εἶπεν δὲ Ἀ-
βραάμ· Εἶπα· Ἄρα οὐκ ἔστιν θεοσέβεια ἐν τῷ τόπῳ τούτῳ, καὶ ἀ-
5 ποκτενοῦσίν με δι᾽ αὐτήν.

II¹1088 / V cap. Θ 8, 5 (K cap. Θ 4)

<Σχόλιον·>

Ὁμοίως καὶ Ἰσαὰκ παρώκησεν ἐν Γεράροις, καὶ εἶπεν τῇ Ῥεβέκκᾳ
ὁμοίως.

10 ## II¹1089 / V cap. Θ 8, 6 (K cap. Θ 4)

Βασιλειῶν α´·

Ἐφοβήθη Δαυῒδ ἀπὸ προσώπου Ἀγχοῦς βασιλέως Γέθ. Καὶ ἠλλοί-
ωσεν τὸ πρόσωπον αὐτοῦ καὶ παρεφέρετο καὶ ἔπιπτεν, καὶ τὰ σί-
ελα αὐτοῦ κατέρρει ἐπὶ τὸν πώγωνα αὐτοῦ.

---

8 – 9 cf. Gen. 26, 6–7

---

3 – 5 II¹1087 Gen. 20, 10–11   8 – 9 II¹1088 Scholion in Gen. 20, 10–11   12 – 14
II¹1089 I Reg. 21, 13–14 (Wahl, 1 Samuel-Text, p. 71)

---

2 – 5 II¹1087 Vᴱ (140r[5]5–8) VᵂVᴼ cap. Θ 8, 4; PM cap. Θ 9, 4; T cap. Θ 12, 4;
deest in K Hᴵ Lᵇ R; PG 96, 45, 15–18   7 – 9 II¹1088 Vᴱ (140r8–9) VᵂVᴼ cap. Θ 8,
5; PM cap. Θ 9, 5; T cap. Θ 12, 5; deest in K Hᴵ Lᵇ R; PG 96, 45, 19–20   11 – 14
II¹1089 Vᴱ (140r[9]9–11) VᵂVᴼ cap. Θ 8, 6; PM cap. Θ 9, 6; T cap. Θ 12, 6; R cap.
Θ 12, 1; deest in K Hᴵ Lᵇ; PG 96, 45, 21–24

II¹1087 (a) s. a. Vᵂ PM T   (b) Γενέσεως VᴱVᴼ   II¹1088 (a) Σχόλιον] supplevi   (b)
s. a. VᴱVᴼ   (c) s. d. Vᵂ PM T II¹1089 α´] πρώτης P, β´ T, om. Vᵂ

---

3 ἀβιμέλεχ T, ἀβϊμέλὲχ Vᴼ, ἀβιμελεχ´ P   Ἀβραάμ¹] ἀβραάμ Vᵂ   ἐποίησάς μοι]
ἐποίησας Vᵂ Tᵃ· ᶜ· ᵘᵗ ᵛⁱᵈᵉᵗᵘʳ, πεποιηκας M   3 – 4 Ἀβραάμ²] ἀβραὰμ Vᵂ   4 ἄρα
VᴱVᴼ, αρα M   τούτο P, τοῦτο Vᵂ   8 ὁμοίωσα Vᴼ   ἰσαὰκ Vᵂ, ἴσαὰκ PM T
ρεβέκκα T, ρεβεκκα P, ρεβεκα M, ῥεβέκα Vᴼ   12 ἀγχοὺς Vᵂ ᵃ· ᶜ· M T, αγχους P
13 – 14 σίελλα VᴱVᴼ   14 κατέρει P, κατέρη M

II¹1090 / V cap. Θ 8, 7 (K cap. Θ 4)

Βασιλειῶν γ΄·

Ἀπέστειλεν Ἰεζάβελ πρὸς Ἠλιοῦ, καὶ εἶπεν· Τάδε ποιήσαισάν μοι οἱ θεοὶ καὶ τάδε προσθείησαν, ὅτι αὔριον θήσομαι τὴν ψυχήν σου. Καὶ ἐφοβήθη καὶ ἐπορεύθη ὁδὸν ἡμερῶν τεσσαράκοντα.   5

II¹1091 / V cap. Θ 8, 8 (K cap. Θ 4)

Τοῦ κατὰ Ματθαῖον Εὐαγγελίου, κεφαλαίου τε΄·

Τότε οἱ μαθηταὶ ἀφέντες τὸν Ἰησοῦν ἔφυγον.

II¹1092 / V cap. Θ 8, 9 (K cap. Θ 4)

Κυρίλλου·   10

Ἔνεστιν ἀνθρώπῳ παντὶ τὸ δεδιέναι τὸν θάνατον.

---

3 – 5 II¹1090 III Reg. 19, 2–4 (Wahl, *3 Könige-Text*, p. 113–114)   **8** II¹1091
Matth. 26, 56   **11** II¹1092 CYRILLUS ALEXANDRINUS (?), locus non repertus

2 – 5 II¹1090 Vᴱ (140r[11]12–14) VᵂVᴼ cap. Θ 8, 7; PM cap. Θ 9, 7; T cap. Θ 12, 7; R cap. Θ 12, 2; *deest in* K Hᴵ Lᵇ; PG 96, 45, 25–29   **7 – 8** II¹1091 Vᴱ (140r[14]14–15) VᵂVᴼ cap. Θ 8, 8; PM cap. Θ 9, 8; T cap. Θ 12, 8; *deest in* K Hᴵ Lᵇ R; PG 96, 45, 30   **10 – 11** II¹1092 Vᴱ (140r[15]15) VᵂVᴼ cap. Θ 8, 9; P cap. Θ 9, 9; T cap. Θ 12, 9; R cap. Θ 12, 3; *deest in* K Hᴵ Lᵇ M; PG 96, 45, 31

II¹1090 (a) VᴱVᴼ P T R   (b) ἄλλο *(sic)* M   (c) *s. a.* Vᵂ   II¹1091 (a) P T   Τοῦ] *om.* P
Εὐαγγελίου] *om.* P   (b) Ματθαίου VᴱVᴼ   (c) Ἐκ τοῦ Εὐαγγελίου Vᵂ M   Ἐκ] *om.*
Vᵂ   II¹1092 κυριλλου Vᵂ T, *praem.* τοῦ ἁγίου R

3 ἰεζαβελ P, ἰεζάβελ T   Ἠλιοῦ] *sic spir.* V M, ηλιοῦ T, ηλιου P, ἠλίαν R   ποιήσε-
σάν μοι P, ποιήσαισάν με VᴱVᴼ, ποιήσεσάν με Vᵂ R   **4** καὶ – προσθείησαν] *om.*
Vᵂ P R   ψυχήν σου] *add.* ὡς ἑνὸς τῶν τεθνηκότων τούτων *(cf. III Reg. 19, 2)* T
5 ἐφοβήθη] *add.* ηλιοῦ T (= LXX)   τεσσαράκοντα] μ΄ Vᵂ, *om.* P   **11** τὸ] τὸν Vᴼ

Τίτλος ε′   Περὶ θανάτου καὶ τῆς ἐν τῷ Ἅδῃ καταστάσεως.

ϛ′   Περὶ θανάτου καὶ τῆς ἐν τῷ Ἅδῃ καταστάσεως.

ζ′   Περὶ θανάτου καὶ τῆς ἐν τῷ Ἅδῃ καταστάσεως.

II¹1093 / K cap. Θ 5, 1

5   Ἀπὸ τοῦ Ἰώβ·

Ἐὰν ἄνθρωπος καταβῇ εἰς Ἅδην, οὐ μὴ ἀναβῇ ἔτι,
οὐδὲ μὴ ἐπιγνῷ αὐτὸν ὁ τόπος αὐτοῦ ἔτι.

II¹1094 / K cap. Θ 5, 2

Τοῦ αὐτοῦ·

10   Γῆ σκοτεινὴ καὶ γνοφερά,
γῆ σκότους αἰωνίου, οὗ οὐκ ἔστι φέγγος,
οὐδὲ ὁρᾶν ζωὴν βροτῶν.

---

6 II¹1093 Ἐὰν – ἔτι] Iob 7, 9²   **7** οὐδὲ – ἔτι] Ibid. 7, 10²   **10 – 12** II¹1094 Iob 10, 21²–22²

---

1 Titlos (a) K (173v11–12)   **2 Titlos (b)** V Aᴵ ᵖⁱⁿ; *deest in* HᴵAᴵ ᵗˣᵗ   **3 Titlos (c)** PMLᵇ ᵖⁱⁿ Tᵗˣᵗ R; *deest in* Lᵇ ᵗˣᵗ Tᵖⁱⁿ ⁽ˡᵃᶜ·⁾   **5 – 7** II¹1093 K cap. Θ 5, 1 (173v[12]13–14); V cap. Θ 6, 1; PM cap. Θ 7, 1; T cap. Θ 10, 1; R cap. Θ 10, 1; *deest in* Hᴵ Lᵇ; PG 96, 28, 9–10   **9 – 12** II¹1094 K cap. Θ 5, 2 (173v[14]15–16); V cap. Θ 6, 2; PM cap. Θ 7, 2; T cap. Θ 10, 2; *deest in* Hᴵ Lᵇ R; PG 96, 28, 11–12

---

1 Titlos (a)   Τίτλος] *om.* Kᵖⁱⁿ   ε′] *scripsi secund.* Kᵖⁱⁿ, γ′ Kᵗˣᵗ (ε′ *exspectav.*)   **2 Titlos (b)**   ϛ′] *propt. mg. resect. non liquet in* Aᴵ ᵖⁱⁿ (ϛ′ *secund. ser.*), *praem.* τίτλος Vᵂ ᵗˣᵗ   ᾅδῃ Vᴱ ᵗˣᵗ, ᾅδει Vᴱ ᵖⁱⁿ   **3 Titlos (c)**   ζ′] τίτλος ι′ Tᵗˣᵗ Rᵗˣᵗ, ι′ Rᵖⁱⁿ   θανατων (*sic*) Mᵗˣᵗ   καὶ – καταστάσεως] *om.* M   αἴδη Tᵗˣᵗ, ᾅδη R

II¹1093 (a) K T   ἰώβ T   (b) Ἰώβ V PM R   ἰώβ PM   II¹1094 (a) K Vᵂ PM   (b) *s. a.* Vᴱvᴼ T

---

6 κατάβῃ PM T R   εἰς – ἀναβῇ] *om.* T (*supplev. man. rec.*)   ἀνάβῃ M R, ἀναβη (*sic*) P   **7** οὐδὲ] οὐδὲ οὐ K, οὐ δου (*cf. Iob 7, 10¹*) M   αὐτὸν] αὐτῶν T, ἑαυτὸν M   ἔτι] *om.* Vᴱvᴼ M R   **10** γνοφερά M, γνοφορὰ P, ζοφερα (*sic*) Vᴼ   **11** σκότος Vᴼ P   οὗ οὐκ] οὐκ T, οὐκ M   **12** ὁρᾶιν K, ὁρὴν Vᴱvᴼ

II¹1095 / K cap. Θ 5, 3

Δαυῒδ ἐν ψαλμῷ ς´·

Οὐκ ἔστιν ἐν τῷ θανάτῳ ὁ μνημονεύων σου,
ἐν δὲ τῷ Ἅδῃ τίς ἐξομολογήσεταί σοι;

<II¹suppl. 270 / V cap. Θ 6, 4>   5

II¹1096 / K cap. Θ 5, 4

Ἐν ψαλμῷ πζ´·

Μὴ διηγήσεταί τις ἐν τῷ τάφῳ τὸ ἔλεός σου
καὶ τὴν ἀλήθειάν σου ἐν τῇ ἀπωλείᾳ;
Μὴ γνωσθήσεται ἐν τῷ σκότει τὰ θαυμάσιά σου   10
καὶ ἡ δικαιοσύνη σου ἐν γῇ ἐπιλελησμένη;

---

5 **II¹suppl. 270** cf. *Sacra*. Liber II. *Supplementum* (Band VIII/8)

---

3 – 4 **II¹1095** Ps. 6, 6¹⁻² 8 – 11 **II¹1096** Ps. 87, 12¹–13²

---

2 – 4 **II¹1095** K cap. Θ 5, 3 (173v[16]17–18); V cap. Θ 6, 3; PM cap. Θ 7, 3; T cap.
Θ 10, 3; R cap. Θ 10, 2; *deest in* H¹ Lᵇ; PG 96, 28, 13–14 7 – 11 **II¹1096** K cap. Θ 5,
4 (173v[18]19–22); V cap. Θ 6, 5; PM cap. Θ 7, 5; T cap. Θ 10, 5; R cap. Θ 10, 4;
deest in H¹ Lᵇ; PG 96, 28, 17–18

II¹1095 (a) K T (b) Δαυῒδ V (c) Ψαλμοῦ ς´ PM R **II¹1096** (a) K T (b) Ψαλμοῦ πζ´
PM R (c) *s. a.* V

---

3 μνημονεύων σου] μνημονεύον σοι M, μνημονεύων (-ευ- Vᴱ) VᴱVᴼ 4 ἐν – σοι]
om. VᴱVᴼ P T R ἐξομολογήσεταί σοι] ἐξομολόγησετι *(sic)* M 8 διηγήσεταί τις]
διηγήσεται τίς Vᵂ P R, διήγήσεταί τις *(sic)* Vᴼ, διηγήσεται τις T, διηγησηται τίς M
τῷ] *iterav.* Vᴼ 9 – 11 καὶ – ἐπιλελησμένη] καὶ τὰ λοιπά Vᴼ, *om.* Vᴱ P R 10 – 11
Μὴ – ἐπιλελησμένη] *om.* Vᵂ M T 11 ἐπιλελησμένη] ἐπιλελησμένηι *(sic)* K

II¹1097 / K cap. Θ 5, 5

Ἐν ψαλμῷ ριγ'·

Οὐχ᾽ οἱ νεκροὶ αἰνέσουσίν σε, κύριε,
οὐδὲ πάντες οἱ καταβαίνοντες εἰς Ἅδην.

II¹1098 / K cap. Θ 5, 6

5

Τοῦ Ἐκκλησιαστοῦ·

Οὐκ ἔστι ποίημα καὶ λογισμὸς καὶ γνῶσις
καὶ σοφία ἐν Ἅδῃ, <ὅ>που σὺ πορεύῃ ἐκεῖ.

II¹1099 / K cap. Θ 5, 7

10 Τοῦ αὐτοῦ·

Οἱ νεκροὶ οὐκ εἰσὶν ἔτι γινώσκοντες οὐδέν,
καὶ οὐκ ἔστιν αὐτοῖς ἔτι τόπος,
ὅτι ἐπελήσθη ἡ μνήμη αὐτῶν·
καί γε ἀγάπη αὐτῶν καί γε μῖσος αὐτῶν
15 καί γε ζῆλος αὐτῶν ἤδη ἀπώλετο·
καὶ μερὶς οὐκ ἔστιν αὐτοῖς ἔτι εἰς τὸν αἰῶνα
ἐν παντὶ τῷ πεποιημένῳ ὑπὸ τὸν ἥλιον.

---

3 – 4 **II¹1097** Ps. 113, 25¹⁻²   7 – 8 **II¹1098** Eccle. 9, 10³⁻⁴ (Wahl, *Kohelet-Text*, p. 166–167)   **11 – 17 II¹1099** Eccle. 9, 5²–6⁴ (Wahl, *Kohelet-Text*, p. 166)

---

2 – 4 **II¹1097** K cap. Θ 5, 5 (173v[22]23–24); V cap. Θ 6, 6; PM cap. Θ 7, 6; T cap. Θ 10, 6; R cap. Θ 10, 5; *deest in* H¹ Lᵇ; PG 96, 28, 19–20   6 – 8 **II¹1098** K cap. Θ 5, 6 (173v[24]25–174r1); *deest in* V H¹ PMLᵇ T R   10 – 17 **II¹1099** K cap. Θ 5, 7 (174r [1]2–7); *deest in* V H¹ PMLᵇ T R

II¹1097 (a) K T ριγ'] *scripsi*, ργι' T, ργ' K (b) Ψαλμοῦ ριγ' PM R (c) *s. a.* V

---

3 Οὐχ᾽ οἱ] οὐχι οι M, οὐχὶ VᵂVᴼ R   4 οὐδὲ – Ἅδην] *om.* PM R   οἱ – Ἅδην] καὶ τὰ λοιπά Vᴼ, *om.* Vᴱ   ἄδου Vᵂ   8 ὅπου] *scripsi* (*II²108 / T cap. A 5, 10 et LXX), ποῦ K   13 ἐπελήσθη] *scripsi (LXX)*, ἐπιελήσθη K

II¹1100 / K cap. Θ 5, 8

Ἡσαΐου προφήτου·

Οὐ γὰρ οἱ ἐν Ἅδου αἰνέσουσίν σε, κύριε, οὐδὲ οἱ ἀποθανόντες εὐλογήσουσίν σε, οὐδὲ ἐλπιοῦσιν οἱ ἐν Ἅδου τὴν ἐλεημοσύνην σου.

II¹1101 / K cap. Θ 5, 9   5

Τοῦ Σιράχ·

Ὑψίστῳ τίς αἰνέσει ἐν Ἅδῃ;
Ἀπὸ νεκροῦ, ὡς μὴ δὲ ὄντος, ἀπόλλυται ἐξομολόγησις.

II¹1102 / K cap. Θ 5, 10

Τοῦ αὐτοῦ·   10

Οὐκ ἔστιν ἐν τῷ Ἅδῃ ἐλεγμὸς ζωῆς.

---

3 - 4 II¹1100 Is. 38, 18 (Wahl, *Prophetenzitate*, p. 380–381)   **7** II¹1101 Ὑψίστῳ –
Ἅδῃ] Sir. 17, 27¹ (Wahl, *Sirach-Text*, p. 93)   **8** Ἀπὸ – ἐξομολόγησις] Ibid. 17, 28¹
(Wahl, p. 93)   **11** II¹1102 Sir. 41, 4⁴ (Wahl, *Sirach-Text*, p. 160)

2 - 4 II¹1100 K cap. Θ 5, 8 (174r[7]8–10); V^E V^O cap. Θ 6, 7; PM cap. Θ 7, 7; T cap.
Θ 10, 7; *deest in* V^W H^I L^b R; *deest in* PG 96   **6 - 8** II¹1101 K cap. Θ 5, 9 (174r[10]
11–12); V^E V^O cap. Θ 6, 8; V^W cap. Θ 6, 7; PM cap. Θ 7, 8; T cap. Θ 10, 8; R cap. Θ
10, 6; *deest in* H^I L^b; PG 96, 28, 21–22   **10 - 11** II¹1102 K cap. Θ 5, 10 (174r[12]
13); V^E V^O cap. Θ 6, 9; V^W cap. Θ 6, 8; PM cap. Θ 7, 9; T cap. Θ 10, 9; *deest in* H^I L^b
R; PG 96, 28, 23

II¹1100 (a) K (b) Ἐκ τῆς προσευχῆς Ἐζεκίου (εζε- *cod.*) (*cf. Is. 38, 9*) T   (c) Ἐζεκίου
PM   εζεκίου P, ϊεζεκίου M   (d) *s. a.* V^E V^O II¹1101 Τοῦ] *om.* V R   σιραχ PM II¹1102
(a) K V^W PM (b) *s. a.* V^E V^O T

---

3 Οὐ γὰρ] οὐχ᾿ K   ἀδη K   **3 - 4** οἱ² – σου] πάντες, καὶ τὰ λοιπά V^O, *om.* V^E PM
T   **7** ὕψιστον (ὐ- M) V M   αἰνέσει] αἰνέσειεν (-νε- P) R P   **8** δὲ ὄντος] δέοντος
PM

II¹1103 / K cap. Θ 5, 11

Τοῦ αὐτοῦ·

Ὦ θάνατε, ὡς πικρόν σου τὸ μνημόσυνόν ἐστιν
ἀνθρώπῳ εἰρηνεύοντι ἐν τοῖς ὑπάρχουσιν αὐτῷ,
5 ἀνδρὶ ἀπερισπάστῳ καὶ εὐοδουμένῳ ἐν πᾶσιν,
καὶ ἔτι ἰσχύοντι ἐπιδέξασθαι τροφήν.
Ὦ θάνατε, καλόν σου τὸ κρίμα ἐστὶν
ἀνθρώπῳ ἐπιδεομένῳ καὶ ἐλασσουμένῳ ἰσχύϊ,
ἐσχατογήρῳ καὶ περισπωμένῳ περὶ πάντων
10 καὶ ἀπειθοῦντι καὶ ἀπολωλεκότι ὑπομονήν.

<II¹suppl. 271 / V cap. Θ 6, 12>

II¹1104 / K cap. Θ 5, 12

Τοῦ ἁγίου Βασιλείου·

Τὰ ἐν Ἅδου κακὰ οὐ θεὸν ἔχει τὸν αἴτιον, ἀλλ' ἡμᾶς αὐτούς.

---

11 II¹suppl. 271 cf. *Sacra*. Liber II. *Supplementum* (Band VIII/8)   **14** exstat etiam
ap. Ps.-Max. Conf., *Loci communes*, 48.6./55.6. (ed. Ihm, p. 802)

---

3 - 10 II¹1103 Sir. 41, 1¹–2⁴ (Wahl, *Sirach-Text*, p. 159–160)   **14 II¹1104** BASILIUS
CAESARIENSIS, *Quod deus non est auctor malorum*, 3 (PG 31, 332, 42–43)

2 - 10 II¹1103 K cap. Θ 5, 11 (174r[13]14–21); V^EV^O cap. Θ 6, 10–11; V^W cap. Θ 6,
9–10; PM cap. Θ 7, 10–11; T cap. Θ 10, 10–11; R cap. Θ 10, 7–8; *deest in* H^I L^b; PG
96, 28, 23–30   **13 - 14 II¹1104** K cap. Θ 5, 12 (174r[21]22–23); V^EV^O cap. Θ 6, 13;
V^W cap. Θ 6, 12; PM cap. Θ 7, 13; E cap. 159, 67; T cap. Θ 10, 13; R cap. Θ 10, 9;
deest in H^I L^b; PG 96, 28, 32–33

II¹1103 (a) K   (b) Τοῦ αὐτοῦ / Τοῦ αὐτοῦ T R (*cf. infra, app. crit. text.*)   (c) Τοῦ
αὐτοῦ / *s. a.* V^O PM (*cf. infra, app. crit. text.*)   (d) *s. a.* / *s. a.* V^EV^W (*cf. infra, app.
crit. text.*) **II¹1104** (a) K T R (b) Βασιλείου PM E βασιλειου PM (c) *s. a.* V

---

4 αὐτοῦ M R   **6** ἐπιδείξασθαι V^W M   τροφήν] *hic caesura in* V PM T R   **8** ἰσχύει
(ἴσ- M) V M   **9** ἐσχάτο γήρωι T, ἐσχάτω γήρω V^E a. c. V^W a. c., ἐσχάτω γηρῶ V^O,
ἐσχατω γήρω M, ἐσχάτω γήρα V^E p. c. V^W p. c. R   περὶ σπομένω V^E, περισπομένω
V^O T, περισπουμενω P   **10** ἀπειθοῦντι καὶ] *om.* R   ἀπιθοῦντι (α- T) V^E a. c. V^O T,
ἀπαθοῦντι V^E p. c.   καὶ²] *om.* R   ἀπολολεκότι K, ἀπὸ λελωκότι V^E, ἀπολελωκότι
V^O P T R, ἀπολελοκότι M   **14** ἅιδου E, ἄδη V^EV^O, αδη M   οὐχὶ V^EV^O   ἀλλὰ K

II[1]1105 / K cap. Θ 5, 13

Τοῦ ἁγίου Ἰωάννου, ἐκ τοῦ εἰς τοὺς νεοφωτίστους·

Ἅδης κοινὸν πανδοχεῖόν ἐστι καὶ θρήνων ἐργαστήριον.

II[1]1106 / K cap. Θ 5, 14

Τοῦ ἁγίου Μεθοδίου, ἐκ τοῦ περὶ ἀναστάσεως·

Ὁ δὲ θάνατος πρὸς ἐπιστροφὴν εὑρέθη, καθάπερ καὶ τοῖς ἀρτιμαθέσι γραμμάτων παιδίοις πρὸς ἐπανόρθωσιν αἱ πληγαί. Οὐδὲν γὰρ ἄλλο θάνατος ἢ διάκρισις καὶ διαχωρισμὸς ψυχῆς ἀπὸ τοῦ σώματος. Τί οὖν; Παραίτιος ὁ θεὸς θανάτου; λέξετε. Μὴ γένοιτο, ἐπεὶ μὴ δὲ οἱ διδάσκαλοι προκαθηγουμένως τοῦ ἀλγύνεσθαι ταῖς πληγαῖς τοὺς παῖδας αἴτιοι. Καλὸν ὁ θάνατος, εἰ καθάπερ παισὶν πρὸς ἐπιστροφὴν δίκην πληγῶν εὑρέθη, οὐχ' ὁ τῆς ἁμαρτίας, ὦ σοφώτατοι, ἀλλ' ὁ τῆς διαζεύξεως τῆς σαρκὸς καὶ τοῦ χωρισμοῦ.

---

12 ἁμαρτίας] cf. Rom. 5, 12

---

3 **II[1]1105** Iohannes Chrysostomus, *Ad neophytos (Catecheses ad illuminandos, III)*, locus non repertus (deest apud Haidacher) **6 – 13** **II[1]1106** Methodius Olympius, *De resurrectione*, I, 38, 1–2 (ed. Bonwetsch, p. 280, 1–9) = Epiphanius Constantiensis, *Panarion* 64, 30, 1–3 (ed. Holl/Dummer, p. 448, 4–12); Holl, n° 417

---

2 – 3 **II[1]1105** K cap. Θ 5, 13 (174r[23]24–174v1); V[E]V[O] cap. Θ 6, 14; V[W] cap. Θ 6, 13; PM cap. Θ 7, 14; E cap. 159, 68; T cap. Θ 10, 14; R cap. Θ 10, 10; *deest in* H[I] L[b]; PG 96, 28, 34–35 **5 – 13** **II[1]1106** K cap. Θ 5, 14 (174v[1]2–12); *deest in* V H[I] PML[b] T R; PG 86, 2081, 16–27

II[1]1105 (a) K (b) Τοῦ Χρυσοστόμου V[W] PM T R (c) Χρυσοστόμου E (d) *s. a.* V[E]V[O]

---

3 ἅιδης E **9** λέξετε] *scripsi*, λεξεται K **11** παισὶν] *correxi (ed.)*, φησὶν K **12** εὑρέθη] *correxi (ed.)*, εὑρεθεῖ K

II¹1107 / K cap. Θ 5, 15

<Σχόλιον·>
Καὶ τὰ ἑξῆς εἰς τὸν Περὶ αὐτεξουσίου.

---

3 Περὶ αὐτεξουσίου] cf. II¹89 / K cap. A 2, 11

---

3 II¹1107 Scholion

---

2 - 3 II¹1107 K cap. Θ 5, 15 (174v12–13); deest in V H¹ PMLᵇ T R

II¹1107 Σχόλιον] supplevi, om. K

Τίτλος ϛ′ Περὶ τοῦ μὴ θαρρεῖν τινὶ ὡς ἔτυχεν.

ια′ Περὶ τοῦ μὴ θαρρεῖν τινὶ ὡς ἔτυχεν.

α′ Περὶ τοῦ μὴ θαρρεῖν τινὶ ὡς ἔτυχεν.

II¹1108 / K cap. Θ 6, 1

Μιχαίου προφήτου·   5

Μὴ καταπιστεύετε ἐν φίλοις, μὴ δὲ ἐλπίζετε ἐπὶ ἡγουμένοις, ἀπὸ
τῆς συγκοίτου σου φύλαξαι τοῦ ἀναθέσθαι αὐτῇ τί [ποιῶν]· διότι
υἱὸς ἀτιμάζει πατέρα, θυγάτηρ ἐπανέστηκεν ἐπὶ μητέρα αὐτῆς,
νύμφη ἐπὶ τὴν πενθερὰν αὐτῆς· ἐχθροὶ ἀνδρὸς πάντες οἱ ἐν τῷ
οἴκῳ αὐτοῦ.   10

---

1 Περὶ – ἔτυχεν] cf. II¹ / Kᵖⁱⁿ Παραπομπὴ Χ 17

---

6 – 10 II¹1108 Mich. 7, 5 – 6 (Wahl, *Prophetenzitate*, p. 209 – 210)

---

1 **Titlos (a)** K (174v13 – 14) 2 **Titlos (b)** V Aᴵ ᵖⁱⁿ; *deest in* HᴵAᴵ ᵗˣᵗ 3 **Titlos (c)**
PMLᵇ ᵖⁱⁿ; *deest in* Lᵇ ᵗˣᵗ 5 – 10 II¹1108 K cap. Θ 6, 1 (174v[14]15 –20); V cap. Θ 11,
1; PM cap. Θ 1, 1; E cap. 159, 56; *deest in* Hᴵ Lᵇ; PG 96, 52, 9 –14

---

1 **Titlos (a)** Τίτλος ϛ′] *om.* Kᵖⁱⁿ ϛ′] *correxi (secund. ser.* Kᵖⁱⁿ), δ′ Kᵗˣᵗ (ϛ′ *exspec-
tav.*) 2 **Titlos (b)** ια′] ι′ Vᵂ ᵖⁱⁿ, *propt. mg. resect. non liquet in* Aᴵ ᵖⁱⁿ (ια′ *secund.
ser.*), *praem.* τίτλος Vᵂ ᵗˣᵗ 3 **Titlos (c)** θαρρεῖν – ἔτυχεν] θαρρεῖν Mᵖⁱⁿ

II¹1108 (a) K (b) Μιχαίου V PM E μιχαιου P, μηχαιου M

---

6 καταπιστεύεται (-ευ- M) Vᴱ M, -πιστεύητε K μὴ δὲ] καὶ μὴ E ἐλπίζεται (-πι-
M) Vᴱ M, ἐλπίζητε K ἐπιηγουμένοις Vᴱ ᵖ· ᶜ·, ἐπιηγουμένος Vᴱ ᵃ· ᶜ·, ἐπιγουμένους M
6 – 10 ἀπὸ – αὐτοῦ] *om.* E 7 τῆς] *om.* Vᴱ φύλαξον VᴱVᴼ ἀναθέσθαι τι αὐτῇ
LXX ποιῶν] *delevi (LXX)* 9 πενθερὰ Vᴼ ἐχθρὸς Vᴼ οἱ] *add.* ἄνδρες οἱ Κ
ἐν] *om.* Vᵂ τῷ] τοῦ Vᵂ 10 οἴκου Vᵂ, κο *(sic)* Vᴼ ᵃ· ᶜ·, οἴκο Vᴼ ᵖ· ᶜ·

II¹1109 / K cap. Θ 6, 2

Ἱερεμίου·

Ἕκαστος ἀπὸ τοῦ πλησίον αὐτοῦ φυλάξασθε, καὶ ἐπ᾽ ἀδελφοῖς ἑ-
αυτῶν μὴ πεποίθατε, ὅτι πᾶς ἀδελφὸς πτέρνῃ πτερνιεῖ, καὶ πᾶς
5 φίλος δολίως πορεύεται· ἕκαστος τὸν ἀδελφὸν αὐτοῦ καταπαίξε-
ται.

II¹1110 / K cap. Θ 6, 3

Τοῦ Σιράχ·

Ἐνώπιον ἀλλοτρίου μὴ ποιήσῃς κρυπτόν·
10 οὐ γὰρ οἶδας τί τέξεται.
Παντὶ ἀνθρώπῳ μὴ ἔκφαινε καρδίαν σου,
ἵνα μὴ ἀναφέρῃ σε χάριν καὶ ὀνειδίσῃ σε.

---

3 – 6 **II¹1109** Ier. 9, 4–5 (Wahl, *Prophetenzitate*, p. 516–517)   9 – 12 **II¹1110** Sir.
8, 18¹–19² (Wahl, *Sirach-Text*, p. 69–70); cf. II¹1113 / K cap. Θ 6, 6

---

2 – 6 **II¹1109** K cap. Θ 6, 2 (174v[20]21–175r1); V cap. Θ 11, 2; PM cap. Θ 4, 3; E
cap. 159, 57; *deest in* Hᴵ Lᵇ; PG 96, 52, 15–18   8 – 12 **II¹1110** K cap. Θ 6, 3 (175r[1]
2–5); V cap. Θ 11, 3–4; PM cap. Θ 1, 2 + 4; *deest in* Hᴵ Lᵇ; PG 96, 52, 19–21

II¹1109 (a) K V M E ἱερεμίου Vᴱ, ἱηρεμιου M (b) Τοῦ αὐτοῦ P **II¹1110** (a) K (b)
Σιράχ / *s. a.* V (*cf. infra, app. crit. text.*)   (c) Σιράχ (-ραχ *codd.*) / Τοῦ αὐτοῦ PM (*cf.
infra, app. crit. text.*)

3 φυλάξασθαι (-λα- M) PM   3 – 4 ἑαυτῶν] *om.* V PM E   4 πεποίθετε VᴱVᴼ E
ἀδελφὸς – πᾶς²] *om.* M   5 δολιος M   5 – 6 καταπαίζεται E, καταπέξεται (-πε- M)
VᴱVᴼ PM   9 ποιήσεις P, ποιησις M   10 τέξεται] *hic caesura in* V PM   11 ἔκφαι-
ναι Vᵂ, εισφαινε P   καρδίαν σου] *praem.* τὴν M   12 ἀναφέρῃ – καὶ] *om.* V PM
ὀνειδήσει σε P

II¹1111 / K cap. Θ 6, 4

Τοῦ αὐτοῦ·

Μὴ συμβουλεύου μετὰ τοῦ ὑποβλεπομένου σε.

II¹1112 / K cap. Θ 6, 5

Τοῦ αὐτοῦ·

Ἀπὸ τῶν ζηλούντων ἔγκρυψον βουλήν σου.

II¹1113 / K cap. Θ 6, 6

Τοῦ αὐτοῦ·

Μὴ παντὶ ἀνθρώπῳ ἔκφαινε καρδίαν σου.

---

3 exstat etiam ap. Ps.-Max. Conf., *Loci communes*, 47.4./54.4. (ed. Ihm, p. 783)

---

3 **II¹1111** Sir. 37, 10¹ (Wahl, *Sirach-Text*, p. 146)   6 **II¹1112** Sir. 37, 10² (Wahl, *Sirach-Text*, p. 146)   9 **II¹1113** Sir. 8, 19¹ (Wahl, *Sirach-Text*, p. 69–70); cf. II¹1110 / K cap. Θ 6, 3

---

2 – 3 **II¹1111** K cap. Θ 6, 4 (175r[5]6); V cap. Θ 11, 5; PM cap. Θ 1, 5; *deest in* Hᴵ Lᵇ; PG 96, 52, 22   5 – 6 **II¹1112** K cap. Θ 6, 5 (175r[6]7); V cap. Θ 11, 6; PM cap. Θ 1, 6; *deest in* Hᴵ Lᵇ; PG 96, 52, 23   8 – 9 **II¹1113** K cap. Θ 6, 6 (175r[7]8); V cap. Θ 11, 7; *deest in* Hᴵ PMLᵇ; PG 96, 52, 23–24

II¹1111 (a) K M (b) Σιράχ (-ραχ *cod.*) P (c) *s. a.* V **II¹1112** (a) K (b) *s. a.* V (c) *s. d.* PM **II¹1113** (a) K (b) *s. a.* V

---

3 τοῦ] *om.* K   6 ἔκκρυψον VᴱVᵂ, ἔκρυψον Vᴼ

Τίτλος ζ′   Περὶ θηρευτῶν.

ιγ′   Περὶ θηρευτῶν.

ιγ′   Περὶ θηρευτῶν.

II¹1114 / K cap. Θ 7, 1

5   Τοῦ Δευτερονομίου·

Ἐὰν συναντήσῃ σοι ὄρνεα ἢ ἐπὶ παντὶ δένδρῳ ἢ ἐπὶ τῆς γῆς, ἢ νε-
οσσοῖς ἢ ὠοῖς, καὶ ἡ μήτηρ θάλπῃ ἐπὶ τῶν ὠῶν ἢ ἐπὶ τῶν νεοσ-
σῶν, οὐ λήψῃ τὴν μητέρα· τὰ δὲ παιδία λήψῃ, ἵνα εὖ σοι γένηται
καὶ πολυήμερος ᾖς.

10   Ἐὰν συναντήσῃς νοσσιᾷ ὀρνέου ἐν τῇ ὁδῷ ἢ ἐπὶ παντὶ δένδρῳ, καὶ ἡ μήτηρ
θάλπει ἐπὶ τῶν νεοσσῶν ἢ ἐπὶ τῶν ὠῶν, οὐ λήψῃ τὴν μητέρα μετὰ τῶν τέ-
κνων· ἀποστολῇ ἀποστελεῖς τὴν μητέρα, τὰ δὲ παιδία λήψῃ ἑαυτῷ, ἵνα εὖ
σοι γένηται καὶ πολυήμερος ἔσῃ.

---

6 – 9   II¹1114 *Versio* K Deut. 22, 6–7 (Wahl, *Deuteronomium-Text*, p. 138)
10 – 13   II¹1114 *Versio* V PM R Deut. 22, 6–7 (Wahl, *Deuteronomium-Text*, p.
138)

---

1 Titlos (a) K (175r8–9)   **2 Titlos (b)** V A^I pin; *deest in* H^I A^I txt   **3 Titlos (c)**
PML^b pin R; *deest in* L^b txt   **5 – 13** II¹1114 K cap. Θ 7, 1 (175r[9]10–14); V cap. Θ 13,
1; PM cap. Θ 13, 1; R cap. Θ 15, 1; *deest in* H^I L^b; PG 96, 52, 33–38

---

1 Titlos (a)   Τίτλος ζ′] *om.* K^pin   ζ′] *correxi (secund. ser.* K^pin), ε′ K^txt (ζ′ *exspec-
tav.)*   θηρευτῶν] *scripsi secund.* K^pin, θηρευόντων K^txt   **2 Titlos (b)**   ιγ′] ιβ′
V^W pin, *praem.* τίτλος V^W txt   **3 Titlos (c)**   ιγ′] τίτλος ιε′ R^txt, ιε′ R^pin, *om.* P^txt (ιγ′
exspectav.) L^b pin

II¹1114 Τοῦ] *om.* V P M R

---

6 – 9 *Versio* K   **6** δένδρῳ] *correxi secund. versionem* V PM R, δένδρου K   **7 – 8**
νεοσσῶν] *correxi secund. versionem* V PM R, νεοσσίων K   **10 – 13** *Versio* V PM R
10 νοσσιᾷ] *scripsi (LXX),* νοσιᾶ V^E, νοσσιαν M, νοσϊᾶν V^O, νοσίαν (-σι- P) V^W p. c.
P, νοσείαν V^W a. c.   ἢ] *om.* V^E V^O M   ἐπὶ] ἐν R   ἡ] *om.* V^W a. c. M   **11** τῶν νεοσ-
σῶν] τοῖς νεοσσοῖς (-οις P) V^W PM^p. c. R, τοῖς νεοσοῖς M^a. c.   **12** ἀποστολῇ] ἀπο-
στελῆ M

Τίτλος η′   Περὶ θλιβομένων καὶ φροντιζόντων.

ε′   Περὶ θλιβομένων καὶ φροντιζόντων [καὶ λύπης].

ϛ′   Περὶ θλιβομένων καὶ φροντιζόντων [καὶ λύπης].

II¹1115 / K cap. Θ 8, 1

Ἀπὸ τῶν Ἀριθμῶν·

Εἶπεν Μωϋσῆς πρὸς τὸν θεόν· Ἱνατί ἐκάκωσας τὸν θεράποντά σου, καὶ διατί οὐχ᾽ εὕρηκα χάριν ἐναντίον σου, ἐπιθεῖναι τὴν ὁρμὴν τοῦ λαοῦ τούτου ἐπ᾽ ἐμέ; Μὴ ἐγὼ ἐν γαστρὶ ἔλαβον πάντα τὸν λαὸν τοῦτον, ἢ ἐγὼ ἔτεκον αὐτούς, ὅτι λέγεις μοι· Λάβε αὐτοὺς εἰς τὸν κόλπον σου, ὡσεὶ ἄραι τιθηνὸς τὸν θηλάζοντα, εἰς γῆν, ἣν ὤμοσα τοῖς πατράσιν αὐτῶν; Πόθεν κρέα δοῦναι παντὶ τῷ λαῷ τούτῳ; Ὅτι κλαίουσιν ἐπ᾽ ἐμέ, λέγοντες· Δὸς ἡμῖν κρέα, ἵνα φάγωμεν. Οὐ δυνήσομαι ἐγὼ μόνος φέρειν τὸν λαὸν τοῦτον. Εἰ οὕτως σὺ ποιεῖς μοι, ἀπόκτεινόν με ἀναιρέσει, εἰ εὕρηκα ἔλεος παρὰ σοί, ἵνα μὴ ἴδω τὴν κάκωσίν μου.

---

6 – 15 II¹1115 Num. 11, 11–15

1 Titlos (a) K (175r14–15)   2 Titlos (b) V Aᴵ pin; *deest in* HᴵAᴵ txt   3 Titlos (c) Pᵖⁱⁿ MLᵇ pin Tᵗˣᵗ R; *deest in* Pᵗˣᵗ (lac.) Lᵇ txt Tᵗˡᵃᶜ·⁾   5 – 15 II¹1115 K cap. Θ 8, 1 (175r[15] 16–175v4); *deest in* V Hᴵ PMLᵇ Tᵗˡᵃᶜ·⁾ R

1 Titlos (a)   Τίτλος η′] *om.* Kᵖⁱⁿ   η′] *correxi (secund. ser.* Kᵖⁱⁿ), ϛ′ Kᵗˣᵗ (η′ *exspectav.*)   φροντιζόντων] *correxi secund.* Kᵖⁱⁿ, φωτιζόντων Kᵗˣᵗ   2 Titlos (b)   ε′] *propt. mg. resect. non liquet in* Aᴵ pin (ε′ *secund. ser.*), *praem.* τίτλος Vᵂ txt   φροντιζόντων] *add.* ἐν ᾧ καὶ περὶ Vᴱ pin Vᴼ pin   καὶ λύπης] *om.* Vᵂ pin, *secludenda videntur (cf.* II¹ / K cap. Θ 8 titlos, *supra, sub* [a])   καὶ²] *add.* περὶ Vᵂ txt p. c. Vᴼ pin   3 Titlos (c)   ϛ′] τίτλος θ′ Rᵗˣᵗ, θ′ Rᵖⁱⁿ   καὶ¹ – λύπης] *om.* M   καὶ λύπης] *secludenda videntur (cf.* II¹ / K cap. Θ 8 titlos, *supra, sub* [a])

---

7 ἐπιθεῖναι] *scripsi (LXX)*, ἐπιθῆναι K   8 ἐγὼ] *add.* ἔλαβον K *(sed cancellav.)*   10 ἄραι τιθηνὸς] *correxi (LXX)*, ἀριτίθηνος K

II¹1116 / K cap. Θ 8, 2

Βασιλειῶν γ'·

Ἐπορεύθη Ἡλιοῦ ὁδὸν ἡμέρας ἐν τῇ ἐρήμῳ, καὶ ἐκάθισεν ὑποκάτω ῥαθαμεῖν, καὶ ᾐτήσατο τὴν ψυχὴν αὐτοῦ ἀποθανεῖν, καὶ εἶπεν·
5 Ἱκανούσθω νῦν· λάβε δὴ τὴν ψυχήν μου ἀπ' ἐμοῦ, κύριε, ὅτι οὐ κρείσσων ἐγώ εἰμι ὑπὲρ τοὺς πατέρας μου. Καὶ ἐκοιμήθη ἐκεῖ, καὶ ὕπνωσεν ὑπὸ τὸ φυτόν.

II¹1117 / K cap. Θ 8, 3

Τοῦ Ἰώβ·

10 Ἐν ὀδύναις πέφυρμαι,
ᾤχετο δέ μου ἡ ἐλπὶς ὥσπερ πνεῦμα.

<II¹suppl. 272 / V cap. Θ 5, 1>

II¹1118 / K cap. Θ 8, 4

Τοῦ αὐτοῦ·

15 Φόβος ὃν ἐδεδοίκειν, συνήντησέν μοι,
οὔτε εἰρήνευσα οὔτε ἡσύχασα,
ἦλθε δέ μοι ὀργή.

---

12 **II¹suppl. 272** cf. *Sacra*. Liber II. *Supplementum* (Band VIII/8)

---

3 – 7 **II¹1116** III Reg. 19, 4–5 (Wahl, *3 Könige-Text*, p. 113–114)   10 **II¹1117** Ἐν – πέφυρμαι] Iob 30, 14²   11 ᾤχετο – πνεῦμα] Ibid. 30, 15²   15 – 17 **II¹1118** Iob 3, 25¹–26²

---

2 – 7 **II¹1116** K cap. Θ 8, 2 (175v[4]5–10); *deest in* V Hᴵ PMLᵇ T⁽ˡᵃᶜ·⁾ R   9 – 11
II¹1117 K cap. Θ 8, 3 (175v[10]11–12); *deest in* V Hᴵ PMLᵇ T⁽ˡᵃᶜ·⁾ R   14 – 17
II¹1118 K cap. Θ 8, 4 (175v[12]13–14); *deest in* V Hᴵ PMLᵇ T⁽ˡᵃᶜ·⁾ R

---

4 ῥαθαμεῖν] ῥαθμεῖν Kᵃ· ᶜ·   17 ὀργή] *scripsi (LXX)*, ὀργῆι K

II¹1119 / K cap. Θ 8, 5

Τοῦ αὐτοῦ·

Ἀπείπατό με ἔλεος,
ἐπισκοπὴ δὲ κυρίου ὑπερ<ε>ῖδέν με.

II¹1120 / K cap. Θ 8, 6

Τοῦ αὐτοῦ·

Αἱ ἡμέραι μου παρῆλθον ἐν βρόμῳ.

<II¹suppl. 273 / V cap. Θ 5, 4>

II¹1121 / K cap. Θ 8, 7

Τοῦ αὐτοῦ·

Ἀπέβη εἰς πένθος μου ἡ κιθάρα,
ὁ δὲ ψαλμός μου εἰς κλαυθμόν.

<II¹suppl. 274 / V cap. Θ 5, 5>

---

8 II¹suppl. 273 cf. *Sacra.* Liber II. *Supplementum* (Band VIII/8)　　**13** II¹suppl. 274 cf. *Sacra.* Liber II. *Supplementum* (Band VIII/8)

---

3 – 4 II¹1119 Iob 6, 14¹⁻²　**7** II¹1120 Iob 17, 11¹　**11 – 12** II¹1121 Iob 30, 31¹⁻²

---

2 – 4 II¹1119 K cap. Θ 8, 5 (175v[14]15–16); *deest in* V Hᴵ PMLᵇ T⁽ˡᵃᶜ·⁾ R　　**6 – 7** II¹1120 K cap. Θ 8, 6 (175v[16]17); V cap. Θ 5, 3; PM cap. Θ 6, 3; R cap. Θ 9, 3; *deest in* Hᴵ Lᵇ T⁽ˡᵃᶜ·⁾; PG 96, 20, 26　　**10 – 12** II¹1121 K cap. Θ 8, 7 (175v[17]18–19); *deest in* V Hᴵ PMLᵇ T⁽ˡᵃᶜ·⁾ R

II¹1120 (a) K Vᵂ P　(b) *s. a.* Vᴱᵛᴼ M　(c) *s. d.* R

---

4 ὑπερεῖδέν με] *scripsi (LXX),* ὑπερίδεν με K　**7** παρηλθαν P

II¹1122 / K cap. Θ 8, 8

Τοῦ αὐτοῦ·

Ἐλεήσατέ με, ὦ φίλοι, ἐλεήσατέ με·
χεὶρ γὰρ κυρίου ἐστὶν ἡ ἁψαμένη μου.

II¹1123 / K cap. Θ 8, 9

Τοῦ αὐτοῦ·

Ἔχουσίν μου τὰς σάρκας ὀδύναι.

II¹1124 / K cap. Θ 8, 10

Τοῦ αὐτοῦ·

Λαλήσω ἐν ἀνάγκῃ ὢν τοῦ πνεύματός μου,
ἀνοίξας τὸ στόμα, πικρίᾳ ψυχῆς συνεχόμενος.

II¹1125 / K cap. Θ 8, 11

Τοῦ αὐτοῦ·

Κωφεύσατε, ἵνα λαλήσω καὶ ἀναπαύσωμαι θυμῷ.

---

3 – 4 II¹1122 Iob 19, 21¹⁻²   7 II¹1123 Iob 21, 6¹   10 – 11 II¹1124 Iob 7, 11²⁻³   14 II¹1125 Iob 13, 13

---

2 – 4 II¹1122 K cap. Θ 8, 8 (175v[19]20 –21); VᴱVᴼ cap. Θ 5, 10; Vᵂ cap. Θ 5, 9; PM cap. Θ 6, 10; T cap. Θ 9, 1; R cap. Θ 9, 10; *deest in* Hᴵ Lᵇ; PG 96, 20, 38 –39   6 – 7 II¹1123 K cap. Θ 8, 9 (175v[21]22); *deest in* V Hᴵ PMLᵇ T R   9 – 11 II¹1124 K cap. Θ 8, 10 (175v[22]23 –24); *deest in* V Hᴵ PMLᵇ T R   13 – 14 II¹1125 K cap. Θ 8, 11 (175v[24]176r1); *deest in* V Hᴵ PMLᵇ T R

II¹1122 (a) K P   (b) *s. a.* V   (c) *s. d.* M R   (d) *deest in* T⁽ˡᵃᶜ·⁾

---

3 Ἐλεήσατέ – με²] *desunt in* T⁽ˡᵃᶜ·⁾   ἐλεήσατέ με] ἐλεήσατε Vᵂ, *om.* VᴱVᴼ PM R 11 ἀνοίξω LXX   πικρίᾳ] *scripsi (LXX in app. crit.)*, πικρία K   συνεχόμενος] *correxi (LXX)*, συνερχόμενος K

II¹1126 / K cap. Θ 8, 12

Τοῦ αὐτοῦ·

Ἡ κοιλία μου ἐξέζεσεν, καὶ οὐ σιωπήσομαι.

II¹1127 / K cap. Θ 8, 13

Τοῦ αὐτοῦ·   5

Ἐκφοβεῖς με ἐν ἐνυπνίοις καὶ ἐν ὁράμασίν με καταπλήσσεις.
Ἐὰν κοιμηθῶ, λέγω· Πότε ἡμέρα;
Ἐὰν ἀναστῶ, πάλιν λέγω· Πότε ἑσπέρα;
Πλήρης δὲ γίνομαι ὀδυνῶν.

<II¹suppl. 275 / V cap. Θ 5, 7>   10

---

10 II¹suppl. 275 cf. Sacra. Liber II. *Supplementum* (Band VIII/8)

---

3 II¹1126 Iob 30, 27¹   6 II¹1127 Ἐκφοβεῖς – καταπλήσσεις] Iob 7, 14   7 – 9
Ἐὰν – ὀδυνῶν] Ibid. 7, 4¹⁻³

---

2 – 3 II¹1126 K cap. Θ 8, 12 (176r[1]2); VᴱVᴼ cap. Θ 5, 11; Vᵂ cap. Θ 5, 10; PM
cap. Θ 6, 11; T cap. Θ 9, 2; R cap. Θ 9, 11; *deest in* Hᴵ Lᵇ; PG 96, 20, 40   5 – 9
II¹1127 K cap. Θ 8, 13 (176r[2]3 –6); V cap. Θ 5, 2; PM cap. Θ 6, 2; R cap. Θ 9, 2;
deest in Hᴵ Lᵇ T; PG 96, 20, 22–25

II¹1126 (a) K   (b) *s. a.* V   (c) *s. d.* PM T R   II¹1127 (a) K VᵂVᴼ P R   (b) *s. a.* Vᴱ   (c)
s. d. M

---

3 ἐξέζησεν (-σε K) K Vᴼ P, ἐξώζεσεν (-σε R) M R   6 ἐκφοβεῖ Vᴼ ᵃ·ᶜ·, ἐμφοβεις P
ἐν¹] *om.* R   ἐνυπνίοις] ὑπνίοις (ὕπ- Vᴼ) VᵂVᴼ M   κατὰ πλήσσεις K, κατὰ πλή-
σεις Vᴱ, καταπλήττεις M R, -πλήσεις Vᴼ   8 Ἐὰν – ἑσπέρα] *om.* R   Ἐὰν] *praem.*
καὶ VᴱVᴼ

II¹1128 / K cap. Θ 8, 14

Τοῦ αὐτοῦ·

Ἐπανέστησάν μοι κλέπται,
ἄτιμοι καὶ πεφαυλισμένοι, ἐνδεεῖς παντὸς ἀγαθοῦ.

II¹1129 / K cap. Θ 8, 15

Τοῦ αὐτοῦ·

Ἔθου με θρύλημα ἐν ἔθνεσι,
γέλως δὲ αὐτοῖς ἀπέβην·
πεπώρωνται δὲ ἀπὸ ὀργῆς οἱ ὀφθαλμοί μου.

II¹1130 / K cap. Θ 8, 16

Τοῦ αὐτοῦ·

Ὥσπερ χιὼν ἢ κρύσταλλος πεπηγώς,
καθὼς τακεὶς θέρμης γινομένης οὐκ ἐγνώσθη ὅπερ ἦν,
οὕτως κἀγὼ κατελείφθην ὑπὸ πάντων,
ἀπωλόμην δὲ καὶ ἔξοικος ἐγενόμην.

---

3 **II¹1128** Ἐπανέστησάν – κλέπται] Iob 30, 5   4 ἄτιμοι – ἀγαθοῦ] Ibid. 30, 4³
7 – 9 **II¹1129** Iob 17, 6¹–7¹   12 – 15 **II¹1130** Iob 6, 16¹–18²

2 – 4 **II¹1128** K cap. Θ 8, 14 (176r[6]7–8); *deest in* V H¹ PMLᵇ T R   6 – 9 **II¹1129**
K cap. Θ 8, 15 (176r[8]9–10); *deest in* V H¹ PMLᵇ T R   11 – 15 **II¹1130** K cap. Θ 8,
16 (176r[mg]11–14); V cap. Θ 5, 6; PM cap. Θ 6, 6; R cap. Θ 9, 6; *deest in* H¹ Lᵇ T;
PG 96, 29–30

II¹1130 (a) K P (b) *s. a.* V M (c) *s. d.* R

7 θρύλημα] *scripsi (LXX)*, θρύλλημα K   9 πεπώρωνται] *scripsi (LXX)*, πεπόρωνται
K   12 – 14 Ὥσπερ – κἀγὼ] *om.* V PM R   14 πάντων] *add.* καὶ M   15 ἀπολόμην
Vᵂ ᵃ· ᶜ·, ἀπωλλόμην R, ἀπολλώμην M   δὲ] *om.* V PM R

II¹1131 / K cap. Θ 8, 17

Τοῦ αὐτοῦ·

Ἀδελφοί μου ἀπέστησαν ἀπ᾽ ἐμοῦ,
ἔγνωσαν ἀλλοτρίους ἢ ἐμέ·
φίλοι δέ μου ἀνελεήμονες γεγόνασι.   5
Θεράποντά μου ἐκάλεσα, καὶ οὐχ᾽ ὑπήκουσέν μου·
στόμα δέ μου ἐδέετο,
καὶ ἱκέτευον τὴν γυναῖκά μου.

<II¹suppl. 276–277 / V cap. Θ 5, 12–13>

II¹1132 / K cap. Θ 8, 18   10

Δαυῒδ ἐν ψαλμῷ ιζ´·

Περιέσχον με ὠδῖνες θανάτου,
καὶ χείμαρροι ἀνομίας ἐξετάραξάν με·
ὠδῖνες Ἅδου περιεκύκλωσάν με,
προέφθασάν με παγίδες θανάτου.   15

---

9 II¹suppl. 276–277 cf. *Sacra*. Liber II. *Supplementum* (Band VIII/8)

---

3 – 5 II¹1131 Ἀδελφοί – γεγόνασι] Iob 19, 13¹⁻³   6 – 8 Θεράποντά – μου] Ibid.
19, 16¹–17¹ 12 – 15 II¹1132 Ps. 17, 5¹–6²

---

2 – 8 II¹1131 K cap. Θ 8, 17 (176r[14]15–19); VᴱVᴼ cap. Θ 5, 8–9; Vᵂ cap. Θ 5, 7–
8; PM cap. Θ 6, 8–9; R cap. Θ 9, 8–9; *deest in* Hᴵ Lᵇ T; PG 96, 20, 34–37   11 – 15
II¹1132 K cap. Θ 8, 18 (176r[19]20–23); PM cap. Θ 6, 14; T cap. Θ 9, 5; R cap. Θ 9,
14; *deest in* V Hᴵ PMLᵇ T

II¹1131 (a) K   (b) *s. a. / s. d.* M *(cf. infra, app. crit. text.)*   (c) *s. d. / s. d.* P R *(cf. infra,
app. crit. text.)*   (d) *s. a. / s. a.* V *(cf. infra, app. crit. text.)* II¹1132 (a) K (b) Ἐν ψαλ-
μῶι ζι´ *(sic)* T (c) Ψαλμοῦ ιζ´ PM (d) *s. d.* R

---

5 γεγόνασι] *hic caesura in* V PM R   13 – 15 καὶ – θανάτου] *om.* P R   14 – 15
ὠδῖνες – θανάτου] *om.* M   15 θανάτου] *add.* καὶ ἐν τωι θλίβεσθαί με ἐπεκαλεσά-
μην τὸν κύριον καὶ πρὸς τὸν θεόν μου ἐκέκραξα *(= Ps. 17, 7¹⁻²)* T

II¹1133 / K cap. Θ 8, 19

Ἐν ψαλμῷ κα΄·

Ἐγενήθη ἡ καρδία μου ὡσεὶ κηρὸς τηκόμενος ἐν μέσῳ τῆς
[κοιλίας μου·

5 ἐξηράνθη ὡς ὄστρακον ἡ ἰσχύς μου,
καὶ ἡ γλῶσσά μου κεκόλληται τῷ λάρυγγί μου·
καὶ εἰς χοῦν θανάτου κατήγαγές με.

II¹1134 / K cap. Θ 8, 20

Ἐν ψαλμῷ κδ΄·

10 Αἱ θλίψεις τῆς καρδίας μου ἐπληθύνθησαν·
ἐκ τῶν ἀναγκῶν μου ἐξάγαγέ με.

<II¹suppl. 278–279 / V cap. Θ 5, 17–18>

<II¹suppl. 280 / T cap. Θ 9, 10>

<II¹suppl. 281 / V cap. Θ 5, 19>

---

12 – 14 II¹suppl. 278–281 cf. *Sacra*. Liber II. *Supplementum* (Band VIII/8)

---

3 – 7 II¹1133 Ps. 21, 15³–16³   **10 – 11 II¹1134** Ps. 24, 17¹⁻²

---

2 – 7 II¹1133 K cap. Θ 8, 19 (176r[23]24–176v3); VᴱVᴼ cap. Θ 5, 15; PM cap. Θ 6, 15; T cap. Θ 9, 6; R cap. Θ 9, 15; *deest in* Vᵂ Hᴵ Lᵇ; PG 96, 20, 46   **9 – 11 II¹1134** K cap. Θ 8, 20 (176v[mg]4–5); VᴱVᴼ cap. Θ 5, 16; PM cap. Θ 6, 16; T cap. Θ 9, 7; R cap. Θ 9, 16; *deest in* Vᵂ Hᴵ Lᵇ; PG 96, 20, 47–48

II¹1133 (a) K T (b) Ψαλμοῦ κα΄ PM ψαλμὸς M (c) *s. a.* VᴱVᴼ (d) *s. d.* R **II¹1134** (a) K T (b) Ψαλμοῦ κδ΄ PM ψαλμὸς M (c) *s. a.* VᴱVᴼ R

---

3 ἐγεννήθη (-η- M) PM στηκόμενος M **3 – 7** ἐν – με] καὶ τὰ λοιπὰ Vᴼ, *om.* Vᴱ R **5 – 7** ἐξηράνθη – με] *om.* PM **6** κεκόλληται] καὶ κόλητο T **7** κατήγαγον με *(sic)* T **11** ἐκ – με] καὶ τὰ λοιπὰ Vᴼ, *om.* Vᴱ P R

II¹1135 / K cap. Θ 8, 21

Ἐν ψαλμῷ μγ´·

Ἐταπείνωσας ἡμᾶς ἐν τόπῳ κακώσεως,
καὶ ἐπεκάλυψεν ἡμᾶς σκιὰ θανάτου.

II¹1136 / K cap. Θ 8, 22

Ἐκ τοῦ αὐτοῦ·

Ἐταπεινώθη εἰς χοῦν ἡ ψυχὴ ἡμῶν,
ἐκολλήθη εἰς γῆν ἡ γαστὴρ ἡμῶν.

<II¹suppl. 282–288 / V cap. Θ 5, 22–28>

II¹1137 / K cap. Θ 8, 23

Ἐν ψαλμῷ πζ´·

Ἐπλήσθη κακῶν ἡ ψυχή μου,
καὶ ἡ ζωή μου τῷ Ἅδῃ ἤγγισεν.

---

9 II¹suppl. 282–288 cf. *Sacra*. Liber II. *Supplementum* (Band VIII/8)

---

3 – 4 II¹1135 Ps. 43, 20¹⁻² **7 – 8** II¹1136 Ps. 43, 26¹⁻² **12 – 13** II¹1137 Ps. 87, 4¹⁻²

2 – 4 II¹1135 K cap. Θ 8, 21 (176v[5]6–7); VᴱVᴼ cap. Θ 5, 20; P cap. Θ 6, 20; M cap. Θ 6, 19; *deest in* Vᵂ Hᴵ Lᵇ T R; PG 96, 21, 5–6 **6 – 8** II¹1136 K cap. Θ 8, 22 (176v[7]8–9); VᴱVᴼ cap. Θ 5, 21; P cap. Θ 6, 21; M cap. Θ 6, 20; R cap. Θ 9, 20; *deest in* Vᵂ Hᴵ Lᵇ T; PG 96, 21, 6–7 **11 – 13** II¹1137 K cap. Θ 8, 23 (176v[9]10–11); VᴱVᴼ cap. Θ 5, 29; P cap. Θ 6, 29; M cap. Θ 6, 28; T cap. Θ 9, 19; R cap. Θ 9, 25; *deest in* Vᵂ Hᴵ Lᵇ; PG 96, 21, 17–18

II¹1135 (a) K (b) Τοῦ αὐτοῦ PM (c) *s. a.* VᴱVᴼ II¹1136 (a) K (b) Τοῦ αὐτοῦ M (c) *s. a.* VᴱVᴼ P (d) *s. d.* R II¹1137 (a) K T (b) Ψαλμὸς πζ´ PM πζ´] ξζ´ M (c) *s. a.* VᴱVᴼ (d) *s. d.* R

---

4 καὶ – θανάτου] καὶ τὰ λοιπὰ Vᴼ, *om.* Vᴱ PM **8** ἐκολλήθη – ἡμῶν] *om.* PM R εἰς – ἡμῶν] καὶ τὰ λοιπὰ Vᴼ, *om.* Vᴱ **12** Ἐπλήσθη] *praem.* ὅτι R (= *LXX*), ἐπλήθην Vᴼ **13** καὶ – ἤγγισεν] *om.* R ζωή – ἤγγισεν] ζω καὶ τὰ λοιπὰ Vᴼ, ζώ Vᴱ

II¹1138 / K cap. Θ 8, 24

Ἐν ψαλμῷ ρα'·

Ἐξέλιπον ὡσεὶ καπνὸς αἱ ἡμέραι μου,
καὶ τὰ ὀστᾶ μου ὡσεὶ φρύγιον συνεφρύγησαν.
5 Ἐπλήγην ὡσεὶ χόρτος, καὶ ἐξηράνθη ἡ καρδία μου,
καὶ τὰ ἑξῆς.

II¹1139 / K cap. Θ 8, 25

Ἐν ψαλμῷ ρς'·

Ὠλιγώθησαν καὶ ἐκακώθησαν
10 ἀπὸ θλίψεως κακῶν καὶ ὀδύνης.

II¹1140 / K cap. Θ 8, 26

Ἐν ψαλμῷ ριδ'·

Περιέσχον με ὠδῖνες θανάτου,
κίνδυνοι Ἅδου εὕροσάν με·
15 θλίψιν καὶ ὀδύνην εὗρον.

---

3 – 6 **II¹1138** Ps. 101, 4¹–5¹ sqq.   9 – 10 **II¹1139** Ps. 106, 39¹⁻²   13 – 15 **II¹1140**
Ps. 114, 3¹⁻³

---

2 – 6 **II¹1138** K cap. Θ 8, 24 (176v[11]12–14); *deest in* V Hᴵ PMLᵇ T R   8 – 10
II¹1139 K cap. Θ 8, 25 (176v[mg]15–16); VᴱVᴼ cap. Θ 5, 30; P cap. Θ 6, 30; M cap.
Θ 6, 29; T cap. Θ 9, 20; R cap. Θ 9, 26; *deest in* Vᵂ Hᴵ Lᵇ; PG 96, 21, 19–20   12 – 15
II¹1140 K cap. Θ 8, 26 (176v[16]17–18); VᴱVᴼ cap. Θ 5, 14; Vᵂ cap. Θ 5, 13; *deest
in* Hᴵ PMLᵇ T R; PG 96, 20, 45

II¹1139 (a) K T (b) Ψαλμὸς ρς' PM (c) *s. a.* VᴱVᴼ (d) *s. d.* R **II¹1140** (a) K (b) *s. a.*
V

---

10 θλίψεως – ὀδύνης] καὶ τὰ λοιπὰ Vᴼ, *om.* Vᴱ   θλιψεων PM   κακῶν] *praem.*
καὶ Mᵃ· ᶜ· ᵘᵗ ᵛⁱᵈᵉᵗᵘʳ   ὀδυνων P 14 – 15 κίνδυνοι – εὗρον] *om.* Vᵂ 14 – 15 Ἅδου –
εὗρον] καὶ τὰ λοιπά Vᴼ, *om.* Vᴱ

II¹1141 / K cap. Θ 8, 27

Ἐν ψαλμῷ ριη΄·

Ἐγενήθην ὡς ἀσκὸς ἐν πάχνῃ.

II¹1142 / K cap. Θ 8, 28

Ἐν ψαλμῷ ρκγ΄·

Χείμαρρον διῆλθεν ἡ ψυχὴ ἡμῶν.

<II¹suppl. 289–291 / V cap. Θ 5, 31–33>

II¹1143 / K cap. Θ 8, 29

Τῶν Ἀσμάτων·

Ἐγὼ καθεύδω, καὶ ἡ καρδία μου ἀγρυπνεῖ.

II¹1144 / K cap. Θ 8, 30

Μιχαίου προφήτου·

Ταλαιπωρίᾳ ἐταλαιπωρήσαμεν.

---

7 **II¹suppl. 289–291** cf. *Sacra*. Liber II. *Supplementum* (Band VIII/8)

---

3 **II¹1141** Ps. 118, 83¹   6 **II¹1142** Ps. 123, 4²   10 **II¹1143** Cant. 5, 2¹   13 **II¹1144** Mich. 2, 4 (Wahl, *Prophetenzitate*, p. 196)

---

2 – 3 **II¹1141** K cap. Θ 8, 27 (176v[18]19); *deest in* V Hᴵ PMLᵇ T R   5 – 6 **II¹1142** K cap. Θ 8, 28 (176v[19]20); *deest in* V Hᴵ PMLᵇ T R   9 – 10 **II¹1143** K cap. Θ 8, 29 (176v[20]21); Vᴱⱽᴼ cap. Θ 5, 34; Vᵂ cap. Θ 5, 20; P cap. Θ 6, 34; M cap. Θ 6, 33; T cap. Θ 9, 24; R cap. Θ 9, 29; *deest in* Hᴵ Lᵇ; PG 96, 21, 27   12 – 13 **II¹1144** K cap. Θ 8, 30 (176v[21]22); *deest in* V Hᴵ PMLᵇ T R

II¹1143 (a) K PM R Τῶν] *om.* P   (b) Ἄσμα Vᴱⱽᴼ   (c) Τῶν αὐτῶν T   (d) *s. a.* Vᵂ

<II¹suppl. 292–313 / V cap. Θ 5, 35–54; 58–59>

II¹1145 / K cap. Θ 8, 31

Τοῦ ἁγίου Βασιλείου, ἐκ τοῦ εἰς τὸν νθ′ ψαλμόν·

Φίλον θεῷ ἐκ τῆς καθ' ὑπερβολὴν θλίψεως χαρίζεσθαι τοῖς ἐκζη-
5 τοῦσιν αὐτὸν τὴν βοήθειαν. Νοσεῖς; Εὐθύμει· ὃν γὰρ ἀγαπᾷ κύ-
ριος, παιδεύει. Πτωχεύεις; Εὐφραίνου, ὅτι Λαζάρου σε τὰ ἀγαθὰ
διαδέξεται. Ἀτιμάζῃ διὰ τὸ ὄνομα τοῦ θεοῦ; Μακάριος εἶ, ὅτι σοῦ
ἡ αἰσχύνη εἰς δόξαν ἀγγέλου μεταβληθήσεται. Πείσωμεν οὖν ἑαυ-
τούς, ἀδελφοί, ἐν καιρῷ πειρασμοῦ, μὴ πρὸς ἀνθρωπίνας ἐλπίδας
10 ἀποτρέχειν καὶ ἑαυτοῖς τὰς βοηθείας θηρᾶσθαι, ἀλλ' ἐν δάκρυσιν
καὶ στεναγμοῖς καὶ φιλοπόνῳ προσευχῇ καὶ ἀγρυπνίᾳ εὐτόνῳ τὰς
δεήσεις ποιεῖσθαι· οὕτως γὰρ λαμβάνει βοήθειαν ἐκ θλίψεως ὁ τῆς
ἀνθρωπίνης βοηθείας ὡς ματαίας καταφρονῶν.

<II¹suppl. 314 / V cap. Θ 5, 62>

---

1 **II¹suppl. 292–313** cf. *Sacra*. Liber II. *Supplementum* (Band VIII/8)   **5–6** Hebr.
12, 6 **6–7** ὅτι – διαδέξεται] cf. Luc. 16, 20–25 **14 II¹suppl. 314** cf. *Sacra*. Liber II.
Supplementum (Band VIII/8)

4–5 II¹1145 Φίλον – βοήθειαν] Basilius Caesariensis, *Homilia in Psalmum LIX*,
5 (PG 29, 468, 34–35) **5–13** Νοσεῖς – καταφρονῶν] Ibid. (PG 29, 468, 42 – 469,
10)

3–13 II¹1145 K cap. Θ 8, 31 (176v[23]24–177r13); V^E V^O cap. Θ 5, 61; V^W cap. Θ
5, 46; P cap. Θ 6, 61; M cap. Θ 6, 60; T cap. Θ 9, 51; R cap. Θ 9, 44; *deest in* H^I L^b;
PG 96, 24, 46 – 25, 9

II¹1145 (a) K P M T Τοῦ ἁγίου] *om.* P βασιλειου M ἐκ τοῦ] *om.* P M τὸν] τῶν T
νθ′] πθ′ M (b) Τοῦ ἁγίου Βασιλείου R (c) Βασιλείου V

4 ὑπερβολὴν] ὑπεροχὴν (*sic*) M **4–5** τῶι ἐκζητοῦντι K, τοῖς εκζειτούσην T **5**
αὐτοῦ M, αὐτῶν T R ὃν] ὧν M **6** λαζαρου σε M, λαζάρουσε K V^W, λαζάρουσαι
V^E, λαζάρον σε V^O **7** διαδέχεται V^W ἀτιμάζει V^E V^O M θεοῦ] κυρίου R
8–13 Πείσωμεν – καταφρονῶν] *om.* R **8** πείσομεν V^E V^O P, πήσωμεν T **8–9**
ἑαυτοῦ V^O **9** πειρασμῶν P, πηρασμῶν T **10** ἑαυτῶν K ἀλλ'] ἀλλὴ K **11** φῖλο-
πόρῳ V^O **11–12** εὐτόνῳ – δεήσεις] τας δεήσεις εὐτόνως M **11** ἐντόνῳ P **12**
οὗτος V^E M (= *ed.*), οὕτος V^O

II¹1146 / K cap. Θ 8, 32

Ἐκ τοῦ εἰς τὴν μακαρίαν Ἰουλίτταν·

Φορτικὸν τοῖς ὑπὸ λύπης τὴν ψυχὴν κεκακωμένοις ἡ ἐπιτίμησις.

II¹1147 / K cap. Θ 8, 33

Τοῦ θεολόγου Γρηγορίου, ἐκ τοῦ α′ εἰρηνικοῦ·   5

Ἔστιν ὅτε καὶ τοῦτο φάρμακον ἀγαθὸν εἰς σωτηρίαν, ἡ θλίψις.

II¹1148 / K cap. Θ 8, 34

Ἐκ τοῦ εἰς Ἥρωνα τὸν φιλόσοφον·

Γενναιότερον ἐκ τοῦ παθεῖν τὸ φιλόσοφον, ὥσπερ ψυχρῷ σίδηρος
ἔμπυρος, οὕτω τοῖς κινδύνοις στομούμενον.   10

---

9 – 10 exstat etiam ap. Ps.-Max. Conf., *Loci communes*, 32.8./8. (ed. Ihm, p. 649)

3 II¹1146 Basilius Caesariensis, *Homilia in martyrem Iulittam*, 8 (PG 31, 257, 24–25)   6 II¹1147 Gregorius Nazianzenus, *De pace I ob monachorum reconciliationem (Orat. 6)*, 17, 3–4 (ed. Calvet-Sebasti, p. 162)   9 – 10 II¹1148 Gregorius Nazianzenus, *In laudem Heronis philosophi (Orat. 25)*, 15, 15–17 (ed. Mossay/ Lafontaine, p. 192)

2 – 3 II¹1146 K cap. Θ 8, 32 (177r[13]14–15); V^E V^O cap. Θ 5, 63; V^W cap. Θ 5, 47; P cap. Θ 6, 63; M cap. Θ 6, 62; T cap. Θ 9, 53; R cap. Θ 9, 46; *deest in* H^I L^b; PG 96, 25, 10–12   5 – 6 II¹1147 K cap. Θ 8, 33 (177r[15]16–17); V^E V^O cap. Θ 5, 64; V^W cap. Θ 5, 48; P cap. Θ 6, 64; M cap. Θ 6, 63; T cap. Θ 9, 54; R cap. Θ 9, 47; *deest in* H^I L^b; PG 96, 25, 12–13   8 – 10 II¹1148 K cap. Θ 8, 34 (177r[17]18–20); *deest in* V H^I PML^b T R

II¹1146 (a) K   (b) Ἐκ τοῦ αὐτοῦ P   (c) Τοῦ αὐτοῦ R   (d) Γρηγορίου V^W   (e) *s. a.* V^E V^O M   (f) *s. d.* T II¹1147 (a) K   (b) Ἐκ τοῦ αὐτοῦ P   (c) Τοῦ αὐτοῦ R   (d) *s. a.* V T (e) *s. d.* M

3 Φορτικὸν] φρόντισον R   ἡ ἐπιτίμησις] *om.* R   6 τοῦτο] *om.* K^a. c., το *(sic)* M ἡ] *s. l.* V^E

II¹1149 / K cap. Θ 8, 35

Ἐκ τοῦ περὶ τῆς χαλάζης·

Ἐν τοῖς νοσήμασι τὸ λυποῦν ἀεὶ πάθος τοῦ μὴ παρόντος ἀνιαρώτερον.

5

II¹1150 / K cap. Θ 8, 36

Ἐκ τοῦ εἰς Κυπριανόν·

Εὐμήχανον ἅπαν τὸ πιεζόμενον.

II¹1151 / K cap. Θ 8, 37

Ἐκ τοῦ εἰς Βασίλειον ἐπιταφίου·

10 Ποιεῖ καὶ βασιλέας ταπεινοὺς πάθος.

---

3 – 4 II¹1149 GREGORIUS NAZIANZENUS, *De grandine, in patrem tacentem (Orat. 16)*, 6 (PG 35, 941, 38–39)   **7 II¹1150** GREGORIUS NAZIANZENUS, *In laudem Cypriani (Orat. 24)*, 12, 2–3 (ed. Mossay/Lafontaine, p. 64)   **10 II¹1151** GREGORIUS NAZIANZENUS, *Funebris oratio in laudem Basilii Magni Caesareae in Cappadocia episcopi (Orat. 43)*, 54, 18–19 (ed. Bernardi, p. 238)

---

2 – 4 II¹1149 K cap. Θ 8, 35 (177r[20]21–22); *deest in* V Hᴵ PMLᵇ T R   **6 – 7 II¹1150** K cap. Θ 8, 36 (177r[22]23); *deest in* V Hᴵ PMLᵇ T R   **9 – 10 II¹1151** K cap. Θ 8, 37 (177r[23]24); Vᴱⱽᴼ cap. Θ 5, 65; Vᵂ cap. Θ 5, 49; P cap. Θ 6, 65; M cap. Θ 6, 64; T cap. Θ 9, 55; R cap. Θ 9, 48; *deest in* Hᴵ Lᵇ; PG 96, 25, 13–14

II¹1151 (a) K   (b) Τοῦ ἁγίου Γρηγορίου τοῦ θεολόγου, ἐκ τοῦ εἰς τὸν μέγαν Βασίλειον (βασι- *cod.*) M (c) Τοῦ αὐτοῦ R (d) *s. a.* V P T

---

10 καὶ – ταπεινοὺς] ταπεινοὺς καὶ βασιλέας K, βασιλέας ταπεινουσθαι M

II¹1152 / K cap. Θ 8, 38

Ἐκ τοῦ εἰς τὸν ἀδελφὸν ἐπιταφίου·

Μέγα τὸ παρὰ τῶν συναλγούντων φάρμακον, καὶ οἱ τὸ ἴσον τοῦ πάθους ἔχοντες πλεῖον εἰσὶν εἰς παραμυθίαν τοῖς πάσχουσιν.

II¹1153 / K cap. Θ 8, 39   5

Ἐκ τῆς λγ' ἐπιστολῆς·

Μὴ σφόδρα δάκνου τοῖς λυπηροῖς· ἂν γὰρ ἧττον λυπώμεθα, ἧττον ἐστὶ λυπηρά.

II¹1154 / K cap. Θ 8, 40

Ἐκ τῆς ρμα' ἐπιστολῆς·   10

Τὰ ἴδια κακὰ καιρὸν οὐ δίδωσι τοῖς ἀλλοτρίοις σχολάζειν· οὐδὲ γὰρ οὕτω τίς ἐστι φιλικὸς καὶ φιλόσοφος, ὥστε ὑπεράνω παθῶν εἶναι καὶ παρακαλεῖν ἄλλον, αὐτὸς δεόμενος παρακλήσεως.

---

3 - 4 exstat etiam ap. Ps.-Max. Conf., *Loci communes*, 28.10./10. (ed. Ihm, p. 610)

3 - 4 II¹1152 GREGORIUS NAZIANZENUS, *Funebris in laudem Caesarii fratris oratio (Orat. 7)*, 18, 2–4 (ed. Calvet-Sebasti, p. 224)   7 - 8 II¹1153 GREGORIUS NAZIANZENUS, *Epistulae*, LXXII (ed. Gallay, I, p. 91)   11 - 13 II¹1154 GREGORIUS NAZIANZENUS, *Epistulae*, LXIII, 2 (ed. Gallay, I, p. 81–82)

2 - 4 II¹1152 K cap. Θ 8, 38 (177r[24]177v1–3); *deest in* V H¹ PMLᵇ T R   6 - 8 II¹1153 K cap. Θ 8, 39 (177v[3]4–5); VᴱVᴼ cap. Θ 5, 66; Vᵂ cap. Θ 5, 50; P cap. Θ 6, 66; M cap. Θ 6, 65; T cap. Θ 9, 56; R cap. Θ 9, 49; *deest in* H¹ Lᵇ; PG 96, 25, 15–16   10 - 13 II¹1154 K cap. Θ 8, 40 (177v[5]6–10); *deest in* V H¹ PMLᵇ T R

II¹1153 (a) K (b) Ἐκ τῆς πρὸς Βασίλειον ἐπιστολῆς T (c) Τοῦ Θεολόγου, εἰς Βασίλειον R (d) Εἰς Βασίλειον P (e) Τοῦ Θεολόγου VᴱVᴼ (f) Τοῦ αὐτοῦ M (g) *s. a.* Vᵂ

7 ἂν] ἀν VᴱVᵂ T, ἀν P, κἀν K   λυπούμεθα V PM T R   8 ἔστι Vᵂ, ἔσται (ἐ- M) PM T R   λυπηρά] *praem.* τὰ T R   12 φιλικὸς] *correxi (ed.)*, φιλήκοος K

II¹1155 / K cap. Θ 8, 41

Τοῦ ἁγίου Γρηγορίου, ἐκ τοῦ α′ λόγου τῶν μακαρισμῶν·

Ἀθλιότης ἐστὶν ἡ ἐν τοῖς λυπηροῖς τε καὶ ἀβουλήτοις πάθεσιν ταλαιπωρία.

5   II¹1156 / K cap. Θ 8, 42

Τοῦ ἁγίου Ἰωάννου, ἐκ τῶν εἰς τὸ κατὰ Ματθαῖον·

Ὑπὲρ ὧν ἂν πάθωμεν κακῶς, ἢ ἁμαρτήματα διαλυόμεθα, ἢ λαμπροτέρους λαμβάνομεν τοὺς στεφάνους, ἂν μὴ ἁμαρτήματα τοσαῦτα ἔχωμεν.

10   <II¹suppl. 315–317 / V cap. Θ 5, 68–70>

---

10 **II¹suppl. 315–317** cf. *Sacra*. Liber II. *Supplementum* (Band VIII/8)

---

3 – 4 **II¹1155** GREGORIUS NYSSENUS, *De beatitudinibus*, I (ed. Callahan, p. 80, 4–5)
7 – 9 **II¹1156** IOHANNES CHRYSOSTOMUS, *In Matthaeum homiliae*, IX, 2 (PG 57, 178, 1–4)

---

2 – 4 **II¹1155** K cap. Θ 8, 41 (177v[10]11–12); *deest in* V H¹ PMLᵇ T R   6 – 9
II¹1156 K cap. Θ 8, 42 (177v[12–13]14–17); VᴱVᴼ cap. Θ 5, 67; Vᵂ cap. Θ 5, 51; P cap. Θ 6, 67; M cap. Θ 6, 66; T cap. Θ 9, 57; R cap. Θ 9, 50; *deest in* H¹ Lᵇ; PG 96, 25, 17–19

II¹1156 (a) K   (b) Τοῦ Χρυσοστόμου R   (c) Ἐκ τῆς λγ′ ἐπιστολῆς PM   (d) Κατὰ Ματθαῖον (μαθταιον *[sic] cod.*) Vᵂ   (e) *s. a.* VᴱVᴼ T

---

7 ἁμάρτημα Vᵂ T   διαλυόμεθα] *scripsi (ed.)*, διαλυώμεθα K, διαλύομεν (-λυο- P, λυό- M) V PM T R   7 – 8 αλαμπροτέρους *(sic)* T   8 λαμβάνομεν – στεφάνους] *om.* T   λαμβάνωμεν K   τοὺς] *om.* R   ἂν] ἐὰν M   9 ἔχομεν V PM

II¹1157 / K cap. Θ 8, 43

Τοῦ μακαρίου Διονυσίου, ἐκ τῆς πρὸς Ἀφροδίσιον ἐπιστολῆς·

Οὐ σχολὴ τῇ κατωδύνῳ ψυχῇ τὸ τοῦ κολάζοντος ἐκλογίζεσθαι φρόνημα, οὐδὲ δύναται κλυδωνιζομένη καὶ συγκεχυμένη τὴν ἀτάραχον καὶ γαληνιῶσαν τοῦ κρείττονος ἐνορᾶν διάνοιαν.   5

II¹1158 / K cap. Θ 8, 44

Συνεσίου, ἐκ τῶν ἐπιστολῶν·

Οὐδὲν ἂν γένοιτο τοῦ παθόντος ῥητορικώτερον.

II¹1159 / K cap. Θ 8, 45

Ἰωσήπου ἐκ τῆς Ἰουδαϊκῆς ἱστορίας·   10

Πείθεται ταχέως ἄνθρωπος ἐν συμφοραῖς· ὅταν δὴ καὶ τῶν κατεχόντων δεινῶν ἀπαλλαγὴν ὁ ἐξαπατῶν καθυπογράψῃ, τότε ὁ πάσχων γίνεται ὅλος τῆς ἐλπίδος.

---

3 – 5 **II¹1157** DIONYSIUS ALEXANDRINUS, *Epistula ad Aphrodisium*, locus non repertus (ed. Feltoe, Z. V, 4 [p. 255, 7–10]); Holl, n° 372   **8 II¹1158** SYNESIUS PENTAPOLITANUS (CYRENENSIS), *Epistulae*, CXIX, 7–8 (ed. Garzya, III, p. 251)   **11 – 13** **II¹1159** FLAVIUS IOSEPHUS, *De bello Iudaico*, VI, 287 (ed. Destinon/Niese, VI, p. 550, 22–24)

---

2 – 5 **II¹1157** K cap. Θ 8, 43 (177v[17–18]19–23); *deest in* V H¹ PML^b T R; PG 86, 2081, 29–34   **7 – 8** **II¹1158** K cap. Θ 8, 44 (177v[23]24–178r1); *deest in* V H¹ PML^b T R   **10 – 13** **II¹1159** K cap. Θ 8, 45 (178r[1]2–5); *deest in* V H¹ PML^b T R

II¹1159 ἰωσίππου K

---

3 σχολὴ] *correx. Feltoe*, σχολεῖ K   κατωδύνῳ] *correx. Feltoe*, κατοδύνωι K   **11** δὴ] δ᾽ ἤδη *ed.*

II¹1160 / K cap. Θ 8, 46

Φίλωνος, ἐκ τῆς πρὸς Γάϊον πρεσβείας·
Ἐθάδες γεγόναμεν κακοπραγιῶν.

II¹1161 / K cap. Θ 8, 47

5 Ἐκ τῆς αὐτῆς·
Λαλώτατον ἄνθρωπος ἀτυχῶν.

II¹1162 / K cap. Θ 8, 48

Ἐκ τῶν κατὰ Φλάκκον·
Μαντικώτατον ἡ ἑκάστου ψυχή, μάλιστα τῶν ἐν κακοπραγίαις.

3 II¹1160 PHILO IUDAEUS, *Legatio ad Gaium*, 187 (ed. Reiter, p. 190, 9)   **6** II¹1161 PHILO IUDAEUS, *Legatio ad Gaium*, 190 (ed. Reiter, p. 190, 17–18)   **9** II¹1162 PHILO IUDAEUS, *In Flaccum*, 186 (ed. Reiter, p. 153, 11–12)

2 - 3 II¹1160 K cap. Θ 8, 46 (178r[5]6); *deest in* V Hᴵ PMLᵇ T R   **5 - 6** II¹1161 K cap. Θ 8, 47 (178r[6]7); *deest in* V Hᴵ PMLᵇ T R   **8 - 9** II¹1162 K cap. Θ 8, 48 (178r [7]8–9); *deest in* V Hᴵ PMLᵇ T R

Στοιχεῖον Ι

<Τίτλος α'> Περὶ ἱκετευόντων, ὅτι χρὴ τὰς ἱκεσίας τῶν δεομένων προσίεσθαι.

γ' Περὶ ἱκετευόντων, καὶ ὅτι χρὴ τὰς ἱκεσίας τῶν δεομένων προσίεσθαι. 5

ς' Περὶ ἱκετευόντων, καὶ ὅτι χρὴ τὰς ἱκεσίας τῶν δεομένων προσίεσθαι.

<II¹suppl. 318–320 / V cap. I 3, 1–3>

II¹1163 / K cap. I 1, 1

Ἀπὸ τοῦ Ἰώβ· 10

Μὴ ἐκκλίνῃ ὁ νοῦς σου ἑκὼν
δεήσεως, ἀδυνάτων ἐν ἀνάγκῃ ὄντων.

---

2 - 3 Περὶ – προσίεσθαι] cf. II¹ / Kᵖⁱⁿ Παραπομπὴ Δ 2   8 II¹suppl. 318–320 cf. Sacra. Liber II. *Supplementum* (Band VIII/8)

11 - 12 II¹1163 Iob 36, 19¹⁻²

1 **Stoicheion** Kᵗˣᵗ (178r9) Kᵖⁱⁿ   2 - 3 **Titlos (a)** K (178r9–11)   4 - 5 **Titlos (b)** V Aᴵ ᵖⁱⁿ; *deest in* HᴵAᴵ ᵗˣᵗ   6 - 7 **Titlos (c)** PMLᵇ ᵖⁱⁿ; *deest in* Lᵇ ᵗˣᵗ   10 - 12 II¹1163 K cap. I 1, 1 (178r[11]12–13); V cap. I 3, 4; PM cap. I 6, 4; *deest in* Hᴵ Lᵇ; PG 96, 60, 29–30

2 - 3 **Titlos (a)**   2 Τίτλος α'] *supplevi e* Kᵖⁱⁿ, *om.* Kᵗˣᵗ   ἱκετευόντων] ἱκετεύοντος Kᵖⁱⁿ   4 - 5 **Titlos (b)**   4 γ'] δ' Vᴼ ᵗˣᵗ (γ' *exspectav.*), *propt. mg. resect. non liquet in* Aᴵ ᵖⁱⁿ (γ' *secund. ser.*), *praem.* τίτλος Vᵂ ᵗˣᵗ   6 - 7 **Titlos (c)**   6 - 7 καὶ – προσίεσθαι] *om.* M

II¹1163 (a) K (b) Ἰώβ V PM ἰώβ Vᴱ, ἰώβ PM Vᴼ

11 ἐκκλίνει VᴱVᴼ P, ἐκκλίνῃς K M   ὁ νοῦς σου] τὸ οὖς σου K M   ἑκὼν] ἑκὼν VᴱVᴼ P, ἕκων K, *om.* K   12 ἀδυνάτων – ὄντων] ἐνανάγκη ἀδυνάτων VᴱVᴼ

II¹1164 / K cap. I 1, 2

Ἀπὸ τοῦ Σιράχ·

Ἱκέτην δεόμενον μὴ ἀπαναίνου,
καὶ ἀπὸ δεομένου μὴ ἀποστρέψῃς ὀφθαλμόν.

5   **II¹1165 / K cap. I 1, 3**

Τοῦ αὐτοῦ·

Ἱκεσίαν δεομένου μὴ ἀποστρέψῃς.

II¹1166 / K cap. I 1, 4

Τοῦ θεολόγου ἁγίου Γρηγορίου, ἐκ τῆς ϟζ′ ἐπιστολῆς·

10 Συμμετρεῖσθαι δεῖ τῷ αἰτουμένῳ τὴν αἴτησιν· ὁμοίως γὰρ ἄτοπον
παρὰ μικροῦ μεγάλα ζητεῖν, καὶ παρὰ μεγάλου μικρά· τὸ μὲν γὰρ
ἄκαιρον, τὸ δὲ σμικρόλογον.

---

10 – 12 exstat etiam ap. Ps.-Max. Conf., *Loci communes*, 7.20./16. (ed. Ihm, p. 164)

---

3 II¹1164 Ἱκέτην – ἀπαναίνου] Sir. 4, 4¹ (Wahl, *Sirach-Text*, p. 52)   **4** καὶ –
ὀφθαλμόν] Ibid. 4, 5¹ (Wahl, p. 52–53)   **7 II¹1165** Sir., locus non repertus (Wahl,
Sirach-Text, p. 152), sed cf. supra, II¹1164 / K cap. I 1, 2   **10 – 12 II¹1166** GREGO-
RIUS NAZIANZENUS, *Epistulae*, XXIII, 1–2 (ed. Gallay, I, p. 31)

---

2 – 4 II¹1164 K cap. I 1, 2 (178r[13]14–15); V cap. I 3, 5; PM cap. Θ 6, 5; *deest in*
H¹ L♭; PG 96, 60, 31–32   **6 – 7 II¹1165** K cap. I 1, 3 (178r[15]16); *deest in* V H¹
PML♭   **9 – 12 II¹1166** K cap. I 1, 4 (178r[16–17]18–21); V cap. I 3, 7; PM cap. I 6,
7; *deest in* H¹ L♭; PG 96, 60, 34–37

II¹1164 (a) K   (b) Τοῦ Σιράχ V PM   Τοῦ] *om.* V P   σηράχ M   **II¹1166** (a) K   (b) Τοῦ
αὐτοῦ M   (c) *s. a.* V P

---

4 ἀποστρέψεις M   ὀφθαλμόν] ὀφθαλμόν σου M, ὀφθαλμούς K   **10** τῶν αἰτουμε-
νων *(sic)* M   **12** ἀκαίρων VᴱVᴼ, ἄλογον M   σμικρόλογον Vᵂ, μικρόλογον M,
σμικρολόγων VᴱVᴼ

II¹1167 / K cap. I 1, 5

Τοῦ αὐτοῦ, ἐκ τοῦ εἰς ἑαυτὸν μετὰ κατὰ Μάξιμον·

Ὡς αἰσχρὸν ταῦτα καὶ ἡμᾶς ἀπαιτεῖν καὶ μὴ παρέχειν ὑμᾶς.

II¹1168 / K cap. I 1, 6

Τοῦ αὐτοῦ, ἐκ τοῦ εἰς τὸ Πάσχα καὶ εἰς τὴν βραδυτῆτα·   5

Δέχου τὸν ἱκέτην, ἐπίκουρον ἔχοντα τὴν ἡμέραν.

II¹1169 / K cap. I 1, 7

Συνεσίου, ἐκ τῶν ἐπιστολῶν·

Μὴ αἴτει μεγάλα, ἵνα μὴ δυοῖν θάτερον, ἢ τυγχάνων λυπῇς, ἢ μὴ
τυγχάνων λυπῇ.   10

---

6 ἐπίκουρον – ἡμέραν] cf. Greg. Naz., *In S. Pascha et in tarditatem (Orat. 1)*, 2, 3 –
4 (ed. Bernardi, p. 74)   **9 – 10** exstat etiam ap. Ps.-Max. Conf., *Loci communes*,
8.57./59. (ed. Ihm, p. 205)

---

3 II¹1167 GREGORIUS NAZIANZENUS, *In seipsum, cum rure rediisset, post ea quae a
Maximo perpetrata fuerant (Orat. 26)*, 6, 13 –14 (ed. Mossay/Lafontaine, p. 238)   **6**
II¹1168 GREGORIUS NAZIANZENUS, *In S. Pascha et in tarditatem (Orat. 1)*, locus
non repertus   **9 – 10** II¹1169 SYNESIUS PENTAPOLITANUS (CYRENENSIS), *Epistulae*,
LXIV, 1–2 (ed. Garzya, III, p. 173)

---

2 – 3 II¹1167 K cap. I 1, 5 (178r[21–22]23 –24); V cap. I 3, 6; PM cap. I 6, 6; *deest in*
Hᴵ Lᵇ; PG 96, 60, 33 –34   **5 – 6** II¹1168 K cap. I 1, 6 (178r[24–178v1]178v2); V cap.
I 3, 8; PM cap. I, 6, 8; E cap. 159, 71; *deest in* Hᴵ Lᵇ; PG 96, 60, 37–38   **8 – 10**
II¹1169 K cap. I 1, 7 (178v[3]4 –5); *deest in* V Hᴵ PMLᵇ

II¹1167 (a) K κατὰ] *sic cod., exspectaveris* τὰ κατὰ (b) Τοῦ Θεολόγου, ἐκ τῶν ἐπι-
στολῶν PM (c) Τοῦ Θεολόγου V Τοῦ] *om.* Vᵂ II¹1168 (a) K (b) Τοῦ αὐτοῦ, εἰς
τὸ Πάσχα PM Τοῦ αὐτοῦ] *om.* P (c) Θεολόγου E (d) *s. a.* V

---

3 αἰτεῖν K ὑμᾶς] ἡμᾶς (η- P) Vᵂ P

Τίτλος β′ Περὶ ἰσότητος, καὶ ὅτι χρὴ τὰ πρὸς ἀξίαν ἑκάστῳ νέμειν.

δ′ Περὶ ἰσότητος, καὶ ὅτι χρὴ τὰ πρὸς ἀξίαν ἑκάστῳ νέμειν.

α′ Περὶ ἰσότητος, ὅτι ἡ ἰσότης φιλαδελφίας ἐστὶν μήτηρ, τὰ
5 πρὸς ἀξίαν ἑκάστῳ νέμουσα.

ΙΙ¹1170 / K cap. I 2, 1

<***>

Μετὰ ὁσίου ὅσιος ἔσῃ,
καὶ μετὰ ἀνδρὸς ἀθώου ἀθῶος ἔσῃ
10 καὶ μετὰ ἐκλεκτοῦ ἐκλεκτὸς ἔσῃ
καὶ μετὰ στρεβλοῦ διαστρέψεις.

ΙΙ¹1171 / K cap. I 2, 2

Ματθαίου, ἐν κεφαλαίῳ σκγ′·

Ἀπόδοτε τὰ Καίσαρος Καίσαρι, καὶ τὰ τοῦ θεοῦ τῷ θεῷ.

8 - 11 ΙΙ¹1170 Ps. 17, 26¹–27² 14 ΙΙ¹1171 Matth. 22, 21

1 - 2 **Titlos (a)** K (178v6–7) 3 **Titlos (b)** V Aᴵ ᵖⁱⁿ; *deest in* HᴵAᴵ ᵗˣᵗ 4 - 5 **Titlos**
(c) PMLᵇ ᵖⁱⁿ (*cf.* *ΙΙ² / T cap. I 1 titlos); *deest in* Lᵇ ᵗˣᵗ 7 - 11 ΙΙ¹1170 K cap. I 2, 1
(178v8–10); V cap. I 4, 1; PM cap. I 1, 1; *deest in* Hᴵ Lᵇ; PG 96, 60, 41–42 13 - 14
ΙΙ¹1171 K cap. I 2, 2 (178v[10]11–12); V cap. I 4, 2; PM cap. I 1, 2; *deest in* Hᴵ Lᵇ;
PG 96, 60, 43–44

1 - 2 **Titlos (a)** 1 καὶ] *om.* Kᵖⁱⁿ 3 **Titlos (b)** δ′] *om.* Vᴼ ᵗˣᵗ (δ′ *secund. ser.*),
propt. mg. resect. non liquet in Aᴵ ᵖⁱⁿ (δ′ *secund. ser.*), *praem.* τίτλος Vᵂ ᵗˣᵗ ἑκά-
στῳ] ἑκάστων Vᴼ ᵖⁱⁿ, *om.* Vᴱ ᵗˣᵗ Vᴼ ᵗˣᵗ Aᴵ ᵖⁱⁿ νέμειν] *add.* καὶ μὴ σφάλλειν (σφάλειν
Vᴼ ᵖⁱⁿ) ἐν τῇ κρίσει τοῦ τοιούτου (τοιτοῦ [*sic*] Vᴼ ᵖⁱⁿ) Vᴱ ᵖⁱⁿ Vᴼ ᵖⁱⁿ 4 - 5 **Titlos (c)**
4 - 5 ὅτι – νέμουσα] *om.* M

ΙΙ¹1170 (a) *s. a.* K (b) Δαυῒδ V (c) Ψαλμοῦ ιζ′ PM ψαλμὸς M ΙΙ¹1171 (a) K (b)
Ματθαίου, κεφαλαίου (*sic*) P (c) Ἐκ τοῦ κατὰ Ματθαῖον Εὐαγγελίου M (d)
Ματθαίου Vᴱ (e) Τοῦ Εὐαγγελίου Vᵂ (f) *s. a.* Vᴼ

10 - 11 καὶ – διαστρέψεις] *om.* VᴱVᴼ PM 11 καὶ – διαστρέψεις] *om.* Vᵂ 14
πόδοτε Vᴱ Καίσαρος] *add.* τῶ M, τω P

II¹1172 / K cap. I 2, 3

Ἐκ τῆς πρὸς Ῥωμαίους ἐπιστολῆς·

Ἀπόδοτε πᾶσι τὰς ὀφειλάς, τῷ τὸν φόρον τὸν φόρον, τῷ τὸ τέλος τὸ τέλος, τῷ τὴν τιμὴν τὴν τιμήν, τῷ τὸν φόβον τὸν φόβον.

II¹1173 / K cap. I 2, 4   5

Τοῦ μακαρίου Κυρίλλου, ἐκ τοῦ ιβ΄ τῶν κατὰ Ἰουλιανοῦ·

Οὐχ᾽ ἁπλῶς ὁ ἀγωνοθέτης τοῖς ἐθέλουσιν τῶν ἀθλητῶν τὰς ἐξαιρέτους χαρίζεται τιμάς, ἀναλόγως δὲ μᾶλλον ταῖς τῶν ἀθλητῶν εὐδοκιμήσεσι διανέμει τὰ γέρα.

II¹1174 / K cap. I 2, 5   10

Ἐκ τοῦ αὐτοῦ·

Τὸ νέμειν ἴσα τοῖς ἀνίσοις, τῆς μεγίστης ἐστὶν ἀδικίας.

---

3 – 4 II¹1172 Rom. 13, 7   **7 – 9 II¹1173** CYRILLUS ALEXANDRINUS, *Contra Iulianum imperatorem*, XII (?) (fr. 11, ed. Kinzig/Brüggemann, p. 768)   **12 II¹1174** CYRILLUS ALEXANDRINUS, *Contra Iulianum imperatorem*, XII (?) (fr. 12, ed. Kinzig/Brüggemann, p. 769)

---

2 – 4 II¹1172 K cap. I 2, 3 (178v[12]13–15); V cap. I 4, 3; PM cap. I 1, 3; *deest in* H¹ Lᵇ; PG 96, 60, 45–47   **6 – 9 II¹1173** K cap. I 2, 4 (178v[16]17–20); V cap. I 4, 4; PM cap. I 1, 4; *deest in* H¹ Lᵇ; PG 86, 2081, 36–41; PG 96, 60, 48–51   **11 – 12 II¹1174** K cap. I 2, 5 (178v[20]21–22); V cap. I 4, 6; P cap. I 1, 6; M cap. I 1, 5; *deest in* H¹ Lᵇ; PG 86, 2081, 42–44; PG 96, 60, 52–53

II¹1172 (a) K   (b) Πρὸς Ῥωμαίους VᴱVᴼ P   ρωμαίους P   (c) Τοῦ Ἀποστόλου, πρὸς Ῥωμαίους M   (d) *s. a.* Vᵂ   **II¹1173** (a) K   (b) Κυρίλλου V PM   κυρίλου Vᵂ, κηρυλλου M   **II¹1174** (a) K   (b) ϊωσίππου (*sic*) M   (c) *s. a.* VᴱVᴼ P   (d) *s. d.* Vᵂ

---

4 τὴν τιμήν] *om.* M   **7** ἀγονοθέτης (-θε- P) Vᵂ ᵃ·ᶜ· PM   θέλουσι Vᵂ   ἀθλητῶν] ἀθελήτων Vᵂ, ἀθλητὴν M   **8** ἀθλούντων K

II¹1175 / K cap. I 2, 6

Τοῦ ἁγίου Μεθοδίου, ἐκ τοῦ περὶ ἀναστάσεως·

Τὸ ἑκάστῳ προσώπῳ τὰ ἀκόλουθα περὶ τοῦ παντὸς τηρεῖν ἀναγ-
καῖον.

5   **<II¹suppl. 321 / V cap. I 4, 7>**   *II²1656 /
                                                  T cap. I 1, 14

II¹1176 / K cap. I 2, 7
                                                  *II²1657 /
                                                  T cap. I 1, 15

Τοῦ μακαρίου Ἰσιδώρου Πηλουσιώτου, ἐκ τῶν ἐπιστολῶν·

Πᾶν τὸ ἄνισον ἀγάπης ἀλλότριον.

II¹1177 / K cap. I 2, 8

10   Φίλωνος, ἐκ τῶν περὶ τοῦ ἱεροῦ·

Μεταδοτέον οὐ πᾶσι πάντων, ἀλλὰ τῶν ἐφαρμοζόντων τοῖς λη-
ψομένοις· εἰ δὲ μή, τὸ κάλλιστον καὶ λυσιτελέστατον τῶν ἐν τῷ
βίῳ, τάξις, ἀναιρεθήσεται ὑπὸ τῆς βλαβερωτάτης παρευημερηθεῖ-
σα συγχύσεως.

---

5 **II¹suppl. 321** cf. *Sacra.* Liber II. *Supplementum* (Band VIII/8)

---

3 - 4 II¹1175 METHODIUS OLYMPIUS, *De resurrectione*, I, 2, 6 (ed. Bonwetsch, p.
221, 19–20); Holl, n° 412   **8 II¹1176** ISIDORUS PELUSIOTA, *Epistulae*, locus non
repertus   **11 - 14 II¹1177** PHILO IUDAEUS, *De specialibus legibus*, I, 120 (ed. Cohn,
p. 30, 7–9); quod attinet ad lemma, vide IBID., I, inter 65 et 66 (p. 17, 1)

---

2 - 4 II¹1175 K cap. I 2, 6 (178v[22]23–24); *deest in* V Hᴵ PMLᵇ; PG 86, 2081, 45 –
47   **7 - 8 II¹1176** K cap. I 2, 7 (178v[24–179r1]179r2); V cap. I 4, 8; P cap. I 1, 8; M
cap. I 1, 7; E cap. 159, 70; *deest in* Hᴵ Lᵇ; PG 96, 60, 55   **10 - 14 II¹1177** K cap. I 2, 8
(179r[2]3–7); *deest in* V Hᴵ PMLᵇ; PG 86, 2081, 48–53

II¹1176 (a) K   Πηλουσιώτου] *scripsi*, πιλουσιώτου *cod.*   (b) Ἰσιδώρου *(ϊσι- cod.)*
Πηλουσιώτου *(πιλ- cod.)* P (c) Ἰσιδώρου *(ισιδ cod.)* Vᵂ (d) *s. a.* VᴱVᴼ M E

II¹1178 / K cap. I 2, 9

Ἐκ τοῦ αὐτοῦ·

Τὸ ὅμοια τοῖς τὰς ἀξίας <ἀνομοίοις> ἀπονέμειν, ἄνισον· τὸ δὲ ἄ-
νισον πηγὴ κακῶν.

II¹1179 / K cap. I 2, 10　　　　　　　5

Ἐκ τῆς πρὸς Γάϊον πρεσβείας·

Ἰσότης πηγὴ δικαιοσύνης.

---

3 - 4 **II¹1178** PHILO IUDAEUS, *De specialibus legibus*, I, 121 (ed. Cohn, p. 30, 16–17)
7 **II¹1179** PHILO IUDAEUS, *Legatio ad Gaium*, 85 (ed. Reiter, p. 171, 18–19)

---

2 - 4 **II¹1178** K cap. I 2, 9 (179r[7]8–9); *deest in* V Hᴵ PMLᵇ; PG 86, 2081, 54–56
6 - 7 **II¹1179** K cap. I 2, 10 (179r[9]10); V cap. I 4, 5; P cap. I 1, 5; E cap. 159, 69;
deest in Hᴵ MLᵇ; PG 96, 60, 51

II¹1179 (a) K (b) Φίλωνος V P E

---

3 ἀξίας] *correxi (ed.)*, ἀταξίας K　　ἀνομοίοις] *supplevi (ed.)*, *om.* K

Τίτλος γ΄ Περὶ ἱματίων, ὅτι οὐ δεῖ ἱματισμῷ πολυτελεῖ κεχρῆ-   *II² /
σθαι <ἢ ἄνδρα γυναικείαν ἐσθῆτα φορεῖν>.   T cap. I 2

ϛ΄ Περὶ ἱματίων, καὶ ὅτι οὐ δεῖ ἱματισμῷ πολυτελεῖ κεχρῆσθαι
ἢ ἄνδρα γυναικείαν ἐσθῆτα φορεῖν.

5 β΄ Περὶ ἱματισμοῦ, καὶ ὅτι οὐ δεῖ ἱματισμῷ πολυτελεῖ κεχρῆ-
σθαι.

II¹1180 / K cap. I 3, 1   *II²1658 /
    T cap. I 2, 1

<***>

Καὶ ἐποίησε κύριος τῷ Ἀδὰμ καὶ τῇ γυναικὶ αὐτοῦ χιτῶνας δερμα-
10 τίνους, καὶ ἐνέδυσεν αὐτούς.

II¹1181 / K cap. I 3, 2   *II²1660 /
    T cap. I 2, 3

Τοῦ Λευϊτικοῦ·

Ἐνδύσεται ὁ ἱερεὺς χιτῶνα λινοῦν, καὶ περισκελὲς λινοῦν ἐνδύσε-
ται περὶ τὸ σῶμα αὐτοῦ.

---

9 - 10 II¹1180 Gen. 3, 21 13 - 14 II¹1181 Lev. 6, 10

---

1 - 2 **Titlos (a)** K (179r10-12) 3 - 4 **Titlos (b)** V Aᴵ ᵖⁱⁿ; *deest in* HᴵAᴵ ᵗˣᵗ 5 - 6
Titlos (c) PMLᵇ ᵖⁱⁿ (*cf.* *II² / T cap. I 2 titlos); *deest in* Lᵇ ᵗˣᵗ 8 - 10 II¹1180 K cap. I
3, 1 (179r13-14); *deest in* V HᴵPMLᵇ 12 - 14 II¹1181 K cap. I 3, 2 (179r[14]15-
16); V cap. I 6, 1; PM cap. I 2, 1; *deest in* Hᴵ Lᵇ; PG 96, 61, 37–38

---

1 - 2 **Titlos (a)** 2 ἢ - φορεῖν] *supplevi e* Kᵖⁱⁿ, *om.* Kᵗˣᵗ 3 - 4 **Titlos (b)** 3 ϛ΄]
om. Vᴱ ᵗˣᵗ (ϛ΄ *secund. ser.*), *propt. mg. resect. non liquet in* Aᴵ ᵖⁱⁿ (ϛ΄ *secund. ser.*),
praem. τίτλος Vᵂ ᵗˣᵗ καὶ] *om.* Vᴱ ᵖⁱⁿ Vᴼ ᵖⁱⁿ δεῖ] χρὴ Vᵂ ἱματισμῶν Vᴱ ᵗˣᵗ Vᴼ ᵗˣᵗ,
ἱματισμῶς (*sic*) Vᴼ ᵖⁱⁿ 4 ἢ - φορεῖν] ἢ ἄνδρα ἢ γυναῖκα Vᴱ ᵗˣᵗ Vᴼ ᵗˣᵗ Aᴵ ᵖⁱⁿ 5 - 6
Titlos (c) 5 - 6 καὶ - κεχρῆσθαι] *om.* M

II¹1180 *s. a.* K II¹1181 Τοῦ] *om.* V M λευητ (*sic*) Vᵂ

---

13 περϊσκελὲς Vᴼ, περίσκελες K, περὶ σκελες P, περικαλες M

II¹1182 / K cap. I 3, 3

Τοῦ αὐτοῦ·

Χιτῶνα λινοῦν ἡγιασμένον ἐνδύσεται, καὶ περισκελὲς λινοῦν ἔ-
σται ἐπὶ τοῦ χρωτὸς αὐτοῦ, καὶ ζώνῃ λινῇ ζώσεται, καὶ κίδαριν
λινῆν περιθήσεται· ἱμάτια ἅγιά ἐστι, καὶ λούσεται τὸ σῶμα αὐτοῦ 5
ὕδατι καὶ ἐνδύσεται αὐτά.

*II²1661 /
T cap. I 2, 4

II¹1183 / K cap. I 3, 4

Τοῦ αὐτοῦ·

Ἱμάτιον ὑφασμένον ἐκ δύο κίβδηλον οὐκ ἐπιβαλεῖς σεαυτῷ.

*II²1662 /
T cap. I 2, 5

II¹1184 / K cap. I 3, 5   10

Τοῦ Δευτερονομίου·

Οὐκ ἔσται σκεύη ἀνδρὸς ἐπὶ γυναικί, οὐδὲ μὴ ἐνδύσηται ἀνὴρ
στολὴν γυναικείαν, ὅτι βδέλυγμα κυρίῳ τῷ θεῷ σου ἐστὶ πᾶς
ποιῶν ταῦτα.

---

3 – 6 II¹1182 Lev. 16, 4   **9** II¹1183 Lev. 19, 19   **12 – 14** II¹1184 Deut. 22, 5 (Wahl, *Deuteronomium-Text*, p. 137)

2 – 6 II¹1182 K cap. I 3, 3 (179r[16]17–21); *deest in* V Hᴵ PMLᵇ   **8 – 9** II¹1183 K cap. I 3, 4 (179r[21]22–23); V cap. I 6, 2; PM cap. I 2, 2; *deest in* Hᴵ Lᵇ; PG 96, 61, 39–40   **11 – 14** II¹1184 K cap. I 3, 5 (179r[23]179v1–3); V cap. I 6, 3; PM cap. I 2, 3; *deest in* Hᴵ Lᵇ; PG 96, 61, 41–43

II¹1183 (a) K P (b) Δευτερονομίου M (c) *s. a.* V II¹1184 (a) K V P Τοῦ] *om.* V (b) *s. d.* M

3 περισκελὲς] *scripsi,* περίσκελες K   **5** λινῆν] *scripsi,* λινὴν K   **9** κηβδήλων M οὐκεπιβαλεις P, οὐκ ἐπιβαλλεῖς M, οὐκ ἐπιβάλης Vᴼ, οὐκεπιβάλης Vᴱ   ἑαυτῶ (ἑαὐ- Vᴼ M) V PM   **12** σκεύη] σκευὴ K, σκευη P, σκευγὴ *(sic)* M   ἐνδύσηται] ἐνδύσεται K V   **13** γυναικείαν] γυναικεῖαν K, γυναικίαν VᴱVᵂ ᵃ· ᶜ· Vᴼ PM   κυρίῳ – ἐστὶ] κυρίῳ ἐστὶ (-ὶν M, -ιν P) Vᵂ PM, ἐστὶ κυρίῳ VᴱVᴼ   πᾶς] *add.* ὁ Vᵂ ᵖ· ᶜ· M

II¹1185 / K cap. I 3, 6   *II²1663 /
T cap. I 2, 6

Τοῦ αὐτοῦ·

Οὐκ ἐνδύσῃ κίβδηλον, ἔρια καὶ λίνον ἐπιτοαυτό.

II¹1186 / K cap. I 3, 7   *II²1664 /
T cap. I 2, 7

5 Τοῦ Ἐκκλησιαστοῦ·

Ἐν παντὶ καιρῷ ἔστωσαν τὰ ἱμάτιά σου λευκά.

II¹1187 / K cap. I 3, 8   *II² suppl. 1
R cap. I 2, 7

Ἡσαΐου προφήτου·

Τάδε λέγει κύριος· Ἀνθ᾽ ὧν ὑψώθησαν αἱ θυγατέρες Σιὼν καὶ ἐπο-
10 ρεύθησαν ὑψηλῷ τραχήλῳ καὶ νεύμασιν ὀφθαλμῶν, καὶ τῇ πορείᾳ
τῶν ποδῶν ἅμα σύρουσαι τοὺς χιτῶνας, καὶ τοῖς ποσὶν ἅμα παί-
ζουσαι, καὶ ταπεινώσει ὁ θεὸς ἀρχούσας θυγατέρας Σιών, καὶ κύ-
ριος ἀνακαλύψει τὸ σχῆμα αὐτῶν ἐν τῇ ἡμέρᾳ ἐκείνῃ, καὶ ἀφελεῖ
κύριος τὴν δόξαν τοῦ ἱματισμοῦ αὐτῶν καὶ τὸν κόσμον αὐτῶν καὶ
15 τὰ ἐμπλόκια καὶ τοὺς κοσύμβους καὶ τοὺς μηνίσκους καὶ τὸ κά-
θημα καὶ τὸν κόσμον τοῦ προσώπου αὐτῶν καὶ τὴν σύνθεσιν τοῦ

---

3 **II¹1185** Deut. 22, 11 (Wahl, *Deuteronomium-Text*, p. 138)   6 **II¹1186** Eccle. 9,
8¹ (Wahl, *Kohelet-Text*, p. 166)   9 – 676, 10 **II¹1187** Is. 3, 16–24 (Wahl, *Propheten-
zitate*, p. 296–300)

---

2 – 3 **II¹1185** K cap. I 3, 6 (179v[3]4–5); V cap. I 6, 4; PM cap. I 2, 4; *deest in* Hᴵ Lᵇ;
PG 96, 61, 43–44   5 – 6 **II¹1186** K cap. I 3, 7 (179v[5]6); V cap. I 6, 5; PM cap. I 2,
5; *deest in* Hᴵ Lᵇ; PG 96, 61, 45   8 – 676, 10 **II¹1187** K cap. I 3, 8 (179v[mg]7–
180r7); V cap. I 6, 7; PM cap. I 2, 7; *deest in* Hᴵ Lᵇ; PG 96, 61, 47 – 64, 15

II¹1185 (a) K P (b) *s. a.* V (c) *s. d.* M **II¹1186** (a) K V P Τοῦ] *om.* V (b) Τοῦ Σιράχ
(ση- *cod.*) M **II¹1187** (a) K (b) Ἡσαΐου V PM ἡσαΐου M, ησαϊου P

---

3 Οὐκ – ἐπιτοαυτό] *om.* Vᵂ *(in mg. supplev. man. rec.)*   ἐνδύσει *(εν-* Vᴱ) VᴱVᴼ
ἐρίαν M   λῖνον Vᴼ, λινον P, λινοῦν Vᵂ M   ἐπιτοαυτό] ἐν τῷ αὐτῷ VᴱVᴼ   9
θυγατέραις Vᴱ P   10 ὀφθαλμῷ M   πορία VᴱVᵂ ᵃ· ᶜ· Vᴼ PM   12 καὶ¹] κἂν
Kᵃ· ᶜ· ᵘᵗ ᵛⁱᵈᵉᵗᵘʳ   14 κόσμων VᵂVᴼ ᵃ· ᶜ·   14 – 16 αὐτῶν² – κόσμον] *om.* M
15 – 676, 2 καὶ¹ – ἐμπλόκιον] *om.* Vᴼ

κόσμου τῆς δόξης καὶ τοὺς χλιδῶνας καὶ τὰ ψέλια καὶ τὸ ἐμπλό-
κιον καὶ τοὺς δακτυλίους καὶ τὰ περιδέξια καὶ τὰ ἐνώτια καὶ τὰ
περιπόρφυρα καὶ τὰ μεσοπόρφυρα καὶ τὰ ἐπιβλήματα τὰ κατὰ
τὴν οἰκίαν καὶ τὰ διαφανῆ Λακωνικὰ καὶ τὰ βύσσινα καὶ τὰ ὑακίν-
θινα καὶ τὴν βύσσον σὺν χρυσίῳ καὶ ὑακίνθῳ συγκαθυφασμένην   5
καὶ θέριστρα κατάκλιτα τοῦ χρυσίου. Καὶ ἔσται σοι ἀντὶ τῆς ὀ-
σμῆς τῆς ἡδείας κονιορτός, καὶ ἀντὶ ζώνης σχοινίῳ ζώσῃ, καὶ ἀντὶ
τοῦ κόσμου τῆς κεφαλῆς φαλάκρωμα ἕξεις, καὶ ἀντὶ τοῦ χιτῶνος
τοῦ μεσοπορφύρου περιζώσῃ σάκκον· ταῦτά σοι ἀντὶ καλλωπι-
σμοῦ.   10

*II²1665 /
T cap. I 2, 8

II¹1188 / K cap. I 3, 9

Ἀπὸ τοῦ Σιράχ·

Ἐν περιβολῇ ἱματίων μὴ καυχήσῃ.

---

13 II¹1188 Sir. 11, 4¹ (Wahl, *Sirach-Text*, p. 76)

---

12 - 13 II¹1188 K cap. I 3, 9 (180r[7]8); V cap. I 6, 6; PM cap. I 2, 6; *deest in* H¹ Lᵇ;
PG 96, 61, 46

II¹1188 (a) K (b) Τοῦ Σιράχ Vᵂ P Τοῦ] *om.* Vᵂ (c) Τοῦ αὐτοῦ M (d) *s. a.* VᴱVᴼ

1 χλιδόνας Vᴱ, χλιδονας P, χληδόνας Vᵂ, χλιδονος M   ψέλλια VᴱVᵂ, ψελλία M,
ψελλια P   1 – 2 εμπλοκην P   2 τὰ²] *om.* M   2 – 3 ταπεριπόρφυρα K, τὰ περὶ πόρ-
φυρα (πορ- P) PM   3 τὰ³] *om.* K   4 λακονικά VᴱVᴼ, λακόνικα P, λακωνικῶ M,
λακωνιακα (*sic*) K   5 χρυσῶ (-ω P) PM   συνκαθυφασμένην VᴱVᴼ P, σὺν καθυφα-
σμενην M   6 καὶ] *add.* τὰ V PM   θεριστὰ VᴱVᴼ   κατάκλιτα] *correxi (LXX)*, καὶ
τὰ κλιτὰ (-α P, κλη- M, κλει- K) K VᴱVᵂ PM, καὶ τὴν κλϊτὰ Vᴼ   7 ἡδίας Vᴱ, ἰδίας
Vᴼ, ἰδίας M   σχοινίων M   8 κεφαλῆς] κεφαλῆς σου K   φαλάκρωμα Vᵂ, φαλά-
κειωμα Vᴼ   ἕξῃς (ἕ- Vᴼ M) VᴱVᴼ M   9 – 10 ἀντικαλλωπισμοῦ K Vᴱ, ἀντικαλλω-
πισμοῦ (-μου P) Vᴼ PM   13 καυχίσει VᴱVᴼ

II¹1189 / K cap. I 3, 10

Ματθαίου, ἐν κεφαλαίῳ θ'·

Αὐτὸς δὲ ὁ Ἰωάννης εἶχε τὸ ἔνδυμα αὐτοῦ ἀπὸ τριχῶν καμήλου,
καὶ ζώνην δερματίνην περὶ τὴν ὀσφὺν αὐτοῦ.

5			**II¹1190 / K cap. I 3, 11**

Τοῦ ἁγίου Βασιλείου, ἐκ τῶν κανονικῶν διατάξεων·

Τὸν σκοπὸν τῆς χρήσεως τοῦ ἐνδύματος ὑπέβαλεν ἡμῖν ὁ Ἀπό-
στολος διὰ μιᾶς λέξεως, εἰπών· Ἔχοντες διατροφὰς καὶ σκεπάσμα-
τα, τούτοις ἀρκεσθησόμεθα, ὡς τῆς σκέπης ἡμῶν προσδεομένων
10 μόνης, οὐκέτι μέντοι καὶ τῆς ποικιλίας τοῦ ἀπ' αὐτῆς καλλωπι-
σμοῦ, εἰς τὴν ἀπηγορευμένην περπερίαν ἐκπιπτόντων, ἵνα μὴ τί
χεῖρον λέγω. Ταῦτα γὰρ ὕστερον ἐπεισήχθη διὰ τῆς περιέργου
ματαιοτεχνίας τῷ βίῳ. Δηλοῖ δὲ καὶ ἡ πρώτη τῶν σκεπασμάτων
χρῆσις, ἣν αὐτὸς ὁ θεὸς τοῖς ἐπιδεηθεῖσιν ἔδωκεν· Ἐποίησεν γὰρ

---

8 – 9 I Tim. 6, 8 14 – 678, 1 Gen. 3, 21

---

3 – 4 **II¹1189** Matth. 3, 4	7 – 678, 6 **II¹1190** Basilius Caesariensis, *Asceticon
magnum sive Quaestiones (regulae fusius tractatae)*, XXII, 2 (PG 31, 977, 33 – 980,
3)

---

2 – 4 **II¹1189** K cap. I 3, 10 (180r[8]9–11); V cap. I 6, 8; PM cap. I 2, 8; *deest in* H¹
Lᵇ; PG 96, 64, 16–18	6 – 678, 6 **II¹1190** K cap. I 3, 11 (180r[11]12–180v5); V cap.
I 6, 9; PM cap. I 2, 9; *deest in* H¹ Lᵇ; PG 96, 64, 19–36

II¹1189 (a) K	(b) Ματθαίου VᴱVᴼ	(c) Κατὰ Ματθαῖον Εὐαγγελίου, κεφαλαίου θ'
PM Εὐαγγελίου] *om.* P	(d) Τοῦ Εὐαγγελίου Vᵂ	**II¹1190** (a) K P	(b) Βασιλείου, ἐκ
τῶν ἀσκητικῶν κανόνων M	(c) Βασιλείου V	βασιλίου Vᵂ

---

3 δὲ] *om.* VᴱVᵂ ᵃ·ᶜ· Vᴼ PM	ὁ] *om.* M	τὸ] *om.* M	ἀποτριχων P, ἀποτριχῶς
Vᴼ	καμήλων Vᵂ ᵃ·ᶜ·	4 ὀσφῦν K Vᵂ ᵃ·ᶜ·, ὀσφυν P, ὀσφὴν Vᴼ	αὐτοῦ PM	7
Τὸν] τὸ Kᵃ·ᶜ·, τῶν Vᴼ	τοῦ ἐνδύματος] τῶν ἐνδύματος Vᴼ, *om.* K (*in mg. supplev.
man. rec.)*	8 λέξεως] φωνῆς K	διαστροφὰς Kᵖ·ᶜ·, δὲ τροφὰς (-ας M) V PM
καὶ] *om.* P	9 ἀρκεσθησώμεθα K, ἀρκεσθήσεσθαι Vᴱ, ἀρκέσθη Vᴼ	προδεομένων
P	10 ἀπ' αὐτῆς] *om.* K	11 περπερίαν] περίαν Vᴼ	ἐκπιπτόντων P, ἐκπιπτοντα
(*sic*) M	τί] *om.* Vᵂ ᵃ·ᶜ·	12 λεγων M	γὰρ] δὲ Vᵂ	12 – 13 διὰ – μα-
ταιοτεχνίας] *om.* K	13 τῷ βίῳ] *om.* V PM	σκεπαμάτων Vᵂ ᵃ·ᶜ·	14 δέδωκεν V
PM	γὰρ] *om.* K

αὐτοῖς ὁ θεός, φησίν, χιτῶνας δερματίνους. Πρὸς γὰρ τὴν τῶν
ἀσχημόνων ἐπικάλυψιν ἐξήρκει καὶ ἡ τοιαύτη τῶν χιτώνων χρῆ-
σις. Ἐπειδὴ δὲ ἕτερος σκοπὸς συνεισέρχεται, τοῦ θάλπεσθαι διὰ
τῶν σκεπασμάτων, ἀνάγκη ἀμφοτέρων ἐστοχασμένην τὴν χρῆσιν
εἶναι, τοῦ τε περιστέλλειν ἡμῶν τὰ ἀσχήμονα καὶ τοῦ ἀλεξήματα   5
εἶναι πρὸς τὴν τῶν ἀέρων βλάβην.

II¹1191 / K cap. I 3, 12

Ἐκ τῶν αὐτῶν·

Τῆς χρήσεως τὸ μέτρον ἡ ἀπαραίτητος ἀνάγκη τῆς χρείας· ἡ δὲ
ὑπὲρ τὴν χρείαν, πλεονεξίας ἢ φιληδονίας ἢ κενοδοξίας ἔχει τὴν   10
νόσον.

II¹1192 / K cap. I 3, 13

Ἐκ τοῦ πρὸς νέους·

Τὸ κουρὰς καὶ ἀμπεχόνας ἔξω τῶν ἀναγκαίων περιεργάζεσθαι, ἢ
δυστυχούντων ἐστί, κατὰ τὸν Διογένους λόγον, ἢ ἀδικούντων· ὡς   15

---

14 - 15 cf. Diogen. Laert., *De clarorum philosophorum vitis*, VI, 54, 5 – 6

9 - 11 II¹1191 BASILIUS CAESARIENSIS, *Asceticon magnum sive Quaestiones (regulae
brevius tractatae)*, LXX (PG 31, 1132, 36 –39)   14 - 679, 5 II¹1192 BASILIUS CAESA-
RIENSIS, *Ad iuvenes (De legendis gentilium libris)*, IX, 3, 1 – 4, 4 (ed. Naldini, p. 118)

8 - 11 II¹1191 K cap. I 3, 12 (180v[5]6 –8); V cap. I 6, 10; PM cap. I 2, 10; *deest in*
H¹ L^b; PG 96, 64, 36 –39   13 - 679, 5 II¹1192 K cap. I 3, 13 (180v[mg]9 –17); *deest
in* V H¹ PML^b

II¹1191 (a) K P (b) Τοῦ αὐτοῦ V^E V^O (c) *s. a.* V^W (d) *s. d.* M

1 αὐτοὺς V^E V^O   φησίν] *om.* V PM   δερματίνους] *add.* καὶ ἐνέδυσεν αὐτούς
V^E V^O (= *LXX*)   2 ἀποκάλυψιν M   3 δὲ] καὶ V^O, δὲ καὶ *ed.*   ἐπεισέρχεται K   4
ἀμφοτέρων] *post* ἐστοχασμένην *transpos.* K   ἐστοχασμένην] *scripsi (ed.)*, ἐστοχα-
σμένων PM, -μένως V, -μένος K   χρῆσιν] κρίσιν V^E V^O   5 ἡμῶν] *om.* V^W (*in mg.*
supplev. man. rec.)   τοῦ²] *om.* M   ἀλεξήμονα M   6 τῶν] *praem.* ἐκ V P, *praem.*
εἰς M^ut videtur   τον ἄερα (*sic*) M   9 ἢ²] εἰ V^E V^O P   10 φιληδονίας – κενοδοξίας]
κενοδοξίας ἡ φιδολειας M   14 κουρὰς] *scripsi (ed.)*, κοῦρας K   15 - 679, 1 ὡς τὸ]
ὥστε *ed.*

τὸ καλλωπιστὴν εἶναι καὶ ὀνομάζεσθαι ὁμοίως αἰσχρόν †φημὶ δὴ
τοὺς τηλικούτους†, ὡς τὸ ἑταιρεῖν ἢ τὸ ἀλλοτρίοις γάμοις ἐπιβου-
λεύειν. Τί γὰρ διαφέρει, τῷ γε νοῦν ἔχοντι, ξυστίδα ἀναβεβλῆσθαι
ἢ τι τῶν φαύλων ἱμάτιον φορεῖν, ἕως μηδὲν ἐνδέῃ τοῦ πρὸς χει-
5 μῶνά τε εἶναι καὶ θάλπος ἀλεξιτήρια;

II¹1193 / K cap. I 3, 14   *II²1670 /

T cap. I 2, 1

Ἐκ τῆς δ′ ἐπιστολῆς·

Σκοπὸς ἐσθῆτος εἷς, κάλυμμα εἶναι σαρκὸς πρὸς χειμῶνα καὶ θέ-
ρος αὔταρκες.

10   **II¹1194 / K cap. I 3, 15**

Ἐκ τῆς θ′ ἐπιστολῆς·

Τὸ ἐν ἐσθῆτι εὐχροίας περισκοπεῖν ἴσον ἐστὶ γυναικείῳ καλλω-
πισμῷ, ὃν ἐκεῖναι ἐπιτηδεύουσιν, ἀλλοτρίῳ ἄνθει παρειὰς καὶ τρί-
χας ἑαυτῶν βάπτουσαι.

---

8 - 9 **II¹1193** BASILIUS CAESARIENSIS, *Epistulae*, II, 6, 10–12 (ed. Courtonne, I, p.
11)   **12 - 14** **II¹1194** BASILIUS CAESARIENSIS, *Epistulae*, II, 6, 13–16 (ed. Courton-
ne, I, p. 11)

---

7 - 9 **II¹1193** K cap. I 3, 14 (180v[mg]18–19); V cap. I 6, 11; PM cap. I 2, 11; *deest
in* H¹ Lᵇ; PG 96, 64, 39–40   **11 - 14** **II¹1194** K cap. I 3, 15 (180v[19]20–23); *deest in*
V H¹ PMLᵇ

II¹1193 (a) K   δ′] *sic* K *(cf. lemma loci sequentis)* (b) Τοῦ Θεολόγου, εἰς τὰ Θεοφά-
νια PM   (c) Θεολόγου Vᵂ   (d) *s. a.* VᴱVᴼ   **II¹1194** θ′] *sic* K *(cf. lemma loci praece-
dentis)*

---

1 - 2 †φημὶ – τηλικούτους†] *cruces apposui, sic* K, ἡγεῖσθαί φημι δεῖν τοὺς τοιού-
τους *ed.*   **1 - 2** δὴ τοὺς] *e corr.* K   **3** ξυστίδα] *correxi (ed.)*, ξύσταδα K   **4** ἤ τι]
correxi (ed.), ἢ τί K   ἱμάτιον] *correxi (ed.)*, ἱματίων K   ἐνδέῃ] *correxi (ed.)*, ἐνδεῇ
K   **8** ἐσθῆτος Vᴱ, ἐσθητος M, αἰσθητὸς (-ος P) Vᵂ P   εἷς] εἰς K Vᵂ, εις P   **8 - 9**
χειμῶνα – θέρος] θερος καὶ χειμῶν *(sic)* M   **8** χειμῶνα] χειμῶνά τε K   **8 - 9** θε-
ρους Vᵂ

*II²1669 /
cap. I 2, 12

II¹1195 / K cap. I 3, 16

Ἐκ τοῦ εἰς τὰ Θεοφάνεια·

Μὴ ἐσθῆτι μαλακισθῶμεν ἁπαλῇ τε καὶ περιρρεούσῃ, καὶ ἧς τὸ κάλλιστον ἀχρηστία.

*II²1671 /
cap. I 2, 14

II¹1196 / K cap. I 3, 17

5

Ἐκ τοῦ εἰς τὴν ἀδελφὴν ἐπιταφίου·

Οὐ χρυσὸς ἐκείνῃ ἦν κόσμος, ἐν τέχνῃ πονηθεὶς εἰς κάλλους περι-
ουσίαν, οὐ ξανθαὶ πλοκαμίδες διαφαινόμεναί τε καὶ ὑποφαινόμε-
ναι, καὶ βοστρύχων ἕλικες, σοφίσματα σκηνοποιούντων τὴν τι-
μίαν κεφαλὴν ἀτιμότατα, οὐκ ἐσθῆτος περιρρεούσης καὶ διαφα-　10
νοῦς πολυτέλεια, οὐ λίθων αὐγαὶ καὶ χάριτες χρωννῦσαι τὸν πλη-
σίον ἀέρα καὶ τὰς μορφὰς περιλάμπουσαι, οὐ ζωγράφων τέχναι
καὶ γοητεύματα καὶ τὸ εὔωνον κάλλος, ἀλλὰ τὴν ῥέουσαν εὐμορ-
φίαν ταῖς ἐπὶ θεάτρων παρῆκεν καὶ τριόδων καὶ ὅσαις αἰσχύνη καὶ
ὄνειδος τὸ αἰσχύνεσθαι.　15

---

3 – 4　II¹1195 GREGORIUS NAZIANZENUS, In Theophania (Orat. 38), 5, 6–7 (ed. Moreschini, p. 110)　　7 – 13　II¹1196 Οὐ – κάλλος] GREGORIUS NAZIANZENUS, In laudem sororis Gorgoniae (Orat. 8), 10, 5–13 (ed. Calvet-Sebasti, p. 264–266) 13 – 15　ἀλλὰ – αἰσχύνεσθαι] IBID., 10, 23–25 (p. 266)

2 – 4　II¹1195 K cap. I 3, 16 (180v[23]181r1–2); V cap. I 6, 12; PM cap. I 2, 12; deest in H¹ Lᵇ; PG 96, 64, 41–42　　6 – 15　II¹1196 K cap. I 3, 17 (181r[2]3–13); V cap. I 6, 13; PM cap. I 2, 13; deest in H¹ Lᵇ; PG 96, 64, 43–53

II¹1195 (a) K　(b) Τοῦ Θεολόγου VᴱVᴼ　(c) Τοῦ αὐτοῦ Vᵂ PM　II¹1196 (a) K　(b) Τοῦ αὐτοῦ, εἰς τὴν ἀδελφὴν αὐτοῦ Γοργονίαν M　(c) Εἰς τὴν ἀδελφὴν ἑαυτοῦ P　(d) Τοῦ αὐτοῦ V

3 – 4　Μὴ – ἀχρηστία] om. Vᵂ (in mg. supplev. man. rec.)　3 αἰσθητι Vᵂ P　ἁ-
παλή τε V, ἁπαλή τε M, ἁπόλητε (sic) P　καὶ²] om. K P　ἧς] εἷς Vᴱ, εἰς Vᴼ　8 – 9
τε – ὑποφαινόμεναι] om. Vᵂ (in mg. supplev. man. rec.)　10 ἀτιμώτατα V M
εσθῆτος M, αισθῆτος e corr. Vᵂ, αἰσθητος P, ἐσθητὸς Vᴼ　περιρρεούσης] περιρε-
ούσης Vᵂ ᵃ· ᶜ· P, περίρεούσης M　11 πολυτελείας K Vᴼ, πολυτελίας M　οὐ] om.
M　χρωννυσαι PM, χρονῦσαι K, χρώνουσαι VᴱVᴼ　12 ζογράφων VᴱVᴼ　14
ταῖς] τοῖς M　θεάτρων] θέατρον K Vᵂ ᵃ· ᶜ·　τριόδων] προόδων M　14 – 15 καὶ
ὄνειδος] om. K

II¹1197 / K cap. I 3, 18

*II²1672 /
T cap. I 2, 1

Τοῦ μακαρίου Κυρίλλου, ἐκ τοῦ ιε′ λόγου τῶν κατὰ Ἰουλιανοῦ·

Τὸ εὐϊματεῖν μειρακιῶδες ἐστὶ μόνον, καὶ ἐν μόνῃ δοκήσει τὸ ἡδὺ ἔχει, καὶ τοὺς ὀφθαλμοὺς διαπαίζει.

5 ## II¹1198 / K cap. I 3, 19

*II²1673 /
T cap. I 2, 1

Κλήμεντος, ἐκ τοῦ ς′ Στρώματος·

Αἱ τῶν ἀναγκαίων κτήσεις καὶ χρήσεις οὐ τὴν ποιότητα βλαβερὰν ἔχουσιν, ἀλλὰ τὴν παρὰ τὸ μέτρον ποσότητα.

II¹1199 / K cap. I 3, 20

*II²1674 /
T cap. I 2, 1

10 Ἐκ τοῦ β′ Παιδαγωγοῦ·

Οὐ κατὰ πάντα σκορακιστέον τὴν χρῆσιν, ἀλλ᾽ ὥσπερ φαρμάκῳ καὶ βοηθήματι χρηστέον τῷ μύρῳ.

---

3 - 4 II¹1197 CYRILLUS ALEXANDRINUS, *Contra Iulianum imperatorem*, XV (?) (fr. 33, ed. Kinzig/Brüggemann, p. 784)   7 - 8 II¹1198 CLEMENS ALEXANDRINUS, *Stromata*, VI. Cap. XII. 99, 6 (ed. Stählin/Früchtel/Treu, p. 481, 33 – 482, 1)   11 - 12 II¹1199 CLEMENS ALEXANDRINUS, *Paedagogus*, II. Cap. VIII. 68, 2 (ed. Stählin/ Treu, p. 198, 10–11)

2 - 4 II¹1197 K cap. I 3, 18 (181r[13–14]15–16); V cap. I 6, 14; PM cap. I 2, 14; *deest in* Hᴵ Lᵇ; PG 86, 2084, 2–5; PG 96, 65, 1–3   6 - 8 II¹1198 K cap. I 3, 19 (181r [mg]17–19); V cap. I 6, 15; PM cap. I 2, 15; *deest in* Hᴵ Lᵇ; PG 96, 65, 5–6   10 - 12 II¹1199 K cap. I 3, 20 (181r[19]20–22); V cap. I 6, 16; PM cap. I 2, 16; *deest in* Hᴵ Lᵇ; PG 96, 65, 7–8

II¹1197 (a) K Ἰουλιανοῦ] *scripsi*, ἰουλιανόν *cod.*   (b) Κυρίλλου, κατὰ Ἰουλιανοῦ P ϊουλιανου P (c) Κυρίλλου (κυρι- *cod.*), ἐκ τοῦ κειμένου Ἰουλιανοῦ (ϊουλιάνου *cod.*) M (d) Κυρίλλου V κυρίλου Vᵂ II¹1198 (a) K PM κλημεντος K M ς′] ἕκτου P στρωματέως M (b) Κλήμεντος V II¹1199 (a) K PM (b) *s. a.* V

4 διαπαίζει] διαπρέπει Vᵂ   7 καὶ χρήσεις] *om.* V PM   11 κορακιστέον K   12 τῷ] τὸ Vᴱ

Στοιχεῖον Κ

<Τίτλος α'> Περὶ καρδίας, καὶ ὅτι ἐν καρδίᾳ τὸ ἡγεμονικὸν ἵδρυται.

II¹1200 / K cap. K 1, 1

Βασιλειῶν γ'·   5

Εἶπεν Σολομών· Δός, κύριε, τῷ δούλῳ σου καρδίαν φρονίμην, ἀ-
κούειν καὶ διακρίνειν τὸν λαόν σου ἐν δικαιοσύνῃ. Καὶ εἶπεν κύ-
ριος πρὸς Σολομών· Ἰδοὺ ἐπήκουσά σου, καὶ ἔδωκά σοι καρδίαν
φρονίμην καὶ σοφήν.

II¹1201 / K cap. K 1, 2   10

Τῶν Παροιμιῶν·

Ἐν καρδίᾳ ἀγαθῇ ἀνδρὸς ἀναπαύεται σοφία.

II¹1202 / K cap. K 1, 3

Τοῦ αὐτοῦ·

Υἱέ, ἐὰν σοφὴ γένηται ἡ καρδία σου,   15
εὐφραίνῃς καὶ τὴν ἐμὴν καρδίαν.

---

6 II¹1200 Εἶπεν Σολομών] III Reg. 3, 6 (Wahl, *3 Könige-Text*, p. 103)   6 – 7 Δός –
δικαιοσύνῃ] Ibid. 3, 9 (Wahl, p. 103)   7 – 9 Καὶ – σοφήν] Ibid. 3, 11–12 (Wahl, p.
103)   12 II¹1201 Prov. 14, 33¹ (Wahl, *Proverbien-Text*, p. 73–74)   15 – 16 II¹1202
Prov. 23, 15¹⁻² (Wahl, *Proverbien-Text*, p. 110)

---

1 Stoicheion Kᵗˣᵗ (181r22) Kᵖⁱⁿ   2 – 3 Titlos K (181r22–23)   5 – 9 II¹1200 K cap.
K 1, 1 (181r[23]181v1–5)   11 – 12 II¹1201 K cap. K 1, 2 (181v[5]6)   14 – 16
II¹1202 K cap. K 1, 3 (181v[mg]7–8)

---

2 – 3 Titlos   2 Τίτλος α'] *supplevi e* Kᵖⁱⁿ, *om.* Kᵗˣᵗ (α' *secund. ser.*)

II¹1203 / K cap. K 1, 4

Τῶν αὐτῶν·

Καρδία μου <ε>ἶδεν πολλά, καὶ σοφίαν καὶ γνῶσιν.

II¹1204 / K cap. K 1, 5

5 Τῶν αὐτῶν·

Καιρὸν κρίσεως γινώσκει καρδία σοφοῦ.

II¹1205 / K cap. K 1, 6

Τῶν αὐτῶν·

῞Υδωρ βαθὺ πολὺ ἐν καρδίᾳ ἀνδρός,
10 ἀνὴρ δὲ φρόνιμος ἐξαντλήσει αὐτήν.

II¹1206 / K cap. K 1, 7

<***>

Θές με ὡς σφραγίδα ἐπὶ τὴν καρδίαν σου.

---

3 II¹1203 Prov., re vera Eccle. 1, 16⁵ (Wahl, Kohelet-Text, p. 148)   6 II¹1204
Prov., re vera Eccle. 8, 5² (Wahl, Kohelet-Text, p. 163)   9 – 10 II¹1205 Prov. 20,
5¹⁻² (Wahl, Proverbien-Text, p. 97)   13 II¹1206 Cant. 8, 6¹

2 – 3 II¹1203 K cap. K 1, 4 (181v[8]9)   5 – 6 II¹1204 K cap. K 1, 5 (181v[9]10)
8 – 10 II¹1205 K cap. K 1, 6 (181v[10]11–12)   12 – 13 II¹1206 K cap. K 1, 7
(181v13)

II¹1206 s. a. K

3 εἶδεν] scripsi, ἴδεν K   9 πολὺ] βουλὴ LXX

II¹1207 / K cap. K 1, 8

Ἰερεμίου προφήτου·

Βαρεῖα ἡ καρδία αὐτοῦ παρὰ πάντας, καὶ ἄνθρωπός ἐστι· καὶ τίς γνώσεται αὐτόν; Ἐγὼ κύριος ἐτάζων καρδίας καὶ δοκιμάζων νεφρούς, τοῦ δοῦναι ἑκάστῳ κατὰ τὰς ὁδοὺς αὐτοῦ.	5

II¹1208 / K cap. K 1, 9

Βαρούχ·

Ἀναλάβωμεν τὰς καρδίας ἡμῶν πρὸς ὑψηλὸν ἐν οὐρανοῖς.

II¹1209 / K cap. K 1, 10

Ἀπὸ τοῦ Σιράχ·	10

Καρδία συνετοῦ διανοηθήσεται παραβολήν.

II¹1210 / K cap. K 1, 11

Τοῦ αὐτοῦ·

Λάρυγξ γεύεται βρώματα θήρας,
οὕτως καρδία συνετοῦ λόγους.	15

---

3 – 5 II¹1207 Ier. 17, 9–10 (Wahl, *Prophetenzitate*, p. 531–532)	8 II¹1208 Bar., re vera Thren. 3, 41	11 II¹1209 Sir. 3, 29¹ (Wahl, *Sirach-Text*, p. 51)	14 – 15 II¹1210 Sir. 36, 24¹⁻² (Wahl, *Sirach-Text*, p. 145)

---

2 – 5 II¹1207 K cap. K 1, 8 (181v[13–14]15–18)	7 – 8 II¹1208 K cap. K 1, 9 (181v [18]19–20)	10 – 11 II¹1209 K cap. K 1, 10 (181v[20]21)	13 – 15 II¹1210 K cap. K 1, 11 (181v[21]22–23)

---

8 ὑψηλὸν] praem. ὕψος K *(sed cancellav.)*

II¹1211 / K cap. K 1, 12

Τοῦ αὐτοῦ·

Οὐκ ἔστιν εὐφροσύνη ὑπὲρ χαρὰν καρδίας.

II¹1212 / K cap. K 1, 13

5 Τοῦ αὐτοῦ·

Εὐφροσύνη καρδίας ζωὴ ἀνθρώπου.

II¹1213 / K cap. K 1, 14

Λουκᾶ εὐαγγελιστοῦ·

Ὁ ἀγαθὸς ἄνθρωπος ἐκ τοῦ ἀγαθοῦ θησαυροῦ τῆς καρδίας αὐτοῦ
10 προσφέρει τὰ ἀγαθά, καὶ ὁ πονηρὸς ἄνθρωπος ἐκ τοῦ πονηροῦ
θησαυροῦ τῆς καρδίας αὐτοῦ προσφέρει τὰ πονηρά· ἐκ γὰρ τοῦ
περισσεύματος τῆς καρδίας λαλεῖ τὸ στόμα.

II¹1214 / K cap. K 1, 15

Τοῦ αὐτοῦ·

15 Τὰ ἐκπορευόμενα ἐκ τοῦ στόματος ἐκ τῆς καρδίας ἐξέρχεται, κἀ-
κεῖνα κ<ο>ινοῖ τὸν ἄνθρωπον· ἐξέρχονται διαλογισμοὶ πονηροί,
καὶ τὰ ἑξῆς.

---

3 **II¹1211** Sir. 30, 16² (Wahl, *Sirach-Text*, p. 128–129)   6 **II¹1212** Sir. 30, 22¹
(Wahl, *Sirach-Text*, p. 129)   9 – 12 **II¹1213** Luc. 6, 45   15 – 17 **II¹1214** Luc., re
vera Matth. 15, 18–19 sqq.

---

2 – 3 **II¹1211** K cap. K 1, 12 (151v[23]182r1)   5 – 6 **II¹1212** K cap. K 1, 13 (182r
[1]2)   8 – 12 **II¹1213** K cap. K 1, 14 (182r[2]3–7)   14 – 17 **II¹1214** K cap. K 1, 15
(182r[7]8–10)

---

16 κοινοῖ] *scripsi (NT)*, κινοῖ K

II¹1215 / K cap. K 1, 16

Τοῦ αὐτοῦ·

Ἐκ τοῦ περισσεύματος τῆς καρδίας τὸ στόμα λαλεῖ.

II¹1216 / K cap. K 1, 17

Τοῦ ἁγίου Μεθοδίου, ἐκ τῶν περὶ ἁγνείας συμποσίων·   5

Στήθη γὰρ καὶ φρένες, αἰσθητικῷ τινι λόγῳ, καὶ νοῦς ἡμῶν εἶναι
ὀνομάζεται ἐν τῇ Γραφῇ.

II¹1217 / K cap. K 1, 18

Τοῦ ἁγίου Βασιλείου, ἐκ τοῦ γ′ λόγου τῆς Ἑξαημέρου·

Ἑκάστῳ ἀνθρώπῳ πρότερον ἀπὸ τῶν νοημάτων τύπος ἐγγίνεται   10
τῇ νοήσει· ἔπειτα, μετὰ τὸ φαντασιωθῆναι, ἀπὸ τῶν ὑποκειμένων
τὰς οἰκείας καὶ προσφυεῖς ἑκάστου σημασίας ἐκλεγόμενος ἐξαγ-
γέλλει· εἶτα τῇ ὑπηρεσίᾳ τῶν φωνητικῶν ὀργάνων παραδοὺς τὰ
νοηθέντα, οὕτως διὰ τῆς τοῦ ἀέρος τυπώσεως κατὰ τὴν ἔναρθρον
τῆς φωνῆς κίνησιν τὸ ἐν τῷ κρυπτῷ νόημα σαφηνίζει.   15

---

3 II¹1215 Luc., re vera Matth. 12, 34   6 – 7 II¹1216 METHODIUS OLYMPIUS, *Symposia de castimonia (Convivium decem virginum)*, Λόγος δ′, VI, 4–5 (ed. Musurillo, p. 140)   10 – 15 II¹1217 BASILIUS CAESARIENSIS, *Homiliae in Hexaemeron*, III, 2 (ed. Mendieta†/Rudberg, p. 39, 23 – 40, 5)

2 – 3 II¹1215 K cap. K 1, 16 (182r[10]11)   5 – 7 II¹1216 K cap. K 1, 17 (182r[12] 13–14)   9 – 15 II¹1217 K cap. K 1, 18 (182r[15]16–182v1)

6 αἰσθητικῷ τινι] εἰκότι *ed.*   7 ὀνομάζεται – Γραφῇ] νομίζεται *ed.*   10 Ἑκάστῳ – νοημάτων] Πρότερον μὲν ὁ ἀπὸ τῶν πραγμάτων *ed.*   11 ὑποκειμένων] *scripsi*, ὑποκειμενον (*sic*) K

II¹1218 / K cap. K 1, 19

Τοῦ ἁγίου Γρηγορίου Νύσης, ἐκ τῆς εἰς τὸν ἄνθρωπον θεωρίας·

Ἐπειδὴ καὶ τῶν παυσαμένων τοῦ ζῆν, κατασβεσθείσης τῆς ἐγκει-
μένης τῇ φύσει θερμότητος, τὸ σῶμα νεκρωθὲν καταψύχεται, δια-
5 τοῦτο καὶ ἐν τῷ θερμῷ τὴν ζωτικὴν αἰτίαν κατενοήσαμεν. Οὐ γὰρ
ἐπιλελοιπότος, ἡ νεκρότης ἐπηκολούθησεν, ἀνάγκη πᾶσα τῇ πα-
ρουσίᾳ τούτου συστῆναι τὸ ζῷον ὁμολογεῖσθαι. Τῆς δὲ τοιαύτης
δυνάμεως οἱονεὶ πηγήν τινα καὶ ἀρχὴν τὴν καρδίαν κατενοήσα-
μεν, ἀφ' ἧς αὐλώδεις πόροι πολυσχιδῶς ἄλλος ἐξ ἄλλου διαφυό-
10 μενοι, παντὶ <τῷ> σώματι τὸ θερμόν τε καὶ πυρῶδες διαχέουσι
πνεῦμα.

II¹1219 / K cap. K 1, 20

Τοῦ ἁγίου Ἐπιφανίου, ἐκ τῆς πρὸς τοὺς ἐν Σουέδροις ἐπιστολῆς·

Ἔθετο τὸν νοῦν ὁ θεός, ὅ<ν>περ εἴωθεν ἡ Γραφὴ καλεῖν καρδίαν,
15 ἡγεμόνα ὡς εἰπεῖν καὶ ἡνίοχον τοῦ παντὸς σκεύους, διακριτικόν
τε ἀγαθῶν καὶ φαύλων, δοκιμαστήν τε τῶν ἐν ἡμῖν ἐγγινομένων.

II¹1220 / K cap. K 1, 21

Φίλωνος, ἐκ τοῦ τελευταίου τῶν ἐν Ἐξόδῳ ζητημάτων·

Τὴν καρδίαν ἀντὶ τοῦ ἡγεμονικοῦ παρείληφεν ἡ Γραφή.

---

3 - 11 II¹1218 GREGORIUS NYSSENUS, *Contemplatio hominis (De opificio hominis)*,
30, 11 (ed. Forbesius, p. 300, 8–16) 14 - 16 II¹1219 EPIPHANIUS CONSTANTIENSIS,
Ancoratus, 76, 6 (ed. Holl/Bergermann/Collatz, p. 96, 6–8) 19 II¹1220 PHILO IU-
DAEUS, *Quaestiones in Exodum*, II. 50a (ed. Petit, p. 272)

---

2 - 11 II¹1218 K cap. K 1, 19 (182v[2]3–14) 13 - 16 II¹1219 K cap. K 1, 20 (182v
[14]15–19) 18 - 19 II¹1220 K cap. K 1, 21 (182v[19]20–21); PG 86, 2084, 7–10

---

5 Οὐ] *scripsi (ed.)*, οὐ K 7 τούτου] *scripsi (ed.)*, τοῦτο K 10 τῷ] *supplevi (ed.)*,
om. K 14 ὅνπερ] *scripsi (ed.)*, ὅπερ K

Τίτλος β′   Περὶ κρειττόνων, ὅτι οὐ δεῖ πρὸς κρείττονας φιλονεικεῖν.

ι′   Περὶ κρειττόνων, ὅτι οὐ δεῖ πρὸς κρείττονας φιλονεικεῖν.

ϛ′   Περὶ κρειττόνων, ὅτι οὐ δεῖ πρὸς κρείττονας φιλονεικεῖν.

Π¹1221 / Κ cap. Κ 2, 1   5

Βασιλειῶν β′·

Προσέθετο Ἀβενὴρ λέγειν τῷ Ἀσαήλ· Ἀπόστηθι ἀπ᾽ ἐμοῦ, ἵνα μὴ
πατάξω σε εἰς τὴν γῆν· καὶ ποῦ ἐστὶ ταῦτα; Ἐπίστρεφε σὺ πρὸς
Ἰωὰβ τὸν ἀδελφόν σου. Καὶ οὐκ ἠβούλετο ἀποστῆναι. Καὶ τύπτει
αὐτὸν Ἀβενὴρ ἐν τῷ ὀπίσω τοῦ δόρατος ἐπὶ τὴν ψόαν, καὶ διε-   10
ξῆλθε τὸ δόρυ ἐκ τῶν ὀπίσω αὐτοῦ, καὶ ἀπέθανεν.

---

1 – 2 Περὶ – φιλονεικεῖν] cf. Π¹ / Κᵖⁱⁿ Παραπομπὴ Χ 18

---

7 – 11 Π¹1221 ΙΙ Reg. 2, 22–23 (Wahl, 2 Samuel-Text, p. 82–83)

---

1 – 2 Titlos (a) Κ (182v21–22)   3 Titlos (b) V Aᴵ ᵖⁱⁿ; deest in HᴵAᴵ ᵗˣᵗ   4 Titlos (c)
PMLᵇ ᵖⁱⁿ; deest in Lᵇ ᵗˣᵗ   6 – 11 Π¹1221 Κ cap. Κ 2, 1 (182v[22]23–183r6); deest in V
Hᴵ PMLᵇ

---

3 Titlos (b)   ι′] propt. mg. resect. non liquet in Aᴵ ᵖⁱⁿ (ι′ secund. ser.), praem. τίτλος
Vᵂ ᵗˣᵗ   κρείττονας] κρείττους Vᴱ ᵗˣᵗ Vᴼ ᵗˣᵗ   φιλονικεῖν (φιλω- Vᴱ ᵗˣᵗ) Vᴱ ᵗˣᵗ
Vᵂ ᵗˣᵗ ᵃ· ᶜ·, φιλονικῶ Vᴼ ᵖⁱⁿ, φιλὼν Vᴼ ᵗˣᵗ   4 Titlos (c)   ὅτι – φιλονεικεῖν] om. Μ
φιλονικεῖν Ρ

---

7 λέγειν] sic Κ   10 ψόαν] scripsi (LXX), ψωὰν Κᵃ· ᶜ·, ψωιὰν Κᵖ· ᶜ·

II¹1222 / K cap. K 2, 2

Ἀπὸ τοῦ Ἰώβ·

Ἀσεβής, ὃς οὐκ ἠσχύνθη πρόσωπον ἐντίμου,
οὐδὲ οἶδε τιμὴν θέσθαι τούτοις.

5   ## II¹1223 / K cap. K 2, 3

*II²1826–1
R cap. K 19

Ἀπὸ τοῦ Σιράχ·

Μὴ διαμάχου μετὰ ἀνθρώπου δυνάστου,
μήποτε ἐμπέσῃς εἰς τὰς χεῖρας αὐτοῦ.
Μὴ ἔριζε μετὰ ἀνθρώπου πλουσίου,
10 μήποτε ἀντιστήσῃ τὴν μάχην αὐτοῦ.

II¹1224 / K cap. K 2, 4

*II²1827 /
R cap. K 19

Τοῦ αὐτοῦ·

Βάρος ὑπὲρ σὲ μὴ ἄρῃς,

---

3 – 4 exstat etiam ap. Ps.-Max. Conf., *Loci communes*, 19.-./5b. (ed. Ihm, p. 460)

---

3 – 4 II¹1222 Iob 34, 19¹⁻²   7 – 10 II¹1223 Sir. 8, 1¹–2² (Wahl, *Sirach-Text*, p. 67)
13 – 690, 3 II¹1224 Sir. 13, 2¹⁻⁴ (Wahl, *Sirach-Text*, p. 81–82)

---

2 – 4 II¹1222 K cap. K 2, 2 (183r[6]7–8); V cap. K 10, 1; PM cap. K 6, 1; *deest in* H¹
L^b; PG 96, 84, 5–6   6 – 10 II¹1223 K cap. K 2, 3 (183r[8]9–11); V cap. K 10, 2; PM
cap. K 6, 2; E cap. 159, 82; *deest in* H¹ L^b; PG 96, 84, 7–8   12 – 690, 3 II¹1224 K
cap. K 2, 4 (183r[11]12–15); V^E V^O cap. K 10, 3; V^W cap. K 10, 3–4; PM cap. K 6, 3–
4; E cap. 159, 83; *deest in* H¹ L^b; PG 96, 84, 9–12

II¹1222 (a) K (b) Ἰώβ V PM ἰώβ V^E, ἴώβ PM II¹1223 (a) K (b) Σιράχ V P E (c)
Τοῦ αὐτοῦ M II¹1224 (a) K (b) s. a. V^E V^O E (c) s. a. / Τοῦ αὐτοῦ V^W, Τοῦ αὐτοῦ /
Τοῦ αὐτοῦ M, Τοῦ αὐτοῦ / s. a. P *(cf. infra, app. crit. text.)*

---

3 ἀσεβεῖς V^O a. c. M, -ῆς V^O p. c.   ὅς] *om.* M   αἰσχύνθη (αι- P, ι- M) V^W PM, αι-
σχυνθῆ (ε- V^E) V^E V^O   ἐντίμου P, τίμου V^O   7 δυνατοῦ M   9 – 10 Μὴ – τὴν]
om. V PM E   13 – 690, 1 Βάρος – καὶ¹] *om.* E   13 σὲ] σεαυτοῦ P, σεαυτοῦ M

καὶ ἰσχυροτέρῳ σου καὶ πλουσιωτέρῳ σου μὴ κοινώνει.
Τί κοινωνήσει χύτρα πρὸς λέβητα;
Αὐτὴ προσκρούσει καὶ αὐτὴ συντριβήσεται.

*II²1828 /
cap. K 19, 6*

II¹1225 / K cap. K 2, 5

Τοῦ αὐτοῦ·　　　　　　　　　　　　　　　　　　　　　　5

Μεγιστάνι κλῖνον τὴν κεφαλήν σου.

II¹1226 / K cap. K 2, 6

Τοῦ αὐτοῦ·

Ἐν μέσῳ μεγιστάνων μὴ ἐξισάζου.

II¹1227 / K cap. K 2, 7　　　　　　　　　　　　　　10

Τοῦ αὐτοῦ·

Ὁ βάλλων λίθον εἰς ὕψος, ἐπὶ τὴν κεφαλὴν αὐτοῦ βάλλει.

---

6 II¹1225 Sir. 4, 7² (Wahl, *Sirach-Text*, p. 53)　　9 II¹1226 Sir. 35, 9¹ (Wahl, *Sirach-Text*, p. 142)　12 II¹1227 Sir. 27, 25¹ (Wahl, *Sirach-Text*, p. 120)

5 – 6 II¹1225 K cap. K 2, 5 (183r[15]16); VᴱVᴼ cap. K 10, 4; Vᵂ cap. K 10, 5; PM cap. K 6, 5; *deest in* Hᴵ Lᵇ; PG 96, 84, 13　　8 – 9 II¹1226 K cap. K 2, 6 (183r[16]17); VᴱVᴼ cap. K 10, 5; Vᵂ cap. K 10, 6; PM cap. K 6, 6; *deest in* Hᴵ Lᵇ; PG 96, 84, 13 – 14　11 – 12 II¹1227 K cap. K 2, 7 (183r18 – 19); VᴱVᴼ cap. K 10, 6; Vᵂ cap. K 10, 7; PM cap. K 6, 7; *deest in* Hᴵ Lᵇ; PG 96, 84, 14 – 15

II¹1225 (a) K Vᵂ PM　(b) *s. a.* VᴱVᴼ　II¹1226 (a) K M　(b) Σιράχ (-ραχ *cod.*) P　(c) *s. d.* V　II¹1227 (a) PM　(b) *s. a.* K VᴱVᴼ　(c) *s. d.* Vᵂ

1 ἰσχυροτέρῳ σου] ἰσχυροτέρου E, ὑψηλοτέρῳ σου K　　καὶ πλουσιωτέρῳ σου] *om.* Vᵂ *(in mg. supplev. man. rec.)*　　πλουσιωτέρῳ σου] πλουσιωτέρως σου P, πλουσιοτέρῳ VᴱVᴼ　κοινώνει] *hic caesura in* Vᵂ PM　2 Τί] *add.* γὰρ E　κοινωνήσει] *add.* λέβητα M *(sed eras.)*　3 Αὐτὴ] αὐτὴ Vᴱ ᵃ· ᶜ· Vᴼ M, αὐτη P, αὕτη *LXX*　προσκρούσει] πρὸς κρούσει Vᴱ, προσκρούση Vᵂ, πρὸς μΐκρόν σε Vᴼ　καὶ] *om.* K M　αὐτὴ] αὐτὴ Vᴱ M, αὐτὴ Vᴼ, αυτη P, αὕτη *LXX*　6 Μεγιστάνι] μεγιστάνω Vᵂ PM　9 ἐξισάζου] ἐξισάζον Vᴼ　12 Ὁ – βάλλει] *om.* PM　βάλων Vᴼ ᵃ· ᶜ·, βαλὼν K, βαλλὼν Vᵂ　εἰς ὕψος] *om.* Vᴼ *(in mg. supplev. man. rec.)*

II¹1228 / K cap. K 2, 8

Τῶν Πράξεων·

Σκληρόν σοι πρὸς κέντρα λακτίζειν.

II¹1229 / K cap. K 2, 9

5   Τοῦ ἁγίου Βασιλείου, ἐκ τῆς Ἑξαημέρου·

Καλὸν ἀεὶ τὸ χεῖρον ὑπὸ τοῦ κρείττονος ἄγεσθαι.

II¹1230 / K cap. K 2, 10

Φίλωνος, ἐκ τοῦ γ′ τῆς νόμων ἱερῶν ἀλληγορίας·

Ἀεὶ τὸ κρεῖττον ἄρχειν, τὸ δὲ χεῖρον ἄρχεσθαι δεῖ.

---

6 exstat etiam ap. Ps.-Max. Conf., *Loci communes*, 9.9./9. (ed. Ihm, p. 211)

---

3 II¹1228 Act. 26, 14   **6 II¹1229** BASILIUS CAESARIENSIS, *Homiliae in Hexaemeron*, locus non repertus; exstat apud EUND., *Sermones de moribus a Symeone Metaphrasta collecti*, XV *(De imperio ac potestate)*, 1 (PG 32, 1305, 34–35)   **9 II¹1230** PHILO IUDAEUS, *Legum allegoriae*, III, 222 (ed. Cohn, p. 162, 26–27)

---

2 - 3 II¹1228 K cap. K 2, 8 (183r[19]20); V^EV^O cap. K 10, 7; V^W cap. K 10, 8; PM cap. K 6, 8; E cap. 159, 84; *deest in* H^I L^b; PG 96, 84, 16   **5 - 6 II¹1229** K cap. K 2, 9 (183r[20]21); V^EV^O cap. K 10, 8; V^W cap. K 10, 9; PM cap. K 6, 9; *deest in* H^I L^b; PG 96, 84, 17   **8 - 9 II¹1230** K cap. K 2, 10 (183r[22]23); *deest in* V H^I PML^b

---

II¹1228 (a) K V^EV^O   Τῶν] *om.* V^EV^O   (b) Παροιμιῶν V^W   (c) *s. a.* E   (d) *s. d. (cf. lemma loci praecedentis)* PM **II¹1229** (a) K PM Τοῦ ἁγίου] *om.* P (b) Βασιλείου V

---

3 σκληρόν σου P **6** τοῦ] *om.* V^EV^O

II¹1231 / K cap. K 2, 11

Ἐκ τοῦ πρώτου τῶν ἐν Γενέσει ζητημάτων·

Τὸ ὑποτάττεσθαι τοῖς κρείττοσιν, ὠφελιμώτατον.

II¹1232 / K cap. K 2, 12

Ἐκ τῆς πρὸς Γάϊον πρεσβείας·   5

Οὐδεὶς οὕτω μέμηνεν, ὡς δοῦλος ὢν ἐναντιοῦσθαι δεσπότῃ.

II¹1233 / K cap. K 2, 13

Βασιλείου, <ἐκ τῆς> πρὸς Ἰουλιανὸν ἐπιστολῆς·

Ἐπαχθὲς ἡμῖν τὸ λέγειν πρὸς βασιλέα, ἰδιώτας ὄντας· ἐπαχθέστε-
ρόν σοι φανήσεται τὸ λέγειν πρὸς θεόν· οὐδεὶς γὰρ μεσίτης θεοῦ   10
καὶ ἀνθρώπου γενήσεται.

---

3 II¹1231 PHILO IUDAEUS, *Quaestiones in Genesim*, III. 30a (ed. Petit, p. 140)   **6**
II¹1232 PHILO IUDAEUS, *Legatio ad Gaium*, 233 (ed. Reiter, p. 199, 1–2)   **9 – 11**
II¹1233 BASILIUS CAESARIENSIS, *Epistulae*, XLI, 2, 13–15 (ed. Courtonne, I, p. 98)

2 – 3   II¹1231 K cap. K 2, 11 (183r[24]183v1–2); VᴱVᴼ cap. K 10, 9; Vᵂ cap. K 10,
10; PM cap. K 6, 11; *deest in* Hᴵ Lᵇ; PG 86, 2084, 12–14; PG 96, 84, 18   **5 – 6**
II¹1232 K cap. K 2, 12 (183v[2]3–4); VᴱVᴼ cap. K 10, 10; Vᵂ cap. K 10, 11; PM cap.
K 6, 11; *deest in* Hᴵ Lᵇ; PG 96, 84, 19–20   **8 – 11**   II¹1233 K cap. K 2, 13 (183v[4]5–
8); *deest in* V Hᴵ PMLᵇ

II¹1231 (a) K πρώτου] *correxi*, πρὸς K   (b) Φίλωνος VᵂVᴼ PM   (c) *s. a.* Vᴱ   II¹1232
(a) K   (b) Φίλωνος Vᴱ   (c) *s. a.* VᵂVᴼ PM II¹1233 ἐκ τῆς] *supplevi, om.* K

3 ὑποτάσσεσθαι Vᴱ, ὑποτάσεσθαι Vᴼ   6 ὡς] ὃς VᴱVᴼ   ἐναντιοῦται VᴱVᴼ   **9**
Ἐπαχθὲς] *correxi (ed.)*, ἐπαναχθὲς K

II¹1234 / K cap. K 2, 14

Τοῦ θεολόγου ἁγίου Γρηγορίου·

Μὴ κρίνε τοὺς κριτάς, ὁ χρήζων τῆς ἰατρείας, μὴ δὲ φυλοκρίνει μοι τὰς ἀξίας τῶν σὲ καθαιρόντων· ἄλλος μὲν ἄλλου κρείττων ἢ
5 ταπεινότερος, σοῦ δὲ πᾶς ὑψηλότερος.

3 – 5 II¹1234 GREGORIUS NAZIANZENUS, In S. baptisma (Orat. 40), 26, 22–26 (ed. Moreschini, p. 258)

2 – 5 II¹1234 K cap. K 2, 14 (183v[8]9–12); V^EV^O cap. K 10, 11; V^W cap. K 10, 12; PM cap. K 6, 10; deest in H^I L^b; PG 96, 84, 21–23

II¹1234 (a) K   (b) Τοῦ Θεολόγου, ἐκ τοῦ περὶ βαπτίσματος M   (c) Τοῦ Θεολόγου, εἰς τὸ βάπτισμα P (d) Θεολόγου V^W (e) s. a. V^EV^O

3 κρίνε] κρῖναι V^W   3 – 4 μὴ – καθαιρόντων] om. V PM   4 κρείττον V^E, κρεῖττον V^W M, κρειττον P

*II² /
R cap. K 13

Τίτλος γ′   Περὶ καταλαλιᾶς, καὶ ὅτι καταλαλιά ἐστιν ὁ λόγος ψευδὴς κατά τινος λεγόμενος.

β′   Περὶ καταλαλιᾶς, καὶ ὅτι καταλαλιά ἐστι λόγος ψευδὴς κατά τινος λεγόμενος.

ε′   Περὶ καταλαλιᾶς καὶ διαβολῆς.   5

*II²1789 /
cap. K 13, 2

II¹1235 / K cap. K 3, 1

Ἀπὸ τῶν Ἀριθμῶν·

Ἐλάλησε Μαριὰμ καὶ Ἀαρὼν κατὰ Μωϋσῆ ἕνεκεν τῆς γυναικὸς τῆς Αἰθιοπίσσης, ἣν ἔλαβε Μωϋσῆς, ὅτι γυναῖκα Αἰθιόπισσαν ἔ-λαβεν, καὶ εἶπαν· Μὴ Μωϋσῆ μόνῳ ἐλάλησε κύριος; Οὐχὶ καὶ ἡμῖν   10
ἐλάλησε κύριος; Καὶ ἄνθρωπος Μωϋσῆς πραῢς σφόδρα παρὰ πάντας τοὺς ἀνθρώπους τοὺς ὄντας ἐπὶ τῆς γῆς. Καὶ εἶπεν κύριος παραχρῆμα πρὸς Μωϋσῆν καὶ Ἀαρὼν καὶ Μαριάμ· Ἐξέλθετε ὑμεῖς οἱ τρεῖς εἰς τὴν σκηνὴν τοῦ μαρτυρίου· καὶ ἐξῆλθον. Καὶ κατέβη κύριος ἐν στύλῳ νεφέλης, καὶ ἔστη ἐπὶ τὴν θύραν τῆς σκηνῆς, καὶ   15
ἐκλήθησαν Ἀαρὼν καὶ Μαριάμ, καὶ ἐξήλθοσαν ἀμφότεροι. Καὶ

---

8 - 695, 8 II¹1235 Num. 12, 1–10

1 - 2 Titlos (a) K (183v12–14)   3 - 4 Titlos (b) V Aᴵᵖⁱⁿ; deest in HᴵAᴵᵗˣᵗ   5 Titlos (c) PMLᵇᵖⁱⁿ (cf. *II² / R cap. K 13 titlos); deest in Lᵇᵗˣᵗ   7 - 695, 8 II¹1235 K cap. K 3, 1 (183v[14]15–184r13); V cap. K 2, 1; PM cap. K 5, 1; deest in Hᴵ Lᵇ; PG 96, 72, 15–28

1 - 2 Titlos (a)   1 - 2 καὶ – λεγόμενος] om. Kᵖⁱⁿ   1 ὁ] forsan delendum   3 - 4 Titlos (b)   3 β′] propt. mg. resect. non liquet in Aᴵᵖⁱⁿ (β′ secund. ser.), praem. τίτλος Vᵂᵗˣᵗ   καταλαλιᾶς] add. καὶ διαβολῆς Vᵂᵗˣᵗ   λόγος] add. ψιλὸς Vᴱᵖⁱⁿ Vᴼᵖⁱⁿ   5 Titlos (c)   καταλαλίας Pᵖⁱⁿ, καταλαλιας Mᵖⁱⁿ, -ᾶς Mᵖⁱⁿ ᵐᵃⁿ· ʳᵉᶜ·   καὶ διαβολῆς] om. M

II¹1235 (a) K (b) Ἀριθμῶν V P (c) Βασιλειῶν α′ M

8 μαριαμ P, μαρία M   ααρων P   Μωϋσῆ] scripsi, μωσῆ V, μωσῆν K, μωύσεως (sic) M, μωσεως P   ἕνεκεν] περὶ Vᵂ   9 αἰθιοπίσης VᵂVᴼ M, αἰθιοπησις Pᵃ· ᶜ·, αἰθιοπησσις Pᵖ· ᶜ·   ἣν] ἦν P, ἧς K   μωύσης M, μωσῆς (-ης P) V P   γυναικαν M αἰθιοπισσαν M, αἰθιόπισαν VᴱVᵂVᴼ ᵖ· ᶜ·, αἰθιόπησαν Vᴼ ᵃ· ᶜ·, αἰθιοπησαν Pᵃ· ᶜ·, αἰθιο-πησσαν Pᵖ· ᶜ·   10 μωσῆ (-η P) V P, μωσεῖ K   μωνω M, μόνον K   κύριος] ὁ θεός M   11 - 16 Καὶ – ἀμφότεροι] om. V PM

εἶπεν πρὸς αὐτούς· Ἀκούσατε τὸν λόγον μου ἀμφότεροι· ἐὰν γέ-
νηται προφήτης ὑμῶν κυρίου, ἐν ὁράματι αὐτῷ γνωσθήσομαι, καὶ
ἐν ὕπνῳ λαλήσω αὐτῷ. Οὐχ᾽ οὕτως ὡς ὁ θεράπων μου Μωϋσῆς·
ἐν ὅλῳ τῷ οἴκῳ μου πιστός ἐστι· στόμα κατὰ στόμα λαλήσω αὐ-
5   τῷ, ἐν εἴδει καὶ οὐ δι᾽ αἰνιγμάτων, καὶ τὴν δόξαν κυρίου εἶδεν· καὶ
διατί οὐκ ἐφοβήθητε λαλῆσαι κατὰ τοῦ θεράποντός μου Μωϋσῆ;
Καὶ ὀργὴ θυμοῦ κυρίου ἐπέπεσεν ἐπ᾽ αὐτούς, καὶ ἡ νεφέλη ἀπέστη
ἀπὸ τῆς σκηνῆς, καὶ ἰδοὺ Μαριὰμ λεπρῶσα ὡσεὶ χιών.

II¹1236 / K cap. K 3, 2

10   Τῶν αὐτῶν·

Ὠλιγοψύχησεν ὁ λαὸς ἐν τῇ ὁδῷ, καὶ κατελάλησαν πρὸς τὸν θεὸν
καὶ κατὰ Μωϋσῆν, λέγοντες· Ἱνατί ἐξήγαγες ἡμᾶς ἐξ Αἰγύπτου
ἀποκτεῖναι ἡμᾶς ἐν τῇ ἐρήμῳ; Ὅτι οὐκ ἔστιν ἄρτος οὔτε ὕδωρ, ἡ
δὲ ψυχὴ ἡμῶν προσώχθισεν <ἐν> τῷ ἄρτῳ τῷ διακενῷ τούτῳ. Καὶ
15   ἀπέστειλε κύριος εἰς τὸν λαὸν ὄφεις τοὺς θανατοῦντας, καὶ ἔδα-
κον τὸν λαόν, καὶ ἀπέθανε λαὸς πολὺς τῶν υἱῶν Ἰσραήλ.

II¹1237 / K cap. K 3, 3

Ἀπὸ τοῦ Ἰώβ·

...καταλαλοῦντές μου οὐκ αἰσχυνόμενοι ἐπίκεισθαί μοι.

---

11 – 16 II¹1236 Num. 21, 4–6   19 II¹1237 Iob 19, 3²

---

10 – 16 II¹1236 K cap. K 3, 2 (184r[13]14–21); *deest in* V H¹ PMLᵇ   18 – 19
II¹1237 K cap. K 3, 3 (184r[21]22–23); *deest in* V H¹ PMLᵇ

1 εἶπεν] *add.* κύριος V PM   Ἀκούσατε – μου] ἀκούσατε μου τὸν λόγον M   2
κυρίῳ K M   αὐτῷ] *om.* V PM   3 αὐτὸν M   μωϋσης M, μωσῆς K VᴱVᴼ   4 κατὰ]
καὶ P, πρὸ *(sic)* M   4 – 5 αὐτὸν M   5 εἴδει] εἴδη Vᴱ, ειδη PM   εἶδεν] ἴδεν K, ἴδεν
P   6 *scripsi,* μῶϋσῆ *(sic)* M, μωϋσεῖ K, μωσῆ (-η P) V P   7 – 8 ὀργὴ – σκηνῆς]
ὠργίσθη (ὀρ- VᴱVᴼ M, ορ- P; -γϊσθῆ Vᴼ, -γισθη M) θυμῷ (-ω P) κύριος V PM   7
ὀργὴ] *scripsi (LXX),* ὀργῆ K   8 ὡσεὶ] ὣς P, ως M   13 οὔτε] *e corr.* K, οὐδὲ *LXX*
14 ἐν] *supplevi (LXX), om.* K   19 ἐπίκεισθέ μοι *LXX (sed cf. app. crit.)*

II¹1238 / K cap. K 3, 4

Δαυῒδ ἐν ψαλμῷ λ΄·

Ἄλαλα γενηθήτω τὰ χείλη τὰ δόλια,
τὰ λαλοῦντα κατὰ τοῦ δικαίου ἀνομίαν
ἐν ὑπερηφανίᾳ καὶ ἐξουδενώσει. 5

II¹1239 / K cap. K 3, 5

Ἐν ψαλμῷ μθ΄·

Καθήμενος κατὰ τοῦ ἀδελφοῦ σου κατελάλεις,
καὶ κατὰ τοῦ υἱοῦ τῆς μητρός σου ἐτίθεις σκάνδαλον.

<II¹suppl. 322 / V cap. K 2, 4> 10

II¹1240 / K cap. K 3, 6

Ἐν ψαλμῷ ρ΄·

Τὸν καταλαλοῦντα λάθρα τοῦ πλησίον αὐτοῦ, τοῦτον ἐξεδίωκον.

---

10 **II¹suppl. 322** cf. *Sacra*. Liber II. *Supplementum* (Band VIII/8)

---

3 – 5 II¹1238 Ps. 30, 19¹⁻³ **8 – 9 II¹1239** Ps. 49, 20¹⁻² **13 II¹1240** Ps. 100, 5¹

2 – 5 II¹1238 K cap. K 3, 4 (184r[23]24–184v2); V cap. K 2, 2; PM cap. K 5, 2; *deest in* H¹ Lᵇ; PG 96, 72, 29–30 **7 – 9 II¹1239** K cap. K 3, 5 (184v[2]3–4); V cap. K 2, 3; PM cap. K 5, 3; *deest in* H¹ Lᵇ; PG 96, 72, 31–32 **12 – 13 II¹1240** K cap. K 3, 6 (184v[4]5–6); V cap. K 2, 5; PM cap. K 5, 5; *deest in* H¹ Lᵇ; PG 96, 72, 35–36

II¹1238 (a) K (b) Ψαλμοῦ λ΄ PM (c) Δαυῒδ V **II¹1239** (a) K (b) Ψαλμοῦ μθ΄ PM (c) Τοῦ αὐτοῦ Vᵂ (d) *s. a.* VᴱVᴼ **II¹1240** (a) K (b) Ψαλμοῦ ρ΄ PM (c) Τοῦ αὐτοῦ Vᵂ (d) *s. a.* VᴱVᴼ

3 γενεθήτω M, γεννηθητω P **4 – 5** τὰ – ἐξουδενώσει] καὶ τὰ λοιπά Vᴼ P, *om.* Vᴱ **5** ἐν – ἐξουδενώσει] *om.* Vᵂ **8 – 9** κατελάλεις – σκάνδαλον] καὶ τὰ λοιπά Vᴼ, *om.* Vᴱ **9** καὶ – σκάνδαλον] *om.* P **13** τοῦ] τὸν V M αὐτοῦ – ἐξεδίωκον] καὶ τὰ λοιπά Vᴼ, *om.* Vᴱ

II¹1241 / K cap. K 3, 7

Ἐκ τοῦ αὐτοῦ·

Λαλῶν ἄδικα, οὐ κατεύθυνεν ἐνώπιον τῶν ὀφθαλμῶν μου.

II¹1242 / K cap. K 3, 8

*II²1791 /
R cap. K 13,

5 Τῶν Παροιμιῶν·

Μὴ ἀγάπα καταλαλεῖν, ἵνα μὴ ἐξαρθῇς.

<II¹suppl. 323 / V cap. K 2, 10>

*II²1796 /
R cap. K 13,

II¹1243 / K cap. K 3, 9

*II²1793 /
R cap. K 13,

Σοφία Σολομῶντος·

10 Φυλάξασθε γογγυσμὸν ἀνωφελῆ,
καὶ ἀπὸ καταλαλιᾶς φείσασθε γλώσσης,
ὅτι φθέγμα λαθραῖον κενὸν οὐ πορεύεται.

---

7 **II¹suppl. 323** cf. *Sacra*. Liber II. *Supplementum* (Band VIII/8)

---

3 **II¹1241** Ps. 100, 7² 6 **II¹1242** Prov. 20, 13¹ (Wahl, *Proverbien-Text*, p. 98–99)
10–12 **II¹1243** Sap. 1, 11¹⁻³

2–3 **II¹1241** K cap. K 3, 7 (184v[6]7–8); VᴱVᴼ cap. K 2, 6; Vᵂ ᵃᵈᵈⁱᵗ· cap. K 2, 6 *(ex-
tra ordinem in mg. sup.)*; PM cap. K 5, 6; *deest in* Hᴵ Lᵇ; PG 96, 72, 37–38 5–6
II¹1242 K cap. K 3, 8 (184v[8]9); V cap. K 2, 7; PM cap. K 5, 7; E cap. 159, 79; *deest
in* Hᴵ Lᵇ; PG 96, 72, 39–40 9–12 **II¹1243** K cap. K 3, 9 (184v[10]11–13); V cap. K
2, 8; PM cap. K 5, 8; *deest in* Hᴵ Lᵇ; PG 96, 72, 41–43

II¹1241 (a) K (b) Τοῦ αὐτοῦ Vᵂ ᵃᵈᵈⁱᵗ· (c) *s. a.* VᴱVᴼ P (d) *s. d.* M **II¹1242** (a) K
VᴱVᵂ PM Τῶν] *om.* VᴱVᵂ PM (b) *s. a.* Vᴼ (c) Σολομῶντος E **II¹1243** (a) K M
(b) Σολομῶντος Vᵂ (c) Παροιμιῶν Vᴼ (d) *s. a.* Vᴱ P

---

3 Λαλῶν – μου] *om.* Vᵂ *(in mg. supplev. man. rec.)* τῶν ὀφθαλμῶν μου] καὶ τὰ
λοιπά Vᴼ, *om.* Vᴱ 6 καταλαλιὰν K ἐξαρθῇς] *add.* καὶ τὰ λοιπά Vᴼ 10 φυλάξα-
τε (-λα- P) V PM ἀνοφελῆ K Vᴱ M, ἀνοφελὴν Vᴼ 11 καταλιᾶς K φείσασθαι
VᵂVᴼ PM 12 φθέγμα] πνεῦμα M κενὸν] καινὸν Vᴼ, *om.* M οὐ πορεύεται]
εἰσπορεύεται Vᴼ ᵃ· ᶜ·, ἐκπορεύεται M

II¹1244 / K cap. K 3, 10

Ἐκ τῆς Ἰακώβου ἐπιστολῆς·

Μὴ καταλαλεῖτε ἀλλήλων, ἀδελφοί· ὁ καταλαλῶν ἀδελφοῦ ἢ κρίνων τὸν ἀδελφὸν αὐτοῦ, καταλαλεῖ νόμου, καὶ κρίνει νόμον· εἰ δὲ νόμον κρίνεις, οὐκέτι εἶ ποιητὴς νόμου, ἀλλὰ κριτής. Εἷς ἐστιν ὁ 5
νομοθέτης καὶ κριτής, ὁ δυνάμενος σῶσαι καὶ ἀπολέσαι.

II¹1245 / K cap. K 3, 11

Τοῦ ἁγίου Βασιλείου, ἐκ τῶν κανονικῶν διατάξεων·

Καταλαλιά ἐστι τὸ κατὰ ἀπόντος ἀδελφοῦ λέγειν τί, σκοπῷ τοῦ διαβάλλειν αὐτόν, εἰ καὶ ἀληθὲς ᾖ τὸ λεγόμενον. 10

---

3 – 6 II¹1244 Iac. 4, 11–12   9 – 10 II¹1245 BASILIUS CAESARIENSIS, re vera *Epistulae*, XXII, 1, 26–28 (ed. Courtonne, I, p. 53); cf. etiam ID., *Asceticon magnum sive Quaestiones (regulae brevius tractatae)*, XXV (PG 31, 1100, 39–41)

---

2 – 6 II¹1244 K cap. K 3, 10 (184v[13]14–18); V cap. K 2, 9; P cap. K 5, 10; M cap. K 5, 9; E cap. 159, 80; *deest in* Hᴵ Lᵇ; PG 96, 72, 44–49   8 – 10 II¹1245 K cap. K 3, 11 (184v[19]20–22); V cap. K 2, 11; PM cap. K 5, 11; *deest in* Hᴵ Lᵇ; PG 96, 72, 54–56

II¹1244 (a) K PM   ϊακωβου PM, *praem.* τοῦ ἀδελφοῦ M   (b) Ἐκ τῆς Ἰακώβου Vᴱᵛᴼ (c) Ἰακώβου Vᵂ (d) Ἀπὸ Ἰακώβου E II¹1245 (a) K PM Τοῦ ἁγίου] *om.* PM βασιλειου M διατάξεων] *om.* M (b) Βασιλείου V βασιλίου Vᵂ

3 καταλαλῆτε Vᵂ E, καταλαλεῖται M   4 νόμου] νόμων V   κρίνειν Vᴼ   δὲ] *add.* καὶ M   5 κρίνης Vᵂ, κρίνεῖς *(sic)* M, κρινεις P   οὐκέτι] οὐκ M   νόμου] νόμων Vᴼ   ὁ] *om.* Vᵂ   6 κριτής] *praem.* ὁ Vᴱᵛᴼ   9 τὸ] *s. l.* Vᵂ   κατὰ ἀπόντος] κατὰ παντὸς M, καταπαντος P   λέγειν] λαλεῖν Vᴼ   10 διαβαλεῖν K   εἰ καὶ] κἂν *ed.* ᾖ] ἢ Vᵂ, εἴη M

II¹1246 / K cap. K 3, 12

Τοῦ θεολόγου ἁγίου Γρηγορίου, ἐκ τοῦ μεγάλου ἀπολογητικοῦ·

Πάντες ἐσμὲν εὐσεβεῖς ἐξ ἑνός, τοῦ καταγινώσκειν ἀλλήλων ἀσέ-
βειαν.

II¹1247 / K cap. K 3, 13

Τοῦ αὐτοῦ, ἐκ τοῦ εἰς Βασίλειον ἐπιταφίου·

Ἀλλ᾽ οἶμαι, τὸ τοῦ ἤθους εὐσταθὲς καὶ βεβηκὸς καὶ ἀπεξεσμένον
τύφον ὠνόμασαν. Οἱ δὲ αὐτοί μοι δοκοῦσι ῥαδίως τὸν ἀνδρεῖον
καλέσαι θρασύν, καὶ δειλὸν τὸν περιεσκεμμένον, καὶ τὸν σώφρο-
να μισάνθρωπον, καὶ τὸν δίκαιον ἀκοινώνητον. Καὶ γὰρ οὐ φαύ-
λως τοῦτό τινες πεφιλοσοφήκασιν, ὅτι παραπεπήγασι ταῖς ἀρε-
ταῖς αἱ κακίαι, καὶ εἰσὶν ὥσπερ ἀγχίθυροι, καὶ ῥᾷστον, ἄλλό τι
ὄντα, ἕτερον νομισθῆναι τοῖς μὴ τὰ τοιαῦτα πεπαιδευμένοις.

II¹1248 / K cap. K 3, 14

Ἐκ τῶν τετραστίχων Γνωμῶν·

Κακῶς ἀκούειν κρεῖσσον ἢ λέγειν κακῶς.

---

3 – 4 exstat etiam ap. Ps.-Max. Conf., *Loci communes*, 63.7./70.7. (ed. Ihm, p. 933)
16 Κακῶς – κακῶς] exstat ibid., 10.10./10. (p. 243–244)

3 – 4 **II¹1246** GREGORIUS NAZIANZENUS, *Apologetica (Orat. 2)*, 79, 4–5 (ed. Ber-
nardi, p. 192)   7 – 13 **II¹1247** GREGORIUS NAZIANZENUS, *Funebris oratio in lau-
dem Basilii Magni Caesareae in Cappadocia episcopi (Orat. 43)*, 64, 16–24 (ed.
Bernardi, p. 266)   16 – 700, 3 **II¹1248** GREGORIUS NAZIANZENUS, *Carmina*, I,2,33
(Tetrastichae sententiae), 101–104 (PG 37, 935, 9–12)

2 – 4 **II¹1246** K cap. K 3, 12 (184v[22]23–24); *deest in* V Hᴵ PMLᵇ   6 – 13 **II¹1247**
K cap. K 3, 13 (184v[24]185r1–9); *deest in* V Hᴵ PMLᵇ   15 – 700, 3 **II¹1248** K cap.
K 3, 14 (185r[10]11–14); *deest in* V Hᴵ PMLᵇ

II¹1248 τετραστίχων] *scripsi*, Δ´στιχων K Γνωμῶν] *scripsi*, γνώμων K

7 βεβηκὸς] *scripsi (ed.)*, βεβαικος K (ζ<ή>τ<ει> *in mg.*)   ἀπεξεσμένον] *scripsi*
(ed.), ἀπεξησμένον K **9** δειλὸν] *scripsi (ed.)*, δηλὸν K

Ὅταν προθῇ τις ἄλλον εἰς κωμῳδίαν,
Ὡς εὐφρανῶν σε, σαυτὸν ἐγκεῖσθαι δόκει.
Ὧδ' ἂν μάλιστα δυσχεραίνοις τῷ λόγῳ.

II¹1249 / K cap. K 3, 15

Τοῦ μακαρίου Ἰωάννου, ἐκ τοῦ ἐπισφαλὲς τὸ εἰς θέατρα ἀνέρχε-   5
σθαι·

Ἐὰν τίς σε εἴπῃ κακῶς, εἰ μὲν ἀληθὲς λέγει, διόρθωσαι· εἰ δὲ ψευ-
δῇ, καταγέλασον. Εἰ σύνοιδας σεαυτῷ τὰ εἰρημένα, σωφρόνησον·
εἰ δὲ μὴ σύνοιδας, καταφρόνησον.

II¹1250 / K cap. K 3, 16   10

Τοῦ αὐτοῦ, ἐκ τοῦ πρὸς τοὺς ἔχοντας συνεισάκτους·

Τῶν κακῶς λεγόντων ἡμᾶς τότε χρὴ καταφρονεῖν, ὅταν ἡμεῖς αὐ-
τοῖς μὴ παράσχωμεν λαβάς, μᾶλλον δὲ μὴ δὲ τότε, ἐπειδὰν δυνώ-

---

7 - 9 **II¹1249** IOHANNES CHRYSOSTOMUS, *De Davide et Saule*, III *(Contra theatra)*,
4, 19 –22 (ed. Barone, p. 59)   12 - 701, 2 **II¹1250** IOHANNES CHRYSOSTOMUS, re ve-
ra *Quod regulares feminae viris cohabitare non debeant*, 6, 5 –10 (ed. Dumortier, p.
114 –115)

---

5 - 9 **II¹1249** K cap. K 3, 15 (185r[14]15 –18); V cap. K 2, 12; PM cap. K 5, 12; E
cap. 159, 81; *deest in* H¹ Lᵇ; PG 96, 72, 57 – 73, 2   11 - 701, 2 **II¹1250** K cap. K 3,
16 (185r[18]19 –23); V cap. K 2, 13; PM cap. K 5, 13; *deest in* H¹ Lᵇ; PG 96, 73, 3 –7

II¹1249 (a) K   (b) Τοῦ Χρυσοστόμου, ἐκ τῶν κατὰ τῶν θεάτρων PM   τῶν¹] τοῦ M
τῶν²] *om.* M   (c) Τοῦ Χρυσοστόμου V E   Τοῦ] *om.* Vᵂ E **II¹1250** (a) K   (b) Εἰς τὸν
ἔχοντα συνεισάκτους PM   (c) Χρυσοστόμου Vᵂ   (d) Τοῦ αὐτοῦ Vᴼ   (e) *s. a.* Vᴱ

---

1 προθῇ τις] *correxi (ed.)*, προσθῇι τις K   2 εὐφρανῶν σε] *correxi (ed.)*, ἐμφανῶν
σε Kᵃ·ᶜ·, ἐμφανῶν σε Kᵖ·ᶜ·   3 Ὧδ'] *correxi (ed.)*, ὡς δ' K   7 διωρθωσαι M, διόρθωσε
P   7 - 8 ψευδῇ VᴱVᴼ M, ψευδη P   8 Εἰ] *add.* μὲν VᴱVᴼ   συνοῖδας K Vᴼ, συνοί-
δας M, συνοιδας Pᵖ·ᶜ·, συνιδας Pᵃ·ᶜ·   σε αὐτῶ VᴱVᴼ, σὲ αὐτῶ P, ἑαυτῶ K, ἑαύτω
(sic) M   σωφρόνισε K, σωφρόνισαι Vᵂ E, σωφρονησαι P, σωφρόνησαὶ *(sic)* M   9
συνοῖδας K Vᴼ *(cf. *II² app. crit.)*, συνοίδας M, συνοιδας P   12 ἡμᾶς] ὑμᾶς P
τότε] ὅτι M   καταφρουρεῖν M   12 - 13 ἑαυτοὺς M   13 παρέξωμεν M, παρέξο-
μεν V P   λαβάς] *scripsi (ed.)*, λάβας K Vᵂ ᵃ·ᶜ· ᵘᵗ ᵛⁱᵈᵉᵗᵘʳ, βλάβας (βλα- P) VᴱVᵂ ᵖ·ᶜ·
Vᴼ PM   μὴ² - τότε] μηδὲν τότε Vᴼ, μηδέποτε M   τότε] *add.* ἀλλ' VᴱVᴼ
13 - 701, 1 δυνάμεθα (δυνα- M) V PM

μεθα ἐπιστομίζειν αὐτούς· ὅταν δὲ ἐξ ἡμῶν γίνηται τὸ πᾶν, ἐπὶ τὴν ἡμετέραν κεφαλὴν τρέπεται πᾶν τὸ πῦρ.

II¹1251 / K cap. K 3, 17

Ἐκ τοῦ αὐτοῦ·

5 Οὐχ᾽ οἱ κακῶς λέγοντες μόνον, ἀλλὰ καὶ οἱ τὰς αἰτίας εἰκῆ παρέχοντες, τῆς ἐπὶ τῇ κατηγορίᾳ κειμένης εἰσὶν ὑπεύθυνοι τιμωρίας.

<II¹suppl. 324–325 / V cap. K 2, 15–16>   *II²1800 / R cap. K 13,

---

7 **II¹suppl. 324–325** cf. *Sacra*. Liber II. *Supplementum* (Band VIII/8)

---

5 – 6 **II¹1251** Iohannes Chrysostomus, re vera *Quod regulares feminae viris cohabitare non debeant*, 4, 77–79 (ed. Dumortier, p. 109)

---

4 – 6 **II¹1251** K cap. K 3, 17 (185r[mg]24–185v2); V cap. K 2, 14; PM cap. K 5, 14; *deest in* Hᴵ Lᵇ; PG 96, 73, 7–10

II¹1251 (a) K (b) Τοῦ αὐτοῦ (c) *s. a.* V M

---

1 δὲ] δ᾽ K   γίνηται] *scripsi (ed.)*, γίνεται K VᴱVᴼ, γένηται Vᵂ, γενητε P, γεννῆται M   2 κεφαλὴν] *post* τρέπεται *transpos.* Vᵂ   πᾶν] *om.* Vᵂ *(in mg. supplev. man. rec.)* M   6 εἰσὶν] *om.* M

Τίτλος δ'   Περὶ κινδύνου ἀπὸ πλήθους ἀνδρῶν γινομένου, καὶ
ὅτι χρὴ ἐν κινδύνῳ κολακευτικὸν τινὰ εἶναι, φεύγειν δὲ τὰς πε-
ριστάσεις τὰς ἀπὸ πλήθους ἐπαγομένας.

II¹1252 / K cap. K 4, 1

Βασιλειῶν α'·   5

Ἐκάλεσεν Ἀγχοῦς τὸν Δαυῒδ καὶ εἶπεν αὐτῷ· Ζῇ κύριος, ὅτι εὐθὴς
σὺ καὶ ἀγαθὸς ἐν ὀφθαλμοῖς μου, καὶ ἡ ἔξοδός σου καὶ ἡ εἴσοδός
σου μετ' ἐμοῦ ἐν τῇ παρεμβολῇ, καὶ οὐχ' εὕρηκα κατὰ σοῦ κακίαν,
ἀφ' ἡμέρας ἧς ἥκεις μετ' ἐμοῦ ἕως τῆς σήμερον ἡμέρας. Καὶ ἐν ὀ-
φθαλμοῖς τῶν σατραπῶν οὐκ ἀγαθὸς σύ. Καὶ νῦν ἀνάστρεφε καὶ   10
πορεύου εἰς εἰρήνην, καὶ οὐ μὴ ποιήσῃς κακίαν ἐν ὀφθαλμοῖς τῶν
σατραπῶν τῶν ἀλλοφύλων. Καὶ εἶπεν Δαυῒδ πρὸς Ἀγχοῦς· Τί πε-
ποίηκά σοι, καὶ τί εὗρες ἐν τῷ δούλῳ σου, ἀφ' ἧς ἡμέρας ἤμην ἐ-
νώπιόν σου καὶ ἕως τῆς ἡμέρας ταύτης, ὅτι οὐ μὴ ἔλθω πολεμῆσαι
τοὺς ἐχθροὺς τοῦ κυρίου μου τοῦ βασιλέως; Καὶ ἀπεκρίθη Ἀγχοῦς   15
πρὸς Δαυῒδ· Οἶδα ὅτι ἀγαθὸς σὺ ἐν ὀφθαλμοῖς μου, ἀλλ' οἱ σα-
τράπαι τῶν ἀλλοφύλων λέγουσιν· Οὐχ' ἥξει μεθ' ἡμῶν εἰς πόλε-
μον.

II¹1253 / K cap. K 4, 2

Σχόλιον·   20

Σημείωσαι ὅτι καὶ βασιλεῖς πολλὰ παρὰ γνώμην ποιεῖν ἀναγκά-
ζονται διὰ τὸν κίνδυνον.

---

1 - 3 Περὶ – ἐπαγομένας] cf. II¹ / Kᵖⁱⁿ Παραπομπὴ Σ 4

---

6 - 18 II¹1252 I Reg. 29, 6–9 (Wahl, 1 Samuel-Text, p. 79–80)   **21 - 22 II¹1253**
Scholion in I Reg. 26, 6–9

---

1 - 3 **Titlos** K (185v2–6)   5 - 18 **II¹1252** K cap. K 4, 1 (185v[6]7–23)   **20 - 22**
II¹1253 K cap. K 4, 2 (185v[23]23–186r1); PG 86, 2084, 16–17

---

1 - 3 **Titlos** 1 – 3 καὶ – ἐπαγομένας] om. Kᵖⁱⁿ

---

9 ἡμέρας] post ἧς hab. LXX   14 πολεμῆσαι] correxi (LXX), πολεμήσω K

II¹1254 / K cap. K 4, 3

Δαυῒδ ἐν ψαλμῷ ιζ'·

Ῥῦσαί με ἐξ ἀντιλογίας λαοῦ.

II¹1255 / K cap. K 4, 4

*II²1851 /
R cap. K 22,

5 Τῶν Παροιμιῶν·

Σοφὸς φοβηθεὶς ἐξέκλινεν ἀπὸ κακῶν.

II¹1256 / K cap. K 4, 5

*II²1853 /
R cap. K 22,

Τῶν αὐτῶν·

Πανοῦργος κακῶν ἐπερχομένων ἐκρύβη,
10 ἄφρονες δὲ ἐπελθόντες ζημίαν τίσουσιν.

II¹1257 / K cap. K 4, 6

Ἱερεμίου προφήτου·

Ἔκραξεν ὁ λαὸς πρὸς τὸν βασιλέα, λέγων· Ἀναιρεθήτω δὴ ὁ ἄν-
θρωπος ἐκεῖνος, ὅτι οὕτως ἐκλύει τὰς χεῖρας τῶν ἀνθρώπων τῶν
15 πολεμιστῶν τῶν καταλελειμμένων ἐν τῇ πόλει, καὶ τὰς χεῖρας
παντὸς τοῦ λαοῦ, λαλῶν πρὸς αὐτοὺς κατὰ τοὺς λόγους τούτους,
ὅτι ἄνθρωπος οὗτος οὐ χρηστοδοτεῖ εἰρήνην τῷ λαῷ τούτῳ
ἀλλ᾽ ἢ πονηρά. Καὶ εἶπεν ὁ βασιλεὺς πρὸς αὐτούς, καὶ ἔρριψαν

---

3 II¹1254 Ps. 17, 44¹   6 II¹1255 Prov. 14, 16¹ (Wahl, *Proverbien-Text*, p. 71)
9 – 10 II¹1256 Prov. 27, 12¹⁻² (Wahl, *Proverbien-Text*, p. 132)   13 – 704, 4
II¹1257 Ier. 45, 4 – 6 (Wahl, *Prophetenzitate*, p. 580 – 581)

2 – 3 II¹1254 K cap. K 4, 3 (186r[1]2)   5 – 6 II¹1255 K cap. K 4, 4 (186r[2]3)
8 – 10 II¹1256 K cap. K 4, 5 (186r[3]4 – 5)   12 – 704, 4 II¹1257 K cap. K 4, 6 (186r
[5]6 – 17)

15 καταλελειμμένων] *scripsi* (*LXX in app. crit.*), καταλελημμένων K   17 χρηστο-
δοτεῖ] χρησμολογεῖ *LXX*   18 *post* βασιλεὺς *hab.* Ἰδοὺ αὐτὸς ἐν χερσὶν ὑμῶν· ὅτι
οὐκ ἠδύνατο ὁ βασιλεὺς *LXX*

τὸν Ἰερεμίαν εἰς τὸν λάκκον Χελκίου υἱοῦ τοῦ βασιλέως, ὃς ἦν ἐν τῇ αὐλῇ τῆς φυλακῆς, καὶ ἐχάλασαν αὐτὸν ἐν σχ<ο>ινίοις εἰς τὸν λάκκον, καὶ ἐν τῷ λάκκῳ οὐκ ἦν ὕδωρ ἀλλ᾽ ἢ βόρβορος, καὶ ἦν ἐν τῷ βορβόρῳ.

II¹1258 / K cap. K 4, 7

<***>

Ὡς ἤκουσεν ὁ βασιλεὺς τὸ ῥῆμα τοῦ λαοῦ, ἐλυπήθη ἐπ᾽ αὐτῷ, καὶ περὶ τοῦ Δανιὴλ ἠγωνίσατο τοῦ ἐξελέσθαι αὐτόν. Τότε οἱ ἄνδρες ἐκεῖνοι λέγουσι τῷ βασιλεῖ· Γνῶθι, βασιλεῦ, ὅτι τὸ δόγμα Μήδοις καὶ Πέρσαις, τοῦ πάντα ὁρισμὸν καὶ στάσιν, ἣν ὁ βασιλεὺς στήσει, οὐ δεῖ παραλλάξαι. Τότε ὁ βασιλεὺς εἶπεν, καὶ ἤγαγον τὸν Δανιὴλ καὶ ἐνέβαλον αὐτὸν εἰς τὸν λάκκον τῶν λεόντων. Καὶ εἶπεν ὁ βασιλεὺς τῷ Δανιήλ· Ὁ θεός, ᾧ σὺ λατρεύεις ἐνδελεχῶς, αὐτὸς ἐξέλοιτό σε. Καὶ ἀπῆλθεν ὁ βασιλεὺς εἰς τὸν οἶκον αὐτοῦ, καὶ ἐκοιμήθη ἄδειπνος, καὶ ἐδέσματα οὐκ εἰσήνεγκαν αὐτῷ, καὶ ὁ ὕπνος ἀπέστη ἀπ᾽ αὐτοῦ.

II¹1259 / K cap. K 4, 8

Τοῦ αὐτοῦ·

Συνεστράφησαν οἱ ἄνδρες ἐπὶ τὸν βασιλέα, καὶ εἶπον· Ἰουδαῖος γέγονεν ὁ βασιλεύς, τὸν Βὴλ κατέστρεψεν, καὶ τὸν δράκοντα ἀπέκτεινεν, καὶ τοὺς ἱερεῖς κατέσφαξεν. Καὶ εἶπον ἀπελθόντες πρὸς τὸν βασιλέα· Παράδος ἡμῖν τὸν Δανιήλ· εἰ δὲ μή, ἀποκτε-

---

7 - 14 II¹1258 Ὡς – σε] Dan. 6, 14–16 (Wahl, *Prophetenzitate*, p. 688–689)
14 – 16 Καὶ – αὐτοῦ] Ibid. 6, 18 (deest apud Wahl, *Prophetenzitate*)   19 – 705, 3
II¹1259 Bel-et-Dr. 28–31 (Wahl, *Prophetenzitate*, p. 698–699)

6 - 16 II¹1258 K cap. K 4, 7 (186r18–186v5)   18 – 705, 3 II¹1259 K cap. K 4, 8
(186v[5]6–14)

II¹1258 s. a. K

1 ἦν] om. K (*s. l. supplev. man. rec.*)   2 σχοινίοις] scripsi, σχινίοις K   9 ἐκεῖνοι]
om. K (*s. l. supplev. man. rec.*)   12 καὶ – αὐτὸν] om. K (*in mg. supplev. man. rec.*)
τῶν λεόντων] om. K (*in mg. supplev. man. rec.*)

νοῦμέν σε καὶ τὸν οἶκόν σου. Καὶ <ε>ἶδεν ὁ βασιλεὺς ὅτι ἐπείγου-
σιν αὐτὸν σφόδρα, καὶ ἀναγκασθεὶς παρέδωκεν αὐτοῖς τὸν Δανι-
ήλ. Οἱ δὲ ἐνέβαλον αὐτὸν εἰς τὸν λάκκον τῶν λεόντων.

II¹1260 / K cap. K 4, 9

5 Ματθαίου, ἐν κεφαλαίῳ ριζ' ριη'·

Οἱ Φαρισαῖοι συμβούλιον ἔλαβον κατ' αὐτοῦ ἐξελθόντες, ὅπως
αὐτὸν ἀπολέσωσιν. Γνοὺς δὲ ὁ Ἰησοῦς, ἀνεχώρησεν ἐκεῖθεν.

II¹1261 / K cap. K 4, 10

Τοῦ θεολόγου ἁγίου Γρηγορίου, ἐκ τοῦ εἰς τὸν ἀδελφὸν ἐπιτα-
10 φίου·

Τοῖς πονηροῖς ὑποχωρεῖν χρόνοις δεῖ κατὰ τὴν ἡμετέραν νομοθε-
σίαν, ἐνστάντος μὲν καιροῦ, διακινδυνεύειν ὑπὲρ τῆς ἀληθείας καὶ
μὴ προδιδόναι δειλίᾳ τὴν εὐσέβειαν, ἕως δ' ἂν ἐξῇ μὴ προκαλεῖ-
σθαι τοὺς κινδύνους κελεύουσαν, εἴτε δέει τῶν ἡμετέρων ψυχῶν,
15 εἴτε φειδοῖ τῶν ἐπαγόντων τὸν κίνδυνον.

II¹1262 / K cap. K 4, 11

Ἰωάννου χρυσοστόμου, ἐκ τῆς εἰς τὸ κατὰ Ματθαῖον ιε' ὁμιλίας·

Ἀνεχώρησεν ἐπὶ τὴν Γαλιλαίαν ὁ Ἰησοῦς, <***> μὴ ὁμόσε χωρεῖν

---

18 Matth. 4, 12

---

6 - 7 II¹1260 Matth. 12, 14–15   11 - 15 II¹1261 GREGORIUS NAZIANZENUS, *Fune-
bris in laudem Caesarii fratris oratio (Orat. 7)*, 14, 5–10 (ed. Calvet-Sebasti, p. 212–
214)   18 - 706, 3 II¹1262 IOHANNES CHRYSOSTOMUS, *In Matthaeum*, XIV, 1 (PG
57, 217, 22–28)

---

5 - 7 II¹1260 K cap. K 4, 9 (186v[14]15–17)   9 - 15 II¹1261 K cap. K 4, 10 (186v
[17–18]19–187r1)   17 - 706, 3 II¹1262 K cap. K 4, 11 (187r[1–2]3–6)

II¹1262 ιε'] *sic* K

---

1 εἶδεν] *scripsi*, ἴδεν K   18 *ante* μὴ *quaedam excidisse videntur*, παιδεύων ἡμᾶς *ed.*

τοῖς κινδύνοις, ἀλλ᾽ εἴκειν καὶ παραχωρεῖν. Οὐ γὰρ ἔγκλημα τὸ μὴ ῥίπτειν ἑαυτὸν εἰς κίνδυνον, ἀλλὰ τὸ πεσόντα μὴ ἑστάναι γενναίως.

Τίτλος ε΄   Περὶ καιροῦ, ὅτι δεῖ τὸν καιρὸν ἐξαγοράζειν, καὶ ὅτι   _{*Π²/}
ἐν καιρῷ χρὴ πάντα λέγεσθαι καὶ γίνεσθαι.

γ΄   Περὶ καιροῦ, ὅτι δεῖ τὸν καιρὸν ἐξαγοράζειν, καὶ ὅτι πάντα
καιρὸν ἔχει τοῦ λέγεσθαι καὶ γίνεσθαι.

5   α΄   Περὶ καιροῦ, καὶ ὅτι καιρὸς τῷ παντὶ πράγματι.

Π¹1263 / K cap. K 5, 1

Ἀπὸ τοῦ Ἐκκλησιαστοῦ·

Καιρὸς τῷ παντὶ πράγματι ὑπὸ τὸν ἥλιον,
καιρὸς τοῦ τεκεῖν καὶ καιρὸς τοῦ ἀποθανεῖν,
10   καιρὸς τοῦ φυτεῦσαι καὶ καιρὸς τοῦ ἐκτῖλαι τὸ πεφυτευμένον,
καιρὸς τοῦ καθελεῖν καὶ καιρὸς τοῦ οἰκοδομεῖν,
καιρὸς τοῦ κλαῦσαι καὶ καιρὸς τοῦ γελάσαι,
καιρὸς τοῦ ζητῆσαι καὶ καιρὸς τοῦ ἀπολέσαι,
καιρὸς τοῦ φυλάξαι καὶ καιρὸς τοῦ ἐκβαλεῖν,
15   καιρὸς τοῦ ῥῆξαι καὶ καιρὸς τοῦ ῥάψαι,

Marginal notes (right):
*Π² /
R cap. K 2

*Π²1706 /
R cap. K 2, 1

---

1 Eph. 5, 16 **1 – 2** ὅτι² – γίνεσθαι] cf. Π¹ / Kᵖⁱⁿ Παραπομπαὶ Ε 2 et Χ 6 **3** Eph. 5, 16
5 Ibid.

8 – 10 Π¹1263 Καιρὸς – πεφυτευμένον] Eccle. 3, 1²–2² (Wahl, *Kohelet-Text*, p.
150–151) **11 – 12** καιρὸς – γελάσαι] Ibid. 3, 3²–4¹ (Wahl, p. 151) **13 – 708, 3**
καιρὸς – εἰρήνης] Ibid. 3, 6¹–8² (Wahl, p. 151)

1 – 2 Titlos (a) K (187r7–8) **3 – 4 Titlos (b)** V Aᴵ ᵖⁱⁿ; *deest in* HᴵAᴵ ᵗˣᵗ **5 Titlos (c)**
PMLᵇ ᵖⁱⁿ (*cf.* *Π² / R cap. K 2 titlos); *deest in* Lᵇ ᵗˣᵗ **7 – 708, 3** Π¹1263 K cap. K 5, 1
(187r[mg]9–19); V cap. K 3, 1; PM cap. K 1, 1; E cap. 159, 72; *deest in* Hᴵ Lᵇ; PG 96,
73, 18–27

1 – 2 Titlos (a) **2** ἐν καιρῷ] *post* χρὴ *transpos.* Kᵖⁱⁿ **3 – 4 Titlos (b)** **3** γ΄] *propt.*
mg. resect. non liquet in Aᴵ ᵖⁱⁿ (γ΄ *secund. ser.*), *praem.* τίτλος Vᵂ ᵗˣᵗ καιροῦ] *add.*
καὶ Vᵂ **4** ἔχειν Vᵂ τοῦ] καὶ Vᴱ ᵖⁱⁿ Vᴼ ᵖⁱⁿ **5 Titlos (c)** α΄] *om.* Mᵗˣᵗ (α΄ *secund.*
ser.) καὶ – πράγματι] *om.* Mᵖⁱⁿ καὶ] *om.* Mᵗˣᵗ Lᵇ ᵖⁱⁿ

Π¹1263 (a) K (b) Τοῦ Ἐκκλησιαστοῦ V PM E Τοῦ] *om.* V

8 – 15 Καιρὸς – ῥάψαι] *om.* E **10** ἐκτῖλαι] *scripsi (LXX),* ἐκτεῖλαι K Vᵂ PM,
ἐκτείλαι VᴱVᴼ φυτευόμενον P **11** καθελεῖν] καθαιρεῖν K καὶ] *om.* K οἰκο-
δομήν (-ην Vᴼ) VᴱVᴼ, οἰκοδομῆσαι P, οικοδόμησαι (*sic*) M **12** καὶ] *om.* K **13**
καὶ] *om.* K **14** καὶ] *om.* K **15** καὶ] *om.* K

καιρὸς τοῦ λαλεῖν καὶ καιρὸς τοῦ σιγᾶν,
καιρὸς τοῦ φιλῆσαι καὶ καιρὸς τοῦ μισῆσαι,
καιρὸς πολέμου καὶ καιρὸς εἰρήνης.

*II²1707 /
R cap. K 2, 2					**II¹1264 / K cap. K 5, 2**

Τοῦ αὐτοῦ·									5

Καιρὸν κρίσεως γινώσκει καρδία σοφοῦ,
ὅτι παντὶ πράγματι ἐστὶ καιρὸς <καὶ> κρίσις.

*II²1709 /
R cap. K 2, 4					**II¹1265 / K cap. K 5, 3**

Ἡσαΐου προφήτου·

Κύριος δίδωσίν μοι γλῶσσαν παιδείας, τοῦ γνῶναι ἡνίκα δεῖ εἰ-		10
πεῖν λόγον.

*II²1708 /
R cap. K 2, 3					**II¹1266 / K cap. K 5, 4**

Ὡσηέ·

Ἱνατί παρεσιωπήσατε ἀσέβειαν, καὶ τὰς ἀδικίας αὐτῆς ἐτρυγήσα-
τε;										15

---

6 – 7 II¹1264 Eccle. 8, 5²–6¹ (Wahl, *Kohelet-Text*, p. 163–164)   **10 – 11 II¹1265** Is. 50, 4 (Wahl, *Prophetenzitate*, p. 423)   **14 – 15 II¹1266** Os. 10, 13 (Wahl, *Prophetenzitate*, p. 170–171)

---

5 – 7 II¹1264 K cap. K 5, 2 (187r[19]20–21); *deest in* V H¹ PML^b   **9 – 11 II¹1265** K cap. K 5, 3 (187r[21]22–23); V cap. K 3, 3; PM cap. K 1, 3; *deest in* H¹ L^b; PG 96, 73, 30–31   **13 – 15 II¹1266** K cap. K 5, 4 (187r[23]24–187v1); V cap. K 3, 2; PM cap. K 1, 2; E cap. 159, 73; *deest in* H¹ L^b; PG 96, 73, 28–29

II¹1265 (a) K   (b) Ἡσαΐου V PM   ἡσαϊου P   **II¹1266** (a) K V M E   ὡσιέ V^E, ωσιέ K V^O M   (b) Ὡσηὲ (ωσηε *cod.*) προφήτου P

---

1 καὶ] *om.* K^p. ras.   **2** καὶ] *om.* K   **3** πολέμου] *praem.* του M   καὶ] *om.* K   **6** καιρὸς K^a. c.   **7** καὶ] *supplevi* (*II²), *om.* K   **14** παρεσιωπήσατε] γὰρ ἐσιωπήσατε (εσιωπη- P) P E, γὰρ ἐσιωπήσαται M   **14 – 15** ἐτρυγησαται M

II¹1267 / K cap. K 5, 5

Τοῦ Σιράχ·

Συντήρησον καιρὸν καὶ φύλαξαι ἀπὸ πονηροῦ.

<II¹suppl. 326 / V cap. K 3, 5>

*II²1710 /
R cap. K 2, 5

II¹1268 / K cap. K 5, 6

*II²1711 /
R cap. K 2, 6

Τοῦ αὐτοῦ·

Μὴ κωλύσῃς λόγον ἐν καιρῷ σωτηρίας.

II¹1269 / K cap. K 5, 7

*II²1712 /
R cap. K 2, 7

Τοῦ αὐτοῦ·

Ἄνθρωπος σοφὸς σιγήσει ἕως καιροῦ.

---

4 **II¹suppl. 326** cf. *Sacra*. Liber II. *Supplementum* (Band VIII/8)

---

3 **II¹1267** Sir. 4, 20¹ (Wahl, *Sirach-Text*, p. 54)　7 **II¹1268** Sir. 4, 23¹ (Wahl, *Sirach-Text*, p. 55)　10 **II¹1269** Sir. 20, 7¹ (Wahl, *Sirach-Text*, p. 100)

---

2 – 3 **II¹1267** K cap. K 5, 5 (187v[1]2); V cap. K 3, 4; PM cap. K 1, 4; E cap. 159, 74; *deest in* H¹ L^b; PG 96, 73, 32–33　6 – 7 **II¹1268** K cap. K 5, 6 (187v[2]3); V cap. K 3, 6; PM cap. K 1, 6; *deest in* H¹ L^b; PG 96, 73, 33–34　9 – 10 **II¹1269** K cap. K 5, 7 (187v[3]4); V cap. K 3, 7; PM cap. K 1, 7; E cap. 159, 75; *deest in* H¹ L^b; PG 96, 73, 35

II¹1267 Τοῦ] *om.* V PM E　σηράχ M　**II¹1268** (a) K PM　(b) *s. a.* V　**II¹1269** (a) K V^W PM　(b) *s. a.* V^EV^O E

---

3 καὶ] *om.* V^E　φυλαξον M　7 κολύσῃς M, κωλύεις V^EV^O

II¹1270 / K cap. K 5, 8

Τοῦ αὐτοῦ·

Ἀπὸ στόματος μωροῦ ἀποδοκιμασθήσεται παραβολή·
οὐ γὰρ μὴ εἴπῃ αὐτὴν ἐν καιρῷ αὐτῆς.

*II²1713 /
R cap. K 2, 8

II¹1271 / K cap. K 5, 9   5

Ἐκ τῆς πρὸς Ῥωμαίους ἐπιστολῆς·

Χαίρειν μετὰ χαιρόντων, καὶ κλαίειν μετὰ κλαιόντων.

*II²1716 /
cap. K 2, 11

II¹1272 / K cap. K 5, 10

Ἐκ τῆς πρὸς Ἐφεσίους ἐπιστολῆς·

Βλέπετε πῶς περιπατεῖτε, μὴ ὡς ἄσοφοι, ἀλλ᾽ ὡς σοφοί, ἐξαγορα-   10
ζόμενοι τὸν καιρόν, ὅτι αἱ ἡμέραι πονηραί εἰσιν. Διατοῦτο μὴ γί-
νεσθε ἄφρονες, ἀλλὰ συνίετε τί τὸ θέλημα τοῦ θεοῦ.

---

3 – 4 II¹1270 Sir. 20, 20¹⁻² (Wahl, *Sirach-Text*, p. 101)　　**7** II¹1271 Rom. 12, 15
10 – 12 II¹1272 Eph. 5, 15–17

2 – 4 II¹1270 K cap. K 5, 8 (187v[4]5–6); V cap. K 3, 8; PM cap. K 1, 8; E cap. 159,
75; *deest in* Hᴵ Lᵇ; PG 96, 73, 35–37　　**6 – 7** II¹1271 K cap. K 5, 9 (187v[6–7]8); V
cap. K 3, 9; PM cap. K 1, 9; *deest in* Hᴵ Lᵇ; PG 96, 73, 38–39　　**9 – 12** II¹1272 K cap.
K 5, 10 (187v[9]10–13); V cap. K 3, 10; PM cap. K 1, 10; *deest in* Hᴵ Lᵇ; PG 96, 73,
39–42

II¹1270 (a) K PM (b) *s. a.* V (c) *s. d.* E II¹1271 (a) K (b) Ἐκ τῆς πρὸς Ἐφεσίους M
εφεσίους M (c) Πρὸς Ἐφεσίους VᴱVᴼ (d) Τοῦ αὐτοῦ Vᵂ P II¹1272 (a) K (b) Ἐκ
τῆς πρὸς Ἐφεσίους *(εφε- cod.)* P (c) Τῆς αὐτῆς ἐπιστολῆς M (d) Τοῦ Ἀποστόλου
Vᵂ (e) *s. a.* VᴱVᴼ

3 Ἀπὸ] *add.* δὲ E　　**7** καὶ] *om.* K　　**10** ἀλλ᾽ – σοφοί] ἀλλωφοι P　　**11 – 12** γίνεσθαι
VᴱVᴼ PM　　**12** συνιέντες Vᵂ PM, σύνετε K

II¹1273 / K cap. K 5, 11

Ἐκ τῆς πρὸς Κολασσαεῖς·

Ἐν σοφίᾳ περιπατεῖτε πρὸς τοὺς ἔξω, τὸν καιρὸν ἐξαγοραζόμενοι. Ὁ λόγος ὑμῶν πάντοτε ἐν χάριτι, ἅλατι ἠρτυμένος, εἰδέναι πῶς
5 δεῖ ὑμᾶς ἑνὶ ἑκάστῳ ἀποκρίνεσθαι.

II¹1274 / K cap. K 5, 12

Σχόλιον·

Ἀνάγνωθι ἐνταῦθα ἐν τῷ Σ στοιχείῳ τὸν Περὶ τοῦ συμπεριφέρεσθαι τίτλον.

10   ## II¹1275 / K cap. K 5, 13

Τοῦ θεολόγου ἁγίου Γρηγορίου, ἐκ τοῦ πρὸς Ὀλυμπιάδα παραινετικοῦ, τῶν Ἐπῶν·

Σιγᾶν λώϊόν ἐστιν	Σιγᾶν συμφερώτερόν ἐστιν
ὅτ᾽ ἐς λόγον	ὅταν εἰς λόγον
15 ἔργον ἐπείγει,	τὸ ἔργον ἐπείγῃ,
ἢ λαλεῖν, καιροῖο	ἢ λαλεῖν, τοῦ καιροῦ

---

8 - 9 Περὶ - συμπεριφέρεσθαι] cf. II¹ / K cap. Σ 5

---

3 - 5 II¹1273 Col. 4, 5–6   8 - 9 II¹1274 *Scholion*   13 - 712, 2 II¹1275 GREGORIUS NAZIANZENUS, *Carmina*, II,2,6 (*Ad Olympiadem*), 82–83 (ed. Bacci, p. 68)

---

2 - 5 II¹1273 K cap. K 5, 11 (cap. 187v[13]14–17); V^{EV^O} cap. K 3, 11; V^W cap. K 3, 11–12; PM cap. K 1, 11; *deest in* H¹ L^b; PG 96, 73, 43–46   7 - 9 II¹1274 K cap. K 5, 12 (187v[17]17–18); *deest in* V H¹ PML^b   11 - 712, 2 II¹1275 K cap. K 5, 13 (187v [19–20]21–188r2); *deest in* V H¹ PML^b

---

II¹1273 (a) K (b) Πρὸς Κολασσαεῖς PM κολασαεῖς M (c) Πρὸς Κορινθίους V^{EV^O} (d) Τοῦ αὐτοῦ / Τοῦ αὐτοῦ V^W (*cf. infra, app. crit. text.*)

---

3 τὸν καιρὸν] *post* ἐξαγοραζόμενοι *transpos.* M   ἐξαγοραζόμενοι] *add.* διατοῦτο μὴ γίνεσθαι (*sic*) ἄφρονες· ἀλλὰ συνίετε τί τὸ θέλημα τοῦ θεοῦ (= *Eph.* 5, 17) V^{EV^O}, *hic caesura in* V^W   4 ὑμῶν] *add.* ἢ K^{p. c.} V^W, η P   ἅλατι V^{EV^{W a. c.}} P, ἄλλατι V^O M
5 ἡμᾶς P   ἀποκρίνασθαι V^{EV^O} 16 λαλέειν *ed.*

λόγον κλείοντος   τὸν λόγον κωλύοντος
ἀπρεπῆ.   τὸν ἄσεμνον.

II¹1276 / K cap. K 5, 14

Τοῦ αὐτοῦ, εἰς τὸ βάπτισμα·

Ἕως σφοδρὸς ὁ πόθος, λαβοῦ τοῦ ποθουμένου· ἕως θερμὸς ὁ σί-   5
δηρος, τῷ ψυχρῷ στομωθήτω, μή τι παρεμπέσῃ μέσον καὶ διακό-
ψῃ τὸν πόθον.

II¹1277 / K cap. K 5, 15

Τοῦ ἁγίου Ἰωάννου, ἐκ τοῦ εἰς τὸν ἅγιον Βαβύλαν·

Τὸ μὲν ἁπλῶς παρρησιάσασθαι, καὶ τῶν τυχόντων πολλάκις ἐστί·   10
τὸ δὲ εἰς δέον καὶ καιρῷ τῷ προσήκοντι, καὶ μετὰ τῆς ἁρμοττού-
σης συμμετρίας καὶ συνέσεως τῷ πράγματι χρήσασθαι, μεγάλης
λίαν καὶ θαυμαστῆς δεῖται ψυχῆς.

---

10 – 13 exstat etiam ap. Ps.-Max. Conf., *Loci communes*, 31.9./9. (ed. Ihm, p. 641)

---

5 – 7 II¹1276 GREGORIUS NAZIANZENUS, *In S. baptisma (Orat. 40)*, 26, 2–4 (ed.
Moreschini, p. 256)   10 – 13 II¹1277 IOHANNES CHRYSOSTOMUS, *De Babyla contra
Iulianum et gentiles*, 38, 6–10 (ed. Schatkin/Blanc/Grillet, p. 138)

---

4 – 7 II¹1276 K cap. K 5, 14 (188r[3]4–6); VᴱVᴼ cap. K 3, 12; Vᵂ cap. K 3, 13; PM
cap. K 1, 12; *deest in* Hᴵ Lᵇ; PG 96, 73, 47–49   9 – 13 II¹1277 K cap. K 5, 15 (188r
[7]8–12); VᴱVᴼ cap. K 3, 13; Vᵂ cap. K 3, 14; PM cap. K 1, 13; *deest in* Hᴵ Lᵇ; PG
96, 73, 50 – 76, 4

II¹1276 (a) K   (b) Τοῦ Θεολόγου, περὶ βαπτίσματος PM   (c) Τοῦ Θεολόγου V
II¹1277 (a) K   (b) Τοῦ Χρυσοστόμου, εἰς τὸν ἅγιον Βαβύλαν (βαβυ- *codd.*) PM   (c)
Τοῦ Χρυσοστόμου V

---

1 κλείοντος] *correxi (ed.)*, καίοντος K   2 ἀπρεπῆ] ἄκοσμον *ed.*   5 σφοδρῶς
VᴱVᵂ ᵃ·ᶜ· Vᴼ PM   πόθος] ἔρως K   6 – 7 διακόψει V PM   10 Τὸ] τῶν Vᴼ   παρ-
ρησιάζεσθαι K, παρρισιᾶσθαι *(sic)* M   πολλάκις] *post* ἐστί *transpos.* M   11 δέον]
praem. τὸ PM   τῷ] *om.* M   11 – 12 ἁρμοζούσης (ἁρ- Vᵂ ᵖ· ᶜ·) V   13 λίαν] λιας
(sic) M   δεῖται] τῆς M

II¹1278 / K cap. K 5, 16

Τοῦ μακαρίου Κυρίλλου, ἐκ τοῦ ιβ′ λόγου τῶν κατὰ Ἰουλιανοῦ·

Ἄριστον καὶ σοφὸν εἶναι μοι δοκεῖ, τοῦ καιροῦ τοῦ προσήκοντος μὴ ἀφαμαρτάνειν πράγμασιν.

5   <II¹suppl. 327–329 / V cap. K 3, 14–16>   *II²1722
                                                                          et 1724 /
                                                                          R cap. K 2,
                                                                          et 19

---

5 **II¹suppl. 327–329** cf. *Sacra.* Liber II. *Supplementum* (Band VIII/8)

---

3 - 4 **II¹1278** CYRILLUS ALEXANDRINUS, *Contra Iulianum imperatorem*, XII (?) (fr. 10, ed. Kinzig/Brüggemann, p. 768)

---

2 - 4 **II¹1278** K cap. K 5, 16 (188r[12–13]14–15); *deest in* V Hᴵ PMLᵇ; PG 86, 2084, 19–22

Τίτλος ς′ Περὶ κολάκων καὶ παρασίτων καὶ γελοιαστῶν, καὶ
ὅτι χρὴ φεύγειν γέλωτα.

δ′ Περὶ κολάκων καὶ παρασίτων καὶ γελοιαστῶν, καὶ ὅτι χρὴ
φεύγειν αὐτούς.

κε′ Περὶ ἀνθρωπαρέσκων καὶ προσποιητῶς καὶ ὑπούλως δια- 5
κειμένων.

II¹1279 / K cap. K 6, 1

Ἀπὸ τοῦ Ἰώβ·

Εἰ ἤμην πεπορευμένος μετὰ γελοιαστῶν,
εἰ δὲ καὶ ἐσπούδασεν ὁ πούς μου εἰς δόλον, 10
εἰ δὲ καὶ ταῖς χερσίν μου ἡψάμην δώρων,
σπείραιμι ἄρα καὶ ἄλλοι φάγοισαν,
ἄριζος δὲ γενοίμην ἐπὶ τῆς γῆς.

II¹1280 / K cap. K 6, 2

Τοῦ αὐτοῦ· 15

Τίνι πρόσκεισαι ἢ τίνι μέλλεις βοηθεῖν;

---

1 - 2 Περὶ - γέλωτα] cf. II¹ / Kᵖⁱⁿ Παραπομπαὶ Α 7 et Ε 3 et Π 11 1 παρασίτων] cf.
II¹ / Kᵖⁱⁿ Παραπομπὴ Π 10 1 - 2 γελοιαστῶν - γέλωτα] cf. II¹ / Kᵖⁱⁿ Παραπομπὴ Γ
1

---

9 - 10 II¹1279 Εἰ - δόλον] Iob 31, 5¹⁻²   11 - 13 εἰ - γῆς] Ibid. 31, 7³⁻8²
16 - 715, 3 II¹1280 Iob 26, 2¹⁻3²

---

1 - 2 Titlos (a) K (188r16-17)   3 - 4 Titlos (b) V Aᴵ ᵖⁱⁿ; deest in HᴵAᴵ txt   5 - 6
Titlos (c) PMLᵇ Tᵗˣᵗ (cf. *II² / T cap. A 22 titlos); deest in Tᵖⁱⁿ ⁽ˡᵃᶜ·⁾   8 - 13 II¹1279 K
cap. K 6, 1 (188r[17]18-21); deest in V Hᴵ PMLᵇ T   15 - 715, 3 II¹1280 K cap. K 6,
2 (188r[mg]22-188v1); deest in V Hᴵ PMLᵇ T

---

1 - 2 Titlos (a) 1 - 2 καὶ³ - γέλωτα] om. Kᵖⁱⁿ   3 - 4 Titlos (b) 3 δ′] propt. mg.
resect. non liquet in Aᴵ ᵖⁱⁿ (δ′ secund. ser.), praem. τίτλος Vᵂ txt   ὅτι] ὡς
Vᴱ ᵖⁱⁿ ut videtur Vᴼ ᵖⁱⁿ   5 - 6 Titlos (c) 5 κε′] ιε′ Pᵗˣᵗ (κε′ exspectav.), τίτλος μθ′ Tᵗˣᵗ
καὶ προσποιητῶς] om. Lᵇ ᵖⁱⁿ

---

9 πεπορευμένος] correxi (LXX), πεπορνευμένος K 13 ἄριζος] sic K

Πότερον οὐχ᾽ ᾧ πολλὴ ἰσχύς;
Τίνι συμ<βε>βούλευσαι; Οὐχ᾽ ᾧ πᾶσα σοφία;
Καὶ τίνι ἐπακολουθεῖς; Οὐχ᾽ ᾧ μεγίστη δύναμις;

II¹1281 / K cap. K 6, 3

5   Δαυῒδ ἐν ψαλμῷ κδ´·

Αἰσχυνθήτωσαν οἱ ἀνομοῦντες διακενῆς.

II¹1282 / K cap. K 6, 4   *II²359 /
                                T cap. A 22

Δαυῒδ ἐν ψαλμῷ νβ´·

Ὁ θεὸς διεσκόρπισεν ὀστᾶ ἀνθρωπαρέσκων·
10   κατῃσχύνθησαν ὅτι ὁ θεὸς ἐξουδένωσεν αὐτούς.

II¹1283 / K cap. K 6, 5   *II²706 /
                                T cap. Γ 3, 5

Τῶν Παροιμιῶν·

Ἐν γέλωτι ἄφρων πράσσει κακά.

---

6 II¹1281 Ps. 24, 3² **9 - 10** II¹1282 Ps. 52, 6²⁻³ **13** II¹1283 Prov. 10, 23¹ (Wahl, Proverbien-Text, p. 53 –54)

---

5 - 6 II¹1281 K cap. K 6, 3 (188v[1]2); deest in V Hᴵ PMLᵇ T **8 - 10** II¹1282 K cap. K 6, 4 (188v[2]3 –4); V cap. K 4, 1; PMLᵇ cap. A 25, 1; deest in Hᴵ T; PG 96, 76, 10 **12 - 13** II¹1283 K cap. K 6, 5 (188v[mg]5); V cap. K 4, 2; PMLᵇ cap. A 25, 2; T cap. A 49, 1; Hᴵᴵᴵ cap. A 19, 4; R cap. A 22, 2; deest in Hᴵ; PG 96, 76, 11

II¹1282 (a) K   (b) Τοῦ Δαυῒδ, ψαλμὸς νβ´ M   (c) Ψαλμοῦ νβ´ P   (d) Δαυῒδ V Lᵇ
II¹1283 (a) K V PMLᵇ T R Τῶν] om. V R (b) Τῶν αὐτῶν Hᴵᴵᴵ

---

2 συμβεβούλευσαι] correxi (LXX), συμβουλεύσαι K **9** ἀνθροποπαρέσκων Vᴼ **10** κατῃσχύνθησαν – αὐτούς] καὶ τὰ λοιπά Vᴼ PM, om. VᴱVᵂ Lᵇ   καταισχύνθησαν K **13** πράττει V PMLᵇ T Hᴵᴵᴵ R

II¹1284 / K cap. K 6, 6

Τῶν αὐτῶν·

Λόγοι κερκώπων μαλακοί,
οὗτοι δὲ τύπτουσιν εἰς ταμεῖα σπλάγχνων.

II¹1285 / K cap. K 6, 7   5

Τῶν αὐτῶν·

Τοὺς σοφοὺς καὶ συνετοὺς φαύλους καλοῦσιν,
οἱ δὲ γλυκεῖς ἐν λόγῳ πλεῖον ἀκουσθήσονται.

II¹1286 / K cap. K 6, 8

Τῶν αὐτῶν·   10

Πολλοὶ θεραπεύουσιν πρόσωπα βασιλέων.

---

3 - 4   exstat etiam ap. Ps.-Max. Conf., *Loci communes*, 11.3/3. (ed. Ihm, p. 260)
7 - 8   exstat ibid., 11.-./4a (p. 261)

3 - 4   **II¹1284** Prov. 26, 22¹⁻² (Wahl, *Proverbien-Text*, p. 129)   **7 - 8 II¹1285** Prov.
16, 21¹⁻² (Wahl, *Proverbien-Text*, p. 83)   **11 II¹1286** Prov. 19, 6¹ (Wahl, *Proverbien-Text*, p. 93)

2 - 4   **II¹1284** K cap. K 6, 6 (188v[5]6–7); V cap. K 4, 3; PMLᵇ cap. A 25, 3; *deest in*
Hᴵ T; PG 96, 76, 12–13   **6 - 8 II¹1285** K cap. K 6, 7 (188v[7]8–9); V cap. K 4, 4;
PMLᵇ cap. A 25, 4; T cap. A 49, 2; Hᴵᴵᴵ cap. A 19, 5; *deest in* Hᴵ; PG 96, 76, 14–15
10 - 11 II¹1286 K cap. K 6, 8 (188v[9]10); V cap. K 4, 5; PMLᵇ cap. A 25, 5; *deest in*
Hᴵ T; PG 96, 76, 16

II¹1284 (a) K PMLᵇ   (b) *s. a.* Vᴱⱽᴼ   (c) *s. d.* Vᵂ **II¹1285** (a) K PMLᵇ T Hᴵᴵᴵ   (b) *s. a.*
Vᴱⱽᴼ   (c) *s. d.* Vᵂ **II¹1286** (a) K MLᵇ   (b) Ἐκκλησιαστοῦ Vᴱ   (c) *s. a.* Vᴼ P   (d) *s. d.*
Vᵂ

3 κερκόπων Vᴱⱽᴼ PM, κερκοπῶν K   4 ταμεία Vᵂ, -εια P, -ια M, ταμιεῖα K
σπλαγχνῶν P, ἀσπλάγχνων, κοιλιας M   7 ἀποκαλοῦσιν Hᴵᴵᴵ   8 πλείονα (-ει- PM)
V PMLᵇ T Hᴵᴵᴵ (= *LXX*)   εἰσακουσθήσονται Hᴵᴵᴵ, ἀκούσονται *LXX*   11 πολλὰ Vᵂ
θεραπευσουσιν M

II¹1287 / K cap. K 6, 9

Τοῦ Ἐκκλησιαστοῦ·

Ἀγαθὸν θυμὸς ὑπὲρ γέλωτα,
ὅτι ἐν κακίᾳ προσώπου ἀγαθυνθήσεται καρδία.

5   ## II¹1288 / K cap. K 6, 10   *II²703 /
                                                    T cap. Γ 3, 2

Τοῦ αὐτοῦ·

Ὥσπερ φωνὴ ἀκανθῶν ὑπὸ τὸν λέβητα,
οὕτως ὁ γέλως τῶν ἀφρόνων.

II¹1289 / K cap. K 6, 11   *II²362 /
                                    T cap. A 22,

10 Ἡσαΐου προφήτου·

Λαός μου, οἱ μακαρίζοντες ὑμᾶς πλανῶσιν ὑμᾶς, καὶ τὴν τρίβον
τῶν ποδῶν ὑμῶν ταράσσουσιν.

---

7 – 8 exstat etiam ap. Ps.-Max. Conf., *Loci communes*, 57.4./64.4. (ed. Ihm, p. 889)

---

3 – 4 II¹1287 Eccle. 7, 3¹⁻² (Wahl, *Kohelet-Text*, p. 160)   7 – 8 II¹1288 Eccle. 7,
6¹⁻² (Wahl, *Kohelet-Text*, p. 160 –161)   11 – 12 II¹1289 Is. 3, 12 (Wahl, *Propheten-
zitate*, p. 295)

---

2 – 4 II¹1287 K cap. K 6, 9 (188v[10]11–12); V cap. K 4, 6; PMLᵇ cap. A 25, 6; T
cap. A 49, 3; Hᴵᴵᴵ cap. A 19, 6; R cap. A 22, 8; *deest in* Hᴵ; PG 96, 76, 17–18   6 – 8
II¹1288 K cap. K 6, 10 (188v[12]13–14); V cap. K 4, 7; PMLᵇ cap. A 25, 7; T cap. A
49, 4; Hᴵᴵᴵ cap. A 19, 7; R cap. A 22, 9; *deest in* Hᴵ; PG 96, 76, 18–20   10 – 12
II¹1289 K cap. K 6, 11 (188v[14]15–16); V cap. K 4, 8; PMLᵇ cap. A 25, 8; *deest in*
Hᴵ T; PG 96, 76, 21–22

II¹1287 (a) K PM T Hᴵᴵᴵ R (b) Ἐκκλησιαστοῦ VᵂVᴼ (c) Τῶν αὐτῶν Lᵇ (d) *s. a.* Vᴱ
II¹1288 (a) K PM T Hᴵᴵᴵ R (b) Τοῦ Ἐκκλησιαστοῦ Lᵇ (c) *s. a.* V II¹1289 (a) K PM
ησαϊου K M, ησαϊου P (b) Ἡσαΐου VᴱVᵂ (c) Τοῦ Ἡσαΐου Lᵇ (d) *s. a.* Vᴼ

---

4 καρδία] *praem.* ἡ Hᴵᴵᴵ   7 ἀκανθῶν] *praem.* τῶν M   ὑπὸ] ὑπὲρ K   11 Λαός
μου] *om.* V PMLᵇ   ὑμᾶς²] ἡμᾶς M   12 ποδῶν] ὁδῶν Vᵂ Lᵇ, οδων P

II¹1290 / K cap. K 6, 12

Τοῦ αὐτοῦ·

Ἔσονται οἱ μακαρίζοντες τὸν λαὸν τοῦτον πλανῶντες καὶ πλανώμενοι, ὅπως ἂν καταπίνωσιν αὐτούς.

II¹1291 / K cap. K 6, 13   5

Τοῦ αὐτοῦ·

Ἀφελεῖ κύριος ἀπὸ Ἱερουσαλὴμ κεφαλὴν καὶ οὐράν, μέγαν καὶ μικρὸν ἐν μιᾷ ἡμέρᾳ, καὶ τοὺς τὰ πρόσωπα θαυμάζοντας.

II¹1292 / K cap. K 6, 14

Ἱερεμίου προφήτου·   10

Ἠπάτησάν σε καὶ ἠδυνήθησάν σοι ἄνδρες εἰρηνικοί σου· κατίσχυσάν σου ἐν ὀλισθήματι ποδός σου.

---

3 – 4 II¹1290 Is. 9, 16 (Wahl, *Prophetenzitate*, p. 320–321)   7 – 8 II¹1291 Is. 9, 14
(Wahl, *Prophetenzitate*, p. 320)   11 – 12 II¹1292 Ier. 45, 22 (Wahl, *Prophetenzitate*, p. 581–582)

2 – 4 II¹1290 K cap. K 6, 12 (188v[16]17–19); V cap. K 4, 9; PMLᵇ cap. A 25, 9;
deest in Hᴵ T; PG 96, 76, 23–25   6 – 8 II¹1291 K cap. K 6, 13 (188v[19]20–22); V
cap. K 4, 10; PMLᵇ cap. A 25, 10; T cap. A 49, 5; Hᴵᴵᴵ cap. A 19, 10; *deest in* Hᴵ; PG
96, 76, 25–27   10 – 12 II¹1292 K cap. K 6, 14 (188v[22]23–24); V cap. K 4, 12;
PMLᵇ cap. A 25, 12; T cap. A 49, 7; Hᴵᴵᴵ cap. A 19, 12; *deest in* Hᴵ; PG 96, 76, 33–35

II¹1290 (a) K PMLᵇ   (b) *s. a.* V   II¹1291 (a) K PMLᵇ Hᴵᴵᴵ   (b) Ἡσαΐου προφήτου T
(c) *s. a.* V   II¹1292 (a) K   (b) Ἱερεμίου V Lᵇ Hᴵᴵᴵ PM T   ἱερεμίου Hᴵᴵᴵ, ἴερεμίου T,
ϊηρεμίου P, ϊηερεμιου (*sic*) M

4 καταπείνωσιν M, καταπαίζωσιν Vᵂ   7 Ἱερουσαλήμ] ἰσραὴλ Vᵂ PMLᵇ T Hᴵᴵᴵ   8
μιᾷ] *post* ἡμέρᾳ *transpos.* K   11 ἠδυνήθησάν σοι VᴱVᴼ, ἠδυνήθησαν (ηδυνη- M) οἱ
(οἱ PM) T Hᴵᴵᴵ PM, ἠδύνθησάν σοι K, ἠδύνθησαν οἱ Lᵇ   εἰρηνική σου (-κη σου T)
T Hᴵᴵᴵ   11 – 12 κατήσχυσάν σου K Vᵂ, -ησχυνάν σου T Hᴵᴵᴵ, -ίσχυνάν σου P, κατῖσχυσαν Lᵇ

II¹1293 / K cap. K 6, 15

Σχόλιον·

Εἰρηνικοὺς ἄνδρας τοὺς ψευδοπροφῆτας καλεῖ, τοὺς κολακείαις ἐξαπατήσαντας τὸν λαόν.

5   **II¹1294 / K cap. K 6, 16**

Ἰεζεκιὴλ προφήτου·

Οὐαὶ ταῖς συρραπτούσαις προσκεφάλαια ὑπὸ πάντα ἀγκῶνα χειρός, καὶ ποιούσαις ἐπιβόλαια ἐπὶ πᾶσαν κεφαλὴν ἡλικίας, τοῦ διαστρέφειν ψυχάς, ἐν τῷ ἀποφθέγγεσθαι ὑμᾶς λαῷ εἰσακούοντι μά-
10   ταια ἀποφθέγματα.

II¹1295 / K cap. K 6, 17

Ἀπὸ τοῦ Σιράχ·

Ὁ σοφιζόμενος ἐν λόγοις μισητός·
οὗτος πάσης χρείας ὑστερήσει·
15   οὐ γὰρ ἐδόθη αὐτῷ χάρις παρὰ κυρίου.

---

3 - 4 II¹1293 *Scholion in Ier.* 45, 22   **7 - 10** II¹1294 Ez. 13, 18-19 (quibusdam omissis; Wahl, *Prophetenzitate*, p. 624-625)   **13 - 15** II¹1295 Sir. 37, 20¹-21¹ (Wahl, *Sirach-Text*, p. 148)

---

2 - 4 II¹1293 K cap. K 6, 15 (189r[1]1-3); *deest in* V Hᴵ PMLᵇ T; PG 86, 2084, 24-25   **6 - 10** II¹1294 K cap. K 6, 16 (189r[3]4-8); V cap. K 4, 11; PMLᵇ cap. A 25, 11; T cap. A 49, 6; Hᴵᴵᴵ cap. A 19, 11; R cap. A 22, 13; *deest in* Hᴵ; PG 96, 76, 28-32   **12 - 15** II¹1295 K cap. K 6, 17 (189r[8]9-10); V cap. K 4, 13; PMLᵇ cap. A 25, 13; T cap. A 49, 8; Hᴵᴵᴵ cap. A 19, 13; R cap. A 22, 14; *deest in* Hᴵ; PG 96, 76, 36-38

II¹1294 (a) K M   ἰεζεκιήλ M   (b) Ἰεζεκιήλ Vᵂ PLᵇ T R Hᴵᴵᴵ   ἰεζεκιηλ Hᴵᴵᴵ, ἰεζεκιήλ PLᵇ T, ἡεζεκ *(sic)* Vᵂ   (c) *s. a.* VᴱVᴼ   II¹1295 (a) K   (b) Τοῦ Σιράχ V PMLᵇ T R Hᴵᴵᴵ Τοῦ] *om.* V PMLᵇ R σιραχ M

---

7   τοῖς συρράπτουσι (συράπτ- Pᵃ·ᶜ·) VᴱVᴼ PMLᵇ T Hᴵᴵᴵ R, τοῖς συνάπτουσι Vᵂ πάντων T Hᴵᴵᴵ   ἀγκόνα Vᵂ P T Hᴵᴵᴵ, αγκονα M, ἀγῶνα Vᴼ ᵃ·ᶜ·   **8** ποιοῦντες V P T Hᴵᴵᴵ, ποιοῦντας Lᵇ R, ποιούντων M   **9** φθέγγεσθαι K   **10** φθέγματα VᴱVᴼ **13 - 14** λόγοις - οὗτος] λόγοις· μισητὸς οὗτος *(οὐ- Hᴵᴵᴵ)* T Hᴵᴵᴵ   **15** χάρισμα Vᵂ

II¹1296 / K cap. K 6, 18

Τοῦ αὐτοῦ·

Ἵππος <*** >
ὑποκάτω παντὸς ἐπικαθημένου χρεμετίζει.

<II¹suppl. 330 / V cap. K 4, 15>   5

II¹1297 / K cap. K 6, 19

Ἐκ τῆς πρὸς Γαλάτας ἐπιστολῆς·

Εἰ ἔτι ἀνθρώποις ἤρεσκον, Χριστοῦ δοῦλος οὐκ ἂν ἤμην.

II¹1298 / K cap. K 6, 20

Ἐκ τῆς Πέτρου β′ ἐπιστολῆς·   10

Οὗτοί εἰσι πηγαὶ ἄνυδροι, ὁμίχλαι ὑπὸ λαίλαπος ἐλαυνόμεναι, οἷς ζόφος τοῦ σκότους εἰς αἰῶνας τετήρηται. Ὑπέρογκα γὰρ ματαιότητος φθεγγόμενοι, δελεάζουσιν ἐν ἐπιθυμίαις σαρκὸς καὶ ἀσελγείαις τοὺς ἐν πλάνῃ ἀναστρεφομένους, ἐλευθερίαν αὐτοῖς ἐπαγγελλόμενοι, αὐτοὶ δοῦλοι ὄντες τῆς φθορᾶς.   15

---

5 II¹suppl. 330 cf. *Sacra*. Liber II. *Supplementum* (Band VIII/8)

---

3 – 4 II¹1296 Sir. 36, 6¹⁻² (Wahl, *Sirach-Text*, p. 144)   8 II¹1297 Gal. 1, 10
11 – 15 II¹1298 II Petr. 2, 17–19

---

2 – 4 II¹1296 K cap. K 6, 18 (189r[mg]11–12); *deest in* V Hᴵ PMLᵇ T   7 – 8
II¹1297 K cap. K 6, 19 (189r[12]13); Vᴱⱽᴼ cap. K 4, 14; Vᵂ cap. K 4, 15; PMLᵇ cap.
A 25, 15; T cap. A 49, 9; Hᴵᴵᴵ cap. A 19, 14; *deest in* Hᴵ; PG 96, 76, 39–40   10 – 15
II¹1298 K cap. K 6, 20 (189r[14]15–20); *deest in* V Hᴵ PMLᵇ T

II¹1297 (a) K T ἐπιστολῆς] *om.* T   (b) Πρὸς Γαλάτας Vᴱⱽᴼ PMLᵇ Hᴵᴵᴵ   (c) Ἀποστόλου Vᵂ

---

3 *post* Ἵππος *fenestram reliquit* K (ζ<ή>τ<ει> *in mg.*), εἰς ὀχείαν ὡς φίλος μωκός
LXX   8 Χριστοῦ] *post* δοῦλος *transpos.* Vᴱ   ἤμην P, ἤμιν Hᴵᴵᴵ, ἤμιν *(sic)* T, ἤμῖν
(sic) M   11 ὁμίχλαι] *scripsi,* ὁμίχλαι K

II¹1299 / K cap. K 6, 21

Ἐκ τῆς Ἰούδα ἐπιστολῆς·

Οὗτοί εἰσιν γογγυσταί, μεμψίμοιροι, κατὰ τὰς ἐπιθυμίας αὐτῶν πορευόμενοι· καὶ τὸ στόμα αὐτῶν λαλεῖ ὑπέρογκα, θαυμάζοντες 5 πρόσωπα ὠφελείας χάριν.

II¹1300 / K cap. K 6, 22

Τοῦ ἁγίου Βασιλείου, ἐκ τοῦ πρὸς νέους·

Φύγωμεν κολακείας καὶ θωπείας καὶ τῆς Ἀρχιλόχου ἀλώπεκος τὸ κερδαλέον καὶ ποικίλον. Οὐδὲν γὰρ χαλεπώτερον τοῖς εὖ φρο-
10 νοῦσι τοῦ πρὸς δόξαν ζῆν, καὶ τὰ τοῖς πολλοῖς δοκοῦντα περισκο-
πεῖν, καὶ μὴ τὸν ὀρθὸν λόγον ἡγεμόνα ποιεῖσθαι τοῦ βίου, ὥστε κἂν πᾶσιν ἀνθρώποις [κἂν] ἀντιλέγειν, κἂν ἀδοξεῖν, κἂν κινδυ-

---

3 – 5 exstat etiam ap. Ps.-Max. Conf., *Loci communes*, 11.2./2. (ed. Ihm, p. 260)
8 – 9 Φύγωμεν – ποικίλον] exstat ibid., 11.6./6. (p. 262)

3 – 5 II¹1299 Iudae 16   8 – 722, 2 II¹1300 BASILIUS CAESARIENSIS, *Ad iuvenes (De legendis gentilium libris)*, IX, 26, 2 – 27, 7 (ed. Naldini, p. 128 –130)

2 – 5 II¹1299 K cap. K 6, 21 (189r[21]22–24); V cap. K 4, 16; PML^b cap. A 25, 16; T cap. A 49, 10; H^III cap. A 19, 15; R cap. A 22, 16; *deest in* H^I; PG 96, 76, 42–45
7 – 722, 2 II¹1300 K cap. K 6, 22 (189v[1]2–10); V cap. K 4, 17; PML^b cap. A 25, 17; T cap. A 49, 11; H^III cap. A 19, 17; R cap. A 22, 17; *deest in* H^I; PG 96, 76, 46–50

II¹1299 (a) K PML^b T H^III R   ἰούδα T, ἰουδα PM, *praem.* τοῦ L^b   (b) Ἐκ τῆς Ἰούδα V^W   (c) Ἰούδα V^E V^O   II¹1300 (a) K PML^b T R   Τοῦ ἁγίου] *om.* ML^b T   ἐκ τοῦ] *om.* R (b) Βασιλείου V   (c) Τοῦ αὐτοῦ H^III

3 οὕτοις εἰσὶ (*sic*) R   μεμψίμοροι T H^III, μεμψίμυροι V^E V^O, μεμψήμυροι P, μεμψή-μηροι V^W   κατὰ – ἐπιθυμίας] κατεπιθυμίαν V^W   4 τῷ στόματι V^W   λαλεῖ] λα-λεῖν V^W, *post* ὑπέρογκα *transpos.* K   ὑπέρογγα L^b a. c., ὑπερόγγα V^O   θαυμάζον-τες] θαυμαζῶντες P, θαυμάζοντας V^W, *praem.* καὶ V^E V^O   5 χάριν] *om.* H^III   8 τοῖς H^III   αρχιλόχου P, αρχηλοχου M, ταρχιλόχου V^W, ἀρχιλόγου V^O T H^III, ἀρχι-γόνου R   9 κερδαλεον P, κερδαλαῖον V^E V^O H^III, κερδάλαιον (-δα- M) K M T, κερδάλιμον V^W, κερδα^λ R   γὰρ] *om.* L^b   10 τοῦ – ζῆν] τὸ ὑπὸ δόξαν ζῆν V^W, τὸ προδοξάξειν K   τοῖς] *om.* V^E   11 λογισμὸν V^W   ἡγεμῶνα (*sic*) V^O   11 – 722, 2 ὥστε – παρακινεῖν] *om.* V^E V^O   12 κἂν¹] καὶ L^b   12 – 722, 2 κἂν² – παρακινεῖν] *om.* V^W PML^b T H^III R   12 κἂν²] *delevi (ed.)*   ἀδοξεῖν] *correxi (ed.)*, δοξάζειν K

νεύειν ὑπὲρ τοῦ καλοῦ δέῃ, μηδὲν αἱρεῖσθαι τῶν ὀρθῶς ἐγνωσμέ-
νων παρακινεῖν.

II¹1301 / K cap. K 6, 23

Ἐκ τῶν κανον<ικ>ῶν διατάξεων·

Τὸ γέλωτι ἀκρατεῖ καὶ ἀσχέτῳ κατέχεσθαι, ἀκρασίας σημεῖον.   5
Ἄχρι μὲν γὰρ μειδιάματος φαιδροῦ τὴν διάχυσιν τῆς ψυχῆς ὑπο-
φαίνειν οὐκ ἀπρεπές, ὅσον δεῖξαι μόνον τὸ γεγραμμένον· *Καρδίας*
εὐφραινομένης, πρόσωπον θάλλει· ἐκκαχάζειν δὲ τῇ φωνῇ καὶ ἀνα-
βράσσεσθαι τὸ σῶμα οὐ τοῦ κατεσταλμένου τὴν ψυχήν, οὐδὲ τοῦ
δοκίμου, οὐδὲ τοῦ περικρατῶς ἔχοντος ἑαυτοῦ. Βεβαιοῖ δὲ τὸν   10
λόγον ὁ σοφώτατος Σολομών, λέγων· *Ὁ μωρὸς ἐν γέλωτι ἀνυψοῖ*
φωνὴν αὐτοῦ, ἀνὴρ δὲ σοφὸς μόλις ἡσυχῇ μειδιάσει.

---

7 – 8 Prov. 15, 13¹ **11 – 12** Sir. 21, 20¹⁻²

5 II¹1301 Τὸ – σημεῖον] BASILIUS CAESARIENSIS, *Asceticon magnum sive Quaestio-*
nes (regulae fusius tractatae), XVII, 1 (PG 31, 961, 12–14)   **6 – 12** Ἄχρι – μειδιά-
σει] IBID. (PG 31, 961, 14–20 cum n. 28)

4 – 12 II¹1301 K cap. K 6, 23 (189v[10]11–21); V cap. K 4, 18; PMLᵇ cap. A 25, 18;
T cap. A 49, 12; Hᴵᴵᴵ cap. A 19, 18; R cap. A 22, 18; *deest in* Hᴵ; PG 96, 77, 1–11

II¹1301 (a) K κανονικῶν] *correxi,* κανόνων K   (b) Τοῦ αὐτοῦ, ἐκ τῶν κανονικῶν R
(*ubi lemma in ipso textu post* σημεῖον *insertum est*)   (c) Τοῦ αὐτοῦ, ἐκ τῆς κανονι-
κῆς διατάξεως PMLᵇ T Hᴵᴵᴵ (*ubi lemma in ipso textu post* σημεῖον *insertum est*)
κανονικῆς] κακονικης M   (d) Τοῦ αὐτοῦ VᴱVᴼ   (e) *s. a.* Vᵂ

1 αἱρεῖσθαι] *correxi (ed.),* ἐρεῖσθαι K   5 Τὸ] τῶι K, τῶ V PM T Hᴵᴵᴵ   ἀκρατὶ K
ἀσχέτως K   6 μειδιάσματος K   διάχρυσιν VᴱVᴼ   7 ἀτρεπὲς K   7 – 8 καρδία
εὐφραινομένη Vᵂ   8 πρόσωπον] *post* θάλλει *transpos.* VᴱVᴼ   ἐκκαχάζειν] *sic* K
VᴱVᴼ M Hᴵᴵᴵ, ἐκκαχάζην (εκ- P) P T, ἐκκαγχάζειν Lᵇ R, ἐκκαχλάζειν Vᵂ, ἐγκαγχά-
ζειν *ed.*   8 – 9 ἀναβράσεσθαι Vᴼ, ἀναβράζεσθαι K Vᵂ (= *ed.*)   9 κατεσταλμενον
M, κατειλαμένου Vᴼ   9 – 10 τοῦ² – οὐδὲ] *om.* Lᵇ   10 δοκημίου Vᵂ, δοκίμον Vᴼ
οὐδὲ – περικρατῶς] οὐ τοῦ κράτος Vᵂ   περικρατοῦς R   ἑαυτοῦ] *om.* Lᵇ   δὲ]
γὰρ V PMLᵇ T Hᴵᴵᴵ R   11 σολομῶν Vᵂ P T R, σολωμων M, σωλομῶν Vᴱ, σωλομὼν
Vᴼ   λέγων] ὅτι V PMLᵇ T Hᴵᴵᴵ R   ἀνυψώσει K VᴱVᴼ   12 φωνήν] *praem.* τὴν Lᵇ

II¹1302 / K cap. K 6, 24

Ἐκ τῶν αὐτῶν·

Ἀνθρωπάρεσκος ἐστὶν ὁ πρὸς τὸ θέλημα ἀνθρώπου τινὸς εἰς ἀρέσκειαν αὐτοῦ ποιῶν τί, κἂν ἀτιμίας ἄξιον ᾖ τὸ γινόμενον.

5

II¹1303 / K cap. K 6, 25

Τοῦ αὐτοῦ, ἐκ τῆς δ' ἐπιστολῆς·

Μὴ ἐν ῥήμασιν εὐτραπέλων καὶ γελοιαστῶν ἀνθρώπων ἡδυνθῶμεν, ὃ μάλιστα λύειν τῆς ψυχῆς τὸν τόνον πέφυκεν.

---

3 – 4 exstat etiam ap. Ps.-Max. Conf., *Loci communes*, 34.-./8a. (ed. Ihm, p. 667)

---

3 – 4 II¹1302 BASILIUS CAESARIENSIS, *Asceticon magnum sive Quaestiones (regulae brevius tractatae)*, LII (PG 31, 1117, 16–18)   7 – 8 II¹1303 BASILIUS CAESARIENSIS, *Epistulae*, II, 2, 56–58 (ed. Courtonne, I, p. 8)

---

2 – 4 II¹1302 K cap. K 6, 24 (189v[21]22–24); V cap. K 4, 19; PMLᵇ cap. A 25, 19; T cap. A 49, 13; Hᴵᴵᴵ cap. A 19, 19; R cap. A 22, 19; *deest in* Hᴵ; PG 96, 77, 11–13
6 – 8 II¹1303 K cap. K 6, 25 (189v[24]190r1–3); V cap. K 4, 20; PMLᵇ cap. A 25, 20; T cap. A 49, 14; Hᴵᴵᴵ cap. A 19, 20; R cap. A 22, 20; *deest in* Hᴵ; PG 96, 77, 14–16

II¹1302 (a) K   (b) Τῶν αὐτῶν T Hᴵᴵᴵ   (c) Τοῦ αὐτοῦ Vᴱ PMLᵇ R   (d) *s. a.* Vᵂᵛᴼ
II¹1303 (a) K   (b) Τοῦ αὐτοῦ, ἐπιστολῆς οδ' PM T   (c) Τοῦ αὐτοῦ, ἐκ τῆς οδ' ἐπιστολῆς Lᵇ R   (d) Τοῦ αὐτοῦ Hᴵᴵᴵ   (e) *s. a.* V

---

3 τὸ] *om.* Lᵇ   ἀνθρώπου] *om.* Vᵂ   3 – 4 ἀρεσκίαν (αρ- PM) PM T   4 αὐτοῦ] *om.* Vᵂ   κἂν] καὶ K   ᾖ] ἡ M, εἶ V   7 καὶ] ἡ Hᴵᴵᴵ   ἀνθρώπων] ἀνθρωπίνων Vᵂ, *om.* T Hᴵᴵᴵ   7 – 8 ἡδυνθῶμεν] ὁδοὺς θέωμεν Vᵂ   8 ὃ] ὦ *(sic)* Vᵂ   διαλύειν K

II¹1304 / K cap. K 6, 26

Ἐκ τῆς ρλε´ ἐπιστολῆς·

Πεφύκασι πῶς ταῖς μεγάλαις δυναστείαις αἱ ἀπελεύθεροι αὗται παραφύεσθαι θεραπεῖαι· οἳ διὰ τὸ ἀπορεῖν οἰκείου ἀγαθοῦ δι᾽ οὗ γνωρισθῶσιν, ἐκ τῶν ἀλλοτρίων κακῶν ἑαυτοὺς συνιστῶσι. Καὶ 5 σχεδὸν ὥσπερ ἡ ἐρυσίβη τοῦ σίτου ἐστὶ φθορά, ἐν αὐτῷ γινομένη τῷ σίτῳ, οὕτω καὶ ἡ κολακεία, τὴν φιλίαν ὑποδυομένη, λύμη ἐστὶ τῆς φιλίας.

II¹1305 / K cap. K 6, 27

Τοῦ θεολόγου ἁγίου Γρηγορίου, ἐκ τοῦ εἰς τὸν πατέρα ἐπιταφίου· 10

Πολιτικοῦ ἀνδρὸς ἔργον πάντα ποιεῖν καὶ λέγειν, ἐξ ὧν εὐδοκιμή- σει παρὰ τοῖς ἔξωθεν· οὐδὲν γὰρ αὐτῷ ἐστι τοῦ παρόντος βίου μα<κα>ριώτερον, ἀεὶ τῷ καινῷ τὸ εὐδόκιμον θηρώμενος.

---

3 – 5 Πεφύκασι – συνιστῶσι] exstat etiam ap. Ps.-Max. Conf., *Loci communes*, 10.7.*/7. (ed. Ihm, p. 242–243)

3 – 8 II¹1304 BASILIUS CAESARIENSIS, *Epistulae*, CCLXXII, 1, 5–10 (ed. Courtonne, III, p. 144) **11 – 13 II¹1305** Πολιτικοῦ – μακαριώτερον] GREGORIUS NAZIANZE- NUS, *Funebris oratio in patrem (Orat. 18)*, 23 (PG 35, 1012, 36–38) **13** ἀεὶ – θη- ρώμενος] IBID. (PG 35, 1012, 35)

2 – 8 II¹1304 K cap. K 6, 26 (190r[3]4–10); V cap. K 4, 21; PML^b cap. A 25, 21; T cap. A 49, 15; H^III cap. A 19, 21; *deest in* H^I; PG 96, 77, 16–23 **10 – 13 II¹1305** K cap. K 6, 27 (190r[11]12–15); *deest in* V H^I PML^b T

II¹1304 (a) K L^b Ἐκ] *praem.* τοῦ αὐτοῦ L^b (b) Τοῦ αὐτοῦ, ἐπιστολῆς ρλε´ P T (c) Τοῦ αὐτοῦ, ρλε´ ἐπιστολῆς M (d) Τοῦ αὐτοῦ V^E H^III

3 αἱ] οἱ V^W αὗται V^E V^O P H^III, αὗται M, αὐταὶ V^W 4 παραφυλάττεσθαι V^W οἳ] οὐ H^III οἰκεῖον V^O 5 κακῶν] καλῶν K 6 ἐρισύβη K, ἐρυσήβι M σίτου ἐστὶ] σιτὸς V^W φθορᾶ K^a. c. V^E P T H^III, φθορα M, διαφθορᾶ V^W αὐτῇ V^W 7 κολακεῖα K, κολακία V^E V^O PM T H^III a. c. ὑποδιομένω *(sic)* H^III λοίμη (λοι- M) V^W M 13 μακαριώτερον] *correxi (ed.)*, μαριώτερον K θηρώμενος] *sic* K, *exspec- taveris* θηρωμένῳ

II¹1306 / K cap. K 6, 28

Ἐκ τοῦ περὶ βαπτίσματος·

Ἄθλιοι, οἳ σαίνουσι μὲν τῷ χρηστῷ, τελευτῶσι δὲ ὅμως εἰς πονηρόν.

5   **II¹1307 / K cap. K 6, 29**

Ἐκ τοῦ εἰς Ἀθανάσιον·

...οἱ τῆς ἀλλοτρίας τραπέζης καὶ μάζης δοῦλοι ὤνιοι, πάντα καὶ ποιεῖν καὶ λέγειν ἐπὶ τῇ γαστρὶ μεμαθηκότες...

II¹1308 / K cap. K 6, 30

10 Ἐκ τῶν τετραστίχων Γνωμῶν·

Γέλως γέλωτος εὐφρονοῦσιν ἄξιος,
Μάλιστα μὲν πᾶς, τὸ πλέον δ᾽ ὁ πορνικός.

---

11 – 726, 1 Γέλως – δάκρυα] exstat etiam ap. Ps.-Max. Conf., *Loci communes*, 57.7./64.7. (ed. Ihm, p. 890)

---

3 – 4 II¹1306 GREGORIUS NAZIANZENUS, *In S. baptisma (Orat. 40)*, 10, 18–19 (ed. Moreschini, p. 218)   **7 – 8 II¹1307** GREGORIUS NAZIANZENUS, *In laudem Athanasii (Orat. 21)*, 16, 4–6 (ed. Mossay/Lafontaine, p. 142)   **11 – 726, 2 II¹1308** GREGORIUS NAZIANZENUS, *Carmina*, I,2,33 *(Tetrastichae sententiae)*, 77–80 (PG 37, 933, 15 – 934, 3)

---

2 – 4 II¹1306 K cap. K 6, 28 (190r[15]16–17); *deest in* V Hᴵ PMLᵇ T   **6 – 8 II¹1307** K cap. K 6, 29 (190r[17]18–20); *deest in* V Hᴵ PMLᵇ T   **10 – 726, 2 II¹1308** K cap. K 6, 30 (190r[20]21–24); V cap. K 4, 22; PMLᵇ cap. A 25, 22; T cap. A 49, 16; Hᴵᴵᴵ cap. A 19, 23; *deest in* Hᴵ; PG 96, 77, 24–27

II¹1305 (a) K τετραστίχων] *scripsi*, Δ᾽στίχων *cod.*   Γνωμῶν] *scripsi*, γνώμων *cod.* (b) Τοῦ Θεολόγου, ἐκ τῶν Γνωμῶν M   (c) Τοῦ Θεολόγου V PLᵇ T   Τοῦ] *om.* Vᵂ (d) Τοῦ αὐτοῦ Hᴵᴵᴵ

---

11 γέλωτος] ἀγελωτος M   εὐφραίνουσιν T Hᴵᴵᴵ   ἀξίως Vᵂ   **12** δ᾽] δὲ Vᵂ

Γέλως ἄτακτος συλλέγει καὶ δάκρυα.
Κρεῖσσον κατηφὲς ἦθος ἢ τεθρυμμένον.

II¹1309 / K cap. K 6, 31

Κυρίλλου, ἐκ τοῦ ις′ λόγου τῶν κατὰ Ἰουλιανοῦ·

Ὁ ἀνθρώποις ἀρέσκων τοὺς παρ᾽ αὐτῶν ἐπαίνους ἔχοι ἂν εἰκότως   5
εἰς ἀντιμισθίας δύναμιν· λήψεταί γε μὴν τῶν παρὰ θεοῦ τὸ σύμ-
παν οὐδέν.

II¹1310 / K cap. K 6, 32

Θεοφίλου, ἐκ τοῦ κατὰ εἰδώλων·

Στωμύλον μὲν στόμα καὶ φράσις εὐεπὴς τέρψιν παρέχει καὶ ἔπαι-   10
νον πρὸς κενὴν δόξαν ἀθλίοις ἀνθρώποις, ἔχουσι τὸν νοῦν κατε-
φθαρμένον.

---

5 – 7 II¹1309 CYRILLUS ALEXANDRINUS, *Contra Iulianum*, XVI (?) (fr. 46, 4–6, ed. Kinzig/Brüggemann, p. 796)   10 – 12 II¹1310 THEOPHILUS ANTIOCHENUS, *Ad Autolycum*, I, 1 (ed. Grant, p. 2, 3–5); Holl, n° 131

4 – 7 II¹1309 K cap. K 6, 31 (190r[24]190v1–3); V cap. K 4, 23; PMLᵇ cap. A 25, 23; T cap. A 49, 17; Hᴵᴵᴵ cap. A 19, 24; R cap. A 22, 23; *deest in* Hᴵ; PG 86, 2084, 26–30; PG 96, 77, 28–30   9 – 12 II¹1310 K cap. K 6, 32 (190v[4]5–7); V cap. K 4, 24; PMLᵇ cap. A 25, 28; T cap. A 49, 22; Hᴵᴵᴵ cap. A 19, 29; R cap. A 22, 26; *deest in* Hᴵ; PG 86, 2084, 31–34; PG 96, 77, 31–33

II¹1309 (a) K (b) Κυρίλλου, ἐκ τοῦ κατὰ Ἰουλιανοῦ PMLᵇ T Hᴵᴵᴵ R κυριλλου M ἐκ τοῦ] *om.* P ϊουλιανοῦ T, ϊοὐλϊανοῦ Lᵇ, ϊουλιανου P, ϊουλιανον M (c) Κυρίλλου V κυρίλου Vᵂ II¹1310 (a) PMLᵇ T Hᴵᴵᴵ R θεοφιλου M τοῦ] τῶν P (b) Θεοτίμου Σκυθίας, ἐκ τοῦ κατὰ εἰδώλων K (c) Θεοφίλου V θεοφα *(sic)* Vᴼ

1 ἄτακτως M, ἄτακτον Vᴼ   δάκρυον (δα- M) K Vᴱⱽᴼ MLᵇ *(cf. ed., app. crit.)*   2 τεθρουμμένον Vᴱ, -ούμενον Vᴼ   5 Ὁ] *om.* Vᴱⱽᴼ   ἑαυτῶν R   ἐπαίνοις Pᵃ·ᶜ· T ἔχοιεν K 6 εἰς] *om.* M   ἀντιμισθείας Vᴱⱽᴼ, ἀντιμισθίαν T Hᴵᴵᴵ   τῶν – θεοῦ] τὸ παρὰ τοῦ θεοῦ Vᵂ   τὸ] *om.* R 10 στωμύλων Vᴱⱽᴼ, στωμυλον M, στομῦλον (-λο Hᴵᴵᴵ) T Hᴵᴵᴵ, στόμυλον K Vᵂ ᵃ· ᶜ·, στομῦλον Vᵂ ᵖ· ᶜ·, στομυλον P   στόμα] σῶμα Vᵂ φρᾶσις Vᵂ, φράσεις Vᴱⱽᴼ   εὐεπὶς M, εὔεπϊς R 11 καινὴν (-ην M) δόξαν (δο- M) Vᴼ M, κενοδοξίαν K 11 – 12 κατεφθαρμένων Vᴱⱽᴼ, διεφθαρμένον R

II¹1311 / K cap. K 6, 33

Κλήμεντος, ἐκ τοῦ α′ Παιδαγωγοῦ·

Μιμητὰς δὲ ἀνθρώπους γελοίων, μᾶλλον δὲ καταγελάστων πα-
θῶν, τῆς ἡμετέρας ἐξελαστέον πολιτείας. Πάντων γὰρ τῶν λόγων
5 ἀπὸ διανοίας καὶ ἤθους ῥεόντων, οὐχ᾽ οἷόν τε ἐστὶ γελοίους τινὰς
προελέσθαι λόγους, μὴ οὐχὶ ἀπὸ γελοίου ἤθους φερομένους. Εἰ
τοίνυν τοὺς γελωτοποιοὺς ἐξοικιστέον τῆς ἡμεδαπῆς πολιτείας,
πολλοῦ γε καὶ δεῖ ἡμῖν ἐπιτρέπειν αὐτοῖς [μὴ] γελωτοποιεῖν. Ἄτο-
πον γάρ, ὧν ἀκροατὰς γενέσθαι κεκώλυται, τούτων εὑρίσκεσθαι
10 μιμητάς· πολλῷ δέ ἐστιν ἀτοπώτερον, γελοῖον αὐτὸν σπουδάζειν
γενέσθαι.

II¹1312 / K cap. K 6, 34

Ἐκ τοῦ αὐτοῦ·

Καὶ αὐτὸν τὸν γέλωτα ἐπιστομιστέον. Καὶ γὰρ καὶ αὐτὸς πάλιν ὃν
15 μὲν δεῖ τρόπον ἐξαγόμενος, ἐμφαίνει κοσμιότητα, μὴ ταύτῃ δὲ
χωρῶν, ἀκολασίαν ἐνδείκνυται.

---

3 - 6 II¹1311 Μιμητὰς – φερομένους] CLEMENS ALEXANDRINUS, *Paedagogus*, II.
Cap. V. 45, 1 (ed. Stählin/Treu, p. 184, 28 – 185, 2); Holl, n° 191, 1–5   **6 - 11** Εἰ –
γενέσθαι] IBID., 45, 2 (p. 185, 5–9); Holl, n° 191, 5–9   **14 - 16** II¹1312 CLEMENS
ALEXANDRINUS, *Paedagogus*, II. Cap. V. 46, 1 (ed. Stählin/Treu, p. 185, 19–21);
Holl, n° 192

2 - 11 II¹1311 K cap. K 6, 33 (190v[7]8–18); V cap. K 4, 25; PML^b cap. A 25, 24; T
cap. A 49, 18; H^III cap. A 19, 25; R cap. A 22, 24; *deest in* H^I; PG 96, 77, 34–37
13 - 16 II¹1312 K cap. K 6, 34 (190v[18]19–22); *deest in* V H^I PML^b T

II¹1311 (a) K PML^b T H^III R κλημεντος K PM α′] *om.* K παιδαγωγιου M, πεδαγω-
γοῦ H^III (b) Κλήμεντος V

3 Μιμητὰς] μήτε K   δὲ¹] *om.* K *(in mg. supplev. man. rec.)*   γελοίων] γελοῖον K
καταγελάστων] καταγελαστῶν K V^W PM T H^III   **4** ἐξελασταῖον V^W, ἐξελαστέων
V^O, ἐξέλασεν M   **4 - 11** Πάντων – γενέσθαι] *om.* T H^III   **4 - 7** Πάντων – τοίνυν]
om. V PML^b R   **7** γελωποιοὺς K^a. c. V^EV^O R, γελοτοποιοὺς P, σκοτοποιοὺς V^W
ἡμεδαπεῖς V^E, ἡμϊδαπεῖς V^O, ημεδοπης M, ἡμετεροδαπῆς K   **8 - 11** πολλοῦ –
γενέσθαι] *om.* V PML^b R   **8** πολλοῦ γε] *correxi (ed.)*, πολλοῦ τε K   μὴ] *seclusi
(ed.)*   **10** δέ ἐστιν] δὲ ἔτι *ed.*   αὐτὸν] *correxi (ed.)*, αὐτῶν K   **14 - 15** ὃν – δεῖ]
correxi (ed.), ὧν μὲν δὴ K

II¹1313 / K cap. K 6, 35

Τοῦ αὐτοῦ, ἐκ τοῦ εἰς τὸ Τίς ὁ σωζόμενος πλούσιος·

Ἐπίβουλοι δέ, ὅτι καὶ αὐτῆς τῆς οὐσίας καθ᾽ ἑαυτὴν ἱκανῆς οὔσης χαυνῶσαι τὰς ψυχὰς τῶν κεκτημένων καὶ διαφθεῖραι καὶ ἀποστῆσαι τῆς ὁδοῦ, δι᾽ ἧς ἐπιτυχεῖν ἐστι σωτηρίας, οἳ δὲ προσεκπλή<σ>- 5
σουσιν, τὰς γνώμας τῶν πλουσίων ταῖς ἡδοναῖς τῶν ἀμέτρων ἐπαίνων ἐπαίροντες, καὶ καθάπαξ τῶν ὅλων πραγμάτων πλὴν τοῦ πλούτου, δι᾽ ὃν θαυμάζονται, παρασκευάζοντες ὑπερφρονεῖν.

II¹1314 / K cap. K 6, 36

Ἰσιδώρου Πηλουσιώτου, ἐκ τῆς ρπα΄ ἐπιστολῆς·   10

Οὐδὲν κολάκων οἶμαι εἶναι ἀργαλεώτερον, οἳ τῇ τῶν πλουσίων γλώττῃ ἀπηρτημένοι, ὀμνύουσι μὲν ὅτι πάντων ἄριστον εἴη ὃ προέλοιτό τις ἐκείνων, κἂν τῶν ἀτοπωτάτων εἴη, καὶ θαυμάζουσιν, κακίζουσι δὲ ᾗ τάχος, εἰ καὶ αὐτὴν ἐπιχειροῦσι κακῦναι τὴν ἀρετήν.   15

<II¹suppl. 331–332 / V cap. K 4, 28–29>

---

16 **II¹suppl. 331–332** cf. *Sacra*. Liber II. *Supplementum* (Band VIII/8)

---

3 – 8 **II¹1313** CLEMENS ALEXANDRINUS, *Quis dives salvetur* (Marc. 10, 25–26), 1, 3 (ed. Stählin/Früchtel/Treu, p. 159, 11–17); Holl, n° 285   **11 – 15 II¹1314** ISIDORUS PELUSIOTA, *Epistulae*, III, 281 (PG 78, 957, 12–16 cum n. 86)

---

2 – 8 **II¹1313** K cap. K 6, 35 (190v[22]23–191r6); *deest in* V Hᴵ PMLᵇ T   **10 – 15** **II¹1314** K cap. K 6, 36 (191r[7]8–13); *deest in* V Hᴵ PMLᵇ T

II¹1313 Τίς] *om.* Kᵃ·ᶜ· **II¹1314** Ἰσιδώρου Πηλουσιώτου] *scripsi,* ἰσιδώρου πιλουσιώτου Κ ρπα΄] *sic* Κ

---

3 οὐσίας] περιουσίας *ed.* 5 οἳ] *scripsi (ed.),* οἱ Κ 5 – 6 προσεκπλήσσουσιν] *scripsi (ed.),* προσεκπλήσουσιν Κ 6 τὰς γνώμας] *s. l.* Κ 14 ᾗ] *correxi (ed.),* ἢ Κ

II¹1315 / K cap. K 6, 37

Φίλωνος, ἐκ τοῦ γ′ τῆς νόμων ἱερῶν ἀλληγορίας·

Οὐκ ἂν εἴποι τις ἑταῖρον τὸν κόλακα· νόσος γὰρ φιλίας ἡ κολακεία.

II¹1316 / K cap. K 6, 38

Ἐκ τοῦ δ′ τῶν ἐν Γενέσει ζητημάτων·

Συγκρύπτεται διὰ κολακείας φιλία, <διὰ> νόθου πράγματος καὶ ἀδοκίμου τὸ γνήσιον καὶ δοκιμώτατον.

II¹1317 / K cap. K 6, 39

Ἐκ τῆς πρὸς Γάϊον πρεσβείας·

Κολάκων ἴδιον τὰς εὐπραξίας θεραπεύειν.

---

3 – 4 II¹1315 PHILO IUDAEUS, *Legum allegoriae*, III, 182 (ed. Cohn, p. 153, 19–20) 7 – 8 II¹1316 PHILO IUDAEUS, *Quaestiones in Genesim*, locus non repertus (ed. Petit, p. 220.7); Royse 166 sub QG 3.3(b) 11 II¹1317 PHILO IUDAEUS, *Legatio ad Gaium*, 32 (ed. Reiter, p. 161, 26–27)

---

2 – 4 II¹1315 K cap. K 6, 37 (191r[13]14–15); V cap. K 4, 26; PML^b cap. A 25, 25; T cap. A 49, 19; H^III cap. A 19, 26; *deest in* H^I; PG 96, 77, 37–38 6 – 8 II¹1316 K cap. K 6, 38 (191r[15]16–17); *deest in* V H^I PML^b T; PG 86, 2084, 35–37 10 – 11 II¹1317 K cap. K 6, 39 (191r[17]18); *deest in* V H^I PML^b T

II¹1315 (a) K (b) Τοῦ αὐτοῦ PML^b T H^III (c) *s. a.* V^W (d) *s. d.* V^EV^O

---

3 ἑταῖρον *(sic)* V^O, ἕτερον (ἑ- P, ε- M) K V^W PM T H^III 3 – 4 κολακεῖα K, κολακία V^EV^O PML^b T H^III 7 διὰ²] *conieci, om.* K 8 *post* δοκιμώτατον *quiddam excidisse* (ἐπαινοῦσα *vel simile*) *suspicata est Petit*

II¹1318 / K cap. K 6, 40

Ἐκ τῆς αὐτῆς·

Τὰς τῶν ἀρχόντων εὐπραγίας μᾶλλον ἢ τοὺς ἄρχοντας αὐτοὺς εἰώθασι θεραπεύειν οἱ πλεῖστοι.

---

3 – 4 exstat etiam ap. Ps.-Max. Conf., *Loci communes*, 11.13./13. (ed. Ihm, p. 265)

---

3 – 4 II¹1318 PHILO IUDAEUS, *Legatio ad Gaium*, 140 (ed. Reiter, p. 181, 15–16)

---

2 – 4 II¹1318 K cap. K 6, 40 (191r[18]19–20); V cap. K 4, 27; PMLᵇ cap. A 25, 26; T cap. A 49, 20; Hᴵᴵᴵ cap. A 19, 27; *deest in* Hᴵ; PG 96, 77, 39–40

II¹1318 (a) K (b) Φίλωνος V (c) Τοῦ αὐτοῦ PMLᵇ T Hᴵᴵᴵ

---

3 μᾶλλον] *om.* VᴱVᴼ **4** θεραπεύειν οἱ] *post* θεραπεύειν *interpunx.* K

<Τίτλος ζ'> <Περὶ κλεπτῶν καὶ τῶν κοινωνούντων αὐτοῖς>. *II² /
R cap. K 21

ε' Περὶ κλεπτῶν.

ζ' Περὶ κλεπτῶν καὶ τῶν συγκοινωνούντων αὐτοῖς.

II¹1319 / V cap. K 5, 1 (K cap. K 7) *II²1844 /
R cap. K 21,

5 Ἐξόδου·

Ἐάν τις κλέψῃ μόσχον ἢ πρόβατον, καὶ σφάξῃ αὐτό, πέντε μό-
σχους ἀποτίσει ἀντ᾽ αὐτοῦ· ἐὰν δὲ καταληφθῇ, διπλᾶ ἀποτίσει.

II¹1320 / V cap. K 5, 2 (K cap. K 7)

Δευτερονομίου·

10 Ἐὰν ἁλῷ ἄνθρωπος κλέπτων ψυχὴν ἐκ τῶν ἀδελφῶν αὐτοῦ, ἀπο-
θανεῖται ὁ κλέπτης ἐκεῖνος.

---

1 Περὶ – αὐτοῖς] cf. II¹ / Kᵖⁱⁿ Παραπομπὴ Υ 2

---

6 – 7 II¹1319 Ἐάν – αὐτοῦ] Ex. 22, 1   7 ἐὰν – ἀποτίσει] Ibid. 22, 4   10 – 11
II¹1320 Deut. 24, 7 (Wahl, Deuteronomium-Text, p. 142)

---

1 Titlos (a) Kᵖⁱⁿ, deest in Kᵗˣᵗ ⁽ˡᵃᶜ·⁾   2 Titlos (b) Vᴱ (148v15) VᵂVᴼ Aᴵ ᵖⁱⁿ; deest in
HᴵAᴵ ᵗˣᵗ   3 Titlos (c) PMLᵇ ᵖⁱⁿ (cf. *II² / R cap. K 21 titlos); deest in Lᵇ ᵗˣᵗ   5 – 7
II¹1319 Vᴱ (148v[15]16–17) VᵂVᴼ cap. K 5, 1; PM cap. K 7, 1; deest in K⁽ˡᵃᶜ·⁾ Hᴵ Lᵇ;
PG 96, 80, 7–9   9 – 11 II¹1320 Vᴱ (148v[17]18–19) VᵂVᴼ cap. K 5, 2; PM cap. K
7, 2; deest in K⁽ˡᵃᶜ·⁾ Hᴵ Lᵇ; PG 96, 80, 10–11

---

1 Titlos (a)   Τίτλος ζ'] supplevi (secund. ser. Kᵖⁱⁿ), non liquent in Kᵖⁱⁿ, deest in
Kᵗˣᵗ ⁽ˡᵃᶜ·⁾   Περὶ – αὐτοῖς] supplevi e Kᵖⁱⁿ, desunt in Kᵗˣᵗ ⁽ˡᵃᶜ·⁾   2 Titlos (b)   ε']
propt. mg. resect. non liquet in Aᴵ ᵖⁱⁿ (ε' secund. ser.), praem. τίτλος Vᵂ ᵗˣᵗ   κλε-
πτῶν] add. καὶ τῶν συγκοινωνούντων αὐτοῖς Vᵂ ᵗˣᵗ ᵖ· ᶜ·   3 Titlos (c)   καὶ – αὐ-
τοῖς] om. Mᵖⁱⁿ

II¹1319 Ἐξόδου] praem. τῆς M

---

6 σφάξει Vᵂ M   αὐτῷ VᴱVᴼ   πέντε] ε' Vᵂ   7 ἀποτίσει¹] ἀποτήσει Ρ, -τήση
Vᵂ, ἀπαιτίσει Vᴱ, ἀπαυτεισει Vᴼ ᵃ· ᶜ·, -ίσει Vᴼ ᵖ· ᶜ·   καταληφθει Ρ, -λειφθῇ Vᵂ M
ἀποτίσει²] αποτήσει (sic) Ρ, ἀποτήση Vᵂ

II¹1321 / V cap. K 5, 3 (K cap. K 7)

<***>

Ἐὰν ἐν τῷ διορύγματι εὑρεθῇ ὁ κλέπτης καὶ πληγεὶς ἀποθάνῃ, οὐκ ἔστιν αὐτῷ φόνος.

*II²1845 /
cap. K 21, 2

II¹1322 / V cap. K 5, 4 (K cap. K 7)   5

Ἰώβ·

Ἐπανέστησάν μοι κλέπται,
ὧν οἱ οἶκοι αὐτῶν ἦσαν τρῶγλαι πετρῶν.

II¹1323 / V cap. K 5, 5 (K cap. K 7)

Παροιμιῶν·   10

Ὃς μερίζεται κλέπτῃ, μισεῖ τὴν ἑαυτοῦ ψυχήν.

---

3 - 4 **II¹1321** Ex. 22, 2   7 - 8 **II¹1322** Iob 30, 5–6   11 **II¹1323** Prov. 29, 24¹
(Wahl, *Proverbien-Text*, p. 142)

---

2 - 4 **II¹1321** Vᴱ (148v19–20) VᵂVᴼ cap. K 5, 3; PM cap. K 7, 3; *deest in* K⁽ˡᵃᶜ·⁾ Hᴵ
Lᵇ; PG 96, 80, 12–13   6 - 8 **II¹1322** Vᴱ (148v[20]20–21) VᵂVᴼ cap. K 5, 4; PM cap.
K 7, 4; *deest in* K⁽ˡᵃᶜ·⁾ Hᴵ Lᵇ; PG 96, 80, 14–15   10 - 11 **II¹1323** Vᴱ (148v[21]21–22)
VᵂVᴼ cap. K 5, 5; PM cap. K 7, 5; *deest in* K⁽ˡᵃᶜ·⁾ Hᴵ Lᵇ; PG 96, 80, 16–17

II¹1321 (a) *s. a.* V P (b) *s. d.* M **II¹1322** ιώβ Vᴱ, ϊώβ PM

---

3 διορύγματι V   κλέπτων M   7 ἐπανεστησαν με M

II¹1324 / V cap. K 5, 6 (K cap. K 7)   *II²1846 /
R cap. K 21, 3

Ζαχαρίου·

Εἶπεν κύριος πρός με· Τί ὁρᾷς; Καὶ εἶπα· Ὁρῶ δρέπανον μῆκος
πήχεων κ′ καὶ πλάτος πήχεων ι′. Καὶ εἶπεν πρός με· Εἰσελεύσεται
5 εἰς τὸν οἶκον τοῦ κλέπτου, καὶ καταλύσει ἐν μέσῳ τοῦ οἴκου αὐ-
τοῦ, καὶ συντελέσει αὐτόν. Καὶ πᾶς κλέπτης ἐκ τούτου ἕως θα-
νάτου ἐκδικηθήσεται.

II¹1325 / V cap. K 5, 7 (K cap. K 7)   *II²1847 /
R cap. K 21, 4

Σιράχ·

10 Τίς πιστεύσει εὐζώνῳ λῃστῇ,
ἀφαλλομένῳ ἀπὸ πόλεως εἰς πόλιν;

II¹1326 / V cap. K 5, 8 (K cap. K 7)   *II²1848 /
R cap. K 21, 5

Πρὸς Ἐφεσίους·

Ὁ κλέπτων, μηκέτι κλεπτέτω, μᾶλλον δὲ κοπιάτω, ἐργαζόμενος
15 ταῖς ἰδίαις χερσὶν τὸ ἀγαθόν, ἵνα ἔχῃ μεταδοῦναι τῷ χρείαν ἔ-
χοντι.

---

3 – 4 II¹1324 Εἶπεν – με] Zach. 5, 2 (Wahl, *Prophetenzitate*, p. 255)   **4 – 6**
Εἰσελεύσεται – αὐτόν] Ibid. 5, 4 (Wahl, p. 256)   **6 – 7** Καὶ – ἐκδικηθήσεται] Ibid.
5, 3 (Wahl, p. 255–256)   **10 – 11** II¹1325 Sir. 36, 31¹⁻² (Wahl, *Sirach-Text*, p. 145)
14 – 16 II¹1326 Eph. 4, 28

---

2 – 7 II¹1324 Vᴱ (148v[22]22–26) VᵂVᴼ cap. K 5, 6; PM cap. K 7, 6; *deest in* K⁽ˡᵃᶜ·⁾
Hᴵ Lᵇ; PG 96, 80, 18–23   9 – 11 II¹1325 Vᴱ (148v[26]26–27) VᵂVᴼ cap. K 5, 7; PM
cap. K 7, 7; *deest in* K⁽ˡᵃᶜ·⁾ Hᴵ Lᵇ; PG 96, 80, 24–25   13 – 16 II¹1326 Vᴱ (148v[27]
28–29) VᵂVᴼ cap. K 5, 8; PM cap. K 7, 8; *deest in* K⁽ˡᵃᶜ·⁾ Hᴵ Lᵇ; PG 96, 80, 26–28

II¹1325 τοῦ σηράχ M II¹1326 (a) VᴱVᴼ PM εφεσιους P (b) Τοῦ Ἀποστόλου Vᵂ

---

3 εἶπα] εἰπὸν (*sic*) M   4 κ′] εἴκοσι M   πήχεων²] πηχεων PM, πηχῶν VᴱVᴼ   ι′]
δέκα M   7 ἐκδικηθή Vᵂ, ἐκδικιθῆ VᴱVᴼ   10 πιστεύει M   11 ἐφαλλομενω M   14
κλέπτων] κλέπτης Vᵂ   15 ἔχει VᴱVᴼ   μεταδιδόναι M

II¹1327 / V cap. K 5, 9 (K cap. K 7)

Ἐκ τοῦ εἰς τὸ βάπτισμα·

Χαλεπαὶ νύκτες τῶν ἐπαγρυπνούντων ταῖς ἀδικίαις· ὅ τε γὰρ φό-
βος τοῦ φωραθήσεσθαι καὶ ἡ τοῦ οἴστρου ἀκολασία πᾶσαν ἀνά-
παυσιν αὐτῶν ἀπελαύνει.   5

3 – 5   II¹1327 Basilius Caesariensis, *Homilia exhortatoria ad S. baptisma*, 7 (PG 31, 440, 39 –43)

2 – 5   II¹1327 Vᴱ (148v[29]30 –31) VᵂVᴼ cap. K 5, 9; PM cap. K 7, 9; *deest in* K⁽ˡᵃᶜ·⁾ Hᴵ Lᵇ; PG 96, 80, 29 –32

II¹1327 (a) P   (b) Βασιλείου, ἐκ τοῦ λόγου *(sic)* M   (c) Βασιλείου V

3 χαλαιπαὶ VᴱVᵂ M, χαλαιπὰ Vᴼ   4 φωραθήσεσθαι] *scripsi*, φοραθήσεσθαι (-θη-
M) Vᵂ PM, φοραθῆναι VᴱVᴼ   καὶ – ἀκολασία] *om.* Vᵂ PM, ὁ ἐπὶ ταῖς ἡδοναῖς
οἶστρος *ed.*   οἴστρου] *correxi*, ὕστρου VᴱVᴼ   5 αὐτῶν] *om.* Vᵂ PM, παντελῶς *ed.*
ἀπελαύνη Vᴱ, ἀπελύνει P, ἀπολάβει M

<Τίτλος η'>   <Περὶ κωφῶν καὶ τυφλῶν.>

*ΙΙ² /
R cap. K 14 et
PMLᵇ cap. T

< *** >

---

1 τυφλῶν] cf. ΙΙ¹ / Kᵖⁱⁿ Παραπομπὴ Τ 2

---

1 **Titlos** Kᵖⁱⁿ, *deest in* Kᵗˣᵗ ⁽ˡᵃᶜ·⁾

---

1 **Titlos**   Τίτλος η'] *supplevi (secund. ser.* Kᵖⁱⁿ), *non liquent in* Kᵖⁱⁿ, *deest in*
Kᵗˣᵗ ⁽ˡᵃᶜ·⁾   Περὶ – τυφλῶν] *supplevi e* Kᵖⁱⁿ, *desunt in* Kᵗˣᵗ ⁽ˡᵃᶜ·⁾

---

1 *loci sub hoc titulo adlati desunt in* K⁽ˡᵃᶜ·⁾; *vide* *ΙΙ² / R cap. K 14

<Τίτλος θ´>   <Περὶ καυχήσεως καὶ ἐπάρσεως, καὶ ὅτι ἐπ᾽ οὐ-
δενὶ χρὴ καυχήσασθαι.>

ζ´ Περὶ καυχήσεως καὶ ἐπάρσεως, καὶ ὅτι ἐπ᾽ οὐδενὶ τῶν ἐν βίῳ
χρὴ καυχᾶσθαι ἢ ἐπαίρεσθαι.

δ´ Περὶ καυχήσεως καὶ ἐπάρσεως, καὶ ὅτι ἐπ᾽ οὐδενὶ περὶ τὸν   5
βίον χρὴ καυχᾶσθαι.

II¹1328 / V cap. K 7, 1 (K cap. K 9)

Βασιλειῶν α´·

Μὴ καυχᾶσθε καὶ μὴ λαλεῖτε ὑψηλὰ εἰς ὑπεροχήν,
μὴ δὲ ἐξελθέτω μεγαλορημοσύνη ἐκ τοῦ στόματος ὑμῶν.   10

II¹1329 / V cap. K 7, 2 (K cap. K 9)

<***>

Μὴ καυχάσθω ὁ σοφὸς ἐν τῇ σοφίᾳ αὐτοῦ,

---

1 - 2 ὅτι – καυχήσασθαι] cf. II¹ / Kᵖⁱⁿ Παραπομπὴ Ο 17

---

9 - 10 II¹1328 I Reg. 2, 3¹⁻² (Wahl, *1 Samuel-Text*, p. 43 – 44)   13 - 737, 2 II¹1329
I Reg. 2, 10³⁻⁵ (Wahl, *1 Samuel-Text*, p. 44 – 45)

---

1 - 2 **Titlos (a)** Kᵖⁱⁿ; *deest in* Kᵗˣᵗ ⁽ˡᵃᶜ·⁾   3 - 4 **Titlos (b)** Vᴱ (149r2 – 3) VᵂVᴼ Aᴵ ᵖⁱⁿ;
deest in HᴵAᴵ ᵗˣᵗ   5 - 6 **Titlos (c)** PMLᵇ ᵖⁱⁿ (*cf.* *II² / R cap. K 7 titlos); *deest in* Lᵇ ᵗˣᵗ
8 - 10 II¹1328 Vᴱ (149r[3]4 – 5) VᵂVᴼ cap. K 7, 1; PM cap. K 4, 1; *deest in* K⁽ˡᵃᶜ·⁾ Hᴵ
Lᵇ; PG 96, 80, 41 – 43   12 - 737, 2 II¹1329 Vᴱ (149r[5]5 – 6) VᵂVᴼ cap. K 7, 2; PM
cap. K 4, 2; *deest in* K⁽ˡᵃᶜ·⁾ Hᴵ Lᵇ; PG 96, 80, 44

---

1 - 2 **Titlos (a)**   1 Τίτλος θ´] *supplevi (secund. ser.* Kᵖⁱⁿ), *non liquent in* Kᵖⁱⁿ, *deest
in* Kᵗˣᵗ ⁽ˡᵃᶜ·⁾   1 - 2 Περὶ – καυχήσασθαι] *supplevi e* Kᵖⁱⁿ, *desunt in* Kᵗˣᵗ ⁽ˡᵃᶜ·⁾   3 - 4
Titlos (b)   3 ζ´] *om.* Vᴼ ᵗˣᵗ *(ζ´ secund. ser.)*, *praem.* τίτλος Vᵂ ᵗˣᵗ   καὶ² – τῶν] *non
liquent in* Vᴼ ᵗˣᵗ   καὶ²] *om.* Vᵂ ᵗˣᵗ ᵃ· ᶜ·   οὐδὲν Aᴵ ᵖⁱⁿ   τῶν – βίῳ] περὶ τὸν (τῶν
Vᴼ ᵖⁱⁿ) βίον Vᴱ ᵖⁱⁿ VᵂVᴼ ᵖⁱⁿ   5 - 6 **Titlos (c)**   5 - 6 καὶ¹ – καυχᾶσθαι] *om.* M   5
οὐδενὶ] *add.* τῶν Lᵇ ᵖⁱⁿ ˢ· ˡ·

II¹1328 α´] *om.* Vᵂ II¹1329 (a) *s. a.* Vᵂ P (b) *s. d.* M (c) Ἰώβ Vᴱvᴼ

---

9 λαλεῖται PM   10 ὑμῶν] *om.* Vᴱvᴼ

καὶ μὴ καυχάσθω ὁ δυνατὸς ἐν τῇ δυνάμει αὐτοῦ,
καὶ μὴ καυχάσθω ὁ πλούσιος ἐν τῷ πλούτῳ αὐτοῦ.

II¹1330 / V cap. K 7, 3 (K cap. K 9)

Ἰώβ·

5 Μὴ λέγε ὅτι Καθαρὸς εἰμὶ τοῖς ἔργοις,
καὶ ἄμεμπτος ἐναντίον αὐτοῦ.

II¹1331 / V cap. K 7, 4 (K cap. K 9)

Παροιμιῶν·

Ἐπὶ τῇ σῇ σοφίᾳ μὴ ἐπαίρου.

10   ### II¹1332 / V cap. K 7, 5 (K cap. K 9)

<***>

Μὴ καυχῶ τὰ εἰς αὔριον·
οὐ γὰρ οἶδας τί τέξεται ἡ ἐπιοῦσα.

---

5 - 6 II¹1330 Iob 11, 4¹⁻²   **9** II¹1331 Prov. 3, 5² (Wahl, *Proverbien-Text*, p. 27)
12 - 13 II¹1332 Prov. 27, 1¹⁻² (Wahl, *Proverbien-Text*, p. 130)

---

4 - 6 II¹1330 Vᴱ (149r[6]6–7) VᵂVᴼ cap. K 7, 3; PM cap. K 4, 3; *deest in* K⁽ˡᵃᶜ·⁾ Hᴵ
Lᵇ; PG 96, 80, 45–46   **8 - 9** II¹1331 Vᴱ (149r7) VᵂVᴼ cap. K 7, 4; PM cap. K 4, 4;
deest in K⁽ˡᵃᶜ·⁾ Hᴵ Lᵇ; PG 96, 80, 47   **11 - 13** II¹1332 Vᴱ (149r[7]8) VᵂVᴼ cap. K 7,
5; PM cap. K 4, 5; *deest in* K⁽ˡᵃᶜ·⁾ Hᴵ Lᵇ; PG 96, 80, 48–49

II¹1330 (a) Vᵂ PM   ϊώβ M, ϊωβ P   (b) πρα *(sic)* VᴱVᴼ   II¹1331 (a) Vᵂ PM   (b) *s. a.*
VᴱVᴼ   II¹1332 (a) *s. d.* Vᵂ P   (b) Τοῦ αὐτοῦ M   (c) Σιράχ VᴱVᴼ

---

1 - 2 καὶ - αὐτοῦ] *inverso vv. ordine in* Vᵂ ᵃ· ᶜ·, καὶ τὰ λοιπά P, *om.* VᴱVᴼ   **5** λέγει
VᴱVᴼ   ὅτι] *om.* VᴱVᵂ *(s. l. supplev. man. rec.)* Vᴼ   **12** Μὴ] *add.* δέ Vᵂ ˢ· ˡ· ᵐᵃⁿ· ʳᵉᶜ·
καυχάσθω Vᴼ

II¹1333 / V cap. K 7, 6 (K cap. K 9)

Σιράχ·

Ἐν περιβολῇ ἱματίων μὴ καυχήσῃ,
καὶ ἐν ἡμέρα δόξης μὴ ἐπαίρου.

II¹1334 / V cap. K 7, 7 (K cap. K 9)   5

Τοῦ αὐτοῦ·

Μὴ εἴπῃς· Τῷ πλήθει τῶν δώρων μου ἐπόψομαι,
καὶ ἐν τῷ προσενέγκαι με θεῷ ὑψίστῳ προσδέξεται.

II¹1335 / V cap. K 7, 8 (K cap. K 9)

Πρὸς Κορινθίους·   10

Ὁ καυχώμενος, ἐν κυρίῳ καυχάσθω· οὐ γὰρ ὁ ἑαυτὸν συνιστάνων,
ἐκεῖνος δόκιμός ἐστιν, ἀλλ᾽ ὃν ὁ κύριος συνίστησιν.

---

3 – 4 II¹1333 Sir. 11, 4¹⁻² (Wahl, *Sirach-Text*, p. 76)   **7 – 8 II¹1334** Sir. 7, 9¹⁻²
(Wahl, *Sirach-Text*, p. 64)   **11 – 12 II¹1335** II Cor. 10, 17–18

2 – 4 II¹1333 Vᴱ (149r8–9) Vᴼ cap. K 7, 6; Vᵂ cap. K 7, 7; P cap. K 4, 6; M cap. K
4, 6; *deest in* K⁽ˡᵃᶜ·⁾ Hᴵ Lᵇ; PG 96, 80, 50–51   **6 – 8 II¹1334** Vᴱ (149r9–11) Vᴼ cap. K
7, 7; Vᵂ cap. K 7, 6; PM cap. K 4, 7; *deest in* K⁽ˡᵃᶜ·⁾ Hᴵ Lᵇ; PG 96, 80, 52 – 81, 2
10 – 12 II¹1335 Vᴱ (149r[11]11–12) VᵂVᴼ cap. K 7, 8; PM cap. K 4, 8; *deest in*
K⁽ˡᵃᶜ·⁾ Hᴵ Lᵇ; PG 96, 81, 3–5

II¹1333 (a) PM τοῦ σηράχ M (b) *s. a.* V **II¹1334** (a) PM (b) Σιράχ Vᵂ (c) *s. a.* Vᴼ
(d) *s. d.* Vᴱ **II¹1335** κορινθιους PM

---

8 θεῷ] τῷ M   προσδεχθήσομαι VᴱVᴼ

II¹1336 / V cap. K 7, 9 (K cap. K 9)

Ἐκ τῆς Ἰακώβου·

Καυχάσθω ὁ ἀδελφὸς ὁ ταπεινὸς ἐν τῷ ὕψει αὐτοῦ, ὁ δὲ πλούσιος
ἐν τῇ ταπεινώσει αὐτοῦ.

<II¹suppl. 333 / PMLᵇ cap. K 4, 10ᴾ>

II¹1337 / V cap. K 7, 10 (K cap. K 9)

Τοῦ ἁγίου Ἰγνατίου τοῦ θεοφόρου, πρὸς Τραλλεῖς·

Πολλὰ φρονῶ ἐν θεῷ, ἀλλ᾽ ἐμαυτὸν μετρῶ, ἵνα μὴ ἐν καυχήσει
ἀπόλωμαι.

II¹1338 / V cap. K 7, 11 (K cap. K 9)

Νείλου, ‚γωξθʹ·

Καὶ Ἀδὰμ ποτὲ τὸν προπάτορα ὁ ἐχθρὸς παρασκευάσας ἰσοθεΐαν

---

5 **II¹suppl. 333** cf. *Sacra.* Liber II. *Supplementum* (Band VIII/8)

---

3 – 4 **II¹1336** Iac. 1, 9–10　　　8 – 9 **II¹1337** IGNATIUS ANTIOCHENUS, *Epistula ad Trallianos,* 4, 1 (ed. Fischer, p. 174, 12–13); Holl, n° 54　　　12 – 740, 2 **II¹1338** NILUS MONACHUS (ANCYRANUS?), *Epistulae,* 3869, locus non repertus

---

2 – 4 **II¹1336** Vᴱ (149r[12]13–14) VᵂVᴼ cap. K 7, 9; PM cap. K 4, 9; *deest in* K⁽ˡᵃᶜ·⁾ Hᴵ Lᵇ; PG 96, 81, 6–7　　　7 – 9 **II¹1337** Vᴱ (149r[14]14–15) VᵂVᴼ cap. K 7, 10; P cap. K 4, 11; M cap. K 4, 10; *deest in* K⁽ˡᵃᶜ·⁾ Hᴵ Lᵇ; PG 96, 81, 8–9　　　11 – 740, 2 **II¹1338** Vᴱ (149r[15]15–17) VᵂVᴼ cap. K 7, 11; P cap. K 4, 12; M cap. K 4, 11; *deest in* K⁽ˡᵃᶜ·⁾ Hᴵ Lᵇ; PG 96, 81, 9–12

II¹1336 (a) VᴱVᴼ P　ϊακώβου P　(b) Ἰακώβου Vᵂ　(c) Ἰακώβου (ϊακω- *cod.*) τοῦ ἀδελφοῦ ἐπιστολῆς M　**II¹1337** (a) M　ιγνατιου *cod.*　Τραλλεῖς] *scripsi,* τράλεις *cod.* (b) Ἰγνατίου VᴱVᵂ　(c) Τοῦ αὐτοῦ P　(d) *s. a.* Vᴼ **II¹1338** (a) PM　νειλου *codd., add.* κεφαλαίου M　(b) Νείλου V　νίλου VᴱVᴼ

---

3 πλουσίος P, πλουσίως M　8 ἐν καυχήσει] ἐγκαυχήση M　9 ἀπόλλωμαι (-ολλ P) PM　12 αδαμ P　ό] *om.* M　ἰσόθεον Vᵂ

φαντασθῆναι τοῦ θεοῦ, ἐξήνεγκε παραδείσου, καὶ μέχρις Ἄδου πυθμένων κατήγαγεν.

---

1 τοῦ θεοῦ] τοῦ θείου M, *om.* V^E V^O   ἀδου P, ἄδου V^E

<Τίτλος ι'> <Περὶ κάλλους καὶ εὐπρεπείας σώματος.> *ΙΙ² /
R cap. K 4

η′ Περὶ κάλλους καὶ εὐπρεπείας σώματος.

β′ Περὶ κάλλους καὶ εὐπρεπείας σώματος, καὶ ὅτι οὐκ ἐν τούτοις, ἀλλ᾽ ἐν τῇ τῆς ψυχῆς ὡραιότητι ὁ θεὸς ἐπαναπαύεται.

5 ΙΙ¹1339 / V cap. K 8, 1 (K cap. K 10)

Βασιλειῶν α′·

Δαυῒδ ἦν πυρακίζων μετὰ κάλλους ὀφθαλμῶν, καὶ ἀγαθὸς ὁράσει κυρίῳ.

---

1 Περὶ – σώματος] cf. ΙΙ¹ / Κᵖⁱⁿ Παραπομπὴ Ε 4

---

7 – 8 ΙΙ¹1339 I Reg. 16, 12 (Wahl, 1 Samuel-Text, p. 61)

---

1 Titlos (a) Κᵖⁱⁿ, deest in Κᵗˣᵗ ⁽ˡᵃᶜ·⁾ 2 Titlos (b) Vᴱ (149r19) VᵂVᴼ Aᴵ ᵖⁱⁿ; deest in HᴵAᴵ ᵗˣᵗ 3 – 4 Titlos (c) PMLᵇ ᵖⁱⁿ (cf. *ΙΙ² / R cap. K 4 titlos); deest in Lᵇ ᵗˣᵗ 6 – 8 ΙΙ¹1339 Vᴱ (149r[19]20) VᵂVᴼ cap. K 8, 1; PM cap. K 2, 1; E cap. 159, 76; deest in Κ⁽ˡᵃᶜ·⁾ Hᴵ Lᵇ; PG 96, 81, 14–18

---

1 Titlos (a) Τίτλος ι′] supplevi (secund. ser. Κᵖⁱⁿ), non liquent in Κᵖⁱⁿ, deest in Κᵗˣᵗ ⁽ˡᵃᶜ·⁾ Περὶ – σώματος] supplevi e Κᵖⁱⁿ, desunt in Κᵗˣᵗ ⁽ˡᵃᶜ·⁾ 2 Titlos (b) η′] propt. mg. resect. non liquet in Aᴵ ᵖⁱⁿ (η′ secund. ser.), praem. τίτλος Vᵂ ᵗˣᵗ καὶ – σώματος] σώματος καὶ ὡραιότητος Vᴱ ᵗˣᵗ Vᴼ ᵗˣᵗ Aᴵ ᵖⁱⁿ σώματος] add. καὶ ὅτι οὐκ ἐν τούτοις, ἀλλ᾽ ἐν τῇ τῆς ψυχῆς ὡραιότητι (sic) ὁ θεὸς ἐπαναπαύεται Vᵂ ᵗˣᵗ ᵐᵃⁿ· ʳᵉᶜ· 3 – 4 Titlos (c) 3 – 4 καὶ¹ – ἐπαναπαύεται] om. Mᵖⁱⁿ 3 – 4 καὶ² – ἐπαναπαύεται] om. Mᵗˣᵗ 3 καὶ²] om. P

ΙΙ¹1339 α′] β′ P, om. VᵂVᴼ M E

---

7 ἦν] om. Vᵂ ᵃ· ᶜ· πυράκης Mᵃ· ᶜ·, πυρράκης Mᵖ· ᶜ·, πυρράχης P, πυρραχὴς E, πυρακὶς Vᵂ ᵃ· ᶜ·, πυρρακὶς Vᵂ ᵖ· ᶜ· 8 κυρίῳ] κυρίου Vᵂ

II¹1340 / V cap. K 8, 2 (K cap. K 10)

<***>

Ὡς Ἀβεσαλὼμ οὐκ ἦν ἀνὴρ ἐν παντὶ Ἰσραὴλ ἀπὸ ἴχνους ποδὸς αὐτοῦ ἕως κορυφῆς.

II²1732 /
R cap. K 4, 2

II¹1341 / V cap. K 8, 3 (K cap. K 10)   5

Παροιμιῶν·

Ὥσπερ ἐνώτιον ἐν ῥινὶ ὑός,
οὕτως γυναικὶ κακόφρονι κάλλος.

II²1733 /
R cap. K 4, 3

II¹1342 / V cap. K 8, 4 (K cap. K 10)

Σιράχ·   10

Μὴ αἰνέσῃς ἄνδρα ἐν κάλλει αὐτοῦ.

---

7 – 8 exstat etiam ap. Ps.-Max. Conf., *Loci communes*, 68.-./39.5e. (ed. Ihm, p. 993)

3 – 4 **II¹1340** II Reg. 14, 25 (Wahl, *2 Samuel-Text*, p. 89)   7 – 8 **II¹1341** Prov. 11, 22¹⁻² (Wahl, *Proverbien-Text*, p. 59)   11 **II¹1342** Sir. 11, 2¹ (Wahl, *Sirach-Text*, p. 75–76)

2 – 4 **II¹1340** V^E (149r20–21) V^W V^O cap. K 8, 2; PM cap. K 2, 2; E cap. 159, 77; *deest in* K^(lac.) H^I L^b; PG 96, 81, 16–17   6 – 8 **II¹1341** V^E (149r[22]22–23) V^W V^O cap. K 8, 3; PM cap. K 2, 3; *deest in* K^(lac.) H^I L^b; PG 96, 81, 18–19   10 – 11 **II¹1342** V^E (149r[23]23) V^W V^O cap. K 8, 4; PM cap. K 2, 5; *deest in* K^(lac.) H^I L^b; PG 96, 81, 20

II¹1340 (a) *s. a.* V^E   (b) *s. d.* M   (c) Τῆς αὐτῆς β′ P   **II¹1341** (a) V^E V^W PM   (b) πρα *(sic)* V^O   **II¹1342** (a) V   (b) Τοῦ αὐτοῦ M   (c) *s. a.* M

3 ἀβεσαλωμ P, ἀβεσσαλὼμ V^E V^W ᵖ·ᶜ·   ἰσδραὴλ M   7 ἐνώτιον] ἐνώπϊον V^O, *add.* χρυσοῦν V^W ᵉ ᶜᵒʳʳ· M   ὑός] υἱὸς V^O M

II¹1343 / V cap. K 8, 5 (K cap. K 10)

<***>

Λύχνος ἐκλάμπων ἐπὶ λυχνίας ἁγίας,
κάλλος προσώπου ἐπὶ ἡλικίᾳ στασίμῃ.

II¹1344 / V cap. K 8, 6 (K cap. K 10)

<***>

Κάλλος γυναικὸς ἱλαρύνει πρόσωπον αὐτῆς.

II¹1345 / V cap. K 8, 7 (K cap. K 10)

*II²1736 /
R cap. K 4, 6

Τοῦ ἁγίου Βασιλείου, ἐκ τῆς Ἑξαημέρου·

Ὁ σήμερον εὐθαλὴς τῷ σώματι, κατασεσαρκωμένος ὑπὸ τρυφῆς,
ἐπανθοῦσαν ἔχων τὴν εὔχροιαν ὑπὸ τῆς κατὰ τὴν ἡλικίαν ἀκμῆς,

---

10 – 744, 2 exstat etiam ap. Ps.-Max. Conf., *Loci communes*, 37.6./44.6. (ed. Ihm, p. 698)

---

3 – 4 II¹1343 Sir. 26, 17¹⁻² (Wahl, *Sirach-Text*, p. 116)   7 II¹1344 Sir. 36, 27¹ (Wahl, *Sirach-Text*, p. 145)   10 – 744, 2 II¹1345 BASILIUS CAESARIENSIS, *Homiliae in Hexaemeron*, V, 2 (ed. Mendieta†/Rudberg, p. 72, 14–17)

---

2 – 4 II¹1343 Vᴱ (149v23–24) Vᴼ cap. K 8, 5; Vᵂ cap. K 8, 5–6; PM cap. K 2, 4+6; *deest in* K⁽ˡᵃᶜ·⁾ Hᴵ Lᵇ; PG 96, 81, 21–22   6 – 7 II¹1344 Vᴱ (149r25) Vᴼ cap. K 8, 6; Vᵂ cap. K 8, 7; PM cap. K 2, 7; *deest in* K⁽ˡᵃᶜ·⁾ Hᴵ Lᵇ; PG 96, 81, 23   9 – 744, 2 II¹1345 Vᴱ (149r[25]26–29) Vᴼ cap. K 8, 7; Vᵂ cap. K 8, 8; PM cap. K 2, 8; *deest in* K⁽ˡᵃᶜ·⁾ Hᴵ Lᵇ; PG 96, 81, 24–27

II¹1343 (a) VᴱVᴼ   (b) Σιράχ / Τοῦ αὐτοῦ PM *(cf. infra, app. crit. text.)*   τοῦ σηράχ M   (c) *s. a. / s. a.* Vᵂ *(cf. infra, app. crit. text.)*   II¹1344 (a) *s. a.* V   (b) Τοῦ αὐτοῦ P (c) *s. d.* M   II¹1345 (a) M   βασιλειου *cod.*   (b) Βασιλείου, εἰς τὴν Ἑξαήμερον P   (c) Βασιλείου V

---

3 ἁγίας] *add.* οὕτως κάλλος ἐν σωφροσύνη M, *hic caesura in* Vᵂ PM   7 Κάλλος] *praem.* καὶ M   10 κατεσαρκωμένος Vᴼ   11 ὑπανθοῦσαν M

σφριγῶν καὶ σύντονος καὶ ἀνυπόστατος τὴν ὁρμήν, αὔριον ὁ αὐ-
τὸς οὗτος ἐλεεινὸς ἢ τῷ χρόνῳ μαρανθεὶς ἢ νόσῳ διαλυθείς.

II¹1346 / V cap. K 8, 8 (K cap. K 10)

Τοῦ αὐτοῦ, ἐκ τῆς ξς′ ἐπιστολῆς·

Ὥρα σώματος ἢ χρόνῳ ἢ νόσῳ ἀπομαραίνεται.   5

II¹1347 / V cap. K 8, 9 (K cap. K 10)

Τοῦ Θεολόγου, εἰς ἑαυτόν·

Ἐὰν αἰσχρὸς τὸ φαινόμενον ᾖς, ἔσο εὐφυὴς τὸ κρυπτόμενον, ὥ-
σπερ ἐν κάλυκι ῥόδον ἀνθηρόν.

---

5 **II¹1346** BASILIUS CAESARIENSIS, *Epistulae*, CCLXXVII, 21–22 (ed. Courtonne, III, p. 150)   8 – 9 **II¹1347** GREGORIUS NAZIANZENUS, *In seipsum, cum rure redi-isset, post ea quae a Maximo perpetrata fuerant (Orat. 26)*, 11, 13–14 (ed. Mossay/Lafontaine, p. 252)

---

4 – 5 **II¹1346** Vᴱ (149r29) Vᴼ cap. K 8, 8; Vᵂ cap. K 8, 9; PM cap. K 2, 9; *deest in* K⁽ˡᵃᶜ·⁾ Hᴵ Lᵇ; PG 96, 81, 28   7 – 9 **II¹1347** Vᴱ (149r[29]29–30) Vᴼ cap. K 8, 9; Vᵂ cap. K 8, 10; PM cap. K 2, 10; *deest in* K⁽ˡᵃᶜ·⁾ Hᴵ Lᵇ; PG 96, 81, 29–30

II¹1346 (a) PM Τοῦ αὐτοῦ] *om.* P   (b) Τοῦ αὐτοῦ Vᵂ   (c) *s. d.* Vᴱᵛᴼ   **II¹1347** εἰς ἑαυτόν] *om.* V

---

1 σύντονος] συντόνου P, *add.* λίαν M   καὶ² – ὁρμήν] *om.* Vᴱᵛᴼ   καὶ²] *om.* M   ὁ] *om.* Vᴱᵛᴼ   2 ᾖ² – διαλυθείς] *om.* Vᴱᵛᴼ   νόσῳ] *praem.* τῇ M   5 Ὥρα – χρόνῳ] *om.* Vᴱᵛᴼ

<Τίτλος ια'>   <Περὶ καπήλων.>

<***>

---

1 Titlos K^{pin}; *deest in* K^{txt}

---

1 Titlos   Τίτλος ια'] *supplevi (secund. ser.* K^{pin}), *non liquent in* K^{pin}, *deest in* K$^{txt\ (lac.)}$ Περὶ καπήλων] *supplevi e* K^{pin}, *desunt in* K$^{txt\ (lac.)}$

---

2 *loci sub hoc titulo adlati desunt in* K$^{(lac.)}$

<Τίτλος ιβ′   Περὶ κτηνῶν καὶ προνοίας αὐτῶν.>

ς′   Περὶ κτηνῶν καὶ προνοίας αὐτῶν.

η′   Περὶ κτηνῶν καὶ προνοίας αὐτῶν.

<II¹suppl. 334 / V cap. K 6, 1Vᵂ>

II¹1348 / V cap. K 6, 1 (K cap. K 12)   5

Λευϊτικοῦ·

Ἡ ψυχὴ πάσης σαρκὸς αἷμα αὐτοῦ ἐστιν.

II¹1349 / V cap. K 6, 2 (K cap. K 12)

Παροιμιῶν·

Δίκαιος οἰκτείρει ψυχὰς κτηνῶν αὐτοῦ.   10

---

4 II¹suppl. 334 cf. *Sacra*. Liber II. *Supplementum* (Band VIII/8)

---

7 II¹1348 Lev. 17, 11   10 II¹1349 Prov. 12, 10¹ (Wahl, *Proverbien-Text*, p. 62)

---

1 Titlos (a) Kᵖⁱⁿ; *deest in* Kᵗˣᵗ ⁽ˡᵃᶜ·⁾   2 Titlos (b) Vᴱ (148v33) VᵂVᴼ Aᴵ ᵖⁱⁿ; *deest in* HᴵAᴵ ᵗˣᵗ   3 Titlos (c) PMLᵇ ᵖⁱⁿ; *deest in* Lᵇ ᵗˣᵗ ⁽ˡᵃᶜ·⁾   6 – 7 II¹1348 Vᴱ (148v[33]34) Vᴼ cap. K 6, 1; Vᵂ cap. K 6, 2; PM cap. K 8, 1; *deest in* Kᵗˣᵗ ⁽ˡᵃᶜ·⁾ Hᴵ Lᵇ; PG 96, 80, 34   9 – 10 II¹1349 Vᴱ (148v[34]34–35) Vᴼ cap. K 6, 2; Vᵂ cap. K 6, 3; PM cap. K 8, 2; *deest in* K ᵗˣᵗ ⁽ˡᵃᶜ·⁾ Hᴵ Lᵇ; PG 96, 80, 35

---

1 Titlos (a) Τίτλος – αὐτῶν] *supplevi e* Kᵖⁱⁿ, *desunt in* Kᵗˣᵗ ⁽ˡᵃᶜ·⁾   2 Titlos (b)   ς′] *propt. mg. resect. non liquet in* Aᴵ ᵖⁱⁿ (ς′ *exspectav.*), *praem.* τίτλος Vᵂ ᵗˣᵗ   3 Titlos (c) προνοίας] *praem.* τῆς M

II¹1348 *praem.* τοῦ M II¹1349 (a) Vᵂ PM (b) πρα *(sic)* VᴱVᴼ

---

7 αὐτῆς M

II¹1350 / V cap. K 6, 3 (K cap. K 12)

Σιράχ·

Κτήνη σοι εἰσίν; Ἐπισκέπτου αὐτά·
καὶ εἰ ἔστι σοι χρήσιμα, ἐμμενέτω σοι.

---

3 – 4 **II¹1350** Sir. 7, 22¹⁻² (Wahl, *Sirach-Text*, p. 65)

---

2 – 4 **II¹1350** Vᴱ (148v[35]35–149r1) Vᴼ cap. K 6, 3; Vᵂ cap. K 6, 4; *deest in* Kᵗˣᵗ ⁽ˡᵃᶜ·⁾ Hᴵ Lᵇ; PM cap. K 8, 3; PG 96, 80, 36–37

II¹1350 σιραχ Vᵂ, τοῦ σηραχ M

---

3 κτηνη σοι ἐστὶν M

748

<Τίτλος ιγ′>   <Περὶ κτισμάτων καὶ οἰκοδομημάτων.>

<***>

---

1 Titlos K^pin, *deest in* K^txt (lac.)

---

1 Titlos   Τίτλος ιγ′] *supplevi (secund. ser.* K^pin), *non liquent in* K^pin, *deest in* K^txt (lac.)   Περὶ – οἰκοδομημάτων] *supplevi e* K^pin, *desunt in* K^txt (lac.)   κτισμάτων] *scripsi,* κτησμάτων K^pin

---

2 *loci sub hoc titulo adlati desunt in* K^(lac.)

<Τίτλος ιδ'>   <Περὶ καθαιρόντων ἐν πυρὶ καὶ οἰωνιζομένων καὶ κληδονιζομένων.>

II¹1351 / K cap. K 14, 1

<***> τινὰ ὡς φόβητρα καὶ μορμολύκια τῶν κατεχόντων δεινῶν,
5 ὡς κερδάναι μὲν τοὺς ἀνοήτως ἐνολισθήσαντας πλέον οὐδὲν ἢ
τὴν κουφότητα, ἀδρῦν<αι> δὲ ἐκείνων τὰ βαλάντια τῇ προσδο-
κηθείσῃ θεραπείᾳ.

---

1 - 2 Περὶ – κληδονιζομένων] cf. II¹ / Kᵖⁱⁿ Παραπομπαὶ Ε 5 et Μ 6 et Τ 3 1 οἰωνι-
ζομένων] cf. II¹ / Kᵖⁱⁿ Παραπομπὴ Ο 16

4 - 7 II¹1351 locus non repertus

1 - 2 Titlos Kᵖⁱⁿ, deest in Kᵗˣᵗ ⁽ˡᵃᶜ·⁾ 4 - 7 II¹1351 K cap. K 14, 1 (191r20–191v1)

1 - 2 Titlos   1 Τίτλος ιδ'] supplevi (secund. ser. Kᵖⁱⁿ), non liquent in Kᵖⁱⁿ, deest in
Kᵗˣᵗ ⁽ˡᵃᶜ·⁾   1 - 2 Περὶ – κληδονιζομένων] supplevi e Kᵖⁱⁿ, desunt in Kᵗˣᵗ ⁽ˡᵃᶜ·⁾

II¹1351 s. d. K

4 initium huius loci deest in K⁽ˡᵃᶜ·⁾   φόβητρα] scripsi, φόβετρα K   6 ἀδρῦναι]
scripsi, ἀδρῦν Κ

*II²/
R cap. K 6 Τίτλος ιε′ Περὶ κομπαζόντων καὶ φουμιζόντων.

θ′ Περὶ κομπαζόντων καὶ φουμιζόντων.

γ′ Περὶ κομπαζόντων καὶ φανταζομένων.

*II²1741 /
R cap. K 6, 1   **II¹1352 / K cap. K 15, 1**

Τῶν Παροιμιῶν·   5

Κρεῖσσον ἀνὴρ ἐν ἀτιμίᾳ δουλεύων ἑαυτῷ
ἢ τιμὴν ἑαυτῷ περιτιθεὶς καὶ προσδεόμενος ἄρτου.

*II²1742 /
R cap. K 6, 2   **II¹1353 / K cap. K 15, 2**

Τῶν αὐτῶν·

Εἰσὶν οἱ πλουτίζοντες ἑαυτούς, μηδὲν ἔχοντες.   10

---

10 exstat etiam ap. Ps.-Max. Conf., *Loci communes*, 34.6./5. (ed. Ihm, p. 665–666)

---

6 – 7 II¹1352 Prov. 12, 9¹⁻² (Wahl, *Proverbien-Text*, p. 61–62)   10 II¹1353 Prov.
13, 7¹ (Wahl, *Proverbien-Text*, p. 66)

---

1 Titlos (a) K (191v1–2)   2 Titlos (b) V Aᴵ ᵖⁱⁿ; *deest in* HᴵAᴵ ᵗˣᵗ   3 Titlos (c)
PMLᵇ ᵖⁱⁿ (*cf.* *II² / R cap. K 6 titlos); *deest in* Lᵇ ᵗˣᵗ   5 – 7 II¹1352 K cap. K 15, 1
(191v[2]3–5); V cap. K 9, 1; PM cap. K 3, 1; *deest in* Hᴵ Lᵇ; PG 96, 81, 32–33
9 – 10 II¹1353 K cap. K 15, 2 (191v[5]6); V cap. K 9, 2; PM cap. K 3, 2; *deest in* Hᴵ
Lᵇ; PG 96, 81, 34

---

2 Titlos (b)   κομπαζόντων] *propt. mg. resect. non liquet in* Aᴵ ᵖⁱⁿ (θ′ *secund. ser.*),
praem. τίτλος Vᵂ ᵗˣᵗ   φουμιζόντων] φημιζόντων Vᵂ ᵖⁱⁿ, φανταζομένων Vᵂ ᵗˣᵗ   3
Titlos (c)   καὶ φανταζομένων] *om.* Mᵖⁱⁿ

II¹1352 (a) K Vᵂ PM   Τῶν] *om.* Vᵂ PM   (b) πρα (*sic*) VᴱVᴼ   II¹1353 (a) K P   (b)
Τοῦ Σιράχ (σηράχ *cod.*) M   (c) *s. a.* V

---

6 κρεισσων P 7 ἢ] *add.* ὁ PM

II¹1354 / K cap. K 15, 3

Τοῦ Σιράχ·

Μὴ γίνου πτωχὸς συμβολοκοπῶν ἐκ δανεισμοῦ,
καὶ οὐδέν σοι ἐστὶν ἐν μαρσίππῳ·
5 ἔσῃ γὰρ ἐπίβουλος τῆς ἰδίας ζωῆς.

II¹1355 / K cap. K 15, 4

*II²1745 /
R cap. K 6, 5

Τοῦ ἁγίου Γρηγορίου Νύσης, ἐκ τῶν εἰς τοὺς μακαρισμούς·

Τὸ ἐπὶ πλούτῳ κομπάζειν ἢ γένει σεμνύνεσθαι ἢ πρὸς δόξαν ὁρᾶν
ἢ τὸ δοκεῖν ὑπὲρ τὸν πέλας εἶναι, δι᾽ ὧν αἱ ἀνθρώπιναι πληροῦν-
10 ται τιμαί, ταῦτα πάντα καθαίρεσις τῆς ἀνθρωπίνης τιμῆς καὶ ὄνει-
δος γίνονται.

---

8 – 11 exstat etiam ap. Ps.-Max. Conf., *Loci communes*, 34.20./15. (ed. Ihm, p. 671)

---

3 – 5 II¹1354 Sir. 18, 33¹⁻³ (Wahl, *Sirach-Text*, p. 97)   8 – 11 II¹1355 GREGORIUS
NYSSENUS, *De beatitudinibus*, II (ed. Callahan, p. 98, 9 – 13)

---

2 – 5 II¹1354 K cap. K 15, 3 (191v[6]7–9); V cap. K 9, 3; PM cap. K 3, 3; *deest in* Hᴵ
Lᵇ; PG 96, 81, 35 – 37   7 – 11 II¹1355 K cap. K 15, 4 (191v[9]10 – 14); V cap. K 9, 4;
PM cap. K 3, 4; *deest in* Hᴵ Lᵇ; PG 96, 81, 38 – 41

II¹1354 (a) K V P σιραχ K (b) *s. d.* M II¹1355 (a) K (b) Τοῦ Νύσσης, εἰς τοὺς μα-
καρισμούς PM νυσσης M, νυσις P (c) Τοῦ Νύσης V Τοῦ] *om.* Vᵂ

3 συμβολοκοπῶν] *scripsi (LXX)*, -βολοκοπον P, -βολοκόπος M, -βουλοκοπῶν K V
(*cf. LXX in app. crit.*)   δανεισμου P, δανεῖς μοῦ M, δανισμου K, δανεισμάτων
VᴱVᴼ   4 μαρσίπω VᴱVᴼ M   8 Τὸ] τῷ M   γένη VᴱVᴼ, γενέσει P   8 – 9 ἢ² –
εἶναι] *om.* VᴱVᴼ   9 τὸν] τῶν M   ἀνθρώπινοι K   10 καθαίρεσης *(sic)* Vᴱ, καθαι-
ρεσης P   ἀνθρωπίνης] ψυχικῆς *ed.*   τιμῆς] *praem.* ζωῆς καὶ VᴱVᴼ   11 γίνεται
(γι- M*)* Vᴱ M

II¹1356 / K cap. K 15, 5

Τοῦ θεολόγου Γρηγορίου, ἐκ τῶν Ἐπῶν·

Τίς χάρις, ἣν σὺ	Τίς χάρις, ἐὰν σὺ
πίθηκον ἔχῃς,	πίθηκον ἔχῃς,
βροτοειδέα λώβην,	ἀνθρωπόμορφον ὕβριν, 5
Χρυσίοισι βρόχοισι	χρυσοῖς σχοινίοις
δέρην περιγυρωθέντα;	τὸν τράχηλον περικυκλωθέντα;
Οὐ γὰρ κόσμος ἄμειψε	Οὐ γὰρ ὁ καλλωπισμὸς ἤλλαξε
γελώϊον	τὸ γέλωτος ἄξιον
εἶδος ἐλαφρόν.	εἶδος καὶ μωρόν. 10
Τίς δὲ χάρις	Ποία δὲ χάρις
κάνθωνι	τῷ ὄνῳ
φέρειν χρυσοῖο	βαστάζειν χρυσοῦ
τάλαντα;	τάλαντα;
Κάνθων	Ὁ ὄνος 15
καὶ πολύχρυσος ἐὼν	καὶ πολύχρυσος ὑπάρχων
ὀγκηθμὸν ἀείδει·	†ὀγκᾶσθαι ἄδει†·
Οὐδὲ χάρις μολίβοιο	οὐδὲ χάρις ἀπὸ μολίβδου
τετυγμένα	κατεσκευασμένα

---

3 - 753, 8   II¹1356 GREGORIUS NAZIANZENUS, *Carmina*, II,2,4 *(Nicobuli filii ad patrem)*, 173–180 (ed. Moroni, p. 86)

2 - 753, 8   II¹1356 K cap. K 15, 5 (191v[14]15–192r15) *(Versio primitiva et paraphrasis)*; V cap. K 9, 5; PM cap. K 3, 5; E cap. 159, 78 *(Versio primitiva deest in V PM E); deest in* Hᴵ Lᵇ; PG 96, 81, 42 – 84, 2

II¹1356 (a) K PM   Γρηγορίου] *om.* PM   Ἐπῶν] ἐπιστολῶν M   (b) Τοῦ Θεολόγου Vᴱⱽᴼ   (c) Θεολόγου Vᵂ E

3 - 7   Τίς² – περικυκλωθέντα] *om.* E   3   ἐὰν σὺ] ἐν σοι M   4   πίθηκον²] πίθικον Vᵂ, πείθικον Vᴱⱽᴼ   ἔχεις Vᴱⱽᴼ PM   8   Οὐ γὰρ²] οὐκ οἶδεν E   ὁ] *om.* K   ἤλλαξε] ἀλλάσσειν E   9   γέλωτος] γελωτων P, γένος M   10   εἶδος²] σχῆμα Vᴱ ᵃ· ᶜ· Vᴼ, σχῆμα Vᴱ ᵖ· ᶜ·   καὶ μωρόν] *om.* E   12   τῷ] *om.* Vᵂ   13   βαστάζει Vᴼ   15   ὄνος] *add.* γὰρ E   17   ὀγκηθμὸν] *scripsi (ed.)*, ὀγκήμον K   †ὀγκᾶσθαι ἄδει†] *cruces apposui, sic* K, ὀγκᾶσθαι ἄδει V P, ὀγκᾶσθαι οἶδεν *(sic)* M *(cf.* *II²)*, οἶδεν ὀγκᾶσθαι E   18 - 753, 8   οὐδὲ – κουφισθῇ] *om.* E   18   οὐδὲ] οὐδεν M   χάρις²] *add.* καὶ P   19   τετυγμένα] *correxi (ed.)*, τετευμένα K   κατασκευασμένα K VᵂVᴼ P

φάσγανα
κεύθειν

Ἀργυρέοις κολεοῖσι,
τὰ μὴ πολέμοισιν
5 ὄνειαρ.

Τοῖος γὰρ βροτός ἐστιν,
ὅτ᾽ ἔκτοθεν
μοῦνον ἀερθῇ.

ξίφη
κρύπτειν

ἀργυραῖς θήκαις,
ἅπερ μὴ τοῖς πολέμοις
ὠφελεῖ.

Τοιοῦτός ἐστιν ἄνθρωπος,
ὅταν τοῖς ἔξωθεν
μόνον ἐπαρθῇ καὶ κουφισθῇ.

---

1 ξίφει Vᴱ   4 πολέμοις] *scripsi*, πολεμίοις K V PM   5 ὀφελεῖ K   6 Τοιοῦτός ἐστιν]
τοιοῦτος τις ἐστιν M   8 μόνον] *om.* V PM

Στοιχεῖον Λ

Τίτλος α′   Περὶ λόγου καὶ τῆς ἀπ' αὐτοῦ δυνάμεως.

II¹1357 / K cap. Λ 1, 1

Τῶν Παροιμιῶν·

Κηρία μέλιτος λόγοι καλοί,   5
γλυκασία δὲ αὐτῶν ἴασις ψυχῆς.

II¹1358 / K cap. Λ 1, 2

Τῶν αὐτῶν·

Τιμᾶν χρὴ λόγους ἐνδόξους.

II¹1359 / K cap. Λ 1, 3   10

Τῶν αὐτῶν·

Εἰσὶ λόγοι πολλοὶ πληθύνοντες ματαιότητα.

---

5 – 6 II¹1357 Prov. 16, 24[1-2] (Wahl, *Proverbien-Text*, p. 83)   **9** II¹1358 Prov. 25, 27[2] (Wahl, *Proverbien-Text*, p. 127)   **12** II¹1359 Prov., re vera Eccle. 6, 11[1] (Wahl, *Kohelet-Text*, p. 159)

1 Stoicheion K[txt] (192r16) K[pin]   **2 Titlos** K (192r16–17)   **4 – 6** II¹1357 K cap. Λ 1, 1 (192r[17]18–19)   **8 – 9** II¹1358 K cap. Λ 1, 2 (192r[19]20)   **11 – 12** II¹1359 K cap. Λ 1, 3 (192r[20]21)

II¹1360 / K cap. Λ 1, 4

Τῶν αὐτῶν·

Φοβερὸς λόγος ταράσσει καρδίαν ἀνδρὸς δικαίου.

II¹1361 / K cap. Λ 1, 5

5 Τοῦ Ἐκκλησιαστοῦ·

Λόγος λυπηρὸς ἐγείρει ὀργάς.

II¹1362 / K cap. Λ 1, 6

Τοῦ αὐτοῦ·

Λόγοι σοφῶν ὡς τὰ βούκεντρα
10 καὶ ὡς ἧλοι πεπυρωμένοι.

II¹1363 / K cap. Λ 1, 7

Τοῦ αὐτοῦ·

Πάντες οἱ λόγοι ἔγκοποι.

---

3 II¹1360 Prov. 12, 25¹ (Wahl, *Proverbien-Text*, p. 64)   6 II¹1361 Eccle., re vera Prov. 15, 1³ (Wahl, *Proverbien-Text*, p. 74)   9 – 10 II¹1362 Eccle. 12, 11$^{1-2}$ (Wahl, *Kohelet-Text*, p. 174)   13 II¹1363 Eccle. 1, 8¹ (Wahl, *Kohelet-Text*, p. 147)

---

2 – 3 II¹1360 K cap. Λ 1, 4 (192r[21]22); Lᶜ cap. A 27, 4   5 – 6 II¹1361 K cap. Λ 1, 5 (192r[22]23); Lᶜ cap. A 27, 6   8 – 10 II¹1362 K cap. Λ 1, 6 (192r[23]24)   12 – 13 II¹1363 K cap. Λ 1, 7 (192r[24]192v1)

II¹1360 (a) K (b) *s. a.* Lᶜ II¹1361 (a) K (b) *s. a.* Lᶜ

---

3 ταράσσει] *post* καρδίαν *transpos.* Lᶜ   δικαίου] *om.* K   6 ὀργήν K

II¹1364 / K cap. Λ 1, 8

Τοῦ αὐτοῦ·

Λόγοι σοφῶν ἐν ἀναπαύσει εἰσακούονται
ὑπὲρ κραυγὴν ἐξουσιαζόντων ἐν ἀφροσύνη.

II¹1365 / K cap. Λ 1, 9

5

Τοῦ Σιράχ·

Κρείσσων λόγος ἢ δόσις·
οὐκ ἰδοὺ λόγος ὑπὲρ δόματα ἀγαθόν;
Καὶ ἀμφότερα παρὰ ἀνδρὶ κεχαριτωμένῳ.

II¹1366 / K cap. Λ 1, 10

10

Τοῦ αὐτοῦ·

Ἔστι λέξις ἀντιπεριβεβλημένη θανάτῳ.

II¹1367 / K cap. Λ 1, 11

Τοῦ αὐτοῦ·

Γεώργιον ξύλου ἐκφαίνει ὁ καρπὸς αὐτοῦ,
οὕτως λόγος ἐνθυμήματος καρδίαν ἀνθρώπου.

15

---

3 – 4 II¹1364 Eccle. 9, 17¹⁻² (Wahl, *Kohelet-Text*, p. 168)   7 – 9 II¹1365 Sir. 18, 16²–17² (Wahl, *Sirach-Text*, p. 95 –96)   12 II¹1366 Sir. 23, 12¹ (Wahl, *Sirach-Text*, p. 110)   15 – 16 II¹1367 Sir. 27, 6¹⁻² (Wahl, *Sirach-Text*, p. 118)

2 – 4 II¹1364 K cap. Λ 1, 8 (192v[1]2–3); Lᶜ cap. A 27, 12   6 – 9 II¹1365 K cap. Λ 1, 9 (192v[3]4–6)   11 – 12 II¹1366 K cap. Λ 1, 10 (192v[6]7); Lᶜ cap. A 27, 11 14 – 16 II¹1367 K cap. Λ 1, 11 (192v[7]8–9); Lᶜ cap. A 27, 20

II¹1364 (a) K (b) *s. a.* Lᶜ II¹1366 (a) K (b) *s. a.* Lᶜ II¹1367 (a) K (b) *s. a.* Lᶜ

3 ἀκουσθήσονται Lᶜ   8 δόμα *LXX*   ἀγαθόν] *correxi (LXX)*, ἀγαθῶν K   9 ἀφότερα Kᵃˑᶜ·   12 ἀντιπεριβεβλημένη] *sic* K Lᶜ *(cf. etiam* *II²1546 / T cap. E 46, 6)*, ἀντιπαραβεβλημένη *LXX (cf. autem app. crit.)*   θάνατον K

II¹1368 / K cap. Λ 1, 12

Τοῦ αὐτοῦ·

Ἀρχὴ παντὸς ἔργου λόγος ἀγαθὸς ἡγείσθω.

II¹1369 / K cap. Λ 1, 13

5 Ματθαίου, ἐν κεφαλαίῳ ρκς΄·

Λέγω ὑμῖν ὅτι πᾶν ῥῆμα ἀργὸν ὃ ἐὰν λαλήσωσιν οἱ ἄνθρωποι, ἀποδώσουσιν λόγον περὶ αὐτοῦ ἐν ἡμέρᾳ κρίσεως· ἐκ γὰρ τῶν λόγων σου δικαιωθήσῃ, καὶ ἐκ τῶν λόγων σου κατακριθήσῃ.

II¹1370 / K cap. Λ 1, 14

10 Ἐκ τῆς Ἰακώβου ἐπιστολῆς·

Εἴ τις ἐν λόγῳ οὐ πταίει, οὗτος τέλειος ἀνήρ, δυνάμενος χαλιναγωγῆσαι καὶ ὅλον τὸ σῶμα αὐτοῦ.

II¹1371 / K cap. Λ 1, 15

Τοῦ ἁγίου Βασιλείου, ἐκ τοῦ εἰς τὸ Πρόσεχε σεαυτῷ·

15 Τοῦ λόγου τὴν χρῆσιν δέδωκεν ἡμῖν ὁ κτίσας ἡμᾶς θεός, ἵνα τὰς βουλὰς τῶν καρδιῶν ἀλλήλοις ἀποκαλύπτωμεν, καὶ διὰ τὸ κοινω-

---

6 – 8 exstat etiam ap. Ps.-Max. Conf., *Loci communes*, 40.1./47.1. (ed. Ihm, p. 725)

3 II¹1368 Sir. 37, 16¹ (Wahl, *Sirach-Text*, p. 147–148)   6 – 8 II¹1369 Matth. 12, 36–37   11 – 12 II¹1370 Iac. 3, 2   15 – 758, 14 II¹1371 BASILIUS CAESARIENSIS, *Homilia in illud:* Attende tibi ipsi *(Deut. 15, 9)*, 1 (ed. Rudberg, p. 23, 1–14)

2 – 3 II¹1368 K cap. Λ 1, 12 (192v[9]10)   5 – 8 II¹1369 K cap. Λ 1, 13 (192v [10, mg]11–14); Lᶜ cap. Α 27, 21   10 – 12 II¹1370 K cap. Λ 1, 14 (192v[14]15–16) 14 – 758, 14 II¹1371 K cap. Λ 1, 15 (192v[17]18–193r14)

II¹1369 (a) K (b) *s. a.* Lᶜ

6 – 7 Λέγω – κρίσεως] *om.* Lᶜ   7 ἀποδώσουσιν] *scripsi (NT)*, ἀποδώσωσιν K γὰρ] *om.* Lᶜ

νικὸν τῆς φύσεως ἕκαστος τῷ πλησίον μεταδιδῶμεν, ὥσπερ ἔκ τι-
νων ταμιείων, τῶν κρυπτῶν τῆς καρδίας προσφέροντες τὰ βου-
λεύματα. Εἰ μὲν γὰρ γυμνῇ τῇ ψυχῇ ζῶμεν, εὐθὺς ἂν ἀπὸ τῶν νοη-
μάτων ἀλλήλοις συνεγινόμεθα· ἐπειδὴ δὲ ὑπὸ παραπετάσματι, τῇ
σαρκί, καλυπτομένη ἡμῶν ἡ ψυχὴ τὰς ἐννοίας ἐργάζεται, ῥημά-　　5
των δεῖται καὶ ὀνομάτων πρὸς τὸ δημοσιεύειν τὰ ἐν τῷ βάθει
κείμενα. Ἐπειδὰν οὖν ποτε λάβηται φωνῆς σημαντικῆς ἡ ἔννοια
ἡμῶν, ὥσπερ πορθμ<ε>ίῳ τινί, τῷ λόγῳ ἡμῶν ἐποχουμένη, δια-
περάσασα τὸν ἀέρα, ἐκ τοῦ φθεγγομένου μεταβαίνει πρὸς τὸν
ἀκούοντα· κἂν μὲν εὕρῃ βαθεῖαν γαλήνην καὶ ἡσυχίαν, ὥσπερ λι-　　10
μέσιν εὐδίοις καὶ ἀχειμάστοις, ταῖς ἀκοαῖς τῶν μανθανόντων ὁ
λόγος ἐγκαθορμίζεται· ἐὰν δὲ οἷόν τις ζάλη τραχεῖα ὁ παρὰ τῶν
ἀκουόντων θόρυβος ἀντιπνεύσῃ, ἐν μέσῳ τοῦ ἀέρος διαλυθεὶς
ἐναυάγησεν.

II¹1372 / K cap. Λ 1, 16　　15

Ἐκ τοῦ λόγου τῆς Ἑξαημέρου γ'·

Ἑκάστῳ ἀνθρώπῳ πρότερον ἀπὸ τῶν νοημάτων τύπος ἐγγίνεται
τῇ νοήσει· ἔπειτα, μετὰ τὸ φαντασιωθῆναι, ἀπὸ τῶν ὑποκειμένων
τὰς οἰκείας καὶ προσφυεῖς ἑκάστου σημασίας ἐκλεγόμενος ἐξαγ-
γέλλει· εἶτα τῇ ὑπηρεσίᾳ τῶν φωνητικῶν ὀργάνων παραδιδοὺς τὰ　　20
νοηθέντα, οὕτω διὰ τῆς τοῦ ἀέρος τυπώσεως κατὰ τὴν ἔναρθρον
τῆς φωνῆς κίνησιν τὸ ἐν τῷ κρυπτῷ νόημα σαφηνίζει.

---

17 - 22　II¹1372 Basilius Caesariensis, *Homiliae in Hexaemeron*, III, 2 (ed. Men-
dieta†/Rudberg, p. 39, 23 – 40, 5)

16 - 22　II¹1372 K cap. Λ 1, 16 (193r[14]15–23)

1 μεταδιδῶμεν] *scripsi (ed.)*, μεταδίδωμεν K　　2 προσφέροντες] προφέροντες *ed.*
4 συνεγινόμεθα] *correxi (ed.)*, συνεγενώμεθα K　6 ὀνομάτων] *correxi (ed.)*, νοημά-
των K　　8 πορθμείῳ] *scripsi (ed.)*, πορθμίωι K　　12 ζάλη τραχεῖα] ζάληι τραχείαι
Kᵖ·ᶜ·　　17 πρότερον] ὁπότερον Kᵃ·ᶜ·ᵘᵗ ᵛⁱᵈᵉᵗᵘʳ　20 παραδιδοὺς] παραδοὺς II¹1217 / K
cap. K 1, 18 *(et ed.)*　22 τὸ] τῷ Kᵃ·ᶜ·

II¹1373 / K cap. Λ 1, 17

Ἐκ τῆς νγ′ ἐπιστολῆς·

Οὐδεὶς τῷ ὄντι γραφεὺς χαρακτῆρα σώματος οὕτως ἀκριβῶς ἐ-
κλαμβάνει, ὡς λόγος ἐξεικονίσαι τῆς ψυχῆς τὰ ἀπόρρητα δύναται.

5   **II¹1374 / K cap. Λ 1, 18**

Τοῦ θεολόγου ἁγίου Γρηγορίου, ἐκ τοῦ πρὸς τὸν ἄρχοντα καὶ
τοὺς πολιτευομένους·

Ὅπέρ ἐστιν ἐν σώματι τροφή, τοῦτο ἐν ψυχῇ λόγος.

II¹1375 / K cap. Λ 1, 19

10   Τοῦ αὐτοῦ, ἐκ τοῦ <***> σχεδιασθέντος·

Σιτίοις μὲν σῶμα, λόγῳ δὲ ψυχὴ τρέφεται.

---

10 cf. Greg. Naz., *De dogmate et constitutione episcoporum (Orat. 20)*, titulus (ed. Mossay/Lafontaine, p. 56 cum app. crit.)

---

3 – 4 II¹1373 BASILIUS CAESARIENSIS, *Epistulae*, CLXIII, 1–4 (ed. Courtonne, II, p. 96)   8 II¹1374 GREGORIUS NAZIANZENUS, *Ad praefectum et cives Nazianzenos (Orat. 17)*, 1 (PG 35, 965, 11–12)   11 II¹1375 GREGORIUS NAZIANZENUS, re vera *De theologia II (Orat. 28)*, 22, 15–16 (ed. Gallay/Jourjon, p. 146)

---

2 – 4 II¹1373 K cap. Λ 1, 17 (193r[23]24–193v2)   6 – 8 II¹1374 K cap. Λ 1, 18 (193v[2–3]4)   10 – 11 II¹1375 K cap. Λ 1, 19 (193v[5]6)

II¹1375 *ante* σχεδιασθέντος *legendum videtur* περὶ δόγματος καὶ καταστάσεως ἐπι-σκόπων

---

3 χαρακτῆρα σώματος] *correxi (ed.)*, χαρακτὴρ ἀσώματος K

II¹1376 / K cap. Λ 1, 20

Ἐκ τοῦ α′ στηλιτευτικοῦ·

Ἡ τοῦ λόγου δύναμις τοῖς μὲν ἐπιεικέσιν ἀρετῆς ὅπλον, τοῖς δὲ μοχθηροτέροις κέντρον κακίας γίνεται.

II¹1377 / K cap. Λ 1, 21

Ἐκ τῶν μονοστίχων Γνωμῶν·

Λύχνος βίου σοι παντὸς ἡγείσθω λόγος.

II¹1378 / K cap. Λ 1, 22

Ἐκ τοῦ εἰς τὸν ἅγιον Κυπριανόν·

Οὐ μικρὸν δύναται λόγος εἰς ἀνδρείας προσθήκην τοῖς ἀποδυο- 10
μένοις πρὸς τὸ τῆς ἀρετῆς στάδιον.

II¹1379 / K cap. Λ 1, 23

Ἐκ τοῦ περὶ εὐταξίας·

Φύσει μὲν ἅπας λόγος σαθρὸς καὶ εὐκίνητος καὶ διὰ τὸν ἀντιμα-
χόμενον λόγον ἐλευθερίαν οὐκ ἔχων. 15

---

3 – 4 II¹1376 GREGORIUS NAZIANZENUS, *Contra Iulianum imperatorem I (Orat. 4)*, 30, 2–4 (ed. Bernardi, p. 124–126) 7 II¹1377 GREGORIUS NAZIANZENUS, *Carmina*, I,2,30 *(Versus iambici acrostichi)*, 11 (PG 37, 909, 10) 10 – 11 II¹1378 GREGORIUS NAZIANZENUS, *In laudem Cypriani (Orat. 24)*, 14, 23–25 (ed. Mossay/Lafontaine, p. 72) 14 – 15 II¹1379 GREGORIUS NAZIANZENUS, *De moderatione in disputando (Orat. 32)*, 14, 14–16 (ed. Moreschini, p. 114)

---

2 – 4 II¹1376 K cap. Λ 1, 20 (193v[7]8–10) 6 – 7 II¹1377 K cap. Λ 1, 21 (193v[10] 11) 9 – 11 II¹1378 K cap. Λ 1, 22 (193v[11–12]13–15) 13 – 15 II¹1379 K cap. Λ 1, 23 (193v[15]16–18)

II¹1377 Γνωμῶν] *scripsi*, γνώμων K

II¹1380 / K cap. Λ 1, 24

Ἐκ τοῦ παρὰ Νικοβούλου πρὸς τὸν υἱὸν κεφαλαίου, τῶν Ἐπῶν·

Τέκνον ἐμόν,	Ὦ τέκνον ἐμόν,
μύθους ποθέων,	λόγους φιλῶν,
5 ποθέεις τὰ φέριστα,	φιλεῖς τὰ βέλτιστα,
Ἀλλ᾽ ἔμπης	ἀλλ᾽ ὅμως
τίω γε λόγων	τιμῶ τῶν λόγων
κλέος ἔξοχον	τὴν δόξαν πλέον καὶ
ἄλλων.	ἐξαιρέτως τῶν ἄλλων.
10 Μῦθοι γὰρ βιότοιο	Οἱ λόγοι γὰρ τοῦ βίου
θεμείλιον,	θεμέλιος,
οἵ μ᾽ ἀπὸ θηρίων	οἵτινές με ἀπὸ τῶν θηρίων
ἔσχισαν,	ἐμέρισαν,
Καὶ θεὸν ὑμνείω	καὶ τὸν θεὸν ὑμνῶ
15 μεγακυδέα,	μεγαλόδοξον,
οἷσιν ἀείρω	ἐν οἷς μεγαλύνω καὶ ὑψῶ
Τῆς φαενῆς	[καὶ] τῆς λαμπρᾶς
ἀρετῆς ὑψοῦ	ἀρετῆς εἰς ὕψος
κλέος, οἷσι	τὴν δόξαν, οἷστισιν
20 δαμάζω	ὑποτάσσω
Τῆ<ς> στυγερῆς	τῆς μισητῆς
κακίης πικρὸν	κακίας τὴν πικρὰν
σθένος.	δύναμιν.
Μῦθοι καὶ ζώοντι	Οἱ λόγοι τῷ ζῶντι

---

3 - 5 II¹1380 Τέκνον – φέριστα] GREGORIUS NAZIANZENUS, *Carmina*, II,2,5 (*Nicobuli patris ad filium*), 1 (ed. Moroni, p. 174)   6 - 23 Ἀλλ᾽ – σθένος] IBID., 164–169 (p. 184)   24 - 762, 6 Μῦθοι – ὅμοιον] IBID., 178–179 (p. 186)

---

2 - 763, 5 II¹1380 K cap. Λ 1, 24 (193v[18–19]19–194v24)

---

4 μύθους] *correxi (ed.)*, μύθον K   7 τίω] *scripsi (ed.)*, τία K   11 θεμείλιον] *scripsi (ed.)*, θεμιέλιον K   θεμέλιος] *scripsi*, θεμέλιος K   12 θηρίων¹] θηρῶν *ed.*   14 τὸν] *s. l.* K   15 μεγακυδέα] *correxi (ed.)*, μετακύδεα K   17 καὶ] *seclusi*   18 ὑψοῦ] *scripsi (ed.)*, ὕψου K   21 Τῆς στυγερῆς] *scripsi*, τῆστυγερῆς K

μόνῳ βίος
οὐκ ἐπιδεής,

Καὶ λαμπρὸν
πνείοντι
μέγα στέφος,
οὐδὲν ὅμοιον <***>.

Μῦθοι καὶ παθέεσσιν
ἄκος μέγα·
τοῖσι δαμάζω

Θυμὸν ὑπερζείοντα,
νόου νέφος·
οἷσιν ἀνίας

Εὐνάζω,
καὶ μέτρον
ἐϋφροσύνησ<ι>
τίθημι.

Μῦθος καὶ βασιλῆας
ἄγει, καὶ δῆμον
ἐφέλκει·

Ἔν τ᾽ ἀγορῇσι
τέθηλε,
καὶ ἐν θαλίῃσιν
ἀνάσσει·

Καὶ μόθον αἰχμάζει,
πρηΰν δέ τε φῶτα
τίθησιν,

Μαλθάσσων ἁπαλοῖσι

μόνῳ βίος
ἀνενδεής,

καὶ τῷ λαμπρῶς
ζῶντι
μέγα στέμμα   5
καὶ ἀσύγκριτον.

Οἱ λόγοι καὶ τοῖς πάθεσιν
θεραπεία μεγάλη·
οἷστισι ὑποτάσσω

ὀργὴν ὑπερζέουσαν,   10
λογισμοῦ σκότωσιν·
οἷστισι τὰς λύπας

καταπραΰνω,
καὶ μέτρον
τῇ εὐφροσύνῃ   15
τίθημι.

Λόγος καὶ τοὺς βασιλεῖς
πείθει, καὶ τὸν δῆμον
προτρέπεται·

ἐν ταῖς ἀγοραῖς   20
θάλλει καὶ λάμπει,
καὶ ἐν εὐωχίαις
βασιλεύει·

καὶ τὴν μάχην καταπολεμεῖ,
πραΰν δὲ τὸν ἄνδρα   25
τίθησιν,

τιθασσεύων τοῖς ἁπαλοῖς

---

7 - 16 Μῦθοι – τίθημι[1]] GREGORIUS NAZIANZENUS, *Carmina*, II,2,5 *(Nicobuli patris ad filium)*, 182–184 (ed. Moroni, p. 186)   17 – 763, 2 Μῦθος – λόγοισι] IBID., 188–191 (p. 186)

2 ἐπιδεής] ἐπιδευής *ed.*   6 *post* ὅμοιον *quaedam excidisse videntur* (ἄνθεσιν εἰαρινοῖσιν ἄμ᾽ ἠοῖ κειρομένοισι, / θνήσκουσιν δ᾽ ἄρ᾽ ἔπειτα πρὸ ἤματος ὀλλυμένοιο *ed.*), *in paraphrasi autem nihil deesse videtur*   15 ἐϋφροσύνῃσι] *correxi (ed.)*, εὐφροσύνης Κ   24 αἰχμάζει] *correxi (ed.)*, ἐκμάζει Κ

καὶ αἱμυλίοισι
λόγοισι.

καὶ κολακευτικοῖς
λόγοις.

Μῦθός τε γὰρ
βροτοῖς αἰδοῖϊον
5 ἄνδρα τίθησιν.

Ὁ λόγος γὰρ
τοῖς ἀνθρώποις αἰδέσιμον
τὸν ἄνδρα ποιεῖ.

II¹1381 / K cap. Λ 1, 25

Τοῦ θαυματοποιοῦ ἁγίου Γρηγορίου, ἐκ τοῦ εἰς Ὠριγένην προσ-
φωνητικοῦ·

Δεινόν τε καὶ εὔστροφον χρῆμα λόγος ἀνθρώπων, ποικίλος τε
10 τοῖς σοφίσμασιν καὶ ὀξύς, εἰσδραμὼν εἰς τὰς ἀκοάς, τυπῶσαί τε
τὸν νοῦν καὶ προθέσθαι, καὶ ἀναπείσας τοὺς ἅπαξ ἁρπαχθέντας,
ὡς ἀληθῶς ἀγαπᾶσθαι καὶ μένειν ἔνδον, κἂν ψευδὴς κἂν ἀπατη-
λὸς ᾖ, ὥσπέρ τις γόης κρατῶν, ὑπέρμαχον ἔχων αὐτὸν τὸν ἠπα-
τημένον.

15   II¹1382 / K cap. Λ 1, 26

Φίλωνος, ἐκ τοῦ περὶ γεωργίας·

Τὸν κατὰ φιλοσοφίαν λόγον, τρίδυμον ὄντα, τοὺς παλαιοὺς ἀγρῷ
φασὶν ἀπεικάσαι, τὸ μὲν φυσικὸν αὐτοῦ δένδροις καὶ φύλλοις
παραβάλλοντας, τὸ δὲ ἠθικὸν καρποῖς, τὸ δὲ λογικὸν φραγμῷ καὶ
20 περιβόλῳ.

---

17 – 20   cf. Chrysipp. Stoic., *Fragmenta logica et physica*, SVF II, 39 (ed. Arnim, p.
16, 10–14)

3 – 5 Μῦθός – τίθησιν] IBID., 207 (p. 188)   9 – 14 II¹1381 GREGORIUS THAU-
MATURGUS, *In Origenem oratio panegyrica*, XIII, 29–35 (155) (ed. Crouzel, p. 160)
17 – 20 II¹1382 PHILO IUDAEUS, *De agricultura*, 14 (ed. Wendland, p. 97, 24 – 98,
3)

7 – 14 II¹1381 K cap. Λ 1, 25 (195r[1]2–8)   16 – 20 II¹1382 K cap. Λ 1, 26 (195r
[8]9–13)

17 κατὰ φιλοσοφίαν] *correxi (ed.)*, καταφιλοσοφίας K   18 τὸ] *correxi (ed.)*, τὸν K
19 παραβάλλοντας] *correxi (ed.)*, παραβαλόντες K

II¹1383 / K cap. Λ 1, 27

Τοῦ αὐτοῦ, ἐκ τοῦ κατὰ Φλάκκον·

Λόγος πηγὴ φρονήσεως.

---

3   cf. Phil. Iud., *De specialibus legibus*, I, 277 (ed. Cohn, p. 67, 7)

---

3   **II¹1383** PHILO IUDAEUS, *In Flaccum*, locus non repertus (deest apud Royse)

---

2 – 3   **II¹1383** K cap. Λ 1, 27 (193r[13]14)

Τίτλος β′   Περὶ λοιδορίας.

β′   Περὶ λοιδορίας.

α′   Περὶ λοιδορίας.

ΙΙ¹1384 / K cap. Λ 2, 1

5 Τῆς Ἐξόδου·

Ἐλοιδορεῖτο ὁ λαὸς πρὸς Μωϋσῆν, καὶ ἔλεγον· Δὸς ἡμῖν ὕδωρ,
ἵνα πίωμεν. Καὶ εἶπεν αὐτοῖς Μωϋσῆς· Τί λοιδορεῖσθέ μοι, καὶ τί
πειράζετε κύριον; Ἐδίψησεν δὲ ὁ λαὸς ὕδατι, καὶ ἐγόγγυζεν ἐκεῖ ὁ
λαὸς ἐπὶ Μωϋσῆν, λέγων· Ἱνατί τοῦτο ἀνεβίβασας ἡμᾶς ἐξ Αἰγύ-
10 πτου, ἀποκτεῖναι ἡμᾶς καὶ τὰ κτήνη ἡμῶν τῇ δίψῃ;

ΙΙ¹1385 / K cap. Λ 2, 2

Ἀπὸ τῶν Ἀριθμῶν·

Οὐκ ἦν ὕδωρ ἐν τῇ συναγωγῇ, καὶ συνηθροίσθησαν ἐπὶ Μωϋσῆν
καὶ Ἀαρών. Καὶ ἐλοιδορεῖτο ὁ λαὸς πρὸς Μωϋσῆν, λέγοντες· Ὤ-
15 φελον ἀπολώμεθα ἐν τῇ ἀπωλείᾳ τῶν ἀδελφῶν ἡμῶν ἔναντι κυ-
ρίου· καὶ ἱνατί ἀνήγαγες τὴν συναγωγὴν κυρίου εἰς τὴν ἔρημον
ταύτην, ἀποκτεῖναι ἡμᾶς καὶ τὰ κτήνη ἡμῶν;

---

6 - 10 ΙΙ¹1384 Ex. 17, 2–3   13 - 17 ΙΙ¹1385 Num. 20, 2–4

---

1 **Titlos (a)** K (195r14)   2 **Titlos (b)** V A^I pin; *deest in* H^I A^I txt   3 **Titlos (c)**
PML^b pin; *deest in* L^b txt   5 - 10 ΙΙ¹1384 K cap. Λ 2, 1 (195r[14]15–21); *deest in* V H^I
PML^b   12 - 17 ΙΙ¹1385 K cap. Λ 2, 2 (195r[21]22–195v3); *deest in* V H^I PML^b

---

2 **Titlos (b)**   β′] *propt. mg. resect. non liquet in* A^I pin (β′ *secund. ser.*), *praem.*
τίτλος V^W txt

---

7 Τί] *correxi (LXX)*, ὅτι K   τί] ὅτι K^a. c.   9 ἀνεβίβασας] *correxi (LXX)*, ἀναβίβα-
σας K

II¹1386 / K cap. Λ 2, 3

Τῶν Παροιμιῶν·

Οἱ ἐκφέροντες λοιδορίας ἀφρονέστατοί εἰσιν.

II¹1387 / K cap. Λ 2, 4

Τῶν αὐτῶν·   5

Δόξα ἀνδρὸς ἀποστρέφεσθαι λοιδορίας,
πᾶς δὲ ἄφρων τοιούτοις συμπλέκεται.

II¹1388 / K cap. Λ 2, 5

Τῶν αὐτῶν·

Κρεῖττον οἰκεῖν ἐπὶ γωνίας δώματος   10
ἢ μετὰ γυναικὸς λοιδόρου ἐν οἰκίᾳ κοινῇ.

---

3 II¹1386 Prov. 10, 18² (Wahl, *Proverbien-Text*, p. 53)   **6 – 7** II¹1387 Prov. 20, 3¹⁻²
(Wahl, *Proverbien-Text*, p. 96–97)   **10 – 11** II¹1388 Prov. 25, 24¹⁻² (Wahl, *Prover-
bien-Text*, p. 126)

---

2 – 3 II¹1386 K cap. Λ 2, 3 (195v[3]4); V cap. Λ 2, 1; PM cap. Λ 1, 1; *deest in* H¹ L^b;
PG 96, 93, 38–39   **5 – 7** II¹1387 K cap. Λ 2, 4 (195v[4]5–6); V cap. Λ 2, 2; PM cap.
Λ 1, 2; *deest in* H¹ L^b; PG 96, 93, 39–40   **9 – 11** II¹1388 K cap. Λ 2, 5 (195v[6]7–8);
V cap. Λ 2, 3; PM cap. Λ 1, 3; *deest in* H¹ L^b; PG 96, 93, 40–42

II¹1386 Τῶν] *om.* V PM   II¹1387 (a) K P   (b) Τοῦ αὐτοῦ M   (c) *s. a.* V   II¹1388 (a) K
V^W (b) *s. a.* V^E V^O P (c) *s. d.* M

---

3 ἀφρονέστατοί εἰσιν] ἀφρονέστατοι K   **6** δόξαν V^O   ἀποστρέφεσθε V^E V^O   **7**
ἄφρον K   τοιοῦτος P   ἐμπλέκεται (εμ- P) V P   **10** κρεῖσσον M   γονείας V^E V^O
δόματος K V^E V^O M

II¹1389 / K cap. Λ 2, 6

*II²1865 /
R cap. Λ 1, 6

Τῶν αὐτῶν·

Ἐσχάρα ἄνθραξι καὶ ξύλα πυρί,
ἀνὴρ δὲ λοίδορος εἰς ταραχὴν μάχης.

II¹1390 / K cap. Λ 2, 7

*II²1866 /
R cap. Λ 1, 7

Ἀπὸ τοῦ Σιράχ·

Πρὸ πυρὸς ἀτμὶς καμίνου καὶ καπνός·
οὕτως πρὸ αἱμάτων λοιδορίαι.

<II¹suppl. 335 / V cap. Λ 2, 5>

*II²1867 /
R cap. Λ 1, 8

II¹1391 / K cap. Λ 2, 8

Τοῦ ἁγίου Βασιλείου, ἐκ τῶν κανονικῶν διατάξεων·

Λοιδορία ἐστὶ πᾶν ῥῆμα ἐκ διαθέσεως τοῦ ἀτιμάσαι λεγόμενον,
κἂν ἀγαθὸν ᾖ μὴ ὑβριστικὸν εἶναι δοκῇ.

---

7 – 8 exstat etiam ap. Ps.-Max. Conf., *Loci communes*, 69.6./40.6. (ed. Ihm, p. 1012)
9 II¹suppl. 335 cf. *Sacra*. Liber II. *Supplementum* (Band VIII/8)

3 – 4 II¹1389 Prov. 26, 21¹⁻² (Wahl, *Proverbien-Text*, p. 129)   7 – 8 II¹1390 Sir.
22, 24¹⁻² (Wahl, *Sirach-Text*, p. 108)   12 – 13 II¹1391 BASILIUS CAESARIENSIS, *Asceticon magnum sive Quaestiones (regulae brevius tractatae)*, XXIV (PG 31, 1100, 18–20)

2 – 4 II¹1389 K cap. Λ 2, 6 (195v[8]9–10); *deest in* V H¹ PMLᵇ   6 – 8 II¹1390 K
cap. Λ 2, 7 (195v[10]11–12); V cap. Λ 2, 4; PM cap. Λ 1, 4; *deest in* H¹ Lᵇ; PG 96, 93,
43–44   11 – 13 II¹1391 K cap. Λ 2, 8 (195v[12]13–15); *deest in* V H¹ PMLᵇ

II¹1390 (a) K P (b) Σιράχ V M σιραχ Vᵂ

7 καὶ καπνός] *om.* K   καὶ] *om.* M   8 λοιδωρίν P   13 ᾖ] *scripsi*, εἰ K, *deest in ed.*
(*sed. cf. Bas. Caes., Asceticon magnum sive Quaestiones [regulae brevius tractatae],
XXIII [PG 31, 1100, 3]*)   δοκῇ] *scripsi*, δοκεῖ K

II¹1392 / K cap. Λ 2, 9

Τοῦ ἁγίου Ἰωάννου Κωνσταντινουπόλεως, ἐκ τῶν περὶ ἱερέων·

Οὐκ ἔστι λοιδορούμενον καὶ καταδικαζόμενον εἰκῆ μὴ ταράττεσθαι καὶ πάσχειν πρὸς τὴν ἀλογίαν.

II²1871 /
R cap. Λ 1, 12

II¹1393 / K cap. Λ 2, 10   5

Τοῦ αὐτοῦ, ἐκ τῆς κδ′ ὁμιλίας τοῦ κατὰ Ματθαῖον·

Κἄν τις βούληται κακηγορεῖν, μὴ τὸ κακῶς ἀκούειν ἀλγῶμεν, ἀλλὰ τὸ δικαίως ἀκούειν κακῶς. Ἄν μὲν γὰρ ἐν πονηρίᾳ ζῶμεν, κἂν μηδεὶς ὁ κακηγορῶν ᾖ, πάντων ἐσμὲν ἀθλιώτεροι· ἂν δὲ ἀρετῆς ἐπιμελώμεθα, κἂν ἡ οἰκουμένη λέγῃ κακῶς, τότε μᾶλλον ἐσό-   10
μεθα ζηλωτότεροι.

---

3 - 4 II¹1392 Iohannes Chrysostomus, *De sacerdotio*, III, 14, 53–55 (ed. Malingrey, p. 222) 7 - 11 II¹1393 Iohannes Chrysostomus, *In Matthaeum*, XV, 8 (PG 57, 234, 15–21)

---

2 - 4 II¹1392 K cap. Λ 2, 9 (195v[15]16–17); *deest in* V Hᴵ PMLᵇ 6 - 11 II¹1393 K cap. Λ 2, 10 (195v[17–18]19–24); V cap. Λ 2, 6; PM cap. Λ 1, 6; *deest in* Hᴵ Lᵇ; PG 96, 93, 49 - 96, 4

II¹1392 ἱερέων] *sic* Kᵖˑ ᶜˑ, ἱερῶν Kᵃˑ ᶜˑ II¹1393 (a) K κδ′] *sic* K (b) Τοῦ Χρυσοστόμου, εἰς τὸ κατὰ Ματθαῖον PM χρυσοστομου M, χρυσοτόμου P εἰς τὸ] εκ τοῦ *(sic)* M (c) Τοῦ Χρυσοστόμου V

---

3 - 4 ταράττεσθαι] *correxi (ed.)*, ταράγεσθε K 7 κἄν τι Vᵂ, καν τί P, κὰν ὅτι M βούλεται VᴱVᴼ PM κατηγορεῖν V, *add.* ἡμᾶς K ἀλγῶμεν] *om.* V PM 8 κακῶς] *om.* VᴱVᴼ ἐν] *om.* Vᵂ ᵃˑ ᶜˑ ˢˑ ˡˑ 9 ὁ] *om.* VᴱVᴼ κακηγορῶν] κατηγορῶν K VᵂVᴼ ᾖ] ἤ Vᵂ, εἴ P, καὶ Vᴱ ᵃˑ ᶜˑ ᵘᵗ ᵛⁱᵈᵉᵗᵘʳ, *om.* K M ἂν] ἐὰν M 10 ἐπιμελόμεθα VᴱVᴼ λέγει V PM 10 - 11 ἐσώμεθα K Vᵂ ᵃˑ ᶜˑ, ἐσμὲν PM 11 ζηλοτότεροι K, ζηλοτότεροι Vᵂ, ζηλωτοτεροι Pᵖˑ ᶜˑ, ζηλώτεροι (-λω- Pᵃˑ ᶜˑ) Pᵃˑ ᶜˑ M

II¹1394 / K cap. Λ 2, 11

Φίλωνος, ἐκ τοῦ περὶ γεωργίας·

Τῶν πάλαι τις κληθεὶς ἐπὶ λοιδορίας ἅμιλλαν, οὐκ ἂν εἰς τοιοῦτον
ἀγῶνα ἔφη παρελθεῖν, ἐν ᾧ χείρων ὁ νικῶν ἐστι τοῦ ἡττωμένου.

5   **II¹1395 / K cap. Λ 2, 12**   *II²1872 /
                                                                R cap. Λ 1, 1

Ἰωάννου τοῦ χρυσοστόμου·

Εἰ οἱ παραδεχόμενοι ἀκοὴν ματαίαν οὐκ ἂν τύχοιεν συγγνώμης,
οἱ διαβάλλοντες καὶ λοιδοροῦντες ποίαν ἕξουσιν ἀπολογίαν;

<II¹suppl. 336–338 / V cap. Λ 2, 8–10>   *II²1873–187
                                                    R cap. Λ 1,
                                                    14–16

---

7 – 8 exstat etiam ap. Ps.-Max. Conf., *Loci communes*, 10.14./14. (ed. Ihm, p. 245)
9 II¹suppl. **336–338** cf. *Sacra*. Liber II. *Supplementum* (Band VIII/8)

---

3 – 4 II¹1394 PHILO IUDAEUS, *De agricultura*, 110 (ed. Wendland, p. 117, 7–9)
7 – 8 II¹1395 IOHANNES CHRYSOSTOMUS, *De decem millium talentorum debitore*, 4
(PG 51, 23, 53–56)

---

2 – 4 II¹1394 K cap. Λ 2, 11 (195v[24–195br1]195br2–4); *deest in* V Hᴵ PMLᵇ
6 – 8 II¹1395 K cap. Λ 2, 12 (195br[4]5–7); V cap. Λ 2, 7; PM cap. Λ 1, 7; E cap.
159, 100; *deest in* Hᴵ Lᵇ; PG 96, 96, 5–7

II¹1395 (a) K (b) Τοῦ αὐτοῦ PM (c) *s. a.* V (d) Χρυσοστόμου E

Τίτλος γ′   Περὶ λιμοῦ καὶ τοῦ σῖτον ἐν ἀνάγκῃ μὴ πωλοῦντος,
καὶ ὅτι ἡ τοῦ λιμοῦ ἀνάγκη πολλὰ ἄθεσμα ποιεῖ.

γ′   Περὶ λιμοῦ καὶ τοῦ σῖτον ἐν ἀνάγκῃ μὴ πωλοῦντος, καὶ ὅτι
ἡ τοῦ λιμοῦ ἀνάγκη πολλὰ ἄθεσμα ποιεῖ.

β′   Περὶ λιμοῦ καὶ τῆς ἐκ τούτου ἀνάγκης.   5

II¹1396 / K cap. Λ 3, 1

Γενέσεως·

Σῖτος οὐκ ἦν ἐν πάσῃ τῇ γῇ· ἐνίσχυσε γὰρ ὁ λιμὸς σφόδρα· ἐξέλι-
πεν δὲ ἡ γῆ Αἰγύπτου καὶ ἡ γῆ Χαναὰν ἀπὸ τοῦ λιμοῦ. Συνήγαγεν
δὲ Ἰωσὴφ πᾶν τὸ ἀργύριον τὸ εὑρεθὲν ἐν Αἰγύπτῳ καὶ ἐν γῇ Χα-   10
ναὰν τοῦ σίτου, οὗ ἠγόραζον, καὶ ἐσιτομέτρει Ἰωσὴφ αὐτοῖς.

II¹1397 / K cap. Λ 3, 2

Καὶ μετ᾽ ὀλίγα·

Ἐξῆλθε τὸ ἔτος ἐκεῖνο, καὶ ἦλθον πρὸς αὐτὸν ἐν τῷ ἔτει τῷ δευ-
τέρῳ, καὶ εἶπον αὐτῷ· Μήποτε ἐκτριβῶμεν ἀπὸ τοῦ κυρίου ἡμῶν·   15
εἰ γὰρ ἐκλέλοιπεν τὸ ἀργύριον ἡμῶν καὶ τὰ ὑπάρχοντα καὶ τὰ
κτήνη πρὸς σὲ τὸν κύριον ἡμῶν, καὶ οὐχ᾽ ὑπολέλειπται ἡμῖν ἐναν-

---

1 - 2 Περὶ - ποιεῖ] cf. II¹ / Kᵖⁱⁿ Παραπομπαὶ Α 8 et Ε 6

8 - 11 II¹1396 Gen. 47, 13–14   14 - 771, 7 II¹1397 Gen. 47, 18–20

1 - 2 Titlos (a) K (195br7–9)   3 - 4 Titlos (b) V Aᴵ ᵖⁱⁿ; *deest in* HᴵAᴵ txt   5 Titlos
(c) PMLᵇ ᵖⁱⁿ (*cf.* *II² / R cap. Λ 3 titlos); *deest in* Lᵇ txt   7 - 11 II¹1396 K cap. Λ 3, 1
(195br[9]10–15); *deest in* V Hᴵ PMLᵇ   13 - 771, 7 II¹1397 K cap. Λ 3, 2 (195br[15]
15–195bv4); *deest in* V Hᴵ PMLᵇ

1 - 2 Titlos (a)   2 καὶ - ποιεῖ] *om.* Kᵖⁱⁿ   ἡ] *s. l.* Kᵗˣᵗ   3 - 4 Titlos (b)   3 γ′]
praem. τίτλος Vᵂ txt   καὶ¹ - πωλοῦντος] καὶ τῆς ἐκ τούτου ἀνάγκης Vᵂ txt Aᴵ ᵖⁱⁿ
(*cf.* PMLᵇ titlos, *infra, sub* [c])   τοῦ σῖτον] εἰ τὸν Vᴼ txt   πωλούντων Vᴱ ᵖⁱⁿ Vᴼ ᵖⁱⁿ
3 - 4 καὶ² - ποιεῖ] *om.* Vᴱ ᵖⁱⁿ Vᴼ ᵖⁱⁿ Aᴵ ᵖⁱⁿ   4 ἡ - ποιεῖ] πολλὰ ἄθεσμα τοῦ λιμοῦ
Vᴱ txt Vᴼ txt   ἄθεσμα] *add.* καὶ ἄτοπα Vᵂ txt   5 Titlos (c)   καὶ - ἀνάγκης] καὶ
λοιμοῦ Mᵖⁱⁿ (*cf.* II¹1411 / K cap. Λ 3, 16, lemma b), *sed cancellavit*

II¹1396 Γενέσεως] *scripsi*, κτίσεως K

τίον τοῦ κυρίου ἡμῶν ἀλλ᾽ ἢ τὸ ἴδιον σῶμα καὶ ἡ γῆ ἡμῶν. Ἵνα
οὖν μὴ ἀποθάνωμεν ἐναντίον τοῦ κυρίου ἡμῶν καὶ ἡ γῆ ἐρημωθῇ,
κτῆσαι ἡμᾶς καὶ τὴν γῆν ἡμῶν ἀντὶ ἄρτων, καὶ ἐσόμεθα καὶ ἡμεῖς
καὶ ἡ γῆ ἡμῶν παῖδες Φαραώ· δὸς ἡμῖν σπέρμα, ἵνα σπείρωμεν καὶ
5 ζήσωμεν καὶ μὴ ἀποθάνωμεν, καὶ ἡ γῆ ἡμῶν οὐκ ἐρημωθήσεται.
Καὶ ἐκτήσατο Ἰωσὴφ πᾶσαν τὴν γῆν τῶν Αἰγυπτίων τῷ Φαραώ·
ἐπεκράτησε γὰρ αὐτῶν ὁ λιμός.

II¹1398 / K cap. Λ 3, 3

Βασιλειῶν γ′·

10 Εἶπεν Ἡλίας ὁ Θεσβίτης πρὸς Ἀχαάβ· Ζῇ κύριος, ᾧ παρέστην
ἐνώπιον αὐτοῦ, εἰ ἔσται τὰ ἔτη ταῦτα δρόσος ἢ ὑετός, εἰ μὴ διὰ
λόγου στόματός μου. Καὶ ἐγενήθη ῥῆμα κυρίου πρὸς Ἡλίαν· Πο-
ρεύου ἐντεῦθεν κατὰ ἀνατολὰς καὶ κρύβηθι ἐν τῷ χειμάρρῳ Χω-
ρὰθ τῷ ἐπὶ προσώπου τοῦ Ἰορδάνου, καὶ ἐκ τοῦ χειμάρρου πίεσαι
15 ὕδωρ, καὶ τοῖς κόραξιν ἐντελοῦμαι τοῦ διατρέφειν σε ἐκεῖ. Καὶ
ἐπορεύθη Ἡλίας κατὰ τὸ ῥῆμα κυρίου, καὶ ἐκάθησεν ἐν τῷ χει-
μάρρῳ Χωρὰθ τῷ ἐπὶ προσώπου Ἰορδάνου, καὶ οἱ κόρακες ἔφερον
αὐτῷ ἄρτους καὶ κρέα τὸ δείλης. Καὶ μετ᾽ ὀλίγα ἐγένετο ῥῆμα
κυρίου πρὸς Ἡλίαν· Ἀνάστηθι καὶ πορεύθητι εἰς Σαρεπτὰ τῆς Σι-
20 δῶνος· ἰδοὺ ἐντέλλομαι ἐκεῖ γυναικὶ χήρᾳ τοῦ διατρέφειν σε. Καὶ
ἀνέστη καὶ ἐπορεύθη εἰς Σαρεπτὰ τῆς Σιδῶνος εἰς τὸν πυλῶνα
τῆς πόλεως. Καὶ ἰδοὺ ἐκεῖ γυνὴ χήρα συνέλεξε ξύλα· καὶ ἐβόησεν
Ἡλίας ὀπίσω αὐτῆς καὶ εἶπεν· Λάβε δή μοι ὀλίγον ὕδωρ εἰς ἄγγος,
καὶ πίομαι. Καὶ ἐβόησε πάλιν ὀπίσω αὐτῆς καὶ εἶπεν· Λήψῃ δή μοι
25 ψωμὸν ἄρτου ἐν τῇ χειρί σου, καὶ φάγομαι. Καὶ εἶπεν· Ζῇ κύριος ὁ
θεός, εἰ ἔστιν μοι ἐγκρυφίας, ἀλλ᾽ ἢ ὅσον δρὰξ ἀλεύρου ἐν τῇ ὑ-
δρίᾳ, καὶ ὀλίγον ἔλαιον ἐν τῷ καμψάκῃ· καὶ ἰδοὺ ἐγὼ συλλέγω

10 – 18 II¹1398 Εἶπεν – δείλης] III Reg. 17, 1–6 (Wahl, 3 Könige-Text, p. 109–110)
18 – 772, 2 Καὶ – ἀποθανούμεθα] Ibid. 17, 8–12 (Wahl, p. 110–111)

9 – 772, 2 II¹1198 K cap. Λ 3, 3 (195bv[mg]5–196r5); deest in V H¹ PMLᵇ

3 ἐσόμεθα] scripsi, ἐσώμεθα K   7 ἐπεκράτησε] correxi (LXX), ἀπεκράτησε K   10
Θεσβίτης] scripsi (LXX), θεσβήτης K   14 πίεσαι] correxi (LXX), πιέσηι K   16
ἐκάθισεν LXX   18 δείλης] scripsi (LXX), δήλης K   22 χήρᾳ] scripsi, χῆρα K
συνέλεξε] scripsi (LXX), συνήλεξε K   25 – 26 ὁ θεός] om. K (s. l. supplev. man. rec.)

δύο ξυλάρια, καὶ εἰσελεύσομαι καὶ ποιήσω αὐτὸ ἐμαυτῇ καὶ τοῖς τέκνοις μου, καὶ φαγόμεθα καὶ ἀποθανούμεθα.

II¹1399 / K cap. Λ 3, 4

<Σχόλιον·>

Καὶ τὰ ἑξῆς κεῖται ἡμῖν εἰς τὸν Περὶ εὐλογίας τίτλον.   5

II¹1400 / K cap. Λ 3, 5

Βασιλειῶν δ'·

Ἐγένετο λιμὸς ἐν Σαμαρείᾳ, ἕως τοῦ γενέσθαι κεφαλὴν ὄνου ἀργυρίου πεντήκοντα σικλῶν καὶ τέταρτον τοῦ κάβου <κόπρου> περιστερῶν πέντε σικλῶν ἀργυρίου. Καὶ ἦν ὁ βασιλεὺς Ἰσραὴλ 10 διαπορευόμενος ἐπὶ τοῦ τείχους, καὶ γυνὴ ἐβόησε πρὸς αὐτόν, λέγουσα· Σῶσον, κύριε βασιλεῦ. Καὶ εἶπεν αὐτῇ· Μὴ σώσαι σε κύριος, πόθεν σε σώσω; Ἀπὸ τοῦ ἅλωνος ἢ ἀπὸ τοῦ ὑποληνίου; Καὶ εἶπεν αὐτῇ ὁ βασιλεύς· Τί σοι ἐστί; Καὶ εἶπεν· Ἡ γυνὴ αὕτη

---

5 Περὶ εὐλογίας] cf. I / C cap. E 5, 22

---

5 II¹1399 *Scholion*   8 – 773, 6 II¹1400 IV Reg. 6, 25–30 (Wahl, *4 Könige-Text*, p. 130–131)

---

4 – 5 II¹1399 K cap. Λ 3, 4 (196r5–6); *deest in* V H¹ PMLᵇ   7 – 773, 6 II¹1400 K cap. Λ 3, 5 (196r[6]7–21); V cap. Λ 3, 1; PM cap. Λ 2, 1; *deest in* H¹ Lᵇ; PG 96, 96, 24–39

II¹1399 Σχόλιον] *supplevi, s. d.* K II¹1400 δ'] α' Vᵂ

---

8 αμαρεία Kᵃ· ᶜ· ᵘᵗ ᵛⁱᵈᵉᵗᵘʳ, σαμαρία VᴱVᴼ M   9 πεντήκοντα] ν' K Vᵂ   σίκλων V, σικλων P   9 – 10 καὶ – σικλῶν] *iterav.* Vᴼ   9 καὶ] *om.* M   τέταρτον] τεταρτον τον P, τετάρτου M   τοῦ] *om.* M   κάβου] καβ Kᵖ· ʳᵃˢ·, *non liquet in* Kᵃ· ʳᵃˢ·   κόπρου] *supplevi (LXX), om.* K V PM   10 σίκλων V   11 πορευόμενος M   ἐπὶ] διὰ VᴱVᴼ   12 Σῶσον] σωσον P, σῶσόν με K Vᵂ ᵖ· ᶜ· (= LXX)   βασιλεῦ Vᵂ ᵃ· ᶜ· P, βασιλεύ Vᵂ ᵖ· ᶜ·, βασιλεῦς (sic) VᴱVᴼ   αὐτῇ] αὐτῇ ὁ βασιλεὺς (-εῦς Vᴼ) VᴱVᴼ, ὁ βασιλεὺς αὐτῇ M, *post* αὐτῇ *iterav.* καὶ εἶπεν αὐτῇ ὁ βασιλεύς Vᴱ (sed eras.)   σῶσαι σε] σῶσαί σε K Vᵂ ᵖ· ᶜ·, σώσει σε P, σώση σε M, σῶσαι VᴱVᴼ   13 κύριος] *praem.* ὁ Vᵂ   πόθεν σε] πόθεν M   τοῦ¹] τῆς M, *om.* K   ἅλωνος K   ὑπολινίου VᴱVᴼ   14 εἶπεν²] *add.* αὐτῶ Vᵂ   αὕτη] αὕτη Vᴱ, αὐτὴ Vᴼ

εἶπεν· Δός μοι τὸν υἱόν σου, καὶ φάγωμεν αὐτὸν σήμερον· καὶ τὸν υἱόν μου φαγόμεθα αὔριον. Καὶ ἔψησα τὸν υἱόν μου, καὶ ἐφάγομεν αὐτόν. Καὶ εἶπον αὐτῇ· Δὸς τὸν υἱόν σου ἐν τῇ ἡμέρᾳ τῇ δευτέρᾳ, καὶ φαγόμεθα αὐτόν. Καὶ ἔκρυψεν αὐτόν. Καὶ ἐγένετο ὡς
5 ἤκουσεν ὁ βασιλεὺς τὸν λόγον τῆς γυναικός, διέρρηξε τὰ ἱμάτια αὐτοῦ.

II¹1401 / K cap. Λ 3, 6

Τῶν Παροιμιῶν·

Ὁ τιμιουλκῶν σῖτον δημοκατάρατος.

10 ## II¹1402 / K cap. Λ 3, 7   *II²1891 /
R cap. Λ 3, 3

Τοῦ αὐτοῦ·

Ὁ συνέχων σῖτον, ἀπολείποιτο αὐτὸν τοῖς ἔθνεσιν.

---

9 similiter ap. Bas. Caes., *Homilia in illud:* Destruam horrea mea *(Luc. 12, 18) et de avaritia*, III (ed. Courtonne, p. 23, 12–13 [cf. II¹1410 / K cap. Λ 3, 15]) atque Ioh. Chrys., *In epistulam I ad Corinthios*, XXXIX, 7 (PG 61, 343, 50; Field, II, p. 501)

9 II¹1401 Prov. 11, 26¹ (Wahl, *Proverbien-Text*, p. 59–60) et 11, 26² La   12
II¹1402 Prov. 11, 26¹ (Wahl, *Proverbien-Text*, p. 59–60)

8 – 9 II¹1401 K cap. Λ 3, 6 (196r[21]22); V cap. Λ 3, 2; PM cap. Λ 2, 2; *deest in* H¹
Lᵇ; PG 96, 96, 40   11 – 12 II¹1402 K cap. Λ 3, 7 (196r[22]23); V cap. Λ 3, 3; PM
cap. Λ 2, 3; *deest in* H¹ Lᵇ; PG 96, 96, 40–41

II¹1401 Τῶν] *om.* V PM II¹1402 (a) K M (b) *s. a.* V P

1 Δός μοι] δὸς Vᵂ·(= *LXX*)   φάγωμεν] *sic* M (*et* *II²), φάγομεν K V P, φαγόμεθα
LXX   2 υἱόν μου] υἱόν σου Vᴼ   φαγόμεθα] φαγώμεθα M   Καὶ] καγὼ Vᵂ
ἤψησα M   2 – 3 ἐφάγωμεν K   3 ἐν] *om.* VᴱVᴼ   3 – 4 δευτέρᾳ] βʹ Vᵂ   4 ἔκρυψαν
Vᴼ ᵃ· ᶜ·   ἐγένετο ὡς] *om.* VᴱVᴼ   5 γυναικός] *add.* καὶ VᴱVᴼ   9 τιμιουλκῶν Vᵂ,
-ουλκων P, -ολκῶν K   σῖτον] σίντου Vᴼ   12 ὑπολείποιτο M   αὐτὸ Vᴼ

*II²1890 /
R cap. Λ 3, 2

II¹1403 / K cap. Λ 3, 8

Τῶν αὐτῶν·

Προηγεῖται τῆς ἐνδείας στάσις καὶ μάχη.

*II²1892 /
R cap. Λ 3, 4

II¹1404 / K cap. Λ 3, 9

Ἰωὴλ προφήτου·   5

Πενθεῖτε, ἱερεῖς οἱ λειτουργοῦντες θυσιαστηρίῳ, ὅτι τεταλαιπώ-
ρηκε πεδία. Πενθείτω ἡ γῆ, ὅτι τεταλαιπώρηκεν ὁ σῖτος, ἐξηράν-
θη ὁ οἶνος, ὠλιγώθη ἔλαιον, κατησχύνθησαν γεωργοί. Θρηνεῖτε
κτήματα ὑπὲρ πυροῦ καὶ κριθῆς· ἀπόλωλε τρυγητὸς ἐξ ἀγροῦ· ἡ
ἄμπελος ἐξηράνθη, καὶ αἱ συκαῖ ὠλιγώθησαν· ῥόα καὶ φοῖνιξ καὶ   10
μῆλον καὶ πάντα τὰ ξύλα τοῦ ἀγροῦ ἐξηράνθησαν, ὅτι κατήσχυ-
ναν χήραν υἱοὶ τῶν ἀνθρώπων.

*II²1896 /
R cap. Λ 3, 8

II¹1405 / K cap. Λ 3, 10

Ἱερεμίου προφήτου·

Ὅτι οὐκ ἦν ὑετὸς ἐπὶ τῆς γῆς, ἠσχύνθησαν γεωργοί, καὶ ἐπεκάλυ-   15

---

3 **II¹1403** Prov. 17, 14² (Wahl, *Proverbien-Text*, p. 87)   **6 – 12 II¹1404** Ioel 1, 9–12
(Wahl, *Prophetenzitate*, p. 213–215)   **15 – 775, 4 II¹1405** Ier. 14, 4–6 (Wahl, *Pro-
phetenzitate*, p. 526–527)

2 – 3 **II¹1403** K cap. Λ 3, 8 (196r[23]24); *deest in* V Hᴵ PMLᵇ   5 – 12 **II¹1404** K
cap. Λ 3, 9 (196r[24]196v1–9); V cap. Λ 3, 4; PM cap. Λ 2, 4; *deest in* Hᴵ Lᵇ; PG 96,
96, 42–50   14 – 775, 4 **II¹1405** K cap. Λ 3, 10 (196v[9]10–15); V cap. Λ 3, 8; PM
cap. Λ 2, 8; *deest in* Hᴵ Lᵇ; PG 96, 97, 10–15

II¹1404 (a) K (b) Ἰωὴλ V PM ἰωὴλ P **II¹1405** (a) K (b) *s. a.* VᴱVᴼ (c) *s. d.* Vᵂ PM

6 πενθήσατε Vᵂ   ἱερεῖς] *praem.* οἱ Vᵂ   θυσιαστήρια Vᵂ PM, *praem.* τὸ Vᴱ,
praem. τῶ Vᴼ   6 – 7 τεταλαιπόρηκεν (-κε Vᴼ ᵖ· ᶜ·) VᴱVᴼ ᵖ· ᶜ· P, τεταλεπόρηκε Vᴼ ᵃ· ᶜ·
7 πεδία] παιδία VᴱVᴼ P   πενθήτω K V P   τεταλαιπόρηκεν VᴱVᴼ P, ἐταλαιπώ-
ρησεν Vᵂ   8 ὀλιγώθη (ο- M) Vᵂ PM, ὀλιγόθη VᴱVᴼ   9 πύρου P, πυρροῦ Vᵂ
ἀπώλωλε (-εν PM) K Vᵂ PM   10 αἱ] *om.* V PM   *sic* Vᵂ ᵖ· ᶜ·, συκαῖ K VᴱVᴼ P,
σύκαι M, συκὰ Vᵂ ᵃ· ᶜ·   ὀλιγώθησαν (ὀ- VᴱVᴼ) V P   ῥοὰ P, ῥωὰ VᴱVᴼ, ῥῶα Vᵂ
M   11 τὰ] *om.* Vᴱ ᵃ· ᶜ· M   12 χήραν] χαρὰν V PM   υἱοὶ] *praem.* οἱ M   τῶν] *om.*
M

ψαν τὴν κεφαλὴν αὐτῶν. Καί γε ἔλαφοι ἐν ἀγρῷ ἔτεκον καὶ ἐγ-
κατέλιπον, ὅτι οὐκ ἦν βοτάνη. Ὄναγροι ἔστησαν ἐπὶ νάπαις· εἵλ-
κυσαν ἄνεμον ὡς δράκων, ἐξέλιπον οἱ ὀφθαλμοὶ αὐτῶν, ὅτι οὐκ
ἦν χόρτος.

5   **II¹1406 / K cap. Λ 3, 11**

Τοῦ αὐτοῦ·

Ἐξέλιπον ἐν δάκρυσιν οἱ ὀφθαλμοί μου, ἐταράχθη ἡ κοιλία μου,
ἐξεχύθη εἰς γῆν ἡ δόξα μου ἐπὶ τὸ σύντριμμα τῆς θυγατρὸς τοῦ
[λαοῦ μου,
10   ἐν τῷ ἐκλύεσθαι νήπια καὶ θηλάζοντα ἐν πλατείαις πόλεως.
Ταῖς μητράσιν αὐτῶν εἶπον· Ποῦ σῖτος καὶ οἶνος;
ἐν τῷ ἐκλύεσθαι αὐτοὺς ὡσεὶ τραυματίας ἐν πλατείαις πόλεως,
ἐν τῷ ἐκχεῖσθαι ψυχὰς αὐτῶν εἰς κόλπον μητέρων αὐτῶν.

---

7 – 13 II¹1406 Thren. 2, 11¹–12³ (Wahl, *Prophetenzitate*, p. 600–601)

6 – 13 II¹1406 K cap. Λ 3, 11 (196v[15]16–23); V cap. Λ 3, 5; PM cap. Λ 2, 5; *deest
in* H¹ Lᵇ; PG 96, 96, 51 – 97, 4

II¹1406 (a) K   (b) Ἱερεμίου *(ἱηρε- cod.)* προφήτου P   (c) Ἱερεμίου Vᵂ M   ἱερεμίου
M   (d) *s. a.* Vᴱ   (e) *s. d.* Vᴼ

1 αὐτῶν Vᵂ ᵃ· ᶜ·, ἑαυτῶν Vᵂ ᵖ· ᶜ·   Καί γε] καὶ αἱ Vᵂ   **1 – 2** ἐγκατέλειπον P   **2** ὄνοι
(ο- P) ἄγριοι (ἄ- P) V PM   ἐπὶ νάπαις] ἐπηναπαις Vᴱ ᵖ· ᶜ· Vᴼ, ἐπηνάπες Vᴱ ᵃ· ᶜ·
2 – 3 εἵλκυσαν Vᴱ, ἥλκυσαν PM, εἵλασαν Vᴼ   **3** ἀνέμων Vᴼ   ἐξέλειπον (ἐξε- M)
PM   αὐτῶν] αὐτῶς Vᴼ   **7** ἐξέλειπον M, ἐξέλειπων P   **8** σύντριμα *(συν- M)* Vᴼ M
10 τῷ] *correxi (LXX in app. crit.),* ἐκδύεσθαι K, ἐκδύσασθαι (εκ- M) V PM   καὶ]
om. Vᵂ ᵖ· ʳᵃˢ·   θηλάζοντας VᴱVᴼ   πλατίαις PM   **11** μητράσιν] μητρᾶσιν V, μι-
τράσιν K   Ποῦ] τοῦ K   **12** ἐν¹ – πόλεως] *om.* V PM   ἐκλύεσθαι] *correxi (LXX),*
ἐλκύεσθαι (sic) K   τραυματίας] *correxi (LXX),* τραυματίαις K   **13** κόλπον] κόλ-
πων P, κόλπους M, σκόπον Vᵂ ᵃ· ᶜ·, σκόλπον Vᵂ ᵖ· ᶜ·

II¹1407 / K cap. Λ 3, 12

Τοῦ αὐτοῦ·

Ἴδε, κύριε, καὶ ἐπίβλεψον τίνι ἐπεφύλλισας οὕτως·
εἰ φάγονται γυναῖκες καρπὸν κοιλίας αὐτῶν;
Ἐπιφυλλίδα ἐποίησε μάγειρος· φονευθήσονται νήπια θηλάζοντα   5
                                                              [μασθούς;

II¹1408 / K cap. Λ 3, 13

Τοῦ αὐτοῦ·

<***> ὡς στρουθίον ἐν ἐρήμῳ.
Ἐκολλήθη γλῶσσα θηλάζοντος πρὸς τὸν λάρυγγα αὐτοῦ ἐν δίψῃ·   10
νήπια ᾔτησαν ἄρτον, καὶ ὁ διακλῶν αὐτοῖς οὐκ ἦν.
Καλοὶ ἦσαν οἱ τραυματίαι μαχαίρας ἢ οἱ τραυματίαι λιμοῦ·
λυποῦμαι ἐπὶ τοῖς κεκεντημένοις ἀπὸ γενημάτων ξύλου τοῦ
                                                              [δρυμοῦ.

---

3 – 6 II¹1407 Thren. 2, 20¹⁻³ (Wahl, *Prophetenzitate*, p. 601)   **9 – 11 II¹1408** ὡς –
ἦν] Thren. 4, 3²⁻⁴² (Wahl, *Prophetenzitate*, p. 605–606)   **12 – 777, 1** Καλοὶ – δρυ-
μοῦ] Ibid. 4, 9¹⁻² (Wahl, p. 607)

2 – 6 II¹1407 K cap. Λ 3, 12 (196v[24]197r1–4); V cap. Λ 3, 6; PM cap. Λ 2, 6; *deest
in* Hᴵ Lᵇ; PG 96, 97, 4–7   **8 – 14 II¹1408** K cap. Λ 3, 13 (197r[4]5–10); *deest in* V
PM

II¹1407 (a) K P (b) *s. a.* V (c) *s. d.* M

3 Ἴδε] εἶδε VᴱVᴼ   ἐπεφύτησας *(επ-* M*)* VᴱVᵂ M, ἐπεφοίτησας Vᴼ P   **4** εἰ] ἡ P,
om. Mᵃ·ᶜ·   **5** ἐπιφυλίδα (-φύλιδα P) VᴱVᵂ ᵃ·ᶜ· Vᴼ P   φονευθήσονται] *praem.* οὐ K
6 μαστούς V P   **9** *ante* ὡς *quaedam excidisse videntur,* θυγατέρες λαοῦ μου εἰς
ἀνίατον *LXX*   **11** ᾔτησαν] *correxi (LXX),* ἤτισαν K   **12** τραυματίαι¹] *scripsi,* τραυ-
ματεῖαι K   τραυματίαι²] *scripsi,* τραυματεῖαι K   **13** κεκεντημένοις] *correxi (LXX
in app. crit.),* ἐκκεντημένοις K

II¹1409 / K cap. Λ 3, 14

<***>

Χεῖρες γυναικῶν οἰκτιρμόνων ἥψησαν τὰ παιδία ἑαυτῶν,
καὶ ἐγένοντο εἰς βρῶσιν αὐταῖς ἐν τῷ συντρίμματι θυγατρὸς
5   [λαοῦ μου.

II¹1410 / K cap. Λ 3, 15

Τοῦ ἁγίου Βασιλείου, ἐκ τοῦ κατὰ πλεονεξίας λόγου·

Μὴ ἀναμείνῃς, ἄνθρωπε, σιτοδείαν, ἵνα ἀνοίξῃς σιτοδοχεῖα· ὁ γὰρ
τιμιουλκῶν σῖτον δημοκατάρατος. Μὴ λιμὸν ἐκδέχου διὰ χρυσόν,
10 μὴ κοινὴν ἔνδειαν διὰ ἰδίαν εὐπορίαν. Μὴ γίνου κάπηλος συμφο-
ρῶν ἀνθρωπίνων· μὴ τὴν ὀργὴν τοῦ θεοῦ καιρὸν ποιήσῃς περιου-
σίας χρημάτων· μὴ ἐπιξάνῃς τραύματα κεκακωμένων ταῖς μάστι-
ξιν. Σὺ δὲ πρὸς μὲν τὸν χρυσὸν ἀποβλέπεις, τὸν δὲ ἀδελφὸν οὐ
προσβλέπεις, καὶ τοῦ μὲν νομίσματος ἐπιγινώσκεις τὸ χάραγμα,
15 καὶ τοῦ δοκίμου διακρίνεις τὸ κίβδηλον, τὸν δὲ φίλον παρὰ τὴν

---

8 - 9 Prov. 11, 26¹ (cf. II¹1401 / K cap. Λ 3, 6)

---

3 - 5 II¹1409 Thren. 4, 10¹⁻² (Wahl, *Prophetenzitate*, p. 607–608)   8 - 778, 1
II¹1410 Μὴ - ἀγνοεῖς] BASILIUS CAESARIENSIS, *Homilia in illud*: Destruam horrea
mea *(Luc. 12, 18) et de avaritia*, III (ed. Courtonne, p. 23, 12–19)

---

2 - 5 II¹1409 K cap. Λ 3, 14 (197r10–13); V cap. Λ 3, 7; PM cap. Λ 2, 7; *deest in* Hᴵ
Lᵇ; PG 96, 97, 8–9   7 - 778, 24 II¹1410 K cap. Λ 3, 15 (197r[13]14–24); V cap. Λ 3,
9; PM cap. Λ 2, 9–10; *deest in* Hᴵ Lᵇ; PG 96, 97, 16–56

II¹1409 *s. d.* K V PM II¹1410 (a) K (b) Τοῦ ἁγίου Βασιλείου, ἐκ τοῦ κατὰ πλεονεξί-
ας λόγου / Τοῦ αὐτοῦ PM *(cf. infra, app. crit. text.)*   βασιλειου P   ἐκ τοῦ] *om.* P
λόγου] *om.* P (c) Βασιλείου V   βασιλειου Vᵂ

---

3 οἰκτειρμόνων Vᵂ ᵃ· ᶜ· PM, οἰκτιρμόνον Vᴱ   αὐτῶν M   4 καὶ] *om.* K   ἑαυταῖς
K P, αὐτῶν M   4 - 5 ἐν - μου] *om.* V PM   8 σιτοδείαν] *scripsi (ed.)*, σιτοδίαν PM,
σιτωδίαν K Vᵂ, σιτοδοσίαν Vᴱ, σῖτοδεσίαν Vᴼ   σιτοδοχία Vᵂ ᵃ· ᶜ· P, σιτοδοχίαν K,
σιτοχία M   9 τιμιουλκῶν Vᴼ P, τιμιουλκὸν M, τιμιολκῶν K   δημοκατάρατος] *hic
caesura in* PM   11 ἀνθρωπίνων] ἀλλοτρίων M   ποιήση VᴱVᵂ P, ποιήσεις M,
ποιήσει Vᴼ   12 ξάνῃς K   κεκακωμενα M   13 μὲν] μὲ P   τὸν²] το P   14
προσβλέπεις] πρὸς βλέπεις Vᴱ ᵖ· ᶜ· PM, πρὸς βλέπης Vᴱ ᵃ· ᶜ·, προβλέπεις Vᴼ   15 δο-
κήμου M, δοκιμίου Vᵂ   τὴν] τὴ Vᴼ

χρείαν ὄντα, παντελῶς ἀγνοεῖς. Τί οὖν ποιεῖ ὁ ἐνδεής; Ἐπὶ τοὺς
παῖδας λοιπὸν ἄγει τὸν ὀφθαλμόν, ὥστε αὐτοὺς ἀγαγὼν εἰς τὸ
πρατήριον, ἐντεῦθεν εὑρᾶσθαι τοῦ θανάτου παραμυθίαν. Νόησον
ἐνταῦθα μάχην ἀνάγκης λιμοῦ καὶ διαθέσεως πατρικῆς. Ἡ μὲν τὸν
οἴκτιστον θάνατον ἀπειλεῖ, ἡ δὲ φύσις ἀνθέλκει, συναποθανεῖν   5
τοῖς τέκνοις πείθουσα· καὶ πολλάκις ὁρμήσας καὶ πολλάκις ἀνα-
κοπείς, τελευταῖον ἐκρατήθη, ὑπὸ τῆς ἀπαραιτήτου χρείας ἐκβι-
ασθείς. Καὶ οἷα βουλεύεται ὁ πατήρ· Τίνα πρῶτον ἀπεμπολήσω;
Τίνα ἡδέως ὁ σιτοπώλης ὄψεται; Ἐπὶ τὸν πρεσβύτατον ἔλθω;
Ἀλλὰ δυσωποῦμαι αὐτοῦ τὰ πρεσβεῖα. Ἀλλ᾽ ἐπὶ τὸν νεώτατον;   10
Ἀλλ᾽ ἐλεῶ αὐτοῦ τὴν ἡλικίαν, ἀναισθητοῦσαν τῶν συμφορῶν.
Οὗτος ἐναργεῖς σώζει τῶν γονέων τοὺς χαρακτῆρας, ἐκεῖνος ἐπι-
τηδείως ἔχει πρὸς τὰ μαθήματα. Φεῦ τῆς ἀμηχανίας. Τίς γένωμαι;
Τίνι τούτων προσκρούσω; Ποίαν θηρίου ψυχὴν ἀναλάβω; Πῶς
τῆς φύσεως ἐπιλάθωμαι; Ἐὰν πάντων ἀντίσχωμαι, πάντας ὄψομαι   15
δαπανωμένους τῷ πάθει. Ἐὰν ἕνα προῶμαι, ποίοις ὀφθαλμοῖς
τοὺς λοιποὺς προσίδω, ὕποπτος αὐτοῖς ἤδη γεγενημένος πρὸς
ἀπιστίαν; Πῶς οἰκήσω τὴν οἰκίαν, ἐμαυτῷ κατασκευάσας τὴν
ἀπαιδίαν; Πῶς ἐπὶ τὴν τράπεζαν ἔλθω, ἐκ τοιαύτης προφάσεως
τὴν εὐπορίαν ἔχουσαν; Καὶ ὁ μὲν μετὰ μυρίων δακρύων τὸν φίλ-   20
τατον τῶν παίδων ἀπεμπολήσων ἔρχεται, σὲ δὲ οὐ κάμπτει τὸ
πάθος· οὐ λογισμὸν λαμβάνεις τῆς φύσεως. Ἀλλ᾽ ὁ μὲν λιμὸς συ-
νέχει τὸν ἄθλιον, σὺ δὲ ἀναβάλλῃ καὶ εἰρωνεύῃ, μακροτέραν αὐ-
τοῦ κατασκευάζων τὴν συμφοράν.

---

1 - 24 Τί - συμφοράν] BASILIUS CAESARIENSIS, Homilia in illud: Destruam horrea
mea (Luc. 12, 18) et de avaritia, IV (ed. Courtonne, p. 25, 5-26)

---

1 ὄντα] om. K   παντελῶς] παντὸς K   1 - 24 Τί - συμφοράν] om. K VW   1 ὁ
ἐνδεής] om. PM   ἐνδεεῖς VᴱVᴼ   2 εἰς] ἐπι (sic) M   3 εὑρᾶσθαι] sic acc. VᴱVᴼ,
εὕρασθαι PM   4 πατρικῆς] πρακτικῆς P   4 - 8 Ἡ - πατήρ] om. PM   5 ἀπειλεῖ]
ἀπηλεῖ Vᴼ, ἀπειλῆ Vᴱ   8 οἷα βουλεύεται] οἷαβουλεται Vᴱ ᵃ· ᶜ·, οἷα βούλεται Vᴼ   9
ὁ] ἡ VᴱVᴼ   σιτοπόλης M, σϊτοπώλις Vᴼ, σιτοπόλις Vᴱ   10 πρέσβεια Vᴼ M, πρε-
σβεῖα P   νεότατον P, νεώτερον Vᴱ ᵖ· ᶜ· Vᴼ, νεοντερος Vᴱ ᵃ· ᶜ· ut videtur   11 - 13
ἀναισθητοῦσαν - μαθήματα] om. PM   12 σώζῃ Vᴱ ᵖ· ᶜ· Vᴼ ᵖ· ᶜ·   13 τὰ μαθήματα]
σταθμήματα Vᴼ   Τίς γένωμαι] om. PM   γένωμαι] scripsi (ed.), γένομαι VᴱVᴼ
15 ἐπιλάθομαι VᴱVᴼ M   ἀντισχῶμαι P, ἀντίσχω VᴱVᴼ   16 πρόωμαι VᴱVᴼ, πρόε-
μαι M   17 - 18 ὕποπτος - ἀπιστίαν] om. PM   17 ἤδη] scripsi (ed.), ἴδη VᴱVᴼ   18
οἰκίσω VᴱVᴼ   οἰκείαν PM   20 ἐμπορίαν M   21 ἀπεμπωλήσων P, ἀπεμπολήσω
VᴱVᴼ   21 - 22 σὲ - πάθος] σὺ δὲ οὐ κάμπτη τῶ πάθει M   23 ἀναβάλλει VᴱVᴼ
ἡρωνεύη M, εἰρονεύη P, εἰρονεύει VᴱVᴼ

II¹1411 / K cap. Λ 3, 16

Τοῦ αὐτοῦ, ἐκ τοῦ περὶ λιμοῦ καὶ αὐχμοῦ·

Λιμὸς ἀνθρωπίνων συμφορῶν ὑπάρχει τὸ κεφάλαιον· πάντων θανάτων μοχθηρότερον τέλος οὗτος. Ἐπὶ μὲν γὰρ τῶν ἄλλων κιν-
5 δύνων, ἢ ξίφους ἀκμὴ τὴν τελευτὴν ὀξέως ἐφίστησιν, ἢ πυρὸς ὀργὴ συντόμως τὸ ζῆν ἀποσβέννυσιν. Λιμὸς δὲ ἀργὸν ἔχει τὸ κακόν, παρέλκουσαν τὴν ἀλγηδόνα, ἐγκαθημένην τὴν νόσον καὶ ἐμφωλεύουσαν, θάνατον ἀεὶ παρόντα καὶ ἀεὶ βραδύνοντα. Τὸ γὰρ τοῦ λιμοῦ πάθος κατηνάγκασεν πολλοὺς πολλάκις καὶ τοὺς ὅρους κι-
10 νῆσαι τῆς φύσεως, καὶ ἅψασθαι μὲν ἀνθρωπίνων, τῶν ὁμοφύλων, σωμάτων, μητέρα δὲ παῖδα ὃν ἐκ τῆς γαστρὸς προήγαγε, πάλιν τῇ γαστρὶ κακῶς ὑποδέξασθαι. Καὶ τοῦτο τὸ δρᾶμα Ἰουδαϊκὴ ἐτραγώδησεν ἱστορία.

---

12 - 13 Καὶ – ἱστορία] cf. II¹1415 / K cap. Λ 3, 20

---

3 - 6 II¹1411 Λιμὸς – ἀποσβέννυσιν] BASILIUS CAESARIENSIS, *Homilia dicta tempore famis et siccitatis*, 7 (PG 31, 321, 18–22)   6 – 8 Λιμὸς – βραδύνοντα] IBID. (PG 31, 321, 24–27)   8 – 13 Τὸ – ἱστορία] IBID. (PG 31, 321, 48 – 324, 5)

---

2 - 13 II¹1411 K cap. Λ 3, 16 (197v[1]2–15); V cap. Λ 3, 10; PM cap. Λ 2, 11; *deest in* H¹ Lᵇ; PG 96, 100, 1–13

II¹1411 (a) K   (b) Περὶ λιμοῦ καὶ λοιμοῦ PM   λοιμοῦ] *add.* βασιλειῶν γ′ M   (c) Τοῦ αὐτοῦ VᴱVᵂ   (d) *s. a.* Vᴼ

---

4 τέλος] τέλους K   οὗτος] τοῦτο K, *om.* VᴱVᵂ *(in mg. supplev. man. rec.)* Vᴼ   5 ακμη Pᵖ·ᶜ·, αμη Pᵃ·ᶜ·, ἀκμὴν M   ὀξέως] *om.* K   5 – 6 ὀργὴ] ὁρμὴ VᴱVᴼ M   6 τὸ¹] *s. l.* Vᵂ   ἀποσβαίννυσι Vᵂ, ἀποσβένουσῖν Vᴼ, σβέννοισιν M   7 – 8 ἐμφολεύουσαν K VᴱVᴼ PM   9 τοὺς] τοῦ K   ὅρους V PM   10 ἀνθρωπίνων] ἀνθρώπων VᴱVᴼ, *praem.* τῶν M   11 σωμάτων] *om.* VᴱVᴼ   παῖδα ὃν] παίδων ὧν M   12 τὸ] *om.* K   δρᾶμα K VᵂVᴼ ᵃ·ᶜ· PM

II¹1412 / K cap. Λ 3, 17

Τοῦ θεολόγου ἁγίου Γρηγορίου, ἐκ τοῦ περὶ τῆς χαλάζης·

Τί ἐροῦμεν, οἱ σιτῶναι καὶ σιτοκάπηλοι, οἱ τηροῦντες τὰς τῶν
καιρῶν δυσκολίας, ἵν᾽ εὐπορήσωμεν καὶ ταῖς ἀλλοτρίαις συμφο-
ραῖς ἐντρυφήσωμεν καὶ κτησώμεθα, μὴ ὡς Ἰωσὴφ τὰ τῶν Αἰγυ-   5
πτίων, ἐν οἰκονομίᾳ μείζονι – ἐκεῖνος γὰρ ᾔδει καὶ συναγαγεῖν καὶ
σιτοδοτῆσαι καλῶς, ὥσπερ καὶ προγνῶναι τὸν λιμὸν καὶ στῆναι
πρὸς αὐτόν –, ἀλλ᾽ ὡς παράνομοι τὰ τῶν ὁμοφύλων, οἱ λέγοντες·
Πότε διελεύσεται ὁ μήν, καὶ ἐμπολήσομεν, καὶ τὰ σάββατα, καὶ
ἀνοίξομεν θησαυρούς;, οἱ τοῖς δισσοῖς μέτροις καὶ σταθμοῖς τὸ δί-   10
καιον διαφθείροντες, καὶ τὸ μολιβοῦν μέτρον τῆς ἀνομίας ἐφ᾽ ἑ-
αυτοὺς κλίνοντες;

---

5 – 8 cf. Gen. 41, 25 –36; 48 – 57 **9 – 10** Am. 8, 5

3 – 12 II¹1412 GREGORIUS NAZIANZENUS, *De grandine, in patrem tacentem (Orat.*
16), 19 (PG 35, 960, 24 –36)

2 – 12 II¹1412 K cap. Λ 3, 17 (197v[15]16 –198r1); V cap. Λ 3, 11; PM cap. Λ 2, 12;
deest in H¹ Lᵇ; PG 96, 100, 14 –24

II¹1412 (a) K (b) Τοῦ Θεολόγου, περὶ τῆς χαλάζης PM τῆς] *om.* M (c) Θεολόγου
Vᵂ (d) Τοῦ αὐτοῦ Vᴱ (e) *s. a.* Vᴼ

---

3 ἐροῦσιν (-ου- M) V PM σιττῶναι Vᵂ, σιτοναι P, σατῶναι Vᴼ, σίτωνες M
σιτοκάπηλοι] *add.* καὶ M **4** ἵν᾽] ἵνα V PM εὐπορήσωμεν] *correxi (ed.),* ἐμπορή-
σωμεν (-πορη- M) VᴱVᴼ PM, ἐμπορίσωμεν K, ἐμπορεύσωμεν Vᵂ ταῖς] *om.* K **5**
Ἰωσήφ] ἰωσὴφ Vᴱ, ἴωσηφ P, ἴωσηφ M, σοφοὶ Kᵃ· ᶜ· ᵘᵗ ᵛⁱᵈᵉᵗᵘʳ **5 – 6** αἰγυπτίων Vᴱ **6**
ἐν] ἐπ e corr. Vᵂ *(cf. ed.), om.* M ᾔδει] *correxi* (*II²*), ἤδη Vᵂ, ηδη P, εἴδη VᴱVᴼ
M, ἔδει K **7** σιτοδῆσαι M **7 – 8** ὥσπερ – αὐτόν] *om.* K VᴱVᵂ *(in mg. supplev.)*
Vᴼ **7** στῆσαι Vᵂ **9** διελεύσονται Vᴼ ᵃ· ᶜ· ἐμπολήσομεν] *scripsi,* ἐμπωλήσομεν K,
ἐμπωλήσωμεν (εμ- P) Vᵂ ᴾ· ᶜ· P, ἐμπολήσωμεν (sic) M, ἐμπολίσωμεν VᴱVᴼ, ἐμπλή-
σομεν Vᵂ ᵃ· ᶜ· καὶ²] *om.* K Vᵂ τὰ σάββατα] *om.* K Vᵂ *(in mg. supplev.)* **10**
ἀνοίξωμεν Vᵂ M οἱ] ἢ M μέτροις] σταθμοῖς K σταθμοῖς] μέτροις K **11**
μόλῑβδον (sic) M **11 – 12** ἑαυτοῖς K

II¹1413 / K cap. Λ 3, 18

Ἐκ τοῦ εἰς Βασίλειον ἐπιταφίου·

Λιμὸς ἦν, καὶ τῶν ποτὲ μνημονευομένων χαλεπώτατος. Ἔκαμεν
δὲ ἡ πόλις, ἐπικουρία δὲ ἦν οὐδαμόθεν, οὐδέ τι φάρμακον τῆς
5 κακώσεως. Αἱ μὲν γὰρ παραλίαι τὰς τοιαύτας ἐνδείας οὐ χαλεπῶς
φέρουσιν, διαδιδοῦσαι τὰ παρ' ἑαυτῶν καὶ τὰ παρὰ τῆς θαλάσσης
δεχόμεναι· τοῖς δὲ ἠπειρώτα<ι>ς ἡμῖν καὶ τὸ περιττὸν ἀνόνητον
καὶ τὸ ἐνδέον ἀνεπινόητον, οὐκ ἔχουσιν ὅπως ἢ διαθώμεθά τι τῶν
ὄντων ἢ τί τῶν οὐκ ὄντων εἰσκομισώμεθα. Καὶ χαλεπώτατόν ἐ-
10 στιν ἐν τοῖς τοιούτοις ἡ τῶν ἐχόντων ἀναλγησία καὶ ἀπληστία.
Τηροῦσι γὰρ τοὺς καιρούς, καὶ καταπραγματεύονται τὴν ἔνδειαν,
καὶ γεωργοῦσι τὰς συμφοράς, οὔτε τῷ κυρίῳ *δανείζειν τὸν ἐλεοῦν-
τα πτωχοὺς* ἀκούοντες, οὐδ' ὅτι *ὁ συνέχων σῖτον δημοκατάρατος*,
οὐδὲ ἄλλο οὐδὲν ἢ τοῖς φιλανθρώποις ἐπηγγελμένον ἢ τοῖς ἀπαν-
15 θρώποις ἠπειλημένον, ἀλλ' εἰσὶ τοῦ δέοντος ἀπληστότεροι, καὶ
φρονοῦσι κακῶς, ἐκείνοις μὲν τὰ ἑαυτῶν, ἑαυτοῖς δὲ τὰ τοῦ θεοῦ
σπλάγχνα κλείοντες, οὗ καὶ μᾶλλον χρῄζοντες ἀγνοοῦσιν ἢ αὐ-
τῶν ἕτεροι. Ταῦτα μὲν οἱ σιτῶναι καὶ σιτοκάπηλοι, καὶ μήτε τὸ

---

12 – 13 τῷ – πτωχοὺς] Prov. 19, 17¹   13 ὁ – δημοκατάρατος] Ibid. 11, 26¹ (cf.
II¹1401 / K cap. Λ 3, 6)

3 – 782, 2 II¹1413 GREGORIUS NAZIANZENUS, *Funebris oratio in laudem Basilii
Magni Caesareae in Cappadocia episcopi (Orat. 43)*, 34, 14–33 (ed. Bernardi, p.
200–202)

2 – 782, 2 II¹1413 K cap. Λ 3, 18 (198r[2]3–198v1); V cap. Λ 3, 12; PM cap. Λ 2,
14; *deest in* H¹ L^b; PG 96, 100, 25–38

II¹1413 (a) K (b) Τοῦ αὐτοῦ, εἰς Βασίλειον PM Τοῦ αὐτοῦ] *om.* P βασίλειον P (c)
Τοῦ αὐτοῦ V^EV^W (d) *s. a.* V^O

3 – 9 Λιμὸς – Καὶ] *om.* V PM   6 διαδιδοῦσαι] *scripsi*, διαδίδουσαι K, διδοῦσαι *ed.*
τὰ¹] *om.* K (*s. l. supplev. man. rec.*) παρ' ἑαυτῶν] περὶ αὐτῶν K^a. c.   7 ἠπειρώταις]
scripsi, ἠπειρώτας K   9 ἢ τί] *scripsi*, ἠτί K, ἢ *ed.*   9 – 10 χαλεπώτατόν ἐστιν] χαλε-
πώτατον K^a. c.   10 τοιούτοις] λιμοῖς V PM   ἡ] *om.* K   12 οὔτε] οὐδὲ K   13 ὅτι]
om. K   δημοκατάρακτος P   14 οὐδὲ] οὐδ' V^O   ἄλλῳ P   οὐδὲν ἢ] οὐδενὶ M
ἐπηγγελμένων V^E, ἐπιγγελμένων V^O   15 ἠπηλημένον V^W, ἠπιλημένον P, ἠπιλημ-
μένων V^EV^O, ἠπειλλήμενον M   16 ἐκείνοις V^O P, ἐκεῖνος V^E   ἑαυτοῖς] ἑαυτοὺς
M   17 σπλάχνα P   οὗ] ὧν (sic) M   18 σιτόναι P, σίτωνες M   σιτοκάπηλοι]
praem. οἱ K   καὶ²] *om.* M

συγγενὲς αἰδούμενοι, μήτε περὶ τὸ θεῖον εὐχάριστοι, παρ' οὗ τὸ
ἔχειν αὐτοῖς, ἄλλων πιεζομένων.

II¹1414 / K cap. Λ 3, 19

Ἰωσήπου, ἐκ τοῦ περὶ ἁλώσεως ζ' λογου·

Πάντα ὑπ' ὀδόντας ἦγεν ἡ ἀνάγκη, καὶ τὰ μὴ δὲ τοῖς ῥυπαρωτά-　5
τοις τῶν ζώων πρόσφορα συλλέγοντες, ἐσθίειν ὑπέφερον· ζωστη-
ρίων γοῦν καὶ ὑποδημάτων τοτελευταῖον οὐκ ἀπέσχοντο, καὶ τὰ
δέρματα τῶν θυρεῶν ἀποδέροντες ἐμασσῶντο.

II¹1415 / K cap. Λ 3, 20

Καὶ μετ' ὀλίγα·　　　　　　　　　　　　　　　　　　　　　　　　　　　10

Γυνή τις, τοῦ λιμοῦ διὰ τῶν σπλάγχνων καὶ μυελῶν παρεισδύνον-
τος, ἐπὶ τὴν φύσιν ἐχώρει, καὶ τὸ τέκνον – ἦν δὲ αὐτῇ παῖς ὑπο-
μάστιος – ἁρπασαμένη, Βρέφος, εἶπεν, ἄθλιον, ἐν πολέμῳ καὶ λι-
μῷ καὶ στάσει τίνι σε τηρῶ; Ἴθι, γενοῦ μοι τροφὴ καὶ τοῖς στασι-

---

5 – 8 II¹1414 FLAVIUS IOSEPHUS, *De bello Iudaico*, VI, 197 (ed. Destinon/Niese, VI,
p. 538, 16–19)　　11 II¹1415 Γυνή τις] FLAVIUS IOSEPHUS, *De bello Iudaico*, VI, 201
(ed. Destinon/Niese, VI, p. 539, 8)　　11 – 14 τοῦ – τηρῶ] IBID., VI, 204–205 (VI, p.
539, 19 – 540, 2)　　14 – 783, 13 Ἴθι – μεινάτω] IBID., VI, 207–211 (VI, p. 540, 4–17)

4 – 8 II¹1414 K cap. Λ 3, 19 (198v[2]3–8); V cap. Λ 3, 13; PM cap. Λ 2, 15; *deest in*
H^I L^b; PG 96, 100, 39–43　　10 – 783, 13 II¹1415 K cap. Λ 3, 20 (198v[8]8–199r5); V
cap. Λ 3, 14; PM cap. Λ 2, 16; *deest in* H^I L^b; PG 96, 100, 44 – 101, 11

II¹1414 (a) K Ἰωσήπου] *scripsi*, ἰωσίπου *cod.* ἁλώσεως] *scripsi*, ἀλώσεως K　(b)
Ἰωσίπου, περὶ ἁλώσεως PM ἰωσίππου M, ιωσηππου P　(c) Ἰωσήπου V^O, Ἰωσίππου
V^W　(d) ὡσιέ *(sic)* V^E　II¹1415 (a) K　(b) Τοῦ αὐτοῦ V^W PM　(c) Ἰωσήπου V^O　(d)
Τοῦ Χρυσοστόμου V^E

1 μήτε περὶ] μὴ περί τε *(sic)* P　εὐχάρϊστον V^O　2 αὐτοὺς K　ἄλλον V^E　5
Πάντα] πάντας V^W PM　ὑπ' ὀδόντας] ὑποδόντας V^E V^W a. c. V^O P　6 προσφορὰ P,
συμφορᾶ M　6 – 7 ζωστήριον K　7 ἀπόσχοντο K, ἀπεχόντο V^O　8 δέρματα] *add.*
τὰ K　θυραιῶν V^E V^O M　ἀπεκδέροντες *e corr.* V^W　ἐμάσωντο K P　12 αὐτὴ
V^W　παῖς] *post* ὑπομάστιος *transpos.* K　12 – 13 ὑπομάσθιος M, ὑπομάζιος V^E V^O
14 τίνι σε] τινησε P, τὴν εἴσσε M　Ἴθι, γενοῦ μοι] εἴθ' ἐγένου μοι *e corr.* V^W　Ἴθι]
ηθι P

ασταῖς ἐρινὺς καὶ τῷ βίῳ μῦθος, ὁ μόνος ἐλλείπων ταῖς Ἰουδαίων
συμφοραῖς. Καὶ ταῦθ᾽ ἅμα λέγουσα, κτείνει τὸν υἱόν, ἔπειτα ὀπτή-
σασα τὸ μὲν ἥμισυ κατεσθίει, τὸ δὲ λοιπὸν κατακαλύψασα ἐφύ-
λαττεν. Εὐθέως δὲ οἱ στασιασταὶ παρῆσαν, καὶ τῆς ἀθεμίτου κνί-
5 σης σπάσαντες, ἠπείλουν, εἰ μὴ δείξειεν τὸ παρασκευασθέν, ἀπο-
σφάξειν αὐτὴν ταχέως. Ἡ δὲ καὶ μοῖραν αὐτοῖς εἰποῦσα καλὴν τε-
τηρηκέναι, τὰ λείψανα τοῦ τέκνου διεκάλυψε· τοὺς δὲ εὐθέως
φρίκη καὶ φρενῶν ἔκστασις ἥρει, καὶ παρὰ τὴν ὄψιν ἐπεπήγεισαν.
Ἡ δὲ Ἐμόν, ἔφη, τοῦτο τὸ τέκνον γνήσιον, καὶ τὸ ἔργον ἐμόν.
10 Φάγετε, καὶ γὰρ ἐγὼ βέβρωκα. Μὴ γίνεσθε μήτε μαλακώτεροι
γυναικός, μήτε συμπαθέστεροι μητρός. Εἰ δὲ ὑμεῖς εὐσεβεῖς καὶ
τὴν ἐμὴν ἀποστρέφεσθε θυσίαν, ἐγὼ μὲν ὑμῖν βέβρωκα, καὶ τὸ
λοιπὸν ἐμοὶ μεινάτω.

II¹1416 / K cap. Λ 3, 21

15 Ἐκ τοῦ αὐτοῦ·

Τῶν δὲ ὑπὸ τοῦ λιμοῦ φθειρομένων κατὰ τὴν πόλιν ἄπειρον μὲν
ἔπιπτε τὸ πλῆθος, ἀδιήγητα δὲ συνέβαινε τὰ πάθη. Καθ᾽ ἑκάστην
γὰρ οἰκίαν, εἴ που τροφῆς παραφανείη σκιά, πόλεμος ἦν, καὶ διὰ
χειρῶν ἐχώρουν οἱ φίλτατοι πρὸς ἀλλήλους, ἐξαρπάζοντες τὰ

---

16 – 784, 7 II¹1416 FLAVIUS IOSEPHUS, *De bello Iudaico*, VI, 193–196 (ed. Desti-
non/Niese, VI, p. 538, 6–16)

15 – 784, 7 II¹1416 K cap. Λ 3, 21 (199r[5]6–19); VᴱVᴼ cap. Λ 3, 15; PM cap. Λ 2,
17; *deest in* Vᵂ Hᴵ Lᵇ; PG 96, 101, 12–24

II¹1416 (a) K (b) Τοῦ αὐτοῦ VᴱVᴼ P (c) *s. d.* M

1 ἐρινὺς] ἐρηνοῖς P   μύθος Vᴱ P   ἐλλείπον M, ἐνλείπων Vᵂ ᵃ· ᶜ·, ἐνλλείπων
Vᵂ ᵖ· ᶜ· **2** ταῦτα V PM **2 – 3** ὀπτίσασα Vᴱ, ὀπτείσασα Vᴼ **3** ἥμισοι Vᴱ κατα-
καλύψασα] κατὰ λείψασα M **4** παρῆσαν P, πάρεισαν K **5** σπασάμενοι K ἠπεί-
λουν Vᴼ, εἰπήλουν Vᴱ P **5 – 6** ἀποσφάξιν P, -σφάξαι M, -σφάζειν Vᴼ, -σφάττειν K
6 αὐτοῖς] αὐτῆς Vᴼ, αὐτὴν Vᵂ PM   εἰπουσαν (*sic*) M **6 – 7** τετήρικεν P **7**
τέκνου] υἱοῦ K **8** ἥρει] *scripsi* (*ed.*), ἥρει V M, ηρει P, αἴρει K ἐπεπήγησαν
(επεπη- M) VᴱVᴼ PM, ἐπεπήγεσαν *ed.* **9** ἔφη ἐμὸν P, ἔφη ἐμοῦ M τὸ¹] *om.* K
Vᵂ τέκνον] *om.* K **11** εὐσεβῆς P **12** ἀποστρέφεται VᴱVᴼ P ὑμῖν] *om.* M
16 κατὰ] ἀνὰ K **17** τὰ] *om.* Vᴼ **18** εἴ που] εἰ που P, ἢ ποῦ M, εἴπον Vᴼ τρο-
φεῖς Vᴱ παραφανεῖ ἡ M, παρεφάνη K **19** χειρῶν P, χειρὸς VᴱVᴼ

ταλαίπωρα τῆς ψυχῆς ἐφόδια. Πίστις δὲ ἀπορίας οὐδὲ τοῖς θνή-
σκουσιν ἦν, ἀλλὰ καὶ τοὺς ἐμπνέοντας οἱ λησταὶ διηρεύνων, μή
τις ὑποκόλπιον ἔχων τροφὴν σκήπτοιτο τὸν θάνατον αὐτῷ. Οἱ δὲ
ὑπ' ἐνδείας κεχηνότες, ὥσπερ λυσσῶντες κύνες ἐσφάλλοντο καὶ
παρεφέροντο, ταῖς θύραις ἐνσειόμενοι, μεθυόντων τρόπον, καὶ   5
ὑπ' ἀμηχανίας εἰς τοὺς αὐτοὺς οἴκους εἰσεπήδων δὶς ἢ τρὶς ὥρᾳ
μιᾷ.

---

1 ταλαίπορα (-αι- P) VᴼP, παλαι παρὰ (sic) M   2 καὶ] om. K   ἐμπνέοντας] ἐμ-
πνεόντας P, πνέοντας M, ἐκπνέοντας ed. (sed vide app. crit.), add. ἤδη K   οἱ λη-
σταὶ] οἱ λισταὶ VᴱVᴼ, ἀλησταὶ M   διερευνων M, διηρεύνουν K   3 ὑποκόλπϊος
Vᴼ, ὑποκολπιος M, ὑπὸ κόλπιος Vᴱ P, ὑπὸ κόλπον ed.   ἔχων] σχῶν PM   σκή-
πτοιτο] scripsi (ed.), σκέπτοιτο K, σκέποιτο VᴱVᴼ P, σκέπτηι M   αὐτῷ] scripsi
(ed.), αὐτῶι K, αὐτῶ VᴱVᴼ PM   4 ὑπ'] ὑπὸ P   λυσσόντες VᴱVᴼ   ἐφάλλοντο
Pᴾ· ᶜ· M, ἐφάλοντο Pᵃ· ᶜ·, ἠσφάλοντο K   5 παρεφέροντω VᴱVᴼ, παραφέρονται M
ταῖς] ταῖς τε Vᴱ ᵃ· ʳᵃˢ· ᵘᵗ ᵛⁱᵈᵉᵗᵘʳ Vᴼ P (= ed.)   ἐνσιόμενοι P, ἐνσιώμενοι M   τρόπων P,
τρόπω M   6 ὑπ'] ὑπὸ VᴱVᴼ P, υπο M   εἰς] om. VᴱVᴼ PM   εἰσεπήδουν (-πη- M)
K M, om. Vᴼ, εἰσπηδῶντες ed.   δὶς – τρὶς] δεὶς (δεῖς Vᴼ) ἢ τρεῖς VᴱVᴼ, δης ἢ τρίς
P, δὶς ἢ τρεῖς M

Τίτλος δ′   Περὶ λύπης.

II¹1417 / K cap. Λ 4, 1

Ἀπὸ τοῦ Σιράχ·

Μὴ δῷς εἰς λύπην τὴν ψυχήν σου,
5   καὶ λύπην μακρὰν ἀπόστησον ἀπὸ σοῦ·
πολλοὺς γὰρ ἀπώλεσεν ἡ λύπη,
καὶ οὐκ ἔστιν ὄφελος ἐν αὐτῇ.

II¹1418 / K cap. Λ 4, 2

Τοῦ αὐτοῦ·

10   Ἀπὸ λύπης ἐκβαίνει θάνατος,
καὶ λύπη καρδίας κάμψει ἰσχύν.
Μὴ δῷς εἰς λύπην τὴν καρδίαν σου,
ἀπόστησον αὐτήν, μνησθεὶς τὰ ἔσχατα.

---

10 – 11 Ἀπὸ – ἰσχύν] exstat etiam ap. Ps.-Max. Conf., *Loci communes*, 28.4./4. (ed. Ihm, p. 608–609)

---

4 II¹1417 Μὴ – σου] Sir. 30, 21¹ (Wahl, *Sirach-Text*, p. 129)   **5 – 7** καὶ – αὐτῇ] Ibid. 30, 23²⁻⁴ (Wahl, p. 129)   **10 – 11 II¹1418** Ἀπὸ – ἰσχύν] Sir. 38, 18¹⁻² (Wahl, *Sirach-Text*, p. 151)   **12 – 13** Μὴ – ἔσχατα] Ibid. 38, 20¹⁻² (Wahl, p. 151)

---

1 Titlos K (199r19)   **3 – 7 II¹1417** K cap. Λ 4, 1 (199r[19]20–22); VᴱVᴼ cap. Θ 5, 55; Vᵂ cap. Θ 5, 41; P cap. Θ 6, 55; M cap. Θ 6, 54; T cap. Θ 9, 45; R cap. Θ 9, 38; PG 96, 24, 28–30   **9 – 13 II¹1418** K cap. Λ 4, 2 (199r[22]23–199v1); VᴱVᴼ cap. Θ 5, 56–57; Vᵂ cap. Θ 5, 42; P cap. Θ 6, 56–57; M cap. Θ 6, 55–56; T cap. Θ 9, 46–47; R cap. Θ 9, 39–40; PG 96, 24, 31–33

II¹1417 (a) K (b) Τοῦ αὐτοῦ M T R (c) *s. a.* V P **II¹1418** (a) K (b) Τοῦ αὐτοῦ / Τοῦ αὐτοῦ P *(cf. infra, app. crit. text.)*   (c) Τοῦ αὐτοῦ / *s. d.* M T *(cf. infra, app. crit. text.)* (d) *s. d.* / Τοῦ αὐτοῦ R *(cf. infra, app. crit. text.)*   (e) *s. a. / s. d.* VᴱVᴼ *(cf. infra, app. crit. text.)* (f) *s. a.* Vᵂ

---

4 δῷς εἰς] δὸς εἰς Vᴼ, δώσεις P Rᵖ· ᶜ·, δώσηις (-ης M Rᵃ· ᶜ·) K M Rᵃ· ᶜ·   τῇ ψυχῆι (-ῇ R) σου K R   **6** ἡ λύπη] *om.* M   **11** ἰσχύν] *hic caesura in* VᴱVᴼ PM T R   **12 – 13** Μὴ – ἔσχατα] *om.* Vᵂ   **12** δῷς εἰς] δώσεις R, δώσης M   δῷς] δὼς Τ, δὸς Vᴼ τῇ καρδίᾳ σου R

II¹1419 / K cap. Λ 4, 3

Ἐκ τῆς πρὸς Κορινθίους β'·

Ἔκρινα ἐμαυτῷ τοῦτο, τὸ μὴ πάλιν ἐν λύπῃ πρὸς ὑμᾶς ἐλθεῖν· εἰ
γὰρ ἐγὼ λυπῶ ὑμᾶς, καὶ τίς ἐστιν ὁ εὐφραίνων με, εἰ μὴ ὁ λυπού-
μενος ἐξ ἐμοῦ; Καὶ ἔγραψα τοῦτο αὐτό, ἵνα μὴ ἐλθὼν λύπην σχῶ   5
ἀφ' ὧν ἔδει με χαίρειν, πεποιθὼς ἐπὶ πάντας ὑμᾶς ὅτι ἡ ἐμὴ χαρὰ
πάντων ὑμῶν ἐστίν. Ἐκ γὰρ πολλῆς θλίψεως καὶ συνοχῆς καρδίας
ἔγραψα ὑμῖν διὰ πολλῶν δακρύων, οὐχ' ἵνα λυπηθῆτε, ἀλλὰ τὴν
ἀγάπην ἵνα γνῶτε, ἣν ἔχω περισσοτέρως εἰς ὑμᾶς. Εἰ δέ τις λελύ-
πηκεν, οὐκ ἐμὲ λελύπηκεν, ἀλλὰ ἀπὸ μέρους, ἵνα μὴ ἐπιβαρῶ,   10
πάντας ὑμᾶς. Ἱκανὸν τῷ τοιούτῳ ἡ ἐπιτιμία αὕτη ἡ ὑπὸ τῶν πλει-
όνων, ὥστε τοὐναντίον μᾶλλον ὑμᾶς χαρίσασθαι καὶ παρακαλέ-
σαι, μή πως τῇ περισσοτέρᾳ λύπῃ καταποθῇ ὁ τοιοῦτος. Διὸ πα-
ρακαλῶ ὑμᾶς κυρῶσαι εἰς αὐτὸν ἀγάπην.

II¹1420 / K cap. Λ 4, 4   15

Καὶ μετ' ὀλίγα·

Ἡ τοῦ κόσμου λύπη θάνατον κατεργάζεται.

---

3 – 14 **II¹1419** II Cor. 2, 1– 8   17 **II¹1420** II Cor. 7, 10

2 – 14 **II¹1419** K cap. Λ 4, 3 (199v[1]2–17); V^{EV^O} cap. Θ 5, 60; V^W cap. Θ 5, 45; P
cap. Θ 6, 60; M cap. Θ 6, 59; T cap. Θ 9, 50; R cap. Θ 9, 43; PG 96, 24, 41–45
16 – 17 **II¹1420** K cap. Λ 4, 4 (199v[17]17–18)

II¹1419 (a) K P R Ἐκ τῆς] *om.* P R   (b) Ἐκ τῆς β' V^{EV^O}   (c) β' ἐπιστολῆς V^W   (d)
Τοῦ αὐτοῦ M   (e) Τῆς αὐτῆς T

3 Ἔκρινα] ἔκριναν V^O, *add.* δὲ M   ἐμαυτὸν K M   τοῦτο] τούτω M, τουτω T
πάλιν] *om.* K *(s. l. supplev. man. rec.)*   πρὸς ὑμᾶς] *post* ἐλθεῖν *transpos.* V^{EV^O} M
4 ἡμᾶς V^O   τίς ἐστιν] τίς V   4 – 5 λυπούμενος] *post* ἐμοῦ *transpos.* R   5 αὐτό]
om. V PM T R   ἔχω V P T R   6 – 14 πεποιθὼς – ἀγάπην] *om.* V PM T R   7
ὑμῶν ἐστίν] *sic acc.* K

II¹1421 / K cap. Λ 4, 5

Τοῦ ἀββᾶ Κασσιανοῦ, ἐκ τοῦ περὶ τῶν ὀκτὼ λογισμῶν·

Πέμπτος ἡμῖν ἀγὼν κατὰ τοῦ πνεύματος τῆς λύπης, τοῦ ἐπισκο-
τοῦντος τὴν ψυχὴν ἀπὸ πάσης πνευματικῆς θεωρίας, καὶ κωλύον-
5 τος αὐτὴν ἀπὸ πάσης ἀγαθῆς ἐργασίας. Ὅταν γὰρ τὸ πονηρὸν
τοῦτο πνεῦμα περιδράξηται τῆς ψυχῆς καὶ ὅλην αὐτὴν σκοτίσῃ,
οὐκ εὐχὰς ἐκτελεῖν μετὰ προθυμίας συγχωρεῖ, οὐ τῶν ἱερῶν
ἀναγνωσμάτων τῇ ὠφελείᾳ ἐγκαρτερεῖν· πρᾶον καὶ εὐκατάμικτον
πρὸς τοὺς ἀδελφοὺς τὸν ἄνθρωπον εἶναι οὐκ ἀνέχεται, καὶ πρὸς
10 πάντα τῶν ἔργων τὰ ἐπιτηδεύματα, καὶ πρὸς αὐτὴν τοῦ βίου τὴν
ἐπαγγελίαν μῖσος ἐμποιεῖ. Καὶ πάντα ἁπλῶς τὰ σωτηριώδη βου-
λεύματα τῆς ψυχῆς ἡ λύπη συγχέασα, καὶ τὴν εὐτονίαν αὐτῆς καὶ
καρτερίαν παραλύσασα, ὡς ἄφρονα ταύτην καὶ παραπλῆγα ἀπερ-
γάζεται, τῷ τῆς ἀπογνώσεως ἐνδήσασα λογισμῷ.
15   Διατοῦτο εἰ σκοπὸς ἡμῖν ἐστιν ἀγωνίσασθαι τὸν πνευματικὸν
ἀγῶνα καὶ νικῆσαι σὺν θεῷ τὰ πνεύματα τῆς πονηρίας, *πάσῃ φυ-
λακῇ τηρήσωμεν τὴν ἑαυτῶν καρδίαν* ἀπὸ τοῦ πνεύματος τῆς λύ-
πης. *Ὥσπερ σὴς ἱμάτιον* καὶ σκώληξ ξύλον, οὕτως ἡ λύπη τὴν τοῦ
ἀνθρώπου ψυχὴν κατεσθίει, ἐκκλίνειν πείθουσα πᾶσαν ἀγαθὴν
20 συντυχίαν, καὶ οὐδὲ παρὰ τῶν γνησίων φίλων λόγον συμβουλίας
δέχεσθαι συγχωροῦσα, οὐδὲ χρηστὴν ἀπόκρισιν ἢ εἰρηνικὴν ἐπι-
τρέπουσα μεταδοῦναι· ἀλλὰ πᾶσαν τὴν ψυχὴν περιλαβοῦσα, πι-
κρίας αὐτὴν καὶ ἀηδίας πληροῖ· καὶ λοιπὸν ὑποβάλλει αὐτῇ φεύ-

---

16 – 17 Prov. 4, 23¹ 18 Ὥσπερ – λύπη] cf. ibid. 25, 20a¹⁻²

---

3 – 789, 11 II¹1421 *Versio* K IOHANNES CASSIANUS, *Ad Castorem de octo spiritibus nequitiae* (Philokalia, I, p. 74, 22 – 76, 5)

---

2 – 790, 4 II¹1421 K cap. Λ 4, 5 (199v[18–19]20–201v6); V^EV^O cap. Θ 5, 71; V^W cap. Θ 5, 54; P cap. Θ 6, 71; M cap. Θ 6, 70; T cap. Θ 9, 61; R cap. Θ 9, 54; PG 86, 2084, 39 – 2085, 5 *(Versio* K); PG 96, 25, 34 – 28, 6 *(Versio* V PM T R)

II¹1421 (a) K PM T R κασιανοῦ K M R ἐκ τοῦ] *om.* PM R τῶν] *om.* T ὀκτὼ] η΄ P T (b) Κασιανοῦ V^W (c) κασσα μοναχοῦ *(sic)* V^E (d) κασισα μτ *(sic)* V^O

3 – 789, 11 *Versio* K   4 τῇ ψυχῇ *ed.*   7 συγχωρῇ K^{a. c.}   11 μῖσος] *sic acc.* K   13 παραπλῆγα] *correxi (ed.)*, παράπληγα K   14 τῷ] *correxi (ed.)*, τὸ K   ἀπογνώ-σεως] *correxi (ed.)*, ἀπογυμνώσεως K   ἐνδήσασα] *correxi (ed.)*, ἐνδύσασα K   15 εἰ σκοπὸς] *correxi (ed.)*, εἴς, κόπος K   16 νικῆσαι] *correxi (ed.)*, νικήσεις K   18 σὴς] *scripsi (ed.)*, σῆς K   23 ἀηδίας] *scripsi*, ἀηδείας K, ἀκηδίας *ed.*

γειν τοὺς ἀνθρώπους, ὡς αἰτίους αὐτῇ τῆς ταραχῆς γινομένους.
Καὶ οὐ συγχωρεῖ αὐτῇ ἐπιγνῶναι ὅτι οὐκ ἔξωθεν, ἀλλ᾽ ἔνδον ἔχει
ἐναποκειμένην τὴν νόσον, ἥτις τότε φανεροῦται, ὅταν οἱ πειρα-
σμοὶ ἐπιστάντες διὰ τῆς γυμνασίας, εἰς τὸ ἐμφανὲς ταύτην προε-
νέγκωσιν.
Οὐδέποτε γὰρ ὑπὸ ἄλλου βλαβήσεται ἄνθρωπος, εἰ μὴ ἔνδον
ἐναποκειμένας ἔχει τὰς τῶν παθῶν αἰτίας. Καὶ τούτου χάριν ὁ
πάντων δημιουργὸς καὶ ἰατρὸς τῶν ψυχῶν θεὸς καὶ μόνος ἐπιστά-
μενος ἀκριβῶς τὰ τραύματα τῆς ψυχῆς, οὐ τὰς τῶν ἀνθρώπων
συνδιατριβὰς παραγγέλλει καταλιμπάνειν, ἀλλὰ τὰς ἐν ἡμῖν ἐκκό-
πτειν τῆς κακίας αἰτίας, γινώσκων τὴν ὑγείαν τῆς ψυχῆς σου οὐκ
ἐν χωρισμῷ τῶν ἀνθρωπίνων κατορθοῦσθαι, ἀλλ᾽ ἐν τῇ μετὰ τῶν
ἐναρέτων διαγωγῇ καὶ γυμνασίᾳ. Ὅταν τοίνυν διά τινας εὐλόγους
δῆθεν προφάσεις τοὺς ἀδελφοὺς καταλιμπάνωμεν, οὐ τὰς τῆς λύ-
πης ἀφορμὰς ἐξεκόψαμεν, ἀλλὰ μόνον ἐνηλλάξαμεν αὐτάς, τῆς
ἐναποκειμένης ἔνδον νόσου καὶ δι᾽ ἑτέρων πραγμάτων ταύτας ἀ-
νακινούσης. Διά τοι τοῦτο κατὰ τῶν ἔνδον παθῶν ἅπας ἡμῖν ἔστω
ὁ πόλεμος. Τούτων γὰρ διὰ τῆς τοῦ θεοῦ συνεργείας ἐκ τῆς καρ-
δίας ἐκβληθέντων, οὐ λέγω μετὰ τῶν ἀνθρώπων, ἀλλὰ καὶ μετὰ
θηρίων ἀγρίων εὐκόλως συνδιατρίψομεν, κατὰ τὸ ὑπὸ τοῦ μακα-
ρίου Ἰὼβ εἰρημένον· *Θῆρες ἄγριοι εἰρηνεύσουσίν σοι.*
Προηγουμένως τοίνυν ἀγωνιστέον κατὰ τοῦ πνεύματος τῆς
λύπης, τοῦ ἐμβάλλοντος τὴν ψυχὴν εἰς ἀπόγνωσιν, ὅπως ἀπελά-
σωμεν αὐτὸ τῆς ἡμετέρας καρδίας. Τοῦτο γὰρ τὸν Κάϊν οὐ συνε-
χώρησεν μετὰ τὴν ἀδελφοκτονίαν μετανοῆσαι, οὔτε τὸν Ἰούδαν
μετὰ τὴν τοῦ δεσπότου προδοσίαν. Ἐκείνην μόνην τὴν λύπην ἀ-
σκήσωμεν, τὴν ἐπὶ μετανοίᾳ τῶν ἡμαρτημένων μετ᾽ ἐλπίδος ἀγα-
θῆς γινομένην, καὶ τὴν ἐπὶ τῇ κτήσει τῶν ἐν οὐρανοῖς ἀγαθῶν ἐπι-
τηδευομένην, περὶ ἧς καὶ ὁ Ἀπόστολος εἶπεν ὅτι *Ἡ κατὰ θεὸν
λύπη μετάνοιαν εἰς σωτηρίαν ἀμεταμέλητον κατεργάζεται.* Ἡ γὰρ
κατὰ θεὸν λύπη, τῇ ἐλπίδι τῆς μετανοίας τρέφουσα τὴν ψυχήν,
χαρᾷ σύμμικτος ὑπάρχει. Ὅθεν καὶ πρόθυμον καὶ ὑπήκοον πρὸς
πᾶσαν ἀγαθὴν ἐργασίαν παρασκευάζει τὸν ἄνθρωπον, εὐπρόσι-

---

21 Iob 5, 23 **29 – 30** II Cor. 7, 10

---

6 Οὐδέποτε] *correxi (ed.)*, οὐδ᾽ ὁπότε Κ   **9** ψυχῆς, οὐ] *correxi (ed.)*, ψυχῆς σου Κ
10 καταλιμπάνειν] *correxi (ed.)*, παραλιμπάνειν Κ   **20** συνδιατρίψομεν] *correxi*
(ed.), συνδιατρίψωμεν Κ   **22** τοίνυν] *correxi (ed.)*, τοῦ νῦν Κ   **24** Κάϊν] *scripsi*,
καϊν Κ

τον, ταπεινόν, πρᾶον, ἀνεξίκακον, πρὸς πάντα πόνον ἀγαθὸν καὶ
συντριβὴν ὑπομονητικόν, οἷα δὴ κατὰ θεὸν τυγχάνουσα, ὡς ἐκ
τούτου λοιπὸν *τοὺς καρποὺς τοῦ ἁγίου πνεύματος γνωρίζεσθαι ἐν*
τῷ ἀνθρώπῳ, τουτέστι *χαράν, εἰρήνην, μακροθυμίαν, ἀγαθότητα,*
5   *πίστιν, ἐγκράτειαν.* Ἐκ γὰρ τῆς ἐναντίας λύπης τοὺς καρποὺς ἐπι-
γινώσκομεν τοῦ πονηροῦ πνεύματος, οἵτινές εἰσιν ἀκηδία, ἀνυπο-
μ<ο>νησία, θυμός, μῖσος, ἀντιλογία, ἀπελπισμός, εὐχῆς ὀκνηρία·
ἥντινα λύπην οὕτως ὀφείλομεν ἐκκλίνειν, ὡς τὴν πορνείαν καὶ φι-
λαργυρίαν καὶ τὸν θυμὸν καὶ τὰ λοιπὰ τῶν παθῶν. Αὕτη δὲ θερα-
10 πεύεται διὰ προσευχῆς καὶ τῆς εἰς θεὸν ἐλπίδος καὶ μελέτης τῶν
θείων λογίων καὶ τῆς μετὰ ἀνθρώπων εὐλαβῶν διαγωγῆς.

Πέμπτος ἡμῖν ἀγὼν κατὰ τοῦ πνεύματος τῆς λύπης, τοῦ ἐπισκοτοῦντος
τὴν ψυχὴν ἀπὸ πάσης πνευματικῆς θεωρίας, καὶ κωλύοντος αὐτὴν ἀπὸ πά-
σης ἀγαθῆς ἐργασίας. Ὅταν γὰρ τὸ πονηρὸν τοῦτο πνεῦμα δράξηται τῆς
15 ψυχῆς καὶ ὅλην αὐτὴν σκοτώσῃ, οὐκ εὐχὰς ἐκτελεῖν μετὰ προθυμίας συγ-
χωρεῖ, οὐ τῶν ἱερατικῶν ἀναγνωσμάτων τῇ ὠφελείᾳ ἐγκαρτερεῖν· πρᾶον
καὶ εὐκατάμικτον πρὸς τοὺς ἀδελφοὺς τὸν ἄνθρωπον εἶναι οὐκ ἀνέχεται,
καὶ πρὸς αὐτὴν τοῦ βίου τὴν ἐπαγγελίαν μῖσος ἐμποιεῖ.
Διατοῦτο εἰς σκοπὸς ἡμῖν ἐστιν, ἀγωνίσασθαι τὸν πνευματικὸν ἀγῶνα
20 καὶ *πάσῃ φυλακῇ τηρήσωμεν τὴν ἑαυτῶν καρδίαν* ἀπὸ τοῦ πνεύματος τῆς
λύπης. Ὥσπερ γὰρ σὴς ἱμάτιον καὶ σκώληξ ξύλον, οὕτως ἡ λύπη τὴν τοῦ
ἀνθρώπου ψυχὴν κατεσθίει, ἐκκλίνειν πείθουσα πᾶσαν ἀγαθὴν συντυχίαν,
καὶ οὐδὲ παρὰ τῶν γνησίων φίλων λόγον συμβουλίας δέχεσθαι συγχωροῦ-
σα, οὐδὲ χρηστὴν ἀπόκρισιν καὶ εἰρηνικὴν ἐπιτρέπουσα μεταδοῦναι· ἀλλὰ
25 πᾶσαν τὴν ψυχὴν παραλαβοῦσα, πικρίας αὐτὴν καὶ ἀηδίας πληροῖ· καὶ λοι-

---

3 – 5 Gal. 5, 22–23 20 Prov. 4, 23¹ 21 Ὥσπερ – λύπη] cf. ibid. 25, 20a¹⁻²

12 – 790, 4 II¹1421 Versio V PM T R   12 – 18 Πέμπτος – ἐμποιεῖ] Iohannes
Cassianus, *Ad Castorem de octo spiritibus nequitiae* (Philokalia, I, p. 74, 22–29)
19 – 790, 1 Διατοῦτο – αἰτίους] Ibid. (Philokalia, I, p. 74, 32 – 75, 7)

3 τούτου] *correxi (ed.)*, τοῦτο K   3 – 4 ἐν τῷ] *correxi (ed.)*, ἐκ τοῦ K   6 – 7 ἀ-
νυπομονησία] *correxi (ed.)*, ἀνυπομνησία K   7 μῖσος Kᵃ·ᶜ·   12 – 790, 4 *Versio V*
PM T R   12 Πέμπτος] πολὺς R   13 καὶ] *om.* R   14 δράξηται] -ητ- *e corr.* Vᵂ,
δράξεται P T   14 – 15 τῆς ψυχῆς] τὴν ψυχὴν P T   15 σκοτώσῃ (σκω- M) Vᵂ PM
T   ἐκτελεῖν] ἐκτενεῖς (-εῖς *e corr.)* Vᵂ   προθυμίας] *add.* ἐκτελεῖν Vᵂ   16 οὐ
τῶν] οὔτε *(sic)* M   ἱερῶν (ἵε- PM), PM T R (= *ed.)*   τὴν ὠφελείαν Vᵂ ᵖ·ᶜ· P
ἐγκαρτερεῖ VᴱVᴼ   17 εὐκατάνυκτον T (= *ed.)*   εἶναι] *om.* M   19 – 790, 4
Διατοῦτο – λογίων] καὶ τὰ ἑξῆς P, *om.* M T R   21 σὴς] *scripsi (ed.)*, σῆς V   25
παραλαβοῦσα] *sic* V   καὶ ἀηδίας] *om.* Vᵂ

πὸν ὑποβάλλει φεύγειν τοὺς ἀνθρώπους, ὡς αἰτίους. Ἥντινα λύπην οὕτως ὀφείλομεν ἐκκλίνειν, ὡς τὴν πορνείαν καὶ φιλαργυρίαν καὶ τὸν θυμὸν καὶ τὰ λοιπὰ τῶν παθῶν. Αὕτη δὲ θεραπεύεται διὰ προσευχῆς καὶ τῆς εἰς θεὸν ἐλπίδος καὶ μελέτης τῶν θείων λογίων.

---

1 - 4 Ἥντινα – λογίων] IOHANNES CASSIANUS, *Ad Castorem de octo spiritibus nequitiae* (Philokalia, 1, 76, 2–5)

2 πορνείαν] πόρνην Vᵂ

Τίτλος ε′   Περὶ λαλιᾶς καὶ τοῦ μὴ ὡς ἔτυχεν λαλεῖν.

II¹1422 / K cap. Λ 5, 1

Ἀπὸ τοῦ Σιράχ·

Ἑτοίμασον λόγον, καὶ οὕτως ἀκουσθήσῃ,
5 σύνδησον παιδείαν, καὶ οὕτως ἀποκρίθητι.

II¹1423 / K cap. Λ 5, 2

Τοῦ αὐτοῦ·

Δόξα καὶ ἀτιμία ἐν λαλιᾷ.

II¹1424 / K cap. Λ 5, 3

10 Ἡσαΐου·

Κύριος δίδωσίν μοι γλῶσσαν παιδείας, τοῦ γνῶναι ἡνίκα δεῖ εἰ-
πεῖν λόγον.

II¹1425 / K cap. Λ 5, 4

Ἐκ τῆς πρὸς Κολασσαεῖς ἐπιστολῆς·

15 Ἐν σοφίᾳ περιπατεῖτε πρὸς τοὺς ἔξω, τὸν καιρὸν ἐξαγοραζόμενοι.

---

1 Περὶ – λαλεῖν] cf. II¹ / K^pin Παραπομπὴ Χ 19

4 – 5 II¹1422 Sir. 36, 4¹⁻² (Wahl, *Sirach-Text*, p. 144)   8 II¹1423 Sir. 5, 13¹ (Wahl, *Sirach-Text*, p. 58)   11 – 12 II¹1424 Is. 50, 4 (Wahl, *Prophetenzitate*, p. 423)   15 – 792, 2 II¹1425 Col. 4, 5–6

1 Titlos K (201v6–7)   3 – 5 II¹1422 K cap. Λ 5, 1 (201v[7]8–9)   7 – 8 II¹1423 K cap. Λ 5, 2 (201v[9]10)   10 – 12 II¹1424 K cap. Λ 5, 3 (201v[10]11–12)   14 – 792, 2 II¹1425 K cap. Λ 5, 4 (201v[12]13–16)

5 σύνδησον] *scripsi (LXX)*, σύνδεσον K

Ὁ λόγος ὑμῶν ᾖ πάντοτε ἐν χάριτι, ἅλατι ἠρτυμένος, εἰδέναι πῶς δεῖ ὑμᾶς ἑνὶ ἑκάστῳ ἀποκρίνεσθαι.

II¹1426 / K cap. Λ 5, 5

Τοῦ ἁγίου Γρηγορίου, ἐκ τοῦ Ὑποθῆκαι παρθένοις, τῶν Ἐπῶν·

Ὄσσα φέριστ᾽	Ὄσα βέλτιστα 5
ἀΐων,	ἀκούων,
καὶ φθέγγεο·	καὶ λάλει·
ὄσσα δὲ βάζεις,	ὄσα δὲ λαλεῖς,
Λεύσσοις	καὶ βλέποις χρηστὰ
προφ<ρ>ονέως.	προθύμως πράττε. 10
Ὄψις	Ἡ γὰρ θέα
δ᾽ ἐπὶ ἔργον ἐλαύνει.	ἐπὶ ἔργον διώκει.

II¹1427 / K cap. Λ 5, 6

Τοῦ ἁγίου Βασιλείου, ἐκ τῆς πρὸς Γρηγόριον ἀσκητ<ικ>ῆς ἐπιστολῆς·   15

Προεξετάσαντα ἐν αὐτῷ τὸ ῥηθησόμενον, οὕτω δεῖ δημοσιεύειν τὸν λόγον.

---

5 - 12 II¹1426 GREGORIUS NAZIANZENUS, *Carmina*, I,2,2 *(Praecepta ad virgines)*, 274–275 (PG 37, 599, 11–13)   16 - 17 II¹1427 BASILIUS CAESARIENSIS, *Epistulae*, II, 5, 13–14 (ed. Courtonne, I, p. 10)

---

4 - 12 II¹1426 K cap. Λ 5, 5 (201v[16–17]18–202r1)   14 - 17 II¹1427 K cap. Λ 5, 6 (202r[2]3–4)

II¹1426 Ὑποθῆκαι] *scripsi*, ὑποθῆκαι K II¹1427 ἀσκητικῆς] *scripsi*, ἀσκητὴν K

---

5 Ὄσα] *scripsi*, ὄσσα K   10 προφρονέως] *scripsi (ed.)*, προφονέως K   16 Προεξετάσαντα] *correxi (ed.)*, προεξέτασαν τὰ K   αὐτῷ] *scripsi*, αὐτῶι K, ἑαυτῷ *ed.*

II¹1428 / K cap. Λ 5, 7

Σχόλιον·

Ἐπίσκεψαι τὸν Περὶ βραχυλόγων παράλληλον, καὶ Περὶ τῶν φυλαττόντων τὴν ἑαυτοῦ γλῶσσαν.

---

3 Περὶ βραχυλόγων] cf. III / par. 37[38] A   3 – 4 Περὶ² – γλῶσσαν] cf. III / par.
38[39] A

---

3 – 4 II¹1428 *Scholion*

---

2 – 4 II¹1428 K cap. Λ 5, 7 (202r[4]4–6)

Τίτλος ς′   Περὶ λουππαίων καὶ ἐπαοιδῶν καὶ κο<τ>τιστῶν, καὶ
ὅτι οὐ δεῖ ἀντιλαμβάνεσθαι τῶν τοιούτων ἢ συγκροτήσεως ἀξι-
οῦν.

δ′   Περὶ λουππαίων.

η′   Περὶ διακινητῶν καὶ ἀργοτρόφων καὶ λουππαίων πεφαν-   5
τασμένων.

II¹1429 / K cap. Λ 6, 1

Τοῦ Σιράχ·

Τίς ἐλεήσει ἐπαοιδὸν ὀφιόδηκτον
<καὶ> πάντας τοὺς προσάγοντας θηρίοις;   10
Οὕτω τὸν προσπορευόμενον ἀνδρὶ ἁμαρτωλῷ
καὶ συμφυρόμενον ταῖς ἁμαρτίαις αὐτοῦ.

---

9 - 12 **II¹1429** Sir. 12, 13¹–14² (Wahl, *Sirach-Text*, p. 81)

1 - 3 **Titlos (a)** K (202r7–9)   **4 Titlos (b)** V   **5 - 6 Titlos (c)** PMLᵇ
Vᵂ ᵃᵈᵈⁱᵗ· I f. 99v(mg)mg–100rA1 Hᴵ ᵗˣᵗ Aᴵ (*cf.* *II² / T cap. Δ 18 titlos); *deest in* Lᵇ ᵖⁱⁿ
Hᴵ ᵖⁱⁿ ⁽ˡᵃᶜ·⁾   **8 - 12 II¹1429** K cap. Λ 6, 1 (202r[9]10–13); *deest in* V PMLᵇ
Vᵂ ᵃᵈᵈⁱᵗ· I f. 99v(mg)mg–100rA1 Hᴵ

1 - 3 **Titlos (a)**   1 λουππαίων] *correxi,* λουπέων K   ἐπαοιδῶν – κοττιστῶν]
ἀσωτευομένων Kᵖⁱⁿ   κοττιστῶν] *scripsi,* κοτιστῶν Kᵗˣᵗ   2 δεῖ] χρὴ Kᵖⁱⁿ   2 - 3 ἢ –
ἀξιοῦν] *om.* Kᵖⁱⁿ   **4 Titlos (b)**   δ′] *praem.* τίτλος Vᵂ ᵗˣᵗ   λουππέων Vᴱᵛᴼ ᵖⁱⁿ,
λουπέων Vᵂ   **5 - 6 Titlos (c)**   5 η′] λδ′ Hᴵ ᵗˣᵗAᴵ ᵗˣᵗ, *propt. mg. resect. non liquet in*
Aᴵ ᵖⁱⁿ *(λδ′ secund. ser.), om.* Vᵂ ᵃᵈᵈⁱᵗ·   καὶ¹] *om.* Hᴵ ᵗˣᵗ Aᴵ   **5 - 6** λουππαίων π-
εφαντασμένων] *om.* M   5 λουπαίων Lᵇ ᵖⁱⁿ, Vᵂ ᵃᵈᵈⁱᵗ·, λούπ Hᴵ ᵗˣᵗ Aᴵ ᵖⁱⁿ, λουπ′ Aᴵ ᵗˣᵗ
5 - 6 πεφαντασμένου Hᴵ ᵗˣᵗ Aᴵ

10 καὶ] *supplevi* (*II²1584 / T cap. E 50, 6 *et LXX), om.* K (*cf.* II¹279 / K cap. A 10,
13)   12 συμφυρόμενον] *scripsi (LXX),* συμφυρώμενον K

II¹1430 / K cap. Λ 6, 2 *II²975 /
T cap. Δ 18,

Τοῦ αὐτοῦ·

Δὸς τῷ εὐσεβεῖ καὶ μὴ ἀντιλαβοῦ τοῦ ἁμαρτωλοῦ.
Εὖ ποίησον ταπεινῷ καὶ μὴ δῷς ἀσεβεῖ·
5 ἐμπόδισον τὸν ἄρτον αὐτοῦ καὶ μὴ δῷς αὐτῷ·
διπλάσια γὰρ κακὰ εὑρήσει σε
ἐν πᾶσιν ἀγαθοῖς οἷς ἐὰν ποιήσῃς αὐτῷ,
ὅτι καὶ ὁ ὕψιστος ἐμίσησεν ἁμαρτωλούς,
καὶ τοῖς ἀσεβέσιν ἀποδώσει ἐκεῖ κρίσιν.

10 II¹1431 / K cap. Λ 6, 3 *II²978 /
T cap. Δ 18,

Διδύμου·

Μείζονα καὶ σπουδαιοτέραν τὴν ἐπιμέλειαν ποιοῦ εἰς τοὺς δι᾿
ἀρετὴν καὶ θεοσέβειαν πτωχεύσαντας ἢ πενομένους, ἄλλως εἰς

---

3 Δὸς – ἁμαρτωλοῦ] exstat etiam ap. Ps.-Max. Conf., *Loci communes*, 7.7./6. (ed.
Ihm, p. 160) **12 – 796, 2** exstat ibid., 7.-./34a. et 12.32./31. (p. 176 et 294–295)

3 – 5 II¹1430 Δὸς – αὐτῷ] Sir. 12, 4–5² (Wahl, *Sirach-Text*, p. 80) **6 – 9** διπλά-
σια – κρίσιν] Ibid. 12, 5⁴–6² (Wahl, p. 80) **12 – 796, 2 II¹1431** DIDYMUS ALEXAN-
DRINUS, locus non repertus; Harris, p. 75

2 – 9 II¹1430 K cap. Λ 6, 2 (202r[13]14–19); V cap. Λ 4, 1; PM cap. Δ 8, 1;
Vᵂ ᵃᵈᵈⁱᵗ· I f. 99v(mg)mg–100rA1; Hᴵ cap. Δ 34, 1; *deest in* Lᵇ; PG 96, 101, 26–32
11 – 796, 2 II¹1431 K cap. Λ 6, 3 (202r[20]21–202v1); V cap. Λ 4, 2; PM cap. Δ 8,
2; Vᵂ ᵃᵈᵈⁱᵗ· I f. 100rA(9)9–16; Hᴵ cap. Δ 34, 2; *deest in* Lᵇ; PG 86, 2085, 7–12 (*falso
sub titulo* Περὶ λαλιᾶς); PG 96, 101, 33–37

II¹1430 (a) K (b) Τοῦ Σιράχ V PM Vᵂ ᵃᵈᵈⁱᵗ· Hᴵ Τοῦ] *om.* V Hᴵ σιραχ Vᴼ M **II¹1431**
(a) V PM Vᵂ ᵃᵈᵈⁱᵗ· διδυμου M (b) Φίλωνος, ἐκ τῶν ἐν τῷ Λευϊτικῷ ζητημάτων K
(c) *s. a.* Hᴵ

3 ἀσεβεῖ Vᵂ ᵃᵈᵈⁱᵗ· τοῦ ἁμαρτωλοῦ] τῶ ἁμαρτωλω (*sic*) M **4** εὐποίησον K VᴱVᴼ
δὼς Vᴼ ᵃ· ᶜ·, δὸς VᴱVᵂVᴼ ᵖ· ᶜ· Vᵂ ᵃᵈᵈⁱᵗ·, δος M ἀσεβῶν P **5** δὸς VᴱVᵂVᴼ ᵖ· ᶜ· P, δὼς
Vᴼ ᵃ· ᶜ· **6** κακὰ] *om.* Vᵂ ᵃᵈᵈⁱᵗ· εὑρήσει σε] εὑρήσει εἰς σε Pᵃ· ᶜ·, εὑρήσεις εἰς σε Pᵖ· ᶜ·,
εὑρήσει εἰς σὲ M Vᵂ ᵃᵈᵈⁱᵗ· Hᴵ **7** οἷς ἐὰν] σοῖς. ἀν M ποιησεις M, ποιεῖς VᴱVᴼ,
ποιῆς Vᵂ **8** ὁ] *om.* Hᴵ **9** ἀπὸ δοσει (*sic*) P, ἐπιδόσει Vᵂ ᵃᵈᵈⁱᵗ· ἐκεῖ κρίσιν] ἐκῆ
κρίσιν Vᴼ, κρίσιν K, ἐκδίκησιν *LXX* **13** καὶ] ἢ K, ἡ δι καὶ M πενωμενους M,
ἐπαινουμένους Vᵂ ἄλλως] ἀλλ᾿ ὡς K Vᴼ

τοὺς ἐκ νόσων ἢ συμπτωμάτων ἀποροῦντας παρὰ τοὺς ἐκ κακο-
πραγίας ἢ ἀσωτίας πτωχεύσαντας.

<II¹suppl. 339–340 / V cap. Λ 4, 3–4>

---

3 **II¹suppl. 339–340** cf. *Sacra*. Liber II. *Supplementum* (Band VIII/8)

---

1 τοὺς¹] τὸ V^W   ἢ] *add.* τῶν V^E V^O   τοὺς²] *om.* V^W ^addit.   2 ασωτίαν *(sic)* M
ὑπωχεύσαντας H^I

Στοιχεῖον Μ

Τίτλος α′   Περὶ μεθυστῶν, <καὶ ὅτι οὐ χρὴ συμποσιάζειν αὐτοῖς>. *ΙΙ² /
R cap. Μ 1

ε′   Περὶ μεθυόντων.

5   α′   Περὶ μεθυστῶν καὶ ἀσώτων.

<γ′>   Περὶ μεθυστῶν.

ΙΙ¹1432 / Κ cap. Μ 1, 1

*ΙΙ²1911 /
R cap. Μ 1, ▮

Τῆς Ἐξόδου·

Ἀκούσας Ἰησοῦς τὴν φωνὴν τοῦ λαοῦ κραζόντων, λέγει πρὸς
10   Μωϋσῆν· Φωνὴ πολέμου ἐν τῇ παρεμβολῇ. Καὶ λέγει· Οὐκ ἔστι
φωνὴ ἐξ ἀρχόντων κατ᾽ ἰσχύν, οὐδὲ φωνὴ ἐξ ἀρχόντων τροπῆς,
ἀλλὰ φωνὴ<ν> ἐξ ἀρχόντων οἴνου ἐγὼ ἀκούω.

ΙΙ¹1433 / Κ cap. Μ 1, 2

Βασιλειῶν γ′·

15   Ἠλὰ υἱὸς Βαασσᾶ ἐβασίλευσεν ἐπὶ Ἰσραὴλ δύο ἔτη· καὶ συνεστρά-

---

9 – 12 **ΙΙ¹1432** Ex. 32, 17–18   **15 – 798, 4 ΙΙ¹1433** III Reg. 16, 8–10 (Wahl, *3 Könige-Text*, p. 109)

---

1 **Stoicheion** Κ txt (202v1) Κ pin   **2 – 3 Titlos (a)** Κ (202v2)   **4 Titlos (b)** V A pin;
deest in H I A I txt   **5 Titlos (c)** P cap. Μ 1 ML b pin (*cf.* *ΙΙ² / R cap. Μ 1 titlos); *deest in*
L b txt   **6 Titlos (d)** P cap. Ω 3   **8 – 12 ΙΙ¹1432** Κ cap. Μ 1, 1 (202v[2]3–7); *deest in* V
H I P cap. Μ 1 ML b P cap. Ω 3   **14 – 798, 4 ΙΙ¹1433** Κ cap. Μ 1, 2 (202v[7]8–13); *deest in*
V H I P cap. Μ 1 ML b P cap. Ω 3

---

2 – 3 Titlos (a)   2 – 3 καὶ – αὐτοῖς] *supplevi e* Κ pin, *om.* Κ txt   **4 Titlos (b)**   ε′]
non liquet in A I pin (ε′ *secund. ser.*), *praem.* τίτλος V W txt   μεθυόντων] μεθυσκομένων V W, *add.* καὶ ἀσώτων V W txt   **5 Titlos (c)**   μεθυόντων Μ txt   **6 Titlos (d)** γ′ –
μεθυστῶν] *om.* P pin   γ′] *supplevi, om.* P cap. Ω 3 txt

---

12 φωνὴν] *scripsi* (*LXX*), φωνὴ Κ   15 Ἠλὰ] *scripsi*, ἠλᾶ Κ

φη ἐπ᾽ αὐτὸν Ζαμβρί, ἄρχων τῆς ἡμίσους ἵππου, καὶ αὐτὸς ἐν
Θαρσᾷ πίνων καὶ μεθύων ἐν τῷ οἴκῳ Ὀσᾶ, τοῦ οἰκονόμου ἐν
Θαρσᾷ. Καὶ εἰσῆλθε Ζαμβρὶ καὶ ἐπάταξεν αὐτὸν καὶ ἐθανάτωσεν
αὐτόν, καὶ ἐβασίλευσεν ἀντ᾽ αὐτοῦ.

II¹1434 / K cap. M 1, 3   5

Τῆς αὐτῆς·

Υἱὸς Ἄδερ πίνων καὶ μεθύων ἐν Σοκχώθ, αὐτὸς καὶ οἱ βασιλεῖς,
τριακονταδύο βασιλεῖς συμβοηθοὶ μετ᾽ αὐτοῦ. Καὶ ἐξῆλθε τὰ παι-
δάρια τῶν χωρῶν ἐν πρώτοις· καὶ ἔφυγε Συρία καὶ κατεδίωξεν αὐ-
τὸν Ἰσραήλ.   10

Υἱὸς Ἄδερ πίνων καὶ μεθύων, αὐτὸς καὶ βασιλεῖς τριακονταδύο συμβοηθοὶ
μετ᾽ αὐτοῦ. Ἐξῆλθε τὰ παιδάρια τῶν χωρῶν καὶ ἔφυγε Συρία.

<II¹suppl. 341 / PMLᵇ cap. M 1, 3>

---

13 **II¹suppl. 341** cf. *Sacra*. Liber II. *Supplementum* (Band VIII/8)

---

7 – 10 **II¹1434 Versio K**   7 – 9 Υἱὸς – πρώτοις] III Reg. 21, 16–17 (Wahl, *3 Kö-nige-Text*, p. 117)   9 – 10 καὶ – Ἰσραήλ] Ibid. 21, 20 (Wahl, p. 117)   **11 – 12**
II¹1434 Versio V Pᶜᵃᵖ· ᴹ ¹ M Pᶜᵃᵖ· Ω ³   11 – 12 Υἱὸς – χωρῶν] III Reg. 21, 16–17
(Wahl, *3 Könige-Text*, p. 117) 12 καὶ – Συρία] Ibid. 21, 20 (Wahl, p. 117)

---

6 – 12 **II¹1434** K cap. M 1, 3 (202v[13]14–17); VᴱVᴼ cap. M 5, 1; Vᵂ cap. M 5, 1–2;
PM cap. M 1, 1–2; P cap. Ω 3, 1; *deest in* H¹ Lᵇ; PG 96, 156, 53 – 157, 2

II¹1434 (a) K   (b) Βασιλειῶν γ′ VᴱVᴼ Pᶜᵃᵖ· Ω ³   (c) Βασιλειῶν γ′ / Τῆς αὐτῆς Pᶜᵃᵖ· ᴹ ¹
(cf. infra, app. crit. text.)   (d) Βασιλειῶν α′ / Τῶν αὐτῶν Vᵂ *(cf. infra, app. crit. text.)*
(e) Βασιλειῶν α′ / Τοῦ αὐτοῦ M *(cf. infra, app. crit. text.)*

---

1 ἄρχων] *scripsi (LXX)*, ἄρχον K   ἡμίσους] *correxi (LXX)*, ἡμίσσου K *(signo quo
solebant scribae ad textum in mg. referre superscripto)*   **11 – 12** *Versio* V Pᶜᵃᵖ· ᴹ ¹ M
Pᶜᵃᵖ· Ω ³   **11** ἀδὲρ Pᶜᵃᵖ· ᴹ ¹ M   μεθύον Pᶜᵃᵖ· ᴹ ¹ Pᶜᵃᵖ· Ω ³   τριακονταδύο] λβ′ V
συμβοηθοὶ] *post* αὐτοῦ *transpos.* M   **12** αὐτοῦ] *hic caesura in* Vᵂ PM   εἰσῆλθεν
M, *add.* δὲ VᴱVᴼ   χώρων Pᶜᵃᵖ· ᴹ ¹, χορῶν (-ων Pᶜᵃᵖ· Ω ³) VᴱVᴼ Pᶜᵃᵖ· Ω ³

II¹1435 / K cap. M 1, 4

*II²1912
et *II²1915 /
R cap. M 1, 2
et 5

Τῶν Παροιμιῶν·

Μὴ ἴσθι οἰνοπότης,
μὴ δὲ ἐκτείνου συμβολαῖς κρεῶν τε ἀγορασμοῖς·
5　πᾶς γὰρ μέθυσος καὶ πορνοκόπος πτωχεύσει.

II¹1436 / K cap. M 1, 5

*II²1913 /
R cap. M 1, 3

Τῶν αὐτῶν·

Ὅς ἐστιν ἡδὺς ἐν οἴνων διατριβαῖς,
ἐν τοῖς ἑαυτοῦ ὀχυρώμασι καταλείψει ἀτιμίαν.

10　　　　　## II¹1437 / K cap. M 1, 6

Τῶν αὐτῶν·

Τίνι οὐαί; Τίνι θόρυβος; Τίνι κρίσις;

3　Μὴ – οἰνοπότης] exstat etiam ap. Ps.-Max. Conf., *Loci communes*, 30.4./4. (ed. Ihm, p. 626)　5　πᾶς – πτωχεύσει] exstat ibid., 30.4./4. (p. 626)　8 – 9　exstat ibid., 30.5./5. (626 – 627)

3 – 5　II¹1435 Prov. 23, 20¹–21¹ (Wahl, *Proverbien-Text*, p. 110)　8 – 9　II¹1436 Prov. 12, 11a¹⁻² (Wahl, *Proverbien-Text*, p. 62)　12 – 800, 5　II¹1437 Prov. 23, 29¹–30² (Wahl, *Proverbien-Text*, 111–112)

2 – 5　II¹1435 K cap. M 1, 4 (202v[mg]18 – 20); Vᴱᵛᴼ cap. M 5, 2; Vᵂ cap. M 5, 4; PM cap. M 1, 4; P cap. Ω 3, 3; *deest in* Hᴵ Lᵇ; PG 96, 157, 3 – 4　7 – 9　II¹1436 K cap. M 1, 5 (202v[20]21 – 22); Vᴱᵛᴼ cap. M 5, 3; Vᵂ cap. M 5, 5; PM cap. M 1, 5; P cap. Ω 3, 4; *deest in* Hᴵ Lᵇ; PG 96, 157, 5 – 6　11 – 800, 5　II¹1437 K cap. M 1, 6 (202v[22] 23 –203r3); Vᴱᵛᴼ cap. M 5, 4; Vᵂ cap. M 5, 6; PM cap. M 1, 6; P cap. Ω 3, 5; *deest in* Hᴵ Lᵇ; PG 96, 157, 7 –10

II¹1435 Τῶν] *om.* V Pᶜᵃᵖ· ᴹ ¹ Pᶜᵃᵖ· Ω ³ M　II¹1436 (a) K　(b) *s. a.* V Pᶜᵃᵖ· ᴹ ¹ Pᶜᵃᵖ· Ω ³　(c) *s. d.* M　II¹1437 (a) K M　(b) Τῶν Παροιμιῶν Vᵂ　(c) *s. a.* Vᴱᵛᴼ Pᶜᵃᵖ· ᴹ ¹ Pᶜᵃᵖ· Ω ³

3　ἴστι Vᵂ, ἴσθη Vᴱᵛᴼ, ἴσθη Pᶜᵃᵖ· ᴹ ¹ Pᶜᵃᵖ· Ω ³　4　μὴ – ἀγορασμοῖς] *om.* V Pᶜᵃᵖ· ᴹ ¹ M Pᶜᵃᵖ· Ω ³　συμβολαῖς] *correxi* (*II²), συμβουλεῦσαι K　κρεῶν τε] *correxi (LXX)*, κρεῶν τοῖς K　5　γὰρ] *om.* Pᶜᵃᵖ· Ω ³　8　οἴνω Vᵂ ᵃ· ᶜ·, οἴνου K　9　καταλήψει Vᴱᵛᴼ, -λείψη Pᶜᵃᵖ· Ω ³, -λίψει *e corr.* K

Τίνι ἀηδίαι καὶ λέσχαι;
Τίνι συντρίμματα διακενῆς;
Τίνος πελιδνοὶ οἱ ὀφθαλμοί;
Οὐ τῶν ἐγχρονιζόντων ἐν οἴνοις;
Οὐ τῶν ἰχνευόντων ποῦ πότοι γίνονται;   5

II[1]1438 / K cap. M 1, 7

Τῶν αὐτῶν·

Μὴ μεθύσκεσθε οἴνῳ, ἀλλ᾽ ὁμιλεῖτε ἀνθρώποις δικαίοις·
ἐὰν γὰρ εἰς τὰς φιάλας καὶ τὰ ποτήρια δῷς τοὺς ὀφθαλμούς σου,
ὕστερον περιπατήσεις γυμνότερος ὑπαίθρου.   10

II[1]1439 / K cap. M 1, 8

Ἀπὸ τοῦ Ἐκκλησιαστοῦ·

Ἀγαθὸν πορευθῆναι εἰς οἶκον πένθους
ἢ πορευθῆναι εἰς οἶκον πότου.

---

13 – 14 exstat etiam ap. Ps.-Max. Conf., *Loci communes*, 30.3./3. (ed. Ihm, p. 626)

---

8 II[1]1438 Μὴ – δικαίοις] Prov. 23, 31[1] (Wahl, *Proverbien-Text*, p. 112)   9 – 10
ἐὰν – ὑπαίθρου] Ibid. 23, 31[3–4] (Wahl, p. 112)   13 – 14 II[1]1439 Eccle. 7, 2[2–3]
(Wahl, *Kohelet-Text*, 160)

---

7 – 10 II[1]1438 K cap. M 1, 7 (203r[3]4–7); V[EVO] cap. M 5, 5; PM cap. M 1, 7; *deest*
in V[W] H[I] L[b] P[cap. Ω 3]; PG 96, 157, 10–13   12 – 14 II[1]1439 K cap. M 1, 8 (203r[7]8–
9); V[EVO] cap. M 5, 6; V[W] cap. M 5, 7; PM cap. M 1, 8; *deest in* H[I] L[b] P[cap. Ω 3]; PG 96,
157, 14–15

II[1]1438 (a) K M (b) *s. a.* V[E] P[cap. M 1] (c) *s. d.* V[O] II[1]1439 (a) K (b) Τοῦ Ἐκκλησια-
στοῦ V P[cap. M 1] M Τοῦ] *om.* V

---

1 ἀϊδίαι V[EVO], ἀϊδία K, ἀδικία V[W]   λέσχαι] -αι *non liquet in* V[W p. ras.], λέσχη K   3
πελϊδϋοὶ V[O]   4 ἐνχρονιζόντων V[EVO] P[cap. M 1] M, χρονιζόντων (-ζο- P[cap. Ω 3]) K
P[cap. Ω 3]   οἴνῳ (*sic*) M, οινω P[cap. Ω 3]   5 Οὐ – ἰχνευόντων] καὶ κατασκοπούντων
P[cap. Ω 3]   Οὐ] οὐ V[O]   8 μεθύσκεσθαι V[EVO] P[cap. M 1]   ὁμιλῆτε V[EVO], ὁμιλεῖται M,
ομιλειται P[cap. M 1]   9 δὸς V[EVO] P[cap. M 1] M   10 περιπατήσηις K   ὑπέθρου V[EVO]
M[p. c.], ὑπεροῦ P[cap. M 1], ὑπέρρου M[a. c.], ὑπέρου *LXX*   14 πορευθῆναι] *om.* P[cap. M 1] M

II¹1440 / K cap. M 1, 9

Ἰωὴλ προφήτου·

Ἐκνήψατε, οἱ μεθύοντες, ἀπὸ οἴνου αὐτῶν καὶ κλαύσατε· θρηνή
σατε πάντες οἱ πίνοντες οἶνον εἰς μέθην, ὅτι ἐξῆρται ἐκ τοῦ στό
5 ματος ὑμῶν εὐφροσύνη καὶ χαρά.

II¹1441 / K cap. M 1, 10

Ἡσαΐου προφήτου·

Οὐαὶ οἱ ἐγειρόμενοι τὸ πρωῒ καὶ τὸ σίκερα διώκοντες, οἱ μένοντες
τὸ ὀψέ· ὁ γὰρ οἶνος αὐτοὺς συγκαύσει. Μετὰ γὰρ κιθάρας καὶ
10 ψαλτηρίου καὶ τυμπάνων καὶ αὐλῶν τὸν οἶνον πίνουσιν, τὰ δὲ
ἔργα τοῦ θεοῦ οὐκ ἐμβλέπουσιν.

---

8 – 9 Οὐαὶ – συγκαύσει] exstat etiam ap. Ps.-Max. Conf., *Loci communes*, 27.-./4d.
(ed. Ihm, p. 589)

3 – 5 II¹1440 Ioel 1, 5 (Wahl, *Prophetenzitate*, p. 213)   **8 – 11** II¹1441 Is. 5, 11–12
(Wahl, *Prophetenzitate*, p. 304)

2 – 5 II¹1440 K cap. M 1, 9 (203r[9]10–13); VᴱVᴼ cap. M 5, 7; Vᵂ cap. M 5, 8; PM
cap. M 1, 9; *deest in* Hᴵ Lᵇ Pᶜᵃᵖ·ᴼ³; PG 96, 157, 16–18   **7 – 11** II¹1441 K cap. M 1,
10 (203r[13]14–18); VᴱVᴼ cap. M 5, 8; Vᵂ cap. M 5, 9; PM cap. M 1, 10; *deest in* Hᴵ
Lᵇ Pᶜᵃᵖ·ᴼ³; PG 96, 157, 19–23

II¹1440 (a) K (b) Ἰωήλ Vᵂ Pᶜᵃᵖ·ᴹ¹ M ἰωήλ Pᶜᵃᵖ·ᴹ¹ M (c) *s. a.* VᴱVᴼ **II¹1441** (a) K
(b) Ἡσαΐου V Pᶜᵃᵖ·ᴹ¹ M ἡσαΐου Pᶜᵃᵖ·ᴹ¹, ησαΐου M

3 Ἐκνήψατε] ἐκνίψατε Vᵂ, ἐκνίψαται Pᶜᵃᵖ·ᴹ¹, *praem.* εκνηψατε δικαίως καὶ μὴ
ἁμαρτάνετε (-αι Mᵃ·ᶜ·) (= I Cor. 15, 34) M   αὐτῶν] *scripsi* (LXX), αὐτῶν Kᵃ·ᶜ·, *om.*
V Pᶜᵃᵖ·ᴹ¹ M **3 – 4** θρηνήσατε] *om.* VᴱVᴼ **4** ἐξῆρται Pᶜᵃᵖ·ᴹ¹ M, ἐξήρτηται Vᵂ **8**
τὸ¹] τῷ Vᵂ **10** καὶ αὐλῶν] *om.* K   πίνουσιν] ποίουσιν *(sic)* Vᴼ **11** οὐ βλέπουσιν
e corr. Vᵂ

II¹1442 / K cap. M 1, 11

Τοῦ αὐτοῦ·

Δεῦτε λάβωμεν οἶνον καὶ οἰνοφλυγήσωμεν μέθῃ· καὶ ἔσται τοιαύτη ἡμέρα αὔριον μεγάλη περισσῶς σφόδρα.

*II²1917 /
R cap. M 1, 7

II¹1443 / K cap. M 1, 12   5

Τοῦ Σιράχ·

Ἐργάτης μέθυσος οὐ πλουτισθήσεται.

*II²1918 /
R cap. M 1, 8

II¹1444 / K cap. M 1, 13

Τοῦ αὐτοῦ·

Πικρία ψυχῆς οἶνος πινόμενος πολύς.   10

---

7 exstat etiam ap. Ps.-Max. Conf., *Loci communes*, 27.-./16c. (ed. Ihm, p. 598)   10
exstat ibid., 27.-./16d. (p. 598)

---

3 – 4 II¹1442 Is. 56, 11 app. crit. (Wahl, *Prophetenzitate*, p. 444–445)   7 II¹1443
Sir. 19, 1¹ (Wahl, *Sirach-Text*, p. 97)   10 II¹1444 Sir. 34, 29¹ (Wahl, *Sirach-Text*, p. 141)

---

2 – 4 II¹1442 K cap. M 1, 11 (203r[18]19–21); *deest in* V Hᴵ Pᶜᵃᵖ·ᴹ¹ MLᵇ Pᶜᵃᵖ Ω³
6 – 7 II¹1443 K cap. M 1, 12 (203r[21]22); Vᴱⱽᴼ cap. M 5, 9; Vᵂ cap. M 5, 10; PM
cap. M 1, 11; E cap. 160, 1; *deest in* Hᴵ Lᵇ Pᶜᵃᵖ·Ω³; PG 96, 157, 24   9 – 10 II¹1444 K
cap. M 1, 13 (203r[22]23); Vᴱⱽᴼ cap. M 5, 10; Vᵂ cap. M 5, 11; PM cap. M 1, 12; E
cap. 160, 2; *deest in* Hᴵ Lᵇ Pᶜᵃᵖ·Ω³; PG 96, 157, 25

II¹1443 Τοῦ] *om.* V E II¹1444 (a) K Vᵂ M (b) *s. a.* Vᴱⱽᴼ Pᶜᵃᵖ·ᴹ¹ E

---

10 πιννόμενος Pᶜᵃᵖ·ᴹ¹   πολλύς Pᶜᵃᵖ·ᴹ¹ M

II^{1}1445 / K cap. M 1, 14

Τοῦ αὐτοῦ·

Πληθύνει μέθη θυμὸν ἄφρονος εἰς πρόσκομμα,
ἐλαττῶν ἰσχὺν καὶ ποιῶν τραύματα.

II^{1}1446 / K cap. M 1, 15 *II^{2}1919 / R cap. M 1, 9

Τοῦ αὐτοῦ·

Ὀργὴ μεγάλη γυνὴ μέθυσος.

II^{1}1447 / K cap. M 1, 16

Λουκᾶ, ἐν κεφαλαίῳ cνθʹ·

Προσέχετε ἑαυτοῖς, μήποτε βαρηθῶσιν ὑμῶν αἱ καρδίαι ἐν κραιπάλῃ καὶ μέθῃ καὶ μερίμναις βιωτικαῖς, καὶ αἰφνιδίως ὑμῖν ἐπιστῇ

---

10 – 804, 1 Προσέχετε – ἐκείνη] exstat etiam ap. Ps.-Max. Conf., *Loci communes*, 30.1./1. (ed. Ihm, p. 625)

---

3 – 4 II^{1}1445 Sir. 34, 30$^{1-2}$ (Wahl, *Sirach-Text*, p. 141) **7 II^{1}1446** Sir. 26, 8^1 (Wahl, *Sirach-Text*, p. 115–116) **10 – 804, 2 II^{1}1447** Luc. 21, 34–35

---

2 – 4 II^{1}1445 K cap. M 1, 14 (203r[23]24–203v1); V^{E}V^O cap. M 5, 11; V^W cap. M 5, 12; PM cap. M 1, 13; E cap. 160, 3; *deest in* H^I L^b P$^{cap. Ω 3}$; PG 96, 157, 25–27 **6 – 7 II^{1}1446** K cap. M 1, 15 (203v[1]2); V^{E}V^O cap. M 5, 12; V^W cap. M 5, 13; PM cap. M 1, 14; *deest in* H^I L^b P$^{cap. Ω 3}$; PG 96, 157, 28 **9 – 804, 2 II^{1}1447** K cap. M 1, 16 (203v[2]3–7); V^{E}V^O cap. M 5, 13; V^W cap. M 5, 14; PM cap. M 1, 15; *deest in* H^I L^b P$^{cap. Ω 3}$; PG 96, 157, 29–33

II^{1}1445 (a) K P$^{cap. M 1}$ M (b) *s. a.* V E **II^{1}1446** (a) K V^W M (b) *s. a.* V^{E}V^O P$^{cap. M 1}$ **II^{1}1447** (a) K (b) Λουκᾶ, κεφαλαίου cνθʹ M (c) Ἐκ τοῦ κατὰ Λουκὰν Εὐαγγελίου, κεφαλαίου cνθʹ P$^{cap. M 1}$ (d) Εὐαγγελίου V^W (e) Λουκᾶ V^{E}V^O λουκα V^E, λου V^O

---

3 πληθυνεῖ K **3 – 4** εἰς – τραύματα] *om.* E **4** ἐλαττὼν V^W P$^{cap. M 1}$, ἔλαττον K τραῦμα V^{E}V^O **10** προσέχεται V$^{O\ a. c.}$ P$^{cap. M 1}$ βαρυνθῶσιν V^{E}V^O M **10 – 11** κρεπάλη V^{E}V$^{W\ a. c.}$ V^O M, κρεπαλὴ P$^{cap. M 1}$ **11** καὶ^3] *om.* K αἰφνιδίως] *scripsi*, αἰφνηδίως K *(αἰ- e corr.)* V^W, ἐφνιδίως *(εφ- M)* P$^{cap. M 1}$ M, ἐφνίδιος V^{E}V$^{O\ p. c.}$, ἐφνήδιος V$^{O\ a. c.}$

ἡ ἡμέρα ἐκείνη· ὡς παγὶς γὰρ ἐπελεύσεται ἐπὶ πάντας τοὺς καθημένους ἐπὶ πρόσωπον τῆς γῆς.

II¹1448 / K cap. M 1, 17

Ἐκ τῆς πρὸς Κορινθίους α' ἐπιστολῆς·

Ὡς ἐν ἡμέρᾳ εὐσχημόνως περιπατήσωμεν, μὴ κώμοις καὶ μέθαις,   5
μὴ κοίταις καὶ ἀσελγείαις.

II²1920 /
cap. M 1, 10

II¹1449 / K cap. M 1, 18

Τοῦ ἁγίου Βασιλείου, ἐκ τοῦ περὶ νηστείας β' λόγου·

Φύγωμεν μέθην, τὴν πάνδημον πόρνην, τὴν ἀναισχυντίας μητέρα, τὴν φιλογέλωτα, τὴν μαινάδα, τὴν πρὸς πᾶσαν ἀσχημοσύνης   10
ἰδέαν εὔκολον· οὐ γὰρ ἐγγίνεταί τι τῶν ἀγαθῶν τῇ ὑπὸ μέθης ῥυπωθείσῃ ψυχῇ.

---

5 – 6 exstat etiam ap. Ps.-Max. Conf., *Loci communes*, 30.2./2. (ed. Ihm, p. 625–626)

---

5 – 6 **II¹1448** I Cor., re vera Rom. 13, 13   **9 – 12** **II¹1449** BASILIUS CAESARIENSIS, *De ieiunio homilia II*, 4 (PG 31, 189, 30–35)

---

4 – 6 **II¹1448** K cap. M 1, 17 (203v[7]8–9); V^EV^O cap. M 5, 14; V^W cap. M 5, 15; PM cap. M 1, 16; *deest in* H^I L^b P^cap. Ω 3; PG 96, 157, 34–36   **8 – 12** **II¹1449** K cap. M 1, 18 (203v[10]11–15); V^EV^O cap. M 5, 15; V^W cap. M 5, 16; PM cap. M 1, 17; *deest in* H^I L^b P^cap. Ω 3; PG 96, 157, 37–41

II¹1448 (a) K (b) Πρὸς Κορινθίους α' V^EV^O P^cap. M 1 M α'] *om.* V^EV^O (c) Ἀποστόλου V^W **II¹1449** (a) K P^cap. M 1 M Τοῦ ἁγίου] *om.* M βασιλειου P^cap. M 1 (b) Βασιλείου V

---

2 πρόσωπον] προσώπου K, *add.* πάσης M^in mg. man. rec.   **5** εὐσχημόνος *(sic)* V^E, εὐσχημῶνος M   περιπατήσομεν V^W   **6** ἀσελγίαις K^p. c. ut videtur V^EV^O PM   **10** φιλόγελον V^EV^O, φιλόγελω V^W p. ras., φιλόγελων *ed.*   μενάδα K^a. c. ut videtur V^EV^O P   ἀσχημοσύνην V^W, αἰσχύνης M   **11** ἰδέαν] εἰδέαν K V^EV^O P, μητέρα M   εὔκολον] *om.* M   ἐνγίνεται τί *(sic)* P, γινεται τί M   τῶν ἀγαθῶν] ἀγαθὸν PM   ὑπομέθης M, ὑπομέθη V^EV^O   **11 – 12** ῥυπωθείσῃ] *scripsi*, ῥυποθείσηι K, ῥυπωθεῖσα V^W, ρυπωθησει P, σκοτισθείση V^EV^O

II¹1450 / K cap. M 1, 19

Τοῦ αὐτοῦ, ἐκ τοῦ περὶ μέθης·

Μέθη, ὁ αὐθαίρετος δαίμων, ἐξ ἡδονῆς ταῖς ψυχαῖς ἐντικτόμενος· μέθη, κακίας μήτηρ, ἀρετῆς ἐναντίωσις, τὸν ἀνδρεῖον δειλὸν ἀπο-
5 δεικνύουσα, τὸν σώφρονα ἀσελγῆ· δικαιοσύνην οὐκ οἶδεν, φρό-νησιν ἀναιρεῖ, καὶ ὥσπερ ὕδωρ πολέμιόν ἐστι πυρί, οὕτως ἀμετρία οἴνου λογισμὸν κατασβέννυσιν. Διόπερ ὤκνουν τι λέγειν κατὰ μέθης, οὐχ᾽ ὡς περὶ τινὸς μικροῦ κακοῦ ἢ παροφθῆναι ἀξίου, ἀλλ᾽ ὡς οὐδὲν ὄφελος παρεχομένου τοῦ λόγου. Εἰ γὰρ ὁ μεθύων παρα-
10 φρονεῖ καὶ ἐσκότωται, εἰκῆ ῥαψωδεῖ ὁ ἐπιπλήσσων τῷ μὴ ἀκού-οντι. Τίσιν οὖν διαλεχθῶμεν, εἴπερ ὁ μὲν χρήζων τῆς παραινέσεως οὐκ ἀκούει τῶν λεγομένων, ὁ δὲ σώφρων καὶ νήφων οὐδὲν δεῖται τῆς ἐκ τοῦ λόγου βοηθείας, καθαρεύων τοῦ πάθους; Τί οὖν χρή-σωμαι τοῖς παροῦσιν, εἰ καὶ ὁ λόγος ἄχρηστος, καὶ ἡ σιωπὴ ἄπο-
15 ρος; Παρίδωμεν τὴν ἐπιμέλειαν; Ἀλλ᾽ ἐπικίνδυνος ἡ ἀμέλεια. Ἀλλὰ φθέγξομαι κατὰ τῶν μεθυόντων; Ἀλλ᾽ εἰς νεκρὰς ἀκοὰς ἐνηχοῦμεν. Τίνι διενήνοχας τῶν ἀλόγων, ἄνθρωπε; Οὐ τῇ δωρεᾷ τοῦ λόγου, ἣν λαβὼν παρὰ τοῦ κτίσαντός σε ἄρχων καὶ κύριος ἐγένου πάσης τῆς κτίσεως; Ὁ τοίνυν ἀφαιρούμενος ἑαυτοῦ τὴν

3 – 17 II¹1450 Μέθη – ἐνηχοῦμεν] BASILIUS CAESARIENSIS, In ebriosos, 2 (PG 31, 448, 7–25) 17 – 806, 13 Τίνι – συνήθεσιν] IBID., 3 (PG 31, 448, 33 – 449, 6)

2 – 806, 13 II¹1450 K cap. M 1, 19 (203v[15]16–22); VᴱVᴼ cap. M 5, 16 (pars prima); Vᵂ cap. M 5, 17–18; PM cap. M 1, 18; E cap. 160, 4; deest in Hᴵ Lᵇ Pᶜᵃᵖ· Ω³; PG 96, 157, 41 – 160, 23

II¹1450 (a) K M ἐκ τοῦ] om. M (b) Τοῦ αὐτοῦ, κατὰ μεθυόντων Pᶜᵃᵖ· ᴹ¹ (c) Τοῦ αὐτοῦ VᴱVᴼ (d) Τοῦ αὐτοῦ Vᵂ / s. a. Vᵂ (cf. infra, app. crit. text.) (e) Βασιλείου E

3 Μέθη] μέθηι καὶ K ὁ] om. Vᵂ PM E αὐθέρετος (αὐθε- P) Vᴼ PM τῆς ψυ-χῆς M ἐντικτώμενος VᴱVᴼ, ἐντηκτόμενος P 4 μέθη] om. Vᵂ δηλὸν VᴱVᴼ
4 – 5 ἀποδείκνυσιν VᴱVᴼ 6 – 806, 13 καὶ – συνήθεσιν] καὶ τὰ ἑξῆς PM E
7 – 806, 13 Διόπερ – συνήθεσιν] om. K 7 ὤκνουν τι] correxi (ed.), ὀκνοῦντι Vᵂ, ὀκνοῦν τι μοι VᴱVᴼ 8 ὡς περὶ] correxi (ed.), ὥσπερ V τινὸς μικροῦ] μικροῦ τινος Vᵂ (= ed.) ἀξῖον Vᴼ 9 παρεχομένω Vᴼ, ἐρχομένου Vᵂ 10 τῷ] τὸ Vᴼ
10 – 11 ἀκούοντι] hic caesura in Vᵂ 12 σώφρον Vᴱ, σωφρονῶν ed. 13 – 806, 13 Τί – συνήθεσιν] καὶ τὰ ἑξῆς Vᵂ 13 – 14 χρήσομαι Vᴼ 15 παρείδωμεν Vᴼ, πα-ρείδομεν Vᴱ 16 νεκρὰς VᴱVᴼ ᵃ· ᶜ· ἀκοὰς Vᴱ 17 τῇ] praem. τῆς Vᴼ 18 λόγον Vᴼ ἣν] ἥν Vᴱ κτίσαντός σε] correxi (ed.), κτήσαντός σε VᴱVᴼ

φρόνησιν διὰ τῆς μέθης *παρεσυνεβλήθη τοῖς κτήνεσι τοῖς ἀνοήτοις*
καὶ ὡμοιώθη αὐτοῖς. Μᾶλλον δὲ καὶ τῶν βοσκημάτων φαίην ἂν
ἔγωγε ἀλογωτέρους εἶναι τοὺς ἐν τῇ μέθῃ, εἴπερ τὰ μὲν τετρά-
ποδα πάντα καὶ τὰ θηρία τεταγμένας ἔχει τὰς πρὸς τὰς μίξεις
ὁρμάς, οἱ δὲ ὑπὸ τῆς μέθης τὴν ψυχὴν κατεχόμενοι, καὶ τὸ σῶμα   5
τῆς παρὰ φύσιν θερμότητος ἀναπλήσαντες, πάντα καιρὸν καὶ
πᾶσαν ὥραν πρὸς τὰς ἀκαθάρτους καὶ ἀσχήμονας συμπλοκὰς
συνελαύνονται. Καὶ οὐ τοῦτο μόνον τὴν ἀλογίαν αὐτοῖς ἐμποιεῖ,
ἀλλὰ καὶ τῇ τῶν αἰσθήσεων παρατροπῇ χείρονα παντὸς κτήνους
ἀποδείκνυσι τὸν μεθύοντα· ποῖον γὰρ βόσκημα οὕτω παραβλέπει   10
καὶ οὕτω παρακούει ὡς ὁ μεθύων; Οὐχὶ ἀγνοοῦσι μὲν τοὺς οἰκια-
κούς, προστρέχουσι δὲ πολλάκις τοῖς ἀλλοτρίοις ὡς τοῖς συνή-
θεσιν;

II¹1451 / K cap. M 1, 20

Ἐκ τοῦ αὐτοῦ·   15

Ὁ δαιμονιῶν ἐλεεινός· ὁ δὲ μεθύων, τὰ αὐτὰ πάσχων, οὐδὲ τοῦ
ἐλεεῖσθαι ἄξιος, αὐθαιρέτῳ δαίμονι προσπαλαίων.

---

1 – 2 Ps. 48, 13²

---

16 – 17 II¹1451 BASILIUS CAESARIENSIS, *In ebriosos*, 4 (PG 31, 452, 22–24)

---

15 – 17 II¹1451 K cap. M 1, 20 (203v[22]23–204r1); V^E V^O cap. M 5, 17; *deest in*
V^W H^I P^{cap. M 1} ML^b P^{cap. Ω 3}; PG 96, 160, 42–44

II¹1451 (a) K (b) Τοῦ αὐτοῦ V^E (c) *s. a.* V^O

---

1 παρασυνεβλήθη V^E V^{O a. c.}   4 πρὸς τὰς] *om.* V^O   μίξεις] *correxi (ed.)*, μῆξεις V^E,
μῆξῖς V^O   5 ὁρμάς] *correxi (ed.)*, ὁρμᾶς V^E V^O   9 τῇ] ἡ *ed.*   παρατροπὴ *ed.*
11 – 12 οἰκειοτάτους *ed.*

II¹1452 / K cap. M 1, 21

Ἐκ τοῦ αὐτοῦ·

Οὐ τὰς σκιὰς διαπηδῶσιν πολλάκις ὡς ὀχετοὺς καὶ φάραγγας;
Ἤχων δὲ αὐτοῖς καὶ ψόφων, οἱονεὶ θαλάσσης κυμαινούσης, τὰ ὦ-
5 τα πεπλήρωται. Ἡ δὲ γῆ πρὸς τὸ ὄρθιον διανίστασθαι δοκεῖ, καὶ
τὰ ὄρη περιτρέχειν ἐν κύκλῳ. Οὗτοι ποτὲ μὲν γελῶσιν ἄπαυστα,
ποτὲ δὲ ὀδυνῶνται καὶ κλαίουσιν ἀπαρηγόρητα. Καὶ νῦν μὲν θρα-
σεῖς εἰσι καὶ ἀπτόητοι, νῦν δὲ κατάφοβοι καὶ δειλοί. Τούτοις μὲν
ὕπνοι βαρεῖς καὶ δυσανάγωγοι καὶ πνιγώδεις καὶ τῷ ὄντι θανάτου
10 γείτονες, αἱ δὲ ἐγρηγόρσεις τῶν ὕπνων ἀναισθητότεραι. Ἐνύπνιον
γὰρ αὐτοῖς ἐστιν ὁ βίος, οἵ γε ἱμάτιον οὐκ ἔχοντες, οὐδὲ τί φάγω-
σιν εἰς τὴν αὔριον, βασιλεύουσι καὶ στρατοπέδων ἄρχουσιν ἐν τῇ
μέθῃ, καὶ πόλεις οἰκοδομοῦσι, καὶ χρήματα διανέμουσιν. Τοιού-
των φαντασιῶν καὶ ἀπάτης τοσαύτης περιζέων ὁ οἶνος τὰς καρ-
15 δίας αὐτῶν πληροῖ. Ἕτεροι δὲ εἰς τὰ ἐναντία περιάγονται πάθη·
δυσέλπιδές εἰσι καὶ κατηφεῖς καὶ ὀδυνηροὶ καὶ δακρυώδεις καὶ
ψοφοδεεῖς καὶ εὐπτόητοι.

---

3 - 17 II¹1452 BASILIUS CAESARIENSIS, In ebriosos, 3 (PG 31, 449, 6–24)

---

2 - 17 II¹1452 K cap. M 1, 21 (204r[1]2–6); VᴱVᴼ cap. M 5, 16 (pars altera); deest
in Vᵂ Hᴵ Pᶜᵃᵖ· ᴹ ¹ MLᵇ Pᶜᵃᵖ· Ω ³; PG 96, 160, 23–42

II¹1452 (a) K (b) s. d. VᴱVᴼ

---

3 Οὐ] οὐ Vᴼ, om. K　　πολλάκις] add. οἱ μεθύοντες K　　ὀχετοὺς] φάραγγας K
φάραγγας] ὀχετούς K　　4 Ἤχων] ἦχον VᴱVᴼ　　ψόφων] ψόφον Vᴼ　　5 ὄρθιον] ὄρ-
θριον Vᴼ　　διανίστασθαι] διανήστασθαι VᴱVᴼ　　6 - 17 Οὗτοι – εὐπτόητοι] om. K
9 δυσανάγωγοι] δυσανάφοροι ed.　　17 ψοφοδεεῖς] correxi (ed.), φοβοδεεῖς VᴱVᴼ
εὐπτόητοι] correxi (ed.), ἐπτόητοι VᴱVᴼ

II¹1453 / K cap. M 1, 22

Καὶ μετ᾽ ὀλίγα·

Τίνι οὐαί; Τίνι θόρυβος; Τίνι ἀηδίαι καὶ λέσχαι; Τίνι συντρίμματα διακενῆς; Τίνος πελιδνοὶ οἱ ὀφθαλμοί; Οὐ τῶν ἐγχρονιζόντων ἐν οἴνοις καὶ τῶν κατασκοπουμένων ποῦ πότοι γίνονται; Τὸ οὐαὶ θρη- 5
νῶδες ἐστὶν ἐπίφθεγμα, θρήνου δὲ ἄξιοι οἱ μεθύοντες, διότι Μέθυσοι βασιλείαν θεοῦ οὐ κληρονομήσουσι. Θόρυβος δὲ διὰ τὴν ἐκ τοῦ οἴνου ταραχὴν ἐγγινομένην τοῖς λογισμοῖς, καὶ ἀηδίαι διὰ τὰς πικρὰς ἐκ τῆς τοῦ πίνειν ἡδονῆς ἀναδόσεις. Τούτων γὰρ δε-
σμοῦνται μὲν οἱ πόδες, δεσμοῦνται δὲ χεῖρες ἐκ τῶν ἐπιπεμπο- 10
μένων αὐτοῖς ἐκ τῆς μέθης ῥευμάτων. Καὶ πρὸ τούτων τῶν παθῶν, παρ᾽ αὐτὸν τὸν καιρὸν τοῦ πίνειν, τὰ τῶν φρενιτικῶν αὐτοῖς συνεισπίπτει πάθη. Ὅταν γὰρ πλήρης αἱ μήνιγγες γίνωνται τῆς αἰθάλης, ἣν ὁ οἶνος ἐξατμιζόμενος ἀναφέρει, βάλλεται μὲν ὀδύναις ἀφορήτοις ἡ κεφαλή· μένειν δὲ ὀρθὴ ἐπὶ τῶν ὤμων μὴ δυνα- 15
μένη, ἄλλοτε ἐπ᾽ ἄλληλα καταπίπτει, τοῖς σπονδύλοις ἐνολισθαίνουσα.

---

3 – 5 Τίνι¹ – γίνονται] Prov. 23, 29¹–30² 6 – 7 I Cor. 6, 10

---

3 – 17 II¹1453 BASILIUS CAESARIENSIS, *In ebriosos*, 4 (PG 31, 452, 46 – 453, 11)

---

2 – 17 II¹1453 K cap. M 1, 22 (204r[6]6–9); VᴱVᴼ cap. M 5, 18 (*pars prima*); *deest in* Vᵂ Hᴵ Pᶜᵃᵖ· ᴹ ¹ MLᵇ Pᶜᵃᵖ· Ω ³; PG 96, 160, 50 – 161, 8

II¹1453 (a) K (b) *s. a.* VᴱVᴼ

3 – 14 Τίνι¹ – ἀναφέρει] *om.* K 7 τὴν ἐκ] *om.* Vᴼ 9 ἐκ τῆς] *correxi (ed.)*, τῆς ἐκ VᴱVᴼ πίνειν] ποιεῖν Vᴼ 10 δὲ] *s. l.* Vᴱ 12 φρονιτικῶν Vᴼ 13 γίνωνται] *correxi*, γίνονται K VᴱVᴼ, γένωνται *ed.* 14 ἐθάλης VᴱVᴼ ᵖ· ᶜ·, ἐνθάλης Vᴼ ᵃ· ᶜ· ἣν] ἣν Vᴱ μὲν] *add.* τούτων K 14 – 15 ὀδύναις] *post* ἀφορήτοις *transpos.* K 15 ὀρθῆς VᴱVᴼ 15 – 16 δυναμένης VᴱVᴼ 16 καταπίπτειν Vᴼ σφονδύλοις K

II¹1454 / K cap. M 1, 23

Ἐκ τοῦ αὐτοῦ·

Ἀλλὰ τίς εἴπῃ ταῦτα τοῖς οἰνοπλήκτοις; Καρηβαροῦσι γὰρ ἐκ τῆς κραιπάλης, νυστάζουσιν, χασμῶνται, ἀχλὺν βλέπουσιν, ναυτιῶ-
5 σιν. Διατοῦτο οὐκ ἀκούουσιν τῶν διδασκάλων, πολλαχόθεν αὐτοῖς ἐμβοώντων· *Μὴ μεθύσκεσθε οἴνῳ, ἐν ᾧ ἐστιν ἀσωτία.* Ἐντεῦθεν οἱ τρόμοι καὶ αἱ ἀσθένειαι, κοπτομένου αὐτοῖς τοῦ πνεύματος ὑπὸ τῆς ἀμετρίας τοῦ οἴνου, καὶ τῶν νεύρων λυομένων, ὁ κλόνος τῷ σύμπαντι ὄγκῳ τοῦ σώματος ἐπιγίνεται. Τί τὴν κατάραν τοῦ
10 Κάϊν ἐπὶ σεαυτὸν ἐπισπᾶσαι, *τρέμων* καὶ περιφερόμενος διὰ παντὸς τοῦ βίου;

II¹1455 / K cap. M 1, 24

Ἐκ τοῦ αὐτοῦ·

Μέχρι πότε οἶνος; Μέχρι τίνος μέθη; Κινδυνεύεις λοιπὸν βόρβο-
15 ρος εἶναι ἀντὶ ἀνθρώπου. Οὕτως ὅλως ἀνεμίχθης τῷ οἴνῳ καὶ συγκατεσάπης αὐτῷ ἐκ τῆς καθημερινῆς κραιπάλης, οἴνου ἀπόζων, καὶ τούτου διεφθαρμένου.

---

6 Eph. 5, 18 **10** Gen. 4, 12

---

3 - 6 II¹1454 Ἀλλὰ – ἀσωτία] BASILIUS CAESARIENSIS, *In ebriosos*, 5 (PG 31, 453, 18 – 22)   **6 - 11** Ἐντεῦθεν – βίου] IBID. (PG 31, 453, 39 – 456, 2)   **14 - 17 II¹1455** BASILIUS CAESARIENSIS, *In ebriosos*, 6 (PG 31, 456, 5 – 9)

---

2 - 11 II¹1454 K cap. M 1, 23 (204r[mg]10 – 14); VᴱVᴼ cap. M 5, 18 *(pars altera)*; *deest in* Vᵂ Hᴵ Pᶜᵃᵖ· ᴹ ¹ MLᵇ Pᶜᵃᵖ· Ω ³; PG 96, 161, 8 – 19   **13 - 17 II¹1455** K cap. M 1, 24 (204r[14]15 – 16); VᴱVᴼ cap. M 5, 19; *deest in* Vᵂ Hᴵ Pᶜᵃᵖ· ᴹ ¹ MLᵇ Pᶜᵃᵖ· Ω ³; PG 96, 161, 19 – 23

II¹1454 (a) K (b) *s. d.* VᴱVᴼ **II¹1455** (a) K (b) Τοῦ αὐτοῦ Vᴱ (c) *s. a.* Vᴼ

3 Ἀλλὰ – οἰνοπλήκτοις] *om.* K   καριβαρoῦσιν (-σι Vᴱ) K Vᴱ   γὰρ] *om.* K   **4** κρεπάλης VᴱVᴼ   **5** οὐκακούουσι Vᴱ, ὀυκακούσι Vᴼ   **6** μεθύσκεσθαι VᴱVᴼ   **6 - 11** Ἐντεῦθεν – βίου] *om.* K   **7** ἀσθένειαι] *scripsi*, ἀσθενείαι K VᴱVᴼ   κοπτομένον Vᴼ   **15 - 17** Οὕτως – διεφθαρμένου] *om.* K   **16** κραιπάλης] *correxi*, κρεπάλης Vᴱ, κρεπαλῆς Vᴼ   **16 - 17** ἀπόζων] *correxi*, ἀπόζον Vᴼ, ἀπὸζόν (*sic*) Vᴱ

II¹1456 / K cap. Μ 1, 25

Ἐκ τοῦ αὐτοῦ·

Ὁ ἀγωνοθετῶν αὐτοῖς διάβολος, καὶ ἆθλον τῆς νίκης ἁμαρτία.
Ἐλεεινὸν θέαμα Χριστιανῶν ὀφθαλμοῖς ἀνὴρ ἀκμάζων καθ' ἡλι-
κίαν, σφριγῶν τῷ σώματι, στρατιωτικοῖς καταλόγοις ἐμπρέπων,   5
φοράδην οἴκαδε κομιζόμενος, μὴ δυνάμενος ὀρθοῦσθαι, μὴ δὲ
τοῖς ἰδίοις ποσὶν ἐπιβαίνειν. Ἀνὴρ φοβερὸς ὀφείλων εἶναι τοῖς πο-
λεμίοις, γέλωτός ἐστιν ἀφορμὴ τοῖς κατ' ἀγορὰν παιδίοις· ἄνευ
σιδήρου καταβέβληται, ἄνευ πολεμίων πεφόνευται. Ἀνὴρ ὁπλί-
της, αὐτὸ τῆς ἡλικίας ἄγων τὸ ἄνθος, οἴνου γέγονεν παρανάλωμα   10
καὶ ἕτοιμος παθεῖν τοῖς ἐχθροῖς ὅσα βούλονται. Μέθη λογισμῶν
ὄλεθρος, ἰσχύος διαφθορά, γῆρας ἄωρον, ὀλιγοχρόνιος θάνατος.
Τί γὰρ ἄλλο εἰσὶν οἱ μεθύοντες ἢ τὰ εἴδωλα τῶν ἐθνῶν; Ὀφθαλ-
μοὺς ἔχουσι καὶ οὐ βλέπουσιν, ὦτα ἔχουσι καὶ οὐκ ἀκούουσιν· χεῖ-
ρες παραλέλυνται, πόδες ἀπενεκρώθησαν.   15
Τίς ὁ ταῦτα ἐπιβουλεύσας; Τίς ὁ τούτων τῶν κακῶν αἴτιος; Τίς
ὁ τῆς μανίας ὑμῖν τὸ φάρμακον ἐγκεράσας; Ἄνθρωπε, παράταξιν
ἐποίησας τὸ συμπόσιον. Ἐκβάλλεις τοὺς νεανίσκους χειραγωγου-
μένους ὡς τραυματίας ἀπὸ πολέμου· ἐνέκρωσας τὴν ἀκμὴν τῆς
νεότητος ἀπὸ οἴνου, καὶ καλεῖς μὲν ὡς φίλον ἐπὶ τὸ δεῖπνον,   20
ἐκβάλλεις δὲ νεκρόν, οἴνῳ τὴν ζωὴν αὐτοῦ κατασβέσας. Ὅταν
γὰρ νομισθῶσιν διακορεῖς εἶναι τοῦ οἴνου, τότε τοῦ πίνειν ἄρχον-

---

13 – 14 Ez. 12, 2

3 II¹1456 Ὁ – ἁμαρτία] Basilius Caesariensis, *In ebriosos*, 6 (PG 31, 457, 6–7)
4 – 811, 6 Ἐλεεινὸν – ἕτερον] Ibid., 7 (PG 31, 457, 18 – 460, 17)

2 – 813, 2 II¹1456 K cap. Μ 1, 25 (204r[16]17–204v5); VᴱVᴼ cap. Μ 5, 23; *deest in*
Vᵂ Hᴵ Pᶜᵃᵖ· ᴹ ¹ MLᵇ Pᶜᵃᵖ· Ω ³; PG 96, 161, 39 – 165, 21

II¹1456 (a) K (b) *s. a.* Vᴱ (c) *s. d.* Vᴼ

3 Ὁ – ἁμαρτία] *om.* VᴱVᴼ   αὐτοῖς] *correxi (ed.)*, αὐτοὺς K   ἆθλον] *sic acc.* K   5
φριγῶν Vᴼ   τῷ] τὸ Vᴱ   7 ἐπιβῆναι VᴱVᴼ   8 κατ' ἀγορὰν] *scripsi (ed.)*, κατα-
γορὰν VᴱVᴼ, κατὰ ἀγορὰν K   8 – 9 ἄνευ – καταβέβληται] *om.* K   10 αὐτὸ] αὐτῷ
Kᴾ· ᶜ· ⁱⁿ ᵐᵍ· Vᴱ   11 καὶ] *om.* K (= *ed., sed cf. app. crit.*)   παθεῖν] *add.* παρὰ VᴱVᴼ
Μέθη] *add.* γὰρ K   λογισμῶν] λογισμῶν ἐστιν K   12 διαφορὰ (-ᾶ Vᴱ) VᴱVᴼ
γῆρας ἄωρον] *om.* K   13 – 813, 2 Τί – πλοῦτος] *om.* K   18 – 19 χειραγωγούμενος
Vᴼ   20 τὸ] τῶν Vᴼ   21 – 22 τὴν – εἶναι] *om.* Vᴼ   22 – 811, 1 ἄρχοντας Vᴼ

ται, καὶ πίνουσι τῷ τῶν κτηνῶν τρόπῳ. Προϊόντος γὰρ ἤδη τοῦ
πότου, ἐπεισέρχεταί τις αὐτοῖς νεανίας, φιάλην φέρων εὐμεγέθη
οἴνου κατεψυγμένου, καὶ στὰς εἰς τὸ μέσον, διὰ σκολιῶν σωλή-
νων ἴσον τοῖς συμπόταις διανέμει τὸν οἶνον, ἵνα κατ' ἰσομοιρίαν
5 ἀλλήλοις συνασελγαίνωσιν, καὶ μηδένα ὑπερβάλλειν ἐν τῷ πίνειν
τὸν ἕτερον.

Κατάκυψόν σου πρὸς τὴν ἀθλίαν γαστέρα καὶ κατάμαθε τοῦ
ὑποδεχομένου ἀγγείου τὸ μέγεθος, ὅτι μιᾶς κοτύλης ἔχει κοιλό-
τητα. Μὴ πρὸς τὴν οἰνοχόην ἀφόρα, πότε κενώσεις, ἀλλὰ πρὸς
10 τὴν σεαυτοῦ κοιλίαν, ὅτι πάλαι πεπλήρωσαι. Διατοῦτο· *Οὐαὶ οἱ*
ἐγειρόμενοι τὸ πρωῒ καὶ τὸ σίκερα διώκοντες, οἱ μένοντες τὸ ὀψέ,
καὶ διημερεύοντες ἐν τῇ μέθῃ· ὁ γὰρ οἶνος αὐτοὺς συγκαύσει, διότι
τὸ ἐκ τοῦ οἴνου θερμόν, ἐγγινόμενον τῇ σαρκί, ἔξαμμα γίνεται
τῶν πεπυρωμένων βελῶν τοῦ ἐχθροῦ. Τὸν μὲν γὰρ λογισμὸν καὶ
15 τὸν νοῦν ὁ οἶνος καταβαπτίζει, τὰ δὲ πάθη καὶ τὰς ἡδονὰς ὥσπέρ
τι σμῆνος μελισσῶν ἐπεγείρει. Ποῖον γὰρ ἅρμα πώλων οὕτως
ἀτάκτως φέρεται, ἀποβαλὸν τὸν ἡνίοχον; Ποῖον δὲ πλοῖον ἀκυ-
βέρνητον ὑπὸ τῶν κυμάτων, ὡς ἂν τύχοι, φερόμενον, οὐχὶ ἀσφα-
λέστερόν ἐστι τοῦ μεθύοντος; Ἀπὸ τοιούτων κακῶν ἄνδρες καὶ
20 γυναῖκες, κοινοὺς συστησάμενοι χορούς, δαίμονι οἰνηρῷ τὰς ψυ-
χὰς παραδόντες, ἀλλήλους ταῖς ἀκίσι τῶν παθῶν ἀντετίτρωσκον.
Γέλωτες παρ' ἀμφοτέρων, ἄσματα αἰσχρά, σχήματα πορνικά, ἐρε-
θίζοντα πρὸς ἀσέλγειαν.

Γελᾷς, εἰπέ μοι, δακρύειν δέον καὶ στένειν ἐπὶ τοῖς φθάσασιν;
25 Ἄσματα πόρνης φθέγγῃ, ἐκβαλὼν τοὺς ψαλμοὺς καὶ τοὺς ὕμνους
οὓς ἐδιδάχθης; Κινεῖς πόδας καὶ ἐξάλλη ἐμμανῶς, καὶ χορεύεις
ἀχόρευτα, δέον τὰ γόνατα κάμπτειν πρὸς τὰς προσκυνήσεις;

---

10 – 12 Is. 5, 11

---

7 – 12 Κατάκυψόν – μέθῃ] Ibid. (PG 31, 460, 22–29)   12 – 812, 27 ὁ – φοβοῦμαι]
Ibid. 7–8 (PG 31, 460, 31 – 461, 34)

---

1 τῷ] τῶν V⁰ ᵃ· ᶜ·   Προϊόντος] *correxi (ed.)*, προϊόντως VᴱV⁰   ἤδη] *correxi (ed.)*,
ἴδη VᴱV⁰   3 – 4 σωλήνων] *correxi (ed.)*, σωλίνων VᴱV⁰   4 διανέμειν V⁰   κατ'
ἰσομοιρίαν] *correxi (ed.)*, κατισομυρίαν VᴱV⁰ ᵖ· ᶜ·, κατισομύριαν V⁰ ᵃ· ᶜ·   5 συνασελ-
γαίνωσιν] *correxi (ed.)*, συνασελγαίνουσιν VᴱV⁰   ὑπερβαλεῖν V⁰   9 τὴν] *om.*
V⁰   10 πεπλήρωται V⁰ (= *ed.*)   11 τὸ σίκερα] *correxi (ed.)*, τῶ σήκερα VᴱV⁰   16
ἅρμα] *correxi (ed.)*, ἄσμα VᴱV⁰   πώλων] ἀπόλων V⁰   17 ἀποβαλὸν] *correxi
(ed.)*, ἀποβαλὼν VᴱV⁰   18 φερόμενον] *correxi (ed.)*, φέρεται VᴱV⁰   21 ἀκίσι]
correxi (ed.), ἀκῆσι Vᴱ, ἀσκῆσῖν V⁰   ἀντετίτρωσκων Vᴱ   25 φθέγγῃ] *om.* V⁰   26
κινεῖν Vᴱ   ἐξάλλη] *correxi (ed.)*, ἐξάλλει VᴱV⁰

Τίνας ὀδυροῦμαι, τὰς κόρας τὰς ἀπειρογάμους ἢ τὰς ἐν τῷ ζυγῷ
τοῦ γάμου κατεχομένας; Αἱ μὲν γὰρ ἐπανῆλθον, τὴν παρθενίαν
οὐκ ἔχουσαι, αἱ δὲ τὴν σωφροσύνην τοῖς ἀνδράσιν οὐκ ἐπανή-
γαγον. Εἰ γάρ που τινὲς καὶ σώματι τὴν ἁμαρτίαν διέφυγον, ἀλλὰ
πάντως γε ταῖς ψυχαῖς τὴν φθορὰν ὑπεδέξαντο. Ταῦτα μοι καὶ   5
περὶ τῶν ἀρρένων εἰρήσθω· εἶδεν κακῶς, ἐθεάθη κακῶς. *Ὁ ἐμβλέ-
ψας γυναικὶ πρὸς τὸ ἐπιθυμῆσαι, ἤδη ἐμοίχευσεν αὐτὴν ἐν τῇ καρ-
δίᾳ αὐτοῦ.* <Εἰ> αἱ ἀπὸ ταὐτομάτου συντυχίαι τοῖς περιέργως
κατασκοποῦσιν τοσοῦτον ἔχουσι κίνδυνον, αἱ [δὲ] κατ' ἐπιτήδευ-
σιν ἀπαντήσεις, ὥστε ἰδεῖν γυναῖκας ἀσχημονούσας ὑπὸ τῆς μέ-   10
θης καὶ κατασχηματιζομένας πρὸς ἔκλυσιν καὶ μέλη τεθρυμμένα
ᾀδούσας, δυνάμενα καὶ μόνον ἀκουσθέντα πάντα οἶστρον ἡδονῆς
ἐμποιῆσαι τοῖς ἀκολάστοις, τί ἐροῦσιν ἢ τί ἀπολογήσονται; Οὐχ'
ὡς διατοῦτο ἐμβλέψαντες, ἵνα τὰς ἐπιθυμίας ἐγείρωσιν; Οὐκοῦν
ὑπόδικοι εἰσίν, κατὰ τὴν ἀπαραίτητον ἀπόφασιν τοῦ κυρίου, τῷ   15
κρίματι τῆς μοιχείας;

Πῶς ὑμᾶς ἡ Πεντηκοστὴ ὑποδέξηται, οὕτω τοῦ Πάσχα καθυ-
βρισθέντος; Ἡ Πεντηκοστὴ τοῦ πνεύματος ἔσχε τοῦ ἁγίου τὴν
ἐναργῆ καὶ πᾶσι γνωρίμην ἐπιδημίαν· σὺ δὲ προλαβὼν σεαυτὸν
οἰκητήριον τοῦ ἀντικειμένου ἐποίησας πνεύματος, καὶ γέγονας   20
ναὸς εἰδώλων ἀντὶ τοῦ γενέσθαι ναὸς θεοῦ διὰ τῆς ἐνοικήσεως
τοῦ ἁγίου πνεύματος; Ἐπεσπάσω τὴν ἀρὰν τοῦ προφήτου, εἰπόν-
τος ἐκ προσώπου τοῦ θεοῦ ὅτι *Στρέψω τὰς ἑορτὰς αὐτῶν εἰς πέν-
θος.* Πῶς τῶν οἰκετῶν ἄρξετε οἱ δουλεύοντες ἐπιθυμίαις ἀνοήτοις
καὶ βλαβεραῖς ὡς ἀνδράποδα; Πῶς τοὺς παῖδας νουθετεῖτε, ἀνου-   25
θέτητον ζωὴν καὶ ἀδιάτακτον ζῶντες; Τί οὖν; Ἐν τούτοις ὑμᾶς
καταλείπω; Ἀλλὰ φοβοῦμαι· νηστεία τὴν μέθην θεραπευσάτω,
ψαλμὸς τὴν αἰσχρὰν μελῳδίαν, δάκρυον γενέσθω τοῦ γέλωτος
ἴαμα, ἀντὶ τῆς ὀρχήσεως τὸ γόνυ κλινέσθω, ἀντὶ τοῦ κρότου τῶν
χειρῶν τὸ στῆθος τυπτέσθω, ἀντὶ τοῦ κόσμου τῆς ἐσθῆτος ἡ   30

---

6 – 8 Matth. 5, 28 **21 – 22** διὰ – πνεύματος] cf. Rom. 8, 11 **23 – 24** Am. 8, 10

---

27 – 813, 2 νηστεία – πλοῦτος] BASILIUS CAESARIENSIS, *In ebriosos*, 8 (PG 31, 461, 38 –44)

---

1 ὀδύρομαι (*sic*) Vᴼ, ὀδύρωμαι *ed.*   **2** κατεχομένους Vᴱ   **8** Εἰ] *supplevi (ed.), om.*
VᴱVᴼ   **9** δὲ] *delevi (ed.)*   **12** δυάμενα Vᴱ   οἶστρον] ὕστρον Vᴱ   **14** τὰς] τὰ Vᴼ
17 ἡμᾶς Vᴼ   **19** προλαβὼν] *correxi (ed.)*, πρὸς λαβὼν VᴱVᴼ   **20** πνεύματι Vᴼ   **24**
ἄρξετε] *correxi (ed.)*, ἄρξηται VᴱVᴼ ᵖ· ᶜ·, ἄρξεται Vᴼ ᵃ· ᶜ·   **25 – 26** ἀνουθώτητον Vᴼ
27 καταλείπως Vᴼ   **29** γόνυ] γέννη Vᴼ   κρότου] κρίτου Vᴼ

ταπείνωσις. Ἐπὶ πᾶσιν ἡ ἐλεημοσύνη ἐξαγοραζέτω σε ἀπὸ τῆς ἁμαρτίας· λύτρον γὰρ ἀνδρός, ὁ ἴδιος πλοῦτος.

II¹1457 / K cap. M 1, 26

Τοῦ αὐτοῦ, ἐκ τοῦ περὶ νηστείας α'·

5 Μέθη ὕπνον ἐπάγει, ἀδελφὸν θανάτου, ἐγρήγορσιν δὲ ὀνείροις προσεοικυῖαν.

II¹1458 / K cap. M 1, 27

*II²1923 / R cap. M 1,

<***>

Μέθη κύριον οὐχ᾿ ὑποδέχεται, πνεῦμα ἅγιον ἀποδιώκει. Καπνὸς
10 μὲν γὰρ φυγαδεύει μελίσσας, χαρίσματα δὲ πνευματικὰ ἀποδιώκει κραιπάλη.

<II¹suppl. 342–345 / V cap. M 5, 20–22; 26>

---

2 Prov. 13, 8¹ 9 – 11 exstat etiam ap. Ps.-Max. Conf., *Loci communes*, 30.9./9. (ed. Ihm, p. 628) 12 **II¹suppl. 342–345** cf. *Sacra*. Liber II. *Supplementum* (Band VIII/8)

---

5 – 6 **II¹1457** BASILIUS CAESARIENSIS, *De ieiunio homilia I*, 10 (PG 31, 184, 11–13)
9 – 11 **II¹1458** BASILIUS CAESARIENSIS, *De ieiunio homilia I*, 11 (PG 31, 184, 19–22)

---

4 – 6 **II¹1457** K cap. M 1, 26 (204v[5–6]7–8); *deest in* V H^I P^cap. M 1 ML^b P^cap. Ω 3
8 – 11 **II¹1458** K cap. M 1, 27 (204v8–11); V^EV^O cap. M 5, 24; V^W cap. M 5, 19; PM cap. M 1, 20; *deest in* H^I L^b P^cap. Ω 3; PG 96, 165, 22–24

II¹1458 (a) *s. d.* K (b) *s. a.* V^EV^W (c) Τοῦ αὐτοῦ, περὶ νηστείας M (d) Περὶ νηστείας, λόγου α' P^cap. M 1 (e) Βασιλείου V^O

---

1 ταπείνωσιν V^E 9 οὐκύποδέχεται V^W P^cap. M 1 10 μελίττας M, μελϊσσα V^O δὲ] add. κρεπάλη V^O *(sed cancellav.)* 11 κρεπάλει V^E, κραιπάλη V^W a. c. V^O M

II¹1459 / K cap. M 1, 28

Ἐκ τῶν εἰς τὸν Ἡσαΐαν·

Μέθη ἀθεότητός ἐστιν ἀρχή, σκότωσις οὖσα τοῦ ἡγεμονικοῦ, δι᾽
οὗ μάλιστα θεὸς ἐπιγινώσκεσθαι πέφυκεν.

II¹1460 / K cap. M 1, 29　　　　　　　　　　5

Τοῦ μακαρίου Ἰωάννου, ἐκ τοῦ εἰς τὰς καλάνδας·

Τοῖς ἐν μέθῃ καὶ ἀκολασίᾳ βιοῦσιν ἡ ἡμέρα πρὸς τὸ τῆς νυκτὸς
μεταστρέφεται σκότος, οὐ τοῦ ἡλίου σβεννυμένου, ἀλλὰ τῆς ἐκεί-
νων διανοίας σκοτιζομένης τῇ μέθῃ.

II¹1461 / K cap. M 1, 30　　　　　　　　　　10

Κλήμεντος, ἐκ τοῦ ζ′ Στρώματος·

Σπανίως εἰς τὰς συμποτικὰς συνεστιάσεις ἀπαντητέον, πλὴν εἰ μὴ

---

7 – 9 exstat etiam ap. Ps.-Max. Conf., *Loci communes*, 30.10./11. (ed. Ihm, p. 628 –
629)

---

3 – 4 II¹1459 (Ps.-)Basilius Caesariensis, *Enarratio in prophetam Isaiam*, V, 157
(PG 30, 376, 21–23)　　7 – 9 II¹1460 Iohannes Chrysostomus, *In Kalendas*, 3 (PG
48, 956, 58 –61)　　12 – 815, 2 II¹1461 Clemens Alexandrinus, *Stromata*, VII. Cap.
VII. 36, 4 (ed. Stählin/Früchtel/Treu, p. 28, 21–23)

2 – 4 II¹1459 K cap. M 1, 28 (204v[11]12–14); VᴱVᴼ cap. M 5, 25; Vᵂ cap. M 5, 20;
PM cap. M 1, 19; E cap. 160, 5; PG 96, 165, 25 –27　　6 – 9 II¹1460 K cap. M 1, 29
(204v[14]15 –18); VᴱVᴼ cap. M 5, 27; Vᵂ cap. M 5, 21; PM cap. M 1, 21; *deest in* Hᴵ
Lᵇ Pᶜᵃᵖ·ᴼ³; PG 96, 165, 41–44　　11 – 815, 2 II¹1461 K cap. M 1, 30 (204v[18]19 –22);
deest in V Hᴵ Pᶜᵃᵖ·ᴹ¹ MLᵇ Pᶜᵃᵖ·ᴼ³

II¹1459 (a) K　(b) Τοῦ αὐτοῦ, εἰς τὸν Ἡσαΐαν Vᵂ Pᶜᵃᵖ·ᴹ¹ M　Τοῦ αὐτοῦ] *om.* Vᵂ
Pᶜᵃᵖ·ᴹ¹　ἡσαΐαν Pᶜᵃᵖ·ᴹ¹, ησαϊαν M　(c) *s. a.* VᴱVᴼ E　II¹1460 (a) K　(b) Τοῦ Χρυσο-
στόμου, εἰς τὰς καλάνδας Pᶜᵃᵖ·ᴹ¹ M　(c) *s. a.* VᴱVᴼ

3 ἀθεότητός ἐστιν] ἀθεότητος ἐστιν Vᵂ, ἀθεότητος Pᶜᵃᵖ·ᴹ¹ M E　σκότοσις οὖσα
Vᵂ, σκώτοσις οὖσα Pᶜᵃᵖ·ᴹ¹, σκότος εἰσϊοῦσα M　τῷ ἡγεμονικῶι *(sic)* M　4 μάλι-
στας K, μάλιστα ὁ *ed.*　πέφοικεν M, πέφϋκας Vᴼ　7 Τοῖς] τοῖς μὲν Vᵂ ᵖ·ᶜ· ᵘᵗ ᵛⁱᵈᵉᵗᵘʳ,
τοὺς μὲν M　βιοῦντας M　τὸ] *om.* Vᴼ　8 σβενῦμένου Vᴼ

τὸ φίλον καὶ ὁμονοητικὸν ἐπαγγελλόμενον ἡμῖν τὸ συμπόσιον ἀφικέσθαι προτρέψαιτο.

<II¹suppl. 346–348 / V cap. M 5, 28–30>

II¹1462 / K cap. M 1, 31

5 Φίλωνος, ἐκ τοῦ α′ τῶν ἐν Γενέσει ζητημάτων·

Διττὸν τὸ μεθύειν· ἓν μὲν τὸ ληρεῖν παρ᾽ οἶνον, ὅπέρ ἐστι φαύλου ἴδιον ἁμάρτημα, ἕτερον δὲ τὸ οἰνοῦσθαι, ὅπερ εἰς σοφὸν πίπτει.

II¹1463 / K cap. M 1, 32

Ἐκ τοῦ περὶ μέθης α′·

10 Τί γὰρ ἀπέστη τοῖς μεθύουσι κακόν; Φίλος μὲν τοῖς τοιούτοις οὐδείς, μυρίοι δὲ κόλακες γαστρός, ἡδονῶν ἀνδραποδωδέστατοι δοῦλοι, θηρίων τρόπον ἀποζῶντες, ἃ σαίνει μὲν τοὺς τρέφοντας, ὅταν δὲ ἐπιλίπῃ τὰ ἐπιτήδεια, τροφῇ τοῖς ἐπιμελουμένοις χρῆται.

---

3 **II¹suppl. 346–348** cf. *Sacra*. Liber II. *Supplementum* (Band VIII/8)

---

6 – 7 **II¹1462** PHILO IUDAEUS, *Quaestiones in Genesim*, II. 68b (ed. Petit, p. 122) 10 – 13 **II¹1463** PHILO IUDAEUS, *De ebrietate II*, Fr. 1 (ed. Wendland, p. 22); Royse 177.85

---

5 – 7 **II¹1462** K cap. M 1, 31 (204v[22]23–205r1); *deest in* V Hᴵ Pᶜᵃᵖ·ᴹ ¹ MLᵇ Pᶜᵃᵖ·Ω³; PG 86, 2085, 14–17; *deest in* Hᴵ Lᵇ Pᶜᵃᵖ·Ω³   9 – 13 **II¹1463** K cap. M 1, 32 (205r[1]2–7); *deest in* V Hᴵ Pᶜᵃᵖ·ᴹ ¹ MLᵇ Pᶜᵃᵖ·Ω³

II¹1463 α′] *sic* K

---

10 ἀπέστη] ἄπεστι *suspicatus est Heylbut*   11 ἀνδραποδωδέστατοι] *scrips. Wendland*, ἀνδραποδοδέστατοι K   12 τρόπον ἀποζῶντες] *correx. Wendland*, τρόποις ἀπόζοντες K   ἃ σαίνει] *correx. Heylbut et Wendland*, ἀσεινεῖ K (ζ<ή>τ<ει> *in mg.*)   13 ἐπιτήδεια – τοῖς] *correx. Usener et Cohn et Wendland*, ἐπιτήδεια τροφῆς, τοῖς K   χρῆται] *correx. Wendland*, χρῆνται Kᵖ·ᶜ·, χρῆναι Kᵃ·ᶜ·

II¹1464 / K cap. M 1, 33

Ἐκ τοῦ αὐτοῦ·

Ὥσπερ τοὺς βίῳ νήφοντι συζῶντας ἀηδὴς ἄκρατος, οὕτως καὶ τοὺς χαίροντας μέθῃ νῆψις ἐξαπιναίως <***>.

II¹1465 / K cap. M 1, 34   5

Ἐκ τοῦ αὐτοῦ·

Τὰς ἐπηρείας καὶ ὕβρεις, ἃς οἶνος ἐργάζεται, ῥάδιον ἰδεῖν· ἐπιτει-
χίζει γὰρ τὰ φαῦλα καὶ δοῦλα κατὰ τῶν ἀμεινόνων καὶ δεσποτῶν.
Ὑποβάλλει γὰρ σώματι ψυχήν, διανοίᾳ αἴσθησιν, πάθεσιν ἀπάθει-
αν, φρόνησιν ἀφροσύνῃ, δικαιοσύνην ἀδικίᾳ, ἀσεβείᾳ ὁσιότητα,   10
καὶ συνόλως κακίαις ἀρετάς. Ὧν τί ἄν τις νοήσας εὕροι κακὸν
μεῖζον;

II¹1466 / K cap. M 1, 35

Ἐκ τοῦ αὐτοῦ·

Ἐπίσταται μέθη μήκιστον καὶ βαθύτατον ὕπνον ἐπάγειν· ὁ δ᾽ ἐστὶ   15
τοῖς χρωμένοις ἀλυσιτελέστατος, νεκρῶν τρόπον ἐγκειμένοις εἰς
ἐπήρειαν· ἐρριμένοι γάρ, οὐδ᾽ εἰ τομὰς ἢ σφαγὰς ἢ καύσεις ὑπο-
μένοιεν, αἰσθάνεσθαι δύνανται.

---

3 – 4 II¹1464 PHILO IUDAEUS, *De ebrietate II*, Fr. 2 (ed. Wendland, p. 22); Royse
179.121   7 – 12 II¹1465 PHILO IUDAEUS, *De ebrietate II*, Fr. 3 (ed. Wendland, p.
22); Royse 177.81   15 – 18 II¹1466 PHILO IUDAEUS, *De ebrietate II*, Fr. 4 (ed.
Wendland, p. 23); Royse 175.29

---

2 – 4 II¹1464 K cap. M 1, 33 (205r[7]8–10); *deest in* V Hᴵ Pᶜᵃᵖ· ᴹ ¹ MLᵇ Pᶜᵃᵖ· Ω ³
6 – 12 II¹1465 K cap. M 1, 34 (205r[10]11–17); *deest in* V Hᴵ Pᶜᵃᵖ· ᴹ ¹ MLᵇ Pᶜᵃᵖ· Ω ³
14 – 18 II¹1466 K cap. M 1, 35 (205r[17]18–22); *deest in* V Hᴵ Pᶜᵃᵖ· ᴹ ¹ MLᵇ Pᶜᵃᵖ· Ω ³

---

3 *post* Ὥσπερ *supplev.* βλάπτει Diels   ἀηδὴς] ἀήθης *correx.* Diels   4 *post* ἐξαπι-
ναίως *quaedam excidisse videntur*   ἐξαπιναῖος Diels   8 κατὰ] *correx. Wendland*,
καὶ Κ   10 ἀσεβείᾳ ὁσιότητα] *correxi,* ἀσέβειαν ὁσιότητι Κ, εὐσέβειαν ἀνοσιότητι
correx. Diels   11 Ὧν τί] *scrips. Wendland,* ὤν τι Κ   15 ὁ δ᾽ ἐστὶ] *correx. Wendland,*
ὅ δ᾽ ἔστι Κ   16 ἐγκειμένοις] προκειμένοις *correx. Wendland*   17 οὐδ᾽ εἰ] *correx.*
Wendland, οὐ δεῖ Κ

Τίτλος β′ Περὶ ματαιοπονούντων.

ιδ′ Περὶ ματαιοπονούντων.

δ′ Περὶ ματαιοπονούντων καὶ ματαιοφρονούντων.

ι′ Περὶ ματαιοπονούντων.

5   **ΙΙ¹1467 / K cap. M 2, 1**

Ἀπὸ τοῦ Ἰώβ·

Εἰς κενὰ καὶ μάταια ἐκοπίασε πλοῦτον, ἐξ οὗ οὐ γεύσεται.

                      ΙΙ¹1468 / K cap. M 2, 2

Δαυῒδ ἐν ψαλμῷ λη′·

10 Πλὴν μάτην ταράσσεται πᾶς ἄνθρωπος ζῶν.

---

7 ΙΙ¹1467 Iob 20, 18¹   10 ΙΙ¹1468 Ps. 38, 12³

---

1 **Titlos (a)** K (205r22–23)   2 **Titlos (b)** V Aᴵ ᵖⁱⁿ; *deest in* HᴵAᴵ ᵗˣᵗ   3 **Titlos (c)**
Pᶜᵃᵖ· ᴹ ⁴ Mᶜᵃᵖ· ᴹ ⁴ Lᵇ ᶜᵃᵖ· ᴹ ⁴ ᵗˣᵗ (*cf.* *ΙΙ² / R cap. M 8 titlos); *deest in* Lᵇ ᶜᵃᵖ· ᴹ ⁴ ᵖⁱⁿ   4
Titlos (d) Pᶜᵃᵖ· ᴹ ¹⁰ Mᶜᵃᵖ· ᴹ ¹¹ Lᵇ ᶜᵃᵖ· ᴹ ¹⁰ ᵗˣᵗ; *deest in* Lᵇ ᶜᵃᵖ· ᴹ ¹⁰ ᵗˣᵗ   6 – 7 ΙΙ¹1467 K cap.
M 2, 1 (205r[23]24–205v1); Vᴱⱽᴼ cap. M 14, 1; Vᵂ cap. M 11, 1; PM cap. M 4, 1; P
cap. M 10, 1; M cap. M 11, 1; *deest in* Hᴵ Lᵇ ᶜᵃᵖ· ᴹ ⁴ Lᵇ ᶜᵃᵖ· ᴹ ¹⁰; PG 96, 185, 2–3
9 – 10 ΙΙ¹1468 K cap. M 2, 2 (205v[1]2); Vᴱⱽᴼ cap. M 14, 2; Vᵂ cap. M 11, 2; PM
cap. M 4, 2; P cap. M 10, 2; M cap. M 11, 2; *deest in* Hᴵ Lᵇ ᶜᵃᵖ· ᴹ ⁴ Lᵇ ᶜᵃᵖ· ᴹ ¹⁰; PG 96,
185, 4

---

2 **Titlos (b)**   ιδ′] τίτλος ια′ Vᵂ ᵗˣᵗ, ια′ Vᵂ ᵖⁱⁿ, *propt. mg. resect. non liquet in* Aᴵ ᵖⁱⁿ
(ιδ′ *secund. ser.*)   3 **Titlos (c)**   ματαιοπονούντων] ματαιοποιοῦντων (*sic acc.*)
Pᶜᵃᵖ· ᴹ ⁴ ᵖⁱⁿ   καὶ ματαιοφρονούντων] *om.* Mᶜᵃᵖ· ᴹ ⁴   4 **Titlos (d)**   ι′] ια′ Mᶜᵃᵖ· ᴹ ¹¹

ΙΙ¹1467 (a) K Mᶜᵃᵖ· ᴹ ⁴   ἰὼβ Mᶜᵃᵖ· ᴹ ⁴   (b) Ἰὼβ V Pᶜᵃᵖ· ᴹ ⁴ Pᶜᵃᵖ· ᴹ ¹⁰ Mᶜᵃᵖ· ᴹ ¹¹   ἰὼβ
Pᶜᵃᵖ· ᴹ ⁴ Pᶜᵃᵖ· ᴹ ¹⁰ Mᶜᵃᵖ· ᴹ ¹¹   ΙΙ¹1468 (a) K Pᶜᵃᵖ· ᴹ ⁴ Mᶜᵃᵖ· ᴹ ⁴   (b) Ψαλμοῦ λη′
Pᶜᵃᵖ· ᴹ ¹⁰   Mᶜᵃᵖ· ᴹ ¹¹ ψαλμὸς Mᶜᵃᵖ· ᴹ ¹¹   (c) Δαυῒδ VᴱVᵂ   (d) *s. a.* Vᴼ

---

7 κενὰ] καινὰ Vᴼ Pᶜᵃᵖ· ᴹ ⁴   πλουτῶν K Mᶜᵃᵖ· ᴹ ⁴ Pᶜᵃᵖ· ᴹ ¹⁰ Mᶜᵃᵖ· ᴹ ¹¹   οὐ γεύσεται]
οὐ στήσεται Pᶜᵃᵖ· ᴹ ¹⁰, οὐκ εμπλησθησεται Mᶜᵃᵖ· ᴹ ¹¹   10 ταραττεται (*sic*) Mᶜᵃᵖ· ᴹ ⁴
ζῶν] *om.* K Mᶜᵃᵖ· ᴹ ⁴

II¹1469 / K cap. M 2, 3

Τῶν Παροιμιῶν·

Οἱ διώκοντες μάταια ἐνδεεῖς φρενῶν.

II¹1470 / K cap. M 2, 4

Τῶν αὐτῶν·   5

Ὁ σπείρων φαῦλα θερίσει κακά,
ματαιότητα δ' ἔργων αὐτοῦ συντελέσει.

II¹1471 / K cap. M 2, 5

Ὡσηὲ προφήτου·

Ἐφραὶμ πονηρὸν πνεῦμα ἐδίωξεν καύσωνα· ὅλην τὴν ἡμέραν κενὰ   10
καὶ μάταια ἐπλήθυνεν.

---

3 II¹1469 Prov. 12, 11² (Wahl, *Proverbien-Text*, p. 62)   **6** II¹1470 Ὁ – κακά] Prov.
22, 8¹ (Wahl, *Proverbien-Text*, p. 104)   **7** ματαιότητα – συντελέσει] Ibid. 22, 8a²
(Wahl, p. 104–105)   **10 – 11** II¹1471 Os. 12, 1 (Wahl, *Prophetenzitate*, p. 172–173)

2 – 3 II¹1469 K cap. M 2, 3 (205v[2]3); V^{E}V^{O} cap. M 14, 4; V^{W} cap. M 11, 4; PM
cap. M 4, 4; P cap. M 10, 4; M cap. M 11, 4; *deest in* H^{I} L$^{b\,cap.\,M\,4}$ L$^{b\,cap.\,M\,10}$; PG 96,
185, 7   **5 – 7** II¹1470 K cap. M 2, 4 (205v[3]4–5); V^{E}V^{O} cap. M 14, 3; V^{W} cap. M
11, 3; PM cap. M 4, 3; E cap. 160, 7; P cap. M 10, 3; M cap. M 11, 3; *deest in* H^{I}
L$^{b\,cap.\,M\,4}$ L$^{b\,cap.\,M\,10}$; PG 96, 185, 5–6   **9 – 11** II¹1471 K cap. M 2, 5 (205v[5]6–7);
deest in V P$^{cap.\,M\,4}$ M$^{cap.\,M\,4}$ L$^{b\,cap.\,M\,4}$ P$^{cap.\,M\,10}$ M$^{cap.\,M\,11}$ L$^{b\,cap.\,M\,10}$

II¹1469 (a) K   (b) Τοῦ αὐτοῦ M$^{cap.\,M\,4}$ (c) *s. a.* V P$^{cap.\,M\,4}$ P$^{cap.\,M\,10}$ (d) *s. d.* M$^{cap.\,M\,11}$
II¹1470 (a) K   (b) Παροιμιῶν V^{E}V^{O} P$^{cap.\,M\,4}$ M$^{cap.\,M\,4}$ E   (c) Τοῦ Σιράχ M$^{cap.\,M\,11}$
σιραχ M$^{cap.\,M\,11}$ (d) *s. a.* V^{W} P$^{cap.\,M\,10}$ II¹1471 ωσιὲ K

---

6 θερήσει (-η- P$^{cap.\,M\,4}$) V^{O} P$^{cap.\,M\,4}$ **7** ματαιότητα – συντελέσει] *om.* E   δ'] *om.*
V P$^{cap.\,M\,4}$ M$^{cap.\,M\,4}$ P$^{cap.\,M\,10}$ M$^{cap.\,M\,11}$ ἔργον P$^{cap.\,M\,10}$ συντελέση V^{E}V^{O} **10**
καύσωνα· ὅλην] *sic interpunx.* K

II¹1472 / K cap. M 2, 6

Ἡσαΐου προφήτου·

Ἐγὼ εἶπα· Κενῶς ἐκοπίασα, καὶ εἰς μάταιον καὶ εἰς οὐθὲν ἔδωκα
τὴν ἰσχύν μου.

II¹1473 / K cap. M 2, 7

Τοῦ αὐτοῦ·

Μάτην κοπιάσουσιν Αἰγύπτιοι πρὸς τὸν λαόν, ὃς οὐκ ὠφελήσει
αὐτοὺς εἰς βοήθειαν οὔτε εἰς ὠφέλειαν, ἀλλ᾽ εἰς αἰσχύνην καὶ ὄνει-
δος.

II¹1474 / K cap. M 2, 8

Τοῦ αὐτοῦ·

Πάντες μάταιοι, ποιοῦντες τὰ καταθύμια αὐτῶν, ἃ οὐκ ὠφελήσει
αὐτούς.

*II²1980 /
R cap. M 8,

---

3 – 4 II¹1472 Is. 49, 4 (Wahl, *Prophetenzitate*, p. 419)   7 – 9 II¹1473 Is. 30, 5
(Wahl, *Prophetenzitate*, p. 364)   12 – 13 II¹1474 Is. 44, 9 (Wahl, *Prophetenzitate*,
p. 400)

---

2 – 4 II¹1472 K cap. M 2, 6 (205v[7]8–9); V^E V^O cap. M 14, 6; V^W cap. M 11, 6; PM
cap. M 4, 6; P cap. M 10, 6; M cap. M 11, 6; *deest in* H^I L^b cap. M 4 L^b cap. M 10; PG 96,
185, 10–11   6 – 9 II¹1473 K cap. M 2, 7 (205v[9]10–12); *deest in* V P^cap. M 4 M^cap. M 4
L^b cap. M 4 P^cap. M 10 M^cap. M 11 L^b cap. M 10   11 – 13 II¹1474 K cap, M 2, 8 (205v[12]13–
14); V^E V^O cap. M 14, 5; V^W cap. M 11, 5; PM cap. M 4, 5; E cap. 160, 8; P cap. M 10,
5; M cap. M 11, 5; *deest in* H^I L^b cap. M 4 L^b cap. M 10; PG 96, 185, 8–9

II¹1472 (a) K   (b) Ἡσαΐου (-ϊου *cod.*) P^cap. M 4   (c) Τοῦ αὐτοῦ M^cap. M 4 M^cap. M 11   (d)
Σιράχ V^W P^cap. M 10   σιραχ P^cap. M 10   (e) *s. a.* V^E V^O   II¹1474 (a) K   (b) Ἡσαΐου V^W
M^cap. M 4 P^cap. M 10   ἡσαΐου P^cap. M 10   (c) *s. a.* V^E P^cap. M 4 M^cap. M 11 E   (d) *s. d.* V^O

---

3 Ἐγὼ εἶπα] ἐγὼ εἶπον V^W P^cap. M 4 M^cap. M 4 P^cap. M 10 M^cap. M 11, *om.* K   κενὸς (-ος
P^cap. M 4) V^E a. c. ut videtur V^O P^cap. M 4 M^cap. M 4 P^cap. M 10 M^cap. M 11   καὶ¹] *om.* V P^cap. M 4
M^cap. M 4 P^cap. M 10 M^cap. M 11   μάταια P^cap. M 10 M^cap. M 11   οὐθὲν] *scripsi (LXX)*, οὐθ᾽
ἓν K, οὐδὲν V P^cap. M 4 M^cap. M 4 P^cap. M 10 M^cap. M 11   12 ποιοῦντες] *praem.* οἱ E   τά]
om. V^E V^O   ἃ] *om.* P^cap. M 10   οὐκ ὠφελήσει K, οὐκοφελήσει P^cap. M 10, οὐκ ὠφελε-
σει M^cap. M 4, οὐκοφελεσει M^cap. M 11, οὐκωφελήσει V^E P^cap. M 4

II¹1475 / K cap. M 2, 9

Τοῦ αὐτοῦ·

Πεποίθασιν ἐπὶ ματαίοις, καὶ λαλοῦσι κενά, ὅτι κύουσι πόνον καὶ
τίκτουσι μάταια καὶ ἱστὸν ἀράχνης ὑφαίνουσι.

II¹1476 / K cap. M 2, 10   5

Ἀπὸ τοῦ Σιράχ·

Εἷς οἰκοδομῶν, καὶ εἷς καθαιρῶν·
τίς ὠφέλεια πλέον ἢ κόπου;
Εἷς εὐχόμενος, καὶ εἷς καταρώμενος·
τίνος φωνῆς εἰσακούσεται ὁ δεσπότης;   10

---

3 – 4 II¹1475 Is. 59, 4 – 5 (Wahl, *Prophetenzitate*, p. 455)   7 – 10 II¹1476 Sir. 31,
28¹–29² (Wahl, *Sirach-Text*, p. 134 –135)

2 – 4 II¹1475 K cap. M 2, 9 (205v[14]15–17); V^E V^O cap. M 14, 7; V^W cap. M 11, 7;
PM cap. M 4, 7; P cap. M 10, 7; M cap. M 11, 7; *deest in* H^I L^b cap. M 4 L^b cap. M 10; PG
96, 185, 12–14 6 – 10 II¹1476 K cap. M 2, 10 (205v[17]18–20); V^E V^O cap. M 14, 9;
V^W cap. M 11, 9 –10; PM cap. M 4, 9 –10; P cap. M 10, 9 –10; M cap. M 11, 9 –10; E
cap. 161, 15; *deest in* H^I L^b cap. M 4 L^b cap. M 10; PG 96, 185, 16 –18

II¹1475 (a) K P^cap. M 4 M^cap. M 4   (b) *s. a.* V P^cap. M 10   (c) *s. d.* M^cap. M 11   II¹1476 (a) K
(b) *s. a.* V^E E   (c) *s. d.* V^O   (d) Σιράχ / *s. a.* P^cap. M 4 *(cf. infra, app. crit. text.)*   (e) Τοῦ
αὐτοῦ / Τοῦ αὐτοῦ M^cap. M 4 *(cf. infra, app. crit. text.)*   (f) *s. a.* / *s. a.* V^W P^cap. M 10
M^cap. M 11 *(cf. infra, app. crit. text.)*

3 λαλωσιν M^cap. M 4   κυοῦσιν V^W a. c. P^cap. M 10   4 ἱστὸν ἀράχνης] εἰς τὸν ἄρχοντα
V^E V^O   ὑφύνουσιν P^cap. M 4   7 – 8 Εἷς – κόπου] *om.* E   7 καθαίρων V^W a. c. P^cap. M 4
M^cap. M 4, καταστρέφων (κατὰ- M^cap. M 11) P^cap. M 10 M^cap. M 11   8 ωφελια P^cap. M 10,
ὠφέλει V^O   πλεῖον M^cap. M 4 M^cap. M 11   κόπου] κόπων M^cap. M 11, *hic caesura in*
V^W P^cap. M 4 M^cap. M 4 P^cap. M 10 M^cap. M 11   9 Εἷς – καταρώμενος] ἑνὸς εὐχομένου καὶ
ἑνὸς καταρωμένου E   10 φωνὴ εἰσακουσθήσεται E   ὁ δεσπότης] *om.* E

II[1]1477 / K cap. M 2, 11

Τοῦ αὐτοῦ·

Συγκολλῶν ὄστρακον ὁ διδάσκων μωρόν.

<II[1]suppl. 349 / V cap. M 14, 10> *II[2]1983 / R cap. M 8,

<II[1]suppl. 350 / PML[b] cap. M 4, 12> *II[2]1984 / R cap. M 8,

4 – 5 II[1]suppl. 349 –350 cf. *Sacra*. Liber II. *Supplementum* (Band VIII/8)

3 II[1]1477 Sir. 22, 9[1] (Wahl, *Sirach-Text*, p. 106)

2 – 3 II[1]1477 K cap. M 2, 11 (205v[20]21); V[E]V[O] cap. M 14, 8; V[W] cap. M 11, 8; PM cap. M 4, 8; P cap. M 10, 8; M cap. M 11, 8; *deest in* H[I] L[b cap. M 4] L[b cap. M 10]; PG 96, 185, 15

II[1]1477 (a) K P[cap. M 4] (b) Τοῦ Σιράχ M[cap. M 4] (c) Τοῦ αὐτοῦ P[cap. M 10] (d) *s. a.* V (e) *s. d.* M[cap. M 11]

3 συγκωλλῶν (-γκω- *e corr.)* V[W], συνκολλῶν M[cap. M 4] P[cap. M 10], συνκωλῶν M[cap. M 11], συγκολῶν V[O] μωρῶ V[W]

<Τίτλος γ′ Περὶ μυστηρίων καὶ περὶ τῶν ἐκφερομυθούντων μυστήρια.>

α′ Περὶ μυστηρίων καὶ τῶν ἐκφερομυθούντων μυστήρια.

γ′ Περὶ μυστηρίων, ὅτι προδοσία πρὸς θάνατον τὸ ἐκφερο-
μυθεῖν τὰ φίλων μυστήρια.   5

ΙΙ¹1478 / V cap. Μ 1, 1 (Κ cap. Μ 3)

Παροιμιῶν·

Ὁ ἀποκαλύπτων μυστήριον πορεύεται δόλῳ.

ΙΙ¹1479 / V cap. Μ 1, 2 (Κ cap. Μ 3)

<***>   10

Ἀκήκοας λόγον; Συναποθανέτω σοι.

---

8 πορεύεται δόλῳ] cf. Lev. 19, 16; Ier. 9, 3

---

8 ΙΙ¹1478 Prov., re vera Sir. 27, 16¹ (Wahl, *Sirach-Text*, p. 119)   11 ΙΙ¹1479 Sir. 19,
10¹ (Wahl, *Sirach-Text*, p. 98)

---

1 – 2 Titlos (a) Kᵖⁱⁿ, *deest in* Kᵗˣᵗ ⁽ˡᵃᶜ·⁾)   3 Titlos (b) Vᴱ (154v1) VᵂVᴼ Aᴵ ᵖⁱⁿ; *deest in*
HᴵAᴵ ᵗˣᵗ   4 – 5 Titlos (c) PMLᵇ ᵖⁱⁿ (*cf.* *ΙΙ² / R cap. Μ 4 titlos); *deest in* Lᵇ ᵗˣᵗ   7 – 8
ΙΙ¹1478 Vᴱ (154v[1]2) VᵂVᴼ cap. Μ 1, 1; PM cap. Μ 3, 1; *deest in* K⁽ˡᵃᶜ·⁾ Hᴵ Lᵇ; PG
96, 104, 4   10 – 11 ΙΙ¹1479 Vᴱ (154v2–3) VᵂVᴼ cap. Μ 1, 2; PM cap. Μ 3, 2; *deest*
in K⁽ˡᵃᶜ·⁾ Hᴵ Lᵇ; PG 96, 104, 5

---

1 – 2 Titlos (a) Τίτλος – μυστήρια] *supplevi e* Kᵖⁱⁿ, *desunt in* Kᵗˣᵗ ⁽ˡᵃᶜ·⁾)   1 περὶ] *an*
delendum?   3 Titlos (b)   α′] *propt. mg. resect. non liquet in* Aᴵ ᵖⁱⁿ (α′ *secund. ser.*),
om. Vᴼ ᵗˣᵗ (α′ *secund. ser.*), *praem.* τίτλος α′ Vᴱ ᵖⁱⁿ Vᴼ ᵖⁱⁿ, *praem.* τίτλος Vᵂ ᵗˣᵗ   καὶ
– μυστήρια] ὅτι προδοσία πρὸς θάνατον τὸ ἐκφερομυθεῖν τὰ φίλων μυστήρια Aᴵ ᵖⁱⁿ
(*cf.* PMLᵇ titlos, *infra, sub* [c])   4 – 5 γ′ – μυστήρια] Titlos (c)   4 – 5 ὅτι –
μυστήρια] *om.* Mᵖⁱⁿ   4 – 5 τὸ – μυστήρια] *om.* Mᵗˣᵗ

ΙΙ¹1478 *add.* γ′ Μ ΙΙ¹1479 (a) *s. a.* V (b) *s. d.* P (c) Τῶν αὐτῶν Μ

---

8 μυστήριον] μυστήρον Μᵃ· ᶜ·, μυστήρια Vᵂ, *add.* μυστηρίου Μ   δολίως Μ

II¹1480 / V cap. M 1, 3 (K cap. M 3)

*II²1952 /
R cap. M 4, 3

<***>

Ἀνελεήμων ὁ μὴ συντηρῶν λόγους,
καὶ οὐ μὴ φείσεται περὶ κακώσεως καὶ δεσμῶν.

II¹1481 / V cap. M 1, 4 (K cap. M 3)

*II²1953 /
R cap. M 4, 4

Σιράχ·

Ἐνώπιον ἀλλοτρίου μὴ ποιήσῃς κρυπτόν·
οὐ γὰρ οἶδας τί τέξεται.

II¹1482 / V cap. M 1, 5 (K cap. M 3)

*II²1953 /
R cap. M 4, 4

<***>

Μὴ παντὶ ἀνθρώπῳ ἔκφαινε καρδίαν σου.

---

3 – 4 II¹1480 Sir. 13, 12¹⁻² (Wahl, *Sirach-Text*, p. 83)　　　**7 – 8 II¹1481** Sir. 8, 18¹⁻²
(Wahl, *Sirach-Text*, p. 69)　**11 II¹1482** Sir. 8, 19¹ (Wahl, *Sirach-Text*, p. 69)

---

2 – 4 II¹1480 Vᴱ (154v3–4) Vᴼ cap. M 1, 3; Vᵂ cap. M 1, 3–4; PM cap. M 3, 3;
deest in K⁽ˡᵃᶜ·⁾ Hᴵ Lᵇ; PG 96, 104, 6–7　　**6 – 8 II¹1481** Vᴱ (154v[4]4–5) Vᴼ cap. M 1,
4; Vᵂ cap. M 1, 5; PM cap. M 3, 4; *deest in* K⁽ˡᵃᶜ·⁾ Hᴵ Lᵇ; PG 96, 104, 8–9　　　**10 – 11**
II¹1482 Vᴱ (154v5–6) Vᴼ cap. M 1, 5; Vᵂ cap. M 1, 6; PM cap. M 3, 5; *deest in* K⁽ˡᵃᶜ·⁾
Hᴵ Lᵇ; PG 96, 104, 9–10

II¹1480 (a) *s. a.* VᴱVᴼ　(b) Τῶν αὐτῶν PM　(c) Σιράχ / Τοῦ αὐτοῦ Vᵂ *(cf. infra, app.*
crit. text.) **II¹1481** (a) VᴱVᴼ　(b) Τῶν αὐτῶν PM　(c) *s. a.* Vᵂ **II¹1482** (a) *s. a.* V　(b)
Τῶν αὐτῶν PM

---

3 λόγους] λόγον M, *hic caesura in* Vᵂ　　**7** ἀλλωτρίου VᴱVᴼ ᵖ·ᶜ·, ἀλλωτρίον Vᴼ ᵃ·ᶜ·
ποιήσεις VᴱVᴼ P　**11** καρδίαν σου] *praem.* τὴν PM

II¹1483 / V cap. M 1, 6 (K cap. M 3)

Τοῦ Χρυσοστόμου, εἰς τὴν ἀποδημίαν τοῦ ἐπισκόπου·

Ὁ κατέχων τὸν λόγον ἐν ἀσφαλείᾳ πολλῇ, μετὰ πολλῆς βιώσεται τῆς ἡδονῆς.

II¹1484 / V cap. M 1, 7 (K cap. M 3)   5

<***>

Ἤκουσας λόγον; φησίν, Συναποθανέτω σοι· σβέσον αὐτόν, κατά-
χωσον, μὴ συγχωρήσῃς ἐξελθεῖν, μὴ δὲ κινηθῆναι παράπαν. Ἀπό-
κτεινον τὸ λεχθέν, λήθῃ παράδος, ἵνα τοῖς οὐκ ἀκούσασιν ὅμοιος
γένῃ.   10

---

7 – 10 exstat etiam ap. Ps.-Max. Conf., *Loci communes*, 20.11./11. (ed. Ihm, p. 485)
7 Sir. 19, 10¹

---

3 – 4 **II¹1483** IOHANNES CHRYSOSTOMUS, *Ad populum Antiochenum*, III *(In profectionem episcopi Flaviani)*, 5 (PG 49, 54, 62 – 55, 2)   7 – 8 **II¹1484** Ἤκουσας – παράπαν] IOHANNES CHRYSOSTOMUS, *Ad populum Antiochenum*, III *(In profectionem episcopi Flaviani)*, 5 (PG 49, 55, 3 –6)   8 – 10 Ἀπόκτεινον – γένῃ] IBID. (PG 49, 55, 8 –9)

---

2 – 4 **II¹1483** Vᴱ (154v[6]6–7) Vᴼ cap. M 1, 6; Vᵂ cap. M 1, 7; PM cap. M 3, 6; *deest in* K(lac.) Hᴵ Lᵇ; PG 96, 104, 11–12   6 – 10 **II¹1484** Vᴱ (154v7–10) Vᴼ cap. M 1, 7; Vᵂ cap. M 1, 8; PM cap. M 3, 7; *deest in* K(lac.) Hᴵ Lᵇ; PG 96, 104, 13 –16

II¹1483 (a) PM (b) Τοῦ Χρυσοστόμου V   **II¹1484** (a) *s. d.* VᴱVᴼ (b) *s. a.* P (c) Τοῦ αὐτοῦ M (d) Τοῦ Χρυσοστόμου Vᵂ

---

7 – 8 κατάχοσον Vᴱ, καταχόσον Vᴼ

II[1]1485 / V cap. M 1, 8 (K cap. M 3)

*II[2]1959 / R cap. M 4,

Φίλωνος·

Οἱ λάλοι τὰ ὀφείλοντα ἡσυχάζεσθαι ῥηγνύντες τρόπον τινὰ ὑπὸ γλωσσαλγίας, προχέουσιν εἰς ὦτα ἀκοῆς οὐκ ἄξια.

---

3 – 4 II[1]1485 PHILO IUDAEUS, *Quaestiones in Exodum*, II. 118 (ed. Petit, p. 278)

---

2 – 4 II[1]1485 V^{E} (154v[10]10–12) V^{O} cap. M 1, 8; V^{W} cap. M 1, 9; PM cap. M 3, 8; *deest in* $K^{(lac.)}$ H^{I} L^{b}; PG 96, 104, 17–19

II[1]1485 (a) V P φι^{λλ} *(sic)* V^{O} (b) Τοῦ αὐτοῦ M

---

3 λάλοι] ἄλλοι P ῥηγνῦντες $V^{E}V^{W\ a.\,c.}$ V^{O}, ριγνύντες P τρόπω τινὶ M **4** γλωσαλγίας V, γλωσσαλγειας P

<Τίτλος δ΄   Περὶ μαθητευομένων, ὅτι χρὴ σπουδαίους εἶναι πρὸς τὰς μαθήσεις.>

ια΄ Περὶ μαθητευομένων, καὶ ὅτι χρὴ αὐτοὺς ἐπιμελῶς καὶ σπουδαίως πρὸς τὰς μαθήσεις ἔρχεσθαι καὶ μὴ ἀποδιδράσκειν τὸ τῆς διδασκαλίας ἐπίπονον, ἀλλ᾽ ἐρωτᾶν καὶ μανθάνειν παρὰ   5
τῶν εἰδότων.

β΄ Περὶ μαθητευομένων, ὅτι χρὴ σπουδαίως ἐρωτᾶν καὶ μανθάνειν τὰ ψυχωφελῆ.

ζ΄ Περὶ μαθητευομένων, ὅτι χρὴ αὐτοὺς ἐπιμελῶς καὶ σπουδαίως πρὸς τὰς μαθήσεις ἔρχεσθαι καὶ μὴ ἀποδιδράσκειν τὸ τῆς   10
διδασκαλίας ἐπίπονον, ἀλλ᾽ ἐρωτᾶν καὶ μανθάνειν παρὰ τῶν εἰδότων.

II¹1486 / V cap. M 11, 1 (K cap. M 4)

Δευτερονομίου·

Ἐπερώτησον τὸν πατέρα σου, καὶ ἀναγγελεῖ σοι,   15
τοὺς πρεσβυτέρους σου, καὶ ἐροῦσι σοι.

---

15 – 16 II¹1486 Deut. 32, 7³⁻⁴ (Wahl, *Deuteronomium-Text*, p. 150)

1 – 2 **Titlos (a)** Kᵖⁱⁿ; *deest in* Kᵗˣᵗ ⁽ˡᵃᶜ·⁾   3 – 6 **Titlos (b)** Vᴱ (175r24–25) VᵂVᴼ Aᴵ ᵖⁱⁿ; *deest in* HᴵAᴵ ᵗˣᵗ   7 – 8 **Titlos (c)** Pᶜᵃᵖ· ᴹ ² Mᶜᵃᵖ· ᴹ ² Lᵇ ᶜᵃᵖ· ᴹ ² ᵖⁱⁿ (*cf.* *II² / R cap. M 2 titlos); *deest in* Lᵇ ᶜᵃᵖ· ᴹ ² ᵗˣᵗ   9 – 12 **Titlos (d)** Pᶜᵃᵖ· ᴹ ⁷ ᵖⁱⁿ Mᶜᵃᵖ· ᴹ ⁸ Lᵇ ᶜᵃᵖ· ᴹ ⁷ ᵖⁱⁿ; *deest in* Pᶜᵃᵖ· ᴹ ⁷ ᵗˣᵗ Lᵇ ᶜᵃᵖ· ᴹ ⁷ ᵗˣᵗ   14 – 16 II¹1486 Vᴱ (175r[25]26–27) VᵂVᴼ cap. M 11, 1; PM cap. M 2, 1; M cap. M 8, 1; *deest in* K⁽ˡᵃᶜ·⁾ Hᴵ Lᵇ ᶜᵃᵖ· ᴹ ² Pᶜᵃᵖ· ᴹ ⁷ Lᵇ ᶜᵃᵖ· ᴹ ⁷; PG 96, 181, 41–42

1 – 2 **Titlos (a)** Τίτλος – μαθήσεις] *supplevi e* Kᵖⁱⁿ, *desunt in* Kᵗˣᵗ ⁽ˡᵃᶜ·⁾   3 – 6 **Titlos (b)**   3 ια΄] τίτλος η΄ Vᵂ ᵗˣᵗ, η΄ Vᵂ ᵖⁱⁿ, *propt. mg. resect. non liquet in* Aᴵ ᵖⁱⁿ (ια΄ *secund. ser.*), *om.* Vᴼ ᵗˣᵗ (ια΄ *secund. ser.*)   3 – 6 καὶ¹ – εἰδότων] *om.* Vᵂ ᵖⁱⁿ   3 καὶ¹] *om.* Vᴱ ᵖⁱⁿ Vᴼ ᵖⁱⁿ   7 – 8 **Titlos (c)**   7 – 8 ὅτι – ψυχωφελῆ] *om.* Mᶜᵃᵖ· ᴹ ²   9 – 12 **Titlos (d)**   9 ζ΄] η΄ Mᶜᵃᵖ· ᴹ ⁸ (ζ΄ *exspectav.*)   9 – 12 ὅτι – εἰδότων] *om.* Mᶜᵃᵖ· ᴹ ⁸ ᵗˣᵗ   10 καὶ] *om.* Pᶜᵃᵖ· ᴹ ⁷ ᵖⁱⁿ

II¹1486 Δευτερονομίου] *add.* β΄ ωδ (= δευτέρας ᾠδῆς) Mᶜᵃᵖ· ᴹ ²

16 πρεσβυτέρους σου] πρεσβυτέρους Vᵂ   καὶ ἐροῦσι σοι] *om.* Pᶜᵃᵖ· ᴹ ²

II¹1487 / V cap. M 11, 2 (K cap. M 4)

Παροιμιῶν·

Υἱέ, μή σε καταλάβῃ βουλὴ κακή,
ἡ ἀπολείπουσα διδασκαλίαν νεότητος.

5　　　　　**II¹1488 / V cap. M 11, 3 (K cap. M 4)**

<***>

Ἀνοήτῳ ἐπερωτήσαντι σοφίαν σοφία λογισθήσεται.

II¹1489 / V cap. M 11, 4 (K cap. M 4)

<***>

10　Λάβετε παιδείαν καὶ μὴ ἀργύριον,
καὶ γνῶσιν ὑπὲρ χρυσίον δεδοκιμασμένον.

---

3 – 4 II¹1487 Prov. 2, 17¹⁻² (Wahl, *Proverbien-Text*, p. 25)　　**7** II¹1488 Prov. 17, 28¹
(Wahl, *Proverbien-Text*, p. 89)　　　**10 – 11** II¹1489 Prov. 8, 10¹⁻² (Wahl, *Proverbien-Text*, p. 46–47)

---

2 – 4 II¹1487 Vᴱ (175r[27]27–28) VᵂVᴼ cap. M 11, 2; PM cap. M 2, 2; M cap. M 8, 2; *deest in* K⁽ˡᵃᶜ·⁾ Hᴵ Lᵇ ᶜᵃᵖ· ᴹ ² Pᶜᵃᵖ· ᴹ ⁷ Lᵇ ᶜᵃᵖ· ᴹ ⁷; PG 96, 181, 43–44　　**6 – 7** II¹1488 Vᴱ (175r28–29) VᵂVᴼ cap. M 11, 3; P cap. M 2, 3; M cap. M 8, 3; *deest in* K⁽ˡᵃᶜ·⁾ Hᴵ MLᵇ ᶜᵃᵖ· ᴹ ² Pᶜᵃᵖ· ᴹ ⁷ Lᵇ ᶜᵃᵖ· ᴹ ⁷; PG 96, 181, 45–46　　**9 – 11** II¹1489 Vᴱ (175r29–30) VᵂVᴼ cap. M 11, 4; P cap. M 2, 4; M cap. M 2, 3; M cap. M 8, 4; *deest in* K⁽ˡᵃᶜ·⁾ Hᴵ Lᵇ ᶜᵃᵖ· ᴹ ² Pᶜᵃᵖ· ᴹ ⁷ Lᵇ ᶜᵃᵖ· ᴹ ⁷; PG 96, 181, 47–48

II¹1487 *praem.* τῶν Mᶜᵃᵖ· ᴹ ²　II¹1488 (a) *s. a.* VᴱVᴼ Pᶜᵃᵖ· ᴹ ²　(b) *s. d.* Mᶜᵃᵖ· ᴹ ⁸　(c) Τῶν αὐτῶν Vᵂ II¹1489 (a) *s. a.* V (b) *s. d.* Mᶜᵃᵖ· ᴹ ⁸ (c) Τῶν αὐτῶν Pᶜᵃᵖ· ᴹ ² Mᶜᵃᵖ· ᴹ ²

---

3 βουλὴ κακή] βουλῇ κακῇ Vᴱ, κακὴ βουλὴ Mᶜᵃᵖ· ᴹ ² Mᶜᵃᵖ· ᴹ ⁸　**4** ἡ] ἢ Vᴼ　ἀπολίπουσα Vᵂ, ἀπολειποῦσα Mᶜᵃᵖ· ᴹ ²　διδασκαλία Vᴼ　**7** σοφίαν] σοφία Mᶜᵃᵖ· ᴹ ⁸　σοφία] *om.* Vᴼ　**10** παιδίαν VᴱVᴼ Pᶜᵃᵖ· ᴹ ²

II¹1490 / V cap. M 11, 5 (K cap. M 4)

<***>

Κτῆσαι σοφίαν, κτῆσαι σύνεσιν, μὴ ἐπιλάθῃ,
ἵνα δῷ τῇ σῇ κεφαλῇ στέφανον χαρίτων.

II¹1491 / V cap. M 11, 6 (K cap. M 4)

<***>

Ποθήσατε καὶ παιδευθήσεσθε.

II¹1492 / V cap. M 11, 7 (K cap. M 4)

<***>

Υἱέ, δὸς εἰς παιδείαν καρδίαν σου.

---

3 II¹1490 Κτῆσαι – ἐπιλάθῃ] Prov. 4, 5¹ app. crit. (Wahl, *Proverbien-Text*, p. 31)
4 ἵνα – χαρίτων] Ibid. 4, 9¹ (Wahl, p. 32)   **7 II¹1491** Sap. 6, 11²   **10 II¹1492** Prov. 23, 12¹ (Wahl, *Proverbien-Text*, p. 109)

2 - 4 II¹1490 Vᴱ (175r30–31) VᵂVᴼ cap. M 11, 5; P cap. M 2, 5; M cap. M 2, 4; M cap. M 8, 5; *deest in* K⁽ˡᵃᶜ·⁾ Hᴵ Lᵇ ᶜᵃᵖ· ᴹ ² Pᶜᵃᵖ· ᴹ ⁷ Lᵇ ᶜᵃᵖ· ᴹ ⁷; PG 96, 181, 49–50   **6 - 7 II¹1491** Vᴱ (175r31) VᵂVᴼ cap. M 11, 6; M cap. M 8, 6; *deest in* K⁽ˡᵃᶜ·⁾ Hᴵ Pᶜᵃᵖ· ᴹ ² Mᶜᵃᵖ· ᴹ ² Lᵇ ᶜᵃᵖ· ᴹ ² Pᶜᵃᵖ· ᴹ ⁷ Lᵇ ᶜᵃᵖ· ᴹ ⁷; PG 96, 181, 51   **9 - 10 II¹1492** Vᴱ (175r31–32) VᵂVᴼ cap. M 11, 7; P cap. M 2, 6; M cap. M 2, 5; M cap. M 8, 7; *deest in* K⁽ˡᵃᶜ·⁾ Hᴵ Lᵇ ᶜᵃᵖ· ᴹ ² Pᶜᵃᵖ· ᴹ ⁷ Lᵇ ᶜᵃᵖ· ᴹ ⁷; PG 96, 184, 1

II¹1490 (a) *s. a.* VᴱVᴼ Pᶜᵃᵖ· ᴹ ² (b) *s. d.* Mᶜᵃᵖ· ᴹ ⁸ (c) Τῶν αὐτῶν Vᵂ Mᶜᵃᵖ· ᴹ ² **II¹1491** (a) *s. a.* V   (b) *s. d.* Mᶜᵃᵖ· ᴹ ⁸   **II¹1492** (a) *s. a.* VᴱVᴼ   (b) Τῶν αὐτῶν Vᵂ Pᶜᵃᵖ· ᴹ ² Mᶜᵃᵖ· ᴹ ² Mᶜᵃᵖ· ᴹ ⁸

4 χαρίτων] *add.* στεφανω δε τρυφῆς ὑπερασπίσει σοι (= *Prov. 4, 9²*) Mᶜᵃᵖ· ᴹ ⁸   **7** Ποθήσατε] ποθήσασθε Vᴼ ᵃ· ᶜ·, *add.* σοφίαν Mᶜᵃᵖ· ᴹ ⁸   **10** πεδίαν Vᴱ, παιδίαν Vᴼ Pᶜᵃᵖ· ᴹ ²

II¹1493 / V cap. M 11, 8 (K cap. M 4)

Σιράχ·

Τέκνον, ἐν νεότητί σου ἐπίλεξαι παιδείαν,
καὶ ὡς ἀροτριῶν καὶ σπείρων πρόσελθε αὐτῇ,
5 καὶ ἀνάμενε τοὺς ἀγαθοὺς καρποὺς αὐτῆς·
ἐν γὰρ τῇ ἐργασίᾳ αὐτῆς ὀλίγον κοπιάσας,
ταχὺ φάγεσαι τῶν γενημάτων αὐτῆς.

II¹1494 / V cap. M 11, 9 (K cap. M 4)

Τοῦ αὐτοῦ·

10 Ὡς τραχεῖά ἐστι σοφία ἀπαιδεύτῳ,
καὶ οὐκ ἐμμενεῖ ἐν αὐτῇ ἀκάρδιος·
ἀνίχνευσον αὐτὴν καὶ γνωσθήσεταί σοι,

---

3 – 4 Τέκνον – αὐτῇ] exstat etiam ap. Ps.-Max. Conf., *Loci communes*, 17.5./5. (ed. Ihm, p. 397–398)

---

3 II¹1493 Τέκνον – παιδείαν] Sir. 6, 18¹ (Wahl, *Sirach-Text*, p. 60)　　4 – 7 καὶ¹ – αὐτῆς] Ibid. 6, 19¹⁻⁴ (Wahl, p. 60–61)　　10 – 11 II¹1494 Ὡς – ἀκάρδιος] Sir. 6, 20¹⁻² (Wahl, *Sirach-Text*, p. 61)　　12 – 830, 6 ἀνίχνευσον – αὐτῆς] Ibid. 6, 27¹–30¹ (Wahl, p. 61)

---

2 – 7 II¹1493 Vᴱ (175r[32]33 –35) VᵂVᴼ cap. M 11, 8; P cap. M 2, 7; M cap. M 2, 6; M cap. M 8, 8; *deest in* K⁽ˡᵃᶜ·⁾ Hᴵ Lᵇ ᶜᵃᵖ· ᴹ ² Pᶜᵃᵖ· ᴹ ⁷ Lᵇ ᶜᵃᵖ· ᴹ ⁷; PG 96, 184, 2–6
9 – 830, 8 II¹1494 Vᴱ (175r35 –175v1/175v1–6) VᵂVᴼ cap. M 11, 9 –10; P cap. M 2, 8 –9; M cap. M 2, 7–8; M cap. M 8, 9 –10; *deest in* K⁽ˡᵃᶜ·⁾ Hᴵ Lᵇ ᶜᵃᵖ· ᴹ ² Pᶜᵃᵖ· ᴹ ⁷ Lᵇ ᶜᵃᵖ· ᴹ ⁷; PG 96, 184, 6 –15

II¹1493 (a) V Pᶜᵃᵖ· ᴹ ² Mᶜᵃᵖ· ᴹ ² *praem.* τοῦ Pᶜᵃᵖ· ᴹ ²　(b) *s. d.* Mᶜᵃᵖ· ᴹ ⁸ II¹1494 (a) Τοῦ αὐτοῦ / Τοῦ αὐτοῦ Vᵂ Pᶜᵃᵖ· ᴹ ² Mᶜᵃᵖ· ᴹ ² (*cf. infra, app. crit. text.*)　　　　(b) *s. a. / s. a.* VᴱVᴼ (*cf. infra, app. crit. text.*) (c) *s. d. / s. d.* Mᶜᵃᵖ· ᴹ ⁸ (*cf. infra, app. crit. text.*)

3 ἐκ νεοτητος σου Mᶜᵃᵖ· ᴹ ⁸　　παιδίαν VᴱVᴼ Pᶜᵃᵖ· ᴹ ²　4 καὶ²] *om.* Mᶜᵃᵖ· ᴹ ⁸　αὐτὴν Mᶜᵃᵖ· ᴹ ⁸　5 ἀνάμεναι Vᴱ, ἀνάβεναι Vᴼ, ἀναδεξαι Mᶜᵃᵖ· ᴹ ⁸　ἀγαθοὺς] *om.* Mᶜᵃᵖ· ᴹ ⁸
6 – 7 ἐν – αὐτῆς] *om.* Mᶜᵃᵖ· ᴹ ²　6 εὐέργεσία (*sic*) Pᶜᵃᵖ· ᴹ ²　7 φάγεσαι] τρυφήσηι Mᶜᵃᵖ· ᴹ ⁸　γεννηματων VᴱVᵂ ᵃ· ᶜ· Vᴼ Pᶜᵃᵖ· ᴹ ²　10 ἀπεδεύτω Vᴱ, ἀπαιδευτοις Mᶜᵃᵖ· ᴹ ⁸　11 ἐμμενεῖ] *correxi* (*LXX*), ἐνμενεῖ ἐνεῖ Vᴱ, ἐνμενεῖ Vᴼ, ἐμμένει (εμ-Mᶜᵃᵖ· ᴹ ² Mᶜᵃᵖ· ᴹ ⁸) Vᵂ Mᶜᵃᵖ· ᴹ ² Mᶜᵃᵖ· ᴹ ⁸, ἐμμενει Pᶜᵃᵖ· ᴹ ²　ἀκάρδιος] *hic caesura in* VᴱVᵂVᴼ Pᶜᵃᵖ· ᴹ ² Mᶜᵃᵖ· ᴹ ² Mᶜᵃᵖ· ᴹ ⁸　12 ἀνίχνευσον] *correxi* (*II²*), ἐνίχνευσον (-ιχνευσον Pᶜᵃᵖ· ᴹ ²) V Pᶜᵃᵖ· ᴹ ² Mᶜᵃᵖ· ᴹ ² Mᶜᵃᵖ· ᴹ ⁸, ἐξίχνευσον *LXX*

καὶ ἐγκρατὴς γενόμενος, μὴ ἀφῇς αὐτήν·
ἐπ᾿ ἐσχάτων γὰρ εὑρήσεις τὴν ἀνάπαυσιν αὐτῆς·
καὶ στραφήσεταί σοι εἰς εὐφροσύνην,
καὶ ἔσονταί σοι αἱ πέδαι αὐτῆς εἰς σκέπην καὶ βάσιν ἰσχύος,
καὶ οἱ κλοιοὶ αὐτῆς εἰς στολὴν δόξης·   5
κόσμος χρύσεός ἐστιν ἐπ᾿ αὐτῆς.
Ἐὰν θέλῃς, τέκνον, παιδευθήσῃ,
καὶ ἐὰν ἐπιδῷς τῇ ψυχῇ σου, συνετὸς ἔσῃ.

*II²1934 /
R cap. M 2, 8

II¹1495 / V cap. M 11, 10 (K cap. M 4)

Φίλωνος·   10

Τὸ ζητεῖν καὶ πυνθάνεσθαι πρὸς διδασκαλίαν ἀνυσιμώτατον.

*II²1935 /
R cap. M 2, 9

II¹1496 / V cap. M 11, 11 (K cap. M 4)

<***>

Ὁ πεινῶν καὶ διψῶν ἐπιστήμης καὶ τοῦ μαθεῖν ἃ μὴ οἶδεν, τὰς

---

7 – 8 Ἐὰν – ἔσῃ] Sir. 6, 32¹⁻² (Wahl, *Sirach-Text*, p. 61)   11 II¹1495 PHILO IU-
DAEUS, *De animalibus*, 6 (ed. Aucher, p. 125 [arm. et lat.]; Terian, *Alexander*..., p.
88–89 [lat. et gall.]; Terian, *Philonis*..., p. 69 [angl.]); Harris, p. 11 = Terian, frg. gr.
2 (*Alexander*..., p. 217; *Philonis*..., p. 263)   14 – 831, 2 II¹1496 PHILO IUDAEUS,
Quaestiones in Exodum, II. 13b (ed. Petit, p. 248)

10 – 11 II¹1495 Vᴱ (175v[6]7) VᵂVᴼ cap. M 11, 11; P cap. M 2, 10; M cap. M 2, 9;
M cap. M 8, 11; *deest in* K⁽ˡᵃᶜ·⁾ Hᴵ Lᵇ ᶜᵃᵖ· ᴹ ² Pᶜᵃᵖ· ᴹ ⁷ Lᵇ ᶜᵃᵖ· ᴹ⁷; PG 96, 184, 16–17
13 – 831, 2 II¹1496 Vᴱ (175v7–10) VᵂVᴼ cap. M 11, 12; P cap. M 2, 11; M cap. M
2, 10; M cap. M 8, 12; *deest in* K⁽ˡᵃᶜ·⁾ Hᴵ Lᵇ ᶜᵃᵖ· ᴹ ² Pᶜᵃᵖ· ᴹ ⁷ Lᵇ ᶜᵃᵖ· ᴹ⁷; PG 96, 184, 18–21

II¹1495 (a) V Pᶜᵃᵖ· ᴹ ² Mᶜᵃᵖ· ᴹ ²   (b) *s. d.* Mᶜᵃᵖ· ᴹ ⁸   II¹1496 (a) *s. a.* V Pᶜᵃᵖ· ᴹ ² Mᶜᵃᵖ· ᴹ ⁸
(b) Τοῦ αὐτοῦ Mᶜᵃᵖ· ᴹ ²

1 ἐγκρατῆς Vᴱ Pᶜᵃᵖ· ᴹ ², ἐνκρατῆς Mᶜᵃᵖ· ᴹ ⁸, ἐγκατῆς Vᴼ   2 γὰρ] *om.* Mᶜᵃᵖ· ᴹ ⁸   3
στραφήσονταί σοι VᴱVᴼ   4 πέδαι] *correxi (LXX)*, παῖδες (παί- Pᶜᵃᵖ· ᴹ ²) Pᶜᵃᵖ· ᴹ ²
Mᶜᵃᵖ· ᴹ ⁸ VᵂVᴼ, πέδες Vᴱ Mᶜᵃᵖ· ᴹ ²   εἰς σκέπην] εἰσκέπην Vᴱ   σκέπην] σκηνὴν
Mᶜᵃᵖ· ᴹ ⁸, *praem.* τὴν Vᴼ   βάσιν V, βασιν Pᶜᵃᵖ· ᴹ ²   5 κλοιοὶ] -οι- *e corr.* Vᵂ, κλειοὶ
Vᴼ, κλονοὶ Mᶜᵃᵖ· ᴹ ⁸   6 κόσμου Vᴱ, κόσμοι Vᴼ   χρύσεώς ἐστιν Vᵂ, χρύσεως ἐστιν
Vᴼ   8 ἐὰν] *om.* VᴱVᴼ   τὴν ψυχήν σου Mᶜᵃᵖ· ᴹ ² Mᶜᵃᵖ· ᴹ ⁸   14 πινῶν VᴱVᵂ ᵃ· ᶜ· Vᴼ
Pᶜᵃᵖ· ᴹ ² Mᶜᵃᵖ· ᴹ ⁸   οἶδεν] ἴδεν Mᶜᵃᵖ· ᴹ ⁸

ἄλλας μεθιέμενος φροντίδας, ἐπείγεται πρὸς ἀκρόασιν, καὶ νύ-
κτωρ καὶ μεθ᾽ ἡμέραν θυρωρεῖ τὰς τῶν σοφῶν οἰκίας.

II¹1497 / V cap. M 11, 12 (K cap. M 4)

*II²1937 /
R cap. M 2, 1

Διδύμου·

5   Τὸ εἰδέναι τινὰ ὅτι ἀγνοεῖ, σοφίας ἐστίν, ὡς καὶ τὸ εἰδέναι ὅτι ἠδί-
κησε, δικαιοσύνης.

---

5 – 6 exstat etiam ap. Ps.-Max. Conf., *Loci communes*, 17.13./14. et 49.13./56.14.
(ed. Ihm, p. 401–402 et 814)

---

5 – 6 II¹1497 DIDYMUS ALEXANDRINUS (?), locus non repertus; PHILO IUDAEUS (?),
locus non repertus; Mangey 651.11; Harris 80.5; Royse 177.94; Id., *Spurious Texts*,
p. 39–40; PS.-CLEMENS ALEXANDRINUS, locus non repertus, X. Unechte Fragmente,
80 (ed. Stählin/Früchtel/Treu, p. XXXVI)

---

4 – 6 II¹1497 Vᴱ (175v10–11) VᵂVᴼ cap. M 11, 13; P cap. M 2, 12; M cap. M 2, 11;
M cap. M 8, 13; *deest in* Kᵃᶜ·⁾ Hᴵ Lᵇ ᶜᵃᵖ· ᴹ ² Pᶜᵃᵖ· ᴹ ⁷ Lᵇ ᶜᵃᵖ· ᴹ ⁷; PG 96, 184, 22–23

II¹1497 (a) Vᵂ Pᶜᵃᵖ· ᴹ ² Mᶜᵃᵖ· ᴹ ² Mᶜᵃᵖ· ᴹ ⁸ (b) *s. a.* VᴱVᴼ

---

1 ἐπήγεται Pᶜᵃᵖ· ᴹ ² Mᶜᵃᵖ· ᴹ ² Mᶜᵃᵖ· ᴹ ⁸   **2** θυρωρεῖ] *praem.* καὶ Mᶜᵃᵖ· ᴹ ⁸   τὰς] *om.*
Mᶜᵃᵖ· ᴹ ⁸   οἰκείας Pᶜᵃᵖ· ᴹ ² Mᶜᵃᵖ· ᴹ ² Mᶜᵃᵖ· ᴹ ⁸   **5** σοφίας] σοφία (-ια Mᶜᵃᵖ· ᴹ ⁸)
Mᶜᵃᵖ· ᴹ ² Mᶜᵃᵖ· ᴹ ⁸, *add.* σοφία Pᶜᵃᵖ· ᴹ ²   ἐστίν] *om.* Mᶜᵃᵖ· ᴹ ⁸   **6** δικαιοσύνη Vᵂ
Pᶜᵃᵖ· ᴹ ² Mᶜᵃᵖ· ᴹ ⁸, δικαιοσύνην Mᶜᵃᵖ· ᴹ ²

<Τίτλος ε'   Περὶ μεταβαινόντων ἀπὸ τόπου εἰς τόπον.>

ιβ'   Περὶ μεταβατῶν καὶ μετερχομένων ἀπὸ τόπου εἰς τόπον.

η'   Περὶ μεταβατῶν καὶ μετερχομένων ἀπὸ τόπου εἰς τόπον.

II¹1498 / V cap. M 12, 1 (K cap. M 5)

Ζαχαρίου·   5

Τῷ ἐκπορευομένῳ καὶ τῷ εἰσπορευομένῳ οὐκ ἔστιν εἰρήνη ἀπὸ τῆς θλίψεως.

II¹1499 / V cap. M 12, 2 (K cap. M 5)

Σιράχ·

Ζωὴ πονηρὰ ἐξ οἰκίας εἰς οἰκίαν,   10
καὶ οὗ ἐὰν παροικήσει, οὐκ ἀνοίξει στόμα.

---

6 – 7 II¹1498 Zach. 8, 10 (Wahl, *Prophetenzitate*, p. 260)   **10 – 11 II¹1499** Sir. 29, 24¹⁻² (Wahl, *Sirach-Text*, p. 127)

---

1 Titlos (a) Kᵖⁱⁿ, *deest in* Kᵗˣᵗ ⁽ˡᵃᶜ·⁾   **2 Titlos (b)** Vᴱ (175v12) VᵂVᴼ Aᴵ ᵖⁱⁿ; *deest in* HᴵAᴵ ᵗˣᵗ   **3 Titlos (c)** PMLᵇ ᵖⁱⁿ; *deest in* Lᵇ ᵗˣᵗ   **5 – 7 II¹1498** Vᴱ (175v[12]13) VᵂVᴼ cap. M 12, 1; P cap. M 8, 1; M cap. M 9, 1; *deest in* K⁽ˡᵃᶜ·⁾ Hᴵ Lᵇ; PG 96, 184, 26 – 27   **9 – 11 II¹1499** Vᴱ (175v[14]14 – 15) VᵂVᴼ cap. M 12, 2; P cap. M 8, 2; M cap. M 9, 2; *deest in* K⁽ˡᵃᶜ·⁾ Hᴵ Lᵇ; PG 96, 184, 28 – 29

---

1 Titlos (a) Τίτλος – τόπον] *supplevi e* Kᵖⁱⁿ, *desunt in* Kᵗˣᵗ ⁽ˡᵃᶜ·⁾   **2 Titlos (b)** ιβ'] τίτλος θ' Vᵂ ᵗˣᵗ, θ' Vᵂ ᵖⁱⁿ, *propt. mg. resect. non liquet in* Aᴵ ᵖⁱⁿ *(ιβ' secund. ser.)* μεταβατῶν] τῶν μεταβαινόντων Vᵂ   καὶ μετερχομένων] *om.* Vᵂ   ἀπὸ] ἐκ Vᴱ ᵗˣᵗ Vᴼ ᵗˣᵗ Aᴵ ᵖⁱⁿ   **3 Titlos (c)**   η'] θ' M *(η' exspectav.)*   καὶ – τόπον] *om.* Mᵖⁱⁿ   καὶ] *om.* Pᵗˣᵗ Mᵗˣᵗ Lᵇ ᵖⁱⁿ

II¹1498 ζαχαριου P, *add.* προφήτου M **II¹1499** σιραχ M

---

6 τῷ] τὸ Vᵂ P   εἰσπορευομένων Vᴼ   **11** οὗ] οὗ P, οὐκ Vᵂ ᵃ· ᶜ·, οὐ Vᵂ ᵖ· ᶜ·   ἐὰν] ἀν *(sic)* P   παροικήσῃ Vᵂ, παροικάσης M   ἀνοίξεις M

II¹1500 / V cap. M 12, 3 (K cap. M 5)

Εὐαγρίου·

Φυτὸν μεταφερόμενον συνεχῶς οὐ ποιήσει καρπόν.

---

3 exstat etiam ap. Ps.-Max. Conf., *Loci communes*, 25.21./19. (ed. Ihm, p. 569)

---

3 II¹1500 EUAGRIUS PONTICUS, *De octo spiritibus malitiae*, XIII (PG 79, 1160, 3–4)

---

2 – 3 II¹1500 V^E (175v[15]15–16) V^W V^Ph cap. M 12, 3; P cap. M 8, 3; M cap. M 9, 2; *deest in* K^(lac.) V^O H^I L^b

---

II¹1500 ευαγρίου P, ευαγριου M

---

3 μεταφερόμενον] μεταφυτευόμενον M

\<Στοιχεῖον Ν\>

\<Τίτλος α′ Περὶ νοσούντων καὶ καμνόντων, καὶ ὅτι χρὴ ἐπισκέπτεσθαι αὐτούς.\>

β′ Περὶ νοσούντων καὶ ἀσθενούντων, καὶ ὅτι χρὴ ἐπισκέπτεσθαι αὐτούς.   5

β′ Περὶ νοσούντων καὶ ἀσθενούντων, ὅτι χρὴ ἐπισκέπτεσθαι αὐτούς.

II¹1501 / V cap. N 2, 1 (K cap. N 1)

Παροιμιῶν·

Ὃς φράσσει τὰ ὦτα αὐτοῦ τοῦ μὴ εἰσακοῦσαι ἀσθενοῦς,   10
καὶ αὐτὸς ἐπικαλέσεται, καὶ οὐκ ἔσται ὁ εἰσακούων.

---

2 – 3 Περὶ – αὐτούς] cf. II¹ / Kᵖⁱⁿ Παραπομπὴ Α 9

---

10 – 11 II¹1501 Prov. 21, 13¹⁻² (Wahl, *Proverbien-Text*, p. 101)

---

1 **Stoicheion** Kᵖⁱⁿ, *deest in* Kᵗˣᵗ ⁽ˡᵃᶜ·⁾   2 – 3 **Titlos (a)** Kᵖⁱⁿ, *deest in* Kᵗˣᵗ ⁽ˡᵃᶜ·⁾   4 – 5 **Titlos (b)** Vᴱ (176v9) VᵂVᴼ Aᴵ ᵖⁱⁿ; *deest in* HᴵAᴵ ᵗˣᵗ   6 – 7 **Titlos (c)** PMLᵇ ᵖⁱⁿ R; *deest in* Lᵇ ᵗˣᵗ Lᶜ (*fenestra in* Lᶜ ᵗˣᵗ)   9 – 11 II¹1501 Vᴱ (176v[9]10 – 11) VᵂVᴼ cap. N 2, 1; PM cap. N 2, 1; Lᶜ cap. N 5, 1; R cap. N 5, 1; *deest in* K⁽ˡᵃᶜ·⁾ Hᴵ Lᵇ; PG 96, 188, 23 – 25

---

1 **Stoicheion** Στοιχεῖον Ν] *supplevi e* Kᵖⁱⁿ, *desunt in* Kᵗˣᵗ ⁽ˡᵃᶜ·⁾   2 – 3 **Titlos (a)** 2 – 3 Τίτλος – αὐτούς] *supplevi e* Kᵖⁱⁿ, *desunt in* Kᵗˣᵗ ⁽ˡᵃᶜ·⁾   4 – 5 **Titlos (b)** 4 β′] *propt. mg. resect. non liquet in* Aᴵ ᵖⁱⁿ (β′ *secund. ser.*), *praem.* τίτλος Vᵂ ᵗˣᵗ   καὶ ἀσθενούντων] *om.* Vᴼ ᵖⁱⁿ   καὶ²] *om.* Vᵂ   ὅτι] ὡς Vᴱ ᵖⁱⁿ Vᴼ ᵖⁱⁿ   5 αὐτούς] αὐτῶν Vᴼ ᵗˣᵗ   6 – 7 **Titlos (c)** 6 β′] τίτλος ε′ Rᵗˣᵗ, ε′ Rᵖⁱⁿ (Lᶜ ᵗˣᵗ *secund. ser.*)   6 – 7 καὶ – αὐτούς] *om.* Mᵖⁱⁿ   6 – 7 ὅτι – αὐτούς] *om.* Mᵗˣᵗ

---

10 τοῦ] *om.* PM Lᶜ R

II¹1502 / V cap. N 2, 2 (K cap. N 1)

Σιράχ·

Μὴ ὄκνει ἐπισκέπτεσθαι ἀρρώστους·
ἐκ γὰρ τῶν τοιούτων ἀγαπηθήσῃ.

II¹1503 / V cap. N 2, 3 (K cap. N 1)

<***>

Τέκνον, ἐν ἀρρωστίαις σου μὴ παραβλέπου,
ἀλλ᾽ εὖξαι κυρίῳ, καὶ αὐτὸς ἰάσεταί σε.

II¹1504 / V cap. N 2, 4 (K cap. N 1)

<***>

Κρεῖσσον θάνατος ὑπὲρ ζωὴν πικρὰν
ἢ ἀρρώστημα ἔμμονον.

---

3 – 4 II¹1502 Sir. 7, 35¹⁻² (Wahl, *Sirach-Text*, p. 67)   7 – 8 II¹1503 Sir. 38, 9¹⁻²
(Wahl, *Sirach-Text*, p. 150)   11 – 12 II¹1504 Sir. 30, 17¹⁻² (Wahl, *Sirach-Text*, p.
129)

---

2 – 4 II¹1502 Vᴱ (176v[11]11–12) VᵂVᴼ cap. N 2, 2; PM cap. N 2, 2; Lᶜ cap. N 5, 3;
R cap. N 5, 2; *deest in* K⁽ˡᵃᶜ·⁾ Hᴵ Lᵇ; PG 96, 188, 26–27   6 – 8 II¹1503 Vᴱ (176v12–
13) VᵂVᴼ cap. N 2, 3; PM cap. N 2, 3; Lᶜ cap. N 5, 7; R cap. N 5, 3; *deest in* K⁽ˡᵃᶜ·⁾ Hᴵ
Lᵇ; PG 96, 188, 28–29   10 – 12 II¹1504 Vᴱ (176v13–14) VᵂVᴼ cap. N 2, 4; PM cap.
N 2, 4; Lᶜ cap. N 5, 8; R cap. N 5, 4; *deest in* K⁽ˡᵃᶜ·⁾ Hᴵ Lᵇ; PG 96, 188, 30–31

II¹1502 *praem.* τοῦ PM   II¹1503 (a) *s. a.* V P *(ubi fenestra minio circumlita auroque
illita, sed non inscripta)* M Lᶜ   (b) Τοῦ αὐτοῦ R   II¹1504 (a) *s. a.* V PM Lᶜ   (b) Τοῦ
αὐτοῦ R

---

4 γὰρ] *om.* Lᶜ   ἀγαπηθήσει VᴱVᴼ P   8 ἰάσεταί σε] εἰσακούσεται σου M   11
κρείσσων R, κρεῖσσων VᴱVᴼ, κρεισσον P

II¹1505 / V cap. N 2, 5 (K cap. N 1)

Ματθαίου, κεφαλαίου co<γ΄>·

Ἠσθένησα, καὶ ἐπεσκέψασθέ με.

II¹1506 / V cap. N 2, 6 (K cap. N 1)

Ἐκ τῆς Ἰακώβου ἐπιστολῆς·   5

Ἀσθενεῖ τίς ἐν ὑμῖν; Προσκαλεσάσθω τοὺς πρεσβυτέρους τῆς
ἐκκλησίας, καὶ προσευξάσθωσαν ἐπ᾽ αὐτόν, ἀλείψαντες αὐτὸν
ἐλαίῳ, ἐν ὀνόματι τοῦ κυρίου· καὶ ἡ εὐχὴ τῆς πίστεως σώσει τὸν
κάμνοντα καὶ ἐγερεῖ.

---

3 II¹1505 Matth. 25, 36   6 – 9 II¹1506 Iac. 5, 14–15

---

2 – 3 II¹1505 Vᴱ (176v[14]15) VᵂVᴼ cap. N 2, 5; PM cap. N 2, 5; Lᶜ cap. N 5, 9; R
cap. N 5, 5; *deest in* K⁽ˡᵃᶜ·⁾ Hᴵ Lᵇ; PG 96, 188, 32   5 – 9 II¹1506 Vᴱ (176v[15]15–18)
VᵂVᴼ cap. N 2, 6; PM cap. N 2, 6; Lᶜ cap. N 5, 10; *deest in* K⁽ˡᵃᶜ·⁾ Hᴵ Lᵇ R; PG 96,
188, 33–37

II¹1505 (a) PM Lᶜ   Ματθαίου] *praem.* ἐκ τοῦ P   coγ΄] *scripsi,* co΄ P, cζ΄ M, o΄ Lᶜ   (b)
Ματθαίου VᴱVᴼ   (c) Εὐαγγελίου Vᵂ   II¹1506 (a) VᴱVᴼ PM Lᶜ   ϊακῶβου *(sic)* P,
ιακωβου M ἐπιστολῆς] *om.* VᴱVᴼ   (b) Ἰακώβου Vᵂ

---

3 ἐπεσκέψασθέ με] ἐπεσκέψασθαί με (επεσκεψ- P) Vᴱ Pᵖ·ᶜ·, ἐπισκέψασθαί με (επε-
σκεψ- P) Vᴼ Pᵃ·ᶜ·ᵘᵗ ᵛⁱᵈᵉᵗᵘʳ, *praem.* οὐκ Vᵂ PM Lᶜ R   6 ἡμῖν Vᴼ   7 πρὸς εὐξασθωσαν
(sic) M, πρὸς εὐξάσθω P   αὐτόν] ἐπαυτὸν M, αὐτῶ Lᶜ, *om.* Vᴼ P   8 ἔλαιον Lᶜᵃ·ᶜ·
ὀνόματι] ὁμοιώματι Vᴼ, *praem.* τῶ M   κυρίου] κύριον Vᵂ, *praem.* τοῦ
Vᵂ ⁱⁿ ᵐᵍ· ᵐᵃⁿ· ʳᵉᶜ· PM Lᶜ   σώζσει *(sic)* Lᶜ   9 καὶ ἐγερεῖ] *om.* Vᵂ *(supplev. man. rec.)* P
Lᶜ, *add.* αὐτὸν ὁ κύριος M, *add.* αὐτὸν ὁ κύριος κἂν ἁμαρτίας ᾖ πεποιηκὼς ἀφεθή-
σεται αὐτῶ *(= Iac. 5, 15)* Vᵂ ᵐᵃⁿ· ʳᵉᶜ·

II¹1507 / V cap. N 2, 7 (K cap. N 1)

Ἐκ τῆς πρὸς Γαλάτας·

Ἀλλήλων τὰ βάρη βαστάζετε, καὶ οὕτως ἀναπληρώσατε τὸν νό-
μον τοῦ Χριστοῦ.

5 ## II¹1508 / V cap. N 2, 8 (K cap. N 1)

Ἐκ τῆς πρὸς Ἑβραίους·

Μιμνήσκεσθε τῶν ἀσθενούντων, ὡς καὶ αὐτοὶ ὄντες ἐν σώματι.

II¹1509 / V cap. N 2, 9 (K cap. N 1)

Τοῦ Θεολόγου, ἐκ τῆς ρλα′ ἐπιστολῆς·

10 Κρείσσων εὐημερίας ἀχαλινώτου νόσος φιλόσοφος.

---

3 – 4 II¹1507 Gal. 6, 2   **7 II¹1508** Hebr. 13, 3   **10 II¹1509** GREGORIUS NAZIANZE-
NUS, *Epistulae*, XXXIV, 6 (ed. Gallay, I, p. 45)

2 – 4 II¹1507 V^E (176v[18]18 – 19) V^W V^O cap. N 2, 7; P cap. N 2, 7; L^c cap. N 5, 11;
deest in K^(lac.) H^I ML^b R; PG 96, 188, 38 – 39   **6 – 7 II¹1508** V^E (176v19 – 20) V^W V^O
cap. N 2, 8; P cap. N 2, 8; M cap. N 2, 7; E cap. 162, 1; L^c cap. N 5, 12; R cap. N 5, 6;
deest in K^(lac.) H^I L^b; PG 96, 188, 40 – 41   **9 – 10 II¹1509** V^E (176v[20]21) V^W V^O cap.
N 2, 9; P cap. N 2, 9; M cap. N 2, 8; E cap. 162, 2; L^c cap. N 5, 13; R cap. N 5, 7; *deest*
in K^(lac.) H^I L^b; PG 96, 188, 42–43

II¹1507 (a) P L^c   Ἐκ τῆς] *om.* L^c   (b) Πρὸς Ἑβραίους *(ε- codd.)* V^E V^O   (c) *om.* V^W
(τοῦ ἀποστόλου *supplev. man. rec.)*   **II¹1508** (a) PM L^c R   Ἐκ τῆς] *om.* L^c R, *praem.*
τοῦ χρυσοστόμου M   (b) Ἀποστόλου E   (c) *s. a.* V   **II¹1509** (a) PM L^c   τῆς] τοῦ L^c
ρλα′] ργ′ P   (b) Τοῦ Θεολόγου V E R   Τοῦ] *om.* V^W E

---

3 – 4 Ἀλλήλων – Χριστοῦ] *om.* V^W *(supplev. man. rec.)*   **3** Ἀλλήλων] *post* βαστά-
ζετε *transpos.* P   **10** κρεῖσσον (κρει- PM) V^W PM E L^c

II¹1510 / V cap. N 2, 10 (K cap. N 1)

Τοῦ Χρυσοστόμου, εἰς τὸν πένητα ὅτι χρὴ εἰσφέρειν·

Κἂν μηδὲν ἔχῃς εἰσενεγκεῖν τῷ κάμνοντι διὰ τὴν πενίαν, σεαυτὸν
εἰσάγαγε, καὶ τὴν ἀπὸ τῶν ῥημάτων αὐτῷ παράκλησιν προσένεγ-
κε. Οὕτω γὰρ κατ᾽ ἐκείνην τὴν ἡμέραν ἀκούσῃ· *Ἀσθενὴς ἤμην καὶ*   5
ἐπεσκέψασθέ με. Οὐκ ἔχεις χρήματα; Ἀλλὰ πόδας ἔχεις καὶ στόμα
καὶ ῥήματα· εἴσελθε οὖν, παρακάλεσον, διόρθωσον τὴν ἀθυμίαν,
εὐθυμώτερον ποίησον καὶ καρτερικώτερον. Μὴ ἐπαισχυνθῇς, ἄν-
θρωπε, τοὺς σοὺς ἀδελφούς· αἱ γὰρ τοιαῦται ἐπισκέψεις καὶ παρα-
δείσων καὶ λειμώνων καὶ πάσης ἑστιάσεως ἡδίους εἰσίν. Ἀπὸ μὲν   10
γὰρ τῶν λειμώνων καὶ τῶν παραδείσων οὐδὲν οἴκαδε φέρομεν
ἀγαθόν, ἀπὸ τῶν συμποσίων δὲ μέθην καὶ παραφροσύνην καὶ μυ-
ρία κακά, ἀπὸ δὲ τῶν τοιούτων ἐπισκέψεων χρηστὰς ἐλπίδας, τὴν

---

5 – 6 Matth. 25, 36

---

3 – 839, 3   **II¹1510** IOHANNES CHRYSOSTOMUS, *In pauperem, quod necesse est in-
ferre <eleemosynam>*, locus non repertus; Haidacher 185.53–54

---

2 – 839, 3   **II¹1510** Vᴱ (176v21–26[26]26–33) VᵂVᴼ cap. N 2, 10–11; P cap. N 2,
10–11; M cap. N 2, 9; E cap. 162, 3; Lᶜ cap. N 5, 14; R cap. N 5, 8; *deest in* K⁽ˡᵃᶜ·⁾ Hᴵ
Lᵇ; PG 96, 188, 44 – 189, 6

II¹1510 (a) M Lᶜ   (b) Τοῦ Χρυσοστόμου, εἰς τὸν πένητα ὅτι χρὴ εἰσφέρειν / Τοῦ αὐ-
τοῦ P *(cf. infra, app. crit. text.)*   (c) Τοῦ Χρυσοστόμου E R   Τοῦ] *om.* E   (d) Χρυσο-
στόμου / *s. a.* Vᵂ *(cf. infra, app. crit. text.)*   (e) *s. a.* / Τοῦ Χρυσοστόμου VᴱVᴼ *(cf.
infra, app. crit. text.)*

---

3 Κἂν] κὰν E, καν PM, ἐὰν *rubricatoris vitio* Lᶜ   ἔχεις V P   ἐνεγκεῖν P E Lᶜ R,
ενεγκειν P   τὴν] *om.* M   σαὐτὸν E, σαυτον Vᵂ Lᶜ R, σαυτον PM   4 εἰσάγαγε]
εἰσένεγκε M   αὐτῷ] *om.* Vᵂ   παράκλησιν] *add.* αὐτῶ P   4 – 5 προσένεγκε] *hic
caesura in* P   5 Οὕτω – ἀκούσῃ] *om.* VᴱVᴼ   γὰρ] *om.* Vᵂ PM Lᶜ, *add.* καὶ R
ἐκείνην] *add.* ἀκούσει Vᵂ   ἀκούσῃ] ἀκούσεις E, *om.* Vᵂ PM Lᶜ, *post* ἐπεσκέψασθέ
με *transpos.* R   ἤμην Vᴱ, ἡμῖν P   6 ἐπεσκέψασθαί με Vᴱ, ἐπεσκεψασθαι με P,
ἐπεσκέψασθε E   6 – 839, 3 Οὐκ – κερδανοῦμεν] *om.* E   7 οὖν] *om.* VᴱVᴼ   ἀθυ-
μίαν] ῥάθυμίαν Mᵖ· ᶜ·   8 καὶ καρτερικώτερον] τροφῆς ἡδίων Vᵂ ᵖ· ᶜ·, τροφῆς ἰδίω
Vᵂ ᵃ· ᶜ· ᵘᵗ ᵛⁱᵈᵉᵗᵘʳ, τροφῆς ἡδίω Lᶜ, τροφῆς ἴδιω P, τροφῆς ἡδείω M, *om.* R   καρτερι-
κώτερον] *hic caesura in* V   8 – 9 Μὴ – ἀδελφούς] *om.* R   8 – 9 ἄνθρωπε] ἀνθρώ-
πους Lᶜ Vᵂ P   9 σοὺς] εἰς τοὺς Vᵂ, εις τους P, εἰς τοὺς εἰς Lᶜ   10 – 11 λειμώνων –
τῶν¹] *om.* Vᴼ   10 ἑστιάσεως] ἐπιστάσεως M   ἡδίους M, ἰδίους Vᴱ, ἴδίους
Lᶜ ᵃ· ᶜ· ᵘᵗ ᵛⁱᵈᵉᵗᵘʳ   11 οὐδὲν] οἴδεν *(sic)* P   12 ἀγαθῶν Vᵂ P   τῶν] δὲ Vᵂ M Lᶜ R, δε P
δὲ] *om.* Vᵂ PM Lᶜ R   13 δὲ] *om.* Lᶜ   ἐπισκέψεων] καὶ M   ἐλπίδας] *add.* καὶ Lᶜ R
τὴν] *s. l.* Lᶜ

πρὸς θεὸν εὔνοιαν, τὴν ἄνωθεν παρρησίαν, τὴν τῆς ψυχῆς ἐπιεί-
κειαν, τὸ μηδενὶ τῶν συμπιπτόντων ἀλύειν, τὸ ῥᾳδίως ἐν πᾶσι
τοῖς ἀνθρωπίνοις φιλοσοφεῖν κερδανοῦμεν.

II¹1511 / V cap. N 2, 11 (K cap. N 1)

5 Τοῦ αὐτοῦ, ἐκ τοῦ εἰς τὸν ἑκατόνταρχον·

Πολλοὶ τῶν πλουσίων παρὰ τῶν ὑγιαινόντων ἀπαιτοῦσι τὰς ὑπη-
ρεσίας, καὶ ἀπαιτοῦσι δίχα συγγνώμης, νοσούντων δὲ οὐδεμίαν
φροντίδα τίθενται· ἀλλὰ προσπεσούσης νόσου, κεῖται μὲν ἀνεπί-
σκεπτος ἡ παιδίσκη, χαμαὶ ἐρριμένη, οὐ προσέχει δεσπότης, οὐκ
10 ἐπισκέπτεται δέσποινα· κἂν ποτε δέῃ τὴν δέσποιναν παραβαλεῖν,
οὐκ ἐπισκέπτεται ὡς ὁμογενῆ, ἀλλὰ βλοσυρῷ προσέχει τῷ βλέμ-
ματι, αὐστηρῷ προσδιαλέγεται ῥήματι, δι᾽ ὄγκον ὑπερηφανίας τὸ
συγγενὲς ἀρνουμένη τῆς φύσεως. Οὐκ ἀναγινώσκετε τὰς Γραφάς;
Οὐκ οἴδατε τί φησιν ὁ ἅγιος Δαυΐδ; Ἰδοὺ ὡς ὀφθαλμοὶ δούλων εἰς
15 χεῖρας τῶν κυρίων αὐτῶν, ὡς ὀφθαλμοὶ παιδίσκης εἰς χεῖρας τῆς
κυρίας αὐτῆς, οὕτως οἱ ὀφθαλμοὶ ἡμῶν πρὸς κύριον τὸν θεὸν ἡ-
μῶν. Δυσωπῶ τὴν εἰκόνα, φοβήθητι τὰ γεγραμμένα, ἐπίκουρος

---

14 – 17 Ἰδοὺ – ἡμῶν²] Ps. 122, 2¹⁻³

6 – 840, 7 II¹1511 Ps.-Iohannes Chrysostomus, *In centurionem* (PG 61, 770, 29 –
50)

5 – 840, 7 II¹1511 Vᴱ (176v[33]34 –177r14) VᵂVᴼ cap. N 2, 12; P cap. N 2, 12; M
cap. N 2, 10; Lᶜ cap. N 5, 15; R cap. N 5, 9; *deest in* K⁽ˡᵃᶜ·⁾ Hᴵ Lᵇ; PG 96, 189, 7–33

II¹1511 (a) Lᶜ PM R   Τοῦ αὐτοῦ, ἐκ τοῦ] *om.* PM Lᶜ   (b) Τοῦ αὐτοῦ VᴱVᴼ   (c) *s. a.*
Vᵂ

1 θεὸν] *praem.* τὸν M   εὔνοιαν] ἔννοιαν PM Lᶜ R   2 ἀλλύειν (ἀλλυ- P) Vᵂ P   3
ἀνθρωπίνοις φιλοσοφεῖν] ἄνωθεν πενης φιλοσοφῆς Vᴼ   ἀνθρωπίνοις] ἀνθρώποις
M   6 ὑγιαινόντων] ὑγιεινων M   7 νοσούντων] τοῖς νοσοῦσι M   οὐδεμίαν] *cor-
rexi (ed.)*, οὐδεμία VᴱVᴼ, οὐδὲ μικρὰν Vᵂ PM Lᶜ R   8 τίθεται Vᴼ, τιθέασι Vᵂ M Lᶜ
R, τηθέασι P   μὲν] *add.* οὖν Vᴼ *(sed cancellav.)*   9 ἐριμένη VᴱVᴼ, ἐρρημένη M,
ρερημμενη P, ρεριμμένη Vᵂ   προσέχη VᴱVᴼ ᵖ· ᶜ·, πρὸς ἐχη (*sic*) P, προσέχης Vᴼ ᵃ· ᶜ·
10 καί ποτε M   παραβαλεῖν] *add.* πρὸς τὴν δούλην R   11 ὁμογενῆς Vᴼ ᵃ· ᶜ·, ὁμο-
γενοῦς (-οὺς P) Vᵂ P Lᶜ R, μονογενῆ M   προσέχει] *om.* PM Lᶜ R   11 – 12
βλέμματι] ὄμματι M   13 ἀρνουμένης Vᴼ   ἀναγινώσκεται VᴱVᴼ, ἀναγινόσκεται
(*sic*) P   14 ἅγιος] *om.* R   16 – 17 ἡμῶν²] *add.* ἕωσου (εωσοῦ M) οἰκτειρῆσαι ἡμᾶς
(= *Ps. 122, 2⁴*) Lᶜ M   17 δυσωποῦμεν VᴱVᴼ

τῆς ἀσθενούσης κατάστηθι. Ὁ σωτὴρ τὴν ἀρχὴν οὐκ ἄνθρωπος ἐγεννήθη, ἀλλὰ θεὸς ὢν μονογενής, ἀλλ᾽ ὅμως ὑπὲρ ἀνθρώπων ἄνθρωπος ἠνέσχετο γενέσθαι. Σὺ δέ, ἄνθρωπος ὤν, παραιτῇ τὸ ὁμόφυλον ὡς οὐκ ἰσότιμον, παραιτῇ συμπαθεῖν περὶ τὴν συγγενῆ φύσιν; Καὶ ὅτε μὲν ἄλογον ζῷον χωλεύει, ἐπιμελεῖ διὰ χρείαν, ὅτε　5
δὲ τὸ λογικὸν ζῷον, ὁ σὸς οἰκέτης, ἀρρωστεῖ, περιορᾷς καὶ οὐ προνοεῖς, ὅτι λογικόν ἐστιν;

<II¹suppl. 351 / PMLᵇ cap. N 2, 12>

---

2 θεὸς – μονογενής] cf. Ioh. 1, 18　　8 II¹suppl. 351 / PMLᵇ cap. N 2, 12 cf. Sacra. Liber II. *Supplementum* (Band VIII/8)

1 τῆς] τοῖς Lᶜ　　κατάστηθι] κατάβηθι Lᶜ (= *ed.*)　　2 ἐγεννήθη Vᵂ ᵃ· ᶜ· P　　ὤν] ὤν (*sic*) PM, ἦν Lᶜ R　　ἀλλ᾽] *om.* M　　3 ἄνθρωπος¹] *post* ἠνέσχετο *transpos.* M　　δέ] *om.* P Lᶜ R　　παραιτῇ] παραιτεῖ VᴱVᴼ P　　4 παραιτῇ] παραιτεῖ VᴱVᵂ ᵉ ᶜᵒʳʳ· Vᴼ P συμπαθεῖν] *add.* ἡ Lᶜ　　περὶ τὴν] τῆ M　　συγγενη P, ὁμογενεῖ VᴱVᴼ　　5 χολεύει VᴱVᴼ PM, χωλεύοι R　　ἐπεὶ μελεὶ Vᴼ, ἐπιμελεῖται Vᵂ PM Lᶜ, ἐπιμελῆσαι R　　7 προνοεῖ VᵂVᴼ PM, προνοῇ Lᶜ R

<Τίτλος β′ Περὶ νεογάμων.>

δ′ Περὶ νεογάμων.

δ′ Περὶ νεογάμων.

<II^{1}suppl. 352–353 / V cap. N 4, 1–2>

<II^{1}suppl. 354 / R cap. N 7, 3>

<II^{1}suppl. 355 / V cap. N 4, 3>

II^{1}1512 / K cap. N 2, 1

Τοῦ θεολόγου ἁγίου Γρηγορίου, ἐκ τῶν Ἐπῶν·

Μὴ σαρκὸς ἔχειν ἀδάμαστον ἐρωήν,	Μὴ τοῦ σώματος ἔχειν ἀνυπότακτον ὁρμήν,
Μὴ δ᾽ αἰεὶ λεχέεσσι χαρίζεο. Πεῖθε σύνευνον	μὴ δ᾽ ἀεὶ τοῖς φίλτροις προσχαρίζου. Πεῖσον τὸν ἄνδρα σου
Ἤμασι φέρειν χάριν· ὢς γὰρ ἔοικεν	ταῖς ἡμέραις χαρίζεσθαι τιμήν· οὕτως γὰρ πρέπει

4 – 6 II^{1}suppl. 352–355 cf. *Sacra*. Liber II. *Supplementum* (Band VIII/8)

9 – 842, 18 II^{1}1512 Gregorius Nazianzenus, *Carmina*, II,2,6 *(Ad Olympiadem)*, 86–94 (ed. Bacci, p. 68)

1 Titlos (a) K^{pin}, *deest in* K$^{txt\,(lac.)}$ **2 Titlos (b)** V^{E}V^{O}; *deest in* V^{W} H^{I}A^{I} (*vide autem* A$^{II\,pin}$ cap. N 1) **3 Titlos (c)** PM R; *deest in* L^{b} L^{c} *(fenestra in* L$^{c\,txt}$*)* **8 – 842, 18 II^{1}1512** K cap. N 2, 1 (206r[1]2–206v2); *deest in* V PML^{b} R L^{c} R

1 Titlos (a) Τίτλος – νεογάμων] *supplevi e* K^{pin}, *desunt in* K$^{txt\,(lac.)}$ **2 Titlos (b)** δ′ – νεογάμων] *desunt in* V^{W}, τίτλος δ′ περὶ νεογάμων ἀκριβὴς διάτα *(sic)* V$^{W\,txt\,man.\,rec.\,in\,mg.}$ δ′] α′ A$^{II\,pin}$ **3 Titlos (c)** δ′] ζ′ R, β′ L$^{c\,txt}$ *secund. ser.*

12 χαρίζεο] *correxi (ed.)*, χαρίζετο K **14** Ἤμασι] *correxi (ed.)*, εἵμασι K **15** ὢς] *scripsi (ed.)*, ὡς K

Εἰκόνα τὴν μεγάλοιο	τὴν εἰκόνα τοῦ μεγάλου
θεοῦ θεσμοῖς	θεοῦ τοῖς νόμοις
ὑποείκειν,	ὑποχωρεῖν,
Εἰ καὶ θεσμὸν	εἰ καὶ νόμον
ἔδωκε γαμήλιον	παρέσχε γαμικὸν 5
υἱὸς ἄσαρκος,	ὁ υἱὸς ὁ ἀσώματος,
Ἡμετέρῃ γενεῇ	τῇ ἡμετέρᾳ γενεᾷ
καὶ πλάσματι	καὶ τῷ πλάσματι
χειρὸς ἀρήγων,	τῆς χειρὸς βοηθῶν,
Ὣς κεν ἀπερχομένοισι	ὅπως ἂν ταῖς ἀπερχομέναις 10
καὶ ἐρχομένοισι	καὶ ἐρχομέναις
γενέθλη	γενεαῖς
Ἕλκηται μερόπων	ἕλκηται τὸ ἀνθρώπων
τρεπτὸν γένος,	τρεπτὸν γένος,
οἷα ῥέεθρον,	καθάπερ ῥεῦμα, 15
Ἄστατον ἐκ θανάτοιο,	ἄστατον ἐκ τοῦ θανάτου,
καὶ ἱστάμενον	καὶ ἱστάμενον παγίως
τεκέεσσιν.	ἐν τοῖς τικτομένοις τέκνοις.

---

10 ἄν] *om.* K (*s. l. supplev. man. rec.*)   **10 – 12** ταῖς – γενεαῖς] *paraphrasis paulum a versione primitiva differt*   **12** γενέθλη] *correxi (ed.)*, γενέθλην K   **18** τεκέεσσιν] *correxi (ed.)*, τακέεσσιν K

Τίτλος γ′ Περὶ τοῦ νήφειν καὶ φροντίζειν ἡμᾶς τῆς ἰδίας σω- *II² /
R cap. N 6
τηρίας.

γ′ Περὶ τοῦ νήφειν καὶ φροντίζειν ἡμᾶς τῆς ἰδίας σωτηρίας.

γ′ Περὶ τοῦ νήφειν καὶ φροντίζειν ἡμᾶς τῆς ἰδίας σωτηρίας.

5

II¹1513 / K cap. N 3, 1

Τῶν Παροιμιῶν·

Ἐμπεσεῖται ἀνδρὶ νοήμονι μέριμνα.

II¹1514 / K cap. N 3, 2

*II²2000 /
R cap. N 6,

10 Ἐκ τοῦ Ἐκκλησιαστοῦ·

Μὴ δῷς ὕπνον σοῖς ὄμμασι,
μὴ δὲ ἐπινυστάξῃς σοῖς βλεφάροις,

---

1 – 2 Περὶ – σωτηρίας] cf. II¹ / Kᵖⁱⁿ Παραπομπὴ Χ 7

---

8 II¹1513 Prov. 17, 12¹ (Wahl, *Proverbien-Text*, p. 86–87)   11 – 844, 2 II¹1514
Eccle., re vera Prov. 6, 4¹– 5² (Wahl, *Proverbien-Text*, p. 37)

---

1 – 2 Titlos (a) K (206v3–4)   3 Titlos (b) V Aᴵ ᵖⁱⁿ; *deest in* HᴵAᴵ ᵗˣᵗ   4 Titlos (c)
PMLᵇ ᵖⁱⁿ; *deest in* Lᵇ ᵗˣᵗ Lᶜ (*fenestra in* Lᶜ ᵗˣᵗ)   7 – 8 II¹1513 K cap. N 3, 1 (206v[4]5);
deest in V Hᴵ PMLᵇ Lᶜ   10 – 844, 2 II¹1514 K cap. N 3, 2 (206v[5]6–8); V cap. N 3,
1; PM cap. N 3, 1; Lᶜ cap. N 4, 1; *deest in* Hᴵ Lᵇ; PG 96, 189, 36–38

---

1 – 2 Titlos (a)   1 ἡμᾶς] *om.* Kᵖⁱⁿ ᵘᵗ ᵛⁱᵈᵉᵗᵘʳ   ἰδίας] οἰκείας Kᵖⁱⁿ ᵘᵗ ᵛⁱᵈᵉᵗᵘʳ   3 Titlos (b)
γ′] *propt. mg. resect. non liquet in* Aᴵ ᵖⁱⁿ (γ′ *secund. ser.*), *praem.* τίτλος Vᵂ ᵗˣᵗ   4
Titlos (c)   γ′] δ′ Lᶜ ᵗˣᵗ *secund. ser.*   τοῦ] *om.* Mᵗˣᵗ   καὶ – σωτηρίας] *om.* Mᵖⁱⁿ
τῆς – σωτηρίας] *om.* Mᵗˣᵗ

II¹1514 (a) K   (b) Τοῦ Ἐκκλησιαστοῦ Vᵂ PM   Τοῦ] *om.* Vᵂ P   (c) Παροιμιῶν
VᴱVᴼ   (d) *s. a.* Lᶜ

---

11 ὄμμασι] ὀφθαλμοῖς (ὀ- P) Vᵂ P Lᶜ   12 ἐπινυστάξεις VᴱVᴼ M, νυστάξῃς Vᵂ P
Lᶜ

ἵνα σώζῃ ὥσπερ δορκὰς ἐκ βρόχων
καὶ ὥσπερ ὄρνεον ἐκ παγίδος.

II¹1515 / K cap. N 3, 3

Τοῦ αὐτοῦ·

Φύλαξον τὸν πόδα σου, ἐν ᾧ ἂν πορεύσῃ εἰς οἶκον θεοῦ					5
καὶ ἐγγὺς τοῦ ἀκούειν.

II¹1516 / K cap. N 3, 4

Τοῦ αὐτοῦ·

Καί γε οὐκ ἔγνω ἄνθρωπος τὸν καιρὸν αὐτοῦ·
ὡς οἱ ἰχθύες οἱ θηρευόμενοι ἐν ἀμφιβλήστρῳ κακῶν,					10
καὶ ὡς ὄρνεα θηρευόμενα παγίδι,
ὡσαύτως παγιδεύονται οἱ υἱοὶ τῶν ἀνθρώπων
ἐν καιρῷ πονηρῷ,
ὅταν ἐπιπέσῃ ἐπ᾽ αὐτοὺς ἄφνω.

---

5 – 6 II¹1515 Eccle. 4, 17¹⁻² (Wahl, *Kohelet-Text*, p. 155)			9 – 14 II¹1516 Eccle. 9,
12¹⁻⁶ (Wahl, *Kohelet-Text*, p. 167–168)

---

4 – 6 II¹1515 K cap. N 3, 3 (206v[8]9–10); *deest in* V H¹ PMLᵇ Lᶜ			8 – 14 II¹1516
K cap. N 3, 4 (206v[10]11–15); V cap. N 3, 2; PM cap. N 3, 2; Lᶜ cap. N 4, 2; *deest in*
H¹ Lᵇ; PG 96, 189, 39–42

II¹1516 (a) K (b) *s. a.* V (c) *s. d.* PM Lᶜ

2 ὥσπερ] ὡς Lᶜ		9 Καί – αὐτοῦ] *om.* V PM Lᶜ		10 οἱ¹] *om.* M		ἐναμφιβλήστρῳ
(-βλη- P) Vᴱ PM		κακῷ M, *om.* Vᴱⱽᴼ		11 παγίδι] *praem.* ἐν M Lᶜ		12 παγιδεύ-
ονται] παγίδαι Vᵂ P, παγῖδες Lᶜ		οἱ υἱοὶ] οἱ υἱ- *desunt in* Lᶜ *(fenestra)*		οἱ] *om.* V
P		14 ἄφνωι K

II¹1517 / K cap. N 3, 5

Ἀπὸ τοῦ Σιράχ·

Συντήρησον καὶ πρόσεχε σφοδρῶς,
ὅτι μετὰ τῆς πτώσεώς σου περιπατεῖς.

5

II¹1518 / K cap. N 3, 6

Τοῦ αὐτοῦ·

Πρόσεχε μὴ ἀποπλανηθῇς τῇ διανοίᾳ σου,
γρηγόρησον πάσῃ ζωῇ σου,
ἀγάπα κύριον καὶ ἐπικαλοῦ αὐτὸν εἰς σωτηρίαν σου.

10

II¹1519 / K cap. N 3, 7

Τοῦ αὐτοῦ·

Πρόσεχε σεαυτῷ μὴ ἐμπέσῃς.

---

3 - 4 exstat etiam ap. Ps.-Max. Conf., *Loci communes*, 49.5./56.5. (ed. Ihm, p. 811)

---

3 - 4 II¹1517 Sir. 13, 13¹⁻² (Wahl, *Sirach-Text*, p. 83)   7 II¹1518 Πρόσεχε – σου]
Sir. 13, 8¹ (Wahl, *Sirach-Text*, p. 82–83)   8 - 9 γρηγόρησον – σου] Ibid. 13, 14¹⁻³
(Wahl, p. 83)   12 II¹1519 Sir. 29, 20² (Wahl, *Sirach-Text*, p. 126)

---

2 - 4 II¹1517 K cap. N 3, 5 (206v[15]16–17); V cap. N 3, 3; PM cap. N 3, 3; Lᶜ cap.
N 4, 3; *deest in* H¹ Lᵇ; PG 96, 189, 43–44   6 - 9 II¹1518 K cap. N 3, 6 (206v[17]18–
20); V cap. N 3, 4; PM cap. N 3, 4; Lᶜ cap. N 4, 4; *deest in* H¹ Lᵇ; PG 96, 189, 44–47
11 - 12 II¹1519 K cap. N 3, 7 (206v[20]21); V cap. N 3, 5; PM cap. N 3, 5; Lᶜ cap. N
4, 5; *deest in* H¹ Lᵇ; PG 96, 189, 48

II¹1517 (a) K   (b) Σιράχ V PM Lᶜ   II¹1518 (a) K   (b) s. a. V Lᶜ   (c) s. d. PM Lᶜ
II¹1519 (a) K   (b) s. a. V   (c) s. d. PM Lᶜ

---

3 Συντήρησον] *add.* καιρὸν (-ον P) V PM Lᶜ   7 διανοίᾳ σου] διανοίαι K   9 κύ-
ριον] *praem.* τὸν (τον P) PM Lᶜ (= *LXX*)   καὶ] *om.* Lᶜ   12 σεαυτὸν Vᵂ M

II¹1520 / K cap. N 3, 8

Τοῦ αὐτοῦ·

Κατάκεισαι ὥσπερ ἐν καρδίᾳ θαλάσσης
καὶ ὥσπερ κυβερνήτης ἐν πολλῷ κλύδωνι,
ἐρεῖς δέ· Τύπτουσίν με καὶ οὐκ ἐπόνησα,   5
ἐνέπαιξάν μοι, ἐγὼ δὲ οὐκ ᾔδειν.

*II²2005 /
℟ cap. N 6, 9

II¹1521 / K cap. N 3, 9

Ἐκ τῆς πρὸς Κορινθίους α'·

Ὁ δοκῶν ἑστάναι βλεπέτω μὴ πέσῃ.

II¹1522 / K cap. N 3, 10   10

Ἐκ τῆς αὐτῆς·

Ἐγὼ τοίνυν οὕτως τρέχω ὡς οὐκ ἀδήλως, οὕτως πυκτεύω ὡς
οὐκ ἀέρα δέρων, ἀλλ᾽ ὑποπιάζω μου τὸ σῶμα καὶ δουλαγωγῶ, μή-
πως ἄλλοις κηρύξας αὐτὸς ἀδόκιμος γένωμαι.

---

3 – 6 II¹1520 Sir., re vera Prov. 23, 34¹–35² (deest apud Wahl, *Proverbien-Text*)   9
II¹1521 I Cor. 10, 12   12 – 14 II¹1522 I Cor. 9, 26–27

2 – 6 II¹1520 K cap. N 3, 8 (206v[21]22–207r1); *deest in* V H¹ PMLᵇ Lᶜ   8 – 9
II¹1521 K cap. N 3, 9 (207r[1]2); V cap. N 3, 6; PM cap. N 3, 6; Lᶜ cap. N 4, 6; *deest
in* H¹ Lᵇ; PG 96, 189, 49   11 – 14 II¹1522 K cap. N 3, 10 (207r[2]3 –6); V cap. N 3,
7; PM cap. N 3, 7; Lᶜ cap. N 4, 7; *deest in* H¹ Lᵇ; PG 96, 189, 50–53

II¹1521 (a) K (b) Πρὸς Κορινθίους α' VᴱVᴼ PM Lᶜ α'] *om.* VᴱVᴼ M (c) Τοῦ Ἀπο-
στόλου Vᵂ II¹1522 (a) K (b) *s. a.* Vᴱ P Lᶜ (c) *s. d.* VᵂVᴼ M

3 κατακείσῃ *LXX*   5 ἐπόνησα] *sic* K, ἐπόνεσα *ed.*   9 Ὁ] *rubricatoris vitio deest in*
Lᶜ   13 ἀλλ᾽ ὑποπιάζω μου] ἀλλ᾽ ὑπωπϊάζω μου Lᶜ, ἀλυποπιάζων μου Vᴼ ᵃ· ᶜ·, ἀλλ᾽
ὑποπιάζων μου Vᴼ ᵖ· ᶜ·, ἀλλυποπιαζο P   13 – 14 μήπω Vᴼ   14 ἀδόκημος M, ἄκϊμος
Vᴼ   γένομαι V PM

II¹1523 / K cap. N 3, 11

Ἐκ τῆς Πέτρου πρώτης ἐπιστολῆς·

Νήψατε, γρηγορήσατε, ὅτι ὁ ἀντίδικος ὑμῶν διάβολος ὡς λέων ὠρυόμενος περιπατεῖ, ζητῶν τίνα καταπίῃ· ᾧ ἀντίστητε στερεοὶ
5 τῇ πίστει.

II¹1524 / K cap. N 3, 12

*II²2007 /
R cap. N 6,

Ἐκ τῆς πρὸς Τιμόθεον β′ ἐπιστολῆς·

Σὺ δὲ νῆφε ἐν πᾶσι, κακοπάθησον, ἔργον ποίησον εὐαγγελιστοῦ, τὴν διακονίαν σου πληροφόρησον.

10 ## II¹1525 / K cap. N 3, 13

Τοῦ ἁγίου Μεθοδίου, ἐκ τοῦ περὶ αὐτεξουσίου·

Δεῖ γενναίως ὥσπερ στρατιώτας ἀρίστους ἀντιπαρατάσσεσθαι τοῖς ἐχθροῖς· ἐκεῖνοι γὰρ ἐπειδὰν ὑπὸ τῶν ἐχθρῶν αἴσθωνται πολιορκούμενοι, τοξ<ε>ίας οὐδὲν φροντίσαντες καὶ τῶν ἄλλων αὐ-

---

3 – 5 II¹1523 I Petr. 5, 8–9   8 – 9 II¹1524 II Tim. 4, 5   12 – 848, 24 II¹1525 ME-
THODIUS OLYMPIUS, re vera *De resurrectione*, II, 4, 7 – 5, 2 (ed. Bonwetsch, p. 337,
10 – 338, 15) = EPIPHANIUS CONSTANTIENSIS, *Panarion*, 64, 58, 10 – 59, 3 (ed. Holl/
Dummer, p. 493, 14 – 494, 18); Holl, n° 425

2 – 5 II¹1523 K cap. N 3, 11 (207r[6]7–9); V cap. N 3, 8; PM cap. N 3, 8; Lᶜ cap. N
4, 8; *deest in* Hᴵ Lᵇ; PG 96, 189, 54–56   7 – 9 II¹1524 K cap. N 3, 12 (207r[9]10–
12); V cap. N 3, 9; PM cap. N 3, 9; Lᶜ cap. N 4, 9; *deest in* Hᴵ Lᵇ; PG 96, 189, 57 –
192, 2   11 – 848, 24 II¹1525 K cap. N 3, 13 (207r[12]13–208r1); *deest in* V Hᴵ
PMLᵇ Lᶜ; PG 86, 2085, 19–53

II¹1523 (a) K   (b) Πέτρου πρώτη ἐπιστολή Lᶜ   (c) Ἐκ τῆς Πέτρου α′ P   (d) Ἐκ τοῦ
Πέτρου Vᴱ   (e) Τῆς Πέτρου Vᴼ   (f) Πέτρου Vᵂ   (g) Ἐκ τοῦ ἀποστόλου Πέτρου
(πετ- *cod.*) ἐπιστολῆς M II¹1524 (a) K   (b) Πρὸς Τιμόθεον β′ VᴱVᴼ PM Lᶜ β′] α′ Lᶜ,
add. ἐπιστολῆς M   (c) Ἀποστόλου Vᵂ

3 νίψατε Vᵂ   ὅτι] *om.* Lᶜ   ἡμῶν Vᴼ   4 ὠρυόμενος] *scripsi (NT)*, ὠρυόμενος K
Vᴱ P, ὀρυώμενος Vᵂ, ὀρυόμενος (-ομενος M) Vᴼ M   ζητῶν τινα K Vᵂ   κατα-
πίῃ] -η *e corr.* Vᵂ, καταπίει M, κατὰ πιεῖν K   12 ἀντιπαρατάγεσθαι Kᵖ·ᶜ·ᵘᵗ ᵛⁱᵈᵉᵗᵘʳ
14 τοξείας] *scripsi (ed.)*, τοξίας K

τῶν ἀκοντισμάτων, ὑπὲρ τοῦ σῶσαι τὴν πόλιν προθύμως
ἐπ᾿ αὐτοὺς ἵενται, μηδὲν ἐλλείποντες σπουδῆς, ἔστ᾿ ἂν τὸ στῖφος
αὐτῶν εἰς φυγὴν ἀνατρέψαντες ἀπώσωνται τῶν ὅρων ἔξω. Ὁρᾷς
γὰρ ὡς οἱ λογ<ισ>μοὶ διὰ τὴν ἐνοικοῦσαν ἁμαρτίαν ἐν ἡμῖν ἔξω-
θεν ἐπισυνίστανται, καθαπερεὶ κύνες λυσσῶντες ἢ ἄγριοι καὶ θρα- 5
σεῖς λησταί, καθ᾿ ἡμῶν ἀεὶ παρορμώμενοι ὑπὸ τοῦ τυράννου καὶ
ἄρχοντος τῆς ἀδικίας, δοκιμάζοντος ἡμᾶς εἰ ἀνθίστασθαι αὐτοῖς
ἀρκοῦμεν καὶ ἀντιπαρατάσσεσθαι. Ἄγε οὖν μήποτε ὑπενδοῦσα, ὦ
ψυχή, ἁρπασθῇς πρὸς αὐτῶν, καὶ οὐχ᾿ ἕξομεν ὑπὲρ σοῦ δοῦναι
λύτρα. *Τί γὰρ ἀντικατάλλαγμα δώσει ἄνθρωπος τῆς ψυχῆς αὐτοῦ;* 10
Καλὸν μὲν οὖν ἦν αὐτοὺς ἀντιπαρατάσσοντας ἡμῖν καὶ μαχομέ-
νους ἐπέχεσθαι· ἐπειδὴ δὲ τοῦτο ἀδύνατον, καὶ ὃ θέλομεν οὐ δυ-
νάμεθα, θέλομεν δὲ μὴ ἔχειν τοὺς ἐξέλκοντας εἰς πάθη – ἦν γὰρ
ἂν <ἀν>ιδρωτὶ σωθῆναι –, καὶ ὃ θέλομεν, τοῦτο οὐ γίνεται, ἀλλ᾿ ὃ
μὴ θέλομεν (δεῖ γὰρ ἡμᾶς δοκιμάζεσθαι, ὡς ἔφην), μὴ ἐνδιδῶμεν, 15
ὦ ψυχή, μὴ ἐνδιδῶμεν τῷ πονηρῷ, *ἀλλὰ ἀναλαβόντες τὴν πανο-*
πλίαν τοῦ θεοῦ, ὑπερασπίζουσαν καὶ προαγωνιζομένην ἡμῶν, *ἐν-*
δυσώμεθα τὸν θώρακα τῆς δικαιοσύνης καὶ ὑποδησώμεθα τοὺς
πόδας ἐν ἑτοιμασίᾳ τοῦ εὐαγγελίου, ἐν πᾶσί τε ἀναλαβόντες τὸν
θυρεὸν τῆς πίστεως, ἐν ᾧ δυνησόμεθα πάντα τὰ βέλη τοῦ πονηροῦ 20
τὰ πεπυρωμένα σβέσαι, καὶ τὴν περικεφαλαίαν τοῦ σωτηρίου, καὶ
τὴν μάχαιραν τοῦ πνεύματος, ἥ ἐστι ῥῆμα θεοῦ, εἰς τὸ δύνασθαι
στῆναι πρὸς τὴν μεθοδείαν τοῦ διαβόλου, λογισμούς τε καθαιρεῖν
καὶ πᾶν ὕψωμα ἐπαιρόμενον κατὰ τῆς γνώσεως τοῦ θεοῦ.

---

10 Matth. 16, 26 **16 – 22** Eph. 6, 13–17 **22 – 23** τὸ – διαβόλου] Ibid. 6, 11 **23 – 24**
λογισμούς – θεοῦ] II Cor. 10, 4 – 5

2 ἔστ᾿ ἂν] *correxi (ed.),* ἐστᾶν K   στῖφος] *scripsi (ed.),* στῆφος K   **4** λογισμοὶ]
correxi (ed.), λογμοὶ K **5** καθαπερεὶ] *correxi (ed.),* καθάπερ αἱ K **9** αὐτῶν] *correxi*
(ed.), αὐτὸν K   οὐχ᾿ ἕξομεν] *correxi (ed.),* οὐκ ἕξομεν K   **10** δώσει] *add.* φησίν
Kⁱⁿ ᵐᵍ· ᵐᵃⁿ· ʳᵉᶜ·   **14** ἀνιδρωτὶ] *correxi (ed.),* ἰδρῶτι K   **15** ἐνδιδῶμεν] *scripsi (ed.),*
ἐνδίδωμεν K **16** ἐνδιδῶμεν] *scripsi (ed.),* ἐνδίδωμεν K

II¹1526 / K cap. N 3, 14

Τοῦ θεολόγου ἁγίου Γρηγορίου, ἐκ τῶν Ἐπῶν·

Καὶ κρυπτῶν παγίδων αἰεὶ καθύπερθεν ὁδεύεις.	Τῶν κρυπτῶν παγίδων διαπαντὸς ὑπεράνω βαδίζεις.

5　Μὴ δέ μοι ὑπνώοντι κακὸν　　　　Μὴ νυστάζοντι πικρὸν
　　σπόρον ἐγκαταμίξῃ　　　　　　σπόρον συμμίξῃ

　　Ζιζανίων ἀρότης τε κακῶν　　　ζιζανίων ὁ σπορεὺς τῶν κακῶν
　　καὶ βάσκανος ἐχθρός.　　　　καὶ φθονερὸς ἐχθρός.

II¹1527 / K cap. N 3, 15

10　Ἐκ τοῦ μεγάλου ἀπολογητικοῦ·

Μὴ κλαπῇς, περισκόπει.
Ἀεὶ διώκῃ λαθρίοις παλαίσμασι,
Μήπως δεηθῇς ἐσχάτων καθαρσίων.

---

3 - 4　II¹1526 Καὶ – ὁδεύεις] GREGORIUS NAZIANZENUS, *Carmina*, I,2,2 *(Praecepta ad virgines)*, 370 (PG 37, 607, 10)　　5 - 8 Μὴ¹ – ἐχθρός] IBID., 376–377 (PG 37, 608, 3–4)　　11 - 13 II¹1527 GREGORIUS NAZIANZENUS, re vera *Carmina*, I,2,33 *(Tetrastichae sententiae)*, 234–236 (PG 37, 945, 8–10)

2 - 8　II¹1526 K cap. N 3, 14 (208r[1–2]3–9) *(versio primitiva et paraphrasis)*; V cap. N 3, 10; PM cap. N 3, 10; Lᶜ cap. N 4, 10 *(versio primitiva deest in* V PM Lᶜ*)*; *deest in* Hᴵ Lᵇ; PG 96, 192, 3–5　　10 - 13 II¹1527 K cap. N 3, 15 (208r[10]11–12); V cap. N 3, 11; PM cap. N 3, 11; *deest in* Hᴵ Lᵇ Lᶜ; PG 96, 192, 6–8

II¹1526 (a) K　(b) Τοῦ Θεολόγου, ἐκ τῶν Ἐπῶν PM　(c) Τοῦ Θεολόγου V Lᶜ　Τοῦ] *om.* Vᵂ II¹1527 (a) K PM　ἀπολογητικοῦ] *add.* ἴαμβοι Kᵐᵃⁿ· ʳᵉᶜ· ⁱⁿ ᵐᵍ·　(b) *s. a.* V

4　βάδιζε *(*βα- P*)* V PM Lᶜ　5　πικρὸς M　6　σπόρον συμμίξῃ] συμμίξει εἰς τὸν σπόρον M　συμμίξῃ] -ηι *e corr.* Vᵂ, συμμίξει Vᴱᵛᴼ, συμμιξαι P, *praem.* μὴ Vᵂ P Lᶜ　7　ἀρότης] *scripsi*, ἀρότις K　ὁ] *e corr.* Vᵂ, καὶ P　8　φθονηρος M, φθονερῶς Vᵂ ᵃ· ᶜ·, φθονερως P　11　κλαπῇς Vᴼ, κλαπῆσθε Vᵂ, κλαπεισθε P　περισκόπει] σκοπῶ Vᵂ PM　12　Ἀεὶ διώκῃ] *correxi (ed.)*, ἀεὶ δίωκε K Vᴱᵛᴼ, ἀϊδιότητι (-οτητι P) Vᵂ P, *om.* M　λαθραίοις Vᴱᵛᴼ M, λάθροις Vᵂ, λαθροι ὁ P　13　ἐσχάτων] ἐπεσχάτων Vᴱ, ἐπ' ἐσχάτων *(sic)* Vᴼ

Στοιχεῖον Ξ

*II² /
1Lᵇ cap. Ξ 1

Τίτλος α′   Περὶ ξενιτείας, καὶ ὅτι ἀπαρρησίαστος ὁ ξένος.

γ′   Περὶ ξενιτείας, καὶ ὅτι ἀπαρρησίαστος ὁ ξένος πάντῃ.

II¹1528 / K cap. Ξ 1, 1

Γενέσεως·   5

Εἶπαν οἱ ἄνδρες πρὸς Λώτ· Εἰσῆλθες παροικεῖν, μὴ καὶ κρίσιν κρί-
νειν;

*II²2033 /
PMLᵇ cap.
Ξ 1, 8

II¹1529 / K cap. Ξ 1, 2

Τῶν Παροιμιῶν·

Ὥσπερ ὄρνεον ὅταν καταπετασθῇ ἀπὸ τῆς ἰδίας νοσσιᾶς,   10
οὕτως ἄνθρωπος δουλοῦται, ὅταν ἀποξενωθῇ ἐκ τῶν ἰδίων
[τόπων.

---

6 II¹1528 Εἶπαν – Λώτ] Gen. 19, 12   6 – 7 Εἰσῆλθες – κρίνειν] Ibid. 19, 9
10 – 12 II¹1529 Prov. 27, 8¹⁻² (Wahl, *Proverbien-Text*, p. 131)

1 Stoicheion Kᵗˣᵗ (208r13) Kᵖⁱⁿ   2 Titlos (a) K (208r13)   3 Titlos (b) V Aᴵ ᵖⁱⁿ;
deest in HᴵAᴵ ᵗˣᵗ *(vide autem* Aᴵᴵ ᵖⁱⁿ cap. Ξ 1)   5 – 7 II¹1528 K cap. Ξ 1, 1 (208r14–
15); VᴱVᴼ cap. Ξ 3, 1; Vᵂ cap. Ξ 2, 1; PM cap. Ξ 1, 15; Lᶜ cap. Ξ 3, 2; *deest in* Hᴵ Lᵇ;
PG 96, 208, 17–18   9 – 12 II¹1529 K cap. Ξ 1, 2 (208r[15]16–18); VᴱVᴼ cap. Ξ 3, 2;
Vᵂ cap. Ξ 2, 2; *deest in* Hᴵ; PG 96, 208, 19–21

2 Titlos (a)   ὅτι – ξένος] ξενιτευόντων Kᵖⁱⁿ   3 Titlos (b)   γ′] β′ Vᵂ ᵖⁱⁿ, α′
Aᴵᴵ ᵖⁱⁿ, *non liquet in* Vᵂ ᵗˣᵗ (β′ *exspectav.*), *praem.* τίτλος Vᵂ ᵗˣᵗ   πάντῃ] παντή Vᵂ,
om. Vᴱ ᵗˣᵗ Vᴼ ᵗˣᵗ

II¹1528 (a) VᴱVᴼ P Lᶜ   (b) Ἐκ τῆς Γενέσεως M   (c) Κριτῶν Vᵂ   (d) *s. a.* K   II¹1529
(a) K VᴱVᴼ Τῶν] *om.* VᴱVᴼ   (b) *s. a.* Vᵂ

6 Εἶπαν] εἶπον *(εἰ- rubricatoris vitio)* Lᶜ   ἄνδρες] *add.* σοδόμων VᴱVᴼ   λωτ PM
10 νοσσιὰς Vᴱ, νοσϊᾶς Vᴼ ᵃ· ᶜ·, νοσίας Vᵂ   11 ἄνθρωπος] *praem.* ὁ Vᴼ   ξενωθῇ
Vᵂ

II¹1530 / K cap. Ξ 1, 3

Ἀπὸ τοῦ Σιράχ·

Ἀνὴρ ξενιτεύσας πεπλανημένος ἔγνω πολλά.

II¹1531 / K cap. Ξ 1, 4

5   Τοῦ αὐτοῦ·

Ὁ πεπλανημένος πληθυνεῖ πανουργίαν.
Πολλὰ ἑώρακα ἐν τῇ ἀποπλανήσει μου,
καὶ πλείονα τῶν λόγων μου σύνεσίς μου.

---

3 II¹1530 Sir. 31, 9¹ (Wahl, *Sirach-Text*, p. 132–133)   6 – 8 II¹1531 Sir. 31, 11–12²
(Wahl, *Sirach-Text*, p. 133)

---

2 – 3 II¹1530 K cap. Ξ 1, 3 (208r[18]19); V^{EVO} cap. Ξ 3, 3; V^W cap. Ξ 2, 3; PM cap.
Ξ 1, 16; L^c cap. Ξ 3, 3; *deest in* H¹ L^b; PG 96, 208, 22   5 – 8 II¹1531 K cap. Ξ 1, 4
(208r[19]20–22); V^{EVO} cap. Ξ 3, 4–5; V^W cap. Ξ 2, 4–5; PM cap. Ξ 1, 17; L^c cap. Ξ 3,
4; *deest in* H¹ L^b; PG 96, 208, 22–25

II¹1530 (a) K   (b) Σιράχ V^{EVO} PM L^c   σιραχ P, *praem.* τοῦ M   (c) *s. a.* V^W   II¹1531
(a) K   (b) Καὶ πάλιν PM L^c   (c) Καὶ πάλιν / *s. a.* V *(cf. infra, app. crit. text.)*

---

3 ξενιτευσας M, ξενητευσας P, *om.* K   6 Ὁ] *om.* P   πληθύνει V^{EVO} M L^c, πληθυ-
νει P   πανουργίαν] *hic caesura in* V   7 ἀποπλανήσει μου] ἀποπλανήσει P   8
πλείονα] πλείο τὰ V^{EVO}, πλεῖον M   τῶν] *om.* K   λόγων μου] λόγων M

Τίτλος β' Περὶ ξένων πραγμάτων καὶ τῶν σπανίως ἔν τισιν εὑρεθέντων.

α' Περὶ ξένων πραγμάτων καὶ τῶν σπανίως ἔν τισιν εὑρεθέντων.

β' Περὶ ξένων πραγμάτων καὶ τῶν σπανίως ἔν τισιν εὑρεθέν- 5
των.

ΙΙ¹1532 / K cap. Ξ 2, 1

Ἀπὸ τῶν Κριτῶν·

Ἔκραξαν οἱ υἱοὶ Ἰσραὴλ πρὸς κύριον, καὶ ἤγειρεν αὐτοῖς κύριος
σωτῆρα τὸν Ἀώδ, υἱὸν Γερᾶ τοῦ Ἰεμενί, ἄνδρα ἀμφοτεροδέξιον. 10

---

1 - 2 Περὶ - εὑρεθέντων] cf. ΙΙ¹ / Kᵖⁱⁿ Παραπομπὴ Θ 1

---

9 - 10 ΙΙ¹1532 Iud. 3, 15 (Wahl, *Richter-Text*, p. 22)

---

1 - 2 **Titlos (a)** Kᵗˣᵗ (208r22-23), *om.* Kᵖⁱⁿ   3 - 4 **Titlos (b)** V Aᴵᵖⁱⁿ; *deest in*
HᴵAᴵ ᵗˣᵗ   5 - 6 **Titlos (c)** PMLᵇ ᵖⁱⁿ; *deest in* Lᵇ ᵗˣᵗ Lᶜ (*fenestra in* Lᶜ ᵗˣᵗ)   8 - 10
ΙΙ¹1532 K cap. Ξ 2, 1 (208r[mg]208v1-3); V cap. Ξ 1, 1; PM cap. Ξ 2, 1; Lᶜ cap. Ξ 1,
1; *deest in* Hᴵ Lᵇ; PG 96, 204, 26-28

---

3 - 4 **Titlos (b)**   3 α'] *propt. mg. resect. non liquet in* Aᴵᵖⁱⁿ (α' *secund. ser.*), *praem.*
τίτλος α' Vᴱ ᵖⁱⁿ Vᴼ ᵖⁱⁿ, *praem.* τίτλος Vᵂ ᵗˣᵗ   ξένων] πρόξενον Vᴼ ᵗˣᵗ   5 - 6 **Titlos**
(c)   5 β'] α' Lᶜ ᵗˣᵗ *secund. ser.*   5 - 6 καὶ - εὑρεθέντων] *om.* M   5 - 6 εὑρεθέντων]
εὑρισκομένων Lᵇ ᵖⁱⁿ ᵃ· ᶜ·

ΙΙ¹1532 (a) K (b) Κριτῶν V PM κρητῶν VᴱVᴼ, *praem.* τῶν M (c) *s. a.* Lᶜ

---

9 ἐκέκραξαν M   οἵ] *s. l.* Lᶜ, ὁ Vᴱ, *om.* K Vᵂ P   ἐξήγειρεν K   κύριος] *praem.* ὁ
K   10 αωδ P, ἀδὼδ M, ναυὼδ K   υἱὸν - Ἰεμενί] *om.* V PM Lᶜ   Γερᾶ] *sic* K
Ἰεμενί] *sic* Kᵃ· ᶜ·, ἱεμενὶ Kᵖ· ᶜ· ᵘᵗ ᵛⁱᵈᵉᵗᵘʳ

II¹1533 / K cap. Ξ 2, 2

Τῶν αὐτῶν·

Μετὰ Ἀὼδ ἀνέστη Μεγὰρ υἱὸς Ναάθ, καὶ ἐπάταξε τοὺς ἀλλοφύ-
λους ἑξακοσίους ἄνδρας ἐν τῷ ἀροτρόποδι τῶν βοῶν, καὶ ἔσωσε
5 καί γε αὐτὸς τὸν Ἰσραήλ.

II¹1534 / K cap. Ξ 2, 3

Τῶν αὐτῶν·

Κατέβη Σαμψὼν καὶ ὁ πατὴρ αὐτοῦ καὶ ἡ μήτηρ αὐτοῦ εἰς Θα-
μναθᾶ, καὶ ἦλθεν ἕως τοῦ ἀμπελῶνος, καὶ ἰδοὺ σκύμνος λέοντος
10 εἰς συνάντησιν· καὶ ἥλατο ἐπ᾽ αὐτὸν πνεῦμα κυρίου, καὶ διέσπα-
σεν αὐτὸν ὡσεὶ ἔριφον αἰγῶν, καὶ οὐδὲν ἦν ἐν ταῖς χερσὶν αὐτοῦ.
Καὶ οὐκ ἀπήγγειλε τῷ πατρὶ αὐτοῦ καὶ τῇ μητρὶ αὐτοῦ ὃ ἐποίη-
σεν.

---

3 – 5 II¹1533 Iud. 3, 31 (Wahl, *Richter-Text*, p. 22)   8 – 13 II¹1534 Iud. 14, 5–6
(Wahl, *Richter-Text*, p. 33–34)

2 – 5 II¹1533 K cap. Ξ 2, 2 (208v[3]4–6); V cap. Ξ 1, 2; PM cap. Ξ 2, 2; Lᶜ cap. Ξ 1,
2; *deest in* Hᴵ Lᵇ; PG 96, 204, 28–30   7 – 13 II¹1534 K cap. Ξ 2, 3 (208v[6]7–12); V
cap. Ξ 1, 3; PM cap. Ξ 2, 3; Lᶜ cap. Ξ 1, 3; *deest in* Hᴵ Lᵇ; PG 96, 204, 31–37

II¹1533 (a) K (b) *s. d.* V PM Lᶜ II¹1534 (a) K Vᵂ P (b) Τοῦ αὐτοῦ M (c) Βασιλει-
ῶν κρητῶν *(sic)* Vᴱ (d) *s. a.* Vᴼ Lᶜ

3 αωδ P, ἀδὼδ M, ὠδ *(sic)* Lᶜ   ἀνέστη Μεγὰρ] ἀνέστημεν γὰρ Lᶜ   Μεγὰρ] *sic* V
PM, γὰρ K, Σαμεγὰρ *LXX*   υἱὸς Ναάθ] *om.* V PM Lᶜ   Ναάθ] *sic* K, Αναθ *LXX*
4 ἄνδρας] *om.* K   ἐν – ἀροτρόποδι] ἐκτὸς μόσχων (-ον Vᵂ) Vᵂ P, ἐκ τῶν μό-
σχων Lᶜ, ἐκ τοῦ μόσχου M   ἀροτρῶ ποδι (-ϊ Vᴼ) Vᴱ Vᴼ, ἀρότρωι ποδὶ K 5 καί γε
αὐτὸς] *om.* V PM Lᶜ 8 σαμψῶν P, σαμφὼν Lᶜ   αὐτοῦ¹] αὐτῶν P 8 – 9 θαμναθά
Lᶜ, θάμναθα Vᴱ ᵃ·ᶜ·, θαμνατα P, θαμνὰ K 9 καὶ¹ – ἀμπελῶνος] *om.* K   ἦλθον V
ἀμπελῶνος] κενῶς (-ως P) Vᵂ ᵃ·ᶜ· P, κενός Vᵂ ᵖ·ᶜ·, κινός M, μενῶς Lᶜ   λέοντος]
add. ὀπίσω K (*vox suspecta,* ὠρυόμενος *LXX*)   10 ἥλατο] *scripsi,* ἤλατο Kᵃ·ᶜ·,
ἤλατο *(sic)* Vᴱ Vᴼ M, ἤλλατο P Lᶜ, εἴλατο Kᵖ·ᶜ· ⁱⁿ ᵐᵍ·, εἴλατο *e corr.* Vᵂ, κλάτο *(sic)*
Vᴼ   αὐτὸ Vᴼ 10 – 11 διεπέστασεν *(sic)* M 11 ὡσεὶ] ὡς V PM Lᶜ 12 αὐτοῦ²]
om. M

II¹1535 / K cap. Ξ 2, 4

Τῶν αὐτῶν·

Ἐπορεύθη Σαμψὼν καὶ συνέλαβε τριακοσίας ἀλώπεκας, καὶ ἔλαβε λαμπάδας, καὶ ἔστρεψε κέρκον πρὸς κέρκον, καὶ ἔθηκε λαμπάδα μίαν ἀναμέσον τῶν δύο κέρκων ἐν τῷ μέσῳ, καὶ ἔδησεν· καὶ ἐξῆψε 5 πῦρ ἐν ταῖς λαμπάσιν, καὶ ἐξαπέστειλεν ἐν τοῖς στάχυσι τῶν ἀλλοφύλων, καὶ ἐνεπύρισεν τοὺς στάχυας τῶν ἀλλοφύλων ἀπὸ ἅλωνος ἕως σταχύων ὀρθῶν, καὶ ἕως ἀμπελῶνος καὶ ἐλαίας.

II¹1536 / K cap. Ξ 2, 5

Τῶν αὐτῶν· 10

Εἶπεν Σαμψών· Ἐν σιαγόνι ὄνου ἐξαλείφων ἐξήλειψα αὐτούς, ὅτι ἐν σιαγόνι ὄνου ἐπάταξα χιλίους ἄνδρας. Καὶ ἐγένετο ὡς ἐπαύσατο λαλῶν, ἔρριψε τὴν σιαγόνα ἀπὸ τῆς χειρὸς αὐτοῦ, καὶ ἐκάλεσε τὸν τόπον ἐκεῖνον Ἀναίρεσις σιαγόνος. Καὶ ἐδίψησε σφόδρα, καὶ ἐβόησε πρὸς κύριον· Σὺ εὐώδωσας ἐν χειρὶ τοῦ δούλου σου τὴν 15 σωτηρίαν τὴν μεγάλην ταύτην, καὶ νῦν ἀποθνήσκω ἐν δίψει, καὶ ἐμπεσοῦμαι εἰς χεῖρας τῶν ἀπεριτμήτων. Καὶ ἤνοιξεν ὁ θεὸς τὸ

---

3 – 8 II¹1535 Iud. 15, 4–5 (Wahl, *Richter-Text*, p. 34)   11 – 855, 4 II¹1536 Iud. 15, 16–19 (Wahl, *Richter-Text*, p. 35–36)

2 – 8 II¹1535 K cap. Ξ 2, 4 (208v[12]13–20); V cap. Ξ 1, 4; PM cap. Ξ 2, 4; Lᶜ cap. Ξ 1, 4; *deest in* Hᴵ Lᵇ; PG 96, 204, 38–43   10 – 855, 4 II¹1536 K cap. Ξ 2, 5 (208v[20] 21–209r10); V cap. Ξ 1, 5; PM cap. Ξ 2, 5; Lᶜ cap. Ξ 1, 5; *deest in* Hᴵ Lᵇ; PG 96, 204, 44–52

II¹1535 (a) K (b) *s. a.* VᴱVᴼ (c) *s. d.* Vᵂ PM Lᶜ II¹1536 (a) K Vᵂ P (b) Τοῦ αὐτοῦ M (c) *s. a.* VᴱVᴼ Lᶜ

3 Ἐπορεύθη] *add.* δὲ Vᵂ PM Lᶜ   σαμψων P   τριακοσίους VᴱVᴼ   4 ἔθυκε Vᴼ, εθικεν P, *post* λαμπάδα *transpos.* M   5 μίαν] *om.* M   δύο κέρκων] κερκων τῶν δύο M   ἐν – μέσῳ] *om.* PM Lᶜ Vᵂ   5 – 7 ἐξῆψε – καὶ] *om.* VᴱVᴼ   5 ἐξῆψε] ἐξέκαυσε (ἐξε- M; -εν PM) PM Lᶜ Vᵂ   6 – 7 ἐξαπέστειλεν – καὶ] *om.* PM Lᶜ Vᵂ   7 ἐνεπύρησεν VᴱVᴼ   7 – 8 ἅλωνος VᴱVᴼ M, ἅλωνος *(sic)* P, ἄλλωνος Vᵂ   8 στάχυων K, σταχυων P, ταχύων M   11 σαμψῶν P   12 ὄνου] *om.* Lᶜ   ἐπάταξα] ἐπάταξε Vᴼ   12 – 14 Καὶ – σιαγόνος] *om.* V PM Lᶜ   13 αὐτοῦ] *scripsi (LXX)*, αὐτοῦ K   15 εὐώδοσας V   16 ταύτην] *om.* M   ἀποθνήσκωι K   δίψηι K   17 ἐνπεσοῦμαι P   ἀπεριτμήτων] *add.* τούτων K

τραῦμα τὸ ἐν τῇ σιαγόνι, καὶ ἐξῆλθεν ἐξ αὐτοῦ ὕδατα, καὶ ἔπιεν, καὶ ἐπέστρεψεν τὸ πνεῦμα αὐτοῦ, καὶ ἔζησεν, καὶ ἐκλήθη τὸ ὄνομα αὐτῆς Πηγὴ τοῦ ἐπικαλεσαμένου, ἥ ἐστιν ἐν Σιαγόνι μέχρι τῆς ἡμέρας ταύτης.

5   II¹1537 / K cap. Ξ 2, 6

Τῶν αὐτῶν·

Ἐπορεύθη Σαμψὼν εἰς Γάζαν, καὶ εἶδεν ἐκεῖ γυναῖκα πόρνην καὶ εἰσῆλθε πρὸς αὐτήν. Καὶ ἀπηγγέλη τοῖς Γαζαίοις, λέγοντες· Ἥκει Σαμψὼν ὧδε. Καὶ ἐκύκλωσαν καὶ ἐνήδρευσαν αὐτὸν ὅλην τὴν
10   νύκτα ἐν τῇ πύλῃ τῆς πόλεως, καὶ ἐκώφευσαν ὅλην τὴν νύκτα, λέγοντες· Ὡς διαφαύσει ὁ ὄρθρος, φονεύσωμεν αὐτόν. Καὶ ἐκοιμήθη Σαμψὼν ἕως μεσονυκτίου, καὶ ἀνέστη ἐν ἡμίσει τῆς νυκτός, καὶ ἐπελάβετο τῶν θυρῶν τῆς πύλης τῆς πόλεως σὺν τοῖς δυσὶ σταθμοῖς, καὶ ἀνεβίβασεν αὐτὰς σὺν τῷ μοχλῷ, καὶ ἔθηκεν ἐπὶ
15   τοὺς ὤμους αὐτοῦ, καὶ ἀπήνεγκεν αὐτὰ ἐπὶ τὴν κορυφὴν τοῦ ὄρους τοῦ ἐπὶ πρόσωπον Χεβρῶν, καὶ ἔθηκεν αὐτὰ ἐκεῖ.

---

7 – 16 II¹1537 Iud. 16, 1–3 (Wahl, *Richter-Text*, p. 36–37)

6 – 16 II¹1537 K cap. Ξ 2, 6 (209r[10]11–23); V cap. Ξ 1, 6; PM cap. Ξ 2, 6; Lᶜ cap. Ξ 1, 6; *deest in* Hᴵ Lᵇ; PG 96, 204, 53 – 205, 6

II¹1537 (a) K P Lᶜ Τῶν] ἐ *(rubricatoris vitio)* Lᶜ   (b) Τοῦ αὐτοῦ M   (c) κρητῶν *(sic)* VᴱVᴼ   (d) *s. a.* Vᵂ

---

1 τῇ] *om.* K   ὕδωρ M   2 ἐπέστρεψεν – καὶ³] *om.* K   2 – 4 καὶ³ – ταύτης] *om.* V PM Lᶜ   7 Ἐπορεύθη – Γάζαν] *om.* Vᴼ   σαμψων P   γαζὰν K, γαζαν M   εἶδεν] ἴδεν K V, ἴδεν PM   ἐκεῖ] *om.* M   8 απηγγελη P, ἀπηγγέλει VᴱVᵂ, ἀάπηγγέλει *(sic)* Vᴼ, ἀνηγγέλει M, *non liquet in* Lᶜ   τοῖς Γαζαίοις] τοῦ γαζαίου Lᶜ   9 σαμψῶν P   ὧδε Vᵂ Lᶜ, ωδε P, ὅδε VᴱVᴼ   ἐνήδρευσαν] -ή- *e corr.* Vᵂ, ἐνέδρευσαν (ἐνε- P) VᴱVᴼ P, ἐνήδρεσαν Lᶜ, ἐπέδησαν M   10 νύκτα¹] νύκταν M   ἐκοφευσαν P, ἐσκόπησαν K   νύκτα²] νυκταν *(sic)* M   11 διαφαύσει ὁ] διαφαύσει τὸ (το P) Vᵂ P, δῖαφαύσοιτο Lᶜ   ὄρθος Vᴱ   φονεύσομεν V P   12 σαμψων P   ἡμίσει M, ημησει P, μέσω K   13 ἐπελαθετο P   τῆς πύλης] *post* τῆς πόλεως *transpos.* M   14 στάθμοις K   αὐτὰ V, αυτα P   ἔθηκεν] *add.* αὐτὰ (αυ- PM; -τα P) Vᵂ PM Lᶜ   15 τοῦ ὤμου Lᶜ, τοῦ σώματος M   αὐτοῦ] *om.* VᴱVᴼ   16 τοῦ – Χεβρῶν] *om.* V PM Lᶜ   αὐτὰ] *om.* Vᴼ

II¹1538 / K cap. Ξ 2, 7

Τῶν αὐτῶν·

...ἑπτακόσιοι ἄνδρες ἐκλεκτοὶ ἐκ παντὸς τοῦ λαοῦ ἀμφοτεροδέ-
ξιοι· πάντες οὗτοι σφενδονῆται ἐν λίθῳ πρὸς τρίχα, καὶ οὐκ ἐξα-
μαρτάνοντες.   5

II¹1539 / K cap. Ξ 2, 8

Βασιλειῶν α′

...καὶ οἱ μετὰ Δαυῒδ ἄνδρες ἰσχυροί, παρατάξεως πολέμου, αἴ-
ροντες θυρεοὺς καὶ δόρατα, καὶ πρόσωπον λέοντος τὸ πρόσωπον
αὐτῶν, καὶ κοῦφοι ὡς δορκάδες ἐπὶ τῶν ὀρέων τῷ τάχει.   10

II¹1540 / K cap. Ξ 2, 9

Βασιλειῶν β′·

Ἀσαὴλ κοῦφος τοῖς ποσίν, ὡσεὶ μία δορκὰς ἐν ἀγρῷ.

---

3 - 5   **II¹1538** Iud. 20, 15–16 (Wahl, *Richter-Text*, p. 42)   **8 - 10**   **II¹1539** I Reg., re
vera I Par. 12, 9 (deest apud Wahl, *1 Chronik-Text*)   **13**   **II¹1540** II Reg. 2, 18
(Wahl, *2 Samuel-Text*, p. 82)

---

2 - 5   **II¹1538** K cap. Ξ 2, 7 (209r[mg]209v1–3); V cap. Ξ 1, 7; P cap. Ξ 2, 7; Lᶜ cap.
Ξ 1, 7; *deest in* Hᴵ MLᵇ; PG 96, 205, 7–9   **7 - 10**   **II¹1539** K cap. Ξ 2, 8 (209v[3]4–7);
deest in V Hᴵ PMLᵇ Lᶜ   **12 - 13**   **II¹1540** K cap. Ξ 2, 9 (209v[7]8–9); V cap. Ξ 1, 8; P
cap. Ξ 2, 8; M cap. Ξ 2, 7; Lᶜ cap. Ξ 1, 8; *deest in* Hᴵ Lᵇ; PG 96, 205, 10–11

II¹1538 (a) K P Lᶜ   Τῶν] ἐ *(rubricatoris vitio)* Lᶜ   (b) βασιλι *(sic)* Vᵂ   (c) *s. a.* Vᴱᵛᴼ
II¹1540 (a) K PM Lᶜ   (b) Βασιλειῶν α′ Vᴱᵛᴼ   α′] *om.* Vᴼ   (c) Τῶν αὐτῶν Vᵂ

---

3 - 4   ἀμφοτεροδέξιοι – οὗτοι] *post* οὗτοι *interpunx.* Vᴱᵛᴼ, *post* πάντες Vᵂ, *sine*
interpunctione P   **4** σφενδονῆται Vᵂ, σφενδονειτε P, σφενδονισταὶ K Lᶜ   οὐκ]
iterav. Lᶜ   **13** ασαηλ P, ϊσαὴλ *(rubricatoris vitio)* Lᶜ, *add.* ἣν K   κουφος PM,
κούφως Vᴱᵛᴼ   ὡσεὶ] ὡς ἡ M

II¹1541 / K cap. Ξ 2, 10

Τῆς αὐτῆς·

Κειρόμενος Ἀβεσσαλὼμ ἵστα τὴν τρίχα τῆς κεφαλῆς αὐτοῦ διακοσίους σίκλους τῷ βασιλικῷ.

II¹1542 / K cap. Ξ 2, 11

Τοῦ ἁγίου Βασιλείου, τοῦ ε′ λόγου τῆς Ἑξαημέρου·

Πάντα ἐν πᾶσι μέμικται· καὶ ἐν γῇ εὑρήσεις ὕδωρ καὶ ἀέρα καὶ πῦρ, εἶτα ἐκ λίθων μὲν πῦρ ἐξάλλεται, ἐκ σιδήρου δέ, ὃ καὶ αὐτὸ ἔχει ἀπὸ γῆς τὴν γένεσιν, πῦρ ἄφθονον ἐν ταῖς παρατρίψεσιν πέφυκεν ἀπολάμπειν. Ὁ καὶ θαυμάσαι ἄξιον, πῶς ἐν μὲν τοῖς σώμασιν ὑπάρχον τὸ πῦρ, ἀβλαβῶς ἐμφωλεύει, προκληθὲν δὲ ἐπὶ τὰ ἔξω, δαπανητικόν ἐστι τῶν φυλασσόντων.

---

3 – 4 II¹1541 II Reg. 14, 26 (Wahl, *2 Samuel-Text*, p. 89)   **7 – 12 II¹1542** BASILIUS CAESARIENSIS, *Homiliae in Hexaemeron*, re vera I, 7 (ed. Mendieta†/Rudberg, p. 13, 17 – 14, 2)

2 – 4 II¹1541 K cap. Ξ 2, 10 (209v[9]10–11); *deest in* V H¹ PML^b L^c   **6 – 12 II¹1542** K cap. Ξ 2, 11 (209v[11]12–19); V cap. Ξ 1, 9; P cap. Ξ 2, 9; M cap. Ξ 2, 8; L^c cap. Ξ 1, 9; *deest in* H¹ L^b; PG 96, 205, 12–19

II¹1542 (a) PM L^c Τοῦ ἁγίου] *om.* L^c   (b) Τοῦ ἁγίου Βασιλείου, ἐκ τῆς Ἑξαημέρου K (c) Βασιλείου V^E V^W (d) Τοῦ αὐτοῦ V^O

3 – 4 διακοσίους] *correxi (LXX)*, πέντε K (ε′ pro c′ *ut videtur*)   **4** *post* σίκλους *hab.* ἐν τῷ σίκλῳ LXX   **7** γῇ] ὀργῇ V^O   **8** εἶτα] καὶ K, εἴγε *ed.*   δέ] *om.* K (*s. l. supplev. man. rec.), ante* σιδήρου *transpos.* M   ὃ] ὅπερ M, *om.* V^W P L^c   **9** ἀπὸ] ἐκ M ἄφθονον] ἀφανῶς PM V^W L^c   **10** ἀπολάμπην V^E V^W a. c. ut videtur V^O   θαυμάσαι V^W, θαύματος K   μὲν] *post* σώμασιν *transpos.* M   **11** ὑπάρχων V PM   ἐμφολεύει V^E V^W p. c. V^O PM, ἐμφολεύων V^W a. c.   προκλιθὲν K, προσκλιθὲν V^E V^O   **12** τῶν] *praem.* ἀπὸ L^c

II¹1543 / K cap. Ξ 2, 12

Ἐκ τοῦ ζ΄ λόγου·

Εἴποις δ᾽ ἂν καὶ περὶ θαλάσσης αὐτῆς πῶς εἰς ἅλας τὸ ὕδωρ πή-
γνυται, πῶς ὁ πολυτίμητος λίθος, τὸ κοράλλιον, χλόη μέν ἐστι
τῆς θαλάσσης, ἐπειδὰν δὲ εἰς τὸν ἀέρα ἐξενεχθῇ, πρὸς λίθου στερ-   5
ρότητα μεταπήγνυται, πόθεν τῷ εὐτελεστάτῳ ζώῳ, τῷ ὀστρέῳ,
τὸν βαρύτιμον μαργαρίτην ἡ φύσις ἐνέθηκεν – ἃ γὰρ ἐπιθυμοῦσι
θησαυροὶ βασιλέων, ταῦτα περὶ αἰγιαλοὺς καὶ ἀκτὰς καὶ τραχείας
πέτρας διέρριπται, τοῖς τῶν ὀστρέων σώμασιν ἐγκείμενα –, πόθεν
τὸ χρυσοῦν ἔριον αἱ πίνναι τρέφουσιν, ὅπερ οὐδεὶς τῶν ἀνθοβά-   10
φων μέχρι νῦν ἐμιμήσατο, πόθεν αἱ κογχύλαι τοῖς βασιλεῦσιν τὴν
ἁλουργίδα χαρίζονται, αἳ καὶ τὰ ἄνθη τῶν λειμώνων τῇ εὐχροίᾳ
παρέδραμον.

---

3 – 13 II¹1543 BASILIUS CAESARIENSIS, *Homiliae in Hexaemeron*, VII, 6 (ed. Men-
dieta†/Rudberg, p. 123, 3–12)

2 – 13 II¹1543 K cap. Ξ 2, 12 (209v[19]20–210r10); V cap. Ξ 1, 10; P cap. Ξ 2, 10;
M cap. Ξ 2, 9; Lᶜ cap. Ξ 1, 10; *deest in* Hᴵ Lᵇ; PG 96, 205, 20–32

II¹1543 (a) PM Lᶜ ζ΄ λόγου] ζηλόγου Lᶜ (b) Ἐκ τῆς αὐτῆς K (c) Τοῦ αὐτοῦ V

3 δ᾽ ἄν] δὲ Vᵂ PM Lᶜ   καί] *om.* V PM Lᶜ   4 πολύτιμος Lᶜ   κοράλιον K Vᵂ,
κουράλϊον Lᶜ ᵃ· ᶜ·, κουράλλϊον Lᶜ ᵖ· ᶜ·, κοραάλλϊον Vᴼ ᵃ· ᶜ·   χλοὴ M   5 τόν] *om.* M
ἐξενεχθείη M   6 τὸ εὐτελεστατον M   ζώῳ] ζῶον M, τῶν ζώων K   τῷ ὀστρέῳ]
τὸ ὀστρέω VᴱVᴼ, στρέω P   8 θησαυροῖ VᴱVᴼ, θησαυροι P, θησαυροῖς K   9 διέρι-
πται Vᴱ, διέρρηκται M   10 αἱ] *om.* M   πίναι VᴱVᴼ M, πῖναι *e corr.* K   10 – 11
ἀνθοβαφῶν VᴱVᵂVᴼ ᵖ· ᶜ·, ανθοβαφων P, ἀνθοβατῶν Vᴼ   11 μέχρι] *add.* τοῦ M
πόθεν] *add.* δὲ (δε P) Vᵂ P Lᶜ   κόγχαι (κο- P) Vᵂ ᵉ ᶜᵒʳʳ· PM Lᶜ, κόχλαι VᴱVᴼ
11 – 12 τὴν ἁλουργίδα] τὰς ἁλουργίδας *ed.*   12 αἵ] ἢ K, ἔτι M   καί] *om.* M
λειμόνων (-μο- P) VᴱVᴼ P   13 παρέδραμεν (παρε- M) K M

II¹1544 / K cap. Ξ 2, 13

Καὶ μετ᾽ ὀλίγα·

Ἐποίησεν ὁ θεὸς τὰ κήτη τὰ μεγάλα. Οὐκ ἐπειδὴ καρίδος καὶ μαι-
νίδος μείζονα, διατοῦτο μεγάλα εἴρηται, ἀλλ᾽ ἐπειδὴ τοῖς μεγί-
5   στοις ὄρεσι τῷ ὄγκῳ τοῦ σώματος παρεικάζονται, ἅ γε καὶ νήσων
πολλάκις φαντασίαν παρέχεται, ἐπειδάν ποτε ἐπὶ τὴν ἄκραν ἐπι-
φάνειαν τοῦ ὕδατος ἀνανήξεται. Ἐὰν δὲ ἀκούσῃς ὅτι τὰ μέγιστα
τῶν πλοίων, ἡπλωμένοις ἱστίοις ἐξουρίας φερόμενα, τὸ μικρὸν
ἰχθύδιον, ἡ ἐχενηΐς, οὕτω ῥαδίως ἵστησιν, ὥστε ἀκίνητον ἐπὶ πλεῖ-
10   στον φυλάττειν, ὥσπερ καταριζωθὲν ἐν αὐτῷ τῷ πελάγει, <***>.

<II¹suppl. 356 / V cap. Ξ 1, 12>

---

3 Gen. 1, 20   11 II¹suppl. 356 / V cap. Ξ 1, 12 cf. Sacra. Liber II. *Supplementum*
(Band VIII/8)

---

3 - 7 II¹1544 Ἐποίησεν – ἀνανήξεται] BASILIUS CAESARIENSIS, *Homiliae in Hexa-
emeron*, VII, 6 (ed. Mendieta†/Rudberg, p. 123, 17 – 124, 1)   7 - 10 Ἐὰν – πελά-
γει] IBID. (p. 124, 4–6)

---

2 - 10 II¹1544 K cap. Ξ 2, 13 (210r[mg]11–21); V cap. Ξ 1, 11; P cap. Ξ 2, 11; M
cap. Ξ 2, 10; Lᶜ cap. Ξ 1, 11; *deest in* Hᴵ Lᵇ; PG 96, 205, 33–42

II¹1544 (a) K (b) Τοῦ αὐτοῦ Vᵂ (c) *s. a.* Vᴼ P Lᶜ (d) *s. d.* Vᴱ M

---

3 κήτη τὰ] *e corr.* Vᵂ   3 - 4 μαινίδος] *correxi (ed.)*, μίνιδος K VᴱVᴼ, μήνιδος (μη-
P) Vᵂ PM   5 παρικάζονται VᴱVᴼ, παρϊσάζονται Lᶜ, παρίσαζονται *(sic)* M, παρει-
σάζονται P, παρισάζεται *ed.*   ἅ γε] ἄγε VᴱVᴼ, ἄτε PM Vᵂ Lᶜ   νήσου M, νήσω
Vᵂ, νησσω P   6 φαντασῖαι πολλάκϊς Lᶜ   6 - 7 ἐπειδάν – ἀνανήξεται] *om.* V PM
Lᶜ   7 ἀνανήξεται] *sic* K   8 ἡπλομένοις VᴱVᴼ, ἡπωμενοι P   9 ἰχθύδιον] *om.* PM
Vᵂ Lᶜ   ἡ] *om.* K   ἐχένιεῖς Vᴱ, εχενϊεῖς Vᴼ, ἐχενϊς (-ις *e corr.)* Vᵂ, εχενης P, ἐ-
χίνη M   ἀκίνητα (-κι- P) Lᶜ PM   9 - 10 ἐπὶ πλεῖστον] ἐπιπλεῖστων Vᴱ, -πλείστων
Vᴼ, ἐπὶ πλείω, *quae ante* ἀκίνητον *transpos.* M   10 φυλάττει M   καταριζωθέντα
P, κατερρϊζωθέντα Lᶜ, κατηνωθέντα M   πελάγει] *finis sententiae deest (cf. ed.)*,
add. τότε θαυμάσης τοῦ δημιουργοῦ τὴν ἰσχύν VᴱVᴼ

II¹1545 / K cap. Ξ 2, 14

Φίλωνος, ἐκ τοῦ περὶ μέθης α'·

Τίς οὐκ οἶδεν ὅτι κριθαῖς μὲν ἔθνη τρέφεται μεγάλα, καθάπερ τὰ
πολλὰ τῶν Λιβύην νεμομένων, ὀλύραις δὲ ἕτερα, καὶ τὸ πολυαν-
θρωπότατον Ἰνδῶν ὀρύζῃ, οἳ καὶ κατακερτομοῦσι τῶν σίτῳ χρω-   5
μένων, ὡς ῥυπῶσαν καὶ δουλοπρεπῆ τροφὴν ἀντὶ λευκοῦ πυροῦ
τῆς ἐλευθέροις ἁρμοττούσης προ<σ>φερομένων; Τίς δὲ οὐκ οἶδεν
ὅτι ἐλαιουργεῖται μὲν σήσαμα, ἐλαιουργεῖται δὲ καὶ κνῆκος, καὶ
πολλὰ τῶν ἄλλων, <ὧν> ἥκιστα ἄν τις προσεδόκησεν; Ἐπεὶ καὶ ἐν
Αἰγύπτῳ φασὶ ταῖς πρὸς Αἰθιοπίαν Θήβαις ἐκ ῥεφανίδων οὐκ ὀλί-   10
γον ἀποστάζει<ν> καὶ πάλιν ἐκ τοῦ λεγομένου συνίστασθαι κρο-
τῶνος. Ὁ δὲ κροτὼν ἔστι μὲν σπέρμα ζῶῶδες, καὶ σχῆμα καὶ μέγε-
θος καὶ τὰ ἄλλα ἔοικεν <κροτῶνι>, ἀφ' οὗ καὶ τῆς ἐπωνυμίας ἔτυ-
χεν· ὃ μάλιστα τοῖς κυσὶν ἐγγίνεται, καθάπερ φθεῖρες ἀνθρώποις.
Καὶ ταῦτα πάντα τῆς πάντα θαυματουργούσης ἐν ἑκάστοις ἑκά-   15
στοτε θείας σοφίας ἔργα, ἡμῖν μὲν ξένα καὶ παράδοξα φαινόμενα,
αὐτῇ δὲ ῥάδια καὶ δυνατά.

---

3 - 17 II¹1545 PHILO IUDAEUS, _De ebrietate II_, Fr. 5 (ed. Wendland, p. 23); Royse
177.87

2 - 17 II¹1545 K cap. Ξ 2, 14 (210r[21]22–210v17); _deest in_ V Hᴵ PMLᵇ Lᶜ

II¹1545 α'] _sic_ K

---

3 κριθαῖς] _scrips. Wendland_, κρίθαις K   7 προσφερομένων] _correx. Wendland_,
προφερομένων K   8 σήσαμα] _scrips. Wendland_, σίσαμα Kᵖ· ᶜ·, σίσασμα Kᵃ· ᶜ·
κνῆκος] _scrips. Wendland_, κνίκος K   9 ὧν] _supplevi, deest in_ K   10 Αἰγύπτῳ]
scrips. Wendland, αιγύπτωι K   10 - 11 ὀλίγον] _correx. Wendland_, ὀλίγων K   11
ἀποστάζειν] _correx. Wendland_, ἀποστάζει K   12 κροτὼν] _scripsi_, κροτῶν K   13
κροτῶνι] _supplevi, deest in_ K   τῆς ἐπωνυμίας] _correx. Wendland_, τὴν ἐπ' ὠνυμίαν
K   14 ἀνθρώποις] _correx. Wendland_, ἀνθρώπου K   17 αὐτῇ] _scrips. Wendland_,
αὐτὴ K

Στοιχεῖον Ο

Τίτλος α′   Περὶ ὀρφανῶν καὶ χηρῶν.

β′   Περὶ ὀρφανῶν καὶ πτωχῶν καὶ χηρῶν.

II¹1546 / K cap. Ο 1, 1

5 Τῆς Ἐξόδου·

Πᾶσαν χήραν καὶ ὀρφανὸν οὐ κακώσετε· ἐὰν δὲ κακίᾳ κακώσητε
αὐτούς, καὶ κράξαντες καταβοήσωσι πρός με, ἀκοῇ εἰσακούσομαι
τῆς βοῆς αὐτῶν, καὶ ὀργισθήσομαι θυμῷ, καὶ ἀποκτενῶ ὑμᾶς ἐν
μαχαίρᾳ, καὶ ἔσονται αἱ γυναῖκες ὑμῶν χῆραι, καὶ τὰ τέκνα ὑμῶν
10 ὀρφανά.

II¹1547 / K cap. Ο 1, 2

Τῆς αὐτῆς·

Οὐκ ἐνεχυριάσεις ἱμάτιον χήρας.

---

2 χηρῶν] cf. II¹ / K^{pin} Παραπομπὴ Χ 2

---

6 – 10 II¹1546 Ex. 22, 22–24   **13** II¹1547 Ex., re vera Deut. 24, 17 (Wahl, *Deutero-nomium-Text*, p. 143)

---

1 Stoicheion K^{txt} (210v17) K^{pin}   **2 Titlos (a)** K (210v17–18)   **3 Titlos (b)** V A^{I pin}; *deest in* H^IA^{I txt}   **5 – 10** II¹1546 K cap. Ο 1, 1 (210v[18]19–211r1); V cap. Ο 2, 1; *deest in* H^I; PG 96, 208, 57 – 209, 4   **12 – 13** II¹1547 K cap. Ο 1, 2 (211r[1]2); V^EV^O cap. Ο 2, 4; V^W cap. Ο 2, 3; *deest in* H^I; PG 96, 209, 7

---

3 Titlos (b)   β′] *propt. mg. resect. non liquet in* A^{I pin} (β′ *secund. ser.), praem.* τίτλος V^{W txt}   καὶ πτωχῶν] *om.* V^{E pin} V^WV^{O pin}   χηρῶν] *add.* καὶ ὅτι χρὴ τούτους οἰκτείρειν (-ην V^{E pin}) V^{E pin} V^{O pin}

II¹1546 Τῆς] *om.* V   II¹1547 (a) K (b) *s. a.* V

---

6 χήραν K V^{E a. c.} V^O   κακώσετε] κακώσητε K, κακώσεται V^EV^O   κακώσητε] κακώσεται V^EV^O   **7** ἀκοῇ V   εἰσακούσομαι] *scripsi* (*II²), εἰσακούσωμαι K, ἀκού-σομαι V   **8** ὀργισθήσωμαι K   ἀποκτενῶι K   ἐν] *e corr.* V^W   **9** ὑμῶν¹] ἡμῶν V^W   **10** ὀρφανᾶ V^EV^O

II¹1548 / K cap. O 1, 3

Ἀπὸ τοῦ Ἰώβ·

Ὀρφανῷ ᾧ οὐκ ἦν βοηθός, ἐβοήθησα,
στόμα δὲ χήρας εὐλόγησέν με.

II¹1549 / K cap. O 1, 4

Τοῦ αὐτοῦ·

Χήρας τὸν ὀφθαλμὸν οὐκ ἐξέτηξα.

II¹1550 / K cap. O 1, 5

Δαυῒδ ἐν ψαλμῷ ξζ'·

...ὁ πατὴρ τῶν ὀρφανῶν καὶ κριτὴς τῶν χηρῶν,
ὁ θεὸς ἐν τόπῳ ἁγίῳ αὐτοῦ...

---

3 II¹1548 Ὀρφανῷ – ἐβοήθησα] Iob 29, 12²   **4** στόμα – με] Ibid. 29, 13²   **7**
II¹1549 Iob 31, 16²   **10 – 11 II¹1550** Ps. 67, 6¹⁻²

2 – 4 II¹1548 K cap. O 1, 3 (211r[2]3–4); Vᴱᴠᴼ cap. O 2, 3+2; Vᵂ cap. O 2, 4+2; P
cap. O 8, 12; Q³ cap. O 8, 12; Lᶜ cap. O 14, 12; *deest in* Hᴵ; PG 96, 209, 5–6   **6 – 7**
II¹1549 K cap. O 1, 4 (211r[4]5); *deest in* V Hᴵ   **9 – 11 II¹1550** K cap. O 1, 5 (211r
[5]6–7); V cap. O 2, 5; P cap. O 8, 13; Q³ cap. O 8, 13; Lᶜ cap. O 14, 13; *deest in* Hᴵ;
PG 96, 209, 8–9

II¹1548 (a) K Q³ ἰώβ Q³ (b) ἰώβ P Lᶜ (c) *s. a.* / Ἰώβ V *(cf. infra, app. crit. text.)* ἰώβ
Vᴱ **II¹1550** (a) K (b) Ψαλμοῦ ξζ' P Q³ Lᶜ ψαλμὸς Lᶜ (c) Δαυῒδ Vᴱᴠᴼ (d) *s. a.* Vᵂ

---

3 ᾧ] ὧ *s. l.* Q³, ὂ Vᴱᴠᴼ   βοηθός] βοήθεια Q³ Vᵂ Lᶜ, βοηθηα P   ἐβοήθησα] *hic*
caesura in V   **4** στόμα – με] *om.* P Q³ Lᶜ   δὲ] *om.* V   **10** ὁ πατὴρ] τοῦ πατρὸς P
Q³ Lᶜ   κριτὴς Vᴱᴠᴼ, κριτοῦ P Q³ Lᶜ   **11** ὁ – αὐτοῦ] *om.* V P Q³ Lᶜ

II¹1551 / K cap. O 1, 6

Ἐν ψαλμῷ πα΄·

Κρίνατε ὀρφανῷ καὶ πτωχῷ,
ἐκ χειρὸς ἁμαρτωλῶν ῥύσασθε αὐτούς.

5   <II¹suppl. 357 / PMLᵇ cap. O 8, 14>

II¹1552 / K cap. O 1, 7

Ἐν ψαλμῷ ρμε΄·

Ὀρφανὸν καὶ χήραν ἀναλήψεται.

II¹1553 / K cap. O 1, 8

*II²2112 /
PMLᵇ cap.
O 8, 2

10 Τῶν Παροιμιῶν·

Εἰς κτῆμα ὀρφανῶν μὴ εἰσέλθῃς·
ὁ γὰρ λυτρούμενος αὐτοὺς κύριος κραταιός ἐστι,
καὶ κρινεῖ τὴν κρίσιν αὐτῶν μετὰ σοῦ.

---

5 II¹suppl. 357 / PMLᵇ cap. O 8, 14 cf. *Sacra.* Liber II. *Supplementum* (Band VIII/8)

---

3 II¹1551 Κρίνατε – πτωχῷ] Ps. 81, 3¹   **4** ἐκ – αὐτούς] Ibid. 81, 4²   **8 II¹1552** Ps. 145, 9²   **11 – 13 II¹1553** Prov. 23, 10²–11² (Wahl, *Proverbien-Text*, p. 109)

---

2 – 4 II¹1551 K cap. O 1, 6 (211r[7]8–9); *deest in* V Hᴵ   **7 – 8 II¹1552** K cap. O 1, 7 (211r[9]10); *deest in* V Hᴵ   **10 – 13 II¹1553** K cap. O 1, 8 (211r[10]11–13); V cap. O 2, 6; *deest in* Hᴵ; PG 96, 209, 10–12

II¹1553 (a) K Vᴱᵛᴼ Τῶν] *om.* Vᴱᵛᴼ   (b) *s. a.* Vᵂ

---

13 καὶ] *om.* Vᵂ   αὐτοῦ Vᴱᵛᴼ

*II²2113 /
PMLᵇ cap.
O 8, 3

II¹1554 / K cap. O 1, 9

Τῶν αὐτῶν·

Ἀνθ᾽ ὧν ἠδίκουν νηπίους, φονευθήσονται.

II¹1555 / K cap. O 1, 10

Ζαχαρίου προφήτου·   5

Χήραν καὶ ὀρφανὸν καὶ προσήλυτον καὶ πένητα μὴ καταδυνα-
στεύσητε.

*II²2114 /
PMLᵇ cap.
O 8, 4

II¹1556 / K cap. O 1, 11

Ἀπὸ τοῦ Σιράχ·

Γίνου ὀρφανοῖς ὡς πατήρ,   10
καὶ ἀντὶ ἀνδρὸς τῇ μητρὶ αὐτῶν·
καὶ ἔσῃ ὡς υἱὸς ὑψίστου.

---

3 **II¹1554** Prov. 1, 32¹ (Wahl, *Proverbien-Text*, p. 23–24)   **6 – 7** **II¹1555** Zach. 7,
10 (Wahl, *Prophetenzitate*, p. 258–259)   **10 – 12** **II¹1556** Sir. 4, 10¹⁻³ (Wahl, *Si-rach-Text*, p. 54)

---

2 – 3 **II¹1554** K cap. O 1, 9 (211r[13]14); V cap. O 2, 7; *deest in* Hᴵ; PG 96, 209, 13
5 – 7 **II¹1555** K cap. O 1, 10 (211r[14]15–16); V cap. O 2, 8; P cap. O 8, 15; Q³ cap.
O 8, 15; Lᶜ cap. O 14, 16; *deest in* Hᴵ; PG 96, 209, 14–15   **9 – 12** **II¹1556** K cap. O 1,
11 (211r[16]17–18); V cap. O 2, 9; *deest in* Hᴵ; PG 96, 209, 16–17

II¹1554 (a) K   (b) Βαρούχ Vᵂ   (c) *s. a.* Vᴱᵛᴼ   **II¹1555** (a) K P Q³   (b) Ζαχαρίου V Lᶜ
II¹1556 (a) K   (b) Σιράχ V

---

6 μὴ] *om.* Vᴱᵛᴼ   **6 – 7** καταδυναστεύσηται Vᵂ ᵃ· ᶜ·, -στεύεται Vᴱᵛᴼ P, -στεύετε
Q³, -στεύητε Lᶜ   **10** γενοῦ Kᵃ· ᶜ·

II¹1557 / K cap. O 1, 12

*II²2115 /
PMLᵇ cap.
O 8, 5

Τοῦ αὐτοῦ·

Δέησιν ἀδικουμένου εἰσακούσεται·
οὐ μὴ ὑπερίδῃ ἱκεσίαν ὀρφανοῦ
5 καὶ χήρας, ἐὰν ἐκχέῃ λαλιάν.

II¹1558 / K cap. O 1, 13

*II²2116 /
PMLᵇ cap.
O 8, 6

Τοῦ αὐτοῦ·

Οὐχὶ δάκρυα χήρας ἐπὶ σιαγόνα καταβήσεται,
καὶ ἡ κατάβασις αὐτῶν ἐπὶ τῷ καταγαγόντι αὐτά;

II¹1559 / K cap. O 1, 14

*II²2117 /
PMLᵇ cap.
O 8, 7

10

Ἐκ τῆς πρὸς Τιμόθεον α΄ ἐπιστολῆς·

Χήρας τίμα τὰς ὄντως χήρας. Εἰ δέ τις χήρα ἢ τέκνα ἢ ἔγγονα ἔ-
χει, μανθανέτωσαν πρῶτον τὸν ἴδιον οἶκον εὐσεβεῖν καὶ ἀμοιβὰς
ἀποδιδόναι τοῖς προγόνοις· τοῦτο γάρ ἐστιν ἀπόδεκτον ἐνώπιον
15 τοῦ θεοῦ. Ἡ δὲ ὄντως χήρα καὶ μεμονωμένη ἤλπικεν ἐπὶ θεόν, καὶ
προσμένει ταῖς δεήσεσιν καὶ ταῖς προσευχαῖς νυκτὸς καὶ ἡμέρας, ἡ

---

3 – 5 II¹1557 Sir. 32, 16²–17² (Wahl, *Sirach-Text*, p. 136)   8 – 9 II¹1558 Sir. 32,
18–19 (Wahl, *Sirach-Text*, p. 136–137)   12 – 866, 2 II¹1559 I Tim. 5, 3–7

2 – 5 II¹1557 K cap. O 1, 12 (211r[18]19–21); V cap. O 2, 10; *deest in* Hᴵ; PG 96,
209, 18–19   7 – 9 II¹1558 K cap. O 1, 13 (211r[21]22–23); V cap. O 2, 11; *deest in*
Hᴵ; PG 96, 209, 19–21   11 – 866, 2 II¹1559 K cap. O 1, 14 (211r[24]211v1–9);
VᴱVᴼ cap. O 2, 12; Vᵂ cap. O 2, 12–13; *deest in* Hᴵ; PG 96, 209, 22–30

II¹1557 (a) K Vᵂ   (b) *s. a.* VᴱVᴼ   II¹1558 (a) K   (b) *s. a.* V   II¹1559 (a) K   (b) Πρὸς
Τιμόθεον VᴱVᴼ   (c) Ἀποστόλου / Πρὸς Τιμόθεον Vᵂ (*cf. infra, app. crit. text.*)

4 ὑπερίδῃ] *scripsi* (*II²), ὑπερίδει K, παρίδη V   9 κατάβασις] καταβόησις *LXX*
αὐτῶν] *om.* VᴱVᵂ (*in mg. supplev. man. rec.*) Vᴼ   καταγαγόντι] κατάγοντι VᵂVᴼ
12 τῖμας Vᴼ   ὄντας V   ἔκγονα Vᵂ   12 – 13 ἔχειν Vᴼ   14 ἀπόδεκτον] ἀποδε-
κτὸν Vᵂ ᵖ·ᶜ·, ἀπόδεκτὸν K   15 θεοῦ] *hic caesura in* Vᵂ   δὲ ὄντως] ὄντως
Vᵂ ᵖ· ʳᵃˢ·, δεόντως VᴱVᴼ   ἤλπισεν (*sic*) Vᵂ   θεόν] κύριον K Vᴱ

δὲ σπαταλῶσα, ζῶσα τέθνηκεν. Καὶ ταῦτα παράγγελλε, ἵνα ἀνεπί-
ληπτοι ὦσιν.

II¹1560 / K cap. O 1, 15

Καὶ μετ᾽ ὀλίγα·

Νεωτέρας δὲ χήρας παραιτοῦ· ὅταν γὰρ καταστρηνιάσωσι τοῦ   5
Χριστοῦ, γαμεῖν θέλουσιν, ἔχουσαι κρίμα ὅτι τὴν πρώτην πίστιν
ἠθέτησαν· ἅμα δὲ καὶ ἀργαὶ μανθάνουσι περιερχόμεναι τὰς οἰκίας,
οὐ μόνον δὲ ἀργαί, ἀλλὰ καὶ φλύαροι καὶ περίεργοι, λαλοῦσαι τὰ
μὴ δέοντα.

II¹1561 / K cap. O 1, 16   10

Ἐκ τῆς αὐτῆς·

Εἴ τις πιστὴ ἔχει χήρας, ἐπαρκείσθω αὐτα<ῖ>ς, καὶ μὴ βαρείσθω
<ἡ> ἐκκλησία, ἵνα ταῖς ὄντως χήραις ἐπαρκέσῃ.

---

5 – 9 **II¹1560** I Tim. 5, 11–13   **12 – 13** **II¹1561** I Tim. 5, 16

---

4 – 9 **II¹1560** K cap. O 1, 15 (211v[9]9–14); VᴱVᴼ cap. O 2, 13; Vᵂ cap. O 2, 14;
deest in Hᴵ; PG 96, 209, 31–36   **11 – 13** **II¹1561** K cap. O 1, 16 (211v[14]15–17);
deest in V Hᴵ

II¹1560 (a) K (b) Τοῦ αὐτοῦ Vᵂ (c) *s. a.* VᴱVᴼ

---

1 τέθηκεν Vᴼ   παράγγελε VᴱVᴼ   **5** χήρας K   καταστρινιάσωσι V   **6** ἐθέλουσιν
Vᵂ   κρῖμα K   **8** δὲ] *om.* VᴱVᴼ   **12** αὐταῖς] *scripsi (NT)*, αὐτὰς K   **13** ἡ] *supplevi*
(NT), *om.* K   ἐπαρκέσῃ] *scripsi (NT)*, ἐπαρκήσῃι K

II¹1562 / K cap. O 1, 17

Ἐκ τῆς Ἰακώβου ἐπιστολῆς [Τοῦ ἁγίου Βασιλείου ἐκ τοῦ η′ λόγου
τῆς Ἑξαημέρου]·

Θρησκεία καθαρὰ καὶ ἀμίαντος παρὰ τῷ θεῷ καὶ πατρί, αὕτη ἐ-
5 στίν, ἐπισκέπτεσθαι χήρας καὶ ὀρφανοὺς ἐν τῇ θλίψει αὐτῶν.

II¹1563 / K cap. O 1, 18

Τοῦ ἁγίου Βασιλείου, ἐκ τοῦ η′ λόγου τῆς Ἑξαημέρου·

Τὴν τρυγόνα φασὶν διαζευχθεῖσαν ποτὲ τοῦ ὁμόζυγος μηκέτι τὴν
πρὸς ἕτερον καταδέχεσθαι κοινωνίαν, ἀλλὰ μένειν ἀσυνδύαστον,
10 μνήμῃ τοῦ ποτὲ συζευχθέντος τὴν πρὸς ἕτερον κοινωνίαν ἀπαρ-
νουμένην. Ἀκουέτωσαν αἱ γυναῖκες ὅπως τὸ σεμνὸν τῆς χηρείας
καὶ παρὰ τοῖς ἀλόγοις τοῦ ἐν ταῖς πολυγαμίαις ἀπρεποῦς προτι-
μότερον.

---

4 – 5 II¹1562 Iac. 1, 27   8 – 13 II¹1563 BASILIUS CAESARIENSIS, *Homiliae in Hexa-
emeron*, VIII, 6 (ed. Mendieta†/Rudberg, p. 138, 6–10)

---

2 – 5 II¹1562 K cap. O 1, 17 (211v[17]19–21/211v[18]); V^EV^O cap. O 2, 14; V^W
cap. O 2, 15; *deest in* H^I; PG 96, 209, 37–39   7 – 13 II¹1563 K cap. O 1, 18 (211v
[21]22–212r5); V^EV^O cap. O 2, 15; V^W cap. O 2, 16; *deest in* H^I; PG 96, 209, 40–46

II¹1562 (a) K   Τοῦ – Ἑξαημέρου] *delevi (loci sequentis lemma hic inepte insertum
videtur)* (b) Ἰακώβου V^W (c) Ἐκ τῆς Ἰωάννου V^EV^O II¹1563 (a) K *(cf. lemma loci
praecedentis)* (b) Βασιλείου V βασιλίου V^W

---

4 τῷ] *om.* K V^W   5 χήρας K   αὐτοῦ V^O   8 διεζυχθεῖσαν V^O, διαζευχθῆναν
V^{W a. c.}, διαζευχθῆσαν V^{W p. c.}   ὁμοζύγου V^W   10 μνήμῃ] μήτε V^W   10 – 11 ἀπαρ-
νουμένη K   11 σεμνότερον V^{W p. c.}, σεμνώτερον V^{W a. c.}   χηρείας] χηρίας K
V^EV^{W a. c.} V^O   12 τοῖς] *add.* ἄλλοις V^E   ἀπρεποὺς V^EV^O   12 – 13 προτιμώτερον
V^WV^O

II¹1564 / K cap. O 1, 19

Τοῦ θεολόγου ἁγίου Γρηγορίου, ἐκ τῶν Ἐπῶν·

Πυνθάνομ'	Ἀκούω
ὡς πτερόεσσα	ὡς ἡ πτερωτὸς
τρυγών,	τρυγών, 5
τρυγόνος φιλίοιο	τοῦ τρυγόνος τοῦ φίλου
Χηρωθεῖσ',	χηρεύσασα,
ὁμόλεκτρον	τὸν κοινωνὸν καὶ σύγκλινον
ἑὸν ποθέουσα	τὸν ἴδιον ἐπιποθοῦσα
σαόφρων,	ἡ σώφρων, 10
Οὐ δέχεται πόσιν	οὐ δέχεται ἄνδρα
ἄλλον ἑῆς	ἕτερον τῆς ἰδίας
καθύπερθε	ἐπάνωθεν
καλιῆς.	καλιᾶς.
Ὄρνι σοφή·	Ἡ ὄρνις ἡ σοφή· 15
μερόπεσσι	ἀνθρώποις δὲ
δ' ἁγνὸς βίος,	καθαρὸς βίος,
ὅσσον ἀρείων.	ὅσῳ κρείττων.
Οὐδὲ μὲν οὐ λακέρυζα	Ἀλλ' οὐδὲ ἡ κράκτρια
μελάγχροος,	ἡ μελανή, 20
ἀλλὰ καὶ αὐτὴ	ἀλλὰ καὶ αὐτὴ
Ζώει κουριδίοιο	ἐν ζωῇ τοῦ ἐκ παρθενίας
πόθου τμηθεῖσα	πόθου ἀνδρὸς [οὐ] στερηθεῖσα
κορώνῃ,	κορώνῃ,
Πάντα πόσιν	πάντα γὰρ ἄνδρα 25
στυγέουσα,	μισοῦσα,

---

3 – 869, 2   **II¹1564** GREGORIUS NAZIANZENUS, *Carmina*, I,2,2 *(Praecepta ad virgines)*, 536–542 (PG 37, 620, 13 – 621, 5)

---

2 – 869, 2   **II¹1564** K cap. O 1, 19 (212r[5]6–212v7); *deest in* V H¹

---

7 Χηρωθεῖσ'] *scripsi (ed.)*, χηρωσθεῖσ' K   11 πόσιν] *scripsi (ed.)*, ποσὶν K   15 ἡ] *s. l.* K   22 Ζώει] *correxi (ed.)*, ζωῆι K   κουριδίοιο] *scripsi (ed.)*, κουρδίοις *(sic)* K ἐκ παρθενίας] *vide adnotationem ad v. 541* (PG 37, 621)   23 πόθου¹] *correxi (ed.)*, πόπου K   οὐ] *delevi*   25 πόσιν] *scripsi (ed.)*, ποσὶν K

ἐπὴν φίλον   ἐπειδὰν φίλον
ὄρνιν ὀλέσῃ.   ὄρνιν ἀπολέσῃ.

II¹1565 / K cap. O 1, 20

Φίλωνος, ἐκ τοῦ τελευταίου τῶν ἐν Ἐξόδῳ ζητημάτων·

5 Οὐδένα μὲν οὐδὲ τῶν ἄλλων, οὔτε ἄρρενα οὔτε θήλειαν, ἀφίησιν
ἀδικεῖν ὁ νόμος· ἐξαιρέτου δὲ προνοίας μεταδίδωσι χήραις καὶ
ὀρφανοῖς, ἐπειδὴ τοὺς ἀναγκαίους βοηθοὺς καὶ κηδεμόνας ἀφαι-
ροῦνται, χῆραι μὲν ἄνδρας, ὀρφανοὶ δὲ γονεῖς.

---

5 – 7 cf. Ex. 22, 21–22

---

5 – 8 II¹1565 PHILO IUDAEUS, *Quaestiones in Exodum*, II. 3a (ed. Petit, p. 240)

---

4 – 8 II¹1565 K cap. O 1, 20 (212v[8]9–13); *deest in* V H^I; PG 86, 2085, 55 – 2088, 4

*II² /
Lᶜ cap. O 13

Τίτλος β΄   Περὶ ὁρίων, ὅτι οὐ χρὴ ταῦτα μετάγειν.

γ΄ Περὶ ὁρίων, ὅτι οὐ χρὴ μετάγειν αὐτά.

*II²2094 /
cap. O 13, 1

II¹1566 / K cap. O 2, 1

Τοῦ Δευτερονομίου·

Οὐ μετακινήσεις ὅρια τοῦ πλησίον σου, ἃ ἔστησαν οἱ πατέρες   5
σου.

*II²2095 /
cap. O 13, 2

II¹1567 / K cap. O 2, 2

Τοῦ αὐτοῦ·

Ἐπικατάρατος ὁ μετατιθεὶς ὅρια τοῦ πλησίον. Καὶ ἐρεῖ πᾶς ὁ λαός·
Γένοιτο, γένοιτο.   10

*II²2097 /
cap. O 13, 4

II¹1568 / K cap. O 2, 3

Ἀπὸ τοῦ Ἰώβ·

Ἀσεβεῖς ὅριον ὑπερέβησαν.

---

5 – 6 II¹1566 Deut. 19, 14 (Wahl, *Deuteronomium-Text*, p. 133)   9 – 10 II¹1567
Deut. 27, 17 (Wahl, *Deuteronomium-Text*, p. 144)   13 II¹1568 Iob 24, 2¹

---

1 Titlos (a) K (212v13–14)   2 Titlos (b) V Aᴵ ᵖⁱⁿ; *deest in* HᴵAᴵ ᵗˣᵗ   4 – 6 II¹1566 K
cap. O 2, 1 (212v[14]15–16); V cap. O 3, 1; *deest in* Hᴵ; PG 96, 209, 49–50   8 – 10
II¹1567 K cap. O 2, 2 (212v[16]17–18); V cap. O 3, 2; *deest in* Hᴵ; PG 96, 209, 51–52
12 – 13 II¹1568 K cap. O 2, 3 (212v[18]19); V cap. O 3, 3; *deest in* Hᴵ; PG 96, 209,
53

---

1 Titlos (a)   ὅτι] *praem.* καὶ Kᵖⁱⁿ   2 Titlos (b)   γ΄] *propt. mg. resect. non liquet
in* Aᴵ ᵖⁱⁿ (γ΄ *secund. ser.), praem.* τίτλος Vᵂ ᵗˣᵗ   ὁρίων – αὐτά] ὁροθεσίων, καὶ ὅτι ὁ
(sic) χρὴ ταῦτα μετακινεῖν Vᵂ ᵗˣᵗ   μετάγειν αὐτά] αὐτὰ μετάγειν ἢ σαλεύειν Vᴱ ᵖⁱⁿ
Vᴼ ᵖⁱⁿ, ταῦτα μετάγειν Vᵂ ᵖⁱⁿ

II¹1566 Τοῦ] *om.* V II¹1567 (a) K (b) *s. a.* V II¹1568 (a) K (b) Ἰώβ VᴱVᴼ (c) *s. a.*
Vᵂ

---

13 ὅρια Vᵂ

II¹1569 / K cap. O 2, 4

Τῶν Παροιμιῶν·

Μὴ μέταιρε ὅρια αἰώνια, ἃ ἔθεντο οἱ πατέρες σου.

II¹1570 / K cap. O 2, 5

5 Τοῦ ἁγίου Βασιλείου, ἐκ τοῦ ζ' λόγου τῆς Ἑξαημέρου·

Ἔστι τινὰ τῶν ἰχθύων ἃ καὶ μιμεῖσθαι ἄξιον, πῶς τὰ γένη αὐτῶν, ἕκαστα τὴν ἐπιτηδείαν αὐτοῖς διανειμάμενα χώραν, οὐκ ἐπεμβαίνει ἀλλήλοις, ἀλλὰ τοῖς οἰκείοις ὅροις ἐνδιατρίβει. Οὐδεὶς γεωμέτρης παρ᾽ αὐτοῖς κατένειμεν τὰς οἰκήσεις· οὐ τείχεσι περιγέ-
10 γραπται, οὐχ᾽ ὁροθεσίοις διώρισται· αὐτομάτως ἑκάστῳ τὸ χρήσιμον ἀποτέτακται. Οὗτος μὲν γὰρ ὁ κόλπος τάδε τὰ γένη τῶν ἰχθύων βόσκει, κἀκεῖνος ἕτερα, καὶ τὰ ὧδε πληθύνοντα, ἄπορα παρ᾽ ἑτέροις. Οὐδὲν ὄρος ὀξείαις κορυφαῖς ἀνατεταμένον διΐστησιν, οὐ ποταμὸς τὴν διάβασιν ἀποτέμνεται, ἀλλὰ νόμος τίς ἐστι
15 φύσεως, ἴσως καὶ δικαίως κατὰ τὸ ἑκάστου χρειῶδες τὴν δίαιταν πᾶσιν ἀποπληρῶν. *Ἀλλ᾽ οὐχ᾽ ἡμεῖς τοιοῦτοι, ὁπότε μεταίρομεν ὅρια αἰώνια ἃ ἔθεντο οἱ πατέρες ἡμῶν.* Παρατεμνόμεθα γῆν, συνά-

---

16 - 17 Prov. 22, 28 17 - 872, 2 συνάπτομεν - τί] Is. 5, 8

3 II¹1569 Prov. 22, 28 (Wahl, *Proverbien-Text*, p. 107) 6 - 872, 3 II¹1570 Ἔστι – θάλασσαν] BASILIUS CAESARIENSIS, *Homiliae in Hexaemeron*, VII, 3–4 (ed. Mendieta†/Rudberg, p. 118, 19 – 119, 12)

2 - 3 II¹1569 K cap. O 2, 4 (212v[19]20); VᴱVᴼ cap. O 3, 4; Vᵂ cap. O 3, 5; *deest in* Hᴵ; PG 96, 212, 1–2 5 - 872, 8 II¹1570 K cap. O 2, 5 (212v[21]22–213r24); VᴱVᴼ cap. O 3, 5; Vᵂ cap. O 3, 6; *deest in* Hᴵ; PG 96, 212, 3 –27

II¹1569 (a) K (b) *s. a.* V II¹1570 (a) K (b) Βασιλείου V βασιλίου Vᵂ

3 μέταιρε] *scripsi*, μέτερε K V αἰώνια] *om.* Vᵂ ἔθετο Vᴼ 6 Ἔστι] εἰσὶ *e corr.* Vᵂ γένη] *om.* Vᵂ 7 ἕκαστα] ἑκάστῳ Vᵂ τὴν] *om.* K 8 - 9 γεομέτρης Vᵂ, γεωμέτρος Vᴼ 9 κατανέμει Vᵂ 10 οὐκοροθεσίοις VᴱVᴼ, οὐχώροθεσίοις *e corr.* Vᵂ 10 - 11 αὐτομάτως - ἀποτέτακται] *om.* VᴱVᴼ 11 γένει VᴱVᴼ ᵉ ᶜᵒʳʳ· 12 βόσκειν Vᴼ 13 ἔτεροι (*sic*) Vᴼ οὐδὲ ἓν ὄρος VᵂVᴼ, οὐδὲ ἓν ὄρος Vᴱ ἀναπεταμενον K 15 φύσεως K ἴσος Vᵂ δικαίως Vᴱ, δίκαιος Vᵂ 16 πᾶσιν] *om.* Vᵂ ἀποπληρῶν] ἀπονέμων Vᵂ μεταίρομεν] *scripsi (ed.)*, μετέρομεν Kᵃ· ᶜ· V, μετέρωμεν Kᵖ· ᶜ· ⁱⁿ ᵐᵍ· 17 παρατεμνώμεθα Vᵂ, -τέμνωμεν VᴱVᴼ 17 - 872, 1 συνάπτωμεν Vᵂ

πτομεν οἰκίαν πρὸς οἰκίαν καὶ ἀγρὸν πρὸς ἀγρόν, ἵνα τοῦ πλησίον ἀφελώμεθα τί. Οἶδε τὰ κήτη τὴν ἀφωρισμένην παρὰ τῆς φύσεως δίαιταν, τὴν ἔξω τῶν οἰκουμένων ὅρων κατείληφεν θάλασσαν, τοῖς μεγίστοις τῶν ὀρέων κατὰ τὸ μέγεθος ἐοικότα, ὡς οἱ τεθεαμένοι φασί, καὶ μένουσιν ἐν τοῖς οἰκείοις ὅροις, μήτε ταῖς νήσοις   5
μήτε ταῖς παραλίοις χώραις λυμαινόμενα. Οὕτω μὲν οὖν ἕκαστον γένος, ὥσπερ πόλεσιν ἢ κώμαις τισὶν ἢ πατρίσιν ἀρχαίαις, τοῖς ἀποτεταγμένοις αὐτοῖς τῆς θαλάσσης μέρεσιν αὐλίζεται.

---

4 – 8 τοῖς – αὐλίζεται] BASILIUS CAESARIENSIS, *Homiliae in Hexaemeron*, VII, 4 (ed. Mendieta†/Rudberg, p. 119, 15–19)

---

1 καὶ – ἀγρόν] *om.* V^{E}V^{O}   2 ἀφορισμένην V^{E}V^{O}, ἠφορισμένην K   3 κατείληφα
V^{E a. c. ut videtur}, κατείληφθαι *(sic)* V^{E p. c.} V^{O}, κατηλεῖφθαι V^{W}   5 τὰς νήσους K   6
ταῖς] τὰς K V^{O}   παράλοις V^{W}, παραλίας K   χώρῃσι *(sic)* V^{W}, χώρας K   λοιμαινόμενα V^{E}V^{O}, λυμενόμενα V^{W a. c.}   7 ἀρχαίοις V^{O}   8 αὐλίζεται] αὐλίζονται K, *an legendum* ἐναυλίζεται *(ed.)?*

Τίτλος <γ΄> Περὶ ὁδοῦ ἀγαθῆς καὶ πονηρᾶς, καὶ ὅτι χρὴ <τὰ *II² /
σκολιὰ πράγματα καὶ> τὰς σκολιὰς ὁδοὺς ἐκκλίνειν, καὶ μετὰ R cap. O 3
τῆς εὐθείας πορεύεσθαι.   et O 4

δ΄ Περὶ ὁδοῦ ἀγαθῆς καὶ πονηρᾶς, καὶ ὅτι χρὴ τὰ σκολιὰ
5 πράγματα καὶ τὰς σκολιὰς ὁδοὺς ἐκκλίνειν, καὶ μετὰ τῆς εὐ-
θείας πορεύεσθαι.

<II¹suppl. 358 / V cap. O 4, 1>

II¹1571 / K cap. O 3, 1

Ἀπὸ τοῦ Ἰώβ·

10 Οἱ ἐπιλανθανόμενοι ὁδὸν δικαίαν ἠσθένησαν ἐκ βροτῶν.

---

1 – 2 ὅτι – ἐκκλίνειν] cf. II¹ / Kᵖⁱⁿ Παραπομπαὶ Π 12 et X 8   2 σκολιὰ πράγματα]
cf. II¹ / Kᵖⁱⁿ Παραπομπὴ Σ 5   7 II¹suppl. 358 / V cap. O 4, 1 cf. Sacra. Liber II.
Supplementum (Band VIII/8)

---

10 II¹1571 Iob 28, 4²

---

1 – 3 Titlos (a) K (213v1-3)   4 – 6 Titlos (b) V Aᴵ ᵖⁱⁿ; deest in HᴵAᴵ ᵗˣᵗ   9 – 10
II¹1571 K cap. O 3, 1 (213v[3]4–5); V cap. O 4, 2; P cap. O 3, 10; Lᶜ cap. O 1, 10;
deest in Hᴵ; PG 96, 212, 35–36

---

1 – 3 Titlos (a)   1 Τίτλος] om. Kᵖⁱⁿ   γ΄] supplevi, om. K   1 – 2 τὰ – καὶ¹] sup-
plevi e Kᵖⁱⁿ, om. Kᵗˣᵗ   4 – 6 Titlos (b)   4 δ΄] propt. mg. resect. non liquet in Aᴵ ᵖⁱⁿ (δ΄
secund. ser.), om. Vᴼ ᵗˣᵗ (δ΄ secund. ser.), praem. τίτλος Vᵂ ᵗˣᵗ   χρὴ] praem. οὐ
Vᴼ ᵖⁱⁿ   5 – 6 μετὰ – εὐθείας] τῇ εὐθείᾳ Vᴱ ᵖⁱⁿ Vᴼ ᵖⁱⁿ   6 πορεύεσθαι] add. καὶ ἀγαθῇ
καὶ δικαίᾳ ὁδῷ Vᴱ ᵖⁱⁿ Vᴼ ᵖⁱⁿ

II¹1571 (a) K (b) Ἰώβ P Lᶜ ἰώβ P Lᶜ (c) s. a. V

---

10 Οἱ] om. Lᶜ   δικαίων Lᶜ   βρωτῶν V

II¹1572 / K cap. O 3, 2

Τῶν Παροιμιῶν·

Ἀρχὴ ὁδοῦ ἀγαθῆς τὸ ποιεῖν τὰ δίκαια·
δεκταὶ δὲ παρὰ θεῷ μᾶλλον ἢ θυσιῶν αἷμα.

II¹1573 / K cap. O 3, 3   5

Τῶν αὐτῶν·

Ὁδοὺς τὰς ἐκ δεξιῶν οἶδεν ὁ θεός,
διεστραμμέναι δέ εἰσιν αἱ ἐξ ἀριστερῶν.

II¹1574 / K cap. O 3, 4

Τῶν αὐτῶν·   10

Ὁ φυλάσσων τὰς ἑαυτοῦ ὁδοὺς τηρεῖ τὴν ἑαυτοῦ ψυχήν.

II¹1575 / K cap. O 3, 5

Τῶν αὐτῶν·

Ἀσεβὴς ἐκκλίνει ὁδοὺς δικαιοσύνης.

---

3 – 4 **II¹1572** Prov. 16, 7¹⁻² (Wahl, *Proverbien-Text*, p. 80)   7 – 8 **II¹1573** Prov. 4,
27a¹⁻² (Wahl, *Proverbien-Text*, p. 34)   11 **II¹1574** Prov. 16, 17³ (Wahl, *Proverbien-
Text*, p. 82)   14 **II¹1575** Prov. 17, 23² (Wahl, *Proverbien-Text*, p. 89)

2 – 4 **II¹1572** K cap. O 3, 2 (213v[5]6–7); V cap. O 4, 3; P cap. O 3, 11; Lᶜ cap. O 1,
11; *deest in* Hᴵ; PG 96, 212, 37–38   6 – 8 **II¹1573** K cap. O 3, 3 (213v[7]8–9); V cap.
O 4, 4; *deest in* Hᴵ; PG 96, 212, 39–40   10 – 11 **II¹1574** K cap. O 3, 4 (213v[9]10–
11); *deest in* V Hᴵ 13 – 14 **II¹1575** K cap. O 3, 5 (213v[11]12); *deest in* V Hᴵ

II¹1572 Τῶν] *om.* V P Lᶜ **II¹1573** (a) K (b) *s. a.* V

3 τὸ] *om.* V P Lᶜ   τὰ] *om.* P Lᶜ   4 δεκτὴ Lᶜ   δὲ] *om.* K   θυσιῶν αἷμα] θύειν
θυσίας LXX (*sed cf.* Prov. 21, 3²)   7 θεός] κύριος V

II¹1576 / K cap. O 3, 6

Τῶν αὐτῶν·

Ὁ σκολιάζων τὰς ὁδοὺς αὐτοῦ ἀτιμασθήσεται.

II¹1577 / K cap. O 3, 7

5   Τῶν αὐτῶν·

Πρὸς τοὺς σκολιοὺς σκολιὰς ὁδοὺς ἀποστέλλει ὁ θεός.

II¹1578 / K cap. O 3, 8

*II²2084 /
R cap. O 4,

Τῶν αὐτῶν·

Τρίβολοι καὶ παγίδες ἐν ὁδοῖς σκολιαῖς,
10   ὁ δὲ φυλάσσων τὴν ἑαυτοῦ ψυχὴν ἀφέξεται ἀπ᾽ αὐτῶν.

<II¹suppl. 359 / V cap. O 4, 8>

---

11 II¹suppl. 359 / V cap. O 4, 8 cf. *Sacra*. Liber II. *Supplementum* (Band VIII/8)

---

3 II¹1576 Prov. 14, 2² (Wahl, *Proverbien-Text*, p. 70)   **6** II¹1577 Prov. 21, 8¹
(Wahl, *Proverbien-Text*, p. 100–101)   **9 – 10** II¹1578 Prov. 22, 5¹⁻² (Wahl, *Prover-
bien-Text*, p. 104)

---

2 – 3 II¹1576 K cap. O 3, 6 (213v[12]13); V cap. O 4, 5; P cap. O 4, 3; Lᶜ cap. O 2, 4;
deest in H¹; PG 96, 212, 42–43   **5 – 6** II¹1577 K cap. O 3, 7 (213v[13]14); V cap. O
4, 6; P cap. O 4, 4; Lᶜ cap. O 2, 5; *deest in* H¹; PG 96, 212, 43–44   **8 – 10** II¹1578 K
cap. O 3, 8 (213v[14]15–16); V cap. O 4, 7; *deest in* H¹; PG 96, 212, 45–47

II¹1576 (a) K (b) *s. a.* V P Lᶜ   II¹1577 (a) K (b) *s. a.* V P Lᶜ   II¹1578 (a) K (b) *s. a.* V

---

3 ασκωλϊάζων *(sic)* Lᶜ   ταῖς ὁδοῖς Lᶜ   **6** σκολιὰς] *praem.* καὶ Lᶜ   ἀποστελεῖ V
9 τρίβολος VᴱVᴼ   παγίδαις Kᵖ· ᶜ· ᵘᵗ ᵛⁱᵈᵉᵗᵘʳ VᴱVᴼ

II¹1579 / K cap. O 3, 9

Τῶν αὐτῶν·

Αἱ ὁδοὶ τῶν δικαίων ὁμοίως φωτὶ λάμπουσιν,
προπορεύονται καὶ φωτίζουσιν, ἕως κατορθώσῃ ἡ ἡμέρα.

II¹1580 / K cap. O 3, 10   5

Τῶν αὐτῶν·

Ἔστιν ὁδὸς ἣ δοκεῖ ὀρθὴ εἶναι παρὰ ἀνθρώποις,
τὰ δὲ τελευταῖα αὐτῆς ἔρχεται εἰς πυθμένα Ἅδου.

II¹1581 / K cap. O 3, 11

Τῶν αὐτῶν·   10

Εἰ ἐπορεύοντο τρίβους ἀγαθάς,
εὕροσαν ἂν τρίβους δικαιοσύνης λείους.

---

7 – 8 exstat etiam ap. Ps.-Max. Conf., *Loci communes*, 62.3./69.3. (ed. Ihm, p. 925)

3 – 4 **II¹1579** Prov. 4, 18¹⁻² (Wahl, *Proverbien-Text*, p. 33)   7 – 8 **II¹1580** Prov. 14, 12¹⁻² (Wahl, *Proverbien-Text*, p. 71)   11 – 12 **II¹1581** Prov. 2, 20¹⁻² (Wahl, *Proverbien-Text*, p. 25–26)

2 – 4 **II¹1579** K cap. O 3, 9 (213v[mg]17–19); V cap. O 4, 9; *deest in* H¹; PG 96, 212, 49–51   6 – 8 **II¹1580** K cap. O 3, 10 (213v[19]20–21); V cap. O 4, 10; P cap. O 3, 13; Lᶜ cap. O 1, 13; *deest in* H¹; PG 96, 212, 52–53   10 – 12 **II¹1581** K cap. O 3, 11 (213v[21]22–23); V cap. O 4, 11; P cap. O 3, 14; Lᶜ cap. O 1, 14; *deest in* H¹; PG 96, 213, 1–2

II¹1579 (a) K (b) *s. a.* Vᵂ (c) *s. d.* VᴱVᴼ **II¹1580** (a) K P (b) *s. a.* V Lᶜ **II¹1581** (a) K Vᵂ P (b) *s. a.* VᴱVᴼ Lᶜ

4 κατορθώσει VᴱVᴼ   7 ἥ] ἡ P, ἤ VᴱVᴼ, ἢ Vᵂ   ὀρθὴ] *post* ἀνθρώποις *transpos.* Lᶜ εἶναι] *om.* K   8 ἅδου Vᴱ   11 Εἰ] *rubricatoris vitio deest in* Lᶜ   12 εὕρωσαν VᵂVᴼ, εὕρωσαν Vᴱ   δικαιοσύνης] τὰς τῶν δικαίων VᴱVᴼ   λίους V, λεῖας K, λείας Lᶜ

II¹1582 / K cap. O 3, 12

Τῶν αὐτῶν·

Τρίβοι ζωῆς ἐκκλίνουσιν ἀπὸ κακῶν.

II¹1583 / K cap. O 3, 13

5   Τῶν αὐτῶν·

Εἰσὶν ὁδοὶ κακαὶ ἐνώπιον ἀνδρός,
καὶ οὐκ ἀγαπᾷ τοῦ ἀποστρέψαι ἀπ᾽ αὐτῶν·
ἀποστρέφειν δὲ δεῖ ἀπὸ ὁδοῦ σκολιᾶς καὶ κακῆς.

II¹1584 / K cap. O 3, 14

10   Τῶν αὐτῶν·

Ὀρθὰς τροχιὰς ποίει σοῖς ποσίν,
μὴ ἐκκλίνῃς εἰς τὰ δεξιὰ μὴ δὲ εἰς τὰ ἀριστερά,
ἀπόστρεψον σὸν πόδα ἀπὸ ὁδοῦ κακῆς.

---

3 **II¹1582** Prov. 16, 17¹ (Wahl, *Proverbien-Text*, p. 82)   **6 – 8 II¹1583** Prov. 22,
14a¹⁻³ (Wahl, *Proverbien-Text*, p. 106)   **11 II¹1584** Ὀρθὰς – ποσίν] Prov. 4, 26¹
(Wahl, *Proverbien-Text*, p. 34)   **12 – 13** μὴ – κακῆς] Ibid. 4, 27¹⁻² (Wahl, p. 34)

---

2 – 3 II¹1582 K cap. O 3, 12 (213v[23]24); V cap. O 4, 12; P cap. O 3, 15; Lᶜ cap. O
1, 15; *deest in* Hᴵ; PG 96, 213, 3   **5 – 8 II¹1583** K cap. O 3, 13 (213v[24]214r1–3);
deest in V Hᴵ   **10 – 13 II¹1584** K cap. O 3, 14 (214r[3]4–6); V cap. O 4, 13; P cap.
O 3, 16; Lᶜ cap. O 1, 16; *deest in* Hᴵ; PG 96, 213, 4–5

II¹1582 (a) K Vᵂ P (b) *s. a.* Vᴱᵛᴼ Lᶜ **II¹1584** (a) K (b) *s. a.* V P (c) *s. d.* Lᶜ

---

3 ἐκκλίνουσιν] ἐκκαινουσιν P   **12** ἐκκλησις P   τὰ²] *om.* Vᵂ   **13** ἀπόστρεψον –
κακῆς] *om.* Vᴱᵛᴼ Lᶜ

II¹1585 / K cap. O 3, 15

Τῶν αὐτῶν·

Ὦ οἱ ἐγκαταλιπόντες ὁδοὺς εὐθείας,
τοῦ πορευθῆναι ἐν ὁδοῖς σκότους,
οἱ εὐφραινόμενοι ἐπὶ κακοῖς 5
καὶ χαίροντες ἐπὶ δια<στροφῇ> κακῇ,
ὧν αἱ τρίβοι σκολιαὶ
καὶ καμπύλαι αἱ τροχιαὶ αὐτῶν,
τοῦ μακράν σε ποιῆσαι ἀπὸ ὁδοῦ εὐθείας
καὶ ἀλλότριον τῆς δικαίας γνώμης. 10

*II²2081 /
cap. O 3, 9

II¹1586 / K cap. O 3, 16

Ἱερεμίου προφήτου·

Τάδε λέγει κύριος· Στῆτε ἐπὶ ταῖς ὁδοῖς καὶ ἴδετε, καὶ ἐρωτήσατε
ὁδοὺς κυρίου, καὶ ἴδετε ποία ἐστὶν ἡ ὁδὸς ἡ ἀγαθή, καὶ βαδίζετε
ἐν αὐτῇ. 15

<II¹suppl. 360 / V cap. O 4, 15>

---

16 II¹suppl. 360 / V cap. O 4, 15 cf. Sacra. Liber II. *Supplementum* (Band VIII/8)

3 – 10 II¹1585 Prov. 2, 13¹–16² (Wahl, *Proverbien-Text*, p. 25) **13 – 15** II¹1586
Ier. 6, 16 (Wahl, *Prophetenzitate*, p. 503–504)

2 – 10 II¹1585 K cap. O 3, 15 (214r[6]7–8); V^W cap. O 4, 14; L^c cap. O 2, 13; *deest
in* V^E V^O H^I **12 – 15** II¹1586 K cap. O 3, 16 (214r[8]9–11); V^E V^O cap. O 4, 14; V^W
cap. O 4, 15; *deest in* H^I; PG 96, 213, 6–8

II¹1585 (a) K (b) *s. a.* V^W II¹1586 (a) K (b) Ἱερεμίου V

3 Ὦ] ὦ V^W, *rubricatoris vitio deest in* L^c ἐγκαταλείποντες V^W **4** πορεύεσθαι V^W
5 – 10 οἱ – γνώμης] *om.* K V^W **5** κακοῖς] *scripsi* (*LXX et* *II²962 / T cap. Δ 17, 10),
καιροῖς L^c **6** διαστροφῇ] *scripsi* (*II²962 / T cap. Δ 17, 10 *et LXX*), δῖα ἡ (ἡ *manu
rubricatoris*) L^c **9** μακράν σε] *scripsi* (*LXX et* *II²962 / T cap. Δ 17, 10), μακάριόν
σε L^c **10** ἀλλότριον] *scripsi* (*LXX et* *II²962 / T cap. Δ 17, 10), ἀλλοτρίαν L^c
13 – 14 καὶ² – ἴδετε] *om.* V^W **14** εἴδετε K **14 – 15** καὶ² – αὐτῇ] *om.* V^W

II¹1587 / K cap. O 3, 17

Σοφία Σολομῶντος·

Μὴ ἐπισπᾶσθε ὄλεθρον ἐν ἔργοις χειρῶν ὑμῶν.

II¹1588 / K cap. O 3, 18

*II²2087 /
R cap. O 4,

5 Ἀπὸ τοῦ Σιράχ·

Μὴ λίκμα ἐν παντὶ ἀνέμῳ,
καὶ μὴ πορεύου ἐν πάσῃ ἀτραπῷ.

<II¹suppl. 361 / V cap. O 4, 18>

II¹1589 / K cap. O 3, 19

*II²2088 /
R cap. O 4,

10 Τοῦ αὐτοῦ·

Οὐαὶ τοῖς ἐκτεταμένοις εἰς ὁδοὺς σκολιάς·
καὶ τί ποιήσετε, ὅταν ἐπισκέπτηται ὁ κύριος;

<II¹suppl. 362 / V cap. O 4, 19>

---

8 II¹suppl. 361 / V cap. O 4, 18 cf. *Sacra*. Liber II. *Supplementum* (Band VIII/8)
13 II¹suppl. 362 / V cap. O 4, 19 cf. *Sacra*. Liber II. *Supplementum* (Band VIII/8)

---

3 II¹1587 Sap. 1, 12²   6 – 7 II¹1588 Sir. 5, 9¹⁻² (Wahl, *Sirach-Text*, p. 57)   11
II¹1589 Οὐαὶ – σκολιάς] Sir. 2, 16 La (2, 14¹ LXX; Wahl, *Sirach-Text*, p. 48)   12
καὶ – κύριος] Ibid. 2, 14² (Wahl, p. 48)

---

2 – 3 II¹1587 K cap. O 3, 17 (214r[11]12); VᴱVᴼ cap. O 4, 16; Vᵂ cap. O 4, 17;
deest in Hᴵ; PG 96, 213, 11–12   5 – 7 II¹1588 K cap. O 3, 18 (214r[12]13–14);
VᴱVᴼ cap. O 4, 17; Vᵂ cap. O 4, 18; P cap. O 4, 6; Lᶜ cap. O 2, 8; *deest in* Hᴵ; PG 96,
213, 13–14   10 – 12 II¹1589 K cap. O 3, 19 (214r[14]15–16); Vᵂ cap. O 4, 20; *deest*
in VᴱVᴼ Hᴵ

II¹1587 (a) K (b) Σολομῶντος V II¹1588 (a) K (b) Σιράχ Vᵂ P Lᶜ (c) *s. a.* VᴱVᴼ
II¹1589 (a) K (b) *s. a.* Vᵂ

---

3 ἐν – χειρῶν] ἔργων χειρὸς K 7 πᾶσι VᴱVᴼ

II¹1590 / K cap. O 3, 20

Ἐκ τῆς πρὸς Θεσσαλονικεῖς α'·

Πάντα δοκιμάζετε, τὸ καλὸν κατέχετε, ἀπὸ παντὸς εἴδους πονηροῦ ἀπέχεσθε.

II¹1591 / K cap. O 3, 21

Τοῦ ἁγίου Βασιλείου, ἐκ τοῦ εἰς τὸ\<ν\> α' ψαλμόν·

Οἱ τὸ κακὸν φεύγοντες, οὐκ ἐὰν ἅπαξ που ἢ δεύτερον ἐκκλίνωσι τὴν ἁμαρτίαν, ἐπαινετοί, ἀλλ' ἐὰν δυνηθῶσι τοῦ κακοῦ τὴν πεῖραν εἰς τὸ παντελὲς διαδρᾶναι. Ἀρχὴ γὰρ πρὸς τὴν ἀνάληψιν τῶν καλῶν ἡ ἀναχώρησις τῶν κακῶν· *Ἔκκλινον γάρ φησιν ἀπὸ κακοῦ,* 10 *καὶ ποίησον ἀγαθόν,* σοφῶς καὶ ἐντέχνως εἰσάγων πρὸς ἀρετήν, τὴν ἀναχώρησιν τῆς κακίας ἀρχὴν ποιούμενος τῶν καλῶν.

II¹1592 / K cap. O 3, 22

Τοῦ θεολόγου Γρηγορίου, ἐκ τοῦ Ὑποθῆκαι παρθένοις, τῶν Ἐπῶν· 15

Μήτ' αἰσχρῶν ποτε μηδέν,　　Μήτε τῶν αἰσχρῶν ποτὲ μηδέν,

---

10 – 11 Ps. 36, 27¹

3 – 4 **II¹1590** I Thess. 5, 21–22　　7 – 9 **II¹1591** Οἱ – διαδρᾶναι] BASILIUS CAESARIENSIS, *Homilia in Psalmum I*, 3 (PG 29, 217, 20–23)　　9 – 12 Ἀρχὴ – καλῶν] IBID., 3 –4 (PG 29, 217, 32–38)　　16 – 881, 23 **II¹1592** GREGORIUS NAZIANZENUS, *Carmina*, I,2,2 *(Praecepta ad virgines)*, 45–50 (PG 37, 582, 1–6)

2 – 4 **II¹1590** K cap. O 3, 20 (214r[mg]17–18); Vᴱᵛᴼ cap. O 4, 20; Vᵂ cap. O 4, 22; *deest in* Hᴵ; PG 96, 213, 20–21　　6 – 12 **II¹1591** K cap. O 3, 21 (214r[18]19–214v3); Vᴱᵛᴼ cap. O 4, 21; Vᵂ cap. O 4, 23; *deest in* Hᴵ; PG 96, 213, 22–29　　14 – 881, 23 **II¹1592** K cap. O 3, 22 (214v[3 –4]5 –23); *deest in* V Hᴵ

II¹1590 (a) K　(b) Πρὸς Θεσσαλονικεῖς Vᴱᵛᴼ　(c) Τοῦ Ἀποστόλου Vᵂ　**II¹1591** (a) K　τὸν] *scripsi*, το *cod.*　(b) Βασιλείου V　βασιλίου Vᵂ

3 δοκιμάσαντες Vᴱᵛᴼ　κατέχεται Vᴱᵛᴼ　7 οὐκ ἐὰν] *scripsi (ed.)*, οὐκ ἐ ὰν Vᴱ, οὐκ ε ἀν Vᴼ, οὐ καὶ ἂν Vᵂ, οὐχ' ἔν K　ἅπαξ ποῦ Vᵂ, ἄπαξ *(sic)* Vᴱᵛᴼ　ἐκκλίνουσι K　8 τῆς ἁμαρτίας K　10 γάρ φησιν] γὰρ Vᵂ　11 πρὸς] εἰς Vᴱᵛᴼ

ὃ πλείοσιν εὔαδε,
ῥέξῃς,

Μήτ᾿ ἀγαθοῦ
λήξειας, ὅ κεν
5 στυγέουσι κάκιστοι.

Ἔρδειν δ᾿ εὐκλείης μὲν
ἐπάξια. Ἢν δ᾿ ἀπέῃσιν,

Μή σέ γ᾿ ἀνιάτω
ψεύστης λόγος,
10

ἀλλ᾿ ἴθι πρόφρων

Τήνδ᾿ ὁδόν.
15
Οἳ δ᾿ ὑλάοιεν

ἐτώσια·
οὐδὲν ἔρωτος

20 Θειοτέρου
βλάψουσιν.
Ὁ δὲ φθόνος
ὄμματα τήκοι.

ὃ τοῖς πολλοῖς ἀρέσκει,
πράξῃς,

μήτε τοῦ καλοῦ
παύσῃ, ὅπερ ἂν
μισοῦσιν οἱ κακοί.

Πράττειν δὲ δόξης μὲν
ἄξια. Ἐὰν δὲ μακρὰν ὑπάρχῃ,

μή σε λυπείτω
ὁ ψευδὴς λόγος
(τουτέστιν ὁ μὴ γινόμενος ἐπὶ
τῷ καλῷ ἔπαινος),
ἀλλὰ πράττε καὶ πορεύου
προθύμως

ταύτην τὴν ὁδόν (τουτέστιν τὴν
καλήν).
Οὗτοι δὲ ὑλακτοῖεν (τουτέστιν οἱ
κακοί),
μάταια·
οὐδὲ τὸν πόθον

τὸν θεῖον
ἀδικήσουσιν.
Ὁ δὲ φθόνος αὐτῶν
τοὺς ὀφθαλμοὺς κατατήκοι.

---

1 εὔαδε] scripsi (ed.), εὖα δὲ K   7 ἀπέῃσιν] scripsi (ed.), ἀπεῇσιν K   **10 – 11**
τουτέστιν – ἔπαινος] interpretatio esse videtur ab excerptore addita   **14** Τήνδ᾿]
scripsi, τὴν δ᾿ K, τὴν ed.   **14 – 15** τουτέστιν – καλήν] vide l. 10 – 11   **16** ὑλάοιεν]
scripsi (ed.), ὑλαοῖ ἐν K   **16 – 17** τουτέστιν – κακοί] vide l. 10 – 11

II¹1593 / K cap. O 3, 23

Τοῦ αὐτοῦ, ἐκ τῶν τετραστίχων Γνωμῶν·

Σπινθὴρ ἀνάπτει καὶ βραχὺς πολλὴν φλόγα,
Σπάραγμ᾽ ἐχίδνης πολλάκις διώλεσεν.
Τοῦτ᾽ οὖν ὁρῶν, ἔκκλινε καὶ μικρὸν βλάβος·   5
Μικρὸν μέν ἐστιν, εἰς δὲ μεῖζον ἔρχεται.

II¹1594 / K cap. O 3, 24

Τοῦ αὐτοῦ, ἐκ τοῦ εἰς τὸ πονηρὸν κεφαλαίου·

Πηγὴ κακῶν, μὴ βλύζε, μὴ μάταια φρήν.
Εἰ δ᾽ οὖν σύ, γλῶσσα, μὴ δέχου τὸν βόρβορον.   10
Εἰ δ᾽ οὖν σύ, χείρ γε, μὴ δέχου τὰ χείρονα.
Οὕτως ἂν εἰκὼν ἡμῖν ἄφθαρτος μένοι.

II¹1595 / K cap. O 3, 25

Ἐκ τῶν αὐτῶν·

Δοιαὶ γὰρ   Δύο γὰρ   15

---

3 – 6   II¹1593 Gregorius Nazianzenus, *Carmina*, I,2,33 *(Tetrastichae sententiae)*, 49–52 (PG 37, 931, 13 – 932, 3)   9 – 12 II¹1594 Gregorius Nazianzenus, *Carmina*, re vera II,1,61 *(Lamentatio)*, 5–8 (PG 37, 1405, 1–4)   15 – 883, 15 II¹1595 Δοιαὶ – κακίστοις¹] Gregorius Nazianzenus, *Carmina*, I,2,2 *(Praecepta ad virgines)*, 33–37 (PG 37, 581, 3–7)

---

2 – 6   II¹1593 K cap. O 3, 23 (214v[24]215r1–4); V^EV^O cap. O 4, 22; V^W cap. O 4, 24; *deest in* H^I; PG 96, 213, 30–33   8 – 12 II¹1594 K cap. O 3, 24 (215r[4]5–8); V^EV^O cap. O 4, 23; *deest in* V^W H^I; PG 96, 213, 34–37   14 – 883, 18 II¹1595 K cap. O 3, 25 (215r[8]9–215v4); *deest in* V H^I

II¹1593 (a) K   τετραστίχων] *scripsi*, Δ'στίχων *cod.*   Γνωμῶν] *scripsi*, γνώμων *cod.* (b) Τοῦ Θεολόγου V^EV^O (c) *s. a.* V^W   II¹1594 (a) K   (b) Τοῦ Θεολόγου V^O   (c) *s. a.* V^E

---

4 σπάραγμα V^W   5 τοῦτο V   ἔκκλινον V   9 μάταια] *sic acc.* K V^EV^W, ματαία *ed.* 11 χείρ γε] *correxi (ed.)*, χεὶρ δὲ K, χεὶρ V^EV^O   δέχου] γράφε V^EV^O   12 οὗτος V^EV^O   εἰκὼν] *post* ἡμῖν *transpos.* V^EV^O   15 Δοιαὶ] *correxi (ed.)*, δύαι K

μερόπεσσιν ὁδοί,　　　τοῖς ἀνθρώποις ὁδοί,
καὶ δισσὸν ὄνειδος·　　καὶ διπλοῦν ὄνειδος·

Ἡ μὲν γὰρ κακὴ　　　ἡ μὲν γὰρ κακὴ
καὶ εἰς τέλος　　　　καὶ εἰς τέλος
5 ἴσον ἄγουσα,　　　　ὅμοιον φέρουσα,

Ἡ δ᾽ ἀγαθὴ　　　　ἡ δὲ ἀγαθὴ
καὶ τῆσδε φίλον　　　καὶ ταύτῃ φίλον
τέλος, ὡς ἐπέοικεν.　　καὶ αἴσιον τέλος, ὡς πρέπει.

Μῶμος δ᾽ ἀμφοτέρῃσιν·　Μέμψις δὲ ταῖς δυσίν·
10 ἐπ<ε>ὶ γλώσσης　　　ἐπ<ε>ὶ τῆς γλώσσης
τί κεν ἦεν　　　　　τί ἂν ὑπάρχοι

Φέρτερον,　　　　　βέλτιον,
εἰ μούνοισιν　　　　εἰ μόνοις
ἐπέχραε　　　　　ἐπεβάρει
15 τοῖσι κακίστοις;　　　τοῖς κακίστοις;

Σὺ δέ μοι φράδμων　　Σὺ δέ μοι περιεσκεμμένος
καὶ ἐπίσκοπος εἶναι　　φύλαξ γενοῦ

Ἀμφοτέρων.　　　　τῶν δύο.

II¹1596 / K cap. O 3, 26

20 Ἐκ τῶν αὐτῶν·

Πρόφρων μὲν　　　Προθύμως μὲν
τρηχεῖαν　　　　τὴν τραχεῖαν
ἴθι τρίβον·　　　πορεύου ὁδόν·
εἰ δ᾽ ἐπιβαίης,　　ἐὰν δὲ ἐπιβῇς,

16 – 18 Σὺ¹ – Ἀμφοτέρων] IBID., 39–40 (PG 37, 581, 9–10)　21 – 884, 10 II¹1596
GREGORIUS NAZIANZENUS, Carmina, I,2,2 (Praecepta ad virgines), 62–65 (PG 37,
583, 5–8)

20 – 884, 10 II¹1596 K cap. O 3, 26 (215v[4]5–18); deest in V H¹

3 γὰρ¹] γάρ τε ed.　10 ἐπεὶ¹] correxi (ed.), ἐπὶ K　ἐπεὶ²] scripsi, ἐπὶ K　14 ἐπεβά-
ρει] scripsi, ἐπιβαρεῖ K　17 εἶναι] correxi (ed.), ἐπεκόπος Kᵃ·ᶜ·, ἐπαικόπος Kᵖ·ᶜ· ⁱⁿ ᵐᵍ·
(ζ<ή>τ<ει> in mg.)

Σκέπτεο
μή τις ὄλισθος,
ὅπως ἐπὶ τέρμα
πελάσ<σ>ῃς

λογίζου
μήπως τις ὄλισθος συμβῇ,
ὅπως ἐπὶ τὸ τέλος
προσεγγίσῃς

Ἄπτωτος, στεινὸν δὲ
διεξελάσῃς πυλῶνα,

ὀρθός, στενὸν δὲ   5
διαπεράσῃς πυλῶνα,

Ἔνθα φάος τε κλέος τε
κακῶν τε
ἄ<μ>πνευσις
ἁπάντων.

ἔνθα καὶ φῶς καὶ δόξα
καὶ κακῶν
ἀπόπαυσις
ἁπάντων.   10

II¹1597 / K cap. O 3, 27

Ἐκ τῶν μονοστίχων Γνωμῶν·

Νόει τὰ πάντα, πρᾶσσ᾽ ἃ δὲ πράσσειν θέμις.

II¹1598 / K cap. O 3, 28

Τοῦ ἁγίου Ἰουστίνου, ἐκ τοῦ α΄ λόγου τῆς ἀπολογίας αὐτοῦ·   15

Οὐ μόνον μὴ ἕπεσθαι τοῖς ἀδίκως τί πράξασιν ἢ δογματίσασιν ὁ σώφρων λόγος ὑπαγορεύει, ἀλλὰ καὶ ἐκ παντὸς τρόπου καὶ πρὸ τῆς αὐτοῦ ψυχῆς τὸν φιλαληθῆ, κἂν θάνατος ἀπειλῆται, τὰ δίκαια λέγειν τε καὶ πράττειν αἱρεῖσθαι.

---

13   II¹1597 GREGORIUS NAZIANZENUS, *Carmina*, I,2,30 *(Versus iambici acrostichi)*, 13 (PG 37, 909, 12)   16 – 19 II¹1598 IUSTINUS MARTYR, *Apologia pro Christianis ad Antoninum imperatorem*, I, 2,1 (3–7) (ed. Munier, p. 128)

---

12 – 13 II¹1597 K cap. O 3, 27 (215v[19]20); *deest in* V H¹   15 – 19 II¹1598 K cap. O 3, 28 (215v[21]22–216r2); *deest in* V H¹

II¹1598 α΄] *sic* K

---

4 πελάσσῃς] *scripsi (ed.)*, πελάσῃς K   6 πυλῶνα] πυλεῶνα *ed.*   8 κακῶν τε] κα- κῶν τ᾽ *ed.*   9 ἄμπνευσις] *correxi (ed.)*, ἄπνευσις K   13 πρᾶσσε δ᾽ ἃ *ed.*   18 αὐτοῦ] *scripsi*, αὑτοῦ K, ἑαυτοῦ *ed.*   φιλαληθῆ] *sic acc.* K

II¹1599 / K cap. O 3, 29

Τοῦ ἁγίου Ἰωάννου, ἐκ τοῦ εἰς τὴν συμφορὰν τῆς πόλεως·

Ἐπιγνῶμεν τὰς παγίδας καὶ πόρρωθεν αὐτῶν βαδίζωμεν. Ἐπιγνῶμεν τοὺς κρημνοὺς καὶ μὴ δὲ ἐγγὺς γινώμεθα. Τοῦτο ἀσφαλείας
5 ἡμῖν ἔσται μεγίστης ὑπόθεσις, τὸ μὴ ἁμαρτήματα φεύγειν μόνον, ἀλλὰ καὶ τὰ ἀδιάφορα μὲν εἶναι δοκοῦντα, πρὸς δὲ τὰς ἁμαρτίας ἡμᾶς ὑποσκελίζοντα.

II¹1600 / K cap. O 3, 30

Κλήμεντος, ἐκ τοῦ α′ Παιδαγωγοῦ·

10 Ἡ τῶν κακῶν ἀπαλλαγὴ σωτηρίας ἐστὶν ἀρχή.

II¹1601 / K cap. O 3, 31

Ἐκ τοῦ ς′ Στρώματος·

Ὁ μὲν φρόνιμος τὰ χαλεπὰ καὶ πρὶν παθεῖν ἐφυλάξατο, ὁ δὲ ἐκ τῆς πείρας ἑαυτὸν ἐπανορθούμενος, οὐδὲ οὗτος ἄφρων· ἀλογώτατος
15 δὲ ὁ μὴ δὲ τὰ συμβαίνοντα τιθέμενος ἀναγκαῖα φυλάγματα.

---

10 exstat etiam ap. Ps.-Max. Conf., *Loci communes*, 1.31./28. (ed. Ihm, p. 17)

---

3 - 7 II¹1599 IOHANNES CHRYSOSTOMUS, *Ad populum Antiochenum*, XV (*In calamitatem civitatis Antiochiae*), 4 (PG 49, 158, 44–49)　　**10** II¹1600 CLEMENS ALEXANDRINUS, *Paedagogus*, I. Cap. VI. 26, 3 (ed. Stählin/Treu, p. 106, 1–2)　　**13 - 15** II¹1601 CLEMENS ALEXANDRINUS, *Stromata*, VI, locus non repertus, Fr. 62 (ed. Stählin/Früchtel/Treu, p. 227, 30 – 228, 3); Holl, n° 301

---

2 - 7 II¹1599 K cap. O 3, 29 (216r[3]4–9); VᴱVᴼ cap. O 4, 24; Vᵂ cap. O 4, 25; *deest in* Hᴵ; PG 96, 213, 38–43　　**9 - 10** II¹1600 K cap. O 3, 30 (216r[9]10); VᴱVᴼ cap. O 4, 25; Vᵂ cap. O 4, 26; *deest in* Hᴵ; PG 96, 213, 44　　**12 - 15** II¹1601 K cap. O 3, 31 (216r[11]12–16); *deest in* V Hᴵ

II¹1599 (a) K (b) Τοῦ Χρυσοστόμου V Τοῦ] *om.* Vᵂ II¹1600 (a) K (b) Κλήμεντος V

---

3 πόρρωθεν] πόρρω K　　βαδίζωμεν] *correxi (ed.)*, βαδίζομεν V, βαδίσωμεν K　　**4** τοὺς] τὰς Vᴼ　　γενώμεθα V　　**5** μεγίστη K　　φυγεῖν K　　μόνον] μὲν Vᵂ　　**6** τὴν ἁμαρτίαν VᴱVᴼ, τὰ ἁμαρτήματα K　　**7** σκελίζοντα VᴱVᴼ

*II² /
Lᶜ cap. O 10

Τίτλος δ′   Περὶ ὅρκου, ὅτι τοῖς ἐπὶ κακῷ δεδομένοις ὅρκοις οὐ χρὴ ἐμμένειν.

α′   Περὶ ὅρκου, καὶ ὅτι τοῖς ἐπὶ κακῷ καὶ ἀτόπῳ δεδομένοις ὅρκοις οὐ χρὴ ἐμμένειν.

*II²2101 /
cap. O 10, 2

II¹1602 / K cap. O 4, 1   5

Βασιλειῶν α′·

Εἶπεν Σαοὺλ πρὸς Ἰωνάθαν· Ἀπάγγειλον δή μοι τί ἐποίησας. Καὶ ἀπήγγειλεν αὐτῷ Ἰωνάθαν, καὶ εἶπεν· Γευσάμενος ἐγευσάμην ἐπ᾽ ἄκρου τοῦ σκήπτρου τοῦ ἐν τῇ χειρί μου βραχὺ μέλι, καὶ ἰδοὺ ἐγὼ ἀποθνήσκω. Καὶ εἶπεν αὐτῷ Σαούλ· Τάδε ποιήσαι μοι ὁ θεός,   10
καὶ τάδε προσθείη, ὅτι θανάτῳ ἀποθανῇ σήμερον. Καὶ εἶπεν ὁ λαὸς πρὸς Σαούλ· Εἰ σήμερον θανατωθήσεται ὁ ποιήσας τὴν σωτηρίαν τὴν μεγάλην ταύτην ἐν Ἰσραήλ; Ζῇ κύριος, εἰ πεσεῖται τῆς τριχὸς αὐτοῦ ἐπὶ τὴν γῆν, ὅτι ἔλεος τοῦ θεοῦ ἐποίησεν ἐν τῇ ἡμέρᾳ ταύτῃ. Καὶ προσηύξατο ὁ λαὸς περὶ Ἰωνάθαν τῇ ἡμέρᾳ ἐκεί-   15
νῃ, καὶ οὐκ ἀπέθανεν.

---

1 – 2 ὅτι – ἐμμένειν] cf. II¹ / Kᵖⁱⁿ Παραπομπὴ Χ 21

---

7 – 16 II¹1602 I Reg. 14, 43 –45 (Wahl, *1 Samuel-Text*, p. 55 –56)

---

1 – 2 **Titlos (a)** K (216r16 –17); *loci ad titulum cap. O 4 pertinentes per errorem sub titulo cap. O 5 exhibentur* 3 – 4 **Titlos (b)** V Aᴵ ᵖⁱⁿ; *deest in* HᴵAᴵ ᵗˣᵗ 6 – 16 II¹1602 K cap. O 4, 1 (216r21–216v9); V cap. O 1, 1; *deest in* Hᴵ; PG 96, 208, 29 –39

---

3 – 4 **Titlos (b)** 3 α′] *propt. mg. resect. non liquet in* Aᴵ ᵖⁱⁿ (α′ *secund. ser.*), *om.* Vᴼ ᵗˣᵗ, *praem.* τίτλος α′ *(sic)* Vᴱ ᵖⁱⁿ Vᴼ ᵖⁱⁿ, *praem.* τίτλος Vᵂ ᵗˣᵗ διϊδομένοις Aᴵ ᵖⁱⁿ, δεδεμένοις Vᵂ

II¹1602 (a) V α′] *om.* Vᵂ (b) *s. a.* K

---

7 Ἀπάγγειλον δή μοι] ἀπάγγειλόν μοι V 8 Ἰωνάθαν] *om.* V 9 ἄκρω Κ Vᵂ βραχὺ] βραχύ τι Κ 10 ἀποθνήσκωι Κ αὐτῷ] τῶ Vᵂ ποιήσει μοι V 11 ἀποθανεῖ VᴱVᴼ 13 – 14 Ζῇ – γῆν] *om.* VᴱVᴼ 13 τῆς] *praem.* ἀπο Vᵂ ˢ· ˡ· ᵐᵃⁿ· ʳᵉᶜ· 14 τριχὸς] *add.* τῆς κεφαλῆς Vᵂ ⁱⁿ ᵐᵍ· ᵐᵃⁿ· ʳᵉᶜ· ἐν] *om.* VᴱVᵂ ᵃ· ᶜ· Vᴼ 15 – 16 τῇ – ἐκείνῃ] *om.* V

II¹1603 / K cap. O 4, 2

Ἀπὸ τοῦ Ἐκκλησιαστοῦ·

Μὴ στῆς ἐν λόγῳ πονηρῷ.

II¹1604 / K cap. O 4, 3

5 Ἰερεμίου προφήτου·

Εἶπεν ὁ βασιλεὺς τῷ Ἰερεμίᾳ· Ἐγὼ λόγον ἔχω τῶν Ἰουδαίων τῶν
πεφευγότων πρὸς τοὺς Χαλδαίους, μὴ δώσειν με εἰς χεῖρας αὐτῶν
καὶ καταμωκήσονταί μου. Καὶ εἶπεν Ἰερεμίας· Οὐ μὴ παραδώσου-
σίν σε· ἄκουσον τὸν λόγον κυρίου, ὃν ἐγὼ λέγω πρὸς σέ, καὶ βέλ-
10 τιον ἔσται σοι, καὶ ζήσεται ἡ ψυχή σου.

II¹1605 / K cap. O 4, 4

Σχόλιον·

Οὗτος ἀπειθήσας τῷ προφήτῃ, καὶ τὸν ὑπ᾽ αὐτοῦ προπετῶς δο-
θέντα ὅρκον φυλάξαι σπουδάσας, αἰχμάλωτος γίνεται.

---

14 αἰχμάλωτος γίνεται] cf. Ier. 46, 3 app. crit.

---

3 II¹1603 Eccle. 8, 3² (Wahl, *Kohelet-Text*, p. 163)   6 – 10 II¹1604 Ier. 45, 19–20
(Wahl, *Prophetenzitate*, p. 581)   13 – 14 II¹1605 *Scholion in Ier. 45, 19–20*

---

2 – 3 II¹1603 K cap. O 4, 2 (216v[9]10); *deest in* V Hᴵ   5 – 10 II¹1604 K cap. O 4, 3
(216v[10]11–16); Vᴱⱽᴼ cap. O 1, 2; Vᵂ cap. O 1, 3; *deest in* Hᴵ; PG 96, 208, 40–45
12 – 14 II¹1605 K cap. O 4, 4 (216v[17]17–19); Vᵂ cap. O 1, 4; *deest in* Vᴱⱽᴼ Hᴵ;
PG 86, 2088, 6–8

II¹1604 (a) K (b) Ἰερεμίου Vᵂ (c) *s. a.* Vᴱⱽᴼ II¹1605 (a) K (b) *s. a.* Vᵂ

---

7 πεφευγόντων K   δώσιν με Vᴱⱽᴼ   χεῖρας] *praem.* τὰς K   8 καταμωκίσωνταί
μου Vᴱⱽᵂ   9 πρὸς σέ] *om.* V   14 φυλάξαι Vᵂ

II¹1606 / K cap. O 4, 5

Ματθαίου, ἐν κεφαλαίῳ ρμε´·

Γενεσίων δὲ ἀγομένων τοῦ Ἡρώδου, ὠρχήσατο ἡ θυγάτηρ τῆς Ἡ
ρωδιάδος ἐν τῷ μέσῳ, καὶ ἤρεσε τῷ Ἡρώδῃ· ὅθεν μεθ᾽ ὅρκου ὤ
μοσε δοῦναι αὐτῇ ὃ ἐὰν αἰτήσηται. Ἡ δὲ προβιβασθεῖσα ὑπὸ τῆς   5
μητρὸς αὐτῆς, Δός μοι, φησίν, ὧδε ἐπὶ πίνακι τὴν κεφαλὴν Ἰωάν
νου τοῦ βαπτιστοῦ. Καὶ ἐλυπήθη ὁ βασιλεύς, διὰ δὲ τοὺς ὅρκους
καὶ τοὺς συνανακειμένους ἐκέλευσε δοθῆναι. Καὶ πέμψας ἀπεκε
φάλισεν τὸν Ἰωάννην ἐν τῇ φυλακῇ, καὶ ἠνέχθη ἡ κεφαλὴ αὐτοῦ
ἐπὶ πίνακι, καὶ ἐδόθη τῷ κορασίῳ, καὶ ἤνεγκεν τῇ μητρὶ αὐτῆς.   10

II¹1607 / K cap. O 4, 6

Σχόλιον·

Ἄμεινον ἦν τῷ Ἡρώδῃ τὸν ὑπ᾽ αὐτοῦ δοθέντα ὅρκον παραβῆναι ἢ
τὸν προφήτην καὶ ἅγιον καρατομῆσαι.

II¹1608 / K cap. O 4, 7   15

Ἰωάννου, ἐν κεφαλαίῳ ριζ´·

Ἔρχεται πρὸς Σίμωνα Πέτρον, καὶ λέγει αὐτῷ ἐκεῖνος· Κύριε, σύ

---

3 – 10 II¹1606 Matth. 14, 6–11　　　　**13 – 14** II¹1607 *Scholion in Matth. 14, 6–11*
17 – 889, 6 II¹1608 Ioh. 13, 6–9

2 – 10 II¹1606 K cap. O 4, 5 (216v[19]20–217r6); VᴱVᴼ cap. O 1, 3; Vᵂ cap. O 1, 5;
deest in Hᴵ; PG 96, 208, 46–51　　**12 – 14** II¹1607 K cap. O 4, 6 (217r[7]7–9); VᴱVᴼ
cap. O 1, 4; Vᵂ cap. O 1, 6; *deest in* Hᴵ; PG 86, 2088, 9–11; PG 96, 208, 52–54
16 – 889, 6 II¹1608 K cap. O 4, 7 (217r[9]10–18); *deest in* V Hᴵ

II¹1606 (a) K　(b) Ματθαίου VᴱVᴼ　(c) Τοῦ Εὐαγγελίου Vᵂ　II¹1608 ριζ´] *sic* K, *re
vera* ριε´

3 δὲ] *om.* V　　ἡρώδου Vᴱ　**3 – 4** ἡρωδιάδος Vᵂ　**4** ἐν – μέσῳ] *om.* V　　ἡρώδη
Vᵂ　　μεθ᾽ ὅρκου] *scripsi*, μεθόρκου V, μετ᾽ ὅρκου K　**5** αἰτήσεται Vᴼ　**6** μητρὸς
αὐτῆς] ἰδίας μητρὸς K　　ὧδε] *om.* V　**7 – 10** Καὶ – αὐτῆς] καὶ δέδωκεν αὐτῇ (-ῆν
Vᴼ) V　**13** ἡρώδη Vᵂ, ἡρώδη Vᴱ　**14** καὶ ἅγιον] *om.* VᴱVᴼ, *add.* τοῦ θεοῦ Vᵂ
καρατομῖσαι VᴱVᴼ ᵖ· ᶜ·, κρατομῖσαι Vᴼ ᵃ· ᶜ·　**17** Σίμωνα] *correxi*, σίμονα K

μου νίπτεις τοὺς πόδας; Ἀπεκρίθη αὐτῷ ὁ Ἰησοῦς· Ὃ ἐγὼ ποιῶ, σὺ
οὐκ οἶδας ἄρτι, γνώσῃ δὲ μετὰ ταῦτα. Λέγει αὐτῷ ὁ Πέτρος· Οὐ
μὴ νίψῃς μου τοὺς πόδας εἰς τὸν αἰῶνα. Ἀπεκρίθη αὐτῷ ὁ Ἰησοῦς·
Ἐὰν μὴ νίψω σε, οὐκ ἔχεις μέρος μετ’ ἐμοῦ. Λέγει αὐτῷ Σίμων
5 Πέτρος· Κύριε, μὴ τοὺς πόδας μου μόνον, ἀλλὰ καὶ τὰς χεῖρας καὶ
τὴν κεφαλήν.

II¹1609 / K cap. O 4, 8

Σχόλιον·

Ἐπίσκεψαι ἐν τῷ Περὶ ὀργῆς παραλλήλῳ ἀνάγνωσμα τοῦ μακα-
10 ρίου Κυρίλλου θαυμαστόν.

---

9 Περὶ ὀργῆς] cf. III / par. 53[51] B; cf. etiam II¹ / Kᵖⁱⁿ Σχόλιον O 9

---

9 – 10 II¹1609 *Scholion*

---

8 – 10 II¹1609 K cap. O 4, 8 (217r[18]18–20); *deest in* V Hᴵ

Τίτλος ε'   Περὶ ὀνόματος κακοῦ.

II¹1610 / K cap. O 5, 1

Ἀπὸ τοῦ Σιράχ·

Ὄνομα πονηρὸν αἰσχύνην καὶ ὄνειδος κληρονομήσει.

II¹1611 / K cap. O 5, 2

5

Τοῦ αὐτοῦ·

Ἄνθρωπος ἄχαρις, μῦθος ἄκαιρος.

---

4 II¹1610 Sir. 6, 1² (Wahl, *Sirach-Text*, p. 58–59)   **7 II¹1611** Sir. 20, 19¹ (Wahl, *Sirach-Text*, p. 101)

---

1 Titlos K (216r20) *loci ad titulum cap.* O 5 *pertinentes per errorem sub titulo cap.* O 4 *exhibentur*   **3 – 4 II¹1610** K cap. O 5, 1 (216r[17]18–19); V cap. O 5, 6; P cap. O 15, 6; E cap. 167, 4; Lᶜ cap. O 9, 6; *deest in* Hᴵ M⁽ˡᵃᶜ·⁾ Lᵇ; PG 96, 216, 3–4   **6 – 7 II¹1611** K cap. O 5, 2 (216r[19]20); V cap. O 5, 7; P cap. O 15, 7; E cap. 167, 5; Lᶜ cap. O 9, 7; *deest in* Hᴵ M⁽ˡᵃᶜ·⁾ Lᵇ; PG 96, 216, 5

---

1 Titlos Τίτλος ε'] *om.* Kᵖⁱⁿ

II¹1610 (a) K   (b) Τοῦ αὐτοῦ P   (c) *s. a.* Vᴱⱽᴼ E Lᶜ   (d) *s. d.* Vᵂ   **II¹1611** (a) K   (b) *s. a.* V P E Lᶜ

---

4 αἰσχύνη Vᵂ, αἰσχυνει P   **7** ἀχαρὴς K P E Lᶜ

Τίτλος ϛ' Περὶ οἰήσεως καὶ δοκήσεως, καὶ ὅτι κρεῖττον τὸ εἶ- ^{*II²/}
ναι τοῦ δοκεῖν· ἐμπόδιον γὰρ τοῦτο πρὸς ἀρετήν. PMLᵇ cap. C

ϛ' Περὶ οἰήσεως καὶ δοκήσεως, καὶ ὅτι κρεῖττον τὸ εἶναι τοῦ
δοκεῖν· ἐμπόδιον γὰρ τοῦτο πρὸς ἀρετήν.

5 **II¹1612 / K cap. O 6, 1**

Τῶν Παροιμιῶν·

<Ε>ἶδον ἄνδρα δόξαντα παρ᾽ ἑαυτῷ σοφὸν εἶναι,
ἐλπίδα μέντοι ἔσχε μᾶλλον ἄφρων αὐτοῦ.

II¹1613 / K cap. O 6, 2

10 Τοῦ Ἐκκλησιαστοῦ·

Εἶδον δίκαιον ἀπολλύμενον ἐν τῷ δικαιώματι αὐτοῦ·
καί γε τοῦτο ματαιότης.

---

1 δοκήσεως] cf. II¹ / Kᵖⁱⁿ Παραπομπὴ Δ 4

7 – 8 II¹1612 Prov. 26, 12¹⁻² (Wahl, *Proverbien-Text*, p. 128) 11 II¹1613 Εἶδον –
αὐτοῦ] Eccle. 7, 15² (Wahl, *Kohelet-Text*, p. 161) 12 καί – ματαιότης] Ibid. 7, 6³ et
pluribus aliis locis (Wahl, p. 161)

1 – 2 **Titlos (a)** K (217r20 – 23) 3 – 4 **Titlos (b)** V Aᴵ ᵖⁱⁿ; *deest in* HᴵAᴵ ᵗˣᵗ 6 – 8
II¹1612 K cap. O 6, 1 (217r[23]24 – 217v1); *deest in* V Hᴵ 10 – 12 II¹1613 K cap. O
6, 2 (217v[1]2 – 3); V cap. O 6, 1; P cap. O 10, 20; Lᶜ cap. O 3, 20; *deest in* Hᴵ; PG 96,
216, 9 – 10

1 – 2 **Titlos (a)** 1 ϛ'] ε' Kᵖⁱⁿ (ϛ' *secund. ser.*) καὶ δοκήσεως] *om.* Kᵖⁱⁿ 2 τοῦτο –
ἀρετήν] πρὸς ἀρετὴν ἡ ἀπὸ τῆς δοκήσεως πλάνη *(an recte?)* Kᵖⁱⁿ 3 – 4 **Titlos (b)**
3 ϛ'] *propt. mg. resect. non liquet in* Aᴵ ᵖⁱⁿ (ϛ' *secund. ser.*), *praem.* τίτλος Vᵂ ᵗˣᵗ
οἰήσεως] εἰήσεως (*sic*) Vᴼ ᵖⁱⁿ, ποιήσεως Vᴱ ᵗˣᵗ τὸ] τοῦ Vᴱ ᵖⁱⁿ VᵂVᴼ ᵖⁱⁿ τοῦ] τὸ
Vᴼ ᵖⁱⁿ, το Vᴱ ᵖⁱⁿ 4 δοκεῖ Vᴼ ᵗˣᵗ ἐμπόδιον] ἐν ποδὶ Vᴱ ᵗˣᵗ

II¹1613 Τοῦ] *deest in* V

7 *scripsi*, ἴδον K 8 ἄφρων αὐτοῦ] *correxi (LXX)*, ἄφρονα αὐτοῦ Kᵃ· ᶜ· ᵘᵗ ᵛⁱᵈᵉᵗᵘʳ,
ἄφρονα αὐτοῦ Kᵖ· ᶜ· ᵘᵗ ᵛⁱᵈᵉᵗᵘʳ 11 Εἶδον] ἴδον K, ὅδον *(rubricatoris vitio)* Lᶜ ἀπο-
λύμενον Vᴼ

*II²2142 /
PMLᵇ cap.
O 10, 7

II¹1614 / K cap. O 6, 3

Ἐκ τῆς πρὸς Κορινθίους α΄·

Εἴ τις δοκεῖ σοφὸς εἶναι ἐν ὑμῖν ἐν τῷ αἰῶνι τούτῳ, μωρὸς γενέ-
σθω, ἵνα γένηται σοφός. Ἡ γὰρ σοφία τοῦ κόσμου τούτου, μωρία
παρὰ τῷ θεῷ ἐστίν. Γέγραπται γάρ· Ὁ δρασσόμενος τοὺς σοφοὺς   5
ἐν τῇ πανουργίᾳ αὐτῶν, καὶ πάλιν· *Κύριος γινώσκει τοὺς διαλο-
γισμοὺς τῶν ἀνθρώπων ὅτι εἰσὶ μάταιοι.* Ὥστε μηδεὶς καυχάσθω ἐν
ἀνθρώποις.

*II²2143 /
PMLᵇ cap.
O 10, 8

II¹1615 / K cap. O 6, 4

Καὶ μετ᾽ ὀλίγα·   10

Εἷς ὑπὲρ τοῦ ἑνὸς μὴ φυσιοῦσθε κατὰ τοῦ ἑτέρου. Τίς γάρ σε δια-
κρίνει; Τί δὲ ἔχεις, ὃ οὐκ ἔλαβες; Εἰ δὲ καὶ ἔλαβες, τί καυχᾶσαι ὡς
μὴ λαβών;

*II²2144 /
PMLᵇ cap.
O 10, 9

II¹1616 / K cap. O 6, 5

Ἐκ τῆς αὐτῆς·   15

Εἴ τις δοκεῖ ἐγνωκέναι τι, οὔπω ἔγνω καθὼς δεῖ γνῶναι.

---

3 – 5 Εἴ – ἐστίν] exstat etiam ap. Ps.-Max. Conf., *Loci communes*, 17.2./2. (ed. Ihm,
p. 396)   5 – 6 Ὁ – αὐτῶν] cf. Iob 5, 12¹ et 13¹   6 – 7 Ps. 93, 11   16 exstat etiam ap.
Ps.-Max. Conf., *Loci communes*, 49.3./56.3. (ed. Ihm, p. 810)

---

3 – 8 II¹1614 I Cor. 3, 18–21   11 – 13 II¹1615 I Cor. 4, 6–7   16 II¹1616 I Cor. 8,
2

---

2 – 8 II¹1614 K cap. O 6, 3 (217v[3]4–10); V cap. O 6, 2; *deest in* Hᴵ; PG 96, 216,
11–17   10 – 13 II¹1615 K cap. O 6, 4 (217v[10]11–13); V cap. O 6, 3; *deest in* Hᴵ;
PG 96, 216, 18–20   15 – 16 II¹1616 K cap. O 6, 5 (217v[13]14–15); *deest in* V Hᴵ

II¹1614 (a) K (b) Ἀποστόλου Vᵂ (c) *s. a.* Vᴱᵛᴼ II¹1615 (a) K (b) *s. a.* V

3 ἐν¹] παρ᾽ Vᴱᵛᴼ   5 τῷ] *om.* Vᴱᵛᴼ   τοὺς] *om.* Vᵂ *(in mg. supplev. man. rec.)*   7
τῶν ἀνθρώπων] *om.* K *(τῶν σοφῶν in mg. supplev. man. rec.)*   11 φυσιοῦσθαι
Vᴱᵛᴼ   Τίς γάρ σε] τίς γαρ καὶ *(sic)* Vᵂ   11 – 12 διακρίνη Vᴱᵛᴼ, διακρινεῖ Vᵂ
12 καυχάσαι Kᵖ·ᶜ· Vᴱᵖ·ᶜ·

II¹1617 / K cap. O 6, 6

*II²2145 /
PMLᵇ cap.
O 10, 10

Ἐκ τῆς πρὸς Γαλάτας·

Εἰ δοκεῖ τις εἶναί τι, μηδὲν ὤν, φρεναπατᾷ ἑαυτόν· τὸ δὲ ἔργον
ἑαυτοῦ δοκιμαζέτω ἕκαστος, καὶ τότε εἰς ἑαυτὸν μόνον τὸ καύχη-
5 μα ἕξει καὶ οὐκ εἰς τὸν ἕτερον.

II¹1618 / K cap. O 6, 7

*II²2152/
PMLᵇ cap.
O 10, 17

Τοῦ θεολόγου ἁγίου Γρηγορίου, ἐκ τῶν Ἐπῶν·

Μή σοι τὸ εἶναι	Μὴ τῷ εἶναί σε [ἀληθινῶς
τῷ δοκεῖν ὑπεκρέοι.	καλὸν] οἴησις ἐνυπαρχέτω
10	ὅτι πάντως εἶ.
Ὡς τινες·	Οὕτως τινές·
οὐ γὰρ ἄνακτος ἐτήτυμον	οὐδαμῶς γὰρ τοῦ θεοῦ ἀληθῶς
ἔδρακον ὕψος·	<ε>ἶδον τὸ ὕψος·
Μικρὸν ἀναθρώσκοντες,	ὀλίγον ἀναπηδῶντες,
15 ἔχειν δοκέουσι	ἔχειν ὑπονοοῦσι
πᾶν ὕψος.	πᾶν ὕψος.
Κρεῖσσον ἄριστον ἐόντα	Βέλτιον καλὸν ὄντα

3 - 5 II¹1617 Gal. 6, 3–4   8 - 9 II¹1618 Μή – ὑπεκρέοι] GREGORIUS NAZIAN-
ZENUS, Carmina, I,2,30 (Versus iambici acrostichi), 12 (PG 37, 909, 11)   11 - 16
Ὡς – ὕψος¹] IBID., I,2,2 (Praecepta ad virgines), 25–26 (PG 37, 580, 6–7)
17 - 894, 12 Κρεῖσσον – τερπνοῖς] IBID., II,1,1 (De rebus suis), 514–517 (ed. Tui-
lier/Bady, p. 35)

2 - 5 II¹1617 K cap. O 6, 6 (217v[15]16–19); V cap. O 6, 4; deest in Hᴵ; PG 96, 216,
21–24   7 - 894, 12 II¹1618 K cap. O 6, 7 (217v[19–20]21–218r18) (Versio primi-
tiva et paraphrasis); V cap. O 6, 5; P cap. O 10, 21; Lᶜ cap. O 3, 21 (Versio primitiva
deest in V P Lᶜ); deest in Hᴵ; PG 96, 216, 25–29

II¹1617 (a) K (b) Πρὸς Κορινθίους Vᴱⱽᴼ (c) Τοῦ αὐτοῦ Vᵂ II¹1618 (a) K (b) Τοῦ
Θεολόγου, ἐκ τῶν Ἐπῶν P (c) Τοῦ Θεολόγου V Lᶜ Τοῦ] om. Vᵂ

3 εἴ τις δοκεῖ V   εἶναί τι] εἶναι Kᵃ·ᶜ·ˢ·ˡ·   5 ἕξει] scripsi (NT), ἔξει V, ἤξει K   οὐκ]
οὕτως Vᵂ   8 - 16 Μὴ – ὕψος²] om. V P Lᶜ   8 τῷ] scripsi, τὸ K   8 - 9 ἀληθινῶς
καλὸν] secludenda puto 9 ὑπεκρέοι] ὑπορρέοι ed. 13 εἶδον] scripsi, ἴδον K

δοκεῖν κακόν,　　　　　　νομίζειν κακόν,
ἠὲ κάκιστον,　　　　　　　ἤπερ κάκιστον,

Κῦδος ἔχοντ᾽　　　　　　　δόξαν ἔχοντα
ἀγαθοῖο,　　　　　　　　ἀγαθοῦ,
τάφον ψεύστην　　　　　　ὡς τάφος πλαστὸς　　　5
μερόπεσσιν　　　　　　　τοῖς ἀνθρώποις φαινόμενος

Ἔμμεναι,　　　　　　　καὶ ὑπάρχων,
ὃς μυδόωσι νεκροῖς　　　　ὅστις σεσηπόσι νεκροῖς
ἔντοσθεν ὀδωδώς,　　　　　ἔσωθεν ὑπερόζων,

Ἔκτοθεν　　　　　　　ἔξωθεν δὲ　　　　　10
ἀπαστράπτει κονίῃ　　　　λάμπει ἀσβέστῳ
καὶ χρώμασι τερπνοῖς.　　καὶ ζωγραφίαις τερπναῖς.

II¹1619 / K cap. O 6, 8

Ἐκ τῶν τετραστίχων Γνωμῶν·

Σπεῦδε μὲν　　　　　　　Σπούδαζε μὲν　　　　15
εἶναι ἄριστος,　　　　　εἶναι καλός,
<ἀ>φάνδανε δ᾽　　　　　ἀπάρεσκε δὲ
οἷσιν ἄριστον.　　　　　οἷστισι βέλτιον.

Τὴν κακίην τέρπειν　　　Τὴν κακίαν γὰρ τέρπειν
δυσκλεές ἐστι κλέος.　　κακόδοξός ἐστι δόξα.　　20

Δόξαν δίωκε　　　　　　Δόξαν πόθησον

---

15 – 20　II¹1619 Σπεῦδε – κλέος] GREGORIUS NAZIANZENUS, *Carmina*, I,2,31 *(Distichae sententiae)*, 47–48 (PG 37, 914, 7–8)　21 – 895, 11　Δόξαν¹ – λέων¹] IBID., I,2,33 *(Tetrastichae sententiae)*, 93 – 96 (PG 37, 935, 1–4)

14 – 895, 11　II¹1619 K cap. O 6, 8 (218r[19]20–218v12) *(Versio primitiva et paraphrasis)*; V cap. O 6, 6 *(Versio primitiva deest in V); deest in* H¹; PG 96, 216, 30–34

II¹1619 (a) K (b) Τοῦ αὐτοῦ Vᴼ (c) *s. a.* VᴱVᵂ

2 ηπερ P, εἴπερ VᴱVᴼ, εἴπερ Vᵂ, ὅπερ Lᶜ　3 ἔχοντα] ἔχοντ᾽ K　5 – 12 ὡς – τερπναῖς] *om.* P Lᶜ　7 – 8 ὑπάρχων – ὅστις] ὑπάρχοντος ἐκ Vᵂ　9 ὑπερόζων] ὑπὲρ ὄζων VᴱVᴼ, ὑπερώζων K　11 ἀστράπτει *ed.*　κονίῃ] *scripsi (ed.),* κονίης K λάμπη Vᴱ　15 – 20 Σπούδαζε – δόξα] *om.* V　17 ἀφάνδανε] *scripsi (ed.),* φάνδανε K

μήτε πᾶσαν   μήτε πᾶσαν
μήτ᾽ ἄγαν·   μήτε πάνυ·

Κρεῖσσον γὰρ εἶναι   βέλτιον γὰρ τὸ εἶναι
τοῦ δοκεῖν.   τοῦ νομίζειν.
5 Εἰ δ᾽ ἄμετρος εἶ,   Εἰ δὲ ἄπληστος εἶ (περὶ τούτου),

Μὴ τὴν κενὴν θήρευε,   μὴ τὴν ματαίαν ἄγρευε,
μὴ δὲ τὴν νέαν.   μὴ δὲ τὴν νεαρὰν (ἢ τὴν
                             κεχρωσμένην).

Τί γὰρ πιθήκῳ   Τίς γὰρ τῷ πιθήκῳ
10 κέρδος, ἂν δοκῇ   ὠφέλεια ἐκ τοῦ ἀκούειν
λέων;   καὶ καλεῖσθαι λέων;

II¹1620 / K cap. O 6, 9

Τῶν αὐτῶν·

Οὐδὲν τοῦ εἶναι διὰ τὸ δοκεῖν ἀφαιρήσωμεν.

15   ### II¹1621 / K cap. O 6, 10

Ἐκ τῶν αὐτῶν, διὰ ἰάμβων·

Εἴ σοι πίθηκον εἰς λέοντα   Εἴ σοι πίθηκον εἰς λέοντα
σκευάσας   μετασχηματίσας

---

14 II¹1620 GREGORIUS NAZIANZENUS, re vera *De seipso et ad eos qui ipsum cathe-dram Constantinopolitanam affectare dicebant (Orat. 36)*, 8, 18–19 (ed. Moreschini, p. 260)   **17 – 896, 20** Εἴ¹ – πλέον¹] GREGORIUS NAZIANZENUS, *Carmina*, I,2,27 *(In nobilem male moratum)*, 1–8 (PG 37, 854, 6–13)

---

13 – 14 II¹1620 K cap. O 6, 9 (218v[12]13); *deest in* V Hᴵ   **16 – 897, 27 II¹1621** K cap. O 6, 10 (218v[14]15–219v9) *(Versio primitiva et paraphrasis)*; V cap. O 6, 7 *(Versio primitiva deest in V)*; *deest in* Hᴵ; PG 96, 216, 35–40

II¹1621 (a) K (b) *s. a.* V Hᴵ

---

3 τὸ] τοῦ Vᵂ   **5** δὲ] δ᾽ K   περὶ τούτου] *interpretatio esse videtur ab excerptore addita*   **7 – 8** ἢ – κεχρωσμένην] *vide l.* 5   **8** κεχρωσμένην] κεχρυοσμένην Vᵂ   **9** τῷ] *om.* K   **10** δοκῇ] *scripsi (ed.)*, δουκὴι K   **14** ἀφαιρήσωμεν] ἀφαιρήσωμεν *ed.*   **17** εἰς λέοντα²] *post* μετασχηματίσας *transpos.* VᴱVᴼ   **18** μετασχημάτισας K

Σπουδῇ προσῆγον,
ἆρ᾽ ἂν ἠδέσθης ἰδών;

Καὶ πῶς; Τί δ᾽ εἴ σοι
κύκνος ἠγωνίζετο

Δοκεῖν ὁ πάντ᾽ αἴσχιστος
ὀρνίθων κόραξ,

Χρωσθεὶς τὸ λευκόν;

Ἢ γελοῖος ἦν πλέον;

Ἐμοὶ γὰρ φαίνεται.
Εἰ δ᾽ ὁ δυσγενὴς τρόπον

Φρυάσσετ᾽ εὐγένειαν,

αἰδεσθήσομαι;

Οὐδὲν γὰρ εἰκῶ
τὴν γεγραμμένην
πλέον <***>

Τί ταῦτα,
καὶ τί πάσχετε,
ὦ θνητῶν γένος;

σπουδῇ προσήνεγκα,
ἆρα οὐκ ἂν ᾐσχύνθης θεασάμενος;

Καὶ ποίῳ τρόπῳ; Τί δέ, εἴ σοι
ὁ κύκνος εἰς τέρψιν ἐθεατρίζετο;

Τί σοι ἐδόκει ὁ πάντων　　　　　5
ἀτιμότατος
τῶν ὀρνέων κόραξ,

περιχρίσας ἑαυτὸν τῷ λευκῷ
σχήματι;
Οὐ καταγελαστότερος　　　　　10
πολλῷ πλέον;

Ἐμοί γε οὕτως φαίνεται.
Εἰ δὲ καὶ ὁ κακοήθης τὸν τρόπον
καὶ μοχθηρὸς

ἐπαίρεται ὑπερηφανίαν ὡς　　　　15
εὐγενής,
αἰσχυνθήσομαι;

Οὐδὲν γὰρ τῆς εἰκόνος
καὶ σχήματος γραπτοῦ καὶ
πλαστοῦ ἔχει πλέον.　　　　　20

Διατί ταῦτα,
καὶ τί πάσχετε,
ὦ ἀνθρώπων γένος;

---

21 – 897, 27 Τί – φέρειν] Gregorius Nazianzenus, *Carmina*, I,2,27 *(In nobilem male moratum)*, 11–34 (PG 37, 855, 1 – 856, 11)

1 σπουδῇ] σπουδὴ Vᴱ, σπουδὴν Vᴼ, σπουδίας Vᵂ　προσήνεγκαν Vᴼ　2 ἂν¹] *correxi (ed.)*, οὖν K　ἆρα] ἄρα Vᵂ　αἰσχύνθης Vᵂ, ἰσχύνθης Vᴱvᴼ　3 Καὶ² – τρόπῳ] *om.* Vᴱvᴼ　δέ, εἴ σοι] δέ σοι Vᵂ　4 ὁ] *om.* K　ἐθεάτριζεν (-ζ- *non liquet in* Vᴱ; -ε Vᵂ) Vᴱvᵂ ᵉ ᶜᵒʳʳ·Vᴼ　5 Τί σοι] *om.* K　6 ἀτιμώτατος V　10 Οὐ] οὖ Vᵂ　12 Ἐμοὶ γὰρ] Ἔμοιγε *ed.*　φαίνετ᾽ *ed.*　12 – 897, 7 Ἐμοί – τοῦτο] *om.* V　13 τὸν] *s. l.* K　14 μοχθηρὸς] *scripsi*, μόχθον K　18 Οὐδὲν¹] οὐ δὴ *ed.*　19 σχήματος] *scripsi*, σχῆμα τοῦ K　20 *post* πλέον *quaedam excidisse videntur* (Τῆς τοῦ πνέοντος ἀνδρὸς [sic acc.], εἰ καὶ λάμπεται *ed.)*　22 πάσχετ᾽ *ed.*

Ἵππος μὲν οὐδεὶς
ὅστις οὐχ᾽ ἵππος φύσιν,

Οὐδ᾽ ὄρνις ὅστις
οὐ πτερῷ κουφίζεται.

5

Βοῦν δὲ ἰδών τις,
εἶπε· Δελφὶς τοῦτό γε;

Ἵππος μὲν γὰρ οὐδεὶς
ὅστις οὐχ᾽ ἵππος τὴν φύσιν,

οὐδὲ ὄρνεον ὅστις
οὐ τῷ πτερῷ ὑψοῦται
καὶ κουφίζεται.

Βοῦν δὲ ἰδών τις,
εἶπεν ὅτι Δελφίς ἐστιν τοῦτο;

Ὅπερ δ᾽ ἕκαστόν ἐστι, καὶ γνωρίζεται.
Δύο δὲ ταῦτα τῆς βίου κωμῳδίας.
10 Κατηστέρισται ζῷον ἐν γῇ κείμενον,
Καὶ γράμμα ποιεῖ τὸν κάκιστον εὐγενῆ.
Ἵππόν τιν᾽ ὠνῇ τὸν καλόν τε καὶ ταχύν,
Ἢ τὸν κακὸν μέν, ἐκ γένους δὲ γνωρίμου;
Τὸν καλόν, οἶδα. Τοὺς κύνας δ᾽, οὐ τοὺς ταχεῖς;
15 Οὕτω. Τί δ᾽; Οὐχ᾽ ἅπαντα τὸν αὐτὸν τρόπον;
Τὰ πάνθ᾽ ὁμοίως. Σὺ δέ μοι κάκιστος ὤν,
Καλεῖς σεαυτὸν εὐγενῆ; Ληρεῖς μάτην.
Ἡ σπάρτος ὀρθὸν δειξάτω, καὶ πείθομαι.
Σὺ δυσγενῆ με, κἂν ἐλεύθερον, καλεῖς.
20 Ἐγὼ γελῶ σου τὴν νόσον, εἰ κάκιστος ὤν,
Οἴει καλῦψαι τῷ γένει τὸ δύστροπον.
Ὁ πλοῦτος ἔκριν᾽ εὐγενεῖς, οὐχ᾽ ὁ τρόπος,
Τυχόν γε τοὺς ἀφ᾽ ὧν σύ. Θὲς καὶ τὸν τρόπον·
Τί τοῦτο πρὸς σὲ τὸν κάκιστον εὐγενῆ;
25 Τὸν εὐγενῆ μέν, δυσγενῆ δὲ τῷ τρόπῳ,
Νεκρὸν νομίζω τῶν καλῶν ὀδωδότα.
Μι᾽ εὐγένεια, τὸν τρόπον χρηστὸν φέρει<ν>.

2 φύσιν] φύσει *ed.*   6 δὲ ἰδών τις] δ᾽ εἰσιδών τις *ed.*   7 Δελφίς ἐστιν] *scripsi,*
δελφὶς ἐστιν Κ   8 Ὅπερ] *abhinc versio primitiva tantum exstat*   10 Κατηστέρι-
σται] *correxi (ed.),* κατηστέρηται Κ   12 ὠνῇ τὸν] *correxi (ed.),* ὠνητὸν Κ   18 Ἡ]
correxi (ed.), ἢ Κ   19 καλεῖς] *scripsi (ed.),* καλῆις Κ   21 καλῦψαι] *sic acc.* Κ, καλύ-
ψειν *ed.*   23 τυχών γε Κ^{p. c. ut videtur}   τοὺς] *correxi (ed.),* τῶν Κ   27 φέρειν] *scripsi*
(ed.), φέρει Κ

*II²2146 /
PMLᵇ cap.
O 10, 11

II¹1622 / K cap. O 6, 11

Ἐκ τοῦ μεγάλου ἀπολογητικοῦ·

Εὖ οἶδα ὅτι τὸ οἴεσθαι τοῦ εἶναι πλεῖστον ἀφαιρεῖ.

*II²2147 /
PMLᵇ cap.
O 10, 12

II¹1623 / K cap. O 6, 12

Ἐκ τοῦ πρὸς τοὺς λέγοντας αὐτὸν ἐπιθυμεῖν τῆς καθέδρας Κων-   5
σταντινουπόλεως·

Ῥᾷστον ἑαυτὸν ἀπατᾶν καὶ οἴεσθαι *εἶναί τι, οὐδὲν ὄντα*, ὑπὸ τῆς
κενῆς δόξης φυσώμενον.

II¹1624 / K cap. O 6, 13

Ἐκ τοῦ εἰς Βασίλειον ἐπιταφίου·   10

Εἶναι, οὐ δοκεῖν χρή.

---

7 – 8 exstat etiam ap. Ps.-Max. Conf., *Loci communes*, 34.12./11. (ed. Ihm, p. 668)
7 εἶναί – ὄντα] Gal. 6, 3

3 II¹1622 GREGORIUS NAZIANZENUS, *Apologetica (Orat. 2)*, 51, 2–3 (ed. Bernardi,
p. 158)   7 – 8 II¹1623 GREGORIUS NAZIANZENUS, *De seipso et ad eos qui ipsum
cathedram Constantinopolitanam affectare dicebant (Orat. 36)*, 1, 14–15 (ed. Mo-
reschini, p. 240–242)   11 II¹1624 GREGORIUS NAZIANZENUS, *Funebris oratio in
laudem Basilii Magni Caesareae in Cappadocia episcopi (Orat. 43)*, 60, 23 (ed. Ber-
nardi, p. 256)

2 – 3 II¹1622 K cap. O 6, 11 (219v[10]11–12); *deest in* V Hᴵ   5 – 8 II¹1623 K cap.
O 6, 12 (219v[12–13]14–15); V cap. O 6, 8; *deest in* Hᴵ; PG 96, 216, 41–42   10 – 11
II¹1624 K cap. O 6, 13 (219v[16]17); *deest in* V Hᴵ

II¹1623 (a) K (b) *s. a.* V

---

8 φυσόμενον V

II¹1625 / K cap. O 6, 14

Τοῦ ἁγίου Εἰρηναίου, ἐκ τοῦ β′ ἐλέγχου καὶ ἀνατροπῆς τῆς ψευ-
δωνύμου γνώσεως·

Οὐκ ἐν τῷ λέγειν, ἀλλ᾽ ἐν τῷ εἶναι ὁ κρείττων δείκνυσθαι ὀφείλει.

II¹1626 / K cap. O 6, 15

Τοῦ μακαρίου Κυρίλλου, ἐκ τοῦ ια′ λόγου τῶν κατὰ Ἰουλιανοῦ·

Ἀληθὲς εἰπεῖν ὡς ὁ κατοιόμενος καὶ καταφρονητὴς ἀνὴρ ἀλαζὼν
οὐδὲν μὴ περάνῃ, κατὰ τὴν τοῦ προφήτου φωνήν· οἴησις γὰρ προ-
κοπῆς ἐκκοπή, κατὰ τὸν κοινὸν καὶ ἐν στόματι τῶν πολλῶν ὄντα
λόγον.

II¹1627 / K cap. O 6, 16

Ἐκ τοῦ αὐτοῦ·

Οἴησις προκοπῆς ἐκκοπή. Τὸν μὲν γὰρ ὁμολογοῦντα τὴν ἄγνοι-
αν, ῥᾷον ἄν τις ἐπιστήσειεν τοῖς οὔπω διεγνωσμένοις. Τόν γε μὴν
ἐν δοκήσει τοῦ εἰδέναι καὶ λημ ατίαν, ἄσοφόν τε καὶ ἀμαθῆ πάντη

---

7 – 8 Hab. 2, 5   13 Οἴησις – ἐκκοπή] exstat etiam ap. Ps.-Max. Conf., *Loci com-*
munes, 34.25./20. (ed. Ihm, p. 672–673)

---

4 **II¹1625** IRENAEUS LUGDUNENSIS, *Adversus haereses*, II, 30, 36–38 (Fr. gr. 7) (ed.
Rousseau/Doutreleau, p. 305); Holl, n° 142   7 – 10 **II¹1626** CYRILLUS ALEXANDRI-
NUS, *Contra Iulianum imperatorem*, XI (?) (fr. 1, ed. Kinzig/Brüggemann, p. 761)
13 – 900, 2 **II¹1627** CYRILLUS ALEXANDRINUS, *Contra Iulianum imperatorem*, XI
(?) (fr. 2, ed. Kinzig/Brüggemann, p. 761)

---

2 – 4 **II¹1625** K cap. O 6, 14 (219v[17–18]19–20); *deest in* V H^I   6 – 10 **II¹1626** K
cap. O 6, 15 (219v[20–21]22–220r2); *deest in* V H^I; PG 86, 2088, 15–21
12 – 900, 2 **II¹1627** K cap. O 6, 16 (220r[2]3–9); *deest in* V H^I; PG 86, 2088, 22–28

II¹1625 εἰρηνέου K

---

4 δείκνυσθαι] *correx.* Holl, δεικνῦσθαι K   8 περάνῃ] *correx. Aubert (LXX)*, πέραν ἢ
K   14 Τόν γε] *tacite correx. Aubert*, τῶι γε K   15 λημ ατίαν] *scripsi*, λιματίαν K
(ζ<ή>τ<ει> *in mg.), tacite delev. Mai*

τε καὶ πάντως ἀποτελεῖ τὸ εἰδέναι δοκεῖν· οὐ γάρ τοι προσίεται
τοὺς τῶν διδασκόντων λόγους.

II¹1628 / K cap. O 6, 17

Ἐκ τῶν αὐτῶν·

Εἰσί τινες – πλεῖστοι δὲ οὗτοι κατὰ τὸν βίον –, οἳ τὸ σφίσιν αὐτοῖς   5
<δοκοῦν> εὖ ἔχειν ὑπειλη<μ>μένοι, ἀβασανίστως κρατύνουσιν,
οἴονται δὲ ὅτι πάντη τε καὶ πάντως σοφὰ λαλοῦσι καὶ ἀναμφί-
βλητα. Πλὴν μέχρι τοσούτου τὴν τοῦ δοκεῖν εἶναι σοφοὶ καὶ ἀγχί-
νοοι κλέπτουσι δόξαν, ἄχρις ἂν αὐτοῖς ὁ πρὸς τῶν ἑτερογνω-
μονούντων ὑπαντήσῃ λόγος, γοργοτέροις ἐλέγχοις ἀντανιστά-   10
μενος.

II¹1629 / K cap. O 6, 18

Τοῦ ἁγίου Ἰουστίνου, ἐκ τῆς πρὸς Ζηνᾶ καὶ Σερῆνον ἐπιστολῆς·

Τῷ κατὰ τὴν ἑαυτοῦ φαντασίαν φρονίμῳ δόξαντι εἶναι, πολὺ τὸ
τῆς ἀτιμίας προ<σ>γραφήσεται.   15

---

5 – 11 II¹1628 CYRILLUS ALEXANDRINUS, *Contra Iulianum imperatorem*, XVIII (?)
(quod attinet ad numerum libri, vide infra, II¹2213 / K cap. Φ 3, 16) (fr. 56, ed.
Kinzig/Brüggemann, p. 803)   14 – 15 II¹1629 PS.-IUSTINUS MARTYR, *Epistula ad
Zenam et Serenum*, 8, 7–8 (ed. Otto, p. 80); Holl, n° 103

4 – 11 II¹1628 K cap. O 6, 17 (220r[9]10–18); *deest in* V H¹; PG 86, 2088, 30–37
13 – 15 II¹1629 K cap. O 6, 18 (220r[18–19]20–22); *deest in* V H¹

II¹1629 Σερῆνον] *scripsi*, σιρήνω K

6 δοκοῦν] *supplev. Aubert, om.* K   ὑπειλημμένοι] *scrips. Mai*, ὑπειλημένοι K   15
προσγραφήσεται] *scripsi (ed.)*, προγραφήσεται K

II¹1630 / K cap. O 6, 19

Ἰσιδώρου Πηλουσιώτου, ἐκ τῆς ͵αχλγʹ ἐπιστολῆς·

Τὸ ἄδοξα πράττοντα ἔνδοξον δοκεῖν εἶναι, πολλοῖς μὲν εὐκταῖον, σοφοῖς δὲ οὐκ ἐράσμιον. Ἡ γὰρ ἔξωθεν δόξα τὴν ἔνδοθεν ἀδοξίαν
5 νευροῖ, καὶ τὸ δοκεῖν ὑγιαίνειν, τοῦ ὄντως ὑγιαίνειν φαντασίαν ἐμποιοῦν, οὐδὲ θεραπείαν προσίεσθαι συγχωρεῖ.

II¹1631 / K cap. O 6, 20

Φίλωνος, ἐκ τοῦ γʹ τῶν ἐν Γενέσει ζητημάτων·

Οἴησις, ὡς ὁ τῶν ἀρχαίων λόγος, ἔστιν ἐκκοπὴ προκοπῆς· ὁ γὰρ
10 κατοιόμενος βελτίωσιν οὐκ ἀνέχεται.

II¹1632 / K cap. O 6, 21

Ἐκ τοῦ αʹ τῆς νόμων ἱερῶν ἀλληγορίας·

Οἴησις ἀκάθαρτον φύσει.

<II¹suppl. 363 / V cap. O 6, 11Vᵂ>

---

14 **II¹suppl. 363 / Vᵂ cap. O 6, 11** cf. *Sacra. Liber* II. *Supplementum* (Band VIII/8)

---

3 - 6 **II¹1630** Isidorus Pelusiota, *Epistulae*, 1633 (ed. Évieux, II, p. 368)   **9 - 10**
II¹1631 Philo Iudaeus, *Quaestiones in Genesim*, III. 48 (ed. Petit, p. 143)   **13**
II¹1632 Philo Iudaeus, *Legum allegoriae*, I, 52 (ed. Cohn, p. 74, 6)

---

2 - 6 **II¹1630** K cap. O 6, 19 (220r[22–23]24–220v5); *deest in* V H¹   **8 - 10 II¹1631**
K cap. O 6, 20 (220v[5–6]7–9); V cap. O 6, 9; *deest in* H¹; PG 96, 216, 43–45
12 - 13 II¹1632 K cap. O 6, 21 (220v[9]10); V cap. O 6, 10; *deest in* H¹; PG 86,
2088, 38–39; PG 96, 216, 46

II¹1631 (a) K (b) Φίλωνος Vᵂ (c) *s. a.* Vᴱⱽᴼ **II¹1632** (a) K (b) *s. a.* V

---

3 εὐκταῖον] *correxi (ed.)*, φευκταῖον K   4 ἔνδοθεν] *correxi (ed. in app. crit.)*, ἔνδον
ed., ἔνδοξον K   9 Οἴησις] *om.* Vᵂ   λόγος, ἔστιν] λόγος ἐστὶν (-ὶ Vᴼ) Vᴱⱽᴼ, λό-
γος ἐστὶν Vᵂ   10 κατοιόμενος] κατοιομένως Vᴱⱽᴼ, κατοιώμενος Vᵂ   13 φύσει]
φύσει ἐστίν Vᴱⱽᴼ, φυσᾶι K

II¹1633 / K cap. O 6, 22

Ἐκ τῆς πρὸς Γάϊον πρεσβείας·

Χαλεπόν, ὅταν μὴ μόνον ἀνεπιστημοσύνη τίς συνέχεται, ἀλλὰ καὶ οἴεται εἰδέναι ἃ μηδαμῶς οἶδεν, δόξῃ ψευδεῖ σοφίας ἐπαιρόμενος.

---

3 – 4 II¹1633 PHILO IUDAEUS, re vera *De ebrietate I*, 162 (ed. Wendland, p. 201, 10–11)

---

2 – 4 II¹1633 K cap. O 6, 22 (220v[10]11–13); *deest in* V H¹

3 ἀνεπιστημοσύνῃ] *scripsi (ed.)*, ἀνεπιστημοσύνη K   **4** οἶδεν] *correxi (ed.)*, εἶδεν K

Τίτλος ζ′   Περὶ ὀνόματος χρηστοῦ καὶ χάριν ἔχοντος.

II¹1634 / K cap. O 7, 1

Γενέσεως·

Ἦν κύριος μετὰ Ἰωσὴφ καὶ κατέχεεν αὐτῷ ἔλεος καὶ χάριν ἔναντι
5 τοῦ ἀρχιδεσμοφύλακος.

II¹1635 / K cap. O 7, 2

Τῶν Παροιμιῶν·

Δύο αἰτοῦμαι παρὰ σοῦ,
μὴ ἀφέλῃς μου χάριν πρὸ τοῦ ἀποθανεῖν με·
10 μάταιον λόγον καὶ ψευδῆ μακρὰν ποίησον ἀπ᾽ ἐμοῦ.

II¹1636 / K cap. O 7, 3

Τοῦ αὐτοῦ·

Αἱρετώτερον ὄνομα καλὸν ἢ πλοῦτος πολύς,
ὑπὲρ δὲ ἀργύριον καὶ χρυσίον χάρις ἀγαθή.

---

4 – 5 II¹1634 Gen. 39, 21   8 – 10 II¹1635 Prov. 30, 7¹–8¹ (Wahl, *Proverbien-Text*,
p. 115–116)   13 – 14 II¹1636 Prov. 22, 1¹⁻² (Wahl, *Proverbien-Text*, p. 104)

---

1 Titlos K (220v13–14)   3 – 5 II¹1634 K cap. O 7, 1 (220v[14]15–16)   7 – 10
II¹1635 K cap. O 7, 2 (220v[16]17–19)   12 – 14 II¹1636 K cap. O 7, 3 (220v[19]
20–21); V cap. O 5, 1; P cap. O 15, 1; E cap. 167, 1; Lᶜ cap. O 9, 1; *deest in* Hᴵ M⁽ˡᵃᶜ·⁾
Lᵇ; PG 96, 213, 46–47

---

1 Titlos   ζ′] ς′ Kᵖⁱⁿ (ζ′ *secund. ser.*)   χρηστοῦ] *scripsi secund.* Kᵖⁱⁿ, χριστοῦ Kᵗˣᵗ
καὶ – ἔχοντος] *om.* Kᵖⁱⁿ

II¹1634 Γενέσεως] *scripsi*, κτίσεως K II¹1636 (a) K (b) Παροιμιῶν V P E Lᶜ

---

13 Αἱρετώτερον] *add.* ἐστὶν Vᴼ ᵃ· ᶜ·   14 ὑπὲρ – ἀγαθή] *om.* E

II[1]1637 / K cap. O 7, 4

Τοῦ Ἐκκλησιαστοῦ·

Ἀγαθὸν ὄνομα καλὸν ὑπὲρ ἔλαιον ἀγαθόν.

II[1]1638 / K cap. O 7, 5

Τοῦ Σιράχ·

Φρόντισον περὶ ὀνόματος, αὐτὸ γάρ σοι παραμένει ἢ χίλιοι μέταλλοι θησαυροῦ.

II[1]1639 / K cap. O 7, 6

Καὶ πάλιν·

Χάρις ὡς παράδεισος ἐν εὐλογίαις.

---

3 II[1]1637 Eccle. 7, 1^1 (Wahl, *Kohelet-Text*, p. 159–160) **6 – 7 II[1]1638** Sir. 41, 12^{1-2} (Wahl, *Sirach-Text*, p. 161) **10 II[1]1639** Sir. 40, 17^1 (Wahl, *Sirach-Text*, p. 158)

---

2 – 3 II[1]1637 K cap. O 7, 4 (220v[mg]22); V cap. O 5, 2; P cap. O 15, 2; E cap. 167, 2; L^c cap. O 9, 2; *deest in* H^I $M^{(lac.)}$ L^b; PG 96, 213, 48 **5 – 7 II[1]1638** K cap. O 7, 5 (220v[22]23-24); V cap. O 5, 3; P cap. O 15, 3; E cap. 167, 3; L^c cap. O 9, 3; *deest in* H^I $M^{(lac.)}$ L^b; PG 96, 213, 49–50 **9 – 10 II[1]1639** K cap. O 7, 6 (220v[24]221r1); V cap. O 5, 4; P cap. O 15, 4; L^c cap. O 9, 4; *deest in* H^I $M^{(lac.)}$ L^b E; PG 96, 213, 51

II[1]1637 Τοῦ] *om.* V E **II[1]1638** (a) K (b) *s. a.* V^EV^O E (c) *s. d.* V^W P L^c **II[1]1639** (a) K (b) *s. a.* V^EV^O (c) *s. d.* V^W P L^c

---

3 καλὸν] *om.* V P E L^c ἔλεον *(*ε- P*)* K $V^{W\ e\ corr.}$ P L^c ἀγαθόν] *add.* ἀγαθὸν ὄνομα εἰς τὸν αἰῶνα μένει *(= Sir. 41, 13*^{2}*, cf.* II[1]1640 / K cap. O 7, 7*)* E **6** γάρ σοι] δέ σοι V^W L^c, δε σοι P παραμένει] παραμενεῖ V^W E L^c **7** μέταλοι V, μεγάλοι E θησαυροί E **10** ἐν] *om.* V^W P L^c

II¹1640 / K cap. O 7, 7

Τοῦ αὐτοῦ·

Ἀγαθῆς ζωῆς ἀριθμὸς ἡμερῶν,
καὶ ἀγαθὸν ὄνομα εἰς τὸν αἰῶνα διαμένει.

---

3 – 4 **II¹1640** Sir. 41, 13^(1–2) (Wahl, *Sirach-Text*, p. 161)

---

2 – 4 **II¹1640** K cap. O 7, 7 (221r[1]2–3); V cap. O 5, 5; P cap. O 15, 5; Lᶜ cap. O 9, 5; *deest in* Hᴵ M^(lac.) Lᵇ E; PG 96, 216, 1–2

II¹1640 (a) K R (b) *s. a.* Vᴱvᴼ Lᶜ (c) *s. d.* Vᵂ P

---

4 μένει Vᵂ P Lᶜ

Τίτλος η'   Περὶ ὀφθαλμοῦ.

η'   Περὶ ὀφθαλμοῦ.

II¹1641 / K cap. O 8, 1

Τῶν Παροιμιῶν·

Θεωρῶν ὀφθαλμὸς καλά, εὐφραίνει καρδίαν.   5

II¹1642 / K cap. O 8, 2

Τῶν αὐτῶν·

Οἱ ὀφθαλμοί σου ὀρθὰ βλεπέτωσαν,
τὰ δὲ βλέφαρά σου νευέτω δίκαια.

II¹1643 / K cap. O 8, 3   10

Ἀπὸ τοῦ Σιράχ·

Πονηρότερον ὀφθαλμοῦ τί ἔκτισται;
Διατοῦτο ἀπὸ παντὸς προσώπου δακρύει.

---

5 II¹1641 Prov. 15, 30¹ (Wahl, *Proverbien-Text*, p. 80)   8 – 9 II¹1642 Prov. 4, 25¹⁻²
(Wahl, *Proverbien-Text*, p. 33–34)   12 – 13 II¹1643 Sir. 34, 13²⁻³ (Wahl, *Sirach-Text*, p. 138–139)

---

1 **Titlos (a)** K (221r3–4)   2 **Titlos (b)** V Aᴵ ᵖⁱⁿ; *deest in* HᴵAᴵ ᵗˣᵗ   4 – 5 II¹1641 K
cap. O 8, 1 (221r[4]5); V cap. O 8, 1; *deest in* Hᴵ; PG 96, 217, 20   7 – 9 II¹1642 K
cap. O 8, 2 (221r[5]6–7); V cap. O 8, 2; *deest in* Hᴵ; PG 96, 217, 21–22   11 – 13
II¹1643 K cap. O 8, 3 (221r[7]8–9); V cap. O 8, 3; *deest in* Hᴵ; PG 96, 217, 23–24

---

1 **Titlos (a)**   Τίτλος η'] *om.* Kᵖⁱⁿ (η' *secund. ser.*)   2 **Titlos (b)**   η'] *praem.* τί-
τλος Vᵂ ᵗˣᵗ   ὀφθαλμοῦ] ὀφθαλμῶν Vᴱ ᵗˣᵗ Vᴼ ᵗˣᵗ Aᴵ ᵖⁱⁿ

II¹1641 Τῶν] *om.* V II¹1642 (a) K (b) *s. a.* V II¹1643 (a) K (b) Σιράχ V

---

8 βλεπέτω K   9 δὲ] *s. l.* Vᴱ   12 ἔκτησται Vᵂ ᵃ· ᶜ·, κέκτησται Vᵂ ᵖ· ᶜ·   13 δακρύσει
VᴱVᴼ

II¹1644 / K cap. O 8, 4

Τοῦ αὐτοῦ·

Ὀφθαλμὸς πονηρὸς φθονερὸς ἐπ’ ἄρτῳ
καὶ ἐλλειπὴς ἐπὶ τῆς τραπέζης αὐτοῦ.

5

II¹1645 / K cap. O 8, 5

*II²2162 /
R cap. O 15

Τοῦ αὐτοῦ·

Κύριε, πάτερ καὶ θεὲ ζωῆς μου,
μετεωρισμὸν ὀφθαλμῶν μὴ δῷς μου.

II¹1646 / K cap. O 8, 6

10 Τοῦ αὐτοῦ·

Ὀπίσω ἀναιδῶν ὀφθαλμῶν φύλαξαι.

---

3 – 4 **II¹1644** Sir. 14, 10¹⁻² (Wahl, *Sirach-Text*, p. 86)   7 – 8 **II¹1645** Sir. 23, 4¹⁻²
(Wahl, *Sirach-Text*, p. 109)   11 **II¹1646** Sir. 26, 11¹ (Wahl, *Sirach-Text*, p. 116)

2 – 4 **II¹1644** K cap. O 8, 4 (221r[9]10–11); V cap. O 8, 4; P cap. O 12, 5; Lᶜ cap. O
18, 5; *deest in* Hᴵ; PG 96, 217, 25–26   6 – 8 **II¹1645** K cap. O 8, 5 (221r[11]12–13);
V cap. O 8, 5; *deest in* Hᴵ; PG 96, 217, 27–28   10 – 11 **II¹1646** K cap. O 8, 6 (221r
[13]14); V cap. O 8, 6; P cap. O 12, 7; Lᶜ cap. O 18, 7; *deest in* Hᴵ; PG 96, 217, 29

II¹1644 (a) K P (b) *s. a.* V Lᶜ **II¹1645** (a) K (b) *s. a.* V **II¹1646** (a) K (b) *s. a.* Vᵂ P
Lᶜ (c) *s. d.* VᴱVᴼ

3 φθονειρος P   4 καὶ ἐλλειπὴς] *om.* Vᵂ P Lᶜ   ἐλλειπὴς] *sic* K   7 – 8 Κύριε –
ὀφθαλμῶν] *cum loco sequenti coniunguntur in* VᴱVᴼ   7 πάτερ] παντοκράτορ K   8
ὀφθαλμοῦ K   μὴ δῷς μου] μή μοι δῶς Vᵂ, *om.* VᴱVᴼ   11 Ὀπίσω – ὀφθαλμῶν]
om. VᴱVᴼ   ἀναιδῶν] *post* ὀφθαλμῶν *transpos.* K   φύλαξαι] φύλαξον V *(quod
verbum cum loco praecedenti coniungitur)*

II¹1647 / K cap. O 8, 7

Τοῦ αὐτοῦ·

Μνήσθητι ὅτι κακὸν ὀφθαλμὸς πονηρός.

II¹1648 / K cap. O 8, 8

Ματθαίου εὐαγγελιστοῦ·   5

Ὁ λύχνος τοῦ σώματος ἐστὶν ὁ ὀφθαλμός. Ἐὰν οὖν ὁ ὀφθαλμός
σου ἁπλοῦς ᾖ, ὅλον τὸ σῶμά σου φωτεινὸν ἔσται· ἐὰν δὲ ὁ ὀ-
φθαλμός σου πονηρὸς ᾖ, ὅλον τὸ σῶμά σου σκοτεινὸν ἔσται. Εἰ
οὖν τὸ φῶς τὸ ἐν σοὶ σκότος ἐστί, τὸ σκότος πόσον.

II¹1649 / K cap. O 8, 9   10

Τοῦ θεολόγου ἁγίου Γρηγορίου, ἐκ τοῦ εἰς Βασίλειον ἐπιταφίου·

Οὔτε ὄψις ῥαδίως ἀναχωρεῖν φιλεῖ τῶν τερπνῶν θεαμάτων – κἂν
γὰρ ἀφέλῃ τις βίᾳ, πρὸς αὐτὰ πάλιν φέρεται –, οὔτε λόγος τῶν
ἡδίστων διηγημάτων.

---

3 II¹1647 Sir. 34, 13¹ (Wahl, *Sirach-Text*, p. 138–139)   **6 – 9** II¹1648 Matth. 6, 22–
23   **12 – 14** II¹1649 GREGORIUS NAZIANZENUS, *Funebris oratio in laudem Basilii
Magni Caesareae in Cappadocia episcopi (Orat. 43)*, 14, 22–25 (ed. Bernardi, p. 148)

2 – 3 II¹1647 K cap. O 8, 7 (221r[14]15); V cap. O 8, 7; P cap. O 12, 8; Lᶜ cap. O 18,
8; *deest in* Hᴵ; PG 96, 217, 29–30   **5 – 9** II¹1648 K cap. O 8, 8 (221r[15]16–20); V
cap. O 8, 8; *deest in* Hᴵ; PG 96, 217, 31–34   **11 – 14** II¹1649 K cap. O 8, 9 (221r[21]
22–221v1); *deest in* V Hᴵ

II¹1647 (a) K P   (b) *s. a.* V Lᶜ   II¹1648 (a) K   (b) Ματθαίου VᴱVᴼ   (c) Εὐαγγελίου
Vᵂ

3 ὅτι] ὃ Lᶜ   **7** ᾖ] εἶ Vᵂ   φωτεινὸν ἔσται] -τει- *e corr.* Vᵂ, φωτινὸν ἔσται Vᴱ ᵖ·ᶜ·
Vᴼ, φωτινόν ἐστι Vᴱ ᵃ·ᶜ·, φωτινόν ἐστιν K   **8 – 9** Εἰ – πόσον] *om.* V   **13** ἀφέλῃ]
ἀφέλῃι K (*cf.* *II²700 / T cap. Γ 2, 12*), ἀφέλκη *ed.*   βίᾳ] *scripsi* (*ed.*), βία K   φέρε-
σθαι *ed.*

II¹1650 / K cap. O 8, 10

Τοῦ αὐτοῦ, ἐκ τοῦ εἰς Κυπριανὸν τὸν ἅγιον·

Ψαύουσιν ὀφθαλμοὶ λίχνοι καὶ τῶν ἀψαύστων, τὸ προχειρότατον ὄργανον καὶ ἀπληστότατον.

5   ## II¹1651 / K cap. O 8, 11

Τοῦ ἁγίου Ἰωάννου, ἐκ τοῦ εἰς τὸν ἐπίσκοπον Φλαβιανόν·

Τροφὴ ὀφθαλμῶν θεωρία.

II¹1652 / K cap. O 8, 12

Κλήμεντος, ἐκ τοῦ α′ Στρώματος·

10 Πάντες μὲν ὅσοι ταῖς ὄψεσι κεχρήμεθα, θεωροῦμεν τὰ ὑποπίπτοντα αὐταῖς, ἄλλοι δὲ ἄλλων ἕνεκα.

II¹1653 / K cap. O 8, 13

Εὐσεβίου, ἐκ τοῦ δ′ τῆς α′ εἰσαγωγῆς·

Ὃν τρόπον ἡ τῶν ὀφθαλμῶν φύσις ἔχει μὲν ἐν ἑαυτῇ τὴν ὁρατι-
15 κὴν δύναμιν, οὐχ᾽ ἱκανὴ δὲ καθ᾽ ἑαυτὴν πέφυκεν πρὸς τὴν τῶν ὁρατικῶν κατάληψιν, μὴ οὐχὶ ἑτέρου τινὸς ἔξωθεν φωτίζοντος καὶ συνυπουργοῦντος τῇ τῶν ὀφθαλμῶν χρήσει καὶ τῷ συμβαλ-

---

3 - 4   II¹1650 GREGORIUS NAZIANZENUS, *In laudem Cypriani (Orat. 24)*, 9, 19–21 (ed. Mossay/Lafontaine, p. 56)   7   II¹1651 IOHANNES CHRYSOSTOMUS, *Ad populum Antiochenum*, III *(In profectionem episcopi Flaviani)*, 4 (PG 49, 53, 24–25)   10 - 11 II¹1652 CLEMENS ALEXANDRINUS, *Stromata*, I. Cap. I. 17, 1 (ed. Stählin/Früchtel/ Treu, p. 12, 13–14)   14 - 910, 2   II¹1653 EUSEBIUS CAESARIENSIS, *Generalis elementaria introductio*, I, 4, locus non repertus; Holl, n° 471

2 - 4   II¹1650 K cap. O 8, 10 (221v[1]2–3); *deest in* V H¹   6 - 7   II¹1651 K cap. O 8, 11 (221v[4]5); *deest in* V H¹   9 - 11   II¹1652 K cap. O 8, 12 (221v[5]6–8); *deest in* V H¹   13 - 910, 2   II¹1653 K cap. O 8, 13 (221v[8]9–16); *deest in* V H¹; PG 86, 2076, 44–52

λομένῳ φωτὶ πρὸς τὴν τῶν αἰσθητῶν θέαν, οὕτως καὶ ἡ νοερὰ καὶ λογικὴ φύσις ἔχει πρὸς τὸν ἱερὸν τοῦ θεοῦ λόγον.

II¹1654 / K cap. O 8, 14

Φίλωνος, ἐκ τοῦ α′ τῶν ἐν Ἐξόδῳ ζητημάτων·

Ὅρασις παρὰ τὰς ἄλλας αἰσθήσεις καὶ ταύτη διαφέρει ὅτι αἱ μὲν   5
ἄλλαι τοῖς αἰσθητοῖς ἐγκαταμίγνυνται, οἷον ἡ γεῦσις ἀνακιρνᾶται
τοῖς χυμοῖς, καὶ ἡ ὄσφρησις τοῖς ἐπαναδιδομένοις ἀτμοῖς, καὶ αἱ
ἀκοαὶ ταῖς φωναῖς, εἰσδυομέναις εἰς τὰ ὦτα. Ἐπὶ δὲ τῆς ὁράσεως
τὸ παραπλήσιον οὐ γίνεται· οὔτε γὰρ αὐτὴ διὰ τοῦ βάθους τῶν
σωμάτων χωρεῖ, ψαύει δὲ τῶν ἐπιφανειῶν, <καὶ> αὐτὸ μόνον κα-   10
τὰ τὴν προσβολήν, οὔτε τὰ σώματα εἰς τὴν ὄψιν εἰσδύεται.

---

5 - 11   II¹1654 PHILO IUDAEUS, *Quaestiones in Exodum*, locus non repertus (ed. Petit, p. 298–299.21); Royse 176.59

---

4 - 11   II¹1654 K cap. O 8, 14 (221v[17]18–222r3); *deest in* V H¹; PG 86, 2100, 10–19

---

5 αἱ] *s. l.* K   8 εἰσδυομέναις] *correxi (ut propos. Petit in app. crit.)*, ἐκδυομέναις (-δυο- *e corr.*) K   10 ἐπιφανειῶν] *scrips. Petit*, ἐπιφανίων K   καὶ] *supplevi, om.* K αὐτὸ] *tacite delev. Mai*

Τίτλος θ′   Περὶ οἴνου καὶ χρήσεως αὐτοῦ.

ζ′   Περὶ οἴνου καὶ τῆς χρήσεως αὐτοῦ.

*Π² /
R cap. O 12

Π¹1655 / K cap. O 9, 1

Τῆς Γενέσεως·

5   Ἤρξατο Νῶε ἄνθρωπος γεωργὸς γῆς, καὶ ἐφύτευσεν ἀμπελῶνα. Καὶ ἔπιεν ἐκ τοῦ οἴνου καὶ ἐμεθύσθη, καὶ ἐγυμνώθη ἐν τῷ οἴκῳ αὐτοῦ.

Π¹1656 / K cap. O 9, 2

*Π²2122 /
R cap. O 12

Δαυῒδ ἐν ψαλμῷ ργ′·

10   Οἶνος εὐφραίνει καρδίαν ἀνθρώπου.

Π¹1657 / K cap. O 9, 3

Τῶν Παροιμιῶν·

Ἀκόλαστον οἶνος καὶ ὑβριστικὸν μέθη,
πᾶς δὲ ἄφρων τοιούτοις συμπλέκεται.

---

5 – 7 Π¹1655 Gen. 9, 20–21   10 Π¹1656 Ps. 103, 15¹   13 Π¹1657 Ἀκόλαστον – μέθη] Prov. 20, 1¹ (Wahl, *Proverbien-Text*, p. 96)   14 πᾶς – συμπλέκεται] Ibid. 20, 3² (Wahl, p. 97)

---

1 Titlos (a) K (222r3)   2 Titlos (b) V A^I pin; *deest in* H^I A^I txt   4 – 7 Π¹1655 K cap. O 9, 1 (222r[mg]4–6); *deest in* V H^I   9 – 10 Π¹1656 K cap. O 9, 2 (222r[6]7); V cap. O 7, 1; *deest in* H^I; PG 96, 216, 48   12 – 14 Π¹1657 K cap. O 9, 3 (222r[7]8–9); V cap. O 7, 2; P cap. O 9, 11; E cap. 164, 4; L^c cap. O 7, 12; *deest in* H^I; PG 96, 216, 49–50

---

1 Titlos (a) Τίτλος – αὐτοῦ] *om.* K^pin   2 Titlos (b)   ζ′] *propt. mg. resect. non liquet in* A^I pin (ζ′ *secund. ser.*), *praem.* τίτλος V^W txt   τῆς] *om.* V^E txt

---

Π¹1655 Γενέσεως] *scripsi*, κτίσεως K   Π¹1656 (a) K   (b) Δαυῒδ V^E V^W   (c) *s. a.* V^O   Π¹1657 (a) K V P L^c Τῶν] *om.* V P L^c   (b) *s. a.* E

---

14 τούτοις E   ἐμπλέκεται E L^c

II¹1658 / K cap. O 9, 4

Τῶν αὐτῶν·

Δότε μέθην τοῖς ἐν λύπαις,
καὶ οἶνον πίνειν τοῖς ἐν ὀδύναις,
ἵνα ἐπιλάθωνται τῆς πενίας,   5
καὶ τῶν πόνων μὴ μνησθῶσιν ἔτι.

II¹1659 / K cap. O 9, 5

Τοῦ Ἐκκλησιαστοῦ·

Οἶνος εὐφραίνει ζῶντας.

II¹1660 / K cap. O 9, 6   10

Τοῦ Σιράχ·

Οἶνος καὶ γυναῖκες ἀποστήσουσι συνετούς.

---

12 exstat etiam ap. Ps.-Max. Conf., *Loci communes*, 68.-./39.6d. (ed. Ihm, p. 995)

---

3 – 6 II¹1658 Prov. 31, 6¹–7² (Wahl, *Proverbien-Text*, p. 122)   9 II¹1659 Eccle. 10, 19² (Wahl, *Kohelet-Text*, p. 171)   12 II¹1660 Sir. 19, 2¹ (Wahl, *Sirach-Text*, p. 97)

---

2 – 6 II¹1658 K cap. O 9, 4 (222r[9]10–12); V cap. O 7, 3; *deest in* H¹; PG 96, 216, 51 – 217, 2   8 – 9 II¹1659 K cap. O 9, 5 (222r[12]13); *deest in* V H¹   11 – 12 II¹1660 K cap. O 9, 6 (222r[13]14); V cap. O 7, 4; P cap. O 9, 12; E cap. 164, 5; Lᶜ cap. O 7, 13; *deest in* H¹; PG 96, 217, 3

II¹1658 (a) K (b) *s. a.* V II¹1660 (a) K Vᵂ P Τοῦ] *om.* Vᵂ P (b) *s. a.* Vᴱⱽᴼ E Lᶜ

---

3 μέθην] οἶνον Vᴱⱽᴼ   4 οἶνον πίνειν] *om.* Vᴱⱽᴼ   ὀδύναις] *add.* οὖσι Vᴱⱽᴼ   5 ἵνα] *add.* πιόντες K   ἐπιλάθονται Vᴱⱽᴼ   6 τῶν] τῷ Vᴼ   μὴ] *praem.* οὐ K   ἔτι] *om.* K   12 ἀποστήσουσϊν ἀσυνετούς Lᶜ

II¹1661 / K cap. O 9, 7

Τοῦ αὐτοῦ·

Ἐν οἴνῳ μὴ ἀνδρίζου·
πολλοὺς γὰρ ἀπώλεσεν ὁ οἶνος.

5

II¹1662 / K cap. O 9, 8

Τοῦ αὐτοῦ·

Οἶνος εἰς εὐφροσύνην καὶ οὐκ εἰς μέθην ἐκτίσθη ἀπ᾽ ἀρχῆς.

II¹1663 / K cap. O 9, 9

Τοῦ αὐτοῦ·

10 Ἀγαλλίαμα καρδίας καὶ εὐφροσύνη ψυχῆς
οἶνος πινόμενος ἐν καιρῷ αὐτάρκης.

---

3 – 4 II¹1661 Sir. 34, 25¹⁻² (Wahl, *Sirach-Text*, p. 140)   **7 II¹1662** Sir. 34, 27⁴
(Wahl, *Sirach-Text*, p. 140)   **10 – 11 II¹1663** Sir. 34, 28¹⁻² (Wahl, *Sirach-Text*, p.
140)

---

2 – 4 II¹1661 K cap. O 9, 7 (222r[14]15); V cap. O 7, 5; Lᶜ cap. O 7, 1; *deest in* Hᴵ;
PG 96, 217, 4–5   **6 – 7 II¹1662** K cap. O 9, 8 (222r[15]16–17); V cap. O 7, 6; P cap.
O 9, 13; Lᶜ cap. O 7, 14; *deest in* Hᴵ; PG 96, 217, 5–6   **9 – 11 II¹1663** K cap. O 9, 9
(222r[17]18–19); V cap. O 7, 7; P cap. O 9, 14; Lᶜ cap. O 7, 15; *deest in* Hᴵ; PG 96,
217, 6–7

II¹1661 (a) K   (b) Σιράχ Lᶜ   (c) *s. a.* V   **II¹1662** (a) K   (b) Σιράχ Lᶜ   (c) *s. a.* V P
II¹1663 (a) K P   (b) *s. a.* V Lᶜ

---

4 γάρ] *om.* Vᵂ *(in mg. supplev. man. rec.)*   ὁ] *om.* Vᵂ   **7** Οἶνος] *praem.* ὁ *(rubri-
cator)* Lᶜ   **10** Ἀγαλλίαμα – ψυχῆς] *cum loco sequenti coniunguntur in* Vᵂ P Lᶜ   **11**
οἶνος – αὐτάρκης] *om.* Vᵂ P Lᶜ

II¹1664 / K cap. O 9, 10

Τοῦ αὐτοῦ·

Πικρία ψυχῆς, οἶνος πινόμενος πολύς.

II¹1665 / K cap. O 9, 11

Τοῦ αὐτοῦ·   5

Τίς ζωὴ ἐλαττουμένῳ οἴνου;
Καὶ αὐτὸς ἔκτισται εἰς εὐφροσύνην ἀνθρώποις.

II¹1666 / K cap. O 9, 12

Λουκᾶ, ἐν κεφαλαίῳ <μ′>·

Οὐδεὶς πιὼν παλαιὸν οἶνον θέλει νέον. Λέγει γάρ· Ὁ παλαιὸς χρη-   10
στότερός ἐστιν.

---

3   exstat etiam ap. Ps.-Max. Conf., *Loci communes*, 27.-./16d. (ed. Ihm, p. 598)

---

3 II¹1664 Sir. 34, 29¹ (Wahl, *Sirach-Text*, p. 141)   **6 – 7 II¹1665** Sir. 34, 27³⁻⁴
(Wahl, *Sirach-Text*, p. 140)   **10 – 11 II¹1666** Luc. 5, 39

---

2 – 3 II¹1664 K cap. O 9, 10 (222r[19]20); V cap. O 7, 8; P cap. O 9, 15; Lᶜ cap. O 7,
16; *deest in* H¹; PG 96, 217, 7   **5 – 7 II¹1665** K cap. O 9, 11 (222r[20]21–22); *deest
in* V H¹   **9 – 11 II¹1666** K cap. O 9, 12 (222r[22]23–24); *deest in* V H¹

II¹1664 (a) K (b) *s. a.* VᴱVᴼ (c) *s. d.* Vᵂ P Lᶜ **II¹1666** μ′] *supplevi, om.* K

---

3 Πικρία ψυχῆς] *om.* Vᵂ P Lᶜ   οἶνος – πολύς] *cum loco praecedenti coniunguntur
in* Vᵂ P Lᶜ   πιννουμενος P   πολοίς Vᴱ, -οῖς Vᴼ, μὴ πολῦς Lᶜ   **6** Τίς ζωή] *correxi
(LXX)*, τῆ ζωῆι *(sic)* K

II¹1667 / K cap. O 9, 13

*II²2129 /
R cap. O 12

Ἐκ τῆς πρὸς Ἐφεσίους ἐπιστολῆς·

Μὴ μεθύσκεσθε οἴνῳ, ἐν ᾧ ἐστιν ἀσωτία.

II¹1668 / K cap. O 9, 14

*II²2130 /
R cap. O 12

5 Ἐκ τῆς πρὸς Τιμόθεον·

Μηκέτι ὑδροπότει, ἀλλ᾽ οἴνῳ ὀλίγῳ χρῶ, διὰ τὸν στόμαχόν σου
καὶ τὰς πυκνάς σου ἀσθενείας.

II¹1669 / K cap. O 9, 15

*II²2132 /
R cap. O 12

Τοῦ ἁγίου Βασιλείου, ἐκ τοῦ περὶ μέθης·

10 …οἶνος, τὸ παρὰ θεοῦ δῶρον εἰς παραμυθίαν τῆς ἀσθενείας δεδο-
μένον τοῖς σωφρονοῦσιν…

---

3 exstat etiam ap. Ps.-Max. Conf., *Loci communes*, 54.2./61.2. (ed. Ihm, p. 860)

---

3 II¹1667 Eph. 5, 18   6 – 7 II¹1668 I Tim. 5, 23   10 – 11 II¹1669 BASILIUS CAESA-
RIENSIS, *In ebriosos*, 1 (PG 31, 448, 5 –6)

---

2 – 3 II¹1667 K cap. O 9, 13 (222r[24]222v1); V cap. O 7, 9; *deest in* H¹; PG 96, 217,
8   5 – 7 II¹1668 K cap. O 9, 14 (222v[1]2–3); V cap. O 7, 10; *deest in* H¹; PG 96,
217, 9 –10   9 – 11 II¹1669 K cap. O 9, 15 (222v[4]5 –6); V cap. O 7, 11; P cap. O 9,
16; Lᶜ cap. O 7, 17; *deest in* H¹; PG 96, 217, 11–12

II¹1667 (a) K   (b) Πρὸς Ἐφεσίους Vᴱνᴼ   (c) Ἀποστόλου Vᵂ   II¹1668 (a) K   (b)
Πρὸς Τιμόθεον Vᴱνᴼ   (c) Τοῦ αὐτοῦ Vᵂ   II¹1669 (a) K P   (b) Βασιλείου V Lᶜ βασι-
λίου Vᵂ

---

3 μεθύσκεσθαι Vᴱνᴼ

*II²2133 /
ap. O 12, 12

II¹1670 / K cap. O 9, 16

Ἐκ τοῦ περὶ νηστείας·

Μέτρον ἄριστον τῆς τοῦ οἴνου χρήσεως ἡ χρεία τοῦ σώματος.

II¹1671 / K cap. O 9, 17

Τοῦ θεολόγου Γρηγορίου, ἐκ τῶν Ἐπῶν·   5

Οἶνος παρθενικῇσι χόλου πλέον ἐστὶν ὄνειδος.

*II²2134 /
ap. O 12, 13

II¹1672 / K cap. O 9, 18

Εὐαγρίου·

Ῥώννυσι μὲν οἶνος τὸ σῶμα, τὴν δὲ ψυχὴν λόγος θεοῦ.

*II²2135 /
ap. O 12, 14

<II¹suppl. 364 / V cap. O 7, 14>   10

---

3 exstat etiam ap. Ps.-Max. Conf., *Loci communes*, 30.8./8. (ed. Ihm, p. 627–628)   **9**
exstat ibid., 30.11./12. (p. 629)   **10** **II¹suppl. 364 / V cap. O 7, 14** cf. *Sacra*. Liber II.
Supplementum (Band VIII/8)

---

3 **II¹1670** BASILIUS CAESARIENSIS, *De ieiunio homilia I*, 10 (PG 31, 184, 7–8)   **6**
II¹1671 GREGORIUS NAZIANZENUS, *Carmina*, I,2,2 *(Praecepta ad virgines)*, 297 (PG
37, 601, 9)   **9** **II¹1672** EUAGRIUS PONTICUS, *Capita paraenetica* (ed. Elter, p. LII.17)

---

2 – 3 **II¹1670** K cap. O 9, 16 (222v[6]7–8); V cap. O 7, 12; P cap. O 9, 17; E cap.
164, 6; Lᶜ cap. O 7, 18; *deest in* Hᴵ; PG 96, 217, 13–14   **5 – 6** **II¹1671** K cap. O 9, 17
(222v[8]9); *deest in* V Hᴵ   **8 – 9** **II¹1672** K cap. O 9, 18 (222v[mg]10); V cap. O 7,
13; P cap. O 9, 18; Lᶜ cap. O 7, 19; *deest in* Hᴵ; PG 96, 217, 15–16

II¹1670 (a) K P Lᶜ Ἐκ τοῦ] *om.* Lᶜ (b) Βασιλείου E (c) *s. a.* V **II¹1671** (a) K V P (b)
s. a. Lᶜ

---

3 μέτρϊον Lᶜ   χρεῖα K, χρία Vᴱⱽᴼ P **9** τὸ] *om.* V P Lᶜ   λόγος] *praem.* ο *(sic)* Vᴼ

Τίτλος ι′   Περὶ ὀνειδισμοῦ καὶ φαυλισμοῦ καὶ ψόγου, καὶ ὅτι   *II² /
οὐ δεῖ συμφορὰν ὀνειδίζειν.   R cap. O 2

θ′   Περὶ ὀνειδισμοῦ, καὶ ὅτι οὐ δεῖ συμφορὰν ὀνειδίζειν.

II¹1673 / K cap. O 10, 1

5   Ψαλμοῦ μγ′·

Ὅλην τὴν ἡμέραν ἡ ἐντροπή μου κατενώπιόν μου ἐστί,
καὶ ἡ αἰσχύνη τοῦ προσώπου μου ἐκάλυψέν με
ἀπὸ φωνῆς ὀνειδίζοντος καὶ καταλαλοῦντος,
ἀπὸ προσώπου ἐχθροῦ καὶ ἐκδιώκοντος.

10   ## II¹1674 / K cap. O 10, 2

Ἐν ψαλμῷ νδ′·

Εἰ ὁ ἐχθρὸς ὠνείδισέν με, ὑπήνεγκα ἄν,
καὶ εἰ ὁ μισῶν με ἐπ᾽ ἐμὲ ἐμεγαλορημόνησεν, ἐκρύβην ἄν
[ἀπ᾽ αὐτοῦ.

---

1 φαυλισμοῦ] cf. II¹ / Kᵖⁱⁿ Παραπομπὴ Φ 3   1 – 2 ὅτι – ὀνειδίζειν] cf. II¹ / Kᵖⁱⁿ
Παραπομπὴ Χ 22

6 – 9 II¹1673 Ps. 43, 16¹–17²   12 – 14 II¹1674 Ps. 54, 13¹⁻²

1 – 2 **Titlos (a)** K (222v11–12)   3 **Titlos (b)** V Aᴵ ᵖⁱⁿ; *deest in* HᴵAᴵ ᵗˣᵗ   5 – 9
II¹1673 K cap. O 10, 1 (222v[12]13–17); *deest in* V Hᴵ   11 – 14 II¹1674 K cap. O
10, 2 (222v[17]18–20); *deest in* V Hᴵ

1 – 2 **Titlos (a)**   1 Τίτλος ι′] *om.* Kᵖⁱⁿ (θ′ *secund. ser.*)   καὶ ψόγου] *om.* Kᵖⁱⁿ   3
Titlos (b)   θ′] *propt. mg. resect. non liquet in* Aᴵ ᵖⁱⁿ (θ′ *secund. ser.*), *praem.* τίτλος
Vᵂ ᵗˣᵗ   δεῖ] χρὴ Vᴱ ᵗˣᵗ Vᴼ ᵗˣᵗ Aᴵ ᵖⁱⁿ   συμφορὰν] *om.* Vᴱ ᵗˣᵗ Vᴼ ᵗˣᵗ Aᴵ ᵖⁱⁿ

13 ἐμεγαλορημόνησεν] *sic* K

II¹1675 / K cap. O 10, 3

Ἐν ψαλμῷ ξη´·

Ἐγενήθην εἰς ὀνειδισμοὺς ἐμοί,
καὶ ἐθέμην τὸ ἔνδυμά μου σάκκον
καὶ ἐγενόμην αὐτοῖς εἰς παραβολήν.   5

II²2056 /
R cap. O 2, 1

II¹1676 / K cap. O 10, 4

Τῶν Παροιμιῶν·

Ἀπόστρεψον ἀπὸ σοῦ ἐπονειδίστους λόγους.

II²2058 /
R cap. O 2, 3

II¹1677 / K cap. O 10, 5

Ἡσαΐου προφήτου·   10

Μὴ φοβεῖσθε ὀνειδισμὸν ἀνθρώπων, καὶ τῷ φαυλισμῷ αὐτῶν μὴ
ἡττᾶσθε· ὥσπερ γὰρ ἱμάτιον βρωθήσεται ἀπὸ χρόνου, καὶ ὡς ἐρέα
βρωθήσεται ἀπὸ σητός.

---

3 – 5 II¹1675 Ps. 68, 11²–12²   **8** II¹1676 Prov. 27, 11² (Wahl, *Proverbien-Text*, p.
132)   **11 – 13** II¹1677 Is. 51, 7–8 (Wahl, *Prophetenzitate*, p. 426–427)

2 – 5 II¹1675 K cap. O 10, 3 (222v[20]21–23); *deest in* V H¹   **7 – 8** II¹1676 K cap.
O 10, 4 (222v[23]24); V cap. O 9, 1; *deest in* H¹; PG 96, 217, 37   **10 – 13** II¹1677 K
cap. O 10, 5 (223r[mg]1–4); V cap. O 9, 2; *deest in* H¹; PG 96, 217, 38–41

II¹1676 Τῶν] *om.* V   II¹1677 (a) K ησαϊου *cod.* (b) Ἡσαΐου V^W (c) Ματθαίου
V^EV^O

---

12 ἡττᾶσθαι V^E, ὑποτάσσεσθε K   γὰρ] δὲ V^W   ἐρέα] ἔρια V^W   **13** ἀποσητός
V^EV^O, ὑπὸ σητός *e corr.* V^W

Π¹1678 / K cap. O 10, 6

*Π²2060 /
R cap. O 2, 5

Τοῦ αὐτοῦ·

Μὴ φοβοῦ ὅτι κατησχύνθης, μὴ δὲ ἐντραπῇς ὅτι ὠνειδίσθης, ὅτι
αἰσχύνην αἰώνιον ἐπιλήσῃ καὶ ὄνειδος τῆς χηρείας σου οὐ μὴ μνη-
5 σθῇς ἔτι.

Π¹1679 / K cap. O 10, 7

*Π²suppl. 18
PMLᵇ cap.
O 2, 13

Τοῦ Σιράχ·

Μὴ βδελύξῃ ἄνθρωπον, καὶ μὴ ὀνειδίσῃς αὐτὸν ἐν ὁράσει αὐτοῦ.

Π¹1680 / K cap. O 10, 8

*Π²2062 /
R cap. O 2, 7

10 Τοῦ αὐτοῦ·

Ὁ ὀνειδίζων φίλον διαλύσει φιλίαν.

---

3 – 5 **Π¹1678** Is. 54, 4 (Wahl, *Prophetenzitate*, p. 433)   8 **Π¹1679** Sir. 11, 2² (Wahl,
Sirach-Text, p. 75–76)   11 **Π¹1680** Sir. 22, 20² (Wahl, *Sirach-Text*, p. 108)

---

2 – 5 **Π¹1678** K cap. O 10, 6 (223r[4]5–7); V cap. O 9, 3; *deest in* Hᴵ; PG 96, 217,
42–44   7 – 8 **Π¹1679** K cap. O 10, 7 (223r[mg]8–9); V cap. O 9, 4; *deest in* Hᴵ; PG
96, 217, 45–46   10 – 11 **Π¹1680** K cap. O 10, 8 (223r[9]10); V cap. O 9, 5; P cap. O
2, 5; Lᶜ cap. O 8, 5; *deest in* Hᴵ; PG 96, 220, 1

Π¹1678 (a) K (b) Σιράχ VᴱVᴼ (c) *s. a.* Vᵂ **Π¹1679** (a) K Vᵂ Τοῦ] *om.* Vᵂ (b) *s. a.*
VᴱVᴼ **Π¹1680** (a) K (b) Σιράχ P Lᶜ (c) *s. a.* V

---

3 μὴ δὲ] μήτε Vᵂ   ἐντραπεὶς VᴱVᴼ   ὠνειδίσθης Kᵖ· ᶜ· Vᵂ, ὀνειδίσθης Vᴱ, ὀνειδι-
σθῆς Vᴼ   4 τῆς χηρείας σου] *correxi* (*Π² = LXX*), τῆς χειρός σου K, *om.* V   4 – 5
μνησθῇς ἔτι] μνησθήσεται K   11 Ὁ] *rubricatoris vitio deest in* Lᶜ

II¹1681 / K cap. O 10, 9

Τοῦ αὐτοῦ·

Μὴ ὀνειδίσῃς ἄνθρωπον ἀποστρέφοντα ἀπὸ ἁμαρτίας·
μνήσθητι ὅτι πάντες ἐσμὲν ἐν ἐπιτιμίοις,
καὶ ἐπίχαρμα οὐ θέλομεν γενέσθαι.   5

II²2063 /
R cap. O 2, 8

II¹1682 / K cap. O 10, 10

Τοῦ αὐτοῦ·

Ὄνειδος τέκνων, μήτηρ ἐν ἀδοξίᾳ.

II¹1683 / K cap. O 10, 11

Τοῦ αὐτοῦ·   10

Μὴ καταγελάσῃς ἀνθρώπου ὄντος ἐν πικρίᾳ ψυχῆς αὐτοῦ·
ἔστι γὰρ ὁ ταπεινῶν καὶ ἀνυψῶν.

---

3 - 4 **II¹1681** Μὴ – ἐπιτιμίοις] Sir. 8, 5¹⁻² (Wahl, *Sirach-Text*, p. 67–68)   5 καὶ –
γενέσθαι] Ibid. 8, 8 La (post 8, 7² LXX; Wahl, p. 67–68)   8 **II¹1682** Sir. 3, 11²
(Wahl, *Sirach-Text*, p. 49)   11 - 12 **II¹1683** Sir. 7, 11¹⁻² (Wahl, *Sirach-Text*, p. 64)

2 - 5 **II¹1681** K cap. O 10, 9 (223r[10]11–13); VᴱVᴼ cap. O 9, 6–7; Vᵂ cap. O 9, 6;
P cap. O 2, 11; Lᶜ cap. O 8, 11–12; *deest in* Hᴵ; PG 96, 220, 2–4   7 - 8 **II¹1682** K
cap. O 10, 10 (223r[13]14); VᴱVᴼ cap. O 9, 8; Vᵂ cap. O 9, 7; P cap. O 2, 6; Lᶜ cap.
O 8, 6; *deest in* Hᴵ; PG 96, 220, 5   10 - 12 **II¹1683** K cap. O 10, 11 (223r[14]15–16);
VᴱVᴼ cap. O 9, 9–10; Vᵂ cap. O 9, 8; P cap. O 2, 7; Lᶜ cap. O 8, 7; *deest in* Hᴵ; PG
96, 220, 6–7

II¹1681 (a) K   (b) *s. a.* Vᵂ P   (c) *s. a.* / *s. a.* VᴱVᴼ Lᶜ (*cf. infra, app. crit. text.*) **II¹1682**
(a) K P   (b) *s. a.* V Lᶜ   **II¹1683** (a) K   (b) *s. a.* Vᵂ P Lᶜ   (c) *s. a.* / *s. a.* VᴱVᴼ (*cf. infra,
app. crit. text.*)

3 ὠνειδίσῃς Kᵃˑᶜˑ, ὀνειδήσῃς Vᴱ ᵃˑ ᶜˑ   ἐπιστρέφοντα (-στρε- P) P Lᶜ   ἁμαρτίας]
hic caesura in VᴱVᴼ Lᶜ   5 καὶ – γενέσθαι] *om.* V P Lᶜ   11 ἄνθρωπον Lᶜ   ὄντως
VᴱVᴼ, ὄντα Lᶜ   αὐτοῦ] *hic caesura in* VᴱVᴼ   12 ὑψῶν VᴱVᴼ

II¹1684 / K cap. O 10, 12

Τοῦ αὐτοῦ·

Βαρέα ταῦτα ἀνθρώπῳ ἔχοντι φρόνησιν,
ἐπιτίμησις οἰκίας καὶ ὀνειδισμὸς δανειστοῦ.

5   **II¹1685 / K cap. O 10, 13**   *II²2071 /
                                                   R cap. O 2, ▮

Εὐαγρίου·

Ψέγειν τὸν ἀνεπίληπτον, εἰς θεὸν ἁμαρτία.

           II¹1686 / K cap. O 10, 14   *II²2069 /
                                                   R cap. O 2, ▮

Τοῦ ἁγίου Εἰρηναίου, ἐκ τῶν διατάξεων·

10 Εὖ μὲν λέγοντες ἀεὶ τοὺς ἀξίους, κακῶς δὲ οὐδέποτε τοὺς ἀναξί-
ους, τευξόμεθα καὶ ἡμεῖς τῆς τοῦ θεοῦ δόξης καὶ βασιλείας.

---

3 – 4 II¹1684 Sir. 29, 28¹⁻² (Wahl, *Sirach-Text*, p. 127)   **7 II¹1685** EUAGRIUS PON-
TICUS, *Capita paraenetica* (ed. Elter, p. LII.23)   **10 – 11 II¹1686** (PS.-)IRENAEUS
LUGDUNENSIS, *Constitutiones*, locus non repertus (Fragmenta varia graeca, IX =
XLI [ed. Harvey, p. 480 = 508]); Holl, n° 177

---

2 – 4 II¹1684 K cap. O 10, 12 (223r[16]17–18); V^EV^O cap. O 9, 11–12; V^W cap. O 9,
9; P cap. O 2, 8; L^c cap. O 8, 8; *deest in* H^I; PG 96, 220, 8–9   **6 – 7 II¹1685** K cap. O
10, 13 (223r[18]19); V^EV^O cap. O 9, 15; V^W cap. O 9, 12; *deest in* H^I; PG 86, 2088,
41–42; PG 96, 220, 15   **9 – 11 II¹1686** K cap. O 10, 14 (223r[19]20–22); V^EV^O cap.
O 9, 14; V^W cap. O 9, 11; *deest in* H^I; PG 86, 2088, 43–46; PG 96, 220, 12–14

II¹1684 (a) K (b) *s. a.* V^W P L^c (c) *s. a. / s. a.* V^EV^O (*cf. infra, app. crit. text.*) **II¹1686**
(a) K εἰρηνέου *cod.* (b) Εἰρηναίου V^EV^O (c) *s. d.* V^W

---

3 βαρεῖα (-ει- P) K V P   φρόνησιν] *hic caesura in* V^EV^O   **11** τευξόμεθα] εὔχεσθαι
V^W

II¹1687 / K cap. O 10, 15

Τοῦ θεολόγου ἁγίου Γρηγορίου, ἐκ τῶν τετραστίχων Γνωμῶν·

Μι᾿ ἀσφάλεια, μὴ ὀνειδίζειν τύχας.

II¹1688 / K cap. O 10, 16

Τοῦ ἁγίου Γρηγορίου Νύσης, ἐκ τοῦ εἰς τὸ Ἐφ᾿ ὅσον ἐποιήσατε ἑνὶ   5
τούτων τῶν ἐλαχίστων·

Γνῶθι τίς ὢν περὶ τίνων βουλεύῃ· ὅτι περὶ ἀνθρώπων ἄνθρωπος,
οὐδὲν ἰδιάζων ἐν ἑαυτῷ παρὰ τὴν κοινὴν κεκτημένος φύσιν. Μὴ
προαποφαίνου τοῦ μέλλοντος· ἐν ᾧ γὰρ καταψηφίζῃ τοῦ πάθους,
τέως ἐν ἀλλοτρίῳ σοι σώματι φαινομένου, ἀόριστον κατὰ τῆς φύ-   10
σεως <***> παραπλησίως τοῖς πᾶσιν. Οὐκοῦν ὡς <ὑ>πὲρ κοινοῦ
τοῦ πράγματος ὁ λόγος ἔστω.

---

3 **II¹1687** GREGORIUS NAZIANZENUS, *Carmina*, I,2,33 *(Tetrastichae sententiae)*, 108
(PG 37, 936, 2)　　　　**7 - 12 II¹1688** GREGORIUS NYSSENUS, *In illud:* Quatenus uni ex
his fecistis mihi fecistis *(Matth. 25, 40;* vulgo *De pauperibus amandis II)* (ed. van
Heck, p. 115, 21–28)

2 - 3 **II¹1687** K cap. O 10, 15 (223r[22–23]24); Vᴱⱽᴼ cap. O 9, 13; Vᵂ cap. O 9, 10;
deest in Hᴵ; PG 96, 220, 10–11　　　　**5 - 12 II¹1688** K cap. O 10, 16 (223r[24–223v2]
223v3–10); *deest in* V Hᴵ

II¹1687 (a) K　τετραστίχων] *correxi,* μονοστίχων *cod.*　(b) Τοῦ Θεολόγου V　Τοῦ]
om. Vᵂ

3 μία V　　　　τύχας] *add.* κοινὴ γὰρ ἡ τύχη· καὶ τὸ μέλλον ἀόρατον (= *Isocrat., Ad
Demon. [Orat. I], 29; cf. infra,* II¹1691 / K cap. O 10, 19) Vᴱⱽᴼ　　　**8** οὐδὲν] *scripsi*
(ed.), οὐδενὶ K　　**9** καταψηφίζῃ] *scripsi (ed.),* καταψηφίζει K　　**10** φαινομένου]
scripsi (ed.), φαινόμενα K　　ἀόριστον] ὁριστὸν Kᵖ· ᶜ· ⁱⁿ ᵐᵍ·　　**10 - 11** *post* φύσεως
quaedam excidisse videntur (ἐκφέρεις ἀπόφασιν· μετέχεις δὲ καὶ σὺ τῆς φύσεως *ed.)*
11 ὡς ὑπὲρ] *scripsi (ed.),* ὥσπερ K

II¹1689 / K cap. O 10, 17

Καὶ μετ᾽ ὀλίγα·

Μὴ ταῦτα, μή, ἀδελφοί· μὴ κυρωθήτω αὕτη κατὰ τῶν ἀνθρώπων
ἡ ψῆφος. Μνησθῆναι προσήκει, καθὰ ἔφαμεν, τίνες ὄντες περὶ
5 τίνων βουλευόμεθα. *Μία πᾶσιν ἡ ἐπὶ τὸν βίον εἴσοδος, εἷς ὁ τῆς
ζωῆς ἅπασιν τρόπος, βρῶσις καὶ πόσις ἡ τοῦ ζῆν ἐνέργεια, ὁμοιό-
τροπος ἡ κατασκευή, πάντων μία καὶ ἡ καταστροφὴ τοῦ βίου,
ἅπαν τὸ σύνθετον εἰς διάλυσιν ἔρχεται, οὐδὲν τῶν συνεστώτων
παγίαν ἔχει τὴν σύστασιν, πομφόλυγος δίκην ἐπ᾽ ὀλίγον ἡμῖν τῷ
10 πνεύματι περιταθέντος τοῦ σώματος, εἶτα ἀπέβημεν, οὐδὲν ἴχνος
τοῦ προσκαίρου τούτου φυσήματος καταλιπόντες τῷ βίῳ.*

II¹1690 / K cap. O 10, 18

Τοῦ ἁγίου Ἰωάννου Κωνσταντινουπόλεως, ἐκ τοῦ πρὸς <Σ>τα-
γείριον β´·

15 Ὅσῳ <τῶν ὑπὸ> τῶν ἐχθρῶν τὰ παρὰ τῶν φίλων ὀνείδη βαρύ-
τερα, τοσούτῳ τούτων αὐτῶν τὰ παρὰ τῶν οἰκείων παίδων.

<II¹suppl. 365 / V cap. O 9, 14>   *II²2070 /
                                           R cap. O 2, 1

5 cf. Sap. 7, 6   17 II¹suppl. 365 / V cap. O 9, 14 cf. *Sacra*. Liber II. *Supplementum*
(Band VIII/8)

3 – 5 II¹1689 Μὴ – βουλευόμεθα] Gregorius Nyssenus, *In illud*: Quatenus uni ex
his fecistis mihi fecistis *(Matth. 25, 40; vulgo De pauperibus amandis II)* (ed. van
Heck, p. 120, 9 – 11)   5 – 11 Μία – βίῳ] Ibid. (p. 120, 13 – 20)   15 – 16 II¹1690
Iohannes Chrysostomus, *Ad Stagirium a daemone vexatum*, II, 5 (PG 47, 455,
52–54)

2 – 11 II¹1689 K cap. O 10, 17 (223v[10]10 – 23); *deest in* V H^I   13 – 16 II¹1690 K
cap. O 10, 18 (223v[23 – 24]224r1 – 3); *deest in* V H^I

II¹1690 Σταγείριον] *scripsi*, ταγήριον K

5 τὸν βίον] *correxi (ed.)*, τοῦ βίου K   5 – 7 εἷς – βίου] *sic interpunx.* K, ... τρόπος,
βρῶσις καὶ πόσις· ἡ ... ὁμοιότροπος· ἡ ... *ed.*   15 τῶν ὑπὸ] *supplevi (ed.), om.* K

II¹1691 / K cap. O 10, 19

Φίλωνος, ἐκ τῶν ἐν τῷ Λευϊτικῷ ζητημάτων, ὡς †ἀποκράτητος†·

Μηδενὶ συμφορὰν ὀνειδίσῃς – κοινὴ γὰρ ἡ φύσις καὶ
τὰ ἐπιόντα ἄδηλα –, μήποτε τοῖς αὐτοῖς ἁλούς, αὐτοκατάκρι-
τος ἐν τῷ τοῦ συνειδότος εὑρεθῇς <δικαστηρίῳ>.					5

---

3 – 4 Μηδενὶ – ἄδηλα] Isocrat., *Ad Demon. (Orat. I)*, 29; cf. supra, II¹1687 / K cap.
O 10, 15 app. crit.; exstat etiam ap. Ps.-Max. Conf., *Loci communes*, 18.34./33. (ed.
Ihm, p. 443)   **4 – 5** αὐτοκατάκριτος – δικαστηρίῳ] cf. Phil. Iud., *In Flaccum*, 7 (ed.
Reiter, p. 121, 26)

---

3 – 5 II¹1691 PHILO IUDAEUS, *Quaestiones in Leviticum*, locus non repertus; Man-
gey 652.1; Harris, p. 98.5; Royse 176.51

---

2 – 5 II¹1691 K cap. O 10, 19 (224r[3–4]5–8); V^E V^O cap. O 9, 16; V^W cap. O 9, 13;
P cap. O 2, 20; L^c cap. O 8, 21; *deest in* H^I; PG 96, 220, 16–18

II¹1691 (a) K   ζητημάτων] ζημάτων K^{a. c.}   †ἀποκράτητος†] *cruces apposui, sic* K,
forsan legendum ἀπὸ Ἰσοκράτους (b) Φίλωνος V P L^c

---

3 ὀνειδίσεις V^W, ονειδεισης P   φύσις] τύχη K (= *ed.*), ἡ φύσις ἐν ἄλλω K^{in mg.}   **5**
ἐν τῷ] ἐντὸς V^{W e corr.} L^c   τοῦ συνειδότος] συνειδότι V^E V^O   εὑρεθείς V^{E a. c.},
εὑρεθείς V^{E p. c.} V^W V^O   δικαστηρίῳ] *supplevi* (*II²), *om.* K V P L^c

Τίτλος ια΄   Περὶ ὀλιγοβίων καὶ ὀλιγοχρονίων.

ι΄   Περὶ ὀλιγοβίων καὶ ὀλιγοχρονίων.

ΙΙ¹1692 / K cap. O 11, 1

Ἀπὸ τοῦ Ἰώβ·

5   Εὐλογημένος γεννητὸς γυναικὸς ὀλιγόβιος.

ΙΙ¹1693 / K cap. O 11, 2

Σοφία Σολομῶντος·

Ἡρπάγη, μὴ ἡ κακία ἀλλάξῃ σύνεσιν αὐτοῦ,
ἢ δόλος ἀπατήσῃ ψυχὴν αὐτοῦ.
10 Τελειωθεὶς ἐν ὀλίγῳ, ἐπλήρωσε χρόνους μακρούς·
ἀρεστὴ γὰρ ἦν κυρίῳ ἡ ψυχὴ αὐτοῦ·
διατοῦτο ἔσπευσεν ἐκ μέσου πονηρίας.

---

5 ΙΙ¹1692 Iob 11, 2³   8 – 9 ΙΙ¹1693 Ἡρπάγη – αὐτοῦ] Sap. 4, 11^{1-2}   10 – 12 Τε-
λειωθεὶς – πονηρίας] Ibid. 4, 13 –14²

---

1 Titlos (a) K (224r8 –9)   2 Titlos (b) V A^{I pin}; deest in H^I A^{I txt}   4 – 5 ΙΙ¹1692 K
cap. O 11, 1 (224r[9]10); V cap. O 10, 1; deest in H^I; PG 96, 220, 21   7 – 12 ΙΙ¹1693
K cap. O 11, 2 (224r[10]11–15); V cap. O 10, 2; deest in H^I; PG 96, 220, 22–26

---

1 Titlos (a)   ια΄] η΄ K^{pin} (ι΄ secund. ser.)   2 Titlos (b)   ι΄] propt. mg. resect. non
liquet in A^{I pin} (ι΄ secund. ser.), praem. τίτλος V^{W txt}

ΙΙ¹1692 (a) K (b) Ἰώβ V ΙΙ¹1693 (a) K (b) Σολομῶντος V

---

8 Ἡρπάγη] add. ἵνα V^E V^O   ἡ] om. V^E V^O   9 ἢ] ἡ V^E V^O   10 Τελειωθεὶς] add. γὰρ
V^E   ὀλίγοις V^W   11 γὰρ] δὲ V^W   ἦν] ἦν V^O, ἐν K V^W   12 ἔσπεσεν V^O

II¹1694 / K cap. O 11, 3

Τοῦ ἁγίου Γρηγορίου Νύσης, ἐκ τοῦ περὶ τῶν πρὸ ὥρας ἁρπαζομένων νηπίων·

Ἡ ἄωρος τελευτὴ τῶν νηπίων οὔτε ἐν ἀλγεινοῖς εἶναι τὸν οὕτω τοῦ ζῆν παυσάμενον ὑποτίθεται νοεῖν, οὔτε κατὰ τὸ ἴσον τοῖς διὰ   5
πάσης ἀρετῆς κατὰ τὸν τῇδε βίον κεκαθαρμένοις γίνεται, προμηθείᾳ τοῦ θεοῦ, τὴν τῶν κακῶν ἀμετρίαν κωλύοντος ἐπὶ τῶν μελλόντων οὕτω βιώσεσθαι.

---

4 – 8 II¹1694 GREGORIUS NYSSENUS, *De infantibus praemature abreptis* (ed. Hörner, p. 96, 16 –21)

---

2 – 8 II¹1694 K cap. O 11, 3 (224r[15 –16]17–23); *deest in* V H¹

---

4 τὸν οὕτω] *correxi (ed.)*, τοὗνοῦτο K   8 βιώσεσθαι] *correxi (ed.)*, βιώσασθαι K

Τίτλος ιβ΄ Ὅτι ἡ τῶν φίλων καὶ τῶν ἀρίστων ἀνδρῶν ἐπιτίμησις λυσιτελεστέρα τῆς τῶν κακῶν καὶ τῶν ἐχθρῶν κολακείας ἐστίν.

II¹1695 / K cap. O 12, 1

5 Δαυῒδ ἐν ψαλμῷ ρμ΄·

Παιδεύσει με δίκαιος ἐν ἐλέει καὶ ἐλέγξει με,
ἔλαιον δὲ ἁμαρτωλοῦ μὴ λιπανάτω τὴν κεφαλήν μου.

II¹1696 / K cap. O 12, 2

Τῶν Παροιμιῶν·

10 Ἀξιοπιστότερα τραύματα φίλου
ἢ ἑκούσια φιλήματα ἐχθροῦ.

II¹1697 / K cap. O 12, 3

Τοῦ Ἐκκλησιαστοῦ·

Ἀγαθὸν ἀκοῦσαι ἐπιτίμησιν σοφοῦ
15 ὑπὲρ ἄνδρα ἀκούοντα ᾆσμα ἀφρόνων.

---

6 – 7 II¹1695 Ps. 140, 5¹⁻² 10 – 11 II¹1696 Prov. 27, 6¹⁻² (Wahl, *Proverbien-Text*, p. 131) 14 – 15 II¹1697 Eccle. 7, 5¹⁻² (Wahl, *Kohelet-Text*, p. 160)

1 – 3 **Titlos** K (224r23–224v2) 5 – 7 **II¹1695** K cap. O 12, 1 (224v[2]3–5) 9 – 11 **II¹1696** K cap. O 12, 2 (224v[5]6–7) 13 – 15 **II¹1697** K cap. O 12, 3 (224v[7]8–9)

1 – 3 **Titlos** 1 ιβ΄] θ΄ Kᵖⁱⁿ (ια΄ *secund. ser.*) 1 – 2 φίλων – τῶν¹] *om.* Kᵖⁱⁿ 2 – 3 καὶ – ἐστίν] θεραπείας Kᵖⁱⁿ

11 ἑκούσια] *correxi* (*LXX*), ἀκούσια K 15 ᾆσμα] *sic acc.* K

II¹1698 / K cap. O 12, 4

Τοῦ θεολόγου ἁγίου Γρηγορίου, ἐκ τῶν μονοστίχων Γνωμῶν·

Ῥάβδος δικαίου κρεῖσσον ἢ τιμὴ κακοῦ.

II¹1699 / K cap. O 12, 5

Ἐκ τῶν τετραστίχων Γνωμῶν·   5

Εἰ τοῖς καλοῖς ἔποιο νουθετούμενος,
οὐκ ἐντραπήσῃ τοῖς κακοῖς γελώμενος.

---

3   II¹1698 GREGORIUS NAZIANZENUS, *Carmina*, I,2,30 *(Versus iambici acrostichi)*, 17 (PG 37, 910, 3)   6 – 7   II¹1699 GREGORIUS NAZIANZENUS, *Carmina*, I,2,33 *(Tetrastichae sententiae)*, 185–186 (PG 37, 941, 11–12)

2 – 3   II¹1698 K cap. O 12, 4 (224v[9–10]11)   5 – 7   II¹1699 K cap. O 12, 5 (224v [11]12–13)

II¹1699 τετραστίχων] *correxi*, δυστίχων *(sic)* K

Τίτλος ιγ΄   Ὅτι ἡ παραμονὴ ἔργον ἀνύει.

λϛ΄   Περὶ παραμονῆς, καὶ ὅτι ἡ παραμονὴ ἔργον ἀνύει.

II¹1700 / K cap. O 13, 1

Ἀπὸ τοῦ Σιράχ·

5 Ῥανὶς ἐνδελεχοῦσα κοιλαίνει πέτραν.

II¹1701 / K cap. O 13, 2

Λουκᾶ, ἐν κεφαλαίῳ ρκδ΄·

Τίς ἐξ ὑμῶν ἕξει φίλον καὶ πορεύσεται πρὸς αὐτὸν μεσονυκτίου καὶ ἐρεῖ αὐτῷ· Φίλε, χρῆσόν μοι τρεῖς ἄρτους, ἐπειδὴ φίλος μοι

---

1 Ὅτι – ἀνύει] cf. II¹ / Kᵖⁱⁿ Παραπομπὴ E 8; cf. etiam *II² / PMLᵇ cap. Π 24 titlos et II¹ / K cap. Π 12 titlos   5 Ῥανὶς – πέτραν] cf. Ps.-Ioh. Chrys., *De paenitentia sermo I*, 7 (PG 60, 695, 43); Ioh. Chrys., *In illud*: Si esuriet inimicus tuus, ciba illum (*Rom. 12, 20*), 1 (PG 51, 173, 59 – 174, 1); Cyr. Alex., *Apologeticus ad Theodosium*, 9 (ed. Schwartz, p. 79, 3); Didym. Alex., *In Proverbia* (PG 39, 1621, 18); Phot. CP, *In I Cor. 15, 33* (ed. Staab, p. 579, 16); Apostol. Byzant., *Proverbia collecta*, XV. 19 (ed. Leutsch, p. 632, 13)

---

5 II¹1700 Sir., locus non repertus (Wahl, *Sirach-Text*, p. 168.3; Auwers, p. 11.3); Proverbiis attribuitur in *II²1725 / R cap. K 3, 1   8 – 930, 6 II¹1701 Luc. 11, 5–8

---

1 **Titlos (a)** K (224v13–14)   2 **Titlos (b)** V Aᴵ ᵖⁱⁿ (*sub littera* Π); *deest in* HᴵAᴵ ᵗˣᵗ   4 – 5 II¹1700 K cap. O 13, 1 (224v[14]15); V cap. Π 36, 1; P cap. Π 24, 8; E cap. 180, 7; Lᶜ cap. Π 3, 10; *deest in* Hᴵ; PG 96, 325, 7   7 – 930, 6 II¹1701 K cap. O 13, 2 (224v[15]16–225r2); V cap. Π 36, 2; P cap. Π 24, 11; E cap. 180, 10; Lᶜ cap. Π 3, 8; *deest in* Hᴵ; PG 96, 325, 8–17

---

1 **Titlos (a)**   ιγ΄] ι΄ Kᵖⁱⁿ (ιβ΄ *secund. ser.*)   ἀνύει] *correxi secund.* Kᵖⁱⁿ, ἀνοίει Kᵗˣᵗ
2 **Titlos (b)**   λϛ΄] *propt. mg. resect. non liquet in* Aᴵ ᵖⁱⁿ (λε΄ *secund. ser.*)   ἀνοίει Vᴱ ᵖⁱⁿ VᵂVᴼ ᵖⁱⁿ

II¹1700 (a) K   (b) Σιράχ V P E Lᶜ   του σιραχ P   II¹1701 (a) K   ρκδ΄] *correxi*, ρκε΄ *cod.* (b) Ἐκ τοῦ κατὰ Λουκᾶν, κεφαλαίου ρκδ΄ P   λουκάν *cod.* (c) Εὐαγγελίου Λουκᾶ E (d) Λουκᾶ V λουκά Vᵂ, λουκα Vᴱ (e) *s. a.* Lᶜ

---

5 ἐνδελεχίζουσα K   κυλαίνει VᴱVᴼ P   8 – 930, 6 καὶ – ἐγερθεὶς] ἕως του P, ἕως ὅτου E, καὶ τὰ λοιπὰ ἕως τοῦ E   8 πορεύεται V   μεσονύκτιον K   9 αὐτὸν VᴱVᴼ

παρεγένετο ἐξ ὁδοῦ πρός με, καὶ οὐκ ἔχω ὃ παραθήσω αὐτῷ· καὶ
ἐκεῖνος ἔσωθεν ἀποκριθεὶς εἴπη· Μή μοι κόπους πάρεχε· ἤδη ἡ
θύρα κέκλεισται, καὶ τὰ παιδία μου μετ᾽ ἐμοῦ ἐστὶν εἰς τὴν κοίτην·
οὐ δύναμαι ἀναστὰς δοῦναί σοι. Λέγω ὑμῖν, εἰ καὶ οὐ δώσει αὐτῷ
ἀναστὰς διὰ τὸ εἶναι αὐτοῦ φίλον, διά γε τὴν ἀναίδειαν αὐτοῦ   5
ἐγερθεὶς δώσει αὐτῷ ὅσον χρήζει.

<II¹suppl. 366 / V cap. Π 36, 3>

---

7 **II¹suppl. 366 / V cap. Π 36, 3** cf. *Sacra.* Liber II. *Supplementum* (Band VIII/8)

1 πρός με] *om.* VᴱVᴼ   1 – 2 καὶ² – εἴπη] ἀποκριθεῖς *(sic)* δὲ ἔσωθεν εἴπη αὐτῶ
VᴱVᴼ, καὶ ἀποκριθεὶς εἶπεν Vᵂ   2 ἤδη] *correxi (NT),* ἴδε Κ, ἰδοὺ VᵂVᴼ, ἰδοῦ Vᴱ
3 ἐν τῇ κοίτῃ V   4 εἰ] *s. l.* Κ   5 ἀναστὰς] *om.* VᴱVᴼ   διά γε] ἀλλ᾽ ἄγε *(sic)* διὰ
VᴱVᴼ   6 ἐγερθεὶς] ἀναστὰς VᴱVᴼ   ὅσων Ε Lᶜ   χρίζη VᴱVᴼ

Στοιχεῖον Π

Τίτλος α′   Περὶ πταιόντων καὶ βλασφημούντων ἐξ ἀνοίας εἰς
τὸν θεόν, εἰ καὶ ὡς εἰκὸς τὸν διάβολον αἰτιωμένων.

ιδ′   Περὶ πταιόντων καὶ βλασφημούντων ἐξ ἀνοίας εἰς τὸν θε-
5 όν.

Π¹1702 / K cap. Π 1, 1

Ἀπὸ τῶν Παροιμιῶν·

Ἀφροσύνη ἀνδρὸς λυμαίνεται τὰς ὁδοὺς αὐτοῦ,
τὸν δὲ θεὸν αἰτιᾶται ἡ καρδία αὐτοῦ.

10 ## Π¹1703 / K cap. Π 1, 2

Ἀπὸ τοῦ Ἐκκλησιαστοῦ·

Ὅτι οὐκ ἔστι γινομένη ἀντίρρησις
ἀπὸ τῶν ποιούντων τὸ πονηρὸν ταχύ,
διατοῦτο ἐπληροφορήθησαν αἱ καρδίαι υἱῶν ἀνθρώπων
15 ἐν αὐτοῖς, τοῦ ποιῆσαι τὸ πονηρόν.

---

2 – 3 βλασφημούντων – θεόν] cf. Π¹ / Kᵖⁱⁿ Παραπομπὴ Β 1

8 – 9 Π¹1702 Prov. 19, 3¹⁻² (Wahl, *Proverbien-Text*, p. 93)   12 – 15 Π¹1703 Eccle.
8, 11¹⁻⁴ (Wahl, *Kohelet-Text*, p. 164)

1 **Stoicheion** Kᵗˣᵗ (225r2) Kᵖⁱⁿ   2 – 3 **Titlos (a)** K (225r2–5)   4 – 5 **Titlos (b)** V
Aᴵ ᵖⁱⁿ; *deest in* HᴵAᴵ ᵗˣᵗ   7 – 9 Π¹1702 K cap. Π 1, 1 (225r[5]6–7); V cap. Π 14, 1;
deest in Hᴵ; PG 96, 264, 45–46   11 – 15 Π¹1703 K cap. Π 1, 2 (225r[7]8–11); *deest
in* V Hᴵ

2 – 3 **Titlos (a)**   3 εἰ – αἰτιωμένων] *om.* Kᵖⁱⁿ   4 – 5 **Titlos (b)**   4 ιδ′] *propt. mg.*
resect. non liquet in Aᴵ ᵖⁱⁿ *(ιδ′ secund. ser.), praem.* τίτλος Vᵂ ᵗˣᵗ   πταιόντων] πλε-
όντων Vᴼ ᵖⁱⁿ   τὸν] *om.* Vᴱ ᵖⁱⁿ Vᴼ ᵖⁱⁿ

Π¹1702 (a) K (b) Παροιμιῶν V

9 δὲ] *post* θεὸν *transpos.* VᴱVᴼ

II¹1704 / K cap. Π 1, 3

Σχόλιον·

Σημείωσαι ὅτι ἐκ τοῦ μὴ ἀντιλέγειν ἡμᾶς τοῖς πονηροῖς ἡμῶν λογισμοῖς πταίσμασι περιπίπτομεν.

II¹1705 / K cap. Π 1, 4   5

<***>

Ὁ βαλὼν λίθους εἰς ὕψος, ἐπὶ τὴν κεφαλὴν ἑαυτοῦ βαλεῖ.

II¹1706 / K cap. Π 1, 5

Τοῦ αὐτοῦ·

Ἐν τῷ καταρᾶσθαι ἀσεβῆ τὸν διάβολον,   10
αὐτὸς καταρᾶται τὴν ἑαυτοῦ ψυχήν.

II¹1707 / K cap. Π 1, 6

Τοῦ θεολόγου ἁγίου Γρηγορίου, ἐκ τῶν τετραστίχων Γνωμῶν·

Τί πάντα τὸν δύστηνον αἰτιώμεθα
Ἐχθρόν, διδόντες τῷ βιοῦν ἐξουσίαν;   15

---

3 – 4 II¹1704 *Scholion in Eccle.* 8, 11¹⁻² 	7 II¹1705 Sir. 27, 25¹ (Wahl, *Sirach-Text*, p. 120) 	10 – 11 II¹1706 Sir. 21, 27¹⁻² (Wahl, *Sirach-Text*, p. 105) 	14 – 933, 2 II¹1707 GREGORIUS NAZIANZENUS, *Carmina*, I,2,33 *(Tetrastichae sententiae)*, 205 – 208 (PG 37, 943, 3 –6)

2 – 4 II¹1704 K cap. Π 1, 3 (225r[11]11–13); *deest in* V H¹; PG 86, 2088, 49–51 6 – 7 II¹1705 K cap. Π 1, 4 (225r14–15); *deest in* V H¹ 	9 – 11 II¹1706 K cap. Π 1, 5 (225r[15]16–17); *deest in* V H¹ 	13 – 933, 2 II¹1707 K cap. Π 1, 6 (225r[17–18] 19–22); V cap. Π 14, 2; *deest in* H¹; PG 96, 264, 47–50

II¹1705 *s. a.* K II¹1707 (a) K τετραστίχων] *scripsi*, Δ'στίχων *cod.* (b) Θεολόγου Vᵂ (c) *s. a.* VᴱVᴼ

7 λίθους] λίθοις Kᵃ·ᶜ·ᵘᵗ ᵛⁱᵈᵉᵗᵘʳ, λίθον *LXX* 15 τῷ] τὸ VᴱVᵂ

Μέμφου σεαυτόν, ἢ τὸ πᾶν ἢ τὸ πλέον.
Τὸ πῦρ παρ' ἡμῶν, ἡ δὲ φλὸξ τοῦ πνεύματος.

II¹1708 / K cap. Π 1, 7

Τοῦ ἁγίου Ἰωάννου, ἐκ τοῦ πρὸς <Σ>ταγείριον α'·

5 Ὅλως εἰ χρὴ μετὰ ἀκριβείας τοῖς γινομένοις προσέχειν, οὐδὲ εἰς
πάντα ἡμᾶς ὁ διάβολος ὠθεῖ, ἀλλὰ πολλὰ μὲν καὶ αὐτὸς ἐργάζεται
κακά, πολλὰ δὲ καὶ ἡμεῖς ἑαυτοῖς ῥαθυμίᾳ καὶ καταφρονήσει.

---

5 – 7 II¹1708 Iohannes Chrysostomus, *Ad Stagirium a daemone vexatum*, I, 4
(PG 47, 434, 17–20)

4 – 7 II¹1708 K cap. Π 1, 7 (225r[22]23–225v3); V cap. Π 14, 3; *deest in* Hᴵ; PG 96,
265, 1–4

II¹1708 (a) K   Σταγείριον] *scripsi*, ταγήριον *cod.*   (b) Τοῦ Χρυσοστόμου V   Τοῦ]
om. Vᵂ

1 Μέμφου σεαυτόν] *scripsi secund.* *II²606 / T cap. B 6, 20, μέμφους *(sic)* αὐτὸν
VᴱVᴼ, μεμφομένους αὐτὸν Vᵂ, μέμφοντες αὐτὸν K   ἢ¹] *om.* VᴱVᴼ   2 ἡμῖν Vᵂ
5 οὐδὲ εἰς] οὐδεὶς VᴱVᴼ, οὐδὲ εἷς Vᵂ   6 ἅπαντα Vᵂ ᵃ· ᶜ·, ἀπατᾷ Vᵂ ᵖ· ᶜ· Vᴼ, ἀπατὰ
Vᴱ   *post* ἡμᾶς *interpunx.* VᴱVᴼ   ὁ] *om.* Vᵂ   διάβολος] *add.* μὲν VᴱVᴼ   ὠθεῖ]
om. Vᵂ   7 ἑαυτοῖς] αὐτοῖς Vᵂ ᵃ· ᶜ·, ἑαυτοὺς (ἑαὺ- Vᴱ) VᴱVᴼ, αὐτοὶ Vᵂ ᵖ· ᶜ·   ῥαθυ-
μίᾳ] διὰ (δια Vᴱ) τῆς ῥαθυμίας VᴱVᴼ   καὶ καταφρονήσει] *om.* VᴱVᴼ

*II² /
ML^b cap. Π 4

Τίτλος β′   Περὶ παρρησίας, καὶ πόθεν ἡμῖν περιγίνεται ἡ ταύ-
της πρὸς πάντας κτῆσις.

ις′   Περὶ παρρησίας καὶ ἐξουσίας, καὶ πόθεν ἡμῖν ἡ τούτων
περιγίνεται κτῆσις.

*II²2282 /
PML^b cap.
Π 4, 2

II¹1709 / K cap. Π 2, 1   5

Τῶν Παροιμιῶν·

Ἐξουσίαν δίδωσι λόγοις ἀρχὴ δικαιοσύνης.

*II²2284 /
PML^b cap.
Π 4, 4

II¹1710 / K cap. Π 2, 2

Ἐκ τῆς Ἰωάννου α′ ἐπιστολῆς·

Ἐὰν ἡ καρδία ἡμῶν μὴ καταγινώσκη ἡμῶν, παρρησίαν ἔχομεν   10
πρὸς τὸν θεόν, καὶ ὃ ἐὰν αἰτῶμεν, λαμβάνομεν ἀπ' αὐτοῦ, ὅτι τὰς
ἐντολὰς αὐτοῦ τηροῦμεν, καὶ τὰ ἀρεστὰ ἐνώπιον αὐτοῦ ποιοῦμεν.

---

7   exstat etiam ap. Ps.-Max. Conf., *Loci communes*, 31.3./3. (ed. Ihm, p. 639)
10 – 12 exstat ibid., 31.2./2. (p. 638–639)

---

7 II¹1709 Prov. 17, 14¹ (Wahl, *Proverbien-Text*, p. 87)   **10 – 12 II¹1710** I Ioh. 3,
21–22

---

1 – 2 Titlos (a) K (225v3–5)   **3 – 4 Titlos (b)** V A^{I pin}; *deest in* H^I A^{I txt}   **6 – 7**
II¹1709 K cap. Π 2, 1 (225v[5]6); V cap. Π 16, 1; *deest in* H^I; PG 96, 273, 29   **9 – 12**
II¹1710 K cap. Π 2, 2 (225v[7]8–12); V cap. Π 16, 2; *deest in* H^I; PG 96, 273, 30–33

---

1 – 2 Titlos (a) **1** παραγίνεται K^{pin} **2** πάντα K^{pin} **3 – 4 Titlos (b)** **3** ις′] *propt.*
mg. resect. non liquet in A^{I pin} (ις′ *secund. ser.*), *praem.* τίτλος V^{W txt}   ἡ τούτων]
post περιγίνεται *transpos.* V^{E pin} V^{O pin}

II¹1709 Τῶν] *om.* V **II¹1710 (a)** K **(b)** Ἐκ τῆς Ἰωάννου V^{E}V^{O} **(c)** Ἰωάννου V^W

---

10 καταγινώσκει V^{E}V^{O}   **11** ἐὰν] ἂν V^W   αἰτῶμεν] *scripsi (NT)*, αἰτοῦμεν K V
λαμβάνωμεν K   ἀπ'] παρ' V

II¹1711 / K cap. Π 2, 3

Τοῦ ἁγίου Ἰωάννου, ἐκ τῶν περὶ ἱερωσύνης·

Ὅταν αὐτός τις ἀνεπίληπτος ἅπασι γένηται, τότε δυνήσεται μεθ' ὅσης βούλεται ἐξουσίας καὶ κολάζειν καὶ ἀνιέναι τοὺς ὑπ' αὐ-
5   τὸν ταττομένους ἅπαντας.

---

3 – 5 II¹1711 IOHANNES CHRYSOSTOMUS, De sacerdotio, V, 3, 13–16 (ed. Malin-grey, p. 286)

---

2 – 5 II¹1711 K cap. Π 2, 3 (225v[12]13–16); V cap. Π 16, 3; deest in H^I; PG 96, 273, 34–37

II¹1711 (a) K (b) Τοῦ Χρυσοστόμου V Τοῦ] om. V^W

---

3 αὐτός τις] αὐτὸς V^EV^O 4 – 5 αὐτῷ V^EV^O, αὐτοῦ V^W

Τίτλος γ′   Περὶ πράσεως καὶ ἀγορασίας.

λβ′   Περὶ πράσεως καὶ ἀγορασίας.

μζ′   Περὶ πράσεως καὶ ἀγορασίας.

II¹1712 / K cap. Π 3, 1

Τοῦ Λευϊτικοῦ·   5

Ἐάν τις ἀποδῶται οἰκία<ν> ἐν πόλει τετειχισμένῃ, καὶ ἔσται λύ-
τρωσις αὐτῆς· ἕως <***> ἂν πληρωθῇ αὐτῆς ὁ ἐνιαυτός, ὅλως
κυρωθήσεται ἡ οἰκία ἡ οὖσα ἐν τῇ πόλει βεβαίως τῷ κτησαμένῳ
αὐτὴν καὶ εἰς τὰς γενεὰς αὐτοῦ. Αἱ δὲ οἰκίαι ἐν ἐπαύλεσιν, αἷς
οὐκ ἔστι τεῖχος κύκλῳ, πρὸς τὸν ἀγρὸν τῆς γῆς λογισθήσονται·   10
λυτρωταὶ διαπαντὸς ἔσονται.

---

1 ἀγορασίας] cf. II¹ / Kᵖⁱⁿ Παραπομπὴ Α 10

---

6 - 11 II¹1712 Lev. 25, 29–31

---

1 Titlos (a) K (225v16–17)   **2 Titlos (b)** V Aᴵ ᵖⁱⁿ; *deest in* HᴵAᴵ ᵗˣᵗ   **3 Titlos (c)**
PMᵖⁱⁿ Lᵇ ᵖⁱⁿ E R; *deest in* Mᵗˣᵗ ⁽ˡᵃᶜ·⁾ Lᵇ ᵗˣᵗ   **5 - 11** II¹1712 K cap. Π 3, 1 (225v[17]18–
226r1); *deest in* V Hᴵ PM⁽ˡᵃᶜ·⁾ Lᵇ E R

---

2 Titlos (b)   λβ′] *propt. mg. resect. non liquet in* Aᴵ ᵖⁱⁿ (λα′ *secund. ser.*), *praem.*
τίτλος Vᵂ ᵗˣᵗ   **3 Titlos (c)**   μζ′] c′ E, τίτλος ν′ Rᵗˣᵗ, ν′ Rᵖⁱⁿ   καὶ ἀγορασίας] *om.*
Mᵖⁱⁿ

---

6 ἀποδῶται] *scripsi* (*LXX*), ἀπόδωται K   οἰκίαν] *correxi* (*LXX*), οἰκία K   **7** *post*
ἕως *quaedam excidisse videntur,* πληρωθῇ ἐνιαυτὸς ἡμερῶν, ἔσται ἡ λύτρωσις
αὐτῆς· ἐὰν δὲ μὴ λυθρωθῇ ἕως *LXX*   ἐνιαυτός, ὅλως] ἐνιαυτὸς ὅλος *LXX*

Π¹1713 / K cap. Π 3, 2

Τῶν Παροιμιῶν·

Φύλαξον τὰς ὁδούς σου εὐσυναλλάκτως.

Π¹1714 / K cap. Π 3, 3

5　Ἰεζεκιήλ·

Ὁ κτώμενος μὴ χαιρέτω, καὶ ὁ πωλῶν μὴ θρηνείτω, διότι ὁ κτώμενος πρὸς τὸν πωλοῦντα οὐ μὴ ἐπιστρέψει.

Π¹1715 / K cap. Π 3, 4

Ἀπὸ τοῦ Σιράχ·

10　Ἀναμέσον πράσεως καὶ ἀγορασμοῦ συντριβήσεται ἁμαρτία.

---

3 Π¹1713 Prov. 25, 10a³ (Wahl, *Proverbien-Text*, p. 124)　　**6–7** Π¹1714 Ez. 7, 12–13 (Wahl, *Prophetenzitate*, p. 616–617)　　**10** Π¹1715 Sir. 27, 2² (Wahl, *Sirach-Text*, p. 117)

2–3 Π¹1713 K cap. Π 3, 2 (226r[1]2); V cap. Π 32, 1; P cap. Π 47, 1; E cap. 200, 1; R cap. Π 50, 1; *deest in* H¹ M⁽ˡᵃᶜ·⁾ Lᵇ; PG 96, 312, 43　　**5–7** Π¹1714 K cap. Π 3, 3 (226r[2]3–5); V cap. Π 32, 2; P cap. Π 47, 2; E cap. 200, 2; R cap. Π 50, 2; *deest in* H¹ M⁽ˡᵃᶜ·⁾ Lᵇ; PG 96, 312, 44–46　　**9–10** Π¹1715 K cap. Π 3, 4 (226r[5]6–7); V cap. Π 32, 3; P cap. Π 47, 3; E cap. 200, 3; R cap. Π 50, 3; *deest in* H¹ M⁽ˡᵃᶜ·⁾ Lᵇ; PG 96, 312, 47–48

Π¹1713 Τῶν] *om.* V P E R　　Π¹1714 ἰεζεκιήλ P, ιεζεκιηλ Vᵂ Vᴼ　　Π¹1715 (a) K　　(b) Τοῦ Σιράχ Vᵂ P E R Τοῦ] *om.* Vᵂ E R　(c) *s. a.* Vᴱ Vᴼ

---

3 φύλαξαι (φυ- P) Vᵂ P E R, φύλαξε Vᴱ Vᴼ　　ὁδούς σου] *add.* καὶ Vᴱ Vᴼ　εὐσυναλλάκτως Vᵂ, εὐσυναλλάκτους K　**6** πωλῶν Vᵂ, πολλῶν Vᴼ　**7** πολοῦντα V　ἐπιστρέψῃ (-η Vᵂ R) Vᵂ E R　**10** πράσεως] πράτου Vᴱ Vᴼ　ἀγοραστοῦ Vᴱ Vᴼ, ἀγορασίας K

II¹1716 / K cap. Π 3, 5

Τοῦ μακαρίου Κυρίλλου Ἀλεξανδρείας, ἐκ τοῦ ε′ λόγου τῶν κατὰ Ἰουλιανοῦ·

Ἐπὶ τῶν πωλητηρίων πολλοῖς ἐνίοτε φαύλοις ἀναμιγνύουσιν ὀλίγα χρηστά, διὰ τῶν ὀλίγων ἐπαγόμενοι καὶ πείθοντες τοῖς σπου-   5
δαίοις προσλαβεῖν τὰ φαῦλα.

---

4 – 6 II¹1716 Cyrillus Alexandrinus, *Contra Iulianum imperatorem*, XV (?) (fr. 35, ed. Kinzig/Brüggemann, p. 784)

2 – 6 II¹1716 K cap. Π 3, 5 (226r[7]8–11); *deest in* V H¹ PM⁽ˡᵃᶜ·⁾ Lᵇ E R

II¹1716 ε′] *sic* K, ιε′ *coniec. Kinzig/Brüggemann*

4 φαύλοις] τοῖς φαύλοις *scrips. Mai*

Τίτλος δ′   Περὶ πείρας καὶ ἀπειρίας.

ιβ′   Περὶ πείρας καὶ ἀπειρίας.

λε′   Περὶ πείρας καὶ ἀπειρίας.

Π¹1717 / K cap. Π 4, 1

5 Βασιλειῶν α′·

Ἐνέδυσε Σαοὺλ τὸν Δαυῒδ μανδύαν καὶ περικεφαλαίαν χαλκῆν
περὶ τὴν κεφαλὴν αὐτοῦ, καὶ ἔζωσε τὸν Δαυῒδ τὴν ῥομφαίαν αὐ-
τοῦ ἐπάνω τοῦ μανδύου αὐτοῦ. Καὶ ἐκοπίασε περιπατήσας ἅπαξ
καὶ δίς, ὅτι ἄπειρος ἦν. Καὶ εἶπε Δαυῒδ πρὸς Σαούλ· Οὐ μὴ δυνή-
10 σομαι πορευθῆναι ἐν τούτοις, ὅτι οὐ πεπείραμαι.

Π¹1718 / K cap. Π 4, 2

Ἀπὸ τοῦ Ἰώβ·

Ἐν πολλῷ χρόνῳ σοφία,
ἐν δὲ μακρῷ βίῳ ἐπιστήμη.

---

1 ἀπειρίας] cf. Π¹ / Kᵖⁱⁿ Παραπομπὴ Α 11

---

6 – 10 Π¹1717 I Reg. 17, 38–39 (Wahl, *1 Samuel-Text*, p. 65)   **13 – 14** Π¹1718 Iob
12, 12¹⁻²

---

1 Titlos (a) K (226r11–12)   **2 Titlos (b)** V Aᴵ ᵖⁱⁿ; *deest in* HᴵAᴵ ᵗˣᵗ   **3 Titlos (c)**
PMᵖⁱⁿ Lᵇ ᵖⁱⁿ E R; *deest in* Mᵗˣᵗ ⁽ˡᵃᶜ·⁾ Lᵇ ᵗˣᵗ   **5 – 10** Π¹1717 K cap. Π 4, 1 (226r[12]13–
19); V cap. Π 12, 1; P cap. Π 35, 1; *deest in* Hᴵ M⁽ˡᵃᶜ·⁾ Lᵇ R E; PG 96, 261, 15–20
12 – 14 Π¹1718 K cap. Π 4, 2 (226r[19]20–21); V cap. Π 12, 2; P cap. Π 35, 2; E
cap. 189, 1; *deest in* Hᴵ M⁽ˡᵃᶜ·⁾ Lᵇ R; PG 96, 261, 21–22

---

2 Titlos (b)   ιβ′] *praem.* τίτλος Vᵂ ᵗˣᵗ   **3 Titlos (c)**   λε′] ρπθ′ E, τίτλος λθ′ Rᵗˣᵗ,
λθ′ Rᵖⁱⁿ

Π¹1717 α′] *om.* Vᵂ Π¹1718 (a) K (b) Ἰώβ V P E ἰώβ Vᴱ, ϊώβ P

---

6 σαουλ P   **7 – 8** αὐτοῦ] *om.* P   **8** αὐτοῦ] *om.* K   **9** σαουλ P   **14** μακρῷ βίῳ]
μακροβίῳ Vᵂ

\<II¹suppl. 367 / V cap. Π 12, 3\>

II¹1719 / K cap. Π 4, 3

Σοφία Σολομῶντος·

Εἰ πολυπειρίαν ποθεῖ τις,
οἶδε τὰ ἀρχαῖα καὶ τὰ μέλλοντα εἰκάζειν.   5

II¹1720 / K cap. Π 4, 4

Ἀπὸ τοῦ Σιράχ·

Στέφανος γερόντων, πολυπειρία.

II¹1721 / K cap. Π 4, 5

Τοῦ αὐτοῦ·   10

Ἐν μεγάλῳ καὶ ἐν μικρῷ μὴ ἀγνόει.

---

1 **II¹suppl. 367 / V cap. Π 12, 3** cf. *Sacra*. Liber II. *Supplementum* (Band VIII/8)

---

4 – 5 II¹1719 Sap. 8, 8¹⁻²   **8 II¹1720** Sir. 25, 6¹ (Wahl, *Sirach-Text*, p. 113)   **11**
II¹1721 Sir. 5, 15 (Wahl, *Sirach-Text*, p. 58)

3 – 5 II¹1719 K cap. Π 4, 3 (226r[21]22–23); V cap. Π 12, 4; P cap. Π 35, 4; E cap.
189, 3; R cap. Π 39, 2; *deest in* H¹ M⁽ˡᵃᶜ·⁾ Lᵇ; PG 96, 261, 25–26   **7 – 8 II¹1720** K cap.
Π 4, 4 (226r[23]24); VᴱVᴼ cap. Π 12, 5; Vᵂ cap. Π 12, 7; P cap. Π 35, 6; E cap. 189,
5; *deest in* H¹ M⁽ˡᵃᶜ·⁾ Lᵇ R; PG 96, 261, 27   **10 – 11 II¹1721** K cap. Π 4, 5 (226r[24]
226v1); VᴱVᴼ cap. Π 12, 6; P cap. Π 35, 5; R cap. Π 39, 4; E cap. 189, 4; *deest in* Vᵂ
H¹ M⁽ˡᵃᶜ·⁾ Lᵇ; PG 96, 261, 28

II¹1719 (a) K P E   σοφίας E   (b) Σολομῶντος V R   **II¹1720** (a) K   (b) Σιράχ VᴱVᴼ
(c) *s. a.* Vᵂ E   (d) *s. d.* P   **II¹1721** (a) K   (b) Σιράχ P E   (c) Σολομῶντος R   (d) *s. a.*
VᴱVᴼ

---

4 πολυπειρίαν] πολλοί (-οἱ Vᴼ ᵃ· ᶜ·) πειρίαν VᴱVᴼ ᵖ· ᶜ·, *praem.* ἐπι *(sic)* P   **11** Ἐν] ἐπὶ
R   ἐν] *om.* P R E

ΙΙ¹1722 / K cap. Π 4, 6

Τοῦ αὐτοῦ·

Ὁ πολύπειρος ἐκδιηγήσεται σύνεσιν,
ὃς δὲ οὐκ ἐπειράσθη, ὀλίγα οἶδεν.

5　　　　## ΙΙ¹1723 / K cap. Π 4, 7

Τοῦ αὐτοῦ·

Ἀνὴρ πεπλανημένος ἔγνω πολλά.

ΙΙ¹1724 / K cap. Π 4, 8

<***>

10　Ἄνθρωπος πολύπειρος αἰσχυνθήσεται ἀπὸ προσώπου.

3 – 4 **ΙΙ¹1722** Sir. 31, 9²–10¹ (Wahl, *Sirach-Text*, p. 132–133)　　**7 ΙΙ¹1723** Sir. 31, 9¹
(Wahl, *Sirach-Text*, p. 132–133)　　**10 ΙΙ¹1724** Sir. 21, 22² (Wahl, *Sirach-Text*, p.
104)

2 – 4 **ΙΙ¹1722** K cap. Π 4, 6 (226v[1]2–3); Vᴱᴠᴼ cap. Π 12, 7; Vᵂ cap. Π 12, 5–6; P
cap. Π 35, 7–8; E cap. 189, 6–7; R cap. Π 39, 3; *deest in* Hᴵ M⁽ˡᵃᶜ·⁾ Lᵇ; PG 96, 261, 29–
30　　**6 – 7 ΙΙ¹1723** K cap. Π 4, 7 (226v[3]4); V cap. Π 12, 9; P cap. Π 35, 10; E cap.
189, 8; *deest in* Hᴵ M⁽ˡᵃᶜ·⁾ Lᵇ R; PG 96, 261, 33　　**9 – 10 ΙΙ¹1724** K cap. Π 4, 8 (226v5);
V cap. Π 12, 8; P cap. Π 35, 9; R cap. Π 39, 5; *deest in* Hᴵ M⁽ˡᵃᶜ·⁾ Lᵇ E; PG 96, 261, 31–
32

ΙΙ¹1722 (a) K　(b) Σιράχ R　(c) Σιράχ / *s. a.* Vᵂ (*cf. infra, app. crit. text.*)　(d) *s. a.* /
s. a. E (*cf. infra, app. crit. text.*)　(e) *s. a.* Vᴱᴠᴼ　(f) *s. d.* P **ΙΙ¹1723** (a) K　(b) *s. a.* V P E
ΙΙ¹1724 (a) *s. a.* K V　(b) *s. d.* P　(c) Σιράχ R

3 Ὁ – σύνεσιν] *om.* R　Ὁ] *om.* Vᵂ P E　σύνεσιν] *hic caesura in* Vᵂ E　**4** δὲ] *om.*
P E Vᵂ R　ἐπειράθη Vᴼ **7** πεπλανημένος] ξενιτεύσας (ξενητευ- P) V P E

II¹1725 / K cap. Π 4, 9

<***>

Ὁ πεπλανημένος πληθυνεῖ πανουργίαν.

II¹1726 / K cap. Π 4, 10

<***>   5

Πολλὰ ἑώρακα ἐν τῇ ἀποπλανήσει μου,
καὶ πλείονα τῶν λόγων μου σύνεσίς μου.

II¹1727 / K cap. Π 4, 11

Ἐκ τῆς πρὸς Ἑβραίους ἐπιστολῆς·

Δι' ὧν ἐπειράθη, δύναται τοῖς πειραζομένοις βοηθῆσαι.   10

II¹1728 / K cap. Π 4, 12

Τοῦ ἁγίου Βασιλείου, ἐκ τῶν πρὸς Ἀμφιλόχιον·

Ὁ τέχνην ἐκδιδαχθείς, καὶ παγίαν αὐτὴν διὰ τῆς χρονίας πείρας

---

3 **II¹1725** Sir. 31, 11 (Wahl, *Sirach-Text*, p. 133)   6 – 7 **II¹1726** Sir. 31, 12¹⁻²
(Wahl, *Sirach-Text*, p. 133)   10 **II¹1727** Hebr. 2, 18   13 – 943, 3 **II¹1728** BASILIUS
CAESARIENSIS, *Ad Amphilochium (De Spiritu sancto)*, VIII, 20, 17–20 (ed. Pruche,
p. 316–318)

2 – 3 **II¹1725** K cap. Π 4, 9 (226v6); V cap. Π 12, 10; P cap. Π 35, 11; *deest in* H¹
M^(lac.) L^b R E; PG 96, 261, 33–34   5 – 7 **II¹1726** K cap. Π 4, 10 (226v6–8); V cap. Π
12, 11; P cap. Π 35, 12; R cap. Π 39, 6; *deest in* H¹ M^(lac.) L^b E; PG 96, 261, 34–36
9 – 10 **II¹1727** K cap. Π 4, 11 (226v[8]9–10); *deest in* V H¹ PM^(lac.) L^b R E
12 – 943, 3 **II¹1728** K cap. Π 4, 12 (226v[10]11–15); V cap. Π 12, 12; P cap. Π 35,
13; R cap. Π 39, 7; *deest in* H¹ M^(lac.) L^b E; PG 96, 261, 37–41

II¹1725 (a) *s. a.* K V (b) *s. d.* P II¹1726 (a) *s. a.* K V (b) Τοῦ αὐτοῦ P R II¹1728 (a)
K P R Τοῦ ἁγίου] *om.* P ἐκ τῶν] *om.* P R (b) Βασιλείου V

3 Ὁ] *add.* δε (*sic*) P   πληθύνει V^EV^O, πληθυνη P   7 τὸν λόγον μου V^W   τῶν]
om. K 13 Ὁ] *om.* P   αὐτὴν] *add.* και (*sic*) P

καὶ μελέτης ἔχων, καὶ τὴν ἕξιν ἐνιδρυμένην, δύναται λοιπὸν κατὰ τοὺς ἐναποκειμένους αὐτῷ τῆς ἐπιστήμης λόγους καθ' ἑαυτὸν ἐνεργεῖν.

II¹1729 / K cap. Π 4, 13

5 Τοῦ αὐτοῦ, ἐκ τοῦ εἰς τὸ βάπτισμα·

Αἴσθησις παντὸς λόγου ἐναργεστέρα πρὸς πεῖραν.

II¹1730 / K cap. Π 4, 14

Τοῦ θεολόγου ἁγίου Γρηγορίου, ἐκ τοῦ εἰς τοὺς μονάζοντας·

Οὐ μακροτέρων δεῖ λόγων τοῖς πείρᾳ πεπαιδευμένοις.

10 ### II¹1731 / K cap. Π 4, 15

Ἐκ τοῦ εἰς ἑαυτὸν μετὰ κατὰ Μάξιμον·

Ὅ μή τις πέπονθεν, οὐδ' ἂν ἑτέρῳ πιστεύσειεν· ὁ δὲ παθὼν εἰς συγκατάθεσιν ἑτοιμότερος.

---

6 II¹1729 BASILIUS CAESARIENSIS, *Homilia exhortatoria ad S. baptisma*, 2 (PG 31, 425, 50 – 428, 1)   9 II¹1730 GREGORIUS NAZIANZENUS, *De pace I ob monachorum reconciliationem (Orat. 6)*, 9, 25–26 (ed. Calvet-Sebasti, p. 144)   12 - 13 II¹1731 GREGORIUS NAZIANZENUS, *In seipsum, cum rure rediisset, post ea quae a Maximo perpetrata fuerant (Orat. 26)*, 1, 10–12 (ed. Mossay/Lafontaine, p. 224)

5 - 6 II¹1729 K cap. Π 4, 13 (226v[15]16); V cap. Π 12, 13; P cap. Π 35, 14; E cap. 189, 9; R cap. Π 39, 8; *deest in* H¹ M(lac.) Lᵇ; PG 96, 261, 42–43   8 - 9 II¹1730 K cap. Π 4, 14 (226v[17]18–19); *deest in* V H¹ PM(lac.) Lᵇ R E   11 - 13 II¹1731 K cap. Π 4, 15 (226v[19]20–21); V cap. Π 12, 14; P cap. Π 35, 15; E cap. 189, 10; *deest in* H¹ M(lac.) Lᵇ R; PG 96, 261, 44–45

II¹1729 (a) K   (b) Τοῦ αὐτοῦ Vᵂ R   (c) *s. a.* Vᴱ Vᴼ P   (d) Βασιλείου E II¹1731 (a) K κατὰ] *sic cod., exspectaveris* τὰ κατὰ (b) Τοῦ αὐτοῦ, εἰς τὸ βάπτισμα P (c) *s. a.* V E

6 ἐναργεστέρα (-τερα P) K Vᵂ P R E   9 δεῖ] *correxi (ed.)*, δεῖται K   12 πιστεύειν P

II¹1732 / K cap. Π 4, 16

Ἐκ τῆς ρν΄ ἐπιστολῆς·

Πεῖρα μήτηρ συνέσεως.

II¹1733 / K cap. Π 4, 17

Τοῦ αὐτοῦ, ἐκ τῆς πρὸς Σακέρδωνα ἐπιστολῆς·   5

Οὐ δόκιμον τὸ ἀπείραστον· τὸ δὲ βασανισθὲν ἐν τοῖς πράγμασι δοκιμώτερον, ὡς ἐν καμίνῳ χρυσός.

II¹1734 / K cap. Π 4, 18

Τοῦ ἁγίου Ἰωάννου Κωνσταντινουπόλεως, ἐκ τοῦ εἰς τὴν συμφο-
ρὰν τῆς πόλεως·   10

Ἑκάστῳ ἡ πεῖρα διδάσκαλος ἀσφαλείας γίνεται.

---

3   II¹1732 Gregorius Nazianzenus, *Epistulae*, CCXVI, 2 (ed. Gallay, II, p. 106)
6 – 7   II¹1733 Gregorius Nazianzenus, *Epistulae*, CCXIV, 1 (ed. Gallay, II, p.
105)   11   II¹1734 Iohannes Chrysostomus, *Ad populum Antiochenum*, XV (*In
calamitatem civitatis Antiochiae*), 3 (PG 49, 157, 46–47)

2 – 3   II¹1732 K cap. Π 4, 16 (226v[22]23); V cap. Π 12, 15; P cap. Π 35, 16; E cap.
189, 11; R cap. Π 39, 9; *deest in* Hᴵ M⁽ˡᵃᶜ·⁾ Lᵇ; PG 96, 261, 46   5 – 7   II¹1733 K cap. Π
4, 17 (226v[23–24]227r1–3); *deest in* V Hᴵ PM⁽ˡᵃᶜ·⁾ Lᵇ R E   9 – 11   II¹1734 K cap. Π
4, 18 (227r[3]4); V cap. Π 12, 16; P cap. Π 35, 17; E cap. 189, 12; R cap. Π 39, 10;
deest in Hᴵ M⁽ˡᵃᶜ·⁾ Lᵇ; PG 96, 261, 47–48

II¹1732 (a) K   (b) Τοῦ αὐτοῦ R   (c) *s. a.* Vᴱ ᵃ· ᶜ· E   (d) *s. d.* Vᵂ P   (e) Τοῦ Χρυσοστό-
μου Vᴱ ᵖ· ᶜ· Vᴼ   II¹1733 Σακέρδωνα] *scripsi (cf. ed. in app. crit.)*, σακέρδονα K
II¹1734 (a) K   (b) Τοῦ Χρυσοστόμου Vᵂ P E R Τοῦ] *om.* Vᵂ E   (c) *s. a.* VᴱVᴼ

3   Πεῖρα] *add.* γὰρ Vᵂ   11   ἀσφαλείας] ἀσφαλεῖς P, *om.* VᴱVᴼ

II¹1735 / K cap. Π 4, 19

Κλήμεντος, ἐκ τοῦ ε′ Στρώματος·

Παράκειται τῇ ἐπιστήμῃ ἥ τε ἐμπειρία καὶ ἡ εἴδησις, σύνεσίς τε καὶ νόησις καὶ γνῶσις.

5

II¹1736 / K cap. Π 4, 20

Ἐκ τοῦ ϛ′ Στρώματος·

Καθάπερ τοῖς ἀπείροις τοῦ λυρίζειν λύρας οὐχ᾽ ἁπτέον, οὐδὲ μὴν τοῖς ἀπείροις τοῦ αὐλεῖν αὐλῶν, οὕτως οὐδὲ πραγμάτων ἁπτέον τοῖς μὴ τὴν γνῶσιν εἰληφόσιν καὶ εἰδόσιν ὅπως αὐτοῖς παρ᾽ ὅλον
10 τὸν βίον χρηστέον.

II¹1737 / K cap. Π 4, 21

Ἐκ τοῦ ζ′ Στρώματος·

Πᾶσα ἡ τοῦ ἐπιστήμονος καὶ ἐμπείρου πρᾶξις εὐπραγία, ἡ δὲ τοῦ

---

3 – 4 II¹1735 CLEMENS ALEXANDRINUS, *Stromata*, re vera II. Cap. XVII. 76, 2 (ed. Stählin/Früchtel/Treu, p. 153, 1–2); Holl, n° 224   7 – 10 II¹1736 CLEMENS ALE-XANDRINUS, *Stromata*, VI. Cap. XIV. 112, 1 (ed. Stählin/Früchtel/Treu, p. 487, 31 – 488, 1); Holl, n° 257   13 – 946, 3 II¹1737 CLEMENS ALEXANDRINUS, *Stromata*, VII. Cap. X. 59, 5 (ed. Stählin/Früchtel/Treu, p. 43, 18 –22); Holl, n° 269

2 – 4 II¹1735 K cap. Π 4, 19 (227r[5]6–7); *deest in* V Hᴵ PM⁽ˡᵃᶜ·⁾ Lᵇ R E   6 – 10 II¹1736 K cap. Π 4, 20 (227r[7]8–12); V cap. Π 12, 17; P cap. Π 35, 18; R cap. Π 39, 11; *deest in* Hᴵ M⁽ˡᵃᶜ·⁾ Lᵇ E; PG 96, 261, 49 – 264, 2   12 – 946, 3 II¹1737 K cap. Π 4, 21 (227r[12]13 –18); V cap. Π 12, 18; P cap. Π 35, 19; E cap. 189, 13; R cap. Π 39, 12; *deest in* Hᴵ M⁽ˡᵃᶜ·⁾ Lᵇ; PG 96, 264, 3 –6

II¹1735 ε′] *sic* K   II¹1736 (a) K   (b) Κλήμεντος, ἐκ τοῦ ϛ′ Στρώματος P R   ἐκ τοῦ ϛ′] *non liquent in* P   (c) Κλήμεντος V   II¹1737 (a) K P R   Ἐκ] *praem.* τοῦ αὐτοῦ P   (b) Κλήμεντος E   (c) *s. a.* V

7 ἐμπείροις Vᵂ   οὐχαπτεον P, οὐχαπτέων Vᴱⱽᴼ, οὐ μεμπτέον Vᵂ   8 οὗτος (οὐ-Vᴱ) Vᴱⱽᴼ   ἁπτέον] ἁπτέων Vᴱⱽᴼ   9 τοῖς] τοὺς K   τὴν] *om.* P R   εἰληφῶσιν (εἰ- Vᴱ; -φω- P) Vᴱⱽᵂ ᵃ· ᶜ· Vᴼ P   εἰδῶσιν (-δω- P) Vᴱⱽᵂ ᵃ· ᶜ· Vᴼ P   10 χρηστέων Vᴱⱽᴼ   13 ἡ¹] *om.* P R E   πρᾶξις Kᵃ· ᶜ· P, πράξεις Vᴱⱽᴼ   ἡ²] εἰ Vᵂ

ἀνεπιστήμονος, κακοπραγία, κἂν ἔνστασιν σώζῃ, ἐπεὶ μὴ ἐκ λογι-
σμοῦ ἀγωνίζεται, μὴ δὲ ἐπί τι χρήσιμον τῶν ἐπ᾽ ἀρετὴν καὶ ἀπὸ
ἀρετῆς καταστρεφόντων τὴν πρᾶξιν κατευθύνει.

II¹1738 / K cap. Π 4, 22

Φίλωνος, ἐκ τοῦ περὶ μέθης·　　　　　　　　　　　　　　　5

Ὁ ἰδὼν καὶ ἀκούσας καὶ πειραθείς, γνοὺς τὸ συμφέρον, τὸ μὲν ἑ-
λόμενος, τὸ δὲ ἐναντίον ἀποστραφεὶς ὠφελεῖται. Ἄγνοια δὲ [καὶ
ἀπειρία] χαλεπωτέραν τῆς ἐν τῷ σώματι πήρωσιν ἐπιφέρουσα ψυ-
χῇ, πάντων ἁμαρτημάτων αἰτία γίνεται, μηδὲν μήτε ἐκ τοῦ προϊ-
δέσθαι μήτε ἐκ τοῦ ἀκοῦσαι δυναμένη λαβεῖν ἔξωθεν βοήθημα·　10
διὰ γοῦν τὴν πολλὴν ἐρημίαν αὐτῆς, ἀφρούρητος καὶ ἀφύλακτος
ἐαθεῖσα, καὶ πρὸς τῶν ἐπιτυχόντων ἀνθρώπων τε ὁμοῦ καὶ πραγ-
μάτων ἐπιβουλεύεται.

II¹1739 / K cap. Π 4, 23

Ἰωσήπου, ἐκ τῶν ἱστοριῶν·　　　　　　　　　　　　　　15

Ἡ καθ᾽ ἡμέραν τριβὴ κατὰ μικρὸν ἔθρεψεν ἐμπειρίαν.

6 – 13　II¹1738 PHILO IUDAEUS, De ebrietate I, 160 (ed. Wendland, p. 200, 24 – 201,
5)　　　16 II¹1739 FLAVIUS IOSEPHUS, De bello Iudaico, V, 359 (ed. Destinon/Niese,
VI, p. 483, 24–25)

5 – 13　II¹1738 K cap. Π 4, 22 (227r[18]19–227v5); deest in V H¹ PM⁽ˡᵃᶜ·⁾ Lᵇ R E
15 – 16　II¹1739 K cap. Π 4, 23 (227v[5]6); V cap. Π 12, 19; P cap. Π 35, 20; E cap.
189, 14; R cap. Π 39, 13; deest in H¹ M⁽ˡᵃᶜ·⁾ Lᵇ; PG 96, 264, 5–6

II¹1739 (a) K Ἰωσήππου] scripsi, ἰωσίππου cod.　(b) Ἰωσίππου VᴱVᴼ　(c) Ἰωσήππου
Vᵂ P R E

1 – 3　κἂν – κατευθύνει] om. V P R E　　2 ἀγωνίζεται] scripsi, ἀγονίζεται K, ἀνδρί-
ζεται II¹2059 / K cap. T 5, 7 et ed.　3 πρᾶξιν Kᵃ·ᶜ·　7 ὠφελεῖται] scripsi, ὀφελεῖται
K, ὠφέληται ed.　　Ἄγνοια] scripsi (ed.), ἀγνοίαι K　7 – 8 καὶ ἀπειρία] καὶ ἀπειρίαι
K, delevi (ed.)　8 ἐπιφέρουσα] scripsi (ed.), ἐπιφέρουσαν K　10 δυναμένη] scripsi,
δυναμένη K　12 καὶ¹] seclus. Wendland　16 κατὰ μικρὸν] om. K

Τίτλος ε′ Περὶ πιστοῦ ἀνδρός, καὶ ὅτι σπάνιον τὸ εὑρεῖν ἄν- ^{*Π²/}
δρα πιστόν. PML^b cap. Π

λζ′ Περὶ πιστοῦ, ὅτι σπάνιον τὸ εὑρεῖν ἄνδρα πιστόν.

$$\text{Π}^1 1740 \ / \ \text{K cap. Π 5, 1}$$ *Π²2401 /
PML^b cap.
Π 23, 3

5 Τῶν Παροιμιῶν·

Ἄνδρα πιστὸν ἔργον εὑρεῖν.

$$\text{Π}^1 1741 \ / \ \text{K cap. Π 5, 2}$$ *Π²2399 /
PML^b cap.
Π 23, 1

Τῶν αὐτῶν·

Ἀνὴρ ἀξιόπιστος πολλὰ εὐλογηθήσεται.

10 $$\text{Π}^1 1742 \ / \ \text{K cap. Π 5, 3}$$ *Π²2400 /
PML^b cap.
Π 23, 2

Τῶν αὐτῶν·

Τοῦ πιστοῦ ὅλος ὁ κόσμος τῶν χρημάτων,
τοῦ δὲ ἀπίστου οὐδὲ ὀβολός.

---

1 – 2 Περὶ – πιστόν] cf. Π¹ / Κᵖⁱⁿ Παραπομπὴ Α 12

---

6 **Π¹1740** Prov. 20, 6² (Wahl, *Proverbien-Text*, p. 97) 9 **Π¹1741** Prov. 28, 20¹
(Wahl, *Proverbien-Text*, p. 137) 12 – 13 **Π¹1742** Prov. 17, 6a¹⁻² (Wahl, *Prover-bien-Text*, p. 86)

---

1 – 2 **Titlos (a)** K (227v7–8) 3 **Titlos (b)** V Aᴵ ᵖⁱⁿ; *deest in* HᴵAᴵ ᵗˣᵗ 5 – 6 **Π¹1740**
K cap. Π 5, 1 (227v[8]9); V cap. Π 37, 1; *deest in* Hᴵ; PG 96, 325, 34 8 – 9 **Π¹1741**
K cap. Π 5, 2 (227v[9]10); V cap. Π 37, 2; *deest in* Hᴵ; PG 96, 325, 35 11 – 13
Π¹1742 K cap. Π 5, 3 (227v[10]11–12); *deest in* V Hᴵ

---

3 **Titlos (b)** λζ′] τίτλος λς′ Vᵂ ᵗˣᵗ, *propt. mg. resect. non liquet in* Aᴵ ᵖⁱⁿ *(λς′ se-cund. ser.)*

Π¹1740 (a) K VᴱVᴼ Τῶν] *om.* VᴱVᴼ (b) *s. a.* Vᵂ **Π¹1741** (a) K (b) Διδύμου Vᵂ
(c) *s. a.* VᴱVᴼ

II¹1743 / K cap. Π 5, 4

Τῶν αὐτῶν·

Πιστὸς πνοῇ κρύπτει πράγματα.

*II²2406 /
PMLᵇ cap.
Π 23, 8

<II¹suppl. 368 / V cap. Π 37, 3>

---

4 II¹suppl. 368 / V cap. Π 37, 3 cf. *Sacra*. Liber II. *Supplementum* (Band VIII/8)

---

3 II¹1743 Prov. 11, 13² (Wahl, *Proverbien-Text*, p. 57)

---

2 – 3 II¹1743 K cap. Π 5, 4 (227v[12]13); *deest in* V Hᴵ

Τίτλος ς′   Περὶ πλήθους καὶ δήμου πόλεως, καὶ πῶς χρὴ τὰς ἀναστροφὰς μετ' αὐτῶν ποιεῖσθαι.

κς′   Περὶ πλήθους καὶ δήμου πόλεως.

μδ′   Περὶ πλήθους καὶ δήμου πόλεως.

II¹1744 / K cap. Π 6, 1

Τῆς Ἐξόδου·

Οὐκ ἔσῃ μετὰ πλειόνων ἐπὶ κακίᾳ.

II¹1745 / K cap. Π 6, 2

Τῆς αὐτῆς·

Οὐ προστεθήσῃ μετὰ πλήθους ἐκκλῖναι μετὰ πλειόνων, ὥστε ἐκκλῖναι κρίσιν.

---

1 δήμου] cf. II¹ / Kᵖⁱⁿ Παραπομπὴ Δ 3

---

7 II¹1744 Ex. 23, 2   10 – 11 II¹1745 Ex. 23, 2

---

1 – 2 **Titlos (a)** K (227v13–15)   3 **Titlos (b)** V Aᴵ ᵖⁱⁿ; *deest in* HᴵAᴵ ᵗˣᵗ   4 **Titlos (c)** PMᵖⁱⁿ Lᵇ ᵖⁱⁿ E; *deest in* Mᵗˣᵗ ⁽ˡᵃᶜ·⁾ Lᵇ ᵗˣᵗ   6 – 7 II¹1744 K cap. Π 6, 1 (227v[15]16); V cap. Π 26, 1; P cap. Π 44, 1; E cap. 197, 1; *deest in* Hᴵ M⁽ˡᵃᶜ·⁾ Lᵇ; PG 96, 297, 11   9 – 11 II¹1745 K cap. Π 6, 2 (227v[16]17–18); V cap. Π 26, 2; P cap. Π 44, 2; E cap. 197, 2; *deest in* Hᴵ M⁽ˡᵃᶜ·⁾ Lᵇ; PG 96, 297, 11–12

---

1 – 2 **Titlos (a)**   1 Τίτλος] *om.* Kᵖⁱⁿ   3 **Titlos (b)**   κς′] *propt. mg. resect. non liquet in* Aᴵ ᵖⁱⁿ (κε′ *secund. ser.*), *praem.* τίτλος Vᵂ ᵗˣᵗ   4 **Titlos (c)**   μδ′] μα′ Pᵗˣᵗ (μδ′ *exspectav.*), ρϙζ′ E   καὶ – πόλεως] *om.* Mᵖⁱⁿ

II¹1744 (a) K (b) Ἐξόδου V P E II¹1745 (a) K (b) *s. a.* V P E

---

7 ἐπὶ] ἐν K Vᴱ ᵃ· ᶜ· ᵘᵗ ᵛⁱᵈᵉᵗᵘʳ   10 προστεθείσῃ VᴱVᴼ P   πλήθους] πλειόνων V P E ἐκκλῖναι – ὥστε] *om.* V P E

II¹1746 / K cap. Π 6, 3

Τῶν Παροιμιῶν·

Οὐ μὴ ὑπακούσῃς ἔθνει παρανόμῳ.

II¹1747 / K cap. Π 6, 4

Ἀπὸ τοῦ Σιράχ·   5

Προσφιλῆ συναγωγὴν σεαυτῷ ποίει.

II¹1748 / K cap. Π 6, 5

Τοῦ αὐτοῦ·

Μὴ ἁμάρτανε εἰς πλῆθος πόλεως,
καὶ μὴ καταβάλῃς σεαυτὸν ἐν ὄχλῳ.   10

---

3 II¹1746 Prov. 28, 17a³ (Wahl, *Proverbien-Text*, p. 137)   **6** II¹1747 Sir. 4, 7¹
(Wahl, *Sirach-Text*, p. 53)   **9 – 10** II¹1748 Sir. 7, 7¹⁻² (Wahl, *Sirach-Text*, p. 63)

2 – 3 II¹1746 K cap. Π 6, 3 (227v[18]19); V cap. Π 26, 3; P cap. Π 44, 3; *deest in* H¹
M^(lac.) L^b E; PG 96, 297, 13   **5 – 6** II¹1747 K cap. Π 6, 4 (227v[mg]20); *deest in* V H¹
PM^(lac.) L^b E   **8 – 10** II¹1748 K cap. Π 6, 5 (227v[20]21–22); V cap. Π 26, 4; P cap.
Π 44, 4; E cap. 197, 3; *deest in* H¹ M^(lac.) L^b; PG 96, 297, 14–15

II¹1746 (a) K V^W P Τῶν] *om.* V^W P (b) *s. a.* V^EV^O   II¹1748 (a) K (b) Σιράχ V^W (c)
Παροιμιῶν V^EV^O E (d) *s. a.* P

3 ὑπακούσεις (-ου- P) V^O P, ὑπακούσηι K   παρανόμων K P   **10** καταβάλλῃς V,
καταβαλεῖς P   σαυτὸν V^W, σαὐτὸν (-ον P) P E, σεαυτῶν V^O ᵃ· ᶜ·, ἑαυτὸν K

II¹1749 / K cap. Π 6, 6

Τοῦ αὐτοῦ·

Ἀπὸ τριῶν εὐλαβήθη ἡ καρδία μου,
διαβολὴν πόλεως καὶ ἐκκλησίαν ὄχλου
5 καὶ καταψευσμόν· ὑπὲρ θάνατον πάντα μοχθηρά.

II¹1750 / K cap. Π 6, 7

Τοῦ αὐτοῦ·

Μὴ προσλογίζου σεαυτὸν ἐν πλήθει ἁμαρτωλῶν.

II¹1751 / K cap. Π 6, 8

10 Τοῦ θεολόγου ἁγίου Γρηγορίου, ἐκ τοῦ εἰς τὸν ἅγιον Βασίλειον·

Ἑνὸς μὲν εὖ ἢ κακῶς πράττοντος, οὐδὲν τῷ κοινῷ τοῦτο ἐπιση-
μαίνει· τοῦ κοινοῦ δὲ οὕτως ἢ ἐκείνως ἔχοντος, καὶ τὸν καθ᾽ ἕκα-
στον ὁμοίως ἔχειν πᾶσαν εἶναι ἀνάγκην.

---

3 II¹1749 Ἀπὸ – μου] Sir. 26, 5¹ (Wahl, *Sirach-Text*, p. 115)   4 – 5 διαβολὴν –
μοχθηρά] Ibid. 26, 5³⁻⁴ (Wahl, p. 115)   8 II¹1750 Sir. 7, 16¹ (Wahl, *Sirach-Text*, p.
64)   11 – 13 II¹1751 GREGORIUS NAZIANZENUS, *Funebris oratio in laudem Basilii
Magni Caesareae in Cappadocia episcopi (Orat. 43)*, 42, 2–5 (ed. Bernardi, p. 216)

---

2 – 5 II¹1749 K cap. Π 6, 6 (227v[22]23–228r2); V cap. Π 26, 5; P cap. Π 44, 5;
deest in H¹ M⁽ˡᵃᶜ·⁾ Lᵇ E; PG 96, 297, 16–18   7 – 8 II¹1750 K cap. Π 6, 7 (228r[2]3);
deest in V H¹ PM⁽ˡᵃᶜ·⁾ Lᵇ E   10 – 13 II¹1751 K cap. Π 6, 8 (228r[4]5–8); *deest in* V
H¹ PM⁽ˡᵃᶜ·⁾ Lᵇ E

II¹1749 (a) K (b) Σιράχ VᴱVᴼ (c) Τῶν αὐτῶν P (d) *s. a.* Vᵂ

---

3 εὐλαβήθι VᴱVᴼ, ηὐλαβήθη Vᵂ P 5 μοχθηρά] λυπηρά VᴱVᴼ

II¹1752 / K cap. Π 6, 9

Ἐκ τοῦ α΄ στηλιτευτικοῦ·

Τὰς μὲν καθ᾽ ἕκαστον ἀρρωστίας συμβαίνει τῷ κοινῷ κρύπτεσθαι, κρεῖσσον ἔχοντι· τῶν πλειόνων δὲ τὸ σαθρὸν ἐχόντων, τῷ παντὶ κίνδυνος.   5

II¹1753 / K cap. Π 6, 10

Τοῦ αὐτοῦ·

Φιλοῦσιν οἱ δῆμοι, κἂν πρὸς τὸ παρὸν κατάσχωσι τὰς ὀργάς, ὥσπερ πῦρ ἐμφωλεῦον ὕλαις ἢ ῥεῦμα βίᾳ κρατούμενον, εἰ καιροῦ λάβοιντο, ἀνάπτεσθαί τε καὶ ἀναρρήγνυσθαι.   10

II¹1754 / K cap. Π 6, 11

Ἀθηνοδώρου, ἐκ τοῦ περὶ Ἑβραϊσμοῦ·

Φύσει πᾶν ἐστι πλῆθος ἀνθρώπων δύσαρχόν τε καὶ δυσήνιον, καὶ μάλιστα τὸ μηδέπω τοῖς ἤθεσι τοῖς καλοῖς προτυπωθὲν ἢ νόμοις ὀρθοῖς εἰς ἀρίστην πολιτείαν ἐμβιβασθέν.   15

---

3 – 5 **II¹1752** Gregorius Nazianzenus, *Contra Iulianum imperatorem I (Orat. 4)*, 75, 18–20 (ed. Bernardi, p. 194)   **8 – 10 II¹1753** Gregorius Nazianzenus, *Contra Iulianum imperatorem I (Orat. 4)*, 88, 12–15 (ed. Bernardi, p. 222)   **13 – 15** **II¹1754** Athenodorus (Gregorii Thaumaturgi frater), *De Hebraismo*, locus non repertus; Holl, n° 410

---

2 – 5 **II¹1752** K cap. Π 6, 9 (228r[8]9–12); *deest in* V H¹ PM⁽ˡᵃᶜ·⁾ Lᵇ E   **7 – 10** **II¹1753** K cap. Π 6, 10 (228r[12]13–16); V cap. Π 26, 6; P cap. Π 44, 6; E cap. 197, 4; *deest in* H¹ M⁽ˡᵃᶜ·⁾ Lᵇ; PG 96, 297, 19–22   **12 – 15 II¹1754** K cap. Π 6, 11 (228r [16–17]18–21); *deest in* V H¹ PM⁽ˡᵃᶜ·⁾ Lᵇ E; PG 86, 2089, 2–6

II¹1753 (a) K   (b) Τοῦ Θεολόγου, ἐκ τοῦ α΄ στηλιτευτικοῦ P   (c) Θεολόγου Vᵂ E   (d) *s. a.* Vᴱvᴼ

---

8 κἂν] κὰν E, καὶ P   **9** ἐμφολεῦον Vᴱvᴼ E, ἐμφολεύων (-ευ- P) Vᵂ P   ἢ – κρατούμενον] ἠρέμα βίου κρατούμενοι K   **10** λάβοιντο] λάβοιτο K, λάβῃ, τὸ Vᴱvᴼ ἀναρρηγνῦσθαι K, ἀναρριγνυσθαι P   **13** δύσαρχόν τε] *correx. Mai*, δύσαρκόν τε K

II¹1755 / K cap. Π 6, 12

Φίλωνος, ἐκ τοῦ κατὰ Φλάκκον·

Πρὸς ὅτι δ' ἂν ὄχλος ἀσύντακτος ἀφορμὴν λάβῃ τῶν ἁμαρτημά-
των, οὐχ' ἵσταται, μέτεισι δὲ ἀφ' ἑτέρων εἰς ἕτερα, προσεπεργαζό-
5 μενος ἀεί τι νεώτερον.

II¹1756 / K cap. Π 6, 13

Εὐαγρίου·

Τοῖς ὄχλοις πειρώμενος ἀρέσκειν, τοῖς ὄχλοις ἔσο ὅμοιος.

---

3 – 5 **II¹1755** PHILO IUDAEUS, *In Flaccum*, 35 (ed. Reiter, p. 126, 22–24)   **8 II¹1756**
EUAGRIUS PONTICUS, *Capita paraenetica* (ed. Elter, p. LII.19)

---

2 – 5 **II¹1755** K cap. Π 6, 12 (228r[21]22–228v1); *deest in* V H¹ PM⁽ˡᵃᶜ·⁾ Lᵇ E   **7 – 8**
II¹1756 K cap. Π 6, 13 (228v[1]2–3); *deest in* V H¹ PM⁽ˡᵃᶜ·⁾ Lᵇ E; PG 86, 2089, 7–8

---

5 ἀεί τι νεώτερον] *correxi (ed.)*, ἀεὶ τιμιώτερον K   **8** ἔσῃ *ed.*

*Π² /
MLᵇ cap. Π 20

Τίτλος ζ′   Περὶ πόλεως ἀσεβείας πεπληρωμένης.

λα′   Περὶ πόλεως ἀσεβείας πεπληρωμένης.

*Π²2387 /
PMLᵇ cap.
Π 20, 1

Π¹1757 / K cap. Π 7, 1

Δαυῒδ ἐν ψαλμῷ νδ′·

Εἶδον ἀνομίαν καὶ ἀντιλογίαν ἐν τῇ πόλει.   5
Ἡμέρας καὶ νυκτὸς κυκλώσει αὐτὴν ἐπὶ τὰ τείχη αὐτῆς,
καὶ ἀνομία καὶ κόπος ἐν μέσῳ αὐτῆς καὶ ἀδικία,
καὶ οὐκ ἐξέλιπεν ἐκ τῶν πλατειῶν αὐτῆς τόκος καὶ δόλος.

Π¹1758 / K cap. Π 7, 2

Τῶν Παροιμιῶν·   10

Ἐν τόποις ἀσεβῶν ἁλίσκονται ἄνθρωποι.

Π¹1759 / K cap. Π 7, 3

Τῶν αὐτῶν·

Ἄνδρες ἀσεβεῖς ἐξέκαυσαν πόλιν.

---

5 – 8 Π¹1757 Ps. 54, 10²–12   11 Π¹1758 Prov. 28, 12² (Wahl, *Proverbien-Text*, p. 136)   14 Π¹1759 Prov. 29, 8¹ (Wahl, *Proverbien-Text*, p. 140)

---

1 Titlos (a) K (228v3–4)   2 Titlos (b) V Aᴵ ᵖⁱⁿ; *deest in* HᴵAᴵ ᵗˣᵗ   4 – 8 Π¹1757 K cap. Π 7, 1 (228v[4]5–9); V cap. Π 31, 1; *deest in* Hᴵ; PG 96, 308, 40   10 – 11 Π¹1758 K cap. Π 7, 2 (228v[9]10); V cap. Π 31, 2; *deest in* Hᴵ; PG 96, 308, 41   13 – 14 Π¹1759 K cap. Π 7, 3 (228v[10]11); V cap. Π 31, 3; *deest in* Hᴵ; PG 96, 308, 42

---

1 Titlos (a)   Τίτλος] *om.* Kᵖⁱⁿ   2 Titlos (b)   λα′] *propt. mg. resect. non liquet in* Aᴵ ᵖⁱⁿ *(λ′ secund. ser.), praem.* τίτλος Vᵂ ᵗˣᵗ   ἀσεβείας] *add.* καὶ κακίας Vᴱ ᵖⁱⁿ, καὶ ἀνομίας Vᵂ ᵗˣᵗ   πεπληρωμένης] *add.* καὶ κακίας Vᴼ ᵖⁱⁿ

Π¹1757 (a) K   (b) Δαυῒδ V   Π¹1758 (a) K VᴱVᵂ   Τῶν] *om.* VᴱVᵂ   (b) *s. a.* Vᴼ
Π¹1759 (a) K   (b) *s. a.* V

---

5 ἴδον K   6 – 8 Ἡμέρας – δόλος] *om.* V   11 ἁλίσκονται Vᵂ, ἀναλίσκονται VᴱVᴼ

II¹1760 / K cap. Π 7, 4

Τῶν αὐτῶν·

Οὐ μὴ ὑπάρξῃ ἐξηγητὴς ἔθνει παρανόμῳ.

II¹1761 / K cap. Π 7, 5

*II²2388 /
PML^b cap.
Π 20, 2

5 Ὡσηὲ προφήτου·

Ὦ πόλις ἐργαζομένη μάταια.

II¹1762 / K cap. Π 7, 6

Ναοὺμ προφήτου·

Ὦ πόλις αἱμάτων, ὅλη ψευδής, πλήρης ἀδικίας.

10   ## <II¹suppl. 369 / V cap. Π 31, 8>

---

10 **II¹suppl. 369 / V cap. Π 31, 8** cf. *Sacra*. Liber II. *Supplementum* (Band VIII/8)

---

3 II¹1760 Prov. 29, 18¹ (Wahl, *Proverbien-Text*, p. 141)   **6 II¹1761** Os. 6, 8 (Wahl, *Prophetenzitate*, p. 161)   **9 II¹1762** Nah. 3, 1 (Wahl, *Prophetenzitate*, p. 231)

---

2 – 3 II¹1760 K cap. Π 7, 4 (228v[11]12); V cap. Π 31, 4; *deest in* H^I; PG 96, 308, 43
5 – 6 II¹1761 K cap. Π 7, 5 (228v[12]13); V cap. Π 31, 7; *deest in* H^I; PG 96, 309, 3
8 – 9 II¹1762 K cap. Π 7, 6 (228v[13]14); V cap. Π 31, 5; *deest in* H^I; PG 96, 308, 44–45

II¹1760 (a) K (b) *s. a.* V **II¹1761** (a) K ὡσιὲ *cod.* (b) Ὡσηέ (ὡσιέ *cod.*) V^W (c) *s. a.* V^EV^O **II¹1762** (a) K (b) Ναούμ V

---

3 ὑπάρξει K V^EV^O   **6** Ὦ] ὦ V   **9** Ὦ] ὦ V^O, ὦ V^EV^W

II¹1763 / K cap. Π 7, 7

Ἡσαΐου·

Ἀσεβῶν πόλις εἰς τὸν αἰῶνα οὐ μὴ οἰκοδομηθῇ.

II¹1764 / K cap. Π 7, 8

Σοφονίου προφήτου·   5

Ὦ πόλις ἡ φαυλίστρια, ἡ κατοικοῦσα ἐπ' ἐλπίδι, ἡ λέγουσα ἐν τῇ καρδίᾳ αὐτῆς· Ἐγώ εἰμι, καὶ οὐκ ἔστιν μετ' ἐμὲ ἔτι. Πῶς ἐγενήθη εἰς ἀφανισμόν, νομὴ θηρίων. Πᾶς ὁ διαπορευόμενος δι' αὐτῆς, συριεῖ καὶ κινήσει τὰς χεῖρας αὐτοῦ.

II¹1765 / K cap. Π 7, 9   10

Ἡσαΐου προφήτου·

Πῶς ἐγένετο πόρνη Σιών, πόλις πιστή, πλήρης κρίσεως, ἐν ᾗ δικαιοσύνη ἐκοιμήθη ἐν αὐτῇ, νῦν δὲ φονευταί;

---

3 II¹1763 Is. 25, 2 (Wahl, *Prophetenzitate*, p. 344)   6 – 9 II¹1764 Soph. 3, 1 (Wahl, *Prophetenzitate*, p. 244)   12 – 13 II¹1765 Is. 1, 21 (Wahl, *Prophetenzitate*, p. 288)

2 – 3 II¹1763 K cap. Π 7, 7 (228v[14]15–16); V cap. Π 31, 9; *deest in* H¹; PG 96, 309, 5–6   5 – 9 II¹1764 K cap. Π 7, 8 (228v[16]17–21); V cap. Π 31, 6; *deest in* H¹; PG 96, 308, 46 – 309, 2   11 – 13 II¹1765 K cap. Π 7, 9 (228v[21]22–24); VᴱVᴼ cap. Π 31, 10; Vᵂ cap. Π 31, 13; *deest in* H¹; PG 96, 309, 7–9

II¹1763 (a) K (b) *s. a.* V II¹1764 (a) K (b) Σοφονίου V σοφονία Vᴱ II¹1765 (a) K (b) Ἡσαΐου V

3 εἰς] *om.* Vᵂ   οἰκοδομηθή Vᵂ, -θῆς Vᴼ, -θεῖ Kᵖ· ᶜ·   6 Ὦ] ὦ V   ἡ¹] *om.* Vᵂ ἐπὶ ἐλπίδι Kᵃ· ᶜ· ᵘᵗ ᵛⁱᵈᵉᵗᵘʳ, ἐπελπίδι VᴱVᴼ, ἐφελπίδι Vᵂ   7 ἐγὼ εἰμὶ Vᴼ, ἐγὼ εἰ μὴ Vᴱ ἔσται VᴱVᴼ, ἔστε Vᵂ   ἐγενήθης K   8 δι' αὐτῆς] διὰ τῆς Vᴼ ᵃ· ᶜ·, διὰ σοῦ K   12 Σιών] *post* πιστή *transpos.* VᴱVᴼ   13 ἐν αὐτῇ] *om.* K νυνὶ K

II¹1766 / K cap. Π 7, 10

Τοῦ αὐτοῦ·

Ἄκουε ταῦτα, ἡ τρυφερά, ἡ καθημένη, ἡ πεποιθυῖα, ἡ λέγουσα ἐν τῇ καρδίᾳ αὐτῆς· Ἐγώ εἰμι, καὶ οὐκ ἔστιν μετ᾽ ἐμὲ ἔτι. Πῶς ἐγε-
5 νήθη εἰς ἀφανισμόν.

II¹1767 / K cap. Π 7, 11

*II²2389 / PMLᵇ cap. Π 20, 3

Ἱερεμίου προφήτου·

Ὦ πόλις ψευδής, ὅλη καταδυναστεία. Ὡς ψύχει λάκκος ὕδωρ, οὕ-
τως ψύχει ἡ κακία αὐτῆς· ἀσέβεια καὶ ταλαιπωρία αὐτῆς ἀκου-
10 σθήσεται ἐν αὐτῇ διαπαντός.

---

3 – 4 II¹1766 Ἄκουε – ἔστιν] Is. 47, 8 (Wahl, *Prophetenzitate*, p. 413)   3 – 5 ἡ – ἀφανισμόν] Soph. 3, 1 (Wahl, p. 244)   8 – 10 II¹1767 Ier. 6, 6–7 (Wahl, *Propheten-zitate*, p. 500–501)

---

2 – 5 II¹1766 K cap. Π 7, 10 (228v[24]229r1–4); VᴱVᴼ cap. Π 31, 11; Vᵂ cap. Π 31, 14; *deest in* Hᴵ; PG 96, 309, 10–13   7 – 10 II¹1767 K cap. Π 7, 11 (229r[4]5–8); VᴱVᴼ cap. Π 31, 12; Vᵂ cap. Π 31, 10; *deest in* Hᴵ; PG 96, 309, 14–17

II¹1766 (a) K (b) *s. a.* V II¹1767 (a) K (b) Ἱερεμίου Vᵂ (c) *s. a.* VᴱVᴼ

---

4 ἔσται V   4 – 5 ἐγενήθης K   8 Ὦ] ὦ Vᵂ   καταδυναστείαι K   ψύχει] ψυχὴ VᴱVᴼ   ὕδωρ] *in mg. add.* αὐτοῦ Vᵂ   9 ψύχει] ψυχὴ VᴱVᴼ, ψύχη *e corr.* Vᵂ   ἡ] *om.* V

II¹1768 / K cap. Π 7, 12

Ἰεζεκιὴλ προφήτου·

Πατέρα καὶ μητέρα ἐκακολόγουν ἐν σοί, καὶ πρὸς τὸν προσήλυ-
τον ἀνεστρέφοντο ἐν ἀδικίαις ἐν σοί, ὀρφανὸν καὶ χήραν κατεδυ-
νάστευον ἐν σοί, καὶ τὰ ἅγιά μου ἐξουδένουν, ἀνόσια ἐποίουν ἐν   5
μέσῳ σου, ἕκαστος τὴν γυναῖκα τοῦ πλησίον αὐτοῦ ἠνόμησαν,
δῶρα ἐλάμβανον ἐν σοί, ὅπως ἐκχέωσιν αἷμα, τόκον καὶ πλεονα-
σμὸν ἐλάμβανον ἐν σοί, ἐμοῦ δὲ ἐπελάθοντο, λέγει κύριος.

II¹1769 / K cap. Π 7, 13

Τοῦ αὐτοῦ·   10

Ὦ πόλις αἱμάτων, λέβης ἐν ᾧ ἐστιν ἰὸς ἐν αὐτῇ, καὶ ἰὸς οὐκ ἐξῆλ-
θεν ἐξ αὐτῆς.

II¹1770 / K cap. Π 7, 14

Τοῦ ἁγίου Βασιλείου, ἐκ τοῦ δ′ λόγου τῆς Ἑξαημέρου·

Εἰσὶ πόλεις παντοδαποῖς θεάμασι θαυματοποιῶν ἀπὸ βαθέος ὄρ-   15

---

3 – 6   **II¹1768** Πατέρα – σου] Ez. 22, 7–9 (Wahl, *Prophetenzitate*, p. 642–643)
6 – 8 ἕκαστος – κύριος] Ibid. 22, 11–12 (Wahl, p. 643)   11 – 12 **II¹1769** Ez. 24, 6
(Wahl, *Prophetenzitate*, p. 650)   15 – 959, 16 **II¹1770** BASILIUS CAESARIENSIS, *Ho-
miliae in Hexaemeron*, IV, 1 (ed. Mendieta†/Rudberg, p. 57, 1–16)

2 – 8 **II¹1768** K cap. Π 7, 12 (229r[8]9–16); V^EV^O cap. Π 31, 13; V^W cap. Π 31, 11;
deest in H^I; PG 96, 309, 18–25   10 – 12 **II¹1769** K cap. Π 7, 13 (229r[16]17–18);
V^W cap. Π 31, 12; *deest in* V^EV^O H^I   14 – 959, 16 **II¹1770** K cap. Π 7, 14 (229r[18–
19]20–229v18); V^EV^O cap. Π 31, 14; V^W cap. Π 31, 15; *deest in* H^I; PG 96, 309, 26–
46

II¹1768 (a) K (b) Ἰεζεκιὴλ (ιεζε- *cod.*) V^W (c) *s. a.* V^EV^O **II¹1769** (a) K (b) *s. a.* V^W
II¹1770 (a) K (b) Βασιλείου V

4 ἐπιστρέφονται V^EV^O   ἐν σοί] *om.* V^EV^O   5 τὸ ἁγίασμά μου K   ἐξουδένωσαν
V^EV^O   6 ἕκαστος] *add.* εἰς V^EV^O   ἠνόμισαν V^EV^O, ἠνόμησε K   7 ἐλάμβανον
V^EV^O p. c., ἐνλάμβανων V^O a. c., ἐλαμβάνωσαν V^W   8 ἐλαμβάνωσαν V^W   ἐμοῦ]
ὁμοῦ K   ἐπελάθοντο] ἐπελάθοντό μου K   11 Ὦ] ὦ V^W   αὐτῶ V^W   15 πόλις
V^EV^O   βαθέως V

θρου μέχρις ἑσπέρας αὐτῆς ἑστιῶσαι τὰς ὄψεις· καὶ μέντοι καὶ με-
λῶν τινῶν κεκλασμένων καὶ διεφθαρμένων παντάπασιν, πολλὴν
ἀκολασίαν ταῖς ψυχαῖς ἑντικτόντων, [ὧν] ἐπὶ πλεῖστον ἀκούοντες
οὐκ ἑμπίμπλανται. Καὶ τοὺς τοιούτους δήμους πολλοὶ μακαρί-
5 ζουσιν, ὅτι τὰς κατ’ ἀγορὰν ἐμπορίας ἢ τὰς ἐκ τῶν τεχνῶν πρὸς
τὸ ζῆν ἐπινοίας καταλιπόντες, διὰ ῥαθυμίας πάσης καὶ ἡδονῆς τὸν
τεταγμένον αὐτοῖς τῆς ζωῆς χρόνον διαπερῶσιν, οὐκ εἰδότες ὅτι
ὀρχήστρα εὐθηνουμένη θεάμασιν ἀκολάστοις κοινὸν καὶ δημό-
σιον διδασκαλεῖον ἀσελγείας τοῖς συγκαθημένοις ἐστί, καὶ τὰ πα-
10 ναρμόνια τῶν αὐλῶν μέλη καὶ ἄσματα πορνικά, ἐγκαθεζόμενα
ταῖς τῶν ἀκουόντων ψυχαῖς, οὐδὲν ἕτερον ἢ πάντας ἀσχημονεῖν
ἀναπείθει, τὰ τῶν κιθαριστῶν ἢ τὰ τῶν αὐλητῶν κρούσματα μι-
μουμένους. Ἤδη δέ τινες τῶν ἱππομανούντων καὶ ὄναρ περὶ τῶν
ἵππων μάχονται, ἄρματα μεταζευγνύντες καὶ ἡνιόχους μετατιθέν-
15 τες, καὶ ὅλως τῆς μεθημερινῆς ἀφροσύνης οὐδὲν ἐν ταῖς καθ’ ὕ-
πνον φαντασίαις ἀφίστανται.

Π¹1771 / Κ cap. Π 7, 15

Τοῦ θεολόγου ἁγίου Γρηγορίου, ἐκ τοῦ εἰς Βασίλειον ἐπιταφίου·

Ἔστιν ἰδεῖν περὶ τὰς ἀντιθέτους ἱπποδρομίας τοὺς φιλίππους τε

---

19 – 960, 6 Π¹1771 GREGORIUS NAZIANZENUS, *Funebris oratio in laudem Basilii Magni Caesareae in Cappadocia episcopi (Orat. 43)*, 15, 15–23 (ed. Bernardi, p. 150–152)

---

18 – 960, 6 Π¹1771 Κ cap. Π 7, 15 (229v[18–19]20–230r5); VᴱVᴼ cap. Π 31, 15; Vᵂ cap. Π 31, 16; Vᵂ cap. Σ 11, 12; *deest in* Hⁱ; PG 96, 309, 47 – 312, 2

Π¹1771 (a) Κ   (b) Τοῦ Θεολόγου VᴱVᵂ ᶜᵃᵖ· ᴨ ³¹ Vᴼ   Τοῦ] *om.* Vᵂ   (c) Τοῦ αὐτοῦ
Vᵂ ᶜᵃᵖ· Σ ¹¹

---

2 κεκλασμένων] καὶ κλασμένων Κ   διεφθαρμένων VᴱVᴼ, διαφθαρμένων Κ   3
ὧν] *delevi (ed.)*   πλείστων VᴱVᴼ   4 ἐμπίμπλανται] *scripsi (ed.)*, ἐμπιμπλᾶνται Κ,
ἐμπίπλανται V   6 καταλειπόντες (sic) V   7 ὅτι] *om.* Vᵂ   8 ὀρχήστρα] *scripsi*,
ὀρχίστρα Κ V, *add.* μὲν Κ   9 συγκαταθεμένοις Vᵂ   τὰ] *om.* Κ   11 τῶν] *om.* Vᴱ
ἀσχημονῆν Vᴱ, ἀσχημονῆν Vᴼ   12 ἢ] *om.* Vᵂ   τὰ τῶν²] *om.* Κ   αὐλητῶν Vᴱ
12 – 13 μιμούμενος Κ   13 Ἤδη δέ τινες] *scripsi (ed.)*, εἴδη δὲ τινὲς Vᴱ, εἴδη τινὲς
Vᴼ, εἰ δὲ δή τινες Κ, εἰ δὲ δὴ τινὲς Vᵂ   ἱππομανούντων] φιλίππων Κ   καὶ] *om.* Κ
13 – 14 περὶ – ἵππων] *om.* Κ   14 μεταζευγνύντες] *scripsi (ed.)*, μεταζευγνῦντες V,
ζευγνῦντες Κ   15 οὐδὲν] οὐδὲ Vᴱ ᵖ· ʳᵃˢ· ᵘᵗ ᵛⁱᵈᵉᵗᵘʳ (= ed.)   19 ἱπποδρομίαις VᴱVᴼ
φιλίππος τε Κ, φιλιππικούς τε Vᵂ ᶜᵃᵖ· Σ ¹¹

καὶ φιλοθεάμονας· πηδῶσι, βοῶσιν, οὐρανῷ πέμπουσι κόνιν, ἡνιο-
χοῦσι καθήμενοι, παίουσι τὸν ἀέρα, τοὺς ἵππους δὲ τοῖς δακτύλοις
ὡς μάστιξιν, ζευγνύουσι, μεταζευγνύουσιν· οὐδενὸς ὄντες κύριοι,
ἀντιδιδόασιν ἀλλήλοις ῥαδίως ἡνιόχους, ἵππους, ἱπποστασίας,
στρατηγούς. Καὶ ταῦτα τίνες; Οἱ πένητες πολλάκις καὶ ἄποροι,   5
καὶ μὴ δ᾽ ἂν εἰς μίαν ἡμέραν τροφῆς εὐπορήσοντες.

II¹1772 / K cap. Π 7, 16

Ἐκ τοῦ πρὸς τοὺς λέγοντας αὐτὸν ἐπιθυμεῖν τῆς καθέδρας Κων-
σταντινουπόλεως·

Ἔστιν αἰσχρὸν τὰ μὲν ἄλλα σωφρονεῖν, περὶ δὲ τοὺς ἱππικοὺς καὶ   10
τὰ θέατρα καὶ τὰ στάδια καὶ τὰ κυνήγια τοσοῦτο<ν> μεμηνέναι,
ὥστε ταῦτα ποιεῖσθαι βίον.

II¹1773 / K cap. Π 7, 17

Τοῦ μακαρίου Ἀμφιλοχίου, ἐκ τῆς πρὸς Σέλευκον ἰαμβικῆς ἐπι-
στολῆς·   15

Καὶ μὴν ἐκεῖνο σφόδρα σοι τηρητέον·
Μίσει θέατρα, θηρίων ἱπποδρόμων
Ἄσεμνον ᾠδήν, δύσεριν κακῶν θέαν,
Βίου ματαιότητα, ὕδραν ἡδονῶν,
Ἀνδρῶν ἀσελγῶν ἀπρεπῆ μαθήματα,   20

---

10 - 12   II¹1772 GREGORIUS NAZIANZENUS, *De seipso et ad eos qui ipsum
cathedram Constantinopolitanam affectare dicebant (Orat. 36)*, 12, 20–23 (ed.
Moreschini, p. 268)   16 - 961, 1 II¹1773 Καὶ – σωφρονεῖν] AMPHILOCHIUS
ICONIENSIS, *Iambi ad Seleucum*, 77–82 (ed. Oberg, p. 31 [= p. 80])

8 - 12 II¹1772 K cap. Π 7, 16 (230r[5–7]8–11); *deest in* V Hᴵ   14 - 961, 29 II¹1773
K cap. Π 7, 17 (230r[11–12]13–230v17); *deest in* V Hᴵ

1 πηδῶσι] *praem.* οἳ Vᵂ ᶜᵃᵖ· Σ 11   2 καθεζόμενοι K Vᵂ ᶜᵃᵖ· Π 31   τοὺς – δὲ] *om.*
Vᴱⱽᴼ   4 ἀντιδιδόασιν] *scripsi (ed.)*, ἀντιδιδώασιν Vᴱⱽᴼ, -διδοῦσιν Vᵂ ᶜᵃᵖ· Π 31
Vᵂ ᶜᵃᵖ· Σ 11, -διδόντες K   6 δ᾽] δὲ Vᵂ ᶜᵃᵖ· Π 31   ἂν] *om.* Vᵂ ᶜᵃᵖ· Π 31   τροφὴν K
Vᵂ ᶜᵃᵖ· Π 31 Vᵂ ᶜᵃᵖ· Σ 11   εὐπορήσαντες K   11 κυνήγια] κυνηγέσια *ed.*   τοσοῦτον]
scripsi, τοσοῦτο K   μεμηνέναι] *correxi (ed.)*, μεμανῆναι K   18 δύσεριν] *scripsi*
(ed.), δυσερὴν Kᵃ· ᶜ·, δυσερεὶν Kᵖ· ᶜ·

Οἷς οὐδέν ἐστιν αἰσχρὸν ἢ τὸ σωφρονεῖν.
Μίμοι γελοίων κονδύλοις εἰθισμένοι,
Αἰδῶ τεμόντες τοῖς ξυροῖς πρὸ τῶν τριχῶν,
Ἀσελγὲς αἰσχρότητος ἐργαστήριον,
5 Οἷ<ς πάντα> πάσχειν καὶ ποιεῖν [μὲν] ἃ μὴ θέμις,
Ἐν ταῖς ἁπάντων ὄψεσι τέχνης μέρος.
Ἄλλοι δ’ ἔθνος ἐκείνων ἀθλιώτερον,
Τῶν ἀρρένων τὴν δόξαν ἐξορχούμενοι,
Μελῶν λυγισμοῖς συγκατακλῶντες φύσιν,
10 Ἄνδρες γυναῖκες, ἄρσενες θηλυδρίαι,
Οὐκ ἄνδρες, οὐ γυναῖκες ἀψευδεῖ λόγῳ·
Τὸ μὲν γὰρ οὐ μένουσι, τὸ δ’ οὐκ ἔφθασαν.
Ὃ μὲν γάρ εἰσιν, οὐ μένουσι τῷ τρόπῳ,
Ὃ δ’ αὖ κακῶς θέλουσιν, οὐκ εἰσὶν φύσει,
15 Ἀσωτίας αἴνιγμα καὶ γρῖφος παθῶν,
Ἄνδρες γυναιξὶ καὶ γυναῖκες ἀνδράσιν.
Τί δ’ ἂν λέγοι τις ἀσμάτων αἰσχρῶν νόσους,
Μέλη τε θηλύνοντα καρδίας τόνον,
Αὐλούς, χορείας πορνικῶν βακχευμάτων,
20 Οἷς καὶ γέρα νέμουσιν οἱ τρισάθλιοι;
Ταῦτ’ οὖν ἐπαίνων καὶ θέας καὶ τέρψεως,
Ἢ δακρύων τε καὶ στεναγμῶν ἄξια;
Γέλως τυραννεῖ καὶ φύσις μοιχεύεται
Καὶ ποικίλη φλὸξ ἡδονῶν ἀνάπτεται.
25 Καὶ κτίζεται θέατρα ταῖς ἀτιμίαις,
Ὡς μὴ δὲ λάθρα τὰς νόσους ἀσχημονεῖν,
Ἀλλ’ ἄθλα κεῖσθαι τῶν κακῶν μαθημάτων.
Σὺ δὲ βδελύττου ταῦτα, μὴ χράνῃς κόρας,
Φεύγων ἁπάσας ὀμμάτων διαφθοράς.

---

2 – 29 Μίμοι – διαφθοράς] Ibid., 85–112 (p. 31–32 [= p. 82])

2 Μίμοι] *scripsi*, μήμοι K   **3** Αἰδῶ] αἰδοῖ Kᵖˑᶜˑ   **5** Οἷς πάντα] *supplevi (ed.)*, οἳ K
πάσχειν] *correxi (ed.)*, πασχέειν K   μὲν] *seclusi (ed.)*   **7** ἐκείνων ἔθνος *ed.*   **9**
Μελῶν λυγισμοῖς] *correxi (ed.)*, μιελῶν λιγυσμοῖς K   **10** θηλυδρίαι] *scripsi*, θηλύ-
δριαι K   **12** Τὸ] *correxi (ed.)*, τῶ K   τὸ] *correxi (ed.)*, τῶι K   **27** ἄθλα] *sic acc.* K

II¹1774 / K cap. Π 7, 18

Καὶ μετ᾽ ὀλίγα·

Τούτων κάθηνται τῶν παθῶν ἀγνώμονες
Ἄνδρες θεαταί. Κἂν μὲν ἄνθρωπος φύγῃ
Θῆρα<ς>, στένουσιν ὡς πλέον τῶν θηρίων,   5
Παιχθέντες αὐτοὶ καὶ μάτην καθήμενοι.
Ἀνδρὸς δ᾽ ἁλόντος καὶ στενὸν μυκωμένου,
Πικρὸν βοῶντος καὶ κόνιν ἀμωμένου,
Πάσης θεατῶν ὄψεως οἶκτος ἅπας
Ἐδραπέτευσε καὶ σὺν ἡδονῇ κρότος   10
Μέγιστος, ἢν ἴδωσιν αἱμάτων ῥοάς.
Χαίρουσι γὰρ βλέποντες ἃ θρηνεῖν ἔδει,
Καὶ θηρίοις νέμουσιν εὐνοίας ῥοπήν,
Καὶ τοῖς ἐμοῦσιν ἐγκελεύονται πλέον,
Θήγοντες ὀργὰς ὥσπερ ἐμφορούμενοι,   15
Καὶ σάρκας ἀνδρῶν θηρσὶ συμμασώμενοι.
Χ᾽ οἱ μὲν π<ρ>ατῆρες εἰσὶν οἰκείων μελῶν,
Τροφῆς τε δοῦλοι καὶ πάλιν θηρῶν τροφή·
Ζῶντες στυγητοὶ καὶ θανόντες ἄθλιοι
Τοιοῦτον ἔσχον τοῦ βίου πικρὸν τέλος.   20
Μελῶν δὲ τὰ μὲν ἐνθάπτεται θηρίοις,
Τὰ δ᾽ ὑπ᾽ ὀδοῦσι νηλεῶς δαρδάπτεται,
Ἡμισπάρακτα δ᾽ ἄλλα ποικίλαις <σ>τροφαῖς
Ἄττει περισπαίροντα, καὶ φυγῆς ἔτι
Καιρὸν νομίζει καὶ δρόμον φαντάζεται.   25
Μὴ δὴ μιάνῃς ὄμμα σὸν θεαμάτων
Ὠμοῖς μολυσμοῖς, μὴ δὲ γυμνάσῃς ὁρᾶν
Ἄνδρας θανόντας, θηρία πεπλησμένα,

---

3 – 963, 27 II¹1774 Τούτων – ξίφους] AMPHILOCHIUS ICONIENSIS, *Iambi ad Seleucum*, 123–175 (ed. Oberg, p. 32–34 [= p. 84–86])

---

2 – 964, 3 II¹1774 K cap. Π 7, 18 (230v[18]19–231v21); *deest in* V H¹

5 Θῆρας] *correxi (ed.)*, θήρα K   **11** ἢν] *correxi (ed.)*, ἵν᾽ K   **14** ἐλοῦσιν *ed.*   **15** Θήγοντες] *correxi*, θίγοντες K   **17** πρατῆρες] *scripsi (ed.)*, πατῆρες K   **21** ἐνθάπτεται] ἐντέθαπται *ed.*   **22** Τὰ δ᾽ ὑπ᾽] *correxi (ed.)*, τὰ δ᾽ ὑγ᾽ ὑπ᾽ K^{ut videtur}   ὀδοῦσι νηλεῶς] *correxi (ed.)*, ὀδοῦσιν ἀνιλεῶς K   **23** στροφαῖς] *correxi (ed.)*, τροφαῖς K   **26** σῶν K^{a. c. in mg.}

Τάφους τρέχοντας, συγγενεῖς τε κειμένους.
Καὶ μὴν τὸ πολλοῖς μᾶλλον ἡμερώτερον
Δοκοῦν θέαμα πωλικῶν ἱπποδρόμων,
Καὶ τοῦτο λοιμός ἐστι καὶ ψυχῶν νόσος.
5	Πόλεις διασπᾷ, δῆμον εἰς στάσιν ἄγει,
Μάχας διδάσκει, λοιδόρων θήγει στόμα,
Τέμνει πολιτῶν φίλτρα, συγκρούει γένη,
Καταισχύνει γέροντας, ἐκμαίνει νέους,
Ἔχθρας ἀνάπτει φιλτάτων, πατεῖ νόμους.
10	Κακῶν δὲ τούτων ἄλγιον τολμᾷ κακόν·
Κινεῖ γόητας τοῖς μανεῖσι συμμάχους,
Νίκης βοηθούς, καὶ τρέφει νόσον νόσῳ.
Ἐπὰν γὰρ ἐκκαυθῶσιν εἰς θερμὴν ἔριν,
Πρὸς τοὺς γόητας εὐθὺς αὐτοῖς ὁ δρόμος.
15	Οἱ δ' αὖ καλοῦσι δαιμόνων πονηρίαν
Συνεργὸν αὐτοῖς πτωμάτων, συντριμμάτων,
Φόνων· κακοῖς γὰρ δαιμόνων χαίρει στρατός.
Οὐκοῦν δὲ καὶ τὸ δόξαν ἡμερώτερον
Ἐριστικὸν θέαμα τῶν ἱπποδρόμων
20	Ψυχῶν ὄλεθρός ἐστι, σωμάτων μάχη,
Καὶ πρός γε τούτοις χρημάτων σαφὴς βλάβη.
Πόσους μὲν οἴκους ἀθρόως κατέσπασεν;
Πόσους προσαιτεῖν πλουσίους ἠνάγκαζεν;
Πόσας δὲ τὸ πρὶν εὐνο<μ>ουμένας πόλεις
25	<Ἄρδην καθεῖλεν>; Ὡς γὰρ ἡβῶσα στάσις
Φόνοις δυναστῶν ἔχρανεν δήμου χέρας,
Χήρωσεν ἀνδρῶν τὰς πόλεις νόμῳ ξίφους,
Σφαγαῖς κολάζων τὰς σφαγάς, φόνοις φόνους.

---

28 – 964, 3 Σφαγαῖς – νόσους] IBID., 177–180 (p. 34 [= p. 86])

4 λυμός ἐστι Kᵃ· ᶜ· ⁱⁿ ᵐᵍ·	**5** στάσεις φέρει *ed.*	**8** ἐκμαίνει] *correxi (ed.)*, ἐκμένει K
10 κακόν] *correxi (ed.)*, κακῶν K	**18** δὲ – ἡμερώτερον] ἐναργῶς καὶ τὸ δόξαν
ἥμερον *ed.*		τὸ] *signo super* τὸ *apposito*, κακῶν *(lege* κακὸν*)* τὸ μέτρον *in mg.*
scripsit K	**23 – 24** Πόσους – πόλεις] *versuum ordinem restitui (ed.)*, πόσας δὲ τὸ
πρὶν εὐνοουμένας *(sic)* πόλεις· πόσους προσαιτεῖν πλουσίους ἠνάγκαζεν K	**24**
εὐνομουμένας] *correxi (ed.)*, εὐνοουμένας K	**25** Ἄρδην καθεῖλεν] *supplevi (ed.)*,
om. K	*post* στάσις *fenestram reliquit* K (ζ<ή>τ<ει> *in mg., sed eo loco nulla exci-*
disse videntur; forsan olim pertinebat ad verba quae post πόλεις *exciderunt)*	**27**
Χήρωσεν] *scripsi (ed.)*, χείρωσεν K

Τίς οὖν θεᾶσθαι σωφρονῶν ἀνέξεται
Γοητείας ἄμιλλαν, οὐχ᾽ ἵππων τάχος,
Στάσιν φόνους τίκτουσαν, ἄστεων νόσους;

<II[1]suppl. 370 / V cap. Π 31, 17>

---

4 II[1]**suppl. 370 / V cap. Π 31, 17** cf. *Sacra*. Liber II. *Supplementum* (Band VIII/8)

---

1 θεᾶσθαι] *correxi (ed.)*, θεάσασθαι Κ   σωφρόνων *ed.*   **2** Γοητείας] γοητίας Κ[p. c. in mg.]   ἵππων] *scripsi (ed.)*, ἵππον Κ

Τίτλος η′ Περὶ προαιρέσεως καὶ διαθέσεως, καὶ ὅτι τὴν προαί-
ρεσιν καὶ ἐπ' ἀγαθῷ καὶ ἐπὶ κακῷ ἐξετάζει ὁ θεός.

θ′ Περὶ προαιρέσεως καὶ διαθέσεως, καὶ ὅτι τὴν προαίρεσιν
καὶ ἐπ' ἀγαθῷ καὶ ἐπὶ κακῷ ἐξετάζει ὁ θεός.

5 μθ′ Περὶ προαιρέσεως καὶ διαθέσεως, καὶ ὅτι τὴν προαίρεσιν
καὶ ἐπ' ἀγαθῷ καὶ ἐπὶ κακῷ ἐξετάζει ὁ θεός.

II¹1775 / K cap. Π 8, 1

Ἐκ τῆς πρὸς Ῥωμαίους ἐπιστολῆς·

Τοῖς ἀγαπῶσι τὸν θεὸν πάντα συνεργεῖ εἰς ἀγαθόν, τοῖς κατὰ
10 πρόθεσιν κλητοῖς οὖσιν.

---

1 διαθέσεως] cf. II¹ / Kᵖⁱⁿ Παραπομπὴ Δ 5

---

9 - 10 II¹1775 Rom. 8, 28

---

1 - 2 **Titlos (a)** K (231v21–24) 3 - 4 **Titlos (b)** V Aᴵ ᵖⁱⁿ; *deest in* HᴵAᴵ ᵗˣᵗ 5 - 6
Titlos (c) PMᵖⁱⁿ Lᵇ ᵖⁱⁿ E Aᴵᴵᴵ ᵖⁱⁿ R; *deest in* Mᵗˣᵗ ⁽ˡᵃᶜ·⁾ Lᵇ ᵗˣᵗ HᴵᴵᴵAᴵᴵᴵ ᵗˣᵗ 8 - 10 II¹1775 K
cap. Π 8, 1 (231v[24]232r1–2); V cap. Π 9, 1; P cap. Π 49, 1; E cap. 201, 1; R cap. Π
51, 1; *deest in* Hᴵ M⁽ˡᵃᶜ·⁾ Lᵇ; PG 96, 240, 42–43

---

1 - 2 **Titlos (a)** 1 Τίτλος] *om.* Kᵖⁱⁿ καὶ διαθέσεως] *om.* Kᵖⁱⁿ 2 καὶ¹ - ἀγαθῷ]
ἐπ' ἀγαθῶ τε Kᵖⁱⁿ ἐπὶ] *om.* Kᵖⁱⁿ 3 - 4 **Titlos (b)** 3 θ′] *propt. mg. resect. non
liquet in* Aᴵ ᵖⁱⁿ (θ′ *secund. ser.*), *praem.* τίτλος Vᵂ ᵗˣᵗ 4 καὶ¹ - κακῷ] ἐπὶ πᾶσιν Vᴱ ᵗˣᵗ
Vᴼ ᵗˣᵗ Aᴵ ᵖⁱⁿ ἐπ'] ἐπὶ Vᵂ 5 - 6 **Titlos (c)** 5 μθ′] ςα′ E, τίτλος να′ Rᵗˣᵗ, να′ Rᵖⁱⁿ,
propt. mg. resect. non liquet in Aᴵᴵᴵ ᵖⁱⁿ (κη′ *secund. ser.*) 5 - 6 καὶ¹ - θεός] *om.* Mᵖⁱⁿ
6 ἐπ'] ἐπὶ R

II¹1775 (a) K (b) Πρὸς Ῥωμαίους VᴱVᴼ P R (c) Τοῦ Ἀποστόλου Vᵂ E Τοῦ] *om.* E

---

9 ἀγαθόν] *praem.* τὸ Vᴱ

II¹1776 / K cap. Π 8, 2

Μάρκου, ἐν κεφαλαίῳ <ρ>λς'·

Καθίσας ὁ Ἰησοῦς ἀπέναντι τοῦ γαζοφυλακίου, ἐθεώρει πῶς οἱ
ὄχλοι βάλλουσι χαλκὸν εἰς τὸ γαζοφυλάκιον. Καὶ πολλοὶ πλούσι-
οι ἔβαλλον πολλά· καὶ ἐλθοῦσα μία χήρα πτωχή, ἔβαλε λεπτὰ δύο, 			5
ὅ ἐστι κοδράντης. Καὶ προσκαλεσάμενος τοὺς μαθητὰς αὐτοῦ, εἶ-
πεν αὐτοῖς· Ἀμὴν λέγω ὑμῖν ὅτι ἡ χήρα αὕτη ἡ πτωχὴ πλέον πάν-
των ἔβαλε τῶν βαλόντων εἰς τὸ γαζοφυλάκιον. Πάντες γὰρ ἐκ
τοῦ περισσεύοντος αὐτοῖς ἔβαλον, αὕτη δὲ ἐκ τῆς ὑστερήσεως
αὐτῆς πάντα ὅσα εἶχεν ἔβαλεν, ὅλον τὸν βίον αὐτῆς. 			10

II¹1777 / K cap. Π 8, 3

Σχόλιον·

Σημείωσαι πῶς τὴν ἀγαθὴν προαίρεσιν ἀποδέχεται ὁ θεός.

II¹1778 / K cap. Π 8, 4

Ματθαίου, ἐν κεφαλαίῳ λζ'· 			15

Ἠκούσατε ὅτι ἐρρέθη τοῖς ἀρχαίοις· Οὐ μοιχεύσεις. Ἐγὼ δὲ λέγω

---

3 – 10 II¹1776 Marc. 12, 41–44 			13 II¹1777 Scholion in Marc. 12, 41–44
16 – 967, 2 II¹1778 Matth. 5, 27–28

2 – 10 II¹1776 K cap. Π 8, 2 (232r[mg]3–11); V cap. Π 9, 2; P cap. Π 49, 2; R cap.
Π 51, 2; deest in Hᴵ M⁽ˡᵃᶜ·⁾ Lᵇ E; PG 96, 240, 44–54 			12 – 13 II¹1777 K cap. Π 8, 3
(232r[11]11–12); deest in V PM⁽ˡᵃᶜ·⁾ Lᵇ R E; PG 86, 2089, 10–11 			15 – 967, 2
II¹1778 K cap. Π 8, 4 (232r[12]13–16); V cap. Π 9, 3; P cap. Π 49, 3; deest in Hᴵ
M⁽ˡᵃᶜ·⁾ Lᵇ R E; PG 96, 240, 55 – 241, 3

II¹1776 (a) K ρλς'] correxi, λς' K (b) Κατὰ Μάρκον, κεφαλαίου λς' P (c) Μάρκου
VᴱVᴼ R (d) Εὐαγγελίου Vᵂ II¹1778 (a) K (b) Κατὰ Ματθαῖον, κεφαλαίου λζ' P
(c) Ματθαίου VᴱVᴼ (d) σέκστρου (sic) Vᵂ

3 πῶς οἱ] πόσοι Kᵖ·ᶜ·ⁱⁿ ᵐᵍ· 			4 τὸ γαζοφυλάκιον] τὰ δῶρα τοῦ θεοῦ VᴱVᴼ 			5 – 7
ἔβαλε – πτωχή] om. K 			6 – 10 Καὶ – αὐτῆς²] καὶ τὰ ἑξῆς R 			6 αὐτοῦ] add. ὁ ἰη-
σοῦς VᴱVᴼ 			7 πλείω P 			8 ἔβαλε] ἔλαβεν P 			9 περισσεύματος VᴱVᵂ ᵖ·ᶜ·, περισεύ-
ματος Vᵂ ᵃ·ᶜ· Vᴼ 			αὐτοῖς] αὐτῶν VᴱVᴼ 			αὕτη] αὐτὴ K, αὐτη P 			10 πάντα –
εἶχεν] post ἔβαλεν transpos. Vᵂ

ὑμῖν ὅτι πᾶς ὁ βλέπων γυναῖκα πρὸς τὸ ἐπιθυμῆσαι αὐτήν, ἤδη ἐμοίχευσεν αὐτὴν ἐν τῇ καρδίᾳ αὐτοῦ.

II¹1779 / K cap. Π 8, 5

Σχόλιον·

5   Πρόσεχε ἀκριβῶς ὅτι καὶ ἐπ᾽ ἀγαθῷ καὶ κακῷ τὰ τῆς διαθέσεως ἐξετάζεται κινήματα παρὰ τῷ θεῷ.

II¹1780 / K cap. Π 8, 6

Τοῦ ἁγίου Βασιλείου, ἐκ τοῦ β′ λόγου τῆς Ἑξαημέρου·

Παρὰ τῷ δικαίῳ κριτῇ, καὶ ὑπὲρ μόνου τοῦ προελέσθαι τὰ δέοντα
10 οὐκ εὐκαταφρόνητοι οἱ ἀφωρισμένοι μισθοί.

---

5 – 6 **II¹1779** *Scholion in Matth.* 5, 27–28   9 – 10 **II¹1780** BASILIUS CAESARIENSIS, *Homiliae in Hexaemeron*, II, 1 (ed. Mendieta†/Rudberg, p. 21, 9–10)

---

4 – 6 **II¹1779** K cap. Π 8, 5 (232r[16]16–19); *deest in* V Hᴵ PM⁽ˡᵃᶜ·⁾ Lᵇ R E; PG 86, 2089, 11–13   8 – 10 **II¹1780** K cap. Π 8, 6 (232r[19]20–22); Vᴱvᴼ cap. Π 9, 5; *deest in* Vᵂ Hᴵ PM⁽ˡᵃᶜ·⁾ Lᵇ E; PG 96, 241, 8–10

II¹1780 (a) K (b) Βασιλείου Vᴱvᴼ

---

1 ἐμβλέπων VᵂVᴼ P, ἐμβλέψας Vᴱ   9 ἐλέσθαι *(sic)* K   10 ἀφωρισμένοι] *scripsi*, ἀφορισμένοι K VᴱVᴼ

II¹1781 / K cap. Π 8, 7

Τοῦ αὐτοῦ, ἐκ τοῦ εἰς τὸ βάπτισμα·

Ἐπαινοῦμεν τοὺς κατὰ προαίρεσιν ἀγαθούς, οὐ τοὺς ὑπό τινος ἀνάγκης ἐξειργομένους. Ὅπου γὰρ προαίρεσις ἑτοίμη, τὸ κωλῦον οὐδέν. Ἡ προθυμία ἐνυπαρχέτω καὶ τὸ ἐμποδίζον οὐκ ἔσται.   5

II¹1782 / K cap. Π 8, 8

Τοῦ αὐτοῦ, ἐκ τοῦ *Πρόσεχε σεαυτῷ*·

Αἱ τοῦ σώματος πράξεις ὑπὸ πολλῶν διακόπτονται. Ὁ δὲ κατὰ πρόθεσιν ἁμαρτάνων, τῷ τάχει τῶν νοημάτων συναπαρτιζομένην ἔχει τὴν ἁμαρτίαν.   10

---

3 – 5 Ἐπαινοῦμεν – οὐδέν] exstat etiam ap. Ps.-Max. Conf., *Loci communes*, 48.7./ 55.7. (ed. Ihm, p. 802)

---

3 – 4 II¹1781 Ἐπαινοῦμεν – ἐξειργομένους] Basilius Caesariensis, *Homilia exhortatoria ad S. baptisma*, 5 (PG 31, 436, 33–34)   4 – 5 Ὅπου – οὐδέν] Ibid., 6 (PG 31, 437, 13)   5 Ἡ – ἔσται] Ibid. (PG 31, 437, 15–16)   8 – 10 II¹1782 Basilius Caesariensis, *Homilia in illud:* Attende tibi ipsi *(Deut. 15, 9)*, 1 (ed. Rudberg, p. 25, 2–4)

---

2 – 5 II¹1781 K cap. Π 8, 7 (232r[22]23–232v3); Vᴱ Vᴼ cap. Π 9, 4; Vᵂ cap. Π 9, 5; P cap. Π 49, 5; E cap. 201, 3; R cap. Π 51, 4; *deest in* Hᴵ M⁽ˡᵃᶜ·⁾ Lᵇ; PG 96, 241, 4–7
7 – 10 II¹1782 K cap. Π 8, 8 (232v[3]4–7); V cap. Π 9, 6; *deest in* Hᴵ PM⁽ˡᵃᶜ·⁾ Lᵇ R E; PG 96, 241, 11–13

II¹1781 (a) K   (b) Βασιλείου, εἰς τὸ Πρόσεχε σεαυτῷ P   (c) Τοῦ ἁγίου Βασιλείου R   (d) Βασιλείου Vᵂ E   (e) Ἐκ τῆς Πέτρου Vᴱ Vᴼ   II¹1782 (a) K   (b) Τοῦ αὐτοῦ Vᵂ   (c) Θεοτίμου Vᴱ Vᴼ

---

3 – 5 οὐ – ἔσται] *om.* E   4 ἀναγκαστῶς Vᵂ   4 – 5 ἐξειργομένους – ἔσται] εἰς τοῦτο ἥκοντας R, *om.* Vᵂ P

II¹1783 / K cap. Π 8, 9

Τοῦ ἁγίου Σέξτου Ῥώμης·

Θυσία τῷ θεῷ γνώμη ἀγαθή.

II¹1784 / K cap. Π 8, 10

5   Τοῦ Θεολόγου, ἐκ τοῦ εἰς τὸν ἐξισωτήν·

Τὸ κάλλιστον καὶ φιλανθρωπότατον, ὅτι μὴ τῇ ἀξίᾳ τοῦ διδομέ-
νου, τῇ δὲ δυνάμει καὶ τῇ διαθέσει τοῦ καρποφοροῦντος μετρεῖ
θεὸς τὴν ἐπίδοσιν.

II¹1785 / K cap. Π 8, 11

10 Τοῦ αὐτοῦ, ἐκ τῶν τετραστίχων Γνωμῶν·

Δῶρον θεῷ κάλλιστόν ἐστιν ὁ τρόπος.
Κἂν πᾶν ἐνέγκῃς, οὐδὲν οἴσεις ἄξιον.
Ὁ καὶ πένης δίδωσι, τοῦτο προσφέρειν.

---

3 cf. Ps.-Sext. Rom., *Sententiae*, 46a, 46b, 47 (ed. Chadwick, p. 16)   **11 – 13** exstat
etiam ap. Ps.-Max. Conf., *Loci communes*, 8.10./10. (ed. Ihm, p. 188)

3 II¹1783 Ps.-SEXTUS ROMANUS, *Sententiae*, locus non repertus   **6 – 8 II¹1784**
GREGORIUS NAZIANZENUS, *Ad Iulianum tributorum exaequatorem (Orat. 19)*, 8
(PG 35, 1052, 44 – 1053, 3)   **11 – 13 II¹1785** GREGORIUS NAZIANZENUS, *Carmina*,
I,2,33 *(Tetrastichae sententiae)*, 25–27 (PG 37, 930, 2–4)

2 – 3 II¹1783 K cap. Π 8, 9 (232v[7]8); V^EV^O cap. Π 9, 9; V^W cap. Π 9, 4; P cap. Π
49, 4; E cap. 201, 2; R cap. Π 51, 3; *deest in* H^I M^(lac.) L^b; PG 96, 241, 19   **5 – 8**
II¹1784 K cap. Π 8, 10 (232v[8]9–12); V^EV^O cap. Π 9, 7; *deest in* V^W H^I PM^(lac.) L^b R
E; PG 96, 241, 14–16   **10 – 13 II¹1785** K cap. Π 8, 11 (232v[12]13–15); *deest in* V
H^I PM^(lac.) L^b R E

II¹1783 (a) K Σέξτου] *scripsi*, σεκιτου *cod.* (b) Σέξτου E (c) Σέκτρου *(sic)* Ῥώμης,
ἐκ τῶν Γνωμῶν P (d) Σέξτρου *(sic)* Ῥώμης R (e) Σέκστρου *(sic)* V^EV^O (f) *s. a.* V^W
II¹1784 (a) K ἐξισωτήν] *scripsi*, ἐξισοτην *cod.* (b) Τοῦ Θεολόγου V^EV^O **II¹1785**
τετραστίχων] *scripsi*, Δʹστίχων K

---

12 οἴσεις] *scripsi (ed.)*, οἴσῃς K **13** πρόσφερε *ed.*

II¹1786 / K cap. Π 8, 12

Τοῦ θαυματοποιοῦ ἁγίου Γρηγορίου, ἐκ τοῦ εἰς τὸν Ὠριγένην προσφωνητικοῦ·

Οὐκ οἶμαι τῷ ποσῷ τῆς διδομένης ὕλης, οὔσης ἔξωθεν, ταῖς δὲ προσφερούσαις γνώμαις μᾶλλον καὶ προαιρέσεσι τὴν φιλοτιμίαν 5
καὶ τὴν μεγαλοπρέπειαν ὁ ἱερὸς λόγος ἐσταθμήσατο.

II¹1787 / K cap. Π 8, 13

Τοῦ ἁγίου Γρηγορίου Νύσης, ἐκ τοῦ εἰς τοὺς μακαρισμούς·

Ὁ θελήσας τὸ ἀγαθὸν μόνον, κωλυθεὶς δὲ πρὸς τὸ καλὸν τῷ μὴ
δύνασθαι, κατ᾽ οὐδὲν ἐλαττοῦται τῇ τῆς ψυχῆς διαθέσει τοῦ διὰ 10
τῶν ἔργων τὴν γνώμην δείξαντος.

II¹1788 / K cap. Π 8, 14

Κλήμεντος, ἐκ τοῦ β΄ Στρώματος·

Οὐ τῷ τέλει μόνῳ παραμετρεῖται τὰ γινόμενα, ἀλλὰ καὶ τῇ ἑκά-
στου κρίνεται προαιρέσει. 15

---

4 – 6 II¹1786 GREGORIUS THAUMATURGUS, *In Origenem oratio panegyrica*, III, 32–
36 (ed. Crouzel, p. 106)   **9 – 11** II¹1787 GREGORIUS NYSSENUS, *De beatitudinibus*,
V (ed. Callahan, p. 127, 13–16)   **14 – 15** II¹1788 CLEMENS ALEXANDRINUS, *Stro-
mata*, II. Cap. VI. 26, 5 (ed. Stählin/Früchtel/Treu, p. 127, 10–12); Holl, n° 217

2 – 6 II¹1786 K cap. Π 8, 12 (232v[15–16]17–20); *deest in* V H¹ PM⁽ˡᵃᶜ·⁾ Lᵇ R E
8 – 11 II¹1787 K cap. Π 8, 13 (232v[21]22–233r1); *deest in* V H¹ PM⁽ˡᵃᶜ·⁾ Lᵇ R E
13 – 15 II¹1788 K cap. Π 8, 14 (233r[1]2–3); *deest in* V H¹ PM⁽ˡᵃᶜ·⁾ Lᵇ R E

9 τῷ] *correxi (ed.)*, τὸ K   **10** οὐδὲν] *correxi (ed.)*, οὐδένα K

II¹1789 / K cap. Π 8, 15

Ἐκ τοῦ δ' Στρώματος·

Πλουσίαν οὐ τὴν δόσιν, ἀλλὰ τὴν προαίρεσιν λογίζεται ὁ παιδεύ-
ων τὴν ψυχὴν κύριος.

II¹1790 / K cap. Π 8, 16

Ἐκ τοῦ εἰς τὸ Τίς ὁ σωζόμενος πλούσιος·

Τῆς αὐτῆς μεθέξουσι τιμῆς τοῖς δυνηθεῖσιν οἱ βεβουλημένοι τὸ
καλόν, ὧν ἡ προαίρεσις ἴση, κἂν πλεονεκτῶσιν ἕτεροι τῇ περιου-
σίᾳ.

II¹1791 / K cap. Π 8, 17

Φίλωνος, ἐκ τοῦ β' τῶν ἐν Γενέσει ζητημάτων·

Τοὺς ἄρξαντας εἴτε ἀγαθῶν εἴτε καὶ πονηρῶν βουλευμάτων, καὶ
μάλιστα ὅταν ἐφαρμόσῃ τοῖς βουλεύμασι τὰ ἔργα, ἴσους ἡγητέον
τοῖς καὶ τελειώσασιν αὐτά. Τοῦ μὲν γὰρ μὴ φθάσαι πρὸς τὸ πέρας
ἐλθεῖν, ἕτερα καὶ πολλὰ αἴτια· ἡ δὲ γνώμη καὶ σπουδὴ τῶν προ-
ελομένων ἔφθακεν δυνάμει καὶ πρὸς τὸ πέρας.

---

6 Τίς – πλούσιος] cf. Marc. 10, 25–26   **7 – 9** Τῆς – δυνηθεῖσιν et ἕτεροι – περι-
ουσίᾳ] exstant etiam ap. Ps.-Max. Conf., *Loci communes*, 7.-./34b. (ed. Ihm, p. 176)

3 – 4 II¹1789 CLEMENS ALEXANDRINUS, *Stromata*, IV. Cap. VI. 35, 1 (ed. Stählin/
Früchtel/Treu, p. 263, 28–29); Holl, n° 238   **7 – 9** II¹1790 CLEMENS ALEXANDRI-
NUS, re vera *Stromata*, IV. Cap. VI. 38, 4 (ed. Stählin/Früchtel/Treu, p. 265, 22–24);
Holl, n° 239, 3   **12 – 16** II¹1791 PHILO IUDAEUS, *Quaestiones in Genesim*, locus
non repertus (ed. Petit, p. 221.8); Royse 178.106

2 – 4 II¹1789 K cap. Π 8, 15 (233r[4]5–6); V^EV^O cap. Π 9, 8; V^W cap. Π 9, 7; P cap.
Π 49, 6; E cap. 201, 4; R cap. Π 51, 5; *deest in* H^I M^(lac.) L^b; PG 96, 241, 17–18   **6 – 9**
II¹1790 K cap. Π 8, 16 (233r[6]7–9); *deest in* V H^I PM^(lac.) L^b R E   **11 – 16** II¹1791
K cap. Π 8, 17 (233r[10]11–17); *deest in* V H^I PM^(lac.) L^b R E; PG 86, 2089, 14–20

II¹1789 (a) K (b) Κλήμεντος V P R E

3 πλούσιος V^W **7** βεβουλημένοι] *scripsi (ed.)*, βεβουλομένοι K

*Π² /
ML^b cap. Π 22

Τίτλος θ′   Περὶ παραθήκης, ὅτι χρὴ πιστῶς ποιεῖσθαι τὴν ταύ-
της φυλακήν, καὶ μηδαμῶς δόλον εἰς ἀποστέρησιν τοῦ παραθε-
μένου μηχανᾶσθαι.

κη′   Περὶ παραθήκης, καὶ ὅτι χρὴ πιστῶς ποιεῖσθαι τὴν ταύτης
φυλακήν, καὶ μηδαμῶς δόλον εἰς ἀποστέρησιν τοῦ παραθεμέ-   5
νου μηχανᾶσθαι.

*Π²2397 /
PML^b cap.
Π 22, 1

Π¹1792 / Κ cap. Π 9, 1

Τῆς Ἐξόδου·

Ἐάν τις δῷ τῷ πλησίον ἀργύριον ἢ σκεύη φυλάξαι, καὶ κλαπῇ ἐκ
τῆς οἰκίας τοῦ ἀνθρώπου, ἐὰν εὑρεθῇ ὁ κλέψας, ἀποτίσει διπλοῦν·   10
ἐὰν δὲ μὴ εὑρεθῇ ὁ κλέψας, προσελεύσεται ὁ κύριος τῆς οἰκίας
ἐνώπιον τοῦ θεοῦ, καὶ ὀμεῖται ἦ μὴν μὴ αὐτὸς πεπονηρεῦσθαι
ἐφ’ ὅλης τῆς παραθήκης τοῦ πλησίον. Κατὰ πᾶν ῥητὸν ἀδίκημα
περί τε μόσχου καὶ ὑποζυγίου καὶ προβάτου καὶ ἱματίου καὶ πάσης
ἀπωλείας τῆς ἐγκαλουμένης, ὅτι ἂν ᾖ <***>.   15

---

9 – 15 Π¹1792 Ex. 22, 7–9

1 – 3 Titlos (a) K (233r17–20)   **4 – 6 Titlos (b)** V A^{I pin}; *deest in* H^IA^{I txt}   **8 – 15**
Π¹1792 K cap. Π 9, 1 (233r[mg]21–233v6); V cap. Π 28, 1; *deest in* H^I; PG 96, 300,
28–32

1 – 3 Titlos (a)   **1** Τίτλος] *om.* K^{pin}   **2 – 3** καὶ – μηχανᾶσθαι] *om.* K^{pin}   **4 – 6**
Titlos (b)   **4** κη′] *non liquet in* A^{I pin} (κζ′ *secund. ser.*), *praem.* τίτλος V^{W txt}   **5** δό-
λον] δόλων V^{E pin}   εἰς] ἢ V^{E pin} V^{O pin}

Π¹1792 Τῆς] *om.* V

9 δῷ] θῶ V^E   ἐκ] ἀπὸ K   **10** ἀποτίση K V^W   **12** ὠμεῖται V^W, ὀμήτης V^{E ut videtur}
V^O   **12 – 13** ἦ – ἀδίκημα] *om.* V   **12** ἦ μὴν] *correxi* (*Π² = LXX), ὑμῖν K   πεπο-
νηρεῦσθαι] *correxi* (*Π² = LXX), πεπονήρευται K   **14** περί τε] περὶ V   μόσχου –
καὶ⁴] *om.* V   **15** τῆς – ᾖ] *om.* V   *post* ᾖ *quaedam exciderunt in* K (*vide* *Π²)

II¹1793 / K cap. Π 9, 2

Ἐκ τῆς αὐτῆς·

Ἐάν τις δῷ τῷ πλησίον ὑποζύγιον ἢ μόσχον ἢ πρόβατον ἢ κτῆνος φυλάξαι, καὶ τελευτήσῃ ἢ συντριβῇ ἢ αἰχμάλωτον γένηται καὶ
5 μηδεὶς ἴδῃ, ὅρκος ἔσται τοῦ θεοῦ ἀναμέσον ἀμφοτέρων ἦ μὴν μὴ μετεσχηκέναι αὐτὸν καθόλου τῆς παραθήκης τοῦ πλησίον· καὶ οὕτως προσδέξεται ὁ κύριος αὐτοῦ, καὶ οὐ μὴ ἀποτίσει τῷ κυρίῳ αὐτοῦ. Ἐὰν δὲ κλαπῇ παρ' αὐτοῦ, ἀποτίσει τῷ κυρίῳ αὐτοῦ. Ἐὰν δὲ θηριάλωτον γένηται, ἄξει αὐτὸν ἐπὶ τὴν θήραν, καὶ οὐκ ἀπο-
10 τίσει.

---

3 – 10 II¹1793 Ex. 22, 10–13

---

2 – 10 II¹1793 K cap. Π 9, 2 (233v[6]7–15); V cap. Π 28, 2; *deest in* Hⁱ; PG 96, 300, 33–40

II¹1793 (a) K (b) *s. a.* V

---

4 τελευτήσει V   συντριβῇ VᴱVᴼ, συντριβεῖ Vᵂ   5 – 6 ἦ – πλησίον] *om.* V   5 ἦ μὴν] *scripsi,* ἡμὴν K   7 οὕτως] *om.* V   προσδέξηται VᴱVᴼ   ἀποτίση Vᵂ   7 – 8 τῷ – αὐτοῦ] *om.* V   8 – 9 κλαπῇ – δὲ] *om.* K   8 παρ'] ἀπ' VᴱVᴼ   9 ἄξῃι K   9 – 10 οὐκαποθήσει VᴱVᴼ, οὐ μὴ ἀποτίσει K

Τίτλος ι′ Περὶ προϊσταμένων, ὅτι χρὴ αὐτοὺς σπουδαίως προΐστασθαι.

κ′ Περὶ προϊσταμένων, ὅτι χρὴ αὐτοὺς σπουδαίως προΐστασθαι.

λθ′ Περὶ προϊσταμένων, ὅτι χρὴ αὐτοὺς ἐν σπουδῇ προΐστα- 5
σθαι.

II¹1794 / K cap. Π 10, 1

Ἀπὸ τοῦ Σιράχ·

Κρείσσων ἐναρχόμενος βοηθεῖν καρδίᾳ
τοῦ ἐπαγγελλομένου καὶ εἰς ἐλπίδα ἄγοντος. 10

II¹1795 / K cap. Π 10, 2

Ἐκ τῆς πρὸς Ῥωμαίους ἐπιστολῆς·

…ὁ προϊστάμενος ἐν σπουδῇ…

---

9 – 10 **II¹1794** Sir., re vera Prov. 13, 12¹⁻² (Wahl, *Proverbien-Text*, p. 67) **13**
II¹1795 Rom. 12, 8

---

1 – 2 **Titlos (a)** K (233v16–17) 3 – 4 **Titlos (b)** V Aᴵ ᵖⁱⁿ; *deest in* HᴵAᴵ ᵗˣᵗ 5 – 6
Titlos (c) PMᵖⁱⁿ Lᵇ ᵖⁱⁿ; *deest in* Mᵗˣᵗ ⁽ˡᵃᶜ·⁾ Lᵇ ᵗˣᵗ 8 – 10 **II¹1794** K cap. Π 10, 1 (233v
[17]18–19); *deest in* V Hᴵ PM⁽ˡᵃᶜ·⁾ Lᵇ 12 – 13 **II¹1795** K cap. Π 10, 2 (233v[19–20]
21); V cap. Π 20, 1; P cap. Π 39, 1; *deest in* Hᴵ M⁽ˡᵃᶜ·⁾ Lᵇ; PG 96, 284, 41

---

1 – 2 **Titlos (a)** 1 Τίτλος] *om.* Kᵖⁱⁿ 3 – 4 **Titlos (b)** 3 κ′] *propt. mg. resect. non
liquet in* Aᴵ ᵖⁱⁿ (κ′ *secund. ser.*), *praem.* τίτλος Vᵂ ᵗˣᵗ ὅτι] *praem.* καὶ Vᵂ ᵖⁱⁿ

II¹1795 (a) K (b) Πρὸς Ῥωμαίους P (c) Ἀποστόλου Vᵂ (d) *s. a.* VᴱVᴼ

---

13 σπουδῇ] σπουδεῖ VᴱVᴼ, *add.* ὁ ἐλεῶν ἐν ἱλαρότητι· ἡ αγαπη (ααγαπη
Pᵃ· ᶜ· ᵘᵗ ᵛⁱᵈᵉᵗᵘʳ) ἀνυποκριτος (= *Rom. 12, 8–9*) P

II¹1796 / K cap. Π 10, 3

Σχόλιον·

Δίελθε εἰς τὸν ἑξῆς τίτλον, τὸ τοῦ Θεολόγου ἀνάγνωσμα.

---

3 Δίελθε – ἀνάγνωσμα] cf. II¹1799 / K cap. Π 11, 3

---

3 **II¹1796** *Scholion*

---

2 – 3 **II¹1796** K cap. Π 10, 3 (233v[21]21–22); *deest in* V H¹ PM⁽ˡᵃᶜ·⁾ Lᵇ

Τίτλος ια΄ Περὶ προσφυγίου καὶ τῶν προσφευγόντων ἐν ἀσύ-
λοις τόποις, καὶ ὅτι χρὴ τοῖς μὲν ἀνευθύνοις βοηθεῖν, τοὺς δὲ
ἐνόχους ἀποπέμπεσθαι.

λ΄ Περὶ προσφυγίου καὶ τῶν προσφευγόντων ἐν ἱεροῖς τόποις,
καὶ ὅτι χρὴ τοῖς μὲν ἀνευθύνοις βοηθεῖν, τοὺς δὲ ὑπαιτίους ἀπο-   5
πέμπεσθαι.

μς΄ Περὶ προσφυγίου καὶ τῶν προσφευγόντων ἐν ἱεροῖς τό-
ποις, ὅτι χρὴ τοῖς μὲν ἀνευθύνοις βοηθεῖν, τοὺς δὲ ὑπαιτίους
ἀποπέμπεσθαι.

Π¹1797 / K cap. Π 11, 1   10

Τῆς Ἐξόδου·

Ἐὰν ἐπιθῆταί τις τῷ πλησίον αὐτοῦ ἀποκτεῖναι αὐτὸν δόλῳ, καὶ
καταφύγῃ, ἀπὸ τοῦ θυσιαστηρίου μου λήψῃ αὐτὸν θανατῶσαι.

---

1 - 2 ἀσύλοις τόποις] cf. Π¹ / Kᵖⁱⁿ Παραπομπὴ Α 13

---

12 - 13 Π¹1797 Ex. 21, 14

---

1 - 3 Titlos (a) K (233v23–234r2) 4 - 6 Titlos (b) V Aᴵ ᵖⁱⁿ; deest in HᴵAᴵ ᵗˣᵗ 7 - 9
Titlos (c) PMᵖⁱⁿ Lᵇ ᵖⁱⁿ E R; deest in Mᵗˣᵗ ⁽ˡᵃᶜ·⁾ Lᵇ ᵗˣᵗ 11 - 13 Π¹1797 K cap. Π 11, 1
(234r[2]3–5); V cap. Π 30, 1; P cap. Π 46, 1; E cap. 199, 1; R cap. Π 49, 1; deest in Hᴵ
M⁽ˡᵃᶜ·⁾ Lᵇ; PG 96, 305, 34–36

---

1 - 3 Titlos (a) 1 Τίτλος] om. Kᵖⁱⁿ προσφυγόντων Kᵖⁱⁿ 2 - 3 καὶ –
ἀποπέμπεσθαι] om. Kᵖⁱⁿ 4 - 6 Titlos (b) 4 λ΄] κθ΄ Aᴵ ᵖⁱⁿ, praem. τίτλος Vᵂ ᵗˣᵗ
προσφυγόντων Vᴱ ᵖⁱⁿ Vᴼ ᵖⁱⁿ 5 τοῖς] τοὺς Vᴱ ᵗˣᵗ Vᴼ ᵗˣᵗ Aᴵ ᵖⁱⁿ ᵃ· ᶜ· ἀνευθύνους Vᴱ ᵗˣᵗ
Vᴼ ᵗˣᵗ Aᴵ ᵖⁱⁿ ᵃ· ᶜ·, εὐθύνοις Vᵂ ᵗˣᵗ ᵖ· ʳᵃˢ· 5 - 6 ἀποπέμπεσθαι] ἀποπέμπειν Vᵂ, add. καὶ
ἐκδιώκειν Vᴱ ᵖⁱⁿ Vᴼ ᵖⁱⁿ 7 - 9 Titlos (c) 7 μς΄] ρϙθ΄ E, τίτλος μθ΄ Rᵗˣᵗ, μθ΄ Rᵖⁱⁿ
προσφυγίων Mᵖⁱⁿ 7 - 9 καὶ – ἀποπέμπεσθαι] om. Mᵖⁱⁿ 8 εὐθύνοις P

Π¹1797 (a) K R E (b) Ἐξόδου V P

---

12 ἐπίθεταί τις VᴱVᴼ, ἐπιθῇ τίς e corr. Vᵂ τῷ] τὸ Vᵂ αὐτοῦ] om. K 13 κατα-
φύγῃ, ἀπὸ] καταφύγη (-ει Vᵂ) ἀπὸ V, καταφύγηι ἐπὶ K θυσιαστηρίου μου] add.
οὐ K VᴱVᴼ Rᵖ· ᶜ·

II¹1798 / K cap. Π 11, 2

Τῶν Παροιμιῶν·

Μὴ παραδῷς οἰκέτην εἰς χεῖρας δεσπότου,
μήποτε καταράσηταί σε καὶ ἀφανισθῇς.

5　　　　　　**II¹1799 / K cap. Π 11, 3**

Τοῦ θεολόγου ἁγίου Γρηγορίου, ἐκ τοῦ εἰς Βασίλειον ἐπιταφίου·

Ἔτυχεν γυναῖκά τινα τῶν ἐπιφανῶν ἐξ ἀνδρὸς οὐ πρὸ πολλοῦ τὸν
βίον ἀπολιπόντος χηρεῦσαι. Ὁ δὲ τοῦ δικαστοῦ σύνεδρος ἐβιάζε-
το, πρὸς γάμον ἕλκων ἀπαξιοῦσαν. Ἡ δὲ οὐκ ἔχουσα ὅπως διαφύ-
10　γῃ τὴν τυραννίδα, βουλὴν βουλεύεται οὐ τολμηρὰν μᾶλλον ἢ συ-
νετήν· τῇ ἱερᾷ τραπέζῃ προσφεύγει καὶ θεὸν ποιεῖται προστάτην
κατὰ τῆς ἐπηρείας. Τί οὖν ἔδει ποιεῖν, μὴ ὅτι τὸν μέγαν Βασίλειον
καὶ τῶν τοιούτων ἅπασι νομοθέτην, ἄλλον δέ τινα τῶν πολὺ μετ᾽
ἐκεῖνον, ἱερέα δὲ ὅμως; Οὐκ ἀντιποιεῖσθαι ἔδει; Οὐ χεῖρα ὀρέγειν
15　θεοῦ φιλανθρωπίᾳ καὶ νόμῳ τετιμηκότι θυσιαστήρια; Οὐ πάντα
δρᾶσαι καὶ παθεῖν ἐθελῆσαι πρότερον ἢ τί βουλεύσασθαι κατ᾽ αὐ-

---

3 – 4 II¹1798 Prov. 30, 10¹⁻² (Wahl, *Proverbien-Text*, p. 116)　　7 – 12 II¹1799 Ἔτυ-
χεν – ποιεῖν] GREGORIUS NAZIANZENUS, *Funebris oratio in laudem Basilii Magni
Caesareae in Cappadocia episcopi (Orat. 43), 56,* 1–6 (ed. Bernardi, p. 242)
12 – 978, 7 μὴ – ἀτιμίαν] IBID., 56, 8–21 (p. 242–244)

2 – 4 II¹1798 K cap. Π 11, 2 (234r[5]6–7); V cap. Π 30, 2; P cap. Π 46, 2; E cap.
199, 2; R cap. Π 49, 2; *deest in* H¹ M⁽ˡᵃᶜ·⁾ Lᵇ; PG 96, 305, 37–38　　6 – 978, 10 II¹1799
K cap. Π 11, 3 (234r[8]9–234v11); V cap. Π 30, 3; P cap. Π 46, 3; E cap. 199, 3; R
cap. Π 49, 3; *deest in* H¹ M⁽ˡᵃᶜ·⁾ Lᵇ; PG 96, 305, 39 – 308, 11

II¹1798 (a) K　(b) Παροιμιῶν V P E R　II¹1799 (a) K　(b) Τοῦ Θεολόγου, ἐκ τοῦ εἰς
Βασίλειον P R　βασιλειον P　(c) Τοῦ Θεολόγου V E　Τοῦ] *om.* E

3 δεσπότου] *add.* αὐτοῦ K　4 καταράσηταί σοι R, καταράσεταί σε (-σσ- Vᵂ) V E,
κατὰρασέταί σε *(sic)* P　ἀφανισθείς V　8 ἀπολειπόντος (-οντος P) VᴱVᵂ ᵃ· ᶜ· VᴼP
σύνεδρος] συνήγορος P R E　8 – 9 ἐξεβιάζετο E　9 ὅπως] ὅθεν R　10 – 11 συνετη
P　13 τῶν τοιούτων P, τὸν τοιούτων Kᵖ· ᶜ·, τὸν τοιοῦτον VᴱVᴼ R　ἅπασι] ἁπάν-
των K　ἄλλον – τῶν²] ἄλλόν τινα K　τῶν²] τὸν Vᵂ P R E　πολὺν K　14 δὲ] δ᾽
K　ἔδει; Οὐ] *om.* VᴱVᴼ　ἔδει] *om.* E　χεῖρας E　15 καὶ – θυσιαστήρια] *om.* K
16 πατηναιθελήσαι R, παθεῖν θελῆσαι Vᵂ　κατὰ Vᵂ P E

τῆς ἀπάνθρωπον καὶ καθυβρίσαι μὲν τὴν ἱερὰν τράπεζαν, καθυ-
βρίσαι δὲ τὴν πίστιν μεθ᾽ ἧς ἱκέτευεν; Οὔ, φησὶν ὁ κενὸς δικαστής,
ἀλλ᾽ ἡττᾶσθαι χρὴ πάντας τῆς ἐμῆς δυναστείας, καὶ προδότας γε-
νέσθαι Χριστιανοὺς τῶν οἰκείων νόμων. Ὁ μὲν ἐξῄτει τὴν ἱκέτιν· ὁ
δὲ εἴχετο κατακράτος. Ὁ δ᾽ ἐξεμαίνετο, καὶ τέλος πέμπει τινὰς   5
τῶν ἐπ᾽ ἐξουσίας τὸν τοῦ ἁγίου κοιτωνίσκον ἐξερευνήσοντας, οὐ
κατὰ χρείαν μᾶλλον ἢ ἀτιμίαν. Καὶ οὐ τοῦτο μόνον, ἀλλὰ καὶ
αὐτὸν παρεῖναι καὶ ἀπολογεῖσθαι κελεύει ὡς ἕνα τῶν κατακρίτων.
Ὁ δὲ ἡμέρως καὶ φιλανθρώπως παρῆν· ὁ δὲ προὐκάθητο, γέμων
θυμοῦ καὶ φρονήματος.   10

II¹1800 / K cap. Π 11, 4

Τοῦ ἁγίου Ἰωάννου, ἐκ τοῦ εἰς Εὐτρόπιον·

Τίνος ἕνεκεν ἀγανακτεῖς, ἀγαπητέ; Ὅτι δή φησιν εἰς ἐκκλησίαν
κατέφυγεν ὁ πολεμήσας αὐτὴν διηνεκῶς. Διατοῦτο μὲν οὖν μάλι-
στα δοξάζειν χρὴ τὸν θεόν, ὅτι ἦν αὐτὸς ἀπετείχισεν καὶ ἀπεκώ-   15
λυσε καταφυγὴν γράμμασι καὶ νόμοις, αὐτὸς διὰ τῶν ἔργων ἐκύ-

---

7 - 10 Καὶ – φρονήματος] GREGORIUS NAZIANZENUS, *Funebris oratio in laudem Basilii Magni Caesareae in Cappadocia episcopi (Orat. 43)*, 56, 22–26 (ed. Bernardi, p. 244)   13 - 15 II¹1800 Τίνος – θεόν] IOHANNES CHRYSOSTOMUS, *In Eutropium*, 3 (PG 52, 393, 53–56)   15 - 979, 5 ὅτι – συμφορᾶς] IBID. (PG 52, 394, 27–34)

12 - 979, 5 II¹1800 K cap. Π 11, 4 (234v[12]13–23); V cap. Π 30, 4; P cap. Π 46, 4; E cap. 199, 4; R cap. Π 49, 4; *deest in* H¹ M⁽ˡᵃᶜ·⁾ Lᵇ; PG 96, 308, 12–22

II¹1800 (a) K   (b) Τοῦ Χρυσοστόμου, ἐκ τοῦ εἰς Εὐτρόπιον P R E   Τοῦ] *om.* E   ἐκ τοῦ] *om.* P E εὐτροπιον E   (c) Τοῦ Χρυσοστόμου V Τοῦ] *om.* Vᵂ

1 ἀπάνθρωπον – καθυβρίσαι¹] ἀπάνθρωπον; καθυβρίσαι K   2 πιστὴν K   μεθ᾽ ἦν K, μεθὴν VᴱVᴼ   ἱκέτευσεν K, ἱκετεύει R, ἵκετεύειν P   2 - 10 Οὔ – φρονήματος] καὶ τὰ λοιπά P R, *om.* E   2 Οὔ, φησὶν] ἱκέτευεν οὖν φησιν Vᵂ   καινὸς Vᵂ   3 ἀλλὰ K   χρὴ] *om.* K   πάντως K, πάντος Vᵂ   4 ἐξαιτεῖ K, ἐξαιτῇ Vᵂ, ἐζήτει *ed.* ἱκέτιν] *scripsi (ed.)*, ἱκέτην K VᵂVᴼ, ἱκετήν Vᴱ   5 δ᾽] δὲ K Vᵂ   ἐξεμαίνετο] *correxi (ed.)*, ἐξεμήνετο K, -μένετο VᴱVᴼ, -μήναιτο Vᵂ   τέλος] *praem.* τὸ K   προπέμπει VᴱVᴼ   8 κελεύει] κελεύειν Vᴼ ᵃ· ᶜ·, *om.* K   ἕνα τῶν] ἕνεκα K   9 ἡμέρως – φιλανθρώπως] *om.* VᴱVᴼ   10 φρονήματος] *add.* καὶ τὰ λοιπὰ VᴱVᴼ, καὶ τὰ ἑξῆς Vᵂ   13 τίνες Vᴼ   Ὅτι δή φησιν] ὅτι δὴ VᴱVᵂ ᵉ ᶜᵒʳʳ· P R E, ἐπιδὴ Vᴼ   15 ἦν] ἦν Vᴼ, ἢν P   16 κατέφυγε K, καταφυγεῖν Vᵂ ᵉ ᶜᵒʳʳ· P   16 - 979, 1 ἠκύρωσεν (ἠκυ- P, -ε E) V P E

ρωσεν, μαθὼν ὅπερ ἐποίησε. Καὶ *τὸν νόμον ἔλυσεν πρῶτος αὐτὸς*
δι' ὧν ἔπαθεν· καὶ *γέγονε τῆς οἰκουμένης θέατρον,* καὶ σιγῶν ἐν-
τεῦθεν ἀφίησι φωνήν, ἅπασι παραινῶν καὶ λέγων· Μὴ ποιεῖτε τοι-
αῦτα, ἵνα μὴ πάθητε τοιαῦτα. Καὶ διδάσκαλος ἀνεφάνη διὰ τῆς
5   συμφορᾶς.

II¹1801 / K cap. Π 11, 5

Ἰωσήπου, ἐκ τῆς Ἰουδαϊκῆς ἱστορίας·

Εἰ ἄγαλμα νεκρόν τε καὶ ἄψυχον ἱκανὸν σώζειν τοὺς ἐπ' αὐτὸ
καταφεύγοντας δι' ἣν ἐξεικόνισται καὶ κεχαρακτήρισται μορφήν,
10 πόσῳ καὶ πλέον ἱερὸν θεοῦ ἐνδιαίτημα περιέπειν καὶ σκέπειν
ὀφείλει τοὺς ἐπ' αὐτὸ καὶ τὴν ἐξ αὐτοῦ ἐπικουρίαν ἐνθέσμως προ-
σπεφευγότας; Οὐ γὰρ θέμις μετὰ θράσους καὶ τυραννικοῦ φρυάγ-
ματος ἐπιβαίνειν κατατολμᾶν τοῖς ἀβάτοις, καὶ *χειρὶ κραταιᾷ* καὶ
θρασείᾳ, καθάπερ ἐκ κόλπων καὶ χειρὸς κυρίου, ἀποσπᾶν βιάζε-
15 σθαι τοὺς ἐπὶ τὸ σέβας ὑπεκδύσαντας, ἀλλὰ πρῶτον μέν, κἂν αἵ-
ματος ἔνοχοι εἶεν οὗτοι, χρὴ τὴν τιμὴν νέμειν τῷ τιμητῷ, ἔπειτα

---

1 τὸν – ἔλυσεν] Matth. 5, 17 2 γέγονε – θέατρον] I Cor. 4, 9 13 Ex. 6, 1 (et multis
aliis locis)

---

8 – 980, 3 II¹1801 FLAVIUS IOSEPHUS, *De bello Iudaico,* locus non repertus

---

7 – 980, 3 II¹1801 K cap. Π 11, 5 (234v[24]235r1–13); V cap. Π 30, 5; P cap. Π 46,
5; E cap. 199, 5; R cap. Π 49, 5; *deest in* H¹ M^(lac.) L^b; PG 96, 308, 23 –37

II¹1801 (a) K P R ἰωσίππου K, ἰωσήππου (ἴω- P) P R ἐκ τῆς] εξ P (b) Ἰωσήπου E,
ἰωσήππου V^W, ἰωσίππου V^E V^O

3 πᾶσι V^E V^O   ποιῆτε E, ποιοῖτε K^a. c. ut videtur   4 ἐφάνη K   8 – 12 Εἰ – πρ-
οσπεφευγότας] om. E   8 νεκρόν τε] νεκρὸν K   αὐτῶ K V, αυτῶ P   9
ἐξεικόνισται – κεχαρακτήρισται] ἐξεικονίζει K   10 πόσῳ – πλέον] πόσω γε
μᾶλλον K   11 αὐτὸ] αὐτῶι K, αὐτῶ (αυ- P) V^E V^O P   τὴν] τῆς V R, τῇ P
ἐπικουρίας V P R   ἐνθέσμως] om. K   11 – 12 προσφεύγοντας V^O R, πρὸς
φεύγοντας V^E, καταφεύγοντας K   12 γὰρ] om. E   θράσους καὶ] om. V P R E 13
τολμᾶν K   13 – 14 καὶ θρασείᾳ] om. K   14 καὶ – κυρίου] om. K   14 – 15
βιάσασθαι K   15 ἐπὶ] εἰς K   ὑπεκδύναντας V^W, ὑπεκδύοντας K   πρῶτον μέν]
om. K   κἂν E   15 – 16 αἱμάτων K   16 ἔνοχοι εἶεν] *scripsi,* ἔνοχοι ἦεν K, μέτοχοι
εἶεν V^W R, E, μετέχοιεν V^E V^O, μέτοχος ειν P

δὲ πειρᾶσθαι ὁσίως καὶ δικαίως παραλαβεῖν τούτους, καὶ οὐ διὰ
τῶν λειτουργῶν τοῦ θεοῦ χειρώσασθαι, ἀλλὰ μᾶλλον παρὰ τῶν
εἰς τοῦτο διεσταλμένων νεωκόρων παραλαβεῖν.

---

1 δὲ] *om.* K   ὁσίως – οὐ] *om.* K   προσλαβεῖν R   **1 – 2** διὰ τῶν] δι᾽ ἑαυτῶν V^W
R E, δι᾽ εαυτῶν *(sic)* V^EV^O, διεαὐτων P   **2** λειτουργῶν – θεοῦ] *om.* V P R E
χειρώσασθαι – τῶν²] καὶ K   **3** νεωκόρων] νεοκόρων V, νηοκορων P, *om.* K
παραλαβεῖν] *om.* V P R E

Τίτλος ιβ′   Περὶ παραμονῆς καὶ παραμενόντων.

ιθ′   Περὶ παραμονῆς καὶ παραμενόντων, καὶ ὅτι δεῖ αὐτοὺς πί-
στιν καὶ εὔνοιαν σώζειν τοῖς προλαβοῦσιν.

ΙΙ¹1802 / K cap. Π 12, 1

5   Ἀπὸ τοῦ Σιράχ·

Πίστιν κτῆσαι ἐν πτωχείᾳ μετὰ τοῦ πλησίον,
ἵνα ἐν τοῖς ἀγαθοῖς αὐτοῦ εὐφρανθῇς·
ἐν καιρῷ θλίψεως διάμενε αὐτῷ,
ἵνα ἐν τῇ κληρονομίᾳ αὐτοῦ συγκληρονομήσῃς.

10   ΙΙ¹1803 / K cap. Π 12, 2

Τοῦ αὐτοῦ·

Ἐνοίκισον ἀλλότριον, καὶ διαστρέψει σε ἐν ταραχῇ,
καὶ ἀπαλλοτριώσει σε τῶν ἰδίων σου.

---

2 – 3 ὅτι – προλαβοῦσιν] cf. ΙΙ¹ / K^pin Παραπομπὴ X 9

---

6 – 9 ΙΙ¹1802 Sir. 22, 23^{1–4} (Wahl, *Sirach-Text*, p. 108)   **12 – 13 ΙΙ¹1803** Sir. 11,
34^{1–2} (Wahl, *Sirach-Text*, p. 79–80)

---

1 Titlos (a) K (235r13–14)   **2 – 3 Titlos (b)** V A^{I pin}; *deest in* H^I A^{I txt}   **5 – 9**
ΙΙ¹1802 K cap. Π 12, 1 (235r[14]15–18); V cap. Π 19, 1; P cap. Π 24, 9; E cap. 180,
8; L^c cap. Π 3, 11; *deest in* H^I; PG 96, 284, 33–36   **11 – 13 ΙΙ¹1803** K cap. Π 12, 2
(235r[18]19–20); V cap. Π 19, 2; P cap. Π 24, 10; E cap. 180, 9; L^c cap. Π 3, 12; *deest*
in H^I; PG 96, 284, 37–38

---

1 Titlos (a)   Τίτλος ιβ′] ια′ K^pin (ιβ′ *exspectav.*)   **2 – 3 Titlos (b)**   **2** ιθ′] *propt.*
mg. resect. non liquet in A^{I pin} (ιθ′ *secund. ser.*), *praem.* τίτλος V^{W txt}   καὶ²] *om.*
V^{E pin} V^W V^{O pin}   ὅτι] *add.* οὐ V^{O txt}   **3** τοῖς] τοὺς V^O   πρὸς λαβοῦσιν V^{E pin}

ΙΙ¹1802 (a) K (b) Σιράχ V (c) Τοῦ αὐτοῦ P (d) *s. a.* E L^c **ΙΙ¹1803** (a) K (b) *s. a.* V P
E L^c

---

6 πλησίον] πλησίον σου K   **8** διαμένει V^W   **9** τῇ] *om.* K   αὐτων (*sic*) P   **12**
ἐνοίκησον (-οι- P) V P, νοίκισον (*rubricatoris vitio*) L^c

II¹1804 / K cap. Π 12, 3

Τοῦ αὐτοῦ·

Στέρξον τὸν πλησίον σου καὶ πιστώθητι μετ᾽ αὐτοῦ·
ἐὰν δὲ ἀποκαλύψῃς τὰ κρύφια αὐτοῦ,
οὐ μὴ πορευθῇς ὀπίσω αὐτοῦ.   5
Καθὼς γὰρ ἀπώλεσεν ἄνθρωπος τὸν νεκρὸν αὐτοῦ,
οὕτως ὁ ἀπολέσας τὴν φιλίαν τοῦ πλησίον·
καὶ ὡς πετεινὸν ἐκ χειρός σου ἀπολύσας,
οὕτως ἀφῆκας τὸν πλησίον σου καὶ οὐ θηρεύσεις αὐτόν.

---

3 – 9 II¹1804 Sir. 27, 17¹–19² (Wahl, *Sirach-Text*, p. 119–120)

---

2 – 9 II¹1804 K cap. Π 12, 3 (235r[20]21–235v3); *deest in* V H¹

---

8 ἀπολύσας] *scripsi (LXX in app. crit.)*, ἀπόλυσας K

Τίτλος ιγ′ Περὶ παιδοποιΐας, καὶ ὅτι εὐλογία θεοῦ ἐστιν καὶ τιμία κατὰ τὸ ἀρχαῖον.

II¹1805 / K cap. Π 13, 1

Τῆς Γενέσεως·

5 Εἶπεν Σάρρα· Γέλωτά μοι ἐποίησε κύριος· ὃς γὰρ ἂν ἀκούσῃ, συγ-
χαρεῖταί μοι. Καὶ πάλιν εἶπεν Σάρρα· Τίς ἀναγγελεῖ τῷ Ἀβραὰμ
ὅτι παιδίον θηλάζει Σάρρα;

II¹1806 / K cap. Π 13, 2

Τῆς αὐτῆς·

10 Ἰδοῦσα δὲ Ῥαχὴλ ὅτι οὐ τέτοκε τῷ Ἰακώβ, καὶ ἐζήλωσε Ῥαχὴλ τὴν
ἀδελφὴν αὐτῆς, καὶ εἶπε τῷ Ἰακώβ· Δός μοι τέκνα· εἰ δὲ μή, τελευ-
τήσω ἐγώ. Ἐθυμώθη δὲ Ἰακὼβ τῇ Ῥαχήλ, καὶ εἶπεν αὐτῇ· Μὴ ἀντὶ
θεοῦ ἐγὼ εἰμί, ὃς ἐστέρησέν σε καρπῶν κοιλίας;

II¹1807 / K cap. Π 13, 3

15 Καὶ μετ᾽ ὀλίγα·

Ἐμνήσθη ὁ θεὸς τῆς Ῥαχήλ, καὶ ἐπήκουσεν αὐτῆς ὁ θεός, καὶ ἠνέ-
ῳξεν αὐτῆς τὴν μήτραν, καὶ συλλαβοῦσα ἔτεκεν τῷ Ἰακὼβ υἱόν.
Εἶπεν δὲ Ῥαχήλ· Ἀφεῖλέν μου ὁ θεὸς τὸ ὄνειδος. Καὶ ἐκάλεσε τὸ

---

5 – 7 II¹1805 Gen. 21, 6–7   10 – 13 II¹1806 Gen. 30, 1–2   16 – 984, 2 II¹1807
Gen. 30, 22–24

1 – 2 Titlos K (235v3–5)   4 – 7 II¹1805 K cap. Π 13, 1 (235v[5]6–9)   9 – 13
II¹1806 K cap. Π 13, 2 (235v[9]10–15)   15 – 984, 2 II¹1807 K cap. Π 13, 3 (235v
[15]16–21)

1 – 2 Titlos 1 Τίτλος] om. Kᵖⁱⁿ

II¹1805 Γενέσεως] scripsi, κτίσεως K

5 Γέλωτά μοι] correxi (LXX), γέλωτά με K   5 – 6 συγχαρῆταί μοι Kᵖ· ᶜ· ⁱⁿ ᵐᵍ·

ὄνομα αὐτοῦ Ἰωσήφ, λέγουσα· Προσέθετο ὁ θεός μοι υἱὸν δεύτερον.

II¹1808 / K cap. Π 13, 4

Τῆς Ἐξόδου·

Οὐκ ἔσται ἄγονος οὐδὲ στεῖρα ἐπὶ τῆς γῆς σου.   5

II¹1809 / K cap. Π 13, 5

Βασιλειῶν α'·

Ἐγενήθη ἡμέρα, καὶ ἔθυσεν Ἐλκανᾶ καὶ ἔδωκεν τῇ Φεννάνᾳ γυναικὶ αὐτοῦ καὶ τοῖς υἱοῖς αὐτῆς μερίδας, καὶ τῇ Ἄννῃ ἔδωκεν μερίδα μίαν, ὅτι οὐκ ἦν αὐτῇ παιδίον, πλὴν ὅτι τὴν Ἄνναν ἠγάπα   10
Ἐλκανᾶ ὑπὲρ τὴν Φεννάναν, καὶ κύριος ἀπέκλεισε τὰ περὶ τὴν
μήτραν αὐτῆς. Καὶ παρώργιζεν αὐτὴν ἡ ἀντίζηλος αὐτῆς παροργισμῷ, διὰ τὸ ἐξουθενεῖν αὐτήν. Καὶ οὐκ ἔδωκεν αὐτῇ κύριος παιδίον κατὰ τὴν θλίψιν αὐτῆς καὶ κατὰ τὴν ἀθυμίαν τῆς ψυχῆς αὐτῆς, καὶ ἠθύμει διατοῦτο, ὅτι συνέκλεισε κύριος τὰ περὶ τὴν μή-   15
τραν αὐτῆς, τοῦ μὴ δοῦναι αὐτῇ παιδίον.

II¹1810 / K cap. Π 13, 6

Βασιλειῶν δ'·

Εἶπεν Ἐλισσαιὲ πρὸς Γιεζεί· Τί δεῖ ποιῆσαι τῇ γυναικὶ ταύτῃ; Καὶ
εἶπεν Γιεζεὶ τὸ παιδάριον· Καὶ μάλα οὐκ ἔστιν αὐτῇ υἱός, καὶ ὁ   20
ἀνὴρ αὐτῆς πρεσβύτης. Καὶ εἶπεν Ἐλισσαιέ· Κάλεσον αὐτήν. Καὶ
ἐλθοῦσα ἔστη παρὰ τὴν θύραν τοῦ οἴκου. Καὶ εἶπεν Ἐλισσαιὲ πρὸς
αὐτήν· Εἰς τὸ μαρτύριον τοῦτο, κατὰ τὸν καιρὸν τοῦτον, ὡς ἡ ὥ-

---

5 II¹1808 Ex. 23, 26   8 – 16 II¹1809 I Reg. 1, 4 – 6 (Wahl, *1 Samuel-Text*, p. 43)
19 – 985, 4 II¹1810 IV Reg. 4, 14 – 17 (Wahl, *4 Könige-Text*, p. 125 – 126)

---

4 – 5 II¹1808 K cap. Π 13, 4 (235v[21]22)   7 – 16 II¹1809 K cap. Π 13, 5 (235v[23]
24–236r11)   18 – 985, 4 II¹1810 K cap. Π 13, 6 (236r[mg]12–23)

---

19 Ἐλισσαιὲ] *sic spir.* K

ρα αὕτη, ζῶσα σὺ καὶ περιειληφυῖα υἱόν. Ἡ δὲ εἶπεν· Μή, κύριε, ἄνθρωπε τοῦ θεοῦ, μὴ ἐγγελάσῃς τὴν δούλην σου. Καὶ συνέλαβεν καὶ ἔτεκεν υἱὸν εἰς τὸν καιρὸν τοῦτον, ὡς ἡ ὥρα αὕτη, ζῶσα, ὡς ἐλάλησε πρὸς αὐτὴν Ἐλισσαιέ.

Π¹1811 / K cap. Π 13, 7

Δαυῒδ ἐν ψαλμῷ ρκϛ΄·

Ἰδοὺ ἡ κληρονομία κυρίου υἱοί.

Π¹1812 / K cap. Π 13, 8

Ἐν ψαλμῷ ρκζ΄·

Ἡ γυνή σου ὡς ἄμπελος εὐθηνοῦσα
ἐν τοῖς κλίτεσι τῆς οἰκίας σου·
οἱ υἱοί σου ὡς νεόφυτα ἐλαιῶν
κύκλῳ τῆς τραπέζης σου·
ἰδοὺ οὕτως εὐλογηθήσεται ἄνθρωπος ὁ φοβούμενος τὸν κύριον.

Π¹1813 / K cap. Π 13, 9

Λουκᾶ, ἐν κεφαλαίῳ γ΄·

Τῆς Ἐλισάβετ ἐπλήσθησαν αἱ ἡμέραι τοῦ τεκεῖν αὐτήν, καὶ ἐγέννησεν υἱόν, καὶ ἤκουσαν οἱ περίοικοι καὶ οἱ συγγενεῖς αὐτῆς ὅτι ἐμεγάλυνε κύριος τὸ ἔλεος αὐτοῦ μετ᾽ αὐτῆς, καὶ συνέχαιρον αὐτῇ.

---

7 Π¹1811 Ps. 126, 3¹   10 – 14 Π¹1812 Ps. 127, 3¹⁻⁴   17 – 19 Π¹1813 Luc. 1, 57–58

---

6 – 7 Π¹1811 K cap. Π 13, 7 (236r[23]24)   9 – 14 Π¹1812 K cap. Π 13, 8 (236r[24] 236v1–4)   16 – 19 Π¹1813 K cap. Π 13, 9 (236v[4]5–8)

---

3 ἔτεκεν] correxi (LXX), ἔτεκες K   11 τοῖς] correxi (LXX), ταῖς K

II¹1814 / K cap. Π 13, 10

Τοῦ Φίλωνος, ἐκ τοῦ περὶ μέθης·

Πῶς οὐκ ἔστιν ἀτοπώτατον γεηπόνους μέν, ὁπόταν πυροὺς ἢ κρι-
θὰς μέλλοιεν εἰς τὰς ἀρούρας καταβαλέσθαι, νήφοντας ἐπὶ τὸν
σπόρον χωρεῖν, προεξητακότας καιρῶν ἰδιότητας, χώρας ἐπιτη-   5
δειότητα, κατάστασιν ἀέρων, πνευμάτων διαφοράς, αὐξήσεις <τε
καὶ> μειώσεις σελήνης – ἅπαντα γὰρ διερευνᾶν ἔθος οἷς τοῦ τε-
λεσφορηθῆναι τὸν καρπὸν φροντὶς εἰσέρχεται –, τοὺς δὲ τὸ κάλ-
λιστον οὐ φυτὸν μόνον, ἀλλὰ καὶ ζῷον, ἄνθρωπον, σπείρειν ἀξι-
οῦντας, ὀλιγωρίᾳ καὶ ῥαθυμίᾳ καὶ μέθῃ, κακίας συνεργάταις, κε-   10
χρῆσθαι; Οὓς ἐχρῆν ἐπὶ τὸν τοῦ θειοτάτου σπόρον ἰόντας Τρι-
πτολέμου δίκην, εἰ καὶ μὴ τοῖς σώμασιν, ἀλλὰ ταῖς διανοίαις μετε-
ωρίσαντας αὐτούς, ἀλογῆσαι μὲν ἡδονῶν, ἁγνεῦσαι δὲ τῶν περι-
γείων ἁπάντων, ἵνα τῷ ὄντι λογικῆς φύσεως ἐπάξιον τελεσθῇ τὸ
δημιούργημα, ἐπειδὴ κακῶν δημιουργῶν ὑπαίτια ἐξ ἀνάγκης τὰ   15
ἔργα.

II¹1815 / K cap. Π 13, 11

Ἐκ τοῦ β′ τῶν ἐν Γενέσει ζητημάτων·

Ἀγονίαν καὶ στείρωσιν ἐν κατάραις τάττων Μωϋσῆς, οὔ φησιν
ἔσεσθαι παρὰ τοῖς τὰ δίκαια καὶ νόμιμα δρῶσιν. Ἆθλον γὰρ τοῖς   20
τὸ ἱερὸν γράμμα τοῦ νόμου φυλάττουσιν παρέχει τὸν ἀρχαιότε-

---

19 Ἀγονίαν – Μωϋσῆς] cf. Ex. 23, 26

3 – 16 II¹1814 PHILO IUDAEUS, De ebrietate II, Fr. 6 (ed. Wendland, p. 23–24);
Royse 177.75   19 – 987, 2 II¹1815 PHILO IUDAEUS, re vera Quaestiones in Exodum,
II. 19 (ed. Petit, p. 255)

2 – 16 II¹1814 K cap. Π 13, 10 (236v[8 –mg]9 –237r2)   18 – 987, 2 II¹1815 K cap.
Π 13, 11 (237r[3]4 –10); PG 86, 2089, 22–28

3 γεηπόνους] scripsi, γηηπόνους Κ, γεωπόνους Wendland   5 προεξητακότας]
correx. Wendland, προεξετακότας Κ   6 – 7 αὐξήσεις – μειώσεις] correx. Wend-
land, αὐξήσεις· σημειώσεις Κ   11 – 12 Τριπτολέμου] τριπτολαίμου Κp. c. in mg.   13
αὐτούς] scrips. Wendland, αὐτοὺς Κ   15 ἐπειδὴ] ἐπεὶ Κa. c.   19 Ἀγονίαν] correx.
Harris, ἀγωνίαν Κ   20 νόμιμα] scrips. Mai, νόμημα Κ   Ἆθλον] sic acc. Κ

ρον νόμον τῆς ἀθανάτου φύσεως, ὃς ἐπὶ σπορᾷ καὶ γενέσει τέκνων ἐτέθη πρὸς τὴν τοῦ γένους διαμονήν.

Τίτλος ιδ′   Περὶ πρωτοτόκων, καὶ τί πλέον τῶν ἄλλων παίδων ἔχουσιν.

II¹1816 / K cap. Π 14, 1

Τοῦ Δευτερονομίου·

Ἐὰν γένωνται ἀνθρώπῳ δύο γυναῖκες, μία αὐτῷ ἠγαπημένη καὶ   5
μία αὐτῷ μισουμένη, καὶ γένηται υἱὸς πρωτότοκος τῇ μισουμένῃ,
καὶ ἔσται ᾗ ἂν ἡμέρᾳ κατακληρονομήσῃ τὰ ὑπάρχοντα αὐτῷ τοῖς
υἱοῖς αὐτοῦ, οὐ δυνήσεται πρωτοτοκεῦσαι τῷ υἱῷ τῆς ἠγαπημέ-
νης, ὑπεριδὼν τὸν υἱὸν τῆς μισουμένης τὸν πρωτότοκον, ἀλλ᾽ ἢ
τὸν πρωτότοκον τῆς μισουμένης ἐπιγνώσεται δοῦναι αὐτῷ διπλᾶ   10
ἀπὸ πάντων, ὧν ἂν εὑρεθῇ αὐτῷ, ὅτι οὗτός ἐστιν ἀρχὴ τέκνων
αὐτοῦ, καὶ τούτῳ καθήκει τὰ πρωτοτόκια.

II¹1817 / K cap. Π 14, 2

Φίλωνος, ἐκ τοῦ α′ τῶν ἐν Ἐξόδῳ ζητημάτων·

Τὸ μὲν πρωτότοκον πρὸς τὸ μητρῷον γένος· τίκτει γὰρ γυνή· τὸ   15
δὲ πρωτογενὲς πρὸς τὸ πατρῷον· γεννᾷ γὰρ ἄρρεν. Τὸ δὲ διανοῖ-
γον πᾶσαν μήτραν, ἵνα μή, γενομένης πρωτοτόκου θυγατρός,
εἶθ᾽ ὕστερον ἐπιγενομένου υἱοῦ, τὸν υἱὸν ἐν πρωτοτόκοις κατα-

---

15 – 17   Ex. 13, 1

5 – 12   II¹1816 Deut. 21, 15–17 (deest apud Wahl, *Deuteronomium-Text*)
15 – 989, 2   II¹1817 PHILO IUDAEUS, *Quaestiones in Exodum*, locus non repertus
(ed. Petit, p. 299–300.22); Royse 178.97

1 – 2 Titlos K (237r10–11)   4 – 12 II¹1816 K cap. Π 14, 1 (237r[mg]12–22)
14 – 989, 2 II¹1817 K cap. Π 14, 2 (237r[23]24–237v8); PG 86, 2089, 30–38

1 – 2 Titlos 1 – 2 καὶ – ἔχουσιν] *om.* Kᵖⁱⁿ

II¹1817 α′] *scripsi,* δ′ K

7 κατακληρονομήσῃ] *correxi (LXX),* κατακληρονομήσει K   10 διπλᾶ] *scripsi*
(LXX), διπλὰ K   18 – 989, 1 καταριθμήσῃ τις] *scrips. Petit,* καταριθμήσει τις K

ριθμήση τις, ὡς τῆς ἄρρενος ἄρχοντα γενεᾶς. Ὁ γὰρ νόμος φησίν·
Οὐ διοίγνυσι τὴν μήτραν ὁ τοιοῦτος τὴν εὐθὺς ἐκ παρθενίας.

Π¹1818 / K cap. Π 14, 3

Ἐκ τῆς πρὸς Γάϊον πρεσβείας·

5 Ἐν ταῖς συγγενείαις οἱ πρεσβύτατοι παῖδες διπλάσια τυγχάνουσιν,
ὅτι πρῶτοι τὸ πατρὸς καὶ μητρὸς ὄνομα τοῖς γονεῦσιν ἐφήμισαν.

---

5 - 6 Π¹1818 PHILO IUDAEUS, *Legatio ad Gaium*, 289 (ed. Reiter, p. 208, 8–10)

---

4 - 6 Π¹1818 K cap. Π 14, 3 (237v[8]9–11)

---

2 διοίγνυσι] *scrips. Mai*, διήγνυσι K^(a. c.), δίϊγνυσι K^(p. c.) 6 τὸ] *correxi (ed.)*, τοῦ K

Τίτλος ιε′   Περὶ πολέμου καὶ νόμου καὶ διαταγμάτων αὐτοῦ.

II¹1819 / K cap. Π 15, 1

Ἀπὸ τοῦ Δευτερονομίου·

Λαλήσουσιν οἱ γραμματεῖς πρὸς τὸν λαόν, λέγοντες· Τίς ἄνθρω-
πος ὁ οἰκοδομήσας οἰκίαν καινὴν καὶ οὐκ ἐνεκαίνισεν αὐτήν; Πο-   5
ρευέσθω καὶ ἀποστραφήτω ἐπὶ τὸν οἶκον αὐτοῦ, μὴ ἀποθάνῃ ἐν
τῷ πολέμῳ, καὶ ἄνθρωπος ἕτερος ἐγκαινιεῖ αὐτήν. Καὶ τίς ἄνθρω-
πος, ὅστις ἐφύτευσεν ἀμπελῶνα, καὶ οὐκ εὐφράνθη ἐξ αὐτοῦ; Πο-
ρευέσθω καὶ ἀποστραφήτω εἰς τὴν οἰκίαν αὐτοῦ, μὴ ἀποθάνῃ ἐν
τῷ πολέμῳ, καὶ ἄνθρωπος ἕτερος εὐφρανθήσεται ἐξ αὐτοῦ. Καὶ   10
τίς ἄνθρωπος, ὅστις μεμνήστευται γυναῖκα, καὶ οὐκ ἔλαβεν αὐ-
τήν; Πορευέσθω καὶ ἀποστραφήτω εἰς τὸν οἶκον αὐτοῦ, μὴ ἀπο-
θάνῃ ἐν τῷ πολέμῳ, καὶ ἄνθρωπος ἕτερος λήψεται αὐτήν. Καὶ
προσθήσουσιν οἱ γραμματεῖς λαλῆσαι πρὸς τὸν λαόν, καὶ ἐροῦ-
σιν· Τίς ἄνθρωπος ὁ φοβούμενος καὶ δειλὸς τῇ καρδίᾳ; Πορευέ-   15
σθω καὶ ἀποστραφήτω εἰς τὴν οἰκίαν αὐτοῦ, ἵνα μὴ δειλιάνῃ τὴν
καρδίαν τοῦ ἀδελφοῦ αὐτοῦ ὥσπερ τὴν αὐτοῦ.

II¹1820 / K cap. Π 15, 2

Τοῦ αὐτοῦ·

Ἐὰν προσέλθῃ<ς> πρὸς πόλιν ἐκπολεμῆσαι αὐτήν, καὶ ἐκκαλέσῃ   20
αὐτοὺς μετ’ εἰρήνης, καὶ ἔσται ἐὰν μὲν εἰρηνικὰ ἀποκριθῶσίν σοι
καὶ ἀνοίξωσίν σοι, ἔσται πᾶς ὁ λαὸς οἱ εὑρεθέντες ἐν τῇ πόλει
ἔσονταί σοι φορολόγητοι καὶ ὑπήκοοί σοι. Ἐὰν δὲ μὴ ὑπακούσω-

---

1 Περὶ – αὐτοῦ] cf. II¹ / Kᵖⁱⁿ Παραπομπὴ Ν 2

4 – 17   II¹1819 Deut. 20, 5–8 (Wahl, *Deuteronomium-Text*, p. 134–135)
20 – 991, 3   II¹1820 Deut. 20, 10–14 (Wahl, *Deuteronomium-Text*, p. 135)

1 **Titlos** K (237v11–12)   3 – 17   II¹1819 K cap. Π 15, 1 (237v[12]13–238r7)
19 – 991, 3   II¹1820 K cap. Π 15, 2 (238r[7]8–17)

1 **Titlos** Τίτλος] *om.* Kᵖⁱⁿ   αὐτοῦ] *correxi secund.* Kᵖⁱⁿ, αὐτῶν Kᵗˣᵗ

13 λήψεται] *scripsi* (*LXX*), λήψηται K   20 προσέλθῃς] *correxi* (*LXX*), προσέλθῃι K

σίν σοι, καὶ ποιήσωσι πρὸς σὲ πόλεμον, καὶ περικαθιεῖς αὐτήν, καὶ παραδώσει αὐτὴν κύριος εἰς τὰς χεῖράς σου, καὶ πατάξεις πᾶν ἀρσενικὸν αὐτῆς ἐν φόνῳ μαχαίρας, πλὴν τῶν γυναικῶν.

II¹1821 / K cap. Π 15, 3

*II²2337 /
R cap. Π 11, 3

5   Ἐκ τοῦ αὐτοῦ·

Ἐὰν περικαθίσῃς πρὸς πόλιν ἡμέρας πλείους ἐκπολεμῆσαι αὐτὴν εἰς κατάληψιν αὐτῆς, οὐκ ἐξολοθρεύσεις τὰ δένδρα αὐτῆς ἐπιβαλεῖν ἐπὶ αὐτὰ σίδηρον, ἀλλ' ἀπ' αὐτοῦ φαγῇ, αὐτὸ δὲ οὐκ ἐκκόψεις. Μὴ ἀφῇς τὸ ξύλον τὸ ἐν ἀγρῷ εἰσελθεῖν ἀπὸ προσώπου σου
10 εἰς τὸν χάρακα, ἀλλ' ἢ ξύλον, ὃ ἐπίστασαι ὅτι οὐ καρπόβρωτόν ἐστι, τοῦτο ἐξολοθρεύσεις καὶ ἐκκόψεις, καὶ οἰκοδομήσεις χαράκωσιν ἐπὶ τὴν πόλιν, ἥτις ποιήσει πρὸς σὲ πόλεμον, ἕως ἂν παραδοθῇ.

II¹1822 / K cap. Π 15, 4

15 Τοῦ αὐτοῦ·

Ἐάν τις λάβῃ γυναῖκα προσφάτως, οὐκ ἐξελεύσεται εἰς τὸν πόλεμον.

---

6 – 13   II¹1821 Deut. 20, 19–20 (Wahl, *Deuteronomium-Text*, p. 135–136)
16 – 17 II¹1822 Deut. 24, 5 (Wahl, *Deuteronomium-Text*, p. 141)

5 – 13 II¹1821 K cap. Π 15, 3 (238r[17]18–238v3)   15 – 17 II¹1822 K cap. Π 15, 4 (238v[3]4–5)

---

1 περικαθιεῖς] *correxi (LXX)*, περικαθιῆις Κ   2 παραδώσει] *correxi (LXX)*, παραδώσῃ Κ   πατάξεις] *correxi (LXX)*, πατάξηις Κ   7 ἐξολοθρεύσεις] *correxi (LXX)*, ἐξολοθρεύσης Κ   8 φαγῇ] *sic acc.* Κ   8 – 9 ἐκκόψεις] *correxi (LXX)*, ἐκκόψης Κ   9 ἀφῇς] ζ<ή>τ<ει> *in mg.* Κ, ἀφῆς Κ^{a. c.}, ἄνθρωπος *LXX*   11 ἐξολοθρεύσεις] *correxi (LXX)*, ἐξολοθρεύσηις Κ   ἐκκόψεις] *correxi (LXX)*, ἐκκόψηις Κ   οἰκοδομήσεις] *correxi (LXX)*, οἰκοδομήσης Κ

*II²2338 /
R cap. Π 11, 4

II¹1823 / K cap. Π 15, 5

Βασιλειῶν α'·

Εἶπεν Δαυῒδ· Κατὰ τὴν μερίδα τοῦ καταβαίνοντος εἰς τὸν πόλε-
μον, οὕτως ἔσται καὶ ἡ μερὶς τοῦ καθημένου εἰς τὰ σκεύη· καὶ με-
ριοῦνται κατὰ τὸ αὐτό. Καὶ ἐγένετο ἀπὸ τῆς ἡμέρας ἐκείνης καὶ   5
ἐπέκεινα εἰς πρόσταγμα καὶ εἰς δικαίωμα τῷ Ἰσραὴλ ἕως τῆς ἡμέ-
ρας ταύτης.

*II²2339 /
R cap. Π 11, 5

II¹1824 / K cap. Π 15, 6

Τῶν Παροιμιῶν·

Μετὰ κυβερνήσεως γίνεται πόλεμος,   10
βοήθεια δὲ μετὰ καρδίας βουλευτικῆς.

II¹1825 / K cap. Π 15, 7

Τῶν αὐτῶν·

Ἵππος ἑτοιμάζεται ἐν ἡμέρᾳ πολέμου,
παρὰ δὲ κυρίου ἡ βοήθεια.   15

II¹1826 / K cap. Π 15, 8

Τοῦ Σιράχ·

Πόλεσιν ὀχυραῖς ἐπέβη σοφός,
καὶ καθεῖλε τὸ ὀχύρωμα, ἐφ' ᾧ ἐπεποίθεισαν οἱ ἀσεβεῖς.

---

3 – 7 II¹1823 I Reg. 30, 23–25 (Wahl, *1 Samuel-Text*, p. 80)   **10 – 11 II¹1824** Prov.
24, 6¹⁻² (Wahl, *Proverbien-Text*, p. 113)   **14 – 15 II¹1825** Prov. 21, 31¹⁻² (Wahl,
Proverbien-Text, p. 104)   **18 – 19 II¹1826** Sir., re vera Prov. 21, 22¹⁻² (Wahl, *Pro-
verbien-Text*, p. 103)

---

2 – 7 II¹1823 K cap. Π 15, 5 (238v[5]6–11)   **9 – 11 II¹1824** K cap. Π 15, 6 (238v
[11]12–13)   **13 – 15 II¹1825** K cap. Π 15, 7 (238v[13]14–15)   **17 – 19 II¹1826** K
cap. Π 15, 8 (238v[15]16–17)

---

18 ἐπέβη] ἐπεβαίνει Kª· ᶜ· ut videtur

II¹1827 / K cap. Π 15, 9

Τοῦ θεολόγου ἁγίου Γρηγορίου, ἐκ τοῦ εἰς τὸν ἐξισωτήν·

Πόλεμοι φόνων πατέρες.

II¹1828 / K cap. Π 15, 10

5   <***> ἐκ τοῦ εἰς τοὺς Μακκαβεῖς·

Στρατηγὸς δεινὸς τὰ πολέμια, πλησιάσας τῶν ἀντιπάλων ταῖς φά-
λαγξιν ἐνθουσιώσαις πρὸς πόλεμον, λόχον ἀφανῆ κατὰ τῶν φω-
νούντων ἀρτύει, καὶ προφανοῦς ὄψεως ἑαυτὸν ἀφελκύσας, ἐξ ἀ-
φανοῦς χωρίου τὴν ἀθρόον σοφίζεται συμπλοκήν, καὶ οὓς ἐξ αἰθε-
10 ρίου φαινόμενος οὐ φοβεῖ, τούτους ἀοράτοις ἐπιδρομαῖς κατα-
πλήττει.

II¹1829 / K cap. Π 15, 11

Ἰωσήπου, ἐκ τῆς Ἰουδαϊκῆς ἱστορίας·

Ἀνδρείως χρὴ φέρειν τὴν τοῦ πολέμου φύσιν, ἐννοοῦντας ὡς καὶ
15 οὐδαμοῦ τὸ νικᾶν ἀναιμωτὶ περιγίνεται.

---

7 - 8 λόχον … ἀρτύει] cf. Hom., Od., XIV, 469

---

3   II¹1827 GREGORIUS NAZIANZENUS, *Ad Iulianum tributorum exaequatorem*
(Orat. 19), 14 (PG 35, 1061, 2–3)   6 - 11 II¹1828 <GREGORIUS NAZIANZENUS?> *In*
Maccabaeos (Orat. 15), locus non repertus; forsan Flavio Iosepho attribuendus
(vide *II²2343 / R cap. Π 11, 9)   14 - 15 II¹1829 FLAVIUS IOSEPHUS, *De bello Iu-*
daico, IV, 40 (ed. Destinon/Niese, VI, p. 352, 7–9)

---

2 - 3 II¹1827 K cap. Π 15, 9 (238v[18]19)   5 - 11 II¹1828 K cap. Π 15, 10 (238v
[19]20–239r4)   13 - 15 II¹1829 K cap. Π 15, 11 (239r[4]5–7)

II¹1827 ἐξισωτήν] *scripsi*, ἐξησοτην K   II¹1828 *excidit nomen auctoris (vel* Τοῦ
αὐτοῦ*)* II¹1829 Ἰωσήπου] *scripsi*, ἰωσίππου K

---

3 φόνων] φόρων *ed. (sed vide app. crit., n. 33)*   8 ἀρτύει] ζ<ή>τ<ει> *in mg.* K
ἀφελκύσας] *scripsi*, ἐφελκύσας K   15 ἀναιμωτὶ] *correxi (ed.)*, ἀναίμοτε K
(ζ<ή>τ<ει> *in mg.*)

II¹1830 / K cap. Π 15, 12

Φίλωνος, ἐκ τοῦ α΄ τῶν ἐν Ἐξόδῳ ζητημάτων·

Οὐχ᾽ ἧττον τῆς κατὰ τῶν πολεμίων νίκης ἡ ὄψις τῆς ἐκείνων δια-
φθορᾶς ἡδονὴν ἐργάζεται.

---

3 – 4 II¹1830 Philo Iudaeus, *Quaestiones in Exodum*, locus non repertus (ed.
Petit, p. 300.23); Royse 177.67

---

2 – 4 II¹1830 K cap. Π 15, 12 (239r[7]8–9); PG 86, 2089, 40–42

---

3 ἧττον] *tacite correx. Mai*, ἥττονα *coniec. Lewy*, ἥττων K

Τίτλος ιϛ′ Περὶ πλαστογράφων.

*ΙΙ² /
PML^b cap. Π 1⸴

ΙΙ¹1831 / K cap. Π 16, 1

*ΙΙ²2385 /
PML^b cap.
Π 19, 1

Ἡσαΐου προφήτου·

Οὐαὶ τοῖς γράφουσι πονηρίαν· γράφοντες γάρ, πονηρίαν γράφου-
5 σιν.

ΙΙ¹1832 / K cap. Π 16, 2

Φίλωνος, ἐκ τοῦ κατὰ Φλάκκον·

Προεστὼς ὁ Λάμπων τοῖς ἡγεμόσιν, ὁπότε δικάζοιντο, ὑπεμνημα-
τίζετο, τὰς δίκας εἰσάγων ὡς ἔχων τάξιν· εἶτα τὰ μὲν ἀπείληφεν ἢ
10 παρῄει ἑκών, τὰ δὲ οὐ λεχθέντα προσενέταττεν, ἔστι δὲ καὶ ὅτε
καὶ ὑπηλλάττετο, μεταποιῶν καὶ μετατιθεὶς καὶ στρέφων ἄνω κά-
τω τὰ γράμματα, κατὰ συλλαβήν, μᾶλλον δὲ καὶ κεραίαν ἑκάστην
ἀργυρολογῶν ὁ γραμματοκύφων· ὃν πολλάκις ὁ δῆμος ἅπας ὁμο-
θυμαδὸν εὐθυβόλως καὶ εὐσκόπως καλαμοσφάκτην ἐξεκήρυξεν,
15 οἷς ἔγραφε μυρίους ἀνελόντα καὶ ζῶντας ἀθλιωτέρους τῶν ἀπο-
θανόντων ἀπεργασάμενον, οἳ δυνάμενοι νικᾶν καὶ περιουσιάζειν
ἧτταν ἀδικωτάτην ὑπέμειναν, ὠνησαμένων ἀμφότερα τῶν ἐχ-
θρῶν παρὰ τοῦ τὰς ἀλλοτρίας οὐσίας ἐπευωνίζοντος· ἐμπορία
γὰρ αὐτῷ ἡ λήθη τῶν δικαστῶν ὑπῆρχεν.

---

4 – 5 ΙΙ¹1831 Is. 10, 1 (Wahl, *Prophetenzitate*, p. 322) 8 – 18 ΙΙ¹1832 Προεστὼς –
ἐπευωνίζοντος] PHILO IUDAEUS, *In Flaccum*, 131–132 (ed. Reiter, p. 144, 6–16)
18 – 19 ἐμπορία – ὑπῆρχεν] cf. IBID., 134 (p. 144, 22)

---

1 Titlos K (239r10) 3 – 5 ΙΙ¹1831 K cap. Π 16, 1 (239r[10]11–12) 7 – 19
ΙΙ¹1832 K cap. Π 16, 2 (239r[12]13–239v6)

---

1 Titlos Τίτλος] *om.* K^pin

---

8 – 9 ὑπεμνηματίζετο] *scripsi* (*ed.*), ὑπομνηματίζετο K 9 ἀπήλειφεν *ed.* (*sed cf.
app. crit.*), παρείληφεν K^{a. c. ut videtur} ἢ] *correxi* (*ed.*), εἰ K 10 παρῄει] *correxi* (*cf.
ed.*), παρείη K 12 κεραίαν] *scripsi* (*ed.*), κεραιὰν K 14 εὐσκόπως] *scripsi* (*ed.*), εὐ-
σκόπος K 16 ἀπεργασάμενον] *correxi* (*ed.*), ἀπειργασάμενον K οἳ] *correxi* (*ed.*),
οἱ K 17 ὠνησαμένων] *correxi* (*ed.*), ὧν ἰσαμένων K 19 ἡ λήθη] *scripsi* (*cf. ed.*),
πλήθη K

Τίτλος ιζ΄   Περὶ προσπαθείας καὶ *μερίμνης βιωτικῆς*, καὶ ὅτι χρὴ ἀπροσπαθῶς διακεῖσθαι περὶ τὰ πράγματα τοῦ βίου.

ε΄   Περὶ προσπαθείας καὶ περὶ μερίμνης, καὶ ὅτι χρὴ ἀπροσπαθῶς διακεῖσθαι περὶ τὰ πράγματα.

κθ΄   Περὶ προσπαθείας καὶ μερίμνης, καὶ ὅτι χρὴ ἀπροσπαθῶς   5
διακεῖσθαι περὶ τὰ πράγματα.

<II¹suppl. 371 / V cap. Π 5, 1>

II¹1833 / K cap. Π 17, 1

Ἀπὸ τοῦ Σιράχ·

Πρὸ καιροῦ ἄγει γῆρας μέριμνα.   10

<II¹suppl. 372 / V cap. Π 5, 3>

1 μερίμνης βιωτικῆς] Luc. 21, 34; cf. II¹ / Kᵖⁱⁿ Παραπομπὴ M 7   7 II¹suppl. 371 cf. *Sacra. Liber II. Supplementum* (Band VIII/8)   11 II¹suppl. 372 cf. *Sacra. Liber II. Supplementum* (Band VIII/8)

10 II¹1833 Sir. 30, 24² (Wahl, *Sirach-Text*, p. 129–130)

1 – 2 Titlos (a) K (239v6–8)   3 – 4 Titlos (b) V Aᴵ ᵖⁱⁿ; *deest in* HᴵAᴵ ᵗˣᵗ   5 – 6 Titlos (c) PMᵖⁱⁿ Lᵇ ᵖⁱⁿ E R; *deest in* Mᵗˣᵗ ⁽ˡᵃᶜ·⁾ Lᵇ ᵗˣᵗ   9 – 10 II¹1833 K cap. Π 17, 1 (239v[8]9); V cap. Π 5, 2; P cap. Π 29, 2; E cap. 185, 2; *deest in* Hᴵ M⁽ˡᵃᶜ·⁾ Lᵇ R; PG 96, 236, 34

1 – 2 Titlos (a)   1 Τίτλος] *om.* Kᵖⁱⁿ   1 – 2 καὶ² – βίου] *om.* Kᵖⁱⁿ   3 – 4 Titlos (b) 3 ε΄] *propt. mg. resect. non liquet in* Aᴵ ᵖⁱⁿ *(ε΄ secund. ser.), praem.* τίτλος Vᵂ ᵗˣᵗ   4 περὶ] *om.* Vᴱ ᵖⁱⁿ Vᵂ ᵖⁱⁿ Vᴼ ᵖⁱⁿ   5 – 6 Titlos (c)   5 κθ΄] ρπε΄ E, τίτλος λγ΄ Rᵗˣᵗ, λγ΄ Rᵖⁱⁿ   5 – 6 καὶ¹ – πράγματα] *om.* Mᵖⁱⁿ   5 καὶ²] *om.* R   ἀπροσπαθῶς] εὐπροσπαθῶς E

II¹1833 (a) K (b) Τοῦ Σιράχ Vᵂ P E Τοῦ] *om.* Vᵂ E (c) *s. a.* VᴱVᴼ

II¹1834 / K cap. Π 17, 2

Ἐκ τῆς πρὸς Κορινθίους α΄·

Ὁ καιρὸς συνεσταλμένος ἐστὶ τὸ λοιπόν, ἵνα καὶ οἱ ἔχοντες γυναῖ-
κας ὡς μὴ ἔχοντες ὦσιν, καὶ οἱ χαίροντες ὡς μὴ χαίροντες, καὶ οἱ
5   κλαίοντες ὡς μὴ κλαίοντες, καὶ οἱ ἀγοράζοντες ὡς μὴ κατέχοντες,
καὶ οἱ χρώμενοι τῷ κόσμῳ τούτῳ ὡς μὴ καταχρώμενοι· παράγει
γὰρ τὸ σχῆμα τοῦ κόσμου τούτου.

II¹1835 / K cap. Π 17, 3

Τοῦ θεολόγου ἁγίου Γρηγορίου, ἐκ τοῦ εἰς ἑαυτόν·

10   Ἰὸς τῷ ἀνδρὶ μέριμνα.

II¹1836 / K cap. Π 17, 4

Κλήμεντος, ἐκ τοῦ η΄ Στρώματος·

Ἀπροσπαθῶς χρὴ διοικεῖν τὴν κτῆσιν, καί, ἐπισυμβαίνοντός τινος,

---

3 - 7 II¹1834 I Cor. 7, 29–31   10 II¹1835 GREGORIUS NAZIANZENUS, *Carmina*,
II,1,19 (*Querela de suis calamitatibus*), 63; Paraphrasis A 3 (ed. Simelidis, p. 111;
251)   13 - 998, 3 II¹1836 CLEMENS ALEXANDRINUS, *Stromata*, VIII, re vera *Eclogae
propheticae*, 47 (ed. Nardi, p. 80, 1–5)

2 - 7 II¹1834 K cap. Π 17, 2 (239v[9]10–15); V^E V^O cap. Π 5, 4; V^W addit. cap. Π 5, 5;
P cap. Π 29, 5; *deest in* H^I M^(lac.) L^b R E; PG 96, 236, 42–48   9 - 10 II¹1835 K cap. Π
17, 3 (239v[15]16); V^W addit. cap. Π 5, 4; P cap. Π 29, 3; E cap. 185, 4; *deest in* V^E V^O
H^I M^(lac.) L^b R   12 - 998, 3 II¹1836 K cap. Π 17, 4 (239v[16]17–21); V^E V^O cap. Π 5,
6; V^W cap. Π 5, 7; P cap. Π 29, 7; E cap. 185, 6; R cap. Π 33, 4; *deest in* H^I M^(lac.) L^b;
PG 96, 237, 3–7

II¹1834 (a) K (b) Πρὸς Κορινθίους α΄ V^E V^O P α΄] *om.* V^E V^O (c) Τοῦ Ἀποστόλου
V^W addit. II¹1835 (a) K (b) Τοῦ Θεολόγου V^W addit. P E Τοῦ] *om.* E II¹1836 (a) K (b)
Κλήμεντος Στρωματέως P R κλημεντος στρωματαιως P (c) Κλήμεντος V E

3 - 7 Ὁ - τούτου] *om.* V^W (*in mg. add. man. rec.*)   3 τὸ] *om.* K   4 ὡς² -
χαίροντες²] *iterav.* V^O (*sed cancellav.*)   5 καὶ - κατέχοντες] *om.* K   10 Ἰὸς] *praem.*
ὁ K   13 κτῆσιν] -τῆ- *e corr.* V^W, κτίσιν P R

μὴ ἀγανακτεῖν, μὴ δὲ λυπεῖσθαι, μὴ δὲ ἐπιθυμεῖν κτήσασθαι· τῆς ἐμπαθοῦς γὰρ κτήσεως κελεύει ὁ κύριος ἀφίστασθαι καὶ πάσης προσπαθείας.

II¹1837 / K cap. Π 17, 5

Νείλου ἀσκητοῦ·					5

Τελείας ψυχῆς ἐστὶ τὸ ἀμέριμνον, ἀσεβοῦς δὲ τὸ φροντίσιν καταβρίθεσθαι. Περὶ μὲν γὰρ τῆς τελείας ψυχῆς εἴρηται ὅτι *Κρίνον ἐστὶν ἐν μέσῳ ἀκανθῶν·* τοῦτο δὲ τὴν ἄφροντιν δηλοῖ. Περὶ δὲ τῶν φροντίδα πολλὴν ἐχόντων εἰς τὰ βιωτικά, φησί· *Πᾶς ὁ βίος ἀσεβοῦς ἐν φροντίδι.* Καὶ γὰρ ὄντως ἐστὶν ἀσεβὲς παντὶ τῷ βίῳ		10
συμπαρεκτείνειν τὴν τῶν σωματικῶν φροντίδα.

II¹1838 / K cap. Π 17, 6

Φίλωνος, ἐκ τοῦ περὶ βίου θεωρητικοῦ·

Αἱ χρημάτων καὶ κτημάτων ἐπιμέλειαι τοὺς χρόνους ἀναλίσκουσιν, χρόνου δὲ φείδεσθαι καλόν.		15

---

7 - 8 Cant. 2, 21 **9 - 10** Iob 15, 20¹

6 - 8 II¹1837 Τελείας – δηλοῖ] NILUS ASCETA (ANCYRANUS?), *Liber de monastica exercitatione*, 67 (PG 79, 800, 47–51)   **8 - 11** Περὶ – φροντίδα] IBID. (PG 79, 800, 54 – 801, 2)   **14 - 15 II¹1838** PHILO IUDAEUS, *De vita contemplativa*, 16 (ed. Cohn, p. 50, 9–11)

5 - 11 II¹1837 K cap. Π 17, 5 (239v[21]22–240r6); V^E V^O cap. Π 5, 5; V^W cap. Π 5, 6; P cap. Π 29, 6; E cap. 185, 5; R cap. Π 33, 3; *deest in* H¹ M^(lac.) L^b; PG 96, 236, 49 – 237, 2   **13 - 15 II¹1838** K cap. Π 17, 6 (240r[7]8–9); *deest in* V H¹ PM^(lac.) L^b E

II¹1837 (a) K (b) Νείλου μοναχοῦ P R (c) Νείλου V E νίλου V^E V^O

1 - 3 μὴ² – προσπαθείας] *om.* P R E   **1** δὲ λυπεῖσθαι] διαλυπεῖσθαι K   ἀθυμεῖν V^W   **1 - 3** κτήσασθαι – προσπαθείας] *om.* V^W   **6** ἀμέριμνον] *add.* εἶναι P R E, *praem.* εἶναι V^W   **6 - 7** καταβρίθεσθαι V^W, κατατρίβεσθαι V^E V^O E   **7** κρῖνον K^a. c. V^W, κρινον P, κρίνων V^E V^O   **8** ἐν] *s. l.* K   ἀφροντὴν P, ἄφροντϊ V^O, ἀφρόντιδα K, ἀφροντισίαν R   **9** εἰς τὰ] *om.* R   βιωτικά, φησί] βιωτικὴν φησὶ R, βιωτικὰ φύσει *e corr.* K   **10 - 11** Καὶ – φροντίδα] *om.* V P R E

Τίτλος ιη′   Περὶ παρατηρήσεως, καὶ ὅτι οὐ δεῖ ἡμέρας ἢ και- *ΙΙ² /
ροὺς παρατηρεῖσθαι. L^c cap. Π 4

κζ′   Περὶ παρατηρήσεως καὶ οἰωνισμοῦ, καὶ ὅτι οὐ δεῖ ἡμᾶς
καιροὺς ἢ ἀνθρώπους παρατηρεῖσθαι.

ΙΙ¹1839 / K cap. Π 18, 1

*ΙΙ²2353 /
L^c cap. Π 4, 1

Ἀπὸ τοῦ Λευϊτικοῦ·

Ἀπαρατήρητος ὁ οἶκος τοῦ Ἰσραήλ.

ΙΙ¹1840 / K cap. Π 18, 2

Τῶν Ἀριθμῶν·

Οὐκ ἔσται οἰωνισμὸς οὐδὲ μαντ<ε>ία ἐν Ἰσραήλ.

ΙΙ¹1841 / K cap. Π 18, 3

*ΙΙ²2354 /
L^c cap. Π 4, 2

Τοῦ Ἐκκλησιαστοῦ·

Τηρῶν ἄνεμον οὐ σπερεῖ,
καὶ βλέπων ἐν ταῖς νεφέλαις, οὐ θερίσει.

---

7 **ΙΙ¹1839** Lev., locus non repertus; Deuteronomio attributus in *Sacris* *ΙΙ²2353 / L^c
cap. Π 4, 1, Prophetiae Baruch in *Sacris* *ΙΙ²2355 / L^c cap. Π 4, 3 (Wahl, *Propheten-*
zitate, p. 700)   **10 ΙΙ¹1840** Num. 23, 23[1–2]   **13 – 14 ΙΙ¹1841** Eccle. 11, 4[1–2] (Wahl,
Kohelet-Text, p. 172)

---

1 – 2 **Titlos (a)** K (240r10–11)   3 – 4 **Titlos (b)** V A[I pin]; *deest in* H[I]A[I txt]   6 – 7
ΙΙ¹1839 K cap. Π 18, 1 (240r[11]12); *deest in* V H[I]   9 – 10 **ΙΙ¹1840** K cap. Π 18, 2
(240r[12]13); *deest in* V H[I]   12 – 14 **ΙΙ¹1841** K cap. Π 18, 3 (240r[13]14–15); V
cap. Π 27, 1; *deest in* H[I]; PG 96, 297, 26–27

---

3 – 4 **Titlos (b)**   3 κζ′] κς′ A[I pin], *praem.* τίτλος V[W txt]   4 καιροὺς] *add.* ἢ ἡμέρας
V[W]

ΙΙ¹1841 Τοῦ] *om.* V

---

10 μαντεία] *scripsi*, μαντία K   14 θερίσει] *add.* ἐν οἷς οὐκ εστι γινώσκων τίς εἶδος
(*sic*) τοῦ πνεύματος (= *Eccle. 11, 5¹*) V[W in mg. man. rec.]

*II²2356 /
Lᶜ cap. Π 4, 4

II¹1842 / K cap. Π 18, 4

Ἐκ τῆς πρὸς Γαλάτας ἐπιστολῆς·

Ἡμέρας παρατηρεῖσθε καὶ μῆνας καὶ καιροὺς καὶ ἐνιαυτούς· φοβοῦμαι ὑμᾶς μήπως εἰκῇ κεκοπίακα εἰς ὑμᾶς.

*II²2358 /
Lᶜ cap. Π 4, 6

II¹1843 / K cap. Π 18, 5   5

Ἐκ τῆς πρὸς Κολασσαεῖς ἐπιστολῆς·

Μή τις ὑμᾶς κρινέτω ἐν βρώσει ἢ ἐν πόσει ἢ ἐν μέρει ἑορτῆς ἢ ἐν νεομηνίᾳ ἢ ἐν σαββάτῳ, ἅ ἐστι σκιὰ τῶν μελλόντων.

*II²2357 /
Lᶜ cap. Π 4, 5

II¹1844 / K cap. Π 18, 6

Καὶ πάλιν·   10

Εἰ ἀπεθάνετε σὺν Χριστῷ ἀπὸ τῶν στοιχείων τοῦ κόσμου, τί ὡς ζῶντες ἐν κόσμῳ δογματίζεσθε; Μὴ ἅψῃ, μὴ δὲ γεύσῃ, μὴ δὲ θίγῃς, ἅ ἐστι πάντα εἰς φθορὰν τῇ ἀποχρήσει, κατὰ τὰ *ἐντάλματα καὶ διδασκαλίας τῶν ἀνθρώπων*, ἅτινά ἐστι λόγον μὲν ἔχοντα σοφίας ἐν ἐθελοθρησκείᾳ καὶ ταπεινοφροσύνῃ καὶ ἀφειδίᾳ σώματος,   15
οὐκ ἐν τιμῇ τινι πρὸς πλησμονὴν τῆς σαρκός.

*II²2359 /
Lᶜ cap. Π 4, 7

<II¹suppl. 373 / V cap. Π 27, 4>

---

13 – 14 Is. 29, 13   17 **II¹suppl.** 373 cf. *Sacra*. Liber II. *Supplementum* (Band VIII/8)

---

3 – 4 **II¹1842** Gal. 4, 10–11   7 – 8 **II¹1843** Col. 2, 16–17   11 – 16 **II¹1844** Col. 2, 20–23

---

2 – 4 **II¹1842** K cap. Π 18, 4 (240r[15]16–18); V cap. Π 27, 2; *deest in* Hᴵ; PG 96, 297, 28–30   6 – 8 **II¹1843** K cap. Π 18, 5 (240r[18]19–21); V cap. Π 27, 3; *deest in* Hᴵ; PG 96, 297, 31–33   10 – 16 **II¹1844** K cap. Π 18, 6 (240r[21]21–240v6); *deest in* V Hᴵ

II¹1842 (a) K (b) Πρὸς Γαλάτας VᴱVᴼ (c) Τοῦ Ἀποστόλου Vᵂ **II¹1843** (a) K (b) Πρὸς Κολασαεῖς VᴱVᴼ (c) Τοῦ αὐτοῦ Vᵂ

---

3 παρατηρεῖσθαι K VᴱVᴼ   4 ὑμᾶς] *om.* VᴱVᴼ   κεκοπιάκαμεν Vᵂ   8 ἐν] *om.* V

Τίτλος ιθ′   Περὶ παρακαινόντων.

II¹1845 / K cap. Π 19, 1

Τῶν Παροιμιῶν·

Ἐν στόματι ἀσεβῶν παγὶς πολίταις.

---

4 II¹1845 Prov. 11, 9¹ (Wahl, *Proverbien-Text*, p. 56)

---

1 Titlos K (240v6–7)   **3 – 4 II¹1845** K cap. Π 19, 1 (240v[7]8)

---

1 Titlos   Τίτλος] *om.* K^pin   παρακαινόντων] *scripsi*, παρακενόντων K, *an legendum* παραβαινόντων?

Τίτλος κ′   Περὶ πατρίδος, καὶ ὅτι ποθεινὴ καὶ ἐρασμία ἑκάστῳ
ἡ ἰδία πατρίς.

II¹1846 / K cap. Π 20, 1

Ἀπὸ τῶν Ἀριθμῶν·

Εἶπεν Μωϋσῆς τῷ Ὠβάβ, υἱῷ Ῥαγουὴλ τῷ Μαδιανίτῃ, γαμβρῷ   5
Μωϋσέως· Ἐξαίρομεν ἡμεῖς εἰς τὸν τόπον, ὃν εἶπεν κύριος· Τοῦ-
τον δώσω ὑμῖν. Δεῦρο μεθ’ ἡμῶν, καὶ εὖ σοι ποιήσομεν, ὅτι κύριος
ἐλάλησε καλὰ περὶ Ἰσραήλ. Καὶ εἶπεν πρὸς αὐτόν· Οὐ πορεύσο-
μαι, ἀλλ’ εἰς τὴν γῆν μου καὶ εἰς τὴν γενεάν μου. Καὶ εἶπεν· Μὴ
ἐγκαταλίπῃς ἡμᾶς, οὗ εἵνεκεν ἦσθα μεθ’ ἡμῶν ἐν τῇ ἐρήμῳ, καὶ   10
ἔσῃ ἐν ἡμῖν πρεσβύτης· καὶ ἔσται ἐὰν πορεύσῃ μεθ’ ἡμῶν, καὶ ἔ-
σται τὰ ἀγαθὰ ἐκεῖνα, ὅσα ἂν ἀγαθοποιήσῃ κύριος ἡμᾶς, καὶ εὖ
σοι ποιήσωμεν.

II¹1847 / K cap. Π 20, 2

Τῶν Παροιμιῶν·   15

Ὥσπερ ὄρνεον ὅταν καταπετασθῇ ἀπὸ τῆς ἰδίας νοσσιᾶς,
οὕτως ἄνθρωπος δουλοῦται, ὅταν ἀποξενωθῇ ἐκ τῶν ἰδίων
                                                                                      [τόπων.

---

5 – 13 II¹1846 Num. 10, 29–32   16 – 18 II¹1847 Prov. 27, 8¹⁻² (Wahl, *Proverbien-Text*, p. 131)

1 – 2 Titlos K (240v8–10)   4 – 13 II¹1846 K cap. Π 20, 1 (240v[10]11–21)
15 – 18 II¹1847 K cap. Π 20, 2 (240v[21]22–241r1)

1 – 2 Titlos 1 Τίτλος] *om.* K^pin

5 Ὠβάβ] *sic spir.* K   6 κύριος] *praem.* ὁ K^{p. c. s. l.}

II¹1848 / K cap. Π 20, 3

Φίλωνος, ἐκ τῆς πρὸς Γάϊον πρεσβείας·

Πᾶσιν ἀνθρώποις ἐμπέφυκεν ἔρως τῆς πατρίδος καὶ τῶν οἰκείων νόμων ἀποδοχή.

II¹1849 / K cap. Π 20, 4

Σχόλιον·

Ἐπίσκεψαι ἐνταῦθα ἐν τῷ Ξ στοιχείῳ τὸν Περὶ ξενιτείας τίτλον.

---

7 Περὶ ξενιτείας] cf. II¹ / K cap. Ξ 1

---

3 – 4 II¹1848 PHILO IUDAEUS, *Legatio ad Gaium*, 277 (ed. Reiter, p. 206, 4–6)   7
II¹1849 *Scholion*

---

2 – 4 II¹1848 K cap. Π 20, 3 (241r[1]2–3)   **6 – 7 II¹1849** K cap. Π 20, 4 (241r[3]3–4)

---

3 πατρίδος] *scripsi*, παστρίδος K

Στοιχεῖον Ρ

*ΙΙ² /
R cap. P 2
Τίτλος α′ Περὶ ῥεμβομένων καὶ ἀστατούντων.

α′ Περὶ ῥεμβομένων.

ΙΙ¹1850 / Κ cap. Ρ 1, 1

Τοῦ Ἐκκλησιαστοῦ·   5

Καί γε ἐν ὁδῷ ὅταν ἄφρων πορεύεται,
καρδία αὐτοῦ ὑστερήσει,
καὶ λογιεῖται· Πάντα ἀφροσύνης ἐστίν.

*ΙΙ²suppl. 33 /
PMLᵇ cap.
P 1, 11
ΙΙ¹1851 / Κ cap. Ρ 1, 2

Ἡσαΐου προφήτου·   10

Ἴδετε ὅτι πάντες ἐκτετύφλωνται, καὶ οὐκ ἔγνωσαν φρονῆσαι·
πάντες οὗτοι κύνες ἐνεοί, οὐ δυνάμενοι ὑλακτεῖν, ἐνυπνιαζόμενοι
κοίτῃ, φιλοῦντες νυσταγμόν. Καὶ οἱ κύνες ἀναιδεῖς καὶ <οὐκ> εἰ-
δότες πλησμονήν· καὶ εἰσὶ πονηροὶ καὶ οὐκ εἰδότες σύνεσιν,

---

6 – 8 ΙΙ¹1850 Eccle. 10, 3¹⁻³ (Wahl, *Kohelet-Text*, p. 169)   11 – 1005, 2 ΙΙ¹1851 Is.
56, 10–11 (Wahl, *Prophetenzitate*, p. 443–444)

1 **Stoicheion** Kᵗˣᵗ (241r5) Kᵖⁱⁿ   2 **Titlos (a)** K (241r5)   3 **Titlos (b)** V Aᴵ ᵖⁱⁿ; *deest*
in HᴵAᴵ ᵗˣᵗ   5 – 8 ΙΙ¹1850 K cap. P 1, 1 (241r[5]6–8); *deest in* V Hᴵ   10 – 1005, 2
ΙΙ¹1851 K cap. P 1, 2 (241r[8]9–15); V cap. P 1, 1; P cap. P 2, 1; *deest in* Hᴵ; PG 96,
328, 34–40

2 **Titlos (a)** καὶ ἀστατούντων] *om.* Kᵖⁱⁿ   3 **Titlos (b)** α′] *om.* Vᴼ ᵗˣᵗ (α′ *secund.*
ser.), *propt. mg. resect. non liquet in* Aᴵ ᵖⁱⁿ (α′ *secund. ser.*), *praem.* τίτλος α′ Vᴱ ᵖⁱⁿ
Vᴼ ᵖⁱⁿ, *praem.* τίτλος Vᵂ ᵗˣᵗ   ῥεμβομένων] *add.* τῇ διανοίᾳ καὶ τοῖς ὀφθαλμοῖς
Vᴱ ᵖⁱⁿ Vᴼ ᵖⁱⁿ

ΙΙ¹1851 (a) K (b) Ἡσαΐου V P

7 καρδία] *scripsi* (*LXX*), καρδίαι K   ὑστερήσει] *scripsi* (*LXX*), ὑστερήσηι K   8
ἀφροσύνη *LXX*   11 φρονῆσαι] φρόνησιν V P   12 πάντες] *add.* οὖν VᴱVᴼ
ἐννεοὶ (-οι P) VᴱVᴼ P   13 οἱ] *scripsi* (*LXX*), οἱ P, οὐ K V   οὐκ] *supplevi* (*LXX*),
om. K V P

πάντες ταῖς ὁδοῖς αὐτῶν ἐπορεύθησαν, ἕκαστος κατὰ τὸ ἑαυτοῦ πλεονέκτημα.

II¹1852 / K cap. P 1, 3

Σοφία Σολομῶντος·

5 Ῥεμβασμὸς ἐπιθυμίας μεταλλεύει νοῦν ἄκακον.

II¹1853 / K cap. P 1, 4

Ἀπὸ τοῦ Σιράχ·

Υἱὸς πλανώμενος αἰσχύνει μητέρα αὐτοῦ.

II¹1854 / K cap. P 1, 5

10 Τοῦ ἁγίου Βασιλείου, ἐκ τοῦ *Πρόσεχε σεαυτῷ·*

Ἴδιον τοῦτο ἀρρώστημα ἀργῆς καὶ ῥαθύμου ψυχῆς, ἐνύπνια βλέπειν, ἐγρηγορότος τοῦ σώματος.

5 II¹1852 Sap. 4, 12²   8 II¹1853 Sir., re vera Prov. 29, 15² (Wahl, *Proverbien-Text*, p. 141)   11 – 12 II¹1854 BASILIUS CAESARIENSIS, *Homilia in illud:* Attende tibi ipsi *(Deut. 15, 9)*, 5 (ed. Rudberg, p. 31, 7–9)

4 – 5 II¹1852 K cap. P 1, 3 (241r[15]16); V cap. P 1, 2; P cap. P 1, 12; E cap. 203, 11; *deest in* H¹; PG 96, 328, 41–42   7 – 8 II¹1853 K cap. P 1, 4 (241r[16]17); V cap. P 1, 3; *deest in* H¹; PG 96, 328, 43   10 – 12 II¹1854 K cap. P 1, 5 (241r[17]18–19); V cap. P 1, 4; *deest in* H¹; PG 96, 328, 44–45

II¹1852 (a) K P E σολομωντος P (b) Σολομῶντος V II¹1853 (a) K (b) Σιράχ Vᵂ (c) *s. a.* VᴱVᴼ II¹1854 (a) K (b) Βασιλείου VᴱVᵂ (c) *s. a.* Vᴼ

5 μεταλλεύει νοῦν] μεταλεύει νοῦν VᴱVᵂ, μεταλευεῖν οὖν Vᴼ

Στοιχεῖον Σ

*II² /
*MLᵇ cap. Σ 15

Τίτλος α΄ Περὶ συμμέτρου καταστάσεως, καὶ ὅτι χρὴ συμμέ-
τρως καὶ μετὰ διακρίσεως πάντα ποιεῖν καὶ μηδὲν ἄγαν.

β΄ Περὶ συμμέτρου καταστάσεως καὶ τοῦ Μηδὲν ἄγαν.

II¹1855 / K cap. Σ 1, 1

5

Τῶν Παροιμιῶν·

Ἐσθίειν μέλι πολὺ οὐ καλόν.

*II²2583 /
PMLᵇ cap.
Σ 15, 2

II¹1856 / K cap. Σ 1, 2

Τοῦ Ἐκκλησιαστοῦ·

Μὴ γίνου δίκαιος πολύ,   10
καὶ μὴ σοφίζου περισσά, μήποτε ἐκπλαγῇς,
καὶ μὴ ἀσεβήσῃς πολὺ καὶ μὴ γίνου σκληρός,
ἵνα μὴ ἀποθάνῃς ἐν οὐ καιρῷ σου.

---

2 καταστάσεως] cf. II¹ / Kᵖⁱⁿ Παραπομπὴ Κ 5 **3** e. g. Plat., *Prot.*, 343b3 **4** Ibid.

---

7 II¹1855 Prov. 25, 27¹ (Wahl, *Proverbien-Text*, p. 127)   **10 – 13** II¹1856 Eccle. 7,
16¹–17² (Wahl, *Kohelet-Text*, p. 161–162)

---

1 Stoicheion Kᵗˣᵗ (241r20) Kᵖⁱⁿ   **2 – 3 Titlos (a)** K (241r20–22)   **4 Titlos (b)** V
Aᴵ ᵖⁱⁿ; *deest in* HᴵAᴵ ᵗˣᵗ   **6 – 7** II¹1855 K cap. Σ 1, 1 (241r[22]241v1); V cap. Σ 2, 1;
deest in Hᴵ; PG 96, 329, 16   **9 – 13** II¹1856 K cap. Σ 1, 2 (241v[1]2–5); V cap. Σ 2,
2; *deest in* Hᴵ; PG 96, 329, 17–20

---

2 – 3 Titlos (a) **2 – 3** ὅτι – ἄγαν] τοῦ μηδὲν ἀγανακτεῖν Kᵖⁱⁿ **4 Titlos (b)**   β΄]
propt. mg. resect. non liquet in Aᴵ ᵖⁱⁿ *(β΄ secund. ser.), praem.* τίτλος Vᵂ ᵗˣᵗ   καὶ –
ἄγαν] καὶ τοῦ μηδένα λυπεῖν Vᴱ ᵖⁱⁿ Vᴼ ᵖⁱⁿ, *om.* Vᴱ ᵗˣᵗ Vᴼ ᵗˣᵗ Aᴵ ᵖⁱⁿ

II¹1855 Τῶν] *om.* V II¹1856 (a) K Vᵂ Τοῦ] *om.* Vᵂ (b) *s. a.* VᴱVᴼ

---

11 ἐκπαγῇς Vᴱ, ἐκπαγὶς Vᴼ **12** καὶ¹] *om.* Kᵃ· ᶜ· ᵘᵗ ᵛⁱᵈᵉᵗᵘʳ   ἀσεβήσεις VᴱVᴼ ᵉ ᶜᵒʳʳ·

II¹1857 / K cap. Σ 1, 3

*II²2584 /
PML^b cap.
Σ 15, 3

Ἀπὸ τοῦ Σιράχ·

Βάρος ὑπὲρ σὲ μὴ ἄρῃς.

II¹1858 / K cap. Σ 1, 4

5 Ἐκ τῆς Ἰακώβου ἐπιστολῆς·

Μὴ πολλοὶ διδάσκαλοι γίνεσθε, ἀδελφοί μου, εἰδότες ὅτι μεῖζον
κρῖμα ληψόμεθα· πολλὰ γὰρ πταίομεν ἅπαντες.

II¹1859 / K cap. Σ 1, 5

Τοῦ ἁγίου Βασιλείου, ἐκ τοῦ περὶ εὐχαριστίας λόγου·

10 Καὶ τὸ δακρύειν τῆς ἐκ τοῦ λόγου συμμετρίας προσδεῖται· ἐπὶ τίσι
γίνεσθαι καὶ ἐπὶ πόσον καὶ πότε καὶ πῶς προσῆκεν.

---

3 II¹1857 Sir. 13, 2¹ (Wahl, *Sirach-Text*, p. 81–82)   **6 – 7 II¹1858** Iac. 3, 1–2
10 – 11 II¹1859 Basilius Caesariensis, *Homilia de gratiarum actione* (*In illud:
Semper gaudete [I Thess. 5, 16]*), 5 (PG 31, 228, 22–25)

---

2 – 3 II¹1857 K cap. Σ 1, 3 (241v[5]6); V cap. Σ 2, 3; *deest in* H^I; PG 96, 329, 21
5 – 7 II¹1858 K cap. Σ 1, 4 (241v[6]7); V cap. Σ 2, 4; *deest in* H^I; PG 96, 329, 22–24
9 – 11 II¹1859 K cap. Σ 1, 5 (241v[8]9–11); *deest in* V H^I

II¹1857 (a) K   (b) Σιράχ (-ραχ *cod.*) V^W   (c) *s. a.* V^EV^O   **II¹1858** (a) K   (b) Ἰακώβου
V^W   (c) Σιράχ V^EV^O

---

6 πολλοὶ] -λοι *e corr.* V^W, πολὺ V^EV^{O a. c.}   ἀδελφοί μου] ἀδελφοὶ V   **6 – 7** εἰδότες
– ἅπαντες] *om.* K   **6** μείζων V^EV^O   **11** πόσον] *scripsi (ed.)*, πόσων K

II¹1860 / K cap. Σ 1, 6

Τοῦ Θεολόγου, ἐκ τοῦ περὶ εὐταξίας·

Τοῦτο εἰδότες, ἀδελφοί, μήτε νωθεῖς ὦμεν πρὸς τὸ καλόν, ἀλλὰ
τῷ πνεύματι ζέωμεν, μήποτε ὑπνώσωμεν κατ᾽ ὀλίγον εἰς θάνατον,
ἢ καθεύδουσιν ἡμῖν ἐπισπείρῃ τὰ πονηρὰ σπέρματα ὁ ἐχθρός – νω-　5
θ<ε>ία γὰρ ὕπνου σύζυγος –, μήτε δὲ διάπυροι σὺν ἀλογίᾳ καὶ
φιλαυτίᾳ, ἵνα μὴ ἐκφερώμεθα, μὴ δὲ τῆς ὁδοῦ τῆς *βασιλικῆς* ἔξω
πίπτωμεν, ἔν γε τι πάντως πταίοντες, ἢ κέντρων δεόμενοι διὰ τὴν
νωθείαν, ἢ κρημνιζόμενοι διὰ τὴν θερμότητα. Ἀμφοτέρων δὲ ὅ-
σον χρήσιμόν ἐστι λαβόντες, τῆς μὲν τὸ πρᾶον, τῆς δὲ τὸν ζῆλον,　10
ἀμφοτέρων ὅσον ἐστὶ βλαβερὸν διαφύγωμεν, τῆς μὲν τὸν ὄκνον,
τῆς δὲ τὸ θράσος, ἵνα μήτε τῷ ἐλλείποντι ὦμεν ἄκαρποι, μήτε τῷ
περιττεύοντι κινδυνεύωμεν. Ὁμοίως γὰρ ἄχρηστα καὶ νωθρότης
ἄπρακτος καὶ θερμότης ἀπαίδευτος, ἡ μὲν οὐκ ἐγγίζουσα τῷ κα-
λῷ, ἡ δὲ ὑπερπίπτουσα, καὶ τοῦ δεξιοῦ ποιουμένη τί δεξιώτερον.　15

---

4 τῷ – ζέωμεν] Rom. 12, 11　　μήποτε – θάνατον] Ps. 12, 4²　　5 καθεύδουσιν –
ἐχθρός] Matth. 13, 25 7 ὁδοῦ – βασιλικῆς] Num. 20, 17 vel 21, 22

3 – 15 **II¹1860** GREGORIUS NAZIANZENUS, *De moderatione in disputando* (*Orat.*
32), 6, 1–15 (ed. Moreschini, p. 96)

2 – 15 **II¹1860** K cap. Σ 1, 6 (241v[11]12–242r8); V cap. Σ 2, 7; *deest in* Hᴵ; PG 96,
329, 32–47

II¹1860 (a) K (b) *s. a.* V

3 Τοῦτο – ὦμεν] μήποτε νωθρήσωμεν K　　4 μήποτε] μήτε K Vᵂ　　5 ἢ] μὴ K Vᵂ
ἐπισπείρει V　　ὁ] *s. l.* K　　5 – 6 νωθεία] *scripsi*, νωθία V, νωθρία K　　6 – 7 σὺν –
ἐκφερώμεθα] *om.* Vᴱⱽᴼ　　7 ἐκφερόμεθα Vᵂ　　τῆς¹ – βασιλικῆς] τῆς βασιλικῆς
ὁδοῦ Vᴱⱽᴼ　　8 κέντρον K, κέντρου Vᴱⱽᴼ　　9 νωθείαν] *scripsi*, νοθείαν Vᴱⱽᴼ, νω-
θίαν Vᵂ, νωθρίαν K　　ἢ – θερμότητα] ἢ χαλινοῦ διὰ τὴν θερμότητα καὶ τοῦ μὴ
(μη Vᴱ) κρεμίζεσθαι (*sic*) Vᴱⱽᴼ　　10 χρήσιμόν ἐστι] χρήσιμον Vᵂ　　λαμβάνοντες V
14 ἐλλογίζουσα K　　15 τί] *om.* Vᵂ ᵖ· ʳᵃˢ·

II¹1861 / K cap. Σ 1, 7

Ἐκ τοῦ αὐτοῦ·

Μηδεὶς ἔστω πλέον ἢ καλῶς ἔχει σοφός, μὴ δὲ τοῦ νόμου νομιμώ-
τερος, μὴ δὲ τοῦ κανόνος εὐθύτερος, μὴ δὲ τῆς ἐντολῆς ὑψηλό-
5 τερος.

II¹1862 / K cap. Σ 1, 8

*II²2594 /
P cap. Σ 15, 1

Ἐκ τοῦ αὐτοῦ·

Φεύγω δὲ ὅμως τὸ ἄμετρον καὶ κολάζω τὴν ἀμετρίαν· καὶ ἀργὸς
εἶναι τοῦ δέοντος μᾶλλον ἢ περίεργος δέ<χ>ομαι, ἂν μὴ ἀμφό-
10 τερα διαφυγεῖν ἐξῇ, καὶ τοῦ μετρίου τυγχάνειν, καὶ δειλότερος
μᾶλλον τοῦ δέοντος ἢ θρασύτερος.

II¹1863 / K cap. Σ 1, 9

<Σχόλιον·>

Ἔστιν καὶ εἰς τὸ Γ στοιχεῖον εἰς τὸν αʹ.

---

14 Locum praecedentem non repperi in II¹ / K cap. Γ 1, ubi autem locus sequens
adfertur (cf. II¹561 / K cap. Γ 1, 16)

---

3 – 5 II¹1861 GREGORIUS NAZIANZENUS, *De moderatione in disputando (Orat. 32)*,
7, 1–3 (ed. Moreschini, p. 98) 8 – 11 II¹1862 GREGORIUS NAZIANZENUS, *De mode-
ratione in disputando (Orat. 32)*, 20, 16–20 (ed. Moreschini, p. 128) 14 II¹1863
Scholion

---

2 – 5 II¹1861 K cap. Σ 1, 7 (242r[8]9–11); V cap. Σ 2, 5; *deest in* H¹; PG 96, 329,
25–27 7 – 11 II¹1862 K cap. Σ 1, 8 (242r[11]12–16); *deest in* V H¹ 13 – 14
II¹1863 K cap. Σ 1, 9 (242r17); *deest in* V H¹

II¹1861 (a) K (b) Τοῦ Θεολόγου V Τοῦ] *om.* Vᵂ II¹1863 Σχόλιον] *supplevi, om.* K

---

3 ἢ] εἰ Kᵖ· ᶜ· ⁱⁿ ᵐᵍ· καλὸς Vᵂ σοφῶς Vᴱⱽᴼ 4 μὴ δὲ¹] μήτε V μὴ δὲ²] μήτε V
9 δέχομαι] *correxi (ed.)*, δέομαι K 10 ἐξῇ] *correxi (ed.)*, ἐξῆν K τυγχάνειν] *cor-
rexi (ed.)*, τυγχάνηι K 14 τὸν] *scripsi (sc. τίτλον)*, τὴν K

II¹1864 / K cap. Σ 1, 10

Ἐκ τοῦ αὐτοῦ·

Σοφία καὶ τὸ γινώσκειν ἑαυτόν, ἀλλὰ μὴ ὑπεραίρεσθαι, μὴ δὲ ταὐτὸν ταῖς φωναῖς πάσχειν, αἵ παντελῶς ἐκλείπουσιν, ἐὰν ὑπερφωνῶνται δι' ἀμετρίαν.   5

II¹1865 / K cap. Σ 1, 11

Ἐκ τοῦ αὐτοῦ·

Κρεῖσσον τὸ κατὰ δύναμιν εἰσενεγκεῖν ἢ τὸ πᾶν ἐλλείπειν· οὐ γὰρ ὁ μὴ δυνηθεὶς τὰ τοιαῦτα ὑπεύθυνος, ἀλλ' ὁ μὴ βουληθεὶς ὑπαίτιος, κἂν τοῖς θείοις ὁμοίως κἂν τοῖς ἀνθρωπίνοις πράγμασιν.   10

*II²2596 /
PMLᵇ cap.
Σ 15, 15

II¹1866 / K cap. Σ 1, 12

Ἐκ τοῦ εἰς τοὺς μονάζοντας·

Οὔτε νωθρότερον εἶναι τοῦ μετρίου καλόν, οὔτε θερμότερον, ὡς ἢ δι' εὐκολίαν πᾶσι συμφέρεσθαι, ἢ δι' ἀταξίαν πάντων ἀποστα-

---

8 – 10   Κρεῖσσον – ὑπαίτιος] exstat etiam ap. Ps.-Max. Conf., *Loci communes*, 7.17./14. (ed. Ihm, p. 163–164)

3 – 5   **II¹1864** GREGORIUS NAZIANZENUS, *De moderatione in disputando (Orat. 32)*, 21, 23–25 (ed. Moreschini, p. 130)   **8 – 10 II¹1865** GREGORIUS NAZIANZENUS, *De moderatione in disputando (Orat. 32)*, 1, 6–9 (ed. Moreschini, p. 82)   **13 – 1011, 2** **II¹1866** GREGORIUS NAZIANZENUS, *De pace I ob monachorum reconciliationem (Orat. 6)*, 20, 5–8 (ed. Calvet-Sebasti, p. 170–172)

2 – 5   **II¹1864** K cap. Σ 1, 10 (242r[17]18–21); V cap. Σ 2, 6; *deest in* Hᴵ; PG 96, 329, 28–31   **7 – 10 II¹1865** K cap. Σ 1, 11 (242r[21]22–242v2); V cap. Σ 2, 8; *deest in* Hᴵ; PG 96, 329, 48 – 332, 2   **12 – 1011, 2 II¹1866** K cap. Σ 1, 12 (242v[2]3–7); V cap. Σ 2, 9; *deest in* Hᴵ; PG 96, 332, 3–6

II¹1864 (a) K   (b) Τοῦ αὐτοῦ Vᵂ   (c) *s. a.* VᴱVᴼ   **II¹1865** (a) K   (b) Τοῦ αὐτοῦ Vᵂ (c) *s. d.* VᴱVᴼ **II¹1866** (a) K   (b) Τοῦ αὐτοῦ Vᵂ   (c) *s. a.* VᴱVᴼ

3 καὶ] *om.* K   4 – 5 ὑπὲρ φῶνται Vᴱ, ὑπερφῶνται Vᴼ   5 διάμετρίαν Vᵂ, διαμετρῖαν Vᴼ, διὰ τὴν ἀμετρίαν K   8 ἐλλείπειν] ἐληπεῖν VᴱVᴼ   9 βουλεθῆς Vᵂ   14 ἢ¹] εἰ Kᵖ· ᶜ· ᵘᵗ ᵛⁱᵈᵉᵗᵘʳ Vᵂ   πάντων] *add.* τῶν Vᴼ *(sed cancellav.)*

τεῖν· ὁμοίως γὰρ καὶ τὸ νωθὲς ἄπρακτον, καὶ τὸ εὐκίνητον ἀκοινώνητον.

II¹1867 / K cap. Σ 1, 13

cf. *II²2593 /
PML^b cap.
Σ 15, 12

Ἐκ τοῦ εἰς τὸν ἀδελφὸν ἐπιταφίου·

5 Καὶ θεῷ φίλον τὸ κατὰ δύναμιν.

II¹1868 / K cap. Σ 1, 14

*II²2588 /
PML^b cap.
Σ 15, 7

Ἐκ τοῦ μεγάλου ἀπολογητικοῦ·

Αἱρετώτερον ἐμοὶ ἐπὶ γῆς ἀνέχοντι ζῆν οὕτως ὅπως <ἂν> δύνωμαι σὺν ὀλίγῃ καὶ μικρᾷ τῇ μάζῃ, καὶ βίον ἕλκειν ἀσφαλῆ καὶ ἀκύ-
10 μαντον, ἢ μακρὸν ἀναρρίπτειν καὶ μέγαν ἐπὶ μεγάλοις κέρδεσι κίνδυνον. Ὑψηλῷ μὲν γὰρ ζημία τὸ μὴ ἐγχειρεῖν μείζοσι, μὴ δὲ εἰς πλείους διατείνειν τὴν ἀρετήν, ἀλλ᾽ ἐπὶ μικρῶν ἵστασθαι, οἷον μεγάλῳ φωτὶ μικρὸν οἶκον αὐγάζοντα ἢ πανοπλίᾳ νεανικῇ σῶμα παιδικὸν περισκέποντα· μικρῷ δὲ ἀσφάλεια, μικρὰ φορτίζεσθαι,
15 ἀλλὰ μὴ τοῖς ὑπὲρ δύναμιν ἑαυτὸν ὑποθέντα, γέλωτα ὀφλισκάνειν ὁμοῦ καὶ προστιθέναι τὸν κίνδυνον, ὥσπερ δὴ καὶ πύργον οἰκοδομεῖν οὐκ ἄλλῳ τινὶ προσῆκεν ἢ ὃς ἔχει τὰ πρὸς ἀπαρτισμόν ἠκούσαμεν.

---

17 Luc. 14, 28

5 II¹1867 GREGORIUS NAZIANZENUS, *Funebris in laudem Caesarii fratris oratio (Orat. 7)*, 17, 2 (ed. Calvet-Sebasti, p. 220)   8 II¹1868 Αἱρετώτερον – ἀνέχοντι] GREGORIUS NAZIANZENUS, *Apologetica (Orat. 2)*, 100, 5 (ed. Bernardi, p. 220) 8 – 18 ζῆν – ἠκούσαμεν] IBID., 100, 7 – 101, 8 (p. 220)

---

4 – 5 II¹1867 K cap. Σ 1, 13 (242v[7]8); *deest in* V H¹   7 – 18 II¹1868 K cap. Σ 1, 14 (242v[8]9–23); *deest in* V H¹

---

1 τὸ¹] τὸν V⁰   8 ἀνέχοντι] *correxi (ed.)*, νήχοντι K   ἂν] *supplevi (ed.)*, *om.* K   13 πανοπλίᾳ νεανικῇ] *correxi (ed.)*, πανοπλίᾳ νεανικῇ K   14 περισκέποντα] *correxi (ed.)*, περισκέπουσα K   μικρῷ] *correxi (ed.)*, μικρὰ Kᵃ·ᶜ·, μικρᾶι Kᵖ·ᶜ·   ἀσφάλεια] *correxi (ed.)*, ἀσφαλεία K   17 προσῆκεν] *sic* K *et codd. plerique Gregorii*, προσῆκον *coniec. Bernardi*

II¹1869 / K cap. Σ 1, 15

Ἐκ τοῦ εἰς τὰ Φῶτα·

Ὁμοίως ἐστὶ κακὸν καὶ ἄνεσις ἀσωφρόνιστος καὶ κατάγνωσις ἀσυγχώρητος, ἡ μὲν ὅλην ἀφιεῖσα τὴν ἡνίαν, ἡ δὲ τῷ σφοδρῷ κατάγχουσα.　　　　　　　　　　　　　　　　　　　　　　　　　　　　5

*II²2595 /
PMLᵇ cap.
Σ 15, 14

II¹1870 / K cap. Σ 1, 16

Τοῦ αὐτοῦ, ἐκ τοῦ εἰς τὸν πατέρα·

Εὐσεβείας ἐστὶ καὶ ἀσφαλείας, μετρῆσαι τῇ δυνάμει τὴν λειτουργίαν, καὶ ὥσπερ τροφῆς τὴν μὲν κατὰ δύναμιν προ<σί>εσθαι, τὴν δὲ ὑπὲρ δύναμιν ἀποπέμπεσθαι· οὕτω γὰρ σώματι μὲν εὐεξία, ψυ-　10
χῇ δὲ ἀσφάλεια τὸ μετριάζειν <ἐν> ἀμφοτέροις.

II¹1871 / K cap. Σ 1, 17

Ἐκ τοῦ εἰς Βασίλειον ἐπιταφίου·

Ὁρῶν μὲν ὅτι τὸ μὲν ἁπαλὸν ἔκλυτον καὶ μαλακίζον, τὸ δὲ αὐστηρὸν τραχὺ καὶ αὐθαδι<ά>ζον, ἀμφοτέροις βοηθεῖ δι᾽ ἀλλήλων,　15
ἐπιεικείᾳ μὲν τὸ ἀντιτυπές, αὐστηρότητι δὲ τὸ ἁπαλὸν κερασάμενος.

---

3 – 5 **II¹1869** Gregorius Nazianzenus, *In S. Lumina (Orat. 39)*, 18, 17–20 (ed. Moreschini, p. 190)　　8 – 11 **II¹1870** Gregorius Nazianzenus, *In seipsum et ad patrem (Orat. 12)*, 5, 8–12 (ed. Calvet-Sebasti, p. 358)　　14 – 17 **II¹1871** Gregorius Nazianzenus, *Funebris oratio in laudem Basilii Magni Caesareae in Cappadocia episcopi (Orat. 43)*, 40, 6–9 (ed. Bernardi, p. 212)

---

2 – 5 **II¹1869** K cap. Σ 1, 15 (242v[23]24–243r3); *deest in* V Hᴵ　　7 – 11 **II¹1870** K cap. Σ 1, 16 (243r[3]4–9); *deest in* V Hᴵ　　13 – 17 **II¹1871** K cap. Σ 1, 17 (243r[9]10–14); *deest in* V Hᴵ

---

9 τροφῆς] *correxi (ed.)*, τροφὴν K　　προσίεσθαι] *correxi (ed.)*, πρόεσθαι (sic) K
10 – 11 ψυχῇ] *correxi (ed.)*, ψυχῆς K　　11 ἐν] *supplevi (ed.)*, *om.* K　　15 αὐθαδιάζον] *correxi (ed.)*, αὐθαδίζον K　　16 τὸ¹] *s. l.* K

II¹1872 / K cap. Σ 1, 18

Ἐκ τοῦ αὐτοῦ·

Πᾶν μέτρον ἄριστον.

II¹1873 / K cap. Σ 1, 19

5 Ἐκ τοῦ πρὸς ἐπίγαμον παρθένον Ὀλυμπιάδα δι᾽ ἐπῶν κεφαλαίου·

Τοὔνεκεν	Τούτου χάριν
ἢ πτερύγε<σ>σιν	ἢ πτεροῖς
ἀείρεο πάμπαν	κουφίζου παντελῶς
ἐλαφροῖς,	συμμέτροις,
10 Ἠὲ κάτω μίμνων,	ἢ κάτω μένων,
ἀσφαλέως τροχάειν,	ἀσφαλῶς ὀδεύειν,
Μήπου βριθοσύνῃ	ἵνα μὴ τῷ βάρει
σεῖο πτερὸν	τὸν σὸν πτερὸν
ἐς χθόνα νεύσῃ,	εἰς τὴν γῆν κλίνῃ,
15 Μὴ δὲ πέσῃς ἀρθεὶς	μὴ δὲ πέσῃς κουφισθεὶς
πτῶμ᾽ ἐλεεινότατον.	πτῶμα ἐλεεινόν.
Νηῦς ὀλί<γ>η	Ναῦς, πλοῖον μικρόν,
γόμφοισιν	σφηναρίοις
ἀρηραμένη	συνηρμοσμένη
20 πυκινοῖσι,	συνεχέσι,
Φόρτον ἄγει	γόμον βαστάζει

---

3 II¹1872 GREGORIUS NAZIANZENUS, *Funebris oratio in laudem Basilii Magni Cae-sareae in Cappadocia episcopi (Orat. 43)*, 60, 4 (ed. Bernardi, p. 254)   6 – 1014, 2
II¹1873 GREGORIUS NAZIANZENUS, *Carmina*, re vera I,2,17 *(Variorum vitae gene-rum beatitudines)*, 49–54; Paraphrasis A 1 (ed. Simelidis, p. 106; 248)

---

2 – 3 II¹1872 K cap. Σ 1, 18 (243r[14]15); V cap. Σ 2, 10; *deest in* Hᴵ; PG 96, 332, 7
5 – 1014, 2 II¹1873 K cap. Σ 1, 19 (243r[15]16–243v11); *deest in* V Hᴵ

II¹1872 (a) K (b) *s. a.* Vᵂ (c) *s. d.* Vᴱ Vᴼ

---

7 πτερύγεσσιν] *scripsi (ed.)*, πτερύγεσιν K   9 ἐλαφροῖς] *sic* K, ἐλαφραῖς *ed.*   17 ὀλίγη] *scripsi (ed.)*, ὀλιὴ K   18 γόμφοισιν] *scripsi (ed.)*, γομφοῖσιν K

μεγάλης πλείονα   τῆς μεγάλης νηὸς πλείονα
τῆς ἀδέτου.   τῆς ἀσυνδέτου.

II¹1874 / K cap. Σ 1, 20

Ἐκ τοῦ περὶ ἀρετῆς ἀνθρωπ<ε>ίας δι' ἐπῶν κεφαλαίου·

Αἰεί σοι τὸ βέλεμνον	Ἀεί σοι τὸ βέλος 5
ἐπὶ σκοπὸν	ἐπὶ τὸν σκοπὸν
ἐν χειρὶ κείσθω·	ἐν χερσὶ κείσθω·
Μηδὲν ὑπερπέμπειν	μηδὲν ὑπέρτερον πράττειν
Χριστοῦ μεγάλοιο	ταῖς τοῦ Χριστοῦ τοῦ μεγάλου
ἐφετμῆς,	ἐντολαῖς, 10
Μὴ δὲ μὲν	μὴ δὲ μὴν
ἐντὸς ἄγειν·	ἐσώτερον φέρειν τοῦ
ἀβλὴς <σ>κοπὸς	κανόνος καὶ ἀβλῆ τὸν σκοπὸν
ἀμφοτέρωθεν.	ποιεῖν. Ἑκατέρωθε γὰρ
Πολλάκι καὶ τὸ	πολλάκις καὶ τὸ ὑπὲρ 15
περισσὸν [ὑπὲρ	περισσόν,
παρὰ ἧττον]	καὶ τὸ παρὰ καὶ ἧττον
ἀχρήϊον.	ἄχρηστον.

---

5 – 18 II¹1874 Gregorius Nazianzenus, *Carmina*, I,2,9 *(De virtute)*, 121–124
(= *Carmen de virtute* Ib, 37–40 [ed. Palla, p. 94–95])

---

4 – 18 II¹1874 K cap. Σ 1, 20 (243v[12]13–244r2); *deest in* V H^I

II¹1874 ἀνθρωπείας] *scripsi*, ἀνθρωπίας K

1 πλείονα¹] *correxi (ed.)*, νηὸς K   **7** χειρὶ] *sic* K *et ed. in app. crit.*, χερὶ *ed.*   **10**
ἐφετμῆς] *correxi (ed.)*, ἀφ' ἑτμῆς K   **13** ἀβλὴς σκοπὸς] *correxi (ed.)*, ἀβλῆς κόπον
K   ἀβλῆ] *correxi*, ἀβλῆς K   **16 – 17** ὑπὲρ – ἧττον¹] *delevi (ed.)*   **18** ἀχρήϊον]
scripsi (ed.), ἀχρῆον K^{a. c.}, ἀχρήϊον K^{p. c.}

II¹1875 / K cap. Σ 1, 21

Ἐκ τῶν τετραστίχων Γνωμῶν·

Μὴ θερμὸν ἄττειν,   Μὴ πάνυ σπουδαίως ὁρμᾶν,
ἐμμένειν δ'   ἐμμένειν δὲ
5 οἷς ἂν κρίνῃ<ς>.   οἷστισιν ἐὰν δόξῃ σοι.

Κρεῖσσον προκόπτειν   Βέλτιον προκόπτειν
ἢ τί κόπτειν τοῦ καλοῦ.   ἢ τί ποτε ἀποκόψαι τοῦ καλοῦ.

Καὶ γὰρ κακοὺς καλοῦμεν   Καὶ γὰρ κακοὺς λέγομεν
οὐχὶ τοὺς κάτω,   οὐδαμῶς τοὺς κάτω,

10 Τοὺς δ' ὅταν ὑψωθῶσι,   ἐκείνους δὲ οἵτινες, ὅταν
                             ἐπαρθῶσιν ὑπέρμετρον,
πίπτοντας μέγα.   πίπτουσι μέγα.

II¹1876 / K cap. Σ 1, 22

Ἐκ τῶν <δι>στίχων Γνωμῶν·

15 Μήτε δικαιοσύνην   Μήτε δικαιοσύνην
τιν' ἀκαμπέα,   τινὰ ἔχε ἀκαμπῆ,
μήτε φρόνησιν   μήτε σύνεσιν

Ἀγκυλόεσσαν ἔχειν·   ἐπικαμπῆ κέκτησο·
μέτρον ἄριστον   τοῦτο μέτρον χρήσιμόν ἐστιν
20 ἅπαν.   εἰς ἅπαν.

---

3 - 12 II¹1875 GREGORIUS NAZIANZENUS, *Carmina*, I,2,33 *(Tetrastichae sententiae)*, 45–48 (PG 37, 931, 9–12)   15 - 20 II¹1876 GREGORIUS NAZIANZENUS, *Carmina*, I,2,31 *(Distichae sententiae)*, 41–42 (PG 37, 914, 1–2)

---

2 - 12 II¹1875 K cap. Σ 1, 21 (244r[3]4–12); *deest in* V Hᴵ   14 - 20 II¹1876 K cap. Σ 1, 22 (244r[13]14–19); *deest in* V Hᴵ

II¹1875 τετραστίχων] *scripsi*, Δ'στίχων K II¹1876 διστίχων] *scripsi*, στίχων K

---

5 κρίνῃς] *correxi (ed.)*, κρίνηι K   10 ὅταν¹] ἡνίχ' *ed.*

II¹1877 / K cap. Σ 1, 23

Τοῦ αὐτοῦ, ἐκ τῶν ἐπιστολῶν·

Οὐκ ἄπληστοι περὶ τοῦ πάσχειν εὖ παρὰ τῶν φίλων ἡμεῖς, ἀλλὰ καὶ λίαν σύμμετροι, εἰ καὶ σὺ πρὸς τὸ ποιεῖν ἄφθονος.

II¹1878 / K cap. Σ 1, 24   5

Τοῦ αὐτοῦ, ἐκ τοῦ περὶ †τομῶν†, δι᾽ ἐπῶν·

Μέτρα φέρειν γὰρ ἄριστον, ἀμετρίη δὲ κάκιστον.

II¹1879 / K cap. Σ 1, 25

Τοῦ μακαρίου Ἰωάννου, ἐκ τοῦ εἰς τὸν ἅγιον Βαβύλαν·

Τοιαύτη ἡ τοῦ Χριστοῦ σοφία, μήτε ἐλλειπῶς μήτε περιττῶς ἀγω-   10
νίζεσθαι συγχωροῦσα, πανταχοῦ δὲ τὴν συμμετρίαν φυλάττουσα.

---

3 – 4 **II¹1877** Gregorius Nazianzenus, *Epistulae*, CCXXXVII, 1 (ed. Gallay, II, p. 127)   7 **II¹1878** Gregorius Nazianzenus, *Carmina*, I,1,4 *(De mundo)*, 86 (ed. Moreschini, p. 20)   10 – 11 **II¹1879** Iohannes Chrysostomus, *De Babyla contra Iulianum et gentiles*, 36, 1–3 (ed. Schatkin/Blanc/Grillet, p. 136)

---

2 – 4 **II¹1877** K cap. Σ 1, 23 (244r[20]21–23); *deest in* V H[I]   6 – 7 **II¹1878** K cap. Σ 1, 24 (244r[23]24); *deest in* V H[I]   9 – 11 **II¹1879** K cap. Σ 1, 25 (244v[1]2–4); V cap. Σ 2, 11; *deest in* H[I]; PG 96, 332, 8–10

II¹1878 †τομῶν†] *cruces apposui, sic* K, κόσμου *ed.*   **II¹1879** (a) K   (b) Τοῦ Χρυσοστόμου V[E]V[O] (c) *s. a.* V[W]

II¹1880 / K cap. Σ 1, 26

Τοῦ ἁγίου Κυρίλλου Ἀλεξανδρείας, ἐκ τοῦ ιη′ λόγου τῶν κατὰ Ἰουλιανοῦ·

Ἐν τῷ Μηδὲν ἄγαν εἶναι τὸ εὖ ἔχον, ἐν δὲ τῷ περιττῷ τὰς δια-
5 βολάς...

II¹1881 / K cap. Σ 1, 27

Κλήμεντος, ἐκ τοῦ α′ Στρώματος·

Ὡς ζῷα λογικὰ σφᾶς αὐτοὺς ἁρμοστέον εὐκράτως, τὸ αὐστηρὸν τῆς σπουδῆς <ἡμῶν καὶ> τὸ ὑπέρτονον ἀνιέντας καὶ διαχέοντας
10 ἐμμελῶς, καὶ οὐκ ἐκλύοντας ἐκμελῶς.

II¹1882 / K cap. Σ 1, 28

Ἰσιδώρου Πηλουσιώτου, ἐκ τῶν ἐπιστολῶν·

Σύμμετρος ἔστω τῆς ἀρετῆς ὁ πόνος, ἵνα μὴ ἄμετρος γένηται τῆς μεταβολῆς ὁ τρόπος.

---

4 e. g. Plat., *Prot.*, 343b3

---

4 – 5 **II¹1880** Cyrillus Alexandrinus, *Contra Iulianum imperatorem*, XVIII (?) (fr. 57, ed. Kinzig/Brüggemann, p. 804)   8 – 10 **II¹1881** Clemens Alexandrinus, re vera *Paedagogus*, II. Cap. V. 46, 2 (ed. Stählin/Treu, p. 185, 25–27); Holl, n° 193 13 – 14 **II¹1882** Isidorus Pelusiota, *Epistulae*, II, 45 (PG 78, 488, 4–5)

---

2 – 5 **II¹1880** K cap. Σ 1, 26 (244v[4–5]6–7); *deest in* V H¹; PG 86, 2089, 44–47 7 – 10 **II¹1881** K cap. Σ 1, 27 (244v[7]8–11); *deest in* V H¹; PG 86, 2089, 48–51 12 – 14 **II¹1882** K cap. Σ 1, 28 (244v[11]12–13); V cap. Σ 2, 12; *deest in* H¹; PG 96, 332, 11–12

II¹1882 (a) K (b) Ἰσιδώρου V^E V^O ἰσηδω V^E, ισηδ V^O (c) Χρυσοστόμου V^W

---

8 αὐτοὺς] *scripsi (ed.)*, αὐτοὺς K   9 ἡμῶν καὶ] *supplevi (ed.), om.* K

II¹1883 / K cap. Σ 1, 29

Φίλωνος, [ἐκ τοῦ] ἐκ τῶν ἐν Γενέσει ζητημάτων·

Ἄξιον ἀποδέχεσθαι τὸ μηδενὸς ὀρέγεσθαι τῶν ὑπὲρ δύναμιν· πᾶν γὰρ τὸ συμμετρίαν ἔχον, ἐπαινετόν. Ἀναγκαῖον οὖν τῷ μὲν εὐφυεῖ πλείους εἶναι τὰς διδασκαλίας, ἐλάττους δὲ τῷ ἀφυεῖ, διὰ τὴν ἐν   5
ταῖς ἀναλογίαις ἀρίστην ἰσότητα. Καὶ τοῦτό γε ἐστι τὸ βιωφελέ-
στατον ἴσον.

II¹1884 / K cap. Σ 1, 30

Τοῦ αὐτοῦ, ἐκ τοῦ περὶ φυγῆς καὶ εὑρέσεως·

Πᾶν τὸ ὑπὲρ δύναμιν ἐπιτάσει σφοδρότητος ἀπορρυή<σε>ται.   10

II¹1885 / K cap. Σ 1, 31

Ἐκ τοῦ περὶ μέθης·

Ὥσπερ τῶν τελειοτάτων ἀγαθῶν αἴτιόν ἐστι ἡ συμμετρία, οὕτω
τῶν μεγίστων κακῶν ἀμετρία, τὸν ὠφελιμώτατον λύουσα θεσμὸν
ἰσότητος.   15

---

3 – 4 Ἄξιον – ἐπαινετόν] exstat etiam ap. Ps.-Max. Conf., *Loci communes*, 13.-./
16a. (ed. Ihm, p. 334–335)

---

3 – 7 II¹1883 PHILO IUDAEUS, *Quaestiones in Genesim*, IV. 102 (ed. Petit, p. 177)
10 II¹1884 PHILO IUDAEUS, *De fuga et inventione*, 146 (ed. Wendland, p. 141, 17)
13 – 15 II¹1885 PHILO IUDAEUS, *De ebrietate II*, Fr. 7 (ed. Wendland, p. 24); Royse
179.124

---

2 – 7 II¹1883 K cap. Σ 1, 29 (244v[13–14]15–20); *deest in* V H^I; PG 86, 2089, 52 –
2092, 5   9 – 10 II¹1884 K cap. Σ 1, 30 (244v[20–21]22–23); *deest in* V H^I   12 – 15
II¹1885 K cap. Σ 1, 31 (244v[23]24–245r2); *deest in* V H^I

II¹1883 ἐκ τοῦ] *delevi*

---

3 τὸ] τῷ K^{a. c. in mg.}   6 – 7 βιωφελέστατον] scrips. *Mai*, βιοφελέστατον K   10 ἀ-
πορρυήσεται] *coniec. Mangey*, ἀπορρυεῖται K *(signo quo solebant scribae ad textum
in mg. referre super -εῖ- superscripto)*, ἀπορρήττεται *Wendland*   14 *ante* ἀμετρία
hab. ἡ ed.   ὠφελιμώτατον] scrips. *Wendland*, ὀφελιμώτατον K

II¹1886 / K cap. Σ 1, 32

Ἐκ τοῦ α′ τῶν ἐν Ἐξόδῳ ζητημάτων·

Ὑπερβολαὶ καὶ ἐλλείψεις ἀνισότητα ἐγέννησαν· ἀνισότης δέ, ἵνα αὐτὸς μυθικώτερον χρήσωμαι τοῖς ὀνόμασιν, μήτηρ ἀδικίας ἐστίν,
5 ὡς ἔμπαλιν ἰσότης δικαιοσύνης. Ὑπερβολῆς δὲ καὶ ἐλλείψεως μέσον τὸ αὔταρκες, ἐν ᾧ τὸ ἱερὸν γράμμα περιέχεται, τὸ Μηδὲν ἄγαν.

II¹1887 / K cap. Σ 1, 33

Ἐκ τῶν ἐν Ἐξόδῳ ζητημάτων·

10 Τὰ μέτρα πλεονάζοντα τὸν ὅρον ὑπερβαίνει, ὡς γίνεσθαι τὴν μὲν ἄμετρον φρόνησιν πανουργίαν, τὴν δὲ σωφροσύνην φειδωλίαν, τὴν δὲ ἀνδρ<ε>ίαν θρασύτητα.

---

6 - 7 e. g. Plat., *Prot.*, 343b3

---

3 - 7 II¹1886 PHILO IUDAEUS, *Quaestiones in Exodum*, I. 6 (ed. Petit, p. 235)
10 - 12 II¹1887 PHILO IUDAEUS, *Quaestiones in Exodum*, locus non repertus (ed. Petit, p. 301.24); Royse 177.79

---

2 - 7 II¹1886 K cap. Σ 1, 32 (245r[2]3 –8); *deest in* V Hᴵ; PG 86, 2092, 6 –12   9 - 12 II¹1887 K cap. Σ 1, 33 (245r[8]9 –12); *deest in* V Hᴵ; PG 86, 2092, 13 –17

---

12 ἀνδρείαν] *scrips. Petit,* ἀνδρίαν K

Τίτλος β′   Περὶ σοφίας κοσμικῆς.

θ′   Περὶ σοφίας κοσμικῆς.

κγ′   Περὶ σοφίας κοσμικῆς.

II¹1888 / K cap. Σ 2, 1

Ἡσαΐου προφήτου·   5

Ἀπολῶ σοφοὺς ἐν τῇ Ἰδουμαίᾳ, λέγει κύριος· ἀπολῶ τὴν σοφίαν
τῶν σοφῶν, καὶ τὴν σύνεσιν τῶν συνετῶν ἀθετήσω.

II¹1889 / K cap. Σ 2, 2

Ἱερεμίου προφήτου·

Ἠσχύνθησαν σοφοὶ καὶ ἐπορεύθησαν καὶ ἑάλωσαν, ὅτι λόγον κυ-   10
ρίου ἀπεδοκίμασαν.

---

1 Περὶ – κοσμικῆς] cf. II¹ / Kᵖⁱⁿ Παραπομπὴ Κ 6

---

6 II¹1888 Ἀπολῶ – κύριος] Is., re vera Abd. 8 (Wahl, *Prophetenzitate*, p. 222)
6 – 7 ἀπολῶ – ἀθετήσω] Is. 29, 14 (Wahl, p. 359)   10 – 11 II¹1889 Ier. 8, 9 (Wahl,
Prophetenzitate, p. 512–513)

---

1 Titlos (a) K (245r12)   2 Titlos (b) V Aᴵ ᵖⁱⁿ; *deest in* HᴵAᴵ ᵗˣᵗ   3 Titlos (c) PMᵖⁱⁿ
Lᵇ ᵖⁱⁿ E R; *deest in* Mᵗˣᵗ ⁽ˡᵃᶜ·⁾ Lᵇ ᵗˣᵗ   5 – 7 II¹1888 K cap. Σ 2, 1 (245r[mg]13–15);
VᴱVᴼ cap. Σ 9, 1; Vᵂ cap. Σ 9, 1–2; P cap. Σ 23, 1–2; E cap. 225, 1–2; R cap. Σ 23, 1;
deest in Hᴵ M⁽ˡᵃᶜ·⁾ Lᵇ; PG 96, 340, 36–38   9 – 11 II¹1889 K cap. Σ 2, 2 (245r[15]16–
17); VᴱVᴼ cap. Σ 9, 2; Vᵂ cap. Σ 9, 3; P cap. Σ 23, 3; E cap. 225, 3; R cap. Σ 23, 2;
deest in Hᴵ M⁽ˡᵃᶜ·⁾ Lᵇ; PG 96, 340, 39–40

---

2 Titlos (b)   θ′] η′ Vᴱ ᵖⁱⁿ Vᴼ ᵖⁱⁿ (θ′ *exspectav.*), *propt. mg. resect. non liquet in* Aᴵ ᵖⁱⁿ
(θ′ *secund. ser.*), *praem.* τίτλος Vᵂ ᵗˣᵗ   3 Titlos (c)   κγ′] σκε′ E, *praem.* τίτλος Rᵗˣᵗ
κοσμικῆς] *add.* ἡσαΐου προφήτου Rᵖⁱⁿ

II¹1888 (a) K   (b) Ἡσαΐου VᴱVᴼ R   (c) Ἡσαΐου / s. a. Vᵂ P E *(cf. infra, app. crit.*
text.) ἡσαΐου P II¹1889 (a) K   (b) Ἱερεμίου VᴱVᴼ P E R ἳηρεμίου P   (c) s. a. Vᵂ

---

6 Ἀπολῶ – κύριος] *om.* R   Ἰδουμαίᾳ] ἰδουμαῖα Vᵂ, ἴδουμαια P   κύριος] *hic*
caesura in Vᵂ P E   7 τῶν²] *add.* λέγει κύριος Vᵂ ᵖ· ʳᵃˢ· ᵃᵗᵗʳⁱᵇᵘᵗⁱᵒⁿⁱˢ ˡᵒᶜⁱ ˢᵉ𝑞ᵘᵉⁿᵗⁱˢ P R E   10
Ἠσχύνθησαν] ἠ- *e corr.* Vᵂ, ἰσχύνθησαν Vᴱ   ἑάλωσαν VᴱVᴼ, εαλωσαν P, ἐλάλη-
σαν Vᵂ

II¹1890 / K cap. Σ 2, 3

Τοῦ αὐτοῦ·

Ἐν πᾶσι τοῖς σοφοῖς τῶν ἐθνῶν καὶ ἐν πάσαις ταῖς βασιλείαις αὐ-
τῶν, πόθεν ὅμοιός σοι, κύριε; Καὶ εἰς ἅπαξ ἀσυνετισθήσονται καὶ
5 ἀνοητισθήσονται, καὶ παιδεία ματαιότητος ἐν αὐτοῖς.

II¹1891 / K cap. Σ 2, 4

Ἀπὸ τοῦ Βαρούχ·

Καὶ υἱοὶ Ἄγαρ, ἐκζητοῦντες τὴν σύνεσιν τὴν ἐπὶ τῆς γῆς, οἱ μυθο-
λόγοι καὶ ἐκζητηταὶ τῆς συνέσεως, ὁδὸν δὲ σοφίας οὐκ ἔγνωσαν,
10 οὐδὲ ἐμνήσθησαν τῶν τρίβων αὐτῆς.

II¹1892 / K cap. Σ 2, 5

Σοφία Σολομῶντος·

Πλανῶνται,
θεὸν ζητοῦντες καὶ θέλοντες εὑρεῖν·
15 ἐν γὰρ τοῖς ἔργοις αὐτοῦ ἀναστρεφόμενοι διερευνῶσι,
καὶ πείθονται τῇ ὄψει ὅτι καλὰ τὰ βλεπόμενα.
Πάλιν δὲ οὐδ' αὐτοὶ συγγνωστοί·
εἰ γὰρ τοσοῦτον ἴσχυσαν εἰδέναι
ἵνα δύνωνται στοχάσασθαι τὸν αἰῶνα,

---

3 – 5 II¹1890 Ier. 10, 7–8 app. crit. (Wahl, *Prophetenzitate*, p. 520)   8 – 10 II¹1891
Bar. 3, 23 (Wahl, *Prophetenzitate*, p. 592)   13 – 1022, 2 II¹1892 Sap. 13, 6²–10¹

2 – 5 II¹1890 K cap. Σ 2, 3 (245r[17]18–21); *deest in* V Hᴵ PM⁽ˡᵃᶜ·⁾ Lᵇ R E   7 – 10
II¹1891 K cap. Σ 2, 4 (245r[mg]22–245v1); VᴱVᴼ cap. Σ 9, 3; Vᵂ cap. Σ 9, 4; P cap.
Σ 23, 4; *deest in* Hᴵ M⁽ˡᵃᶜ·⁾ Lᵇ R E; PG 96, 340, 41–44   12 – 1022, 2 II¹1892 K cap. Σ
2, 5 (245v[1]2–9); VᴱVᴼ cap. Σ 9, 4; Vᵂ cap. Σ 9, 5; P cap. Σ 23, 5; *deest in* Hᴵ M⁽ˡᵃᶜ·⁾
Lᵇ R E; PG 96, 340, 45–51

II¹1891 (a) K (b) Βαρούχ V P βαράχ Vᴱ II¹1892 (a) K (b) Σολομῶντος V P

8 ἄγαρ P 8 – 9 θυμολόγοι VᴱVᴼ 9 ἐκζητητὲ VᴱVᴼ, ἐκζητειτε P ἐπέγνωσαν K
10 αὐτῆς] e corr. P, αὐτῶν Vᵂ   17 δὲ οὐδ'] οὐδὲ VᴱVᵂVᴼ ᵖ· ᶜ· P, οὐδὲν Vᴼ ᵃ· ᶜ·
σύγγνωστοι K, συνγνωστοι P, συγγνωστέοι VᴱVᴼ

τὸν τούτου δεσπότην πῶς τάχιον οὐχ᾽ εὗρον;
Ταλαίπωροι, καὶ ἐν νεκροῖς αἱ ἐλπίδες αὐτῶν.

II¹1893 / K cap. Σ 2, 6

Ἐκ τῆς πρὸς Κορινθίους <α΄> ἐπιστολῆς·

Γέγραπται· *Ἀπολῶ τὴν σοφίαν τῶν σοφῶν, καὶ τὴν σύνεσιν τῶν συ-*   5
νετῶν ἀθετήσω. Ποῦ σοφός; Ποῦ γραμματεύς; Ποῦ συζητητὴς τοῦ
αἰῶνος τούτου; Οὐχὶ ἐμώρανεν ὁ θεὸς τὴν σοφίαν τοῦ κόσμου
τούτου; Ἐπειδὴ γὰρ ἐν τῇ σοφίᾳ τοῦ θεοῦ οὐκ ἔγνω ὁ κόσμος διὰ
τῆς σοφίας τὸν θεόν, ηὐδόκησεν ὁ θεὸς διὰ τῆς μωρίας τοῦ κη-
ρύγματος σῶσαι τοὺς πιστεύοντας.   10

II¹1894 / K cap. Σ 2, 7

Ἐκ τῆς Ἰακώβου ἐπιστολῆς·

Εἰ ζῆλον πικρὸν καὶ ἐριθείαν ἔχετε ἐν τῇ καρδίᾳ ὑμῶν, μὴ κατα-
καυχᾶσθε καὶ ψεύδεσθε κατὰ τῆς ἀληθείας. Οὐκ ἔστιν αὕτη ἡ σο-
φία ἄνωθεν κατερχομένη, ἀλλ᾽ ἐπίγειος ψυχὴ καὶ δαιμονιώδης· ὅ-   15
που γὰρ ζῆλος καὶ ἐριθεία, ἐκεῖ ἀκαταστασία καὶ πᾶν φαῦλον

---

5 – 6 Is. 29, 14

5 – 10 II¹1893 I Cor. 1, 19–21   13 – 1023, 4 II¹1894 Iac. 3, 14–18

4 – 10 **II¹1893** K cap. Σ 2, 6 (245v[9]10–17); VᴱVᴼ cap. Σ 9, 5; Vᵂ cap. Σ 9, 6; P
cap. Σ 23, 6; E cap. 225, 4; R cap. Σ 23, 3; *deest in* Hᴵ M⁽ˡᵃᶜ·⁾ Lᵇ; PG 96, 341, 1–8
12 – 1023, 4 **II¹1894** K cap. Σ 2, 7 (245v[17]18–23); VᴱVᴼ cap. Σ 9, 6; Vᵂ cap. Σ 9,
7; P cap. Σ 23, 7; R cap. Σ 23, 4; *deest in* Hᴵ M⁽ˡᵃᶜ·⁾ Lᵇ E; PG 96, 341, 9–18

II¹1893 (a) K α΄] *supplevi, om.* K   (b) Πρὸς Κορινθίους α΄ VᴱVᴼ P R α΄] *om.* VᴱVᴼ
(c) Τοῦ Ἀποστόλου Vᵂ E Τοῦ] *om.* E   **II¹1894** (a) K P R ϊακώβου P   (b) Ἐκ τῆς
Ἰακώβου VᴱVᴼ (c) Ἰακώβου Vᵂ

2 Ταλαίπωροι] *praem.* οἱ K   5 Γέγραπται] *add.* γὰρ (γαρ P) P R E   6 σοφῶς VᴱVᴼ
συζητιτῆς Vᴱ, σϋζητῆς Vᴼ   8 τούτου] *om.* Vᴱ   9 ηὐδοκισεν P, εὐδόκησεν VᴱVᴼ
13 ἐριθείαν] *scripsi* (NT), ἐριθίαν K P, ἐρίθιαν Vᵂ, ἐρίθειαν R, ἐρήθειαν VᴱVᴼ
13 – 14 κατακαυχᾶσθε] κατακαυχᾶσθαι (-χα- P) Vᴼ ᵃ·ᶜ· P   14 ψεύδεσθαι VᴱVᴼ
κατὰ – ἀληθείας] ἐν τῇ ἀληθείᾳ VᴱVᴼ   14 – 15 αὕτη – σοφία] ἡ σοφία αὕτη K
15 ψυχὴ καὶ] ψυχικὴ (-η P) Vᵂ P R   16 ἐριθεία] *scripsi* (NT), ἐριθία K, ἐρϊθια Vᵂ,
ἐρίθεια (ἐρι- P) P R, ἐρήθεια VᴱVᴼ

πρᾶγμα. Ἡ δὲ ἄνωθεν σοφία πρῶτον μὲν ἁγνή ἐστιν, ἔπειτα εἰρη-
νική, ἐπιεικής, εὐπειθής, μεστὴ ἐλέους καὶ καρπῶν ἀγαθῶν, ἀδιά-
κριτος, ἀνυπόκριτος. Καρπὸς δὲ δικαιοσύνης ἐν εἰρήνῃ σπείρεται
τοῖς ποιοῦσιν εἰρήνην.

II¹1895 / K cap. Σ 2, 8

Τοῦ ἁγίου Βασιλείου, ἐκ τοῦ εἰς τὰς Παροιμίας·

Ῥητορικὴ καὶ ποιητικὴ καὶ ἡ τῶν σοφισμάτων εὕρεσις πολλοὺς
ἀπησχόλησεν, ὧν ὕλη τὸ ψεῦδός ἐστίν. Οὔτε γὰρ ποιητικὴ συστῆ-
ναι δύναται ἄνευ τοῦ μύθου, οὔτε ῥητορικὴ ἄνευ τῆς ἐν τῷ λέγειν
τέχνης, οὔτε σοφιστικὴ ἄνευ τῶν παραλογισμῶν.

II¹1896 / K cap. Σ 2, 9

Ἐκ τοῦ εἰς τὸν ριε΄ ψαλμόν·

Ἐν τῇ τοῦ κόσμου σοφίᾳ ἔντεχνοί εἰσιν αἱ ἀποδείξεις· ἐν τῷ πιθα-
νῷ ἔχουσι τὴν ἐλπίδα, καὶ οὐκ ἐν τῷ ἰσχυρῷ καὶ ἐναργεῖ τῆς τοῦ
πνεύματος ἀποκαλύψεως, ἣν διὰ τῶν ἐν ἁπλότητι καρδίας ἀπε-
ριεργάστως πεποιθότων θεῷ σωτηρίας ἕνεκεν τῶν πολλῶν ἐπιδεί-
κνυται.

---

7 – 10 II¹1895 BASILIUS CAESARIENSIS, *Homilia in principium Proverbiorum*, 6 (PG
31, 397, 22–27)   **13 – 17 II¹1896** (PS.-)BASILIUS CAESARIENSIS, *Homilia in Psalmum CXV*, 1 (PG 30, 104, 34–39)

---

6 – 10 II¹1895 K cap. Σ 2, 8 (245v[24]246r1–6); V^EV^O cap. Σ 9, 7; V^W cap. Σ 9, 8; P
cap. Σ 23, 8; R cap. Σ 23, 5; *deest in* H^I M^(lac.) L^b E; PG 96, 341, 19–23   **12 – 17**
II¹1896 K cap. Σ 2, 9 (246r[6]7–12); *deest in* V H^I PM^(lac.) L^b R E

II¹1895 (a) K P R ἐκ τοῦ] *om.* P (b) Βασιλείου V

1 – 4 Ἡ – εἰρήνην] *om.* K   **2 – 4** εὐπειθής – εἰρήνην] καὶ τὰ λοιπά V^W   **2 – 3**
ἀδιάκριτος] *add.* καὶ R   **7** καὶ²] *om.* P R   ἡ] *s. l.* K, *om.* P R   **8** ἀπεσχόλησεν
(-σχο- P) V P   **9** δύνατε V^EV^O   τῷ] τὸ P   **16 – 17** ἐπιδείκνυται] *correxi (ed.)*,
ἐπιδείκνυνται K

II¹1897 / K cap. Σ 2, 10

Ἐκ τοῦ α΄ λόγου τῆς Ἑξαημέρου·

Ἡ περιουσία τῆς τοῦ κόσμου σοφίας, προσθήκην αὐτοῖς οἴσει ποτὲ τῆς χαλεπῆς κατακρίσεως, ὅτι οὕτως ὀξὺ περὶ τὰ μάταια βλέποντες, ἑκόντες περὶ τὴν σύνεσιν τῆς ἀληθείας ἀπετυφλώθησαν.   5

II¹1898 / K cap. Σ 2, 11

Ἐκ τοῦ η΄ λόγου τῆς Ἑξαημέρου·

Ἐοίκασι τοῖς ὄμμασι τῆς γλαυκὸς οἱ περὶ τὴν ματαίαν σοφίαν ἠσχολακότες· καὶ γὰρ ἐκείνης αἱ ὄψεις νυκτὸς μὲν ἔρρωνται, ἡλίου δὲ λάμψαντος, ἀμαυροῦνται. Καὶ τούτων ἡ διάνοια ὀξυτάτη μέν   10 ἐστι πρὸς τὴν τῆς ματαιότητος θεωρίαν, πρὸς δὲ τὴν τοῦ ἀληθινοῦ φωτὸς κατανόησιν ἐξημαύρωται.

---

8 – 12 exstat etiam ap. Ps.-Max. Conf., *Loci communes*, 17.7./7. (ed. Ihm, p. 398–399)

3 – 5 II¹1897 Basilius Caesariensis, *Homiliae in Hexaemeron*, I, 4 (ed. Mendieta†/Rudberg, p. 7, 11–13)   **8 – 12** II¹1898 Basilius Caesariensis, *Homiliae in Hexaemeron*, VIII, 7 (ed. Mendieta†/Rudberg, p. 141, 1–5)

2 – 5 II¹1897 K cap. Σ 2, 10 (246r[12]13–17); V^EV^O cap. Σ 9, 8; V^W cap. Σ 9, 9; P cap. Σ 23, 9; E cap. 225, 5; R cap. Σ 23, 6; *deest in* H^I M^(lac.) L^b; PG 96, 341, 24–27   **7 – 12** II¹1898 K cap. Σ 2, 11 (246r[17]18–24); V^EV^O cap. Σ 9, 9; V^W cap. Σ 9, 10; P cap. Σ 23, 10; E cap. 225, 6; R cap. Σ 23, 7; *deest in* H^I M^(lac.) L^b; PG 96, 341, 28–33

II¹1897 (a) K P   (b) Τοῦ αὐτοῦ V^W R   (c) Βασιλείου E   (d) *s. a.* V^EV^O   II¹1898 (a) K (b) Ἐκ τοῦ η΄ λόγου P   (c) Τοῦ αὐτοῦ V^W R   (d) *s. a.* V^EV^O E

3 – 4 ποτὲ] *om.* V^EV^O   **4** ὅτι οὕτως] οἱ τοιοῦτοι (*sic*) V^EV^O   **5** ἑκοντὶ K   **8** Ἐοίκασι] *add.* δὲ K   **8 – 9** ἠσχολακότες] ἠσχοληκότες (ἠ- V^E) V^EV^O R E, ἠσχολικότες P, ἐσχολακότες *e corr.* V^W   **9** ἔρρωνται] αἴρονται (αι- P) K P   **12** ἐξημαύρωνται K E, -μαύρονται (-μαυ- P) V^EV^OV^W a. ras. P, -μαύροται V^W p. ras.

II¹1899 / K cap. Σ 2, 12

Ἐκ τοῦ πρὸς νέους·

Καθάπερ φυτοῦ οἰκεία μὲν ἀρετὴ τὸ καρπὸν βρύειν ὡραῖον, φέρει
δέ τινα κόσμον καὶ φύλλα τοῖς κλάδοις περισειόμενα, οὕτω δὲ καὶ
5 ψυχῇ προηγουμένως μὲν καρπὸς ἡ ἀλήθεια, οὐκ ἄχαρί γε μὴν
οὐδὲ τὴν θύραθεν σοφίαν περιβεβλῆσθαι, οἷά τινα φύλλα σκέπην
τε τῷ καρπῷ καὶ ὄψιν οὐκ ἄωρον παρεχόμενα.

<II¹suppl. 374–376 / V cap. Σ 9, 10–12>

II¹1900 / K cap. Σ 2, 13

10 Τοῦ θεολόγου ἁγίου Γρηγορίου, ἐκ τοῦ μεγάλου ἀπολογητικοῦ·

...Ἕλληνες, οἱ τῆς ἀληθείας ὀλίγα φροντίζοντες, τῷ δὲ κομψῷ
τῶν πλασμάτων καὶ τῷ λίχνῳ τῶν λέξεων καὶ ἀκοὴν καὶ ψυχὴν
γοητεύοντες.

---

8 II¹suppl. 374–376 cf. *Sacra*. Liber II. *Supplementum* (Band VIII/8)

---

3 – 7 II¹1899 BASILIUS CAESARIENSIS, *Ad iuvenes (De legendis gentilium libris)*, III,
2, 2–8 (ed. Naldini, p. 88)   **11 – 13 II¹1900** GREGORIUS NAZIANZENUS, *Apologetica
(Orat. 2)*, 104, 8–10 (ed. Bernardi, p. 224)

2 – 7 II¹1899 K cap. Σ 2, 12 (246r[24]246v1–7); *deest in* V Hᴵ PM⁽ˡᵃᶜ·⁾ Lᵇ R E
10 – 13 II¹1900 K cap. Σ 2, 13 (246v[7–8]9–11); *deest in* V PM⁽ˡᵃᶜ·⁾ Lᵇ R E

---

3 ὡραῖον] *scripsi*, ὡραίων K   **5** ψυχῇ] *correxi (ed.)*, ψυχὴ K   οὐκ ἄχαρί γε] *correxi*
(ed.), οὐκαχαρῆγε K   **6** θύραθεν] *correxi (ed.)*, θυραθὴν K   **7** τῷ καρπῷ] *correxi*
(ed.), τῶν καρπῶν K   ἄωρον] *scripsi (ed.)*, ἄορον K   **12** λίχνῳ] *correxi (ed.)*,
λύχνωι K

II¹1901 / K cap. Σ 2, 14

Ἐκ τοῦ εἰς Βασίλειον ἐπιταφίου·

Παίδευσιν εἶναι ἡγοῦμαι οὐ μόνην τὴν πρώτην καὶ τῶν παρ' ἡμῖν
ἀγαθῶν μητέρα, ἣ τὸ ἐν τοῖς λόγοις κομψὸν καὶ φιλότιμον ἀτιμά-
ζουσα, μόνης ἔχεται σωτηρίας καὶ τοῦ κάλλους τῶν νοουμένων,   5
ἀλλὰ καὶ τὴν ἔξωθεν, ἣν οἱ πολλοὶ Χριστιανῶν διαπτύουσιν ὡς
ἐπίβουλον καὶ σφαλερὰν καὶ τοῦ θεοῦ πόρρω βάλλουσαν, κακῶς
εἰδότες. Ὥσπερ γὰρ οὐρανὸν καὶ γῆν καὶ ἀέρα καὶ ὅσα τούτων,
οὐκ ἐπειδὴ κακῶς τινες ἐξειλήφασιν, ἀντὶ θεοῦ τὰ τοῦ θεοῦ σέ-
βοντες, διατοῦτο περιφρονητέον, ἀλλ' ὅσον χρήσιμον ἐξ αὐτῶν   10
καρπούμενοι πρός τε ζωὴν καὶ ἀπόλαυσιν, ὅσον ἐπικίνδυνον δια-
φύγωμεν.

II¹1902 / K cap. Σ 2, 15

<Καὶ> μετ' ὀλίγα·

Ὡς δὲ καὶ πυρὸς καὶ τροφῆς καὶ σιδήρου καὶ τῶν ἄλλων οὐδὲν   15
καθ' ἑαυτὸ χρησιμώτατον ἴσμεν ἢ βλαβερώτατον, ἀλλ' ὅπως ἂν
δοκῇ τοῖς χρωμένοις – ἤδη δὴ καὶ τῶν ἑρπηστικῶν θηρίων ἔστιν ἃ
τοῖς πρὸς σωτηρίαν φαρμάκοις συνεκεράσαμεν –, οὕτω καὶ τού-
των τὸ μὲν ἐξεταστικόν τε καὶ θεωρητικὸν ἐδεξάμεθα, ὅσον δὲ εἰς
δαίμονας φέρει καὶ πλάνην καὶ ἀπωλείας βυθόν, διεπτύσαμεν.   20
Οὔκουν ἀτιμαστέον τὴν παίδευσιν, ὅτι τοῦτο δοκεῖ τισίν, ἀλλὰ

---

3 - 12   **II¹1901** GREGORIUS NAZIANZENUS, *Funebris oratio in laudem Basilii Magni
Caesareae in Cappadocia episcopi (Orat. 43)*, 11, 1–12 (ed. Bernardi, p. 136–138)
15 - 20   **II¹1902** Ὡς – διεπτύσαμεν] GREGORIUS NAZIANZENUS, *Funebris oratio in
laudem Basilii Magni Caesareae in Cappadocia episcopi (Orat. 43)*, 11, 15–22 (ed.
Bernardi, p. 138)   21 - 1027, 4 Οὔκουν – διαδιδράσκωσιν] IBID., 11, 25–29 (p.
138–140)

---

2 - 12   **II¹1901** K cap. Σ 2, 14 (246v[mg]12–23); *deest in* V H¹ PM^(lac.) L^b R E
14 - 1027, 4   **II¹1902** K cap. Σ 2, 15 (246v[mg]24–247r13); *deest in* V H¹ PM^(lac.) R E

II¹1902 Καὶ] *supplevi, propt. mg. resect. non liquet in* K

---

4 ἣ] *correxi (ed.)*, ἡ K   11 - 12 διαφύγωμεν] διαφεύγομεν *ed.*   16 ἂν] *s. l.* K   17
ἑρπηστικῶν] *scripsi (ed.)*, ἑρπιστικῶν K   18 τοῖς] *s. l.* K   21 Οὔκουν] *correxi (ed.)*,
οὐκοῦν *(sic)* K   ἀτιμαστέον] K^p. c. in mg. (ἀτιμαστέον ἐν ἄλλ<ῳ>), ἀττέον K^a. c.

σκαιοὺς καὶ ἀπαιδεύτους ὑποληπτέον τοὺς οὕτως ἔχοντας, οἳ
βούλοιντ’ ἂν ἅπαντας εἶναι καθ’ ἑαυτούς, ἵν’ ἐν τῷ κοινῷ τὰ
κατ’ αὐτοὺς κρύπτηται, καὶ τοὺς τῆς ἀπαιδευσίας ἐλέγχους διαδι-
δράσκωσιν.

5   ## II¹1903 / K cap. Σ 2, 16

Τοῦ ἁγίου Γρηγορίου Νύσης, ἐκ τοῦ περὶ τελειότητος βίου·

Ἔστι τί καὶ τῆς ἔξωθεν παιδεύσεως πρὸς συζυγίαν εἰς τεκνοποιῖαν
ἀρετῆς <οὐκ> ἀπόβλητον. Ἡ ἠθική τε καὶ φυσικὴ φιλοσοφία γέ-
νοιτο ἂν τῷ <ὑ>ψηλοτέρῳ <βίῳ> σύζυγός τε καὶ φίλη καὶ κοινω-
10   νὸς τῆς ζωῆς, μόνον εἰ τὰ ἐκ τούτων κυήματα μηδὲν ἐπαγάγοιτο
ἀλλοφύλου μιάσματος.

II¹1904 / K cap. Σ 2, 17

Τοῦ μακαρίου Ἀμφιλοχίου, ἐκ τῆς πρὸς Σέλευκον ἰαμβικῆς ἐπι-
στολῆς·

15   Τούτοις δὲ πᾶσιν ἐμφρόνως ἐντύγχανε,
Σοφῶς ἑκάστου συλλέγων τὸ χρήσιμον,
Φεύγων δ’ ἑκάστου τὴν βλάβην κεκρυμμένως,
Σοφῆς μελίσσης ἔργον ἐκμιμούμενος,
Ἥτις ἐφ’ ἅπασι μὲν ἄνθεσι καθιζάνει,
20   Τρυγᾷ δ’ ἑκάστου πανσόφως τὸ χρήσιμον,
Αὐτὴν ἔχουσα τὴν φύσιν διδάσκαλον.

7 - 11 **II¹1903** GREGORIUS NYSSENUS, *De perfectione vitae (De vita Moysis)*, II (ed.
Musurillo, p. 43, 21–26)   15 - 1028, 17 **II¹1904** AMPHILOCHIUS ICONIENSIS, *Iambi
ad Seleucum*, 38 –61 (ed. Oberg, p. 30 [= p. 78 –80])

6 - 11 **II¹1903** K cap. Σ 2, 16 (247r[13 –14]15 –20); *deest in* V H¹ PM⁽ˡᵃᶜ·⁾ Lᵇ R E
13 - 1028, 17 **II¹1904** K cap. Σ 2, 17 (247r[21]22 –247v19); *deest in* V H¹ PM⁽ˡᵃᶜ·⁾ Lᵇ
R E

8 οὐκ] *supplevi (ed.)*, *om.* K   9 ὑψηλοτέρῳ] *correxi (ed.)*, ψηλοτέρωι K   βίῳ]
supplevi (ed.), *om.* K   σύζυγός τε] *correxi (ed.)*, σύζυγεστε K   φίλη] *correxi (ed.)*,
φίλον K   9 - 10 κοινωνὸς] *correxi (ed.)*, κοινωνοὶ K   10 ζωῆς – τὰ] *correxi (ed.)*,
ζωῆς μόνον· εἶτα K   15 ἐντύγχανε] *correxi (ed.)*, ἐντυγχάνει K   17 κεκριμένως *ed.*
(sed cf. app. crit.)   18 μελίσσης] *scripsi*, μελλίσσης K   19 μὲν] *deest in ed.*

Σὺ δ' ἐκ λογισμοῦ τῶν μὲν ἀφθόνως δρέπου,
Τῶν συμφερόντων· εἰ δέ τι βλάβην φέρει,
Συνεὶς τὸ βλάπτον, ὠκέως ἀφίπτασο.
Ὠκύ<π>τερος γάρ ἐστιν ἀνθρώποις ὁ νοῦς.
<Ὥσθ'> ὅσα μὲν αὐτοῖς εἰς ἀρετὴν ἐγκώμια   5
† Ὑμνεῖται, ταῦτ' ἔγγραφε καὶ μὴν† τοὔμπαλιν
Κακίαν ψέγουσιν, ταῦτα σὺν σπουδῇ μαθών,
Καὶ νοῦν φύλασσε καὶ χάριν τῆς λέξεως.
Ἃ δ' εἰς θεοὺς ἔγραψαν ἐν λήρῳ πλατεῖ,
Μύθους ἀσέμνους, δαιμόνων διδάγματα,   10
Μύθους γέλωτος ἀξίους καὶ δακρύων,
Ταῦθ' ὡς βρόχους τε καὶ πάγας ἀποστρέφου.
Ἄμφω δ' ἀναγνούς, τοὺς θεοὺς καὶ τοὺς λόγους,
Θεοὺς γελοίους καὶ λόγους ἐρασμίους,
Καταφρόνει μὲν τῶν φιληδόνων θεῶν,   15
Λόγους δὲ τιμῶν, ὥσπερ ἐξ ἑνὸς φυτοῦ,
Καὶ τὰς ἀκάνθας φεῦγε καὶ ῥόδον δρέπου.

II¹1905 / K cap. Σ 2, 18

Τοῦ μακαρίου Κυρίλλου Ἀλεξανδρείας, ἐκ τοῦ ιθ' λόγου τοῦ κατὰ
Ἰουλιανοῦ·   20

Πολὺ λίαν παρὰ τοῖς ἔξω κεῖται τὸ τῆς εὐστομίας χρῆμα καὶ τὸ
λαμπρὸν τῆς λέξεως· ἔνι δὲ ὅμως τῶν ὀνησιφόρων οὐδέν. Τὸν
γὰρ φύσει θεὸν καὶ δημιουργὸν οὐκ ἔγνωσαν, ἀναριθμήτους δὲ
θεοὺς τῷ βίῳ κομίζουσι.

---

21 – 24 II¹1905 Cyrillus Alexandrinus, *Contra Iulianum imperatorem*, XIX (?)
(fr. 66, ed. Kinzig/Brüggemann, p. 809)

19 – 24 II¹1905 K cap. Σ 2, 18 (247v[19–20]21–248r2); *deest in* V Hᴵ PM^(lac.) Lᵇ R
E; PG 86, 2092, 19–25

II¹1905 Ἰουλιανοῦ] *scripsi*, ἰουλιανόν K

1 τῶν] *correxi (ed.)*, τὸ K   4 Ὠκύπτερος] *correxi (ed.)*, ὠκύτερον K   5 Ὥσθ'] *sup-
plevi (ed.)*, *om.* K   ἀρετὴν] *correxi (ed.)*, ἀρετῆς K   6 † Ὑμνεῖται – μὴν†] *cruces
apposui, sic* K *(locus vix intelligibilis)*, ὑμνοῦσιν αὐτὴν ἐγράφη καὶ *ed.*   9 εἰς θεοὺς]
om. K *(in mg. supplev.)*   12 πάγας] *scripsi (ed.)*, παγὰς K

II¹1906 / K cap. Σ 2, 19

Κλήμεντος, ἐκ τοῦ ϛ' Στρώματος·

Οὐκ ἀφεκτέον τῆς φιλομαθίας ἀλόγων δίκην ζώων, πλείω δὲ ὡς
ἔνι μάλιστα βοηθήματα τοῖς ἐπιοῦσιν ἐρανιστέον. Πλὴν οὐδαμῶς
5 τούτοις ἐνδιατριπτέον, ἀλλ᾽ εἰς μόνον τὸ ἀπ᾽ αὐτῶν χρήσιμον, ὡς
λαβόντας τοῦτο καὶ κτησαμένους, ἀπιέναι οἴκαδε δύνασθαι ἐπὶ
τὴν ἀληθῆ φιλοσοφίαν, πεῖσμα τῇ ψυχῇ βέβαιον τὴν ἐκ πάντων
ἀσφάλειαν πεπορισμένους.

<II¹suppl. 377 / V cap. Σ 9, 13>

II¹1907 / K cap. Σ 2, 20
10

Φίλωνος, ἐκ τοῦ α' τῶν ἐν Ἐξόδῳ ζητημάτων·

Ἡ εὐφυΐα, πλεονάζουσα τῇ ῥύμῃ τῆς φορᾶς, πρὸς πολλὰ καὶ τῶν
ἀλυσιτελῶν εἴωθε χωρεῖν· ἐν δὲ ταῖς διδασκαλίαις οὐκ ἐλάττω τὰ
οὐκ ἀναγκαῖα τῶν ἀναγκαίων ἐστί. Διὸ προσήκει τὸν ἔφορον καὶ
15 ψυχῆς ὑφηγητήν, ὥσπερ γεωργὸν ἀγαθόν, τὰ παραβλαστάνοντα
περικόπτειν.

---

9 II¹suppl. 377 cf. Sacra. Liber II. Supplementum (Band VIII/8)

3 – 8 II¹1906 CLEMENS ALEXANDRINUS, Stromata, VI. Cap. XI. 89, 3 (ed. Stählin/
Früchtel/Treu, p. 476, 21–26); Holl, n° 252　　12 – 16 II¹1907 PHILO IUDAEUS,
Quaestiones in Exodum, locus non repertus (ed. Petit, p. 301–302.25); Royse 175.36

2 – 8 II¹1906 K cap. Σ 2, 19 (248r[2]3–10); deest in V Hᴵ PM⁽ˡᵃᶜ·⁾ Lᵇ R E　　11 – 16
II¹1907 K cap. Σ 2, 20 (248r[11]12–17); deest in V Hᴵ PM⁽ˡᵃᶜ·⁾ Lᵇ R E; PG 86, 2092,
26–32

6 ἀπιέναι] correxi (ed.), ἀπεῖναι K

II¹1908 / K cap. Σ 2, 21

Ἐκ τοῦ περὶ μέθης β'·

Τοῖς ἀσκηταῖς σοφίας ἀνάγκη πρότερον ἐντυχεῖν τῇ νεωτέρᾳ παι-
δείᾳ, ἵνα τῆς τελειοτέρας αὖθις ἀπόνασθαι δυνηθῶσι. Παρ' ὃ καὶ
μέχρι νῦν οἱ καλοκἀγαθίας ἐρασταὶ οὐ πρότερον ἐπὶ τὰς τῆς πρε-   5
σβυτέρας ἀφικνοῦνται θύρας φιλοσοφίας, πρὶν ἢ ταῖς νεωτέραις
ἐντυχεῖν.

II¹1909 / K cap. Σ 2, 22

Ἐκ τοῦ περὶ Μωσέως βίου·

Ἀμήχανον τὰ μεγάλα πρὸ τῶν μικρῶν παιδευθῆναι.   10

---

10 exstat etiam ap. Ps.-Max. Conf., *Loci communes*, 17.16./17. (ed. Ihm, p. 403)

3 – 7 **II¹1908** PHILO IUDAEUS, *De ebrietate I*, 48–49 (ed. Wendland, p. 179, 11–15)
10 **II¹1909** PHILO IUDAEUS, *De vita Mosis*, I, 62 (ed. Cohn, p. 134, 12–13)

2 – 7 **II¹1908** K cap. Σ 2, 21 (248r[mg]18–24); *deest in* V H¹ PM[(lac.)] L[b] R E   **9 – 10**
II¹1909 K cap. Σ 2, 22 (248r[24]248v1–2); *deest in* V H¹ PM[(lac.)] L[b] R E

II¹1908 β'] *sic* K

4 ἀπόνασθαι] *correxi (ed.)*, ἀπωνᾶσθαι K

Τίτλος γ′   Περὶ συνηθείας ἀγαθῆς καὶ κακῆς.

*II² /
PMLᵇ cap. Σ 6

δ′   Περὶ συνηθείας.

II¹1910 / K cap. Σ 3, 1

*II²2493 /
PMLᵇ cap.
Σ 6, 8

Σοφία Σολομῶντος·

5   Ἐν χρόνῳ κρατυνθὲν τὸ ἀσεβὲς ἔθος ὡς νόμος ἐφυλάχθη.

II¹1911 / K cap. Σ 3, 2

*II²2489 /
PMLᵇ cap.
Σ 6, 4

Ἀπὸ τοῦ Σιράχ·

Ἄνθρωπος συνηθιζόμενος λόγοις ὀνειδισμοῦ
ἐν πάσαις ταῖς ἡμέραις αὐτοῦ οὐ μὴ παιδευθῇ.

---

8 – 9   exstat etiam ap. Ps.-Max. Conf., *Loci communes,* 69.7./40.7. (ed. Ihm, p. 1012–1013)

---

5   II¹1910 Sap. 14, 16¹   8 – 9 II¹1911 Sir. 23, 15¹⁻² (Wahl, *Sirach-Text,* p. 110)

---

1 Titlos (a) K (248v2)   2 Titlos (b) V Aᴵ ᵖⁱⁿ; *deest in* HᴵAᴵ ᵗˣᵗ   4 – 5 II¹1910 K cap. Σ 3, 1 (248v[2]3–4); V cap. Σ 4, 1; *deest in* Hᴵ; PG 96, 332, 32–33   7 – 9 II¹1911 K cap. Σ 3, 2 (248v[4]5–6); V cap. Σ 4, 2; *deest in* Hᴵ; PG 96, 332, 34–35

---

1 Titlos (a)   κακῆς] πονηρᾶς Kᵖⁱⁿ   2 Titlos (b)   δ′] *propt. mg. resect. non liquet in* Aᴵ ᵖⁱⁿ *(δ′ secund. ser.), praem.* τίτλος Vᵂ ᵗˣᵗ   συνηθείας] συμπαθείας Vᴱ ᵗˣᵗ Vᴼ ᵗˣᵗ, *add.* πονηρᾶς Vᵂ ᵗˣᵗ

II¹1910 (a) K (b) Σολομῶντος V II¹1911 (a) K (b) Σιράχ Vᵂ (c) *s. a.* VᴱVᴼ

---

5 Ἐν] *om.* Vᵂ   κρατηθὲν Vᴼ   τὸ] *om.* Vᵂ   ὡς] *om.* Vᵂ   8 συνειθιζόμενος K, -εθιζόμενος *LXX*   λόγοις] λόγους K, *praem.* ἐν VᴱVᴼ

II¹1912 / K cap. Σ 3, 3

Τοῦ ἁγίου Βασιλείου, ἐκ τοῦ εἰς τὰς Παροιμίας·

Πολλοὶ ἀρχαίῳ ἔθει κεκρατημένοι, τὸ μυσαρὸν τῶν γινομένων οὐ διακρίνουσιν.

*II²2500 /
PMLᵇ cap.
Σ 6, 15

II¹1913 / K cap. Σ 3, 4　　　　　　　　5

Τοῦ αὐτοῦ, ἐκ τοῦ εἰς τὴν μακαρίαν Ἰουλίτταν·

Ἔθους χωρισμὸς καὶ τοῖς ἀλόγοις ἐστὶ δυσφορώτατος· καί ποτε εἶδον ἐγὼ βοῦν ἐπὶ φάτνης δακρύοντα, τοῦ συννόμου αὐτοῦ καὶ ὁμόζυγος τελευτήσαντος. Καὶ τὰ λοιπὰ τῶν ἀλόγων σφοδρῶς τῆς συνηθείας ἔστιν ἰδεῖν ἀντεχόμενα.　　　　　　　10

*II²2499 /
PMLᵇ cap.
Σ 6, 14

II¹1914 / K cap. Σ 3, 5

Τοῦ αὐτοῦ, ἐκ τοῦ εἰς τὸν α′ ψαλμόν·

Τὸ φιλοπόνως προσδιατρίβειν ταῖς ἁμαρτίαις ἕξιν τινὰ δυσκίνητον ταῖς ψυχαῖς ἐμποιεῖ. Παλαιωθὲν γὰρ ἔθος ψυχῆς καὶ κακοῦ μελέτη χρόνῳ βεβαιωθεῖσα, δυσίατός ἐστιν ἢ καὶ ἀνίατος παντε- 15 λῶς, εἰς φύσιν ὡς τὰ πολλὰ τοῦ ἔθους μεθισταμένου.

---

3 – 4 **II¹1912** Basilius Caesariensis, *Homilia in principium Proverbiorum*, 8 (PG 31, 401, 53–54)　　**7 – 10 II¹1913** Basilius Caesariensis, *Homilia in martyrem Iulittam*, 4 (PG 31, 248, 20–24)　　**13 – 16 II¹1914** Basilius Caesariensis, *Homilia in Psalmum I*, 6 (PG 29, 224, 40–45)

---

2 – 4 **II¹1912** K cap. Σ 3, 3 (248v[6–7]8–9); V cap. Σ 4, 3; *deest in* Hˡ; PG 96, 332, 36–37　　**6 – 10 II¹1913** K cap. Σ 3, 4 (248v[9–10]11–15); V cap. Σ 4, 4; *deest in* Hˡ; PG 96, 332, 38–42　　**12 – 16 II¹1914** K cap. Σ 3, 5 (248v[mg]16–21); V cap. Σ 4, 5; *deest in* Hˡ; PG 96, 332, 43–47

II¹1912 (a) K　(b) Βασιλείου V　**II¹1913** (a) K　(b) Τοῦ αὐτοῦ VᵂVᴼ　(c) *s. a.* Vᴱ
II¹1914 (a) K　(b) Τοῦ αὐτοῦ VᴱVᵂ　(c) *s. a.* Vᴼ

---

3 ἀρχαίων Vᴼ　ἔθη VᴱVᴼ　κρατούμενοι K　7 χωρισμοὺς Vᴼ　καί ποτε] καὶ γὰρ ποτὲ K　7 – 8 ἴδον Vᵂ, ἴδων K　8 δακρύσαντα Vᵂ　8 – 9 ὁμοζύγου Vᵂ　10 ἔστιν] ἐστὶν VᴱVᴼ, *om.* K　ἰδεῖν] *om.* VᴱVᴼ　13 πρὸς διατρίβειν VᴱVᴼ, ἐνδιατρίβειν K　15 ἀνίατος] *post* παντελῶς *transpos.* VᴱVᴼ　16 μεθισταμένου] μεταπίπτοντος K

II¹1915 / K cap. Σ 3, 6

Ἐκ τοῦ πρὸς νέους·

Ἡ πρὸς τοὺς φαύλους τῶν λόγων συνήθεια ὁδός ἐστιν ἐπὶ τὰ πράγματα.

II¹1916 / K cap. Σ 3, 7

Ἐκ τῶν κανονικῶν διατάξεων·

Ἔθος διὰ μακροῦ χρόνου βεβαιωθὲν φύσεως ἰσχὺν λαμβάνει.

II¹1917 / K cap. Σ 3, 8

Ἐκ τῆς μα΄ ἐπιστολῆς·

Τὰ χρόνῳ κρατυνθέντα πάθη χρόνου δεῖται πρὸς τὴν διόρθωσιν.

II¹1918 / K cap. Σ 3, 9

Τοῦ ἁγίου Γρηγορίου, ἐκ τοῦ περὶ θεολογίας·

Χρόνῳ τὸ ἔθος βεβαιωθὲν ἐνομίσθη νόμος.

---

3 - 4 II¹1915 BASILIUS CAESARIENSIS, *Ad iuvenes (De legendis gentilium libris)*, IV, 3, 1–3 (ed. Naldini, p. 90)   7 II¹1916 BASILIUS CAESARIENSIS, *Asceticon magnum sive Quaestiones (regulae fusius tractatae)*, VI, 1 (PG 31, 925, 24–25)   10 II¹1917 BASILIUS CAESARIENSIS, *Epistulae*, CLVI, 1, 18–19 (ed. Courtonne, II, p. 82)   13 II¹1918 GREGORIUS NAZIANZENUS, *De theologia II (Orat. 28)*, 14, 13–14 (ed. Gallay/ Jourjon, p. 130)

---

2 - 4 II¹1915 K cap. Σ 3, 6 (248v[21]22–23); V cap. Σ 4, 6; *deest in* Hˡ; PG 96, 333, 1–2   6 - 7 II¹1916 K cap. Σ 3, 7 (248v[23–24]249r1–2); V cap. Σ 4, 7; *deest in* Hˡ; PG 96, 333, 3–4   9 - 10 II¹1917 K cap. Σ 3, 8 (249r[2]3–4); V cap. Σ 4, 8; *deest in* Hˡ; PG 96, 333, 5–6   12 - 13 II¹1918 K cap. Σ 3, 9 (249r[4]5); V cap. Σ 4, 9; *deest in* Hˡ; PG 96, 333, 7

II¹1915 (a) K (b) Τοῦ αὐτοῦ Vᵂ (c) *s. a.* VᴱVᴼ II¹1916 (a) K (b) *s. a.* V II¹1917 (a) K (b) *s. a.* V II¹1918 (a) K (b) Τοῦ Θεολόγου V Τοῦ] *om.* Vᵂ

---

3 ἀλόγων Vᵂ 4 προστάγματα Vᵂ 10 πάθει VᴱVᴼ, ἤθη K   χρόνου] *add.* καὶ K

II¹1919 / K cap. Σ 3, 10

Ἐκ τοῦ εἰς ἑαυτὸν καὶ τὸν πατέρα·

Κλέπτει τὴν αἴσθησιν τῶν ἀλγεινῶν ἡ συνήθεια.

II¹1920 / K cap. Σ 3, 11

Ἐκ τοῦ περὶ πνεύματος ἁγίου·   5

Οὐ ῥάστη τῶν ἐν ἔθει καὶ τῷ μακρῷ χρόνῳ τετιμημένων ἡ μετά-
θεσις.

II¹1921 / K cap. Σ 3, 12

Ἐκ τοῦ περὶ εὐταξίας·

Ῥᾶον ἀπ᾽ ἀρχῆς μὴ ἐνδοῦναι κακίᾳ ἢ προϊοῦσαν διαφυγεῖν ἢ καὶ   10
προβαίνουσαν ἀνακόψαι καὶ φανῆναι ταύτης ἀνώτερον, ὥσπερ
καὶ πέτραν ἐρεῖσαι καὶ κατασχεῖν ἢ φερομένην ἀνώσασθαι.

---

10 – 11 Ῥᾶον – ἀνώτερον] exstat etiam ap. Ps.-Max. Conf., *Loci communes*, 55.8./
62.7. (ed. Ihm, p. 869–870)

---

3 II¹1919 GREGORIUS NAZIANZENUS, *In seipsum et ad patrem (Orat. 12)*, 5, 21–22
(ed. Calvet-Sebasti, p. 358)   6 – 7 II¹1920 GREGORIUS NAZIANZENUS, *De Spiritu
sancto (Orat. 31)*, 25, 20–21 (ed. Gallay/Jourjon, p. 324)   10 – 12 II¹1921 GREGO-
RIUS NAZIANZENUS, *De moderatione in disputando (Orat. 32)*, 28, 6–9 (ed. Mores-
chini, p. 146)

---

2 – 3 II¹1919 K cap. Σ 3, 10 (249r[5]6); *deest in* V H¹   5 – 7 II¹1920 K cap. Σ 3, 11
(249r[6]7–8); V cap. Σ 4, 10; *deest in* H¹; PG 96, 333, 8–9   9 – 12 II¹1921 K cap. Σ
3, 12 (249r[8]9–12); *deest in* V H¹

II¹1920 (a) K (b) *s. a.* V

---

6 τῷ] τῶν K   11 προβαίνουσαν] *correxi (ed.)*, προσβαίνουσαν K

II¹1922 / K cap. Σ 3, 13

Ἐκ τοῦ β′ εἰρηνικοῦ·

Εἴ τις ἐν ἕξει τινὸς καλοῦ γένοιτο καὶ ἀπ᾽ αὐτοῦ ποιωθεί<η>, τὸ
μεταπεσεῖν ἐργωδέστερον ἢ γενέσθαι ἀπ᾽ ἀρχῆς ἀγαθόν, ἐπειδὴ
5   χρόνῳ καὶ λόγῳ βεβαιωθὲν ἅπαν καλόν, φύσις καθίσταται.

II¹1923 / K cap. Σ 3, 14

Τοῦ ἁγίου Ἰωάννου, ἐκ τοῦ περὶ μετανοίας·

Ἡ συνήθεια τῶν ἁμαρτημάτων ἐπὶ τὸ χεῖρον ἄγει τὴν ἐμπεσοῦσαν
ψυχήν.

II¹1924 / K cap. Σ 3, 15

10

Τοῦ ἁγίου Ἀθανασίου, ἐκ τοῦ βίου τοῦ ἁγίου Ἀντωνίου·

Ἡ τῆς ψυχῆς προθυμία, πολὺν χρόνον ἐμμείνασα, ἕξιν ἀπαθῆ εἰρ-
γάζετο ἐν αὐτῷ.

---

3 – 5 II¹1922 GREGORIUS NAZIANZENUS, *De pace II (Orat. 23)*, 1, 15–18 (ed. Mos-
say/Lafontaine, p. 280–282)   **8 – 9 II¹1923** IOHANNES CHRYSOSTOMUS, *De paeni-
tentia*, locus non repertus, re vera (Ps.-)IOHANNES IV IEIUNATOR, *Sermo de paeni-
tentia et continentia et virginitate* (PG 88, 1940, 36–37)   **12 – 13 II¹1924** ATHANA-
SIUS ALEXANDRINUS, *Vita Antonii*, 7, 19–21 (ed. Bartelink, p. 150)

---

2 – 5 II¹1922 K cap. Σ 3, 13 (249r[12]13–16); *deest in* V H¹   **7 – 9 II¹1923** K cap. Σ
3, 14 (249r[17]18–19); V cap. Σ 4, 11; *deest in* H¹; PG 96, 333, 10–11   **11 – 13**
II¹1924 K cap. Σ 3, 15 (249r[19]20–21); *deest in* V H¹

II¹1923 (a) K (b) Τοῦ Χρυσοστόμου V Τοῦ] *om.* Vᵂ

---

3 ἕξει – καλοῦ] *post* ἕξει *circiter quinque litteras erasit* K   ποιωθείη] *correxi (ed.)*,
ποιωθεῖ K   **12 – 13** ἀπαθῆ εἰργάζετο] ἀγαθὴν ἐνειργάζετο *ed.*   **13** αὐτῷ] (*sc.* τῷ
Ἀντωνίῳ), αὐτῆι Kᵃ· ᶜ· ᵘᵗ ᵛⁱᵈᵉᵗᵘʳ

II¹1925 / K cap. Σ 3, 16

Τοῦ αὐτοῦ, ἐκ τῆς ιγ΄ ἐπιστολῆς·

Οἷς ἐάν τις τὴν διάνοιαν ἀσκηθῇ, ἐν τούτοις λανθάνουσαν τὴν προθυμίαν πρὸς τὴν συνήθειαν ἔχει.

II¹1926 / K cap. Σ 3, 17

Νείλου ἀσκητοῦ·

Δεινὸν ἡ συνήθεια κατασχεῖν πρὸς ἑαυτὴν καὶ μὴ συγχωρῆσαι πάλιν ἐπὶ τὴν πρώτην ἕξιν διαναστῆναι τῆς ἀρετῆς. Ἕξις μὲν γὰρ ἀπὸ συνηθείας, ἀπὸ δὲ ἕξεως φύσις ἐγγίνεται· φύσιν δὲ μετακινῆσαι καὶ μεταβαλεῖν χαλεπόν.

<II¹suppl. 378 / V cap. Σ 4, 13>

II¹1927 / K cap. Σ 3, 18

Φίλωνος, ἐκ τοῦ περὶ μέθης α΄·

Αἱ πάντων ἀθρόαι πρὸς τἀναντία μεταβολαὶ σφαλερώταται, καὶ μάλιστα ὅταν μήκει χρόνου αἱ ὑποῦσαι στηριχθῶσι δυνάμεις.

---

11 II¹suppl. 378 cf. *Sacra*. Liber II. *Supplementum* (Band VIII/8)

---

3 – 4 II¹1925 ATHANASIUS ALEXANDRINUS, *Epistulae festales*, XIII, 3 (ed. Cureton, p. 29, 12–13; Campani, p. 386)   7 – 10 II¹1926 NILUS ASCETA (ANCYRANUS?), *Liber de monastica exercitatione*, 54 (PG 79, 785, 29–33)   14 – 15 II¹1927 PHILO IUDAEUS, *De ebrietate II*, Fr. 10 (ed. Wendland, p. 24); Royse 174.2

---

2 – 4 II¹1925 K cap. Σ 3, 16 (249r[21]22–23); *deest in* V H¹   6 – 10 II¹1926 K cap. Σ 3, 17 (249r[24]249v1–5); V cap. Σ 4, 12; *deest in* H¹; PG 96, 333, 12–16   13 – 15 II¹1927 K cap. Σ 3, 18 (249v[5–6]7–9); V^{E}V^{O} cap. Σ 4, 15; V^{W} cap. Σ 4, 14; *deest in* H¹; PG 96, 333, 21–23

II¹1926 (a) K (b) Νείλου V νίλου V^{E}V^{O} II¹1927 (a) K α΄] *sic* K (b) Φίλωνος V

---

15 χρόνω V^{W}

II¹1928 / K cap. Σ 3, 19

Ἐκ τῆς πρὸς Γάϊον πρεσβείας·

Ἅπαντες ἄνθρωποι φύλακες τῶν ἰδίων ἐθῶν εἰσιν.

II¹1929 / K cap. Σ 3, 20

5   Ἐκ τοῦ εἰς τὸν Ἰωσήφ·

Δεινὸν τὸ ἔθος ἐξομοιῶσαι καὶ βιάσασθαι πρὸς φύσιν.

II¹1930 / K cap. Σ 3, 21

Εἰρηναίου·

Οὐκ εὐχερὲς ὑπὸ πλάνης κατεχομένην μεταπεῖσαι ψυχήν.

---

3 II¹1928 PHILO IUDAEUS, *Legatio ad Gaium*, 210 (ed. Reiter, p. 194, 23–24)   **6**
II¹1929 PHILO IUDAEUS, *De Iosepho*, 83 (ed. Cohn, p. 79, 2–3)   **9** II¹1930 IRENAEUS
LUGDUNENSIS, *Adversus haereses*, III, 2, 35–36 (Fr. gr. 2) (ed. Rousseau/Doutreleau,
p. 28)

---

2 – 3 II¹1928 K cap. Σ 3, 19 (249v[9 – mg]10); *deest in* V H¹   **5 – 6** II¹1929 K cap. Σ
3, 20 (249v[11]12–13); *deest in* V H¹   **8 – 9** II¹1930 K cap. Σ 3, 21 (249v[13]14–15);
VᴱVᴼ cap. Σ 4, 14; Vᵂ cap. Σ 4, 15; *deest in* H¹; PG 86, 2092, 34–35; PG 96, 333, 19–
20

II¹1930 (a) K Vᵂ (b) *s. a.* VᴱVᴼ

---

3 ἐθῶν] *correxi (ed.)*, ἐθνῶν K

Τίτλος δ΄   Περὶ σοφῶν καὶ συνετῶν ἀνδρῶν, καὶ ὅτι χρὴ αὐ-
τοὺς ἑτοίμους εἶναι εἰς ὠφέλειαν παντὶ πάντοτε.

γ΄   Περὶ σοφῶν καὶ συνετῶν ἀνδρῶν, καὶ ὅτι χρὴ αὐτοὺς ἑτοί-
μους εἶναι εἰς ὠφέλειαν παντὶ πάντοτε.

ιη΄   Περὶ σοφῶν καὶ συνετῶν ἀνδρῶν, καὶ ὅτι χρὴ αὐτοὺς ἑτοί-   5
μους εἶναι εἰς ὠφέλειαν πάντων.

II¹1931 / K cap. Σ 4, 1

Τῶν Παροιμιῶν·

Ὁρατικὸν ἄνδρα καὶ ὀξὺν ἐν τοῖς ἔργοις αὐτοῦ
βασιλεῦσι δεῖ παραστῆναι.   10

II¹1932 / K cap. Σ 4, 2

Σοφία Σολομῶντος·

Ἀδόλως ἔμαθον, ἀφθόνως μεταδίδωμι,
τὸν πλοῦτον αὐτῆς οὐκ ἀποκρύπτομαι.

---

9 – 10 **II¹1931** Prov. 22, 29¹⁻² (Wahl, *Proverbien-Text*, p. 107)   13 – 14 **II¹1932**
Sap. 7, 13¹⁻²

---

1 – 2 **Titlos (a)** K (249v15–17)   3 – 4 **Titlos (b)** V Aᴵ ᵖⁱⁿ; *deest in* HᴵAᴵ ᵗˣᵗ   5 – 6
Titlos (c) PMᵖⁱⁿ Lᵇ ᵖⁱⁿ E R; *deest in* Mᵗˣᵗ ⁽ˡᵃᶜ·⁾ Lᵇ ᵗˣᵗ   8 – 10 **II¹1931** K cap. Σ 4, 1 (249v
[17]18–19); *deest in* V Hᴵ PM⁽ˡᵃᶜ·⁾ Lᵇ E R   12 – 14 **II¹1932** K cap. Σ 4, 2 (249v[19]
20–21); V cap. Σ 3, 1; P cap. Σ 18, 1; E cap. 220, 1; R cap. Σ 19, 1; *deest in* Hᴵ M⁽ˡᵃᶜ·⁾
Lᵇ; PG 96, 332, 16–17

---

1 – 2 **Titlos (a)**   2 ἑτοίμους – πάντοτε] ὠφελεῖν τοὺς πλησίον Kᵖⁱⁿ   3 – 4 **Titlos**
(b)   3 γ΄] *propt. mg. resect. non liquet in* Aᴵ ᵖⁱⁿ (γ΄ *secund. ser.*), *praem.* τίτλος Vᵂ ᵗˣᵗ
4 παντὶ] *om.* Vᴱ ᵖⁱⁿ Vᴼ ᵖⁱⁿ   5 – 6 **Titlos (c)**   5 ιη΄] τίτλος ιθ΄ Rᵗˣᵗ, ιθ΄ Rᵖⁱⁿ, ϲκ΄ E
5 – 6 καὶ¹ – πάντων] *om.* Mᵖⁱⁿ   5 καὶ²] *om.* Pᵗˣᵗ R

II¹1932 (a) K R σοφίας R (b) Σολομῶντος V P E

---

14 τὸν] τὸ Vᴼ

II¹1933 / K cap. Σ 4, 3

Τῆς αὐτῆς·

Πλῆθος σοφῶν σωτηρία κόσμου.

II¹1934 / K cap. Σ 4, 4

5   Τοῦ Σιράχ·

Κρείσσων ἄνθρωπος ἀποκρύπτων τὴν μωρίαν αὐτοῦ
ἢ ἄνθρωπος ἀποκρύπτων τὴν σοφίαν αὐτοῦ.

II¹1935 / K cap. Σ 4, 5

Τοῦ αὐτοῦ·

10   Σοφία κεκρυμμένη καὶ θησαυρὸς ἀφανής,
τίς ὠφέλεια ἐν ἀμφοτέροις;

---

10 – 11 exstat etiam ap. Ps.-Max. Conf., *Loci communes*, 20.5./5. (ed. Ihm, p. 483)

---

3 **II¹1933** Sap. 6, 24¹   6 – 7 **II¹1934** Sir. 20, 31¹⁻² vel 41, 15¹⁻² (Wahl, *Sirach-Text*,
p. 103 vel p. 161)   10 – 11 **II¹1935** Sir. 20, 30¹⁻² vel 41, 14²⁻³ (Wahl, *Sirach-Text*, p.
102–103 vel p. 161)

---

2 – 3 **II¹1933** K cap. Σ 4, 3 (249v[21]22); V cap. Σ 3, 2; P cap. Σ 18, 2; E cap. 220, 2;
R cap. Σ 19, 2; *deest in* Hᴵ M⁽ˡᵃᶜ·⁾ Lᵇ; PG 96, 332, 18   5 – 7 **II¹1934** K cap. Σ 4, 4
(249v[22]23–24); V cap. Σ 3, 3; P cap. Σ 18, 3; E cap. 220, 3; R cap. Σ 19, 3; *deest in*
Hᴵ M⁽ˡᵃᶜ·⁾ Lᵇ; PG 96, 332, 19–21   9 – 11 **II¹1935** K cap. Σ 4, 5 (249v[24]250r1–2); V
cap. Σ 3, 4; P cap. Σ 18, 4; E cap. 220, 4; R cap. Σ 19, 4; *deest in* Hᴵ M⁽ˡᵃᶜ·⁾ Lᵇ; PG 96,
332, 22–23

II¹1933 (a) K P (b) Τοῦ αὐτοῦ R (c) *s. a.* V E **II¹1934** (a) K V R Τοῦ] *om.* V (b)
s. a. P E **II¹1935** (a) K R (b) Σιράχ P E (c) *s. a.* V

---

6 κρεῖσσον V P E

II¹1936 / K cap. Σ 4, 6

Ματθαίου εὐαγγελιστοῦ·

Δωρεὰν ἐλάβετε, δωρεὰν δότε.

II¹1937 / K cap. Σ 4, 7

Ἐκ τῆς Πέτρου α΄ ἐπιστολῆς·　　　　　　　　　　　　　　5

…ἕτοιμοι ἀεὶ πρὸς ἀπολογίαν παντὶ τῷ αἰτοῦντι ὑμᾶς λόγον περὶ τῆς ἐν ὑμῖν ἐλπίδος, ἀλλὰ μετὰ πραότητος καὶ φόβου, συνείδησιν ἔχοντες ἀγαθήν.

II¹1938 / K cap. Σ 4, 8

Σχόλιον·　　　　　　　　　　　　　　　　　　　　　10

Ἀνάγνωθι τὸν Περὶ σοφίας παράλληλον.

---

11 Περὶ σοφίας] cf. III / par. 35[36] A

---

3 II¹1936 Matth. 10, 8　　6 – 8 II¹1937 I Petr. 3, 15–16　　11 II¹1938 *Scholion*

---

2 – 3 II¹1936 K cap. Σ 4, 6 (250r[2]3); V cap. Σ 3, 5; P cap. Σ 18, 5; E cap. 220, 5; *deest in* H¹ M⁽ˡᵃᶜ·⁾ Lᵇ R; PG 96, 332, 24　　5 – 8 II¹1937 K cap. Σ 4, 7 (250r[3]4–7); V cap. Σ 3, 6; P cap. Σ 18, 6; R cap. Σ 19, 5; E cap. 220, 6; *deest in* H¹ M⁽ˡᵃᶜ·⁾ Lᵇ; PG 96, 332, 25–27　　10 – 11 II¹1938 K cap. Σ 4, 8 (250r[7]7); *deest in* V H¹ PM⁽ˡᵃᶜ·⁾ Lᵇ E R

II¹1936 (a) K　(b) Ἐκ τοῦ κατὰ Ματθαῖον P　(c) Ματθαίου VᴱVᴼ　(d) Εὐαγγελίου Vᵂ E　II¹1937 (a) K P R　ἐπιστολῆς] *om.* P　(b) Ἐκ τῆς Πέτρου VᴱVᴼ　(c) Ἀποστόλου Πέτρου E　(d) Πέτρου Vᵂ

---

3 δῶτε VᴱVᴼ　6 ἀεὶ] *om.* V P E R　7 φόβου] *add.* καὶ V P　7 – 8 συνείδησιν – ἀγαθήν] καὶ συνειδήσεως ἀγαθῆς E

II¹1939 / K cap. Σ 4, 9

Τοῦ ἁγίου Βασιλείου, ἐκ τῆς κε′ ἐπιστολῆς·

Κίνδυνος προδοσίας ἐν τῷ μὴ προχείρως ἀποδιδόναι τὰς περὶ θεοῦ ἀποκρίσεις τοῖς ἀγαπῶσι τὸν κύριον.

II¹1940 / K cap. Σ 4, 10

Τοῦ ἁγίου Μεθοδίου, ἐκ τῶν περὶ ἁγνείας συμποσίων·

Ἀποραθυμεῖν πρὸς τὸ τὰ συμφέροντα διηγήσασθαι οὐ θέμις, ὦ ἄνδρες, ἀναμφισβητήτως πεπιστευκότας *τῇ πολυποικίλῳ τοῦ θεοῦ σοφίᾳ*, πλουσίως ἐχούσῃ διδόναι καὶ διαφόρως τοῖς βουλομένοις.

II¹1941 / K cap. Σ 4, 11

Ἐκ τῶν αὐτῶν·

Ὑπαίτιος ὅτῳ μέτεστι χάριτος, ἐὰν τὰ καλὰ μὴ κοσμῇ λόγοις εὐχαριστηρίοις πρὸς οἰκοδομὴν τῶν πυθομένων.

---

8 – 9 cf. Eph. 3, 10

---

3 – 4 II¹1939 BASILIUS CAESARIENSIS, *Epistulae*, VII, 9–10 (ed. Courtonne, I, p. 22)
7 – 9 II¹1940 METHODIUS OLYMPIUS, *Symposia de castimonia (Convivium decem virginum)*, Λογος ζ′, I, 2–5 (ed. Musurillo, p. 178)   **12 – 13** II¹1941 METHODIUS OLYMPIUS, *Symposia de castimonia (Convivium decem virginum)*, Λογος δ′, I, 8–9 (ed. Musurillo, p. 128)

---

2 – 4 II¹1939 K cap. Σ 4, 9 (250r[8]9–11); V cap. Σ 3, 7; P cap. Σ 18, 7; E cap. 220, 7; R cap. Σ 19, 6; *deest in* H¹ M^(lac.) L^b; PG 96, 332, 28–30   **6 – 9** II¹1940 K cap. Σ 4, 10 (250r[11–12]13–17); *deest in* V H¹ PM^(lac.) L^b E R   **11 – 13** II¹1941 K cap. Σ 4, 11 (250r[17]18–20); *deest in* V H¹ PM^(lac.) L^b E R

II¹1939 (a) K P R Τοῦ ἁγίου] *om.* P κε′] κ′ P (b) Βασιλείου V E

---

3 προσοδίας P, προσωδίας E^a. c. man. rec.   **12** ὅτῳ] *correxi (ed.)*, οὕτως K^a. c., οὕτως K^p. c.   μέτεστι] *correxi (ed.)*, μετέστη K   κοσμῇ] *correxi (ed.)*, κοσμοῖ K

II¹1942 / K cap. Σ 4, 12

Τοῦ θεολόγου Γρηγορίου, ἐκ τοῦ εἰς τὴν τῶν ρν′ ἐπισκόπων παρουσίαν·

...οὐ στέγοντες τὴν ὠδῖνα τῆς εὐσεβείας, οὐδὲ τὸ μόνοι σώζεσθαι σωτηρίαν νομίζοντες, εἰ μὴ καὶ ἄλλοις τὸ καλὸν ὑπερβλύσειεν.   5

---

4 – 5 II¹1942 GREGORIUS NAZIANZENUS, *Supremum vale coram centum quinquaginta episcopis (Orat. 42)*, 14, 18–20 (ed. Bernardi, p. 80)

2 – 5 II¹1942 K cap. Σ 4, 12 (250r[20]21–23); *deest in* V H¹ PM^(lac.) L^b E R

Τίτλος ε΄ Περὶ τοῦ συμπεριφέρεσθαι καὶ σχηματίζεσθαι ἐπ᾽ ὠφελείᾳ ψυχῶν τοῖς ἄρχουσιν καὶ διδασκάλοις δι᾽ οἰκονομίαν πραγμάτων.

κγ΄ Περὶ τοῦ συμπεριφέρεσθαι.

<II¹suppl. 379 / V cap. Σ 23, 2>

II¹1943 / K cap. Σ 5, 1

Τῶν Πράξεων·

Μαθητής τις ἦν ἐκεῖ ὀνόματι Τιμόθεος, υἱὸς γυναικὸς Ἰουδαίας πιστῆς, πατρὸς δὲ Ἕλληνος, ὃς ἐμαρτυρεῖτο ὑπὸ τῶν ἐν Λύστροις καὶ Ἰκονίῳ ἀδελφῶν. Τοῦτον ἠθέλησεν ὁ Παῦλος σὺν αὐτῷ ἐξελθεῖν, καὶ ἔλαβε καὶ περιέτεμεν αὐτόν, διὰ τοὺς Ἰουδαίους τοὺς ὄντας ἐν τοῖς τόποις ἐκείνοις· ᾔδεισαν γὰρ πάντες τὸν πατέρα αὐτοῦ ὅτι Ἕλλην ὑπῆρχεν.

II¹1944 / K cap. Σ 5, 2

Ἐκ τῶν αὐτῶν·

Εἶπαν τῷ Παύλῳ οἱ ἀδελφοί· Τοῦτο ποίησον ὃ λέγομέν σοι. Εἰσὶν

---

1 – 3 Περὶ – πραγμάτων] cf. II¹ / K^pin Παραπομπαὶ O 18 et X 10   5 II¹suppl. 379 cf. Sacra. Liber II. Supplementum (Band VIII/8)

8 – 13 II¹1943 Act. 16, 1–3   16 II¹1944 Εἶπαν – ἀδελφοί] cf. Act. 21, 20 16 – 1044, 4 Τοῦτο – νόμον] Ibid. 21, 23–24

1 – 3 Titlos (a) K (250r23–250v1)   4 Titlos (b) V^EV^O A^I pin; deest in V^W H^IA^I txt 7 – 13 II¹1943 K cap. Σ 5, 1 (250v[1]2–9); deest in V H^I   15 – 1044, 4 II¹1944 K cap. Σ 5, 2 (250v[9]10–16); deest in V H^I

1 – 3 Titlos (a) 1 συμφέρεσθαι K^pin   καὶ σχηματίζεσθαι] om. K^pin 2 – 3 τοῖς – πραγμάτων] om. K^pin 4 Titlos (b)   κγ΄] κβ΄ V^E pin V^O pin (κγ΄ exspectav.), propt. mg. resect. non liquet in A^I pin (κγ΄ secund. ser.)

9 Λύστροις] scripsi (NT), λυστροις K^a. c., λυστροῖς K^p. c. in mg.   10 Ἰκονίῳ] scripsi, ἰκονίωι K

ἡμῖν ἄνδρες τέσσαρες ἔχοντες ἐφ᾽ ἑαυτῶν εὐχήν. Τούτους παραλαβών, ἁγνίσθητι σὺν αὐτοῖς, καὶ δαπάνησον ἐπ᾽ αὐτούς, ἵνα ξυρίσωνται τὴν κεφαλήν, καὶ γνῶσι πάντες ὅτι ὧν κατήχηνται περὶ σοῦ, οὐδέν ἐστιν, ἀλλὰ στοιχεῖς καὶ αὐτὸς φυλάσσων τὸν νόμον.

II¹1945 / K cap. Σ 5, 3

5

Ἐκ τῆς πρὸς Κορινθίους α᾽·

Ἐλεύθερος ὢν ἐκ πάντων, πᾶσιν ἐμαυτὸν ἐδούλωσα, ἵνα τοὺς πλείονας κερδήσω· καὶ ἐγενόμην τοῖς Ἰουδαίοις ὡς Ἰουδαῖος, ἵνα Ἰουδαίους κερδήσω, τοῖς ὑπὸ νόμον ὡς ὑπὸ νόμον, μὴ ὢν αὐτὸς ὑπὸ νόμον, ἵνα τοὺς ὑπὸ νόμον κερδήσω, τοῖς ἀνόμοις ὡς ἄνομος,   10
μὴ ὢν ἄνομος θεοῦ, ἀλλ᾽ ἔννομος Χριστῷ, ἵνα κερδάνω τοὺς ἀνόμους. Ἐγενόμην τοῖς ἀσθενέσιν ὡς ἀσθενής, ἵνα τοὺς ἀσθενεῖς κερδήσω· τοῖς πᾶσι γέγονα πάντα, ἵνα πάντως τινὰς σώσω.

II¹1946 / K cap. Σ 5, 4

Τοῦ ἁγίου Βασιλείου, ἐκ τῆς μζ᾽ ἐπιστολῆς·   15

Οὐχ᾽ ἡγεῖτο χρῆναι ἀκριβολογεῖσθαι περὶ τὰ ῥήματα, ἀλλ᾽ ἔστιν ὅπη καὶ συνδιδόναι τῷ ἤθει τοῦ ἐναγομένου, ὡς ἂν μὴ ἀντιτείνοι πρὸς τὰ καίρια.

---

7 – 13 II¹1945 I Cor. 9, 19–22   16 – 18 II¹1946 BASILIUS CAESARIENSIS, *Epistulae*, CCX, 5, 16–19 (ed. Courtonne, II, p. 195)

---

6 – 13 II¹1945 K cap. Σ 5, 3 (250v[mg]17–251r2); V^EV^O cap. Σ 23, 1; *deest in* V^W H^I; PG 96, 368, 10–18   15 – 18 II¹1946 K cap. Σ 5, 4 (251r[2]3–6); *deest in* V H^I

II¹1945 (a) K (b) Πρὸς Κορινθίους V^EV^O

---

2 δαπάνησον] *scripsi*, δαμπάνισον K   2 – 3 ξυρίσωνται] *sic* K, ξυρήσονται *NT*   8 πλείονας] πάντας V^EV^O   9 Ἰουδαίους] *praem.* τοὺς K   9 – 10 μὴ – νόμον¹] *om.* V^EV^O   11 θεοῦ] θεῷ V^O, *om.* V^E   χριστοῦ K   κερδάνω] *scripsi (NT)*, κερδανῶ K, κερδήσω V^EV^O   τοὺς] *om.* V^EV^O   12 ἀσθενοῦσιν V^O   13 πάντα] *praem.* τὰ V^EV^O   16 ἡγεῖτο] *correxi (ed.)*, ἡγεῖται τὸ K   17 ἔθει *ed.*

II¹1947 / K cap. Σ 5, 5

Τοῦ ἁγίου Γρηγορίου τοῦ θεολόγου, ἐκ τοῦ εἰς Ἥρωνα τὸν φιλό-
σοφον·

Πανταχοῦ τῷ καθ᾽ ἑαυτὸν καὶ τὸ κοινὸν συλλαμβάνειν, ψυχῆς
5 ἐστι τελειοτάτης καὶ φιλοσοφωτάτης· οὐδὲ γὰρ ἑαυτῷ γεγενῆσθαι
μόνον ἕκαστον ἡμῶν, ἀλλὰ καὶ πᾶσιν, ὅσοι τῆς αὐτῆς μετέχουσι
φύσεως, καὶ παρὰ τοῦ αὐτοῦ καὶ ἐπὶ τοῖς αὐτοῖς γεγόνασιν.

II¹1948 / K cap. Σ 5, 6

Τοῦ ἁγίου Ἰωάννου, ἐκ τοῦ περὶ παρθενίας ς΄ κεφαλαίου·

10 Ὁ τὸν ὅλον διόλου διὰ τῶν βαρυτέρων πλέκων λόγον, ἐπαχθής τέ
ἐστι τῷ ἀκούοντι, καὶ πολλάκις ἀναγκάζει μετασκιρτῆσαι, μὴ φέ-
ροντα τῶν λεγομένων τὸ βάρος. Ὁ δὲ ποικίλλων αὐτὸν καὶ
πλέ<κ>ων ἀπὸ τῶν ῥάστων, τὸ τοῦ πράγματος κλέπτει βαρύ, καὶ
διαναπαύσας τὸν ἀκροατήν, οὕτω καὶ προσάγετα<ι> μᾶλλον.

15   II¹1949 / K cap. Σ 5, 7

Τοῦ ἁγίου Εὐσταθίου Ἀντιοχείας, ἐκ τοῦ περὶ Ἑβραϊσμοῦ·

Κατὰ τινὰ νομοθετικὴν ἐπίνοιαν καὶ μεταχείρισιν εἰς πειθὼ τῶν

---

4 - 7 II¹1947 GREGORIUS NAZIANZENUS, *In laudem Heronis philosophi* (*Orat. 25*),
4, 27–32 (ed. Mossay/Lafontaine, p. 166)   10 - 14 II¹1948 IOHANNES CHRYSOSTO-
MUS, *De virginitate*, XXVII, 44–50 (ed. Musurillo, p. 180)   17 - 1046, 2 II¹1949
EUSTATHIUS ANTIOCHENUS, *De Hebraismo*, locus non repertus, fragm. 120 (ed.
Declerck, p. 181–182)

2 - 7 II¹1947 K cap. Σ 5, 5 (251r[6]7–11); *deest in* V Hᴵ   9 - 14 II¹1948 K cap. Σ 5,
6 (251r[12]13–19); *deest in* V Hᴵ   16 - 1046, 2 II¹1949 K cap. Σ 5, 7 (251r[19]20–
24); *deest in* V Hᴵ; PG 86, 2092, 37–42

4 τῷ] *correxi (ed.)*, τὸ K   5 οὐδὲ] *correxi (ed.)*, οὐδὲν K   6 ὅσοι] *correxi (ed.)*,
ὅσοις K   7 γεγόνασιν] *correxi (ed.)*, γεγονόσιν K   11 - 12 μὴ φέροντα] τὴν ψυχὴν
μὴ φέρουσαν *ed.*   12 αὐτὸν] *correxi (ed.)*, αὐτὸν K   13 πλέκων] *scripsi*, πλέων K
(*signo quo solebant scribae ad textum in mg. referre super* -ων *superscripto*), πλείονα
ed. (*quae post* ῥάστων *hab.* ἢ τῶν δυσκόλων τιθεὶς τὴν μίξιν)   14 προσάγεται]
correxi (ed.), προσάγετα K   17 μεταχείρισιν Kᵃ·ᶜ·   πειθὼ] *scripsi (ed.)*, πειθῶ K

προσταττομένων ὑπ’ αὐτῶν καὶ τοῦ πολιτικοῦ συμφέροντος ἔνε-
κα, τῷ ψεύδει χρῶνται ἐν φαρμάκων εἴδει οἱ νομοθέται, δῆλον.

II¹1950 / K cap. Σ 5, 8

Κλήμεντος, ἐκ τοῦ ζ′ Στρώματος·

Ὁ γνωστικὸς ἀληθῆ τε ἅμα φρονεῖ καὶ ἀληθεύει, πλὴν εἰ μήποτε   5
ἐν θεραπείας μέρει, καθάπερ ἰατρὸς <πρὸς> νοσοῦντας, ἐπὶ σωτη-
ρίᾳ τῶν καμνόντων ψεύσεται ἢ ψεῦδος ἐρεῖ, κατὰ τοὺς σοφιστάς.
Αὐτίκα γοῦν Τιμόθεον ὁ γενναῖος περιέτεμεν Ἀπόστολος, κεκρα-
γὼς καὶ γράφων *περιτομὴν τὴν χειροποίητον* μηδὲν ὠφελεῖν.

II¹1951 / K cap. Σ 5, 9   10

Φίλωνος, ἐκ τοῦ δ′ τῶν ἐν Γενέσει ζητημάτων·

Οὐ πάντα ἀληθῆ λεκτέον ἅπασιν· ὅθεν καὶ νῦν ὁ ἀστεῖος ὅλον οἰ-
κονομεῖ τὸ πρᾶγμα μεταθέσει καὶ ἀπαλλαγῇ τῶν ὀνομάτων.

II¹1952 / K cap. Σ 5, 10

<***>   15

Τὸ δὲ *Πάντα ἀλήθευσον* ἀφιλοσόφου καὶ ἰδιώτου παράγγελμα. Εἰ

---

8 Αὐτίκα – Ἀπόστολος] cf. Act. 16, 3   **9** Eph. 2, 11   μηδὲν ὠφελεῖν] cf. Rom. 2, 25
16 Gen. 20, 16

---

5 – 9 **II¹1950** CLEMENS ALEXANDRINUS, *Stromata*, VII. Cap. IX. 53, 2–3 (ed. Stäh-
lin/Früchtel/Treu, p. 39, 14–18); Holl, n° 267   **12 – 13** **II¹1951** PHILO IUDAEUS,
Quaestiones in Genesim, IV. 67 (ed. Petit, p. 165)   **16 – 1047, 6** **II¹1952** PHILO IU-
DAEUS, *Quaestiones in Genesim*, IV. 69 (ed. Petit, p. 165–166)

---

4 – 9 **II¹1950** K cap. Σ 5, 8 (251r[24]251v1–7); *deest in* V H¹   **11 – 13** **II¹1951** K
cap. Σ 5, 9 (251v[7–8]9–11); *deest in* V H¹; PG 86, 2092, 43–46   **15 – 1047, 6**
II¹1952 K cap. Σ 5, 10 (251v11–20); *deest in* V H¹; PG 86, 2092, 46–54

II¹1952 *s. d.* K

---

2 φαρμάκων] *correx. Mai*, φαρμάκωι K   **6** πρὸς] *supplevi (ed.), om.* K   **8** Αὐτίκα]
correxi (ed.), αὐτίγα K

μὲν γὰρ ὁ τῶν ἀνθρώπων βίος εὐωδεῖ, μηδὲν παραδεχόμενος ψεῦ-
δος, εἰκὸς ἦν ἐπὶ παντὶ πρὸς πάντας ἀληθεύειν. Ἐπειδὴ δὲ ὑπόκρι-
σις ὡς ἐν θεάτρῳ δυναστεύει, καὶ τὸ ψεῦδος παραπέτασμα τῆς ἀ-
ληθείας ἐστί, τέχνης δεῖ τῷ σοφῷ πολυτρόπου, καθ' ἣν ὠφελήσει,
5 μιμούμενος τοὺς ὑποκριτάς, οἳ ἄλλα λέγοντες ἕτερα δρῶσιν, ὅ-
πως διασώσωσιν οὓς δύνανται.

II¹1953 / K cap. Σ 5, 11

Ἐκ τοῦ ς' τῶν αὐτῶν·

Ὥσπερ τὰς ἄλλας ἀρετὰς ὁ ἀστεῖος, οὕτως καὶ τὴν ἀνδρ<ε>ίαν
10 καθαρῶς ἐπιτετηδευκώς, ἐάν που ταύτην ἐπισκιάζῃ χάριν καιρῶν,
οἰκονομίᾳ χρῆται, μένων μὲν ἐν ὁμοίῳ καὶ τῆς ἐξ ἀρχῆς προθέσε-
ως οὐκ ἀναχωρῶν, διὰ δὲ τῶν ἀβουλήτων συντυχίας ἐναλλάττων,
ὥσπερ ἐν θεάτρῳ, μορφὴν ἑτέραν ὑπὲρ ὠφελείας τῶν ὁρώντων.
Ἰατρὸς γὰρ τῶν κατὰ τὸν βίον πραγμάτων ὁ ἀστεῖος, ὃς ἕνεκα
15 τῶν καιρῶν φρονίμως ἐνεργεῖ τὰ ἀφροσύνης, καὶ σωφρόνως τὰ ἀ-
κολασίας, καὶ τὰ δειλίας ἀνδρείως, καὶ δικαίως τὰ ἀδικίας. Καὶ
γὰρ ἐρεῖ ποτε τὰ ψευδῆ, οὐ ψευδόμενος, καὶ ὑβρίσει, μὴ ὢν ὑβρι-
στής.

II¹1954 / K cap. Σ 5, 12

20 <***>

Λεγέτω καὶ ὁ στρατηγὸς ἢ τὰ πολεμοποιοῦντα, εἰρήνην πραγμα-

---

9 – 18 II¹1953 Philo Iudaeus, *Quaestiones in Genesim*, IV. 204 (ed. Petit, p. 206–
207)   21 – 1048, 4 II¹1954 Philo Iudaeus, *Quaestiones in Genesim*, IV. 206b (ed.
Petit, p. 208)

8 – 18 II¹1953 K cap. Σ 5, 11 (251v[20]21–252r9); *deest in* V H¹; PG 86, 2092, 55 –
2093, 10   20 – 1048, 4 II¹1954 K cap. Σ 5, 12 (252r9–15); *deest in* V H¹; PG 86,
2093, 10–16

II¹1954 *s. d.* K

4 δεῖ] δὲ Kᵃ·ᶜ·   9 ἀνδρείαν] *scrips. Petit*, ἀνδρίαν K   10 καθαρῶς] *correx. Mai*,
καθαρῶι K   12 συντυχίας] συντυχιῶν *coniec. Petit*   14 ὅς] *scrips. Mai*, ὡς K   16
τὰ¹] *scrips. Petit*, τὰς K   τὰ²] *scrips. Petit*, τὰς K

τευόμενος, ἢ τὰ εἰρήνης, πολεμεῖν διανοούμενος. Ὑποδυέσθω καὶ
ὁ βασιλεὺς ἰδιώτου σχῆμα, εἰ μὴ δύναιτο ἑτέρως τὸ συμφέρον τῇ
τε ἀρχῇ καὶ τοῖς ὑπηκόοις λαβεῖν· καὶ ὁ δεσπότης δούλου, εἵνεκα
τοῦ μηδὲν ἀγνοῆσαι τῶν κατὰ τὴν οἰκίαν δρωμένων.

II¹1955 / K cap. Σ 5, 13   5

Ἐκ τοῦ περὶ τῶν γιγάντων·

Ἐπειδὴ καὶ ἀναγώγοις καὶ ἄφροσιν οἰκέταις φοβερὸς δεσπότης
ὠφέλιμος· τὰς γὰρ ἐπαναστάσεις αὐτοῦ δεδιότες, ἄκοντες φόβῳ
νο<υ>θετοῦνται. Μανθανέτωσαν πάντες οὗτοι τὰ οἰκονομικῶν
ψεύδη, δι᾽ ὧν ὠφεληθήσονται· καὶ γὰρ τοῖς τὰ σώματα κάμνουσιν   10
ἐπισφαλῶς οἱ νομιμώτατοι τῶν ἰατρῶν τἀληθῆ λέγειν οὐκ ἀνέ-
χονται.

II¹1956 / K cap. Σ 5, 14

Ἐκ τοῦ δ΄ τῆς νόμων ἱερῶν ἀλληγορίας·

Προσήκει τὸν πολιτικὸν μὴ ἁπλῶς ὁμιλεῖν, ἀλλ᾽ ἔχειν διττὸν λό-   15
γον, τὸν μὲν ἀληθείας καὶ τοῦ συμφέροντος, τὸν δὲ δόξης καὶ τοῦ
ἡδέος. Ἀνάγκη γὰρ τῷ πολιτικῷ μὴ ὅσα φρονεῖ συμφέροντα καὶ
ἡγεῖται, λέγειν ἄντικρυς, ἀλλ᾽ ἔνια ἀποκρύπτεσθαι, διὰ τὸ πολλά-
κις τὸν ἀκροατήν, ἀλλοτρίως διακείμενον πρὸς τὸ ἀκολάκευτον
καὶ εὐθύ, τοῦ ἀληθοῦς ἀφηνιάζειν, ὡς μηδὲν ἔτι τῶν εἰς ἐπανόρ-   20
θωσιν προ<σ>ΐεσθαι, ἀεὶ δέ γε τοῖς σοφοῖς ἐοικέναι τῶν ἰατρῶν,
οἳ καίειν τε καὶ τέμνειν ἢ κενοῦν μέλλοντες, ἢ τί τῶν οὐχ᾽ ἡδέων
μέν, λυσιτελῶν δὲ τοῖς κάμνουσι ποιεῖν, οὐ προλέγουσι τὰς θερα-

7 – 12   **II¹1955** Philo Iudaeus, *Quod deus sit immutabilis*, 64–65 (ed. Wendland, p. 71, 2–7)   15 – 1049, 5   **II¹1956** Philo Iudaeus, *Legum allegoriae*, IV, locus non repertus; Harris 8.2; Royse 177.73

6 – 12   **II¹1955** K cap. Σ 5, 13 (252r[15]16–22); *deest in* V H¹   14 – 1049, 5   **II¹1956** K cap. Σ 5, 14 (252r[23]24–252v17); *deest in* V H¹; PG 86, 2093, 17–34

7 ἀναγώγοις] *scripsi (ed.)*, ἀναγωγοῖς K   8 δεδιότες] *scripsi (ed.)*, δεδείοτες K   9 νουθετοῦνται] *scripsi (ed.)*, νοθετοῦνται K   οἰκονομικῶν] *scripsi*, οἰκονομικῶς K, *deest in ed.*   17 φρονεῖ] *scripsi*, φρονεῖν K   19 ἀκολάκευτον] *scrips. Harris*, ἀκολά-στευτον K   21 προσΐεσθαι] *scrips. Mai*, προΐεσθαι K

πείας, ἀλλ' ἔστιν ὅτε καὶ πυνθανομένων ἀρνοῦνται, εἶτ' ἐξαίφνης, οὐδὲν ἐλπισάντων τοιοῦτον, ἀλλὰ καὶ τἀναντία προσδοκησάντων, τὴν θεραπείαν μάλα εὐτόνως ἐπιφέρουσι τῷ ψεύσασθαι, μετὰ τοῦ συμφέροντος κρεῖττον ἀληθείας ἀλυσιτελοῦς τὸ ψεῦδος ὑ-
5   πολαμβάνοντες.

---

3 τῷ] *scripsi*, τὸ K   **4** τὸ ψεῦδος] *tacite delev. Mai et Harris*

Τίτλος ϛ′   Περὶ σωφρονισμοῦ, καὶ ὅτι χρὴ ἡμᾶς ταῖς ἀλλοτρί-
αις συμφοραῖς σωφρονίζεσθαι.

ζ′   Περὶ σωφρονισμοῦ, καὶ ὅτι χρὴ ἡμᾶς διὰ τῶν ἀλλοτρίων κα-
κῶν σωφρονίζεσθαι.

κα′   Περὶ σωφρονισμοῦ, καὶ ὅτι χρὴ ἡμᾶς διὰ τῶν ἀλλοτρίων   5
κακῶν σωφρονίζεσθαι.

II¹1957 / K cap. Σ 6, 1

Τοῦ Δευτερονομίου·

Ἐξάρατε τὸν πονηρὸν ἐξ ὑμῶν αὐτῶν, καὶ οἱ ἐπίλοιποι ἀκούσαν-
τες φοβηθήσονται, καὶ οὐ προσθήσουσιν ἔτι ποιῆσαι κατὰ τὸ ῥῆ-   10
μα τὸ πονηρὸν τοῦτο ἐν ὑμῖν.

II¹1958 / K cap. Σ 6, 2

Τῶν Παροιμιῶν·

Λοιμοῦ μαστιγουμένου ἄφρων πανουργότερος ἔσται.

---

1 – 2 ὅτι – σωφρονίζεσθαι] cf. II¹ / Kᵖⁱⁿ Παραπομπὴ Χ 11

---

9 – 11 II¹1957 Deut. 19, 19–20 (Wahl, *Deuteronomium-Text*, p. 134)   14 II¹1958
Prov. 19, 25¹ (Wahl, *Proverbien-Text*, p. 96)

---

1 – 2 Titlos (a) K (252v17–19)   3 – 4 Titlos (b) V Aᴵ ᵖⁱⁿ; *deest in* HᴵAᴵ ᵗˣᵗ   5 – 6
Titlos (c) PMᵖⁱⁿ Lᵇ ᵖⁱⁿ E R; *deest in* Mᵗˣᵗ ⁽ˡᵃᶜ·⁾ Lᵇ ᵗˣᵗ   8 – 11 II¹1957 K cap. Σ 6, 1 (252v
[19]20–23); V cap. Σ 7, 1; P cap. Σ 21, 1; E cap. 223, 1; *deest in* Hᴵ M⁽ˡᵃᶜ·⁾ Lᵇ R; PG 96,
337, 30–31   13 – 14 II¹1958 K cap. Σ 6, 2 (252v[23]24); *deest in* V Hᴵ PM⁽ˡᵃᶜ·⁾ Lᵇ R
E

---

1 – 2 Titlos (a)   1 χρὴ ἡμᾶς] *post* συμφοραῖς *transpos.* Kᵗˣᵗ   2 συμφοραῖς] *post*
σωφρονίζεσθαι *transpos.* Kᵖⁱⁿ   3 – 4 Titlos (b)   3 ζ′] ϛ′ Vᴱ ᵖⁱⁿ Vᴼ ᵖⁱⁿ (ζ′ *exspectav.*),
propt. mg. resect. non liquet in Aᴵ ᵖⁱⁿ (ζ′ *secund. ser.*), *praem.* τίτλος Vᵂ ᵗˣᵗ   5 – 6
Titlos (c)   5 κα′] σκγ′ E, τίτλος κ′ Rᵗˣᵗ, κ′ Rᵖⁱⁿ   5 – 6 καὶ – σωφρονίζεσθαι] *om.*
Mᵖⁱⁿ

II¹1957 Τοῦ] *om.* V P E

---

9 αὐτῶν] *add.* ἵνα Vᵂ ᵖ· ᶜ· ⁱⁿ ᵐᵍ· ᵐᵃⁿ· ʳᵉᶜ·   10 – 11 καὶ – ὑμῖν] *om.* V P E

II¹1959 / K cap. Σ 6, 3

Τῶν αὐτῶν·

Ζημιουμένου ἀκολάστου, πανουργότερος γίνεται ὁ κακός.

II¹1960 / K cap. Σ 6, 4

5   Τῶν αὐτῶν·

Πανοῦργος ἰδὼν πονηρὸν τιμωρούμενον, κραταιῶς αὐτὸς παι-
δεύεται.

II¹1961 / K cap. Σ 6, 5

Τῶν αὐτῶν·

10   Οἱ δίκαιοι, καταπιπτόντων ἀσεβῶν, ἔμφοβοι γίνονται.

---

3 exstat etiam ap. Ps.-Max. Conf., *Loci communes*, 61.3./68.3. (ed. Ihm, p. 918)   **10** similiter ap. Bas. Caes., *Epistulae*, XXII, 3, 33–34 (ed. Courtonne, I, p. 57)

---

3 II¹1959 Prov. 21, 11¹ (Wahl, *Proverbien-Text*, p. 101)   **6 – 7** II¹1960 Prov. 22, 3¹ (Wahl, *Proverbien-Text*, p. 104)   **10** II¹1961 Prov. 29, 16² (Wahl, *Proverbien-Text*, p. 141)

---

2 – 3 II¹1959 K cap. Σ 6, 3 (252v[25]253r1–2); *deest in* V H^I PM^(lac.) L^b R E   **5 – 7** II¹1960 K cap. Σ 6, 4 (253r[2]3–4); *deest in* V H^I PM^(lac.) L^b R E   **9 – 10** II¹1961 K cap. Σ 6, 5 (253v[4]5–6); *deest in* V H^I PM^(lac.) L^b R E

---

10 Οἱ – γίνονται] Ἀσεβῶν καταπιπτόντων (*sic*)· οἱ δίκαιοι ἔμφοβοι γίνονται K^in mg. man. rec.

II¹1962 / K cap. Σ 6, 6

Τοῦ θεολόγου ἁγίου Γρηγορίου, ἐκ τοῦ περὶ τῆς χαλάζης·

Νουθετεῖσθαι δεῖ τῇ τῶν πλησίων πληγῇ, καὶ διὰ τῶν ἀλλοτρίων κακῶν τὰ οἰκεῖα εὖ τίθεσθαι.

II¹1963 / K cap. Σ 6, 7

Τοῦ αὐτοῦ, ἐκ τοῦ εἰς Βασίλειον ἐπιταφίου·

Ἐν ταῖς ἀλλοτρίαις συμφοραῖς τὰ οἰκεῖα εὖ τίθεσθαι χρή.

II¹1964 / K cap. Σ 6, 8

\<Σχόλιον·\>

Ἔστιν εἰς τὸν ε΄ τίτλον τοῦ Α στοιχείου.

---

10 cf. II¹227 / K cap. A 5, 11

---

3 – 4 II¹1962 GREGORIUS NAZIANZENUS, *De grandine, in patrem tacentem (Orat. 16)*, 19 (PG 35, 961, 23 –25)   **7 II¹1963** GREGORIUS NAZIANZENUS, *Funebris oratio in laudem Basilii Magni Caesareae in Cappadocia episcopi (Orat. 43)*, 63, 29 (ed. Bernardi, p. 264)   **10 II¹1964** *Scholion*

---

2 – 4 II¹1962 K cap. Σ 6, 6 (253r[6]7–9); V cap. Σ 7, 2; P cap. Σ 21, 2; E cap. 223, 2; R cap. Σ 20, 1; *deest in* H¹ M(lac.) L^b; PG 96, 337, 32 –33   **6 – 7 II¹1963** K cap. Σ 6, 7 (253r[9]10 –11); V cap. Σ 7, 3; P cap. Σ 21, 3; E cap. 223, 3; *deest in* H¹ M(lac.) L^b R; PG 96, 337, 34 –35   **9 – 10 II¹1964** K cap. Σ 6, 8 (253r11); *deest in* V H¹ PM(lac.) L^b R E

II¹1962 (a) K (b) Τοῦ Θεολόγου, ἐκ τοῦ εἰς Βασίλειον P R ἐκ τοῦ] *om.* P βασιλειον P (c) Θεολόγου V^W E (d) *s. a.* V^EV^O **II¹1963** (a) K (b) Τοῦ αὐτοῦ V^W P (c) *s. a.* V^EV^O E **II¹1964** Σχόλιον] *supplevi, om.* K

---

3 πλησίων] πλησίον (-σι R) V^W p. c. R E, ἀλλοτρίων K **7** τίθεσθαι χρή] τίθεσθε E

II¹1965 / K cap. Σ 6, 9

Τοῦ ἁγίου Ἰωάννου, ἐκ τοῦ εἰς πένητας λόγου·

Βελτίων ἔσῃ, σωφρονιζόμενος τοῖς ἀλλοτρίοις κακοῖς.

II¹1966 / K cap. Σ 6, 10

5 Φίλωνος, ἐκ τοῦ περὶ κατα<στάσεως> ἀρχόντων·

Καὶ τοῖς ἑτέρων πάθεσιν ἄνθρωποι διδάσκονται σωφρονεῖν.

II¹1967 / K cap. Σ 6, 11

Ἐκ τῶν κατὰ Φλάκκον·

Χρήσιμον ἐν ταῖς ἑτέρων ἀτυχίαις σωφρονίζεσθαι.

---

3 cf. Ioh. Chrys., *Sermones in Genesim*, IX, 1 (PG 54, 621, 8–9)

---

3 **II¹1965** IOHANNES CHRYSOSTOMUS, *In pauperes*, locus non repertus; Haidacher 186.55   **6 II¹1966** PHILO IUDAEUS, *De specialibus legibus*, IV, 223 (ed. Cohn, p. 261, 16 – 262, 1); de titulo vide IBID., IV, 1 (p. 243, 1)   **9 II¹1967** PHILO IUDAEUS, *In Flaccum*, 154 (ed. Reiter, p. 148, 18)

---

2 - 3 **II¹1965** K cap. Σ 6, 9 (253r[12]13–14); V cap. Σ 7, 4; P cap. Σ 21, 4; E cap. 223, 4; R cap. Σ 20, 2; *deest in* H¹ M⁽ˡᵃᶜ·⁾ Lᵇ; PG 96, 337, 36–37   **5 - 6 II¹1966** K cap. Σ 6, 10 (253r[14]15–16); V cap. Σ 7, 5; P cap. Σ 21, 5; E cap. 223, 5; R cap. Σ 20, 3; *deest in* H¹ M⁽ˡᵃᶜ·⁾ Lᵇ; *deest in* PG 96   **8 - 9 II¹1967** K cap. Σ 6, 11 (253r[16]17–18); V cap. Σ 7, 6; P cap. Σ 21, 6; E cap. 223, 6; R cap. Σ 20, 4; *deest in* H¹ M⁽ˡᵃᶜ·⁾ Lᵇ; PG 96, 337, 38–39

II¹1965 (a) K   (b) Τοῦ Χρυσοστόμου Vᵂ P E R   Τοῦ] *om.* Vᵂ E   (c) *s. a.* Vᴱvᴼ
II¹1966 (a) K καταστάσεως] *correxi (ed.)*, κατὰ K (b) *s. a.* Vᴱvᴼ E (c) *s. d.* Vᵂ P R
II¹1967 (a) K (b) Φίλωνος Vᵂ P E R φιλωνος P (c) *s. a.* Vᴱ (d) *s. d.* Vᴼ

---

3 Βελτίων] βέλτιον V   ἔσῃ] ἔσω Vᴱvᴼ   6 Καὶ] *om.* E, *add.* γὰρ R   ἑτέρων – σωφρονεῖν] *om.* Vᴼ *(qui verba* Καὶ τοῖς *loco sequenti adiunxit)*   9 Χρήσιμον – ταῖς] *om.* Vᴼ *(qui reliqua verba loco praecedenti adiunxit)*   ἐν] τὸ Vᴱ, *om.* Vᵂ P R   E   ἑτέρων] ἀλλοτρίαις K   ἀτυχίαις] συμφοραῖς K

II¹1968 / K cap. Σ 6, 12

Ἐκ τῆς πρὸς Γάϊον πρεσβείας·

Ἡ κόλασις νουθετεῖ καὶ σωφρονίζει πολλάκις μὲν καὶ τοὺς ἁμαρτάνοντας, εἰ δὲ μή, πάντως γοῦν τοὺς πλησιάζοντας. Αἱ γὰρ ἑτέρων τιμωρίαι βελτιοῦσι τοὺς πολλούς, φόβῳ τοῦ μὴ παραπλήσια   5 παθεῖν.

---

3 – 6 **II¹1968** PHILO IUDAEUS, *Legatio ad Gaium*, 7 (ed. Reiter, p. 156, 22–24)

2 – 6 **II¹1968** K cap. Σ 6, 12 (253r[18]19–23); V cap. Σ 7, 7; P cap. Σ 21, 7; E cap. 223, 7; R cap. Σ 20, 5; *deest in* H¹ M⁽ˡᵃᶜ·⁾ Lᵇ; PG 96, 337, 40–43

II¹1968 (a) K (b) Τοῦ αὐτοῦ R (c) *s. a.* V P E

---

3 σωφρονίζει καὶ νουθετεῖ K   4 – 6 Αἱ – παθεῖν] *om.* E

Τίτλος ζ′ Περὶ σκανδάλων, ὅτι χρὴ φεύγειν τὰ σκάνδαλα.

ι′ Περὶ σκανδάλων, ὅτι χρὴ φεύγειν τὰ σκάνδαλα.

ΙΙ¹1969 / Κ cap. Σ 7, 1

Δαυῒδ ἐν ψαλμῷ μθ′·

5   Τὸ στόμα σου ἐπλεόνασε κακίαν,
καὶ ἡ γλῶσσά σου περιέπλεκε δολιότητας.
Καθήμενος κατὰ τοῦ ἀδελφοῦ σου κατελάλεις,
καὶ κατὰ τοῦ υἱοῦ τῆς μητρός σου ἐτίθεις σκάνδαλον.

ΙΙ¹1970 / Κ cap. Σ 7, 2

10 Ἐν ψαλμῷ ρμ′·

Φύλαξόν με ἀπὸ παγίδος, ἧς συνεστήσαντό μοι,
καὶ ἀπὸ σκανδάλων τῶν ἐργαζομένων τὴν ἀνομίαν.

---

1 Περὶ – σκάνδαλα] cf. ΙΙ¹ / Κ^{pin} Παραπομπὴ Π 13

---

5 – 8 ΙΙ¹1969 Ps. 49, 19¹–20² 11 – 12 ΙΙ¹1970 Ps. 140, 9¹⁻²

---

1 Titlos (a) K (253r23 –24) 2 Titlos (b) V A^{I pin}; *deest in* H^IA^{I txt} 4 – 8 ΙΙ¹1969 K cap. Σ 7, 1 (253r[24]253v1–4); V cap. Σ 10, 1; *deest in* H^I; PG 96, 344, 24 10 – 12 ΙΙ¹1970 K cap. Σ 7, 2 (253v[4]5 –7); V cap. Σ 10, 2; *deest in* H^I; PG 96, 344, 25 –26

---

1 Titlos (a) Τίτλος] *om.* K^{pin} ὅτι] *praem.* καὶ K^{pin} φεύγειν] *praem.* ἡμᾶς K^{pin} 2 Titlos (b) ι′] θ′ V^{E pin} V^{O pin} (ι′ *exspectav.*), *propt. mg. resect. non liquet in* A^{I pin} (ι′ *secund. ser.*) ὅτι] *praem.* καὶ V^{E pin} V^{W pin} V^{W txt s. l.} V^{O pin}

ΙΙ¹1969 (a) K (b) Δαυῒδ V ΙΙ¹1970 (a) K (b) *s. a.* V

---

5 στόμα σου] στόμα μου V^O 6 καὶ – δολιότητας] *om.* V^EV^O 7 – 8 Καθήμενος – σκάνδαλον] *om.* V^W 7 – 8 κατὰ – σκάνδαλον] καὶ τὰ λοιπά V^EV^O 12 καὶ – ἀνομίαν] *om.* V^EV^O

*II²2510 /
PML^b cap.
Σ 7, 4

II¹1971 / K cap. Σ 7, 3

Ματθαίου, ἐν κεφαλαίῳ <ροζ΄>·

Εἶπεν Ἰησοῦς τῷ Πέτρῳ, λέγων· Τί σοι δοκεῖ, Σίμων; Οἱ βασιλεῖς
τῆς γῆς ἀπὸ τίνος λαμβάνουσι τέλη ἢ κῆνσον; Ἀπὸ τῶν υἱῶν ἢ
ἀπὸ τῶν ἀλλοτρίων; Λέγει ὁ Πέτρος· Ἀπὸ τῶν ἀλλοτρίων. Ἔφη   5
αὐτῷ ὁ Ἰησοῦς· Ἄρα γε ἐλεύθεροί εἰσιν οἱ υἱοί. Ἵνα δὲ μὴ σκανδα-
λίσωμεν αὐτούς, πορευθεὶς εἰς θάλασσαν, βάλε ἀμφίβληστρον,
καὶ τὸν ἀναβαίνοντα πρῶτον ἰχθῦν ἆρον, καὶ ἀνοίξας τὸ στόμα,
εὑρήσεις στατῆρα· ἐκεῖνον λαβών, δὸς αὐτοῖς ἀντὶ ἐμοῦ καὶ σοῦ.

*II²2511 /
PML^b cap.
Σ 7, 5

II¹1972 / K cap. Σ 7, 4   10

Τοῦ αὐτοῦ, ἐν κεφαλαίῳ ροθ΄·

Οὐαὶ τῷ κόσμῳ ἀπὸ τῶν σκανδάλων· ἀνάγκη γὰρ ἐλθεῖν τὰ σκάν-
δαλα, οὐαὶ δὲ τῷ ἀνθρώπῳ ἐκείνῳ, δι’ οὗ τὸ σκάνδαλον ἔρχεται.
Εἰ δὲ ἡ χείρ σου ἢ ὁ πούς σου σκανδαλίζει σε, ἔξελε αὐτὸν καὶ βά-
λε ἀπὸ σοῦ· καλόν σοι ἐστὶν εἰς τὴν ζωὴν εἰσελθεῖν χωλὸν ἢ κυλ-   15
λὸν ἢ δύο χεῖρας ἢ δύο πόδας ἔχοντα βληθῆναι εἰς τὸ πῦρ τὸ αἰώ-
νιον· καὶ εἰ ὁ ὀφθαλμός σου σκανδαλίζει σε, ἔξελε αὐτὸν καὶ βάλε
ἀπὸ σοῦ· καλόν σοι ἐστὶν μονόφθαλμον εἰς τὴν ζωὴν εἰσελθεῖν ἢ
δύο ὀφθαλμοὺς ἔχοντα βληθῆναι εἰς τὴν γέενναν τοῦ πυρός.

---

3 – 9 II¹1971 Matth. 17, 25–27 12 – 19 II¹1972 Matth. 18, 7–9

---

2 – 9 II¹1971 K cap. Σ 7, 3 (253v[7]8–17); *deest in* V H^I 11 – 19 II¹1972 K cap. Σ
7, 4 (253v[17]18–254r1); V cap. Σ 10, 3; *deest in* H^I; PG 96, 344, 27–37

II¹1971 ροζ΄] *supplevi, om.* K II¹1972 (a) K (b) Ματθαίου V^EV^O (c) Εὐαγγελίου
V^W

---

6 Ἄρα γε] *scripsi*, ἀρά γε K 12 τῶν] *om.* V^W γὰρ] γάρ ἐστιν K V^W 13 τὰ
σκάνδαλα K 14 Εἰ] ἡ V^EV^O σκανδαλίζη σε V^EV^O ^p.c. 14 – 15 βάλε] βάλλε V^W
15 – 18 καλόν – σοῦ] *om.* K 15 – 16 κυλὸν V^W a. c., κοιλὸν V^EV^O 16 δύο²] *om.*
V^W 17 – 19 καὶ¹ – πυρός] *om.* V^W 17 σκανδαλίζει σε] *scripsi (NT)*, σκανδαλίζη
σε V^EV^O 18 καλόν σοι] καλὸν γάρ σοι K V^W μονόφθαλμον – ζωὴν] εἰς τὴν
ζωὴν μετὰ ἑνὸς ὀφθαλμοῦ K

Π¹1973 / K cap. Σ 7, 5

Λουκᾶ, ἐν κεφαλαίῳ ρρζ΄·

Εἶπεν ὁ κύριος πρὸς τοὺς μαθητάς· Ἀνένδεκτόν ἐστι τοῦ μὴ ἐλ-
θεῖν τὰ σκάνδαλα, οὐαὶ δὲ δι᾽ οὗ ἔρχεται· λυσιτελεῖ αὐτῷ εἰ μύλος
5 ὀνικὸς περίκειται περὶ τὸν τράχηλον αὐτοῦ καὶ ἔρριπται εἰς τὴν
θάλασσαν ἢ ἵνα σκανδαλίσῃ ἕνα τῶν μικρῶν τούτων.

Π¹1974 / K cap. Σ 7, 6

Ἐκ τῆς πρὸς Κορινθίους α΄·

Βλέπετε μήπως ἡ ἐξουσία ὑμῶν αὕτη πρόσκομμα γένηται τοῖς ἀ-
10 σθενέσιν.

Π¹1975 / K cap. Σ 7, 7

Ἐκ τῆς αὐτῆς·

Εἰ βρῶμα σκανδαλίζει τὸν ἀδελφόν μου, οὐ μὴ φάγω κρέα εἰς τὸν
αἰῶνα, ἵνα μὴ τὸν ἀδελφόν μου σκανδαλίσω.

*Π²2514 /
PML^b cap.
Σ 7, 8

---

3 - 6 **Π¹1973** Luc. 17, 1–2   **9 - 10 Π¹1974** I Cor. 8, 9   **13 - 14 Π¹1975** I Cor. 8, 13

---

2 - 6 Π¹1973 K cap. Σ 7, 5 (254r[1]2–6); V cap. Σ 10, 4; *deest in* H^I; PG 96, 344,
38–43   **8 - 10 Π¹1974** K cap. Σ 7, 6 (254r[mg]7–8); V cap. Σ 10, 5; *deest in* H^I; PG
96, 344, 44–45   **12 - 14 Π¹1975** K cap. Σ 7, 7 (254r[8]9–11); V cap. Σ 10, 6; *deest in*
H^I; PG 96, 344, 45–47

Π¹1973 (a) K ρρζ΄] *scripsi,* ρρζ΄ *cod.* (b) Τοῦ αὐτοῦ V^W (c) *s. a.* V^EV^O **Π¹1974** (a) K
(b) Πρὸς Κορινθίους V^EV^O (c) Ἀποστόλου V^W **Π¹1975** (a) K (b) *s. a.* V^W (c) *s. d.*
V^EV^O

3 πρὸς – μαθητάς] *om.* K   **3 - 4** εἰσελθεὶν *(sic)* V^O   **4** ἔρχεται] *add.* καὶ τὸ γεγε-
νημένον ἐκ τοῦ πνεύματος πνεῦμα ἐστί (= *Ioh. 3, 6*) V^W in mg. man. rec.   εἰ] ἢ K V^W
9 - 10 ἀσθενέσιν] ἀσθενοῦσιν V^EV^O   **13** σκανδαλίζη V^W   κρέας K

*II²2513 /
PMLᵇ cap.
Σ 7, 7

II¹1976 / K cap. Σ 7, 8

Ἐκ τῆς αὐτῆς·

Ἀπρόσκοποι γίνεσθε Ἰουδαίοις καὶ Ἕλλησιν καὶ τῇ ἐκκλησίᾳ τοῦ
θεοῦ, καθὼς κἀγὼ πάντα πᾶσιν ἀρέσκω, μὴ ζητῶν τὸ ἐμαυτοῦ
συμφέρον, ἀλλὰ τὸ τῶν πολλῶν, ἵνα σωθῶσιν. Μιμηταί μου γίνε- 5
σθε, καθὼς κἀγὼ Χριστοῦ.

*II²2515 /
PMLᵇ cap.
Σ 7, 9

II¹1977 / K cap. Σ 7, 9

Τοῦ θεολόγου ἁγίου Γρηγορίου, ἐκ τοῦ μεγάλου ἀπολογητικοῦ·

Καλὸν μήτε ἁμαρτάνοντα, μήτε ὑπονοούμενον *τιθέναι πρόσκομ-
μα τοῖς πολλοῖς εἰς σκάνδαλον,* εἴπερ καὶ *τοῖς ἕνα τῶν μικρῶν* 10
σκανδαλίσασιν ἴσμεν ὅπως ἀπαραίτητος καὶ βαρυτάτη παρὰ τοῦ
ἀψευδοῦς ἡ τιμωρία.

II¹1978 / K cap. Σ 7, 10

Τοῦ ἁγίου Ἰωάννου, ἐκ τῶν περὶ ἱερωσύνης·

Τότε μόνον ἀπαλλαττόμεθα τῆς ἐπὶ τοῖς σκανδάλοις τιμωρίας 15

---

9 – 10 τιθέναι – σκάνδαλον] Rom. 14, 13   10 – 11 ἕνα – σκανδαλίσασιν] Matth.
18, 6

---

3 – 6 **II¹1976** I Cor. 10, 32 – 11, 1   9 – 12 **II¹1977** GREGORIUS NAZIANZENUS, *Apo-
logetica (Orat. 2)*, 2, 7–11 (ed. Bernardi, p. 88)   15 – **1059, 5 II¹1978** IOHANNES
CHRYSOSTOMUS, re vera *Contra eos qui subintroductas habent virgines*, 3, 24–31
(ed. Dumortier, p. 53)

---

2 – 6 **II¹1976** K cap. Σ 7, 8 (254r[11]12–16); VᴱVᴼ cap. Σ 10, 7; *deest in* VᵂHᴵ; PG
96, 344, 48–52   8 – 12 **II¹1977** K cap. Σ 7, 9 (254r[16–17]18–22); VᴱVᴼ cap. Σ 10,
8; Vᵂ cap. Σ 10, 7; *deest in* Hᴵ; PG 96, 345, 1–5   14 – **1059, 5 II¹1978** K cap. Σ 7, 10
(254r[22–23]24–254v7); *deest in* V Hᴵ

II¹1976 (a) K (b) *s. a.* VᴱVᴼ **II¹1977** (a) K (b) Θεολόγου Vᵂ (c) *s. a.* VᴱVᴼ

3 Ἰουδαίοις] ἰουδαίοις τε K Vᵂ   5 συμφέρον – ἵνα] *om.* Vᴼ   6 ἐγὼ K Vᵂ   9 τι-
θέναι] *add.* σκάνδαλον ἢ VᴱVᴼ   10 εἰς σκάνδαλον] ἢ σκάνδαλον Vᵂ, *om.* VᴱVᴼ
11 παρὰ] *add.* τὸ Vᴼ   12 ἡ] *om.* Vᴼ   15 μόνον ἀπαλλαττόμεθα] *correxi (ed.)*,
μᾶλλον ἀπατώμεθα K   τῆς] *correxi (ed.)*, τοῖς K

κειμένης, ὅταν ἐκ τοῦ σκανδάλου κέρδος ἕτερον τίκτηται, τῆς
ἀπὸ τοῦ σκανδάλου βλάβης μεῖζον· ἕως δ᾽ ἂν τοῦτο μὴ ᾖ, ἀλλ᾽ ἓν
μόνον συμβαίνῃ, τὸ σκανδαλίζεσθαι ἑτέρους, ἄν τε εὐλόγως ἄν τε
ἀλόγως, τὸ αἷμα αὐτῶν ἐπὶ τὴν κεφαλὴν τὴν ἡμετέραν *καὶ ἐκ τῶν*
5   *χειρῶν τῶν ἡμετέρων* ὁ θεὸς *ἐκζητεῖ.*

---

4 τὸ – ἡμετέραν] cf. Matth. 27, 25 **4 – 5** καὶ – ἐκζητεῖ] Ez. 3, 18

---

1 κειμένης] *correxi (ed.)*, κειμένοις K   τίκτηται] *scripsi (ed.)*, τίκτεται K   **5** ἐκζη-
τεῖ] *scripsi (ed.)*, ἐκζητῆι K

*II² /
PML^b cap. Σ 5

Τίτλος η′   Περὶ σαρκικῶν ἀνθρώπων.

ια′   Περὶ σαρκικῶν ἀνθρώπων.

*II²2473 /
PML^b cap.
Σ 5, 1

II¹1979 / K cap. Σ 8, 1

Τῆς Γενέσεως·

Εἶπεν κύριος ὁ θεός· Οὐ μὴ καταμείνῃ τὸ πνεῦμά μου ἐν τοῖς ἀν-   5
θρώποις τούτοις, διὰ τὸ εἶναι αὐτοὺς σάρκας, ἔσονται δὲ αἱ ἡμέ-
ραι αὐτῶν ἑκατὸν εἴκοσι ἔτη.

II¹1980 / K cap. Σ 8, 2

Ἰωάννου, ἐν κεφαλαίῳ κδ′·

Τὸ γεγεννημένον ἐκ τῆς σαρκὸς σάρξ ἐστιν.   10

---

10   exstat etiam ap. Ps.-Max. Conf., *Loci communes*, 56.1./63.1. (ed. Ihm, p. 877–878)

---

5 – 7 II¹1979 Gen. 6, 3   10 II¹1980 Ioh. 3, 6

---

1 **Titlos (a)** K (254v7–8)   2 **Titlos (b)** V A^I pin; *deest in* H^I A^I txt (lac.)   4 – 7 II¹1979
K cap. Σ 8, 1 (254v[8]9–10); V cap. Σ 11, 1; *deest in* H^I; PG 96, 345, 7–10   9 – 10
II¹1980 K cap. Σ 8, 2 (254v[11]12); V cap. Σ 11, 2; *deest in* H^I; PG 96, 345, 11

1 **Titlos (a)**   Τίτλος] *om.* K^pin   2 **Titlos (b)**   ια′] ι′ V^E pin V^O pin (ια′ *exspectav.*),
propt. mg. resect. non liquet in A^I pin (ια′ *secund. ser.*), *praem.* τίτλος V^W txt

---

II¹1979 (a) K   Γενέσεως] *scripsi,* κτίσεως *cod.*   (b) Γενέσεως V   II¹1980 (a) K   (b)
Ἰωάννου V

---

6 – 7 ἔσονται – ἔτη] *om.* K   7 ἑκατὸν εἴκοσι] ρκ′ V^W   10 γεγεννημένον V^W V^O
τῆς σαρκὸς] *add.* καὶ τὸ γεγεννημένον ἐκ τοῦ πνεύματος πνεῦμα ἐστί (= *Ioh. 3, 6*)
V^W *in mg. man. rec.*

II¹1981 / K cap. Σ 8, 3

Τοῦ αὐτοῦ, ἐν κεφαλαίῳ κθ'·

Ὁ ὢν ἐκ τῆς γῆς, ἐκ τῆς γῆς ἐστι, καὶ ἐκ τῆς γῆς λαλεῖ.

II¹1982 / K cap. Σ 8, 4

5   Πρὸς Γαλάτας·

Πνεύματι περιπατεῖτε, καὶ ἐπιθυμίαν σαρκὸς οὐ μὴ τελέσητε. Ἡ γὰρ σὰρξ ἐπιθυμεῖ κατὰ τοῦ πνεύματος, τὸ δὲ πνεῦμα κατὰ τῆς σαρκός· ταῦτα οὖν ἀλλήλοις ἀντίκεινται.

II¹1983 / K cap. Σ 8, 5

*II²2481 /
PML^b cap.
Σ 5, 9

10   Καὶ μετ' ὀλίγα·

Φανερά ἐστι τὰ ἔργα τῆς σαρκός, ἅτινά ἐστι πορνεία, ἀκαθαρσία, ἀσέλγεια, εἰδωλολατρία, φαρμακεία, ἔχθραι, ἔρεις, ζῆλοι, θυμοί, ἐριθεῖαι, διχοστασίαι, αἱρέσεις, φθόνοι, φόνοι, μέθαι, κῶμοι καὶ τὰ ὅμοια τούτοις, ἃ προλέγω ὑμῖν, καθὼς καὶ προεῖπον ὅτι οἱ τὰ τοι-
15   αῦτα πράσσοντες βασιλείαν θεοῦ οὐ κληρονομήσουσιν.

<II¹suppl. 380 / V cap. Σ 11, 6>

---

16 II¹suppl. 380 cf. *Sacra*. Liber II. *Supplementum* (Band VIII/8)

---

3 II¹1981 Ioh. 3, 31   6 – 8 II¹1982 Gal. 5, 16–17   11 – 15 II¹1983 Gal. 5, 19–21

---

2 – 3 II¹1981 K cap. Σ 8, 3 (254v[12–13]14–15); V cap. Σ 11, 3; *deest in* H^I; PG 96, 345, 12–13   5 – 8 II¹1982 K cap. Σ 8, 4 (254v[15]16–19); V cap. Σ 11, 4; *deest in* H^I; PG 96, 345, 14–16   10 – 15 II¹1983 K cap. Σ 8, 5 (254v[19]19–255r2); V cap. Σ 11, 5; *deest in* H^I; PG 96, 345, 16–23

II¹1981 (a) K   (b) *s. a.* V   II¹1982 (a) V^EV^O   (b) Ἐκ τῆς πρὸς Κορινθίους α' ἐπιστολῆς K   (c) Τοῦ Ἀποστόλου V^W   II¹1983 (a) K   (b) *s. d.* V

---

8 ταῦτα – ἀντίκεινται] *om.* V^EV^O   11 Φανερά – σαρκός] *om.* V^EV^O   12 – 15 θυμοί – κληρονομήσουσιν] καὶ τὰ ἑξῆς V^W   13 φθόνοι] *om.* V^EV^O   14 καθὼς] *om.* V^EV^O   καὶ] γὰρ K

*II²2478 /
PML^b cap.
Σ 5, 6

II¹1984 / K cap. Σ 8, 6

Ἐκ τῆς πρὸς Ῥωμαίους ἐπιστολῆς·

Οἱ κατὰ σάρκα ὄντες τὰ τῆς σαρκὸς φρονοῦσιν, οἱ δὲ κατὰ
πνεῦμα, τὰ τοῦ πνεύματος. Τὸ γὰρ φρόνημα τῆς σαρκὸς θάνατος,
τὸ δὲ φρόνημα τοῦ πνεύματος ζωὴ καὶ εἰρήνη, διότι τὸ φρόνημα   5
τῆς σαρκὸς ἔχθρα εἰς θεόν· τῷ γὰρ νόμῳ τοῦ θεοῦ οὐχ᾽ ὑποτάσ-
σεται, οὐδὲ γὰρ δύναται· οἱ δὲ ἐν σαρκὶ ὄντες θεῷ ἀρέσαι οὐ δύ-
νανται.

*II²2483 /
PML^b cap.
Σ 5, 11

II¹1985 / K cap. Σ 8, 7

Τοῦ θεοφόρου ἁγίου Ἰγνατίου, ἐκ τῆς πρὸς Ἐφεσίους ἐπιστολῆς·   10

Οἱ σαρκικοὶ τὰ πνευματικὰ πράσσειν οὐ δύνανται, οὔτε οἱ πνευ-
ματικοὶ τὰ σαρκικά.

II¹1986 / K cap. Σ 8, 8

Τοῦ ἁγίου Βασιλείου, ἐκ τοῦ πρὸς Ἀμφιλόχιον·

Ὁ σαρκικὸς ἄνθρωπος, ἀγύμναστον ἔχων πρὸς θεωρίαν τὸν νοῦν,   15
μᾶλλον δὲ ὥσπερ ἐν βορβόρῳ, τῷ φρονήματι τῆς σαρκὸς κατο-
ρωρυγμένον φέρων, ἀδύνατός ἐστιν πρὸς τὸ πνευματικὸν φῶς
τῆς ἀληθείας ἀναβλέψαι.

---

3 – 8 II¹1984 Rom. 8, 5–8   **11 – 12** II¹1985 Ignatius Antiochenus, *Epistula ad
Ephesios*, 8, 2 (ed. Fischer, p. 148, 6–7)   **15 – 18** II¹1986 Basilius Caesariensis, *Ad
Amphilochium (De Spiritu sancto)*, XXII, 53, 20–24 (ed. Pruche, p. 440–442)

2 – 8 II¹1984 K cap. Σ 8, 6 (255r[2]3–9); V cap. Σ 11, 7; *deest in* H^I; PG 96, 345,
27–32   **10 – 12** II¹1985 K cap. Σ 8, 7 (255r[9]10–11); V cap. Σ 11, 8; *deest in* H^I;
PG 96, 345, 33–34   **14 – 18** II¹1986 K cap. Σ 8, 8 (255r[11]12–16); V cap. Σ 11, 9;
deest in H^I; PG 96, 345, 35–39

II¹1984 (a) K (b) *s. a.* V II¹1985 (a) K (b) Ἰγνατίου V II¹1986 (a) K (b) Βασιλείου
V

5 – 8 διότι – δύνανται] *om.* V^W   **6** τῷ] τὸ V^E V^O   **7** οὐδὲ – δύναται] *om.* V^E V^O
ἐν] *om.* K **16 – 17** κατορυγμένον K **17** φέρον V^E V^O

II¹1987 / K cap. Σ 8, 9

Τοῦ αὐτοῦ, ἐκ τοῦ εἰς τὸν α΄ ψαλμόν·

Ἀμαθεῖς ἄνθρωποι καὶ φιλόκοσμοι, ἀγνοοῦντες τοῦ ἀγαθοῦ τὴν
φύσιν, μακαρίζουσι τὰ μηδενὸς ἄξια, πλοῦτον, ὑγείαν, περιφάνει-
5 αν βίου, ὧν οὐδέν ἐστιν ἀγαθὸν τῇ ἑαυτοῦ φύσει, οὐ μόνον κα-
θότι ῥαδίαν τὴν πρὸς τὰ ἐναντία περιτροπὴν ἔχει, ἀλλ᾽ ὅτι μὴ δὲ
ἀγαθοὺς δύναται τοὺς κεκτημένους ἀποτελεῖν. Τίς γὰρ δίκαιος
διὰ χρήματα; Τίς σώφρων δι᾽ ὑγείαν; Τοὐναντίον μὲν οὖν καὶ ὑπη-
ρεσία πολλάκις πρὸς ἁμαρτίαν τοῖς κακῶς χρωμένοις τούτων ἕ-
10 καστον γίνεται.

II¹1988 / K cap. Σ 8, 10

Τοῦ θεολόγου ἁγίου Γρηγορίου, ἐκ τοῦ μεγάλου ἀπολογητικοῦ·

Τίς ἀναβήσεται εἰς τὸν οὐρανὸν τῶν ἐρριμμένων τῇ ἁμαρτίᾳ; Τίς
περικείμενος ἔτι τὸν κάτω ζόφον καὶ τῆς σαρκὸς τὴν παχύτητα,
15 ὅλῳ νοῖ καθαρῷ ἐποπτεύσει νοῦν ὅλον, καὶ μιγήσεται τοῖς ἑστῶσι
καὶ ἀοράτοις ἐν τοῖς οὐχ᾽ ἑστῶσι καὶ ὁρωμένοις; Μόλις γὰρ ἄν τις
ἐνταῦθα τῶν σφόδρα κεκαθαρμένων εἴδωλον τοῦ καλοῦ θεωρή-
σειεν, ὥσπερ οἱ τὸν ἥλιον ἐν τοῖς ὕδασιν.

---

3 - 10 II¹1987 BASILIUS CAESARIENSIS, *Homilia in Psalmum I*, 3 (PG 29, 216, 30–
40)   **13 - 18 II¹1988** GREGORIUS NAZIANZENUS, *Apologetica (Orat. 2)*, 74, 4–10
(ed. Bernardi, p. 186)

2 - 10 II¹1987 K cap. Σ 8, 9 (255r[16]17–255v2); V cap. Σ 11, 10; *deest in* H¹; PG
96, 345, 40–49   **12 - 18 II¹1988** K cap. Σ 8, 10 (255v[2–3]4–11); V cap. Σ 11, 11;
deest in H¹; PG 96, 345, 50 – 348, 4

II¹1987 (a) K (b) Τοῦ αὐτοῦ V^W (c) *s. a.* V^E V^O **II¹1988** (a) K (b) Τοῦ Θεολόγου V
Τοῦ] *om.* V^W

---

4 ἄξια] *add.* οἷον V^W in mg. man. rec.   πλοῦτον] *add.* καὶ V^E V^O   **6** τἀναντία K
περιστροφὴν K **7** ἀποτελέσαι K   **7 - 10** Τίς – γίνεται] *om.* V^W   **8** σώφρον *(sic)*
V^E V^O   **14** ἔτι] ἐπὶ V   **15** ὅλῳ νοῖ] -ῖ *e corr.* V^W, ὅλωνοεῖ V^E V^O   **16** ἀοράτοις –
καὶ²] *om.* V^W   οὐχ᾽ ἑστῶσι] *scripsi*, οὐκ ἑστῶσϊν V^O, οὐκεστῶσι V^E, ἑστῶσι K,
ἀστάτοις *ed.*   γὰρ ἄν τις] γάρ τις V **18** οἱ] *om.* K

<II¹suppl. 381–383 / V cap. Σ 11, 12Vᵂ; 12–13>

II¹1989 / K cap. Σ 8, 11

Φίλωνος, ἐκ τοῦ ζ' καὶ η' τῆς νόμων ἱερῶν ἀλληγορίας·

Ἐν ᾗ μὲν ψυχῇ τὸ ἐκτὸς αἰσθητὸν ὡς μέγιστον ἀγαθὸν τετίμηται, ἐν ταύτῃ λόγος ἀστεῖος οὐχ' εὑρίσκεται· ᾗ δὲ *ἐμπεριπατεῖ ὁ θεός*, 5 τὸ ἐκτὸς αἰσθητὸν ἀγαθὸν οὐχ' ὑπείληπται.

II¹1990 / K cap. Σ 8, 12

Ἐκ τοῦ περὶ μέθης β'·

Τοῦ φιλοπαθοῦς ἴδιον, λαμπρὰ τὰ γενητὰ καὶ φθαρτὰ ἡγεῖσθαι, διὰ τὸ νυκτὶ καὶ σκότῳ κεχρῆσθαι βαθεῖ πρὸς τὴν τῶν ἀφθάρτων 10 ἐπιστήμην.

---

1 **II¹suppl. 381–383** cf. *Sacra*. Liber II. *Supplementum* (Band VIII/8)   **5** Deut. 23, 15

---

4 – 6 II¹1989 PHILO IUDAEUS, *Legum allegoriae*, VII et VIII (*Quod deterius potiori insidiari soleat*), 4 (ed. Cohn, p. 259, 4–6)   **9 – 11 II¹1990** PHILO IUDAEUS, *De ebrietate I*, 209 (ed. Wendland, p. 210, 18–20)

---

3 – 6 II¹1989 K cap. Σ 8, 11 (255v[11–12]13–16); *deest in* V H¹; PG 86, 2093, 36–41   **8 – 11 II¹1990** K cap. Σ 8, 12 (255v[16]17–19); *deest in* V H¹

II¹1990 β'] *sic* K

---

4 ψυχῇ] *scripsi (ed.)*, ψυχὴ K   ἀγαθὸν] *scripsi (ed.)*, ἀγαθῶν K   **5** ᾗ] *correxi (ed.)*, εἰ K   **9** Τοῦ] *correxi (ed.)*, τὸ K

Τίτλος θ′   Περὶ συγγενῶν, ὅτι χρὴ ἀντιλαμβάνεσθαι αὐτῶν.   *Π² /
PMLᵇ cap. Σ 1

Π¹1991 / K cap. Σ 9, 1

Ἀπὸ τοῦ Λευϊτικοῦ·

Ἐὰν πένηται ὁ ἀδελφός σου ὁ μετὰ σοῦ καὶ ἀποδώσεται ἀπὸ κα-
5 τασχέσεως αὐτοῦ, καὶ ἔλθῃ ὁ ἀγχιστεύων ὁ ἐγγίζων αὐτῷ, καὶ λυ-
τρώσεται τὴν πρᾶσιν τοῦ ἀδελφοῦ αὐτοῦ.

Π¹1992 / K cap. Σ 9, 2

Ἐκ τοῦ αὐτοῦ·

Ἐὰν εὐπορηθῇ ἡ χεὶρ τοῦ προσηλύτου ἢ τοῦ παροίκου τοῦ παρὰ
10 σοί, καὶ ἀπορηθεὶς ὁ ἀδελφός σου πραθῇ τῷ προσηλύτῳ ἢ τῷ
παροίκῳ τῷ παρὰ σοί, μετὰ τὸ πραθῆναι αὐτόν, λύτρωσις ἔσται
αὐτοῦ· εἷς τῶν ἀδελφῶν αὐτοῦ λυτρώσεται αὐτόν, ἀδελφὸς πα-
τρὸς ἢ υἱὸς ἀδελφοῦ πατρὸς λυτρώσεται αὐτόν, ἢ ἀπὸ τῶν οἰ-
κείων τῶν σαρκῶν αὐτοῦ λυτρώσεται αὐτόν.

15 ## Π¹1993 / K cap. Σ 9, 3   *Π²2431 /
PMLᵇ cap.
Σ 1, 1

Ἠσαΐου προφήτου·

Ἀπὸ τῶν οἰκείων τοῦ σπέρματός σου οὐχ᾽ ὑπερόψῃ.

---

4 – 6 Π¹1991 Lev. 25, 25   **9 – 14** Π¹1992 Lev. 25, 47–49   **17** Π¹1993 Is. 58, 7
(Wahl, *Prophetenzitate*, p. 451–452)

---

1 Titlos K (255v20–21)   **3 – 6** Π¹1991 K cap. Σ 9, 1 (255v[21]22–256r1)   **8 – 14**
Π¹1992 K cap. Σ 9, 2 (256r[1]2–9)   **16 – 17** Π¹1993 K cap. Σ 9, 3 (256r[9]10)

---

1 Titlos   Τίτλος] *om.* Kᵖⁱⁿ

---

9 εὐπορηθῇ] εὕρῃ *LXX (sed cf. Lev. 25, 26)*

II¹1994 / K cap. Σ 9, 4

Τοῦ Σιράχ·

Αἰσχύνεσθε ἀπὸ ἀποστροφῆς προσώπου συγγενοῦς.

II¹1995 / K cap. Σ 9, 5

Τοῦ θεολόγου ἁγίου Γρηγορίου, ἐκ τῶν τετραστίχων Γνωμῶν·   5

Κακὸς δ᾽ ἀκούων αἰσχύνου, μὴ δυσγενής.
Γένος γάρ εἰσιν οἱ πάλαι σεσηπότες.
Γένους προάρχειν κρεῖσσον ἢ λύειν γένος,
Ὡς καλὸν εἶναι ἢ καλῶν πεφυκέναι.

II¹1996 / K cap. Σ 9, 6   10

Φίλωνος, ἐκ τῶν ἐν Γενέσει ζητημάτων·

Φίλων καὶ συγγενῶν ἔργον ἐπελαφρίζειν τὰ πταίσματα.

---

6 – 9 exstat etiam ap. Ps.-Max. Conf., *Loci communes*, 56.8./63.8. (ed. Ihm, p. 880)

---

3 II¹1994 Αἰσχύνεσθε] Sir. 41, 17¹ (Wahl, *Sirach-Text*, p. 161–162)   ἀπὸ – συγγενοῦς] Ibid. 41, 21¹ (Wahl, p. 162)   **6 – 9 II¹1995** GREGORIUS NAZIANZENUS, *Carmina*, I,2,33 *(Tetrastichae sententiae)*, 141–144 (PG 37, 938, 8–11)   **12 II¹1996** PHILO IUDAEUS, re vera *De providentia II* (ed. Aucher, p. 54 [arm. et lat.]; Colson, frg. 2, 4, p. 460)

---

2 – 3 II¹1994 K cap. Σ 9, 4 (256r[mg]11)   **5 – 9 II¹1995** K cap. Σ 9, 5 (256r[12]13– 16)   **11 – 12 II¹1996** K cap. Σ 9, 6 (256r[16]17–18); PG 86, 2093, 43–45

II¹1995 τετραστίχων] *scripsi*, Δ᾽στίχων K

---

6 Κακὸς] *scripsi (ed.)*, κακῶς K   **7** Γένος] *scripsi*, γένους K   **9** καλῶν] *scripsi (ed.)*, καλὸν K

Τίτλος ι′   Περὶ σπάνης καὶ ἀφορίας χρηστῶν ἀνδρῶν.

ιβ′   Περὶ σπάνης καὶ ἀφορίας χρηστῶν ἀνδρῶν.

κ′   Περὶ ἀφορίας χρηστῶν ἀνδρῶν, ὅτι ἐπικίνδυνος τῷ βίῳ.

*II² /
T cap. A 14

II¹1997 / K cap. Σ 10, 1

*II²257 /
T cap. A 14, 3

5   Δαυῒδ ἐν ψαλμῷ ια′·

Σῶσόν με, κύριε, ὅτι ἐκλέλοιπεν ὅσιος,
ὅτι ὠλιγώθησαν αἱ ἀλήθειαι ἀπὸ τῶν υἱῶν τῶν ἀνθρώπων.

II¹1998 / K cap. Σ 10, 2

*II²258 /
T cap. A 14, 4

Ἐν ψαλμῷ ιγ′·

10   Κύριος ἐκ τοῦ οὐρανοῦ διέκυψεν ἐπὶ τοὺς υἱοὺς τῶν ἀνθρώπων,
τοῦ ἰδεῖν εἰ ἔστι συνιῶν ἢ ἐκζητῶν τὸν θεόν.

---

1 ἀφορίας – ἀνδρῶν] cf. II¹ / Kᵖⁱⁿ Παραπομπὴ A 14

6 – 7 II¹1997 Ps. 11, 2¹⁻² 10 – 1068, 2 II¹1998 Ps. 13, 2¹–3² vel Ps. 52, 3¹– 4²

1 Titlos (a) K (256r18) 2 Titlos (b) V Aᴵᵖⁱⁿ; deest in HᴵAᴵ ᵗˣᵗ 3 Titlos (c) PMLᵇ
(cf. *II² / T cap. A 14 titlos) 5 – 7 II¹1997 K cap. Σ 10, 1 (256r[mg]19); V cap. Σ
12, 1; PMLᵇ cap. A 20, 1; deest in Hᴵ; PG 96, 348, 21–22 9 – 1068, 2 II¹1998 K cap.
Σ 10, 2 (256r[19]20 –23); V cap. Σ 12, 2; PLᵇ cap. A 20, 2–3; M cap. A 20, 2; deest in
Hᴵ; PG 96, 348, 23 –25

1 Titlos (a) Τίτλος] om. Kᵖⁱⁿ 2 Titlos (b) ιβ′] ια′ Vᴱ ᵖⁱⁿ Vᴼ ᵖⁱⁿ (ιβ′ exspectav.),
praem. τίτλος Vᵂ ᵗˣᵗ σπάνης] σπαⁿ (sic, ut videtur) Aᴵ ᵖⁱⁿ 3 Titlos (c) ὅτι –
βίῳ] om. Mᵖⁱⁿ ἐπικίνδυνος] add. ἐστι Lᵇ ᵖⁱⁿ

II¹1997 (a) K P (b) Ἐν ψαλμῷ ια′ M (c) Ἐκ τοῦ ἑνδεκάτου ψαλμοῦ τοῦ Δαυῒδ Lᵇ
(d) Δαυῒδ V II¹1998 (a) K (b) Ἐκ τοῦ ιγ′ ψαλμοῦ / Ψαλμοῦ νβ′ Lᵇ (cf. infra, app.
crit. text.) (c) Ψαλμοῦ ιγ′ / Ψαλμοῦ νβ′ P (cf. infra, app. crit. text.) (d) Ψαμλὸς νβ′
M (e) Τοῦ αὐτοῦ Vᵂ (f) s. a. VᴱVᴼ

6 ὅσιος] ὁ ὅσιος K, ὅσιως (sic) P 7 ὅτι – ἀνθρώπων] om. K Vᵂ ὠλιγώθησαν
Vᴱ, ὀλϊγώθησαν Vᴼ, ὀλιγώθησαν P, ὀλιγωθεισαν M αἱ – ἀνθρώπων] om. VᴱVᴼ
10 – 11 Κύριος – θεόν] om. M 10 ἀνθρώπων] hic caesura in PLᵇ 11 τοῦ –
θεόν] om. PLᵇ συνιῶν K Vᴱ ᵃ· ᶜ· τὸν] om. Vᴼ

Πάντες ἐξέκλιναν, ἅμα ἠχρειώθησαν,
οὐκ ἔστι ποιῶν χρηστότητα, οὐκ ἔστιν ἕως ἑνός.

<II¹suppl. 384 / V cap. Σ 12, 3>

II¹1999 / K cap. Σ 10, 3

Μιχαίου·   5

Οἴμμοι ψυχή, ὅτι ἀπόλωλεν εὐλαβὴς ἀπὸ τῆς γῆς, καὶ κατορθῶν
ἐν ἀνθρώποις οὐχ᾽ ὑπάρχει.

II¹2000 / K cap. Σ 10, 4

Ἡσαΐου προφήτου·

Οὐκ ἦν ὁ ἐξαιρούμενος ἅρπαγμα, οὐκ ἦν ὁ λέγων· Ἀπόδος.   10

---

3 **II¹suppl. 384** cf. *Sacra*. Liber II. *Supplementum* (Band VIII/8)

6 – 7 **II¹1999** Mich. 7, 1–2 (Wahl, *Prophetenzitate*, p. 207–209)   **10** **II¹2000** Is. 42, 22 (Wahl, *Prophetenzitate*, p. 393)

5 – 7 **II¹1999** K cap. Σ 10, 3 (256r[23]24–256v1); V cap. Σ 12, 4; PLᵇ cap. A 20, 5; M cap. A 20, 4; *deest in* Hᴵ; PG 96, 348, 28–29   **9 – 10** **II¹2000** K cap. Σ 10, 4 (256v [1]2–3); *deest in* V Hᴵ PMLᵇ

II¹1999 (a) VᴱVᴼ PMLᵇ   μηχαίου Vᴼ, *add.* προφήτου P   (b) Ὡσηὲ (ὡσιὲ *cod.*) προφήτου K   (c) *s. a.* Vᵂ

1 – 2 Πάντες – ἑνός] *om.* VᴱVᴼ   **1** Πάντες – ἠχρειώθησαν] *post* ἑνός *transpos.* PMLᵇ, *om.* Vᵂ   **2** χρηστότητα] ἀγαθὸν (-ον M) Vᵂ PM   **6** οἴμμοι P, οἴμοι V Lᵇ ψυχή] *om.* V PMLᵇ   ἀπώλολεν VᴱVᴼ, ἀπωλωλεν (*sic*) M   κατορθῶν] ὁ (o M) κατορθῶν PMLᵇ, ὁ κατορθὼν V   **7** οὐχ᾽ ὑπάρχει] οὐκ ἔστιν VᴱVᴼ

II¹2001 / K cap. Σ 10, 5

*II²262 /
T cap. A 14, 8

Τοῦ αὐτοῦ·

Ἐζήτουν ἐξ αὐτῶν ἄνδρα ἀναστρεφόμενον ὀρθῶς καὶ ἑστῶτα ὁ-
λοσχερῶς πρὸ προσώπου μου ἐν καιρῷ τῆς <ὀρ>γῆς, τοῦ μὴ εἰς
5 τέλος ἐξαλεῖψαι αὐτήν, καὶ οὐχ᾿ εὗρον.

II¹2002 / K cap. Σ 10, 6

Τοῦ αὐτοῦ·

Οὐκ ἔστιν ὁ ἐπικαλούμενος τὸ ὄνομά σου καὶ μνησθεὶς ἀντιλαβέ-
σθαι σου.

II¹2003 / K cap. Σ 10, 7

10

Τοῦ αὐτοῦ·

<Ε>ἶδεν κύριος, καὶ οὐκ ἦν ἀνήρ· κατενόησε, καὶ οὐκ ἦν ὁ ἀντιλη-
ψόμενος.

---

3 – 5 II¹2001 Is., re vera Ez. 22, 30 (Wahl, *Prophetenzitate*, p. 648)   **8 – 9 II¹2002**
Is. 64, 7 (Wahl, *Prophetenzitate*, p. 466)   **12 – 13 II¹2003** Is. 59, 16 (Wahl, *Prophe-
tenzitate*, p. 458)

2 – 5 II¹2001 K cap. Σ 10, 5 (256v[3]4–7); *deest in* V Hᴵ PMLᵇ   **7 – 9 II¹2002** K
cap. Σ 10, 6 (256v[7]8–9); *deest in* V Hᴵ PMLᵇ   **11 – 13 II¹2003** K cap. Σ 10, 7
(256v[9]10–11); *deest in* V Hᴵ PMLᵇ

4 ὀργῆς] *correxi (LXX)*, γῆς K   **12** Εἶδεν] *scripsi*, ἶδεν K

II¹2004 / K cap. Σ 10, 8

Ἱερεμίου προφήτου·

Οὐκ ἔστι σοφία ἐν Θαιμάν, ἀπώλετο βουλὴ ἐκ συνετῶν, ὤχετο σοφία αὐτῶν, ἠπατήθη ὁ τόπος αὐτῶν.

*II²266 /
˙ cap. A 14, 12

II¹2005 / K cap. Σ 10, 9   5

Τοῦ θεολόγου Γρηγορίου, ἐκ τῶν Ἐπῶν·

...ἐσθλῶν
Πλεῖστον, ὅσον κακίους προφερέστεροί εἰσιν ἀριθμῷ.

*II²268 /
˙ cap. A 14, 14

II¹2006 / K cap. Σ 10, 10

Φίλωνος, ἐκ τοῦ περὶ μέθης β'·   10

Ἐσταλμένον καὶ σπάνιον τὸ ἀγαθόν.

---

3 – 4 **II¹2004** Ier. 29, 8–9 (Wahl, *Prophetenzitate*, p. 557)   **7 – 8** **II¹2005** GREGORI-US NAZIANZENUS, *Carmina*, I,2,1 (*In laudem virginitatis*), 468–469 (PG 37, 557, 11–12)   **11** **II¹2006** PHILO IUDAEUS, *De ebrietate I*, 26 (ed. Wendland, p. 175, 4–5)

2 – 4 **II¹2004** K cap. Σ 10, 8 (256v[11]12–14); V cap. Σ 12, 5; PLᵇ cap. A 20, 6; M cap. A 20, 5; *deest in* Hᴵ; PG 96, 348, 30–31   **6 – 8** **II¹2005** K cap. Σ 10, 9 (256v[14] 15–16); *deest in* V Hᴵ PMLᵇ   **10 – 11** **II¹2006** K cap. Σ 10, 10 (256v[16]17); V cap. Σ 12, 6; PLᵇ cap. A 20, 7; M cap. A 20, 6; *deest in* Hᴵ; PG 96, 348, 32

II¹2004 (a) K P ïηρεμίου P (b) Ἱερεμίου VᴱVᴼ MLᵇ ïηρεμίου (*sic*) M (c) *s. a.* Vᵂ
II¹2006 (a) K β'] *sic* K (b) Φίλωνος PMLᵇ φιλωνος M (c) *s. a.* VᴱVᴼ (d) *s. d.* Vᵂ

3 ἐν] ἐκ Lᵇ ᵃ· ᶜ· ᵘᵗ ᵛⁱᵈᵉᵗᵘʳ   Θαιμάν] *sic* K (*signo quo solebant scribae ad textum in mg. referre super* -αι- *superscripto*) Lᵇ, θεμὰν VᴱVᴼ PM, θεμᾶν Vᵂ   **8** ἀριθμῷ] *correxi (ed.)*, ἀριθμῶν K   **11** Ἐσταλμένον] μενον Vᵂ

II¹2007 / K cap. Σ 10, 11

Σχόλιον·

Ἀνάγνωθι εἰς τὸν Περὶ κακίας παράλληλον, τοῦ θεολόγου ἁγίου Γρηγορίου.

---

3 Περὶ κακίας] cf. III / par. 1[4] B; cf. etiam II¹ / Kᵖⁱⁿ Σχόλιον K 1

---

3 – 4 II¹2007 *Scholion*

---

2 – 4 II¹2007 K cap. Σ 10, 11 (256v[17]17–18); *deest in* V Hᴵ PMLᵇ

Τίτλος ια΄   Περὶ <τῶν> συχναζόντων ἐν ἀλλοτρίοις οἴκοις.

κ΄   Περὶ τῶν συχναζόντων ἐν ἀλλοτρίοις οἴκοις.

II¹2008 / K cap. Σ 11, 1

Παροιμιῶν·

Πίθος τετριμμένος ἐστὶν ἀλλότριος οἶκος.   5

II¹2009 / K cap. Σ 11, 2

Ἀπὸ τοῦ Σιράχ·

Ποὺς μωροῦ ταχὺς εἰς οἰκίαν,
ἄνθρωπος δὲ πολύπειρος αἰσχυνθήσεται ἀπὸ προσώπου.

II¹2010 / K cap. Σ 11, 3   10

Τοῦ αὐτοῦ·

Εἰς τὸν οἶκον τοῦ ἀδελφοῦ σου μὴ εἰσέλθῃς ἀτυχῶν.

---

5 **II¹2008** Prov. 23, 27¹ (Wahl, *Proverbien-Text*, p. 111)   **8 – 9 II¹2009** Sir. 21, 22¹⁻² (Wahl, *Sirach-Text*, p. 104)   **12 II¹2010** Sir., re vera Prov. 27, 10² (Wahl, *Proverbien-Text*, p. 132)

---

1 Titlos (a) K (256v19)   **2 Titlos (b)** V^E V^O A^I pin; *deest in* V^W H^I A^I txt   **4 – 5** **II¹2008** K cap. Σ 11, 1 (256v[mg]20); V^E V^O cap. Σ 20, 1; *deest in* V^W H^I; PG 96, 364, 30   **7 – 9 II¹2009** K cap. Σ 11, 2 (256v[20]21–22); V^E V^O cap. Σ 20, 2; *deest in* V^W H^I; PG 96, 364, 31–32   **11 – 12 II¹2010** K cap. Σ 11, 3 (256v[22]23); *deest in* V H^I

---

1 Titlos (a)   Τίτλος] *om.* K^pin   τῶν] *supplevi e* K^pin, *om.* K^txt   **2 Titlos (b)**   κ΄] ιθ΄ V^E pin V^O pin (κ΄ *exspectav.*), *propt. mg. resect. non liquet in* A^I pin (κ΄ *secund. ser.*) ἐν] τοῖς A^I pin

---

II¹2008 (a) K (b) Σιράχ V^E (c) *s. a.* V^O **II¹2009** (a) K (b) *s. a.* V^E V^O

---

5 πῖθος K   ἐστὶν] *om.* V^O

Τίτλος ιβ′   Περὶ συνεδρίου, ὅτι οὐ δεῖ ἐν συνεδρίῳ, ἀκροάσε-
ως γινομένης, διαλέγεσθαι.

ιγ′   Περὶ συνεδρίου, ὅτι οὐ χρὴ ἐν συνεδρίῳ, ἀκροάσεως γινο-
μένης, διαλέγεσθαι.

5

II¹2011 / K cap. Σ 12, 1

Τῶν Παροιμιῶν·

Ἔκβαλε λοιμὸν ἐκ συνεδρίου, καὶ συνεξελεύσεται αὐτῷ νεῖκος·
ὅταν γὰρ καθίσῃ ἐν συνεδρίῳ, πάντας ἀτιμάζει.

II¹2012 / K cap. Σ 12, 2

10 Τῶν αὐτῶν·

Ὑπερτίθενται λογισμοὺς οἱ μὴ τιμῶντες συνέδρια,
ἐν δὲ καρδίαις βουλευομένων μένει βουλή.
Οὐ μὴ ὑπακούσῃ ὁ κακὸς αὐτῇ,
οὐδ᾽ οὐ μὴ εἴπῃ καίριόν τι καὶ καλὸν τῷ κοινῷ.

---

7 – 8 II¹2011 Prov. 22, 10¹⁻² (Wahl, *Proverbien-Text*, p. 105)   11 – 14 II¹2012
Prov. 15, 22¹–23² (Wahl, *Proverbien-Text*, p. 77)

---

1 – 2 **Titlos (a)** K (256v24–257r1)   3 – 4 **Titlos (b)** V Aᴵ ᵖⁱⁿ; *deest in* HᴵAᴵ ᵗˣᵗ   6 – 8
II¹2011 K cap. Σ 12, 1 (257r[1]2–4); V cap. Σ 13, 1; *deest in* Hᴵ; PG 96, 348, 35–37
10 – 14 II¹2012 K cap. Σ 12, 2 (257r[4]5–8); VᴱVᴼ cap. Σ 13, 2; Vᵂ cap. Σ 13, 2–3;
deest in Hᴵ; PG 96, 348, 38–41

---

1 – 2 **Titlos (a)** 1 Τίτλος] *om.* Kᵖⁱⁿ   οὐ δεῖ] χρὴ Kᵖⁱⁿ   3 – 4 **Titlos (b)** 3 ιγ′] ιβ′
Vᴱ ᵖⁱⁿ Vᴼ ᵖⁱⁿ *(ιγ′ exspectav.), propt. mg. resect. non liquet in* Aᴵ ᵖⁱⁿ *(ιγ′ secund. ser.),*
praem. τίτλος Vᵂ ᵗˣᵗ   ὅτι] *praem.* καὶ Vᵂ   3 – 4 γενομένης Vᴱ ᵗˣᵗ Vᴼ ᵗˣᵗ Aᴵ ᵖⁱⁿ

II¹2011 Τῶν] *om.* V   II¹2012 (a) K (b) *s. a.* VᴱVᴼ (c) *s. a.* / *s. a.* Vᵂ *(cf. infra, app.*
crit. text.)

---

7 συνεισελεύσεται Vᵂ   νεῖκος] -εῖ- *e corr.* Vᵂ, νίκος VᴱVᴼ   8 καθήσῃ VᴱVᴼ,
κάθηται Vᵂ   ἀτιμάζηι K   11 συνέδρια] *hic caesura in* Vᵂ   12 καρδίαι K
βουλῆ VᴱVᴼ 13 Οὐ] *praem.* καὶ K   ὑπακούσει K 14 καὶ] ἢ K

II¹2013 / K cap. Σ 12, 3

Ἀπὸ τοῦ Σιράχ·

Ἑτέρου λέγοντος, μὴ πολλὰ ἀδολέσχει.

II¹2014 / K cap. Σ 12, 4

Τοῦ αὐτοῦ·   5

Ὅπου ἀκρόαμα, μὴ ἐκχέῃς λαλιάν.

II¹2015 / K cap. Σ 12, 5

Τοῦ θεολόγου ἁγίου Γρηγορίου, ἐκ τῆς ξ′ ἐπιστολῆς·

Σιωπῶμεν τῷ λόγῳ, τὸ λαλεῖν ἃ χρὴ διδασκόμενοι.

---

9 exstat etiam ap. Ps.-Max. Conf., *Loci communes*, 20.9./9. (ed. Ihm, p. 484)

---

3 II¹2013 Sir. 35, 9² (Wahl, *Sirach-Text*, p. 142)   6 II¹2014 Sir. 35, 4¹ (Wahl, *Sirach-Text*, p. 141–142)   9 II¹2015 GREGORIUS NAZIANZENUS, *Epistulae*, CVIII (ed. Gallay, II, p. 5)

---

2 – 3 II¹2013 K cap. Σ 12, 3 (257r[8]9); V^{EV^O} cap. Σ 13, 3; V^W cap. Σ 13, 4; *deest in* H^I; PG 96, 348, 42   5 – 6 II¹2014 K cap. Σ 12, 4 (257r[9]10); V^{EV^O} cap. Σ 13, 4; V^W cap. Σ 13, 5; *deest in* H^I; PG 96, 348, 42–43   8 – 9 II¹2015 K cap. Σ 12, 5 (257v[10]11–12); *deest in* V H^I

II¹2013 (a) K (b) Σιράχ V^{EV^O} (c) *s. a.* V^W II¹2014 (a) K (b) *s. a.* V

---

3 ἀδολέσχῃ V^{EV^O}   6 ἀκρόασμα K   ἐκχέῃς] ἐκχέεις V^{EV^O}   9 ἃ] *correxi (ed.)*, ἂν K

Τίτλος ιγ′   Περὶ τῶν συμβαινόντων ἡμῖν ἐκ ταὐτομάτου ἢ κατὰ ἄκριτον τινὰ λόγον, ὃ φασὶν οἱ Ἕλληνες ἀπὸ τύχης.

ιδ′   Περὶ τῶν συμβαινόντων καὶ ἐμπιπτόντων ἐκ παραλόγου.

κδ′   Περὶ τῶν συμβαινόντων καὶ ἐμπιπτόντων ἐκ παραλόγου.

5

Π¹2016 / K cap. Σ 13, 1

Τοῦ Ἐκκλησιαστοῦ·

\<Ε\>ἶδον δούλους ἐφ' ἵππους
καὶ ἄρχοντας ὡς δούλους περιπατοῦντας ἐπὶ τῆς γῆς.

Π¹2017 / K cap. Σ 13, 2

10 Τοῦ αὐτοῦ·

Οὐ τοῖς κούφοις ὁ δρόμος,
καὶ οὐ τοῖς δυνατοῖς ὁ πόλεμος,
καί γε οὐ τοῖς σοφοῖς ὁ ἄρτος,
καί γε οὐ τοῖς συνετοῖς ὁ πλοῦτος,
15 καί γε οὐ τοῖς γινώσκουσι χάρις,
ὅτι καιρὸς καὶ ἀπάντημα συναντήσει τοῖς πᾶσιν αὐτοῖς.

---

7 – 8 Π¹2016 Eccle. 10, 7¹⁻² (Wahl, *Kohelet-Text*, p. 169)   11 – 16 Π¹2017 Eccle. 9, 11²⁻⁷ (Wahl, *Kohelet-Text*, p. 167)

---

1 – 2 **Titlos (a)** K (257r12–14)   3 **Titlos (b)** V Aᴵ ᵖⁱⁿ; *deest in* HᴵAᴵ ᵗˣᵗ   4 **Titlos (c)** PMᵖⁱⁿ Lᵇ ᵖⁱⁿ R; *deest in* Mᵗˣᵗ ⁽ˡᵃᶜ·⁾ Lᵇ ᵗˣᵗ   6 – 8 **Π¹2016** K cap. Σ 13, 1 (257r[14]15–16); *deest in* V Hᴵ PM⁽ˡᵃᶜ·⁾ Lᵇ R   10 – 16 **Π¹2017** K cap. Σ 13, 2 (257r[16]17–21); *deest in* V Hᴵ PM⁽ˡᵃᶜ·⁾ Lᵇ R

---

1 – 2 **Titlos (a)**   1 Τίτλος] *om.* Kᵖⁱⁿ   τῶν] *s. l.* Kᵗˣᵗ   1 – 2 ἡμῖν – λόγον] *om.* Kᵖⁱⁿ   3 **Titlos (b)**   ιδ′] ιγ′ Vᴱ ᵖⁱⁿ Vᴼ ᵖⁱⁿ (ιδ′ *exspectav.*), *propt. mg. resect. non liquet in* Aᴵ ᵖⁱⁿ (ιδ′ *secund. ser.*), *praem.* τίτλος Vᵂ ᵗˣᵗ   συμπιπτόντων Vᴱ ᵗˣᵗ Vᴼ ᵗˣᵗ Aᴵ ᵖⁱⁿ   4 **Titlos (c)**   κδ′] *praem.* τίτλος Rᵗˣᵗ   καὶ – παραλόγου] *om.* Mᵖⁱⁿ   ἐκπιπτόντων PLᵇ ᵖⁱⁿ

---

7 Εἶδον] *scripsi (LXX)*, ἶδον K   16 ἀπάντημα] *scripsi (LXX)*, ἀπάντημα K

II¹2018 / K cap. Σ 13, 3

Τοῦ αὐτοῦ·

Ἔστι ματαιότης ἣ γίνεται ἐπὶ τῆς γῆς,
ὅτι εἰσὶ δίκαιοι, ὅτι φθάνει πρὸς αὐτοὺς
ὡς ποίημα τῶν ἀσεβῶν,　　　　　　　　　　　　　5
καὶ εἰσὶν ἀσεβεῖς, ὅτι φθάνει πρὸς αὐτοὺς
ὡς ποίημα τῶν δικαίων.
Εἶπα· Καί γε τοῦτο ματαιότης.

II¹2019 / K cap. Σ 13, 4

Τοῦ Σιράχ·　　　　　　　　　　　　　　　　　10

Ἔστιν εὐδοκία ἐν κακοῖς ἀνδρί,
καὶ ἔστιν εὕρεμα εἰς ἐλάττωσιν.
Ἔστι δόσις ἣ οὐ λυσιτελήσει σοι,
καὶ ἔστιν ἐλάττωσις ἕνεκεν δόξης,
καὶ ἔστιν ὃς ἀπὸ ταπεινώσεως ἦρε κεφαλήν.　　　15
Ἔστιν ἀγοράζων πολλὰ ὀλίγου
καὶ ἀποτιννύων αὐτὰ ἑπταπλάσια.

3 – 8 II¹2018 Eccle. 8, 14¹⁻⁶ (Wahl, *Kohelet-Text*, p. 165)　　**11 – 13** II¹2019 Ἔστιν – σοι] Sir. 20, 9¹–10¹ (Wahl, *Sirach-Text*, p. 100–101)　　**14 – 17** καὶ – ἑπταπλάσια] Ibid. 20, 11¹–12² (Wahl, p. 101)

2 – 8 II¹2018 K cap. Σ 13, 3 (257r[21]22–257v2); *deest in* V Hᴵ PM⁽ˡᵃᶜ·⁾ Lᵇ R
10 – 17 II¹2019 K cap. Σ 13, 4 (257v[2]3–8); V cap. Σ 14, 1; P cap. Σ 24, 1–2; R cap. Σ 24, 1–2; *deest in* Hᴵ M⁽ˡᵃᶜ·⁾ Lᵇ; PG 96, 348, 46–50

II¹2019 (a) K　　(b) Σιράχ V　　(c) Τοῦ Σιράχ / Τοῦ αὐτοῦ R *(cf. infra, app. crit. text.)* (d) Σιράχ / *s. a.* P *(cf. infra, app. crit. text.)*

3 ἣ] *scripsi* (*LXX*), ἢ K　　**11** καλοῖς K　　**12** εὕρημα (εὑ- P) V P R　　**13 – 14** δόσις – ἐλάττωσις] *om.* Vᴼ　　**13** ἣ] ἢ VᴱVᵂ, ἡ P　　**15** ὃς] ὡς Vᴼ　　κεφαλήν] *hic caesura in* P R　　**16** ὀλίγωι K　　**17** καὶ] *add.* ἔστιν VᴱVᴼ

Τίτλος ιδ′   Περὶ στρατιωτῶν.

ιε′   Περὶ στρατιωτῶν.

κε′   Περὶ στρατιωτῶν.

Π¹2020 / K cap. Σ 14, 1

5   Λουκᾶ, ἐν κεφαλαίῳ θ′·

Ἐπηρώτων αὐτὸν οἱ στρατευόμενοι, λέγοντες· Καὶ ἡμεῖς τί ποιή-
σωμεν; Καὶ εἶπεν πρὸς αὐτούς· Μηδένα διασείσητε, μὴ δὲ συκο-
φαντήσητε, καὶ ἀρκεῖσθε τοῖς ὀψωνίοις ὑμῶν.

Π¹2021 / K cap. Σ 14, 2

10   Τοῦ θεολόγου ἁγίου Γρηγορίου, ἐκ τοῦ εἰς τὸν ἐξισωτήν·

Ἀρκεῖσθε τοῖς ἰδίοις ὀψωνίοις, οἱ στρατιῶται, καὶ μηδὲν ὑπὲρ τὸ

---

6 – 8 exstat etiam ap. Ps.-Max. Conf., *Loci communes*, 9.1./1. (ed. Ihm, p. 208–209)
11 Luc. 3, 14

6 – 8 Π¹2020 Luc. 3, 14   11 – 1078, 5 Π¹2021 GREGORIUS NAZIANZENUS, *Ad Iuli-
anum tributorum exaequatorem (Orat. 19)*, 11 (PG 35, 1056, 1–8)

1 **Titlos (a)** K (257v8)   2 **Titlos (b)** V Aᴵ ᵖⁱⁿ; *deest in* HᴵAᴵ ᵗˣᵗ   3 **Titlos (c)** PMᵖⁱⁿ
Lᵇ ᵖⁱⁿ E R; *deest in* Mᵗˣᵗ ⁽ˡᵃᶜ·⁾ Lᵇ ᵗˣᵗ   5 – 8 Π¹2020 K cap. Σ 14, 1 (257v[8]9–12); V cap.
Σ 15, 1; P cap. Σ 25, 1; E cap. 226, 1; R cap. Σ 25, 1; *deest in* Hᴵ M⁽ˡᵃᶜ·⁾ Lᵇ; PG 96, 349,
2–5   10 – 1078, 5 Π¹2021 K cap. Σ 14, 2 (257v[12–13]14–21); V cap. Σ 15, 2; P
cap. Σ 25, 2; E cap. 226, 2; R cap. Σ 25, 2; *deest in* Hᴵ M⁽ˡᵃᶜ·⁾ Lᵇ; PG 96, 349, 6–12

1 **Titlos (a)** Τίτλος] *om.* Kᵖⁱⁿ   2 **Titlos (b)** ιε′] ιδ′ Vᴱ ᵖⁱⁿ Vᴼ ᵖⁱⁿ (ιε′ *exspectav.*),
propt. mg. resect. non liquet in Aᴵ ᵖⁱⁿ (ιε′ *secund. ser.*), *praem.* τίτλος Vᵂ ᵗˣᵗ   3 **Titlos**
(c) κε′] σκς′ E, *praem.* τίτλος Rᵗˣᵗ

Π¹2020 (a) K   (b) Ἐκ τοῦ κατὰ Λουκᾶν, κεφαλαίου θ′ P   (c) Ἐκ τοῦ κατὰ Λουκᾶν
Εὐαγγελίου R (d) Ματθαίου VᴱVᴼ (e) Εὐαγγελίου E (f) *s. a.* Vᵂ Π¹2021 (a) K P R
ἁγίου Γρηγορίου] *om.* P R   ἐκ τοῦ] *om.* R   ἐξισοτὴν K, ἐξισότην P   (b) Τοῦ Θεολό-
γου V E Τοῦ] *om.* Vᵂ E

6 Ἐπηρώτων] *add.* δὲ Vᵂ P R E   οἱ] καὶ (και P) P R E   6 – 7 ποιήσομεν VᴱVᴼ R
8 ἀρκεῖσθαι (-ει- P) K P   11 ὑπὲρ] παρὰ Vᵂ

διατεταγμένον ἀπαιτεῖτε. Ταῦτα ὑμῖν διακελεύεται μεθ᾽ ἡμῶν Ἰω-
άννης, ὁ μέγας τῆς ἀληθείας κῆρυξ. Τί λέγων *ὀψώνιον;* Τὸ βασι-
λικὸν σιτηρέσιον, δῆλον δὲ ὅτι καὶ τὰς ὑπαρχούσας ἐκ νόμου τοῖς
ἀξιώμασι δωρεάς. Τὸ δὲ περισσόν, τίνος; Ἐγὼ μὲν ὀκνῶ λέγειν τὸ
βλάσφημον· ὑμεῖς δὲ οἶδ᾽ ὅτι συνίετε.   5

II¹2022 / K cap. Σ 14, 3

Φίλωνος, ἐκ τῶν κατὰ Φλάκκον·

Τὸν στρατιώτην οὐδὲν δεῖ ἔξω τῶν κατὰ τὴν στρατείαν περιεργά-
ζεσθαι, ἀλλὰ μεμνῆσθαι ἀεὶ ὅτι τέτακται τὴν εἰρήνην φυλάττειν.

---

2 ὀψώνιον] Luc. 3, 14

---

8 – 9 II¹2022 Philo Iudaeus, *In Flaccum*, 5 (ed. Reiter, p. 121, 16–18)

---

7 – 9 II¹2022 K cap. Σ 14, 3 (257v[21]22–24); V cap. Σ 15, 3; P cap. Σ 25, 3; E cap.
226, 3; R cap. Σ 25, 3; *deest in* H¹ M⁽ˡᵃᶜ·⁾ Lᵇ; PG 96, 349, 13–15

II¹2022 (a) K (b) Φίλωνος Vᵂ P E (c) Τοῦ αὐτοῦ R (d) *s. a.* Vᴱ Vᴼ

---

1 ἀπαιτῆτε Kᵖ· ᶜ· ⁱⁿ ᵐᵍ· E, ἀπετεῖτε (-ει- P) Vᵂ P   **1 – 2** ἰωάννης P   **2** μέγας – κῆ-
ρυξ] πάνυ Vᴱ Vᴼ   λέγομεν K   **2 – 5** Τὸ – συνίετε] *om.* E   **3** δὲ] *om.* Vᴱ Vᴼ (= *ed.*)
τὰς] *s. l.* Kᵐᵃⁿ· ʳᵉᶜ· ᵘᵗ ᵛⁱᵈᵉᵗᵘʳ   **4** δωρεᾶς Vᴱ Vᴼ P   **5** οἶδα (οἴ- P) Vᵂ P R   συνιεῖται P,
συνιεῖτε R   **8** τῷ στρατιώτῃ V P R E   δεῖ] δὴ Vᵂ ᵃ· ᶜ·   **9** ὅτι] ὁ Vᴱ ᵃ· ᶜ· ˢ· ˡ·

Τίτλος ιε′ Περὶ συμπαθείας καὶ εὐσπλαγχνίας.

α′ Περὶ συμπαθείας καὶ εὐσπλαγχνίας.

II¹2023 / K cap. Σ 15, 1

Τῶν Παροιμιῶν·

5 Ὁ σπλαγχνιζόμενος ἐλεηθήσεται.

II¹2024 / K cap. Σ 15, 2

Ἰερεμίου προφήτου·

Ἐπὶ συντρίμματι θυγατρὸς λαοῦ μου συνετρίβην· ἐσκοτίσθην ἀ-
πορίᾳ ἐγώ, κατίσχυσάν μου ὠδῖνες ὡς τικτούσης.

10 ### II¹2025 / K cap. Σ 15, 3

Καὶ πάλιν·

Τίς δώσει τῇ κεφαλῇ μου ὕδωρ καὶ τοῖς ὀφθαλμοῖς μου πηγὴν δα-

---

1 εὐσπλαγχνίας] cf. II¹ / Kᵖⁱⁿ Παραπομπὴ Ε 7

---

5 **II¹2023** Prov. 17, 5³ (Wahl, *Proverbien-Text*, p. 85–86) **8 – 9 II¹2024** Ier. 8, 21
(Wahl, *Prophetenzitate*, p. 515) **12 – 1080, 2 II¹2025** Ier. 9, 1 (Wahl, *Prophetenzi-tate*, p. 151)

---

1 **Titlos (a)** K (257v24–258r1) 2 **Titlos (b)** V Aᴵᵖⁱⁿ; *deest in* HᴵAᴵ ᵗˣᵗ **4 – 5**
II¹2023 K cap. Σ 15, 1 (258r[1]2); V cap. Σ 1, 1; *deest in* Hᴵ; PG 96, 328, 48 **7 – 9**
II¹2024 K cap. Σ 15, 2 (258r[2]3–5); *deest in* V Hᴵ **11 – 1080, 2 II¹2025** K cap. Σ
15, 3 (258r[5]6–8); V cap. Σ 1, 2; *deest in* Hᴵ; PG 96, 328, 49–52

---

1 **Titlos (a)** Τίτλος] *om.* Kᵖⁱⁿ 2 **Titlos (b)** α′] *om.* Vᴼ ᵗˣᵗ *(α′ secund. ser.)*,
propt. mg. resect. non liquet in Aᴵᵖⁱⁿ *(α′ secund. ser.)*, *praem.* τίτλος α′ *(sic)* Vᴱ ᵖⁱⁿ
Vᴼ ᵖⁱⁿ, *praem.* τίτλος Vᵂ ᵗˣᵗ συμπαθείας] εὐπαθείας Vᴼ ᵖⁱⁿ ᵃ· ᶜ·, *add.* καὶ ἐλεημοσύ-
νης Vᴱ ᵖⁱⁿ Vᴼ ᵖⁱⁿ

II¹2023 Τῶν] *om.* V **II¹2025** (a) K (b) Ἰερεμίου V

---

12 τῇ] ἐν K

κρύων, καὶ κλαύσομαι τὸν λαὸν τοῦτον ἡμέρας καὶ νυκτός, τοὺς τετραυματισμένους θυγατρὸς λαοῦ μου;

II¹2026 / K cap. Σ 15, 4

Λουκᾶ, ἐν κεφαλαίῳ νε΄·

Γίνεσθε οἰκτίρμονες, καθὼς καὶ ὁ πατὴρ ὑμῶν οἰκτίρμων ἐστίν.   5

II¹2027 / K cap. Σ 15, 5

Σχόλιον·

Ἀνάγνωθι ἐν τοῖς Παραλλήλοις τὸν Περὶ ἐλεημοσύνης παράλλη- λον καὶ τὸν Περὶ τῶν πλησίον, καὶ εὑρήσεις ἐκεῖ ὅτι καλή ἐστιν ἡ εὐσπλαγχνία καὶ ἡ συμπάθεια. Δίελθε δὲ καὶ ἐνταῦθα ἐν τῷ Ν   10 στοιχείῳ τὸν Περὶ νοσούντων τίτλον.

---

8 Περὶ ἐλεημοσύνης] cf. III / par. 48[46] A; cf. etiam II¹ / Kᵖⁱⁿ Σχόλιον Ε 8   **9** Περὶ – πλησίον] cf. III / par. 36[37] A; cf. etiam II¹ / Kᵖⁱⁿ Σχόλιον Π 9   **11** Περὶ νοσούν- των] cf. II¹ / K cap. N 1

---

5 II¹2026 Luc. 6, 36   **8 – 11** II¹2027 *Scholion*

---

4 – 5 II¹2026 K cap. Σ 15, 4 (258r[8]9–10); V cap. Σ 1, 3; *deest in* H¹; PG 96, 329, 1–2   **7 – 11** II¹2027 K cap. Σ 15, 5 (258r[10]10–14); *deest in* V H¹; PG 86, 2093, 52–56

II¹2026 (a) K νε΄] *sic cod., exspectaveris* νϛ΄ (b) Ματθαίου VᴱVᴼ (c) Τοῦ Εὐαγγελί- ου Vᵂ

---

1 ἡμέρας – νυκτός] νυκτὸς καὶ ἡμέρας Vᴱ, ἡμέρας K Vᵂ   **5** καὶ] *om.* K   ὑμῶν] ἡμῶν Vᵂ, *add.* ὁ οὐράνιος (*cf. Matth.* 5, 48) K   **9** τῶν Kᵃ·ᶜ·   εὑρήσεις] *scripsi,* εὑρήσῃς K

II¹2028 / K cap. Σ 15, 6

Τοῦ ἁγίου Βασιλείου, ἐκ τοῦ περὶ πίστεως ἐν συνάξει μαρτύρων·

Φέρει παραμυθίαν ὀδυνομένοις ἡ κοινωνία τῶν στεναγμῶν.

II¹2029 / K cap. Σ 15, 7

5 Τοῦ αὐτοῦ, ἐκ τοῦ εἰς Ἰουλίτταν τὴν μάρτυρα·

Ὁ ὑπὲρ τῆς τοῦ πλησίον ἁμαρτίας θερμὸν ἀποστάξας δάκρυον ἑ-
αυτὸν ἐξιάσατο, δι᾽ ὧν τὸν ἀδελφὸν ἀπωδύρατο.

II¹2030 / K cap. Σ 15, 8

Τοῦ θεολόγου Γρηγορίου, ἐκ τοῦ περὶ φιλοπτωχίας·

10 Μέγα τῷ ἀτυχοῦντι φάρμακον ἔλεος ἀπὸ ψυχῆς εἰσφερόμενος,
καὶ τὸ συναλγεῖν γνησίως πολύ τι κουφίζει τῆς συμφορᾶς.

---

3 exstat etiam ap. Ps.-Max. Conf., *Loci communes*, 28.8./8. (ed. Ihm, p. 609–610)
6 – 7 exstat ibid., 28.7./7. (p. 609)

---

3 II¹2028 (Ps.-)Basilius Caesariensis, *Adversus eos qui per calumniam dicunt dici a nobis tres deos*, 2 (PG 31, 1489, 16–18)   **6 – 7 II¹2029** Basilius Caesariensis, *Homilia in martyrem Iulittam*, 9 (PG 31, 257, 49 – 260, 1)   **10 – 11 II¹2030** Gregorius Nazianzenus, *De pauperum amore (Orat. 14)*, 28 (PG 35, 896, 22–24)

---

2 – 3 II¹2028 K cap. Σ 15, 6 (258r[15]16–17); V cap. Σ 1, 5; *deest in* Hᴵ; PG 96, 329, 6–7   **5 – 7 II¹2029** K cap. Σ 15, 7 (258r[17]18–20); V cap. Σ 1, 4; *deest in* Hᴵ; PG 96, 329, 3–5   **9 – 11 II¹2030** K cap. Σ 15, 8 (258r[20]21–23); V cap. Σ 1, 6; *deest in* Hᴵ; PG 96, 329, 8–10

II¹2028 (a) K ἐκ τοῦ] *s. l.* K (b) *s. a.* Vᴱᵛᴼ (c) *s. d.* Vᵂ **II¹2029** (a) K (b) Βασιλείου V **II¹2030** (a) K (b) Τοῦ Θεολόγου V Τοῦ] *om.* Vᵂ

---

3 ὀδυνομένοις] ὀδυνομέναις ψυχαῖς K   **6** ἁμαρτίας] σωτηρίας Vᴱᵛᴼ   **7** ὧν] ὃν Vᴱᵛᴼ   ἀπωδύρατο] *scripsi (ed.)*, ἀποδύρατο K Vᴱᵛᴼ, ἐπωδύρατο Vᵂ ᵖ·ᶜ·, ἐποδύρατο Vᵂ ᵃ·ᶜ· **11** τὸ] τοῦ K   τῇ συμφορᾷ Vᵂ

II¹2031 / K cap. Σ 15, 9

Τοῦ αὐτοῦ ἁγίου Γρηγορίου, ἐκ τοῦ εἰς τὸν ἀδελφὸν ἐπιταφίου·
Μέγα τὸ παρὰ τῶν συναλγούντων φάρμακον.

II¹2032 / K cap. Σ 15, 10

Τοῦ αὐτοῦ, ἐκ τῆς πρὸς Σταγείριον ἐπιστολῆς·   5
Τὸ συναλγεῖν ἱκανὸν εἰς παραμυθίαν.

<II¹suppl. 385 / V cap. Σ 1, 9>

II¹2033 / K cap. Σ 15, 11

Φίλωνος, ἐκ τοῦ κατὰ Φλάκκον·
Μεμαθήκαμεν, ἄνθρωποι ὄντες, ἀνθρωποπαθεῖν.   10

---

7 **II¹suppl. 385** cf. *Sacra*. Liber II. *Supplementum* (Band VIII/8)

---

3   **II¹2031** GREGORIUS NAZIANZENUS, *Funebris in laudem Caesarii fratris oratio (Orat. 7)*, 18, 2–3 (ed. Calvet-Sebasti, p. 224)   6 **II¹2032** GREGORIUS NAZIANZENUS, *Epistulae*, CLXV, 3 (ed. Gallay, II, p. 56)   10 **II¹2033** PHILO IUDAEUS, *In Flaccum*, 121 (ed. Reiter, p. 142, 14–15)

---

2 – 3 **II¹2031** K cap. Σ 15, 9 (258r[23–24]25); V cap. Σ 1, 7; *deest in* H¹; PG 96, 329, 11   **5 – 6 II¹2032** K cap. Σ 15, 10 (258v[1]2); V cap. Σ 1, 8; *deest in* H¹; PG 96, 329, 12   **9 – 10 II¹2033** K cap. Σ 15, 11 (258v[2]3); V cap. Σ 1, 10; *deest in* H¹; PG 96, 329, 14

II¹2031 (a) K   (b) *s. a.* V   **II¹2032** (a) K   Σταγείριον] *scripsi*, ταγήριον *cod.*   (b) *s. a.* Vᴱⱽᴼ   (c) *s. d.* Vᵂ   **II¹2033** (a) K   (b) Φίλωνος Vᵂ   (c) *s. a.* Vᴱⱽᴼ

---

6 παραμῠ̈θϊον Vᴼ

II¹2034 / K cap. Σ 15, 12

Ἐκ τοῦ δ' τῶν ἐν Γενέσει ζητημάτων·

Ὁ εὐλαβέστερος τρόπος οὐχ' οὕτως ἐπὶ τοῖς ἰδίοις ἀγαθοῖς γέγη-
θεν ὡς ἐπὶ τοῖς τοῦ πέλας κακοῖς ἀνιᾶται ἢ φοβεῖται· ἀνιᾶται μέν,
5   ὅταν ἀνάξιος ὢν ἀτυχῇ, φοβεῖται δέ, ὅταν ἐπιτηδείως κακοπαθῇ.

3 – 5 II¹2034 PHILO IUDAEUS, *Quaestiones in Genesim*, locus non repertus (ed. Petit, p. 221.9); Royse 176.54

2 – 5 II¹2034 K cap. Σ 15, 12 (258v[4]5–9); *deest in* V Hᴵ; PG 86, 2093, 47–51

5 ἐπιτηδείως] *signum quo solebant scribae ad textum in mg. referre super* -ως *hab.* K

Στοιχεῖον Τ

Τίτλος α΄ Περὶ τελωνῶν.

β΄ Περὶ τελωνῶν.

II¹2035 / K cap. T 1, 1

Λουκᾶ, ἐν κεφαλαίῳ θ΄· 5

Ἦλθον καὶ τελῶναι βαπτισθῆναι ὑπ᾽ αὐτοῦ, καὶ εἶπον πρὸς αὐτόν·
Διδάσκαλε, τί ποιήσωμεν; Ὁ δὲ εἶπεν πρὸς αὐτούς· Μηδὲν πλέον
παρὰ τὸ διατεταγμένον ὑμῖν πράσσετε.

II¹2036 / K cap. T 1, 2

Τοῦ ἁγίου Ἰωάννου τοῦ χρυσοστόμου, ἐκ τοῦ εἰς ὑπομονὴν διὰ 10
θεόν·

Τί ἐστι τελώνιον; Ἁρπαγὴ ἔννομος, βία πεπαρρησιασμένη, ἀδικία
νόμον ἔχουσα συνήγορον.

---

6 – 8 II¹2035 Luc. 3, 12   **12 – 13** II¹2036 (Ps.-)Iohannes Chrysostomus, *De patientia propter Deum (De Chananaea)*, 2 (PG 52, 450, 45–47)

1 Stoicheion Kᵗˣᵗ (258v9) Kᵖⁱⁿ   **2 Titlos (a)** K (258v9)   **3 Titlos (b)** VᴱVᴼ Aᴵ ᵖⁱⁿ;
deest in Vᵂ HᴵAᴵ ᵗˣᵗ   **5 – 8** II¹2035 K cap. T 1, 1 (258v[10]11–14); *deest in* V Hᴵ
10 – 13 II¹2036 K cap. T 1, 2 (258v[14–15]16–17); VᴱVᴼ cap. T 2, 1; *deest in* Vᵂ
Hᴵ; PG 96, 369, 32–33

II¹2036 (a) K (b) Τοῦ Χρυσοστόμου VᴱVᴼ

8 πράσσετε] *scripsi (NT)*, πράσσητε K   **12** Τί ἐστι] *add.* τὸ K   ἀδικία] *add.* οὐ
VᴱVᴼ

II¹2037 / K cap. T 1, 3

Τοῦ αὐτοῦ·

Τί ἐστι τελώνιον; Ἀναίσχυντος ἁμαρτία, ἁρπαγὴ πρόφασιν οὐκ ἔ-
χουσα, λῃστείας χαλεπώτερον· ὁ λῃστὴς κἂν αἰσχύνεται κλέπτων,
5 οὗτος καὶ παρρησιάζεται ἁρπάζων.

3 - 5 II¹2037 (Ps.-)Iohannes Chrysostomus, *De patientia propter Deum (De Chananaea)*, 2 (PG 52, 451, 4–7)

2 - 5 II¹2037 K cap. T 1, 3 (258v[17]18–21); V^E V^O cap. T 2, 2; *deest in* V^W H^I; PG 96, 369, 33–36

II¹2037 (a) K (b) *s. a.* V^E V^O

4 κλέπτων] βλέπων V^O   5 οὕτως K

Τίτλος β′   Περὶ ταραχοποιῶν καὶ τῶν λεγομένων δημεγερτῶν.

γ′   Περὶ ταραχοποιῶν.

II¹2038 / K cap. T 2, 1

Τῶν Παροιμιῶν·

Διεστραμμένη καρδία τεκταίνεται κακά·   5
ἐν παντὶ καιρῷ ὁ τοιοῦτος ταραχὰς συνίστησι πόλει.
Διατοῦτο ἐξαπίνης ἔρχεται ἡ ἀπώλεια αὐτοῦ,
ὅτι χαίρει πᾶσιν οἷς μισεῖ ὁ θεός.

II¹2039 / K cap. T 2, 2

Τῶν αὐτῶν·   10

Ἄνδρες ἀσεβεῖς ἐξέκαυσαν πόλιν.

---

1 δημεγερτῶν] cf. II¹ / Kᵖⁱⁿ Παραπομπὴ Δ 6

---

5 – 7 II¹2038 Διεστραμμένη – αὐτοῦ] Prov. 6, 14¹–15¹ (Wahl, *Proverbien-Text*, p.
40)   8 ὅτι – θεός] Ibid. 6, 16¹ (Wahl, p. 40)   11 II¹2039 Prov. 29, 8¹ (Wahl, *Pro-
verbien-Text*, p. 140)

---

1 **Titlos (a)** K (258v21–22)   2 **Titlos (b)** VᴱVᴼ Aᴵ ᵖⁱⁿ; *deest in* Vᵂ HᴵAᴵ ᵗˣᵗ   4 – 8
II¹2038 K cap. T 2, 1 (258v[22]23–259r1); VᴱVᴼ cap. T 3, 1; *deest in* Vᵂ Hᴵ; PG 96,
369, 38–41   10 – 11 II¹2039 K cap. T 2, 2 (259r[1]2); VᴱVᴼ cap. T 3, 2; *deest in* Vᵂ
Hᴵ; PG 96, 369, 42

---

1 **Titlos (a)**   καὶ – δημεγερτῶν] *om.* Kᵖⁱⁿ   2 **Titlos (b)**   γ′] *propt. mg. resect.
non liquet in* Aᴵ ᵖⁱⁿ (γ′ *secund. ser.*)   ταραχοποιῶν] *add.* καὶ τὰ σκάνδαλα ἐμποι-
οῦντων Vᴱ ᵖⁱⁿ Vᴼ ᵖⁱⁿ

II¹2038 Τῶν] *om.* VᴱVᴼ II¹2039 (a) K (b) *s. a.* VᴱVᴼ

---

5 διαστραμμένη K   τεκταίνεται] *scripsi (LXX)*, τεκτείνεται K, τεκτένεται VᴱVᴼ
7 ἡ] *om.* K

II¹2040 / K cap. T 2, 3

Ἀπὸ τῶν Πράξεων·

Ζηλώσαντες δὲ οἱ Ἰουδαῖοι καὶ προσλαβόμενοι ἄνδρας τινὰς τῶν ἀγοραίων πονηρούς, καὶ ὀχλοποιήσαντες ἐθορύβουν τὴν πόλιν,
5 καὶ ἐπιστάντες τῇ οἰκίᾳ Ἰάσωνος, ἐζήτουν αὐτοὺς προσαγαγεῖν εἰς τὸν δῆμον. Μὴ εὑρόντες δὲ αὐτούς, ἔσυραν Ἰάσωνα καί τινας ἀδελφοὺς ἐπὶ τοὺς πολιτάρχας, βοῶντες ὅτι οἱ τὴν οἰκουμένην ἀναστατώσαντες οὗτοι, καὶ ἐνθάδε πάρεισιν, οὓς ὑποδέδεκται Ἰάσων· καὶ οὗτοι πάντες ἀπέναντι τῶν δογμάτων Καίσαρος πράσ-
10 σουσι, βασιλέα λέγοντες εἶναι Ἰησοῦν. Ἐτάραξαν δὲ τὸν ὄχλον καὶ τοὺς πολιτάρχας ἀκούοντας ταῦτα, καὶ λαβόντες ἱκανὸν παρὰ τοῦ Ἰάσωνος καὶ τῶν λοιπῶν, ἀπέλυσαν αὐτούς.

II¹2041 / K cap. T 2, 4

Τῶν αὐτῶν·

15 Δημήτριός τις ὀνόματι, ἀργυροκόπος, ποιῶν ναοὺς ἀργυροῦς Ἀρτέμιδος, παρείχετο τοῖς τεχνίταις οὐκ ὀλίγην ἐργασίαν· οὓς συναθροίσας καὶ τοὺς περὶ τὰ τοιαῦτα ἐργάτας, εἶπεν· Ἄνδρες, ἐπίστασθε ὅτι ἐκ ταύτης τῆς ἐργασίας ἡ εὐπορία ἡμῖν ἐστι, καὶ θεωρεῖτε καὶ ἀκούετε ὅτι οὐ μόνον Ἐφέσου, ἀλλὰ καὶ σχεδὸν πάσης τῆς Ἀ-
20 σίας ὁ Παῦλος οὗτος πείσας μετέστησεν ἱκανὸν ὄχλον, λέγων ὅτι οὐκ εἰσὶ θεοὶ οἱ διὰ χειρῶν γινόμενοι. Οὐ μόνον δὲ τοῦτο κινδυνεύει ἡμῖν τὸ μέρος εἰς ἀπελεγμὸν ἐλθεῖν, ἀλλὰ καὶ τὸ τῆς μεγάλης θεᾶς Ἀρτέμιδος ἱερὸν εἰς οὐδὲν λογισθήσεται, μέλλειν τε καθαιρεῖσθαι τῆς μεγαλειότητος αὐτῆς, ἣν ὅλη ἡ Ἀσία καὶ οἰκουμένη
25 σέβεται.

---

3 – 12 II¹2040 Act. 17, 5–9   15 – 25 II¹2041 Act. 19, 24–27

2 – 12 II¹2040 K cap. T 2, 3 (259r[2]3–15); *deest in* V H¹   14 – 25 II¹2041 K cap. T 2, 4 (259r[mg]16–259v5); *deest in* V H¹

5 αὐτούς] *correxi (NT)*, αὐτὸν K   προαγαγεῖν *NT*   11 ἀκούοντας] *correxi (NT)*, ἀκούοντες K   ἱκανὸν] *in mg. praem.* χρυσὸν K, τὸ ἱκανὸν *NT*   23 λογισθῆναι *NT*

II¹2042 / K cap. T 2, 5

Φίλωνος, ἐκ τῶν κατὰ Φλάκκον·

…ἄνθρωπος ὀχληρός, δημοκόπος, ταράττειν καὶ κυκᾶν πράγματα μεμελετηκώς, ἐχθρὸς εἰρήνης καὶ εὐσταθείας, στάσεις καὶ θορύβους κατασκευάσαι μὲν οὐκ ὄντας, γενομένους δὲ συγκροτῆσαι   5
καὶ συναυξῆσαι δεινός, ὄχλον ἀσύντακτον καὶ πεφυρμένον ἐκ μιγάδων καὶ συγκλύδων ἠθροισμένον περὶ αὐτὸν ἔχειν ἐσπουδακώς.

---

3 – 8   **II¹2042** PHILO IUDAEUS, *In Flaccum*, 135 (ed. Reiter, p. 145, 2–7)

2 – 8   **II¹2042** K cap. T 2, 5 (259v[5]6–12); *deest in* V H¹

3 κυκᾶν] *signum quo solebant scribae ad textum in mg. referre super* κυ- *habet* K, συγχέειν *ed.*   **6** δεινός] δεινῶς Kᴾ· ᶜ· ⁱⁿ ᵐᵍ·   **7** συγκλύδων] *correxi (ed.),* συν κλύδωνι *(sic)* K   αὐτὸν] *correxi (ed.),* αὐτὸν K

Τίτλος γ′   Περὶ τιμῆς, ὅτι χρὴ ἀλλήλους τιμᾶν.

α′   Περὶ τιμῆς, ὅτι χρὴ ἀλλήλους τιμᾶν.

*II² /
PMLᵇ cap. T 1

II¹2043 / K cap. T 3, 1

*II²2628 /
PMLᵇ cap.
T 1, 2

Ἀπὸ τοῦ Ἰώβ·

5   Ἀσεβής, ὃς οὐκ ἠσχύνθη πρόσωπον ἐντίμου,
οὐδὲ οἶδε τιμὴν θέσθαι τούτοις.

II¹2044 / K cap. T 3, 2

Σχόλιον·

Ἀνάγνωθι ἐνταῦθα ἐν τῷ Φ στοιχείῳ τὸν Περὶ φατριᾶς τίτλον.

---

1 ὅτι – τιμᾶν] cf. II¹ / Kᵖⁱⁿ Παραπομπὴ X 12   5 – 6 exstat etiam ap. Ps.-Max. Conf., *Loci communes*, 19.-./5b. (ed. Ihm, p. 460)   9 Περὶ φατριᾶς] hunc titulum nusquam repperi

---

5 II¹2043 Ἀσεβής] Iob 34, 18¹   5 – 6 ὃς – τούτοις] Ibid. 34, 19¹⁻²   9 II¹2044 *Scholion*

---

1 **Titlos (a)** K (259v12–13)   2 **Titlos (b)** VᴱVᴼ Aᴵ ᵖⁱⁿ; *deest in* HᴵAᴵ ᵗˣᵗ; *quod attinet ad* Vᵂ, *vide* *II² / PMLᵇ cap. T 1 titlos   4 – 6 II¹2043 K cap. T 3, 1 (259v[13]14–15); VᴱVᴼ cap. T 1, 1; Vᵂ cap. T 2, 2; *deest in* Hᴵ; PG 96, 369, 26–27   8 – 9 II¹2044 K cap. T 3, 2 (259v[mg]mg); *deest in* VᴱVᴼ Hᴵ

---

1 **Titlos (a)**   ὅτι] *praem.* καὶ Kᵖⁱⁿ   ἀλλήλους τιμᾶν] ἡμᾶς τιμᾶν ἀλλήλους Kᵖⁱⁿ
2 **Titlos (b)**   α′] *propt. mg. resect. non liquet in* Aᴵ ᵖⁱⁿ (α′ *secund. ser.*), *praem.* τίτλος α′ Vᴱ ᵖⁱⁿ Vᴼ ᵖⁱⁿ

II¹2043 (a) K (b) Ἰώβ VᴱVᴼ

---

5 ἀσεβεῖς VᴱVᴼ   ὃς] *om.* VᴱVᴼ   9 φατριᾶς] *sic* K

II¹2045 / K cap. T 3, 3

Ἐκ τῆς πρὸς Ῥωμαίους ἐπιστολῆς·

...τῇ φιλαδελφίᾳ εἰς ἀλλήλους φιλόστοργοι, τῇ τιμῇ ἀλλήλους προηγούμενοι...

II¹2046 / K cap. T 3, 4

Ἐκ τῆς Πέτρου α′ ἐπιστολῆς·

Ὡς θεοῦ δοῦλοι, πάντας τιμήσατε.

II¹2047 / K cap. T 3, 5

Τοῦ θεολόγου Γρηγορίου, ἐκ τοῦ β′ εἰρηνικοῦ·

Ὁ τῆς ὀφειλομένης ἀποστερῶν τιμῆς οὐ μᾶλλον τιμᾷ τῷ διδομέ-   10
νῳ ἢ ἀτιμάζει τῷ ἀφαιρουμένῳ, κἂν προσποίησιν ἔχῃ τιμῆς τὸ γι-
νόμενον.

---

3 – 4 **II¹2045** Rom. 12, 10   7 **II¹2046** I Petr. 2, 16–17   **10 – 12 II¹2047** Gregori-
us Nazianzenus, *De pace II (Orat. 23)*, 9, 11–14 (ed. Mossay/Lafontaine, p. 300)

2 – 4 **II¹2045** K cap. T 3, 3 (259v[15]16–17); VᴱVᴼ cap. T 1, 2; *quod attinet ad* Vᵂ,
vide *II²2631 / PMLᵇ cap. T 1, 5; *deest in* Hᴵ; PG 96, 369, 28–29   **6 – 7 II¹2046** K
cap. T 3, 4 (259v[17]18); VᴱVᴼ cap. T 1, 3; *deest in* Hᴵ; PG 96, 369, 30   **9 – 12**
II¹2047 K cap. T 3, 5 (259v[18]19–22); *deest in* VᴱVᴼ Hᴵ

II¹2045 (a) K (b) Πρὸς Ῥωμαίους VᴱVᴼ **II¹2046** (a) K (b) *s. a.* VᴱVᴼ

Τίτλος δ′ Περὶ τυράννων, καὶ ὅτι οἱ τυραννοῦντες βασιλέα, αὐτοὶ μόνοι ἀποθνήσκουσιν, οὐ μὴν καὶ οἱ ἐξ αὐτῶν παῖδες.

II¹2048 / K cap. T 4, 1

Παραλειπομένων β′·

5 Ἐγένετο ὡς κατέστη ἡ βασιλεία ἐν χειρὶ Ἀμεσίου, ἐθανάτωσε τοὺς παῖδας αὐτοῦ τοὺς φονεύσαντας τὸν βασιλέα πατέρα αὐτοῦ· καὶ τοὺς υἱοὺς αὐτῶν οὐκ ἀπέκτεινε κατὰ τὴν διαθήκην τοῦ νόμου κυρίου, καὶ καθὼς γέγραπται, ὡς ἐνετείλατο κύριος, λέγων· *Οὐκ ἀποθανοῦνται πατέρες ὑπὲρ τέκνων, καὶ υἱοὶ οὐκ ἀποθανοῦνται ὑ-* 10 *πὲρ πατέρων, ἀλλ’ ἢ ἕκαστος τῇ ἑαυτοῦ ἁμαρτίᾳ ἀποθανεῖται.*

II¹2049 / K cap. T 4, 2

Βασιλειῶν δ′·

Διέρρηξε Γοθολία τὰ ἱμάτια αὐτῆς, καὶ ἐβόησε· Σύνδεσμος σύνδε- σμος. Καὶ ἐνετείλατο Ἰωδαὲ ὁ ἱερεὺς τοῖς ἑκατοντάρχοις καὶ τοῖς 15 ἐπισκόποις τῆς δυνάμεως, καὶ εἶπε πρὸς αὐτούς· Ἐξαγάγετε αὐτὴν ἔσωθεν, καὶ ὁ εἰσπορευόμενος ὀπίσω αὐτῆς θανάτῳ θανατώσει αὐτὴν ἐν ῥομφαίᾳ, ὅτι εἶπεν ὁ ἱερεύς· Μὴ ἀποθάνῃ ἐν οἴκῳ κυ- ρίου. Καὶ ἐπέθηκαν αὐτῇ χεῖρας, καὶ εἰσῆλθεν ὁδὸν εἰσόδου τῶν ἵππων οἴκου τοῦ βασιλέως, καὶ ἀπέθανεν ἐκεῖ.

---

8 – 10 Deut. 24, 16

---

5 – 10 II¹2048 II Par. 25, 3 –4 (Wahl, *2 Chronik-Text*, p. 152)   13 – 19 II¹2049
IV Reg. 11, 14 –16 (Wahl, *4 Könige-Text*, p. 133)

1 – 2 **Titlos** K (259v22–24)   4 – 10 **II¹2048** K cap. T 4, 1 (259v[24]260r1–8)
12 – 19 **II¹2049** K cap. T 4, 2 (260r[8]9 –17)

---

1 – 2 **Titlos** 1 βασιλέα] *sic* K, βασιλεῖς *tacite scrips. Mai*

---

5 Ἀμεσίου] *correxi,* ἀμεσίαι K

II¹2050 / K cap. T 4, 3

Τοῦ ἁγίου Βασιλείου, ἐκ τοῦ εἰς τὰς Παροιμίας·

Τοῦτο διαφέρει τύραννος βασιλέως, ὅτι ὁ μὲν τὸ ἑαυτοῦ πανταχόθεν σκοπεῖ, ὁ δὲ τὸ τοῖς ἀρχομένοις ὠφέλιμον πορίζει.

II¹2051 / K cap. T 4, 4

Φίλωνος, ἐκ τοῦ γ′ τῆς νόμων ἱερῶν ἀλληγορίας·

Βασιλεὺς ἐχθρὸν τυράννῳ, ὅτι ὁ μὲν νόμων, ὁ δὲ ἀνομίας ἐστὶν εἰσηγητής.

II¹2052 / K cap. T 4, 5

Ἐκ τῆς περὶ προνοίας α′·   10

Ὅνπερ τρόπον αἱ πόλεις ἐπ᾽ ἀνδροφόνοις καὶ προδόταις καὶ θεοσύλαις δημίους ἀνατρέφουσιν, οὐ τὴν γνώμην ἀποδεχόμεναι τῶν ἀνδρῶν, ἀλλὰ τὸ τῆς ὑπηρεσίας χρήσιμον ἐξετάζουσαι, τὸν αὐτὸν τρόπον καὶ ὁ τῆς μεγαλοπόλεως τοῦδε τοῦ κόσμου κηδεμὼν οἷα δημίους κοινοὺς ἐφίστησι τοὺς τυράννους πόλεσιν, ἐὰν αἴσθηται 15 βίαν, ἀδικίαν, ἀσέβειαν, τὰ ἄλλα κακὰ πλημμυροῦντα, ὅπως ἤδη στάντα λωφήσῃ. Τηνικαῦτα μέντοι καὶ τοὺς αἰτίους, ἅτε οὐκ ἀπὸ γνώμης ὑγιοῦς, ἀλλ᾽ ἐκ δυσκαθάρτου καὶ ἀνελεοῦς ψυχῆς ὑπηρετήσαντας, ἐφ᾽ ἅπασιν, ὥσπέρ τινας κορυφαίους, ἀξιοῖ μετέρχεσθαι. Καθάπερ γὰρ ἡ τοῦ πυρὸς δύναμις, ὅταν παραβληθεῖσα<ν> 20

---

3 – 4 II¹2050 Basilius Caesariensis, *Homilia in principium Proverbiorum*, 2 (PG 31, 389, 29–30)   7 – 8 II¹2051 Philo Iudaeus, *Legum allegoriae*, III, 79 (ed. Cohn, p. 130, 9–10)   11 – 1093, 4 II¹2052 Philo Iudaeus, *De providentia*, re vera II (ed. Aucher, p. 70–71 [arm. et lat.]; Colson, frg. 2, 39–41, p. 484–486)

2 – 4 II¹2050 K cap. T 4, 3 (260r[17]18–20)   6 – 8 II¹2051 K cap. T 4, 4 (260r[20] 21–22); PG 86, 2096, 2–4   10 – 1093, 4 II¹2052 K cap. T 4, 5 (260r[22]23–260v17)

II¹2052 α′] *sic* K

15 ἐὰν αἴσθηται] *scripsi*, ἐὰν αἴσθωνται K, ἐν αἷς ἂν αἴσθηται *ed.*   17 λωφήσῃ] *correxi (ed.)*, λοφίσαι K 20 παραβληθεῖσαν] *correxi (ed.)*, παραβληθεῖσα K

[εἰς] ὕλην ἀναλώσῃ, τελευταῖον καὶ αὐτὴν ἐπιλιχμᾶται, τοῦτον τὸν τρόπον καὶ οἱ ἐπὶ τοῖς πλήθεσι δυναστείαν εἰληφότες, ὅταν δαπανήσαντες τὰς πόλεις κενὰς ἀνδρῶν ἐργάσωνται, τὰς ὑπὲρ ἁπάντων ἀποτίνοντες δίκας ἐπιδιαφθείρονται.

---

1 εἰς] *delevi (ed.)*   αὐτὴν] *correxi (ed.)*, αὐτὴ K   ἐπιλιχμᾶται] *correxi*, ἐπιλικμᾶται K, ἐπινέμεται *ed.*   4 ἀποτίνοντες] *scripsi*, προτείναντας K, τίνοντες *ed.*   ἐπιδιαφθείρονται] *scripsi (ed.)*, ἐπιδιαφθείρωνται K

*ΙΙ² /
PMLᵇ cap. T 5

Τίτλος ε′ Περὶ τεχνιτῶν, καὶ τίνες τέχνας ἐξεῦρον.

ς′ Περὶ τεχνῶν, καὶ τίνες τέχνας ἐξεῦρον.

*ΙΙ²2653 /
PMLᵇ cap.
T 5, 1

ΙΙ¹2053 / K cap. T 5, 1

Τῆς Γενέσεως·

Ἔτεκεν Ἀδὰ τὸν Ἰωβέλ· οὗτος ἦν πατὴρ οἰκούντων ἐν σκηναῖς   5
κτηνοτρόφων. Καὶ ὄνομα τῷ ἀδελφῷ αὐτοῦ Ἰουβάλ· οὗτος ἦν ὁ
καταδείξας ψαλτήριον καὶ κιθάραν. Σελλὰ δὲ ἔτεκε καὶ αὐτὴ τὸν
Θοβέλ· καὶ ἦν σφυροκόπος χαλκεὺς χαλκοῦ καὶ σιδήρου.

<ΙΙ¹suppl. 386–387 / V cap. T 6, 2–3>

*ΙΙ²2655 /
PMLᵇ cap.
T 5, 3

ΙΙ¹2054 / K cap. T 5, 2   10

Ἀπὸ τοῦ Σιράχ·

Ἐν χειρὶ τεχνιτῶν, ἔργον ἐπαινεθήσεται.

---

1 Περὶ – ἐξεῦρον] cf. ΙΙ¹ / Kᵖⁱⁿ Παραπομπὴ Ε 9   9 ΙΙ¹suppl. 386–387 cf. *Sacra. Liber II. Supplementum* (Band VIII/8)

---

5 – 8 ΙΙ¹2053 Gen. 4, 20–22   12 ΙΙ¹2054 Sir. 9, 17¹ (Wahl, *Sirach-Text*, p. 72)

---

1 Titlos (a) K (260v17–18)   2 Titlos (b) Vᴱᵛᴼ Aᴵ ᵖⁱⁿ; *deest in* HᴵAᴵ ᵗˣᵗ; *quod attinet ad* Vᵂ, *vide* *ΙΙ² / PMLᵇ cap. T 5 titlos   4 – 8 ΙΙ¹2053 K cap. T 5, 1 (260v[18]19–24); Vᴱᵛᴼ cap. T 6, 1; *deest in* Hᴵ; *quod attinet ad* Vᵂ, *vide* *ΙΙ²2653 / PMLᵇ cap. T 5, 1; PG 96, 372, 26–31   11 – 12 ΙΙ¹2054 K cap. T 5, 2 (260v[24]261r1); Vᴱᵛᴾʰ cap. T 6, 4; *deest in* Vᴼ Hᴵ; *quod attinet ad* Vᵂ, *vide* *ΙΙ²2655 / PMLᵇ cap. T 5, 3

---

1 Titlos (a)   τεχνητῶν Kᵖⁱⁿ   τέχνην Kᵖⁱⁿ   2 Titlos (b)   ἐξήυρων Vᴱ ᵖⁱⁿ Vᴼ ᵖⁱⁿ

ΙΙ¹2053 (a) K Γενέσεως] *scripsi*, κτίσεως K   (b) Γενέσεως Vᴱᵛᴼ   ΙΙ¹2054 (a) K   (b) Σιράχ Vᴱᵛᴾʰ

---

5 ἀδα Vᴼ, ἀδδᾶ K   ἰωβήλ Vᴱᵛᴼ   6 ἰοβάλ Vᴱ, ἰοβϊάλ Vᴼ   7 Σελλά] *scripsi (LXX)*, σελλᾶ K, σελᾶ Vᴱᵛᴼ   αὐτῆ Vᴱᵛᴼ   8 ἰωβέλ K   12 τεχνιτῶν] *scripsi (LXX)*, τεχνη-τῶν Vᴱ, τεχνίτου K

Π¹2055 / K cap. T 5, 3

Τοῦ αὐτοῦ·

…οἱ γλύφοντες γράμματα σφραγίδων,
καὶ ἡ ὑπομονὴ αὐτῶν ἀλλοιῶσαι ποικιλίαν·
5 καρδίαν αὐτοῦ δώσει ὁμοιῶσαι ζωγραφίαν,
καὶ ἡ ἀγρυπνία αὐτοῦ τέλεσις ἔργου.
Καὶ χαλκεὺς καθήμενος ἐγγὺς ἄκμονος
καὶ καταμανθάνων ἐργασίαν σιδήρου·
ἀτμὶς πυρὸς τήξει σάρκας αὐτοῦ,
10 καὶ ἐν θέρμῃ καμίνου διαμαχήσεται·
φωνὴ σφύρας καινιεῖ τὸ οὖς αὐτοῦ,
καὶ κατέναντι ὁμοιώματος σκεύους ὀφθαλμὸς αὐτοῦ·
καρδίαν αὐτοῦ δώσει εἰς συντέλειαν ἔργων,
καὶ ἡ ἀγρυπνία αὐτοῦ κοσμῆσαι ἐπὶ συντελείας.
15 Καὶ κεραμεὺς καθήμενος ἐν ἔργῳ αὐτοῦ,
καὶ συστρέφων ἐν ποσὶν αὐτοῦ τὸν τροχόν,
ὃς ἐν μερίμνῃ κεῖται διαπαντὸς ἐπὶ τὸ ἔργον αὐτοῦ,
καὶ ἐν ἀριθμῷ πᾶσα ἡ ἐργασία αὐτοῦ·
ἐν βραχίονι αὐτοῦ τυπώσει πηλόν,
20 καὶ πρὸ ποδῶν αὐτοῦ κάμψει ἰσχὺν αὐτοῦ·
καρδίαν αὐτοῦ δώσει συντελέσαι τὸ χρίσμα,
καὶ ἡ ἀγρυπνία αὐτοῦ καθαρίσαι κάμινον.
Πάντες οὗτοι εἰς χεῖρας αὐτῶν ἐπίστευσαν,
καὶ ἕκαστος ἐν τῷ ἔργῳ αὐτοῦ σοφίζεται·
25 ἄνευ αὐτῶν οὐκ οἰκισθήσεται πόλις,
καὶ οὐ παροικήσουσιν οὐδὲ περιπατήσουσιν·
ἐν ἐκκλησίᾳ οὐχ᾽ ὑπεραλοῦνται,

---

3 – 26 Π¹2055 οἱ – περιπατήσουσιν] Sir. 38, 27³–32² (Wahl, *Sirach-Text*, p. 152–153) 27 – 1096, 4 ἐν – εὑρεθήσονται] Ibid. 38, 33¹⁻⁵ (Wahl, p. 153)

2 – 1096, 4 Π¹2055 K cap. T 5, 3 (261r[1]2–261v2); V^{E}V^{Ph} cap. T 6, 5; *deest in* V^{W}V^{O} H^{I}

Π¹2055 (a) K (b) *s. a.* V^{E}V^{Ph}

4 ἡ] *om.* K   αὐτοῦ *LXX*   6 τέλεσις] *sic* K   9 σάρκα K   11 φωνῆι K   κενιεῖ V^{E}V^{Ph}   12 ἔναντι K   ὀφθαλμῶν K   13 συντελείας V^{E}V^{Ph}   16 συστρέφων – τὸν] συστρέφουσιν αὐτῶι K   17 τῶν ἔργων K   20 αὐτοῦ] *om.* V^{E}V^{Ph}   21 αὐτοῦ] *om.* V^{E}V^{Ph}   23 αὐτῶν K   ἐπίστησαν V^{Ph}

ἐπὶ δίφρον δικαστοῦ οὐ καθιοῦνται,
καὶ διαθήκην κρίματος οὐ διανοηθήσονται.
Οὐδὲ μὴ ἐκφάνωσι παιδείαν καὶ κρίμα,
καὶ ἐν παραβολαῖς οὐχ' εὑρεθήσονται.

*II²2658 /
PMLᵇ cap.
T 5, 6

II¹2056 / K cap. T 5, 4　　　　　　5

Τοῦ ἁγίου Βασιλείου, ἐκ τῶν πρὸς Ἀμφιλόχιον·

Ὁ τέχνην ἐκδιδαχθείς, καὶ παγίαν αὐτὴν διὰ τῆς χρονίας πείρας καὶ μελέτης ἔχων, καὶ τὴν ἕξιν ἱδρυμένην, δύναται λοιπὸν κατὰ τοὺς ἐναποκειμένους αὐτῷ τῆς ἐπιστήμης λόγους καθ' ἑαυτὸν ἐ-
νεργεῖν.　　　　　　10

*II²2659 /
PMLᵇ cap.
T 5, 7

II¹2057 / K cap. T 5, 5

Κλήμεντος, ἐκ τοῦ β′ Στρώματος·

Παράκειται τῇ ἐπιστήμῃ ἥ τε ἐμπειρία καὶ ἡ εἴδησις, σύνεσίς τε καὶ νόησις καὶ γνῶσις.

---

7 – 10 II¹2056 BASILIUS CAESARIENSIS, *Ad Amphilochium (De Spiritu sancto)*, VIII, 20, 17–20 (ed. Pruche, p. 316–318)　　13 – 14 II¹2057 CLEMENS ALEXANDRINUS, *Stromata*, II. Cap. XVII. 76, 2 (ed. Stählin/Früchtel/Treu, p. 153, 1–2); Holl, n° 224

---

6 – 10 II¹2056 K cap. T 5, 4 (261v[2]3–7); VᴱVᴾʰ cap. T 6, 6; *deest in* Vᴼ Hᴵ; *quod attinet ad* Vᵂ, *vide* *II²2658 / PMLᵇ cap. T 5, 6　　12 – 14 II¹2057 K cap. T 5, 5 (261v [7]8–9); VᴱVᴾʰ cap. T 6, 7; *deest in* Vᴼ Hᴵ; *quod attinet ad* Vᵂ, *vide* *II²2659 / PMLᵇ cap. T 5, 7

II¹2056 (a) K (b) Βασιλείου VᴱVᴾʰ II¹2057 (a) K (b) Κλήμεντος VᴱVᴾʰ

---

2 διαθήκην] δίκην K　　3 ἐκφαίνωσι K　　7 ἐνδιδαχθεὶς Vᴱ, *non liquet in* Vᴾʰ　　8 ἐνι-δρυμμένην VᴱVᴾʰ　　9 αὐτῷ] αὐτῶν Vᴱ, *non liquet in* Vᴾʰ　　13 ἥ τε] εἴτε VᴱVᴾʰ

II¹2058 / K cap. T 5, 6

\<Σχόλιον·>

Ἔστιν δὲ καὶ εἰς τὸ Π στοιχεῖον εἰς τὸν δ′ \<τίτλον>.

II¹2059 / K cap. T 5, 7

*II²2660 /
PML^b cap.
T 5, 8

5 Ἐκ τοῦ ζ′ Στρώματος·

Πᾶσα ἡ τοῦ ἐπιστήμονος πρᾶξις εὐπραγία, ἡ δὲ τοῦ ἀνεπιστήμο-
νος, κακοπραγία, κἂν ἔνστασιν σώζῃ, ἐπεὶ μὴ ἐκ λογισμοῦ ἀνδρί-
ζεται, μὴ δὲ ἐπί τι χρήσιμον τῶν ἐπ᾽ ἀρετῇ καὶ ἀπὸ ἀρετῆς κατα-
στρεφόντων τὴν πρᾶξιν κατευθύνει.

10   II¹2060 / K cap. T 5, 8

Ἐκ τοῦ η′ Στρώματος·

Ἴδιον ἐπιστήμης καθολικοῖς ἐπερείδεσθαι θεωρήμασι καὶ ὁρισμοῖς·
ὅθεν τὰ καθέκαστα εἰς τὰ καθόλου ἀνάγεται.

---

3 cf. II¹1735 / K cap. Π 4, 19

---

3 **II¹2058** *Scholion*   6 – 9 **II¹2059** CLEMENS ALEXANDRINUS, *Stromata*, VII. Cap.
X. 59, 5 (ed. Stählin/Früchtel/Treu, p. 43, 18–22); Holl, n° 269   12 – 13 **II¹2060**
CLEMENS ALEXANDRINUS, *Stromata*, VIII. Cap. VIII. 23, 2 (ed. Stählin/Früchtel/
Treu, p. 94, 14–16); Holl, n° 278

---

2 – 3 **II¹2058** K cap. T 5, 6 (261v10); *deest in* V H^I   5 – 9 **II¹2059** K cap. T 5, 7
(261v[10]11–15); V^E V^Ph cap. T 6, 8; *deest in* V^O H^I; *quod attinet ad* V^W, *vide*
*II²2660 / PML^b cap. T 5, 8   11 – 13 **II¹2060** K cap. T 5, 8 (261v[16]17–19); *deest
in* V H^I

II¹2058 Σχόλιον] *supplevi, om.* K **II¹2059** (a) K   (b) *s. a.* V^E V^Ph

---

3 τίτλον] *supplevi, om.* K   7 – 9 κἂν – κατευθύνει] *om.* V^E V^Ph   7 κἂν] *correxi*
(ed.), καὶ K   σώζῃ] *correxi (ed.),* σώζει K

II¹2061 / K cap. T 5, 9

Διονυσίου, ἐκ τοῦ περὶ φύσεως α'·

Τοῖς ἀμαθέσι ἡστινοσοῦν τέχνης καὶ ἀτελεστέροις διὰ τὸ τῆς πεί
ρας ἄηθες καὶ τὸ τῶν ἔργων ἀτριβὲς κάματος ἐγγίνεται ταῖς ἐπι
χειρήσεσιν. Οἱ δὲ προκόπτοντες καὶ μᾶλλον ἔτι οἱ τέλειοι ῥᾳδίως   5
ἃ μέτεισιν κατορθοῦντες γάνυνται.

<II¹suppl. 388 / V cap. T 6, 9>

II¹2062 / K cap. T 5, 10

Φίλωνος, ἐκ τοῦ ζ' καὶ η' τῆς νόμων ἱερῶν ἀλληγορίας·

Πάνυ εὐήθεις, οἳ πρὸς τὸ πέρας ἡστινοσοῦν ἐπιστήμης ἀφικέσθαι   10
διενοήθησαν· τὸ γὰρ ἐγγὺς εἶναι δόξαν μακρὰν ἄγαν τοῦ τέλους
ἀφέστηκεν, ἐπεὶ τέλειος τῶν γεγονότων οὐδείς, πρὸς οὐδὲν μά
θημα, ἀλλὰ τοσοῦτον ἐνδεῖ, ὅσον κομιδῇ νήπιος παῖς, ἄρτι τοῦ
μανθάνειν ἀρχόμενος, πρὸς πολιὸν ἤδη τὴν ἡλικίαν ἅμα καὶ τέ
χνην ὑφηγητήν.   15

---

7 **II¹suppl. 388** cf. *Sacra*. Liber II. *Supplementum* (Band VIII/8)

---

3 – 6 **II¹2061** Dionysius Alexandrinus, *De natura*, I, locus non repertus (ed.
Feltoe, Γ. 9 [p. 156, 9 – 13]); Holl, n° 361   **10 – 15 II¹2062** Philo Iudaeus, *Legum
allegoriae*, VII et VIII *(De posteritate Caini)*, 152 (ed. Wendland, p. 33, 25 – 34, 2)

---

2 – 6 **II¹2061** K cap. T 5, 9 (261v[19]20–24); *deest in* V Hᴵ; PG 86, 2096, 6–11
9 – 15 **II¹2062** K cap. T 5, 10 (261v[24–262r1]262r2–9); *deest in* V Hᴵ; PG 86, 2096,
12–20

---

3 ἀτελεστέροις] *correxi (ed.)*, διατελεστέροις K   4 ἄηθες] *correxi (ed.)*, ἀειθὲς K
10 εὐήθεις] *scripsi (ed.)*, εὐηθεῖς K   οἳ] *scripsi*, οἱ K, ὅσοι *ed.*   13 τοῦ] *correxi
(ed.)*, τὸ K

II¹2063 / K cap. T 5, 11

Τοῦ αὐτοῦ, ἐκ τοῦ <δ΄> τῶν ἐν Γενέσει ζητημάτων·

Ἀμήχανον ὑπὸ φύσεως ἀνθρωπίνης εὑρεθῆναι τῆς οἱασοῦν ἐπιστήμης τὸ τέλος· οὐδὲν γὰρ ἄνθρωπος ἄκρως οἶδεν, ἀλλ᾽ οἴεται
5 μόνον εἰδέναι. Τὸ δὲ τέλος τῆς γνώσεως ἀνάκειται μόνῳ θεῷ.

II¹2064 / K cap. T 5, 12

Ἐκ τοῦ περὶ τῶν ὀνείρων·

Τὰ τέλη τῶν ἐπιστημῶν οὐ δυσεύρετα μόνον, ἀλλὰ καὶ ἀνεύρετα
παντελῶς εἶναι συμβέβηκε· γραμματικώτερος ἕτερος ἑτέρου γίνε-
10 ται, τῷ τὰς ἐπιτάσεις καὶ παραυξήσεις ἀμήχανον εἶναι ὅροις περι-
γραφῆναι.

<II¹suppl. 389–398 / V cap. T 6, 10–19>

12 II¹suppl. 389–398 cf. *Sacra*. Liber II. *Supplementum* (Band VIII/8)

3 – 5 II¹2063 PHILO IUDAEUS, *Quaestiones in Genesim*, IV. 9* (ed. Petit, p. 201)
8 – 11 II¹2064 PHILO IUDAEUS, *De somniis*, I, 8–9 (ed. Wendland, p. 206, 13–16)

2 – 5 II¹2063 K cap. T 5, 11 (262r[9]10–13); *deest in* V H¹; PG 86, 2096, 21–25
7 – 11 II¹2064 K cap. T 5, 12 (262r[13]14–18); *deest in* V H¹

II¹2063 δ΄] *supplevi (cf. ed.), om.* K

8 δυσεύρετα] *scripsi (ed.)*, δυσεύρητα K   ἀνεύρετα] *scripsi (ed.)*, ἀνεύρητα K

*II² /
PMLᵇ cap. T 2

Τίτλος ϛ′ Περὶ τάξεως καὶ καταστάσεως, <καὶ> ὅτι χρὴ ταύτας πανταχοῦ φυλάττεσθαι.

δ′ Περὶ τάξεως καὶ καταστάσεως καὶ ἀκολουθίας, καὶ ὅτι χρὴ ταύτας πανταχοῦ φυλάττεσθαι.

II¹2065 / K cap. T 6, 1

Ἐκ τῆς πρὸς Κορινθίους ἐπιστολῆς·

Ἕκαστος ἐν τῇ κλήσει ᾗ ἐκλήθη, ἀδελφοί, ἐν ταύτῃ μενέτω. Δοῦλος ἐκλήθης, μή σοι μελέτω· ἀλλ᾽ εἰ καὶ δύνασαι ἐλεύθερος γενέσθαι, μᾶλλον χρῆσαι. Ὁ γὰρ ἐν κυρίῳ κληθεὶς δοῦλος, ἀπελεύθερος κυρίου ἐστίν· ὁμοίως ὁ ἐλεύθερος κληθείς, δοῦλός ἐστι Χριστοῦ. Τιμῆς ἠγοράσθητε· μὴ γίνεσθε δοῦλοι ἀνθρώπων. Ἕκαστος ἐν ᾧ ἐκλήθη, ἀδελφοί, ἐν τούτῳ μενέτω παρὰ θεῷ.

*II²2642 /
PMLᵇ cap.
T 2, 9

II¹2066 / K cap. T 6, 2

Τοῦ ἁγίου Γρηγορίου, ἐκ τοῦ περὶ εὐταξίας·

Τάξις τῶν ὄντων ἐστὶ μήτηρ.

---

1 καταστάσεως] cf. II¹ / Kᵖⁱⁿ Παραπομπὴ Κ 7   1 – 2 ὅτι – φυλάττεσθαι] cf. II¹ / Kᵖⁱⁿ Παραπομπὴ Χ 13

7 – 12 II¹2065 I Cor. 7, 20–24   15 II¹2066 GREGORIUS NAZIANZENUS, De moderatione in disputando (Orat. 32), 10, 1–2 (ed. Moreschini, p. 104)

1 – 2 Titlos (a) K (262r18–20)   3 – 4 Titlos (b) VᴱVᴼ Aᴵ ᵖⁱⁿ; deest in HᴵAᴵ ᵗˣᵗ; quod attinet ad Vᵂ, vide *II² / PMLᵇ cap. T 2 titlos   6 – 12 II¹2065 K cap. T 6, 1 (262r [20]21–262v5); VᴱVᴼ cap. T 4, 1; PG 96, 369, 46–47   14 – 15 II¹2066 K cap. T 6, 2 (262v[5]6); VᴱVᴼ cap. T 4, 2; quod attinet ad Vᵂ, vide *II²2642 / PMLᵇ cap. T 2, 9; PG 96, 369, 48

1 – 2 Titlos (a)   1 καὶ²] supplevi e Kᵖⁱⁿ, om. Kᵗˣᵗ   ταύτας] scripsi secund. Kᵖⁱⁿ, ταύτην Kᵗˣᵗ   2 φυλάττεσθαι] scripsi secund. Kᵖⁱⁿ, φυλάττειν Kᵗˣᵗ

II¹2065 (a) K (b) Πρὸς Ῥωμαίους VᴱVᴼ ῥωμαῖος Vᴱ II¹2066 (a) K (b) s. a. VᴱVᴼ

7 τῇ – ἐκλήθη] ᾗ ἐκλήθη (ἐκλη- Vᴼ) τάξει VᴱVᴼ   7 – 12 Δοῦλος – θεῷ] om. VᴱVᴼ   11 ἀνθρώπων] correxi (NT), ἀνθρώπου Κ   15 Τάξις] add. ἡ Κ

Στοιχεῖον Υ

Τίτλος α′ Περὶ ὑποκρίσεως καὶ εἰρωνείας καὶ πλαστῆς εὐλα-
βείας καὶ τῶν ταῦτα νοσούντων.

δ′ Περὶ ὑποκρίσεως καὶ εἰρωνείας καὶ πλαστῆς εὐλαβείας καὶ
5 τῶν ταῦτα νοσούντων.

ΙΙ¹2067 / K cap. Υ 1, 1

Ἀπὸ τοῦ Ἰώβ·

Ὑποκριταὶ καρδίᾳ τάξουσι θυμόν,
καὶ ἀποθάνοι ἐν νεότητι ἡ ψυχὴ αὐτῶν.

10 ## ΙΙ¹2068 / K cap. Υ 1, 2

Δαυῒδ ἐν ψαλμῷ κζ′·

Μὴ συνελκύσῃς με μετὰ ἁμαρτωλῶν,
καὶ μετὰ ἐργαζομένων ἀδικίαν μὴ συναπολέσῃς με,
τῶν λαλούντων εἰρήνην μετὰ τῶν πλησίον αὐτῶν,
15 κακὰ δὲ ἐν ταῖς καρδίαις αὐτῶν.

---

2 εἰρωνείας] cf. ΙΙ¹ / Kᵖⁱⁿ Παραπομπὴ Ε 10   2 – 3 πλαστῆς εὐλαβείας] cf. ΙΙ¹ / Kᵖⁱⁿ
Παραπομπὴ Π 14

8 ΙΙ¹2067 Ὑποκριταὶ – θυμόν] Iob 36, 13¹   9 καὶ – αὐτῶν] Ibid. 36, 14¹   12 – 15
ΙΙ¹2068 Ps. 27, 3¹⁻⁴

1 **Stoicheion** Kᵗˣᵗ (262v6) Kᵖⁱⁿ   2 – 3 **Titlos (a)** K (262v6–8)   4 – 5 **Titlos (b)** V
Aᴵ ᵖⁱⁿ; *deest in* HᴵAᴵ ᵗˣᵗ   7 – 9 ΙΙ¹2067 K cap. Υ 1, 1 (262v[8]9–10); V cap. Υ 4, 1;
deest in Hᴵ; PG 96, 376, 36–37   11 – 15 ΙΙ¹2068 K cap. Υ 1, 2 (262v[10]11–14);
deest in V Hᴵ

2 – 3 **Titlos (a)**   3 ταῦτα] *scripsi secund.* Kᵖⁱⁿ, ταύτην Kᵗˣᵗ   4 – 5 **Titlos (b)**   4 δ′]
praem. τίτλος Vᵂ ᵗˣᵗ   5 νοσούντων] ἐπινοούντων Vᴱ ᵗˣᵗ Aᴵ ᵖⁱⁿ, ἐπὶ νοούντων Vᴼ ᵗˣᵗ

ΙΙ¹2067 (a) K (b) Ἰώβ V ἰώβ Vᴱ

9 ἡ] *om.* VᴱVᴼ

<II¹suppl. 399–400 / V cap. Υ 4, 2–3>

II¹2069 / K cap. Υ 1, 3

Τῶν Παροιμιῶν·

Ὃς πλανᾷ εὐθεῖς ἐν ὁδῷ κακῇ,
εἰς διαφθορὰν αὐτὸς ἐμπεσεῖται.   5

II¹2070 / K cap. Υ 1, 4

Τῶν αὐτῶν·

Χείλεσι πάντα ἐπινεύει ἀποκλαιόμενος ὁ ἐχθρός,
ἐν δὲ τῇ καρδίᾳ τεκταίνεται δόλους.

II¹2071 / K cap. Υ 1, 5   10

Ἡσαΐου προφήτου·

Ἐπλαγίασαν ἐν ἀδίκοις δίκαιον.

*II²2671 /
PMLᵇ cap.
Υ 2, 5

<II¹suppl. 401 / V cap. Υ 4, 6>

---

1 **II¹suppl. 399–400** cf. *Sacra*. Liber II. *Supplementum* (Band VIII/8)   13 **II¹suppl. 401** cf. *Sacra*. Liber II. *Supplementum* (Band VIII/8)

4–5 **II¹2069** Prov. 28, 10¹⁻² (Wahl, *Proverbien-Text*, p. 136)   8–9 **II¹2070** Prov. 26, 24¹⁻² (Wahl, *Proverbien-Text*, p. 130)   12 **II¹2071** Is. 29, 21 (Wahl, *Propheten-zitate*, p. 361–362)

3–5 **II¹2069** K cap. Υ 1, 3 (262v[14]15–16); VᴱVᵂVᴾʰ cap. Υ 4, 4; *deest in* Vᴼ Hᴵ
7–9 **II¹2070** K cap. Υ 1, 4 (262v[16]17–18); *deest in* V Hᴵ   11–12 **II¹2071** K cap. Υ 1, 5 (262v[18]19); VᴱVᵂVᴾʰ cap. Υ 4, 5; *deest in* Vᴼ Hᴵ

II¹2069 Τῶν] *om.* VᴱVᵂVᴾʰ **II¹2071** (a) K (b) Ἡσαῖου VᴱVᵂVᴾʰ

---

9 τεκταίνεται] *scripsi (LXX)*, τεκτείνεται K

II¹2072 / K cap. Υ 1, 6

Ἰερεμίου·

Βολὶς τιτρώσκουσα ἡ γλῶσσα αὐτῶν, δόλια τὰ ῥήματα τοῦ στό-
ματος αὐτῶν· τῷ πλησίον αὐτοῦ λαλεῖ εἰρηνικά, καὶ ἐν ἑαυτῷ ἔχει
5 τὴν ἔχθραν. Μὴ ἐπὶ τούτοις οὐκ ἐπισκέψομαι, λέγει κύριος, ἢ ἐν
λαῷ τῷ τοιούτῳ οὐκ ἐκδικήσει ἡ ψυχή μου;

II¹2073 / K cap. Υ 1, 7

Σοφία Σολομῶντος·

Οὗτοι καταγέλαστον εὐλάβειαν ἐνόσουν.

10 ## II¹2074 / K cap. Υ 1, 8

Ἀπὸ τοῦ Σιράχ·

Ὁ ὑποκρινόμενος σκανδαλισθήσεται ἐν ἑαυτῷ.

II¹2075 / K cap. Υ 1, 9

Τοῦ αὐτοῦ·

15 Πᾶς σοφιζόμενος ἐν λόγοις μισητός.

---

3 - 6 II¹2072 Ier. 9, 8–9 (Wahl, *Prophetenzitate*, p. 517–518)   **9** II¹2073 Sap. 17, 8²
12 II¹2074 Sir. 35, 15² (Wahl, *Sirach-Text*, p. 143)   **15** II¹2075 Sir. 37, 20¹ (Wahl,
Sirach-Text, p. 148)

---

2 - 6 II¹2072 K cap. Υ 1, 6 (262v[19]20–24); V^EV^WV^{Ph} cap. Υ 4, 7; *deest in* V^O H^I
8 - 9 II¹2073 K cap. Υ 1, 7 (263r[mg]1); V^EV^WV^{Ph} cap. Υ 4, 8; *deest in* V^O H^I
11 - 12 II¹2074 K cap. Υ 1, 8 (263r[1]2); *deest in* V H^I   **14 - 15** II¹2075 K cap. Υ
1, 9 (263r[2]3); V^EV^WV^{Ph} cap. Υ 4, 9; *deest in* V^O H^I

II¹2073 (a) K   (b) Σολομῶντος V^EV^WV^{Ph}   II¹2074 (a) K   (b) Σιράχ V^W   (c) *s. a.*
V^EV^{Ph}

---

3 δόλια] *post* αὐτῶν *transpos.* V^EV^{Ph}   **5** ἐπισκέψη V^EV^{Ph}   **6** λαῷ] ἔθνει V^W, ἔθνη
V^EV^{Ph}   τῷ] *om.* V^EV^WV^{Ph}

II¹2076 / K cap. Υ 1, 10

Τοῦ αὐτοῦ·

Μὴ ὑποκριθῇς ἐνώπιον ἀνθρώπων,
καὶ ἐν τοῖς χείλεσίν σου πρόσεχε.

II¹2077 / K cap. Υ 1, 11

Τοῦ αὐτοῦ·

Ἔστι πορευόμενος συγκεκυφὼς μελανίᾳ,
καὶ τὰ ἐντὸς αὐτοῦ πλήρης δόλου πυρώδους.

II¹2078 / K cap. Υ 1, 12

Τοῦ αὐτοῦ·

Ἐν τοῖς χείλεσιν αὐτοῦ γλυκανεῖ ὁ ἐχθρός,
καὶ ἐν τῇ καρδίᾳ αὐτοῦ βουλεύσεται ἀναστρέψαι σε εἰς βόθρον.

5

10

---

3 – 4 **II¹2076** Sir. 1, 29¹⁻² (Wahl, *Sirach-Text*, p. 45) 7 – 8 **II¹2077** Sir. 19, 26¹⁻²
(Wahl, *Sirach-Text*, p. 99) 11 – 12 **II¹2078** Sir. 12, 16¹⁻² (Wahl, *Sirach-Text*, p. 81)

2 – 4 **II¹2076** K cap. Υ 1, 10 (263r[3]4–5); *deest in* V Hᴵ 6 – 8 **II¹2077** K cap. Υ 1,
11 (263r[5]6–7); *deest in* V Hᴵ 10 – 12 **II¹2078** K cap. Υ 1, 12 (263r[7]8–9);
VᴱVᵂVᴾʰ cap. Υ 4, 10; *deest in* Vᴼ Hᴵ

II¹2078 (a) K (b) *s. a.* VᴱVᴾʰ (c) *s. d.* Vᵂ

7 πορευόμενος] πονηρευόμενος *II²1370 / T cap. E 10, 16 8 πλήρης] *scripsi*
(*LXX*), πλήρεις K 11 γλυκάνει Vᵂ ὁ] *om.* VᴱVᴾʰ 12 βουλεύεται Kᵃ·ᶜ· Vᴾʰ,
βουλλεύεται Vᴱ ἀναστρέψαι σε] ἀναστρέψαι VᴱVᴾʰ

II¹2079 / K cap. Υ 1, 13

Ματθαίου, ἐν κεφαλαίῳ κδ´·

Ὅταν νηστεύητε, μὴ γίνεσθε ὥσπερ οἱ ὑποκριταὶ σκυθρωποί· ἀφανίζουσι γὰρ τὰ πρόσωπα.

<II¹suppl. 402 / V cap. Υ 4, 12>

II¹2080 / K cap. Υ 1, 14

Τοῦ αὐτοῦ·

Οὐαὶ ὑμῖν, γραμματεῖς καὶ Φαρισαῖοι ὑποκριταί, ὅτι παρομοιάζετε τάφοις κεκονιαμένοις, οἵτινες ἔξωθεν μὲν φαίνονται ὡραῖοι, ἔσωθεν δὲ γέμουσιν ὀστέων νεκρῶν καὶ πάσης ἀκαθαρσίας. Οὕτως καὶ ὑμεῖς ἔξωθεν μὲν φαίνεσθε τοῖς ἀνθρώποις δίκαιοι, ἔσωθεν δὲ μεστοί ἐστε ὑποκρίσεως καὶ πάσης ἀνομίας.

---

5 **II¹suppl. 402** cf. *Sacra*. Liber II. *Supplementum* (Band VIII/8)

---

3 – 4 II¹2079 Matth. 6, 16   **8 – 12 II¹2080** Matth. 23, 27–28

---

2 – 4 II¹2079 K cap. Υ 1, 13 (263r[mg]10–11); V^EV^WV^Ph cap. Υ 4, 11; *deest in* V^O H^I   **7 – 12 II¹2080** K cap. Υ 1, 14 (263r[11]12–18); V^EV^Ph cap. Υ 4, 16; *deest in* V^WV^O H^I

II¹2079 (a) K κδ´] *sic cod., exspectaveris* με´ (b) Ματθαίου V^EV^Ph (c) Τοῦ Εὐαγγελίου V^W **II¹2080** (a) K (b) Ματθαίου V^EV^Ph

---

3 νηστεύεται V^E, νηστεύηται V^Ph   γίνεσθαι V^EV^Ph, γένησθε K **3 – 4** ἀφανίζουσι – πρόσωπα] *om.* K V^W **8** Φαρισαῖοι] *add.* οἱ K **9** κεκονιαμένοις] καὶ κονιαμένοις V^E, *non liquet in* V^Ph **10** ὀστέα K

II¹2081 / K cap. Υ 1, 15

Ἐκ τῆς Πέτρου α΄ ἐπιστολῆς·

...ὡς ἐλεύθεροι καὶ μὴ ὡς ἐπικάλυμμα ἔχοντες τῆς κακίας τὴν ἐλευθερίαν...

## II¹2082 / K cap. Υ 1, 16					5

Ἐκ τῆς Ἰούδα ἐπιστολῆς·

Οὗτοί εἰσιν νεφέλαι ἄνυδροι, ὑπὸ ἀνέμων παραφερόμεναι, δένδρα φθινοπωρινὰ ἄκαρπα, δὶς ἀποθανόντα, ἐκριζωθέντα, κύματα ἄγρια θαλάσσης, ἀπαφρίζοντα τὰς ἑαυτῶν αἰσχύνας, ἀστέρες πλανῆται, οἷς ζόφος τοῦ σκότους εἰς αἰῶνας τετήρηται.					10

II¹2083 / K cap. Υ 1, 17

Ἐκ τῆς πρὸς Τιμόθεον β΄·

...ἔχοντες μόρφωσιν εὐσεβείας, τὴν δὲ δύναμιν αὐτῆς ἠρνημένοι.

---

3 - 4 **II¹2081** I Petr. 2, 16   7 - 10 **II¹2082** Iudae 12-13   13 **II¹2083** II Tim. 3, 5

2 - 4 **II¹2081** K cap. Υ 1, 15 (263r[18]19–20); VᴱVᵂVᴾʰ cap. Υ 4, 14; *deest in* Vᴼ Hᴵ
6 - 10 **II¹2082** K cap. Υ 1, 16 (263r[20]21–263v2); VᴱVᵂVᴾʰ cap. Υ 4, 15; *deest in* Vᴼ Hᴵ   12 - 13 **II¹2083** K cap. Υ 1, 17 (263v[2]3–4); VᴱVᵂVᴾʰ cap. Υ 4, 13; *deest in* Vᴼ Hᴵ

II¹2081 (a) K (b) Ἐκ τῆς Πέτρου VᴱVᴾʰ (c) Πέτρου Vᵂ **II¹2082** (a) K (b) Ἐκ τῆς Ἰούδα VᴱVᴾʰ (c) Ἰούδα Vᵂ **II¹2083** (a) K (b) Πρὸς Τιμόθεον VᴱVᴾʰ (c) Ἀποστόλου Vᵂ

7 Οὗτοί εἰσιν] *post* παραφερόμεναι *transpos.* VᴱVᵂVᴾʰ			περιφερόμεναι K		8
φθεινοπορινὰ Vᵂ, φθηνοπορηνά Vᴾʰ, φθονοπορηνά Vᴱ			10 τοῦ] *om.* VᴱVᵂVᴾʰ
τετήρηται] *om.* VᴱVᴾʰ 13 εὐσεβείας] εὐλαβείας K Vᵂ			ἠρνησάμενοι Vᴾʰ

Π¹2084 / K cap. Υ 1, 18

*Π²2682 /
PML^b cap.
Υ 2, 16

Τοῦ ἁγίου Βασιλείου, ἐκ τοῦ πρὸς νέους·

Τὸ λαμπρῶς εἰς μέσον ἐπαινεῖν τὴν ἀρετὴν καὶ μακροὺς ὑπὲρ αὐ-
τῆς ἀποτείνειν λόγους, ἰδίᾳ δὲ τὸ ἡδὺ πρὸ τῆς σωφροσύνης καὶ τὸ
5 πλέον ἔχειν πρὸ τοῦ δικαίου τιμᾶν, ἐοικέναι φαίην ἂν ἐγὼ τοῖς ἐπὶ
σκηνῆς ὑποκρινομένοις τὰ δράματα, οἳ βασιλέας πολλάκις καὶ δυ-
νάστας ὑπέρχονται, οὔτε βασιλεῖς ὄντες οὔτε δυνάσται, οὐδὲ μὴν
οὖν τυχὸν ἐλεύθεροι το<παρά>παν. Οὗτος δέ ἐστιν ἔσχατος τῆς
ἀδικίας ὅρος, εἴ τι δεῖ Πλάτωνι πείθεσθαι, τὸ δοκεῖν δίκαιον
10 εἶναι, μὴ ὄντα.

Π¹2085 / K cap. Υ 1, 19

*Π²2680 /
PML^b cap.
Υ 2, 14

Ἐκ τοῦ περὶ φθόνου·

Οὐχ᾽ ὁρᾷς ἡλίκον κακὸν ἡ ὑπόκρισις; Καὶ αὐτὴ καρπός ἐστι τοῦ
φθόνου· τὸ γὰρ διπλοῦν τοῦ ἤθους ἐκ φθόνου μάλιστα τοῖς πολ-
15 λοῖς ἐγγίνεται, ὅταν τὸ μῖσος ἐν τῷ βάθει κατέχοντες, ἀγάπην
δεικνύωσιν κατακεχρωσμένην τὴν ἐπιφάνειαν, κατὰ τὰς ὑφάλους
πέτρας, αἳ βραχεῖ ὕδατι καλυπτόμεναι, κακὸν ἀπροόρατον τοῖς
ἀφυλάκτοις γίνονται.

9 – 10 Plat., *Resp.* II, 361a4–5   13 – 15 Οὐχ᾽ – ἐγγίνεται] exstat etiam ap. Ps.-Max. Conf., *Loci communes*, 47.9./54.9. (ed. Ihm, p. 785)

3 – 8 Π¹2084 Τὸ – τοπαράπαν] BASILIUS CAESARIENSIS, *Ad iuvenes (De legendis gentilium libris)*, VI, 4, 1–8 (ed. Naldini, p. 102)   8 – 10 Οὗτος – ὄντα] IBID., VI, 7, 1–3 (p. 104)   13 – 18 Π¹2085 BASILIUS CAESARIENSIS, *Homilia de invidia*, 6 (PG 31, 385, 19–25)

2 – 10 Π¹2084 K cap. Υ 1, 18 (263v[4]5–14); *deest in* V H¹   12 – 18 Π¹2085 K cap. Υ 1, 19 (263v[14, mg]15–22); Vᴱ cap. Υ 4, 17; Vᵂ cap. Υ 4, 16; Vᴼ cap. Υ 4, 2; *deest in* H¹; *deest in* PG 96

Π¹2085 (a) K (b) Βασιλείου V

4 ἰδίᾳ] *scripsi (ed.)*, ἴδια K   6 σκηνῆς] *scripsi (ed.)*, σκηναῖς K   βασιλέας] ὡς βασιλεῖς *ed.*   6 – 7 δυνάστας ὑπέρχονται] *scripsi*, δυνάστας ὑπήρχονται K, δυνάσται εἰσέρχονται *ed.*   7 ὄντες] *s. l.* K   8 τοπαράπαν] *correxi (ed.)*, τὸ πᾶν K   13 κακὸν] κακόν ἐστιν VᴱVᴼ   14 τὸ] τοῦ Vᴼ   16 δεικνύωσιν] δεικνύουσι K Vᵂ, add. καὶ VᴱVᴼ   κατακεχροσμένην Vᵂ, κατεχρωσμένην K   17 ἀπροαίρετον K Vᵂ

II¹2086 / K cap. Υ 1, 20

Ἐκ τοῦ εἰς τὰς Παροιμίας·

Ὁ ἄλλος φαινόμενος, ἄλλος δὲ ὤν, στροφαῖς κέχρηται λόγων, ἀ-
πατῶν τοὺς συνόντας, ὥσπερ τοὺς κύνας λαγωοὶ καὶ ἀλώπεκες, ἑ-
τέραν δεικνύντες καὶ ἑτέραν τρεπόμενοι.　　　　　　　　　　　5

II¹2087 / K cap. Υ 1, 21

Ἐκ τοῦ ε΄ τῆς Ἑξαημέρου·

Δεῖ κατὰ τὸν λόγον τῆς παροιμίας μὴ ὑλομανεῖν, τουτέστι μὴ ἐπι-
δεικτικῶς πολιτεύεσθαι, μὴ δὲ τὸν παρὰ τῶν ἔξωθεν ἔπαινον θη-
ρᾶσθαι, ἀλλ' ἔγκαρπον εἶναι, τῷ ἀληθινῷ γεωργῷ τὴν ἐπίδειξιν　　10
τῶν ἔργων ταμιευόμενον.

II¹2088 / K cap. Υ 1, 22

Ἐκ τοῦ ζ΄ λόγου τῆς Ἑξαημέρου·

Οὐκ ἂν παρέλθοιμι τὸ τοῦ πολύποδος δολερὸν καὶ ἐπίπλοκον, ὃς
ὁποίᾳ ποτὲ ἂν ἑκάστοτε πέτρᾳ περιπλακῇ, τὴν ἐκείνης ὑπέρχεται　　15
χρόαν, ὥστε τοὺς πολλοὺς τῶν ἰχθύων ἀπροόπτως νηχομένους

---

3 – 5　II¹2086 BASILIUS CAESARIENSIS, *Homilia in principium Proverbiorum*, 7 (PG
31, 401, 5–9)　　8 – 11　II¹2087 BASILIUS CAESARIENSIS, *Homiliae in Hexaemeron*, V,
6 (ed. Mendieta†/Rudberg, p. 80, 8–11)　　14 – 1109, 11　II¹2088 BASILIUS CAESARI-
ENSIS, *Homiliae in Hexaemeron*, VII, 3 (ed. Mendieta†/Rudberg, p. 118, 1–13)

---

2 – 5　II¹2086 K cap. Υ 1, 20 (263v[22]23–264r2); Vᴱ Vᴾʰ cap. Υ 4, 18; Vᵂ cap. Υ 4,
17; *deest in* Vᴼ Hᴵ　　7 – 11　II¹2087 K cap. Υ 1, 21 (264r[2]3–7); Vᴱ Vᴾʰ cap. Υ 4, 19;
Vᵂ cap. Υ 4, 18; *deest in* Vᴼ Hᴵ　　13 – 1109, 11　II¹2088 K cap. Υ 1, 22 (264r[7]8–
264v2); Vᴱ Vᴾʰ cap. Υ 4, 20; Vᵂ cap. Υ 4, 19; *deest in* Vᴼ Hᴵ

II¹2086 (a) K　　(b) Τοῦ αὐτοῦ Vᴱ Vᵂ, *non liquent in* Vᴾʰ　　II¹2087 (a) K　　(b) *s. a.*
Vᴱ Vᵂ Vᴾʰ　II¹2088 (a) K (b) *s. a.* Vᴱ Vᵂ Vᴾʰ

---

3 ἄλλος¹] ἄλλως K　　ἄλλος²] ἄλλως K　　3 – 4 ἀπαιτῶν K　　9 τὸν] τῶν Kᵃ· ᶜ·
τῶν] τὸν Vᴱ Vᵂ　　11 τῶν ἔργων] *om.* K　　ταμιευομένωι K　　14 Οὐκ ἂν] οὐκὰν Vᵂ,
οὔκουν Vᴱ Vᴾʰ　　ἐπίπλοκον] *sic* K, ἐπίκλοπον *ed.*　　ὃς] ὡς Vᵂ　　15 ἂν ἑκάστοτε]
ἐν ἑκάστοτε Vᴾʰ, ἐν ἑκάστω τὲ Vᵂ, *om.* K　　περιπλακεῖ K Vᴱ ᵃ· ᶜ· ᵘᵗ ᵛⁱᵈᵉᵗᵘʳ Vᵂ Vᴾʰ
ὑπήρχεται Vᵂ　16 χρόαν Vᵂ, χροιὰν K

τῷ πολύποδι περιπίπτειν, τῇ πέτρᾳ δῆθεν, καὶ ἕτοιμον γίνεσθαι
θήραμα τῷ πανούργῳ. Τοιοῦτοί εἰσι τὸ ἦθος οἱ τὰς ἀεὶ κρατούσας
δυναστείας ὑπερχόμενοι, καὶ πρὸς τὰς ἑκάστοτε χρείας μεθαρμο-
ζόμενοι, μὴ <ἐπὶ> τῆς αὐτῆς προαιρέσεως βεβηκότες, ἀλλὰ ἄλλοι
5 καὶ ἄλλοι ῥαδίως γινόμενοι, σωφροσύνην τιμῶντες μετὰ σωφρό-
νων, ἀκόλαστοι μετὰ ἀκολάστων, πρὸς τὴν ἑκάστου ἀρέσκειαν
τὰς γνώμας μετατιθέμενοι· οὓς οὔτε ῥάδιον ἐκκλῖναι, οὐδὲ τὴν
ἀπ᾽ αὐτῶν φυλάξασθαι βλάβην, διὰ τὸ ἐν τῷ προσχήματι τῆς φι-
λίας βαθέως κατεσκευασμένην τὴν πονηρίαν κατακεκρύφθαι. Τὰ
10 τοιαῦτα ἤθη λύκους ἅρπαγας ὀνομάζει ὁ κύριος, ἐν ἐνδύμασι προ-
βάτων προφαινομένους.

ΙΙ¹2089 / K cap. Υ 1, 23

Τοῦ αὐτοῦ, ἐκ τοῦ περὶ νηστείας·

Μὴ ἀφανίσῃς τὸ πρόσωπόν σου ὡς οἱ ὑποκριταί. Ἀφανίζεται γὰρ
15 πρόσωπον, ὅταν ἡ ἔνδον διάθεσις ἐπιπλάστῳ σχήματι τῷ ἔξωθεν
ἐπισκοτῆται, ὥσπερ ὑπὸ παραπετάσματι τῷ ψεύδει καλυπτομένη.
Ὑποκριτὴς γάρ ἐστιν ὁ ἐν θεάτρῳ ἀλλότριον πρόσωπον ὑπελθών,
δοῦλος ὢν πολλάκις <τὸ> τοῦ δεσπότου, ἰδιώτης τὸ τοῦ βασιλέ-
ως. Οὕτω καὶ ἐν τῷ βίῳ τούτῳ, ὥσπερ ἐπ᾽ ὀρχήστρας τῆς ἑαυτῶν
20 ζωῆς, οἱ πολλοὶ θεατρίζουσιν, ἄλλα μὲν ἐν τῇ καρδίᾳ φέροντες,

10 - 11 Matth. 7, 15

14 - 1110, 7 ΙΙ¹2089 Basilius Caesariensis, De ieiunio homilia I, 2 (PG 31, 165, 14–31)

13 - 1110, 7 ΙΙ¹2089 K cap. Υ 1, 23 (264v[2]3–21); VᴱVᴾʰ cap. Υ 4, 21; Vᵂ cap. Υ 4, 20; deest in Vᴼ Hᴵ

ΙΙ¹2089 (a) K (b) Τοῦ αὐτοῦ Vᴱ (c) s. a. VᵂVᴾʰ

1 τῷ] τὸ Vᵂ   περιπίπτειν] add. ὡς VᴱVᴾʰ   γενέσθαι K   2 - 11 Τοιοῦτοί –
προφαινομένους] om. VᴱVᵂVᴾʰ   3 ὑπερχόμενοι] scripsi (ed.), ὑπερεχόμενοι K   4
ἐπὶ] supplevi (ed.), om. K   9 κατακεκρύφθαι] scripsi (ed.), κατακεκρύφθαι
Kᵖ·ᶜ·ⁱⁿ ᵐᵍ·, ἐκρύφθαι Kᵃ·ᶜ·   14 οἱ] om. VᴱVᴾʰ   15 ἐπιπλάστως Vᴱ   τῷ] correxi
(ed.), τὸ K VᴱVᵂVᴾʰ   16 ἐπισκοτῆται] scripsi (ed.), ἐπισκοτεῖται K VᴱVᵂVᴾʰ
ὑπὸ παραπετάσματος K   18 τὸ¹] supplevi (ed.), om. K VᴱVᵂVᴾʰ   τοῦ¹] om. K
τὸ²] om. K VᴱVᴾʰ   19 ἐπ᾽ ὀρχήστρας] scripsi, ἐπ᾽ ὀρχίστρας K VᴱVᴾʰ, ἐπορχίστρας
Vᵂ, ἐπὶ ὀρχήστρας ed.   20 οἱ πολλοὶ] post θεατρίζουσιν transpos. VᴱVᴾʰ, om. Vᵂ
ἄλλα] ἀλλὰ Kᵃ·ᶜ· Vᴱ ᵃ·ᶜ· ut videtur

ἄλλα δὲ ἐν τῇ ἐπιφανείᾳ τοῖς ἀνθρώποις δεικνύντες. Μὴ ἀφανίσῃς
οὖν τὸ πρόσωπόν σου. Οἷος εἶ, τοιοῦτος φαίνου, μὴ κατασχηματί-
ζων πρὸς τὸ σκυθρωπόν, τὴν ἐκ τοῦ δοκεῖν ἐγκρατὴς εἶναι δόξαν
θηρώμενος. Οὔτε γὰρ εὐποιΐας σαλπιζομένης ὄφελος, καὶ νηστεί-
ας δημοσιευομένης κέρδος οὐδέν. Τὰ γὰρ ἐπιδεικτικῶς γινόμενα   5
οὐ πρὸς τὸν αἰῶνα τὸν μέλλοντα τὸν καρπὸν ἐκτείνει, ἀλλ᾽ εἰς
τὸν τῶν ἀνθρώπων ἔπαινον καταστρέφει.

II¹2090 / K cap. Υ 1, 24

Τοῦ αὐτοῦ, ἐκ τῆς ι′ ἐπιστολῆς·

Ἐάν τις τὸ κακὸν ἐν προσχήματι τοῦ ἀγαθοῦ ποιῇ, διπλασίονος   10
τιμωρίας ἐστὶν ἄξιος, διότι αὐτό τε τὸ οὐκ ἀγαθὸν ἐργάζεται καὶ
κέχρηται εἰς τὸ τελέσαι τὴν ἁμαρτίαν, ὡς ἂν εἴποι τις, τῷ καλῷ
συνεργῷ.

II¹2091 / K cap. Υ 1, 25

Τοῦ Θεολόγου, ἐκ τοῦ εἰς τὸ βάπτισμα·   15

Μηδὲν σοφίσῃ, μηδὲν τεχνάσῃ κατὰ τῆς σεαυτοῦ σωτηρίας· κἂν
γὰρ τοὺς ἄλλους παραλογιζώμεθα, ἡμᾶς γε αὐτοὺς οὐ δυνησόμε-
θα, ὡς τό γε καθ᾽ ἑαυτῶν παίζειν λίαν ἐπισφαλὲς καὶ ἀνόητον.

---

10 - 13   II¹2090 BASILIUS CAESARIENSIS, *Epistulae*, LIII, 1, 9–13 (ed. Courtonne, I,
p. 138)   16 - 18   II¹2091 GREGORIUS NAZIANZENUS, *In S. baptisma (Orat. 40)*, 18,
27–30 (ed. Moreschini, p. 236)

9 - 13   II¹2090 K cap. Υ 1, 24 (264v[21]22–265r3); V^(E)V^(Ph) cap. Υ 4, 22; V^(W) cap. Υ 4,
21; *deest in* V^(O) H^(I)   15 - 18   II¹2091 K cap. Υ 1, 25 (265r[3]4–7); V^(E) cap. Υ 4, 23;
V^(W) cap. Υ 4, 22; V^(O) cap. Υ 4, 3; *deest in* H^(I); *deest in* PG 96

II¹2090 (a) K (b) *s. a.* V^(E)V^(W)V^(Ph)   II¹2091 (a) K (b) Τοῦ Θεολόγου V   Τοῦ] *om.* V^(W)

1 - 7   Μὴ - καταστρέφει] *om.* V^(W)   2   οὖν] *s. l.* K   εἶ, τοιοῦτος] ἤτοι οὗτος V^(E)   5
ἐνδεικτικῶς K   γενόμενα V^(Ph)   6   ἐκτίνει V^(E)V^(Ph)   11   αὐτός τε K   ἐργᾶται K   12
εἰς] ἐπὶ K   καλῷ] *add.* δι᾽ ὑποκρίσεως K   16   μηδὲν] *scripsi*, μὴ δὲν V^(E)V^(O), μὴ δὲ K
V^(W)   ἑαυτοῦ V^(O), αὐτοῦ K^(p. c.), αὐτοῦ K^(a. c.) V^(W)   17   παραλογιζόμεθα V   ἡμᾶς τε K
V^(W)   αὐτοὺς] αὑτοὺς K^(p. c.)   17 - 18   δυνησώμεθα K   18   ἑαυτὸν V^(W)   λίαν] *add.*
ἐστὶν V^(E)V^(O)

II¹2092 / K cap. Υ 1, 26

Ἐκ τοῦ περὶ τοῦ καθ᾽ ἑαυτὸν βίου, τῶν Ἐπῶν·

Κρεῖσσον ἄριστον ἐόντα δοκεῖν κακόν, ἠὲ κάκιστον,
Κῦδος ἔχοντ᾽ ἀγαθοῖο, τάφον ψεύστην μερόπεσσιν
5 Ἔμμεναι, ὃς μυδόωσι νεκροῖς ἔντοσθεν ὀδωδώς,
Ἔξωθεν ἀστράπτει κονίῃ καὶ χρώμασι τερπνοῖς.

II¹2093 / K cap. Υ 1, 27

Ἐκ τοῦ εἰς τὸν πατέρα ἐπιταφίου·

Πᾶν ὃ ποιητόν, οὐδὲ μόνιμον· πρὸς ὀλίγον γὰρ τυπούμενον, τάχι-
10 στα διελέγχεται.

II¹2094 / K cap. Υ 1, 28

*II²2679 /
PML^b cap.
Υ 2, 13

Τοῦ αὐτοῦ, ἐκ τοῦ πρὸς τοὺς λέγοντας αὐτὸν ἐπιθυμεῖν τῆς καθέ-
δρας Κωνσταντινουπόλεως·

Ὁ μὲν τινὸς ἕνεκε<ν> τὸ καλὸν ἐπιτηδεύων, οὐ βέβαιος εἰς ἀρε-
15 τήν· ὁμοῦ τε γὰρ παρῆλθεν ἐκεῖνο, καὶ τοῦ καλοῦ στήσεται, ὥσ-
περ ὁ κέρδους ἕνεκεν πλέων.

---

3 - 6 II¹2092 GREGORIUS NAZIANZENUS, *Carmina*, II,1,1 *(De rebus suis)*, 514–517
(Tuilier/Bady, p. 35)   9 II¹2093 Πᾶν – μόνιμον] GREGORIUS NAZIANZENUS, *Funebris oratio in patrem (Orat. 18)*, 23 (PG 35, 1012, 26–27)   9 - 10 πρὸς – διε-
λέγχεται] IBID. (PG 35, 1012, 25–26)   14 - 16 II¹2094 GREGORIUS NAZIANZENUS,
*De seipso et ad eos qui ipsum cathedram Constantinopolitanam affectare dicebant
(Orat. 36)*, 9, 1–4 (ed. Moreschini, p. 260)

---

2 - 6 II¹2092 K cap. Υ 1, 26 (265r[7]8–12); V^E cap. Υ 4, 24; V^O cap. Υ 4, 4; *deest in*
V^W H^I; *deest in* PG 96   8 - 10 II¹2093 K cap. Υ 1, 27 (265r[12]13–14); V^E V^Ph cap.
Υ 4, 25; V^W cap. Υ 4, 23; *deest in* V^O H^I   12 - 16 II¹2094 K cap. Υ 1, 28 (265r[14–
15]16–19); *deest in* V H^I

II¹2092 (a) K (b) *s. a.* V^E V^O II¹2093 (a) K (b) *s. a.* V^E V^W V^Ph

---

3 ἢ ἐκάκιστον V^E V^O   4 ἔχοντα V^E V^O   6 ἀπαστράπτει K   9 ὃ] ὅτι *(sic)* V^W   10
διελεγχθήσεται K   14 ἕνεκεν] *scripsi*, ἕνεκε K

II¹2095 / K cap. Υ 1, 29

Τοῦ μακαρίου Κυρίλλου, ἐκ τοῦ ις′ τῶν κατὰ Ἰουλιανοῦ·

Ὁ τοῖς ἀνθρώποις ἀρέσκων τοὺς παρ' αὐτῶν ἐπαίνους ἔχοι ἂν εἰ-
κότως εἰς ἀντιμισθίας δύναμιν, λήψεταί γε μὴν τῶν παρὰ τοῦ θε-
οῦ τὸ σύμπαν οὐδέν. Εὐανδρίας γάρ, τῆς ἐπὶ γῆς φημί, τὸ ἀγαθὸν   5
οὐκ αὐτὸν ἐπόπτην ἐποίησε μᾶλλον, ἀλλὰ τῶν ὁρώντων τοὺς ὀ-
φθαλμούς.

II¹2096 / K cap. Υ 1, 30

Τοῦ μακαρίου Διονυσίου Ἀλεξανδρείας, ἐκ τῆς πρὸς Ἀφροδίσιον
ἐπιστολῆς·   10

Τὸ μὲν ἐκ τῶν ὄντων αἰσχρῶν ὑγιεῖ κρίσει πρὸς τὰ *ἀληθῆ* καὶ *σε-
μνὰ* χωρεῖν, *ἔπαινος·* τὸ δέ, τοῖς οὐκ ὀρθῶς ὑπειληφόσι βουλό-
μενον ἀρέσκειν, ἀπὸ τῶν κρειττόνων ἐκκλίνειν πρὸς τὰ φαῦλα δι'
ἔπαινον, ψόγος.

<II¹suppl. 403 / V cap. Υ 4, 27>   15

---

11 – 12 Phil. 4, 8 **15 II¹suppl. 403** cf. *Sacra*. Liber II. *Supplementum* (Band VIII/8)

3 – 7 II¹2095 Cyrillus Alexandrinus, *Contra Iulianum imperatorem*, XVI (?) (fr.
46, ed. Kinzig/Brüggemann, p. 796)   **11 – 14 II¹2096** Dionysius Alexandrinus,
Epistula ad Aphrodisium, locus non repertus (ed. Feltoe, Z. V, 5 [p. 255, 11–15]);
Holl, n° 373

2 – 7 II¹2095 K cap. Υ 1, 29 (265r[19]20–265v2); V^E cap. Υ 4, 26; V^W cap. Υ 4, 24;
V^O cap. Υ 4, 5; *deest in* H¹; PG 86, 2084, 26–30 (Ὁ – οὐδέν *[sub titulo* Περὶ κολά-
κων, *cf.* II¹1309 / K cap. K 6, 31*]*); PG 86, 2096, 30–32 (Εὐανδρίας – ὀφθαλμούς
[falso sub titulo Περὶ τάξεως καὶ καταστάσεως*]*); PG 96, 377, 1–3 **9 – 14 II¹2096** K
cap. Υ 1, 30 (265v[2–3]4–8); *deest in* V H¹; PG 86, 2096, 33–38 (*falso sub titulo* Περὶ
τάξεως καὶ καταστάσεως*)*

II¹2095 (a) K (b) Κυρίλλου V κυρίλου V^W

3 τοῖς] *om.* V   αὐτὸν V^E   **4** τοῦ] *om.* V   **5 – 7** Εὐανδρίας – ὀφθαλμούς] *om.* V
5 Εὐανδρίας] ζ<ή>τ<ει> K^in mg.   ἐπὶ γῆς] *correx. Mai,* ἐπεί γε K   **11** ὄντων] *se-
cund. Feltoe forsan* ὄντως *legendum*   αἰσχρῶν] *correx. Feltoe,* αἰσχρὸν K

II¹2097 / K cap. Υ 1, 31

Φίλωνος, ἐκ τοῦ περὶ φυγῆς·

Μυρίους ἐστὶν ἰδεῖν τῶν φαύλων τὰ αὐτὰ δρῶντας ἔσθ᾽ ὅτε τοῖς λίαν ἀγαθοῖς, οὐκ ἀπὸ διανοίας τῆς αὐτῆς, ἐπειδὴ τοῖς μὲν ἀλή-
5 θεια, τοῖς δὲ ὑπόκρισις ἀσκεῖται. Χαλεπὴ δὲ ἡ διάγνωσις ἀμφοῖν· πολλάκις γὰρ ὑπὸ τοῦ δοκεῖν παρευημερήθη τὸ εἶναι.

II¹2098 / K cap. Υ 1, 32

Ἐκ τοῦ α´ τῶν ἐν Ἐξόδῳ ζητημάτων·

Ὁ σοφιστικός, γνώμης ὢν ἑτέρας, λόγοις οὐ συνάδουσι χρῆται.
10 Διέξεισι μὲν γὰρ ἀπνευστὶ τοὺς ἀρετῆς ἑκάστης ἐπαίνους, οἷα λόγῳ πολύς, ἐπὶ θήρᾳ τῶν ἀκουόντων· ὁ δὲ βίος ἐστὶν αὐτοῦ πάν-των ἀνάπλεως ἁμαρτημάτων. Καί μοι δοκεῖ τῶν ἐπὶ σκηναῖς ὑπο-κριτῶν διαφέρειν οὐδέν, οἳ πολλάκις ἠμελημένοι καὶ ἄφρονες, ἄν-θρωποι διεφθαρμένοι, τινὲς δὲ καὶ θεράποντες, εἰς ἥρωας ἀσκοῦν-
15 ται, μικρὸν δὲ ὕστερον ἀποθέμενοι τὴν σκευήν, τὰ τῆς ἰδίας ἀδο-ξίας ἀναφαίνουσι σημεῖα.

---

3 – 6　II¹2097 PHILO IUDAEUS, *De fuga et inventione*, 156 (ed. Wendland, p. 143, 23–26)　　9 – 16　II¹2098 PHILO IUDAEUS, *Quaestiones in Exodum*, locus non reper-tus (ed. Petit, p. 302.26); Royse 176.55

---

2 – 6　II¹2097 K cap. Υ 1, 31 (265v[8]9–14); *deest in* V H¹　　8 – 16　II¹2098 K cap. Υ 1, 32 (265v[14]15–266r2); *deest in* V H¹; PG 86, 2096, 39–49 (*falso sub titulo* Περὶ τάξεως καὶ καταστάσεως)

---

10 ἀπνευστὶ] *scrips. Harris*, ἀπνευστεὶ K　　11 πολύς] *correx. Mai*, πόλις K (ζ<ή>-τ<ει> *in mg.*)　　αὐτοῦ] *correxi (ed.)*, αὐτῶν K　　12 ἀνάπλεως] *scrips. Mai*, ἀνά-πλεος K　　13 οἳ] *scrips. Mai*, οἱ K　　14 ἥρωας] ζ<ή>τ<ει> K^{in mg.}

Τίτλος β′   Περὶ ὑβριστοῦ.

α′   Περὶ ὑβριστοῦ.

ΙΙ¹2099 / K cap. Υ 2, 1

Ἀπὸ τοῦ Ἰώβ·

Πάντα ὑβριστὴν ταπείνωσον.   5

ΙΙ¹2100 / K cap. Υ 2, 2

Τοῦ αὐτοῦ·

Τοὺς ὕβρει φερομένους ἐταπείνωσεν.

ΙΙ¹2101 / K cap. Υ 2, 3

Τοῦ αὐτοῦ·   10

Αἶνος αὐτῷ ὕβρις.

---

5 ΙΙ¹2099 Iob 40, 11² 8 ΙΙ¹2100 Iob 22, 12² 11 ΙΙ¹2101 Iob 15, 27² (app. crit.)

---

1 Titlos (a) K (266r2)   2 Titlos (b) V A^I pin; deest in H^I A^I txt   4 – 5 ΙΙ¹2099 K cap.
Υ 2, 1 (266r[2]3); V cap. Υ 1, 2; deest in H^I; PG 96, 373, 13   7 – 8 ΙΙ¹2100 K cap. Υ
2, 2 (266r[3]4); V^E V^O cap. Υ 1, 1; V^W cap. Υ 1, 3; deest in H^I; PG 96, 373, 12
10 – 11 ΙΙ¹2101 K cap. Υ 2, 3 (266r[4]5); V^W cap. Υ 1, 1; deest in V^E V^O H^I

---

2 Titlos (b)   α′] om. V^O txt (α′ secund. ser.), propt. mg. resect. non liquet in A^I pin
(α′ secund. ser.), praem. τίτλος α′ V^E pin V^O pin, praem. τίτλος V^W txt

---

ΙΙ¹2099 (a) K (b) s. a. V ΙΙ¹2100 (a) K (b) Ἰώβ V^E V^O (c) s. a. V^W ΙΙ¹2101 (a) K
(b) Ἰώβ V^W

ΙΙ¹2102 / K cap. Υ 2, 4

Τῶν Παροιμιῶν·

Κακὸς μετὰ ὕβρεως πράσσει κακά.

ΙΙ¹2103 / K cap. Υ 2, 5

*ΙΙ²2721 /
PML^b cap.
Υ 6, 4

5   Τῶν αὐτῶν·

Ὀφθαλμὸς ὑβριστοῦ, γλῶσσα ἄδικος.

ΙΙ¹2104 / K cap. Υ 2, 6

Τῶν αὐτῶν·

Οἴκους ὑβριστῶν κατασπᾷ κύριος.

ΙΙ¹2105 / K cap. Υ 2, 7

*ΙΙ²2720 /
PML^b cap.
Υ 6, 3

10   Τῶν αὐτῶν·

Πρὸ συντριβῆς ἡγεῖται ὕβρις,
πρὸ δὲ πτώματος κακοφροσύνη.

---

3 **ΙΙ¹2102** Prov. 13, 10¹ (Wahl, *Proverbien-Text*, p. 67)   **6** **ΙΙ¹2103** Prov. 6, 17¹ (Wahl, *Proverbien-Text*, p. 40)   **9** **ΙΙ¹2104** Prov. 15, 25¹ (Wahl, *Proverbien-Text*, p. 78)   **12 – 13** **ΙΙ¹2105** Prov. 16, 18¹⁻² (Wahl, *Proverbien-Text*, p. 82)

2 – 3 **ΙΙ¹2102** K cap. Υ 2, 4 (266r[5]6); V^E V^O cap. Υ 1, 3; V^W cap. Υ 1, 4; *deest in* H^I; PG 96, 373, 14   **5 – 6** **ΙΙ¹2103** K cap. Υ 2, 5 (266r[6]7); V^E V^O cap. Υ 1, 5; V^W cap. Υ 1, 6; *deest in* H^I; PG 96, 373, 16   **8 – 9** **ΙΙ¹2104** K cap. Υ 2, 6 (266r[7]8); V^E V^O cap. Υ 1, 4; V^W cap. Υ 1, 5; *deest in* H^I; PG 96, 373, 15   **11 – 13** **ΙΙ¹2105** K cap. Υ 2, 7 (266r[8]9–10); *deest in* V H^I

ΙΙ¹2102 Τῶν] *om.* V   **ΙΙ¹2103** (a) K   (b) *s. a.* V   **ΙΙ¹2104** (a) K   (b) *s. a.* V

3 Κακὸς] *praem.* ὁ V^W man. rec.   ὑβρίσεως K   **6** ὀφθαλμοῦ V^E V^O   **9** Οἴκους] *post* ὑβριστῶν *transpos.* V^E V^O

*II²2722 /
PMI.ᵇ cap.
Υ 6, 5

II¹2106 / K cap. Υ 2, 8

Τῶν αὐτῶν·

Οὗ ἐὰν εἰσέλθῃ ὕβρις, ἐκεῖ καὶ ἀτιμία.

II¹2107 / K cap. Υ 2, 9

Τῶν αὐτῶν·   5

Κρείσσων πραΰθυμος μετὰ ταπεινώσεως
ἢ ὃς διαιρεῖται σκῦλα μετὰ ὕβρεως.

II¹2108 / K cap. Υ 2, 10

Τῶν αὐτῶν·

Ὕβρις ἄνδρα ταπεινοῖ.   10

II¹2109 / K cap. Υ 2, 11

Ἡσαΐου προφήτου·

Οἱ ὑψηλοὶ τῇ ὕβρει συντριβήσονται καὶ ταπεινωθήσονται.

---

3 II¹2106 Prov. 11, 2¹ (Wahl, *Proverbien-Text*, p. 55)   6 – 7 II¹2107 Prov. 16, 19¹⁻²
(Wahl, *Proverbien-Text*, p. 82)   10 II¹2108 Prov. 29, 23¹ (Wahl, *Proverbien-Text*,
p. 142)   13 II¹2109 Is. 10, 33 (Wahl, *Prophetenzitate*, p. 324–325)

2 – 3 II¹2106 K cap. Υ 2, 8 (266r[10]11); VᴱVᴼ cap. Υ 1, 6; Vᵂ cap. Υ 1, 7; *deest in*
Hᴵ; PG 96, 373, 17   5 – 7 II¹2107 K cap. Υ 2, 9 (266r[11]12–13); VᴱVᴼ cap. Υ 1, 7;
Vᵂ cap. Υ 1, 8; *deest in* Hᴵ; PG 96, 373, 13–14   9 – 10 II¹2108 K cap. Υ 2, 10 (266r
[13]14); *deest in* V Hᴵ   12 – 13 II¹2109 K cap. Υ 2, 11 (266r[14]15–16); VᴱVᴼ cap.
Υ 1, 8; Vᵂ cap. Υ 1, 9; *deest in* Hᴵ; PG 96, 373, 20–21

II¹2106 (a) K (b) *s. a.* V II¹2107 (a) K (b) *s. a.* V II¹2109 (a) K (b) Ἡσαΐου V

6 κρεῖσσον V 7 διαιρεῖ Vᴼ 13 ὕβρει] *add.* πάντες K

Π¹2110 / K cap. Υ 2, 12

Τοῦ αὐτοῦ·

Ματαία ἔσται ὕβρις τοῦ πνεύματος ὑμῶν.

Π¹2111 / K cap. Υ 2, 13

5   Τοῦ ἁγίου Βασιλείου, ἐκ τοῦ περὶ ὀργῆς·

Ὥσπερ ἡ ἐν ταῖς ἐρήμοις ἠχὼ πρὸς τὸν φθεγξάμενον αὖθις ἀκε-
ραία ὑποστρέφει, οὕτως αἱ ὕβρεις ἐπὶ τὸν λοίδορον ἐπαναστρέ-
φουσιν· μᾶλλον δέ, ὁ μὲν ἦχος <ὁ> αὐτὸς ἀπεδόθη, ἡ δὲ λοιδορία
μετὰ προσθήκης ἐπάνεισιν.

Π¹2112 / K cap. Υ 2, 14

10

Τοῦ αὐτοῦ, ἐκ τοῦ πρὸς νέους·

Ἐχθρὸς μῦθος ὁπλίζει χεῖρα.

---

12 cf. Ps.-Eurip., *Rhes.*, 84

---

3 Π¹2110 Is. 33, 11 (Wahl, *Prophetenzitate*, p. 373–374)   **6 – 9 Π¹2111** BASILIUS
CAESARIENSIS, *Homilia adversus eos qui irascuntur*, 3 (PG 31, 357, 37–41)   **12**
Π¹2112 BASILIUS CAESARIENSIS, *Ad iuvenes (De legendis gentilium libris)*, VII, 5, 4–
5 (ed. Naldini, p. 106)

---

2 – 3 Π¹2110 K cap. Υ 2, 12 (266r[16]17); *deest in* V H¹   **5 – 9 Π¹2111** K cap. Υ 2,
13 (266r[17]18–22); Vᴱ Vᴼ cap. Υ 1, 9; Vᵂ cap. Υ 1, 10; *deest in* H¹; PG 96, 373, 22–
26 **11 – 12 Π¹2112** K cap. Υ 2, 14 (266r[22]23); *deest in* V H¹

Π¹2111 (a) K (b) Βασιλείου V

---

6 φεγξάμενον Vᴱ   **6 – 7** ἀκεραία] *scripsi*, ἀκεραῖα K Vᵂ, ἀκαιρέα Vᴱ Vᴼ   **7** τὸν]
τῶν K, τῶν *(sic)* Vᴱ   λοίδωρον VᴱVᵂ a. c. Vᴼ, λοιδοριῶν Kª· c·, λοιδόρων Kᵖ· c· in mg·
8 δέ] μὲν Vᵂ   ὁ²] *supplevi (*Π²1868 / R cap. Λ 1, 9), om.* K V   λοιδορία] *add.*
καὶ ὕβρις K   **12** Ἐχθρὸς μῦθος] ἐπ' ἐχθροὺς θυμὸς *ed. Bas.*, ἐπ' ἐχθροῖς μῦθος *ed.*
Ps.-Eurip.

II¹2113 / K cap. Υ 2, 15

Κυρίλλου, ἐκ τοῦ ιβ′ τῶν κατὰ Ἰουλιανοῦ·

Τὸ μὲν κακῶς ἀγορεύειν οὓς ἂν ἕλοιτό τις, εὔκολον οἶμαι παντί· δημῶδες ὅμως τοῦτο καὶ ἀγοραῖον.

II¹2114 / K cap. Υ 2, 16   5

Ἐκ τοῦ ις′ τῶν αὐτῶν·

Πάναισχρον καὶ ἀκαλλὲς καὶ τοῖς εὖ βιοῦν ἡρημένοις ἀνάρμοστον τὸ ὑβρίζειν ἐστί· καὶ οὐκ ἂν τίς εἴη τοιοῦτος τῶν ἐν ἐφέσει σεμνό- τητος καὶ ἐπιεικείας.

<II¹suppl. 404 / V cap. Υ 1, 11>   10

---

10 **II¹suppl. 404** cf. *Sacra*. Liber II. *Supplementum* (Band VIII/8)

---

3 – 4 **II¹2113** Cyrillus Alexandrinus, *Contra Iulianum imperatorem*, XII (?) (fr. 17, ed. Kinzig/Brüggemann, p. 773)   7 – 9 **II¹2114** Cyrillus Alexandrinus, *Contra Iulianum imperatorem*, XVI (?) (fr. 38, ed. Kinzig/Brüggemann, p. 786)

---

2 – 4 **II¹2113** K cap. Υ 2, 15 (266r[23]24–25); *deest in* V H¹; PG 86, 2096, 51–54
6 – 9 **II¹2114** K cap. Υ 2, 16 (266r[25]–266v4); V^{EV^O} cap. Υ 1, 10; V^W cap. Υ 1, 11; *deest in* H¹; PG 86, 2096, 55 – 2097, 3; PG 96, 373, 27–28

II¹2114 (a) K (b) Κυρίλλου V

---

3 οὓς] οὐκ *scrips. Mai*   εὔκολον] εὔδηλον *scrips. Mai*   4 ἀγοραῖον] *scrips. Mai*, ἀγορευραῖον K   7 Πάναισχρον] *correxi*, πᾶν αἰσχρὸν K V   εὖ βιοῦν] εὐποιεῖν V^{EV^O}   ἡρημένοις] *scrips. Mai*, ᾑρημένοις K, εἰρημένοις V   8 – 9 καὶ – ἐπιεικείας] *om.* V

Τίτλος γ′   Περὶ ὕπνου καὶ ἀϋπνίας.

γ′   Περὶ ὕπνου καὶ ἀϋπνίας.

ια′   Περὶ ὕπνου καὶ ἀϋπνίας.

II¹2115 / K cap. Υ 3, 1

5   Ἀπὸ τοῦ Ἐκκλησιαστοῦ·

Γλυκὺς ὁ ὕπνος τοῦ δούλου,
εἰ ὀλίγον καὶ εἰ πολὺ φάγεται.

II¹2116 / K cap. Υ 3, 2

Τῶν Παροιμιῶν·

10   Ἐνδύεται διερρηγμένα καὶ ῥακώδη πᾶς ὑπνώδης.

---

1 ἀϋπνίας] cf. II¹ / Kᵖⁱⁿ Παραπομπὴ Α 15   10 exstat etiam ap. Ps.-Max. Conf., *Loci communes*, 29.3./3. (ed. Ihm, p. 618–619)

6 – 7 II¹2115 Eccle. 5, 11¹⁻² (Wahl, *Kohelet-Text*, p. 157)   10 II¹2116 Prov. 23, 21² (Wahl, *Proverbien-Text*, p. 110–111)

1 Titlos (a) K (266v4)   2 Titlos (b) V Aᴵ ᵖⁱⁿ; *deest in* HᴵAᴵ ᵗˣᵗ   3 Titlos (c) PMLᵇ ᵖⁱⁿ E R; *deest in* Lᵇ ᵗˣᵗ   5 – 7 II¹2115 K cap. Υ 3, 1 (266v[4]5–6); V cap. Υ 3, 1; P cap. Υ 11, 1; *deest in* Hᴵ MLᵇ E R; PG 96, 373, 43–44   9 – 10 II¹2116 K cap. Υ 3, 2 (266v [6]7); V cap. Υ 3, 5; P cap. Υ 11, 5; M cap. Υ 11, 3; E cap. 246, 3; *deest in* Hᴵ Lᵇ R; PG 96, 376, 1–2

1 Titlos (a)   Τίτλος γ′] δγ′ *(sic)* Kᵖⁱⁿ (γ′ *secund. ser.*)   2 Titlos (b)   γ′] *propt. mg. resect. non liquet in* Aᴵ ᵖⁱⁿ (γ′ *secund. ser.*), *praem.* τίτλος Vᵂ ᵗˣᵗ   3 Titlos (c) ια′] cμς′ E, *praem.* τίτλος Rᵗˣᵗ

II¹2115 (a) K (b) Τοῦ Ἐκκλησιαστοῦ V P Τοῦ] *om.* V II¹2116 Τῶν] *om.* V PM E

6 τῷ δούλῳ Vᵂ ᵖ· ᶜ·   10 Ἐνδύεται] ἐνδύσεται (-δυ- M) PM E   πᾶς ὑπνώδης] πᾶς υ E *(sed erasum videtur)*

II¹2117 / K cap. Υ 3, 3

<***>

Ὕπνος ὑγείας ἐπὶ ἐντέρῳ μετρίῳ.

II¹2118 / K cap. Υ 3, 4

Τῶν αὐτῶν·   5

Μέριμνα ἀγρυπνίας ἀπαιτήσει νυσταγμόν.

II¹2119 / K cap. Υ 3, 5

Ἀπὸ τοῦ Σιράχ·

Θυγάτηρ πατρὶ ἀπόκρυφος ἀγρυπνία,
καὶ ἡ μέριμνα αὐτῆς ἀφιστᾷ ὕπνον.   10

---

3 exstat etiam ap. Ps.-Max. Conf., *Loci communes*, 13.5.*/5. (ed. Ihm, p. 328)   **6** exstat ibid., 29.4./4. (p. 619)

3 II¹2117 Sir. 34, 20¹ (Wahl, *Sirach-Text*, p. 139–140)   **6** II¹2118 Prov., re vera Sir. 34, 2¹ (Wahl, *Sirach-Text*, p. 137)   **9 – 10** II¹2119 Sir. 42, 9¹⁻² (Wahl, *Sirach-Text*, p. 164)

2 – 3 II¹2117 K cap. Υ 3, 3 (266v8); V cap. Υ 3, 2; P cap. Υ 11, 2; *deest in* H¹ ML^b E R; PG 96, 373, 45   **5 – 6** II¹2118 K cap. Υ 3, 4 (266v[8]9); V cap. Υ 3, 3; P cap. Υ 11, 3; M cap. Υ 11, 1; E cap. 246, 1; *deest in* H¹ L^b R; PG 96, 373, 45–46   **8 – 10** II¹2119 K cap. Υ 3, 5 (266v[9]10–11); V cap. Υ 3, 4; P cap. Υ 11, 4; M cap. Υ 11, 2; E cap. 246, 2; *deest in* H¹ L^b R; PG 96, 373, 46–47

II¹2117 (a) *s. a.* K V^EV^O   (b) Σοφία Σολομῶντος (-μωντος *cod.*) P   (c) σολομ *(sic)* V^W II¹2118 (a) K   (b) Σιράχ V^O   (c) Ἐκ τοῦ Ἐκκλησιαστοῦ M   (d) Ἐκκλησιαστοῦ E (e) *s. a.* V^EV^W P II¹2119 (a) K   (b) Τοῦ Σιράχ V PM E Τοῦ] *om.* V^E E σιραχ PM   (c) *s. a.* V^WV^O

3 ὑγεία V^EV^O   **6** ἀπετίσει K, ἀπαιτει *(sic)* M   **9** πατρὶ] *om.* K   ἀγρυπνῖας V^O

II¹2120 / K cap. Υ 3, 6

Τοῦ ἁγίου Βασιλείου, ἐκ τοῦ περὶ εὐχαριστίας λόγου·

Εὐχάριστει, ἄνθρωπε, τῷ ἀκουσίως ἡμᾶς διὰ τοῦ ὕπνου τῆς συνεχείας τῶν πόνων λύοντι καὶ ἐκ μικρᾶς ἀναπαύσεως πάλιν πρὸς
5 τὴν ἀκμὴν τῆς δυνάμεως ἐπανάγοντι.

II¹2121 / K cap. Υ 3, 7

Ἐκ τῆς πρὸς Γρηγόριον ἀσκητικῆς ἐπιστολῆς·

Τὸ ἐν βαθεῖ κάρῳ κατακρατεῖσθαι, λυομένων αὐτοῦ τῶν μελῶν,
ὥστε σχολὴν ἀτόποις παρέχειν φαντασίαις, ἐν καθημερινῷ θανά-
10 τῳ ποιεῖ τοὺς οὕτω καθεύδοντας.

---

3 - 5 exstat etiam ap. Ps.-Max. Conf., *Loci communes*, 29.5./5. (ed. Ihm, p. 619)

---

3 II¹2120 Εὐχάριστει] BASILIUS CAESARIENSIS, re vera *Homilia in martyrem Iulittam*, 3 (PG 31, 244, 27) **3 - 5** τῷ - ἐπανάγοντι] IBID. (PG 31, 244, 37–40) **8 - 10**
II¹2121 BASILIUS CAESARIENSIS, *Epistulae*, II, 6, 42–45 (ed. Courtonne, I, p. 12–13)

2 - 5 II¹2120 K cap. Υ 3, 6 (266v[11]12–15); V cap. Υ 3, 6; P cap. Υ 11, 6; M cap. Υ
11, 4; E cap. 246, 4; R cap. Υ 11, 1; *deest in* Hᴵ Lᵇ; PG 96, 376, 3–6 **7 - 10 II¹2121** K
cap. Υ 3, 7 (266v[15]16–19); V cap. Υ 3, 7; P cap. Υ 11, 7; M cap. Υ 11, 5; *deest in* Hᴵ
Lᵇ E R; PG 96, 376, 7–10

II¹2120 (a) K   (b) Τοῦ ἁγίου Βασιλείου, περὶ εὐχαριστίας PM   Τοῦ ἁγίου] *om.* M
βασιλειου M   (c) Τοῦ ἁγίου Βασιλείου R   (d) Βασιλείου V E   **II¹2121** (a) K   (b) Τοῦ
αὐτοῦ P   (c) *s. a.* V   (d) *s. d.* M

4 τὸν πόνον (πο- M) M R   **4 - 5** πάλιν – δυνάμεως] *om.* Vᴼ   **4** πάλιν] *om.* K
πρὸς] ἐπὶ Vᴱ   **8** Τὸ] τῷ V, τον P   ἐν] *om.* PM   λυομενου M   αὐτῷ Vᵂ   τῶν]
om. Vᵂ   **9** σχολην Mᵖ·ᶜ·, χολὴν (-ην M) K Mᵃ·ᶜ·   ἀτόποις] ἀτϋποῖς M, *post* παρέχειν *transpos.* K   φαντασίαις] *om.* K *(in mg. supplev.)*

II¹2122 / K cap. Υ 3, 8

Τοῦ ἁγίου Γρηγορίου Νύσης, ἐκ τῆς εἰς τὸν ἄνθρωπον θεωρίας·

Ὕπνος τὸ σύντονον τῆς ἐγρηγόρσεως ὑπεχάλασεν, εἶτα ἐγρήγορ-
σις τὸ ἀνειμένον ἐτόνωσε. Καὶ οὐθέτερον τούτων ἐν τῷ διηνεκεῖ
συμμένει, ἀλλ᾽ ὑποχωρεῖ ταῖς παρουσίαις ἀλλήλων ἀμφότερα, οὕ-   5
τω τῆς φύσεως ἑαυτὴν ταῖς ὑπαλλαγαῖς ἀνακαινιζούσης, ὡς ἑκα-
τέρων ἐν μέρει μεταλαγχάνουσα<ν> <ἀδι>ασπάστως ἀπὸ τοῦ ἑ-
τέρου μεταβαίνειν ἐπὶ τὸ ἕτερον. Τό τε γὰρ διαπαντὸς συντετᾶ-
σθαι ταῖς ἐνεργείαις τὸ ζῶον ῥῆξίν τινα καὶ διασπασμὸν τῶν ὑ-
περτεινομένων ποιεῖται μερῶν· ἥ τε διηνεκὴς τοῦ σώματος ἄνεσις   10
διάπτωσίν τινα τοῦ συνεστῶτος καὶ λύσιν ἐργάζεται. Τὸ δὲ κατὰ
καιρὸν ἀμφοτέρων μετρίως ἐπιθιγγάνειν δύναμις πρὸς διαμονήν
ἐστι τῆς φύσεως, διὰ τῆς διηνεκοῦς πρὸς τὰ ἀντικείμενα μεταβά-
σεως ἐν ἑκατέροις ἑαυτὴν ἀπὸ τῶν ἑτέρων ἀναπαυούσης. Οὕτω
τοίνυν τετονωμένον διὰ τῆς ἐγρηγόρσεως τὸ σῶμα λαβοῦσα, λύ-   15
σιν ἐπινοεῖ διὰ τοῦ ὕπνου τῷ τόνῳ, τὰς αἰσθητικὰς δυνάμεις πρὸς
καιρὸν ἐκ τῶν ἐνεργειῶν ἀναπαύσασα, οἷόν τινας πώλους μετὰ
τοὺς ἀγῶνας τῶν ἁρμάτων ἐκλύουσα. Ἀναγκαία δὲ τῇ συστάσει
τοῦ σώματος ἡ εὔκαιρος ἄνεσις.

---

3 – 19   **II¹2122** GREGORIUS NYSSENUS, *Contemplatio hominis (De opificio hominis)*,
13, 2–3 (ed. Forbesius, p. 174, 9–27)

2 – 19   **II¹2122** K cap. Υ 3, 8 (266v[19]20–267r17); V cap. Υ 3, 8; P cap. Υ 11, 8;
deest in Hᴵ MLᵇ E R; PG 96, 376, 11–30

II¹2122 (a) K P   ἁγίου Γρηγορίου] *om.* P   τὸν] *om.* P   (b) Τοῦ Νύσης V   Τοῦ] *om.*
Vᵂ

---

3 – 4   ἐγρήγορσις] ἡ γρηγόρησις K   4   ἀνημένον Vᴱ ᵃ· ᶜ·, ἄμεινον Vᵂ ᵉ ᶜᵒʳʳ· P   5   μένει
K   6 – 7   ἑκατέρου K   7   μεταλαγχάνουσαν] *correxi (ed.)*, μεταλαγχάνουσα
(-λαγχα- P) K Vᵂ P, καταλαγχάνουσα VᴱVᴼ   ἀδιασπάστως] *correxi (ed.)*, ἀσπά-
στως K Vᵂ ᵃ· ᶜ· ᵘᵗ ᵛⁱᵈᵉᵗᵘʳ, ἀσπασίως Vᵂ ᵖ· ᶜ· P, ἀσπαστῶς VᴱVᴼ   τοῦ] *om.* Vᵂ *(in mg.*
supplev. man. rec.)   8   μεταβαίνει V   ἐπὶ] *om.* Vᴱ   τὸ] τὸν Vᵂ ᵃ· ʳᵃˢ·   8 – 9   σ-
υντετᾶσθαι] *sic acc.* K V P, συνετετᾶσθαι Vᴼ ᵃ· ᶜ·   9   τὸ ζῶον] *om.* VᴱVᴼ   τῶν] τὸν
VᴱVᴼ   9 – 10   ὑπερτεινομένων] -ει- *e corr.* Vᵂ, ὑπερτινομένων VᴱVᴼ P   12   και-
ρὸν] καιρῶν Kᵃ· ᶜ·   μετρίας VᴱVᴼ   15   τετονωμένον] τετονημένον Vᵂ P, *om.* K
ἐγρηγορήσεως K   16   ταῖς αἰσθητικαῖς Vᵂ ᵃ· ᶜ·, ταὶς *(sic)* αἰσθητικὰς Vᵂ ᵖ· ᶜ·
16 – 17   πρόσκαιρον Vᵂ   17   ἀναπαύουσα (-αυ- P) Vᵂ ᵖ· ᶜ· P   πόλους Vᵂ ᵖ· ᶜ· Vᴼ,
πολλοὺς (-ους P) Vᵂ ᵃ· ᶜ· P

II¹2123 / K cap. Υ 3, 9

Τοῦ ἁγίου Ἰωάννου, ἐκ τῶν εἰς τὸν Σαοὺλ καὶ τὸν Δαυΐδ·

Ὕπνος οὐδὲν ἕτερόν ἐστιν ἢ θάνατος πρόσκαιρος καὶ ἐφήμερος τελευτή.

II¹2124 / K cap. Υ 3, 10

Τοῦ ἁγίου Εὐσταθίου, ἐκ τοῦ περὶ ψυχῆς λόγου·

Κοινὸν σώματος καὶ ψυχῆς πάθος, ὕπνος.

II¹2125 / K cap. Υ 3, 11

Κλήμεντος, ἐκ τοῦ δ′ Στρώματος·

10 Ὅσα περὶ ὕπνου λέγουσι, τὰ αὐτὰ χρὴ καὶ περὶ θανάτου ἐξακούειν· ἑκάτερος γὰρ δηλοῖ τὴν ἀποστασίαν τῆς ψυχῆς, ὁ μὲν μᾶλλον, ὁ δὲ ἧττον.

---

3 – 4 exstat etiam ap. Ps.-Max. Conf., *Loci communes*, 29.9./9. (ed. Ihm, p. 620 – 621) **10 – 12** exstat ibid., 29.12./12. (p. 622)

---

3 – 4 **II¹2123** IOHANNES CHRYSOSTOMUS, *De Davide et Saule*, II, 2, 57–59 (ed. Barone, p. 34)   7 **II¹2124** EUSTATHIUS ANTIOCHENUS, *Contra Ariomanitas et de anima*, locus non repertus, fragm. 8, 18 (ed. Declerck, p. 69)   **10 – 12 II¹2125** CLEMENS ALEXANDRINUS, *Stromata*, IV. Cap. XXII. 141, 1 (ed. Stählin/Früchtel/Treu, p. 310, 18–20)

---

2 – 4 **II¹2123** K cap. Υ 3, 9 (267r[17–18]19–20); V cap. Υ 3, 9; P cap. Υ 11, 9; M cap. Υ 11, 6; E cap. 246, 5; R cap. Υ 11, 2; *deest in* H¹ Lᵇ; PG 96, 376, 31–32   **6 – 7** **II¹2124** K cap. Υ 3, 10 (267r[20]21); Vᴱ Vᵂ Vᴾʰ cap. Υ 3, 10; P cap. Υ 11, 10; M cap. Υ 11, 7; E cap. 246, 6; R cap. Υ 11, 3; *deest in* Vᴼ H¹ Lᵇ   **9 – 12 II¹2125** K cap. Υ 3, 11 (267r[22]23–267v1); Vᴱ Vᵂ Vᴾʰ cap. Υ 3, 11; P cap. Υ 11, 11; M cap. Υ 11, 8; R cap. Υ 11, 4; *deest in* Vᴼ H¹ Lᵇ E; PG 86, 2097, 5–8

II¹2123 (a) K (b) Τοῦ Χρυσοστόμου V PM E R Τοῦ] *om.* Vᵂ E **II¹2124** (a) K (b) Τοῦ ἁγίου Εὐσταθίου R (c) Εὐσταθίου Vᴱ Vᵂ Vᴾʰ PM ευσταθίου PM (d) *s. a.* E **II¹2125** (a) K PM κλημεντος M δ′] *scripsi,* α′ K PM (b) Τοῦ ἁγίου Κλήμεντος Ἀλεξανδρείας R (c) Κλήμεντος Vᴱ Vᵂ Vᴾʰ

---

3 οὐδὲν ἕτερόν ἐστιν] οὐδέν ἐστιν E καὶ] *om.* K **10** τὰ αὐτὰ] ταῦτα *(sic)* M

*II² /
PML^b cap. Υ 1

Τίτλος δ′   Περὶ ὑγείας, καὶ ὅτι πάντων διαφέρει.

η′   Περὶ ὑγείας, καὶ ὅτι πάντων διαφέρει.

*II²2665 /
PML^b cap.
Υ 1, 8

II¹2126 / K cap. Υ 4, 1

Ἀπὸ τοῦ Σιράχ·

Κρείσσων πτωχὸς ὑγιὴς καὶ ἰσχύων τῇ ἕξει   5
ἢ πλούσιος μεμαστιγωμένος εἰς σῶμα αὐτοῦ.

*II²2662 /
PML^b cap.
Υ 1, 5

II¹2127 / K cap. Υ 4, 2

Τοῦ αὐτοῦ·

Ὑγεία καὶ εὐεξία παντὸς χρυσίου βελτίων,
σῶμα εὔρωστον ἢ ὄλβος ἄμετρος.   10

---

5 – 6 II¹2126 Sir. 30, 14¹⁻² (Wahl, *Sirach-Text*, p. 128)   9 – 10 II¹2127 Sir. 30, 15¹⁻² (Wahl, *Sirach-Text*, p. 128)

---

1 **Titlos (a)** K (267v2)   2 **Titlos (b)** V A^I pin; *deest in* H^I A^I txt   4 – 6 II¹2126 K cap. Υ 4, 1 (267v[2]3–4); V cap. Υ 8, 1; *deest in* H^I; PG 96, 380, 23–24   8 – 10 II¹2127 K cap. Υ 4, 2 (267v[4]5–6); V cap. Υ 8, 2; *deest in* H^I; PG 96, 380, 25–26

---

1 **Titlos (a)**   Τίτλος δ′] εδ′ (*sic*) K^pin (δ′ *secund. ser.*)   2 **Titlos (b)**   η′] *propt. mg. resect. non liquet in* A^I pin (η′ *secund. ser.*), *praem.* τίτλος V^W txt   ὑγείας V^E pin V^O pin   διαφέρειν V^O pin

---

II¹2126 (a) K (b) Σιράχ V II¹2127 (a) K (b) Βασιλείου V^E V^O (c) *s. a.* V^W

---

5 κρεῖσσον V^E V^W p. c. V^O, κρίσσον V^W a. c.   καὶ – ἕξει] *om.* V^E V^O   καὶ ἰσχύων] *om.* V^W   6 μεμαστιγωμένος] *scripsi (LXX)*, μεμαστηγωμένος V^E V^O, μεμαστιγομένος V^W, ἐμμαστιγωμένος K   9 ὑγιεῖα K   χρυσοῦ V^W a. c.   βελτίων] βέλτιον *e corr.* V^W, βελτίω V^E V^O   10 σῶμα] *praem.* καὶ V^W p. c.   ὄλβος ἄμετρος] ὀβολοὺς (*sic*) ἀμέτρους K

Π¹2128 / K cap. Υ 4, 3

Τοῦ αὐτοῦ·

Οὐκ ἔστι πλοῦτος βελτίων ὑγείας σώματος.

Π¹2129 / K cap. Υ 4, 4

5   Τοῦ ἁγίου Βασιλείου, ἐκ τοῦ περὶ νηστείας α΄·

Ὑγεία ποθεινοτέρα μετὰ τὴν πεῖραν τῶν ἐναντίων.

Π¹2130 / K cap. Υ 4, 5

Τοῦ θεολόγου ἁγίου Γρηγορίου, ἐκ τοῦ περὶ εὐταξίας·

Ὑγείας ἐπιλαβούσης, ἡ νόσος ἐξαφανίζεται.

---

3 Π¹2128 Sir. 30, 16¹ (Wahl, *Sirach-Text*, p. 128–129)   **6** Π¹2129 BASILIUS CAESA-
RIENSIS, *De ieiunio homilia I*, 8 (PG 31, 177, 1–2)   **9** Π¹2130 GREGORIUS NAZIAN-
ZENUS, *De moderatione in disputando (Orat. 32)*, locus non repertus, re vera GRE-
GORIUS NYSSENUS, *De beatitudinibus*, VII (ed. Callahan, p. 154, 15)

2 – 3 Π¹2128 K cap. Υ 4, 3 (267v[6]7); V^EV^WV^{Ph} cap. Υ 8, 3; *deest in* V^O H^I   **5 – 6**
Π¹2129 K cap. Υ 4, 4 (267v[7]8–9); V^EV^W cap. Υ 8, 4; V^O cap. Υ 8, 3; PM cap. Υ 1,
1; E cap. 236, 1 et 6; *deest in* H^I; PG 96, 380, 27–28   **8 – 9** Π¹2130 K cap. Υ 4, 5
(267v[9]10); V^EV^W cap. Υ 8, 6; V^O cap. Υ 8, 5; PM cap. Υ 1, 3; E cap. 236, 8; *deest in*
H^I; PG 96, 380, 28–29

Π¹2128 (a) K   (b) Βασιλείου *(cf. locum sequentem)* V^W   (c) *s. a.* V^EV^{Ph}   Π¹2129 (a) K
(b) Τοῦ ἁγίου Βασιλείου PM   βασιλειου M   (c) Βασιλείου E^{cap. 236, 4}   (d) Τοῦ Νύσης
V^EV^O   (e) *s. a. (cf. lemma loci praecedentis)* V^W   (f) Σιράχ E^{cap. 236, 1}   Π¹2130 (a) K
(b) Τοῦ Νύσης PM E   Τοῦ] *om.* E   νυσης M   (c) Χρυσοστόμου V^W   (d) *s. a.* V^EV^O

3 πλοῦτος] *om.* K   βέλτιον K   ὑγίας K^{a. c. ut videtur}, ὑγιείας K^{p. c.} V^W   **6** Ὑγεία]
ὕγεια PM, ὑγία V^{W a. c.}, ὑγιεῖα K, *add.* καὶ εὐεξία E^{cap. 236, 1} *(cf.* Π¹2127 / K cap. Υ 4, 2)
ποθεινοτέρα] ποθηνοτερα P, ποθηνοτερα ἐστι M   **9** ὑγειας M, ὕγειας P, ὑγίας
V^{W a. c.}, ὑγιείας K   ἡ] *om.* V PM E

II¹2131 / K cap. Υ 4, 6

Τοῦ ἁγίου Γρηγορίου Νύσης, ἐκ τῶν εἰς τοὺς μακαρισμούς·
Κοινὸν δῶρον ὑγεία.

II¹2132 / K cap. Υ 4, 7

Κλήμεντος, ἐκ τοῦ α′ Παιδαγωγοῦ·   5

Ἄριστον μὲν ὑγιαίνειν ἀεί, καλὸν δὲ καὶ ἀνασφῆλαι μετὰ τὴν νόσον.

---

6 Plat., *Leg.* II, 661a5–6

---

3 **II¹2131** GREGORIUS NYSSENUS, *De beatitudinibus*, locus non repertus, re vera GREGORIUS NAZIANZENUS, *De moderatione in disputando (Orat. 32)*, 22, 16 (ed. Moreschini, p. 132)   **6 – 7** **II¹2132** CLEMENS ALEXANDRINUS, *Paedagogus*, I. Cap. IX. 81, 3 (ed. Stählin/Treu, p. 138, 3–4); Holl, n° 187, 2–3

---

2 – 3 **II¹2131** K cap. Υ 4, 6 (267v[11]12); Vᴱ Vᵂ cap. Υ 8, 5; Vᴼ cap. Υ 8, 4; PM cap. Υ 1, 2; E cap. 236, 7; *deest in* Hᴵ; PG 96, 380, 28   **5 – 7** **II¹2132** K cap. Υ 4, 7 (267v [12]13–14); Vᴱ Vᵂ cap. Υ 8, 7; Vᴼ cap. Υ 8, 6; PM cap. Υ 1, 4; E cap. 236, 9; *deest in* Hᴵ; PG 96, 380, 30–31

II¹2131 (a) K (b) Τοῦ Θεολόγου, περὶ εὐταξίας PM (c) Θεολόγου E (d) *s. a.* Vᴱ Vᵂ (e) *s. d.* Vᴼ **II¹2132** (a) K PM κλημεντος M (b) Κλήμεντος Vᴱ Vᴼ E κλημεντος E (c) *s. a.* Vᵂ

---

3 ὑγεία] ὕγεια P, ὑγεία M, ὑγία Vᵂ ᵃ·ᶜ·, ὑγιεῖα K, *praem.* ἡ M E   **6** ἀνασφάλαι (-σφα- P) Vᵂ P E, ἀνασφαιλαι M

Τίτλος ε′   Περὶ ὑπονοίας, καὶ ὅτι χρὴ φεύγειν τὰς ἀφορμὰς τὰς τικτούσας ὑπονοίας κακάς.

θ′   Περὶ ὑπονοίας, καὶ ὅτι χρὴ φεύγειν τὰς ἀφορμὰς τὰς τικτούσας ὑπονοίας κακάς.

5   ιε′   Περὶ ὑπονοίας, ὅτι χρὴ φεύγειν τὰς ἀφορμὰς τὰς τικτούσας ὑπονοίας κακάς.

II¹2133 / K cap. Υ 5, 1

Ἐκ τῆς πρὸς Κορινθίους α′ ἐπιστολῆς·

Μὴ δότε ἀφορμὴν τοῖς θέλουσιν ἀφορμήν.

---

1 ἀφορμὰς] cf. II¹ / Kᵖⁱⁿ Παραπομπὴ Α 16   9 similiter ap. Bas. Caes., *Asceticon magnum sive Quaestiones (regulae fusius tractatae)*, XV, 1 (PG 31, 952, 23); eund., *Epistulae*, CCXXIX, 2, 8–9 (ed. Courtonne, III, p. 35)

---

9 II¹2133 I Cor., re vera II Cor. 11, 12 (non ad verbum)

---

1 – 2 **Titlos (a)** K (267v14–16)   3 – 4 **Titlos (b)** V Aᴵ ᵖⁱⁿ; *deest in* HᴵAᴵ ᵗˣᵗ   5 – 6 **Titlos (c)** PMLᵇ ᵖⁱⁿ E R; *deest in* Lᵇ ᵗˣᵗ   8 – 9 II¹2133 K cap. Υ 5, 1 (267v[16]17); V cap. Υ 9, 1; PM cap. Υ 15, 1; E cap. 248, 1; R cap. Υ 15, 1; *deest in* Hᴵ Lᵇ; PG 96, 380, 35

---

1 – 2 **Titlos (a)**   1 Τίτλος ε′] *om.* Kᵖⁱⁿ (ε′ *secund. ser.*)   ὑπονοίας] *post* κακὰς *transpos.* Kᵖⁱⁿ   3 – 4 **Titlos (b)**   3 θ′] *propt. mg. resect. non liquet in* Aᴵ ᵖⁱⁿ (θ′ *secund. ser.*), *praem.* τίτλος Vᵂ ᵗˣᵗ   καὶ] *om.* Vᴱ ᵖⁱⁿ Vᵂ ᵗˣᵗ Vᴼ ᵖⁱⁿ   τὰς²] *om.* Vᴼ ᵗˣᵗ
5 – 6 **Titlos (c)**   5 ιε′] ϛμη′ E, *praem.* τίτλος Rᵗˣᵗ   5 – 6 ὅτι – κακάς] *om.* Mᵖⁱⁿ

II¹2133 (a) K   (b) Πρὸς Κορινθίους α′ VᴱVᴼ PM R   α′] *om.* VᴱVᴼ M   (c) Ἀποστόλου Vᵂ E

---

9 δῶτε E R

II¹2134 / K cap. Υ 5, 2

Κλήμεντος, ἐκ τοῦ γ′ Παιδαγωγοῦ·

Οὐ τὸ καθαρεύειν ἀπόχρη τοῖς σώφροσιν, ἀλλὰ καὶ τὸ μὴ ὑποκεῖσθαι ψόγοις ἀσπαστέον, πᾶσαν ἀποκλείσαντας ὑπονοίας αἰτίαν.

II¹2135 / K cap. Υ 5, 3   5

Τοῦ ἁγίου Ἰγνατίου, ἐκ τῆς πρὸς <τοὺς ἐν> Τράλλεσιν ἐπιστολῆς·

Μηδεὶς ὑμῶν κατὰ τοῦ πλησίον ἐχέτω τι. Μὴ ἀφορμὰς δίδοτε τοῖς ἔθνεσιν, ἵνα μὴ δι᾽ ὀλίγους ἄφρονας τὸ ἔνθεον πλῆθος βλασφημῆται.

<II¹suppl. 405 / E cap. 248, 3>   10

---

10 II¹suppl. 405 cf. *Sacra.* Liber II. *Supplementum* (Band VIII/8)

---

3 – 4 II¹2134 CLEMENS ALEXANDRINUS, *Paedagogus*, III. Cap. XI. 83, 2 (ed. Stählin/ Treu, p. 282, 3–5); Holl, n° 205   **7 – 9 II¹2135** IGNATIUS ANTIOCHENUS, *Epistula ad Trallianos*, 8, 2 (ed. Fischer, p. 176, 17–19)

---

2 – 4 II¹2134 K cap. Υ 5, 2 (267v[18]19–21); *deest in* V Hᴵ PMLᵇ E R   **6 – 9** **II¹2135** K cap. Υ 5, 3 (267v[22]23–268r3); V cap. Υ 9, 2; PM cap. Υ 15, 2; E cap. 248, 2; R cap. Υ 15, 2; *deest in* Hᴵ Lᵇ; PG 96, 380, 36–38

II¹2135 (a) K   τοὺς ἐν] *supplevi, om. cod. (cf. etiam* II¹842 / K cap. E 4, 5)   τραλέσσιν *cod.* (b) Τοῦ ἁγίου Ἰγνατίου PM R   ἰγνατίου PM (c) Ἰγνατίου V E   ἰγνατίου Vᴱⱽᴼ, ιγνατίου Vᵂ

---

3 καθαρεύειν] *correxi (ed.),* καθερεύειν K   ἀπόχρη] *scripsi (ed.),* ἀποχρὴ K   **3 – 4** ὑποκεῖσθαι] *scripsi,* ὑπόκεισθαι K   **7** Μὴ] *om.* M   ἀφορμὰς P, ἀφορμήν M δίδοται Vᴱⱽᵂ ᵃ· ᶜ· Vᴼ   **8 – 9** βλασφημεῖται *(-εἰται* M) V PM

Τίτλος ϛ′   Περὶ ὑδροποτούντων.

β′   Περὶ ὑδροποτούντων.

ι′   Περὶ ὑδροποτούντων.

II¹2136 / K cap. Υ 6, 1

5   Ἰεζεκιὴλ προφήτου·

Πάντες οἱ πίνοντες ὕδωρ, πάντες ἐδόθησαν εἰς θάνατον.

II¹2137 / K cap. Υ 6, 2

Τοῦ αὐτοῦ·

...καὶ τὰ ἐκλεκτὰ τοῦ Λιβάνου, πάντα πίνοντα ὕδωρ· καὶ αὐτοὶ
10   κατέβησαν μετ᾽ αὐτοῦ εἰς Ἅδην.

<II¹suppl. 406 / V cap. Υ 2, 3>

---

11 II¹suppl. **406** cf. *Sacra*. Liber II. *Supplementum* (Band VIII/8)

---

6 II¹2136 Ez. 31, 14 (Wahl, *Prophetenzitate*, p. 656)   **9 – 10** II¹2137 Ez. 31, 16–17
(Wahl, *Prophetenzitate*, p. 657)

---

1 Titlos (a) K (268r3)   **2 Titlos (b)** V A^(I pin); *deest in* H^I A^(I txt)   **3 Titlos (c)** PML^(b pin)
E R; *deest in* L^(b txt)   **5 – 6** II¹2136 K cap. Υ 6, 1 (268r[3]4–5); V cap. Υ 2, 1; PM cap.
Υ 10, 1; E cap. 245, 1; R cap. Υ 10, 1; *deest in* H^I L^b; PG 96, 373, 30–31   **8 – 10**
II¹2137 K cap. Υ 6, 2 (268r[5]6–7); V cap. Υ 2, 2; PM cap. Υ 10, 2; E cap. 245, 2; R
cap. Υ 10, 2; *deest in* H^I L^b; PG 96, 373, 31–33

---

1 Titlos (a)   Τίτλος ϛ′] *om.* K^(pin) (ϛ′ *secund. ser.*)   **2 Titlos (b)**   β′] *om.* V^(O txt) (β′
secund. ser.), *praem.* τίτλος V^(W txt)   **3 Titlos (c)**   ι′] ϛμε′ E, *praem.* τίτλος R^(txt)
ὑδροποτούντων] *praem.* τῶν L^(b pin)

II¹2136 (a) K P ïεζεκιήλ P (b) Ἰεζεκιήλ V E R ιεζεκιήλ V R (c) Τοῦ Ἐκκλησιαστοῦ
M II¹2137 (a) K (b) *s. a.* V^E V^O (c) *s. d.* V^W PM E R

---

6 πάντες] *om.* E   ἐδέθησαν V^W   **9** ἐλεκτα (*sic*) P   τοῦ Λιβάνου] τουλυάνου V^W
αὐτὰ E   **10** ἅδην R, αδην M

II¹2138 / K cap. Υ 6, 3

Τοῦ ἁγίου Βασιλείου, περὶ νηστείας·

Οὐδεὶς ἐκραιπάλησεν ἀπὸ ὕδατος. Οὐδενὸς ὠδυνήθη κεφαλὴ ποτέ, ὕδατι βαρηθεῖσα. Οὐδεὶς ἀλλοτρίων ποδῶν ἐδεήθη, ὑδροποσίᾳ συζῶν. Οὐδενὸς ἐδέθησαν πόδες, οὐδενὸς χεῖρες ἀπηχρειώθησαν.　　5

II¹2139 / K cap. Υ 6, 4

Τοῦ ἁγίου Γρηγορίου τοῦ θεολόγου·

Θέλεις πιεῖν; Βρύει σοι
Ὕδωρ, κρατὴρ ἀείρρους,
Ποτὸν μέθης ἄποιον,　　　　　　　　　　　　　　　10
Ἀκλήματον γάνυσμα.

---

3 – 5 **II¹2138** Basilius Caesariensis, *De ieiunio homilia I*, 9 (PG 31, 177, 16–20)
8 – 11 **II¹2139** Gregorius Nazianzenus, *Carmina*, II,1,88 (*Ad suam animam carmen Anacreonticum*), 125–128 (PG 37, 1440, 7–11)

2 – 5 **II¹2138** K cap. Υ 6, 3 (268r[mg]8–12); V cap. Υ 2, 4; PM cap. Υ 10, 4; E cap. 245, 4; R cap. Υ 10, 4; *deest in* Hᴵ Lᵇ; PG 96, 373, 36–39　　7 – 11 **II¹2139** K cap. Υ 6, 4 (268r[12]13–14); V cap. Υ 2, 5; PM cap. Υ 10, 5; E cap. 245, 5; *deest in* Hᴵ Lᵇ R; PG 96, 373, 40–41

II¹2138 (a) PM　βασιλειου M　(b) Τοῦ ἁγίου Βασιλείου K R　(c) Βασιλείου V E
II¹2139 (a) K　(b) Τοῦ Θεολόγου, ἐκ τῶν Ἐπῶν P　(c) Τοῦ Θεολόγου V M E　Τοῦ] *om.* Vᵂ E

3 ἐκρεπάλησεν (-πα- M) VᴱVᴼ M, ἐκραπάλισεν Vᵂ ᵖ· ᶜ·, ἐκρεπάλισεν (-πα- P) Vᵂ ᵃ· ᶜ· P　ὀδυνήθη (ὁ- Vᴱ, ο- P) K V P　κεφαλὴ] *post* ποτὲ *transpos.* PM E R　5 Οὐδενὸς – ἀπηχρειώθησαν] *om.* E　ἐδεήθησαν (ἐδεη- M) Vᴱ M, οἰδέθησαν Vᵂ, οἰδαίθησαν K, οἴδησαν P R　πόδες] *praem.* οἱ K　ἀπηχρειώθησαν] -ηχ- *e corr.* Vᵂ, ἀπηχριώθησαν Vᴱ P, ἀπηχρϊώθητϊ (*sic*) Vᴼ　9 κρατὴρ ἀείρους Vᵂ, καρτῆρα εἴρους E, καρατηρα είρους P　10 πότον K Vᵂ, ποτον PM　11 ἀνυσμα M

Στοιχεῖον Φ

Τίτλος α΄   Περὶ φιλοξενίας.

α΄   Περὶ φιλοξενίας καὶ φιλαδελφίας.

Π¹2140 / Κ cap. Φ 1, 1

5 Τῆς Γενέσεως·

Ὤφθη ὁ θεὸς τῷ Ἀβραὰμ πρὸς τῇ δρυῒ τῇ Μαμβρῇ, καθημένου
αὐτοῦ ἐπὶ τῆς θύρας τῆς σκηνῆς αὐτοῦ μεσημβρίας. Ἀναβλέψας
δὲ τοῖς ὀφθαλμοῖς αὐτοῦ εἶδεν, καὶ ἰδοὺ τρεῖς ἄνδρες εἱστήκεισαν
ἐπάνω αὐτοῦ· καὶ ἰδὼν ἔδραμεν εἰς συνάντησιν αὐτοῖς ἀπὸ τῆς
10 θύρας τῆς σκηνῆς αὐτοῦ, καὶ προσεκύνησεν ἐπὶ τὴν γῆν, καὶ εἶ-
πεν· Κύριε, εἰ ἄρα εὗρον χάριν ἐναντίον σου, μὴ παρέλθῃς τὸν
παῖδά σου· ληφθήτω δὴ ὕδωρ, καὶ νιψάτωσαν τοὺς πόδας ὑμῶν,
καὶ καταψύξατε ὑπὸ τὸ δένδρον. Καὶ λήψομαι ἄρτον, καὶ φάγε-
σθε, καὶ μετὰ ταῦτα ἀπελεύσεσθε εἰς τὴν ὁδὸν ὑμῶν, οὗ ἕνεκεν
15 ἐξεκλίνατε πρὸς τὸν παῖδα ὑμῶν.

---

6 – 15 Π¹2140 Gen. 18, 1–5

---

1 **Stoicheion** Κ^txt (268r15) Κ^pin   2 **Titlos (a)** K (268r15)   3 **Titlos (b)** V; *deest in*
H^IA^I *(lac. in* A^I pin*)*   5 – 15 Π¹2140 Κ cap. Φ 1, 1 (268r[15]16–268v6); V cap. Φ 1,
1; *deest in* H^I; PG 96, 388, 26–36

---

3 **Titlos (b)**   α΄] *praem.* τίτλος α΄ V^E pin V^O pin, *praem.* τίτλος V^W txt   φιλοξενίας]
φιλοξένων V^W txt   φιλαδελφίας] φιλανθρωπίας καὶ ἐλεημοσύνης V^E pin V^O pin

---

Π¹2140 (a) Κ Γενέσεως] *scripsi*, κτίσεως Κ (b) Γενέσεως V^EV^O (c) *s. a.* V^W

---

6 ἀβραὰμ V^W   τῇ¹] τὴν V^O   τῇ²] τὴν V^O   μαβρὴ V^EV^O   8 ἴδεν Κ V^W   ἱστή-
κησαν V^EV^O, ἱστίκισαν V^W a. c.   9 – 10 ἀπὸ – αὐτοῦ] *om.* V   11 Κύριε] *om.* Κ   13
ὑπὸ] *s. l.* Κ   τὸ] τῶν V^O   14 – 15 οὗ – ὑμῶν] *om.* V

II¹2141 / K cap. Φ 1, 2

Τῆς αὐτῆς·

Ἦλθον οἱ δύο ἄγγελοι εἰς Σόδομα ἑσπέρας· Λὼτ δὲ ἐκάθητο παρὰ
τὴν πύλην Σοδόμων. Ἰδὼν δέ, Λὼτ ἐξανέστη εἰς συνάντησιν αὐ-
τοῖς, καὶ προσεκύνησε τῷ προσώπῳ ἐπὶ τὴν γῆν, καὶ εἶπεν· Ἰδού,   5
κύριοι, ἐκκλίνατε εἰς τὸν οἶκον τοῦ παιδὸς ὑμῶν, καὶ καταλύσατε
καὶ νίψασθε τοὺς πόδας ὑμῶν, καὶ ὀρθρίσαντες ἀπελεύσεσθε εἰς
τὴν ὁδὸν ὑμῶν. Καὶ εἶπον· Οὐχί, ἀλλ᾽ ἐν τῇ πλατείᾳ καταλύσομεν.
Καὶ κατεβιάσατο αὐτούς, καὶ ἐξέκλιναν πρὸς αὐτόν.

II¹2142 / K cap. Φ 1, 3   10

Ἐκ τῆς αὐτῆς·

Ἀκούσας Λάβαν τὰ ῥήματα τῆς ἀδελφῆς αὐτοῦ, ἦλθε πρὸς τὸν
ἄνθρωπον, ἑστηκότος αὐτοῦ ἐπὶ τῶν καμήλων ἐπὶ τῆς γῆς, καὶ
εἶπεν αὐτῷ· Δεῦρο, εἴσελθε· εὐλογητὸς κύριος· ἱνατί ἕστηκας ἔξω;

II¹2143 / K cap. Φ 1, 4   15

Τῆς Ἐξόδου·

Προσήλυτον οὐ κακώσετε, οὐδὲ μὴ θλίψητε αὐτόν· ἦτε γὰρ προ-
σήλυτοι ἐν γῇ Αἰγύπτου.

---

3 – 9 II¹2141 Gen. 19, 1–3　　**12 – 14** II¹2142 Gen. 24, 30–31　　**17 – 18** II¹2143 Ex.
22, 21

2 – 9 II¹2141 K cap. Φ 1, 2 (268v[6]7–16); V cap. Φ 1, 2; *deest in* H¹; PG 96, 388,
37–45　　**11 – 14** II¹2142 K cap. Φ 1, 3 (268v[16]17–20); V cap. Φ 1, 3; *deest in* H¹;
PG 96, 388, 46–49　　**16 – 18** II¹2143 K cap. Φ 1, 4 (268v[20]21–22); V cap. Φ 1, 4;
deest in H¹; PG 96, 388, 50–51

II¹2141 (a) K Vᵂ　(b) *s. a.* VᴱVᴼ　II¹2142 (a) K　(b) *s. a.* V　II¹2143 (a) K　(b) Ἐξόδου
V

6 κύριε K Vᵂ　　**7** νίψασθε] *scripsi* (*LXX*), νήψασθε K, νίψατε V　　εἰς] *om.* K　　**8**
ἀλλὰ Vᵂ　　**13** γῆς] πηγῆς Vᵂ　　**17** κακώσητε K, κακώσεται Vᴼ　　θλίψετε V　　**18**
γῇ] τῇ VᴱVᴼ　　αἰγύπτῳ V

II¹2144 / K cap. Φ 1, 5

Λευϊτικοῦ·

Ἐάν τις προσέλθῃ ἐν ὑμῖν προσήλυτος ἐν τῇ γῇ ὑμῶν, οὐ θλίψετε
αὐτόν· ὡς αὐτόχθων ἔσται ἐν ὑμῖν ὁ προσήλυτος ὁ προσπορευό-
5 μενος πρὸς ὑμᾶς, καὶ ἀγαπήσεις αὐτὸν ὡς σεαυτόν.

II¹2145 / K cap. Φ 1, 6

Ἀπὸ τῶν Κριτῶν·

Εἶπεν ὁ ἀνὴρ ὁ πρεσβύτης· Ποῦ πορεύῃ καὶ πόθεν ἔρχῃ; Καὶ εἶπεν
πρὸς αὐτόν· Διαβαίνομεν ἡμεῖς ἐκ Βηθλεὲμ τῆς Ἰούδα ἕως μερῶν
10 τοῦ ὄρους Ἐφραίμ, καὶ οὐκ ἔστιν ἀνὴρ ὁ συνάγων με εἰς τὴν οἰ-
κίαν· καί γε ἄχυρα καὶ χορτάσματα ὑπάρχει τοῖς ὄνοις ἡμῶν, καί
γε ἄρτοι καὶ οἶνος ὑπάρχει μοι καὶ τῇ δούλῃ σου καὶ τῷ παιδαρίῳ,
καὶ οὐκ ἔστιν ὑστέρημα παντὸς πράγματος. Καὶ εἶπεν ὁ ἀνὴρ ὁ
πρεσβύτης· Εἰρήνη σοι, πλὴν πᾶν τὸ ὑστέρημά σου ἐπ’ ἐμέ· πλὴν
15 ἐν τῇ πλατείᾳ μὴ καταλύσῃς. Καὶ εἰσήγαγεν αὐτὸν εἰς τὴν οἰκίαν
αὐτοῦ, καὶ ἀπήγαγε τοὺς ὄνους, καὶ παρενέβαλε τοῖς ὑποζυγίοις
αὐτοῦ χορτάσματα, καὶ ἔνιψε τοὺς πόδας αὐτῶν, καὶ ἔφαγον καὶ
ἔπιον.

---

3 – 5 II¹2144 Lev. 19, 33–34   8 – 18 II¹2145 Iud. 19, 17–21 (Wahl, *Richter-Text*,
p. 39–40)

---

2 – 5 II¹2144 K cap. Φ 1, 5 (268v[22]23–269r3); V cap. Φ 1, 5; *deest in* H¹; PG 96,
388, 52–54   7 – 18 II¹2145 K cap. Φ 1, 6 (269r[3]4–17); V cap. Φ 1, 6; *deest in* H¹;
PG 96, 389, 1–10

II¹2144 (a) V (b) Τῆς αὐτῆς K II¹2145 (a) K (b) Κριτῶν V κρητῶν VᴱVᵂ

---

4 – 5 ὁ¹ – σεαυτόν] *om.* V   8 ὁ¹] *om.* Vᴼ   πορεύει VᴱVᴼ ᵖ·ᶜ·   9 ἐκ] ἐν K
βιθλεὲμ V   ἰούδα Vᵂ ᵃ·ᶜ·   μερῶν] μηρῶν *LXX*   11 – 13 καί¹ – πράγματος] *om.*
V   14 Εἰρήνη σοι] εἰρήνευσον Vᴼ   πλὴν¹] *om.* V   15 καταλύσεις Kᵃ·ᶜ· ᵘᵗ ᵛⁱᵈᵉᵗᵘʳ
VᴱVᴼ   16 παρενέβαλλε Vᵂ

II¹2146 / K cap. Φ 1, 7

Ἀπὸ τοῦ Ἰώβ·

Ἔξω οὐκ ηὐλίζετο ξένος,
ἡ θύρα μου παντὶ ἐλθόντι ἠνέωκτο.

II¹2147 / K cap. Φ 1, 8

5

Ματθαίου, ἐν κεφαλαίῳ ϙθ'·

Ὁ δεχόμενος προφήτην εἰς ὄνομα προφήτου, μισθὸν προφήτου
λήψεται, καὶ ὁ δεχόμενος δίκαιον εἰς ὄνομα δικαίου, μισθὸν δικαί-
ου λήψεται.

II¹2148 / K cap. Φ 1, 9

10

Τῶν Πράξεων·

Διασωθέντες δὲ ἔγνωσαν ὅτι Μελίτη ἡ νῆσος καλεῖται. Οἱ δὲ βάρ-
βαροι παρεῖχον οὐ τὴν τυχοῦσαν φιλανθρωπίαν ἡμῖν· ἀνάψαντες
γὰρ πυράν, προσανελάμβανον πάντας ἡμᾶς διὰ τὸν ὑετὸν τὸν ἐ-
φεστῶτα καὶ διὰ τὸ ψύχος.

15

3 – 4 II¹2146 Iob 31, 32¹⁻²   7 – 9 II¹2147 Matth. 10, 41   12 – 15 II¹2148 Act. 28,
1–2

2 – 4 II¹2146 K cap. Φ 1, 7 (269r[17]18–19); V cap. Φ 1, 7; *deest in* Hᴵ; PG 96, 389,
11–12   6 – 9 II¹2147 K cap. Φ 1, 8 (269r[19]20–23); V cap. Φ 1, 8; *deest in* Hᴵ; PG
96, 389, 13–15   11 – 15 II¹2148 K cap. Φ 1, 9 (269r[23]24–269v3); V cap. Φ 1, 9;
deest in Hᴵ; PG 96, 389, 16–20

II¹2146 (a) K   (b) Ἰώβ V   ιωβ Vᵂ   II¹2147 (a) K   (b) Ματθαίου VᴱVᴼ   (c) *s. a.* Vᵂ
II¹2148 Τῶν] *om.* V

4 ἡ] *s. l.* Vᵂ   8 ὄνομα] *praem.* τὸ Vᴱ   13 φιλανθρωπίαν] *om.* K   ἡμῖν] *om.* V
ἄψαντες K Vᵂ   14 γὰρ] δὲ K Vᵂ   προσελάβοντω *(sic)* VᴱVᴼ   15 καὶ] *om.* K
ψύχος] ψῦχος Vᵂ

Π¹2149 / K cap. Φ 1, 10

Καὶ μετ' ὀλίγα·

Ἐν δὲ τοῖς περὶ τὸν τόπον ἐκεῖνον ὑπῆρχε χωρία τῷ πρώτῳ τῆς
νήσου, ὀνόματι Πουπλίῳ, ὃς ἀναδεξάμενος ἡμᾶς τρεῖς ἡμέρας φι-
5 λοφρόνως ἐξένισεν.

Π¹2150 / K cap. Φ 1, 11

Ἐκ τῆς πρὸς Ἑβραίους ἐπιστολῆς·

Ἡ φιλαδελφία μενέτω. Τῆς φιλοξενίας μὴ ἐπιλανθάνεσθε· διὰ ταύ-
της γὰρ ἔλαθον τινὲς ξενίσαντες ἀγγέλους.

10 ## Π¹2151 / K cap. Φ 1, 12

Τοῦ θεολόγου Γρηγορίου, ἐκ τῶν διστίχων Γνωμῶν·

Ξείνων ἡμεδαπῶν περιφείδεο.

---

3 – 5 **Π¹2149** Act. 28, 7   8 – 9 **Π¹2150** Hebr. 13, 1–2   12 **Π¹2151** Gregorius
Nazianzenus, Carmina, I,2,31 *(Distichae sententiae)*, 57 (PG 37, 915, 3)

---

2 – 5 **Π¹2149** K cap. Φ 1, 10 (269v[4]4–7); V cap. Φ 1, 10; *deest in* H¹; PG 96, 389,
20–23   7 – 9 **Π¹2150** K cap. Φ 1, 11 (269v[7]8–10); V cap. Φ 1, 11; *deest in* H¹; PG
96, 389, 24–26   11 – 12 **Π¹2151** K cap. Φ 1, 12 (269v[10]11); *deest in* V H¹

Π¹2149 (a) K   (b) *s. d.* V   **Π¹2150** (a) K   (b) Πρὸς Ἑβραίους V^E V^O   (c) *s. a.* V^W
Π¹2151 διστίχων] *correxi*, Δ'στίχων K

---

4 νήσωι K   5 ἐξένησε V^E, ἐξένης V^O   8 ἐπιλανθάνεσθε] ἐπιλανθάνησθε K   12
Ξείνων ἡμεδαπῶν] *correxi (ed.)*, ξείνωι νεῖμε δ' ἀπὼν K

II¹2152 / K cap. Φ 1, 13

Ἐκ τῶν μονοστίχων Γνωμῶν·

Ξένον σεαυτὸν ἴσθι, καὶ τίμα ξένους.

II¹2153 / K cap. Φ 1, 14

Τοῦ αὐτοῦ, ἐκ τοῦ εἰς τὴν νέαν Κυριακήν· 5

Μὴ ἀτιμάσῃς τὸν ξένον, ἐπεὶ καὶ ἡμεῖς ξένοι καὶ πάροικοι· γενώμεθα φιλάδελφοι μᾶλλον ἢ φίλαυτοι.

II¹2154 / K cap. Φ 1, 15

Ἐκ τοῦ εἰς τὸ βάπτισμα·

Ξένος προσέπεσεν, ἄοικος, παρεπίδημος· ὑπόδεξαι διὰ τούτου 10
τὸν διὰ σὲ ξενιτεύσαντα, καὶ ταῦτα ἐν τοῖς ἰδίοις.

---

6 Eph. 2, 19; cf. etiam Lev. 25, 23

---

3 II¹2152 GREGORIUS NAZIANZENUS, *Carmina*, I,2,30 *(Versus iambici acrostichi)*, 14 (PG 37, 909, 13) 6 II¹2153 Μὴ – πάροικοι] GREGORIUS NAZIANZENUS, *In novam Dominicam (Orat. 44)*, 7 (PG 36, 616, 3–5) 6 – 7 γενώμεθα – φίλαυτοι] ID., re vera *In Pentecosten (Orat. 41)*, 7, 15 (ed. Moreschini, p. 330) 10 – 11 II¹2154 GREGORIUS NAZIANZENUS, *In S. baptisma (Orat. 40)*, 31, 18–20 (ed. Moreschini, p. 268)

---

2 – 3 II¹2152 K cap. Φ 1, 13 (269v[11]12); V cap. Φ 1, 12; *deest in* Hᴵ; PG 96, 389, 27 5 – 7 II¹2153 K cap. Φ 1, 14 (269v[12]13–15); V cap. Φ 1, 13–14; *deest in* Hᴵ; PG 96, 389, 28–30 9 – 11 II¹2154 K cap. Φ 1, 15 (269v[15]16–18); V cap. Φ 1, 15; *deest in* Hᴵ; PG 96, 389, 31–33

II¹2152 (a) K (b) Τοῦ Θεολόγου VᴱVᵂ (c) *s. a.* Vᴼ II¹2153 (a) K (b) Τοῦ αὐτοῦ / *s. a.* Vᵂ *(cf. infra, app. crit. text.)* (c) *s. a.* / *s. a.* VᴱVᴼ *(cf. infra, app. crit. text.)* II¹2154 (a) K (b) Τοῦ αὐτοῦ Vᵂ (c) *s. a.* VᴱVᴼ

---

6 πάροικοι] *hic caesura in* V 6 – 7 γενώμεθα] *scripsi (ed.)*, γενόμεθα VᴱVᵂ a. c. Vᴼ, ἐγενόμεθα K, ἐγενόμεθα Vᵂ p. c.

<II¹suppl. 407–408 / V cap. Φ 1, 16; 18>

II¹2155 / K cap. Φ 1, 16

Εὐαγρίου·

Ξένος καὶ πένης, θεοῦ κολλύριον· ὁ δεχόμενος αὐτούς, ταχέως ἀ-
5 ναβλέψει.

II¹2156 / K cap. Φ 1, 17

Συνεσίου·

Κοινὸν ἀμφοῖν ἀγαθὸν ἡ φιλαδελφία.

---

1 **II¹suppl. 407–408** cf. *Sacra*. Liber II. *Supplementum* (Band VIII/8)

---

4 - 5 **II¹2155** EUAGRIUS PONTICUS, *Spirituales sententiae per alphabeticum disposi-tae* (ed. Elter, p. LIII.38–39)   8 **II¹2156** SYNESIUS PENTAPOLITANUS (CYRENENSIS), locus non repertus

3 - 5 **II¹2155** K cap. Φ 1, 16 (269v[18]19–20); V cap. Φ 1, 17; *deest in* H¹; PG 96, 389, 41–42   7 - 8 **II¹2156** K cap. Φ 1, 17 (269v[20]21); *deest in* V H¹

---

4 κουλούρϊον Vᴼ

*II² /
ᵖMLᵇ cap. Φ 2

Τίτλος β' Περὶ φθόνου καὶ τῶν ὑπὸ τοιούτου πάθους κεκρατημένων.

ιβ' Περὶ φθόνου καὶ ζήλου.

*II²2741 /
PMLᵇ cap.
Φ 2, 1

II¹2157 / K cap. Φ 2, 1

Τῆς Γενέσεως·   5

Εἶπεν Ἀβιμέλεχ πρὸς Ἰσαάκ· Ἄπελθε ἀφ' ἡμῶν, ὅτι δυνατώτερος ἡμῶν ἐγένου σφόδρα.

*II²2742 /
PMLᵇ cap.
Φ 2, 2

II¹2158 / K cap. Φ 2, 2

Τῆς αὐτῆς·

Ἤκουσεν Ἰακὼβ τὰ ῥήματα τῶν υἱῶν Λάβαν, λεγόντων· Εἴληφεν   10
Ἰακὼβ πάντα τὰ τοῦ πατρὸς ἡμῶν, καὶ ἐκ τῶν τοῦ πατρὸς ἡμῶν
ἐποίησε πᾶσαν τὴν δόξαν ταύτην. Καὶ <ε>ἶδεν Ἰακὼβ τὸ πρόσω-
πον Λάβαν, καὶ ἰδοὺ οὐκ ἦν πρὸς αὐτὸν καθὼς χθὲς καὶ τρίτην ἡ-
μέραν.

---

1 – 2 Περὶ – κεκρατημένων] cf. II¹ / Kᵖⁱⁿ Παραπομπὴ Z 1

---

6 – 7 II¹2157 Gen. 26, 16   10 – 14 II¹2158 Gen. 31, 1–2

---

1 – 2 Titlos (a) K (269v21–23)   3 Titlos (b) VᴱVᴼ; deest in Vᵂ HᴵAᴵ (lac. in Aᴵ ᵖⁱⁿ)
5 – 7 II¹2157 K cap. Φ 2, 1 (269v[23]24–270r1); deest in V Hᴵ   9 – 14 II¹2158 K
cap. Φ 2, 2 (270r[1]2–7); deest in V Hᴵ

II¹2157 Γενέσεως] scripsi, κτίσεως K

---

6 Ἀβιμέλεχ] scripsi (LXX), ἀβιμελεχ Kᵃ· ᶜ·, ἀβιμελὲχ Kᵖ· ᶜ·   12 εἶδεν] scripsi (LXX),
ἴδεν K

II¹2159 / K cap. Φ 2, 3

*II²2744 /
PMLᵇ cap.
Φ 2, 4

Ἀπὸ τῶν Ἀριθμῶν·

Εἶπε Μωϋσῆς τῷ Ἰησοῦ· Ζηλοῖς σύ μοι; Καὶ τίς δῴη πάντα τὸν
λαὸν κυρίου προφήτας, ὅταν δῷ κύριος τὸ πνεῦμα αὐτοῦ ἐπ᾽ αὐ-
5   τούς;

II¹2160 / K cap. Φ 2, 4

Ἀπὸ τῶν Κριτῶν·

Εἶπε πρὸς Γεδεὼν ἀνὴρ Ἐφραίμ· Τί τὸ ῥῆμα τοῦτο, ὃ ἐποίησας ἡ-
μῖν, τοῦ μὴ καλέσαι ἡμᾶς, ὅτε ἐπορεύθης παρατάξασθαι ἐν τῇ
10   Μαδιάμ; Καὶ διελέξα<ν>το πρὸς αὐτὸν ἰσχυρῶς. Καὶ εἶπε πρὸς
αὐτούς· Τί ἐποίησα νῦν καθὼς ὑμεῖς; Ἢ οὐχὶ κρεῖττον ἐπιφυλλὶς
Ἐφραὶμ ἢ τρυγητὸς Ἀβιέζερ; Ἐν χειρὶ ὑμῶν παρέδωκε κύριος τοὺς
ἄρχοντας Μαδιάμ, τὸν Ὠρὴβ καὶ τὸν Ζήβ· καὶ τί ἠδυνήθην ποιῆ-
σαι ὡς ὑμεῖς; Τότε ἀνῆκε τὸ πνεῦμα αὐτῶν ἀπ᾽ αὐτοῦ ἐν τῷ λαλῆ-
15   σαι αὐτὸν τὸν λόγον τοῦτον.

II¹2161 / K cap. Φ 2, 5

*II²2746 /
PMLᵇ cap.
Φ 2, 6

Βασιλειῶν α΄·

Ἐξῆλθον αἱ χορεύουσαι εἰς συνάντησιν Δαυΐδ, καὶ ἔλεγον· Ἐπάτα-
ξεν Σαοὺλ ἐν χιλιάσιν αὐτοῦ, καὶ Δαυΐδ ἐν μυριάσιν αὐτοῦ. Καὶ
20   πονηρὸν ἐφάνη τὸ ῥῆμα ἐν ὀφθαλμοῖς Σαοὺλ ὑπὲρ τοῦ λόγου
τούτου, καὶ εἶπεν· Τῷ Δαυΐδ ἔδωκαν τὰς μυριάδας, κἀμοὶ ἔδωκαν

---

3 – 5 II¹2159 Num. 11, 29   8 – 15 II¹2160 Iud. 8, 1–3 (Wahl, *Richter-Text*, p. 26–
27)   18 – 1140, 2 II¹2161 I Reg. 18, 6–9 (Wahl, *1 Samuel-Text*, p. 68)

2 – 5 II¹2159 K cap. Φ 2, 3 (270r[7]8–10); *deest in* V Hᴵ   7 – 15 II¹2160 K cap. Φ
2, 4 (270r[10]11–21); *deest in* V Hᴵ   17 – 1140, 2 II¹2161 K cap. Φ 2, 5 (270r[21]
22–270v5); VᴱVᴼ cap. Φ 12, 1; *deest in* Vᵂ Hᴵ; PG 96, 412, 38–43

9 τοῦ] *correxi (LXX)*, τὸ K   10 διελέξαντο] *correxi (LXX)*, διελέξατο K   11 ἐπι-
φυλλὶς] *correxi (LXX)*, ἐπὶ φυλῆς K   12 ἢ] ζ<ή>τ<ει> Kⁱⁿ ᵐᵍ.   20 – 21 ὑπὲρ –
τούτου] *om.* VᴱVᴼ   21 ἔδωκαν²] *om.* VᴱVᴼ

τὰς χιλιάδας. Καὶ ἦν Σαοὺλ ὑποβλεπόμενος τὸν Δαυῒδ ἀπὸ τῆς ἡμέρας ἐκείνης καὶ ἐπέκεινα.

*II²2747 /
PMLᵇ cap.
Φ 2, 7

II¹2162 / K cap. Φ 2, 6

Τῶν Παροιμιῶν·

Μὴ συνδείπνει ἀνδρὶ βασκάνῳ,   5
μὴ δὲ ἐπιθυμήσῃς τῶν βρωμάτων αὐτοῦ·
ὃν τρόπον γὰρ εἴ τις καταπίοι τρίχα,
οὕτως ἐσθίει καὶ πίνει.

II¹2163 / K cap. Φ 2, 7

Τῶν αὐτῶν·   10

Οὐδὲν ὑφίσταται ζηλῶν.

II¹2164 / K cap. Φ 2, 8

Τῶν αὐτῶν·

Σπεύδει πλουτεῖν ἀνὴρ βάσκανος,
καὶ οὐκ οἶδεν ὅτι ἐλεήμων κρατήσει αὐτοῦ.   15

---

5 – 6 Μὴ – αὐτοῦ] exstat etiam ap. Ps.-Max. Conf., *Loci communes*, 47.3./54.3. (ed. Ihm, p. 782–783)

---

5 – 8 II¹2162 Prov. 23, 6¹–7² (Wahl, *Proverbien-Text*, p. 108–109)   11 II¹2163
Prov. 27, 4² (Wahl, *Proverbien-Text*, p. 131)   14 – 15 II¹2164 Prov. 28, 22¹⁻²
(Wahl, *Proverbien-Text*, p. 138)

---

4 – 8 II¹2162 K cap. Φ 2, 6 (270v[5]6–8); VᵉVᵒ cap. Φ 12, 2; *deest in* VᵂHᴵ; PG 96, 412, 44–46   10 – 11 II¹2163 K cap. Φ 2, 7 (270v[8]9); *deest in* V Hᴵ   13 – 15
II¹2164 K cap. Φ 2, 8 (270v[9]10–11); VᵉVᵒ cap. Φ 12, 3; *deest in* Vᵂ Hᴵ; PG 96,
412, 47–48

II¹2162 Τῶν] *om.* VᵉVᵒ II¹2164 (a) K (b) *s. a.* VᵉVᵒ

---

2 καὶ ἐπέκεινα] *om.* VᵉVᵒ   6 ἐπιθυμήσεις VᵉVᵒ   7 καταπίει K   11 ζῆλος *LXX*

II¹2165 / K cap. Φ 2, 9

Τῶν Ἀσμάτων·

Σκληρὸς ὡς Ἅδης ζῆλος.

II¹2166 / K cap. Φ 2, 10

5 Σοφία Σολομῶντος·

Φθόνῳ τετηκότι οὐ συνοδεύσω,
ὅτι οὗτος οὐ κοινωνεῖ σοφίᾳ.

II¹2167 / K cap. Φ 2, 11

Τῆς αὐτῆς·

10 Βασκανία φαυλότητος ἀμαυροῖ τὰ καλά.

II¹2168 / K cap. Φ 2, 12

Τοῦ Σιράχ·

Ἀνθρώπῳ βασκάνῳ ἱνατί χρήματα;

*II²2748 /
PML^b cap.
Φ 2, 8

---

3 II¹2165 Cant. 8, 6⁴   **6 – 7** II¹2166 Sap. 6, 23¹⁻²   **10** II¹2167 Sap. 4, 12¹   **13**
II¹2168 Sir. 14, 3² (Wahl, *Sirach-Text*, p. 85)

---

2 – 3 II¹2165 K cap. Φ 2, 9 (270v[11]12); V^EV^O cap. Φ 12, 4; *deest in* V^W H^I; PG 96,
412, 49   **5 – 7** II¹2166 K cap. Φ 2, 10 (270v[12]13–14); V^EV^O cap. Φ 12, 5; *deest in*
V^W H^I; PG 96, 413, 1–2   **9 – 10** II¹2167 K cap. Φ 2, 11 (270v[14]15); V^EV^O cap. Φ
12, 6; *deest in* V^W H^I; PG 96, 413, 3   **12 – 13** II¹2168 K cap. Φ 2, 12 (270v[15]16);
V^EV^O cap. Φ 12, 7; *deest in* V^W H^I; PG 96, 413, 4

II¹2165 (a) K   (b) *s. a.* V^EV^O   II¹2166 (a) K   (b) *s. a.* V^EV^O   II¹2167 (a) K   (b) *s. a.*
V^EV^O   II¹2168 (a) K   (b) *s. a.* V^EV^O

---

3 ἄδης V^O   **7** οὕτως K

*II²2750 /
PML^b cap.
Φ 2, 10

II¹2169 / K cap. Φ 2, 13

Τοῦ αὐτοῦ·

Πονηρὸς ὁ βασκαίνων ὀφθαλμῷ,
ἀποστρέφων πρόσωπον καὶ ὑπερορῶν ψυχάς.

II¹2170 / K cap. Φ 2, 14   5

Τοῦ αὐτοῦ·

Ζῆλος καὶ θυμὸς ἐλαττοῦσιν ἡμέρας.

II¹2171 / K cap. Φ 2, 15

Τοῦ αὐτοῦ·

Ἀπὸ τῶν ζηλούντων ἔγκρυψον βουλήν σου.   10

*II²2749 /
PML^b cap.
Φ 2, 9

II¹2172 / K cap. Φ 2, 16

Τοῦ αὐτοῦ·

Τοῦ βασκαίνοντος ἑαυτὸν οὐκ ἔστι πονηρότερος,
καὶ τοῦτο ἀνταπόδομα τῆς κακίας αὐτοῦ·

---

3 – 4 II¹2169 Sir. 14, 8¹⁻² (Wahl, *Sirach-Text*, p. 86)   **7** II¹2170 Sir. 30, 24¹ (Wahl,
Sirach-Text, p. 129 – 130)   **10** II¹2171 Sir. 37, 10² (Wahl, *Sirach-Text*, p. 146)
13 – 1143, 2 II¹2172 Sir. 14, 6¹⁻7² (Wahl, *Sirach-Text*, p. 85)

---

2 – 4 II¹2169 K cap. Φ 2, 13 (270v[16]17–18); *deest in* V Hᴵ   **6 – 7** II¹2170 K cap.
Φ 2, 14 (270v[18]19); Vᴱvᴼ cap. Φ 12, 8; *deest in* Vᵂ Hᴵ; PG 96, 413, 5   **9 – 10**
II¹2171 K cap. Φ 2, 15 (270v[19]20); Vᴱvᴼ cap. Φ 12, 9; *deest in* Vᵂ Hᴵ; PG 96, 413,
6   **12 – 1143, 2** II¹2172 K cap. Φ 2, 16 (270v[20]21–271r1); Vᴱvᴼ cap. Φ 12, 10;
deest in Vᵂ Hᴵ; PG 96, 413, 7–10

II¹2170 (a) K   (b) Σιράχ Vᴱvᴼ   II¹2171 (a) K   (b) *s. a.* Vᴱvᴼ   II¹2172 (a) K   (b) *s. a.*
Vᴱvᴼ

---

10 ἔκκρυψον Vᴱ, ἔκρΰψον Vᴼ

καὶ ἐὰν εὖ ποιήσῃ, ἐν λήθῃ, οὐχ' ἑκὼν ποιεῖ,
καὶ ἐπ' ἐσχάτων ἐκφαίνει τὴν κακίαν αὐτοῦ.

Π¹2173 / K cap. Φ 2, 17

Τοῦ αὐτοῦ·

5　Πᾶς ἁμαρτωλὸς φθονερὸς καὶ δίγλωσσος ἀτιμίαν ἕξει.

Π¹2174 / K cap. Φ 2, 18

Τοῦ αὐτοῦ·

Ἄλγος καρδίας καὶ πένθος καρδίας γυνὴ ἀντίζηλος ἐπὶ γυναικί.

Π¹2175 / K cap. Φ 2, 19

10　Τοῦ αὐτοῦ·

Μὴ βουλεύου μετὰ τοῦ ὑποβλεπομένου σε.

---

5 **Π¹2173** Πᾶς – δίγλωσσος] Sir. 6, 1 La (6, 1³ LXX; Wahl, *Sirach-Text*, p. 59)　ἀτι-
μίαν ἕξει] Sir. 6, 1³ app. crit. (Wahl, *Sirach-Text*, p. 59)　**8 Π¹2174** Sir. 26, 6¹ (Wahl,
Sirach-Text, p. 115)　**11 Π¹2175** Sir. 37, 10¹ (Wahl, *Sirach-Text*, p. 146)

---

4 – 5 **Π¹2173** K cap. Φ 2, 17 (271r[1]2–3); V^{E}V^O cap. Φ 12, 11; *deest in* V^W H^I; PG
96, 413, 11–12　　7 – 8 **Π¹2174** K cap. Φ 2, 18 (271r[3]4–5); V^{E}V^O cap. Φ 12, 12;
deest in V^W H^I; PG 96, 413, 13–14　　10 – 11 **Π¹2175** K cap. Φ 2, 19 (271r[5]6);
V^{E}V^O cap. Φ 12, 13; *deest in* V^W H^I; PG 96, 413, 15

Π¹2173 (a) K　(b) *s. a.* V^{E}V^O　**Π¹2174** (a) K　(b) *s. a.* V^{E}V^O　**Π¹2175** (a) K　(b) *s. a.*
V^{E}V^O

---

1 εὖ ποιήσῃ] *scripsi*, εὐποιήσηι K, εὐποιήσει (εὖ- V^E) V^{E}V^O　　οὐκ ἑκὼν V^{E}V^O
ποιῆι K　**2** ἐκφαίνεται V^{E}V^O　**5** ἁμαρτωλὸς] *add.* καὶ V^{E}V^O　**8** καρδίας¹] καρδία
K$^{a. c.}$, καρδίαι K$^{p. c.}$

II¹2176 / K cap. Φ 2, 20

Ματθαίου, ἐν κεφαλαίῳ ϛ΄·

Ἑταῖρε, οὐκ ἀδικῶ σε· οὐχὶ δηναρίου συνεφώνησάς μοι; Ἆρον τὸ
σὸν καὶ ὕπαγε. Θέλω δὲ τούτῳ τῷ ἐσχάτῳ δοῦναι ὡς καὶ σοί. Ἢ
οὐκ ἔξεστίν μοι ποιῆσαι ὃ θέλω ἐν τοῖς ἐμοῖς; Ἢ ὁ ὀφθαλμός σου   5
πονηρός ἐστιν, ὅτι ἐγὼ ἀγαθός εἰμι;

II¹2177 / K cap. Φ 2, 21

Ἐκ τῆς Ἰακώβου ἐπιστολῆς·

Ὅπου ζῆλος καὶ ἐριθ<ε>ία, ἐκεῖ ἀκαταστασία καὶ πᾶν φαῦλον
πρᾶγμα.   10

*II²2754 /
PML^b cap.
Φ 2, 14

II¹2178 / K cap. Φ 2, 22

Τοῦ ἁγίου Βασιλείου, ἐκ τοῦ περὶ φθόνου·

Φθόνου πάθος οὐδὲν ὀλεθριώτερον ψυχαῖς ἀνθρώπων ἐμφύεται·
ὃς ἐλάχιστα λυπῶν τοὺς ἔξωθεν, πρῶτον κακὸν καὶ οἰκεῖόν ἐστι
τῷ κεκτημένῳ. Ὥσπερ γὰρ ὁ ἰὸς σίδηρον, οὕτως ὁ φθόνος τὴν   15

---

9 – 10 exstat etiam ap. Ps.-Max. Conf., *Loci communes*, 47.2./54.2. (ed. Ihm, p. 782)

---

3 – 6 II¹2176 Matth. 20, 13–15   9 – 10 II¹2177 Iac. 3, 16   13 – 1145, 9 II¹2178
Versio K   13 – 1145, 4 Φθόνου – ἐπιλείπουσι] Basilius Caesariensis, *Homilia de
invidia*, 1 (PG 31, 372, 31 – 373, 8)

---

2 – 6 II¹2176 K cap. Φ 2, 20 (271r[6]7–11); V^EV^O cap. Φ 12, 14; *deest in* V^W H^I; PG
96, 413, 16–17   8 – 10 II¹2177 K cap. Φ 2, 21 (271r[11]12–13); V^EV^O cap. Φ 12,
15; *deest in* V^W H^I; PG 96, 413, 18–19   12 – 1146, 16 II¹2178 K cap. Φ 2, 22 (271r
[13]14–271v6); V^EV^O cap. Φ 12, 16; *deest in* V^W H^I; PG 96, 413, 20 – 416, 46

II¹2176 (a) K ϛ΄] *correxi*, ϙ΄ *cod.* (b) Ματθαίου V^EV^O II¹2177 (a) K (b) Βασιλείου
V^E (c) *s. a.* V^O II¹2178 (a) K (b) Βασιλείου V^O (c) *s. a.* V^E

---

3 δηναρίου] *correxi (NT)*, διναρίω K^{a. c.}, δηναρίωι K^{p. c.}, δινάριον V^E, δυνάρϊον V^O
συνεφώνησάς μοι] συνεφω V^E, συνεφώνη V^O   3 – 6 Ἆρον – εἰμι] *om.* V^EV^O   4
σοί] *correxi (NT)*, σύ K   5 Ἢ] *correxi (NT)*, εἰ K   9 ἐριθεία] *scripsi (NT)*, ἐρίθεια
V^EV^O, ἐριθία K   13 – 1145, 9 Φθόνου – βούλοιτο] *Versio K*   14 ὃς] *correxi (ed.)*,
ὡς K   ἐλάχιστα] ζ<ή>τ<ει> K^{in mg.}   λυπῶν] *correxi (ed.)*, λοπὸν K

ἔχουσαν αὐτὸν ψυχὴν ἐξαναλίσκει. Καὶ καθάπερ τὰς ἐχίδνας φασὶ
τὴν κυήσασαν αὐτὰς γαστέρα διεσθιούσας ἀπογεννᾶσθαι, οὕτως
καὶ ὁ φθόνος τὴν ὠδίνουσαν αὐτὸν ψυχὴν πέφυκε δαπανᾶν. Ἀνίαι
γὰρ καὶ λύπαι τὸν βάσκανον οὐκ ἐπιλείπουσι. Τὸ δὲ χαλεπώτατον
5 τῆς νόσου, ἐρωτώμενος ἐρυθριᾷ εἰπεῖν τὴν συμφοράν, ὅτι Βάσκα-
νός εἰμι καὶ πικρός· ἐπιτρίβει με τὰ τοῦ φίλου καλά, καὶ οὐ φέρω
τὴν θέαν τῶν ἀλλοτρίων καλῶν, ἀλλὰ συμφορὰν ἡγοῦμαι τὴν
τῶν πλησίον εὐημερίαν. Ταῦτα ἂν εἴποι, <εἰ> τἀληθῆ λέγειν βού-
λοιτο.

10 Φυλαξώμεθα, ἀδελφοί, τὸ πάθος τοῦ φθόνου, μὴ κοινωνοὶ τῶν ἔργων τοῦ
ἀντικειμένου γενώμεθα, καὶ εὑρεθῶμεν τῷ αὐτῷ συγκαταδικαζόμενοι κρί-
ματι. Εἰ γὰρ ὁ τυφωθεὶς εἰς κρίμα ἐμπίπτει τοῦ διαβόλου, πῶς ὁ φθονερὸς
τὴν ἡτοιμασμένην τῷ διαβόλῳ τιμωρίαν ἐκφεύξεται; Φθόνου γὰρ πάθος
οὐδὲν ὀλεθριώτερον ψυχαῖς ἀνθρώπων ἐμφυτεύεται. Ὥσπερ γὰρ ἰὸς σίδη-
15 ρον, οὕτως ὁ φθόνος τὴν ἔχουσαν αὐτὸν ψυχὴν ἐξαναλίσκει. Μᾶλλον δὲ ὥ-
σπερ τὰς ἐχίδνας φασὶν τὴν κυήσασαν αὐτὰς γαστέρα διεσθιούσας ἀπογεν-
νᾶσθαι, οὕτως καὶ ὁ φθόνος τὴν ὠδίνουσαν αὐτὸν ψυχὴν πέφυκε δαπανᾶν.
Λύπη γάρ ἐστι τῆς τοῦ πλησίον εὐπραγίας ὁ φθόνος.

Διόπερ οὐδέποτε ἀνίαι οὐδὲ δυσθυμίαι τὸν βάσκανον ἐπιλείπουσι. Ηὑφό-
20 ρησεν ἡ χώρα τοῦ πλησίον; Εὐθηνεῖται πᾶσι τοῖς κατὰ τὸν βίον ὁ οἶκος;
Θυμηδίαι τὸν ἄνδρα οὐκ ἐπιλείπουσιν; Ταῦτα πάντα τροφὴ τῆς νόσου καὶ
προσθήκη τῆς ἀλγηδόνος ἐστὶν τῷ βασκάνῳ. Ἀνδρεῖος τίς ἐστι καὶ εὐεκτεῖ;
Ταῦτα πλήττει τὸν βάσκανον. Ἕτερος χαριέστερος τῇ μορφῇ; Ἄλλη πληγὴ
τῷ βασκάνῳ. Ὁ δεῖνα τοῖς τῆς ψυχῆς προτερήμασι τῶν πολλῶν ὑπερέχει;
25 Ἐπὶ φρονήσει καὶ δυνάμει λόγων ἀποβλέπεται καὶ ζηλοῦται; Ἄλλος πλουτεῖ
καὶ φιλοτιμεῖται λαμπρῶς ἐν ἐπιδόσει καὶ κοινωνίᾳ τῇ πρὸς τοὺς ἐνδεεῖς,
καὶ πολὺς αὐτῷ παρὰ τῶν εὐεργετουμένων ὁ ἔπαινος; Ταῦτα πάντα πληγαὶ
καὶ τραύματα, μέσην αὐτοῦ τύπτοντα τὴν καρδίαν.

---

4 – 5 Τὸ – νόσου] Basilius Caesariensis, *Homilia de invidia*, 1 (PG 31, 373, 23)
5 – 9 ἐρωτώμενος – βούλοιτο] Ibid. (PG 31, 373, 26–32)   10 – 1146, 16 II¹2178
Versio V^E V^O   10 – 14 Φυλαξώμεθα – ἐμφυτεύεται] Basilius Caesariensis, *Homi-
lia de invidia*, 1 (PG 31, 372, 25–32)   14 – 22 Ὥσπερ – βασκάνῳ] Ibid. (PG 31,
373, 1–12)   22 – 1146, 6 Ἀνδρεῖος – εὐημερίαν] Ibid. (PG 31, 373, 14–31)

---

8 εἰ] *supplevi (ed.)*, *om.* K   10 – 1146, 16 Φυλαξώμεθα – τεθνηκότι] *Versio* V^E V^O
11 συγκαταδικαζόμενοι] *scripsi*, συνκαταδικαζόμενοι V^E V^O   19 – 20 ἠφόρησεν
V^O   22 προσθήκης V^O   23 ἀλη V^O a. c., ἀλλ' ἡ V^O p. c.   24 τῷ] τῶν V^O   25 Ἄλλος]
correxi (ed.), ἄλλως V^E V^O

Καὶ τὸ χαλεπὸν τῆς νόσου, ὅτι οὐδὲ ἐξειπεῖν αὐτὴν δύναται, ἀλλὰ κύπτει
μὲν καὶ κατηφής ἐστι καὶ συγκέχυται καὶ ποτνιᾶται καὶ ἀπόλωλεν ὑπὸ τοῦ
κακοῦ. Ἐρωτώμενος δὲ τὸ πάθος, ἐρυθριᾷ δημοσιεῦσαι τὴν συμφοράν, ὅτι
Βάσκανος εἰμὶ καὶ πικρός· ἐπιτρίβει με τὰ τοῦ φίλου καλά, καὶ τοῦ ἀδελφοῦ
τὴν ἐπιθυμίαν ὀδύρομαι, καὶ οὐ φέρω τὴν θέαν τῶν ἀλλοτρίων καλῶν, ἀλ-   5
λὰ συμφορὰν ποιοῦμαι τὴν τῶν πλησίον εὐημερίαν. Ἐν τῷ βάθει κατέχει
τὴν νόσον, ὑποσμύχουσαν αὐτοῦ τὰ σπλάγχνα καὶ κατεσθίουσαν. Οὐκοῦν
οὐχὶ ἰατρὸν τῆς νόσου παραλαμβάνει, οὔτε τί φάρμακον ἐξευρεῖν δύναται
τοῦ πάθους ἀλεξητήριον, ἀλλὰ μίαν ἀναμένει τοῦ κακοῦ ῥαστώνην, εἴ που
τινὰ ἴδοι καταπεσόντα τῶν φθονουμένων. Τότε σπένδεται καὶ φίλος ἐστίν,   10
ὅταν δακρύοντα ἴδῃ τὸν βασκαινόμενον, ὅταν πενθοῦντα θεάσηται. Καὶ
εὐθυμοῦντι μὲν οὐ συνευφραίνεται, ὀδυρομένῳ δὲ συνδακρύει. Τὸ παιδίον
μετὰ τὸν θάνατον ἐπαινεῖ, καὶ μυρίοις ἐγκωμίοις ἀποσεμνύνει, ὡς μὲν κα-
λὸν ἰδεῖν, ὡς δὲ συμπαθές, ὡς δὲ πρὸς πάντα εὐάρμοστον, οὐκ ἂν αὐτῷ πε-
ριόντι γλῶσσαν εὔφημον χαρισάμενος. Ἐὰν μέντοι πολλοὺς ἴδῃ συντρέχον-   15
τας τῷ ἐπαίνῳ, μεταβαλὼν πάλιν, βασκαίνει τῷ τεθνηκότι.

*II²2755 /
PMLᵇ cap.
Φ 2, 15

II¹2179 / K cap. Φ 2, 23

Ἐκ τοῦ αὐτοῦ·

Τί οὖν ἂν γένοιτο τῆς νόσου ταύτης ὀλεθριώτερον; Φθορὰ τῆς
ζωῆς, λύμη τῆς φύσεως, ἔχθρα τῶν παρὰ θεοῦ δεδομένων ἡμῖν,   20
ἐναντίωσις πρὸς θεόν. Τί τὸν ἀρχέκακον δαίμονα εἰς τὸν κατὰ
ἀνθρώπων ἐξέμηνε πόλεμον; Οὐχ᾿ ὁ φθόνος, δι᾿ οὗ καὶ θεομάχος

---

6 – 10 Ἐν – φθονουμένων] Ibid., 1–2 (PG 31, 373, 33–39)   **10 – 12** Τότε – συν-
δακρύει] Ibid., 2 (PG 31, 373, 41–44)   **12 – 16** Τὸ – τεθνηκότι] Ibid. (PG 31, 373,
48–54)   **19 – 1147, 1** II¹2179 Τί – ἀπηλέγχθη] Basilius Caesariensis, *Homilia de
invidia*, 3 (PG 31, 376, 5–10)

---

18 – 1147, 6 II¹2179 K cap. Φ 2, 23 (271v[6]7–9); VᴱVᴼ cap. Φ 12, 17; *deest in* Vᵂ
Hᴵ

II¹2179 (a) K (b) *s. d.* VᴱVᴼ

2 καὶ¹] *om.* Vᴼ   **4** πικρός] *scripsi secund. versionem* K, πικρῶς VᴱVᴼ   **6** πλησίον]
scripsi secund. versionem K, πλησίων VᴱVᴼ   **8** οὐχὶ ἰατρὸν] *scripsi*, οὐχἰατρὸν Vᴱ,
οὐχϊατρὸν Vᴼ, οὔτε ἰατρὸν *ed.*   **14** συμπαθές] εὐμαθές *ed.*   **15** ἴδῃ] *scripsi*, εἴδη
VᴱVᴼ   **19** οὖν] *om.* K   ὀλεθριώτερον] *scripsi (ed.)*, ὀλεθριώτερον VᴱVᴼ, ἀθλιώτε-
ρον K   τῆς²] *om.* Vᴼ ᵃ·ᶜ   **21 – 1147, 6** Τί – μετέπεσεν] *om.* K   **22** ἐξέμηνε] *scripsi
(ed.)*, ἐξέμεινε VᴱVᴼ

φανερῶς ἀπηλέγχθη; Τὰ αὐτὰ δὲ ταῦτα καὶ ὁ Κάϊν δείκνυται, ὁ
πρῶτος μαθητὴς τοῦ διαβόλου, καὶ φθόνον καὶ φόνον παρ' αὐτοῦ
διδαχθείς. Τί οὖν ἐποίησεν; Εἶδεν τὴν παρὰ θεοῦ τιμήν, καὶ ἐξε-
καύθη πρὸς ζῆλον, καὶ ἀνεῖλεν τὸν τιμηθέντα, ἵνα καθάψηται τοῦ
5 τιμήσαντος. Πρὸς γὰρ τὴν θεομαχίαν ἀδυνατῶν, εἰς ἀδελφοκτο-
νίαν μετέπεσεν.

ΙΙ¹2180 / K cap. Φ 2, 24

*ΙΙ²2755 /
PML^b cap.
Φ 2, 15

Ἐκ τοῦ αὐτοῦ·

Φύγωμεν, ἀδελφοί, νόσον θεομαχίας διδάσκαλον, ἀνδροφονίας
10 μητέρα, σύγχυσιν φύσεως, οἰκειότητος ἄγνοιαν, συμφορὰν ἀλο-
γωτάτην. Οἱ κύνες τρεφόμενοι ἡμεροῦνται, οἱ λέοντες χειροήθεις
γίνονται θεραπευόμενοι, οἱ δὲ βάσκανοι ταῖς θεραπείαις πλέον
ἐξαγριαίνονται. Διατί οἱ Ἰουδαῖοι κατὰ τοῦ σωτῆρος ἐγένοντο;
Διατί ἐφθονεῖτο; Διὰ τὰ θαύματα. Τίνες δὲ ἦσαν αἱ θαυματοποιΐαι;
15 Σωτηρία τῶν δεομένων· ἐτρέφοντο οἱ πεινῶντες, καὶ ὁ τρέφων
ἐπολεμεῖτο· ἠγείροντο οἱ νεκροί, καὶ ὁ ζωοποιῶν ἐβασκαίνετο·
δαίμονες ἀπηλαύνοντο, καὶ ὁ ἐπιτάσσων ἐπεβουλεύετο· λεπροὶ ἐ-
καθερίζοντο καὶ χωλοὶ περιεπάτουν, κωφοὶ ἤκουον καὶ τυφλοὶ ἀνέ-
βλεπον, καὶ ὁ εὐεργέτης ἐφυγαδεύετο. Καὶ τοτελευταῖον θανάτῳ
20 παραδέδωκαν τὸν τὴν ζωὴν χαρισάμενον, καὶ ἐμαστίγουν τὸν ἐ-

---

16 – 19 Matth. 11, 5

1 – 3 Τὰ – διδαχθείς] BASILIUS CAESARIENSIS, *Homilia de invidia*, 3 (PG 31, 376,
12–14)   3 – 6 Τί – μετέπεσεν] IBID. (PG 31, 376, 16–20)   9 – 11 ΙΙ¹2180 Φύγω-
μεν – ἀλογωτάτην] BASILIUS CAESARIENSIS, *Homilia de invidia*, 3 (PG 31, 376, 19–
21)   11 – 13 Οἱ – ἐξαγριαίνονται] IBID. (PG 31, 377, 7–10)   13 – 1148, 2 Διατί –
κόσμου] IBID., 4 (PG 31, 377, 32–42)

8 – 1148, 2 ΙΙ¹2180 K cap. Φ 2, 24 (271v[mg]10–12); V^EV^O cap. Φ 12, 18; *deest in*
V^W H^I

ΙΙ¹2180 (a) K (b) *s. d.* V^EV^O

1 ἀπηλέγχθη] *scripsi (ed.)*, ἀπελέγχθη V^E, ἀπελέχθη V^O   3 – 4 ἐξεκαύθη] ἐξεβάθη
V^O   4 ἀνεῖλεν] *scripsi (ed.)*, ἀνῆλεν V^EV^O   5 ἀδυνατῶν] *scripsi (ed.)*, ἀδυνατὸν
V^EV^O   9 φύγωμεν V^EV^O   10 – 11 ἀλγωτάτην V^O   11 – 1148, 2 Οἱ – κόσμου] *om.*
K   13 Διατί] *scripsi*, διότι V^EV^O   οἱ Ἰουδαῖοι] ἰ οὐδαίοι *(sic)* V^E   14 ἐφθονεῖτο]
scripsi (ed.), ἐφθονείτω V^EV^O   15 ἐτρέφοντο] *scripsi (ed.)*, ἐτρέφοντω V^E, ἐστρέ-
φοντω V^O   17 – 18 ἐκαθερίζοντο] *sic* V^EV^O (*cf. etiam* *ΙΙ²1570)

λευθερωτὴν τῶν ἀνθρώπων, καὶ κατεδίκαζον τὸν κριτὴν τοῦ κό-
σμου.

II¹2181 / K cap. Φ 2, 25

Ἐκ τοῦ αὐτοῦ·

Οὐχὶ τῷ Αἰγυπτίῳ βασκαίνει ὁ Σκύθης, ἀλλὰ τῷ ὁμοεθνεῖ ἕκα-   5
στος· καὶ ἐν τῷ <ὁμο>εθνεῖ μέντοι οὐ τοῖς ἀγνοουμένοις φθονεῖ,
ἀλλὰ τοῖς συνηθεστάτοις, τοῖς γείτοσι καὶ ὁμοτέχνοις καὶ τοῖς ἄλ-
λως οἰκείοις, <κἂν τούτοις> πάλιν ἡλικιώταις καὶ συγγενέσιν καὶ
ἀδελφοῖς. Καὶ ὅλως, ὥσπερ ἡ ἐρυσίβη ἴδιόν ἐστι τοῦ σίτου νόση-
μα, οὕτως ὁ φθόνος φιλίας ἐστὶν ἀρρώστημα. Τίς λυπούμενος ἠ-   10
λάττωσεν ποτὲ τὰ τοῦ πλησίον καλά; Ἑαυτὸν μέντοι προσανά-
λωσεν, ταῖς λύπαις κατατηκόμενος.

II¹2182 / K cap. Φ 2, 26

Ἐκ τοῦ αὐτοῦ·

Τοὺς φθονεροὺς τινὲς οἴονται καὶ δι᾽ ὀφθαλμῶν μόνων τὴν βλά-   15
βην ἐμβαλεῖν· ὥστε τὰ αὐξητικὰ σώματα καὶ ἐκ τῆς κατὰ τὴν ἡλι-
κίαν ἀκμῆς εἰς τὴν ἄκραν ὥραν ὑπερανθήσαντα, τήκεσθαι παρ᾽

---

5 – 10 **II¹2181** Οὐχὶ – ἀρρώστημα] Basilius Caesariensis, *Homilia de invidia*, 4
(PG 31, 380, 7–14)   10 – 12 Τίς – κατατηκόμενος] Ibid. (PG 31, 380, 21–24)
15 – 1149, 15 **II¹2182 Versio K**   15 – 1149, 9 Τοὺς – θελήματος] Basilius Cae-
sariensis, *Homilia de invidia*, 4 (PG 31, 380, 28–42)

4 – 12 **II¹2181** K cap. Φ 2, 25 (271v[12]13–14); VᴱVᴼ cap. Φ 12, 19; *deest in* Vᵂ Hᴵ;
PG 96, 416, 47 – 417, 8   14 – 1150, 6 **II¹2182** K cap. Φ 2, 26 (271v[14]15–272r15);
VᴱVᴼ cap. Φ 12, 20–21; *deest in* Vᵂ Hᴵ; PG 96, 417, 12–24; 9–12

II¹2181 (a) K (b) Τοῦ αὐτοῦ Vᴱ (c) *s. a.* Vᴼ **II¹2182** (a) K (b) *s. a.* / Τοῦ αὐτοῦ Vᴱ
(c) *s. a.* / *s. a.* Vᴼ

5 – 9 Οὐχὶ – ὅλως] *om.* K   6 ὁμοεθνεῖ] *correxi (ed.)*, ἔθνη (ἔθ- Vᴱ) VᴱVᴼ   7 *post*
συνηθεστάτοις *hab.* καὶ τῶν συνήθων *ed.*   8 κἂν τούτοις] *supplevi (ed.)*, *om.* VᴱVᴼ
10 οὕτως – ἀρρώστημα] *om.* Vᴼ   10 – 12 Τίς – κατατηκόμενος] *om.* K   11 – 12
προσανάλωσεν] *sic* VᴱVᴼ   12 κατατηκόμενος] *scripsi (ed.)*, κατατϊκόμενος Vᴼ,
κατὰτικόμενος Vᴱ   15 – 1149, 15 Τοὺς – ἔχουσα] *Versio K*   15 μόνων] *scripsi*
(ed.), μόνον K   16 ὥστε] *correxi (ed.)*, ὥσπερ K   αὐξητικὰ] εὐεκτικὰ *ed.*

αὐτῶν καταβασκαινόμενα, καὶ ὅλον ἀθρόως συ<να>ναιρε<ῖ>σθαι
τὸν ὄγκον, οἷον ῥεύματος τινὸς ὀλεθρ<ί>ου ἐκ τῶν φθοροποιῶν
ὀφθαλμῶν ἀπορρέοντος καὶ λυμαινομένου καὶ διαφθείροντος.
Ἐγὼ δὲ τοῦτον μὲν τὸν λόγον ἀποπέμπομαι <ὡς> δημώδη καὶ τῇ
5 γυναικωνίτιδι παρεισαχθέντα ὑπὸ γραῖδων· ἐκεῖνο δέ φημι, ὅτι οἱ
μισόκαλοι δαίμονες, ἐπειδὰν οἰκείας ἑαυτοῖς εὕρωσι προαιρέσεις,
παντοίως αὐταῖς πρὸς τὸ οἰκεῖον ἀποκέχρηνται βούλημα, ὥστε
καὶ τοῖς ὀφθαλμοῖς τῶν βασκάνων εἰς ὑπηρεσίαν κεχρῆσθαι τοῦ
ἰδίου θελήματος. Φύγωμεν οὖν κακὸν ἀφόρητον· ὄφεώς ἐστι δί-
10 δαγμα, δαιμόνων [τὸ] εὕρεμα, ἐχθροῦ ἐπισπορά, ἀρραβὼν κολά-
σεως, ἐμπόδιον εὐσεβείας, ὁδὸς ἐπὶ γέενναν, στέρησις βασιλείας.
Δῆλοι δὲ καὶ αὐτῷ τῷ προσώπῳ τυγχάνουσιν οἱ φθονοῦντες· ὄμ-
μα τούτοις ξηρὸν καὶ ἀλαμπές, παρειὰ κατηφής, ὀφρὺς συμπε-
πτωκυῖα, ἡ ψυχὴ τῷ πάθει συγκεχυμένη, τὸ τῆς ἀληθείας δικαστή-
15 ριον ἐπὶ τῶν πραγμάτων οὐκ ἔχουσα.

Φύγωμεν κακὸν ἀφόρητον· ὄφεώς ἐστι δίδαγμα, δαιμόνων εὕρεμα, ἐχθροῦ
ἐπισπορά, ἀρ<ρ>αβὼν κολάσεως, ἐμπόδιον εὐσεβείας, ὁδὸς ἐπὶ γέενναν,
στέρησις βασιλείας.

Τοὺς φθονεροὺς τινὲς οἴονται καὶ δι᾽ ὀφθαλμῶν μόνων τὴν νόσον ἐμβάλ-
20 λειν. Ἐγὼ δὲ τοῦτον μὲν τὸν λόγον ἀποπέμπομαι, ἐκεῖνο δέ φημι· οἱ μισό-
καλοι δαίμονες, ἐπειδὰν οἰκείας ἑαυτοῖς εὕρωσι προαιρέσεις, παντοίως αὐ-

---

10 ἐχθροῦ ἐπισπορά] cf. Matth. 13, 25 16 – 17 ἐχθροῦ ἐπισπορά] cf. ibid.

9 – 15 Φύγωμεν – ἔχουσα] Basilius Caesariensis, Homilia de invidia, 5 (PG 31,
380, 46 – 381, 2)   16 – 18 II¹2182 Versio VᴱVᴼ (cap. Φ 12, 20) Basilius Caesari-
ensis, Homilia de invidia, 5 (PG 31, 380, 46 – 49)   19 – 1150, 6 II¹2182 Versio
VᴱVᴼ (cap. Φ 12, 21)   19 – 20 Τοὺς – ἐμβάλλειν] Basilius Caesariensis, Homilia
de invidia, 4 (PG 31, 380, 28 – 29)   20 – 1150, 2 Ἐγὼ – θελήματος] Ibid. (PG 31,
380, 35 – 42)

1 συναναιρεῖσθαι] correxi (ed.), συναίρεσθαι K   2 ὀλεθρίου] correxi (ed.), ὀλέθρου
K   φθοροποιῶν] sic Kᵘᵗ ᵛⁱᵈᵉᵗᵘʳ, φθονερῶν ed.   3 λυμαινομένου] scripsi (ed.), λοι-
μαινομένου K   4 ὡς] supplevi (ed.), om. K   5 γραῖδων] scripsi, γραϊδῶν K, γραϊ-
δίων ed.   9 ὄφεώς ἐστι] correxi secund. versionem VᴱVᴼ (cap. Φ 12, 18) (= ed.), οὐ
φύσεώς ἐστι K   10 τὸ] delevi secund. versionem VᴱVᴼ (cap. Φ 12, 18) (= ed.)   12
Δῆλοι] scripsi secund. versionem VᴱVᴼ (cap. Φ 12, 19), δηλοῖ K   14 – 15
δικαστήριον] κριτήριον ed.   16 – 18 Φύγωμεν – βασιλείας] Versio VᴱVᴼ (cap. Φ
12, 20)   17 ἀρραβὼν] scripsi secund. versionem K, ἀραβὼν VᴱVᴼ   18 στέρησιν Vᴼ
19 – 1150, 6 Τοὺς – ἔχουσα] Versio VᴱVᴼ (cap. Φ 12, 21)   19 μόνων] scripsi (ed.),
μόνον VᴱVᴼ

ταῖς πρὸς τὸ οἰκεῖον κέχρηνται βούλημα, ὥστε καὶ τοῖς ὀφθαλμοῖς τῶν βα-
σκάνων εἰς ὑπηρεσίαν κεχρῆσθαι τοῦ ἰδίου θελήματος. Φύγωμεν οὖν κακὸν
ἀφόρητον, ὃ φύσει ἐστὶ δίδαγμα δαιμόνων. Δῆλοι δέ πως καὶ αὐτῷ τῷ προ-
σώπῳ καθεστήκασιν οἱ φθονοῦντες· ὄμμα τούτοις ξηρὸν καὶ ἀλαμπές, πα-
ρειὰ κατηφής, ὀφρὺς συμπεπτωκυῖα, ἡ ψυχὴ τῷ πάθει συγκεχυμένη, τὸ τῆς   5
ἀληθείας δικαστήριον ἐπὶ τῶν πραγμάτων οὐκ ἔχουσα.

II²2756 /
PML^b cap.
Φ 2, 16

<II¹suppl. 409–410 / V cap. Φ 12, 22–23>

II¹2183 / K cap. Φ 2, 27

Ἐκ τοῦ αὐτοῦ·

Δυσμεταχείριστον ἔχθρας εἶδος ὁ φθόνος. Τοὺς μὲν ἄλλους δυ-   10
σμενεῖς ἡμερωτέρους ποιοῦσιν εὐποιΐαι, τὸν βάσκανον δὲ κακο-
ηθεῖν τὸ καλῶς πάσχειν πλέον ἐρεθίζει· καὶ ὅσῳπερ ἂν μειζόνων
τύχῃ, μειζόνως ἀγανακτεῖ καὶ ἀνιᾶται καὶ δυσχεραίνει. Πλέον γὰρ
ἄχθεται τῇ δυνάμει τοῦ εὐεργέτου ἢ χαίρει τοῖς εἰς αὐτὸν γινο-
μένοις.   15

II¹2184 / K cap. Φ 2, 28

Ἐκ τῆς ιη΄ ἐπιστολῆς·

Κεκμήκαμεν ἀγωνιζόμενοι πρὸς τὸν φθόνον.

---

7 **II¹suppl. 409–410** cf. *Sacra*. Liber II. *Supplementum* (Band VIII/8)

2 – 3 Φύγωμεν – δαιμόνων] Basilius Caesariensis, *Homilia de invidia*, 5 (PG 31,
380, 46–47)   3 – 6 Δῆλοι – ἔχουσα] Ibid. (PG 31, 380, 49 – 381, 2)   **10 – 15**
II¹2183 Basilius Caesariensis, *Homilia de invidia*, 3 (PG 31, 376, 52 – 377, 5)   **18**
II¹2184 Gregorius Nazianzenus, *Epistulae*, LXXXVII, 3 (ed. Gallay, II, p. 108)

9 – 15 **II¹2183** K cap. Φ 2, 27 (272r[15]16–24); *deest in* V H¹   **17 – 18 II¹2184** K
cap. Φ 2, 28 (272r[23]24); *deest in* V H¹

2 Φύγωμεν] *scripsi*, φύγομεν V^EV^O   3 ὃ – ἐστὶ] ὄφεώς ἐστι *ed.*   6 δικαστήριον]
κριτήριον *ed.*   10 δυσμεταχειριστότατον *ed.*   13 ἀγανακτεῖ] *scripsi (ed.)*, ἀγανα-
κτῇι K   δυσχεραίνει] *scripsi (ed.)*, δυσχεραίνῃι K

II¹2185 / K cap. Φ 2, 29

Τοῦ θεολόγου ἁγίου Γρηγορίου, ἐκ τοῦ πρὸς τοὺς λέγοντας αὐ-
τὸν ἐπιθυμεῖν τῆς καθέδρας Κωνσταντινουπόλεως·

Ὡς ἀπόλοιτο ἐξ ἀνθρώπων ὁ φθόνος, ἡ δαπάνη τῶν ἐχόντων, ὁ
5 τῶν πασχόντων ἰός, τὸ μόνον τῶν παθῶν ἀδικώτατόν τε ὁμοῦ καὶ
δικαιότατον, τὸ μέν, ὅτι πᾶσι διοχλεῖ τοῖς καλοῖς, τὸ δέ, ὅτι τήκει
τοὺς ἔχοντας.

II¹2186 / K cap. Φ 2, 30

Ἐκ τῶν εἰς ἀγαπητούς·

10 <Μ>ῶμος φείδεται οὐδ᾽ ὁσίων.

II¹2187 / K cap. Φ 2, 31

Ἐκ τοῦ Ὑποθῆκαι παρθένοις, τῶν Ἐπῶν·

Χάρις φθονεῖσθαι, τὸ φθονεῖν δ᾽ αἶσχος μέγα.

---

4 – 7 exstat etiam ap. Ps.-Max. Conf., *Loci communes*, 47.-./54.13. (ed. Ihm, p. 92)

---

4 – 7 **II¹2185** GREGORIUS NAZIANZENUS, *De seipso et ad eos qui ipsum cathedram
Constantinopolitanam affectare dicebant (Orat. 36)*, 4, 13–17 (ed. Moreschini, p.
250)   **10 II¹2186** GREGORIUS NAZIANZENUS, *In dilectos*, locus non repertus   **13**
II¹2187 GREGORIUS NAZIANZENUS, *Carmina*, re vera I,2,30 *(Versus iambici acro-
stichi)*, 22 (PG 37, 910, 8)

---

2 – 7 **II¹2185** K cap. Φ 2, 29 (272v[1–2]3–7); *deest in* V Hᴵ   **9 – 10 II¹2186** K cap.
Φ 2, 30 (272v[7]8); *deest in* V Hᴵ   **12 – 13 II¹2187** K cap. Φ 2, 31 (272v[8]9); Vᴱνᴼ
cap. Φ 12, 24; *deest in* Vᵂ Hᴵ; PG 96, 417, 44

II¹2187 (a) K (b) Τοῦ Θεολόγου Vᴱνᴼ

---

10 Μῶμος] *conieci*, ὠμὸς K **13** φθονείσθω K   δ᾽] δὲ Vᴱνᴼ

II¹2188 / K cap. Φ 2, 32

Ἐκ τῶν αὐτῶν·

Τὸ φθονέειν ἀγαθοῖσιν ἴσον στέργειν τε κακίστους.

II¹2189 / K cap. Φ 2, 33

Ἐκ τῶν αὐτῶν·

Ὑψοῦ βάδιζε, τὸν φθόνον δ' ἔα κάτω.

*II²2758 /
PML^b cap.
Φ 2, 18

II¹2190 / K cap. Φ 2, 34

Ἐκ τοῦ εἰς Βασίλειον ἐπιταφίου·

Ἅπτεται οὐ τῶν πολλῶν μόνον, ἀλλὰ καὶ ἀρίστων ὁ φθόνος.

---

9 exstat etiam ap. Ps.-Max. Conf., *Loci communes*, 10.11./11. (ed. Ihm, p. 244)

---

3 **II¹2188** GREGORIUS NAZIANZENUS, *Carmina*, I,2,2 *(Praecepta ad virgines)*, 359 (PG 37, 606, 11)   **6** **II¹2189** GREGORIUS NAZIANZENUS, *Carmina*, I,2,6 *(De pudicitia)*, 26 (PG 37, 645, 9)   **9** **II¹2190** GREGORIUS NAZIANZENUS, *Funebris oratio in laudem Basilii Magni Caesareae in Cappadocia episcopi (Orat. 43)*, 28, 6–7 (ed. Bernardi, p. 188)

---

2 – 3 **II¹2188** K cap. Φ 2, 32 (272v[9]10); *deest in* V H^I   **5 – 6** **II¹2189** K cap. Φ 2, 33 (272v[mg]11); V^EV^O cap. Φ 12, 25; *deest in* V^W H^I; PG 96, 417, 45   **8 – 9** **II¹2190** K cap. Φ 2, 34 (272v[11]12–13); *deest in* V H^I

II¹2189 (a) K (b) *s. a.* V^EV^O

---

6 ὕψου K   δ'] δὲ V^EV^O   ἔα κάτω] *scripsi (ed.)*, ἔα κάτω V^EV^O, ἔαι κάτωι K

II¹2191 / K cap. Φ 2, 35

Τοῦ ἁγίου Γρηγορίου Νύσης, ἐκ τοῦ ζ΄ λόγου τῶν μακαρισμῶν·

Ὦ καινῶν ἀδικημάτων, ἔγκλημα ποιεῖσθαι τὸ μὴ δυστυχεῖν ἐκεῖνον, οὗ ταῖς εὐπραγίαις ἀλγύνεται.

5   **II¹2192 / K cap. Φ 2, 36**

Ἐκ τοῦ αὐτοῦ·

Τί περιστέλλεις τῇ ὑποκρίσει τὴν νόσον;

II¹2193 / K cap. Φ 2, 37

Τοῦ μακαρίου Ἰωάννου, ἐκ τοῦ εἰς τὰς καλάνδας·

10   Τί ἂν γένοιτο τῶν βασκάνων ἐλεεινότερον; Ἐξὸν καὶ χαίρειν καὶ κερδαίνειν διὰ τὴν χαράν, οὗτοι καὶ λυπεῖσθαι αἱροῦνται μᾶλλον ἐπὶ ταῖς ἑτέρων εὐδοκιμήσεσιν, καὶ μετὰ τῆς λύπης ἔτι καὶ κόλασιν ἐπισπᾶσθαι παρὰ θεοῦ καὶ τιμωρίαν ἀφόρητον.

<II¹suppl. 411 / V cap. Φ 12, 27>

---

14 II¹suppl. 411 cf. *Sacra*. Liber II. *Supplementum* (Band VIII/8)

---

3 - 4 II¹2191 GREGORIUS NYSSENUS, *De beatitudinibus*, VII (ed. Callahan, p. 158, 6–8)   **7** II¹2192 GREGORIUS NYSSENUS, *De beatitudinibus*, VII (ed. Callahan, p. 158, 26)   **10 - 13** II¹2193 IOHANNES CHRYSOSTOMUS, *In Kalendas*, 5 (PG 48, 960, 1–2)

---

2 - 4 II¹2191 K cap. Φ 2, 35 (272v[13]14–16); *deest in* V H¹   **6 - 7** II¹2192 K cap. Φ 2, 36 (272v[16]17); *deest in* V H¹   **9 - 13** II¹2193 K cap. Φ 2, 37 (272v[17–18] 19–24); VᴱVᴼ cap. Φ 12, 26; *deest in* Vᵂ H¹; PG 96, 417, 46 – 420, 2

II¹2193 (a) K (b) Τοῦ Χρυσοστόμου VᴱVᴼ

---

3 Ὦ] *scripsi (ed.)*, ὧ K   καινῶν] *scripsi (ed.)*, κενῶν K   **10** ἂν γένοιτο] ἂν γένοιτἂν VᴱVᴼ, γένοιτ᾽ ἂν *ed.*   Ἐξὸν] *correxi (ed.)*, ἐξ ὧν (ὧν Vᴱ) K VᴱVᴼ   **11** ἐροῦνται VᴱVᴼ

II¹2194 / K cap. Φ 2, 38

Τοῦ μακαρίου Κυρίλλου, ἐκ τοῦ ιη′ λόγου τῶν κατὰ Ἰουλιανοῦ·

Τοῖς οὐκ ἔχουσι βίον τὸν ἐπιεικῆ καὶ τεθαυμασμένον, φορτικόν, ὡς ἔοικε, τὸ εὐδοκιμεῖν ἑτέρους εὐζωΐᾳ καὶ ἀρετῇ. Ἔγκλημα γὰρ τῆς ἑαυτῶν φαυλότητος ποιοῦνται τὸ χρῆμα, καὶ ταῖς ἑτέρων εὐ-   5
κλείαις ἐπη<χ>θισμένοι, τὴν τῆς βασκανίας ὠδίνουσι φλόγα. Καί-
τοι μᾶλλον ἐχρῆν ζηλοῦντας ἑλέσθαι τὸ ἄμεινον, καὶ πάντα σεί-
οντας κάλων ἁμιλλᾶσθαι φιλεῖν τοῖς ὧδε λαμπροῖς, οὐ φιλοψο-
γίας ποιήσασθαι πρόφασιν, ἃ κατορθοῦν οὐ δεδύνηνται.

II²2753 /
PMLᵇ cap.
Φ 2, 13

II¹2195 / K cap. Φ 2, 39   10

Τοῦ ἁγίου Ἀθανασίου, ἐκ τῶν περὶ εἰδώλων·

Ἀγαθῷ μάλιστα περὶ οὐδενὸς ἂν γένοιτο φθόνος.

II¹2196 / K cap. Φ 2, 40

Νείλου ἀσκητοῦ·

Ἀμήχανον ἐν εὐπραγίαις φθόνον διαφυγεῖν.   15

---

3 – 9 II¹2194 Cyrillus Alexandrinus, *Contra Iulianum imperatorem*, XVIII (?) (fr. 63, ed. Kinzig/Brüggemann, p. 806)   12 II¹2195 Athanasius Alexandrinus, *Contra idola (Contra gentes)*, 41, 14 (ed. Thomson, p. 114)   15 II¹2196 Nilus Asceta, locus non repertus, re vera Flavius Iosephus, *De bello Iudaico*, I, 208 (ed. Destinon/Niese, VI, p. 47, 7)

---

2 – 9 II¹2194 K cap. Φ 2, 38 (272v[24]273r1–10); *deest in* V Hᴵ; PG 86, 2097, 10–20
11 – 12 II¹2195 K cap. Φ 2, 39 (273r[10]11); *deest in* V Hᴵ   14 – 15 II¹2196 K cap.
Φ 2, 40 (273r[11]12); VᴱVᴼ cap. Φ 12, 28; *deest in* Vᵂ Hᴵ; PG 96, 420, 9

II¹2196 (a) K (b) *s. a.* VᴱVᴼ

---

5 τὸ χρῆμα] *coniec.* Aubert, χρήματα K   6 ἐπηχθισμένοι] *correx.* Kinzig/Brügge-
mann, ἐπειθισμένοι Kᵖ·ᶜ· ⁱⁿ ᵐᵍ·, ἐπηθισμένοι Kᵃ·ᶜ·, ἐρηθισμένοι *Mai*   7 – 8 πάντα
σείοντας] *correx.* Aubert, πάντας ἰόντας K   8 κάλων] *scrips.* Mai, καλὸν K   15 ἐν]
om. VᴱVᴼ   εὐπραγίαις] εὐπραγίαν Kᵃ·ᶜ·

<II¹suppl. 412–414 / V cap. Φ 12, 29–31>

II¹2197 / K cap. Φ 2, 41

Φίλωνος, ἐκ τοῦ ς' τῶν ἐν Γενέσει ζητημάτων·

Οἱ βασκανίᾳ καὶ φθόνῳ ῥηγνύμενοι τῆς περὶ ἑτέρους εὐπραγίας,
5 ὀλιγωροῦσι καὶ τῆς αὐτῶν ἐξ ἐκείνων ὠφελείας, ἄμεινον ἡγούμε-
νοι βλάπτεσθαι μᾶλλον ἢ ὑφ' ὧν οὐκ ἐθέλουσιν, εὐεργετεῖσθαι.
Ζημίαν γὰρ ὑπολαμβάνουσι τὰς ὑπὸ τῶν βελτίστων προτεινομέ-
νας χάριτας.

---

1 II¹suppl. 412–414 cf. Sacra. Liber II. Supplementum (Band VIII/8)

---

4 – 6 II¹2197 Οἱ – εὐεργετεῖσθαι] PHILO IUDAEUS, Quaestiones in Genesim, re vera
IV. 191b (ed. Petit, p. 196) 7 – 8 Ζημίαν – χάριτας] IBID., IV. 191d (p. 197)

---

3 – 8 II¹2197 K cap. Φ 2, 41 (273r[12]13–18); deest in V H¹; PG 86, 2097, 21–27

II¹2197 ς'] sic K

---

5 ὀλιγωροῦσι] scrips. Mai, ὀλιγορούσι K   αὐτῶν] αὑτῶν Kᵃ· ᶜ·

Τίτλος γ′   Περὶ φιλαυτίας, καὶ ὅτι οὐ δεῖ τινὰ ἑαυτὸν δικαιοῦν ἢ ἐπαινεῖν.

ιγ′   Περὶ φιλαυτίας, καὶ ὅτι οὐ δεῖ τινὰ ἑαυτὸν δικαιοῦν ἢ ἐπαινεῖν.

κϛ′   Περὶ αὐταρέσκων καὶ ἑαυτοὺς συνιστώντων καὶ ἑαυτοὺς   5
ἀποδεχομένων.

II¹2198 / K cap. Φ 3, 1

Τῶν Παροιμιῶν·

Πᾶς ἀνὴρ φαίνεται ἑαυτῷ δίκαιος.

II¹2199 / K cap. Φ 3, 2   10

Τῶν αὐτῶν·

Ἐγκωμιαζέτω σε ὁ πέλας, καὶ μὴ τὸ σὸν στόμα,
ἀλλότριος, καὶ μὴ τὰ σὰ χείλη.

---

5 II Cor. 10, 18   9 exstat etiam ap. Ps.-Max. Conf., *Loci communes*, 63.3./70.3. (ed. Ihm, p. 931) 12 – 13 exstat ibid., 63.4./70.4. (p. 931–932)

9 II¹2198 Prov. 21, 2¹ (Wahl, *Proverbien-Text*, p. 100)   12 – 13 II¹2199 Prov. 27, 2¹⁻² (Wahl, *Proverbien-Text*, p. 130–131)

1 – 2 **Titlos (a)** K (273r18–20)   3 – 4 **Titlos (b)** V^EV^O; *deest in* V^W H^IA^I (*lac. in* A^I pin)   5 – 6 **Titlos (c)** PML^b (*cf.* *II² / T cap. A 23 titlos)   8 – 9 II¹2198 K cap. Φ 3, 1 (273r[20]21); V^EV^O cap. Φ 13, 1; PML^b cap. A 26, 1; R cap. A 22, 3; *deest in* V^W H^I; PG 96, 420, 22   11 – 13 II¹2199 K cap. Φ 3, 2 (273r[21]22–23); V^EV^O cap. Φ 13, 2; PML^b cap. A 26, 2; E cap. 152, 246; *deest in* V^W H^I; PG 96, 420, 23–24

1 – 2 **Titlos (a)** 1 δικαιῶσαι K^pin 2 ἐπαινέσαι K^pin 3 – 4 **Titlos (b)** 3 δεῖ τινὰ] δεῖ V^E pin V^O pin 3 – 4 ἐπαινοῦν V^O pin 5 – 6 **Titlos (c)** 5 κϛ′] ιϛ′ P^txt (κϛ′ *exspectav.*) ἑαυτοὺς²] *om.* L^b pin

II¹2198 (a) K V^EV^O PML^b Τῶν] V^EV^O P (b) Τῶν αὐτῶν R II¹2199 (a) K M (b) *s. a.* V^EV^O P E (c) *s. d.* L^b

9 αὐτῶι K   12 σὸν στόμα] στόμα το σον M   13 ἀλλότρια E

II¹2200 / K cap. Φ 3, 3

Τῶν αὐτῶν·

Μὴ ἴσθι φρόνιμος παρὰ σεαυτῷ.

II¹2201 / K cap. Φ 3, 4

5   Τῶν αὐτῶν·

Ὁδοὶ ἀφρόνων ὀρθαὶ ἐνώπιον αὐτῶν.

II¹2202 / K cap. Φ 3, 5

Τῶν αὐτῶν·

Σοφὸς παρ' ἑαυτῷ ἀνὴρ πλούσιος.

---

3 II¹2200 Prov. 3, 7¹ (Wahl, *Proverbien-Text*, p. 27)   **6** II¹2201 Prov. 12, 15¹ (Wahl, *Proverbien-Text*, p. 63)   **9** II¹2202 Prov. 28, 11¹ (Wahl, *Proverbien-Text*, p. 136)

---

2 – 3 II¹2200 K cap. Φ 3, 3 (273r[23]24); VᴱVᴼ cap. Φ 13, 3; PMLᵇ cap. A 26, 3; E cap. 152, 247; R cap. A 22, 4; *deest in* Vᵂ Hᴵ; PG 96, 420, 25   **5 – 6** II¹2201 K cap. Φ 3, 4 (273r[24]273v1); VᴱVᴼ cap. Φ 13, 4; PLᵇ cap. A 26, 4; E cap. 152, 247; R cap. A 22, 5; *deest in* Vᵂ Hᴵ M; PG 96, 420, 26   **8 – 9** II¹2202 K cap. Φ 3, 5 (273v[1]2); PLᵇ cap. A 26, 5; M cap. A 26, 4; R cap. A 22, 6; *deest in* V Hᴵ

II¹2200 (a) PMLᵇ R   (b) Τοῦ Σιράχ K   (c) *s. a.* VᴱVᴼ E   II¹2201 (a) PLᵇ   (b) Τοῦ αὐτοῦ K   (c) *s. a.* VᴱVᴼ R   (d) *s. d.* E   II¹2202 (a) PMLᵇ R   (b) Τοῦ αὐτοῦ K

---

3 ἴσθι] ἴσε *(sic)* M   ἑαυτῶι K

II¹2203 / K cap. Φ 3, 6

Ἡσαΐου προφήτου·

Οὐαὶ οἱ συνετοὶ ἐν ἑαυτοῖς καὶ ἐνώπιον αὐτῶν ἐπιστήμονες, οἱ λέ-
γοντες· Πόρρω ἀπ᾽ ἐμοῦ, μὴ ἐγγίσῃς μοι, ὅτι καθαρός εἰμι· οὗτος
καπνὸς τοῦ θυμοῦ μου, πῦρ καίεται ἐν αὐτοῖς πάσας τὰς ἡμέρας.   5
Ἰδοὺ γέγραπται ἐναντίον μου· Οὐ μὴ σιωπήσω, ἕως ἂν ἀποδῶ καὶ
ἀνταποδώσω εἰς τὸν κόλπον αὐτῶν τὰς ἁμαρτίας αὐτῶν καὶ τῶν
πατέρων αὐτῶν, λέγει κύριος.

II¹2204 / K cap. Φ 3, 7

Ἐκ τῆς πρὸς Ῥωμαίους ἐπιστολῆς·   10

Μὴ γίνεσθε φρόνιμοι παρ᾽ ἑαυτοῖς.

---

3 **II¹2203** Οὐαὶ – ἐπιστήμονες] Is. 5, 21 (Wahl, *Prophetenzitate*, p. 307)   **3 – 8** οἱ –
κύριος] Ibid. 65, 5–7 (Wahl, p. 469–470)   **11 II¹2204** Rom. 12, 16

2 – 8 II¹2203 K cap. Φ 3, 6 (273v[2]3–5); V^EV^O cap. Φ 13, 5; PL^b cap. A 26, 6; M
cap. A 26, 5; E cap. 152, 248; R cap. A 22, 12; *deest in* V^W H^I; PG 96, 420, 27–34
10 – 11 II¹2204 K cap. Φ 3, 7 (273v[5]6); V^EV^O cap. Φ 13, 7; PL^b cap. A 26, 7; M
cap. A 26, 6; *deest in* V^W H^I; PG 96, 420, 37

II¹2203 (a) K (b) Ἡσαΐου V PML^b E ἡσαΐου PM E (c) Τοῦ αὐτοῦ R **II¹2204** (a) K
PML^b ἐπιστολῆς] *om.* PM (b) *s. a.* V^EV^O

3 ἐν] παρ᾽ E, *om.* K (*s. l. supplev. man. rec.*) PML^b R   αὐτῶν] αυτον (*sic*) M, ἑαυ-
τῶν (ἐάυ- P) V P   **3 – 8** οἱ² – κύριος] *om.* E   **3** οἱ²] ὁ V^O   **4 – 8** οὗτος – κύριος]
om. K   **4** οὕτως V^EV^O L^b R   **5** αὐτῶ (αυ- V^O) V^EV^O   **7 – 8** αὐτῶν¹ – πατέρων]
om. L^b   **11** γίνεσθαι (γι- M) V^O PM

II¹2205 / K cap. Φ 3, 8

Ἐκ τῆς πρὸς Κορινθίους β'·

Οὐχ' ὁ ἑαυτὸν συνιστάνων, ἐκεῖνος δόκιμος, ἀλλ' ὃν ὁ κύριος συ-
νίστησιν.

5 ## II¹2206 / K cap. Φ 3, 9

Τοῦ θεολόγου ἁγίου Γρηγορίου, ἐκ τοῦ εἰς ἑαυτὸν μετὰ κατὰ Μά-
ξιμον·

Φύσις αὕτη, πρὸς τὸ οἰκεῖον ἅπαν νεύειν καὶ εὐμενῶς ἔχειν, εἴτε
κτῆμα, εἴτε γέννημα, εἴτε λόγον, καὶ δι' εὐνοίας ἑκουσίου χειροῦ-
10 σθαι τοῖς ἑαυτοῦ προβλήμασιν.

II¹2207 / K cap. Φ 3, 10

Σχόλιον·

Ἀνάγνωθι ἐνταῦθα ἐν τῷ Ο στοιχείῳ, τὸν Περὶ οἰήσεως τίτλον.

---

3 – 4 exstat etiam ap. Ps.-Max. Conf., *Loci communes*, 63.2./70.2. (ed. Ihm, p. 931)
13 Περὶ οἰήσεως] cf. II¹ / K cap. Ο 6

---

3 – 4 II¹2205 II Cor. 10, 18   8 – 10 II¹2206 GREGORIUS NAZIANZENUS, re vera *De
seipso et ad eos qui ipsum cathedram Constantinopolitanam affectare dicebant
(Orat. 36)*, 3, 10–13 (ed. Moreschini, p. 246)   13 II¹2207 *Scholion*

---

2 – 4 II¹2205 K cap. Φ 3, 8 (273v[6]7–8); VᴱVᴼ cap. Φ 13, 6; PLᵇ cap. A 26, 8; M
cap. A 26, 7; Lᵇ cap. A 26, 8; *deest in* Vᵂ Hᴵ; PG 96, 420, 35–36   6 – 10 II¹2206 K
cap. Φ 3, 9 (273v[8]9–12); *deest in* V Hᴵ PMLᵇ   12 – 13 II¹2207 K cap. Φ 3, 10
(273v[mg]mg); *deest in* V Hᴵ PMLᵇ

II¹2205 (a) K Lᵇ   Κορινθίους] *add.* ἐπιστολῆς Lᵇ   (b) Πρὸς Κορινθίους β' VᴱVᴼ PM
β'] *om.* VᴱVᴼ II¹2206 κατὰ] *sic* K, *exspectaveris* τὰ κατὰ

---

3 οὐχὶ VᴱVᴼ   συνιστῶν M, συνιστάμενον VᴱVᴼ   ἐκεῖνος] *om.* K   δόκιμος]
add. ἐστίν VᴱVᴼ

II¹2208 / K cap. Φ 3, 11

Ἐκ τοῦ μεγάλου ἀπολογητικοῦ·

Ἡμῖν δὲ ἡ σύνεσις καὶ τὸ φίλαυτον καὶ τὸ νικᾶσθαι ῥαδίως μήτε
εἰδέναι μήτε ἀνέχεσθαι, μέγιστον πρὸς τὴν ἀρετήν ἐστιν ἐμπό-
διον, καὶ οἷόν τις παράταξις κατὰ τῶν συμμαχούντων γίνεται· καὶ   5
ὅσην εἰσφέρειν ἔδει σπουδὴν γυμνοῦν τὴν νόσον τοῖς θεραπεύου-
σιν, τοσαύτην ὥστε τὴν θεραπείαν φυγεῖν εἰσφερόμεθα, καὶ ἐσμὲν
ἀνδρεῖοι καθ᾽ ἑαυτῶν καὶ κατὰ τῆς ὑγιείας ἡμῶν ἐπιστήμονες.

II¹2209 / K cap. Φ 3, 12

<Σχόλιον·>   10

Ἔστιν καὶ εἰς τὸ Κ στοιχεῖον, τίτλος γ´.

II¹2210 / K cap. Φ 3, 13

Ἐκ τοῦ αὐτοῦ·

Πάντες ἐσμὲν εὐσεβεῖς ἐξ ἑνός, τοῦ καταγινώσκειν ἀλλήλων ἀσέ-
βειαν.   15

---

11 Locum praecedentem non repperi in II¹ / K cap. K 3, ubi autem locus sequens
adfertur; cf. II¹1246 / K cap. K 3, 12   **14 – 15** exstat etiam ap. Ps.-Max. Conf., *Loci
communes*, 63.7./70.7. (ed. Ihm, p. 933)

3 – 8 II¹2208 GREGORIUS NAZIANZENUS, *Apologetica (Orat. 2)*, 19, 7–13 (ed. Ber-
nardi, p. 114–116)   **11** II¹2209 *Scholion*   **14 – 15** II¹2210 GREGORIUS NAZIAN-
ZENUS, *Apologetica (Orat. 2)*, 79, 4–5 (ed. Bernardi, p. 192)

2 – 8 II¹2208 K cap. Φ 3, 11 (273v[12]13–21); *deest in* V Hᴵ PMLᵇ   **10 – 11**
II¹2209 K cap. Φ 3, 12 (273v[mg]); *deest in* V Hᴵ PMLᵇ   **13 – 15** II¹2210 K cap. Φ
3, 13 (273v[21]22–23); VᴱVᴼ cap. Φ 13, 8; PLᵇ cap. A 26, 9; M cap. A 26, 8; R cap. A
23, 9; *deest in* Vᵂ Hᴵ; PG 96, 420, 38–39

II¹2209 Σχόλιον] *supplevi, om.* K II¹2210 (a) K (b) Τοῦ Θεολόγου, ἐκ τοῦ μεγάλου
ἀπολογητικοῦ PMLᵇ (c) Τοῦ Θεολόγου VᴱVᴼ R

II¹2211 / K cap. Φ 3, 14

Ἐκ τοῦ β′ εἰρηνικοῦ·

...οἱ τῶν μὲν ἰδίων πραεῖς κριταί, τῶν δὲ ἀλλοτρίων ἀκριβεῖς ἐξετασταὶ...

II¹2212 / K cap. Φ 3, 15

Ἐκ τῆς ιη′ ἐπιστολῆς·

Ἱκανὸν εἰς ἀπάτην τὸ βούλεσθαι.

II¹2213 / K cap. Φ 3, 16

Τοῦ μακαρίου Κυρίλλου, ἐκ τοῦ ιη′ τῶν κατὰ Ἰουλιανοῦ·

Εἰσί τινες – πλεῖστοι δὲ οὗτοι κατὰ τὸν βίον –, οἳ τὸ σφίσιν αὐτοῖς <δοκοῦν> εὖ ἔχειν ὑπολαμβάνουσιν· οἴονται δὲ ὅτι πάντη τε καὶ πάντως σοφὰ λαλοῦσι καὶ ἀναμφίβλητα. Πλὴν μέχρι τοσούτου τὴν τοῦ δοκεῖν εἶναι σοφοὶ καὶ ἀγχίνοι κλέπτουσι δόξαν <***>.

---

3 - 4 II¹2211 GREGORIUS NAZIANZENUS, *De pace II (Orat. 23)*, 2, 13–14 (ed. Mossay/Lafontaine, p. 282)   7 II¹2212 GREGORIUS NAZIANZENUS, *Epistulae*, CCXXXI, 2 (ed. Gallay, II, p. 122)   10 - 13 II¹2213 CYRILLUS ALEXANDRINUS, *Contra Iulianum imperatorem*, XVIII (?) (fr. 56, 3–7, ed. Kinzig/Brüggemann, p. 803)

---

2 - 4 II¹2211 K cap. Φ 3, 14 (273v[23]24–274r1); VᵉVᴼ cap. Φ 13, 9; PLᵇ cap. A 26, 10; M cap. A 26, 9; R cap. A 23, 10; *deest in* Vᵂ Hᴵ; PG 96, 420, 40–41   6 - 7 II¹2212 K cap. Φ 3, 15 (274r[1]2); *deest in* V Hᴵ PMLᵇ   9 - 13 II¹2213 K cap. Φ 3, 16 (274r[2]3–7); *deest in* V Hᴵ PMLᵇ; *cf.* PG 86, 2088, 30–36 (*sub titulo* Περὶ οἰήσεως)

II¹2211 (a) K (b) Τοῦ αὐτοῦ, ἐκ τοῦ εἰρηνικοῦ PMLᵇ Τοῦ αὐτοῦ] *om.* PM (c) *s. a.* VᵉVᴼ (d) *s. d.* R

---

3 οἱ] οἳ R, οι M, *om.* K   μὲν] *om.* K   πρᾶοι (πρα- PM) VᵉVᴼ PMLᵇ R   11 δοκοῦν] *supplev. Aubert in Sacris* II¹1628 / K cap. O 6, 17, *om.* K   πάντη τε] *correxi secund.* II¹1628 / K cap. O 6, 17, πάντες K   13 *finem huius sententiae invenies in Sacris* II¹1628 / K cap. O 6, 17

II¹2214 / K cap. Φ 3, 17

Κλήμεντος, ἐκ τοῦ ς' Στρώματος·

Φιλαυτία πάντων ἁμαρτημάτων αἰτία ἑκάστοις ἑκάστοτε.

II¹2215 / K cap. Φ 3, 18

Τοῦ μακαρίου Διονυσίου, ἐκ τοῦ περὶ φύσεως·   5

Ἐπεὶ καὶ σύμβο<υ>λος ἀγαθὸς ὤφθη ξένοις ὁ πολλάκις ἐν οἰκείᾳ βουλῇ σφαλών· τυφλώττει μέν τις ἐπιπολὺ περὶ τὰ αὐτῷ προσήκοντα διὰ φιλαυτίαν, ἀπροσπαθῶς δὲ καὶ σχολαζούσῃ τῇ διανοίᾳ τοῖς ἐκτὸς προ<σ>ϊών, ῥᾷον αὐτῶν εὐσύνοπτον ἴσχει καὶ καταφανῆ τὴν διάθεσιν. Εἶτα ἐκείνοις συγκροτηθεὶς καὶ διαδονισθείς, ἐν- 10 τρεχέστερός τε νοεῖν γενόμενος, καὶ ἑαυτοῦ ποτε συναισθήσεται, εἴγε καὶ τῆς ἐν τοῖς περικειμένοις ἀληθείας ὀξυδερκὴς ἐπιγνώμων γένοιτο.

II¹2216 / K cap. Φ 3, 19

Τοῦ αὐτοῦ, ἐκ τοῦ περὶ ἐπαγγελιῶν β'·   15

Συμβαίνει πολλάκις καὶ τῶν σοφῶν τινας παρορᾶν τινά, τῆς ἰδίας διανοίας κρίσει, μᾶλλον δὲ οἰήσει φιλαυτίας ῥέποντας.

---

3   II¹2214 CLEMENS ALEXANDRINUS, *Stromata*, VI. Cap. VII. 56, 2 (ed. Stählin/ Früchtel/Treu, p. 460, 13–14); Holl, n° 250   6 – 13   II¹2215 DIONYSIUS ALEXANDRINUS, *De natura*, locus non repertus (ed. Feltoe, Γ. 12 [p. 163, 14 – 164, 4]); Holl, n° 365   16 – 17   II¹2216 DIONYSIUS ALEXANDRINUS, *De promissionibus*, II, locus non repertus (ed. Feltoe, B. 7 [p. 125, 14–16]); Holl, n° 368

2 – 3   II¹2214 K cap. Φ 3, 17 (274r[7]8 –9); *deest in* V H¹ PMLᵇ   5 – 13   II¹2215 K cap. Φ 3, 18 (274r[9]10 –19); *deest in* V H¹ PMLᵇ; PG 86, 2097, 29 –38   15 – 17 II¹2216 K cap. Φ 3, 19 (274r[19]20 –22); *deest in* V H¹ PMLᵇ; PG 86, 2097, 39 –42

6 σύμβουλος] *scrips. Routh*, σύμβολος K   7 σφαλών] *scrips. Holl*, σφαλῶν K *(secundum Feltoe forsan legendum* σφαλεις *[sic Feltoe])*   αὐτῷ] *scrips. Feltoe*, αὐτῶι K 9 προσϊών] *correxi (cf. Feltoe in app. crit.)*, προιὼν K   αὐτῶν] *correx. Routh*, αὐτὸν K   10 – 11 ἐντρεχέστερός τε] *scripsi*, ἐντρεχέστερος τε *(sic) Feltoe*, ἐντρεχεστέρως τε K   11 συναισθήσεται] *scrips. Feltoe*, συνεσθήσεται K   16 τῆς] *sic* K *(male* τὰς *Feltoe)*

II¹2217 / K cap. Φ 3, 20

Τοῦ αὐτοῦ, ἐκ τοῦ κα′ κεφαλαίου·

...ἀλλὰ πέπεισται ὡς ἁπάντων χαλεπώτατον αὐτὸν γινώσκειν καὶ
θεραπεύειν, διὰ τὸ προσπεφυκέναι ἀνθρώποις τὸ φίλαυτον, καὶ
5 κλέπτειν τὴν τοῦ ἀληθοῦς κρίσιν ἕκαστον τῇ περὶ ἑαυτοῦ προσ-
παθείᾳ.

II¹2218 / K cap. Φ 3, 21

Φίλωνος, ἐκ τοῦ β′ τῶν ἐν Γενέσει ζητημάτων·

Οἱ ἑαυτῶν μόνον ἕνεκα πάντα πράττοντες, φιλαυτίαν, τὸ μέγι-
10 στον κακόν, ἐπιτηδεύουσιν, ὃ ποιεῖ τὸ ἄμικτον, τὸ ἀκοινώνητον,
τὸ ἄφιλον, τὸ ἄδικον, τὸ ἀσεβές. Τὸν γὰρ ἄνθρωπον ἡ φύσις κα-
τεσκεύασεν οὐχ᾿ ὡς τὰ μονωτικὰ θηρία, ἀλλ᾿ ὡς τὰ ἀγελαῖα καὶ
σύννομα, κοινωνικώτατον, ἵνα μὴ ἑαυτῷ μόνῳ ζῇ, ἀλλὰ καὶ πατρὶ
καὶ μητρὶ καὶ ἀδελφοῖς, καὶ γυναικὶ καὶ τέκνοις καὶ τοῖς ἄλλοις
15 συγγενέσι, καὶ φίλοις καὶ δημόταις καὶ φυλέταις καὶ πατρίδι καὶ

---

9 - 10 Οἱ – ἐπιτηδεύουσιν] exstat etiam ap. Ps.-Max. Conf., *Loci communes*,
63.11./70.11. (ed. Ihm, p. 934)

3 - 6 II¹2217 DIONYSIUS ALEXANDRINUS, re vera (PS.-)BASILIUS CAESARIENSIS,
Constitutiones asceticae, XXII, 5 (PG 31, 1409, 38–42); Holl, n° 392   **9 - 1164, 4**
II¹2218 PHILO IUDAEUS, *Quaestiones in Genesim*, locus non repertus (ed. Petit, p.
222–223.10); Royse 176.56

2 - 6 II¹2217 K cap. Φ 3, 20 (274r[22]23–274r2); *deest in* V Hᴵ PMLᵇ; PG 86, 2097,
43–47   **8 - 1164, 4** II¹2218 K cap. Φ 3, 21 (274v[2–3]4–14); VᴱVᴼ cap. Φ 13, 10;
PLᵇ cap. A 26, 11; M cap. A 26, 10; R cap. A 23, 14; *deest in* Vᵂ Hᴵ; PG 86, 2097,
48 – 2100, 2; PG 96, 420, 42 – 421, 5

II¹2217 κα′] *sic* K II¹2218 (a) K (b) Φίλωνος PMLᵇ φιλωνος M (c) Ἡσαΐου VᴱVᴼ
(d) Τοῦ αὐτοῦ R

3 πεπεῖσθαι *ed.*   αὐτὸν] *spir. non liquet in* K   5 ἕκαστον] *scripsi (ed.)*, ἑκάστου K
9 αὐτῶν μόνων Lᵇ   τὸ] *om.* PMLᵇ R   10 κακόν] τῶν κακῶν VᴱVᴼ   12 τὰ (τα M)
μονοτικα PM, ταμονοτικὰ VᴱVᴼ, τὰ μονητικὰ K   τὰ²] *om.* VᴱVᴼ PM R   ἀγελαία
Ρ, αγελαια M, ἀγελέα VᴱVᴼ, ἀγέλεα K   13 κοινωνικώτατον Ρ, κοινωνηκότατον
M, καὶ κοινωνικά VᴱVᴼ   μόνον ἑαυτῷ Lᵇ, μόνον ἑαυτῶ M, μόνω ἑαυτῶ Ρ R
πατρὶ] μητρὶ VᴱVᴼ, πνεύματι K   14 μητρὶ] πατρὶ VᴱVᴼ   15 συγγενεῦσι K, συγγε-
νεύσιν (-ευ- M) PM   φίλοις – καὶ⁴] *om.* K

ὁμοφύλοις καὶ πᾶσιν ἀνθρώποις, ἔτι μέντοι καὶ τοῖς μέρεσι τοῦ παντός, καὶ τῷ ὅλῳ κόσμῳ, καὶ πολὺ πρότερον τῷ πατρὶ καὶ ποιητῇ. Δεῖ γὰρ εἶναι, εἴγε ὄντως ἐστὶν λογικός, κοινωνικόν, φιλόκοσμον, φιλόθεον, ἵνα γένηται καὶ θεοφιλής.

II¹2219 / K cap. Φ 3, 22　　　　　　　　　5

Ἐκ τῆς πρὸς Γάϊον πρεσβείας·

Καλὰ ἑκάστοις τὰ οἰκεῖα φαίνεται, καὶ εἰ μὴ πρὸς ἀλήθειάν ἐστι· κρίνουσι γὰρ αὐτὰ οὐ συλλογισμῷ μᾶλλον ἢ τῷ τῆς εὐνοίας πάθει.

II¹2220 / K cap. Φ 3, 23　　　　　　　　10

Εὐαγρίου·

Ὦ ἄπο τῆς φιλαυτίας, τῆς πάντα μισούσης.

---

7 – 9 **II¹2219** PHILO IUDAEUS, *Legatio ad Gaium*, locus non repertus; Lewy, 81.18; Royse 176.41　　　12 **II¹2220** EUAGRIUS PONTICUS, *Spirituales sententiae per alphabeticum dispositae* (ed. Elter, p. LIII.48)

6 – 9 **II¹2219** K cap. Φ 3, 22 (274v[14]15–17); *deest in* V H¹ PMLᵇ　　11 – 12 **II¹2220** K cap. Φ 3, 23 (274v[17]18); Vᴱᵛᴼ cap. Φ 13, 11; PLᵇ cap. A 26, 12; *deest in* Vᵂ H¹ M; PG 86, 2100, 3–4; PG 96, 421, 6

II¹2220 (a) K Vᴱᵛᴼ P ευαγρίου P (b) *s. d.* Lᵇ

1 – 2 ἔτι – κόσμῳ] *om.* K　　2 πατρὶ] θεῶ Vᴱᵛᴼ　　3 – 4 Δεῖ – θεοφιλής] *om.* K　　3 ὄντος (ο- M) PM, ὅλως Vᴱᵛᴼ　　3 – 4 λογικός – ἵνα] κοινωνικὸς λογικος φιλοκοσμος· φιλοθεος ἵνα M　　7 καὶ εἰ] εἰ καὶ *scrips.* Lewy　　8 εὐνοίας] *sic* K (ἀνοίας *male* Lewy)　　12 Ὦ] ὤ Kᵃ·ᶜ·, ὥ Kᵖ·ᶜ· Vᴱ P　　ἄπο] *scripsi,* άπο P, ἀπὸ K Vᴱᵛᴼ Lᵇ　　παντομῖσουσης Lᵇ

Τίτλος δ′ Περὶ φήμης, καὶ ὅτι οὐ δεῖ ἑκάστῳ πιστεύειν. *Π² /
PML^b cap. Φ ?

δ′ Περὶ φήμης, καὶ ὅτι οὐ δεῖ ἑκάστῳ πιστεύειν.

Π¹2221 / K cap. Φ 4, 1 *Π²2785 /
PML^b cap.
Φ 7, 1

Τῶν Παροιμιῶν·

5 Φήμη ἀγαθὴ πιαίνει ὀστᾶ.

Π¹2222 / K cap. Φ 4, 2 *Π²2788 /
PML^b cap.
Φ 7, 4

Τοῦ Σιράχ·

Ὁ ταχὺ ἐμπιστεύων κοῦφος καρδίᾳ.

Π¹2223 / K cap. Φ 4, 3

10 <***>

Μὴ παντὶ λόγῳ πίστευε.

---

5 Π¹2221 Prov. 15, 30² (Wahl, *Proverbien-Text*, p. 80) 8 Π¹2222 Sir. 19, 4¹ (Wahl, *Sirach-Text*, p. 97) 11 Π¹2223 Sir. 19, 15² (Wahl, *Sirach-Text*, p. 98)

1 Titlos (a) K (274v19) 2 Titlos (b) V^E V^O; *deest in* V^W H^I A^I *(lac. in* A^I pin) 4 – 5 Π¹2221 K cap. Φ 4, 1 (274v[mg]20); V^E V^O cap. Φ 4, 1; *deest in* V^W H^I; PG 96, 400, 22 7 – 8 Π¹2222 K cap. Φ 4, 2 (274v[20]21); V^E V^O cap. Φ 4, 2; *deest in* V^W H^I; PG 96, 400, 23 10 – 11 Π¹2223 K cap. Φ 4, 3 (274v[21]22); V^E V^Ph cap. Φ 4, 3; *deest in* V^W V^O H^I

2 Titlos (b) καὶ] *om.* V^E pin V^O pin πιστεύει V^O txt

Π¹2221 Τῶν] *om.* V^E V^O Π¹2222 (a) K (b) *s. a.* V^E V^O Π¹2223 (a) *s. a.* V^E V^Ph (b) ζ<ή>τ<ει> K

8 καρδίᾳ] καρδία V^E V^O, *add.* αὐτοῦ K^a. c., αὐτοῦ K^p. c. 11 λόγῳ] λέγοντι K πιστεύετε V^E V^Ph

II¹2224 / K cap. Φ 4, 4

Ἐκ τῆς Ἰωάννου α′ ἐπιστολῆς·

Ἀγαπητοί, μὴ παντὶ πνεύματι πιστεύετε.

II¹2225 / K cap. Φ 4, 5

Τοῦ ἁγίου Ἰωάννου Κωνσταντινουπόλεως, ἐκ τοῦ κατὰ Ἰουδαίων·　　5

Οἶδε πολλάκις καὶ φήμη καθελεῖν καὶ ἀναστῆσαι ψυχήν, καὶ τὴν
οὐκ οὖσαν προθυμίαν ἐμβαλεῖν, καὶ τὴν οὖσαν καταλῦσαι.

<II¹suppl. 416 / V cap. Φ 4, 6>

II¹2226 / K cap. Φ 4, 6

Εὐσεβίου, ἐκ τοῦ η′ τῆς Παρασκευῆς·　　　　　　　　　　　　10

Προσῆκεν ὡς ἀληθῶς ἑκάστῳ τῶν φιλομαθῶν μὴ ἁπλῶς καὶ ὡς
ἔτυχε συγκατατίθεσθαι τοῖς λεγομένοις, ἀλλ᾽ ἀκριβῆ ποιήσασθαι
τὴν ἐξέτασιν τῶν λόγων.

---

8 II¹suppl. 416 cf. *Sacra*. Liber II. *Supplementum* (Band VIII/8)　　**11 – 13** Eusebius
hunc locum e tractatu *De materia*, Maximo cuidam adscripto, attulisse dicit
11 – 13 exstat etiam ap. Method. Olymp., *De libero arbitrio*, IX, 4 (ed. Bonwetsch,
p. 170, 2–4; Vaillant, p. 767, 2–3); Holl, n° 434

---

3 II¹2224 I Ioh. 4, 1　　**6 – 7 II¹2225** IOHANNES CHRYSOSTOMUS, *Adversus Iudaeos*,
VIII, 5 (PG 48, 934, 30–32)　　**11 – 13 II¹2226** EUSEBIUS CAESARIENSIS, *Praeparatio
evangelica*, re vera VII 22, 38 (ed. Mras, I, p. 411, 16–18); Holl, n° 464

---

2 – 3 II¹2224 K cap. Φ 4, 4 (274v[22]23); V^E cap. Φ 4, 4; V^O cap. Φ 4, 3; *deest in* V^W
H^I; PG 96, 400, 24　　**5 – 7 II¹2225** K cap. Φ 4, 5 (274v[23–24]275r1–3); V^E cap. Φ 4,
5; V^O cap. Φ 4, 4; *deest in* V^W H^I; PG 96, 400, 25–26　　**10 – 13 II¹2226** K cap. Φ 4, 6
(275r[3]4–7); *deest in* V H^I

II¹2224 (a) K　　(b) Ἐκ τῆς Ἰωάννου V^EV^O　　**II¹2225** (a) K　　(b) Τοῦ Χρυσοστόμου
V^EV^O　**II¹2226** η′] *sic* K　Παρασκευῆς] *sic* K

---

3 πιστεύητε K　**6** καὶ¹] *om.* K　**7** οὐκ οὖσαν] *scripsi (ed.)*, οὐκοῦσαν V^EV^O, οἰκοῦ-
σαν τῆι ψυχῆι K　ἐκβαλεῖν K

II¹2227 / K cap. Φ 4, 7

Φίλωνος, ἐκ τῆς πρὸς Γάϊον πρεσβείας·

Φήμης οὐδὲν ὠκύτερον.

---

3 **II¹2227** PHILO IUDAEUS, *Legatio ad Gaium*, 18 (ed. Reiter, p. 159, 5–6)

---

2 – 3 **II¹2227** K cap. Φ 4, 7 (275r[7]8); V^E cap. Φ 4, 7; V^O cap. Φ 4, 6; *deest in* V^W H^I; PG 96, 400, 29

II¹2227 (a) K (b) Φίλωνος V^E V^O

*II² /
PMLᵇ cap. Φ 3

Τίτλος ε′ Περὶ φονέων.

*II²2764 /
PMLᵇ cap.
Φ 3, 3

II¹2228 / Κ cap. Φ 5, 1

Τῆς Γενέσεως·

Ὁ ἐκχέων αἷμα ἀνθρώπου, ἀντὶ τοῦ αἵματος αὐτοῦ ἐκχυθήσεται,
ὅτι ἐν εἰκόνι θεοῦ ἐποίησα τὸν ἄνθρωπον.   5

*II²2765 /
PMLᵇ cap.
Φ 3, 4

II¹2229 / Κ cap. Φ 5, 2

Τῆς Ἐξόδου·

Ἐὰν πατάξῃ τίς τινα, καὶ ἀποθάνῃ, θανάτῳ θανατούσθω· ὁ δὲ
οὐχ᾿ ἑκών, ἀλλ᾿ ὁ θεὸς παρέδωκεν εἰς τὰς χεῖρας αὐτοῦ, δώσω σοι
τόπον, οὗ φεύξεται ἐκεῖ ὁ φονεύσας.   10

*II²2766 /
PMLᵇ cap.
Φ 3, 5

II¹2230 / Κ cap. Φ 5, 3

Τῆς αὐτῆς·

Ἐὰν ἐπιθῆται τις τῷ πλησίον αὐτοῦ ἀποκτεῖναι αὐτὸν δόλῳ, καὶ
καταφύγῃ, ἀπὸ τοῦ θυσιαστηρίου μου λήψῃ αὐτὸν θανατῶσαι.

II¹2231 / Κ cap. Φ 5, 4   15

Τῆς αὐτῆς·

Ἐὰν μάχωνται δύο ἄνδρες, καὶ πατάξῃ τις τὸν πλησίον αὐτοῦ
λίθῳ ἢ πυγμῇ, καὶ μὴ ἀποθάνῃ, κατακλινέσθω δὲ ἐπὶ τὴν κοίτην·

---

4 - 5 II¹2228 Gen. 9, 6   8 - 10 II¹2229 Ex. 21, 12–13   13 - 14 II¹2230 Ex. 21, 14
17 - 1169, 2 II¹2231 Ex. 21, 18–19

---

1 Titlos K (275r8)   3 - 5 II¹2228 K cap. Φ 5, 1 (275r[8]9–10)   7 - 10 II¹2229 K
cap. Φ 5, 2 (275r[10]11–14)   12 - 14 II¹2230 K cap. Φ 5, 3 (275r[14]15–17)
16 - 1169, 2 II¹2231 K cap. Φ 5, 4 (275r[17]18–23)

II¹2228 Γενέσεως] *scripsi*, κτίσεως Κ

ἐὰν ἐξαναστὰς ὁ ἄνθρωπος περιπατήσῃ ἔξω ἐπὶ ῥάβδῳ, λυτρωθή-
σεται ὁ πατάξας· πλὴν τῆς ἀργίας αὐτοῦ ἀποτείσει καὶ τὰ ἰατρεῖα.

II¹2232 / K cap. Φ 5, 5

*II²2767 /
PMLᵇ cap.
Φ 3, 6

Ἀπὸ τῶν Ἀριθμῶν·

5 Πάντα πατάξαντα ψυχήν, διὰ μαρτύρων φονεύσεις τὸν φονεύ-
σαντα, καὶ μάρτυς εἷς οὐ μαρτυρήσει ἐπὶ ψυχὴν ἀποθανεῖν. Καὶ οὐ
λήψεσθε λύτρα περὶ τῆς ψυχῆς τοῦ φονεύσαντος, τοῦ ἐνόχου
ὄντος ἀναιρεθῆναι· θανάτῳ θανατώσετε αὐτόν. Καὶ οὐ μὴ φονο-
κτονήσετε τὴν γῆν, ἐφ' ἧς ὑμεῖς κατοικεῖτε ἐπ' αὐτῆς· τὸ γὰρ αἷμα
10 τοῦτο φονοκτονεῖ τὴν γῆν.

II¹2233 / K cap. Φ 5, 6

*II²2768 /
PMLᵇ cap.
Φ 3, 7

Τοῦ Δευτερονομίου·

Ἐὰν γένηται ἄνθρωπος μισῶν τὸν πλησίον αὐτοῦ, καὶ ἐνεδρεύσῃ
αὐτόν, καὶ πατάξῃ ψυχὴν αὐτοῦ, καὶ ἀποθάνῃ, οὐ φείσεται ὁ ὀ-
15 φθαλμός σου ἐπ' αὐτόν, καὶ καθαριεῖς τὸ αἷμα τὸ ἀναίτιον, καὶ εὖ
σοι ἔσται.

II¹2234 / K cap. Φ 5, 7

*II²2769 /
PMLᵇ cap.
Φ 3, 8

Τῶν Παροιμιῶν·

Οἱ φόνου μετέχοντες θησαυρίζουσιν ἑαυτοῖς κακά.

---

5 – 8 II¹2232 Πάντα – αὐτόν] Num. 35, 30–31   8 – 10 Καὶ – γῆν] Ibid. 35, 33
13 – 14 II¹2233 Ἐὰν – ἀποθάνῃ] Deut. 19, 11 (Wahl, *Deuteronomium-Text*, p.
133)   14 – 16 οὐ – ἔσται] Ibid. 19, 13 (Wahl, p. 133)   19 II¹2234 Prov. 1, 18¹
(Wahl, *Proverbien-Text*, p. 22)

4 – 10 II¹2232 K cap. Φ 5, 5 (275r[23]24–275v7)   12 – 16 II¹2233 K cap. Φ 5, 6
(275v[7]8–12)   18 – 19 II¹2234 K cap. Φ 5, 7 (275v[12]13–14)

1 ἐξαναστὰς] *correxi (LXX)*, ἐξαναστήτω Kᵃ·ᶜ· ut videtur, ἐξαναστήτω Kᵖ·ᶜ· ut videtur   2
ἀργίας] *scripsi*, ἀργείας K   ἀποτείσει] *correxi (LXX)*, ἀπαιτήσει K   8 θανατώσετε]
scripsi, θανατώσεται K

II¹2235 / K cap. Φ 5, 8

Τῶν αὐτῶν·

Ἄνδρα τὸν ἐν αἰτίᾳ φόνου ὁ ἐγγυώμενος
φυγὰς ἔσται, καὶ οὐκ ἐν ἀσφαλείᾳ.

II¹2236 / K cap. Φ 5, 9

5

Ἰεζεκιὴλ προφήτου·

Εἰς αἷμα ἥμαρτες, καὶ αἷμα διώξεταί σε.

II¹2237 / K cap. Φ 5, 10

Ματθαίου, ἐν κεφαλαίῳ τγ΄·

Πάντες οἱ λαβόντες μάχαιραν ἐν μαχαίρᾳ ἀποθανοῦνται.

10

II¹2238 / K cap. Φ 5, 11

Ἐκ τῆς Ἰωάννου α΄ ἐπιστολῆς·

Πᾶς ἀνθρωποκτόνος οὐκ ἔχει ζωὴν αἰώνιον ἐν ἑαυτῷ μένουσαν.

---

3 – 4 **II¹2235** Prov. 28, 17¹⁻² (Wahl, *Proverbien-Text*, p. 137)   7 **II¹2236** Ez. 35, 6
(Wahl, *Prophetenzitate*, p. 663–664)   10 **II¹2237** Matth. 26, 52   13 **II¹2238** I Ioh.
3, 15

2 – 4 **II¹2235** K cap. Φ 5, 8 (275v[14]15–16)   6 – 7 **II¹2236** K cap. Φ 5, 9 (275v[16]
17)   9 – 10 **II¹2237** K cap. Φ 5, 10 (275v[17]18–19)   12 – 13 **II¹2238** K cap. Φ 5,
11 (275v[19]20–21)

3 ἐν αἰτίᾳ] *scripsi* (*LXX*), ἐναιτία Kᵖ·ᶜ·, ἀναιτία Kᵃ·ᶜ·   13 μένουσαν] *correxi* (*NT*),
καινοῦσαν K

Τίτλος ϛ′   Περὶ φιλαρχίας, καὶ ὅτι οὐ δεῖ ἐπιπηδᾶν ὡς ἔτυχεν   *II² /
PML^b cap. Φ
ταῖς ἀρχαῖς.

ϛ′   Περὶ φιλαρχίας, ὅτι οὐ δεῖ ἀπροόπτως ἐπιπηδᾶν ταῖς ἀρ-
χαῖς.

5   **II¹2239 / K cap. Φ 6, 1**

Τῶν Παροιμιῶν·

Μερὶς ἐπισπουδαζομένη ἐν πρώτοις,
ἐν τοῖς τελευταίοις οὐκ εὐλογηθήσεται.

II¹2240 / K cap. Φ 6, 2

10   Ἀπὸ τοῦ Σιράχ·

Μὴ ζήτει παρὰ κυρίου ἡγεμονίαν,
μὴ δὲ παρὰ βασιλέως καθέδραν δόξης.

---

11 – 12 exstat etiam ap. Ps.-Max. Conf., *Loci communes*, 9.6./6. (ed. Ihm, p. 210)

---

7 – 8 **II¹2239** Prov. 20, 9b¹⁻² (Wahl, *Proverbien-Text*, p. 98)   11 – 12 **II¹2240** Sir.
7, 4¹⁻² (Wahl, *Sirach-Text*, p. 63)

---

1 – 2 **Titlos (a)** K (275v21)   3 – 4 **Titlos (b)** V; *deest in* H¹A¹ (*lac. in* A¹ pin)   6 – 8
II¹2239 K cap. Φ 6, 1 (275v[22]23–24); V^EV^O cap. Φ 6, 1; V^W cap. Φ 5, 1; PM cap.
Φ 1, 4; E cap. 251, 2; *deest in* H¹; PG 96, 404, 3–4   10 – 12 **II¹2240** K cap. Φ 6, 2
(275v[24]–276r2); V^EV^O cap. Φ 6, 2; V^W cap. Φ 5, 2; PM cap. Φ 1, 5; E cap. 251, 3;
deest in H¹; PG 96, 404, 5–6

---

1 – 2 **Titlos (a)**   1 – 2 φιλαρχίας – ἀρχαῖς] *scripsi secund.* K^{pin}, φιλαρχούντων K^{txt}
3 – 4 **Titlos (b)**   3 ϛ′] *praem.* τίτλος V^{W txt}   φιλαρχίας] φϊλαργϋρΐας V^{O txt}   ὅτι]
praem. καὶ V^W   δεῖ] χρὴ V^{E txt} V^WV^{O txt}   ἀπροόπτως] τρόπως (*sic*) V^{E pin}, πρό-
πτως (*sic*) V^{O pin}   3 – 4 ἀρχαῖς] *add.* καὶ τιμῆς καὶ δόξης ὀρέγεσθαι V^{E pin} V^{O pin}

II¹2239 Τῶν] *om.* V PM E   **II¹2240** (a) K (b) Σιράχ V PM E   σιραχ V^W M

---

7 ἐπισπουδαζομένη] ἐπισκόπου (-σκο- M) δανειζομένη (-μεν- M) PM E, ἐπισκοπ
δανειζομένη *e corr.* V^W

II¹2241 / K cap. Φ 6, 3

Τοῦ αὐτοῦ·

Βάρος ὑπὲρ σὲ μὴ ἄρῃς.

II¹2242 / K cap. Φ 6, 4

Τοῦ αὐτοῦ·

Μὴ ζήτει γενέσθαι κριτής,
εἰ μὴ ἰσχύεις ἐξᾶραι ἀδικίας,
μήποτε λάβῃς πρόσωπον δυνάστου,
καὶ θήσῃς σκάνδαλον ἐν εὐθύτητί σου.

II¹2243 / K cap. Φ 6, 5

Τοῦ θεολόγου ἁγίου Γρηγορίου, ἐκ τοῦ μεγάλου ἀπολογητικοῦ·

Τὸ παιδεύειν ἄλλους ἐπιχειρεῖν πρὶν αὐτοὺς ἱκανῶς παιδευθῆναι
καὶ ἐν πίθῳ τὴν κεραμ‹ε›ίαν μανθάνειν, τὸ δὴ λεγόμενον, ἐν ταῖς
τῶν ἄλλων ψυχαῖς ἐκμελετᾶν τὴν εὐσέβειαν, λίαν μοι φαίνεται
εἶναι ἀνοήτων ἢ τολμηρῶν· ἀσυνέτων μέν, εἰ μὴ δὲ αἰσθάνονται
τῆς ἑαυτῶν ἀμαθίας, θρασέων δέ, εἰ συνιέντες κατατολμῶσιν τοῦ
πράγματος.

---

13 cf. Plat., *La.*, 187b3–4, *Grg.*, 514e6–7; *Zenobii Epitoma*, III, 65 (ed. Leutsch/ Schneidewin, *CParG*, I, p. 73, 6); *Diogeniani Epitoma*, II, 65 (ed. Leutsch, *CParG*, II, p. 28, 7 – 29, 1)

---

3 II¹2241 Sir. 13, 2¹ (Wahl, *Sirach-Text*, p. 81–82)   **6 – 9** II¹2242 Sir. 7, 6¹⁻⁴ (Wahl, *Sirach-Text*, p. 63)   **12 – 17** II¹2243 GREGORIUS NAZIANZENUS, *Apologetica (Orat. 2)*, 47, 9–15 (ed. Bernardi, p. 150–152)

---

2 – 3 II¹2241 K cap. Φ 6, 3 (276r[2]3); VᴱVᴼ cap. Φ 6, 3; Vᵂ cap. Φ 5, 3; PM cap. Φ 1, 6; E cap. 251, 4; *deest in* H¹; PG 96, 404, 7   **5 – 9** II¹2242 K cap. Φ 6, 4 (276r[3] 4–6); *deest in* V H¹   **11 – 17** II¹2243 K cap. Φ 6, 5 (276r[6–7]8–15); *deest in* V H¹

II¹2241 (a) K (b) *s. a.* V P (c) *s. d.* M E

---

8 λάβῃς πρόσωπον] sic K, εὐλαβηθῇς ἀπὸ προσώπου *LXX*   **13** κεραμείαν] *scripsi*, κεραμίαν K   δὴ] *scripsi (ed.)*, δὲ K   **16** εἰ συνιέντες] *scripsi (ed.)*, εἰσσυνίεντες K

II¹2244 / K cap. Φ 6, 6

Ἐκ τοῦ αὐτοῦ·

Ἴσον κακὸν καὶ ὁμοίως ἄτακτον, πάντας τε ἄρχειν ἐθέλειν καὶ μηδένα ἄρχεσθαι, ὡς εἴγε πάντες φύγοιεν ταύτην <τὴν> εἴτε λει-
5 τουργίαν <***>.

II¹2245 / K cap. Φ 6, 7

<***>

<***> ὃς πρότερον τὴν κώπην ἐγχειρίσας τῷ νῦν κυβερνήτῃ, κἀ-κεῖθεν ἐπὶ τὴν πρώραν ἀγαγὼν καὶ πιστεύσας τὰ ἔμπροσθεν, οὕ-
10 τως ἐπὶ τῶν οἰάκων καθίζει μετὰ τὴν πολλὴν τυφθεῖσαν θάλασ-σαν.

II¹2246 / K cap. Φ 6, 8

Φίλωνος, ἐκ τῶν ἐν τῷ νόμῳ ζητημάτων·

Ὡς δεινὸν παρὰ τὸ δέον παθεῖν, καὶ ἁρπάζειν τι παραδοθέν.

3 - 5 II¹2244 GREGORIUS NAZIANZENUS, *Apologetica (Orat. 2)*, 4, 7–9 (ed. Bernardi, p. 90)   8 - 11 II¹2245 GREGORIUS NAZIANZENUS, *Funebris oratio in laudem Basilii Magni Caesareae in Cappadocia episcopi (Orat. 43)*, 26, 4–7 (ed. Bernardi, p. 184)   14 II¹2246 PHILO IUDAEUS, *Quaestiones in Legem*, locus non repertus; Harris 75.5; Royse 178.120

2 - 5 II¹2244 K cap. Φ 6, 6 (276r[15]16–18); *deest in* V Hᴵ   7 - 11 II¹2245 K cap. Φ 6, 7 (276v1–4); *deest in* V Hᴵ   13 - 14 II¹2246 K cap. Φ 6, 8 (276v[4–5]6–7); *deest in* V Hᴵ; PG 86, 2100, 6–8 *(falso sub titulo* Περὶ φονέων*)*

II¹2245 *incertum est utrum lemma attributionis fuerit necne (vide app. crit.)*

3 πάντας τε] *correxi (ed.),* πάντας τοῦ K   4 φύγοιεν] *scripsi (ed. in app. crit.),* φύγειεν K   τὴν] *supplevi (ed.), om.* K *(cf.* *II²235 / T cap. A 12, 16)   4 - 5 *post* λει-τουργίαν *quaedam excidisse videntur in* K *(ubi fenestra sex lineis accipiendis relicta)*   8 *ante* ὃς *quaedam excidisse videntur in* K *(vide locum praecedentem)*   ἐγχει-ρίσας] *scripsi (ed.),* ἐγχειρήσας K

1174

*II² /
ML^b cap. Φ 6

Τίτλος ζ′ Περὶ φιλαιτίου καὶ φιλεγκλήμονος <, ὅτι οἱ αἰτιώμενοι ἄλλους καὶ τὰ αὐτὰ δρῶντες, ἑαυτοὺς κατακρίνουσιν>.

ια′ Περὶ φιλαιτίου καὶ φιλεγκλήμονος.

*II²2776 /
PML^b cap.
Φ 6, 1

II¹2247 / K cap. Φ 7, 1

Τῶν Παροιμιῶν·   5

Ὁ ἐγκαλῶν ἀδίκως οὐ διαφεύξεται.

*II²2777 /
PML^b cap.
Φ 6, 2

II¹2248 / K cap. Φ 7, 2

Τῶν αὐτῶν·

Μὴ φιλεχθρήσῃς πρὸς ἄνθρωπον μάτην,
μή τι εἰς σὲ ἐργάσηται κακόν.   10

II¹2249 / K cap. Φ 7, 3

Ἐκ τῆς πρὸς Ῥωμαίους ἐπιστολῆς·

Ἀναπολόγητος εἶ, ὦ ἄνθρωπε πᾶς ὁ κρίνων· ἐν ᾧ γὰρ κρίνεις τὸν
ἑταῖρον, σεαυτὸν καταπονεῖς· τὰ γὰρ αὐτὰ πράσσεις ὁ κρίνων.
Οἴδαμεν δὲ ὅτι τὸ κρῖμα τοῦ θεοῦ ἐστιν ἐπὶ τοὺς τὰ τοιαῦτα πράσ-   15

---

6 II¹2247 Prov. 19, 5² (Wahl, *Proverbien-Text*, p. 93)   9 – 10 II¹2248 Prov. 3, 30¹⁻²
(Wahl, *Proverbien-Text*, p. 30)   13 – 1175, 2 II¹2249 Rom. 2, 1–3

---

1 – 2 **Titlos (a)** K (276v7–8)   3 **Titlos (b)** V^E V^O; *deest in* V^W H^I A^I *(lac. in* A^I pin)
5 – 6 II¹2247 K cap. Φ 7, 1 (276v[8]9); V^E V^O cap. Φ 11, 1; *deest in* V^W H^I; PG 96,
412, 34   8 – 10 II¹2248 K cap. Φ 7, 2 (276v[9]10–11); V^E V^O cap. Φ 11, 2; *deest in*
V^W H^I; PG 96, 412, 35–36   12 – 1175, 2 II¹2249 K cap. Φ 7, 3 (276v[11]12–18);
deest in V H^I

---

1 – 2 **Titlos (a)** 1 – 2 ὅτι – κατακρίνουσιν] *supplevi e* K^pin, *om.* K^txt

---

II¹2247 Τῶν] *om.* V^E V^O II¹2248 (a) K (b) *s. a.* V^E V^O

---

9 φιλεχθράνης K   10 μή τι] μήποτε K   14 ἑταῖρον] ἕτερον *NT*   καταπονεῖς]
κατακρίνεις *NT*

σοντας. Λογίζῃ δέ, ὦ ἄνθρωπε ὁ κρίνων τοὺς τὰ τοιαῦτα πράσ-
σοντας καὶ ποιῶν αὐτά, ὅτι σὺ ἐκφεύξῃ τὸ κρῖμα τοῦ θεοῦ;

ΙΙ¹2250 / K cap. Φ 7, 4

Τοῦ θεολόγου ἁγίου Γρηγορίου, ἐκ τῆς πρὸς Κληδόνιον ἐπιστο-
5 λῆς·

Δέον ἢ μὴ ποιεῖν ὃ κατηγοροῦσιν ἢ μὴ κατηγορεῖν ἃ πράττουσιν
<***> [αὐτὸν τὸν] <ἀ>κολουθεῖν ἐγνώκεισαν.

ΙΙ¹2251 / K cap. Φ 7, 5

Ἰσιδώρου, ἐκ τῶν ἐπιστολῶν·
10 Ἢ μὴ πρᾶττε τοιαῦτα, ἢ μὴ κωμώδει τοὺς δρῶντας.

---

6 – 7 ΙΙ¹2250 GREGORIUS NAZIANZENUS, *Epistulae theologicae*, II (= *Ep. CII*), 29
(ed. Gallay/Jourjon, p. 84) **10 ΙΙ¹2251** ISIDORUS PELUSIOTA, *Epistulae*, III, 290 (PG
78, 965, 12–13)

---

4 – 7 ΙΙ¹2250 K cap. Φ 7, 4 (276v[18]19–21); *deest in* V Hᴵ **9 – 10 ΙΙ¹2251** K cap.
Φ 7, 5 (276v[21]22); *deest in* V Hᴵ

---

1 ὦ ἄνθρωπε] *correxi (NT)*, ὤ σπερ *(sic)* K **6 – 7** *post* πράττουσιν *fenestra circiter
quindecim litteris accipiendis relicta est in* K (ζ<ή>τ<ει> *in mg.*), εἴπερ ἑαυτοῖς γοῦν
ed. **7** αὐτὸν τὸν] *delevi (ed.)* ἀκολουθεῖν] *scripsi (ed.)*, κολουθεῖν K

Στοιχεῖον Χ

Title α' Περὶ χαιρόντων καὶ εὐφραινομένων.

II¹2252 / Κ cap. Χ 1, 1

Τῆς Γενέσεως·

Ἀνεζωπύρησε τὸ πνεῦμα Ἰακώβ, τοῦ πατρὸς αὐτῶν. Εἶπεν δὲ Ἰσ- 5
ραήλ· Μέγα μοι ἐστίν, εἰ ἔτι ὁ υἱός μου Ἰωσὴφ ζῇ· πορευθεὶς ὄψο-
μαι αὐτὸν πρὸ τοῦ ἀποθανεῖν με.

II¹2253 / Κ cap. Χ 1, 2

Τῆς Ἐξόδου·

Λαβοῦσα δὲ Μαριὰμ ἡ προφῆτις, ἡ ἀδελφὴ Ἀαρών, τὸ τύμπανον 10
ἐν τῇ χειρὶ αὐτῆς, ἐξῆλθον πᾶσαι αἱ γυναῖκες ὀπίσω αὐτῆς μετὰ
τυμπάνων καὶ χορῶν, ἐξῆρχεν δὲ αὐταῖς Μαριάμ, λέγουσα· Ἄσω-
μεν τῷ κυρίῳ· ἐνδόξως γὰρ δεδόξασται.

II¹2254 / Κ cap. Χ 1, 3

Βασιλειῶν α'· 15

Ἐξῆλθον αἱ χορεύουσαι εἰς ἀπάντησιν Σαοὺλ ἐκ πασῶν πόλεων
Ἰσραήλ, ἐν τυμπάνοις καὶ εὐφροσύνῃ καὶ ἐν κυμβάλοις, καὶ ἐξῆρ-

---

2 εὐφραινομένων] cf. II¹ / Κᵖⁱⁿ Παραπομπὴ Ε 11

---

5 – 7 II¹2252 Gen. 45, 27–28   10 – 13 II¹2253 Ex. 15, 20–21   16 – 1177, 2
II¹2254 I Reg. 18, 6–7 (Wahl, 1 Samuel-Text, p. 68)

---

1 Stoicheion Kᵗˣᵗ (276v23) Kᵖⁱⁿ   2 Titlos K (276v23–24)   4 – 7 II¹2252 K cap. Χ
1, 1 (276v[24]277r1–4)   9 – 13 II¹2253 K cap. Χ 1, 2 (277r[4]5–10)   15 – 1177, 2
II¹2254 K cap. Χ 1, 3 (277r[10]11–15)

II¹2252 Γενέσεως] scripsi, κτίσεως Κ

---

16 Σαοὺλ] sic K (cf. autem II¹2161 / K cap. Φ 2, 5)

χον αἱ χορεύουσαι καὶ ἔλεγον· Ἐπάταξε Σαοὺλ ἐν χιλιάσιν αὐτοῦ,
καὶ Δαυῒδ ἐν μυριάσιν αὐτοῦ.

Π¹2255 / K cap. X 1, 4

Τῶν Παροιμιῶν·

5   Ἐν εὐφροσύνῃ οὐ προσμίγνυται λύπη.

Π¹2256 / K cap. X 1, 5

Τῶν αὐτῶν·

Καρδία εὐφραινομένη εὐεκτεῖν ποιεῖ.

Π¹2257 / K cap. X 1, 6

10 Ἀπὸ τοῦ Σιράχ·

Ἴχνος καρδίας ἐν ἀγαθοῖς πρόσωπον ἱλαρόν.

Π¹2258 / K cap. X 1, 7

Τοῦ αὐτοῦ·

Οὐκ ἔστιν εὐφροσύνη ὑπὲρ χαρὰν καρδίας.

5 Π¹2255 Prov. 14, 13¹ (Wahl, *Proverbien-Text*, p. 71)   **8** Π¹2256 Prov. 17, 22¹
(Wahl, *Proverbien-Text*, p. 88–89)   **11** Π¹2257 Sir. 13, 26¹ (Wahl, *Sirach-Text*, p.
84)   **14** Π¹2258 Sir. 30, 16² (Wahl, *Sirach-Text*, p. 128–129)

4 – 5 Π¹2255 K cap. X 1, 4 (277r[15]16)   **7 – 8** Π¹2256 K cap. X 1, 5 (277r[16]17)
10 – 11 Π¹2257 K cap. X 1, 6 (277r[17]18)   **13 – 14** Π¹2258 K cap. X 1, 7 (277r
[18]19)

5 προσμίγνυται] *sic* K

II¹2259 / K cap. X 1, 8

Τοῦ αὐτοῦ·

Εὐφροσύνη καρδίας ζωὴ ἀνθρώπῳ,
καὶ ἀγαλλίαμα ἀνδρὸς μακροημέρευσις.

II¹2260 / K cap. X 1, 9

5

Ἰωσήπου, ἐκ τῆς Ἰουδαϊκῆς ἱστορίας·

Δι' ὑπερβολὴν ἡδονῆς εἰς δάκρυα προέπεσεν, φύσει τῆς μεγάλης
χαρᾶς πασχούσης καὶ τὰ τῶν λυπηρῶν σύμβολα.

---

3 – 4 II¹2259 Sir. 30, 22¹⁻² (Wahl, *Sirach-Text*, p. 129)   7 – 8 II¹2260 FLAVIUS
IOSEPHUS, re vera *Antiquitates Iudaicae*, XII, 91 (ed. Niese, III, p. 88, 5–7)

---

2 – 4 II¹2259 K cap. X 1, 8 (277r[19]20–21)   6 – 8 II¹2260 K cap. X 1, 9 (277r[21]
22–277v1)

II¹2260 Ἰωσήπου] *scripsi*, ἰωσίππου K

Τίτλος β′   Περὶ χυδαίων καὶ ἀλογίστων, καὶ ὅτι οὐ δεῖ προσπαίζειν ἀπαιδεύτοις.

II¹2261 / K cap. X 2, 1

Ἀπὸ τοῦ Σιράχ·

5 Μὴ πρόσπαιζε ἀπαιδεύτοις.

II¹2262 / K cap. X 2, 2

Τοῦ αὐτοῦ·

Μὴ ὑποστρώσῃς ἀνθρώπῳ μωρῷ σεαυτόν.

5 II¹2261 Sir. 8, 4¹ (Wahl, *Sirach-Text*, p. 67)   **8 II¹2262** Sir. 4, 27¹ (Wahl, *Sirach-Text*, p. 55)

1 – 2 Titlos K (277v1–3)   **4 – 5 II¹2261** K cap. X 2, 1 (277v[3]4)   **7 – 8 II¹2262** K cap. X 2, 2 (277v[4]5)

1 – 2 Titlos 1 δεῖ] χρὴ Kᵖⁱⁿ **2** ἀπαιδεύτοις] αὐτοῖς Kᵖⁱⁿ

Τίτλος γ΄   Περὶ χρημάτων.

ΙΙ¹2263 / K cap. X 3, 1

Ἀπὸ τοῦ Σιράχ·

Χρήματα καὶ ἰσχὺς ἀνυψοῦσι καρδίαν,
καὶ ὑπὲρ ἀμφότερα φόβος κυρίου.   5

ΙΙ¹2264 / K cap. X 3, 2

Τοῦ αὐτοῦ·

Πᾶς ὁ κόσμος δοῦλος τῶν χρημάτων.

---

4 – 5 exstat etiam ap. Ps.-Max. Conf., *Loci communes*, 24.5./5. (ed. Ihm, p. 547)

---

4 – 5 **ΙΙ¹2263** Sir. 40, 26¹⁻² (Wahl, *Sirach-Text*, p. 159)   8 **ΙΙ¹2264** Sir., locus non repertus (Wahl, *Sirach-Text*, p. 168.4; Auwers, p. 111.4)

1 **Titlos** K (277v5–6)   3 – 5 **ΙΙ¹2263** K cap. X 3, 1 (277v[6]7–8)   7 – 8 **ΙΙ¹2264** K cap. X 3, 2 (277v[8]9)

Στοιχεῖον Ψ

Τίτλος α′   Περὶ ψιθυριστοῦ.

*II² /
PMLᵇ cap. Ψ

β′   Περὶ ψιθυριστῶν.

II¹2265 / K cap. Ψ 1, 1

*II²2867 /
PMLᵇ cap.
Ψ 3, 1

5   Σιράχ·

Μολύνει τὴν ἑαυτοῦ ψυχὴν ὁ ψιθυρίζων,
καὶ οὗ ἐὰν παροικήσῃ, μισηθήσεται.

II¹2266 / K cap. Ψ 1, 2

*II²2868 /
PMLᵇ cap.
Ψ 3, 2

Τοῦ αὐτοῦ·

10   Ψίθυρον καὶ δίγλωσσον καταρᾶσθε·
πολλοὺς γὰρ εἰρηνεύοντας ἀπώλεσεν.

---

6 – 7 II¹2265 Sir. 21, 28¹⁻² (Wahl, *Sirach-Text*, p. 105)   **10 – 11 II¹2266** Sir. 28, 13¹⁻² (Wahl, *Sirach-Text*, p. 122–123)

---

1 Stoicheion Kᵗˣᵗ (277v9), *deest in* Kᵖⁱⁿ   **2 Titlos (a)** Kᵗˣᵗ (277v10), *om.* Kᵖⁱⁿ   **3 Titlos (b)** VᴱVᴼ Aᴵᵖⁱⁿ; *quod attinet ad* Vᵂ, *vide* *II² / PMLᵇ cap. Ψ 3 titlos; *deest in* HᴵAᴵᵗˣᵗ   **5 – 7 II¹2265** K cap. Ψ 1, 1 (277v11–12); VᴱVᴼ cap. Ψ 2, 1; *deest in* Hᴵ; PG 96, 436, 16–17   **9 – 11 II¹2266** K cap. Ψ 1, 2 (277v[12]13–14); VᴱVᴼ cap. Ψ 2, 2; *deest in* Hᴵ; PG 96, 436, 18–19

II¹2265 (a) VᴱVᴼ (b) *s. a.* K **II¹2266** (a) K (b) *s. a.* VᴱVᴼ

---

6 ἑαυτοῦ] ἐξ αὐτοῦ K   ψιθυρισμὸς K   **7** παροικήσει VᴱVᴼ   **10** καταράσσεσθε Vᴱ, καταράσσεσθαι Vᴼ   **11** ἀπώλεσαν VᴱVᴼ

II¹2267 / K cap. Ψ 1, 3

Τοῦ αὐτοῦ·

Μὴ κληθῇς ψίθυρος
καὶ τῇ γλώσσῃ σου μὴ ἐνέδρευε·
ἐπὶ γὰρ τῷ κλέπτῃ ἐστὶν αἰσχύνη,   5
καὶ κατάγνωσις πονηρὰ ἐπὶ διγλώσσῳ.

---

3 – 6 II¹2267 Sir. 5, 14^{1–4} (Wahl, *Sirach-Text*, p. 58)

2 – 6 II¹2267 K cap. Ψ 1, 3 (277v[14]15); V^E V^O cap. Ψ 2, 3; *deest in* H^I; PG 96, 436, 20–21

II¹2267 (a) K (b) *s. a.* V^E V^O

3 κληθεὶς V^E V^O   **4 – 6** καὶ – διγλώσσῳ] ἐν K *(ubi fenestra duabus et dimidiae lineis accipiendis relicta est)*, ζ<ή>τ<ει> K^{in mg.}   **4** ἐνεδρευθεῖς V^E V^O   **5 – 6** ἐπὶ – διγλώσσῳ] *om.* V^E V^O

Στοιχεῖον Ω

Τίτλος α΄ Περὶ ὥρας θανάτου καὶ τῆς ἐξόδου ἡμῶν, καὶ ὅτι *II² /
PML^b cap. Ω
χρὴ ἡμᾶς εὐτρεπίζεσθαι πρὸς αὐτήν.

5 α΄ Περὶ ὥρας καὶ ἡμέρας θανάτου καὶ τῆς ἐξόδου ἡμῶν, καὶ
ὅτι χρὴ ἡμᾶς εὐτρεπίζεσθαι πρὸς αὐτήν, καὶ ἐν νῷ λαμβάνειν
τὴν μετάστασιν.

II¹2268 / K cap. Ω 1, 1

Δαυΐδ ἐν ψαλμῷ πη΄·

Τίς ἐστιν ἄνθρωπος, ὃς ζήσεται καὶ οὐκ ὄψεται θάνατον;

10 ## II¹2269 / K cap. Ω 1, 2

Ἐν ψαλμῷ ργ΄·

Ἀντανελεῖς τὸ πνεῦμα αὐτῶν, καὶ ἐκλείψουσιν
καὶ εἰς τὸν χοῦν αὐτῶν ἐπιστρέψουσιν.

---

2 Περὶ – θανάτου] cf. II¹ / K^{pin} Παραπομπὴ Θ 2   2 – 3 καὶ² – αὐτήν] cf. II¹ / K^{pin}
Παραπομπὴ Χ 14

9 II¹2268 Ps. 88, 49¹ 12 – 13 II¹2269 Ps. 103, 29²⁻³

1 Stoicheion K^{txt} (277v18), deest in K^{pin}   2 – 3 Titlos (a) K^{txt} (277v18–20), om.
K^{pin}   4 – 6 Titlos (b) V^EV^O A^{I pin}; quod attinet ad V^W, vide *II² / PML^b cap. Ω 1
titlos; deest in H^IA^{I txt}   8 – 9 II¹2268 K cap. Ω 1, 1 (277v[20]21); V^EV^O cap. Ω 1, 1;
deest in H^I 11 – 13 II¹2269 K cap. Ω 1, 2 (277v[mg]22–23); deest in V^EV^O H^I

4 – 6 Titlos (b) 4 α΄] om. V^{E txt} V^{O pin} (α΄ secund. ser.) A^{I pin} (α΄ secund. ser.)

II¹2268 (a) K (b) Δαυΐδ V^EV^O

II¹2270 / K cap. Ω 1, 3

Ἐν ψαλμῷ ρμε΄·

Ἐξελεύσεται τὸ πνεῦμα αὐτοῦ, καὶ ἐπιστρέψει εἰς τὴν γῆν αὐτοῦ·
ἐν ἐκείνῃ τῇ ἡμέρᾳ ἀπολοῦνται πάντες οἱ διαλογισμοὶ αὐτοῦ.

II²2874 /
PML^b cap.
Ω 1, 5

II¹2271 / K cap. Ω 1, 4   5

Τῶν Παροιμιῶν·

Ἑτοίμαζε εἰς τὴν ἔξοδον τὰ ἔργα σου,
καὶ παρασκευάζου εἰς τὸν ἀγρόν.

II¹2272 / K cap. Ω 1, 5

Τοῦ Ἐκκλησιαστοῦ·   10

Καί γε οὐκ ἔγνω ἄνθρωπος τὸν καιρὸν αὐτοῦ·
ὡς οἱ ἰχθύες οἱ θηρευόμενοι ἐν ἀμφιβλήστρῳ κακῶν,
καὶ ὡς ὄρνεα θηρευόμενα παγίδι,
ὡσαύτως παγιδεύονται οἱ υἱοὶ τῶν ἀνθρώπων
ἐν καιρῷ πονηρῷ,   15
ὅταν ἐπιπέσῃ ἐπ᾽ αὐτοὺς ἄφνω.

---

3 – 4 **II¹2270** Ps. 145, 4¹⁻² 7 – 8 **II¹2271** Prov. 24, 27¹⁻² (Wahl, *Proverbien-Text*, p.
117–118) 11 – 16 **II¹2272** Eccle. 9, 12¹⁻⁶ (Wahl, *Kohelet-Text*, p. 167–168)

---

2 – 4 **II¹2270** K cap. Ω 1, 3 (277v[23]278r1–3); *deest in* V^EV^O H^I 6 – 8 **II¹2271** K
cap. Ω 1, 4 (277v[3]4–5); V^EV^O cap. Ω 1, 2; *quod attinet ad* V^W, *vide* *II²2874 /
PML^b cap. Ω 1, 5; *deest in* H^I; PG 96, 436, 29–30 10 – 16 **II¹2272** K cap. Ω 1, 5
(278r[5]6–10); *deest in* V^EV^O H^I

II¹2271 (a) K (b) *s. a.* V^EV^O

---

12 κακῷ *LXX*

II¹2273 / K cap. Ω 1, 6

Ἡσαΐου προφήτου·

Οἱ πατέρες ὑμῶν καὶ οἱ προφῆται ποῦ εἰσίν; Μὴ τὸν αἰῶνα ζήσονται;

5   ## II¹2274 / K cap. Ω 1, 7

Σοφία Σολομῶντος·

Μία πάντων εἴσοδος εἰς τὸν κόσμον, ἔξοδός τε ἴση.

II¹2275 / K cap. Ω 1, 8

*II²2881 /
PMLᵇ cap.
Ω 1, 12

Τοῦ Σιράχ·

10 Ἐν πᾶσι τοῖς ἔργοις σου μιμνήσκου τὰ ἔσχατά σου,
καὶ εἰς τὸν αἰῶνα οὐ μὴ ἁμαρτήσῃς.

---

10 – 11   exstat etiam ap. Ps.-Max. Conf., *Loci communes*, 45.4./52.4. (ed. Ihm, p. 767–768)

---

3 – 4 II¹2273 Is., re vera Zach. 1, 5 (Wahl, *Prophetenzitate*, p. 250–251)   7 II¹2274 Sap. 7, 6   10 – 11 II¹2275 Sir. 7, 36¹⁻² (Wahl, *Sirach-Text*, p. 67)

---

2 – 4 II¹2273 K cap. Ω 1, 6 (278r[10]11–12); VᴱVᴼ cap. Ω 1, 3; *deest in* Hᴵ; PG 96, 436, 39–40   6 – 7 II¹2274 K cap. Ω 1, 7 (278r[12]13–14); VᴱVᴼ cap. Ω 1, 4; *deest in* Hᴵ; PG 96, 436, 41–42   9 – 11 II¹2275 K cap. Ω 1, 8 (278r[14]15–16); VᴱVᴼ cap. Ω 1, 5; *quod attinet ad* Vᵂ, *vide* *II²2881 / PMLᵇ cap. Ω 1, 12; *deest in* Hᴵ; PG 96, 436, 43–44

II¹2273 (a) K (b) *s. a.* VᴱVᴼ II¹2274 (a) K (b) *s. a.* VᴱVᴼ II¹2275 Τοῦ] *om.* VᴱVᴼ

---

3 ἡμῶν VᴱVᴼ   10 τὰ ἔσχατά σου] τά σου Vᴼ   11 οὐ – ἁμαρτήσῃς] οὐχ ἁμαρτήσεις Κ

II¹2276 / K cap. Ω 1, 9

Τοῦ αὐτοῦ·

Πρὸ κρίσεως ἑτοίμαζε σεαυτὸν κα<λ>λιεργεῖν,
καὶ ἐν ὥρᾳ ἐπισκοπῆς κυρίου εὑρήσεις ἐξιλασμόν.

II²suppl. 38 /
R cap. Ω 1, 14

II¹2277 / K cap. Ω 1, 10

5

Τοῦ αὐτοῦ·

Μνήσθητι ὅτι θάνατος οὐ χρονιεῖ
καὶ διαθήκη Ἅδου οὐκ ἀπεκαλύφθη σοι.

<II¹suppl. 418 / V cap. Ω 1, 7>

*II²2887 /
PMLᵇ cap.
Ω 1, 18

II¹2278 / K cap. Ω 1, 11

10

Τοῦ αὐτοῦ·

Μὴ εὐλαβοῦ κρῖμα θανάτου,
μνήσθητι προτέρων σου καὶ ἐσχάτων·
τοῦτο κρῖμα παρὰ κυρίου πάσῃ σαρκί,
καὶ τί ἀπαναίνῃ ἐν εὐδοκίᾳ ὑψίστου;

15

---

9 II¹suppl. 418 cf. *Sacra*. Liber II. *Supplementum* (Band VIII/8)

---

3 – 4 II¹2276 Sir. 18, 20¹⁻² (Wahl, *Sirach-Text*, p. 96)   **7 – 8 II¹2277** Sir. 14, 12¹⁻²
(Wahl, *Sirach-Text*, p. 86)   **12 – 1187, 2 II¹2278** Sir. 41, 3¹⁻⁴ (Wahl, *Sirach-Text*,
p. 160)

---

2 – 4 II¹2276 K cap. Ω 1, 9 (278r[16]17–18); *deest in* VᴱVᴼ Hᴵ   **6 – 8 II¹2277** K
cap. Ω 1, 10 (278r[18]19–20); VᴱVᴼ cap. Ω 1, 6; *deest in* Hᴵ; PG 96, 436, 45–46
11 – 1187, 2 II¹2278 K cap. Ω 1, 11 (278r[20]21–278v1); VᴱVᴼ cap. Ω 1, 8; *quod
attinet ad* Vᵂ, *vide* *II²2887 / PMLᵇ cap. Ω 1, 18; *deest in* Hᴵ; PG 96, 436, 49–53

II¹2277 (a) K (b) *s. a.* VᴱVᴼ **II¹2278** (a) K (b) *s. a.* VᴱVᴼ

---

3 καλλιεργεῖν] *scripsi (LXX)*, καλιεργεῖν K   **7** ὅτι] ὁ K   **8** ἄδου VᴱVᴼ   **14** πᾶσι
VᴱVᴼ

Εἴτε δέκα, εἴτε ἑκατόν, εἴτε χίλια ἔτη,
οὐκ ἔστιν ἐν Ἅδῃ ἐλεγμὸς ζωῆς.

II¹2279 / K cap. Ω 1, 12

Τοῦ αὐτοῦ·

5 Ἐν συντελείᾳ ἀνθρώπου, ἀποκάλυψις ἔργων αὐτοῦ.

II¹2280 / K cap. Ω 1, 13

Ματθαίου, ἐν κεφαλαίῳ cξθ′·

Γρηγορεῖτε, ὅτι οὐκ οἴδατε τὴν ἡμέραν οὐδὲ τὴν ὥραν.

II¹2281 / K cap. Ω 1, 14

10 Λουκᾶ, ἐν κεφαλαίῳ ρνδ′·

Ἔστωσαν ὑμῶν αἱ ὀσφύες περιεζωσμέναι καὶ οἱ λύχνοι καιόμενοι·
καὶ ὑμεῖς ὅμοιοι ἀνθρώποις προσδεχομένοις τὸν κύριον ἑαυτῶν,

---

5 **II¹2279** Sir. 11, 27² (Wahl, *Sirach-Text*, p. 79)   8 **II¹2280** Matth. 25, 13
11 – **1188**, 10 **II¹2281** Luc. 12, 35–40

---

4 – 5 **II¹2279** K cap. Ω 1, 12 (278v[1]2); VᴱVᴼ cap. Ω 1, 9; *quod attinet ad* Vᵂ, *vide*
*II²2884 / PMLᵇ cap. Ω 1, 15; *deest in* Hᴵ; PG 96, 437, 1–2   7 – 8 **II¹2280** K cap. Ω
1, 13 (278v[2, mg]3–4); VᴱVᴼ cap. Ω 1, 10; PM cap. Ω 1, 29; Vᵂ cap. Ω 1, 26; E cap.
272, 18; *deest in* Hᴵ; PG 96, 437, 3–4   10 – **1188**, 10 **II¹2281** K cap. Ω 1, 14 (278v[4]
5–18); VᴱVᴼ cap. Ω 1, 11–12; PM cap. Ω 1, 30; Vᵂ cap. Ω 1, 27; E cap. 272, 19;
deest in Hᴵ; PG 96, 437, 5–19

II¹2279 (a) K Vᴱ   (b) Ματθαίου Vᴼ   **II¹2280** (a) K   cξθ′] *sic cod.*, cξη′ *NT*   (b) Κατὰ
Ματθαῖον, κεφαλαίου cξε′ P   (c) Κεφαλαίου cξθ′ ἐκ τοῦ Ματθαίου M   (d) Ματθαί-
ου Vᴱ   (e) Εὐαγγελίου Vᵂ E   (f) *s. a.* Vᴼ   **II¹2281** (a) K   (b) Κατὰ Λουκᾶν, κεφαλαίου
ρνδ′ P   (c) Λουκᾶ (-κα *cod.*) ρνδ′ M   (d) *s. a.* Vᵂ   (e) *s. a. / s. a.* VᴱVᴼ (*cf. infra, app.
crit. text.*)

---

2 οὐκ – ζωῆς] *om.* K   ἅδῃ Vᴱ   8 ἡμέραν] ὥραν PM Vᵂ E   οὐδὲ] ἢ Vᵂ   ὥραν]
ἡμέραν PM Vᵂ E, *add.* ἐν ᾗ ὁ υἱὸς τοῦ ἀνθρώπου ἔρχεται (= *Matth. 25, 13, in app.
crit.*) VᴱVᴼ   12 ἡμεῖς M   ἑαυτὸν (*sic*) P, αὐτῶν K, ὑμῶν M

πότε ἀναλύσῃ ἐκ τῶν γάμων, ἵνα ἐλθόντος καὶ κρούσαντος, εὐ-
θέως ἀνοίξωσιν αὐτῷ. Μακάριοι οἱ δοῦλοι ἐκεῖνοι, οὓς ἐλθὼν ὁ
κύριος εὑρήσει γρηγοροῦντας· ἀμὴν λέγω ὑμῖν ὅτι περιζώσεται
καὶ ἀνακλινεῖ αὐτούς, καὶ παρελθὼν διακονήσει αὐτοῖς. Καὶ ἐὰν
ἔλθῃ ἐν τῇ δευτέρᾳ φυλακῇ, καὶ ἐὰν ἐν τῇ τρίτῃ φυλακῇ ἔλθῃ καὶ   5
εὕρῃ οὕτως, μακάριοί εἰσιν οἱ δοῦλοι ἐκεῖνοι. Τοῦτο δὲ γινώσκετε
ὅτι εἰ ᾔδει ὁ οἰκοδεσπότης ποίᾳ ὥρᾳ ὁ κλέπτης ἔρχεται, ἐγρηγό-
ρησεν ἄν, καὶ οὐκ ἂν ἀφῆκεν διορυγῆναι τὸν οἶκον αὐτοῦ. Καὶ ὑ-
μεῖς οὖν γίνεσθε ἕτοιμοι, ὅτι ᾗ ὥρᾳ οὐ δοκεῖτε, ὁ υἱὸς τοῦ ἀνθρώ-
που ἔρχεται.   10

II¹2282 / K cap. Ω 1, 15

Ἐκ τῆς Πέτρου β′ ἐπιστολῆς·

Ποταποὺς δεῖ ἡμᾶς ὑπάρχειν ἐν ἁγναῖς ἀναστροφαῖς καὶ εὐσεβεί-
α<ι>ς, προσδοκῶντας καὶ σπεύδοντας τὴν παρουσίαν τῆς τοῦ κυ-
ρίου ἡμέρας.   15

II¹2283 / K cap. Ω 1, 16

Καὶ μετ' ὀλίγα·

Διό, ἀγαπητοί, σπουδάσατε ἄσπιλοι καὶ ἄμωμοι αὐτῷ εὑρεθῆναι
ἐν εἰρήνῃ.

---

13 – 15 II¹2282 II Petr. 3, 11–12   18 – 19 II¹2283 II Petr. 3, 14

---

12 – 15 II¹2282 K cap. Ω 1, 15 (278v[19]20–22); *deest in* VᴱVᴼ Hᴵ   17 – 19
II¹2283 K cap. Ω 1, 16 (278v[22–23]23–24); *deest in* VᴱVᴼ Hᴵ

---

1 πότε – γάμων] *om.* K   ἀναλύσει (-σσ- Vᴼ) V   1 – 2 εὐθὺς (-υς M) Vᵂ PM E
2 αὐτῶν M, αὐτόν VᴱVᴼ E, *hic caesura in* VᴱVᴼ   2 – 10 Μακάριοι – ἔρχεται] *om.*
E   4 – 10 Καὶ – ἔρχεται] καὶ τὰ λοιπά Vᵂ   5 ἐὰν] *om.* VᴱVᴼ PM   τῇ²] *s. l.* K
φυλακῇ] *om.* PM   6 εὕρῃ] εὑρήσηι K   οὕτως] αὐτοὺς K 8 ἄν] *om.* K PM   Καὶ]
om. M   9 οὖν] οὕτως K   δοκεῖται VᴱVᴼ Pᵖ·ᶜ, κεῖται Pᵃ·ᶜ   10 ἔρχεται] *om.* K
(ζ<ή>τ<ει> *in mg.*)   13 – 14 εὐσεβείαις] *scripsi (NT),* εὐσεβείας K

II¹2284 / K cap. Ω 1, 17

Τοῦ ἁγίου Βασιλείου, ἐκ τοῦ περὶ βαπτίσματος·

Προσήκει τὸν ἀρχόμενον τοῦ βίου ἐν ὀφθαλμοῖς ἔχειν τὴν τελευτήν.

5   **II¹2285 / K cap. Ω 1, 18**

Ἐκ τοῦ αὐτοῦ·

Μηδείς σε ἐξαπατάτω κενοῖς λόγοις. Ἐπιστήσεται γάρ σοι αἰφνίδιος ὄλεθρος, καὶ ἡ καταστροφὴ ὁμοίως καταιγίδι παρέσται, ἡνίκα ἂν ἐπιλείπωσίν σε αἱ τοῦ ζῆν ἀφορμαί, ἀπορία δὲ ᾖ πάντοθεν καὶ
10 θλῖψις ἀπαραμύθητος, ἀπειρηκότων μὲν ἰατρῶν, ἀπειρηκότων δὲ τῶν οἰκείων, ὅτε πυκνῷ ἄσθματι καὶ ξηρῷ συνεχόμενος, πυρετοῦ λάβρου διακαίοντος τὰ ἔνδον καὶ ὑποσμύχοντος, στενάξεις μὲν ἀπὸ μέσης καρδίας, τὸν δὲ συλλυπούμενον οὐχ᾽ εὑρήσεις. Καὶ φθέγξῃ μέν τι λεπτὸν καὶ ἀδρανές, ὁ δὲ ἀκούων οὐκ ἔσται· πᾶν δὲ

---

7 Eph. 5, 6

---

3 – 4 **II¹2284** BASILIUS CAESARIENSIS, *Homilia exhortatoria ad S. baptisma*, 5 (PG 31, 432, 45–46)   7 – 8 **II¹2285** Μηδείς – παρέσται] BASILIUS CAESARIENSIS, *Homilia exhortatoria ad S. baptisma*, 8 (PG 31, 441, 46–48)   **8 – 1190, 10** ἡνίκα – δεδομένη] IBID., 7 (PG 31, 441, 27–45)

2 – 4 **II¹2284** K cap. Ω 1, 17 (278v[24–279r1]279r2–3); VᴱVᴼ cap. Ω 1, 13; E cap. 272, 20; *quod attinet ad* Vᵂ, *vide* *II²2898 / PMLᵇ cap. Ω 1, 31; *deest in* Hᴵ; PG 96, 437, 20–21   **6 – 1190, 10** **II¹2285** K cap. Ω 1, 18 (279r[3]4–279v5); VᴱVᴼ cap. Ω 1, 14; PM cap. Ω 1, 32; E cap. 272, 21; *deest in* Vᵂ Hᴵ Lᵇ; PG 96, 437, 22–39

II¹2284 (a) K (b) Βασιλείου VᴱVᴼ E **II¹2285** (a) K (b) Τοῦ αὐτοῦ P (c) *s. a.* VᴱVᴼ E (d) *s. d.* M

3 ἔχει Vᴼ   7 – 8 ἐφνίδιος (-νι- P) VᴱVᴼ P, αιφνιδιως M   8 κατεγίδη P, καταιγὶς VᴱVᴼ   **8 – 1190, 10** παρέσται – δεδομένη] *om.* E   8 παρέσται] *om.* PM   ἡνίκα] *non liquet in* Vᴱ   9 ἂν] *om.* K PM   αἱ] *om.* P   ᾖ] *om.* VᴱVᴼ PM   10 θλίψεις (θλι- PM) Vᴼ PM, *non liquet in* Vᴱ   ἀπαραμύθητος] *non liquet in* Vᴱ   11 οἰκείων] ἴδιων M   ὅτε] ὅτι M, ὁ τὸ Vᴼ   πυκνῷ ἄσθματι] πυγμω ἀθεμήτω M   πυρετοῦ] *add.* δὲ K   12 ὑποσμύχοντος] ὑποσμήχοντος Vᴼ, ὑποσμοίχοντος P, *add.* καὶ VᴱVᴼ PM   14 οὐκέστιν P, ουκεστιν M   πᾶν] *om.* M

τὸ λαλούμενον παρὰ σοῦ ὡς παραφροσύνη καταφρονεῖται. Τίς δώσει τὸ βάπτισμα τότε; Τίς ὑπομνήσει κεκαρωμένον τῷ πάθει; Οἱ προσήκοντες ἀθυμοῦσιν, οἱ ἔξω τοῦ πάθους καταφρονοῦσιν, ὁ φίλος ὀκνεῖ τὴν ὑπόμνησιν ὡς ταραχὴν ἐμποιοῦσαν, ἤ που καὶ ἰατρὸς ἐξαπατᾷ, καὶ σεαυτὸν οὐκ ἀπογινώσκεις διὰ τὸ φύσει φιλό- 5
ζωον. Νὺξ καὶ ἐρημία τῶν βοηθούντων· εἰ ὁ βαπτίζων οὐ πάρεστιν, ὁ θάνατος παρέστηκεν, οἱ ἀπάγοντες κατεπείγουσιν. Τίς ὁ ἐξαιρούμενος; Θεός, ὁ καταφρονηθείς; Ἀλλ᾽ εἰσακούσεται τότε· σὺ γὰρ αὐτοῦ νῦν εἰσακούεις. Προθεσμίαν δώσει· καλῶς γὰρ ἐ-
χρήσω τῇ δεδομένῃ. 10

II¹2286 / K cap. Ω 1, 19

Ἐκ τοῦ εἰς τὸν Λουκᾶν·

Νὺξ βαθεῖα, καὶ ἡ νόσος βαρεῖα, καὶ ὁ βοηθῶν οὐδαμοῦ· ὁ ἐφεδρεύων τῷ κλήρῳ ἕτοιμος, πάντα πρὸς τὸ αὐτοῦ χρήσιμον διοικούμενος, ἄπρακτά σου ποιῶν τὰ βουλεύματα. Εἶτα περιβλεψάμε- 15
νος ὧδε καὶ ὧδε, καὶ ἰδὼν τὴν περιεστῶσάν σε ἐρημίαν, τότε αἰσθήσῃ τῆς ἀβουλίας, τότε στενάξεις τὴν ἄνοιαν, εἰς οἷον καιρὸν ἐταμιεύσω τὴν ἐντολήν, ὅτε ἡ μὲν γλῶσσα παρεῖται, ἡ δὲ χεὶρ ὑπότρομος, κλονουμένη ταῖς συνολκαῖς, ὡς μήτε φωνῇ μήτε γράμματι διασημάναι τὴν γνώμην. 20

---

13 – 20   II¹2286 BASILIUS CAESARIENSIS, re vera *Homilia in divites*, VIII (ed. Courtonne, p. 67, 19–26)

---

12 – 20   II¹2286 K cap. Ω 1, 19 (279v[5]6–15); V^EV^O cap. Ω 1, 15; PM cap. Ω 1, 33; *deest in* V^W H¹; PG 96, 437, 40–49

II¹2286 (a) K   (b) Τοῦ αὐτοῦ, εἰς τὸ κατὰ Λουκᾶν ῥητόν PM   Τοῦ αὐτοῦ] *om.* P   (c) Τοῦ αὐτοῦ V^E   (d) *s. a.* V^O

---

1 παρὰ σοῦ] *om.* K PM   παραφροσύνης P   1 – 5 Τίς – ἐξαπατᾷ] *om.* PM   1 – 4 Τίς – ἐμποιοῦσαν] *om.* V^EV^O   4 ἤ που] *scripsi (ed.)*, εἴ που K, ἴσως V^EV^O   5 ἐξαπατᾷ] ὑπισχνεῖται ὥρας V^EV^O   φύσει] *om.* M   6 – 7 Νὺξ – πάρεστιν] *om.* V^EV^O PM   7 ὁ¹] *add.* δὲ V^EV^O PM   ἀπάγοντες] ἀπαιτοντες P   8 εἰσακουσητε M   9 αὐτῶι K   ἀκούεις K, οὐκ εἰσηκουσας M   Προθεσμίαν] *add.* ἑτέραν P, ετεραν M   δώσει] *s. l. add.* εἰ M   14 – 15 πάντα – διοικούμενος] *om.* K   15 ἄπρακτα σοι M, ἄπρακτος ὁ V^EV^O   16 περιεστῶσάν σε] περιεστῶσαν K P   ἐρημίαν] ἠρεμίαν K   16 – 17 αἰσθήσει V^EV^O P, αἰσθησι M   17 στενάξεις] στενάξῃς V^EV^O, συναξεις M   20 διασημαινε M, σημᾶναι V^EV^O

II¹2287 / K cap. Ω 1, 20

*II²2899 /
PMLᵇ cap.
Ω 1, 34

Ἐκ τοῦ εἰς τὰς Παροιμίας·

Διδάσκει ἡμᾶς ὁ κύριος μὴ καταμελεῖν τῶν ἀναγκαίων, ἀλλὰ πρὸ
καιροῦ παρεσκευασμένους τῆς ζωῆς τὰ ἐφόδια, ἐν τῇ ἑτοιμασίᾳ
5 τῆς καρδίας ἀναμένειν τοῦ νυμφίου τὴν παρουσίαν. Αἱ φρόνιμοι
γάρ φησι παρθένοι διὰ τὸ ἔχειν ἐν ταῖς λαμπάσι τὸ ἔλαιον, συνει-
σῆλθον τῷ νυμφίῳ, αἱ δὲ μωραὶ διὰ τὸ ἀνέτοιμον αὐτῶν, τῆς χα-
ρᾶς τοῦ νυμφῶνος ἠλλοτριώθησαν.

<II¹suppl. 419 / V cap. Ω 1, 17>

*II²2900 /
PMLᵇ cap.
Ω 1, 35

10   II¹2288 / K cap. Ω 1, 21

*II²2901 /
PMLᵇ cap.
Ω 1, 36

Τοῦ αὐτοῦ, ἐκ τῆς ρζ′ ἐπιστολῆς·

Μακαρία ψυχὴ ἡ νυκτὸς καὶ ἡμέρας μηδεμίαν ἄλλην μέριμναν
τρέφουσα ἢ πῶς ἐπὶ τῆς μεγάλης ἡμέρας, καθ᾽ ἣν πᾶσα ἡ κτίσις
περιστήσεται τὸν κριτήν, τὰς εὐθύνας τῶν πεπραγμένων ἀποδι-
15 δοῦσα <***>. Ὁ γὰρ ἐκείνην τὴν ἡμέραν καὶ τὴν ὥραν πρὸ ὁ-

---

5 – 8 cf. Matth. 25, 1–13   9 II¹suppl. 419 cf. Sacra. Liber II. Supplementum (Band VIII/8)

---

3 – 8 II¹2287 Basilius Caesariensis, Homilia in principium Proverbiorum, 6 (PG 31, 400, 26–33)   12 – 1192, 6 II¹2288 Basilius Caesariensis, Epistulae, CLXXIV, 12–23 (ed. Courtonne, II, p. 110)

---

2 – 8 II¹2287 K cap. Ω 1, 20 (279v[15]16–23); VᴱVᴼ cap. Ω 1, 16; quod attinet ad Vᵂ, vide *II²2899 / PMLᵇ cap. Ω 1, 34; deest in H¹; PG 96, 437, 50 – 440, 2 11 – 1192, 6 II¹2288 K cap. Ω 1, 21 (279v[23]280r1–13); VᴱVᴼ cap. Ω 1, 18; quod attinet ad Vᵂ, vide *II²2901 / PMLᵇ cap. Ω 1, 36; deest in H¹; PG 96, 440, 12–24

II¹2287 (a) K   (b) Τοῦ αὐτοῦ Vᴱ   (c) s. a. Vᴼ   II¹2288 (a) K   (b) Τοῦ αὐτοῦ Vᴱ   (c) s. a. Vᴼ

---

4 παρεσκευασμένους] correxi (ed.), παρασκευασμένους K VᴱVᴼ   13 τρέφουσα] στρέφουσα Vᴱ, στρέφουσαν Vᴼ ᵖ·ᶜ·, στέφουσαν Vᴼ ᵃ·ᶜ·   14 περιστήσεται] correxi (ed.), παραστήσεται K VᴱVᴼ   τῶι κριτῆι K   14 – 15 post ἀποδιδοῦσα quaedam excidisse videntur (καὶ αὐτὴ δυνηθῇ κούφως ἀποθέσθαι τὸν λόγον τῶν βεβιωμένων ed.)   15 – 1192, 1 ἐκείνην – τιθέμενος] ἐκεῖνος (sic) Vᴱ   15 – 1192, 1 πρὸ – τιθέμενος] προσδοκῶν K

φθαλμῶν τιθέμενος καὶ ἀεὶ μελετῶν τὴν ἐπὶ τοῦ ἀπαραλογίστου
κριτηρίου ἀπολογίαν, ὁ τοιοῦτος ἢ οὐδὲν ἢ παντελῶς ἐλάχιστα ἁ-
μαρτήσεται, διότι τὸ ἁμαρτάνειν ἡμῖν κατὰ ἀπουσίαν τοῦ θείου
φόβου γίνεται. Ὧι δ᾽ ἂν ἐναργὴς παρῇ τῶν ἀπειλουμένων ἡ προσ-
δοκία, οὐδένα καιρὸν δώσει τοῖς τοιούτοις ὁ σύνοικος φόβος εἰς   5
ἀβουλήτους πράξεις ἢ ἐνθυμήσεις ἐκπίπτειν.

*II²2902 /
PMLᵇ cap.
Ω 1, 37*

II¹2289 / K cap. Ω 1, 22

Τοῦ θεολόγου Γρηγορίου, ἐκ τοῦ εἰς Ἀθανάσιον·

Ἀνόνητα μεταγινώσκει τις ἐπὶ ταῖς τελευταίαις ἀναπνοαῖς, ἡνίκα
εὐγνώμων ἕκαστος τῶν ἑαυτοῦ κριτής, διὰ τὸ ἐκεῖ δικαστήριον.   10

*II²2893 /
PMLᵇ cap.
Ω 1, 24*

<II¹suppl. 420 / V cap. Ω 1, 20>

*II²2903 /
PMLᵇ cap.
Ω 1, 38*

II¹2290 / K cap. Ω 1, 23

Ἐκ τοῦ εἰς ἑαυτὸν μετὰ κατὰ Μάξιμον·

Ἔκδεξαι τὴν διάλυσιν ὥσπερ προθεσμίαν ἀναγκαίας ἐλευθερίας

---

11   II¹suppl. 420 cf. *Sacra*. Liber II. *Supplementum* (Band VIII/8)

---

9 – 10   II¹2289 GREGORIUS NAZIANZENUS, *In laudem Athanasii (Orat. 21)*, 26, 18–
20 (ed. Mossay/Lafontaine, p. 164)   14 – 1193, 2   II¹2290 GREGORIUS NAZIAN-
ZENUS, *In seipsum, cum rure rediisset, post ea quae a Maximo perpetrata fuerant
(Orat. 26)*, 11, 7–10 (ed. Mossay/Lafontaine, p. 252)

---

8 – 10   II¹2289 K cap. Ω 1, 22 (280r[13]14–16); VᴱVᴼ cap. Ω 1, 19; *quod attinet ad*
Vᵂ, *vide* *II²2902 / PMLᵇ cap. Ω 1, 37; *deest in* Hᴵ; PG 96, 440, 25–27   13 – 1193, 2
II¹2290 K cap. Ω 1, 23 (280r[16]17–20); VᴱVᴼ cap. Ω 1, 21; *quod attinet ad* Vᵂ,
vide *II²2903 / PMLᵇ cap. Ω 1, 38; *deest in* Hᴵ; PG 96, 440, 40–43

II¹2289 (a) K   (b) Τοῦ αὐτοῦ Vᴱ   (c) *s. a.* Vᴼ   II¹2290 (a) K   κατὰ] *sic cod., exspecta-*
veris τὰ κατὰ   (b) Τοῦ αὐτοῦ Vᴱ   (c) *s. a.* Vᴼ

---

2 κριτηρίου] κριτοῦ K   3 κατὰ ἀπουσίαν] καὶ τὰ ἀπουσιάν Vᴱ, κατὰ ἃ πουσίαν Vᴼ
4 φόβος Vᴼ   Ὧι] ᾧ Vᴱ, εἰ K   ἂν] *om.* K   ἐναργεῖς VᴱVᴼ   ἀπειλουμένων]
ἀπαιτουμένων VᴱVᴼ   5 οὐδένα καιρὸν] *non liquet in* Vᴱ   6 ἀβουλήτους πράξεις]
non liquent in Vᴱ   9 ἀνόητα Kᵘᵗ ᵛⁱᵈᵉᵗᵘʳ   14 προσθεσμίαν Vᴼ

καὶ τοῦ ἵλεως πρὸς τὰ ἑξῆς μεταβήσεσθαι, ἔνθα οὐκ ἔστιν ἄωρος
οὐδὲ πρεσβύτης, ἀλλὰ πάντες τὴν πνευματικὴν ἡλικίαν τέλειοι.

II¹2291 / K cap. Ω 1, 24

*II²2904 /
PMLᵇ cap.
Ω 1, 39

Τοῦ αὐτοῦ, ἐκ τῶν τετραστίχων Γνωμῶν·

5   Ἀεὶ μὲν ἐργάζοιο τὴν σωτηρίαν·
Καιρὸς δὲ δὴ μάλιστα, ἡ βίου λύσις.
Τὸ γῆρας ἦλθεν, ἔξοδον κῆρυξ βοᾷ.
Πᾶς εὐτρεπίζου· πλησίον γὰρ ἡ κρίσις.

II¹2292 / K cap. Ω 1, 25

10 Τοῦ αὐτοῦ, ἐκ τῶν μονοστίχων Γνωμῶν·

Βίου τὸ κέρδος, ἐκβιοῦν καθ' ἡμέραν.

<II¹suppl. 421–422 / V cap. Ω 1, 24–25>

*II²2905–290(
PMLᵇ
cap.
Ω 1, 40–41

---

12 **II¹suppl. 421–422** cf. *Sacra*. Liber II. *Supplementum* (Band VIII/8)

---

5 – 8 II¹2291 GREGORIUS NAZIANZENUS, *Carmina*, I,2,33 *(Tetrastichae sententiae)*,
229–232 (PG 37, 945, 3–6)   **11 II¹2292** GREGORIUS NAZIANZENUS, *Carmina*, I,2,30
(Versus iambici acrostichi), 2 (PG 37, 909, 1)

---

4 – 8 II¹2291 K cap. Ω 1, 24 (280r[20]21–23); VᴱVᴼ cap. Ω 1, 22; *quod attinet ad*
Vᵂ, *vide* *II²2904 / PMLᵇ cap. Ω 1, 39; *deest in* Hᴵ; PG 96, 440, 44–47   **10 – 11**
II¹2292 K cap. Ω 1, 25 (280v[1]2); VᴱVᴼ cap. Ω 1, 23; *deest in* Hᴵ; PG 96, 440, 48

II¹2291 (a) K τετραστίχων] *scripsi*, Δ'στίχων *cod.* (b) *s. a.* VᴱVᴼ **II¹2292** (a) K (b)
s. a. VᴱVᴼ

---

1 ἵλεος (ἴ- Vᴼ) VᴱVᴼ 5 ἐργάζεις Vᴼ 6 δὴ] δεῖ K   ἡ] *om.* Vᴼ 7 ἔξοδος K

II¹2293 / K cap. Ω 1, 26

Τοῦ ἁγίου Ἰουστίνου τοῦ φιλοσόφου καὶ μάρτυρος, ἐκ τοῦ <***>
λόγου τῆς ἀπολογίας·

Ἡμῖν δέδοκται καὶ μεμέληται ὑγιαίνουσιν ἀποθνήσκειν.

---

4 **II¹2293** Iustinus Martyr, *Apologia pro Christianis ad Antoninum imperatorem*, locus non repertus; Holl, n° 117

2 – 4 **II¹2293** K cap. Ω 1, 26 (280v[2–3]4–5); *deest in* VᴱVᴼ Hᴵ

II¹2293 *ante* λόγου *numerus omissus videtur in* K